二〇一六年度國家古籍整理出版專項經費資助項目

二〇〇九年度教育部全國高等院校古籍整理研究工作委員會間接資助項目

二〇一七年度江西省二〇一一朱子文化協同創新中心資助項目

黄式三黄以周禮學文獻輯箋

（上）

程繼紅　輯箋

鳳凰出版社

圖書在版編目（CIP）數據

黄式三黄以周禮學文獻輯箋 / 程繼紅輯箋. -- 南京:
鳳凰出版社, 2017.12
ISBN 978-7-5506-2561-7

Ⅰ. ①黄… Ⅱ. ①程… Ⅲ. ①禮儀－中國－清代－文
集 Ⅳ. ①K892.9-53

中國版本圖書館CIP數據核字(2017)第039246號

書　　名　黄式三黄以周禮學文獻輯箋
輯　　箋　程繼紅
責任編輯　汪允普
裝幀設計　徐　慧
出版發行　鳳凰出版社(原江蘇古籍出版社)
　　　　　發行部電話025-83223462
出版社地址　南京市中央路165號,郵編:210009
出版社網址　http://www.fhcbs.com
照　　排　南京凱建圖文製作有限公司
印　　刷　江蘇鳳凰新華印務有限公司
　　　　　中國江蘇南京經濟技術開發區堯新大道399號,郵編:210038
開　　本　880×1230毫米　1/32
印　　張　42.625
字　　數　982千字
版　　次　2017年12月第1版　2017年12月第1次印刷
標準書號　ISBN 978-7-5506-2561-7
定　　價　280.00圓(全二册)
　　　　　(本書凡印裝錯誤可向承印廠調換,電話:025-68037411)

天一閣藏黄以周《五禮異義》殘稿

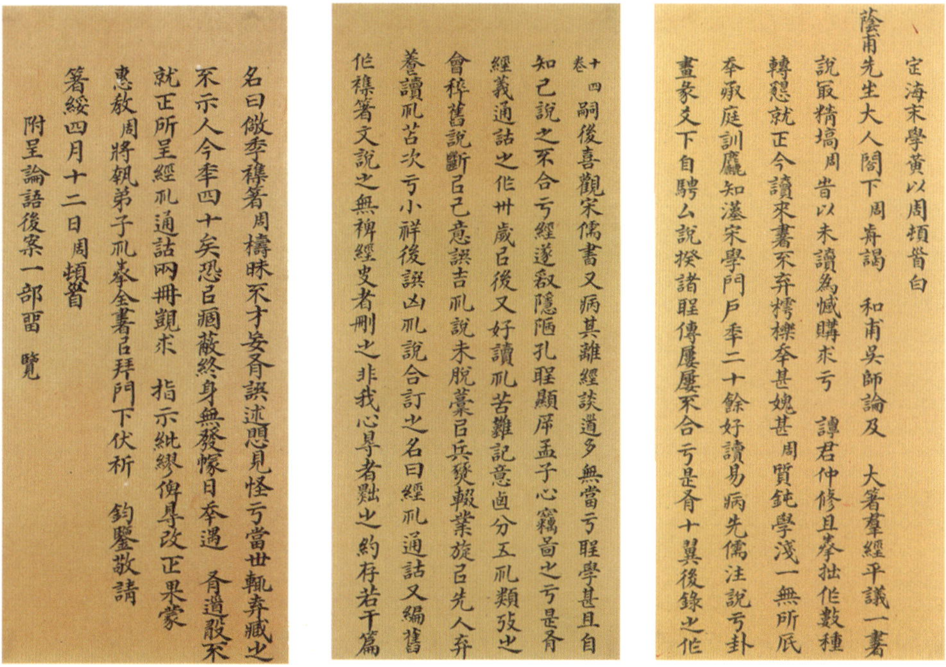

定海宋學黃以周頓首白

蔭甫先生大人閣下：周嚮謁和甫吳師，論及大箸羣經平議一書，說最精塙，周嘗以未讀為憾，購求之。譚君仲修且舉拙作數種轉懇就正。今讀來書，不棄樗櫟，奬甚媿甚。周質鈍學淺，一無所長，奉承庭訓，麤知漢宋學門戶。年二十餘好讀易，病先儒注說於卦畫象爻下自騁厶說，揆諸經傳，屢屢不合，於是有十翼後錄之作（十四卷）。嗣後喜觀宋儒書，又病其雜經談道，多無當於經學，甚且自知己說之不合於經，遂叙隱陋孔經，顯屏孟子，心竊畜之，於是有經義通詁之作。卌歲以後，又好讀禮，苦難記意，區分五禮類次之，會稡舊說，斷以己意，譔吉禮說未脫稾，以兵燹輟業。旋以先人棄養，讀禮苫次，於小祥後譔凶禮說，合訂之，名曰經禮通詁。又編舊作穅箸文說之無裨經史者刪之，非我心得者黜之，約存若干篇，名曰儆季穅箸。周檮昧不才，妄有譔述，懼見怪於當世，輒弆藏之，不示人。今年四十矣，恐以痼蔽終身，無發憭日。奉遇有道，敢不就正。所呈經禮通詁兩冊，覬求指示紕繆，俾得改正。果蒙惠教，周將執弟子禮，奉全書以拜門下。伏祈鈞鑒。敬請箸綏。四月十二日周頓首。

附呈論語後案一部，留覽。

上海圖書館藏黃以周致俞樾信劄

［清同治六年（1867）］

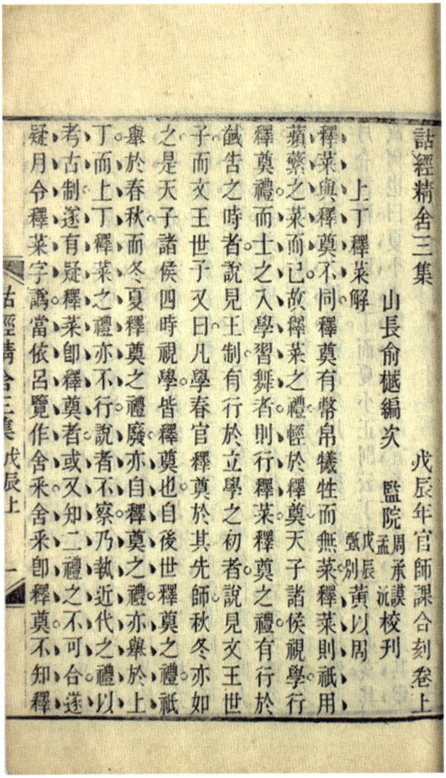
詁經精舍三集　戊辰年官師課合刻卷上

上丁釋菜解　山長俞樾編次　監院周承謨孟沅校刊　戊辰甄別黃以周

釋菜與釋奠不同。釋奠有幣帛犧牲而無菜，釋菜則祇用蘋蘩之菜而已。故釋菜之禮輕於釋奠。天子諸侯視學行釋奠禮，而士之入學習舞者則行釋菜。釋奠之禮，有行於蒇告之時者，說見王制；有行於立學之初者，說見文王世子。而文王世子又曰：凡學，春官釋奠於其先師，秋冬亦如之。是天子諸侯四時視學皆釋奠也。自後世釋奠之禮祇舉於春秋，而冬夏釋奠之禮廢；亦自釋奠之禮亦舉於上丁，而上丁釋菜之禮亦不行。說者不察，乃執近代之禮以考古制，遂有疑釋菜即釋奠者；或又知二禮之不可合，遂疑月令釋菜字譌，當依呂覽作舍釆，舍釆即釋奠。不知釋

詁經精舍三集　戊辰上　一

黃以周課藝《上丁釋菜解》

［《詁經精舍三集》，清同治七年（1868）官師課合刻本］

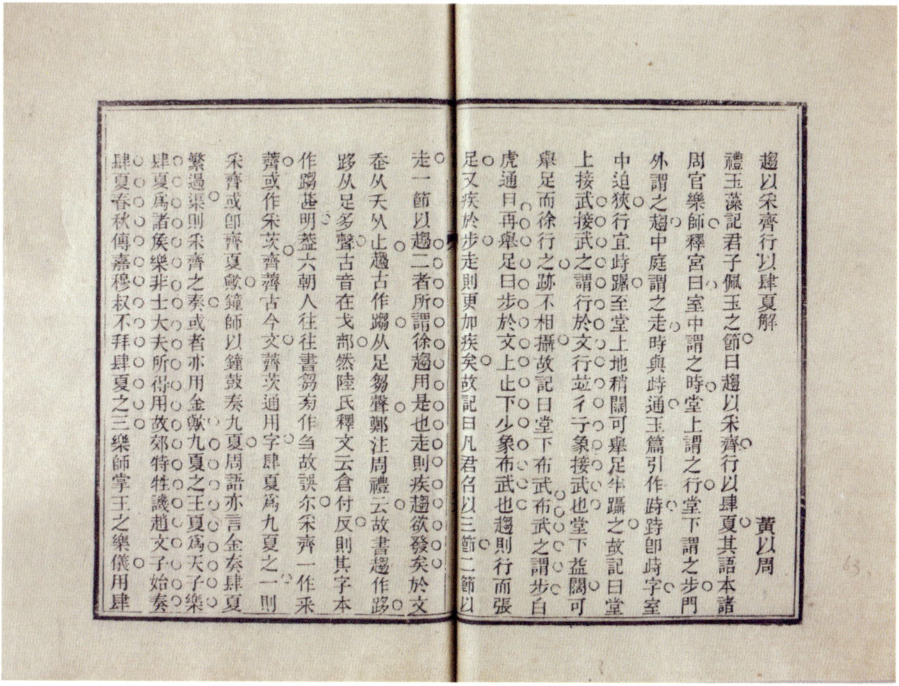

黄以周課藝《趨以采齊行以肆夏解》

［《東城講舍課藝•經解》，清同治八年（1869）季春刻本］

目録

下卷　黄以周

浙東『黄門禮學』與近世禮學學脈之建構(代前言)

定海黄氏家族,濱海力學,窮經葄史,四代中有十三人業儒,是一個世居海島的耕讀之家。該家族幾乎完全依賴學術話語的傳動,成就了近代以來浙東海島地區的首個儒學學派——儆居學派。作爲清代浙東學術後勁,儆居學派對浙東學術在浙東以外地區的遷植起到了巨大的推動作用;同時也使這個孤懸海上的家族在浙東乃至江南地區得以延續、提升與廣布聲望,並融入近代學術洪流,佔有重要的一席之地,最終成爲近代社會一個知名的儒學家族。黄式三、黄以周父子,則是該家族的傑出代表。黄式三(一七八九—一八六二),字薇香,號儆居。黄以周(一八二八—一八九九),字元同,號儆季。黄氏父子的主要學術面向爲經學,而經學中又以禮學名家。他們不僅是浙東學術後勁,還是清代禮學殿軍,塑造了漢宋兼宗、實事求是的『黄門禮學』風貌。特别是黄以周,如果以浙東近兩千年禮學發展視野來觀之,他無疑是將浙東禮學在清代後期推向高峰的傑出人物之一。清光緒十年(一八八四)黄以周受邀擔任江蘇南菁書院山長,主講經學十五年,尤重禮學教育。長期以來,逐漸形成了以他爲核心的『黄門禮學』群體,在大江南北産生巨大影響，其譜系迄今有跡可尋。

一、近兩千年浙東禮學之傳統

浙東學術，源遠流長，其内涵豐富且深刻；而浙東禮學，是浙東學術重要組成部分，極具梳理和研究價值。近兩千年來，浙東禮學名家輩出，成果如林，至萬斯大、黄以周、孫詒讓終成莊嚴氣象，與皖派禮學、吴派禮學鼎足而三，在清代共同構築了中國禮學大厦的神奇景觀。

（一）漢唐浙東禮學

回溯浙東經學發展的歷史，東漢時期的會稽山陰，可以説是浙東經學的出發之地。其時先有趙曄研《韓詩》，同時有韓説博通五經，稍後有謝夷吾擅長《春秋》之學，從此治經學在浙東士人中漸成風氣。三國時期，浙東地區逐漸形成了治禮的傳統。這個傳統的開創者是闞澤，其學專治三禮，並參與孫權朝廷的典禮制定，終成一代禮學名家。晉朝，浙東禮學繼續發達。賀循有《喪服要記》、《喪服譜》、《葬禮》、《凶禮》等禮學著作，此外還有孔倫《集注喪服經傳》、虞潭《投壺變》等。

南朝，就整個浙江而言，經學迎來第一個發展高潮，表現在空間上已經分別出現浙東和浙西學術集團，基本奠定後來浙江兩大學術格局的地理分佈。南朝浙東禮學著述見於載籍者，主要有賀瑒《喪服義疏》、《禮記新義疏》、《禮論要抄》與《禮講疏》，賀琛《三禮義疏》，孔子袪《續何承天禮論》，戴顒《月令章句》，樓幼瑜《喪服經傳義疏》、《摭遺别記》，鄭灼《禮記子本義疏》等。但南朝以後，由隋入唐，浙東禮學幾近絶響。

（二）宋元浙東禮學

宋代浙東學術中心由會稽山陰地區逐漸向其他地方轉移，其中婺州、明州、温州、台州學術成長迅速。宋代浙東三禮之學的略述如下：

1 《周禮》之學。宋代浙東《周禮》之學大盛，其中以温州爲最。永嘉之學，素重事功。由於《周禮》之學最切合政事，故永嘉治《周禮》者甚衆。鄭伯謙將他的《周禮》研究徑言《太平經國之書》，體現出鮮明事功傾向。陳傅良《周禮説》與《周官制度説》，皆精切當理，被朱熹目爲『有用之學』。王與之《周禮訂義》所采舊説，凡五十一家，其中唐以前六家，宋四十五家。因所録宋人之書今佚十之八九，幸賴是編以傳，故具有極高文獻價值。此外黄度《周禮説》，重在辨二鄭是非，影響亦頗大。

2 《儀禮》之學。宋代浙東《儀禮》之學，較之《周禮》之學，相對沉寂。陸佃是北宋浙東地區少數幾位知名的《儀禮》學者之一，惜其《儀禮義》散佚不存。楊簡是陸九淵在浙東地區爲數不多的心學弟子，其作《冠記》、《昏記》、《喪禮家記》各一篇，亦佚。楊簡弟子史定之，有《鄉飲酒儀》。史定之非常注重禮學實踐。他知饒州時，在鄱陽對《儀禮》進行實踐與推廣，可見浙東禮學家不僅重事功，還重行動。車垓《内外服制通釋》仿朱子《家禮》而補其所未備，如果説《家禮》乃所當然，此書則釋其所以然，成爲朱子禮學在浙江傳播的典型之作。此外，張淳作《儀禮識誤》，亦被《朱子語録》評爲『精密』之作。

3　《禮記》之學。宋代浙東治《禮記》較治《儀禮》者略多，陸佃《禮記解》雖佚，但其内容在衛湜《禮記集説》中多有引用，且衛湜也謂陸氏説多可取。張虙《月令解》，據《四庫》館臣曰：『其用心有足取者。』而最能代表浙東《禮記》學成就者，當屬黄震。其《讀禮記日抄》煌煌十六卷，《經義考》引姚世昌曰：『其義甚精，蓋有志于補朱子未備。』

元代浙東《周禮》之學式微，《儀禮》之學，亦只有葉起（著有《喪禮會記》）等少數幾家，而治《禮記》者略眾。其中成績較著者爲金履祥、牟楷，金著有《深衣小傳外傳》、《考定樂記》，胡宗楙評曰『旨義顯白』；牟氏《深衣刊誤》，《經義考》曰：『殆有擴涑水、紫陽二先生所未發，足爲後世法程。』

（三）明代浙東禮學

浙東是明代禮學重要的區域之一，其三禮之學的略述如下：

1 《周禮》之學。整體而言，明代浙東大儒基本上都對《周禮》有所關注，著述頗豐，如宋濂《周禮集説》，王禕《周官官名急就章》，方孝孺《周禮考次目録》、《周禮辨證》等。其中《周禮辨證》，陳子龍謂『皆卓然有見，非苟於立異者』。值得一提的是，王守仁弟子季本《讀禮疑圖》，考索經傳，是心學家少有的《周禮》學著述。

2 《儀禮》之學。聞人佺也是王守仁弟子，其《鄉射圖解》頗具實學之功。而最可稱道者，乃黄以周先祖黄潤玉《儀禮戴記附注》。乾隆三年（一七三八），全祖望重登寧波范氏天一閣，鈔天一閣藏黄潤玉《儀禮戴記附注》，其曰：『於是《儀禮》之書，自楊氏、敖氏外，添得宋人二種，明初人一種，插架稍生色矣。』足可見出黄潤玉是書之價值。

3 《禮記》之學。劉宗周乃明代最後一位碩儒，其《禮記考次正集》對於《禮記》編次問題的探討，猶如《大學》、《中庸》分章，具有思想史意義。故凡思想家治經，必會涉及相似問題，朱熹如是，劉宗周亦然。此時，在浙東一帶出現許多用於科舉考試的實用型《禮記》著述，如聞人德行《禮記要旨補》，實爲鄉塾講章。孫鑛《孫月峰先生批點禮記》，則以文學筆法論經，《四庫》館臣批評曰：『經本不可以文論，蘇洵評《孟子》，本屬僞書；謝枋得批點《檀弓》，亦非古義。礦乃竟用評閲時文之式，一一標舉其字句之法，詞意纖仄。鍾譚流派，此已兆其先聲矣。』金潮《讀禮日知》，特點是以心學來講《禮記》，並認爲古禮要順應時代之變，可以圓通靈活處理。黄綰《禮經原古》，對《禮記》的次序作了很多調整，事實上已經是根據個人意思重編了一部《禮記》，體現了明代學者一貫性的放膽。

（四）清代浙東禮學

清代浙西禮學人數首次超過浙東，但成就仍以浙東爲高，其三禮之學的略述如下：

1　《周禮》之學。清代浙東《周禮》學，毛奇齡《周禮問》早出，其辨《周禮》出戰國之末。此外，蔣載康《周官心解》創解甚多，大抵以《周官》解《周官》，而無鑿空之弊。萬斯大《周官辨非》力攻《周禮》之僞，雖不足徵，但若置於歷代《周禮》辨僞史中來考察，仍不失爲清代重要的辨僞作品。宋世犖《周禮故書疏證》，因鄭注《周禮》每云故書某作某，或稱古書，或稱古文，故其一一疏通證明，于古人通假之義，頗有發明。《周禮》『故書』問題，一直是學者們感興趣的話題，也是考驗學者功力的問題，著名學者段玉裁、徐養原、程際盛等皆有考述，但比較而言，還是黄以周辨得最爲清楚。浙東永嘉地區的《周禮》之學，在經歷明代極衰之後，到清代後期，得孫詒讓一人之力，重現奇彩。孫詒讓著有《周禮正義》、《周禮三家佚注》、《周禮政要》、《周禮馬融鄭玄敍》、《九旗古義述》等。其中《周禮正義》乃其畢生用力最勤、用時最久、用功最深的作品。學界普遍認爲，是書在疏證周代官制上最爲精審詳備，爲清人諸經新疏中最晚出而成就最高、地位最重要的學術巨著。某種情形而言，《周禮正義》其實就是孫詒讓對宋代永嘉《周禮》之學的輝煌呼應。至此，孫詒讓將浙東《周禮》之學推向了《周禮》學的最高峰。

2 《儀禮》之學。毛奇齡《喪禮吾説篇》，書雖博洽，但違心巧辯，與經義無一相合。王紹蘭《儀禮圖》，訂疑義、正訛字，網羅衆説，折衷己義，爬羅剔抉，融會貫通，每有勝於前人。馬駉《儀禮易讀》，是一個《儀禮》的入門讀本，取便初學。高驤雲《考禮》，專考喪禮，通稽古禮，以此印證清代禮制，參俗禮以相推比。萬斯大《儀禮商》，是一部重要的《儀禮》學論著。《四庫》館臣曰：『是書往往發明前人所未發。』而張羲年《喪禮詳考》，錢大昕爲序，亦頗多稱讚。宋世犖《儀禮古今文疏證》，尤見精思，於《儀禮》諧聲假借之例，多有指明。洪頤煊《禮經宫室答問》，重視對宫室的考釋。

3 《禮記》之學。黄宗羲《深衣考》，《四庫總目提要》曰：『此書則變亂舊詁，多所乖謬。』清代浙東禮學發端于黄宗羲，但其《深衣考》誠如館臣所言，因太過標舉新意，而往往失當。毛奇齡《曾子問講録》，《四庫》館臣批評其横生臆見，殊不可從。式楹《十四經通考禮記類》，據丁晏《禮記釋疑》而爲之考訂，可補丁氏所未備，於舊説多有所正。萬斯大禮學承黄宗羲而來，其《禮記偶箋》，《四庫總目提要》曰：『是書與所爲《學禮質疑》相表裏，皆欲獨出新義，而多不能自通。』萬斯同《廟制圖考》，《四庫總目提要》評價甚高：『是書統會經史，折衷廟制，援證精確，爲前人所未發矣。』萬經（斯大子）《增補禮記集解》乃續其父《禮記集解》而成。由此可見，萬氏禮學呈現出鮮明的家族化色彩。齊召南《禮記注疏考證》，遍搜善本，考證《禮記注疏》脱文衍字，用力頗勤。孫希旦《禮記集解》，孫詒讓稱其博考精思，於禮經制度，參互研核，頗多心得。

綜上，浙東禮學具有近兩千年持續不斷的强勁傳統，群山起伏，高峰時現。今人謂浙東學術具有經史兼治性格，實與該學派歷來重視禮學研究有莫大關係。晚清以降，由於黄以周對浙東禮學的傳播與推衍，遂使浙東禮學保持學脈不墜。

二、『黄門禮學』在近世之崛起

清代後期，在定海也有一個禮學家族，這便是以黄式三、黄以周父子爲代表的黄氏家族。黄氏父子是清道光以後浙江調和漢宋的代表人物。黄式三認爲漢宋之學無分軒輊，互相依存；黄以周承家學傳統，亦會通訓詁與義理之學，體現了融會漢宋而又不囿于漢宋的學術趨向。

需要特别指出的是，黄氏父子禮學主要成就在三禮綜論，這也是『黄門禮學』的重要特徵。黄式三禮學代表作《約禮説》、《復禮説》、《崇禮説》，識者以爲不朽之作。而黄以周的三禮綜論大厦主要由《禮説略》、《禮説》和《禮書通故》三書構成。《禮説略》開始收于王先謙所編《皇清經解續編》之中，共四十四篇。數年後，黄以周編纂《儆季雜著》時，在《禮説略》四十四篇的基礎上進行增補删减，成《禮説》七十六篇，作爲《儆季雜著》的一種。《禮説》是黄以周晚年禮學研究的精心構撰之作，精義迭出。是書專釋名物制度，與《禮書通故》相發明，但《禮説》成書較《禮書通故》晚了約十五六年，見解也更爲成熟，故對《禮書通故》常有所補充修正。後來學者如要瞭解黄以周的禮學思想，《禮書通故》固然必讀，但《禮説》也必不可少。胡玉縉曰：『是編初讀秦氏《五禮通考》，病其吉禮之好難鄭，軍禮之太阿鄭，輒有糾正。既而撰《禮書通故》，遂輟業。後復重加删訂，並增益若干篇，則補《通故》所未備。……或前人誤解，或是非互見，或疏略未詳，今則實事求是，一一尋繹經恉，會其通而折其中，在惠士奇、淩廷堪、金鶚等禮説上。……通觀全書，竟無一可議，與馬輯謝氏《禮記音義隱》同，禮學至此爲盛。盛極必衰，無惑乎近世學者罕言三禮矣。』[一]胡玉縉雖爲黄以周弟子，但其評價還是符合事實的。

當然，『黄門禮學』的三禮綜合研究，最主要的代表作是黄以周《禮書通故》。《禮書通故》體大思精，歷時十九年而成。全書分五十目，共一百零二卷，其論述範圍，囊括了三禮所涉及的全部基本内容。據王文錦先生統計，《禮書通故》提出並加以解釋的疑難問題大大小小共有三千四百七十條。[二]故該書一經問世，便受到學界的歡迎與好評。黄以周之子黄家鶯記曰：『一時士大夫各以先睹爲快，踵門索書者駱驛不絶。』孫詒讓曾於光緒二十年（一八九四）秋冬之間，閱黄以周《禮書通故》五十卷，細校一過，凡箋正三百數十條，朱墨筆並見於書眉。後來，其《周禮正義》採納《禮書通故》亦達三百餘條，是當時禮學界最早引用《禮書通故》的重要著作。俞樾爲此書作序，以爲與秦蕙田《五禮通考》可『益三通而五』。[三]章太炎謂黄以周『作《禮書通故》而三代

[一] 胡玉縉撰、吴格整理：《續四庫提要三種》之《續修四庫全書總目提要禮類稿・禮説六卷》，上海書店出版社二〇〇二年版，第八五七—八五八頁。

[二] 王文錦：《禮書通故・點校前言》，中華書局二〇〇七年版，第四頁。

[三] 俞樾：《禮書通故・序》，中華書局二〇〇七年版，第一頁。

制度大定』，『其説經陳事，象物宏肅，超出錢大昕、阮元諸儒上遠甚』。[一] 梁啟超謂《禮書通故》『最博贍精審，蓋清代禮學之後勁』，又曰『可謂爲集清代禮學之大成』。[二] 毫無疑問，黄以周《禮書通故》極大提高了浙東禮學在中國禮學研究史上的地位，是群山中的主峰，標誌着『黄門禮學』在近世之崛起。

從清代學術與學風地域佈局來看，皖學、吴學、浙東學術鼎足而三，其中前二者以漢學爲重，浙東學術則漢宋兼采。江藩《漢學師承記》列黄宗羲爲漢學人士，他實爲清代浙東學術漢學的奠基者。而章太炎《清儒》更敏鋭地發現，清初浙東諸大家如黄宗羲等，也都雜事漢宋。徐世昌《南雷學案序》評黄宗羲，『説經則宗漢儒，立身則宗宋學』。[三] 如此看來，他其實還是清代浙東學術漢宋兼采性格的養成者。而由這一性格之始成，到隱然爲一派別，則又自萬斯大始。在清代，漢宋兼采多爲浙粤人士，而浙人中又以浙東人士居多，這與黄宗羲、萬斯大所開風氣有關。僅就浙東學者而言，近世漢宋兼采成績最爲出色者，當推定海黄氏父子。黄式三《論語後案》，

[一] 章太炎：《黄先生傳》，《章太炎全集》（四），上海人民出版社二〇〇一年版，第二一四頁。
[二] 梁啟超：《中國近三百年學術史》，東方出版社一九九六年版，第二三四頁。
[三] 徐世昌：《清儒學案》卷二《南雷學案》，中華書局二〇〇八年版，第六五頁。

是清代漢宋兼采的代表作；黄以周《經訓比義》，也是漢宋兼采之力作。黄氏父子在近世學術史上雖以漢學聞名，但更以漢宋兼采爲其符號性特徵而存在。

需要特别指出的是，『黄門禮學』其實並不止于漢宋兼采，他們還能夠超越漢宋，進入到『實事求是，莫作調人』的新境界。俞樾推崇説：『君爲此書，不墨守一家之學，綜貫群經，博采衆論，實事求是，惟善是從。』[一]王文錦評《禮書通故》一書曰：『堅持實事求是，不存門户之見。比如三禮之學，向以鄭玄注爲宗，而此書駁鄭處不下百條，其中鄭處亦復不少。』[二]由此表明黄氏父子繼承浙東學術漢宋兼采傳統，又對該傳統有所超越，這才是『黄門禮學』最爲精彩之處。

三、『黄門禮學』與近世禮學學脈之建構

晚近一百年來江浙兩省的知識互動，以阮元之入浙和黄以周之入蘇爲最重要。自一八八三至一八九八年，黄以周任江陰南菁書院山長。十五年來，他對浙東學術在江蘇傳播與遷植起

[一] 俞樾：《禮書通故・序》，中華書局二〇〇七年版，第一頁。
[二] 王文錦：《禮書通故・點校前言》，中華書局二〇〇七年版，第三頁。

到莫大作用。黄以周在南菁書院宣導『實事求是，莫作調人』的治學理念，既是對家風的繼承，也是對浙東學術漢宋兼采的進一步提升。如果説阮元入浙帶動和强化了兩浙既有的漢學風氣，而黄以周則將浙東漢宋兼采的學風遷植到江蘇，其影響之巨大與深遠，超過阮元。黄以周任院長十五年間，爲江南地區培養了大量具有浙東性格的學術人才，東南俊彦，著籍爲弟子者，先後達千餘人，故章太炎説『江南諸高才皆出其門』，並非虚言。

（一）南菁書院禮學教育情況

黄以周曾提出：『經以載道，經學即是理學，經學之外理學爲禪學，讀《日知録》可會之。』[一] 繆荃孫將黄以周這個思想歸納爲『以禮學爲理學』，他説『先生以經學爲禮學，即以禮學爲理學。顧氏之訓，至此始闡』，[二] 並將其與顧炎武『理學，經學也』[三] 的觀點相聯繫。還有學者認爲黄以

[一] 黄以周：《南菁書院立主議》，《儆季文鈔》（六），清光緒二十年南菁講舍刻本。

[二] 繆荃孫：《中書銜處州府學教授黄先生墓誌銘》，引見徐世昌《清儒學案》第六册《儆居學案下・附録》，中華書局二〇〇八年版，第五九九六頁。

[三] 顧炎武：《與施愚山書》，《亭林文集》卷三，《四部叢刊》景清康熙本。

周『以禮學爲理學』遠紹顧炎武『理學，經學也』，中間又承淩廷堪、焦循、阮元的『以禮代理』而來。[一]但乾嘉學者提出的『以禮代理』主張，其自身卻存在巨大缺陷，這便是將『禮』與『理』強分二途，並以前者代替後者，完全偏離了顧炎武以經明道的初衷，遂使學術進到象牙塔之中，遠離了以切於人事爲皈依的明道精神。黄以周『以禮學爲理學』説，並非承『以禮代理』而來，反倒是棄『以禮代理』而去的糾偏之論。其倡『以禮學爲理學』應該是徹底返回到元典的努力。當然，返本不是目的，返本還是爲了務實。黄以周著《禮書通故》，歷十九年而成，這十九年也是晚清社會最爲動盪不安的時期。如前所述，《禮書通故》特別重視歷代禮制的總結與評判，又何嘗不隱含黄以周意欲藉禮救世之心呢！因此，『以禮學爲理學』的提出，是以黄以周爲代表的浙東禮學家對清代禮學思想的提煉與升華；這也是黄以周在南菁書院特別重視禮學教育的内在動因。

黄以周《南菁書院講學記》闡述『菁華』之義曰：『大學必先之以博文，猶木有枝葉；學必繼之以約禮，猶木有菁華也。』由於黄以周重視禮學，使得南菁書院在這方面的教學取得了驕人成績。黄以周分別於光緒十五年（一八八九）和光緒二十年（一八九四）兩次甄選南菁書院生徒優

[一] 林存陽：《黄式三黄以周『禮學即理學』思想論析》，《浙江社會科學》二〇〇一年第五期。

秀課藝，編成《南菁講舍文集》和《南菁文鈔二集》各六卷，今將禮學課藝列出如下：

表一：《南菁講舍文集》禮學課藝

生徒姓名	籍貫	課作名稱	課題出處
章際治	江陰	禮不下庶人議	《禮記》
		見君無不執笏其義何據	《禮記》孔疏
		車上建旗説	《周禮》
		地丁原始	《周禮》
唐文治	太倉	樂無大夫士制説	《禮記·曲禮》疏引《春秋説題辭》
		月令習五戎解	《禮記》
沙從心	江陰	夏五服周九服異同考	《尚書》、《周禮》
雷補同	松江	桃曰膽之解	《禮記》
李　安	靜海	韠同裳色説	《儀禮》鄭注
張錫恭	婁縣	下管象武夏籥序興解	《禮記》
		讀胡氏儀禮正義一	胡培翬
		讀胡氏儀禮正義一	胡培翬

續表

生徒姓名	籍貫	課作名稱	課題出處
王虎卿	高郵	釋入門揖入揖先入	《儀禮》
馮誠中	嘉定	釋升階讓登先登例	《禮記》
丁國鈞	常熟	徹廣六尺解	《考工記》
馮　銘	江陰	論程徵君記車制得失	程瑶田
		論阮宫保考車制得失	阮元
錢榮國	江陰	自卿以下外朝内朝考	《國語》
盧求古	泰州	釋湆湆	《儀禮》
曹學詩	丹徒	周鬴重一鈞漢斛重二鈞相去甚遠而聲皆中黄鐘何説	《考工記》

表二:《南菁文鈔二集》禮學課藝

生徒姓名	籍貫	課作名稱	課題出處
顧鴻闓	通州	申先鄭陳殷置輔説(與陳慶年、李樹滋同題)	《周禮》
		文王世子凡語於郊者一節義疏	《禮記》

續表

生徒姓名	籍貫	課作名稱	課題出處
范驫	無錫	申論語鄭注禘祭自血腥始義	《論語》
		張皋文儀禮特牲少牢兩篇圖正訛(與許士熊、李樹滋同題)	張惠言
		論程易疇劉楚楨兩家釋穀異同得失(與王兆芳同題)	程瑶田、劉寶楠
許士熊	無錫	張皋文儀禮特牲少牢兩篇圖正譌(與范驫、李樹滋同題)	張惠言
蔣元慶	常熟	申兩鄭執牛耳説(與謝恩灝同題)	《周禮》
陳慶年	丹徒	申先鄭陳殷置輔説(與顧鴻閩、李樹滋同題)	《周禮》
		釋鄉射禮大射儀兩篇名義(與張錫恭同題)	《儀禮》
張錫恭	婁縣	釋鄉射禮大射儀兩篇名義(與陳慶年同題)	《儀禮》
金鉽	泰興	左傳引康誥父子兄弟罪不相及與周官族聯刑罰相及不同何説	《尚書》、《周禮》
		書洛誥先殺後祼與禮記既祼然後迎牲不同何説(與丁蓬山同題)	《尚書》、《禮記》
丁蓬山	泰興	任正衡任考	《周禮》
吴朓(稚暉)	陽湖	始之養也解	《禮記》
		安車輭輪解	《漢書》

續表

生徒姓名	籍貫	課作名稱	課題出處
潘昌煦	吳縣	漢儒編輯禮記自大小二戴外復有幾家試詳考之	《禮記》
何允彝	泰興	釋刉衈	《周禮》
李樹滋	奉賢	釋大房名房義	《詩》
		申先鄭陳殷置輔説（與顧鴻閣、陳慶年同題）	《周禮》
		張皋文儀禮特牲少牢兩篇圖正譌（與許士熊、范鼐同題）	張惠言
吳聘珍	江陰	閟宮末章先路寢後新廟説	《詩》
范禕	元和	封人解	《周禮》
謝恩灝	陽湖	申兩鄭執牛耳説（與蔣元慶同題）	《周禮》
王有德	吳縣	牢中解	《儀禮》
		表記子言之説	《禮記》
薛重煦	無錫	廟見奠菜祭禰辨	《儀禮》
俞複	無錫	蠶室近川説	《禮記》

續表

生徒姓名	籍貫	課作名稱	課題出處
繆楷	江陰	燕義宰夫解	《禮記》
		讀張皋文儀禮圖	張惠言
林之祺	金壇	卿大夫朝君與朝其私臣二者孰先	《禮記》
		王享諸侯有無車迎辨	《禮記》
趙傳聖	興化	讀淩氏公羊義疏	《公羊義疏》
胡玉縉	元和	漢十月大飲禮考（與徐安仁同題）	《漢書》

《南菁講舍文集》收録經史課藝九十四篇，其中禮學課藝二十篇，占比21%。《南菁文鈔二集》收録經史課藝一百六十六篇，其中禮學五十二篇，占比31%。與詁經精舍課藝相比，南菁書院課藝中的禮學作品要超出許多，可見黄以周是非常重視禮學教育的。這些禮學課藝，皆循漢宋兼采的『黄門禮學』風格。

（二）南菁書院『黄門禮學』群體

黄以周禮學教育途徑多樣，讓生徒參與其禮學著作編撰，是其中之一，如《軍禮司馬法考徵》就有許多生徒參與。《禮書通故》在南菁刊刻時，各卷都請弟子幫助校刻。南菁書院生徒群體，經史兼治，許多生徒後來成爲禮學名家，如：

張錫恭（一八五八—一九二二），字希伏，號聞遠，又號殷南，松江府婁縣人。光緒九年（一八八三）就學于南菁書院，精治《禮經》，爲黄以周所賞識，先後問業求道十餘年。去世時同門曹元弼爲作《純儒張聞遠徵君傳》：『初，余與君並治《禮經》，同學于南菁書院院長定海黄元同先生，尊聞行知，觸類旁通，由後經師之説以探先師碩意。』張錫恭得黄門禮學嫡傳，其主要禮學著作有《禮學大義》、《喪服鄭氏學》、《喪禮鄭氏學》等。

曹元忠（一八六五—一九二三），字夔一，號君直，别號雲瓿，晚號淩波居士，吴縣人。光緒十年（一八八四）以第一名儒學，從黄以周受《詩》、《禮》及群經，在院前後十年。光緒三十四年（一九〇八）派禮學館纂修，修《大清通禮》。主要禮學著作有《禮議》、《司馬法古注音義》以及《箋經室遺集》論禮之作。

曹元弼（一八六七—一九五三），字師鄭，號復禮，吴縣人。光緒十一年（一八八五）入江陰南菁書院肄業，從院長黄以周問學，尤與張錫恭、唐文治交往甚篤。時清廷設禮學館，編纂《通禮》，與故交張錫恭、錢同壽及從兄曹元忠皆入館任分纂。其主要禮學著作有《禮經校釋》、《禮經大義》、《禮經學》等。

唐文治(一八六五—一九五四),字穎侯,號蔚芝,晚號茹經,江蘇太倉人。光緒十一年(一八八五)進江陰南菁書院,受業於黄以周門下。唐文治二十歲讀《周禮》、《儀禮》等,始從事經學。入南菁後,黄以周教其訓詁、義理合一之旨。其單篇禮學作品有:《禮記月令習五戎義》、《樂無大夫士制論》、《禮酬爵奠而不授辨》、《禮親殁不得爲人後議》、《賈生深於禮述》、《鄭君述漢曆考》、《駁學校不祀孔子議》、《禮治法治論》、《禮始於男女之别論》、《周公制禮》、《崇聖祠急宜興復議》等,主要禮學著作有《禮記大義》。

胡玉縉(一八五九—一九四〇),字綏之,元和人。光緒十三年(一八八七)調入南菁書院,爲黄以周所激賞。光緒十四年(一八八八)任南菁書院學古堂齋長,於經學、古學無所不通。光緒三十四年(一九〇八)被聘爲禮學館纂修,後任京師大學堂講習。其主要禮學論著有《周禮學》,及《許廎學林》、《許廎遺集》中所收禮學論文。

于鬯(一八五四—一九一〇),字香草。一名東廂,字醴尊,江蘇南匯人。南菁書院肄業。于鬯長於禮學。俞樾曾爲于鬯所校書作序,稱其尤長於《禮》,曰:『乙未夏,寄我所校書四卷,皆説《小戴記》者也,多剖析入微。』

陳慶年（一八六三—一九二九），字善餘，江蘇丹徒人。光緒十二年（一八八六）入江陰南菁書院，在院六年。陳慶年學問淹博，生於憂患，專治經史，尤注意社會、經濟、軍事史研究。其禮學著述主要有《司馬法校注》、《司馬法逸文》。

趙聖傳（一八二七—一八九一），字蓉裳，江蘇興化人。光緒十年（一八八四），聞黄以周主持南菁書院，渡江肄業，署爲齋長。他在書院專課經史古文辭，黄以周謂其該洽群籍，爲諸生冠。陳慶年《趙聖傳傳》謂趙氏『精《儀禮》，常朗誦其經文，不復按本，謂其章句義例、脈絡節次最整齊，便記誦，韓文公獨以爲難讀，不可解。其言如此，亦可知其爛熟《禮經》矣』。

王兆芳（一八六七—一九〇四），字漱六，南通州人。民國《南通縣圖志》卷十九《列傳一》載：『肄業南菁講舍，篤嗜定海黄元同所爲書。元同有疑義，輒與商榷，以爲畏友。』其《遺曲園先生書》自稱曰：『既而從定海黄先生游，昕夕親炙者十載。』故章太炎《黄先生傳》謂『事樸學者專宗先生……通州王兆芳尤親』。黄以周《禮書通故》、《經訓比義》兩書校對者均有王兆芳，而王兆芳還曾輯録黄以周平日講學誨人之言，編爲《儆季子粹語》，另有《公羊異禮疏證》。

錢同壽（一八六七—？），字復初，號敬持，華亭縣人。肄業南菁時，有《申毛傳或肆或將義》刻入《南菁文鈔二集》。曾供職清廷禮學館，與南菁諸友修《大清通禮》，馬其昶稱其『君子人也』。

達李（一八六五—一九一九），字繼聃，江蘇通州人。肄業南菁書院十餘年之久，深得黄以周嫡傳，經學深邃，而於《禮》考訂尤詳密，江南江北人士咸推尊之。

顧鴻闓（一八五五—？），字惕吾，號澤軒，通州人。肄業南菁時，屢任齋長，治經學。禮學著作有《周官疏證》。

黄以周在南菁書院十五年，培養了一批『黄門禮學』弟子，並逐漸形成群體效應，在近世以來禮學研究界發揮了引領和中堅作用。

（三）『黄門禮學』群體與近世禮學學脈之建構

『黄門禮學』群體，除了黄以周在南菁書院的弟子之外，其實還應該包括他在寧波辨志書院領講漢學時的弟子。光緒五年（一八七九），寧波知府宗源瀚建寧波辨志書院，請黄以周爲定規制。在書院的教學設計上，他就古今人爲學之方，分漢學、宋學、史學、輿地、算學、詞章六齋以課士，每齋必延學有專精者分主講席，漢學齋由黄以周自課。黄以周到南菁書院任職以後，辨志書院仍聘其爲兼職。辨志書院生徒中，禮學成就突出者有林頤山、陳漢章二位。

林頤山（一八四九—一九〇六），字晋霞，慈溪人。林頤山入辨志書院，時黄以周在辨志書院領漢學講席。其深於經學，對禮學尤有造詣，後被清廷聘爲禮學館總纂。其主要禮學著述有

《三代宫室制度釋》、《三禮鄭注引漢制度考證》以及《經述》中的單篇禮學作品。

陳漢章（一八六四—一九三八），譜名得聞，字雲從，别號倬雲，晚號伯弢，象山縣人。陳漢章入辨志時，黄以周已經在南菁書院任上。據陳漢章《禮書通故識語序》曰：『季課時，黄先生閲漢學卷，初得批語曰「象山有此士，難得」，繼得批語曰「吾郡有此雋才，惜未一見面談也」。時先生在江陰，又主講南菁書院，故未往見。』陳漢章主要禮學著述有《周禮孫疏校補》、《周官經長編》、《禮書通故識語》等，此外，尚有單篇禮學論文數十篇。

至此，我們可大致看清『黄門禮學』學脈的基本圖景：黄式三傳黄以周；黄以周傳南菁諸生張錫恭、曹元忠、曹元弼、唐文治、胡玉縉、于鬯、陳慶年、趙聖傳、王兆芳、錢同壽、達李、顧鴻闓等；又傳辨志書院林頤山、陳漢章等。黄以周謝世之後，『黄門禮學』群體成爲近世以來禮學界中堅力量，主要體現在兩個方面：

1　『黄門禮學』北上清廷禮學館，又爲京師大學堂禮學研究之奠基。清宣統年間，朝廷設禮學館，纂修《大清通禮》，所聘任者多爲黄以周南菁弟子。曹元弼爲曹元忠所作《君直從兄家傳》曰：『戊申，朝廷立禮學館，修《大清通禮》，溥玉岑尚書奏派兄爲纂修，規劃條例，延聘師儒，悉咨訪焉。兄由是薦林晉霞大令頤山，張聞遠同年錫恭，錢復初孝廉同壽及余。』五人均爲黄以周弟子，其中林頤山被聘爲總纂。除曹元弼所記五人之外，胡玉縉後亦入禮學館。在禮學館，此六人可謂是『黄門禮學』六君子。

禮學館解散以後，『黄門禮學』六君子，大部分回到江南，而胡玉縉則入京師大學堂，講授《周禮學》。《周禮學》爲大學堂講義，其作述宗旨與體例據胡玉縉自敘云：『謹以吾師黄教諭《禮書通故》及《儆季雜著》爲主，仿陳澧《東塾讀書記》體例，與諸生分類研究，名曰《周禮學》。非通群經，不足以通一經，故重在以經證經，通經將以致用。』〔一〕不久，陳漢章入學，讀經學科周禮門，師從胡玉縉。三年期間，陳漢章留下了六册『雜記』、『著述録』等課藝，内容十分豐富。其中《周禮雜記》兩册，包括《殷周天官官制異同考》、《周官舊疏考證》、《周官孫疏拾遺》等數十篇。《周禮雜記》中，凡引黄以周語，徑稱『師説』云云。此外，在讀書期間，陳漢章還作有《周官經長編》，其中大量引用黄以周《禮書通故》。三年後，陳漢章留校任教。其《周禮孫疏校補》是近世孫詒讓《周禮正義》研究的開拓之作，多引黄以周《禮書通故》以證孫疏之誤。某種程度而言，『黄門禮學』弟子胡玉縉、陳

〔一〕胡玉縉：《許廎學林》卷十《周禮學自敘》，世界書局印行，第二四一頁。

漢章，實爲後來北京大學禮學研究之奠基者與開拓者。

2　『黄門禮學』下肇民國禮學，使近世以來禮學學脈保持不墜。辛亥革命以後，『黄門禮學』弟子遂成爲開啟民國禮學的中堅力量。民國時期的江南禮學研究，大多得自黄以周南菁書院的一脈相傳。這又分爲兩種情況：一是團體性傳承。這便是日後大名鼎鼎，在民國產生巨大影響的唐文治無錫國專。某種意義而言，無錫國專其實就是南菁書院的現代轉型，無論是理念、學風還是經學救世之精神，唐文治對黄以周都有直接的繼承。這種繼承，在當時社會可謂是逆潮而動，但在今天看來，恰是這逆潮而動，才爲日後中國保有了一股強勁的傳統學脈。二是個體性傳承。其中最爲典型的例子是曹元弼。曹元弼爲黄以周在南菁時的早期弟子，後爲民國時期重要禮學家。章太炎《黄先生傳》謂當時在南菁『事樸學者，專宗先生，弟子慈溪馮一梅、林頤山、丹徒陳慶年、元和曹元弼，爲得其傳』。當代學者王欣夫、沈文倬、錢仲聯、唐蘭等皆從曹元弼學，但以禮學名家的惟沈文倬。顧頡剛在二十世紀七十年代曾稱沈文倬爲『當今治《禮經》之第一人』。[一]二十世紀禮學傳承有非常清晰脈絡的，就是曹元弼這一支。楊志剛説：

[一]　陳戍國點校：《周禮・儀禮・禮記》『後記』，岳麓書社二〇〇六年版，第四七一頁。

『曹元弼、沈文倬、陳戍國師生三代，前後相續，孜孜於禮學，成爲本世紀禮學傳承中引人注目的一脈。這三位禮學專家是人們瞭解二十世紀禮學如何在轉型、嬗變中繼往開來的一個很好的例證。』[一]二十世紀三十年代，沈文倬從曹元弼專攻三禮之學，遷家蘇州寶林寺前，與曹元弼毗鄰而居，很有漢末鄭玄築精舍於馬融宅外的意味。因此，若從南菁書院算起，曹元弼這一脈可上溯到定海黄氏那裏，其譜系爲：黄式三—黄以周—曹元弼—沈文倬。因此倘若僅從曹元弼一系來看，完全可以説『黄門禮學』學脈至今不墜。

[一] 楊志剛：《禮學研究芻議》，《原道》第三輯，中國廣播電視出版社一九九六年版。

輯箋説明

本書主要彙輯黄以周《禮書通故》以外散見的黄氏父子禮學文獻，並加箋注。具體説明如下：

上卷黄式三部分，文獻主要來源於其文集《儆居集》。黄式三雖無巨型禮學著述問世，但其單篇禮論如《約禮説》、《崇禮説》、《復禮説》以及《明堂步筵説》等，皆爲學林稱譽，這些禮學文獻散見於《儆居集》中，本書逐一輯入。此外，黄式三《論語後案》爲其經學代表作，該書在清末民初影響頗大。黄式三長於三禮，故對《論語》禮儀、禮制問題考辨深詳，且多數考辨與義疏幾可獨立成篇，爲此我們也選擇輯入，並另擬了標題。下卷黄以周部分，文獻主要來源於其文集《儆季雜著》，以及《禮説》、《禮説略》、《軍禮司馬法考徵》、《經訓比義》、《儆季子粹語》等著述。

需要特别説明的是，以上文獻雖收入筆者主持整理的《黄式三全集》和參與整理的《黄以周全集》中，但這次單獨輯出，一則爲讀者集中研讀黄氏父子禮學提供方便；二則筆者在《全集》整理之後，又不斷有新材料發現，一併輯入，希望儘快與大家分享。幾年前，筆者繼《全集》之後，立即開始整理黄氏家族其他成員與黄氏後學文獻，同時不忘搜求黄氏父子散逸之作。這次輯入的天一閣藏黄以周《五禮異議》殘稿（張涅、韓偉表教授拍照），便是《黄以周全集》未收文獻。除此之外，筆者新見《東城講舍經解》收録黄以周課藝四篇，其中禮學課藝二篇；筆者新見《詁經精舍課藝》收録黄以周課藝三十四篇，其中禮學課藝十五篇，《黄以周全集》均未收，本書亦悉數輯入。關於黄以周的生平事蹟研究，目前對其在杭州城東講舍與詁經精舍肄業情況一直付諸闕如，然而課藝的發現，很好地解決了這個問題。對此，筆者另有專文詳述。黄以周全部課藝的整理，也即將有單行本問世。黄以周在南菁書院任山長期間，衆弟子協助完成《軍禮司馬法考徵》之後，其中曹元忠撰有《司馬法古注音義》、陳慶年撰有《司馬法校注》《司馬法逸文》。由此可見，近世對《司馬法》的整理與研究，『黄門禮學』群體成績斐然。爲此，筆者將新見曹元忠《上黄元同師論司馬法書》二通，亦作爲箋注輯入，以便讀者瞭解黄以周與弟子討論《司馬法》有關問題的詳情。

在箋注方面，主要以《禮書通故》爲資料來源。黄式三乃浙東禮學名家，黄以周幼承庭訓，篤守家學，對黄式三學術多有繼承與發揮，故《禮書通故》常引黄式三語，以『家大人』稱之。爲此，筆者在爲黄式三禮學著述作箋時，盡可能將《禮書通故》相關部分逐一摘鈔出來，以方便讀者通過文本對讀，具體而詳細地瞭解他們父子間的學術傳承情況。就黄以周本人而言，我們將其《禮書通故》與《禮説》作對讀時也發現，黄以周治學一貫遵循實事求是原則，對自己以前學問中做得不周詳或不對的地方，常常要自我指明，還要自我修正。自我修正者，如《禮書通故》第十《喪禮通故四》云：『《喪大記》注云「抗木之厚，天子五重，上公四重，諸侯三重，大夫二重，士一重」。是其證也。』而到了後來作《棺椁抗木重數》又説：『棺椁抗木重數云「公侯宜合爲一等」。……《禮書通故》從鄭注，重思之有未安，故復作此以正之。』（見《儆季雜著一·禮説五》）做得不周詳而自我指明者，如《禮書通故》第九《喪服通故五》：『庾説非，《雜著》有説。』所謂『《雜著》有説』，係指《雜著》中的《服問》一篇，其云：『凡大功以上，麻帶有本者可變。三年，既練，期，既葬之，葛。小功以下，麻斷本不變，此喪服之通例也。而降服殤小功五月，亦有變葛之例也。《服問》篇「殤長中變三年之葛」，鄭注此「謂大功之親爲殤在緦小功者」，與成人小功服麻斷本有異也。庾蔚之於成人小功與殤小功之别全不體會，反駁鄭注，此大惑也。前作《喪服通故》，於此語焉不詳，讀者疑焉，故復作此辨之。』（《儆季雜著一·禮説六》）當然，黄以周在著述時，也有存餘不盡之意，這又是另一番境界，如《示諸生書》中説：『漢儒注書，循經立訓，意達而止，於去取異同之故不自深剖，令讀者自領之，此引而不發之道也。至宋儒反復推究，語不嫌詳，已有異於漢注。今人著書，必臚列舊説，力爲駁難，心中所有之意，盡寫紙上，並有異於宋人。而好學深思之士，閲宋後書而惟恐卧，日夜讀漢注而不知倦者，何也？譬如花盛放而姿色竭，一覽無餘，萼半函而生氣饒，耐人静玩而有味也。夙著《禮書通故》，志在發明經意，而舊説之得失不加詳辨，時存有餘不敢盡之意。』（《儆季雜著四·文鈔五》）針對黄以周禮學前後不同姿態，尤其是學術觀點或思想前後發生變化的細節，本書都盡可能作了箋注，藉此實現其禮學文本内部的資料循環利用與比證，這就是筆者爲何要將《禮書通故》作爲主要箋注材料的原因。

儘管黄式三爲浙東禮學名家，但在黄以周赴杭州與江陰之前，黄式三學術傳播僅限於舟山海島地區和寧波鎮海一帶，區域比較狹窄。定海儒生胡夤，是黄式三爲數不多且有著述傳世的經學弟子，終生服膺黄氏之學。胡夤《明明子論語集解義疏》收入《四明叢書》，其自述條例曰：『是作本以黄先生《後案》爲藍本，其有指趣相同者，或引用隨處標明，或行文不便覶縷，本係一家之學，並非郭竊向注也。至於意見不同之處，無可申明，繼之駁辯。人各有是非之心，學無取雷同之和，雖向歆之父子，鍇鉉之弟兄，不能強合也。』故凡黄式三《論語後案》説禮各題，筆者皆舉胡夤《義疏》箋注之，以使學者得觀師徒二人《論語》學之異同。

此外，時人、前人或後人凡與黄氏父子禮學議題相同者，在箋注中盡可能録入，以爲讀者提供可資對讀之文本。

上卷　黄式三

經禮曲禮説〔一〕

《禮器》曰：『經禮三百，曲禮三千。』『經禮』者，禮之大經。『曲禮』者，禮經中委曲之數也。《中庸》曰：『禮儀三百，威儀三千。』『禮儀』當作『禮義』，據《周官・肆師》注，古者書『禮儀』作『禮義』。《左傳》『民受天地之中以生，是以有動作禮義威儀之則』，言人之動作禮義三百，威儀三千，有法則也。以其爲禮之大經曰『經禮』，以其爲禮之大義曰『禮義』，其實一也。以其威可畏、儀可象曰『威儀』，以其委曲繁重曰『曲禮』，實亦一也。《漢書・禮樂志》：『周監於二代，禮文尤具。事爲之制，曲爲之防，故稱「禮經三百，威儀三千」。』《藝文志》同，與《禮器》、《中庸》相合。約而言之，經禮之大義三百，威儀之委曲三千，章章矣。其三百、三千之數，秦火前必有確指，今書既未臚列，後儒安能析分？其分指爲何，書者皆以意言之耳。〔二〕以《儀禮》言之，十七篇之大綱，冠昏、吉凶、燕射、朝聘，是謂經禮，其中曲禮，雖以淩次仲之《釋例》，猶未盡其詳。是以《儀禮》舊有《曲禮》之名，晋荀崧、唐孔穎達皆云然也。以《周官》言之，《冢宰》所言六典之綱，是爲經禮，而九賦、九式未嘗非曲禮也。《大宗伯》所言五禮之綱，是爲經禮，其中如《大行人》、《司儀》所言，未嘗非曲禮也。以戴《禮記》言之，如《冠義》、《昏義》、《鄉飲酒義》、《燕義》、《射義》、《聘義》，凡以義名者，古之所謂禮義，遺編猶在，即爲經禮，而其中言拜揖之儀，俎豆之數，則經禮非無曲禮也，如《少儀》、《内則》、《玉藻》，統言之皆爲曲禮。而近儒任翼聖分《内則》、《玉藻》、《少儀》爲明倫之綱，分《曲禮上》爲敬身之綱，則曲禮非無經禮也。然則諸書有經有曲，讀者善會之可矣。鄭君注孔疏，以《周禮》爲經禮，《儀禮》爲曲禮，《漢書・藝文志》瓚注駁之，朱子申瓚注詳駁之，則鄭君説爲後學所不敢信。朱子以爲禮經三百篇、曲禮三千篇，依其言考之，禮經固可言三百，如河間獻王得《禮記》一百三十一篇、劉更生增校得《禮記》二百十四篇近是，而曲禮無三千篇之多足以充其數，亦爲後學所致疑。〔三〕吕與叔以爲，今所傳《儀禮》者經禮也，其篇末稱記者記禮之變，則曲禮也。以曲爲變固未確，葉少藴以爲威儀即今之《曲禮》，所謂經禮者今已亡，語尤未是。〔四〕穉生弟〔五〕曰：《中庸》『禮義』訛『儀』，二千餘年不校正，三百、三千各以意説。《五禮通考》卷首集諸儒説，無定論，賴此糾正。

【箋注】

〔一〕輯自黄式三《儆居集一・經説》，清光緒十四年續刻本。

〔二〕黄以周《禮書通故》第一《禮書通故》第一條案語云：先君子曰：『《中庸》「禮儀三百，威儀三千」，據《周官·肆師》注，古書「禮儀」作「禮義」。《左傳》「民受天地之中以生，是以有動作禮義威儀之則」，言人之動作禮義三百，威儀三千，有法則也。以其爲禮之大經曰「經禮」，以其爲禮之大義曰「禮義」，其實一也。以其威可畏，儀可象，曰「威儀」，以其委曲繁重，曰「曲禮」，實亦一也。《儀禮》十七篇之大綱，是謂禮經，其中曲禮，雖以淩次仲之《釋例》，猶未盡其詳也。《周官·冢宰》言六典之綱，是謂禮經，而九賦、九式未嘗非曲禮。《大宗伯》言五禮之綱，是謂禮經，而《大行人》、《司儀》所言，未嘗非曲禮也。《戴記》如《冠義》、《昏義》、《鄉飲酒義》、《燕義》、《射義》、《聘義》，凡以義名者，古之所謂禮義，遺篇猶在，即爲禮經，而其中言拜揖之儀，俎豆之數，非無曲禮，《少儀》、《内則》、《玉藻》，統言之皆爲曲禮。而任翼聖分《内則》、《少儀》、《玉藻》爲明倫之綱，《曲禮上》爲敬身之綱，亦非無禮經也。諸書有經有曲，讀者善會之。或謂禮經爲常，曲禮爲變，尤謬。』即出自此篇之節引。

又王兆芳輯録《儆季子粹語》卷之一《古術第四》載：禮家舊説，經禮三百爲《周官》，曲禮三千爲《儀禮》。子曰：『三禮皆有經、曲，先君子詳説之矣。』蓋亦指此篇而言。

〔三〕朱子之説，見宋衛湜撰《禮記集説》卷一《曲禮上第一》，原文曰：『《禮器》作經禮、曲禮，而《中庸》以經禮爲禮儀，鄭玄等皆曰經禮即《周禮》三百六十官，曲禮即今《儀禮》冠、昏、吉、凶。其中書儀三千，以其有委曲威儀，故有二名。獨臣瓚曰：「《周禮》三百，特官名耳。經禮爲冠、昏、吉、凶。」蓋以《儀禮》爲經禮也。而近世括蒼葉夢得曰：「經禮，制之凡也。曲禮，文之目也。先王之世，二者蓋皆有書藏於有司。祭祀、朝覲、會同，則大史執之以涖事，小史讀之以喻衆，而卿大夫授之以教萬民，保氏掌之以教國子者，亦此書也。」愚意禮篇三名，《禮器》爲勝；諸儒之説，瓚、葉爲長。蓋《周禮》乃制治立法設官分職之書，於天下事無不該攝，禮典固在其中，而非專爲禮設也。其中或以一官兼掌衆禮，或以數官通行一事，亦難計其官數以充禮篇之數。至於《儀禮》，則其冠、昏、喪、祭、燕、射、朝聘，自爲經禮大目，亦不容專以曲禮名之也。但曲禮之篇，未見於今，何書爲近，而三百三千之數又將何以充邪？又嘗考之經禮，固今之《儀禮》，其存者十七篇，而其逸見於他書者，猶有《投壺》、《奔喪》、《遷廟》、《釁廟》、《中霤》等篇。其不可考者，又有古經，增多三十九篇，而《明堂》、《陰陽》、《王史氏記》數十篇，及河間獻王所輯禮樂古事多至五百餘篇，儻或猶有逸在其間者，大率且以《春官》所領五禮之目約之，則其初固當有三百餘篇亡疑矣。所謂曲禮，則皆禮之微文小節，如今《曲禮》、《少儀》、《内則》、《玉藻》、《弟子職》篇所記，事親、事長、起居、飲食、容貌、辭氣之法，制器、備物、宗廟、宮室、衣冠、車旗之等，凡所以行乎經禮之中者，其篇之全數雖不可知，然條而析之，亦應不下三千有餘矣。若或者專以經禮爲常禮，曲禮爲變禮，則如《冠禮》之不醴而醮用酒，殺牲而有折俎，若孤子冠母不在之類，皆禮之變而未嘗不在經禮篇中。坐如尸，立如齊，毋放飯，毋流歠之類，雖在《曲禮》之中，而不得謂之變禮，其説誤也。』黄以周《禮書通故》第一在其父黄式三立論之基礎上，節引朱子原文取自秦蕙田《五禮通考》卷首第一《禮經作述源流上》中所引朱子之説，而秦氏則得自衛氏。

〔四〕葉氏（夢得）之説，見宋衛湜撰《禮記集説》卷一《曲禮上第一》，原文曰：『經禮三百，曲禮三千，經禮一而曲禮十。經禮其常，猶言制之凡也；曲禮其變，猶言文之目也。故言禮儀三百，威儀三千。先王之時，皆有書與法藏於有司，官掌之士習之，有司守之，謂之執禮。《周官》：大史掌邦之六典，禮居一焉。其曰：大祭祀，與群執事讀禮書而協事。祭之日，執書以次位常。大會同，朝覲，以書協禮事，將幣之日，執書以詔王。小史，大祭祀讀禮法，或讀之以喻衆，或執之以行事。至周衰而二者皆亡，惟孔子獨能知之，故亦謂之執禮。今《禮記》首載《曲禮》，此非其書與法之正，漢儒雜記其所聞而纂之爾，故言《曲禮》。曰：以表之如毋放飯，毋流歠，孟子亦云，則孟子猶及見其略歟？所謂經禮者，無復聞矣。』秦蕙田《五禮通考》引同。

〔五〕黄式穎（一七九六—？），字邦恬，號穭生。邑庠生。黄式三胞弟。通經史，課徒家塾，爲人正直，具儒者風範，協助兄式三續修《黄氏譜》。光緒《定海廳志》傳云：『自少從其兄式三學，通經史，心體力行，不苟爲隨俗趨時之習。中年課徒家塾，謂：學者以治經爲急，治經必先明訓詁。訓詁不明，猶欲入堂奥而先迷門徑。時出家藏經學書籍授之，故其徒應試者多以經解獲知於學使。間以餘力治人疾，輒應手取效，始終未嘗受人饋。自奉極簡約，布衣蔬食，數十年如一日。而於宗族姻黨之窘乏者，必周之，或以善舉與之商，輒先輸無吝色。遇不平事，侃侃正言，雖强悍亦讋服。咸豐初，西洋天主教盛行，入教者假冒請書，侵奪廟寺屋宇田産，甚至倚勢横行，莫可禁止。鄉民畏逼，群起而攻。入教者以被搶控，法國領事敏暨主教顧爲之索償，勢凶甚。同知王承楷懼激變，囑式穎清理西鄉事。式穎傳集鄉人，反復開陳，委屈排解，事乃定。』

約禮説[一]

《論語》緟言博文約禮，聖訓章矣。禮，即先王之《禮經》也。王陽明《博約説》：博其顯而可見之禮曰文，約以微而難見之理曰禮。豈聖人之教，必待王氏斡補而後明乎？禮，一也，分顯微而二之；文與禮，二也，以禮之顯者爲文而一之。其所謂理，誰能明之乎？夫明心見性之學，以心爲理，自以爲是者也。君子博文約禮，[二]存不敢自是之心，而篤於求是者也。此心患其誤用，必博學於古人之文。己之見拘不如古人之閎，己之見虚不如古人之實，此心因博而易雜，必約以先王之禮。所行或不及，禮以文之；所行或太過，禮以節之。博約如此，其難庶幾不畔於理矣。且古之所謂理者，何邪？《禮器》曰：『義理，禮之文也。』《樂記》曰：『禮也者，理之不可易者也。』然則禮之三百、三千，先王所條分縷析，燦然顯著。别仁義，明是非，君子不敢紊而畔之者，此理也。[三]王氏所謂微而難見之理，則自信本心之光明洞徹，萬理畢備，已知其是，人莫能見耳。何所據而言之？由來漸矣！《論語》言心，自『從心所欲不踰矩』始，聖人心與矩一，猶以矩自印。雖曰不勉而中，抑亦聖心之不敢自是也，況下者可無矩乎？胡氏致堂之注則曰：人心一疵不存，萬理明盡，日用之間，本心瑩然，隨所意欲，莫非至理。〔四〕則以肊見爲聖心矣。《論語·八佾》篇詳言禮，不空言理。胡氏於《媚竈》章注曰：天即理也。理無不在，在人則人心之昭昭者是也。〔五〕心即理、即天理説，起於謝氏顯道。胡氏喜道謝説，於是先王之禮不言，直言心已矣，直言本心之天理爲天秩之禮已矣。陸氏象山言本心，祖謝、胡二氏也。王氏祖陸氏，而張皇言之也。以心之肊見爲理而理已誣，以本心之天理言禮而禮又誣。淩次仲教授《禮經釋例》首以《復禮》上中下，其下篇云：『仁不能舍禮，但求諸理。』又云：『求諸理，必至於師心。』又云：『聖學禮也，不云理也。』此因儒者舍禮言理，指心之微而難見者以爲幽妙，有激而言，矯枉過正。甲午四月望後跋。淩氏書已言之，但未詳耳。阮刻淩書徑删下篇，不如駁而存之。余删舊跋，改此篇，稿屢易而自憾文之未工，年已老而筆枯，讀者諒焉。戊午年七十書。〔六〕俞理初曰：『約禮學微，心理教起，今日不可無此文。』

【箋注】

〔一〕輯自黄式三《儆居集一·經説一》，清光緒十四年續刻本。黄以周自幼受經於黄式三，以父爲師。六歲入塾，識《説文》部首，遂讀經。先《禮》，次《詩》、《書》，次《春秋》、《易》。每一經畢，輒條分節目，疏通大義。三十而諸經已通，其後綜諸經而宗於《禮》。南菁書院弟子王兆芳輯録黄以周語録而成《儆季子粹語》，每則冠以『子曰』以示敬，其論禮於黄式三多有闡發。《儆季子粹語》卷之一《士職第一》載：『子曰：「博文約禮，聖門正訓也。」子曰：「今去古遠矣。學者欲求孔聖之微言大義，必先通經。經義難明，必求諸訓詁聲音，而後古人之語言文字乃憭然於心目。不博文，能治經乎？既治經矣，當約之以禮。」子曰：「聖門之學者重約禮。禮者，理也。古人論學，詳言禮而略言理，禮即天理之秩然者也。《虞書》曰天秩有禮，《孔子燕居》曰禮者理也，《樂記》曰禮也者理之不可易者也，節文度數，有至理寓焉矣！故考禮之學，即窮理之學也。」』皆可與此篇對讀之。

〔二〕《論語·雍也》：『子曰：君子博學於文，約之以禮，亦可以弗畔矣夫。』《論語後案》：『約之以禮，謂行其所學必節之以禮也。君子多識前言往行，非以爲口耳之資，固孜孜然欲法古人之所爲也。而法古人所爲必節之以禮；禮者，先王制爲不易之經，以别同異、明是非也。讀諸子雜説，衡以先王之禮，可否定而始行。即《詩》《書》所載，必以禮准之，知其淺深醇駁之殊，始可以力行不惑，於道乃不背也已。《曲禮》曰：「道德仁義，非禮不成。」《荀子》曰：「學始乎誦經，終乎讀禮。」』

〔三〕王兆芳輯録《儆季子粹語》卷之一《士職第一》載：『子曰：《禮器》云：「義理，禮之文也。」《樂記》云：「禮也者，動於外者也。」理發諸外，而民莫不承順。義理者，禮之文。禮文之有條不紊者，是謂理。理發諸外，不必離事物而懸想之也。聖人制禮，得人心所同然之理，故民莫不承順。』

〔四〕真德秀《西山讀書記》卷二十《學》引胡氏曰：『聖人之教亦多術，然其要使人不失其本心而已。欲得此心者，惟志乎聖人而示之學，循其序而進焉。至於一疵不存，萬理明盡之後，則其日用之間，本心瑩然，隨所意欲莫非至理。』

〔五〕宋真德秀撰《西山讀書記》卷三十八《天地之道》引同。（文淵閣《四庫全書》本）

〔六〕淩廷堪《校禮堂文集》卷四《雜著一·復禮上》：『夫人之所受於天者，性也。性之所固有者，善也。所以復其善者，學也。所以貫其學者，禮也。是故聖人之道，一禮而已矣。孟子曰：「契爲司徒，教以人倫，父子有親，君臣有義，夫婦有別，長幼有序，朋友有信。」此五者，皆吾性之所固有者也。聖人知其然也，因父子之道而制爲士冠之禮，因君臣之道而制爲聘覲之禮，因夫婦之道而制爲士昏之禮，因長幼之道而制爲鄉飲酒之禮，因朋友之道而制爲士相見之禮。自元子以至於庶人，少而習焉，長而安焉。禮之外，別無所謂學也。夫性具於生初，而情則緣性而有者也。性本至中，而情則不能無過不及之偏，非禮以節之，則何以復其性焉。父子當親也，君臣當義也，夫婦當別也，長幼當序也，朋友當信也，五者根於性者也，所謂人倫也。而其所以親之、義之、別之、序之、信之，則必由乎情以達焉者也。非禮以節之，則過者或溢於情，而不及者則漠焉遇之，故曰「喜怒哀樂之未發謂之中，發而皆中節謂之和」。其中節也，非自能中節也，必有禮以節之，故曰「非禮何以復其性焉」。是故知父子之當親也，則爲醴醮祝字之文以達焉，其禮非士冠可賅也，而於士冠焉始之。知君臣之當義也，則爲堂廉拜稽之文以達焉，其禮非聘覲可賅也，而於聘覲焉始之。知夫婦之當別也，則爲笄次帨鞶之文以達焉，其禮非士昏可賅也，而於士昏焉始之。知長幼之當序也，則爲盥洗酬酢之文以達焉，其禮非鄉飲酒可賅也，而於鄉飲酒焉始之。知朋友之當信也，則爲雉腒奠授之文以達焉，其禮非士相見可賅也，而於士相見焉始之。《記》曰：「禮儀三百，威儀三千。」其事蓋不僅父子、君臣、夫婦、長幼、朋友也，即其大者而推之，而百行舉不外乎是矣。其篇亦不僅《士冠》、《聘》、《覲》、《士昏》、《鄉飲酒》、《士相見》也。即其存者而推之，而五禮舉不外乎是矣。良金之在丱也，非築氏之鎔鑄不能爲削焉，非㮚氏之模範不能爲量焉。良材之在山也，非輪人之規矩不能爲轂焉，非輈人之繩墨不能爲輈焉。禮之於性也，亦猶是而已矣。如曰舍禮而可以復性也，是金之爲削、爲量不必待鎔鑄模範也，材之爲轂、爲輈不必待規矩繩墨也。如曰舍禮而可以復性也，必如釋氏之幽深微眇而後可，若猶是聖人之道也，則舍禮奚由哉！蓋性至隱也，而禮則見焉者也。性至微也，而禮則顯焉者也。故曰：「莫見乎隱，莫顯乎微，故君子愼其獨也。」三代盛王之時，上以禮爲教也，下以禮爲學也。君子學士冠之禮，自三加以至於受醴，而父子之親油然矣。學聘覲之禮，自受玉以至於親勞，而君臣之義秩然矣。學士昏之禮，自親迎以至於徹饌成禮，而夫婦之别判然矣。學鄉飲酒之禮，自始獻以至於無算爵，而長幼之序井然矣。學士相見之禮，自初見執贄以至於既見還贄，而朋友之信昭然矣。蓋至天下無一人不囿於禮，無一事不依於禮，循循焉，日以復其性於禮而不自知也。劉康公曰：「民受天地之中以生，所謂命也。」是以有動作禮義威儀之則以定命也。故曰：「天命之謂性，率性之謂道，脩道之謂教。」夫其所謂教者，禮也，即父子有親，君臣有義，夫婦有别，長幼有序，朋友有信是也。故曰：「學則三代共之，皆所以明人倫也。」』

淩廷堪《校禮堂文集》卷四《雜著一·復禮中》：『《記》曰：「仁者，人也，親親爲大。義者，宜也，尊賢爲大。親親之殺，尊賢之等，禮所生也。」此仁與義不易之解也。又曰：「君臣也，父子也，夫婦也，昆弟也，朋友之交也，五者天下之達道也。知、仁、勇三者，天下之達德也。」此道與德不易之解也。不必舍此而别求新説也。夫人之所以爲人者，仁而已矣。凡天屬之親則親之，從其本也，故曰：「仁者，人也，親親爲大。」亦有非天屬之親而其人爲賢者，則尊之，從其宜也，故曰：「義者，宜也，尊賢爲大。」以喪服之制論之，昆弟，親也，從父昆弟則次之，從祖昆弟又次之。故昆弟之服則疏衰裳齊期，從父昆弟之服則大功布衰裳九月，從祖昆弟之服則小功布衰裳五月，所謂親親之殺也。以鄉飲酒之制論之，其賓，賢也，其介則次之，其衆賓又次之。故獻賓則分階，其俎用肩；獻介則共階，其俎用肫胳；獻衆賓則其長升受，有薦而無俎：所謂尊賢之等也。皆聖人所制之禮也。故曰：「親親之殺，尊賢之等，禮所生也。」親親之殺，仁中之義也；尊賢之等，義中之義也。是故義因仁而後生，禮因義而後生。故曰：「君子義以爲質，禮以行之，孫以出之，信以成之。」《禮運》曰：「禮也者，義之實也。協諸義而協，則禮雖先王未之有，可以義起也。」《郊特牲》曰：「父子親，然後義生，義生然後禮作。」董子曰：「漸民以仁，摩民以義，節民以禮。」然則禮也者，所以制仁義之中也。故至親可以揜義，而大義亦可以滅親。後儒不知，往往於仁外求義，復於義外求禮，是不識仁且不識義矣，烏覩先王制禮之大原哉！是故以昆弟之服服從父昆弟、從祖昆弟，以獻賓之禮獻介、獻衆賓，則謂之過。以從祖昆弟、從父昆弟之服服昆弟，以獻介、獻衆賓之禮獻賓，則謂之不及。蓋聖人制之而執其中，君子行之而協於中，庶幾無過不及之差焉。夫聖人之制禮也，本於君臣、父子、夫婦、昆弟、朋友，五者皆爲斯人所共由，故曰道者所由，適於治之路也，天下之達道是也。若舍禮而別求所謂道者，則杳渺而不可憑矣。而君子之行禮也，本之知、仁、勇，三者皆爲斯人所同得，故曰德者得也，天下之達德是也。若舍禮而別求所謂德者，則虚懸而無所薄矣。蓋道無跡也，必緣禮而著見，而制禮者以之；德無象也，必藉禮爲依歸，而行禮者以之。故曰：「苟不至德，至道不凝焉。」是故禮也者，不獨大經大法悉本夫天命民彝而出之，即一器數之微，一儀節之細，莫不各有精義彌綸於其間，所謂「物有本末，事有終始」是也。格物者，格此也。《禮器》一篇，皆格物之學也。若泛指天下之物，有終身不能盡識者矣。蓋必先習其器數儀節，然後知禮之原於性，所謂致知也。知其原於性，然後行之出於誠，所謂誠意也。若舍禮而言誠意，則正心不當在誠意之後矣。《記》曰：「自天子以至於庶人，壹是皆以修身爲本。」又曰：「非禮不動，所以修身也。」又曰：「修身以道，修道以仁。」即就仁義而申言之。曰「禮所生也」，是道實禮也。然則修身爲本者，禮而已矣。蓋修身爲平天下之本，而禮又爲修身之本也。後儒置子思之言不問，乃別求所謂仁義道德者，於禮則視爲末務，而臨時以一理衡量之，則所言所行不失其中者鮮矣。《曲禮》曰：「道德仁義，非禮不成。」此之謂也。是「故君子尊德性而道問學，致廣大而盡精微，極高明而道中庸，温故而知新，敦厚以崇禮。」』

淩廷堪《校禮堂文集》卷四《雜著一・復禮下》：『聖人之道，至平且易也。《論語》記孔子之言備矣，但恒言禮，未嘗一言及理也。《記》曰：「道之不行也，我知之矣，知者過之，愚者不及也。道之不明也，我知之矣，賢者過之，不肖者不及也。」彼釋氏者流，言心言性極於幽深微眇，適成其爲賢知之過。聖人之道，不如是也。其所以節心者，禮焉爾，不遠尋夫天地之先也；其所以節性者，亦禮焉爾，不侈談夫理氣之辨也。是故冠昏飲射，有事可循也；揖讓升降，有儀可案也；豆籩鼎俎，有物可稽也。使天下之人少而習焉，長而安焉。其秀者有所憑而入於善，頑者有所檢束而不敢爲惡；上者陶淑而底於成，下者亦漸漬而可以勉而至。聖人之道，所以萬世不易者，此也；聖人之道，所以別於異端者，亦此也。後儒熟聞夫釋氏之言心言性，極其幽深微眇也，往往怖之，愧聖人之道以爲弗如，於是竊取其理事之説而小變之，以鑿聖人之遺言，曰「吾聖人固已有此幽深微眇之一境也」。復從而闢之，曰「彼之以心爲性，不如我之以理爲性也」。嗚呼！以是爲尊聖人之道而不知適所以小聖人也，以是爲闢異端而不知陰入於異端也誠如是也，吾聖人之於彼教僅如彼教性相之不同而已矣，烏足大異乎彼教哉！儒釋之互援，實始於此矣。《詩》曰：「鳶飛戾天，魚躍於淵。」説者以爲喻惡人遠去，民得其所，即《中庸》引而伸之，亦不過謂聖人之德明著於天地而已，曷嘗有化機也？「子在川上曰：逝者如斯夫，不舍晝夜。」説者以爲感歎時往不可復追，即《孟子》推而極之，亦不過謂放乎四海有本者如是而已，曷嘗有悟境也？蓋聖人之言，淺求之，其義顯然，此所以無過不及，爲萬世不易之經也。深求之，流入於幽深微眇，則爲賢知之過以爭勝於異端而已矣。何也？聖人之道本乎禮而言者也，實有所見也；異端之道外乎禮而言者也，空無所依也。子所雅言《詩》、《書》、執禮。顔淵問仁，子曰：「克己復禮爲仁。」請問其目。曰：「非禮勿視，非禮勿聽，非禮勿言，非禮勿動。」顔淵曰：「夫子循循然善誘人，博我以文，約我以禮。」聖人舍禮無以爲教也，賢人舍禮無以爲學也。《詩》《書》，博文也，執禮，約禮也，孔子所雅言者也。仁者，行之盛也，孔子所罕言者也。顔淵大賢，具體而微。其問仁與孔子告之爲仁者，惟禮焉爾。仁不能舍禮但求諸理也。子貢曰：「夫子之文章，可得而聞也；夫子之言性與天道，不可得而聞也。」文章，《詩》、《書》、執禮也。性與天道非不可得而聞，即具於《詩》、《書》、執禮之中，不能托諸空言也。夫仁根於性，而視聽言動則生於情者也。聖人不求諸理而求諸禮，蓋求諸理必至於師心，求諸禮始可以復性也。顔淵見道之高堅前後幾於杳渺而不可憑，追至博文約禮，然後曰「如有所立，卓爾」，即立於禮之立也。故曰：「不學禮，無以立。」又曰：「不知禮，無以立也。」其顔子由學禮而後有所立，於是言之明顯如此。後儒不察，乃舍禮而論立，縱極幽深微渺，皆釋氏之學，非聖學也。顔子由學禮而後有所立，於是駉而致之其心三月不違仁。其所以不違者，復其性也。其所以復性者，復於禮也。故曰：「一日克己復禮，天下歸仁焉。」夫《論語》，聖人之遺書也。説聖人之遺書，必欲舍其所恒言之禮，而事事附會於其所未言之理，是果聖人之意邪？後儒之學本出於釋氏，故謂其言之彌近理而大亂真。不知聖學禮也，不云理也，其道正相反；何近而亂真之有哉！』

復禮説[一]

禮也者，制之聖人而秩之自天。當民之初生，禮儀未備，而本於性之所自然，發於情之不容已，禮遂行於其間。何則？蠭蟻有君臣，豺狼有父子，鴻雁有行列之序，豈聖人教之而然哉？物不受教於聖人而物自能之，安得謂聖人未教人而人盡無禮乎？恭敬辭讓，此心爲禮之端。無是心，非人也。是故《尚書》斷自唐虞，典三禮，脩五禮，制已大備。《易》言伏羲作八卦，君臣、父子、兄弟、夫婦、朋友之禮寓於中。溯而上之，天之生人也，陰陽相繼以成性，此禮之所由變化，邃古聖人即因而略定之。《春秋傳》晏子曰：禮之久，與天地並。所以古今之禮雖異，而由質而文，其本則一。燔黍而後有簠簋，韋韍而後有裳衣，坐立而後有拜跪，皆聖人順人之性而爲之制也。惟其順性而立制，則凡民之遵道遵路莫能外；亦惟順性而立制，儒者之希賢希聖不出乎此。孔聖之門，顔子大賢，問仁而教以復禮，後之儒敢呰禮爲粗迹哉？老子曰『失義而後失禮，禮者忠信之薄而亂之首』，此言失義後之禮也。[二]而申老者則曰：儒者設立等次，誘之以欲，劈之以節，欲迫情而拂其性。爲此説者，其毀禮也甚矣！晋人慕玄風，因曰『禮豈爲我輩設』，而天下大亂。蘇明允作《禮論》，以爲人生之初，不知君，不知父，不知兄，聖人爲禮以恥之。彼固謂治天下之必法於禮也，而外禮於性，其失則均。孔聖言「克己復禮爲仁」，復禮者，爲仁之實功也，盡性之實功也。稽生弟曰：老蘇作《禮》、《易》諸論，選者多去其《禮論》，前人公評以《禮論》尤未是也。〔三〕近儒淩次仲作《復禮》上中下，上篇言復禮即復性之功，意醇於蘇。此篇本淩駁蘇，而渾厚勝蘇，簡直勝淩，合讀自見。

【箋注】

〔一〕輯自黄式三《儆居集一·經説一》，光緒十四年續刻本。

〔二〕《論語·八佾三》：「曰：禮，後乎？子曰：起予者商也！始可與言《詩》已矣。」《論語後案》曰：「《老子》云『失義而後失禮，禮者忠信之薄而亂之首』，分禮與忠信爲二，以斥文勝之弊，輕言失禮後之禮也。《禮器》云：『先王之立禮也，有本有文。忠信，禮之本也。義理，禮之文也。』又云：『君子欲觀仁義之道，禮其本也。』重言禮也。又云：『忠信之人可以學禮。苟忠信之人，則禮不虚道。』言禮中自有忠信，無忠信則禮不虚行，亦重言禮也。《八佾》篇詳言禮，此言禮爲後，猶言禮之不可以已也。禮兼忠信節文而言，倩盼美貌當有禮以成之，亦重禮也。後，猶終也，成也。近解媾以儀文爲禮，遂滋本末輕重之説。申其説者遂云未有禮，先有理也。信如是，則忠信，理也，本也；禮，文也，末也：與《禮器》之言不大相背謬乎？抑五經中固有此言乎？經傳中有以儀文言禮者，如「敬不足而禮有餘」，「哀不足而禮有餘」是也；有對儀文而言禮者，如女叔齊、子大叔禮儀之辨是也。若此，經及《禮器》之言自兼忠信節文以言禮矣。經傳有析言、渾言之異，讀者所宜詳也。陸稼書曰：「自古亂天下之言有二：一曰禮豈爲我輩設，一曰六經皆我注脚。此章内皆可羼入，故講學不明即流毒天下。」式三案：陸氏雖未考古注，而以禮後爲重禮之言，不是薄禮，斷斷於卜氏言與老莊之不同，可爲後學發懞。』

〔三〕蘇洵《嘉祐集》卷六《六經論·禮論》：『夫人之情，安於其所常爲，無故而變其俗，則其勢必不從。聖人之始作禮也，不因其勢之危亡困辱之者以厭服其心，而徒欲使之輕去其舊而樂就吾法，不能也。故無故而使之事君，無故而使之事父，無故而使之事兄，彼其初非如今之人知君父兄之不事則不可也，而遂翻然以從我者，吾以恥厭服其心也。彼爲吾君，彼爲吾父，彼爲吾兄，聖人曰：「彼爲吾君父兄，何以異於我？」於是坐其君與其父以及其兄，而己立於其旁，且俛首屈膝於其前以爲禮，而爲之拜。率天下之人而使之拜其君父兄。夫無故而使之拜其君，無故而使之拜其父，無故而使之拜其兄，則天下之人將復咄笑以爲迂怪而不從。而君父兄又不可以不得其臣子弟之拜，而徒爲其君父兄。於是聖人者又有術焉以厭服其心，而使之肯拜其君父兄。然則聖人者果何術也？恥之而已。古之聖人將欲以禮法天下之民，故先自治其身，使天下皆信其言。曰：「此人也，其言如是，是必不可不如是也。」故聖人曰：「天下有不拜其君父兄者，吾不與之齒。」而使天下之人亦曰：「彼將不與我齒也，於是相率以拜其君父兄，以求齒於聖人。」雖然，彼聖人者，必欲天下之拜其君父兄，何也？其微權也。彼爲吾君，彼爲吾父，彼爲吾兄，聖人之拜不用於世，吾與之皆坐於此，皆立於此，比肩而行於此，無以異也。吾一旦而怒，奮手舉梃而搏逐之可也。何則？彼其心常以爲吾儕也，何則不見其異於吾也。聖人知人之安於逸而苦於勞，故使貴者逸而賤者勞，且又知坐之爲逸而立且拜者之爲勞也，故舉其君父兄坐之於上，而使之立且拜於下。明日彼將有怒作於心者，徐而自思之，必曰：「此吾嚮之所坐而拜之，且立於其下者也。」聖人固使之逸而使我勞，是賤於彼也。奮手舉梃以搏逐之，吾心不安焉。刻木而爲人，朝夕而拜之，他日析之以爲薪而猶且忌之。彼其始木焉，已拜之猶且不敢以爲薪，故聖人以其微權而使天下尊其君父兄。而權者，又不可以告人，故先之以耻。嗚呼！其事如此，然後君父兄得以安其尊而至於今。今之匹夫匹婦，莫不知拜其君父兄。乃曰：「拜起坐立，禮之末也。」不知聖人其始之教民拜起坐立，如此之勞也。此聖人之所慮，而作《易》以神其教也。』

崇禮説〔一〕

《中庸》本《禮經》崇禮、議禮諸章，言君子必温古知新，誠於崇禮。天子必考建質俟，誠於作禮樂。作禮樂與致中和遥應，崇禮非致中之大者乎？『禮義三百』，言禮之大經；『威儀三千』，言大經中之委曲。經明言『優優大哉』，今訛『禮義』作『禮儀』，遂概言禮義爲細小之目，可乎？饒雙峰從學黄勉齋，謹守朱子注説，於此不能無疑。而饒説於上下文仍不貫，可信乎？〔二〕『大哉聖人之道！洋洋乎！發育萬物，峻極於天。』謂聖道之大，能發之極之也。『優優大哉！禮義三百，威儀三千，待其人而後行。』謂聖道之大，能行禮之大也。禮與德有分言者，《論語》分道德、齊禮，即《曲禮》云：『道德仁義，非禮不成。』〔三〕合而仍分也。有以禮爲德者，仁、禮、義、信、智爲五德是也。五德亦曰五性，故禮即爲德性。《春秋傳》曰：『民受天地之中以生，所謂命也。是以有動作禮義威儀之則，以定命也。』則禮之爲德性，昭昭矣。君子崇禮以凝道者也，知禮之爲德性也而尊之，知禮之宜問學也而道之。道問學，所以尊德性也。其育物之道廣大，不外禮之精微，盡精微所以致廣大也。其配天之道高明，不外禮之中庸，道中庸所以極高明也。敦厚以崇禮者，燖温前世之古禮，考求後王之新禮，遵而行之，不偏古，不偏今，崇之必敦厚也。後世君子外禮而内德性，所尊或入於虚無；去禮而濫問學，所道或流於支離，此未知崇禮之爲要也。不崇禮即非至德，何以能凝至道？劉星若曰：嚮讀《中庸》『哀公章』，竊謂智、仁、勇三達德，合上仁、義、禮爲五達德。勇即信也，『發強剛毅，足以有執也。』此章至德、至道，與達德、達道相似，而道、德之分不劃然，正由禮與德之不合矣。德、禮既合，以達德行，達道之旨，憭然自明。此二千年來獨得之大，而文之渾厚樸勁，猶爲餘事。

【箋注】

〔一〕輯自黄式三《儆居集一·經説一》，清光緒十四年續刻本。

〔二〕饒魯（一一九三—一二六四），字伯輿，號雙峰，江西餘干人，師從朱子弟子黄榦、李燔，爲朱子再傳。饒魯是南宋末年重要理學家，《宋元學案》之『雙峰學案』對饒魯學術地位評價甚高，認爲他『上接黄榦，下開吴澄』。與絶大多數朱子後學不同，饒魯最鮮明的特點是在繼承朱子思想的同時，對朱子提出了諸多尖鋭的批評，『晚年多不同於朱子』，顯示了某種自立門户的追求。饒魯著述甚多，有《五經講義》、《語孟紀聞》、《春秋節傳》、《學庸纂述》、《太極三圖》、《庸學十二圖》、《西銘圖》、《近思録注》等，惜無一傳世。幸其關於四書之論述，多有被元以來四書著作引述，饒氏關於四書的論述，見清人王朝璩輯《饒雙峰講義》，其中以對《中庸》的闡發最具特色。

〔三〕《論語·爲政》：『子曰：齊之以禮。』《論語後案》：『禮者，制度之顯著於行事，秩然不可變亂，使人俯就仰企者也。民之貪邪侈僭由於不知足，而禮之等貴賤、辨長幼者，俾惕於分之不敢踰；民之畔離悖逆由於不相愛，而禮之重喪紀、聯族黨者，俾感於情之所難已。感於情而仁慈之德廣，惕於分而敬讓之德昭，禮之輔德而行者如此。昔漢文帝有恭儉之德而禮多所缺，俗乃大不敬，至亡等，至冒上，俗吏恬不知怪，賈子言之；漢宣帝綜核名實，俗吏所以牧民者非有理義科指可通行，獨設刑法以守之弊，至於百里不同風，千里不同俗，户異政，人殊服，詐僞萌生，刑罰無極，王子陽言之。《史記・禮書》言周衰禮廢，大小相踰，循法守正者見侮於世，奢溢僭差者謂之顯榮。又言子夏初學聖門，猶云「出見紛華盛麗而説，入聞夫子之道而樂，二者心戰，未能自決」，況中庸以下，漸漬於失教，被服於成俗者！凡若此，可以明禮教不興之害矣。禮在衰季，或轉移於一人之好尚而不能返，或駁雜於諸儒之議論而不能定馴。至禮教陵夷，有一二人堅守禮而物議沸騰，爭用阻執，使賢者有無時不行之歎。齊之以禮，則天下仰軌物焉。大小戴《禮》言「禮云禮云」者，貴絶惡於未萌，而起教於微眇，使民日徙善遠罪而不自知；又言法禁於已然之後，而禮化於將然之前，則禮教之修爲要也。或曰：禮有不能齊者，能不以刑齊之乎？曰：以禮爲先。王驅率之術必用刑以督責之者，申韓之不知禮也。禮原於人情之所安，而小大由之，禮教行而刑可幾於措矣。』

儀禮喪服説〔一〕

《喪服》有經有傳，傳以釋經。經於《斬衰三年章》曰『君』，傳釋之曰：『君，至尊也。』經又曰：『公士大夫之衆臣，爲其君布帶繩屨。』傳釋之曰：『君，謂有地者也。』鄭君注：『天子、諸侯及卿大夫有地者曰君。』此合經、傳言之也。或據《特牲記》及《士喪禮》，士亦有臣。據《大傳》，士爲大宗，士必有地。然士有大宗、有地、有臣，惟公子爲然。自民庶而爲士，未必有地。且士之分卑，雖有臣而不得視君臣之禮。後儒謂士之臣亦服斬衰三年，此不明貴賤之分，於有地稱君之傳，不之信矣。經於《齊衰杖期章》曰：『父在，爲母。』傳釋之曰：『何以期也？屈也。至尊在，不敢伸其私尊也。父必三年然後娶，達子之志也。』後儒謂喪妻者雖無子，亦三年而娶，已議傳文之爲謬矣。傳言『不敢伸私尊』者，父之服除，子亦除服，祥禫之祭不得重爲之，家無二尊也。傳又云：『父之所不服，子亦不敢服。』又云：『禽獸知母而不知父。野人曰：父母何算焉。』以二傳例推之，其義益憭。唐用武后之請，改父在爲母齊衰三年。明洪武之制，易『齊』以『斬』。後儒據此以爲情理之當然，而於經、傳皆不信之矣。經於《齊衰杖期章》曰：『父卒，繼母嫁，從爲之服，報。』又於《齊衰不杖期章》曰『繼父同居者』，於《齊衰三月章》曰『繼父不同居者』，傳釋之曰：『夫死，妻稺，子幼，子無大功之親，與之適人。而所適者亦無大功之親，所適者以其貨財爲之築宫廟，歲時使之祀焉。若是，則繼父之道也。』周制，世禄之家，大宗收族，庶姓無大宗，或有并無小宗者，即有小宗未必能有收族之財、之權、之恩。母嫁而子從，死則以恩服之，宜也。傳兩言『無大功之親』者，大功同財。庶姓或有大功之親能收族者，母適人，子可不從所適者，與大功兄弟同財，未必能爲之築宫廟，故傳兩言『無大功之親』以申經意，義甚憭矣。後儒不知別子爲祖、繼別爲宗之義，妄謂周之庶姓盡行大小宗之法，則子無隨母適人之理，所適者無別築宫廟之理，又從晉傅休逸之説，以父無可繼之理矣。經於《大功章》曰『大夫爲世父母、叔父母、子、昆弟、昆弟之子爲士者』。傳釋之曰：『何以大功也？尊不同也。尊同，則得服其親服。』經又曰：『君爲姑姊妹女子子嫁於國君者。』傳釋之曰：『何以大功也？尊同也。尊同，則得服其親服。』經又於《不杖期章》曰：『大夫之適子爲妻。』傳釋之曰：『何以期也？父之所不降，子亦不敢降也。』鄭君解曰：『降有四品，君、大夫以尊降，公子、大夫之子以厭降，公之昆弟以旁尊降，爲人後者、女子子嫁者以出降。』後儒於尊降、厭降及尊同不降之説，反復致疑，是於《戴禮大傳》服術尊尊之義既不能明，而遂疑經、疑傳、疑鄭君注矣。《儀禮》有經、有《記》。《喪服》篇經、

《記》俱有傳。舊云先賢子夏作傳，謂《記》作於子夏之前也。此説即未可信爲必然，顧觀鄭君注有校勘傳文之語，有經、傳分釋之語，則傳非鄭君所自爲明矣。或謂《記》作於七十子後，而疑傳爲鄭君等爲之；或又謂王莽、劉歆竄易傳、《記》，即先增易經文以合之，則又以經爲可疑。暴秦焚經之禍始於疑經，疑之而詆之，復專輒删之，其害安可量邪？

【箋注】

〔一〕輯自黃式三《儆居集一·經説一》，清光緒十四年續刻本。

周官師儒説〔一〕

《周官》黨正之所校比，州長之所考勸，渾言德行、道藝。鄉大夫則分言之曰『考其德行，察其道藝』，又分之曰『考其德行、道藝，而興賢者、能者』，是以德行與道藝明賢、能之别也。太宰以九兩繫民，曰『師以賢得民，儒以道得民』，以賢、能分師、儒也。師之賢則優於德行，儒則賓興中之能者，能則通乎道藝也。經中凡渾言德者行道而持守於心者也，是德兼行與道也。有合言德行者，行謂身所踐，德謂行之而得於心也。有合言道藝者，藝則偏主一術，道則通乎術之大者也。司諫言糾德正行而强之道藝，師氏教國子以三德三行，保氏教六藝六儀而曰『養國子以道』。以《周官》證《周官》，其義已明。《文王世子》云：『師也者，教之以事而喻諸德者也；保也者，慎其身以輔翼之而歸諸道者也。』與太宰、鄉大夫、師氏、保氏、司諫之所言，其義亦符。司徒以三物賓興，曰六德、曰六行、曰六藝。不言道者，以藝該道也。禮樂之藝，精之爲道，道不外於立禮成樂也。然則《論語》言『志於道，據於德，依於仁，游於藝』，道藝可分。《中庸》言『五達道，三達德』，道德不相離。此何以異？曰：德行、道藝全之而神其用者，惟聖人，其次則不能不異。

聖門分德行、文學爲兩科，德行科豈不兼文學而所優在德行，其『九兩』之所謂師歟？師以賢得民，亦見非賢有德，不足以稱師也。文學科豈不兼德行而所優在文學，其『九兩』之所謂儒歟？儒以道得民，亦見不學者不知道，不足以稱儒也。《文王世子》言『先聖先師』，漢唐以來或以周公爲先聖，孔子爲先師；或以孔子爲先聖，顏子爲先師。至明嘉靖，專稱孔子爲至聖先師，其重師之名而尊其德也乎！《漢書·儒林傳》統集好學知道之通儒，其重儒之名而尊其道也乎！後世負教責者，必於六德、六行外自立學案，而師法乖；判道學於儒林，則不通道者可名儒，而儒品輕。〔二〕稽生弟穎曰：師儒分而師尊，道藝合而儒尊。

【箋注】

〔一〕輯自黄式三《儆居集一·經説一》，清光緒十四年續刻本。

〔二〕參見黄以周《禮書通故》第三十二《學校禮通故二》：《周官·大宰》：『以九兩繫邦國之民，三曰師以賢得民，四曰儒以道得民。』鄭玄云：『師，諸侯師氏，有德行以教民者。儒，諸侯保氏，有六藝以教民者。』　以周案：周之教法曰德行道藝，師有德行，儒通道藝者也。此不獨諸侯師、保爲然，先君子《儆居集》曰：『《周官》黨正之所校比，州長之所考勸，渾言德行道藝，鄉大夫則分言之曰「考其德行，察其道藝」，又分之曰「考其德行道藝，而興賢者能者」，是以德行與道藝明賢能之别也。大宰以九兩繫萬民，曰「師以賢得民，儒以道得民」，以賢能分師儒也。師之賢則優於德行，儒則賓興中之能者，能則通乎道藝也。司徒以鄉三物賓興，曰六德、六行、六藝，不言道者，以藝賅道也。禮樂之藝，精之爲道，道不外立禮成樂也。後世負教責者，必於六德六行外自立學案，而師法乖；判道學於儒林，則不通道者可名儒，而儒品輕。」又案：大宰以九職任萬民，皆三農工商之業，獨不及士。説者謂古士、農不分，自管仲治齊，始有士、農、工、商之目。而大宰以九兩繫邦國之民，别師、儒於友、藪，鄭注『友』謂『同並相合耦耡作者』，是農也。藪爲工、商之所處。位次於牧長之下、宗主之上，而友、藪居其末，則士、農亦似有分矣。然所謂師、儒者，學業已成者也，是士之已以德進、事舉、言揚者也。若其初，出作入息，與農爲伍，故《詩》曰：『攸介攸止，烝我髦士。』鄭箋：『介，舍也。禮，使民耡作耘耔，閒暇則於盧舍及所止息之處，以道藝相講肄，以進其爲俊士之行。』此其證矣。

王兆芳輯録《儆季子粹語》卷之一《士職》載：子曰：《周官》每以德行道藝並稱，凡曰道者多兼藝，曰德者多兼行。鄭注《大司樂》云『道多才藝者，德能躬行者』，此通例也。《師氏》之三德三行，又以德、行分言之，故鄭注云：『德行内外之稱，在心爲德，施之爲行。』《大司樂》之樂德曰：『中、和、祗、庸、孝、友。』以《師氏》鄭注推之，中和即至德，祗庸即敏德，孝友即孝德也。《大司徒》之六德，中、和及智、仁、聖、義，而中和爲智、仁、聖、義之極至。聖、智即祗、庸，仁、義即孝、友，皆有得於《詩》、《書》、《禮》、《樂》之教者也。深於《書》教者，智。智以藏往。《經解》云『疏通知遠而不誣，深於《書》者也』。其教屬北學。《文王世子》云『《書》在上庠』，《鄉飲酒義》云『背藏』是也。深於《詩》

教者，仁。《經解》云『温柔敦厚而不愚，深於《詩》者也』。其教屬南學。《鄉飲酒義》云『鄉仁』是也。深於《樂》教者，聖。聖，通也，其字從耳，達四聰者謂之聖。《經解》云『廣博易良而不奢，深於樂者也』。其教屬東學。《文王世子》云『學干戈羽籥在東序』，《鄉飲酒義》云『左聖』是也。深於《禮》教者，義。《經解》云『恭儉莊敬而不煩，深於《禮》者也』。其教屬西學。《文王世子》云『禮在瞽宗』，《鄉飲酒義》云『右義』是也。六行於孝、友之下，加以睦、婣、任、恤，是分《師氏》三行之順行而爲四。六藝爲禮、樂、射、馭、書、數，固與《保氏》無異矣。

又王兆芳輯録《儆季子粹語》卷之一《士職》載：子曰：《禮·内則》『十年出就外傅』，即《保傅》所謂『八歲出就外舍』，較遲二年。而所言小學節目，實與《保傅》相表裏。凡小學所學者，六藝也。《保傅》云『學小藝』，謂書、數、射、御之事。《内則》所謂『十年學書計，成童學射御』是也。履小節，謂習禮樂之末節。《内則》所謂『十年朝夕學幼儀，十有三年學樂，誦《詩》、舞《勺》，成童舞《象》』是也。是則《保傅》言『學大藝，履大節』者，由藝而進以道，由節而達以德，所謂文之以禮樂，而成德行道藝之人矣。

繼紅案：關於『先聖先師』之説，黄以周在其父黄式三基礎上進一步有所闡發，王兆芳輯録《儆季子粹語》卷之一《師教第二》：子曰：『漢、魏以還，或以周公爲先聖，孔子爲先師；或以孔子爲先聖，顔回爲先師。唐貞觀定孔子爲先聖，顔回爲先師。相仍至宋、元、明，是皆分聖、師爲二科也。鄭君謂先師若高堂生、制氏、毛公、伏生之類，先聖周公若孔子，是亦分二科也。竊考《周官·大司樂》：「凡有道者、有德者，使教焉；死則以爲樂祖，祭於瞽宗。」有道謂有道藝之儒，有德謂有德行之師。故《太宰》九兩曰：「師以賢得民，儒以道得民。」《大司樂》之有道者，即以道得民之儒也，有德者即以賢得民之師也。《記》云先師者，謂其有德行也。云先聖者，聖，通也，謂其能通乎道藝也。古人聖字不甚重，《文王世子》篇曰先聖先師者，非聖重於師也，故「大昕」「視學」節亦曰：「先師先聖焉。」自孔、孟而後，聖之名尊於師，而先聖之名反在先師之上。明嘉靖君臣改定學典，以孔子爲至聖先師。聖師不分，既有違於古禮，其制以聖、賢、儒三者分科，先師專歸之至聖，豈先賢不足稱先師乎？據《周禮》言之，「師以賢得民」，先師先賢一也。故《世子》篇「春官釋奠於其先師」，《祭義》謂之「祀先賢於西學」。據後世之禮言之，賢與聖不同科，而先師之名從同可也。』

周官媒氏説[一]

《周官·媒氏》禁遷葬者與嫁殤者。依鄭君注經之遷葬者，謂生時本無婚議，各葬一處，後議遷之爲『夫妻』，是無論其未成人、已成人，皆禁之也。嫁殤者，謂生前有婚議，女未嫁而死，死而歸葬於男家，必禁之也。曾子問曰：『女未廟見而死，則如之何？』孔子曰：『不遷於祖，不祔於皇姑，婿不杖、不菲、不次，歸葬於女氏之黨，示未成婦也。』夫女既娶近三月，夫妻已成矣。未廟見舅姑，雖成妻，未成婦。主既不祔於皇姑，墓亦不葬於夫家。彼遷葬、嫁殤者，墓已合葬之，將主亦祔之乎？主不祔而合葬之，合葬而主亦祔之，禮之無一可者也。遷葬，始魏武之於倉舒；嫁殤，始魏明之於女淑。徇一己之私昵，悖先王之法禁，此所謂衰世之事，意似從厚而禮滋益壞矣。近時，遷葬之風行而立繼之規紊，繼子貴而鰥夫、寡女晏然受追贈之典，固爲失矣。甚者爭繼訟起，污吏上下其手，莫之誰何，其弊甚大。嫁殤之風行而墓葬之次紊，使元配之妻下夷於繼配，固爲失矣。否則，元配不從則女家訟之於吏，吏不言嫁殤之失禮，而反責葬禮之不備，可欸孰甚焉！名不正，則禮不興；刑不中，民無所措手足，不可不辯。

【箋注】

〔一〕輯自黄式三《儆居集一・經説一》，清光緒十四年續刻本。

明堂步筵説〔一〕

説『明堂之五室』者，以《考工記・匠人》之文爲據；而宗鄭君康成言九室者，以《大戴禮・盛德篇》之文爲據。而宗蔡氏伯喈北魏賈思伯言：《月令》之文，原其制置，不乖五室。青陽右个即明堂左个，明堂右个即總章左个，總章右个即玄堂左个，玄堂右个即青陽左个，室猶是五。而布政十二，方圓、高廣自依時量。後儒欲融通鄭、蔡之兩説，不越乎此。李謐則以南北七筵，三室聯居南北之六筵，以一筵爲兩堂則過隘，由是譏《考工記》之失。觀戴氏東原申賈説，作《考工記圖》，中央爲大室，四正爲堂，四維爲左、右个之室，非三室兩堂聯居南北。李之説不足爲難。

《考工記》曰：『夏后氏世室，堂脩二七。』《隋書・宇文愷傳》言：《記》文云『堂脩七』，讎校古書，並無『二』字。式三案：殷度以尋，堂脩七尋，周度以筵，堂脩七筵，則夏度以步，堂脩七步。鄭君康成以堂脩七步爲隘，注有『令堂脩十四步』之文，假令之辭也。而後人乃依此作『二七』字，宇文愷所規固得其實也。《記》云『廣四脩一者』，以脩七步，三分之。堂、室之脩各得二步有三分步之一；堂室之廣有四步者，其脩則一也。《記》云『五室三四步，四三尺』者，中大室、南明堂、北玄堂，廣四步三尺。其餘堂、室，廣三步四尺也。《記》云：『門堂三之二，室三之一』者，明堂周垣有四門，以三之二爲門之堂，以三之一爲門之室。堂之左右爲室，所謂塾也。《記》云：『周人明堂……東西九筵，南北七筵，五室。凡室二筵。』凡室者，四隅之室，非大室也。《記》文祇言四隅之室二筵，而大室與四正堂之丈尺自明。以此推之，大室東西五筵，南北三筵。明堂、玄堂東西五筵，南北二筵。青陽、總章東西二筵，南北三筵。四隅室廣脩皆二筵，合之爲東西九筵，南北七筵，畫之爲圖，井然有理矣。或曰：信如是，於《匠人》之文固順也，而夏之堂室不亦隘乎？曰：明堂之制，起自神農，上圓下方，蓋之以茅，皆神農之制也。其丈尺之數不能詳，以情度之，神農之制必尤隘於夏后氏乎？商尋周筵，以漸加廣，文不滅質。《春秋傳》曰：『清廟茅屋。』清廟者，文王之廟也。配享上帝，立主於是，不改茅茨，則古樸存於是可知也。或曰：信如是，《月令》十二室爲可通矣。南郊之堂，月一聽朔可也。依《月令》之言，將王者終歲野處乎？天子向明而治，故曰明堂。《月令》言天子之居，四時易位，三冬則君北面而臣南面乎？王者聽朔有常服。《月令》言天子四時易服，其不典乎？《月令》之文固不可信也。曰：《月令》之文乃吕不韋增損古制，以爲秦禮者也。鄭君康成駁許氏《五經異義》云：九室、三十六户、七十二牖，似秦相吕不韋作《春秋》時説者所益，非古制也。然《考工記》言五室，鄭君以中央爲太室，餘四室在四隅，則以四正之爲堂也。合堂、室渾言之，曰九室，曰九堂；分四隅左右个言之，曰十二室。鄭君注《考工記》時，殆以吕氏之《月令》篇、《戴記》之《盛德》篇語有所受，未可全非也歟！宋儒李泰伯、唐説齋所言明堂之制，秦氏《五禮通考》已駁之，不待贅辯。〔二〕近儒孔氏㢲軒所言明堂丈尺過求廣大，亦未足據。汪氏容甫《明堂通釋》，古今之奇文也。其解《考工記》曰：『「凡室二筵」，此言南北之脩也。以九筵之地，界爲五室，室得一筵，有十分筵之八可知，故不言廣。中爲大室，東爲東房，西爲西房。又東爲東夾，又西爲西夾。夾室之南，謂之東堂、西堂。周之大廟、路寢亦如之。』審其圖説，於《顧命》之文固通。然汪氏既駁《禮》之《盛德》篇、《月令》篇矣，於《考工記》夏、殷之制亦復未詳。〔三〕江氏艮庭《明堂圖》，合大、小《戴記》以融其説，而於《考工記》之文，又有夏過大、殷過小之疑。戴氏東原《考工記》之圖與賈思伯説大同小異，而《匠人》步筵之實未詳焉，故辯之。

夏世室步尺圖

周明堂筵數圖

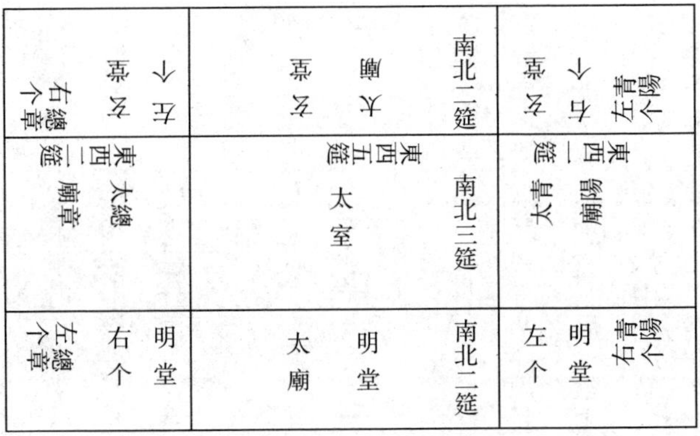

【箋注】

〔一〕輯自黄式三《儆居集一・經説一》，清光緒十四年續刻本。

〔二〕詳見秦蕙田《五禮通考》卷二十四《吉禮》二十四《明堂》之辨正：《辨李泰伯四角置室不能各在其辰之上》：李氏覯曰：『唐李林甫等注《月令》，但知十二室各在其辰之上，而不謀所以建立之處，且太室既居中央，若其餘室連太室而爲之，則四面各可置一室，四角闕處又各可置室，復不能令各在其辰之上。其餘四室，更何所安？後魏時李謐作《明堂制度論》，謂太室四面各爲一室，則四角闕處各方二筵，二筵之地乃爲兩便房，基址既狹，況地形斜角不知何所置之，復何以能令各在其辰之上。且四面之室既以二筵爲一辰，左右之个乃以二筵爲兩辰哉！』蕙田案：李氏欲以一室當一辰，故以四角之室不能各在其辰之上爲疑。豈知九室之左右个皆以兩面隨其時之方位開門，於十二辰本無不備耶。觀朱子之論，則全無窒礙矣。

又《先儒辨李泰伯明堂定制》：李氏覯《明堂定制説》曰：『東西九筵，南北七筵，是言東西之堂各深四筵半，南北之堂各深三筵半。五室，凡室二筵，是言四堂中央有方十筵之地，自東至西可營五室，自南至北可營五室。十筵，中央方二筵之地，既爲太室矣，欲連太室南作餘屋，則不能令十二位各直其辰。當須於東、南、西、北四面各虚方二筵之地，四角闕處又各虚方二筵之地，周而通之，以爲太廟，而太室正居中。所謂太廟太室者，言此太廟之中有太室也。太廟之外，當子午卯酉四位上，各畫方二筵地，以與太廟相通，所謂青陽、明堂、總章、玄堂等大廟者也。當寅、申、巳、亥、辰、戌、丑、未八位上，各畫方一筵地以爲室，所謂左个、右个者也。青陽、明堂、總章、玄堂四太廟前，面各爲一門，出於堂上，門旁夾兩窗，所謂八窗、四闥也。聶崇義《明堂圖》其制十有二階，當亦取之。《禮記外傳》曰：『明堂四面，各五門。南門之外，既有應門，則不得不有臯庫、雉門矣。明堂者，四時所居。四面如一，南面既有五門，則餘三面皆有五門矣。』唐氏仲友曰：『李泰伯謂南北七筵，東西九筵，各用其半。四堂之修不等，一不可也。用其半，則三筵有半，僅三丈一尺而已。祭祀之時，登歌、鐘磬、彝尊在堂，自筵之內爲地三丈一尺，何以容之？況王者於此聽朔祀帝，百官在列，四海來祭，而以修三丈一尺之堂臨之，不亦陋乎！二不可也。營造之法，修廣崇高，略須相稱，以修三丈一尺之堂而崇九尺，不亦太高乎？三不可也。王者會朝諸侯，正在明堂，獨褊其南北，此爲何意？四不可也。窗闥設於堂前之楹，則諸侯之位，當於何所容？户牖設於堂之四面，二筵之中，尚可酌獻跪起乎？五不可也。九階著於《考工》，必爲十二階，朝止於應門，而必虛設臯庫，不亦衍乎？六不可也。』蕙田案：唐氏駁李氏之説當矣，而猶有未備者。李説之謬，莫甚於中央方十筵之地，自東至西凡五室，自南至北凡五室，九室四廟共十三位。自謂本《禮記・月令》，而不知與《考工》、《大戴》之制判然不可合，且並非《月令》本旨，至爲不可也。

又《辨金華唐氏明堂制度》：唐氏仲友曰：『於國之陽晝地四面，方二百四十筵，於中取方二十四筵，以爲五室，每室方三筵，虛其十六筵；室之兩旁爲窗，合八窗；子、午、卯、酉所虛二筵，開四闥，總謂之大廟，以中央四隅爲五室，縱横數之爲九室，崇於堂一筵，則爲一階，以通明堂大廟。室之外，東西虛各四筵，南北虛各二筵，占地修十筵，廣十四筵，南北之堂廣十四筵，修七筵，崇一筵。三在前，四在後，以設其户牖。上爲重屋，横六楹，以爲五間，左、右个前直三楹，如个字之形，每楹間二牖一户。太廟敞其前，凡一堂爲九十八牖，東西之堂亦如之。四堂八个，三十六户，七十二牖。一户太廟，面各三階，與太室合爲九階。堂之四隅以爲四阿，堂皆有門，門堂各有室，外爲應門、雉門，設兩觀。』蕙田案：唐氏所言横六楹，前直三楹，其規制皆穿鑿不可曉。至云室崇於堂，一筵爲一階以通明堂，一堂爲九十八牖，雉門設兩觀等，皆不待白而知其非也。録此以見明堂異説之夥。

〔三〕汪中《明堂通釋》：明堂有六，一宗周，二東都，三路寢，四方岳之下，五太學，六魯太廟。《逸周書·明堂篇》：『周王相武王以伐紂，夷定天下。既克紂，六年，而武王崩。成王嗣，幼弱，未能踐天子之位。周公攝政，君天下，弭亂，六年而天下大治。乃會方國諸侯於宗周，大朝諸侯於明堂之位。天子之位，負斧扆南面立，公卿士侍於左右。三公之位，中階之前，北面東上；諸侯之位，阼階之東西面北上；諸伯之位，西階之西，東面北上；諸子之位，門内之東，北面東上；諸男之位，門内之西，北面東上；九夷之國，東門之外，西面北上；八蠻之國，南門之外，北面東上；六戎之國，西門之外，東面南上；五狄之國，北門之外，南面東上；四塞九采之國，世告至者，應門之外，北面東上。此宗周明堂之位也。明堂，明諸侯之尊卑也。故周公建焉，而明朝諸侯於明堂之位，制禮作樂，頒度量，而天下大服，萬國各致其方賄。七年，致政於成王。』周公既行斯禮，太史遂記其事，以爲禮書。今在《覲禮》，曰：『諸侯覲於天子，爲宫方三百步，四門。壇十有二尋，深四尺，加方明於其上。方明者，木也，方四尺。設六色，東方青，南方赤，西方白，北方黑，上玄下黄。設六玉，上圭，下璧，南方璋，西方琥，北方璜，東方圭。上介皆奉其君之旂，置於宫，尚左。公、侯、伯、子、男，皆就其旂而立。四傳擯，天子乘龍，載大旂，象日月，升龍，降龍，出拜日於東門之外，反祀方明。禮日於南門外，禮月與四瀆於北門外，禮山川、邱陵於西門外。』於時有位於朝者，各於其職與執事焉。《周官》載之以爲一代之典。其在《司儀》者曰：『將合諸侯，則令爲壇三成，宫旁一門，詔王儀南鄉見諸侯，土揖庶姓，時揖異姓，天揖同姓。及其擯之，各以其等。公於上等，侯、伯於中等，子、男於下等。其將幣亦如之，其禮亦如之。』其在《掌次》者曰：『朝日祀五帝，則張大次、小次，設重帟、重案，合諸侯亦如之。』其在《掌舍》者曰：『掌王之會同之舍爲壇壝，宫棘門。』其在《大宗伯》者曰：『以玉作六器，以禮天地四方，以蒼璧禮天，以黄琮禮地，以青圭禮東方，以赤璋禮南方，以白琥禮西方，以玄璜禮北方，皆有牲幣，各放其器之色。』皆謂是禮，所謂君作故也。周公既朝諸侯，遂率之以祀文王於明堂，以配上帝，而作詩曰：『我將我享，惟羊惟牛。惟天其右，之儀式型。文王之典，日靖四方。伊嘏文王，既右享之，我其夙夜，畏天之威，於時保之。』國史爲之序曰：『《我將》，祀文王於明堂也。』古者天子即位，朝諸侯，禮百神，具有其事。故《堯典》：『正月上日，受終於文祖，在璿璣、玉衡，以齊七政。肆類於上帝，禋於六宗，望於山川，徧於群神，輯五瑞。既月乃日，覲四岳群牧，頒瑞於群后。』《伊訓》：『惟太甲元年十有二月乙丑朔，伊尹祀於先王，誕資有牧方明。』二文與《覲禮》正合，知明堂爲古禮。周公監於前代，而舉此至大之禮，因是而制爲會同，以發四方之禁，施天下之政。習禮者傳釋其文，以爲朝事義，而魯之儒者又因周書之舊而增飾之，爲《明堂位篇》，以表周公之功。然有虞氏郊堯，夏后氏郊鯀，商人郊冥，代爲一帝。周公以后稷肇封有緐，思文之德，克配彼天，而文王受命稱王，爲周太祖。祭之宗廟，以鬼享之，不足以稱其德。於是協之於義，制爲明堂，配帝之禮，然後尊親之道備焉。故孔子曰：『孝莫大於嚴父，嚴父莫大於配天，則周公其人也。』昔者周公郊祀后稷以配天，宗祀文王於明堂以配上帝，是以四海之内各以其職來祭，斯之謂矣。配方明，以禮天地四方之神。故《尚書大傳》曰：『六宗，天地四方也。萬物非天不覆，非地不載，非春不生，非夏不長，非秋不收，非冬不藏，皆有功於民，故尊而祀之。』六宗之祀，與文王同地，故曰：『宗祀四海九州之君，咸在國中，不足以容之，故爲壇於郊。』淳于登以爲三里之外，七里之內，是也。堂有二名，有宮室之堂，有壇壝之堂。《説文》：『堂，從土，高省。』《金縢》：『爲三壇同墠。』馬融注：『壇，土堂。』《楚辭》：『南房小壇，觀絶霤只。』王逸注：『壇，猶堂也。』故爲壇於郊，得稱曰堂。《太傅禮・四代篇》：『天子盛服朝日於東堂。』日不可禮於堂，亦謂東郊之壇也。以其無屋，故不曰當楣，當序端，當東西榮，而曰阼階之東，西階之西。以其爲壇壝，宮故有四門，有中階，不與寢廟同制。其曰應門，亦棘門也。天子歲即其地，以祀五帝。《周官・小宗伯》：『兆五帝於四郊。』『五帝』與『上帝』爲通語。故《大宗伯》：『國有大故，則旅上帝。』注：『上帝，五帝也。』《王制》：『天子將出，類於上帝。』注：『謂五帝之帝，所祭於南郊者。五帝分祭於四郊，而以南郊爲尊。』故孟夏大雩，季秋大享，皆在南郊。降及秦、漢之時，異名同制，猶封土爲之。《説文》：『畤，天地五帝所基址祭地。』天子又月即其地聽朔。《玉藻》：『天子玄端而聽朔於南門之外。』注：『端，當作冕。』南門者，國門也。其外則門堂。古者禮行於廟禮，莫大於王事，故天子適諸侯，必舍其祖廟，諸侯聽朔必於大廟。天子、諸侯，皆受國於祖。周之祖爲文王，而明堂則文王配帝之所，視太廟尤重，故天子聽朔，不於廟，於明堂，以明文王受命於天，始改正朔，以頒邦國，後世莫敢外焉。故《春秋》書『春王正月』，《左氏》增成其義曰：『春王，周正月。』而《公羊》爲之説曰：『王者孰謂？謂文王也。』是七十子所傳之大義，不可誣矣。此宗周之明堂，其地在郊，其制爲壇三百步，其深四尺，旁各一門，爲周公攝政六年，大朝諸侯，宗祀文王，以配上帝之所。《逸周書・作洛篇》：『周公將致政，乃作大邑成周於土中。城方千七百二十丈，郛方七十里。南繫於洛水，北因於郟山，以爲天下之大湊。乃設丘兆於南郊，以祀上帝，配以后稷。乃位五宫：大廟、宗宫、考宫、路寢、明堂，咸有四阿、反坫。重亢，重郎，常累，復格，藻棁，設移，旅楹，春常，畫。内階，玄階，堤唐，山牆，應門，庫臺玄閫。』此東都之明堂也。《匠人》載其制曰：『周人明堂，度九尺之筵，東西九筵，南北七筵，堂崇一筵五室，凡室二筵。』古之室皆分堂之後爲之。有堂無室，則曰榭。未有置室於堂之中央及四隅者。『凡室二筵』，此言乎南北之脩也，以九筵之地界爲五室，室得一筵，有十分筵之八可知，故不言廣。中爲大室，東爲東房，西爲西房。又東爲東夾，又西爲西夾。夾室之南，謂之東堂、西堂，五宫皆同此制。宗周之大廟、路寢亦如之，其別於他宫室者，四阿、反坫之屬，及夾室東西堂耳。故見於《洛誥》者曰大室，見於《顧命》者曰牖間，曰西序，曰東序，曰西夾，曰西房，曰東房，曰東堂，曰西堂。此有周君臣喪祭所親歷之地。當日太史載事之明文，後之君子，舍是將何徵哉？東都之明堂，亦謂之清廟。故《大戴記・盛德篇》：『或以爲明堂者，文王廟也。』又云：『明堂以茅蓋屋。』而《春秋傳》云：『清廟，茅屋。』蔡邕《明堂論》引《檀弓》：『王齊禘於清廟。』明堂，古《周禮》、《孝經》説以明堂爲文王廟，皆其證也。《周書・洛誥》正言作洛事，而曰：『戊辰，王在新邑，烝祭歲。』周公曰：『今王即命，曰記功，宗以功，作元祀。』按司勳之職，凡有功者，祭於大烝。故《孔悝鼎銘》：『勤大命施於烝彝鼎。』然則《洛誥》所言，正功臣從享大廟之禮。而《周書・大匡篇》云：『勇知害上，則不登於明堂。』據篇首，此篇之作，在武王十三祀，其時未有明堂。蓋古有明堂之稱，故《素問》云：『黄帝坐明堂之上。』晋狼瞫引以爲未獲死所之證，明乎清廟之與明堂爲一地也。周公既祀文王於明堂，又營清廟於東都，以其同爲祀文王之地，故亦曰明堂。周公於東都之祀文王，作詩曰：『於穆清廟，肅雝顯相。濟濟多士，秉文之德。對越在天，駿奔走在廟。不顯不承，無射於人斯。』國史爲之序曰：『清廟，祀文王也。』周公既成洛邑，朝諸侯，率以祀文王焉。凡特立廟，皆異其名。故姜嫄曰『閟宫』，文王曰『清廟』。以其禮爲先王所未有，故曰：『王肇稱殷禮，祀於新邑，咸秩無文。』古之爲政於天下者，莫重乎率諸侯以祀其先祖。故《逸周書·世俘篇》：『惟四月既旁生霸，粤六日庚戌，武王燎於周廟。』『翼日辛亥，祀於天位。』『粤五日乙卯，乃以庶國祀馘於周廟。』《漢書·律曆志》亦引此。注以爲《今文尚書》，非也。《樂記》『祀乎明堂而民知孝』，即指此事。曰明堂者，後人之通語。是爲武王克商，有天下之事。宗周明堂之位，是爲周公攝政致太平之事。洛邑之祀，是爲成王即政營東都以朝諸侯之事。三者，國之大經也。天神不可措之廟，故宗周之明堂壇而不屋。廟不可享於野，故洛邑之明堂在國中。《尸子·君治篇》：『明堂在左，謂之東宫。』是其地也。古者爲宫室都邑，皆取法乎天。心三星在赤道南，中曰明堂，宗周明堂所象也。明堂三星在太微宫西南角外，東都明堂所象也。經始於周公致政之後，故曰：『朕復子明辟。』曰：『周公誕保文、武，受命七年。』天子之路寢，謂之明堂者，《玉藻》：『朝，君日出而視之。退適路寢，聽政。』月朔既視朔於明堂。以其一月之政聽之路寢，是以得稱明堂。《逸禮》『王居明堂』是也。與東都之明堂同制，是以得稱明堂。《盛德篇》説明堂『此天子之路寢也，不齊不居其室』是也。《周官·大史》：『閏月，則詔王居門終月。』謂路寢之門也。不於朝，於門，所以見其爲餘月也。謂之曰『居』，是聽政之通名，非寢宿之恒處也。方岳之下，有明堂者，《孟子·梁惠王篇》：『齊宣王問曰：「人皆謂我毁明堂。」孟子對曰：「夫明堂者，王者之堂也。」』《史記·

封禪書》：『泰山東北址，古時有明堂處，其制會盟則爲壇，文在司儀掌舍，王所居則爲宮。』《春秋傳》：『王巡虢守，虢公爲王宮於玤』；晉侯『爲王宮於踐土』，猶存其禮。《荀子・彊國篇》：『爲之築明堂於塞外，而朝諸侯。』亦斯意也。辟雝之堂謂之明堂者，蔡邕《明堂論》引《禮記・大學志》：『禮，士大夫學於聖人善人，祭於明堂，其無位者祭於大學。』魏文侯《孝經傳》曰：『大學者，中學明堂之位也。』《禮記・昭穆篇》：《詩・靈臺正義》引作『政穆』。『大學，明堂之東序也。』《盛德篇》：『明堂，其外水環之曰辟雝。』《封禪書》：『天子曰明堂、辟雝。諸侯曰泮宮。』《白虎通》：『禮三老於明堂，以教諸侯孝也；禮五更於大學，以教諸侯弟也。』此則起於周衰禮廢，名實相淆。學者各記所聞，遂成異義。然既有其名，不可没也。魯大廟爲明堂者，《小戴記・明堂位》：『大廟，天子明堂。山節、藻梲、復廟、重檐、刮楹、達鄉、反坫、出尊、崇坫、康圭、疏屏，天子之廟飾也。』成王以周公爲有勳勞於天下，命魯公世世祀以天子之禮樂。故周公之廟，其制得如明堂。《記》曰：『季夏六月，以禘禮祀周公，升歌《清廟》。』蔡邕以爲取周《清廟》之歌歌於魯大廟明堂，魯之大廟猶周之清廟是也。即經典之正文以考六者之制，皆事辭明白可據，而後百家之異説可得而辨矣。《考工・匠人》職：『夏后氏世室，堂脩二七，廣四脩一；五室三四步，四三尺，九階，四旁兩夾，窻，白盛，門堂，三之二，室，三之一。殷人重屋，堂崇七尋，堂崇三尺，四阿重屋。』此之制度，鄭、賈俱望文解義，粗明其端，其詳要不可得聞。何者？三代相因，遞有損益。夏、殷權量既不能知，宮室之制更無他文可證。學非尼父，時異東周，其於文獻無徵之事，闕疑焉可也。周之五室，蓋創始於夏后。四阿、反坫、重亢、重郎，或寫仿於有殷，其他則未嘗相襲。故鄭注云：『此三者，或舉王寢，或舉明堂，互言之以明其同制。』賈云：『謂當代王者其制同，非謂三代制同也。』其言覈矣！《盛德篇》采集禮説，俱有瑕瑜不掩之忠。其云：『一室而有四户，八窻，三十六户，七十二牖。』則因世室之制而誤。其云『上圓下方』，則因重屋之制而誤。而《白虎通》、蔡邕《明堂論》並沿其説，謬學流傳，固與昆侖之圖、蒿宫之柱同其閎大矣！《吕氏春秋·十二紀》：『孟春之月，天子居青陽左个；仲春之月，天子居青陽大廟；季春之月，天子居青陽右个。孟夏之月，天子居明堂左个；仲夏之月，天子居明堂大廟；季夏之月，天子居明堂右个。中央土，天子居大廟大室。孟秋之月，天子居總章左个；仲秋之月，天子居總章大廟；季秋之月，天子居總章右个。孟冬之月，天子居玄堂左个；仲冬之月，天子居玄堂大廟；季冬之月，天子居玄堂右个。』按，《吕不韋傳》稱不韋使其客人人著所聞，集論以爲《八覽》、《六論》、《十二紀》，二十餘萬言，以爲備天地萬物古今之事。今觀其書，儒、墨、刑、名兼收並蓄，實爲後世類書之祖。此《十二紀》又見於《淮南·時則訓》，而其文加詳，今不知撰自何人，以中星考之，乃在周末之世，本《周書·時訓》之舊，兼《逸禮·明堂》之篇，參以新意，用垂典章。其中先王之制，豈無一二賴以傳者？而明堂制度最誕妄不經，深可忿疾。《易》曰：『聖人南面而聽天下，嚮明而治，蓋取諸《離》。』故魏舒南面，衛彪傒知其必有大咎；而孔子之美仲弓，亦曰『可使南面』。今以天子之居而四時易位，在於三夏，則皆北面而朝其臣，其謬一也。禮文雖闕，然五門三朝六寢，猶犂然可考。《今月令》之明堂，未知建於何所。以爲在郊，則無王者終歲野處之禮；以爲在宫中，則無地容之。鄭氏雖傳之大寢，然按以《周官》諸職之文，實無一合，其謬二也。諸室周回，其狀如井，若不上置衝梯，下開隧道，則更無出入之門，其謬三也。神依於廟，人居於寢，各有攸處，是以不相雜糅。今四正之室皆曰大廟，以時王聽政之地，冒始祖世祭之宫，雖周宣之居天臺，漢高之祠黑帝，猶不至此，其謬四也。以青陽、總章、玄堂三名，與明堂相配，然則總爲十二室，明堂止居其三，何以得專斯名？其謬五也。其他與周制違異者，不可枚舉，以於明堂無涉，故不具論。夷考其文，實爲大一下行九宮之學，故《盛德篇》之『二九四七五三六一八』，即其制作之義。漢世謂之明堂陰陽，見於《藝文志》及《魏相傳》。建武以後，著爲王禮。司馬彪所編《禮儀志》，具載其文。自馬融入之《禮記》，鄭康成爲之作注，後世遂尊爲經而莫之敢議矣。《魏書·賈思伯傳》載其言曰：『《月令》亦無九室之文，原其制置，不乖五室，其青陽右个，即明堂左个；明堂右个，即總章左个；總章右个，即玄堂左个；玄堂右个，即青陽左个。』如此，則室猶是五，而布政十二。此説傅會五室，舉四正而遺四隅。宋人祖之，遂爲《考工》、《月令》之調人。曾不知《吕氏》本爲假設之詞，而自古固未有此制也。《玉藻正義》引鄭《志》説五室之制曰：『水木用事，交於東北；木火用事，交於東南；火土用事，交於中央；金土用事，交於西南；金水用事，交於西北。周人明堂五室，帝一室。』今就其説求之，七筵之堂，大室中踞其二；南北所餘，各得二筵有半。在於太廟，則無以爲朝聘饗射之所；在於路寢，則無以爲聽政合族之地。以其與《顧命》、《斯干》、《覲禮》不合，從爲之辭，而辭則遁矣。又神祇無廟享之禮，牽合五帝、五室之文，猥云每帝一室。求之禮意，尤有所違。夫風雨小祀，猶在於壇，亡國之社，始弇其上，何有天帝大神而陟降於二筵之室？以鄭氏之學，其於天神地祇人鬼之別，豈猶有未了於心者，而忽有斯言？可謂千慮之失。後之俗儒，自謂紹承絶學，而巧謂之説，曰：『爲壇而祭，故謂之天祭。於屋下而以神祇事之，故謂之帝。』君子於此，將哀矜之不暇，而又何尤焉？議禮之家，古稱聚訟。較其甚者，無若明堂。《禮》曰：『毋勦説，毋雷同。』必則古昔稱先王。孔子曰：『蓋有不知而作者，我無是也。多聞，擇其善者而從之；多見而識之，知之次也。』竊取其義，以作是篇。（汪中《述學·内篇》卷一《明堂通釋》，一九二五年秦更年編輯、上海中國書店影印《重印江都汪氏叢書》本）

王制封國説〔一〕

漢初，藩國跨州兼郡，連城數十。賈誼上疏《陳政事》，『痛哭者一』，首在封建，意欲衆建諸侯以小其力。文帝十六年分齊地，立惠王子六人爲王；分淮南地，立厲王子三人爲王。是時賈誼已死，文帝始行其言，猶慮諸國不信法，作《王制》一書以諭之。作《王制》者，即十六年事也。《史記·封禪書》云，文帝郊見渭陽五帝，『而使博士諸生刺六經作《王制》，謀議巡守封禪事』。〔二〕考之《漢書·文帝紀》，郊見五帝與分封諸王事，皆在十六年。博士承命纂書，首言班禄封國，次言巡守諸制，時事正合其所言。班爵五等，班禄三等，大約本於《孟子》而乖於《周官》。〔三〕《周官》言公之封方五百里，侯方四百里，伯方三百里，子方二百里，男方百里，封疆之正數。《孟子》言公、侯百里，伯七十里，子、男五十里，班禄之正數。〔四〕公、侯之班禄必百里者，禄取諸公田，不過什一之正供百里，爲九萬夫之地爲公田者一萬夫。君之禄、卿大夫之禄，以及府史、胥徒之不受田而分禄者，皆取給於此。賞田、圭田、世禄家之采地，制之無定數者，亦取給於此，雖百里而不爲多。《孟子》又言：『天子之卿受地視侯，大夫受地視伯，元士受地視子、男。』則畿内、外班禄之制如此也。公、侯之封疆，必方五百里、四百里者，軍賦既多，貢享朝聘之所需復繁，不如是不足以供之。畿内卿大夫之班禄，可同於畿外；畿外之封疆，必不可同於畿内。《周官》之言不誣也。當文帝時，《周官》之書未出，而博士專刺取《孟子》之文，乃以班禄之田爲封域之數，言合時宜，復稱上意。居其時者，憫尾大不掉之禍，皆傳誦其言以爲當。下逮白虎觀講經之士，亦兢兢然容守先訓，不敢有違，以百里、七十里、五十里三等之封三代所同。惟鄭君康成知其説之不合於《周官》，而身爲漢人，本朝祖訓不容輕駁，爲之説以通之。謂三等之封，殷因於夏，周武王沿之，周公乃斥大之。而後之作僞《尚書·武成》者，即竊取其意，而云列爵惟五、分土惟三也。或曰：孟子答慎子言『齊魯之地，俱方百里』，博士之所據者以此。周初仍殷，無功不益地，無罪不削地。鄭君康成之説，信而有證矣。或曰：孟子言班禄，本諸舊聞，可信其答慎子以班禄之地爲封疆之數，由籍亡之後，未見祕府之《周禮》也。鄭君分周初地小、周公斥大之異，此彌縫經傳不得不然耳。

【箋注】

〔一〕輯自黄式三《儆居集一·經説一》，清光緒十四年續刻本。

〔二〕《王制》一書，黄以周認爲非漢文帝時所作，其《禮書通故》第三十四《職官禮通故一》曰：盧植云：『漢文帝令博士諸生作此《王制》之書。』鄭玄云：『名曰「王制」者，以其記先王班爵、祭祀、養老之法度。此於《别録》屬制度。』孔穎達云：『《王制》作於秦漢之際。下「正聽之」注「漢有正平丞，秦所置」，又有「古者以周尺」「今以周尺」之語，則知是周亡之後。』以周案：鄭《駁異義》云：『《周禮》是周公之制，《王制》是孔子之後大賢所記先王之事。』其《答臨孝存問》云：『孟子當赧王之際，《王制》之作復在其後。』如鄭所言，則《王制》作於六國之時，非漢博士作矣。盧氏之説，本於《史·封禪書》，後人多宗其説。但考《封禪書》本文曰：『文帝召魯人公孫臣，拜爲博士，與諸生草改曆服色事。明年，使博士諸生刺六經，作《王制》，謀議巡狩封建事。』據《史》所言，博士之所作者爲『改曆服色』之書，本不名『王制』，而其所作《王制》，則謀議巡狩封禪事，故《史》於《封禪書》載之，《漢書》亦於《郊祀志》言之。今《禮記·王制》所記，於改曆服色既未之及，即篇内亦述《虞書》『巡狩』之文，而於帝王之封禪制度絶無一言，則《禮記》之《王制》必非漢博士作明矣。《史記索隱》引劉向《别録》云：『文帝時所造書，有《本制》、《兵制》、《服制》篇。』

又王兆芳輯録《儆季子粹語》卷之一《古術》載與《禮書通故》意同，文略異，云：子曰：鄭《駁五經異義》云：『《王制》是孔子之後大賢所記先王之事。』其《答臨孝存》云：『孟子當赧王之際，《王制》之作復在其後。』如鄭所言，《王制》作於周季，而《荀子》引《王制》之文，則其書明是周儒所作。盧植云：『漢文帝令博士諸生作此《王制》之書。』説本《史·封禪書》，但考《史》之原文，曰：『文帝召（魯人）公孫臣，拜爲博士，與諸生草改曆服色事。明年，使博士諸生刺六經，作《王制》，謀議巡狩封禪事。』是博士所草，爲改曆服色之書，本不名《王制》。而其所作《王制》，則謀議巡狩封禪。故《史》於《封禪書》載之，《漢書》亦於《郊祀志》言之。《禮記·王制》於改曆服色既未之及，即篇内亦述《虞書》『巡狩』之文，而於帝王之封禪制度絶無一言，必非漢博士作矣。《史索隱》引劉向《别録》云：『文帝時所造書，有《本制》、《兵制》、《服制》篇。』

〔三〕參見《論語後案·學而一》『子曰「道千乘之國」』條案語：《王制》作於漢博士，在文帝十六年分封諸王之時。賈誼衆建小力之計行，而博士承旨定制，審時宜以合上意，在《周官》書未行之前，而其説依據於《孟子》。

〔四〕參見《論語後案·學而一》『子曰「道千乘之國」』條案語：《周官》『公五百里，侯四百里，伯三百里，子二百里，男百里』，以出賦之封疆言。孟子答北宫錡百里、七十里、五十里三等之數，以制禄之地言也。説詳葉氏《禮經會元》、惠氏《禮説》。其答慎子以齊、魯俱封百里，或謂孟子於籍亡之後未見《周禮》，遂以制禄之數爲封疆之數；或謂周初承殷制三等之封，周公斥大之，以三等之封爲制禄之地，孟子據周初言其小，以抑慎子也。

燕居夔樂説〔一〕

孔子言『達於樂而不達於禮，謂之偏』，而又重稱夔爲『古之人』〔二〕。古人顧如是偏乎？曰：舜使伯夷典禮，而夷讓於夔。夔非不知禮者，而知之至者在樂，則謂之偏於樂，不必諱也，且古人之偏不獨夔。《論語》稱『舜有臣五人而天下治』，説者以禹、稷、契、陶、益當之，此固高於夔矣。然稷、契、陶、益，皆終身守一官而不易其職，非知之各有所至歟？孔門設四科，言語、政事、文學之科不逮德行，德行之科既優，豈必不兼言語、政事、文學？而兼長者不如專長之精，故分其科以屬之。夔雖偏於樂，豈不爲政事科之最乎？孔子稱之爲古人者，惟古人知必求精，而不自諱所偏至以成此名；亦惟古之用人知其所偏至，始能終身守一職以成其名也。堯舜之智不偏物，下此者何可以一身思盡天下之理？是以孔子舉夔之偏而美之。不然，避偏之名必終身無專精之實，不用所專精而歷以禮、刑、兵、農之任，政事之弊可勝言哉？荀子《解蔽》以夔之專樂比倉頡專書、后稷專稼，云：『好樂者衆矣，而夔獨傳者，壹也。』自古及今，未有兩而能精者也，讀之者勿忽。

【箋注】

〔一〕輯自黄式三《儆居集一·經説一》，清光緒十四年續刻本。

〔二〕《禮記·仲尼燕居》：子貢越席而對曰：『敢問：夔其窮與？』子曰：『古之人與？古之人也。達於禮而不達於樂，謂之素；達於樂而不達於禮，謂之偏。夫夔，達於樂而不達於禮，是以傳此名也，古之人也。』

儒行統聖賢説〔一〕

孔子對魯哀公：儒之行十有六目，目之大者兼八仁而憂百姓，德幾於聖人，餘則狂狷之選，不失爲賢者儒。得一目可以列於儒，寬以取人之法也；於十六目無一焉，不命曰儒，又嚴以辨品之法也。寬則不敢以聖人繩人，嚴則迂腐無用之人不得濫列。哀公聞之，不敢以儒爲戲。後儒好高論，輒以爲非，孔子之言不亦近於戲乎？第一目曰『自立』，當作『自力』，與第七目之『自立』始不復。弟六目曰『過失』，可微辨而不可面數，謂幾微之過，能自辨於心而早止之，不形諸事以與人面數，是《易》所謂『不遠復，無祇悔』。『有不善未嘗不知，知之未嘗復行』，是顔子大賢之選也。後儒以剛愎自用疑之，尤未是矣。儒者讀是書，知儒道難盡，反復思繹，深自愧而已，遑高論哉！

【箋注】

〔一〕輯自黄式三《儆居集一·經説一》，清光緒十四年續刻本。

昏義雜秦制説〔一〕

《禮·昏義》后立六宫、三夫人、九嬪、二十七世婦、八十一御妻。天子立六官、三公、九卿、二十七大夫、八十一元士。鄭君注：『三夫人以下百二十人，周制也；三公以下百二十人，似夏制也。合而言之，取其相應，（有）象天數也。』孔疏：『欲見其數相當，故以夏、周相對爲内外也。』注、疏皆以意言，疑之耳。考《周官》列六卿，而三公、三孤爲六卿，有勳而增賜之名。勳大，稱三公；次則稱孤，是兼職，非實職也。實職則六卿而已，非别有三公、三孤之官也。《周官》三公稱鄉老，或致仕之老爲之，不必備員。是以宰夫、司服、典命、巾車、司常、射人、司士、太僕、弁師、小司寇、朝士皆言公、孤之服位儀等，而官制則六卿，上不列公、孤。吕不韋撰《月令》，擬爲秦制，則緟言三公、九卿，非以三公外有三孤，合六卿爲九，而必備其數乎？漢博士作《王制》因吕氏《昏義》，亦本吕制而推言之，外官百二十人豈必夏制乎？因是知内官百二十人亦非周制也。《白虎通·嫁娶》篇：天子、諸侯一娶九女者何？法地有九州，承天之施，無所不生也。九而無子，百亦無益也。《白虎通》此説本於《王度記》。今《大戴禮》缺，《王度記》詳不可考，而其義自古。《周官》『九嬪』，即九女也，與《白虎通》合。《考工記·匠人》『内有九室，九嬪居之』，亦可見后之外惟九嬪。《周語》『内官不過九御』，韋注：『九御，九嬪。』《漢書·貢禹傳》云：古者，宫女不過九人。高祖、孝文、孝景，循古節儉，宫女不過十餘。此尤顯據。《昏義》九嬪上有三夫人，《魏志·王朗傳》、《蜀志·董允傳》因有十二爲限之説。以古制考之，即三夫人亦在九嬪中選之，非九嬪外别有三夫人之位。《周官》列九嬪不言三夫人，猶列六卿而不列三公也。《周官》有世婦，不言其數者何？世婦必擇卿大夫之命婦，有德而年高始堪爲之，安得定數？《昏義》言二十七世婦，則是特娶二十七女爲世婦，合三夫人、九嬪，增《王度記》三倍之數矣。是秦制歟？豈周制歟？《曲禮》有夫人，有世婦，有嬪，非衍有世婦之文歟？《周官》有女御，亦不言數者何？九嬪職言『以教九御』，則女御所以給九嬪之役，言女則不必成人，有事則選之入，事畢則遣之出，久者或年長而遣之出，多寡尤不可有定數。《昏義》八十一御妻，《曲禮》有嬪，下又言有妻，注以妻爲御妻，是特娶八十一女之成人者，共内官百二十人，於《王度記》倍十一之數矣，非秦制歟？《王朗傳》言：秦漢之末多至千百人，則百二十人猶是秦初之制，爲昏禮者蓋欲取此爲法。鄭君於《昏義》注未詳，而『九嬪』注因言：女御九九當九夕，世婦三九當三夕，九嬪當一夕，三夫人當一夕，后當一夕，十五日而徧。《内則》『五日之御』，注亦言之蓋皆秦制矣。而後儒多言鄭君此注之失，爲其非禮之正也。禮之正者，則《周官·考工記》、《白虎通》所引《王度記》之文爲可據。孫之翰《唐史論》曰：人君廣置嬪御，其損有三：侈費甚，則困民力；内寵多，則競私謁怨；女衆，則傷和氣，魏桓所以不仕也。[二]此篇意同孫。魏桓，漢桓帝時人，或勸之仕，則答之曰：『後宫千數其可損乎？』則《昏禮》言秦初之制，後世已不行。九嬪之制，後世所必不行也。存此以明經。

【箋注】

〔一〕輯自黄式三《儆居集一·經説一》，清光緒十四年續刻本。

〔二〕引見宋孫甫《唐史論斷》卷上《放宫人》。甫，字之翰，陽翟人。舉天聖八年進士。

絜矩説[一]

《論語》：『夫子之道，忠恕而已矣。』誠身爲忠，本誠接人爲恕，人己合一爲貫，非即《禮》之《大學》所謂絜矩乎？[二]絜矩者，絜於上下，而尊卑之交，以忠恕絜於前後；而老少之接，以忠恕絜於左右；而寮宷之同，無不忠恕。絜矩之道，即忠恕之道也，亦即《中庸》之所謂誠也。或曰：近儒惠半農、焦里堂以格物即絜矩，其説若何？曰：格者，量度也。量度事物以窮其理者，致知之功也。絜亦度也，絜矩則兼格致、誠正、脩齊之功，而推行於天下也。經有可合觀者，絜矩與誠、與忠恕是也，《論語》《大學》《中庸》無二理也；經有分言之而不可合者，絜矩與格物是也，《大學》之『八目』不可混也。不然，經明明言致知在格物矣，而以格物爲絜矩，將力行與致知可不分，致知可以平天下哉？或曰：以格物即絜矩不可也，謂道之相通，豈不可乎？曰：可也。格物不外於窮理，窮理不外於學禮，學吉、嘉、賓禮而知喜樂之等次，學喪、荒諸禮而知哀之等次，學兵、刑諸禮而知怒之等次。以禮節喜怒哀樂之中，即好惡之矩也。絜矩以公好惡，所以行禮也。《大學》一篇本《禮》書，以格物爲《禮經》之實學，學不流於支離；以絜矩爲禮教之成功，功不流於雜霸。

【箋注】

〔一〕輯自黃式三《儆居集一·經説二》，清光緒十四年續刻本。

〔二〕參見王兆芳輯録《儆季子粹語》卷之二《道德下篇第六》：子曰：『《禮·大戴·小辨記》「知忠必知中，知中必知恕，知恕必知外」，忠恕之道，由中以達外，物我無間，故曰一以貫之。』

中和説[一]

《禮・中庸》曰『喜怒哀樂之未發謂之中』，其未與物接之時乎？『發而皆中節謂之和』，其既與物接之時乎？情與物接，無拂於人之公心，是謂之和。物不與接，未見和，祇言中而已。凡物之未接於心也，心果無思無慮，無分喜怒哀樂，無以見中矣。而志於道者，思喜怒哀樂之孰者爲常、孰者爲變，常變固殊，而陰陽消長，分數無差，過與不及之必不和，必非達道。戒慎焉，恐懼焉，情以性函，無所偏主，是謂之中。中之存諸心者，積久而純，發始能和。當其發之，又未嘗不戒慎、恐懼以求中節矣。戒慎乎自不睹以達所睹，恐懼乎自不聞以達所聞。未發、已發，常憂天性之失，斯爲時中，斯爲須臾之不離也。見顯，已發也；隱微，未發也。誠中形外，未發者終必發。故曰：『莫見乎隱，莫顯乎微也。』已發之和，本於未發之中，故中爲大本也。漢鄭君曰：『中爲大本』者，以其含喜怒哀樂，禮之所由生，政教自此出也；『致中和』者，聖人得位行道，有以建中和之極也；『天地位』者，寒暑節，山川奠，一中和也；『萬物育』者，仁民愛物，皆中和也，何嘗求道於虛寂哉？或曰：朱子『致中和』注云體立、用行實非兩事，則『天地位』、『萬物育』，不得以中和分言矣。而不睹不聞即未發之中，先儒解之者多指寂然不動何思何慮之心體，戒慎恐懼靜中存養之功，與釋氏『常惺惺』之法同，異於慎獨者之『思索省察』。舊解如此，今不從之，豈不大悖於朱子乎？曰：朱子之意，『不睹不聞』指未發言，『獨』指將發言乎？而於『道之不可須臾離』注云『無物不有，無時不然』，又云『常存敬畏，雖不見聞，亦不敢忽』，此兼該動靜而言，自所睹以及不睹，自所聞以及不聞，隨時常敬也。於『致中和』注云『自戒懼而約之，以至於至靜之中』，敬亦該動、靜矣。不睹之慎獨之慎，豈有二乎？戒慎恐懼，思誠之學也。程伯子靜觀喜怒哀樂之未發，本云『敬而無失』足以盡之，敬非無心也。後楊中立、羅仲素、李願中世守此教。楊氏之言曰：『學者於喜怒哀樂未發之際，以心體之，則中之義自見。執而勿失，無人欲之私焉，發必中節矣。』李氏之受教於羅氏也，其始學時，默坐澄心，以諭夫喜怒哀樂之未發氣象何如。合楊、羅、李氏之學言之，曰心體，曰心諭，豈非思誠之學乎？李氏又云：『學不在多言，但默坐澄心，體認天理，若真有所見，雖一毫私欲之發，亦退聽矣。』此言尤明，足見未發之體認，實有思矣，非既思即是已發也。朱子初年，學『昭昭靈靈』之禪，受業李氏，已悟其失。而當時深信程叔子『思即已發』之説，未發之中，欲以常惺惺得之，由是有主靜之學。後知主靜無益，乃與張南軒講胡五峯教，由是有察識端倪之學，中和前三説是也。其後知涵養必實用心，作《中和説四》

曰：向來講論，直以心思索爲已發，而用功亦止察識端倪，以故缺平日涵養之功，使胸中擾擾，無深潛純一之味，而發之言語事爲之閒，亦嘗急迫浮露，無雍容深厚之氣。所見一差，害至於此。則晚年深信楊、羅、李之教。李氏云：『人固有無所喜怒哀樂之時，然謂之未發，則不可徑言無。』朱子晚年深服此論，故自言此論，前既不領略，後又不深思，遂成蹉過，蓋悔之矣。即考《朱子全書》自後言敬該動靜，不同李氏之偏重未發，而未發時之涵養非實思邪？羅整庵曰：『叔子言涵養於未發之前則可，求中於未發之前則不可。此殆一時答問之言，未必爲終身之定論也。且以爲既思即是已發，語亦傷重。思乃動靜之交，與發於外者不同，推尋體認，要不出方寸爾。』羅氏尊崇程、朱者也，此言所當思也。張楊園曰：『人雖成一靜功，發時仍不中節，可知平日所認爲中者未嘗中也。』張氏專守朱子學者也，此言所當思也。夫冥然無思，不能立中之大本，安能行和之達道？是以未發之時，必加求中之功。天地何以位，萬物何以育？戒慎、恐懼以思索之，雖程叔子復起不能易此言。學者未嘗潛玩朱子之書，以慎獨爲思索省察，以未發時之戒慎恐懼用常惺惺法，仍是未思於經文，已不可通。當冥然無思之時，而有戒慎恐懼之功，以心體諗之，豈果如此？朱子《中庸》章句之意豈果如此？抑聞之《書》：『思曰睿，睿作聖。』《中庸》曰：慎思之，思之弗得，弗措。古人之重思若是。而談冥寂者，則必援《易傳》之寂然不動、何思何慮以標宗旨，不知傳言蓍卦之神無思無爲、感而遂通天下之故，非言人心之本體必寂然也。《咸》之四『憧憧往來，朋從爾思』，以初、二、三之來感上之往而不感過爲區別，是謂『憧憧朋從』。五『咸其脢』，則上亦感矣。天下無不可感，同歸一致，何必思朋從？何慮往者之不感？《易》之旨如此而已。君子之學，治心必歸於思誠，治經必求其實是。胡敬齋申朱子説，以常惺惺法爲未發之戒懼，不如羅整庵之説爲確。劉蕺山評《中和説四》云：朱子已見得後，仍做鈍根功夫。蕺山《靜坐》，以常惺惺爲聖學，故以《中和説四》爲鈍根。甚矣！讀古人之書，未易定是非也。

【箋注】

〔一〕輯自黃式三《儆居集一·經説二》，清光緒十四年續刻本。

誠明説〔一〕

《禮·中庸》重言誠，而載孔子之言曰：『誠者，不勉而中，不思而得，從容中道，聖人也。誠之者，擇善而固執之者也。』則聖賢之誠有二矣。子思子復申之曰：『自誠明，謂之性。自明誠，謂之教。』則性者如堯舜性之之道，即所謂『誠者，天之道也』。教則所謂『誠之者，人之道也』。朱子注判天人，分聖賢，固據經以立説矣。雖然，《中庸》既言『天命之謂性，率性之謂道，脩道之謂教』，此復以誠明申言性教，抑亦見學者之功，當誠明交進，合性教爲一矣，必欲判性教爲二邪？夫聖人之道，『自誠明』者爲多，而孔子自言好古敏求，又言多聞而擇，多見而識，則古今事變之極、制度之繁，孔聖必學之以諭其實，使此心全體洞然，而可以自愜，是聖人之『自明誠』也。賢人之學，『自明誠』者爲多，而此性本善，惻隱羞惡、辭讓是非之端，感發於不容已者，皆靜觀而自得，則亦有不教而明者焉，是賢人之『自誠明』也。且以凡人言之，凍餒不肯爲穿窬，憤激不敢爲忤逆，彼猶有性之所自明者，而謂賢者無之乎？士君子仰法聖賢，知己之性有『自誠明』者，天生之物則不容汩没於幽獨之中，此存心養性所以事天也。而復知己之誠有必自教而入者，禮義之是非相似，必博考而詳辯之。夫亦以天下之失禮義者，非必夙具邪心也，非必臨事之頃，出以有意之私也。非禮之禮，非義之義，心苟不明，而誠由此虧也。自明而誠教之，爲益大矣。夫朱子教人『自明誠』，而以朱子爲支離者，專闡『自誠明』之道，曷若誠明交進、性教合一之爲無弊也哉？

【箋注】

〔一〕輯自黄式三《儆居集一·經説二》，清光緒十四年續刻本。

誠説〔一〕

子思子因誠身必先明善，申之曰『自明誠』，而《中庸》大旨，則教人以誠而已矣。戒愼恐懼，須臾不離，君子所以稱『時中』者，思誠也。小人未必欲反中庸，而卒反之，不思誠也。今二章宜合爲一。帝舜之用中，誠者也。顔子擇善固執，思誠者也。子路問强，告以『不變塞』。塞，實也，即誠也。依乎《中庸》，遯世不悔，無道不變之，誠也。夫婦雖愚不肖，及思誠之至，得聖人之所不知不能，聖人之誠及於鳶飛魚躍，補天地之所憾，誠無閒於大小也。『庸言庸德』之『慥慥』，誠也。素位者之『正己無怨』，誠也。以一家言，由妻子之無睽心，好合解，今誤。致兄弟之樂且久，而父母遂順，此誠之自邇而遠、自卑而高，見於人事也。而誠之大者，幽足以達鬼神，帝舜、文王、武王、周公，天神格，宗廟饗，統之以誠。鬼神之盛，人視之不見，安敢不見而遺之？人聽之不聞，安敢不聞而遺之？人以心體物，知其不可遺，則不可度，不可射，誠自不可已。故曰：『夫微之顯，誠之不可揜。』揜，止也，已也。體物屬人，誠屬人，四章皆貫。『哀公問政』數章之言誠，不待贅。『大哉聖人』數章，君子誠於崇禮，天子誠於作禮樂，作禮樂與致中和遥應。禮以制中，樂以敦和，誠義已憭。『祖述憲章』，特言仲尼，與首章遥應。一則曰『惟天下至聖』，再則曰『惟天下至誠』，見孔子惟至誠，知至聖，故結之曰：『苟不固聰明，聖智達天德者，其孰能知之？』今三章宜合爲一。末章引《詩》言化民之誠，聲色之大，非誠也。『德輶如毛』，毛、旄通，輕疾如旄，亦聲色之類，非誠也。《詩》曰：『上天之載，無聲無臭。』言文王孚萬邦，誠如天也。詳見《論語後案·衛靈篇》。〔二〕解《中庸》者，當知不見而章、不動而變，皆誠之所格。而或以『戒慎恐懼』爲佛法之『常惺惺』，或以『無聲無臭』歸之寂滅，皆諱言思者也。式三謂：《孟子》改《中庸》『誠之』爲『思誠』，士蓋有思誠而未誠者矣，安見不思而誠之哉？誠者不思而得，謂有時不思而誠，無間斷也。思誠者有所間斷，思以續之者也。如謂誠者不思，失子思子之意，如教誠之者不思，又豈孟子之意？

俞理初曰：皇甫持正，稱韓文抉經之心，執聖之權，跋邪觝異，以扶孔氏。薇香此等作，可以當之。

【箋注】

〔一〕輯自黄式三《儆居集一·經説二》，清光緒十四年續刻本。

〔二〕參見黄式三《論語後案·衛靈篇》：《詩》『上天之載，無聲無臭』，以爲至言以誠化民者，不假聲臭以與民接也。

七情六情説[一]

《禮》之《禮運》言人之七情，喜、怒、哀、懼、愛、惡、欲。《春秋・昭公二十五年左傳》言六志，曰：喜、怒、哀、樂、好、惡。《白虎通》言六情與《左傳》同。好、惡即愛、惡也。樂即欲也，未得爲欲，已得爲樂，通言之則一也。不言懼者，君子有懼、有不懼，傳所略也。《禮・中庸》言喜、怒、哀、樂，不言好、惡。董子《繁露・陽尊陰卑》篇云：『喜氣爲暖而當春，怒氣爲清而當秋，樂氣爲太陽而當夏，哀氣爲太陰而當冬。』是喜、怒、哀、樂配四時也。其《王道通三》篇則又云：『好惡喜怒，乃天之春夏秋冬也。』尋繹董子之意，哀出於惡，有所惡而莫卻則爲哀；樂出於好，有所好而能遂則爲樂，是哀、樂與好、惡二而一也。又以董子之言例推之，喜出於好，喜有施捨；怒出於惡，怒有戰鬥，則喜、怒與好、惡亦二而一也。然則喜、怒、哀、樂皆好、惡之所以運用也，猶四時之有中央也。《大學》言致知，因其心之所不知好、不知惡而致之使知。誠意者，誠其心所已知之好、惡；正心者，正其所好、惡；絜矩者，所行能同天下之好、惡。言好、惡，而喜、怒、哀、樂在其中矣。《白虎通》曰：喜在西方，怒在東方，好在北方，惡在南方。此義見《漢書・翼奉傳》，星家之别一説也。《素問》：肝在志爲怒，心在志爲喜，脾在志爲思，肺在志爲憂，腎在志爲恐。醫家之别一説也。

【箋注】

〔一〕輯自黄式三《儆居集一·經説二》，清光緒十四年續刻本。

申梨洲上帝説〔一〕

古者，天神曰祀，地示曰祭，人鬼曰享，《大宗伯》、《大司樂》之文甚明。郊祀上帝，天神也。上帝之外，又有五帝者。四時之氣，皆天主宰之，總之爲上帝，分之爲五帝，此周公大聖之所定，不可易也。〔二〕承天者地，地示之祭，非特方澤爲重，遠之五嶽四瀆，近之井竈門户，亦周公大聖之所定，不可易也。立天地之閒曰人，聖人生則德足希天，死則魂上升於天，見《樂記》鄭注。廟祀之則曰先聖；賢人不能盡升魂於天，而學校中稱之曰先賢，以崇禮之。既見『裁成天地之道，輔相天地之宜』者，功不可殁。而大夫、士、官師之廟，或三、或二、或一，亦周公大聖之所定也。後世東嶽大帝之祀偏天下，地示冒天帝之名。文、武二帝之祀偏天下，人鬼冒天帝之稱。儒者尊事孔子爲聖，或稱文宣王。今去王而稱聖，非特先聖不以封爵爲重，亦懔懔乎名分之不越也。自佛氏興，有『天上地下惟我獨尊』之説。主其教者，使佛坐於上，而四天王在門側供其役使，西域之自尊大如此。近天主教入中國，力破佛説之誕而抑佛崇天，稽其事實，以耶穌之人鬼爲天主，未嘗行天帝之正祀也。而主其教者，則謂天主外皆淫祀，可以一切罷之。非特彼教之敢肆其説，亦由儒者不能詳言《周官》三大禮以折之，其禍遂至此極。夫天、地、人爲三才，天之不可無地與人，猶國之有君不可無臣，家之有父不可無子。設使今有舉上帝正祀者，亦不可絶地示、人鬼之祭享，况乎上帝無正祀，以人鬼爲天主而欲廢一切祭享之典乎？主其教者苟急於自反，知己之智略萬萬不及周公，則必悔前説之非。否則，自以爲是，謂周公之典爲不足法，此怨恫所以日滋，災異所以頻起，而天下之禍無已日矣。《詩》譏幽王臣『具曰予聖』，王伯厚曰：『自聖者，亂亡之階。』

【箋注】

〔一〕輯自黄式三《儆居集一・經説三》，清光緒十四年續刻本。

〔二〕參見《禮書通故》第十二《郊禮通故一》：《周官・司服》：『大裘而冕，以祀昊天上帝。祀五帝，亦如之。』則五帝異於昊天上帝。《太宰》：『祀五帝，掌百官之誓戒。祀大神示亦如之。』則五帝異於大神。《掌次》：『大旅上帝，張氈案，設皇邸。祀五帝，張大次、小次，設重帟、重案。』則大旅上帝異於祀五帝。《典瑞》：『四圭有邸以祀天，旅上帝。兩圭有邸以祀地，旅四望。』則旅上帝亦異於祀天。鄭玄説『大旅上帝』即祭天，『旅上帝』，祭五帝也。王肅説，上帝即天，『旅上帝』，祭天也。陳祥道説，『上帝』之文既不主於天與昊天上帝，又不主於『五帝』，而《典瑞》

『旅上帝』對『旅四望』言之。旅者，『會而祭之』之名，則上帝非一帝也。上帝非一帝，而《周禮》所稱『帝』者，昊天上帝與五帝而已，則上帝爲昊天上帝及五帝明矣。以周案：祀昊天之大神曰昊天上帝，祀五行分王之神曰五帝，兼祀五帝於南郊曰『旅上帝』，兼祀六帝於圜丘又曰『大旅上帝』。祀爲專祭，旅者會而祭之也。《典瑞》有『祀天，旅上帝』、『祀地，旅四望』之文，專祭天地故稱『祀』，上帝、四望非一神，故稱『旅』。望非地，則上帝非昊天甚明。如王肅説，於《周禮》文殊少别白。若諸經散文渾稱『上帝』者，多合六帝言。

又《禮書通故》第十二《郊禮通故二》：《周官・掌次》『大旅上帝』與『祀五帝』對言。鄭玄説，大旅，祭天於圜丘。國有大故而祭，亦曰旅。又，《記・禮器》『大旅』與『饗帝』對言。鄭玄説，大旅，祭五帝也。饗帝，祭天。以周案：祀者常祭，旅者有故而祭，故《大宗伯》云：『國有大故，則旅上帝。』祀者專祀，旅者會而祭之，故《典瑞》於天地稱『祀』，於上帝四望稱『旅』。凡云『旅上帝』者，會祀五帝於泰壇也；云『大旅上帝』者，會祀六帝於圜丘也。鄭注《大宗伯》云：『旅，陳也，陳其祭事以祈焉，禮不如祀之備。』則有故大旅上帝不及冬至祀昊天之禮，故云『大旅具矣，不足以饗帝』。鄭注兩訓，合之乃明。

釋廟〔一〕

《王制》：『天子七廟：三昭、三穆，與太祖之廟而七。』《祭法》：『王立七廟：曰考廟、曰王考廟、曰皇考廟、曰顯考廟、曰祖考廟，皆月祭之。遠廟爲祧，有二祧，享嘗乃止。』《祭法》之祖考廟，即《王制》之太祖廟也。《祭法》之二祧及四親廟，即《王制》之三昭、三穆也。二祧之設，藏顯考以上之主。昭主之遷，藏於左祧。穆主之遷，藏於右祧。以二祧合四親廟，謂之三昭、三穆，名異而實同。鄭君注《王制》云：『周制七者，太祖、后稷及文王、武王之祧，與親廟四。』繹鄭君之意，周之始立二祧以藏遷主，其後以二祧爲文、武之世室，而文、武以上之遷主藏於太祖、后稷廟，文、武以下之遷主藏於文、武之世室，後之世室即始之二祧也。《禮器》及《春秋穀梁傳》僖公十五年。云『天子七廟，諸侯五，大夫三』，是天子七廟之證也。《曾子問》既云『當七廟五廟無虛主』，又云『虛主者……祫祭於祖，則祝迎四廟之主』。繹《曾子問》之意，天子巡守，以遷廟主行，而太祖與四親廟之主不行，是謂五廟無虛主，祫則迎四親廟之主入於太祖廟，則四親廟有虛主也。《喪服小記》曰：王者立四廟，庶子王亦如之。繹《小記》之文，王者有四親廟，疑庶子王不得立私親廟，經又明之也。《漢書・韋玄成傳》曰：『王者禘其祖自出，以其祖配之，而立四廟，言始命而王，祭天以其祖配而不以立廟，親盡也。立親廟四，親親也。』繹韋之意，王者遠追始祖所自出，而親廟止四，其餘親盡禮殺，不立廟專祀也。此皆親廟止四之證也。《祭法》言諸侯五廟之制，曰考廟、曰王考廟、曰皇考廟，皆月祭之。顯考廟、祖考廟享嘗乃止。繹《祭法》之文，祖考廟不月祭，指始封君之祖考無大功德者言之。方始封時，月祭及三親廟，不如天子之月祭五廟；享嘗及五廟，不及天子之祭七廟。其後始封之君爲太祖，則月祭祖考廟、王考廟、考廟，其皇考廟、顯考廟同於天子之二祧。諸侯有賢者，即以二祧爲世室，是以魯有魯公之廟、武公之廟，擬文武二世室。天子諸侯之分如此，則王肅疑鄭君言天子之四親廟無以異於諸侯，其説非也。《國語》有『日祭月祀時享之文』。日祭者，忌日之祭；月祀者，薦新之祀；時享者，祠禴嘗烝之享。《祭法》云『天子享嘗及二祧』，鄭君注以『享嘗』即『時祭』。然則四時之祭，上及二祧，既祭文武之主，二祧中之主亦必祭之。考祫之禮，祧廟之主與各廟之主，皆合食於太祖。禘則太祖廟之遷主合食太祖，文王以下之穆主合食於文世室，武王以下之昭主合食於武世室。其未立世室之時，四親廟之主，分昭穆而合食於二祧。時祭各祭於其廟，與祫禘不同，而兼及遷主則同。王肅疑天子之廟依鄭君注止祭四親而不及高祖以上，其説又非也。[二]而唐貞觀從王肅論，立親廟六，疏家遂護王而黜鄭君説矣。或曰：劉歆言殷三宗、周文武皆不在七廟之數，其説若何？曰：鄭君《禮注》以二祧即爲世室。據劉歆説，二祧外當别立世室，安敢斥歆説之必不足備一義乎？然後儒之據歆説者，疑《祭法》之不典，疑《喪服小記》之有闕文，解經不能通，而遂疑經、改經，此劉歆所不敢爲而後儒甚之耳。且申歆之説者，遂謂天子恩窮七世，繼世爲天子者亦然。諸侯恩窮五世，繼世爲諸侯者亦然。是生爲天子、諸侯，而死有廢而不祀者矣。曷若依《祭法》之言，有二祧、有享嘗，其禮爲可通也哉？或曰：《祭法》言『去祧爲壇』、『去祖爲壇』，晋張融疑爲衰世之法，〔三〕馬氏《文獻通考》、秦氏《五禮通考》皆從融説，其可解乎？曰：始封君宜正大祖之位，則太祖以上之主有當遞遷石室者矣，是去祖爲壇之例也。去祧者，亦謂失位之主耳，在周如不窋以下是也，非謂周之享嘗專祭文武而祧廟中如成康之主亦去之而祭於壇也。〔四〕或曰：大夫三廟、適士二廟、官師一廟，前儒之疑者多矣，何以解之？曰：此不必疑也。《禮》：『有田則祭，無田則薦。』其薦之於寢，所薦者高曾祖父不得有闕，以五服推之可知。官師一廟，曰考廟。其王考無廟而祭於考廟，王考以上仍薦之於寢而已。迨其後，官師之考及王考祇薦於寢，此所謂去王考爲鬼者。鄭君注：凡鬼者，薦而不祭。而其廟奉官師爲祖，繼世之爲官師者祔之，一廟非必止一世也。適士二廟一壇，其後適士之考及王考祭於壇，王考以上薦於寢，而其廟奉適士爲祖，繼世之爲適士者祔之，二廟非必止二世也。大夫三廟二壇，其後大夫之考、王考、皇考祭於壇，皇考以上薦於寢，而其廟奉大夫爲祖，繼世之爲大夫者祔之，三廟非必止三世也。知大夫、士之有祭、有薦，可無疑於一廟二廟者之祭祖禰而忘高曾、三廟者之祭父祖曾祖而忘高祖矣。馬氏《通考》及今《五禮通考》説膠葛。知三廟、二廟、一廟之所祔，非止三世、二世、一世，可無疑於父子兄弟同爲大夫各立三廟之多矣。郝氏仲輿説不可從。廟制之疑，考禮者之過也。穉生弟穎曰：廟制紊於魏王肅，晦於唐貞觀，千數百年如長夜。疑經改經適成武斷，得此融貫詳明，知實事求是者之所係爲大。

【箋注】

〔一〕輯自黄式三《儆居集一·經説四》，清光緒十四年續刻本。

〔二〕參見黄以周《禮書通故》第十六《宗廟禮通故一》：鄭玄説，周制七廟，太祖及文武二祧與親廟四。王肅云：『天子七廟，謂高祖之父及高祖之祖爲二祧，並始祖及親廟四爲七。周之文、武受命之王，非常廟之數，凡七廟皆不稱周。《禮器》云：「禮有以多爲貴者，天子七廟。」孫卿云：「有天下者事七世。」今使天子、諸侯立廟並親廟四而止，則君臣同制，尊卑不別。』張融云：『《周禮·守祧職》奄八人，女祧每廟二人，自太祖以下與文武及四親廟用七人，姜嫄廟用一人，適盡。若更加文武，則奄少二人。《曾子問》孔子説周事而云「七廟無虚主」，若王肅數高祖之父、高祖之祖，與文武而九，主當有九，何以云「七廟無虛主」？故以《周禮》、孔子之言爲本，《穀梁》及《小記》爲枝葉，韋玄成、《石渠論》、《白虎通》爲證驗，七廟斥言，玄説爲長。』　以周案：漢韋玄成等議云：『周之所以有七廟者，以后稷始封，文王、武王受命而王，是以三廟不毁，與親廟四而七。』《石渠論》、《白虎論》並云『周以后稷、文武特七廟』，是即鄭説所本也。王肅據劉歆説謂文武『非常廟之數』，然劉歆據《王制》、《穀梁傳》以爲『天子三昭三穆，與太祖之廟而七』，與韋玄成『二昭二穆，文武世室及太祖廟而七』之説異。其云『宗不在正廟數中』者，舉殷三宗斥言周成王，而謂文武受命之王亦如三宗，不在七廟正數。此王肅之臆説，劉歆無此言也。文武受命之王，當與成湯同例，比之三宗守成之君，擬不於倫矣。且謂祭及高祖之祖、父，是親廟有六矣，不悖於《小記》『立四廟』之文乎？於三昭三穆之上，又加文、武二世室，是有四昭、四穆，合太祖之廟而九矣，不又悖《王制》『三昭三穆，與大祖而七』之文乎？先君子《儆居集》云：『《祭法》言諸侯五廟之制，祖考廟不月祭，指始封君之祖考無大功德者言之。方始封時，月祭及三親廟，不如天子之月祭五廟；享嘗及五廟，不及天子之祭七廟。其後始封之君爲太祖，則月祭祖考廟、王考廟、考廟，其皇考廟、顯廟考，同於天子之二祧。諸侯有賢者，即以二祧爲世室，是以魯有魯公之廟、武公之廟，擬文武二世室。天子諸侯之分如此，則王肅疑鄭君言天子之四親廟無以異於諸侯，其説非也。《國語》有「日祭月祀時享」之文。日祭者，忌日之祭；月祀者，薦新之祀；時享者，祠禴嘗烝之享。《祭法》云「天子享嘗及二祧」，鄭君注以享嘗即時祭。然則四時之祭，上及二祧，既祭文武之主，二祧中之主亦必祭之。考祫之禮，祧廟之主與各廟之主，皆合食於太祖。禘則太祖廟之遷主合食太祖，文王以下之穆主合食於文世室，武王以下之昭主合食於武世室。其未立世室之時，四親廟之主，分昭穆而合食於二祧。時祭各祭於其廟，與祫禘不同，而兼及遷主則同。王肅疑天子之廟依鄭注止祭四親而不及高祖以上，其説又非也。』

〔三〕『張融疑爲衰世之法』，見馬端臨《文獻通考》卷九十一《宗廟考一・天子宗廟》引：晋張融評曰：『《孝經》：「爲之宗廟，以鬼享之。」《公羊》：「毁廟之主藏乎太祖，五年而再殷祭。」無去祧爲壇，去壇爲墠，去墠爲鬼之制。《祭法》所言，皆衰世之法。』

〔四〕參見黄以周《禮書通故》第十六《宗廟禮通故一》：一云『去祧爲壇，去祖爲壇，晋張融曾疑爲衰世之法。』以周案：馬氏《文獻通考》、秦氏《五禮通考》皆惑於融説。先君子曰：『始封君宜正太祖之位，則太祖以上之主有當遞遷石室者矣，是去祖爲壇之例也。去祧者，亦謂失位之主耳，在周如不窋以下是也，非謂周之享嘗專祭文武而祧廟中如成康之主亦去之而祭於壇也。』

釋鬼神〔一〕

《周官·大宗伯》曰『天神、人鬼、地示』，《大司樂》復分言之，周公之定名如此也。《祭法》又曰：『人死曰鬼，此五代之所不變也。』則鬼神之定名必不可易矣。《祭義》載孔子之答宰我曰：『氣也者，神之盛也；魄也者，鬼之盛也。……衆生必死，死必歸土，此之謂鬼。骨肉斃於下陰爲野土，其氣發揚於上爲昭明，焄蒿悽愴，此百物之精也，神之著也。』此言魂者陽之靈、心之精神，魄者陰之靈、耳目之聰明。衆生魂氣受於天，魄成於母。及其死，魂爲神，魄爲鬼，各反其所自出。骨肉所藏，有神存焉。昭明之光、焄蒿之氣、悽愴之情，亦升騰於上，斯與周公之言豈有二邪？《易·繫辭傳》曰：『原始及終，及，今本作反。故知死生之説。精氣爲物，遊魂爲變，是故知鬼神之情狀。』原其始之生陰精、陽氣，合而成物之魂魄，魂魄與形體相附則不死及其終，形體與魂魄分離而不相附，無所附爲落魄，魄無所附爲遊魂，是以變而爲鬼、爲神也。斯與周公之言豈不相通邪？《樂記》：『幽則有鬼神。』鄭君釋之曰：『聖人之精氣謂之神，賢知之精氣謂之鬼。』繹鄭君之意，聖人死，其魂升於天爲神，非聖人則魂不能升天，死皆爲鬼，其魂附於魄。斯與周公孔子之言豈不通邪？《禮運》曰：『人者，鬼神之會。』《中庸》曰：鬼神之德，體物而不可遺。人之生，莫不有氣，神之盛也，天神也；莫不有魄，鬼之盛也，人物皆鬼也。斯與《周官・祭義》之言豈不通邪？若夫後儒之説，或言精氣爲物是謂神，游魂爲變是謂鬼；或言精氣爲物是謂鬼，遊魂爲變是謂神；或言至而申者爲神，反而歸者爲鬼。如日月也，忽神忽鬼；四時也，忽鬼忽神。人則壯神而衰鬼，呼神而吸鬼，其然乎？其不然乎？儒尚如此，則仙、釋家之言何怪其淆亂乎！昔孔子不語神，以神之變不可測不與人相詰難耳，而鬼神之名非變不可測也，儒者盍稽信於周公、孔子之言？〔二〕穉生弟穎曰：經明則道明，離經者叛道。

【箋注】

〔一〕輯自黄式三《儆居集一・經説四》，清光緒十四年續刻本。

〔二〕參見《禮書通故》第十七《肆獻祼饋食禮通故一》：鄭玄云：《禮運》：『以嘉魂魄，是謂合莫。』嘉，樂也。莫，虚無也。《孝經説》曰：『上通無莫。』以周案：孔子言：『精氣爲物，游魂爲變。』其告宰我問鬼神之名又言：『氣也者，神之盛也；魄也者，鬼之盛也。合鬼與神，教之至也。』《禮運》之言雖不盡屬孔子，其云『以嘉魂魄，是謂合莫』，與孔子之言如合符節。合讀諸文，可知死生之説，鬼神之情狀。人始生之魄即是精，其陽曰魂即是氣，魄與魂合，精與氣貫，此人之所以生也。精與氣兩不相屬，魂歸於天，魄歸於地，此人之所以死也。而鬼神有散，有不散，亦魂魄爲之。先儒曾疑：『鬼如不散，是盈天地皆鬼；鬼若有散，則子孫亦不必祭。』精魄與魂氣死而仍相坿麗，其鬼不散，故謂之物。魄無所坿爲落魄，魂無所麗爲游魂，不久魂魄各散，故謂之變。聖人之制祭祀也，欲以孝子之精氣會合鬼神之魂魄，故謂之『嘉魂魄』，名其義曰『合莫』。嘉謂嘉會，合莫謂合魂魄於虚莫，此即所謂『合鬼與神』是也。報氣、報魄，分之爲二禮，合之即一誠。祭能誠敬，其鬼長存不散，故謂之『教之至』。

釋宗[一]

《禮大傳》曰：『別子爲祖，繼別爲宗。』又曰：『公子有宗道。公子之公，爲其士大夫之庶者，宗其士大夫之適者，公子之宗道也。』以是言之，別子即公子，其爵則士大夫，其所生母則與君同。適君命庶宗適，而適子傳重者世世爲大宗。若君無同母弟，庶兄弟之爵又卑，則祇立小宗，是公子之有小宗無大宗也。或初立大宗，無庶昆弟宗之，是公子有大宗無小宗也。若君無同母弟，亦無庶昆弟，是無宗亦莫之宗也。公子如是，王子亦然。本國之公子如是，他國公子之來仕者亦然。與君同適之公子如是，與君同母之庶子亦然也。[二]《左傳·桓公二年》師服曰：『大夫有貳宗。』言自民庶而致位大夫者，禮如別子，其傳重者世世爲大宗，其支子之後爲小宗。《王制》：『大夫三廟：一昭、一穆，與太祖之廟而三。』鄭君釋之曰：『太祖，別子始爵者。』《大傳》曰：『別子爲祖。』謂此雖非別子始爵者，亦然。鄭注分別子與民族之始爵者，義甚明憭。是民庶之爲大夫者，有大宗之義也。《喪服傳》曰：『國君之子稱公子，公子不得禰先君，公子之子稱公孫，公孫不得祖諸侯。』此自尊而別於卑，別子所以爲大祖也。《喪服傳》既言自尊而別於卑，又言自卑而别於尊，此大夫之所以爲太祖也。凡有百世不遷之太祖，乃有百世不遷之大宗，此别子與大夫之所以有大宗也。國君之庶昆弟必爵爲大夫而始立大宗，别子之爲大夫或士者皆可立爲大宗，此適庶之分也。大夫有大、小宗，士則有隸子弟而不得有大、小宗，此大夫、士之分也。〔三〕古者封建既行，家有世禄而立大宗，此大宗子必承祖廟、爵邑、族親、人民之重也。《喪服經》於《斬衰三年章》曰：『爲人後者。』傳釋之曰：『何以三年也？受重者必以尊服服之。何如而可爲之後？同宗則可爲之後。何如而可爲人後？支子可也。』經又於《齊衰不杖期章》曰：『爲人後者，爲其父母。』傳釋之曰：『何以期也？不貳斬也。何以不貳斬也？持重於大宗者，降其小宗也。爲人後者孰後？後大宗也。……大宗者，尊之統也。大宗者，收族者也，不可以絶，故族人以支子後大宗也。』尋繹經、傳之意，古之無子而立後者，必其世爲大宗，而有祖廟、爵邑、族親、人民之重，故曰受重，曰持重也。經又於《斬衰三年章》曰：『父爲長子。』傳釋之曰：『何以三年也？正體於上，又乃將所傳重也。庶子不得爲長子三年，不繼祖也。』尋繹傳意，言傳重、言繼祖，是指爲父後者言也，庶子爲父後者之弟也。古者世禄之禮行，而爲後之義重。傳曰『傳重』，猶之爲人後者曰受重、曰持重，固有祖廟、爵邑、族親、人民之重也。或曰：信如是，則今之民族以五世適長爲大宗，其説非矣。而説者謂適孫爲祖承重、服斬本於《禮經》，其義何也？

曰：經於《齊衰不杖期章》曰：『爲君之父、母、妻、長子、祖父母。』傳釋之曰：『何以期也？從服也，父、母、長子，君服斬。妻，則小君也。父卒然後爲祖後者服斬。』傳意以既爲君，而猶有父與祖父，是父與祖父之不爲君者也，故言父卒，然後爲祖後者服斬，是言爲後者服也。《喪服小記》：『祖父卒，而後，爲祖母後者三年。』鄭君釋之曰：『祖父在，則其服如父在爲母也。』然則民庶之服祖以斬準，此理以推之宜也。其不得稱承重者，無祖廟、爵邑、族親、人民之承而不得言重也，稱之以斬衰、孫斬衰、曾孫可也。淩氏次仲曰：『繼别子者百世不遷，爲大宗有重可傳者也。繼高祖者五世則遷，爲小宗無重可傳者也。』又曰：『適子卒，適孫爲祖後爲三年之服，謂之承重。』此惟封建之世有之，《通典》所録晋、宋、後魏承重之議甚詳。蓋當時雖不世官，而爵土猶存，應襲者有重可承，非特孫可承祖，雖同宗之支子，皆可承也。今律有『承重』之文，以《通典》考之，亦指世襲家之有後者言之。後儒每於士庶人家行此，且使諸父在其下，則非《禮》意矣。式三韙淩氏之言，而惜其所論宗法之未詳，作《釋宗》。〔四〕

【箋注】

〔一〕輯自黄式三《儆居集一·經説四》，清光緒十四年續刻本。

〔二〕此節可參見黄以周《禮書通故》第八《宗法通故》：《白虎通義》云：『别子者，自爲其子孫祖。繼别者，各自爲宗。所爲小宗有四，大宗有一，凡有五宗。』鄭玄云：『别子，謂公子若始來在此國者，後世以爲祖也。繼别，謂别子之世適也，族人尊之，謂之大宗。繼禰者，父之適也，兄弟尊之，謂之小宗。小宗四，與大宗，凡五。』杜預云：『别子者，君之嫡妻之子，長子之母弟也，君命爲祖，其子則爲大宗。始封君相傳，則自祖始封君，其支子孫皆宗大宗。然則繼體君爲宗中之尊，支庶莫敢宗之，是以命别子爲宗主，一宗奉之。故曰祖者，高祖也，言屬逮於君則就君，屬絶於君，則適宗子家也。而説者或云君代代得立大宗，或云别子之母弟亦得爲祖，或云命妾子爲别子，其嫡妻子則還宗於君，皆非也。别子之弟子孫，無貴賤皆宜宗别子之子孫。小宗，一家之長也，同族則宗之，五屬斷服則不宗。』以周案：諸侯不敢祖天子，大夫不敢祖諸侯。故國君祖始封君，又立母弟爲大宗，以統衆兄弟。衆兄弟宗大宗，不敢祖諸侯，無論屬之絶不絶。『别子爲祖』以其子孫言，不關衆兄弟。鄭注云『後世以爲祖』是已。杜意君不得代代立大宗，惟始封君得立母弟爲别子以爲祖，祖者高祖，服絶於君，其未絶者則還宗君，不宗别子，説甚紕繆。其云『别子之母弟不得爲祖』，得之。《大傳》云：『公子之公，爲其士大夫之庶者，宗其士大夫之適者。』孔疏謂諸侯弟二子以下，並爲其後世之始祖，其説本於王肅，見《通典》。誤。《記》曰『祖遷於上，宗易於下』，弟二子以下可爲始祖，則别子非『百世不遷之宗』矣。惟弟二子以下有爵爲大夫者而後可爲後世之祖，鄭注所謂『始爵亦祖，如魯三桓、鄭七穆』是矣。『繼别爲宗』，班氏以小宗言，鄭注以大宗言，以下句『繼禰者爲小宗』對之，則此宗謂大宗可知也。小宗有四，大宗有一，《通典》載賀循《義宗》已詳之。程易疇、朱仲鈞輩拘執《大傳》文，繼禰者爲小宗，餘皆大宗，亦未是。

又：孔穎達説，『宗其繼別子之所自出者』，別子或由此君而出，或由他國而來，適子、適孫世世繼別子。陳澔云：『《大傳》「之所自出」四字，衍文。』以周案：云『百世不遷者，別子之後也』，釋上『爲祖』之義，『別子』即『爲祖』之別子。云『宗其繼別子之所自出者，百世不遷者也』，釋上『爲宗』之義，『繼別子』即『爲宗』之繼別。云『宗其繼高祖者，五世則遷者也』，釋上『小宗』之義，小宗五世而遷。『繼別子之所自出』即別子，宗主繼別，而所以宗主別子。繼別百世不遷，而所以百世不遷，亦主別子，故於『繼別子之所自出者』重累其詞，於『百世不遷者』參差其文，以見『繼別子』之所以爲『大宗』者，爲同以別子爲太祖也。孔疏陳説，皆不足信。吕與叔謂『如魯桓公乃別子季友之所自出，即桓公大宗』，如其言，《記》文曰『宗其別子之所自出』可矣，何必云『繼』？且此《記》特起爲士大夫者法，不關公子，季友宜屬下『公子之宗道』。而申其説者林氏《陳數求義》、程氏《宗法小記》、朱氏《求是齋經説》等。説謂『魯得立周公所自出之文王廟，三家亦得立所自出之桓公廟』，更謬。

又：毛奇齡云：『別子者，公子之通稱也。繼別者，別子之子也。繼別爲宗，非繼別始爲宗也。宗始於別子，有繼之者，而自此以後，雖百世皆爲宗耳。凡合宗之事，皆當以國君與別子一世爲斷，如鄭注，別子一世無大宗，繼別一世無小宗，凡國君繼體，必有三世無大、小宗者，此豈可爲訓？』以周案：鄭注説宗法本是，所可議者，『別子』與『公子』不分，又泥於『繼別爲宗』之語，似公子身無宗法，於下文公子三等之宗難通，乃曰『宗適如大宗』、『宗庶如小宗』以比擬之，遂致後人之肆駁。竊謂經傳多通言、對言之分，通言之『公子』與『別子』同，故《穀梁傳》曰

『燕，周之分子也』，分子，即别子之謂也。《大傳》之文，上數節曰别子，下數節曰公子，此對文之有異者也。異國始來仕爲卿大夫者爲别子，家無宗族，身亦無宗法，故至繼别乃有宗。若公子，有與始來仕者不同，爲公子之身已有三等宗法，故《記》文又特著之。『有小宗而無大宗』，鄭、王並以『有庶宗無適宗』爲言是已。則『有大宗而無小宗』謂有適宗無庶宗也。『無宗，亦莫之宗』，鄭注謂『公子惟已』一人，亦是。『公子有公道』四句，鄭注於此總發三等宗法，以明申上爲義，亦是。是則公子之身明有宗法矣，何必曰『如大宗』、『如小宗』以通之乎？近毛、程輩知鄭之非，而立説之牽强較鄭更甚。

〔三〕此節可參見黄以周《禮書通故》第八《宗法通故》：杜預云：『大夫有貳宗，謂適子爲小宗，一作『大宗』。次者爲貳宗。』一作『次子』。孔穎達云：『沈云「適子爲小宗」，謂大夫之身，「次者爲貳宗」，謂大夫庶弟。貳宗與側室爲例，皆是官名，與五宗别。』淩廷堪云：『天子以别子爲諸侯，故云「建國諸侯」。以别子爲卿，故云「立家卿」。以别子爲大夫，故云「置側室大夫」。以别子爲士，故云「有貳宗」。士之别子無重可承，故云「隸子弟」』。以周案：諸侯謂之國，卿大夫謂之家，其支子官謂之側室。諸侯得立公子爲家，公子爵爲大夫。公子之公，又爲之立大宗。有大宗，則有小宗，小宗所以副大宗也，《白虎通義》曰『大宗能率小宗』。大夫得立其子爲士，以隸子弟，蓋即大夫之小宗，《白虎通義》曰『小宗能率群弟』。『國家』、『側室』對文，『貳宗』、『隸子弟』對文，孔疏以『貳宗』對『側室』，爲『大夫庶弟』，不以其子言，殊屬未安。淩氏意是，云『别子』誤，卿大夫士之子不得云『别子』。『别子爲祖，百世不遷』，貳宗爲小宗之副，小宗者『五世則遷』。先君子云：『《喪服傳》既言自尊别於卑，又言自卑别於尊，此大夫所以爲太祖也。凡有百世不遷之太祖，乃有百世不遷之大宗，此別子與大夫所以有大宗也。國君之庶昆弟必爵爲大夫而始立大宗，別子之爲大夫士者皆可立爲大宗，此適庶之分也。大夫有大、小、貳宗，士則『隸子弟』，此大夫、士之分也。』

〔四〕此節可參見黄以周《禮書通故》第九《喪服通故二》：《喪服傳》有『傳重』、『持重』、『受重』之語，即後世『承重』之稱所由始。杜琬説，孫攝一家之重，居諸父之右，祖無重可傳而孫以重自居，於義爲乖。王敞説，所重在先祖之體，蓋非爵土財計之謂。不貴正體而必云爵土，忽其敬宗而重其財計，此非義矣。經有『爲君之祖服期』，是爲臣從君服，從服例降一等，此則君爲祖三年矣。既爲君而有父、祖之喪，謂父祖不得受國而已受位於曾祖者也。祖不受國無爵土可傳，而猶『三年』，斯蓋正統貴體之義，不必以爵土傳己也。以周案：傳云『大夫有貳宗，士有隸子弟』。『貳宗』者何？大宗、小宗是也。士未起爲大夫，不得有大宗之名，而五世内迭相爲宗，隸其子弟，固有小宗之實。所謂『承重』者，承此五世宗適之重也。《喪服》『父爲長子』。傳曰：「正體於上，又乃將所傳重也。」』舊説以此長子爲『五世之適』，鄭注據《小記》『不繼祖與禰』以爲長子不必五世，則繼祖與禰之小宗，亦有正體、傳重之義矣。是以制服父爲長子三年，爲衆子期，祖爲適孫期，爲衆孫九月，長子爲父後以杖即位，與衆子不同，適孫爲祖後加服三年，亦與衆孫有別，皆爲其正體又以傳重也。凡爲後者，正體與傳重並重。其有正體而不傳重者，如適子有廢疾是。有傳重而非正體者，如庶子爲後、庶孫爲後是。皆不得加服三年，惟正體又將傳重乃爲加服，此爲上下通制。淩次仲力主杜説，必有宗廟、土地、爵位、人民而後謂之重，『五世則遷』之小宗已爲無重可傳。如其説，古立小宗法亦爲過舉矣。

釋學〔一〕

五帝之國學，謂之成均。《周官》注引董子説。至虞，又謂之庠。《王制》、《内則》言虞「上庠」、「下庠」。《明堂位》：「米廩，有虞氏之庠。」夏國學謂之序，《王制》、《内則》言夏之「東序」、「西序」。《明堂位》：「序，夏后氏之序也。」復於鄉立學謂之校。《孟子》：「夏曰校。」殷國學謂之瞽宗，《明堂位》「瞽宗，殷學也。」《文王世子》注云：「學《禮》《樂》於殷之學。」其鄉校外復於遂立學，於州立學謂之序。《孟子》：「殷曰序。」《學記》：「遂有序。」鄉尊於遂，故遂與鄉之州學同。《周官》遂官皆降鄉官一等，可見。周人脩而兼用之，國學之名五：天子祀先聖先師出師受成，是謂承師問道之中學，又謂之大學，又謂之璧廱，此五學中之尊，學者不得居焉；璧廱，四面廱水如璧，是謂中學。《王制》：「天子曰璧廱。」「承師問道」見《保傅》。天子養國老於學，是謂上親貴仁之東學，又謂之東膠，又因夏學之名謂之東序，學干戈羽籥者居之；養老東膠，見《王制》。上親貴仁，見《保傅》。學干戈羽籥，見《文王世子》。天子祀先賢於學，是謂上賢貴德之西學，又謂之西廱，又因殷學之名謂之瞽宗，學禮者居之；祀先賢，見《祭義》、《大司樂》。上賢貴德，見《保傅》。學禮瞽宗，見《文王世子》。西廱見《周頌》。天子視學，太子入學以齒，是謂上齒貴信之南學，又因五帝學之名謂之成均，大司樂教樂德、樂語、樂舞者居之；上齒入南學，見《保傅》及《王制》。教樂於成均，見《周官》。天子上貴尊爵，其所入者北學，因虞學之名謂之上庠，典書詔書者居之。見《保傅》及《文王世子》。周人又設四郊之小學，郊人之有曲藝者居之，謂之郊學，亦謂之虞庠，養庶老於此焉。見《文王世子》及《王制》。周人復於鄉、於州、於遂、於黨、於縣皆立學，謂之庠。《孟子》：周曰庠，其統名也。鄉之學謂之鄉庠，《鄉飲酒義》云『庠門』。亦承夏名謂之鄉校。《左傳》：『鄭人遊鄉校以論執政。』州、遂之學，亦或承殷學之名謂之序。《州長》射於州序，是州爲序。《黨正》屬民而飲酒於序，亦謂州序。党、縣之學，周創設之，獨謂之庠。《學記》：『黨有庠。』四郊之學，鄉、遂、州、黨、縣之學，皆謂小學，對國學而言之也。故以璧廱對四學言之，璧廱爲大學；以國學對諸小學言之，則四學亦稱大學。〔二〕《祭義》云：食三老五更於大學，所以教弟。是故鄉里有齒而老窮不遺，此由大學來者也。天子設四學，當入學而太子齒。《祭義》所言之四學，即大學。《詩》『鎬京辟廱，自西自東，自南自北』，即《祭義》所言之四學，非四郊之學也。周大、小學之制如此，而所最貴者則有小學焉。《周官》：『師氏居虎門之左，司王朝。』此門闈之學，惟王子弟及公卿適子之賢者入焉。以王之子弟自幼學於此，謂之少學。對大學言之，亦稱小學。諸侯之少學，在公宫南之左。有鄉學之異者，移國學。有國學之異者，移少學。歲貢少學之異者於天子，學於天子之大學。〔三〕見《周官》、《王制》及蔡邕《明堂論》、《漢書·食貨志》。

【箋注】

〔一〕輯自黄式三《儆居集一·經説四》，清光緒十四年續刻本。

〔二〕參見黄以周《禮書通故》第三十二《學校禮通故一》：《記·明堂位》篇『有虞氏之庠，夏后氏之序，瞽宗殷學，頖宫周學』，《内則》、《王制》篇『有虞氏上庠，下庠；夏后氏東序，西序；殷人左學，右學；周人東膠，虞庠』，並與《孟子》『夏曰校，殷曰序，周曰庠』之文異。《漢書·儒林傳》又作『夏曰校，殷曰庠，周曰序』。一説，周之鄉建虞庠，州建夏序，党建殷校。一説，《孟子》『夏校，殷序，周庠』爲三代諸侯之學；《學記》『黨庠，術序』爲商人鄉、遂之學。一説，鄙縣之學名校。一説，鄉學名校。以周案：《内則》、《王制》、《明堂位》虞庠、夏序、殷瞽宗以大學言也，《孟子》夏校、殷序、周庠則以小學言之。先君子《釋學篇》云：『五帝之國學，謂之成均。至虞，又謂之庠。夏國學謂之序，復於鄉立學，謂之校。殷國學謂之瞽宗，其鄉校外復於遂立學於州立學，謂之序。周人修而兼用之，國學之名五：天子祀先聖先師，出師受成，是謂承師問道之中學，又謂之大學，又謂之璧廱，此五學中之尊，學者不得居焉；天子養國老於學，是謂上親貴仁之東學，又謂之東膠，又因夏學之名謂之東序，學干戈羽籥者居之；天子祀先賢於學，是謂上賢貴德之西學，又謂之西廱，又因殷學之名謂之瞽宗，學禮者居之；天子視學，太子入學以齒，是謂上齒貴信之南學，又因五帝學之名謂之成均，大司樂教樂德、樂語、樂舞者居之；天子上貴尊爵，其所入者北學，因虞學之名謂之上庠，典書詔書者居之。周人又設四郊之小學，郊人之有曲藝者居之，謂之郊學，亦謂之虞庠，養庶老於此焉。周人復於鄉、於州、於遂、於党、於縣，皆立學，謂之庠。鄉之學謂之鄉庠，亦承夏名謂之鄉校。州遂之學，亦或承殷學之名謂之序。党、縣之學，周剏設之，獨謂之庠。郊學，遂、州、黨、縣之學，皆謂小學，對國學而言之也。故以璧廱對四學言之，璧廱爲大學；以國學對諸小學言之，則四學亦稱大學。』

〔三〕參見黄以周《禮書通故》第三十二《學校禮通故一》：《記・王制篇》：小學在公宫南之左，大學在郊。鄭玄云：此殷之制。袁準云：《王制》小學近而大學遠，其言乖錯，非正也。陳祥道云：諸侯之學，小學在内，大學在外，以其選士由内以升於外，然後達於京故也。天子之學，小學居外，大學居内，以其選士由外以升於内，然後達於朝故也。以周案：袁説失之妄，陳説失之誣，鄭注較通。然辟廱、頖宫爲周制，有《詩・雅》、《記・明堂位》可證。下文曰『天子曰辟雍，諸侯曰頖宫』，則此小學、大學自據周制而言可知，鄭注似未足據也。『小學在公宫南之左』，『小』當作『少』，説亦詳先君子《釋學篇》。《周官》師氏當王朝時『居虎門之左』，其施教自在少學。此以諸侯言，故曰『公宫南』。《周官》師氏保氏所司之學，金誠齋謂當在皋門之内。師氏兼主誨王，故當朝時居虎門之左。諸侯公宫地隘，自宜在郊南。《詩・靈臺》疏引《王制》文以證天子禮節去『南』字，洪筠軒遂謂今有『南』字衍文，非也。『大學在郊』亦以諸侯之制言，諸侯國中地小不容建學，故置之於郊。以魯郊上帝先有事於頖宫考之，知周諸侯之大學自在郊矣。以文王靈臺、辟雍觀之，知諸侯之大學在郊自殷以來未改也。國無大小，不能無學，曰『天子命之教然後爲學』者，惟在郊之大學耳。在郊之大學即下文所謂泮宫。諸侯得立學，而泮宫之制惟天子命之教而後立。少學尤貴於泮宫，

《漢・食貨志》云：『其有秀異者，移鄉學於庠序，庠序之異者，移國學於少學。諸侯歲貢少學之異者於天子，學於大學，命曰造士。』古少學之重如此。如舊所解，觸處皆礙。

又：蔡邕云：『《周官》有門闈之學，師氏教以三德守王門，保氏教以六藝守王闈。』盧辯云：『小學，謂虎闈師保之學。』秦蕙田云：『蔡邕《明堂論》云「《周官》有門闈之學」，鄭注《周官》不之及焉，疏矣。世子學於虎門，其所與共學者惟王子弟及公卿適子耳。其餘大夫元士之子及國中之秀者，當學於郊外小學。若國中之大學，則《王制》云『王太子、王子、公卿大夫元士之適子，國之俊選，皆造焉』，蓋皆由小學而進於大學者也。』以周案：師氏、保氏所教之學爲天子之少學，所謂『少學在公宮南之左』者是也。門闈之學名實不古，鄭注不之及，非疏也。且師氏保氏之守門闈但使其屬守之，經有明文，其施教國子自在王宮南左之少學，安得謂之門闈之學邪？秦氏殊未之審矣。《漢・食貨志》云：『庠序之異者，移國學於少學；諸侯歲貢少學之異者於天子。』先君子《釋學篇》申其義云：『天子之少學，惟王子弟及公卿適子之賢者入焉。以王之子弟自幼學於此，謂之少學。對大學言之，亦稱小學。諸侯之少學，在公宮南之左。有鄉學之異者，移國學。有國學之異者，移少學。歲貢少學之異者於天子，學於天子之大學。』又案：自宮南之少學廢，而鴻都門學士興。時侍中祭酒樂松、賈護等不用師氏教法，引用非人，雖寵貴至封侯錫爵，而士君子羞與爲列，馬氏廷鸞遂以『私學』爲譏。端臨則謂：『當時大學諸生三萬餘人，其持危言覈論以激濁揚清自負者，誅戮禁錮殆無孑遺，其在學授業者，至爭第更相告訟，無復廉恥，於鴻都學士乎何誅？』斯言亮哉！據後世流弊以論故事，雖帝王無良法矣。

釋畝〔一〕

古者畫井之法，三百步爲里，方一里而畫九區，一夫各受一區，而有溝、洫、畛、塗以限之。其製備於夏，而殷周承之不變也。而《孟子》言『夏五十而貢，殷七十而助，周百畝而徹』，其異何邪？〔二〕曰：積步成畝，步之多寡不同。積尺成步，尺之長短不同也。古之尺有三，蔡邕《獨斷》曰：夏以十寸爲尺，殷以九寸爲尺，周以八寸爲尺。此言殷十寸之尺爲夏之九寸，周十寸之尺爲夏之八寸也。尺既異，則步亦異。夏以四尺八寸爲步，由步而積之，橫十步、縱二十步是爲夏之畝焉，橫十步、縱百步是爲夏之五畝焉。殷以五尺三寸有九分寸之三爲步，由步而積之，橫十步、縱十四步有七分步之二是爲殷之畝焉，橫十步、縱百步是爲殷之七畝焉。周以六尺爲步，由步而積之，橫十步、縱十步是爲周之畝焉，橫十步、縱百步是爲周之十畝焉。夏、殷、周一井之田，縱橫各三百步；一區之田，縱橫各百步，其數無不同。夏之五畝、殷之七畝、周之十畝，皆橫十步、縱百步。以實積言之，皆橫一步、縱千步，其實亦無不同。而田之畝因步之多寡而異其數，畝之步因尺之長短而異其數，故以夏、殷、周之一畝言之，其實迥異，則一區之積遂有五十畝、七十畝、百畝之異矣。《大戴禮・主言》曰：「三百步而里，千步而井。」夏五畝、殷七畝、周十畝之實積，皆横一步、縱千步，故曰千步而井。言三代之井田，皆以千步之實積成之也。《韓詩外傳》曰：「方里爲井。」廣三百步、長三百步爲一里，其田九百畝。廣一步、長百步爲畝，廣百步、長百步爲百畝，此言周制，而夏、殷之畝之井可類推矣。或曰：子所言尺之長短，本於蔡邕，復時見於它説，固可信矣。而《王制》言「古者以周尺八尺爲步，今以周尺六尺四寸爲步」，此不言八尺及六尺四寸，而專以周尺六尺爲步，其故何也？曰：《周官》注引《司馬法》「六尺爲步」，與《左傳》注、《國語》注、《公羊傳》注及《説文》田部注無不符合。人長八尺，申兩手亦八尺，展兩足則六尺。八尺爲仞，六尺爲步，於數爲實。《史記・秦始皇本紀》言秦制六尺爲步，《索隱》引譙周説「步以人足」爲數，非獨秦制，又引《管子》、《司馬法》皆云「六尺爲步」，以爲之證。〔三〕是周以六尺爲步，於夏尺實得四尺八寸爲步也，於殷尺實得五尺三寸有九分寸之三爲步也。漢文帝博士作《王制》，所謂「今以周尺六尺四寸爲步」者，指漢爲今，原非三代之制。且《王制》所言之步、畝與里，其本文實與演算法相違，經家及算家諸書各言其乖錯之數焉。此博士説之謬誤者，不可據也。若依蔡邕説，以尺定步、井，井然不紊也。後儒解《孟子》者多矣，有謂周之田年耕之而不易、夏之田一年而易、殷之田三分而易者，則夏獨無不易之田邪？有謂夏萊田五十畝、殷萊田三十畝、周萊田在别井者，則夏之田一井中半荒，殷則荒者四分之一而有餘邪？有謂畝税不齊，夏税五十、商税七十、至周盡税之者，則夏之税二十取一，殷之税十五取一，何以言皆什一邪？有謂畝爲甽畝之名，而《考工記·匠人》言『廣尺、深尺謂之甽』，何以爲周制？《漢志》言后稷之法『一畝三甽，一夫三百甽』，甽長終畝，何以爲夏制邪？若謂夏、殷、周之授田多寡固殊，未嘗相同，則井田之溝、洫、畛、塗必易世而改，且前之世田必浮於人，後之世人必浮於田。於是曲爲之説者，又謂夏、殷人稠而周反稀，夏、殷田少而周乃多；又謂夏以二夫耕一區，周以一夫受一區，殷以十一夫就一井，以餘者别給之。於事益爲可疑，非稽古者所取信。

古井田法

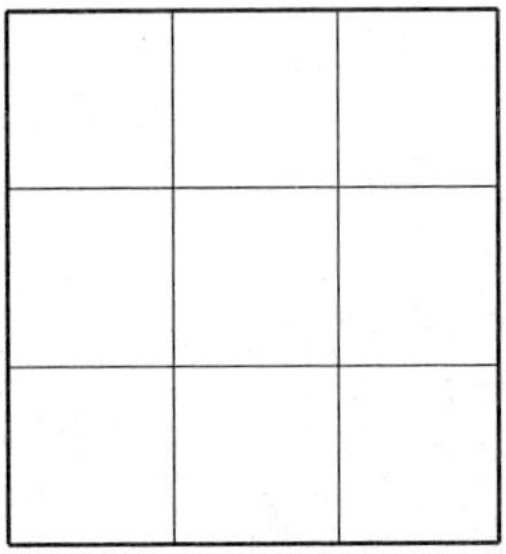

縱横皆三百步，每一區縱横百步。

夏田五十畝圖

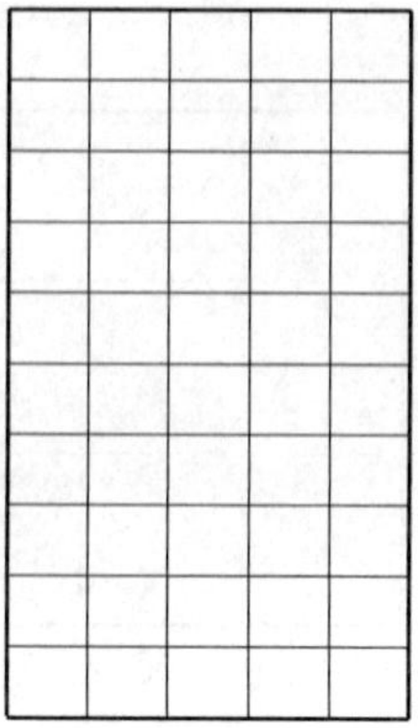

縱橫皆百步。每空爲一畝，橫十步、縱二十步，以積實言之，是橫一步、縱二百步爲畝也。五空爲五畝，橫十步、縱一百步，以積實言之，是橫一步、縱千步也。

殷田七十畝圖

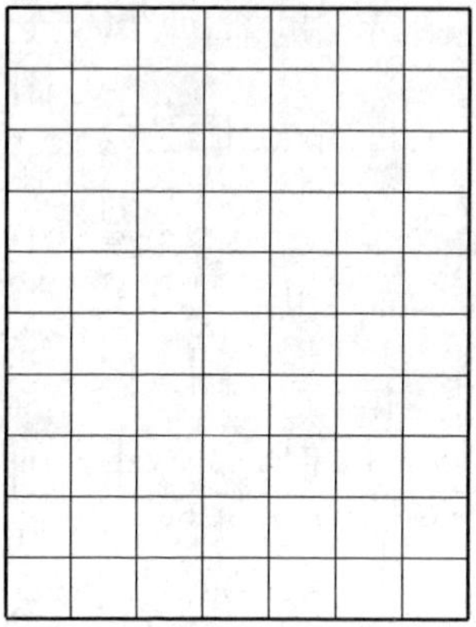

縱横皆百步。每空爲一畝，横十步、縱十四步有七分步之二，以積實言之，是横一步、縱一百四十二步有七分步之六也。七空爲七畝，横十步、縱百步，以積實言之，是横一步、縱千步也。

周田百畝圖

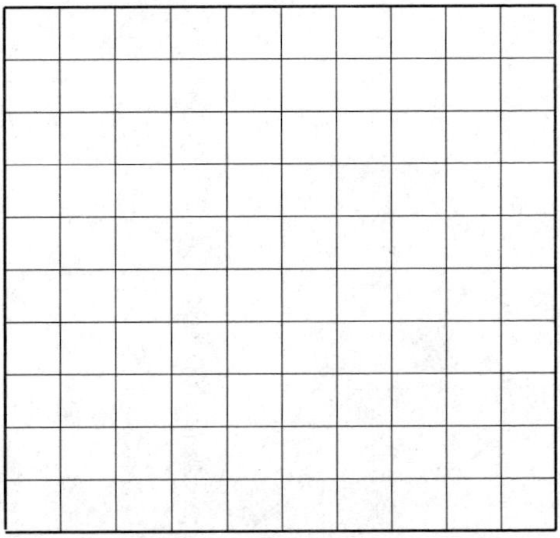

縱横皆爲百步。每空爲一畝，横十步、縱十步，以積實言之，是横一步、縱百步也。十空爲十畝，横十步、縱百步，以積實言之，是横一步、縱千步也。

【箋注】

〔一〕輯自黄式三《儆居集一·經説四》，清光緒十四年續刻本。

〔二〕參見黄以周《禮書通故》第三十五《井田通故》：《孟子》云：『夏后氏五十而貢，殷人七十而助，周人百畝而徹。』以周案：禹平洪水，於溝洫盡力爲之，非一手一足之功，殷周亦當承而不改，先儒嘗論此矣。《孟子》云爾者，異在步尺，不在井疆也。蔡氏《獨斷》云：『夏以十寸爲尺，殷以九寸爲尺，周以八寸爲尺。』是三代有異尺矣。周以六尺爲步，見《司馬法》。而《王制》云『古者以周尺八尺爲步，今以周尺六尺四寸爲步』，與《司馬法》又異。是三代有非同步矣。

〔三〕參見黄以周《禮書通故》第三十五《井田通故》：《王制》云：『古者以周尺八尺爲步，今以周尺六尺四寸爲步。』《司馬法》云：『六尺爲步，步百爲畝。』以周案：《王制》舉周以別古今，則古者爲殷，今乃斥言周末之制。鄭注今指周末，或指漢説。周一夫之田開方得六百尺，以步六尺，畝百步除之，縱横各百步，得十畝者十，而田首之遂徑在其内焉。殷步横亦六尺，縱則《王制》所謂八尺是也。一夫之田以殷步除之，縱七十五步，横百步，以步百爲畝除之，得横十畝，縱七畝有五步，而五步當田首之遂徑也。夏之步不可考。《司馬法》『六尺爲步，步百爲畝』，以横數言。《王制》言步有八尺、六尺之異，以縱數言。横數在周尺並六尺，曆世不改，而縱則隨時而異，故《孟子》有夏五十，殷七十，周百畝之分。古人度物，多横縱異數，如軌廣八尺，度高則三尺三寸，仞長八尺，度深則爲七尺，雉高一丈，度廣則爲三丈，皆同此例。步以無定尺而分長短，畝以有定步而分多少。夏、殷之尺大於周，故步長，步長而畝少。周之尺小於夏、殷，故步短，步短而畝多，此定數也。『今以周尺六尺四十爲步』，似當作『六尺六寸』，《考工記》曰『六尺有六寸，與步相中』是也。《考工記》與《王制》同作於周秦之間，見孔疏。其語當同。

釋襲〔一〕

襲，衣之外著者也。外衣以緟内衣，即以掩内衣。經、傳之言襲訓緟、訓掩、訓外著，一義之引申。《禮·曲禮》《表記》云：『卜筮不相襲。』襲，掩也。或龜從筮逆，筮從龜逆，或三十三筮，二同一異，從逆、異同之數不相掩蔽，乃可審擇行事也。先儒訓襲爲因緟，失之。《書·洪範》云：『龜從筮從。』《周禮·筮人》：『凡國之大事，先筮而後卜。』《左傳》魯成季將生，卜之又筮之。晉獻欲以驪姬爲夫人，卜之不吉，筮之吉。晉卜納襄王，又筮之，得《大有》之《睽》。卜筮緟用，經有明徵。訓襲爲因緟，於義難通矣。《孟子》曰：『是集義所生者，非義襲而取之也。』集，合也。氣與義一，氣即義，是配義之氣也。配，亦合也。襲，外著也。義外著以取氣，氣不生也，爲告子外義言之也。先儒訓集爲積，古訓未聞。以襲取爲掩取，於外義意未有合焉。然則經、傳之義各有所當，訓詁未可混類如此。〔二〕

【箋注】

〔一〕輯自黄式三《儆居集一・經説四》，清光緒十四年續刻本。

〔二〕參見黄以周《禮書通故》第三《衣服通故三》：鄭玄云：『君衣狐白毛之裘，則以素錦爲衣覆之，使可裼也。袒而有衣曰裼，必覆之者，裘褻也。《詩》曰「衣錦絅衣」、「裳錦絅裳」，然則錦衣復有上衣明矣。天子狐白之上衣，皮弁服與？』蔡德晉云：『「衣錦絅衣」乃婦人服，亦非以裼裘也。鄭氏據之以證裼、襲之制，支離。』以周案：鄭之引《詩》雖非確證，而言裼必有襲，裘上有錦衣、上衣二服，自不可破。襲爲充美，亦與絅義合。錦衣本禮服，觀下『羔裘緇衣』、『狐裘黄衣』自知。謂之『裼』者，對『襲』言之，通言之皆可謂之弁服、朝服。凡弁服、朝服，必有一裼一襲。裼、襲具謂之『一襲』。襲本訓重衣，《漢書・東平王傳》注云『衣單、復具曰一襲』，是也。鄭云『錦衣上衣皮弁服』謂襲衣，是裼、襲同色同物，不過一見美，一充美，其制有異耳。

出母服説〔一〕

《儀禮・喪服・杖期章》云：『出妻之子爲母。』又云：『出妻之子爲父後者，則爲出母無服。』是父在，子爲出母服期。父没，爲後者不服，餘子服之也。〔二〕《禮・檀弓》言孔氏喪出母、不喪出母之異，是孔氏兩世出妻，有服、有不服。後之論者，或據出母杖期言之，子思既在，子上當爲出母持服，爲此説者擅敢集矢於子思者也。或據爲父後者爲出母無服，伯魚、子上皆爲父後，禮當不服。而伯魚爲賢者過之之事，伯魚果過而聖父不止之，於事亦未核也。或謂：出妻不當使子喪之，禮也，子於母則不可忘，父使之喪而喪之，權也。〔三〕或謂：古者出母無服，迨德下衰，乃爲制服。〔四〕此不信《儀禮經傳》，而以意言之也。或又謂：伯魚以父在爲出母服，子思兄死，使子上續伯父，主祖與曾祖之祭，則不敢服私親。〔五〕然子上果爲世父後，則子思何以有爲伋妻、爲白母之答？子上不爲世父後，則子思自當主祭，何以使子上主之？此亦説之進退無據者也。或又以出母爲所生母，據《左傳》『康公我之自出』以爲之證。然考《喪服經傳・緦麻三月章》言大夫之庶子爲父後者爲其母大功，《九月章》言大夫之庶子爲其母。鄭君於《齊衰三年章》注云：

大夫之妾子，父在爲母大功，則士之妾子爲母期。父卒，則皆得申齊衰三年。然則妾母不服，子思不如是之矯而悖也。式三懷此疑而未決，以問於楊感庭先生〔六〕，後又博訪當世通人如洪筠軒〔七〕、嚴鐵橋〔八〕，皆謂《禮》之《檀弓》所記駁雜，讀者存而不論，從闕疑之例焉可矣。式三自後不敢質此疑，迄今思之，《儀禮》言『出妻之子爲母服』，是有子之出母也。《檀弓》言『出母之服』，是出母之無子者也。二者分言之，於經義乃明耳。古者，天子之后無出禮。諸侯之夫人止有『六出』，無子者不出也。大夫士庶之妻以無子出，則有『七出』。出者，禮許改嫁。先王制此禮，所以防悍妻制夫絶後而覆宗也。或能既出，歸宗不改嫁，其後往來於父母家及夫家，於夫、於後妻、於後妻之子無閒言，夫曰是善，於我終行夫婦之禮焉，死則後妻之子爲之服，稱之爲出母，所謂『道污從污』，以義服之，所謂『道隆從隆』也。『七出』之例，曰無子、曰口舌、曰妬忌。或既出，雖不改嫁而其後往來於夫家復有閒言，是於『七出』之例犯其三者，以義絶之而不爲妻，後妻之子不爲之服，所謂道污從污，安能從隆也？『先君子喪出母』，『先君子』孰謂孔子也？『出母』孰謂施氏母也？孔子之母顏氏也，施氏母無子而道隆者也。子上之出母，必歸宗而未改嫁，是以子上不爲之服而門人疑之。然而子思不以爲妻者，絶之也。〔九〕或曰：子之言是矣，出而復爲夫妻，其有證歟？曰：唐韓子《別鵠操》曰『大義當乖離』，此無子而出之禮也。末曰『且可繞樹相隨飛』，是既出而終爲夫妻，商陵穆子之已事也。或曰：《别鵠操》舊有之矣，不知出妻之終還者，於經、傳亦有證歟？曰：《喪服小記》言『未練而出』、『未練而反』、『既練而出』、『既練而反』，是出妻復反之證。《春秋·成公九年》書『杞伯來逆叔姬之喪以歸』，不絶於杞也。《文公十二年》書『子叔姬卒』，絶於杞也。《左傳·僖公三年》齊蔡姬蕩舟歸之，未之絶也。是出妻有絶與不絶之異，經傳有證矣。況無子而出，而謂之必絶乎？出則必絶，此出妻之律所以不行於今，而無子不娶者之多覆絶其宗祀也。傳肖巖曰：文未出，天下不知有此説。文既出，後世不能無此説。

【箋注】

〔一〕輯自黄式三《儆居集一·經説五》，清光緒十四年續刻本。

〔二〕參見黄以周《禮書通故》第九《喪服通故一》：《杖期章》：『出妻之子爲母。』徐邈云：『若但言「出母」，嫌妾子亦服，故言「出妻之子」，明非所生不服也。』雷次宗云：『不直言爲「出母」，嫌妾子及前妻之子爲之服。且子無出母之義，故繫夫而言「出妻之子」。』敖繼公説：『「出妻之子」主於「父在」者也，若父没，則無服。』高愈説：此指父没言，父没本應爲母三年，出降爲期，不敢欺死父也。若父在而出母没，其惟心喪乎。盛世佐云：『該父存、没而言。』胡培翬云：『父不爲出妻服，則子於父在自不爲出母服明矣，高説是。』以周案：曰『出妻之子』，明非其所出之子不服，亦主『父在』爲文也。但父在猶喪出母，則父没可知。敖、高兩説皆偏。『出母』者，出而未嫁者也。出母而嫁，謂之嫁母，無服。又案：徐、雷説『嫌妾子爲之服』，謂妾子不服其所出嫡也，若妾子爲其出母，亦期。敖氏駁徐、雷説，未達其意。

又：傳：『出妻之子爲父後者，爲出母無服。』成洽云：『經「爲繼父」服者，亦「父後者」也，而服繼父服，則自服其母可知也。出母之與嫁母俱絶族，今爲嫁母服，不爲出母服，其不然乎？』吴商云：『出母無服，此由尊父之命。嫁母父不命出，何得同出母？又，出母之黨無服，嫁母之党應服之。』步熊云：『爲父後者，釋服而祭可也。』以周案：經『爲繼父服』，『爲嫁母服』，皆爲從母適人者言，其『爲父後』而不從嫁者，自無服也。成説殊謬。出母不自絶於父，嫁母則兩絶之，吴説亦輕重失倫。譙周謂『父卒母嫁，非父所絶』，是直以死父不能言爲可欺也。或説『出母父在則服，父没不服』，更非。

〔三〕語出張載。原文見張載《張子全書》卷八《喪紀》：『出妻不當使子喪之，禮，子於母則不忘喪，若父不使子喪之，爲子固不可違父，當默持心喪，亦禮也，若父使之喪而喪之，亦禮也。子思以我未至於聖，孔子聖人處權，我循禮而已。』

〔四〕語出朱熹。《朱子語類》卷八十七《禮》四《小戴禮·檀弓》：『古者出母本自無服，逮德下衰，時俗方制此服。故曰伋之先君子無所失道，即謂禮也。道隆則從而隆，道污則從而污，是聖人固用古禮，亦有隨時之義。』

〔五〕《欽定禮記義疏》卷九《檀弓上》第三之一引吴氏澄曰：『子上父在，不得爲出母服者，子思兄死時，使其子續伯父，主祖與曾祖之祭，既主尊者之祭，則不敢服其私親。』

〔六〕楊感庭，黄式三老師。黄式三曾作《楊感庭先生家傳》，云：邑之楊鋭鋒先生，喜讀經，爲文慕西漢。感庭先生，諱際和，其弟也，夙承家學，説經論文具有師法。門人黄式三之始受業也，先生誘之曰：『時文有必中之技，善學之無怠，命可敓也。』式三自少好讀經，因問之。先生曰：『士之以説經傳者，固有命焉。』驚問其故，則曰：『人有饑餓憂，不能專心考校以著述名也。或能之，及身不刊諸杍棗，子孫不善守，卒滅没而名不彰。吾嘗見其人矣。』越數年後，先生乃正告式三曰：『科第，命也。能實力績學，或治經，或治史，或治古文，精於是皆可不朽爾。其專心爲此也。』先生兄弟五人，惟長者不業儒，治生以養。諸弟一日病，鼓脹臍突氣喘，在牀不能起，於醫法不治。先生乃命其家人各齊肅三日，獨身出禱於廟之神。歸，設几迎神而拜之。須臾，侍病者室聞室中有臭氣不可忍，病者驚且笑曰：『余病去矣。』則先生之友愛真篤，能格神也。晚年與季弟有隙，人多私非之。式三以實告先生，爲之道其本末，乃知處家庭骨肉之難，而先生之含垢忍尤，自受其誣者多矣。先生以郡庠廩生中省試，不得仕，卒於家。式三曰：先生之將卒也，自定喪葬儀節，不用浮屠，不用鼓樂，事斁，奄然逝。非有得於學者，能之歟？先生自言生平未能精於文，而讀先生之文，其揣摩時好者，或正或奇，慷慨以任氣，磊落以使材，而其高者則學方望溪也，於古文時有近似劉子政者，豈真無所得歟？而胡爲皆滅没也？則先生之所謂傳與不傳有命存焉者，其信然邪？（黄式三《儆居集五·雜著四》，清光緒十四年續刻本）

〔七〕洪頤煊（一七六五—一八三七），字旌賢，號筠軒，晚號倦舫老人，浙江臨海人。初爲孫星衍門生。嘉慶六年（一八〇一）拔貢生，官直隸州州判、廣東新興知縣。洪頤煊通經博古，成書數十種，主要有《尚書洪範五行傳論輯本》、《漢志水道疏證》五卷、《漢志水道考證》、《校正竹書紀年》二卷、《校正穆天子傳》七卷、《台州劄記》十二卷、《讀書叢録》二十四卷、《讀書叢録節鈔》，輯《經典集林》三十二卷、《孔子三朝記注》八卷、《鄭康成年譜》一卷、《國朝名人詞翰》二卷和《倦舫書畫金石目録》三卷等。詩文集《筠軒文抄》八卷、《筠軒詩抄》四卷、《倦舫叢書》十二册等。他曾稱贊黄式三《書説》精確、《春秋説》平允。

〔八〕嚴可均（一七六二—一八四三），字景文，號鐵橋，浙江烏程（今吳興）人。嚴可均擅考據之學，曾與姚文田同治《説文》，著有《説文長編》、《説文翼説》、《文聲類》、《説文校義》；又輯《全上古三代秦漢三國六朝文》，與《全唐文》相接；又權輯諸經逸注及夫子書等數十種，爲《四録堂類集》千二百餘卷；又著有《鐵橋漫稿》十三卷。黄式三道光十四年（一八三四）於杭州晤嚴可均，道光十九年（一八三九）式三攜《尚書啟幪》往烏程再訪嚴可均，歸作《與嚴鐵橋書》。嚴氏爲式三作《〈春秋釋〉敘》。

〔九〕參見黄以周《禮説・出母服》與《禮書通故》第九《喪服通故一》。

嫂叔無服説[一]

《儀禮·喪服·大功章》傳言，夫之昆弟無服。《禮記·檀弓篇》曰：『嫂叔之無服也，蓋推而遠之也。』又曰：『子思之哭嫂也，爲位。』《奔喪篇》曰：『無服而爲位者，惟嫂叔。』嫂叔之無服也，經固憭然矣。[二]《喪服記》曰：『夫之所爲兄弟服，妻降一等。』解之者或謂是夫之從母之類；或曰此言外兄弟也，如夫爲姑之子緦服，妻則無服；或曰此言女兄弟也，如夫之從父姊妹之類，以小功而降緦。萬氏季野盡去諸説，創言嫂叔之服不著於經而著於《記》；徐氏《讀禮通考》采其説，而儒者遂惑之。[三]《禮·齊衰三月章》傳曰：『小功者，兄弟之服也。』《記》曰：『大夫、公之昆弟，大夫之子，於兄弟降一等。爲人後者，於兄弟降一等，報；於所爲後之兄弟之子，若子。兄弟皆在他邦，加一等。不及知父母，與兄弟居，加一等。』傳緦解之曰：『何如則可謂之兄弟？』傳曰：『小功以下爲兄弟。』鄭君解之曰：『兄弟猶言族親。』《禮記·服問》篇曰：『有從無服而有服，公子之妻爲公子之外兄弟。』鄭君解之曰：『謂爲公子之外祖父母從母緦麻。』疏家又申之曰：經惟云『公子外兄弟』，知非公子姑之子者，以《喪服記》云『夫之所爲兄弟服，妻降一等』，夫爲姑之子緦麻，妻則無服。今公子之妻爲之有服，故知公子之外祖父母、從母也。此等皆小功之服。凡小功者謂爲兄弟，以外族故稱外兄弟也。式三謂《儀禮經傳》、《記》及《戴記注疏》之言，皆是也。以《儀禮經傳》與《記》言之，凡言昆弟，同父者也。凡言兄弟，小功以下之親也。大功、小功亦有稱昆弟者，曰從父昆弟、從祖昆弟別之也。又以《戴記注疏》參考之，經言『夫之所爲兄弟服』，即夫之所爲小功服，彰彰矣，豈嫂叔之謂也哉？或曰：經何不直言小功服，而言兄弟服邪？曰：此經之文之曲也。汪氏容甫曰《曲禮》『膳不祭肺』，言不殺也，然不云『不殺』，而云『不祭肺』。《春秋傳》『鶴有乘軒者』，謂以卿之秩寵之，以卿之禄食之也，故曰『鶴實有禄位』。然不云『視卿』，而云『乘軒』，此辭之曲者也。君子之言，不徑而致，則有曲焉。式三謂：小功服稱兄弟服者，正曲辭之類耳。

【箋注】

〔一〕輯自黄式三《儆居集一·經説五》，清光緒十四年續刻本。

〔二〕參見黄以周《禮書通故》第九《喪服通故三》：《大功章》傳言夫之昆弟無服。《檀弓》亦言嫂叔無服。成粲説，《喪服記》言夫之所爲兄弟服，妻降一等，由此言之，嫂叔大功。萬斯同、徐乾學等並主粲説，且謂『爲兄弟服』鄭氏不能解，賈氏不得已以『夫之從母』當之，非也。　以周案：鄭不注此者，義見上傳，非不能解也。上傳云：『何如則可謂之兄弟？傳曰：「小功以下爲兄弟。」』鄭注云：『兄弟猶言族親。』爲兄弟服，謂功服以下之族親。賈疏以『夫之從母』解此，固非，從母非族親也。成粲改《記》文『兄弟』爲『昆弟』，又删『之所』二字，以爲嫂叔有服之證，萬、徐從而和之，更謬。顔師古等議嫂叔服云：『闔門縞素，已獨玄黄莫改，實有未安。』竊考《奔喪》云『無服而爲位者惟嫂叔』，又云『婦人降而無服者麻』，鄭注云：『雖無服，猶弔服加麻，袒免爲位哭也。』是嫂叔之喪，固弔服加麻矣，非『已獨玄黄莫改』也。鄭注又云：『正言嫂叔，尊嫂也。兄公於弟之妻則不能也。』言不能爲位以哭，是兄公於弟妻遠之尤深矣。唐代既爲嫂叔制服小功，又爲其弟及夫兄亦小功，尤非。

〔三〕參見徐乾學《讀禮通考》卷十二《喪期》十二：萬斯同曰：嫂叔無服之説，屢見於經，似無可疑矣。乃《儀禮·喪服記》，又有『夫之所爲昆弟服妻降一等』之語，則何也？鄭氏於此條無注，賈氏亦不得其解，謂：『夫之諸祖父母見於《緦麻章》，夫之世叔父母見於《大功章》，夫之昆弟之子不降，嫂叔又無服。今言從夫降一等，記其不見者，當是夫之從母之類。』噫！從母之類而可稱之爲兄弟乎？既言兄弟，而可索之於兄弟之外乎？鄭氏之不解，不能解也。賈氏以從母當之，不得已而強爲之解也。然則，何以解之？曰：此正嫂叔有服之明證也。《喪服》經雖不言嫂叔之有服，亦未嘗言嫂叔之無服。惟子夏作傳，見經但言夫之祖父母、世叔父母，而獨不言昆弟，故問曰『夫之昆弟何以無服也』？又自以母道、婦道解之。以此爲子夏之意則可，以此爲經之本旨則未可。蓋記禮者於經之所未及，往往見之於《記》。今《記》文具在，人無不以《記》之所言與經之所言並信，何獨此條之《記》不可信，以爲嫂叔之服乎？所爲没其文於經，而補其説於《記》者，蓋從上世以来，嫂叔原未嘗制服，至作《儀禮》之人，見其不可無服也，故不直筆之於經，而但附著之於《記》。以見後人之所補，而非先王之所制也。至《大傳》所言名治之説，即引子夏之傳。且細觀其文，止言名之宜慎，而未嘗言服之宜無，則亦不足以爲無服之據。《檀弓》言子思之哭嫂爲位，不言有服無服。然既已爲位，安知其不有服也？惟《奔喪篇》言無服，而爲位者惟叔嫂。此蓋傳聞異辭，但據《喪服》之經，而不據《喪服》之記爾。然雖言無服，而未始不言加麻，則亦深知無服之不可，而加麻以表其哀戚之情也，寧謂遂可以不服乎哉？或者曰：『如子言，則是服夫之兄弟大功矣，後世制爲小功，議禮者猶以爲非，而可以服大功乎？』曰：此所謂服，從服也，非正服也。凡從服者，多於己無親。如夫之君，夫之舊國君，族之宗子，彼於我何親，而皆服之齊衰也。無親於我者，而可以服齊衰，與我同室者，獨不可以服大功乎？然則，何以必大功？曰：凡從服例降一等。夫於姑姊妹大功，則妻爲之小功；夫於兄弟期，則妻爲之大功。此一定之禮也。且不觀娣姒之服小功乎？夫於兄弟之妻大功，故妻降一等而小功；吾於服夫之姑姊妹娣姒小功，而知大功之服爲一定而不可易也。獨怪蔣濟諸公，不能援此言以明嫂叔之有服，而但以娣姒婦爲證，致人之有異論。使其執此以立説，則一言可以折諸人之角，又何待更端而决哉！唯成粲援此爲證，可謂得其要領，而惜其語焉不詳，故亦無以關諸儒之口也。然則推而遠之之説可廢乎？曰：此世儒附會之説也，先王之制禮，寧耑爲不肖者設哉？世之亂常瀆倫之事，苟非大不肖者，必不至此也。欲爲不肖者立防，而反廢親親之紀，先王之所不爲也。且彼之所爲遠嫌者，將由夫淫邪之人與？雖無服制，豈能禁之？將由夫修飾之君子與？雖有服制，豈能亂焉？況所爲遠別者，亦當遠之於生前，而不必遠之於身後。當夫嫂没之時，舉家縞素，而我獨吉服於其間，曰將以遠嫌也。天下豈有此不情之人哉！曰：『子言則既辨矣，得毋驚世而駭俗與？』曰：此非吾之言，《儀禮》之言也。吾之言不可信，《儀禮》之言亦不可信乎？且此條而不作此解，將何以解之？縱有善辨者，恐不能别爲之説矣。故使《喪服》之記而可盡削之也，則吾言爲妄説也；使《喪服》之記而不可盡削之也，則吾固本乎禮而爲言也。雖爲世之所詬，庸何傷！乾學案：玩此條文義，則是妻於夫之兄弟有服矣。禮言嫂叔無服，而此言服夫之兄弟，得毋相刺謬乎？且降一等則大功，大功豈嫂叔之服？故鄭氏於此條不能解，而賈氏不得已以夫之從母當之，其説總與禮不合。今欲竟指爲嫂叔之服耶，則泥於《檀弓》諸説，而不敢决也。欲不指爲嫂叔之服耶，則此條文義究作何解也？無已，其寧信《儀禮》之説乎？蓋《戴記》實多漢儒之語，而《儀禮》自是周代之書，此必作《記》之人，見先王之制，五服不列嫂叔，故從而補之於《記》，猶之唐以前未有嫂叔之服，而貞觀時始補之爾。豈可因《檀弓》諸説，而反以《儀禮》爲不足信乎？然則，何以大功也？凡妾之從夫，例降一等，此不得而獨異也。人徒見後世之服小功，故以大功爲駭，不知此正唐之儒者不能深考《儀禮》之過，而非嫂叔必不可制大功也。且婦人於夫之從子，丈夫於從子之婦，皆服大功，於彼則安之，而於此獨致疑焉？吾未見其論之當也。後世如五代與宋初固嘗增嫂叔爲大功矣，當時亦未嘗以爲非，然則何疑於《儀禮》哉！

繼紅案：徐乾學引萬氏之説見萬斯同《群書疑辨》卷二《夫之所爲昆弟服妻降一等》篇。

周官三物説〔一〕

《周官·大司徒》：『以鄉三物教萬民而賓興之。一曰六德：知、仁、聖、義、忠、和。』中心曰忠，求中亦曰忠，忠和即中和。中和，所以見知、仁、聖、義之成也。『二曰六行：孝、友、睦、婣、任、恤。』藴之爲六德，發之爲六行。六行豈有外於中和乎？『三曰六藝：禮、樂、射、御、書、數。』下即繼之曰：『以五禮防萬民之僞而教之中，以六樂防萬民之情而教之和。』『中』、『僞』對言，求中乃忠不可見乎？六藝首重中和，不亦可見乎？合而言之，賓興賢能以聯師儒，能行中和之道曰師，能求中和之道曰儒。儒不求中和之道，不得爲知道，不得爲儒也。《論語·子路》問士，子曰：『切切偲偲，怡怡如也，可謂士矣。』言士之涵養德器，必兼忠和也。德必合則兼之，乃能分而用之，故下繼之曰『朋友切切偲偲，兄弟怡怡』。見兼之備，始用之各當。忠不激，和不流，乃所以爲士也。忠和之道，豈不大哉？〔二〕

【箋注】

〔一〕輯自黄式三《儆居集一·經説五》，清光緒十四年續刻本。

〔二〕參見黄以周《禮書通故》第三十二《學校禮通故二》：《周官》：『大司徒以鄉三物教萬民：一曰六德，知、仁、聖、義、忠、和；二曰六行，孝、友、睦、婣、任、恤；三曰六藝，禮、樂、射、御、書、數。師氏以三德教國子：一曰至德，二曰敏德，三曰孝德。三行：一曰孝行，二曰友行，三曰順行。保氏養國子以道，乃教之六藝。大司樂掌成均之法，以樂德教國子，中、和、祗、庸、孝、友。』鄭玄云：『至德，中和之德。孔子曰：「中庸之爲德，其至矣乎！」敏德，仁義順時者也。《説命》：「敬孫務時敏，厥修乃來。」孝在三德之下，三行之上，德有廣於孝而行莫尊焉。』賈公彦云：『中、和、祗、庸、孝、友是樂中之六德，與教萬民者少别。中、和取大司徒六德之下，孝、友取大司徒六行之上，祗、庸二德與彼異，自是樂德所加也。』李光地云：『鄉三物之教者，鄉學也，所謂小學也。師氏、保氏之教國子者，國學也，所謂大學也。鄉三物之教先之以德，次之以行，次之以道藝，其序明矣。師氏之教曰「至德」，即修其知仁聖義忠和之謂，德修則有以進乎道藝矣，故曰「以爲道本」。曰「敏德」，即動於禮樂射御書數之謂，學明則有以措諸躬行矣，故曰「以爲行本」。其曰「孝德」，即篤於六行之謂，但自民閒言之，則有睦婣任恤之事，自國子言之，則以取友親師爲要，故彼六行與此三行不同也。若大司樂之六德，則正與師氏相表裏，中和即至德，祗庸即敏德，六行、三行皆以孝友爲先，故孝友即孝德也。』以周案：李説似矣，然未核也。司徒所掌鄉三物之教爲鄉學，而師氏、保氏所掌則爲門闈之少學，初非國之大學。其曰教國子者，少學爲王太子之小學，其公卿大夫元士之適子及國之俊選自國學而升者，亦復與焉爾。《周官》每以德行、道藝並稱，凡曰道者多兼藝，曰德者多兼行，鄭注《大司樂》『有道者有德者』云『道多才藝者，德能躬行者』，此通例也。賈疏誤。師氏以三德三行教國子，則又以德行分言之，故鄭注云：『德、行内外之稱，在心爲德，施之爲行。』如李氏説，師氏之三德義兼大司徒之六德、六行、六藝，則師氏三德之下，何以别言三行六藝之教？亦不必别掌於保氏矣。『大司樂以樂德教國子，中和祇庸孝友』，以《師氏》鄭注推之，中和即至德，祇庸即敏德，孝友即孝德，其義自見。大司徒之六德，於中和之上又加知仁聖義，中和爲知仁聖義之極至。聖知即祇庸，仁義即孝友，皆有得於詩書禮樂之教者也。《王制》云：『樂正崇四術，立四教，順先王詩書禮樂以造士。』深於書教者知，《經解》云『疏通知遠而不誣，深於書者』是也。其教屬北學，《文王世子》云『書在上庠』、《鄉飲酒義》云『背藏』知以藏往是也。深於詩教者仁，《經解》云『温柔敦厚而不愚，深於詩者』是也。其教屬南學，《鄉飲酒義》云『鄉仁』是也。深於樂教者聖，聖，通也。鄭注是。其字從耳呈聲。達四聽者謂之聖，《經解》云『廣博易良而不奢，深於樂者』是也。其教屬東學，《文王世子》云『學干戈羽籥在東序』、《鄉飲酒義》云『左聖』是也。深於禮者義，凡禮以義起，《經解》云『恭儉莊敬而不煩，深於禮者』是也。其教屬西學，《文王世子》云『禮在瞽宗』、《鄉飲酒義》云『右義』是也。六行於『孝友』之下加以『睦婣任恤』，是分師氏三行之『順行』而爲四也。六藝爲禮、樂、射、御、書、數，固與保氏所掌無異矣。

曲禮廟主曰帝説[一]

《曲禮》：『措之廟，立之主，曰帝。』鄭君之注未詳。疏引崔靈恩説，云：『古者帝王生死同稱，生稱帝者，死亦稱帝；生稱王者，死亦稱王。今云「措之廟，立之主，曰帝」者，蓋是爲記時有主入廟稱帝之義，記者録以爲法也。』如崔意，則所記者非三代之正禮矣。式三案：《史記·夏本紀》曰帝：禹帝、啟帝、太康帝、中康帝。少康以下，夏之王皆稱帝。《殷本紀》曰帝：外丙帝、中壬帝、太甲帝、沃丁帝。太庚以下，殷之王皆稱帝，惟湯稱天乙不稱帝。《索隱》引譙周説云：『夏、殷之禮，生稱王，死［稱］[二]廟主，皆有帝名配之。天亦帝也，殷人尊湯，故曰天乙。』然後知《曲禮》之言實記夏、殷之禮也。《殷本紀》又云『其後世貶帝號，號爲王』，是謂夏、殷之後世封於周者，以周之天子生死同稱王，其於先帝乃從周之稱王，不敢同天神而稱帝也。合《曲禮》、《史記》及譙氏説，其義自憭。[三]而近之説經、説史者，或據史譏經，或據經譏史，胥失之。

【箋注】

〔一〕輯自黄式三《儆居集一·經説五》，清光緒十四年續刻本。

〔二〕『稱』，據原文補。

〔三〕參見《禮書通故》第十六《宗廟禮通故二》：《記·曲禮》：『措之廟，立之主，曰帝。』崔靈恩説，是爲《記》時有主入廟稱帝之義，記者録以爲法。呂大臨云：『《史記》載夏、殷之王皆以帝名，蓋殷人祔廟稱帝，至周有謚，始不稱帝。』以周案：崔氏據漢制言，當從呂説。《史索隱》引譙周説：『夏、殷之禮，生稱王，死，廟主皆有帝名配之。』此呂説所本。聞之師云：『此《書》所謂「殷禮陟配天」也。古史紀帝王之卒曰「陟配天」，謂稱帝，鄭注所謂「同之天神」。』

檀弓倚門而歌説〔一〕

齊陳恒之亂，子我殉節，其事死於忠，非死於同作亂。其人爲臨菑大夫闞止，非聖門之宰予，《史記》誤爲一人，誣忠爲亂，惑於韓非不知有兩子我也。讀《禮·檀弓》而知當時復有兩曾點。魯季孫宿卒於昭公七年，孔子年方十八，曾點尤幼，烏得倚門而歌之事？果有歌者，必非聖門之曾點也。或泥於鄫世子巫奔魯，魯始有曾氏，不三十年未聞有兩曾族，獨不思武城曾母之投杼，由費邑曾參之殺人乎？同國有兩曾參，何怪乎有兩曾點也。

【箋注】

〔一〕輯自黄式三《儆居集一·經説五》，清光緒十四年續刻本。

禮運非列莊説〔一〕

《禮運》言大同、小康，非分皇古三代之優劣也。大同者，仁風浹也，《論語》所謂『必世而後仁』也。小康者，初平亂而範之以禮也。範亂以禮，久而仁風浹也。『禮義以爲紀，以正君臣，以篤父子，以睦兄弟，以和夫婦，以設制度，以立田里』，二十九字移於未有不謹於禮者也。下謹於禮，所以型仁。上之型以仁也，至於大同，則仁風浹於民也。舊説尊皇古卑三代，是漢儒據列、莊之意，傎倒孔子之言耳。《禮運》又曰：『禮本於太一。』謂本於太古也，分之爲祀天、祭地之禮，轉之爲求陰、求陽之禮。四時之變，鬼神之列，皆太古分之、轉之、變之、列之也。《禮三本》曰：『貴本之謂文，親用之謂理，兩者合而成文，以歸太一。』孔注引《荀子》楊注云：太一謂太古也。《春秋傳》晏平仲曰：禮之久，與天地並。先儒援列、莊以解，失之。稽生弟曰：胡氏《春秋傳》多言大同、小康之異，然以列、莊之意爲孔子之言，心有未慊，賴此糾正。

【箋注】

〔一〕輯自黄式三《儆居集一·經説五》，清光緒十四年續刻本。

明堂位作於武公後説[一]

先儒謂漢武帝議立明堂，徵申培公，此《明堂位》必申公撰。或謂《小戴記》本無此篇，必馬融自撰而入之。或又謂此魯陋儒撰。春秋初，翬弑隱公，陋儒以爲『君臣未嘗相弑』，是不知《春秋傳》也。以《春秋》前言之，《國語》言伯御弑懿公，宣王伐伯御，事甚明著。《史記·魯世家》又言魏公濆弑幽公。則石林葉氏謂書作於桓公之前，亦未是也。夫申、馬，漢儒之閎博者，即云漢陋儒作此，何至不考《春秋傳》及《國語》等書，而肊斷君臣大事，冒昧言之？意者此書作於武公之後、懿公之初。武公當宣王之時，有勳勞於王室。宣王因命武公之廟，後可不毁，稱爲世室，故曰『武公之廟，武世室也』。宣王之世，周威烜赫，魯決不敢僭禮。此必本宣王之命作書者，以此爲榮也。伯御弑懿，翬弑隱，事在此書後，幽公事在共和前。時史多舛，《史記》所載事略難據，正如衛武弑共之比，則所謂『君臣未嘗相弑』，作書者固以爲實録耳。是以戴氏信爲古文，采入《禮記》。鄭君雖以《春秋》之弑君變俗爲疑，而不敢削之。自程叔子言『周公之功固大，皆臣子分所當爲，安得獨用天子禮樂？成王之賜、伯禽之受，皆非』，於是後之論此者益紛紛起。

任氏翼聖則辨之曰：『舜、禹、伊、周，皆千古臣道之極，所謂「有君民之大德，有事君之小心」者也。堯之於舜，舜之於禹，直舉天下畀之，伊周祭以殊禮，豈遂爲過哉？伊尹薨於沃丁之八年，商祀以天子之禮矣。成王亦猶行古之道也，用天子禮樂。就周公言，則不可；就成王言，未嘗不可。況《大夏》，夏樂；「白牡」，殷牲；特比於杞、宋耳。若《大武》，周樂，未嘗八佾。大禘不追所自出，禮亦節矣。自鄭氏於《周禮》無考者，悉以《春秋》魯禮實之。趙匡釋禘曰：周禘，所自出當祭帝嚳。魯禘，必以文王爲自出也。鄭推魯禮上之周，趙援周禮下之魯，紛紛肊説，而成王、伯禽遂爲敗法亂紀之首。』論禮者平心細覈之，任氏此論前人所不及。式三撰《論語後案》言『古今祀典，人以神貴，薦享由此增隆，名器不可假於生前，而猶可賜於身後』[二]。此時未見任氏書，以意言之，以爲成王、伯禽之時知禮者多，非後儒所敢呰。今讀任書，自喜所見略同，因録之。任氏疑季文子以戰搴立武廟，則武世室必非初制。式三案：《左傳》言『立武由己，非由人』，則季文子所立必是築武軍之類，非武公廟始於此。并録之，以析任氏之疑。時在戊午九月，年七十。

【箋注】

〔一〕輯自黄式三《儆居集一·經説五》，清光緒十四年續刻本。

〔二〕參見黄式三《論語後案》之《八佾三》『相維辟公，天子穆穆，奚取於三家之堂？』條案語。

困知勉行説〔一〕

《禮·中庸》載夫子之言生知安行爲上，學知利行爲次，困而知、勉强而行者又其次。人之氣質有清濁純駁，所知所行之不同如此，而困知勉行之中，果無所異也乎？曰：百人之一、千人之十，困勉之極者耳。而復有不待百、不待千者，何嘗非困勉之流乎？且人或稟氣清明，能灼見乎道義，而剛毅不足，難保其名節之虧，此知之不待困而行之必待勉强也。人或賦質純粹，能超出於塵氛，而識見未明，難語以道義之奥，此行之不待勉强而知之必待於困學也。氣質之不一如此，安得謂困勉者之無異邪？或曰：信如此，安見性之善？曰：人能及於知之一、成功一，由於性之善也。性不善，則安能知之一、成功一乎？則困勉不同而性之善同也。或曰：先儒言堯、舜至於途人，其性一也。其説若何？曰：經、傳言性善矣，未言性之一也。言知之一、成功一矣，未言性之一也。此又言性者之所宜知也。自後儒言聖凡同性，於是人具曰『予聖』，且有『滿街皆聖』之説。此説盛於明季，而學問無階級，堅愎自是之徒益多。

【箋注】

〔一〕輯自黄式三《儆居集一·經説五》，清光緒十四年續刻本。

畢任莊校夏小正辨[一]

孔子得周以上之書曰《夏時》、曰《坤乾》。《坤乾》失傳，《夏時》則《夏小正》，是時隔四千餘年，其書本之譌淆不一。乾隆癸卯，秋帆畢氏合前儒十本之同異以校之，諟正舊文，所得爲多。[二]自畢本後，校此者未知幾本，而以孤陋所見言之，略則任兆麟[三]，詳則莊葆琛[四]二本。時加流覽，而知移改者之爲非，如《二月》『時有見稊』，始收任本，據關本移改《五月》。案關本脱譌甚多，原難盡信。此文關本之經文、《戴傳》皆在《二月》，惟《戴傳》之末十一字脱『在五月』，莊校甚明。任氏因傳末之脱譌，遂謂經文、《戴傳》之未譌者，皆可移易，是安足信？《九月》『主夫出火』，金本已校『夫』爲『火』之譌，則『出』當是『内』之譌。《周官·司爟》：『季春出火，季秋納火。』《禮記·郊特牲》亦言『季春出火』。此《九月》當作『内火』，畢、莊二本依舊文。莊之説義，則曰『内火之後，有用火者從主夫出之而脩其禁』，於義亦可通。任本徑移改『主火出火』爲《三月》之文，未免專輒。《十二月》：『納卵蒜。』《戴傳》曰：『蒜也者，本如卵者也。納之，何也？納之君也。』是戴氏所見本作『卵蒜』甚明，各本並無異説。莊氏則改之曰『納民祘』，其説義則曰：

『納民祘，獻民數也。祘，數也。』案『蒜』、『祘』形近，疑爲字譌，猶可解。『民』、『卵』字形迥殊，以『卵』爲『民』，未可據信，不如從舊本之爲安。此任莊本移改之大者，不可從也。其餘如《正月》『獺獸祭魚』，《戴傳》曰：『豺祭其類，獺祭非其類，故謂之「獸」，大之也。』則戴氏所見本作『獸』甚明，任、畢二本必從後改本獸作『獻』，非。《二月》『來降燕，乃睇室』，《戴傳》曰：『與之室，何也？摻泥而就家，入人内也。』則戴氏所見本有『室』字甚明，宋本亦有『室』字，畢、任、莊本皆無『室』字，非。《九月》『熊羆貊貉鼬鼪則穴，若蟄』，以『穴』别『蟄』，莊校本是，畢任本非。考校古書，疑者區蓋不言，即言之亦不得易移本文，前後當從其朔。

【箋注】

〔一〕輯自黄式三《儆居集一·經説五》，清光緒十四年續刻本。

〔二〕畢沅（一七三〇—一七九七），字纕蘅，一字秋帆，自號靈岩山人，江蘇鎮洋縣（今太倉市）人。乾隆二十五年（一七六〇）進士，官至兵部尚書、湖廣總督。博通經史、小學、金石、地理之學，著述頗盛，作《續資治通鑑》二百二十卷。清乾隆四十八年癸卯（一七八三），畢沅著《夏小正考注》，卷首《夏小正考注敘》稱：《大戴記》八十一篇，今止四十篇，其篇自三十九始，無四十三、四、五，及六十一、四篇，有兩七十三，或云兩七十四，《小正》蓋其第四十七篇也。案《漢書・藝文志》：『七十子後學者所記《禮》百三十一篇。』別無大、小戴之目。今所記《小戴》有四十九篇，《大戴》有八十一篇，合之正得百三十篇之數，較《藝文志》所説止少一篇，並此二書，即後學者所記歟？……《小正》於天象時制人事衆物之情，無不具紀，洵爲一代之巨憲。故夫子稱之曰：『欲觀夏道，吾得夏時焉。』又曰：『行夏之時。』司馬遷曰：『孔子正夏時，學者多傳《夏小正》。』此書之所由來歟？作者之聖，言辭簡要，後儒爲之訓注。……經注不分，則習之或誤。《小正》經爲禹啟所制，歷二千餘年而戴德始作傳，不加之條晰，必有以傳爲經，以經爲傳之弊。沅所見各家，自今所行《大戴記》外，其專本有宋朱子本、有關澮本、有傅崧卿本、有王應麟本、有元金履祥本，本朝有故尚書大興黄叔琳本、有故尚書無錫秦蕙田本、有今學士錢塘盧文弨本、有故編修休甯戴震本、有今主事曲阜孔繼涵本，皆分經傳，亦並有異同。案：引者又有鄭康成、郭璞、孔穎達、歐陽詢、徐堅、李善、一行諸人。因遭加參校，附以鄙釋，名曰《夏小正考注》。《小正》有戴氏傳之於前，又有北周盧辯注之於後。今經既殘破，傳複訛亂，辯注又不傳，若據考不精，各以私意類分互證，是誣之矣。沅於詁訓，信好雅言，文字默守許解，經禮則專宗鄭學。戴之説是，必曲證以申明之；偶得一間，又求之諸經，以附合本旨，庶得尊經後傳之義。夫由今以溯傳，既二千年矣，由傳以溯經，又二千年，曆四千餘年之久，而通之者卒不多見其人，蓋信古者少矣，可不深歎哉！癸卯歲乾隆四十有八年四月日。（《經訓堂叢書》本）

〔三〕任兆麟，字文田，號心齋。任大椿族弟。吴江籍諸生，薦舉孝廉方正。所著《夏小正注》，王西莊序以爲精愜絶倫。

〔四〕莊述祖（一七五〇—一八一六），莊存與之侄，字葆琛，號珍藝，晚號檗齋，學者稱珍藝先生，江蘇武進人。乾隆四十五年（一七八〇）進士，選山東樂昌知縣，調任濰縣，後遷曹州府桃園同知。不一月，乞養歸。其著作有《夏小正經傳考釋》十卷、《尚書今古文考證》七卷、《毛詩考證》四卷、《毛詩周頌口義》三卷、《五經小學述》二卷、《歷代載籍足徵録》一卷、《弟子職集解》一卷、《漢鐃歌句解》一卷、《石鼓然疑》一卷及《珍藝宧詩文鈔》等。其中以《夏小正經傳考釋》十卷最有影響，以斗柄南門織女記天行之不變，以參中大中記日度之差，以二月丁卯知夏時，以正月甲寅啟蟄爲曆元，歲祭爲郊，萬用入學爲禘。莊述祖治《夏小正》一依莊存與公羊學之法，重在闡發義例。莊述祖之書刊行後，爲當時學者所推重，他的外甥劉逢禄、宋翔鳳繼承其學並發揚光大，常州學派遂成爲今文經學興起的根基。

釋諱〔一〕

《春秋·桓公六年左傳》曰：『周人以諱事神，名終將諱之。』是夏、殷無諱也。夏、殷無謚亦無諱，周人稱謚而諱名。《禮·郊特牲》：『死而謚，今也。古者死無謚。』《檀弓》：『死謚，周道也。』於公叔戍之請謚，曰『請所以易其名』，合《禮》與傳讀之，而義自明。然周人始諱之時，稱謚不稱名而已。武王名發，而周公作《噫嘻》曰『駿發』。文王名昌，而《雍詩》祭文王曰『克昌』。所諱者名，不諱通用之字矣。周季彌文，并通用之字而諱之，晋以僖侯廢司徒，宋以武公廢司空，魯以獻、武廢具、敖山。於是名子者不以國、不以官、不以山川，因所諱之廣而豫避之，此周初之禮與周季之禮所宜辨也。唐韓子作《諱辨》，知唐人之所諱也尤謬。

【箋注】

〔一〕輯自黄式三《儆居集一·經説五》，清光緒十四年續刻本。

讀濮議[一]

明世宗之大禮，如桂萼、嚴嵩等議，後人所宜斥也。若宋英宗時歐陽永叔之濮議，則異於是。明世宗稱孝宗爲伯父，武宗爲兄，所生父未嘗爲天子而追稱爲皇考獻皇帝，桂萼等贊成之，其後用嚴嵩議，奉其父之主入於太廟，逆祀於武宗之上，此悖禮之甚者也。宋英宗之於濮王，無所封崇，但命即園立廟，王子孫歲時奉祠而已。其祭告之時，改稱伯則無以異於諸父，但稱王則無以異於臣列矣。稱『本生考濮王』，不亦可乎？稱『本生』則異於皇考，稱『濮王』則異於皇帝，而與諸父及諸王之在臣列者，抑復有異也。當是時，司馬君實等請以所生父改稱皇伯，永叔謂稽之於經，稱父爲伯無所考證，情不能安，非獻媚也。古人以皇考爲上下之通稱，宋徽宗始禁之，永叔當未禁之前，於《瀧岡阡表》自稱父爲皇考，則其言濮王可稱皇考，亦非以此獻媚也。其後下詔稱親，稱親本於皇太后之詔，固未必是。設當時群臣合奏『本生考濮王』之稱，永叔必進告其君以俯從之。英宗，賢君也。永叔，賢相也。豈若明嘉靖之君臣不顧名義邪？程子明道，彭氏季長之婿也。彭季長爲御史中丞，奏請所生之父必稱爲皇伯，而斥永叔爲姦邪，窮極醜詆，其疏則程子伊川代爲之。徐氏《讀禮通考》摘録此疏，稱爲萬世準則，遂以永叔與明臣同譏〔二〕。馮山公既言父不可改稱爲伯，而復言永叔皇考之議爲明臣所藉口。式三謂永叔之賢非明臣所能誣，而世宗聽信邪説，遂忍加戮於諸臣者，乃諸臣拘守司馬君實之議有以激之。世宗固剛愎之君也，諸臣必欲更易其父母之名，復欲以子臣母，令其母從東安門入，世宗蓋已心鄙其迂腐矣，而後遂從而甚之耳。夫爲臣者，過抑其君之所生而尊崇所生者，其説乃因之以進。宋之濮議不激成嘉靖之禍者，其君若相之賢有以容之也。

【箋注】

〔一〕輯自黄式三《儆居集二·史説一》，清光緒十四年續刻本。

〔二〕參見徐乾學《讀禮通考》卷二十《喪期》二十《國恤》三《藩王入繼大統服先君》引『伊川程子代侍御史彭思永《論濮王典禮疏》』條。徐乾學評曰：『善乎！程伊川之議，足爲萬世準則矣！』（文淵閣《四庫全書》本）

讀段集明世宗非禮論〔一〕

爲人後者爲之子，正禮也。而後世之君，或以兄繼弟，以從父繼從子，此禮遂不能行。爲之臣者，又爲兄弟同昭穆之説以惑之，而禮之晦甚矣。明世宗之伯孝宗、父興獻，其失固人所能知也。爲人後者爲之子，以次當嗣武宗，當時楊廷和、毛澄尚未及議此，自非段大令博核經典，據《儀禮·喪服經傳》、《春秋經·左氏》《公羊》《穀梁傳》，又引《史記》、《漢書》、《魏書》以證明其事，安能斷此疑義，使人憭然於心也乎？國家議大典禮，不有博洽精覈之儒，而忠藎之論不能關諂諛之口以奪其氣，士類之受戮由之，國家元氣之喪亦由之，如明大禮之議其一也。然則好古博學精於考覈，如段氏者可少乎哉？或曰：兄弟之昭穆異同，漢儒注説已互相矛盾，而《左傳》孔疏、《周禮》賈疏復分辯之，段氏説安必可行乎？〔二〕曰：此非段氏一人之説也。唐彦思輯《伊川集》，録富公問程子曰：『兄弟可爲昭穆否？』程子曰：『國家以弟繼兄則是繼位，可爲昭穆。』朱子《禘祫議》周九廟圖，宣王時穆、懿、夷三昭，其孝、厲三穆。孝王，共王之弟，懿王之叔父也，而其定爲昭穆如此。朱子《祧廟議》云『第七世欽宗爲穆，第八世高宗爲昭』，高宗，欽宗之弟也，而其定爲昭穆又如此。在朱子豈不知兄弟同昭穆之說，而妄爲此議哉？兄弟同昭穆之說，用之於兄弟相繼，猶曰同堂異室，故大新小也。若以從父繼從子而亦曰兄弟同昭穆，則新大故小，正如夏父弗忌之說矣。不特此也，凡繼先君之位者，其始必爲之臣。當其爲臣也，北面而朝拜揖如禮。既死而受其位，大權在握而不顧繼其嗣，則是臣子二體，生死異心也。且世宗欲不繼嗣，曷不先辭位，使擇一能繼嗣者立之乎？藉曰武宗之後，俟世宗之子爲之嗣，則今之庶人無虛縣待繼之理，而獨以是施之天子，豈可信哉？

【箋注】

〔一〕輯自黄式三《儆居集二·史說一》，清光緒十四年續刻本。

〔二〕《明世宗非禮論》爲段玉裁所作，見《經韻樓集》，清道光元年刻本。段玉裁（一七三五—一八一五），字若膺，號懋堂，晚年又號硯北居士、長塘湖居士、僑吴老人，江蘇金壇人。清代著名文字、音韻、訓詁學家、經學家。在《經韻樓集》中，段氏論『禮制』之文，主要有兩組，一組是表明其禮制正統觀念的，以《明世宗非禮論》为代表，以及《明三大案論》共十篇；另一組是與顧千里關於《禮記·王制》『虞庠在國之西郊』中『西郊』『四郊』之爭的十餘篇文章及書信。

讀田賦考二[一]

其　一

井田壞於秦商鞅，而後世不能復，非獨富民之田難奪也，溝、洫、川、澮非一時所能治，而郡縣之吏迭更。民之衆寡勤怠，或長或幼，或士或農或工商，不能周知，此馬氏申蘇明允、葉正則之説，而王莽之擬古長爲後世笑也。雖然，莽行井田而民怨，何以既罷井田而民愈困乎？莽去古未遠，不能行井田，何以北魏反能行之乎？然則莽之病民，不盡由於行井田。且井田之行必俟其時，而限田之議，漢董子、唐陸宣公皆謂可行，行之既久，即爲井田之制。元趙天麟言之綦詳，惟君若相孰議緩行之耳。法，非人不行。雖有良法，以貪酷躁急者爲之，皆足取禍，非獨井田也。孔子曰：『無欲速，無見小利。』

其　二

《尚書·禹貢》言『成賦中邦』，此『賦』之嫥指粟米言也。然古者兵亦稱賦，泉貨亦稱賦，賦之實不同。《周官》以九賦當九式之用，此賦必以田賦之多方能供給之。然《周官》本文不言以九賦斂粟米，而曰『以九賦斂財賄』，則周之時，必以田賦之粟米有餘，參用泉貨以通之矣。故其下言『以九式均節財用』，此財用之非粟米也，明矣。漢儒如賈禹等，泥於賦之用粟米，因言民用之可娉以粟米。鄭君知此等説之不可通，因於『九賦』注言泉貨之亦名賦，以漢之算錢與周之役征，以徵泉貨之亦名賦耳，非謂口泉可以當九式之大用也。古無口泉役賦，即有之，所賦必輕，所出必少，如謂此賦足以當九式之財用，鄭君注豈不通之至於如此乎？〔三〕漢高祖四年，令民十五以上至六十五出賦錢，人百二十爲一算。至文帝時，令丁男三歲而一算，賦四十，則成丁者一歲所賦止十三錢有奇。唐初賦役之法，有田則有租，有家則有調，有身則有庸。租者，丁受田歲輸粟二石。調者，丁隨鄉所出，歲輸絹、綾、絁各二丈，否則輸布，加五之一，綿二兩，輸布者麻三斤。庸者，丁役歲二十日，閏加二日。不役者，日爲絹三尺以償庸值。加役旬有五日，免調；三旬，租調俱免。漢唐之制如此，其賦猶輕也。唐自德宗用楊炎計，取大歷中一年利率多者，以爲兩税法。其法統計庸調所得綾帛之價，分加於田賦，於是田賦增重矣。資産少者税輕，多者税重，挾輕資而樂轉徙者恒脱於徭税，敦本業而樹居産者每困於斂求，此陸宣公之所歎也。宣公之言又曰：『版圖墮於避地，賦税壞於奉軍。』此時弊，非法弊也。時有弊而未理，法無弊而已更，竭耗編甿，日日滋甚。然則，當炎之時，不行租庸調之成法而輒變之，爲可惜耳。夫炎之法，唐史稱之者，分庸調之税於田租之外，則取之難；並庸調於納租之民，則取之易。有司樂其法簡易行，以炎法爲不可易。宣公之意在平法以蘇農，史臣之意在簡法以斂税，其旨異也。馬氏信唐史之言而駁宣公，亦見其左矣。馬氏之言曰，兩税之法，人無丁中，以貧富爲差是也。〔三〕設以丁口算之，有幼未成丁而家累千金者乃薄賦之，又有年齒已壯而身居窮約者乃厚賦之，則爲謬矣。

式三謂租賦計田而出，户役計丁而征，固不至加此之謬也。馬氏又謂『三代之貢助徹，亦祇視田而賦之，未嘗别有户口之賦』。後之説《周官》者，率用此語以譏注説之爲謬，然三代之民既各授田，使之供十一之田賦，復使之出户役錢，固未有害。載師掌任地，凡民無職事者出夫家之征，即唐法所謂『有家則有調』；閭師掌任力，凡無職者出夫布，即唐法所謂『有身則有庸』，是周民之不受田者，未嘗無後世庸調之賦。而工商之或受田或不受田，皆有庸調，益復可知是可證成註説矣。漢法有口泉，唐法有庸調，當時尚能推行之而不病民，安見周之盛時必不可行役錢之法乎？以衰季户口賦之，繁重必不可行，而遂謂三代制恒産之時必無役錢，與肉刑必不可復遂以爲古無肉刑，正同。此皆馬氏以肊言之，而未盡可通。其論周法，於太宰之九賦、大府司會之九功遂不引之，蓋亦自知其難通而置之也。夫《周官》九職亦名九功，此外復有九賦，雖難肊斷其九者皆爲庸調之貨泉，要之，粟米爲賦，用泉以代粟米亦稱賦，猶之兵亦稱賦。鄭君借喻之言，何足深非。馬氏於漢則駁鄭君，於唐則駁陸宣公，以證成楊炎法之爲是，不思楊炎之法後世遵之，勢有所不得已也。不得已而遵之，非良法也。

【箋注】

〔一〕輯自黄式三《儆居集三・讀通考一》，清光緒十四年續刻本。

〔二〕參見《禮書通故》第三十六《田賦通故》：《周官・太宰》：『以九賦斂財賄。』鄭衆云：『邦中之賦，二十而税一，各有差也。幣餘，百工之餘。』鄭玄云：『賦，口率出泉也。今之算錢，民或謂之賦，此其舊名與？《鄉大夫》：「以歲時登其夫家之衆寡，辨其可任者。國中自七尺以及六十，野自六尺以及六十有五，皆征之。」遂師之《職》亦云「以徵其財征」，皆謂此賦也。關市、山澤謂占會百物，幣餘謂占賣國中之斥幣，皆末作當增賦者，若今賈人倍算矣。自邦中以至幣餘，各入其所有穀物，以當賦泉之數。每處爲一書，所待異也。』以周案：九賦者，斂田地之租也。田地爲正税，故九賦亦謂之九正。關市山澤各入其物以爲貢，亦以當地職之賦。《載師》：『凡任地，國宅無征，園廛二十而一，近郊十一，遠郊二十而三，甸稍縣都皆無過十二，惟其漆林之征二十而五。』此言税園廛、山澤之法，亦在九賦中。先鄭據以釋『九賦』，近是；以此當田野之通税，亦失其義。古者田野、山澤之税，各不同也。漢有算錢、口錢二法，口錢起於武帝，貢禹已言之，不足以釋經。後鄭云『口率出泉』，謂計夫出賦，非謂口錢，故又曰『今之算錢，民謂之賦』。説詳『職役』門。然漢之算錢，爲古力役之征，應入『九職』，不得據以釋『九職』，故不從後鄭。

又參見《禮書通故》第三十七《職役通故一》：《周官·大宰》：『以九職任萬民。』賈公彦云：『此九者，皆民之職業。』以周案：九職者，任夫力也。任夫力以興功，故九職亦謂之九功。凡任夫力，民之就役者以任其力，未就役者以時征其賦，非既役之且賦之也。《鄉大夫》言：『國中自七尺以及六十，野自六尺以及六十有五，皆征之。』或就役，或舍役，是『九職』任民之法，《國語》云『任力以夫，而議其老幼』，謂此。《閭師》言任農『貢九穀』，以至任虞『貢其物』，各以所有穀、物以充力役之征，是『九職』征賦之法，《司會》云『以九功之灋令民職之財用』，謂此。鄭《駁異義》謂『《鄉大夫》「皆征之」者，使爲胥、徒給公家之事，如今之正衛』。其注《大宰》『九賦』，又引此經以證『口率出泉』，蓋亦謂計夫賦役，故又曰『今之算錢』。申之者以爲即漢之口錢，大謬。漢有算錢、口錢二法，皆計口出錢也。算錢起於高帝，口錢起於武帝。貢禹以爲：『古無賦算、口錢，起武帝征伐四夷，重賦於民，産子三歲則出口錢，至於生子輒殺。宜令兒七歲去齒乃出口錢，年二十乃算。』算錢、口錢，二者分別言之。《後漢·光武紀》注引《漢儀注》云：『人年十五至五十六，出賦錢，人百二十，爲一算；又七歲至十四，出口錢，人二十，以供天子。至武帝又加三錢，以補車騎馬。』《儀注》以武帝前有口錢，不足據。其分算錢、口錢爲二，與《貢禹傳》合。算錢者，已成丁壯而賦之，口錢則賦其未成丁壯者。《高帝紀》『初爲算賦』，《文帝紀》『民賦四十』，《景帝紀》『二十始傅』，《宣帝紀》『減民算三十』，《成帝紀》『減賦四十』，皆算錢也。《昭帝》『減口賦錢什之三』，《光武》『其口賦勿收責』，《明帝》『複其口算』，《章帝》『勿算三歲』，皆口錢也。《通考》諸書皆少别白，申鄭注者遂以『口率出泉』爲口錢，失鄭意矣。

〔三〕馬端臨《文獻通考》：『又歷代口賦，皆視丁中以爲厚薄。然人之貧富不齊，由來久矣。今有幼未成丁而承襲世資家累千金者，乃薄賦之。又有年齒已壯而身居窮約，家無置錐者，乃厚賦之。豈不背謬？今兩稅之法，人無丁中，以貧富爲差，尤爲的當。』

讀錢幣考〔一〕

《周官·司市》：『國凶荒札喪，則市無征而作布。』鄭君釋之曰：『有災害，物貴。金銅無凶年，因物貴，大鑄錢泉以饒民。』讀者疑焉，謂古何獨凶荒始鑄錢也？及讀《國語》，單穆公曰：『古者天降災戾，於是乎量資幣，權輕重，以振救民。』《管子》曰：『湯七年旱，禹五年水。湯以莊山之金鑄幣，而贖人之無饘賣子者；禹以歷山之金鑄幣，救人之困。』以是知年凶鑄錢，三代同之矣。方年之凶也，穀貴錢賤，因大鑄錢，俾糶出穀者得儲錢，糴穀者不窘於錢。其非凶歲，則舊所行之錢自給民用，豈待更鑄哉？馬氏申葉氏正則之説，曰：古者俗朴而用簡，故錢有餘；後世俗侈而用靡，故錢不足。以後世之鑄錢煩多，有異於古。葉、馬之言，固已窺其一端矣。雖然，用之侈，不至歲增也。而後世或歲鑄錢，民間錢不加多，則銷錢爲器者衆耳。銷錢爲器，利之所在，法不能禁也。議救此弊者有二：曰平銅價，曰禁銅器。〔二〕主平價者之説曰：菽粟、布帛與銅，三者皆有用之物。先王用銅鑄錢，以權菽粟、布帛之輕重，是以適用者通之也。禁銅爲器，則銅爲無用之物，而錢之用必輕，不如抑銅之價使之輕，則錢自不銷也。主禁器者之説曰：

銅之價，一郡一邑各不同，不能一也。即能盡抑之，銅之價輕而盜鑄錢者復起矣，不如禁銅爲器，錢自不銷銅，不下布，盜鑄亦息。如謂禁銅而銅無用，錢之用將輕，此又大不然。古以貝爲貨，貝何用也？錢輕則布帛、菽粟重，此正崇本抑末之大計，漢貢禹等之所深冀望也。然則禁銅爲器，所失者銅司之私利耳，勿惜也。二説相持，孰是孰非，有識者必有以定之矣。穉生弟穎曰：前傳信，後傳疑，文無定法。

【箋注】

〔一〕輯自黄式三《儆居集三·讀通考一》，清光緒十四年續刻本。

〔二〕參見黄以周《禮書通故》第三十八《錢幣通故》：《司市》：『國凶荒劄喪，則市無征，而作布。』鄭玄云：『有災害物貴，金銅無凶年，因物貴大鑄泉，以饒民。』以周案：凶荒鑄錢，讀者多疑之。先君子曰：『《國語》單穆公云：「古者天降災戾，於是乎量資幣，權輕重，以振救民。」《管子》云：「湯七年旱，禹五年水。湯以莊山之金鑄幣，而贖人之無饘賣子者；禹以曆山之金鑄幣，救人之困。」以是知年凶鑄錢，三代同之矣。凶年穀貴錢賤，因大鑄錢，俾糴者得儲錢，糴穀者不窘於錢。其非凶歲，則舊所行之錢自給民用也。後世或歲鑄錢，民閒錢不加多，則銷錢爲器者衆。議救此弊者有二：曰平銅價，曰禁銅器。』

讀户口考[一]

自古户口之繁損於兵禍，果可謂之天意邪？術家謂人主養民至一千數百萬户，恒有兵禍，蓋謂數使然也。近方望溪作《原人》，則謂人道之失自戰國始，天不復以人道待之，草薙禽獮而莫之憫。此據人事以言天道者又如是。然禍變必盡歸之於天，則是後世坑卒數十萬、喪師數十萬，皆順天以行事也，豈通論哉？

夫天之道有正有變，變者難測，正者易見也。試以一家之父子諭之。父固愛子者也，必擇子之賢有德者爲一家之主，俾諸子聽命以生焉，此父之正意也。若諸子皆不肖，共爲父所棄絶，其自相役，父將聽之；其相役而爭，爭則傷，父亦將聽之，此其變者也。孟子以七國之小役大、弱役彊，歸之於天意者，謂天意之所棄絶，固任其役使如是歟？顧天之愛民甚矣。當兵禍蔓延之時，有體天好生之心，憐斯民而養之教之者，天必眷顧之，以爲億兆人之君師。則值户口全盛之時，而能持盈保泰，滋息生靈，固天之正意也。馬氏作《户口考序》云：『後世之民，才乏智劣，官既無藉於民而厭棄賤薄之。』斯言也，其有隱痛之心而詭詞以諷邪？不然，則其心忍矣。其説悖矣。父有治命，有亂命，孝子從治命。天有正命，有變命，聖主撥亂歸正命。《雜著》中有《對不嗜殺問》，〔二〕合讀益明。

【箋注】

〔一〕輯自黄式三《儆居集三・讀通考一》，清光緒十四年續刻本。

〔二〕黄式三《儆居集五・雜著二・對孟子不嗜殺問》：孟子當戰國時嗜殺之天下也，興兵搆怨，荼毒生靈，寡人之妻，孤人之子，獨人父母，慘莫之憫。一戰而勝，君臣慶賀，奉觴上壽，一似將帥司殺，草薙禽獮，亦天工人代之常，是不仁甚矣。孟子知不仁者之必不㝵天下，告齊宣王擴充不忍殺之心，而告梁襄王則曰『不嗜殺人者能一之』，蓋天以好生爲心，人以天心爲心，乃能誕膺天命，而隱傷梁之糜爛其民，國已有亡兆耳。朱子注引蘇氏説，曰：孟子之言，未有不以爲迂者。然自漢高祖及光武及唐太宗及我宋太宗皇帝能一天下者，四君皆以不嗜殺人致之，其餘殺人愈多，天下愈亂。秦晉及隋，力能合之，而好殺人不已，故或合而復分，或遂以亡國。蘇説甚憭，黎洲《孟子説》獨異之，而有『元、明逆取順守』之説，何邪？曰：有所爲而言之也，要未可以此疑孟子耳。《易》『比』五之傳曰『舍逆取順』，正也，《踐阼記》所謂『以仁㝵之，以仁守之，其量百世』者。三代之天下，歷世已久，而《書》猶曰：『惟不敬厥德，乃墜早厥命。』則三代開國，實有百世之量矣。逆取順守，非策之正也，《踐阼記》所謂『以不仁㝵之，以仁守之，其量十世』者。不則，并不能十世矣，越數世而淩夷。後人求世世勿生帝王家，其言甚痛。《易》『師』之上曰：『大君有命，開國承家，小人勿用。』傳曰：『小人勿用，必亂邦也。』此言小人見絶於天，用《師》不能取，或取之不能守，《踐阼記》所謂『必及其世』也。古今取天下者多端，大略以此括之。通觀亂世英雄，嗜殺過多者必早見絶於天；尋天下而久守者必以仁，不則，必其中恧民之心。彼羞於此而後授之命焉，則天心之恧民甚矣。孟子之言未可謂之不諭也。宋之天下，金幾尋之，而尋之以元，元亡於金。宋不仇金而仇元。天厭宋，即以宋畀之。元之天下，陳友諒、方國珍幾尋之，而陳、方亡元，身先元而亡，尋之以明。明之馬皇后曰：方今豪傑竝起，未知天命所歸。自妾觀之，必以不殺人爲本。然則明主亦自謂以『生道殺民』，或失之嚴耳。苟無恧民之心，則天命不歸；天命不歸而謂天下可以威力脅，非羞言天心者也。或曰：方望溪作《原人》云：戰國無人道，天下不復以人待之，草薙禽猕而不之憫。則縱殺非天運乎？曰：申包胥言：人衆者勝天。縱殺者人衆，非天心也。天未定也，縱殺者終敗，申包胥所謂『天定能破』也。代天司殺，鮮不傷手自敗，不有由也乎？《易》言『復』以見天地之心。當未復時，天常以好生爲心，而人莫之見。望溪爲此論，猶見隆冬萬物之枯彫，而不知天地生長之心未嘗亡也。一言而傷天地之和，讀方論而怵然，不獨黎洲逆取之言有所未盡也。民命本於天，民不可虐，即天不可欺。暴民者亡，逆天者亡。孔孟仁義之教不明，秦項殘虐之風以起。儒者於此等事，慎言之乃是。

讀職役考[一]

《周官》：族師，每族上士一人。閭胥，每閭中士一人。比長，五家則下士一人。酇長，每酇中士一人。里宰，每里下士一人。鄰長，五家則下士一人。此上、中、下士，必鄉學中之秀士名升於司徒者也。而司徒之使之也，必復以民之公論，推擇之鄉大夫職，所謂『使民興賢，出使長之；使民興能，入使治之』也。其上、中、下士之用也，大事從長，非所敢擅，而既擇人任職，則分民以使之治而無弊也。《周官》之府史、胥徒，即《孟子》之所謂『庶人在官』，其人不在下士之列，亦非以農夫編推之。農夫不諳官司之務，胥史不習樹藝之業，先王因材任衆，必不責其相兼。馬氏作《職役考》，言鄉長、里正非役也。式三謂府史、胥徒亦非農民之役也。《王制》：『升於司徒者，不征於鄉。』謂名已升於司徒，即不升學，遂給役於司徒，而不給役於鄉也。而其未升於司徒者，猶習學於鄉，則征於鄉。上者爲府史，次爲胥，次爲徒。自後世法變，鄉長、里正、府史、胥徒皆以爲民之役，差役、雇役紛然異議。議差役者，編農户之貧富爲次，不選其材，有時以朴拙之農，入任吏事，公務坐敗，私産立耗。議雇役者，於田租之外，編算物力，使之出錢以供吏禄，有時募浮浪姦詐之人，般踞其中，官無封建，吏有封建，昔賢歎之。故差役、雇役議各不同，其非《周官》之法則一也。〔二〕其在《周官》鄉大夫言役法，賢者能者皆舍。漢世博士弟子之明經者，多補郡太守卒史，吏品不雜，漢治以盛，是本古法。式三之伯曾祖中立公，由縣選雋材，爲郡守吏，治事踰年，以終養告辭而歸，名登於庠，有聞譽。蓋康熙年閒，吏職之慎重如此。穭生弟穎曰：懷古情深，合風人之旨。

【箋注】

〔一〕輯自黄式三《儆居集三·讀通考一》，清光緒十四年續刻本。

〔二〕參見黄以周《禮書通故》第三十七《職役通故一》：馬端臨説，鄉長、里正非役也，後世以爲民役。以周案：《周官》府、史、胥、徒亦非民役。先君子曰：『府、史、胥、徒，即《孟子》所謂「庶人在官」，其人不在下士之列，亦非以農夫編推之。農夫不諳官司之務，胥、史不習樹蓺之業，先王因材任衆，不必責其相兼。自後世法變，鄉長、里正、府、史、胥、徒皆以爲民之役，差役、雇役紛然異議。議差役者，編農户之貧富爲次，不選其材，有時以朴拙之農入任吏事，公務坐敗，私産立耗。議雇役者，於田租之外編算物力，使之出錢，以供吏禄，有時募浮浪奸詐之人盤踞其中。官無封建，吏有封建，昔賢歎之。故差役、雇役議各不同，其非《周官》之法則一也。』

讀征榷考〔一〕

三代下積貯之富，莫如漢之文帝，而武帝盡秏之。既秏之矣，而利術乃興。既興利矣，而弊竇乃啟。武帝之所以秏財者，征伐也，置郡也，納降也，封禪也，出巡也，河之決也，渠之穿也，宮室之麗也。武帝之所以興利者，榷酤也，榷鹽鐵也，算船也，算軺車也，告緡錢也，更造錢幣也，郡國置均輸也，京師置平準也，入物以補官也，出貨以除辠也。其興利而致弊者，贖禁錮、免贓辠而廉恥衰也；鹽户、大冶、賈人、牧夫相率登朝而吏選雜也；坐酎金失侯者百餘人，而勳戚微也；坐顔異以腹非之法，而公卿大夫皆諂諛以取容也。始則富商賈墆財役貧而莫之救，俾封君氐首印給也；繼則商賈中家大氐破，俾民不事蓄臧之業也。其因盜鑄而死者不可勝數；其因所忠之株送楊可之訐告而死者，尤不可勝數也。以奢靡之窮而興利術，以利術之窮而濫刑賞，漢室之敝甚矣。如桑宏羊者，所謂長國家務財用之小人，而彼爲善之者也。向使武帝擴幼年決獄之智，守前朝恭儉之規，堅初歲崇儒之意，則對策之董子、議鹽鐵之賢良方正，並進於廷。秕政既除，而制禮作樂皆有實效，戎狄不待征而自服。雄才大略，行之以仁義，豈不與三代媲美也哉？惜也，輪臺一詔，庶幾知悔而已，自恨其晚矣。稽生弟穎曰：『古今炯鑒。』

【箋注】

〔一〕輯自黄式三《儆居集三·讀通考一》，清光緒十四年續刻本。

讀市糴考〔一〕

糴糶，古法也。北宋王氏青苗法行之而大弊，南宋朱子乃議社倉。李公穆堂爲之議曰：『奉行得人，青苗亦社倉也。奉行非人，社倉即青苗也。』式三韙其言而惜其未盡。朱子之議立社倉也，不願置立之處，官司不得抑勒；置立之處，人户不願請貸，不得抑勒；其給之也以穀，不以金；其行之也必以惨怛忠利之心，不用聚斂亟疾之謀。議固甚善，然熙寧創立青苗之法，亦已言及此矣，卒至抑勒也，給以金也，聚斂亟疾也。法立而弊生，弊漸流而漸大，法之所不能盡絶，使人主舉社倉之法秀天下以通行之，其弊亦然。朱子社倉之法云『職以鄉人不以官吏』，而觀其集中所載社倉事目，每年五月下旬、十月上旬，自縣申府，差官一員與鄉官支貸收納，則謂社倉之事不職於官吏者，其未必然邪？産錢六百文以上衣食不闕者，不得請貸，則請貸者皆極貧下户，而收納之時，不鞭撲而能得之邪？十人結爲一保，逃亡物故，同保均備納足。如貸者皆貧户，其何以堪之邪？如謂同保中有富者，則十人中貧富相閒矣，令富者貸粟而出二分之息，又令其償逃亡物故之穀，非抑勒之而富者甘爲之邪？司馬光言青苗之弊云：『富者不願取，使者以多散爲功，一切抑配。恐其逋負，必令貧富相保。春算秋計，輾轉日滋，貧者既盡，富者亦貧。十年之外，百姓無復存者。』

朱子之友魏元履於建寧府建陽縣長灘立社倉，歲荒發以濟民而不收息。朱子憂元履之粟將久儲速腐，惠既狹而事亦不久，然元履亦病朱子祖王氏聚斂之餘謀，朱子作《長灘社倉記》自言之。然則社倉之立，或收息或不收息，皆不能無弊者邪？朱子又謂社倉收息，乃一時苟以便事之説；魏元履不收息之言雖疏，而藹然有三代王政之餘風。請數年後免其息。然息果能免也邪？試以崇安社倉言之，米六百石每石收息米二斗，行之十四年，得息米三千石。擬此後每石衹收息米三升，此朱子擬而未行之策耳。倘依此行之，貸三千石之米，衹得息米九十石，其中每歲有定之費，如官吏費用米六十石四斗，葢牆買藁薦米九石，通計米六十九石四斗，而未定諸費如鼠食、雀秏、風乾、雨濕、銷縮損腐之米，徒役奔走出納之工不在此數，九十石之息米能給之邪？如盡捐息米，此費復何所出邪？然則朱子行之崇安，而人以爲德，何也？曰：是猶王氏行之鄞縣而無大弊者也。李公所謂崇安任事之人，皆其門生故舊，學道君子也。朱子集中所載『社倉記』，建昌軍南城縣之社倉，吴伸、吴倫發私穀四千斛爲之；婺州金華縣之社倉，潘叔度出穀五百斛爲之。是創主之富而好義者，意在濟人，不求肥己，無各户之勒貸，無逃亡物故之索償，少倉穀出入之費，省官吏監察之資，事之所益者大，而行之可久。此朱子所以尤樂爲之稱道也。不能出此而以官吏勇行之，則弊百出矣。

或曰：熙寧行青苗之法，駁議者但言古今異宜而已。意者『國服爲息』，固本周公之典歟？曰：賒貸之法見於《春秋傳》。當時宋罕氏、齊陳氏猶能行之，豈必不取息乎？但泉府所言，祇因祭祀喪紀之乏，權以賒之，以役事償之。而又曰：凡國事之財用取具焉，謂貨入於泉府，用之者取於泉府，非謂取於所賒之息也。《周官》本經，其義甚憭。熙寧貸收之法行之，通國貧富等户歲有常例，此謀利之術耳，安得援《周官》以自解也？宋時奏議，或但言民閒，安知《周禮》？或但言古今異宜，惜不於經文剖析。

或曰：泉府斂市貨之不售者，以待不時而買。管仲、李悝亦有斂散糴糶之術，古皆行之。後世或不行，或行之而致弊，何也？曰：無仁民之心而懷利以相接，法無不弊。泉府之法幸不行耳。不然，泉府言貨滯則買之，後世必非滯而買之矣；泉府言待不時之買，後世必定之以時抑勒分配矣。管仲、李悝之法，糴糶斂散祇行於穀甚賤傷農、穀甚貴傷民之時，覩時弊而行，非常法也。法有可暫行者，不宜執爲一定而概以施之。後世行此術者，定爲歲例，糴不於賤之時，糶不於貴之時，糴則抑價，糶則昂價。[二]存商賈之意，居官吏之尊，以官吏之尊奪商賈之業。民畏商賈之貪刻，則遠之而已；於官吏不能遠也，則坐而待斃。穉生弟穎曰：平允之論，老鍊之文。

【箋注】

〔一〕輯自黄式三《儆居集三·讀通考一》，清光緒十四年續刻本。

〔二〕參見黄以周《禮書通故》第三十八《錢幣通故》：《泉府》：『掌市之征布，斂市之不售、貨之滯於民用者，以其賈買之，物楬而書之，以待不時而買者。買者各從其抵。』鄭衆云：『「物楬而書之」，物物爲楬書，書其賈，楬著其物也。抵，故賈也。』鄭玄云：『抵實「柢」字，本也，本謂所屬吏主、有司是也。』賈公彦云：『先鄭「抵，故賈」，後鄭不從。假令官前買時貴，後或賤，今依故賈與之即損民，故不得依「故賈」以解「抵」也。』馬端臨云：『買之於方滯之時，賣之於欲買之際，此與常平賤糴貴糶之意同。泉府則以錢易貨，常平則以錢易粟，其本意皆以利民，非謀利也。然後世常平之法轉而爲和糴，且以其儲供它用，而不以濟民，失其本意矣。』以周案：『各從其柢』，即下文『從主』、『從有司』，後鄭之説自確。據先鄭意，貨至不售而官斂之，其價必賤，故令買者從其抵，不忍因貨之乏貴其價以病民也，其説亦通。先君子曰：『管仲、李悝之法，糴糶斂散只行於穀甚賤傷農、穀甚貴傷民之時，觀時弊而行，非常法也。法有可暫行者，不宜執爲一定而概以施之。後世行此術者，定爲歲例，糴不於賤之時，糶不於貴之時，糴則抑價，糶則昂價。』《泉府》言『貨滯則買之』，後世非滯而買之矣。《泉府》言『待不時之買』，後世定之以時，抑勒分配矣。

讀士貢考[一]

周初有『九貢』之禮，東遷後，其禮有闕。《春秋傳》：僖公四年，齊伐楚，責以包茅不入。是祀貢闕也。《春秋經》：桓公十五年，天王使家父來求車。文公九年，毛伯來求金。是器貢闕、貨貢闕也，求之者何徵之也？《周官》土訓『以詔地求』，地求即地徵也。傳釋經曰：『非禮也，諸侯不貢車服，天子不私求財。』傳之意謂諸侯不脩貢職，天子不能如齊之責楚包茅而私求之，皆非禮也。馬氏之書，詳於史而略於經傳，作《士貢考》，於周季之事闕不書。

【箋注】

〔一〕輯自黄式三《儆居集三·讀通考一》，清光緒十四年續刻本。

讀國用考〔二〕

北宋蘇子瞻、曾子固議經費之策，衹欲省無益之費。葉正則又言當時之弊，財多而愈不治。數子豈闇於計哉，而所言衹如是？馬氏所稱，亦衹數子之言也。然則國之用在量入以爲出，不容量出以爲入，明矣。南宋經濟之學，陳君舉振之，而葉氏爲之輔。陳氏爲吏部員外郎時，所對劄子弟二言斂取之困民，弟三言兵財之職掌相兼，中外一體，乃可議寬民力。其説詳文集，確然不可磨。葉氏言安置四大屯兵之法，其詳亦見文集。未敢盡信爲必可行，而其大意在散冗兵、薄賦斂，則與陳氏同也。葉氏文集《定謀篇》云：『非先盡去其害，則不能得其利；害盡去，則利見矣。』《財計篇》云：『今之言理財者，聚斂而已矣。故君子避理財之名，而其上亦以君子爲不能也。舉天下之大計屬之小人，由是民之受病，國之受謗，何時而已？』馬氏於陳、葉二氏之言所引固詳，而陳氏之劄子、葉氏之《定謀篇》《財計篇》，惜闕焉，言國用者所當考也。宋季兵冗而勢弱，言經費者必欲去冗兵。蘇、曾、陳、葉所同矣。而冗兵何以去，諸公仍未核實，此經濟之所以難言也。參看下《讀兵考》。

【箋注】

〔一〕輯自黄式三《儆居集三·讀通考一》，清光緒十四年續刻本。

讀選舉考四[一]

其一

唐世取士之科不一，而讀韓子《贈張童子序》、《答崔立之書》，知其大者曰明經科、進士科、博學宏辭科。贈張之序，言明經科之例也。州府選明經之士升於禮部者，歲至三千人，謂之鄉貢。禮部試其可進者而屬之吏部，歲不及二百人，謂之出身。明經科之大略如是。韓子云『屬之吏部』，非試之吏部也，明經科無吏部之試也。答崔之書，言進士科、博學宏辭科也。韓子三詣州縣求舉，試禮部之進士科，不得志，四舉而成進士，而猶未得仕者，唐之進士待選需次，未遽釋褐，或再中博學宏辭科，或爲人所論薦，或藩方辟舉，得早釋褐也。韓子既成進士，三詣州府求舉，試吏部之博學宏辭科，皆不得志，一既得之而又黜於中書。統而論之，進士試於禮部，博學宏辭試於吏部，二者各爲科目，非試於禮部者必再試於吏部也。凡試於禮部、吏部者，必送中書門下詳覆。詳覆者，如今之送部磨勘。唐之時，或放榜而送中書覆勘之，或先送中書覆勘而後放榜，見選舉志。亦非試禮部、吏部者別試文於中書也。進士科、博學宏詞科之大略如此。馬氏於《舉士門》既言唐士之及第者未能入仕，尚有吏部一試，於《舉官門》復言禮部所升者試之吏部，是不分進士科、博學宏辭科之判然爲二科也。馬氏所載《唐登科記》，不及明經而詳於進士及諸科，進士之少者或四人，或五人，多者如咸亨時之五十四人、七十九人，皆非常數。其常數或二十餘人，或三十餘人。此與韓子所言明經科之士不及二百人者迥然二科。貞元時，敕每年考試明經不得過一百人，進士不得過二十人。大和時，敕進士不得過四十人，明經不得過百一十人。分别二科，已昭然矣。馬氏疑《登科記》進士之少，與韓子所言不及二百人之數不合，是不分明經科、進士科之判然爲二科也。今《五禮通考》采馬氏説，不知其誤，所論唐及五代之取士法，皆不得其實。讀者當考之。〔二〕

其二

唐宋之試士者，以一日之短長難憑也，於是采名譽，觀素學，必豫投公卷焉，而士之温卷，自贊者出矣。復慮主試者徇一己之私也，於是封姓名，設謄録院，杜絶請託，嚴防關節焉，而取士者不擇平日之文行，甲科多非人望矣。帖經及孤章絶句，所以求誦文之精孰也，而平文大義反多面牆，則作述之大旨茫然矣。墨義寫注及疏，所以求釋解之精詳也，而士疲於記誦，其有衆説異同、時事得失，不能融貫折中矣。詩賦之失，所以救帖經、墨義之不能文辭也，而士尚浮藻，雖涉獵經史，得糟粕而遺精實矣。撰大義式而罷詩賦，所以救帖經、墨義者之粗通章句，亦以異詩賦之浮豔也，而以氣之馳騁爲雄豪，以論之苛刻爲精能，以思之幽玄爲微妙，而問之以章句注疏，咋舌而無以對矣。夫科試取士之法，莫詳於唐宋。而弊生於法之所不及，法雖密而弊迭生，要亦由人之不善用法耳，非唐宋之法果盡不善也。唐之科目，明經者有三經，有二經，有學究一經。有三禮，有三傳。史科有一史，有三史。其外有《開元禮》，有明字，有明算，有明法。其習詩賦者曰進士科。宋初之科目，有進士、九經、五經、三禮、三傳、三史、《開元禮》、學究、明法諸科，與唐略同。唐宋之設科如此其多者，人之智力各有分涯，不能兼長，而必責之以專長。人無求備，義固如此。且不通衆經者，不能明一經，則觀其所專長，而所兼長者正可參見。此良法也。范氏希文、宋氏景文之言曰：『先策論，則文辭者留心於治亂矣。簡程式，則閎博者得馳騁矣。問大義，則執經者不專於記誦矣。』此通言試藝之法也。朱子言『答義者必通貫經文，條舉衆說，而斷以己意』，此大義之式也。歐陽永叔言科舉變法必寬其日限，逐場去留，然後可革舊弊。此亦唐宋之舊法，而永叔欲救專重首場之弊，請復行之也。後之欲變通其法者，當必有取於諸說矣。

其三

宋神宗時議更貢舉法。言者欲先士行而後文藝，去彌封謄録之法。蘇子瞻駁之曰：『上以孝取人，則勇者割股，怯者廬墓；上以廉取人，則敝車羸馬，惡衣菲食，德行之弊一至於此。』子瞻之説果是乎？蘇子由《民政策二》欲復古者孝弟之科，與進士同舉。子瞻矯王氏新法而並駁其法之善者，一偏之論也。馬氏乃引唐儒説證佐子瞻之説，遂於賢良孝廉之舉，痛加砭斥，可謂謬矣。夫朝舉君子，而僞君子遂厠於其間，唐虞三代之所不能絶也。《書》記三考黜陟，《禮》言大計誅賞，唐虞三代之所以少僞君子也。因世有僞君子，遂不敢舉真君子，於是天下無所忌憚而不爲，僞君子亦復無所感慕而不爲真君子，風化之敝遂遠不逮古矣。司馬君實於元祐時，既建言經術試士之法，又設經明行脩之科。司馬氏之言曰：此法初行，奔競屬請固不能免。若於所舉人違犯名教，必坐舉主，無有所赦。行遣三五人後，自皆謹擇其人。儒者稱司馬氏之言合於道而酌於時。項平甫謂科試之法所以抑僥倖，非所以抑豪傑。豪傑者，法之所求，非法之所拒。項氏謂科舉外宜選舉豪傑，正司馬氏之意也。或曰：知人甚難，士或始正終邪，安得連坐舉主？曰：坐舉主之法，司馬氏言之甚詳矣。且不肖亦能舉賢，而賢者自少；君子之所舉，賢者必多，則進賢之賞，足以贖其誤失，何患夫連坐邪？或又曰：劉原父兔鹿之喻，葉正則制科之議，極言當時選舉之弊，馬氏本此意以言之耳。曰：以科舉言，十人得一不爲少；以薦舉言，十人得六不爲多。此可知薦舉之有實，而鼓厲士氣之必由此矣。且賢良孝廉之掄選失實，當祇言其不可失實耳。因失實而並廢其實者，失鼓厲天下之具，而欲以苟且因循求天下之治，豈可得邪？孟子斥脩天爵者要人爵，得人爵者棄天爵。薦舉廢而科舉塼行，則要人爵已早棄天爵，可慨也。

其四

選舉之法，莫善於選士、選吏之合爲一途。自二途，既判爲吏者，自知無進取之路，役於人而志日卑；而學儒不成者，富則驕淫無度，貧則身無所庇，或爲吏胥所不屑爲之事。《禮·王制》曰：『升於司徒者，不征於鄉；升於學者，不征於司徒。』以是觀之，有役於鄉之士，有役於司徒之士，有不役於司徒而造於大學之士。三年大比，命鄉論學中之士，以其秀者升於司徒，曰選士。其未升司徒者，上則爲府史，次爲胥，次爲徒，役於鄉而仍習學於鄉，以待後選。已升於司徒者，司徒論其秀而升之大學，曰俊士。其未升於大學者，上士如族師，中士如閭胥、酇長，下士如比長、里宰、鄰長。習學於司徒，即役於司徒而不役於鄉，以待後升。其升於學者，大司樂教之，專通《詩》、《書》、《禮》、《樂》之經，專務明德新民之事，不紛其心，而不征於司徒，曰造士。迨學能有成，是爲造士之秀者，大樂正論之以告諸王而升諸司馬，曰進士。選俊、造、進之士如此。漢法，博士弟子之明經者多補郡太守卒史，後或登高位而著盛名，此法蓋本於古。然則古之時，選士之終不升於學，造士之終不升於司馬，而能以勳業自奮者，必復有吏選之法，豈非因其性之所近而栽培之乎！後世官無封建，吏有封建。古者吏無封建，與選士之法相須而行。士之賢才者，既有以異於下吏，而次則以吏庇身。吏之卓異者，其始與俊、造士分途，其終與進士同列。此天下之所以無棄材，而士趣與吏績遂蒸蒸然日上也已。〔三〕

【箋注】

〔一〕輯自黄式三《儆居集三・讀通考一》，清光緒十四年續刻本。

〔二〕參見黄以周《禮書通故》第三十三《選舉禮通故》：《通典》云：『初，秀才科等最高。貞觀中，有舉而不第者，坐其州長，由是廢絶。士族所趨向，惟明經、進士二科而已。秀才之科久廢。明經雖有甲乙丙丁四科，進士有甲乙二科，自武德以來，明經唯有丁第，進士惟乙科而已。其進士大氐千人，得第者百一二。明經倍之，得第者十一二。』《通考》云：『觀《登科記》所載，雖唐之盛時，每年禮部所放進士及諸科，未有及五七十人者，與昌黎所言不合。』以周案：昌黎《贈張童子序》據明經科爲言，與《通典》合。《唐登科記》所載爲進士諸科，馬氏誤合明經、進士爲一，故其數不符。先君子《儆居集》云：『唐世取士之科不一，而讀韓子《贈張童子序》、《答崔立之書》，知其大者曰明經科、進士科、博學宏辭科。贈張之序，言明經科之例也。州府選明經之士升於禮部者，歲至三千人，謂之鄉貢。禮部試其可進者而屬之吏部，歲不及二百人，謂之出身。明經科之之大略如此。韓子云「屬之吏部」，非試之吏部也，明經科無吏部之試也。答崔之書，言進士科、博學宏辭科也。韓子三詣州縣求舉，試禮部之進士科，不得志，四舉而成進士，而猶未得仕者，唐之進士待選需次，未遽釋褐，或再中博學宏辭科，或爲人所論薦，或藩方辟舉，得早釋褐也。韓子既成進士，三詣州府求舉，試吏部之博學宏辭科，皆不得志，一既得之而又黜於中書。統而論之，進士試於禮部，博學宏辭試於吏部，二者各爲科目，非試於禮部者必再試於吏部也。凡試於禮部、吏部，必送中書門下詳覆。詳覆者，如今之送部磨勘。唐之時，或放榜而送中書覆勘之，或先送中書覆勘而後放榜，亦非試禮部、吏部者別試文於中書也。進士科、博學宏辭科之大略如此。馬氏於《舉士門》既言唐士之及第者未能入仕，尚有吏部一試，於《舉官門》復言禮部所升者試之吏部，是不分進士科、博學宏辭科之判然爲二科也。馬氏所載《唐登科記》，不及明經而詳於進士及諸科，進士之少者或四人，或五人，多者如咸亨時之五十四人、七十九人，皆非常數。其常數或二十餘人，或三十餘人。此與韓子所言明經科之士不及二百人者迥然二科。貞元時，敕每年考試明經不得過一百人，進士不得過二十人。大和時，敕進士不得過四十人，明經不得過百一十人。分別二科，已昭然矣。馬氏疑《登科記》進士之少，與韓子所言不及二百人之數不合，是不分明經科、進士科之判然爲二科也。今《五禮通考》采馬氏説，不知其誤，故所論唐及五代之取士法皆不得其實。』

〔三〕參見《禮書通故》第三十三《選舉禮通故》：劉敞云：古者鄉學教庶人，國學教國子。鄉學所升曰選士，不過用爲鄉、遂之吏。國學所升曰進士，則命爲朝廷之官。此鄉學、國學教選之異，所以爲世家、編户之別也。然庶人之仕進亦有二途：可爲選士者，司徒試用之，一也；升於國學，則論選之法與國子同，二也。以周案：劉説是已，而猶未盡也。古者選士、選吏同出一途，雖鄉升司徒，升而後或仕、或學微有不同，而其終吏亦得與士人同列於朝，非鄉學所升終於鄉、遂吏，國學所升者遽爲卿大夫也。兩漢士、吏一途，猶存古法。梁天監中沈約上疏云：『漢代庠校棋布，傳經授業，學優而仕。始自鄉邑，本於小吏幹佐，方至文學功曹。積以歲月，乃得察舉。人才秀異，始爲公府所辟，遷爲牧守，入作台司。漢之得人，於斯爲盛。』先君子《儆居集》云：『鄉論學中之士，以其秀者升於司徒，曰選士。其未升司徒者，上則爲府史，次爲胥，次爲徒，役於鄉，而仍習學於鄉，以待後選。已升於司徒者，司徒論其秀，而升之太學，曰俊士。其未升於太學者，上士如族師，中士如閭胥、酇長，下士如比長、里宰、鄰長。習學於司徒，即役於司徒而不役於鄉，以待後升。其升於學者，大司樂教之，專通《詩》《書》《禮》《樂》之經，專務明德新民之事，不紛其心，而不征於司徒，曰造士。迨學能有成，是爲造士之秀者，而升諸司馬，曰進士。選俊、造、進之士如此。漢法，博士弟子之明經者，多補郡太守卒史，後或登高位而著盛名，此法蓋本於古。然則古之時，選士之終不升於學，造士之終不升諸司馬，而能以勳業自奮者，必復有吏選之法，豈非因其性之所近而栽培之乎！彼後世官無封建，吏有封建，古者吏無封建，與選士之法相須而行。士之賢能者，既有以異於下吏，而次則以吏庇身。吏之卓異者，其始與俊、造士分途，其終與進士同列。此天下所以無棄材，而士趣與吏績遂烝烝然日上也。』西漢以試吏入官者，路温舒、衛青、公孫宏、張湯、杜周、王訢、陳萬年、于定國、龔勝、丙吉、趙廣漢、尹翁歸、張敞、王尊、孫寶、何並、薛宣、朱勝、朱邑、趙禹、王温舒、尹齊、咸宣、嚴延年、尹賞、樓護、王吉、鮑宣、焦延壽。

繼紅案：黄以周引黄式三《儆居集》此篇中有『選俊、造、進之士如此』一語，而據陳漢章《識語》云：『案：《職官通故》謂「士之升於司徒者，爲府史胥徒之屬；升於學者，爲旅下士；升於司馬者，可爲上中下三等之士」，與此説不同。』可見黄以周在《禮書通故》中對黄式三有些結論也曾做出過修正，此爲一例。

讀學校考二[一]

其一

歐陽永叔文集盛稱胡氏翼之教學湖州及居大學時生徒之衆，其教能使誠者達，昏者勵，傲者革，爲法嚴而信，爲道久而尊。然則北宋之士好實學而厭薄詞賦者多矣，而馬氏載皇祐末，胡氏居大學，在列者皆不喜，謗議蠭起。抑又何邪？夫胡氏教學湖州，專以經義及治事課其生徒，而居大學時何嘗異是？然則起而謗之者，皆不知經學、不諳時事之人，忌其賢而輕呰之耳。歐陽永叔知貢舉，裁抑進士之奇僻者。試榜出，士群聚詆斥之，街司邏卒不能止。胡氏以鼓勵實學而謗，歐陽氏以釐正文體而謗，可畏哉！

其二

唐貞觀時，詔以左邱明、卜子夏、公羊高、穀梁赤、伏勝、高堂生、戴聖、毛萇、孔安國、劉向、鄭衆、杜子春、馬融、賈逵、盧植、鄭玄、服虔、何休、王肅、王弼、杜預、范寧二十二人從祀孔子之廟，而馬氏謂高堂生以下可謂之經師而非人師。明嘉靖間，詔黜戴聖、劉向、馬融、賈逵、何休、王肅、王弼、杜預之從祀，改祀鄭衆、盧植、鄭玄、服虔、范寧於鄉。史臣稱張璁所議本於宋濂、程敏政之説，實而稽之，馬氏作《通考》時已肇其端矣。而顧氏亭林謂嘉靖禮棄漢儒保殘守缺之功，獎末流論性談天之學，有王者作，必遵貞觀之制。夫顧氏之欲遵貞觀者，重其傳經也。經所以載道，通訓詁，辯章句，經明而道以顯。後之儒離經而求道，不如闡經而道存。況漢承秦火之後，是非乖失，群言混殽，鄭君康成潔身亂世，抱遺經以正之，孔書遂明，范史稱之非誣。嘉靖之禮既祀鄭君於鄉，而鄭仲師之剛正有學，盧子榦之忠義有學，服子慎之清苦有學，與范武子之崇雅抑俗而注説列於學者，皆一例降其從祀。知委忘源，愛華忘本，此所以見譏於顧氏者也。劉子政校書中祕，辨别真僞，立朝剛正，有大儒風。其少年時誦神仙方術，正程朱諸子先釋後儒之比，《洪範五行傳》有失有得，尤難輕呰。賈景伯力尊《古文尚書》、《毛詩》、《左氏》《穀梁春秋傳》，其功甚鉅，權借圖讖以立《左傳》，無可厚非。史稱其不脩小節，知其大德固不踰閑。所薦之士，司馬均、汝鬱皆有隱德，實功著見於世。何邵公經注列於學，進退以禮，行堪矜式，風角之蔽不蝕其明。然則劉、賈、何諸儒不宜黜祀，亦嘉靖禮之不如貞觀者也，雖然，貞觀之禮不能無失焉。《易》之學傳自田何、丁寬，祀王弼而置田、丁，失《易》之本。小毛公萇爲《詩》博士，而《詩傳》乃作於大毛公亨，祀萇而置亨，失《詩》之本。《春秋左氏》之學行於張蒼、賈誼，祀杜預而置張、賈，失左氏學之本。小戴之《禮》不備於大戴，祀聖而置德，失《禮》之本。此皆貞觀禮之可議者也。馬融、王肅之屬，辠大功小，有其廢之莫敢舉，此貞觀禮之不可復者也。《魯詩》之浮邱伯、申培，《齊詩》之轅固，《韓詩》之韓嬰，公羊學之胡母子都、董仲舒，其人皆卓卓可傳；河間獻王實事求是，表章古文，尤爲群經之最有功者，此皆貞觀禮之宜補者也。

【箋注】

〔一〕輯自黄式三《儆居集三・讀通考二》，清光緒十四年續刻本。

讀職官考〔一〕

《周官·地官》『鄉老，每二鄉公一人』，是六鄉則三公，亦稱鄉老也；『鄉大夫，每鄉卿一人』，是六鄉以六卿分掌之，亦稱鄉大夫也。《春官》『世婦，每宮卿二人』，是王后六宮有卿十二人，世婦亦名卿也。世婦皆公卿之命婦，年高有德者是爲女官，非外廷上大夫之卿。六鄉之卿，即六卿。馬氏録《周禮》命官員數，謂周之卿共二十四人，誤矣。《周官》所言中大夫，如戎右二、大馭二、戎僕二、校人二，蓋攝職無專官也。《周官》所言下大夫，如稾人二、肆師四、巾車二、齊右二、齊僕二，亦攝職非專官也。世婦每宮下大夫四人，主宮共二十四人，是婦官之爵，視下大夫與世婦之稱卿者同也。然則謂《周官》中大夫六十八人、下大夫二百九十四人，亦未爲定數矣。

【箋注】

〔一〕輯自黄式三《儆居集三·讀通考一》，清光緒十四年續刻本。

讀郊社考〔二〕

冬至祀天配嚳，夏正郊天配稷，《祭法》鄭君注自明。趙伯循言『祭嚳配稷，宗廟中追所自出，謂之禘』，説始淆雜。《詩·生民》言寘隘巷、寘平林、寘寒冰，爲后稷之無父而生也。《周官·大司樂》言享先妣、享先祖，先妣在先祖之上，謂姜嫄也。后稷非父所生，周人特立姜嫄之廟。如嚳果稷父，則《詩·生民》之文不可解矣。周人果祀嚳於廟，則《大司樂》言先妣於先祖之上而不及嚳，不可解矣。禘果專爲廟祭，《祭法》之文何以先禘後郊？是《祭法》之文爲不可解矣。如謂先禘後郊以禘之所祭者遠，則《祭法》本於《魯語》展禽之言，而《周語》、《楚語》皆以禘郊聯文，且以禘郊與烝嘗對文，正與展禽之言相類，何以解之？夏正郊天配稷，追所自出。冬至祀天配嚳，以五帝開天明道而配之，非追所自出。《禮經》言之甚明。如謂《祭法》之禘果爲追自出之祖而祭於廟，則虞夏禘黄帝，其世系非出黄帝，何以解之？《魯語》言商人禘舜，以商一代之祀，或嚳或舜，不妨更制，復何以解之？周人果屈嚳之尊於稷廟享之，不爲嚳立廟，而祇爲姜嫄立廟，尤將何以解之矣？唐制，天寶時禘於太清宫，以李耼爲始祖所自出。趙伯循因此悟追嚳配稷之説，至宋王荆公信其説，神宗因之罷禘。南渡後遵前制，其弊見矣。式三撰《論語後案》既詳言趙氏之六謬，今讀馬氏《通考》復略言此者，以馬氏之學未深於經説。〔二〕經既誤，而評史因之沿譌，俾後之人緟悂貤謬，眯其是非，如近世《五禮通考》猶襲馬氏之説焉。蓋考訂古禮之難也如此。

【箋注】

〔一〕輯自黄式三《儆居集三·讀通考二》，清光緒十四年續刻本。

〔二〕黄式三《論語後案》於《八佾》「或問禘之説」條下案曰：《祭法》之「禘嚳」，鄭君謂冬至祀天於圜丘，配以嚳。《祭法》之「郊稷」，《大傳》之「禘推祖所自出」，鄭君謂夏正祭感生帝於郊，配以稷。是冬至、孟春之祀天，俱稱禘也。自王肅始駁鄭君説，而趙氏説又汩之，經義益不明矣。《祭法》：禘在郊上。趙氏謂禘之所及最遠，故先言之。申趙者謂鄭君讀《祭法》不熟，見禘在郊上，遂以圜丘之祭釋之。然《周語》：「禘郊之事，則有全烝。」《魯語》：「天子日入監九御，使潔奉禘郊之粢盛。」《楚語》：「郊禘不過繭栗，烝嘗不過把握。」又曰：「天子禘郊之事必自射其牲，諸侯宗廟之事必自射其牛，封羊擊豕。」又曰：「天子親春禘郊之盛。」諸文多禘在郊上，且與宗廟烝嘗對文，趙氏將何以解之？鄭君以《祭法》本於《國語》展禽之言，不徒解《祭法》以爲通，趙説求通於《祭法》而不通於《國語》，其謬一也。虞、夏非同出，黄帝、后稷非帝嚳之子，前儒已有定論。申趙説者據《潛夫論》稷爲嚳之後嗣，而云遠祖亦可追所自出，其説似通，然《祭法》言虞夏禘黄帝，殷周禘嚳，祇以五帝配天，實非追所自出。《國語》復云商人禘舜，商一代之祀或嚳或舜，不妨更制，如必謂追祖所自出，禘舜又何以解之？其謬二也。以圓丘之祀不可配嚳而必配稷，於經無所證，注説亦無所見。趙氏以意言之，不知嚳之配天，理未必悖。如嚳既廟祭，不爲立廟而屈尊就卑以稷廟享之，於理未合，其謬三也。《王制》『祭天地之牛角繭栗，宗廟之牛角握』，與《國語》『禘郊繭栗』、『烝嘗把持』之文相合。趙氏於此自知其不能通，云凡禘皆及五帝，如太皥等，以其功高，歷代兆於四郊以祭之，次於天帝，牛不得不爾。前既駁鄭君混禘於郊，此又與所駁之説自相伐，其謬四也。以稷之所自出爲帝嚳，因以周公之所自出爲文王，此趙氏之臆説。萬氏《學禮質疑》、顧氏《春秋大事表》斥其無稽之談，當矣！而尤有不可不辨者，成王賜魯重祭，止用禘祭之籩豆樂舞以尊周公，倘魯祭文王乖於諸侯，不祖天子之義，則成王之賜，伯禽之受，不應如是之悖，其謬五也。趙氏曰：『夫子不欲斥君之惡，便云不知。述禮者不達此意，遂云「明乎郊社之義，禘嘗之禮，治國如指諸掌」。此不達聖人掩君之惡，遂云爾假令達於祭祀，亦儀表中一事，何能治國？』式三謂：趙氏所集《春秋纂例》好攻三傳，自立臆説；至論禘之禮，又歷指《左傳》所云烝嘗禘於廟及寡君未禘祀之文，以爲左氏之妄；並偏詆《禮記》『春禘』、『夏禘』等文爲徒據《春秋》經文以附會之，掊擊諸經、傳，既爲縱肆之極至此。經『天下示掌』之文與《禮·燕居》篇、《中庸》篇相符，正可知禘義閎深，非或人所能見及。而趙氏亦一概斥之，敢毁經典，藐無忌憚，其謬六也。蓋趙説之謬如此！

讀宗廟考〔一〕

《周官·司勳》云：『凡有功者，銘書於王之大常，祭於大烝。』烝者，冬祭也，配享功臣必於冬祭。説者未審其義，或云功之大者，熏烝宇宙，上達於王，故用烝配享。或云冬祭曰烝，烝者眾也，冬時百物報成者眾，故祭有功之臣於烝。皆望文立言，未得證據。考周制，功臣配享實始於周公營洛之時。《洛誥》曰『記功，宗以功作玄祀』，又曰『稱秩玄祀，咸秩無文』，是功臣配享之始也。洛邑之『肇稱殷禮』，適在冬月，故《書》云『戊辰，王在新邑烝』。此烝即殷禮。功臣配享於明堂，故《禮》曰大烝。大、殷義同。合《禮》與《書》，可知烝祭配享之由也。〔二〕周制之可考者如此。《書·般庚》云：『茲予大享於先王，爾祖其從與享之。』解者或據烝嘗兼言之，或又據《詩·長髮》言『實維阿衡』，是商之配享在禘，或又以《長髮》爲袷祭之詩，是商之配享在袷，皆望文立言，未得證據。般庚以遷國大事偏告先王，兼及功臣，因遷而祭，未必爲常禮也。考古之不可肊言者類如此。

【箋注】

〔一〕輯自黄式三《儆居集三·讀通考二》，清光緒十四年續刻本。

〔二〕參見《禮書通故》第十八《時享禮通故》：《書僞傳》云：『「兹予大享於先王，爾祖其從與享之。」古者天子録功臣配食於廟，大享，烝嘗也。』孔穎達云：『《周禮·司勳》云：「凡有功者，祭於大烝。」嘗是烝之類，故以嘗配之。秋、冬之祭尚及功臣，則禘祫可知。近代以來，功臣配食各配所事之君，若所事之君其廟已毁，時祭不及，其臣固當止矣。案：此近代與三代之禮皆同。禘祫，則毁廟之主亦在焉，其時功臣亦當在也。』賈公彦云：『烝者衆也，冬時物成者衆，故祭功臣。彼《書》注以大享爲烝嘗者，其嘗時亦祭之也。或周時直於烝時祭功臣，殷時烝嘗俱祭，禮異故也。』以周案：功臣配食於大烝，《司勳》有明文。盤庚以遷國大事徧告先王及功臣，非常祀也。據賈疏文，鄭注《書》大享兼烝嘗言，《僞孔傳》本諸鄭。其實嘗之配食功臣無見文，且鄭亦只謂在時祭烝嘗，不在禘祫。禘有功臣，《春秋》今文家雖有是説，鄭注古文，不用其義。《詩序》『《長髮》，大禘也』，鄭以爲祭天南郊，不以爲享先王。詩中及阿衡，毛傳、鄭箋但言序成湯之功而及伊尹，並不以爲配享功臣。禘配功臣本非鄭義，孔疏又兼祫言之，尤失依據。祫祭毁廟、未毁廟之主皆升，合食於太祖，所祭既多，何容更及功臣？玩何氏《公羊傳》注，祫無功臣明甚。梁何佟之、唐韋挺等議以大烝嘗爲祫祭，得配功臣，禘不得與，更屬臆説。嘗聞諸先君子云：『周制功臣配享，實始於周公營洛之時。《洛誥》曰「記功，宗以功，作元祀」，又曰「稱秩元祀，咸秩無文」，是功臣配享之始也。洛邑「肇稱殷禮」，適在冬月，故《書》曰「戊辰王在新邑，烝」。此烝即殷禮，故《禮》曰「大烝」，大、殷義同。合《禮》與《書》，可知烝祭配享之由也。』

讀王禮考〔一〕

馬氏言臣庶以下冠婚喪祭，本無沿革，不煩紀録。是説也，豈不大謬也邪？夫唐《開元禮》諸書詳於皇朝太子貴家之冠婚，而《儀禮》所言士禮多不可行於後世，後世未嘗制爲一定之例以諭士庶，則禮教之不行有由矣。《史記·禮書》言周衰禮廢，大小相踰，循法守正者見侮於世，奢溢僭差者謂之顯榮，抑豈獨周季然哉？唐鄭餘慶嘗采士庶吉凶書疏之式，雜以常時家人之禮，爲《書儀》二卷。後唐明宗有意使民知禮，詔劉岳等增損其書，而岳等卒無所發明，但依鄭書略增損而已。自是士庶吉凶皆取岳書以爲法。至其後，岳書十又失其三四，所行之禮尤譌謬可笑，此歐陽《五代史》所爲長歎深痛也。而曾子固脩《禮閣新儀》，亦曰後世爲禮者，苟簡而不能備，希闊而不常行，又不過用之於上，而未有加之於民者也。至其民陷於罪戾，則爲法以馭之。〔二〕合歐陽、曾氏言觀之，而馬氏説之謬可見矣。

【箋注】

〔一〕輯自黄式三《儆居集三·讀通考二》，清光緒十四年續刻本。

〔二〕參見曾鞏《元豐類藁》卷十一《禮閣新儀目録序》：『後世不推其如此，而或至於不敢爲，或爲之者特出於其勢之不得已，故苟簡而不能備，希闊而不常行，又不過用之於上，而未有加之於民者也。故其禮本在於養人之性，而其用在於言動視聽之間者，歷千餘歲，民未嘗得接於耳目，況於服習而安之者乎？至其陷於罪戾，則繁於爲法以御之，其亦不仁也哉。』

讀樂考〔一〕

唐太宗曰：『古人沿情制樂，國之盛衰未必由此。』杜淹曰：『陳將亡，有《玉樹後庭花》；齊將亡，有《伴侣曲》，聞者悲泣。所謂亡國之音哀以思，以是觀之，亦樂所起。』太宗曰：『《玉樹》、《伴侣》之曲尚存，爲公奏之，知必不悲。』魏徵曰：『樂在人和，不在音也。』

式三謂：古者詩言志。志喜，則以喜聲詠之；志怨，則以怨聲詠之。詩之外又有和聲，亦隨所詠之聲而殊。如哀詩而聽之不悲，其孟嘗君之未遇雍門子周歟？抑亦詩、聲之不相符歟？杜氏不能析太宗之疑，此其疏也。聲音之道與政通，用韶舞，放鄭聲，致治有要，聖訓昭然。魏氏言樂不在音，不幾於侮聖人之言乎？則魏氏之言尤失之也。以唐太宗之賢而禮樂之化無聞焉，可慨也夫。

【箋注】

〔一〕輯自黄式三《儆居集三・讀通考二》，清光緒十四年續刻本。

讀兵考三[一]

其一

古者寓兵於農，後世或欲遵古以定法。難之者，謂農不知兵久矣。解之者，則曰民可訓練也。難之者，謂民弱不如募兵勇。解之者，則曰士卒之勇懦，隨主將之賢否，而募兵浮浪，將有瓦解之憂也。雖然，古之寓兵於農者，有本有原。農有恒産，八口無饑，兵之資也。學校中樂舞干戚，而又於序觀射武藝，夙有師承，兵之材也。家出一人，各訓練於農隙，是羡夫不出役焉。訓練之卒多，而王者止於萬乘，大國不過千乘，其法以八家出一人，是七家訓練之卒不盡爲乘卒焉。王者萬乘，六軍止用七百五十乘，是乘卒又不盡赴軍焉。以萬乘算之，出軍十三次，遞用九千七百五十乘，而萬乘之賦一周而有餘；以八家輪供算之，出軍一百有六次，而八家之正卒一周而有餘，用民之寬如此也。不如此而欲驅農爲兵，難矣。董子曰：『先王之道必有偏而不起之處，故政有眊而不行。』

其二

宋之兵弊極矣。馬氏録葉氏正則之《兵論》，推究時弊，非不深切著明矣。而讀葉氏文集有《終論》數篇，言安置四大屯兵及罷厢禁諸兵之法，如其言以行之，弊豈不多乎？天下事，言已成之弊則易，立革弊之法則難。葉氏以經濟自負，讀其集而約其指，在先去宂兵以給國用耳，而其言卒不可盡用。馬氏推信葉氏，於《終論》亦復不録，蓋知其言之有弊矣。信乎！經濟之難言也。或曰：北宋蘇子瞻、曾子固已有去宂兵以足國用之説，在南宋則陳君舉亦言之，葉氏乃大暢其説，今猶以爲未可行，然則宋果何以去宂兵乎？曰：兵之宂也，由積漸而致之。其去之也驟急，亦以召變。黄文叔言募兵有闕勿補，收其衣糧以給屯兵。以二十年功力爲之，募兵老死且盡，而府衛立矣。斯言也，其得政『無欲速』之意也乎？袁氏和叔作《文叔行狀》，於此事詳敘之，蓋深有味乎其言矣，馬氏不宜略之也。

其三

自古衰季之兵，非寡小於初盛也，而彊弱殊執，興亡異途，其故何也？一曰：廟筭患其不斷也。古者德足柔遠，四裔咸賓其次。寇來則逐之，去則不追，求和則羈縻之，未有當其來寇而猶言羈縻之者。及其衰也，勢既不振，輒以羈縻爲飾詞。今曰議戰，明日議和，政令既失其常，而畏戰者因巧爲遷延以俟和議之成，勇於籌戰者亦疑所籌之不用，而怠緩以圖之，卒以和不克成，戰亦旋敗，此其可鑒者一也。

二曰：擇帥患其不慎也。帥者，千萬人之司命，非智勇兼之而舉以爲帥，適足以喪師而辱國。漢高用三傑，帥則韓信，而以蕭何、張良之忠賢不能爲帥。及其衰也，四顧乏人，惟上所倚信者用之。上所倚信者，本未必可信也。即或可信，而未必有將帥之才。爲臣子者明知其失人，以爲將帥大事非己所得言，而隨上之所欲遣。遣將既失，民命輕絶，國亦蹙地。此其可鑒者二也。

三曰：任帥患其不專也。古者將既在外，君命有所不受。周亞夫不奉詔救梁，卒平吴楚。趙充國不奉詔擊罕開，罕開卒不煩兵而下。而當其事之宜行，有非公卿之所與聞，並不必奏聞於天子者。是以機未發，則密而不露；機已發，則速而有成。及其衰也，大將在外，必請命於内，事嫌掣肘，坐失機宜。此其可鑒者三也。

四曰：求才患其不誠也。古者國有大疑，謀及庶人。後世兵戎既起，幕府廣開言路，意亦主於得才。而獻策投書者，率多輕躁貪婪之人。其深沈有大計者，非禮聘之則不出。且有以禮聘之而亦不出者，度其計之不行、功之不成，不肯輕出耳。自非爲大吏者虚心訪問，不得觔魚，祇得陽鱎。此其可鑒者四也。

五曰：器械患其不備也。古之言兵者，謂步兵之地，車騎二不當一；車騎之地，步卒十不當一；弓弩之地，短兵百不當一；長戟之地，劍盾三不當一；矛鋋之地，長戟二不當一；劍盾之地，弓弩三不當一。後世之寇，水陸之器愈變而愈奇，有步卒、車騎、弓弩、長戟、矛鋋、劍楯之所不能用者，所備非所敵，名爲有兵，與無兵同。譬諸徒手搏虎，強者餧之食肉，弱者莫能攖而自遁，勢所必然，不待智者而知。此其可鑒者五也。

六曰：訓練患其不精也。孫武教宫人戰，左右、前後、跪起皆如其法。馬燧教牧馬，廝養數月皆爲精騎。人未有不可訓練者。古之訓練士卒也，必使之目熟於旌旗，耳熟於金鼓，手熟於器械，足熟於馳驟，被鎧甲而不重，蹈險阻而不危。而其統之也，伍有長，卒有長，旅有帥，師有帥，使之各率其屬以專責任。復示之忠孝，勉之和睦，以作其氣，使之踴躍而不能自已。故古之善將兵者，曰：『如身使臂，如臂使指。』又曰：『擊首則尾至，擊尾則首至，擊中則首尾皆至。』豈誇言哉？後世之兵則不然。平日所養之兵老弱參半，而壯者亦不習於教訓。一日有事，則招募義勇以足之，不知義勇之非能一日募也。當軍事既興之日而下令募兵，其應募者多驕玩怠惰，不農不賈，市井所不齒之人。有武藝者，百中之一；而知義者，萬人中不知能得四五人否。所募之人臨敵逃遁，如鳥獸散，是勢所必至耳。此其可鑒者六也。

七曰：應援患其不速也。兵之數，備前則後寡，備後則前寡，備左則右寡，備右則左寡。無所不備，則無所不寡。惟其寡，而有應援也。則敵至而堅拒之，以俟援兵之至。後世之將，或有所畏，有所忌，而不相援。雖有張巡、許遠嬰孤城以拒強寇，卒至殞滅而不能存。此其可鑒者七也。

八曰：藩籬患其不固也。凡一郡一省，各有要害之地，必有重兵以鎮之，使敵不得前。『王公設險，以守其國』，《易》之所言，豈其誣哉？後世之將，不守險以拒敵，而第鎮兵於附郭之處，譬諸病者不治病於皮毛臟腑，俟深入骨髓而後飲藥，病者終斃。是其可鑒者八也。

九曰：賞功患其不實也。自古聖王所以籠絡豪傑者，惟賴此爵賞以榮之。然爵賞祇以榮豪傑，則高尚不事之士，亦羞己之自外於豪傑而奮激於功名。後世戎事方起，大僚倉皇失措，往往聽信市井汙賤之言，而驟加以爵賞。豪傑之士方羞與彼等爲伍，惟恐爵賞之汙其身，而有志功名者鮮矣。且軍興之日，必有夤緣勢要者濫厠其名於各籍之中，事或稍有功效，彼盡心力以經營者必反爲夤緣之人所掩，而奮志功名者益鮮矣。若夫死事之臣，褒贈宜隆，以示奬勸，而其事亦有不同。在宋歐陽《五代史》有《死節傳》，有《死事傳》。戰死之臣不盡録於《死事傳》，死事之臣不得入《死節傳》。袁燮言：世有勇於殉義，而無奇策應敵，拱手以就戮者，謂之徒死。明于謙言：死者有二，有進戰而死，有退敗而死。事不可混一，濫賞之宜防。前賢言之。此其可鑒者九也。

十曰：軍法患其不嚴也。貪生畏死，中人之同情，是以古者軍中之法不能不嚴。俾爲士卒者知退必不免於戮，進或可以求生，故蹈白刃、臨矢石，有進無退者，雖曰平日以恩義激之，亦臨時兼以嚴法驅之耳。若夫將帥之任，果其屢戰有功，事業顯著，閒或一敗，正如鄧禹之衄於赤眉，郭子儀之潰於相州，未可遽棄不用。如其平日徒循資格，致位大僚，一旦有事，委軍而走，於此而猶曲恕之，託匿瑕含垢之名，失去莠亂苗之義，而漫言勝敗爲兵家常事，不知勝乃常事，敗者爲變，則戎事益不飭矣。此其可鑒者十也。

夫惟廟謀既斷矣，而復擇帥；帥既得人矣，而任之復專；帥有專任矣，而求才復誠。由是備器械，精訓練，速應援，固藩籬。其事之勝敗，公其賞罰以施之，用兵之大綱不失，而國因之轉弱爲強，寇不得逞其勢矣。昔孔子嘗言軍旅未學，而復自言『我戰則克』、『好謀而成』足兵之政以答子貢。而毋有敗齊，亦言學之孔子。則儒者之於兵事，不可不詳其本末也。故讀馬氏《兵考》，敢綴言之如此。方雪齋先生曰：『是真救時之要策，亦即萬世不易之良規。坐而言，可起而行者也。握兵樞者，宜孰之復之。」

【箋注】

〔一〕輯自黄式三《儆居集三·讀通考二》，清光緒十四年續刻本。

讀刑考〔一〕

肉刑，古有之也。後世竱用軍流諸法守牢解司，淹滯歲月，艱苦備嘗，是肉刑之必不可復矣。且後世以軍流代肉刑，而法官行文奏皋，必多爲可出之途，俟大吏駁之以減其等，是肉刑之不必復矣。然以後世之不行，而遂謂古無肉刑也，是亦不善於論古耳。馬氏引丁謐說，謂肉刑在蚩尤之世，而堯舜以流放代之，故黥劓之文，不載唐虞之籍。近時朱氏竹垞作《原刑》，依丁說以申伏生說。江氏艮庭、孫氏淵如《尚書注疏》大略與朱氏同。式三謂其矯枉過正也。贖刑之法，唐虞已有之。蔡氏九峯謂穆王作《吕刑》，大辟亦許其贖，是爲枉法斂財之計。式三謂後世之法，如老幼廢疾，例許收贖，是即《禮》所謂『悼與耄不加刑』者。又如殺人者必死，而律法『戲殺償命，過失殺許贖，以贖銀歸喪家』，此正『大辟疑赦』之例，而法之至公、至平無可譏者矣。〔二〕馬氏已駁蔡説，而語猶未詳，故申論之，以見考古之宜慎也如此。

【箋注】

〔一〕輯自黄式三《儆居集三·讀通考二》，清光緒十四年續刻本。

〔二〕參見黄以周《禮書通故》第四十五《刑法通故一》：或説，大辟死刑，《吕刑》有『疑赦罰千鍰』之文，此由穆王枉法斂財之計也。　以周案：此毁經之言，不足據也。嘗聞諸先君子曰：『後世之法，如老幼廢疾，例許收贖，與《禮》所謂「悼與耄不加刑」者相合。又殺人者必死，而律法「戲殺償命，過失殺許贖，以贖銀歸喪家」，此正「大辟疑赦」之例而法之至公至平無可議者。』誰謂『大辟二百』中無可赦之罪哉！

讀封建考[一]

五帝三王之天下，皆封建也。秦始皇懲周季之攻伐不可禁止，用李斯議，分天下爲三十六郡，不久遂亡。此司馬子長、班孟堅、曹元首、陸士衡所以歎秦之孤立也。然三代以後，唐亦稱盛而不封建，於是李重規之議起而柳子厚之論行。式三謂三代下無『雎』『麟』之意，難行官禮之法。如唐行封建，其禍必大。李氏之爲唐謀者，是矣。而柳氏所論殷周秦漢之事，不足信也。試舉曹、陸、李、柳之言而統論之。曹之言曰：『三代之君與天下共其民，故天下同其憂。』而李駁之曰：『委以侯伯則同其安危，豈容任之牧宰則殊其憂樂？』是各指其利而偏言之也。陸之言曰：『郡縣，則君無卒歲之圖，臣挾一時之志。』而李又駁之曰：『封君列國，忘先業之艱難，莫不代增淫虐，時益驕侈。』是又各指其害而偏言之也。若陸氏言後世之土崩，痛於周季之凌夷，是統二者之害而權之矣。而柳氏則曰：『秦有叛人而無叛吏，漢之始有叛國而無叛郡。』柳氏說不足據也。以史考之，章邯、司馬欣，大吏也；陳勝、吳廣，小吏也。會稽守謀叛，而召項王；沛守與獄掾曹參主吏謀叛，而召漢高祖；范陽令聽蒯通降武臣，趙之不戰以城下者三十餘城。秦吏之叛者多矣。漢始封諸將，皆雄悍驕恣難馴之人，而漢復激之以必叛，郡守則異，是夫非『有叛國無叛郡』之實乎？柳氏又言周之『失在於制，不在於政』。恣肆言之，不求核實，遂若幽、厲之禍不由政弊，宣王之於魯嗣舍長立少，可歸過於封建也。柳氏又曰：湯資三千諸侯以黜夏，周資八百諸侯以勝殷，殷周之封建，不得已也。不得已者，非公之大者也。公天下自秦始。柳氏公秦皇而私湯武，此尤非聖亂經、謬之彰明較著者，而後儒乃輒信之，何邪？在《詩》録武王之頌曰『賚』，序之者曰：『賚，大封於廟也。』賚，予也，言所以錫予善人也。《論語》本《詩》意而申之曰：『周有大賚，善人是富，此封建之本也。』古聖王無利天下之心，而憂天下之大不能獨理也，於是公之於善人。善人者，不以富貴自私者也。於是承天子意，舉賢俊之堪任卿大夫者，待命於天子，而天子爲之設其參，傅其伍，陳其殷。四命、三命、再命、一命，各有等衰而不亂。其列侯之中，大比小，小事大，方伯連率，互相聯絡，而無侵陵越僭之釁。當是時，上下内外昭然，於天子之意各以公心相通貫。一旦有事，如身之使臂，臂之使指焉。若夫列侯之元子與王之太子同入學，既有以豫養之，抑且灼知其賢否。而巡守述職之時，脩禮同律，敷言試功，復有以神其黜陟之權，封建之法，所爲維持於不弊者。其事散見於《周官》、《戴記》諸書矣。此聖王長治久安之策也。後世之議封建者，不審其本，不揆其末，見封建之爲害而輒議之，是猶因燕噲而怪堯舜，因王莽而疑周公，亦見其傎倒是非之甚矣。善夫！馬氏之説曰：必有公天下之心，然後能行封建。自其出於公心，則選賢與能而大小相維之勢，足以綿千載。自其出於私心，則忌疏畏偪，而上下相猜之形不能一朝居。式三韙馬氏之言，而惜其拘牽李、柳之論遂至閡堯舜而褊三代也，故爲之申駁李、柳之論以補之。程、朱二子皆言柳論之窺測分數，以罷侯置守爲便，范堂陽亦詳言之。然范、程、朱不言三代之失計也。文持其平，以後世郡邑之法爲次，三代封建爲上，因封建致亂者下。

【箋注】

〔一〕輯自黄式三《儆居集三·讀通考二》，清光緒十四年續刻本。

讀錢王禮説〔一〕

《禮・中庸》曰：『温故而知新，敦厚以崇禮。』温故，考古禮也；知新，遵新禮也。孔聖好古敏求，能言夏、殷之禮，是謂温故；美周禮之鬱鬱乎文，是謂知新。使其得位行道，損益就中，考三王而不謬，豈不立百代之準則乎？無如道既不行，而所考夏、殷禮，復以杞宋文獻之殘不能徵成之，則多聞闕疑，必已有慎重而不敢質言者矣。戰國私已去籍，舊禮多亡。嬴秦遭焚，故典盡燬。漢儒抱殘守闕，采掇於煨燼之餘，雖賈、董未睹全編，惟景帝之子河閒獻王實事求是，力復足以搜輯古書。《周官》五篇缺《冬官》，以《考工記》補之。所得《禮經》五十六篇，内十七篇與高堂生同而增多三十九篇，多言天子、諸侯之禮。惜其書藏於祕閣，世莫能見。是以傳高堂生之學者祇推《士禮》，以至於天子説不能詳。河閒獻王所得《禮記》一百三十一篇，劉子政校增之，得《禮記》二百十四篇。而大、小戴遞相删削，所得不閎，其存者又與《周官》諸書不合。由作《記》者法孔聖用夏時殷輅之意，斟酌古禮，兼參時用，讀者莫由分析，易致聚訟。東京之學，初年分門別户，不合不公。鄭君康成與盧子榦同學於馬季長，得見《三禮解詁》及《周官傳》。而馬氏外爲鄭、盧所推服者，惟杜子春、鄭少贛仲師父子及賈景伯而已。其所學之存者，大略可見矣。當此時，而欲融貫古禮，折衷論定，爲力極瘁。求之經不足，則取之史；求之史不足，則擇之緯。此其囊括大典、網羅衆家，正如求夏、殷禮於杞宋，好學深思，豈易幾及？而無徵不信之處，閒招疑駁焉。況歷唐及宋，時制各異。唐之廟制，本於王子雍、孔仲達，因是不敢議王而廟制晦。宋廢禘祭，本於趙伯循、朱子晦庵，因是不敢議趙而禘制晦。遵一朝之時制，昧三代之舊文，魚目混珠，碔砆類玉，搜討綦難，此金檠齋、王西莊諸儒宗鄭君學之有功於《禮經》也。式三論學不能專守一家，於《五禮通考》意慕錢竹汀，所纂輯諸類與金、王異，而意不欲求異於鄭君，實與金、王二公未嘗不同。且金氏《禮箋》不專申鄭君所是，而多欲補鄭君之所闕。王氏輯《五禮通考》，有秦、方二氏之案。迴不同者，即王氏之有異於鄭君。則式三所輯四代學制、三代賦法、考工記、明堂丈尺、司馬法、軍賦、王后九嬪等制，與鄭君注有異，遂與錢、王二公不盡同。意豈矜異，亦自陳所見以待後人之論定而已。若夫《五禮通考》中如《吉禮》數卷以攻黜鄭君市名，遂至斥經傳而不顧，自非心發狂疾，何以敢然？因讀《通考》錢、王諸說而并言之。

【箋注】

〔一〕輯自黄式三《儆居集四·讀子集三》，清光緒十四年續刻本。

讀鄭氏太平經國書〔一〕

鄭氏名伯謙，字節卿，永嘉人。永嘉之學以經濟名，景望伯熊、景元伯英，當時有大鄭公、小鄭公之目。而節卿承其家學，著《太平經國書》十一卷。《教化篇》云：讀《晋語》，絳之富商，韋藩木楗過於朝，不敢混於士大夫。民志之定，中道之存，成王、周公之遺化也。《内治篇》云：周之宫中、府中合爲一體。漢初，士大夫出入禁闥，洞然無内外之限。所不至者，惟後庭爾。自武帝宴遊無度，於是公卿大夫一切隔絶不接見，而小人獨在左右事趨媚矣。《官吏篇》云：大司徒三年大比而升賢士，升於司徒者不征於鄉。其止於有才有力者，則大司馬立法而征之。上者爲府爲史，次者爲胥，次爲徒。其在官則禄於四郊，其任事則止於一歲。更處而迭爲之吏，無所病於民而民無所苦於吏。《養民篇》云：先王與民爲生，後世則民自爲生。至於今，民無以爲生矣，而又從而朘削之，則無以爲生之民於是有輕用其生者矣，非復有依依不忍去之意於垂亡之餘，如先王之季世也。《節財篇》云：膳夫、庖人、酒人、司裘，皆曰不會。彼賤有司也，而與至尊較出入之是非，計用度之當否，於勢不順。惟財共於有司而九式持於太宰，是以人主不敢違式法而過取，有司不敢違式法而過共。此皆言之醕粹可以實施諸行事者也。惟《攬權篇》云：施不測之恩，用不測之威，我可以取必於人，而人不可以取必於我。此近於術士之詭譎。《税賦篇》云：畿外諸侯，食公田之税以爲禄，斡私田之賦以爲貢。又云：家出一兵，甸出一車。皆非周法矣。昔陳石士宗伯勸温士刊此書，令式三用數日力校之。今復綴記之，以明宗伯之意。古書醕而無疵者蓋少，節卿書已近醕，此宗伯所以重其書也歟。〔二〕蘇老泉《審勢篇》云：用不測之刑，用不測之賞，使天下之人視之如風雨雷電，遽然而至，截然而下，不知其所從發。與鄭氏《攬權篇》意同。憶昔校書時，舉《攬權篇》之失以告陳宗伯。宗伯答之曰：此蘇學也。式三即舉《審勢》之文以爲證佐，宗伯是之。並筆於此，以誌思舊之心。

【箋注】

〔一〕輯自黄式三《儆居集四·讀子集四》，清光緒十四年續刻本。

〔二〕陳用光（一七六八—一八三五），字碩士，又字碩輔，號石士、瘦石、實思。江西新城（今黎川縣）人。清嘉慶六年（一八〇一）進士。授編修，官至禮部左侍郎，提督福建、浙江學政。嘗爲其師姚鼐、魯仕驥置祭田。以學行重一時。工古文辭，著有《太乙舟文集》八卷及《衲被録》等，并傳於世。清道光十三年（一八三三），黄式三四十五歲，浙江學政陳用光往寧波按試貢生，得式三文，閱而稱賞。黄以周《明經公言行略》：『陳公石士（用光），海内文宗，臨試得文，稱賞不已，以孫淵如（星衍）、段懋堂（玉裁）相許。』遂邀式三入幕。得與吴德旋、俞正燮、許瀚、沈垚等共事校文。鄭氏《太平經國書》即重刻於陳用光任職浙江學正期間，故黄式三得校之。

金氏周官賦法説跋[一]

《周官》曰：上地可任者家三人，中地二家五人，下地家二人。凡起徒役，毋過家一人，以其餘爲羨。言教練正卒之數家一人也。又曰：惟田與追胥竭作。田則教練正卒，追胥則發正卒也。《司馬法》言：夫三爲屋，屋三爲井。成百井，三百家革車一乘，士十人，徒二十人。金氏榮齋謂三百家可任者家一人，出士徒三十人，十而賦一。所謂『凡起徒役無過家一人』者，此正卒也。《司馬法》又言：九夫爲井，四井爲邑，四邑爲邱，四邱爲甸。甸六十四井，出長轂一乘，甲士三人，步卒七十二人。金氏謂六十四井通上、中、下地，率之定受田二百八十八家，計可任者二家五人，凡七百二十人，出步卒七十二人，亦十而賦一。所謂『惟田與追胥竭作』者，此通正羨之卒也。金氏之言本其師江慎脩之《群經補義》，而其實必不然矣。正卒者，軍乘之卒也。三軍用三萬七千五百人，此定數也。金氏謂車一乘、士徒三十人，引《詩》『公車千乘』、『公徒三萬』以證之。如其數，三萬不足三軍之人數，將何以説乎？藉謂三軍不止千乘，則與《禮記》『制國不過千乘』之語復相伐也。古者，田有一易再易之法。其山林九度、藪澤八鳩、京陵七辨、淳鹵六表、疆潦五數、堰豬四規、原防三町、隰皋二牧而當一井，皆在將造都鄙之先，定其地域以裁補之，及裁補既定，屋井通成，與邱、甸、縣、都之名始立。《司馬法》言成三百家，家即屋，九百家其實數也，言甸六十四井亦實數也。金氏以三而當一、二而當一計之，乃謂《司馬法》所言必取未經裁補之虛數乎？言正卒，則三而當一，家可任者一人；言羨卒，則二而當一，可任者二家五人，此亦無所證而以意分之耳。《孫子·作戰篇》杜注引《司馬法》『輜車二十五人，馳車甲士三人，步卒七十二人』，合輜車、馳車言之，每乘用百人，此馳車、輜車合計人數之。《書序》言革車三百乘、虎賁三百人，是虎賁爲百夫長之法也。《司馬法》言『成出一乘』者，成，百井，除公田言之，爲八百家。八家同井，井出一卒，至成百井而出一乘，此計成出卒之實數也。《司馬法》又言『九夫爲井，積之爲甸，甸出一乘』者，甸不除公田得五百七十六，夫以八家出一人計之，則甸出七十二人，適足兵車之步卒，此甸出步卒之實數也。《司馬法》言『士十人、徒二十人』，徒者，伍之長；士者，下士爲二伍之長。百人爲卒，卒長皆上士；二十五爲兩，兩司馬皆中士，則二伍之長爲下士也。《周官》之法，家出一正卒，其餘爲羨夫。羨夫不出役，田則正卒盡教練之，追胥則正卒之已教練者。盡發之，故曰『竭作』。其輪供乘卒也，八卒止用一卒，凡教練之正卒又不盡入乘卒之役也。每乘百人，每軍用百二十五乘。王者萬乘，六軍用七百五十乘，是出軍一次，乘卒之赴軍役者止用十三分之一，而乘卒又不法赴軍役也。故以萬乘之數計之，凡出軍十三次，遞用九千七百五十乘。而萬乘之賦一周以八家輪供算之，出軍至一百有五次，而八家中教練之正卒乃一周。當周盛時，既無窮兵黷武之事，想此時之民，老死不赴軍役者爲多，其周公之定制盡善也乎。合《司馬法》與《周官經》而言，周時教練調發之制蓋如此。〔二〕穭生弟穎曰：『駁金説之誤則易融貫，《司馬法》之歧異則難疏通，證明胸有武庫。』

【箋注】

〔一〕輯自黄式三《儆居集五·雜著一》，清光緒十四年續刻本。

〔二〕黄式三讀金榜《周官賦法説》并跋，作於清咸豐十一年（一八六一）。金榜（一七三五—一八〇一），字蕊中，一字輔之，晚更號檠齋，安徽歙縣人。受經學於江慎脩暨戴東原，學詩、古文辭於劉海峰。年二十一，高宗南巡，召試舉人，擢内閣中書，在軍機處行走。乾隆壬辰，以一甲第一名及第，授翰林院修撰。一度爲山西副考官。丁外艱歸，遂不出，徜徉林下，著書自娱。卒年六十七。先生邃於經學，尤擅長三禮，一依高密爲宗。嘗因司馬法賦出車徒二法難通，乃舉小司徒正卒羡卒以釋之，累千餘言。東原讀之嘆曰：『此有益於爲周官之學者矣！』晚得風痺疾，卧床第間，手次其稿，成《禮箋》三卷，以鄭、毛書爲言《禮》者之舌人，而病賈、孔二疏不能補其漏疏，宣其奥密，乃自著論，祖『毛詩鄭箋』之義，名曰『禮箋』以爲釋鄭云爾。凡《周禮》十五篇，《禮經》十七篇，《戴記》十六篇，附圖四，答汪綱書一。

對喪中不祭問〔一〕

《禮·王制》：『喪三年不祭，惟祭天地、社稷，爲越紼而行事。』《曾子問》：『天子崩，未殯，五祀之祭不行。既殯而祭。自啓至於反哭，五祀之祭不行，已葬而祭。』後儒解之者曰：外祭不廢，而宗廟之祭不廢，可知《禮》言『三年不祭』即左氏『特祀於主』之意，言不祭新死者於廟，非謂廟中之祭三年不行也。又有疑之者曰：此經未可據信也。既言越紼，是猶在殯宫，於時無由致齋，又安得脱喪服、衣祭服？且斬衰三年，凶事大者；社稷五祀之祭，吉禮之輕者，胡爲舍其至大而行其所輕？式三曰：疑者失之，解者亦未爲得也。《王制》言三年不祭，對天地社稷言之，則宗廟之不祭可知也。《喪服小記》曰：『爲父後者，爲出母無服。無服也者，喪者不祭故也。』鄭君解之曰：『不敢以己私，廢父所傳重之祭祀也。』《曾子問》曰：士緦不祭。所祭，於死者無服則祭。《通典》載晋賀循之説云：『禮，在喪者不祭。祭，吉事故也。其義不但施於生人，亦祖禰之情。同其哀戚，故云「於死者無服則祭」也。』通觀諸説，則喪之廢祭可知。『廟中者，境内之象。』廟中遏音廢祭，境内象之。解此者謂喪不廢祭，廢祭則嫌皇祖之餒耳。不知古者有祭有薦，喪之時，宗廟不祭，未嘗不薦，曷嫌其爲餒也？是以知喪之廢祭見於經傳者，爲可信也。若夫外神之祀，則又不然。天地社稷，越紼行事，五祀則俟殯而行，或俟葬而行。其行之也，必釋凶服以祀之，祀畢則釋冕反喪服。先王之禮如此，非拘墟者所能知也。疑之者謂居喪不可釋服以從吉，於是蘇子瞻於《尚書·顧命》有『康王吉服即位』之疑矣。邱仲深謂康王鑒流言之禍，改冢宰攝政之制矣。墨子有『久喪不能從事聽治』之惑，杜元凱説有『天子諸侯卒哭除喪，諒陰終三年』之謬，蓋亦泥於此耳。君子之議禮也，不備先王之禮，遂有眊而不行。

【箋注】

〔一〕輯自黄式三《儆居集五·雜著三上》，清光緒十四年續刻本。

對爲人後問〔一〕

《禮》：孔子射於矍相之圃，使子路延射，曰：賁軍之將、亡國之大夫與爲人後者，不入。解之者紛紛。或曰：與，猶奇也，既有一人爲之後而又奇之。或曰：與，干也，謂求爲人後者也。或曰：經文『爲人後』當作『爲人役』。諸説孰是？曰：古之『爲人後』者少，周季之『爲人後』者多。黜不與射，謂不當爲後而爲之後耳。《喪服傳》曰：『何如而可爲之後？同宗則可爲之後。何如而可爲人後？支子可也。』又曰：『大宗者，收族者也，不可以絶，故族人以支子後大宗也。』以傳文繹之，非大宗而爲之後，非支子而爲人後，非同宗而爲人後，皆古之所謂不當爲後，而見黜於矍相之圃者邪？以後世法律言之，爲之後者不必皆大宗。苟其人素儉勤能置産業，受産業者爲之後，此依『興滅繼絶』之例而推之民庶，所以保民産而消國厲也。或曰：民間有一人承士世之傳者，其人可以爲大宗乎？其人死而以十世前同祖之人爲之後，是亦同宗而可爲之後乎？而儒者言五服外不爲後，何也？曰：古所謂大宗者，或諸侯之别子爲祖，繼别者爲大宗；或大夫有貳宗，世適爲宗子。民庶無宗法，族或有事，第以行齒之尊者爲宗長，不以世適爲大宗。彼以一人承十世之傳者，於法不得稱大宗。五服之内無人，亦無可繼之小宗，其人年老將死，豫告族之長老賢者，以産業歸之宗祠，俾世世受《春秋》之祔薦，無不可也。否則，十世外之疏族有貪其産業而棄本生之父母以爲之後者，此必不孝之人。五刑之屬三千，罪莫大於不孝。以不孝之人而爲後，勢或終於絶嗣。由是産業化爲烏有，而十世之鬼必餒矣，曷若豫議祔薦之爲得也乎？宋之律法『五服之内方許爲後』，此律見張渠横《全書》，所以禁三千莫大之罪也。如曰五服之外亦可爲後，此正夫子之所惡，與賁軍之將、亡國之大夫同例而黜者耳。是以庚子脩族譜，辛亥脩鄞譜，嗣復脩鎮海縣各族譜，有議繼在五服外者，兩願則書，而未嘗勸成之也。

【箋注】

〔一〕輯自黄式三《儆居集五・雜著三上》，清光緒十四年續刻本。

任氏禮説跋[一]

　　鼒愛任氏釣臺之文，淵懿樸茂，迥異凡手。及讀《蔡氏三十大家小叙》，知其邃於經學，因嘆充實光輝原非猝辨，而著作未窺，搜求彌切。既而從坊閒得《易》、《禮》兩注，繙閲數四，鄙意未愜，一似向之所跂慕者，眩其名，不知其實，以鼠爲璞，見笑大雅焉已。乙巳，館慈谿坊。友以吕氏《大事記》及任氏《易》、《禮》、四書注强委之，因得《大事記》而撰《周季編略》，固喜之，任氏書竟未暇深覽。戊申，季子以周撰《十翼後録》，命取其説，以爲任氏《易注》謬誤既多，後將不傳。其中精識確見，有經十日思而不能獲者，今必收録，庶幾不失前儒之苦心。而考其《禮注》，於經文割裂傎倒，尤怪之而不閲。夫《禮記》雖漢儒所眘輯，流傳既遠，安敢擅改？昔魏孫叔然炎本師鄭君，而改《易》前編，以類相比，條列支分；唐魏鄭公徵因孫所脩，更加條理，其書煊赫一時，今皆不傳。惟朱子《儀禮經傳通解》、吴草盧《禮纂言》體例同於孫、魏，因時近且爲大儒所著，得行於世。而千年後之傳與否，不能必以孫、魏二書卜之。且吴氏作《小戴記三十六篇序録》云朱子所附《戴記》，或削本篇之文而補以他篇之文，今則不敢，故止就其本篇之中科分櫛剔以類相從，俾其上下章文義聯屬。今任氏擬仿朱子，爲草盧之所不敢爲，吾恐其見怪於世，非特草盧之比矣。草盧《易纂言》，全氏謝山力駁之，所駁皆草盧之所失，誰敢復護其非？而草盧之所得甚多，已命以周采入《十翼後録》，亦猶任《易》之意也。恨不能擇任氏《禮注》之精者以垂於後，蓋論《禮》之精者，人所十日思而不能獲，猶之《易》也。〔二〕

【箋注】

〔一〕輯自黄式三《儆居集五·雜著三下》，清光緒十四年續刻本。

〔二〕任啓運（一六七〇—一七四四），字翼聖，世稱釣臺先生，江蘇宜興人。少貧，借書就月讀，深夜不輟。事親孝。年五十四，始舉於鄉。乾隆四年（一七三九）擢侍講學士。乾隆七年（一七四二）擢都察院左僉都御史。八年（一七四三）充三禮編纂館副總裁官。《清史稿》載曰：『啓運學宗朱子，嘗謂諸經已有子朱子傳，獨未及《禮經》，乃著《肆獻祼饋食禮》三卷。以《儀禮》特牲、少牢、饋食禮皆士禮，因據三禮及他傳記之有關王禮者推之，不得於經，則求諸注疏以補之，凡五篇：一曰《祭統》，二曰《吉蠲》，三曰《朝踐》，四曰《正祭》，五曰《繹祭》。其名則取《周禮》「以肆獻祼享先王」、「以饋食享先王」之文，較之黄幹所續祭禮，更爲精密。又《宫室考》十三卷，於李如圭《釋宫》之外别爲類次：曰門，曰觀，曰朝，曰廟，曰寢，曰塾，曰寧，曰等威，曰名物，曰門大小廣狹，曰明堂，曰方明，曰辟雍，考據頗爲精核。《儀禮》一經，久成絶學，啓運研究鈎貫，使條理秩然，不愧窮經之目。又《禮記章句》十卷，以《大學》、《中庸》，朱子既成章句，則《曲禮》以下四十七篇，皆可釐爲章句。但所傳篇次序列紛錯，爰仿鄭康成序《儀禮》例，更其前後，并爲四十二篇。其有關倫紀之大，而爲秦、漢、元、明輕變易者，則衆著其説，以俟後之論《禮》者酌取。』

釋乘〔一〕

《論語·學而》：『子曰：道千乘之國。』漢石經『乘』作『椉』。《説文》同。《集解》：『馬曰：道，謂爲之政教也。《司馬法》：「六尺爲步，步百爲畝，畝百爲夫，夫三爲屋，屋三爲井，井十爲通，通十爲成，成出革車一乘。」然則千乘之賦其地千成，居地方三百一十六里有畸，惟公侯之封乃能容之，雖大國之賦亦不是過焉。」包曰：道，治也。千乘之國者，百里之國也。古者井田，方里爲井，十井爲乘，百里之國，適千乘也。融依《周禮》，包依《王制》、《孟子》，義疑，故兩存焉。』《集注》：『道，治也。千乘，諸侯之國，其地可出兵車千乘者也。』

後案：古《司馬法》，馳車，『甲士三人，步卒七十二人』。輜車，『炊家子十人，固守衣裝五人，廄養五人，樵汲五人』。合馳車、輜車之百人爲一乘。説詳《沈果堂集》。其法有成出一乘者，以助法言也。成方十里，九百夫之地，以助法之有公田者除之，實得八百夫。賦法八家出一夫，則一成得出百夫也。有甸出一乘者，以貢法言也。貢法無公田，以每井九夫計之，甸六十四井，得五百七十六夫。以八家出一夫計之，則一甸出七十二夫，適足馳車步卒之數也。其法又言成出一乘士十人、徒二十人者，此統馳車、輜車之士徒，撮舉其重者言之也。周法卒長皆上士，兩司馬皆中士，伍皆有長。徒二十人者，伍長是也。士十人者，下士爲二伍之長也。《周官》言：『九夫爲井，四井爲邑，四邑爲邱，四邱爲甸。』『甸』與『乘』古字通用。『稍人掌丘乘之政令』，『丘乘』即邱甸。〔三〕是甸出兵車步卒以九夫積算之法，軍旅以五爲數，而獨以四兩爲卒。《縣師》云：『以作其衆庶及馬牛車輦，會其車人之卒伍。』既曰馬曰車，而又曰牛曰輦，既曰伍而又曰卒，是馳車、輜車通用百人之法。《漢志》：『稅以足食，賦以足兵。』稅取諸公田，故論成出一乘之法，必除公田一百夫之地，以給十一之正供。賦取諸私田，故統一成八百夫算之，八家同井，即八家相更以出賦卒。此寓兵於農之法也。《左傳》晋城濮之戰用三軍，見《僖公二十八年》。而《成公二年傳》云『城濮之賦七百乘』，言七百乘者分兵車、輜車數之。凡軍制，每軍萬有二千五百人，當合用兵車、輜車之百有二十五乘。分數之，則軍用二百五十乘，三軍用七百五十乘。時少五十乘，則爲七百乘，此晋新作三軍制之不足於古者也。成公二年伐齊，亦三軍，郤子因之請增至八百乘，欲別遣師以出奇計，則增五十乘。晋制之有加於古者也。《秦策》『取皮氏卒萬人，車百乘』，此戰國時猶有古乘法也。《史記・蘇秦傳》云：『湯武之士不過三千，車不過三百，乘卒不過三萬。』《孫子・用間》篇言：『興師十萬，内外騷動，不得操事者七十萬家。』此皆乘用百人，八家同井，相更出卒之明證也。後儒申包注者云：十井出一乘；成方十里，則百井出車十乘；同方百里，則萬井出車千乘。乘七十五人，《周官》『徒役，家一人』，三鄉出三萬七千五百人爲三軍，三軍五百乘；而已千乘，則闔境所出也。式三謂：古者一成之地，出馳車、輜車一乘，共用百人。專以馳車七十五人之數算之，則百人爲卒，有畸零之數，説既非矣。十井除去公田，止有八十家，使出一乘，民力難堪。三軍用五百乘，一次出軍，家各就役，民力所必不堪也。[三]《周官》疏、《禮記》疏之誤，見《公冶》篇。

何氏以『馬依《周禮》，包依《王制》、《孟子》，義疑，兩存』。式三謂，《周官》『公五百里，侯四百里，伯三百里，子二百里，男百里』，以出賦之封疆言。孟子答北宫錡百里、七十里、五十里三等之數，以制禄之地言也。説詳葉氏《禮經會元》、惠氏《禮説》。其答慎子以齊、魯俱封百里，或謂孟子於籍亡之後未見《周禮》，遂以制禄之數爲封疆之數；或謂周初承殷制三等之封，周公斥大之，以三等之封爲制禄之地，孟子據周初言其小，以抑慎子也。《王制》作於漢博士，在文帝十六年分封諸王之時。賈誼衆建小力之計行，而博士承旨定制，審時宜以合上意，在《周官》書未行之前，而其説依據於《孟子》。下逮白虎觀諸儒不敢違祖訓而參異説，當時遂成定論。然畿内列侯、大夫、元士之班禄同於畿外之班禄則可，而畿外列侯之封疆同於畿内之列侯、大夫、元士，不可也，矧《周官》之必不可妄駁也邪！

【箋注】

〔一〕輯自黄式三《論語後案·學而一》，清光緒九年浙江書局刻本。黄式三《論語後案》體例是先釋字注音，再具録何晏《論語集解》、朱熹《論語集注》，然後加入自己的『後案』。黄式三『後案』對禮儀、禮制考辨尤詳，許多案語幾可獨立成篇，故編者特從中輯出具備獨立成篇形態與規模的論禮部分，並根據具體内容爲每篇另加了標題。特此説明。

〔二〕參見黄以周《禮書通故》第四十《軍禮通故一》：《周官》『稍人掌令邱乘之政令』。鄭玄云：『四邱爲甸。甸讀與「惟禹敶之」之敶同，其訓曰乘，是以改云。是掌令都鄙修治井邑、邱甸、縣都之溝洫，云邱甸者，舉中言之。』一説，『乘』如字，邱出一乘。　以周案：鄭讀『乘』如『敶』，以通『甸』字，爲『乘』、『甸』古音隔遠也。但《郊特牲》篇『惟社邱乘供粢盛』，文與此同，似無須破字。古無『邱出一乘』之法，然乘法實昉於邱，觀《春秋傳》子産作邱賦、魯作邱甲，可知成法沿革之有自。《司馬法》『邱出戎馬一匹，牛三頭』，謂之『匹馬邱牛』；至『甸出馬四匹，牛十二頭』，謂之『長轂一乘』。《左傳》載季孫用田賦，仲尼曰：『君子之行也，度於禮，施取其厚，事舉其中，斂從其薄。如是，則以邱足矣。』亦獨以『邱』爲言，皆其證也。但邱爲乘之始基，非乘成於邱。賈注直以『邱出一乘』爲古法，斯則非矣。

又黄以周《禮書通故》第十三《社禮通故》：《記・郊特牲》：『唯社邱乘供粢盛。』鄭玄云：『四邱曰甸，或謂之乘。』皇侃云：『天子、諸侯祭社，則用藉田之穀。大夫以下無藉田，若祭社，則丘乘共之，示民出力也。』方愨云：『邱言其地，乘言其賦。使軍賦之家而共粢盛於社，即「軍行祓社，凱旋獻社」之意。』以周案：此言大夫以下成群所立之置社，皇説是也。『邱乘共粢盛』據『族酺黨禜』言之，『乘』讀如字，方説可通。古有邱乘之名，《周官・稍人職》『掌令邱乘之政令』，文與此同。蓋古乘法始於邱，成於甸，詳《軍乘門》。

〔三〕參見胡夤《明明子論語集解義疏》卷一《学而第一》：千乘出車之法，後儒多從馬注。《漢書・刑法志》云：『因井田而制軍賦。地方一里爲井，井十爲通，通十爲成，成方十里；成十爲終，終十爲同，同方百里；同十爲封，封十爲畿，畿方千里。有税有賦，税以足食，賦以足兵。故四井爲邑，四邑爲邱。邱，十六井也，戎馬一匹，牛三頭。四邱爲甸，甸六十四井也，有戎馬四匹，兵車一乘，牛三頭。甲士三人，步卒七十二人，干戈備具，是謂乘馬之法。一同方百里，提封萬井，除山川沈斥，城池邑居，園囿術路，三千六百井，定出賦六千四百井，戎馬四百匹，兵車百乘，此卿大夫采地之大者，是謂百乘之家。一封方三百一十六里，提封十萬井，定出賦六萬四千井，戎馬四千匹，兵車千乘，此諸侯之大者也，是謂千乘之國。天子畿方千里，提封百萬井，定出賦六十四萬井，戎馬四萬匹，兵車萬乘，故稱萬乘之主。』班《志》似爲馬注所本，所云《司馬法》，他書引之者非一。其曰：『六尺爲步，步百爲畝，畝百爲夫；夫三爲屋，屋三爲井，井十爲通。通爲匹馬，三十家，士一人，徒二人。通十爲成，成百井，三百家，革車一乘，士十人，徒二十人。十成爲終，終千井，三千家，革車十乘，士百人，徒二百人。十終爲同，同方百里，萬井，三萬家，革車百乘，士千人，徒二千人。』此鄭君《周禮·小司徒》注所引。《詩·甫田》箋亦用之者也。其曰：『四邑爲邱，有戎馬一匹，牛三頭，是曰匹馬邱牛。四邱爲甸，甸六十四井，出長轂一乘，馬四匹，牛十二頭，甲士三人，步卒七十二人，戈楯具備，謂之乘馬。』此服虔《左傳注》所引，見於《詩·信南山正義》者也。《論語》亦引《司馬法》，但欲見『地方三百一十六里有奇』，故不引『邱』、『甸』，而引『通』、『成』。其下又引『一車七十五人』，參合二文爲一。《小司徒》以一車三十人，甲士多，步卒少，爲畿内丰地法；以一車七十五人，甲士少，步卒多，爲畿外邦國法。而一言『通』、『成』，一言『邱』、『甸』，則以通治溝洫，與實出税者又有異也。黄先生曰：『古《司馬法》：馳車，甲士三人，步卒七十二人。……三軍用五百乘，二次出軍，家各就役，民力所必不堪也。』

釋佾〔一〕

《論語·八佾》：『孔子謂季氏，「八佾舞於庭，是可忍也，孰不可忍也？」』《集解》：『馬曰：佾，列也。天子八佾，諸侯六，卿大夫四，士二。八人爲列，八八六十四人。魯以周公故受王者禮樂，有八佾之舞。季桓子僭，於其家廟舞之，故孔子譏之。』《集注》：『佾，舞列也。天子八，諸侯六，大夫四，士二。每佾人數如其佾數。或曰：「每佾八人。」未詳孰是。』

後案：服子慎《左傳注》云：『天子用八，八八六十四人。諸侯用六，六八四十八人。大夫四，四八三十二人。士二，二八十六人。』韋氏《晉語注》云『八人爲佾，備八音也』，與服説符。杜氏《左傳注》從何氏《公羊傳注》云：『每佾人數如其佾數。』《宋書·樂志》傅隆曰：『八音克諧，然後成樂，故必以八人爲列。隆殺以兩，減其二列爾。以爲一列又減二人，士止四人，豈復成樂？』傅意以杜注爲非也。《漢書·劉向傳》：『季氏八佾舞於庭，卒逐昭公。』吴斗南據之以爲《左傳·昭公二十五年》『將禘於襄公，萬者二人』，『人』當作八。魯自隱公初用六羽，當有六八。季氏大夫本有四八，今又取公之四佾以往，故公止有二八。吴氏伸《漢書》以季氏爲平子，與馬注異：以每佾必八人，與服、馬符。說者謂《國語・晋語》『鄭賂晋以女樂二八，晋侯以一八賜魏絳』，《越語》『越人飾美女八人納之太宰嚭』，《韓非子・十過》『秦繆公遺戎王女樂二八』，《韓詩外傳》九引作『二列』，又《楚辭・招魂》云『二八侍宿』，《大招》云『二八接舞』，皆舞列八人之證，當以服注爲是。〔二〕

【箋注】

〔一〕輯自黄式三《論語後案・八佾三》，清光緒九年浙江書局刻本。

〔二〕參見黄以周《禮書通故》第四十四《樂律通故二》：馬融、王逸、蔡邕、服虔、高誘說，舞佾，天子八八，諸侯六八，大夫四八，士二八。韋昭云：『八人爲佾，備八音也。』班固、何休、杜預說，每佾人數如其佾數。以周案：當從馬、服。《宋書・樂志》傅隆議云：『舞者，所以節八音者也。八音克諧，然後成樂，故必以八人爲列。自天子至士，降殺以兩，減其二列爾。以爲一列又減二人，至士止餘四人，豈復成樂？《春秋》鄭伯納晋悼公女樂二八，晋侯以一八賜魏絳，此樂以八人爲列之證也。』《論語後案》云：『《韓非子・十過》「秦繆公遺戎王女樂二八」，《韓詩外傳》九引作「二列」，又《楚辭・招魂》云「二八侍宿」，《大招》云「二八接舞」，皆舞列八人之證。』《繁露・三代改制》云：『法商而王舞溢員，法夏而王舞溢方，法質而王舞溢橢，法文而王舞溢衡。』其說又别。

釋旅〔一〕

《論語·八佾》:『季氏旅於泰山。』《考異》、《洪武正韻》曰:『祣,祀山川名。經典作「旅」,傳寫誤耳。』《集解》:『馬曰:旅,祭名也。禮,諸侯祭山川在其封内者。今陪臣祭泰山,非禮也。冉有,弟子冉求,時仕於季氏。救,猶止也。』《集注》:『旅,祭名。泰山,山名,在魯地。禮,諸侯祭封内山川。季氏祭之,僭也。冉有,孔子弟子,名求,時爲季氏宰。救,謂救其陷於僭竊之罪。』

後案:《公羊傳》:『天子有方望之事,無所不通。』三望者,泰山、河、海也。此魯之望祭及泰山也。《禮器》云:『齊人將有事於泰山,必先有事於配林。』以泰山在齊、魯之界,齊亦祀之也。季氏欲旅之者,《爾雅》曰『旅,陳也』,陳其祈禳之事,欲其消禍致福也。《周官》之言『旅』者不一,有言旅上帝與大旅者,《掌次》、《司尊彝》、《典瑞》、《視瞭》、《笙師》、《職金》所言是也。陳用之曰:『旅,非常祭也。考之於禮,天子所次之位,則張氈案,設皇邸。所奠之圭則四圭有邸,所用之版則金版。至於陳樂而不懸,廞樂而不鼓,則旅非凶災邪。』《周官》有言『旅四望』者,《大宗伯》『國有大故，則旅上帝及四望』，《典瑞》『兩圭有邸，以祀地、旅四望』。陳用之曰：『「荆岐既旅」、「蔡蒙旅平」、「九山刊旅」以水災言，此則凡所遭大故皆凶災之類耳。』〔二〕季氏之旅，仿舊禮而僭行之，冉有不能救者，禳禍祈福儌幸之心勝，非口舌所能爭也。

【箋注】

〔一〕輯自黄式三《論語後案・八佾三》，清光緒九年浙江書局刻本。

〔二〕參見黄以周《禮書通故》第十二《郊禮通故二》：鄭玄説，類禮，依郊祀而爲之。旅，陳也，陳其祭事以祈焉。秦蕙田説，類者，正其義類而告之。旅者，凶災之類。《爾雅》：『旅，陳也。』或即陳其情事而告之。若以類爲依仿郊祀，則旅亦未嘗非依仿爲之也。以旅爲陳其禮物，豈正祭、類祭不陳之乎？以周案：類、旅皆非常祭，其兆壇於郊而祀之一也。類者分告其神，如兆祀於郊曰『四類』是也。旅者會而祭之，不以類分，如祭昊天及五帝於圜丘曰『大旅上帝』是也。昊天一類，五帝各一類。其有因凶裁而類之、旅之者，如大旅存奠而不徹，陳樂而不縣，廞樂而不鼓，與大喪同。天地有大裁，亦類社稷、宗廟。秦分類吉、旅凶，失之矣。

又：《周官・掌次》『大旅上帝』與『祀五帝』對言。鄭玄説，大旅，祭天於圜丘。國有大故而祭，亦曰旅。又，《記・禮器》『大旅』與『饗帝』對言。鄭玄説，大旅，祭五帝也。饗帝，祭天。以周案：祀者常祭，旅者有故而祭，故《大宗伯》云：『國有大故，則旅上帝。』祀者專祀，旅者會而祭之，故《典瑞》於天地稱『祀』，於上帝四望稱『旅』。

凡云『旅上帝』者，會祀五帝於泰壇也；云『大旅上帝』者，會祀六帝於圜丘也。鄭注《大宗伯》云：『旅，陳也，陳其祭事以祈焉，禮不如祀之備。』則有故大旅上帝不及冬至祀昊天之禮，故云『大旅具矣，不足以饗帝』。鄭注兩訓，合之乃明。

釋射〔一〕

《論語·八佾》：子曰：『君子無所爭。必也射乎！』《集解》：『孔曰：言於射而後有爭也。』

後案：射，言爭者勝負於射分之。勝者執張弓，不勝者執弛弓。勝者揖，不勝者取觶立飲。以此分左賢於右，右賢於左。禮有固然，而《大射》爲擇士之典，有得與於祭、不得與於祭之别，有得爲諸侯、不得爲諸侯之别，此勝負之所系尤重矣。或曰：如依《禮記·射義》之言，以射爲黜陟，則《大宰》《六官》何以專厥職乎？曰：不然也。古者諸侯歲貢士於天子，天子試之於射宫，其容體比於禮，其節比於樂，而中多者得與於祭；其容體不比於禮，其節不比於樂，而中少者不得與於祭。的之中不中者，技藝之短長；禮樂之比不比者，學業之優劣。古者再射重中的，三射重禮樂。兼二者以衡之，而所重在三射之試。如三射不比禮樂，以之助祭，隕越以貽羞，以之任政，必有弁髦王章之弊。此擇士以射之法然也。豈謂大宰、宗伯之身爲貴臣而猶以疏脱爲慮也哉？《禮》曰：『射侯者，射爲諸侯也。』又申之曰：『射中則得爲諸侯，射不中則不得爲諸侯。』説者遂謂列侯廢黜由此而輕，此亦非也。《尚書大傳》：『諸侯之於天子，三年一貢士。一適謂之好德，再適謂之賢賢，三適謂之有功。一不適謂之過，再不適謂之敖，三不適謂之誣。』《禮》所謂有慶益以地、有讓削以地者如此。蓋以不嫻禮樂之士輕薦於王朝，其受讓削，禮也宜之。〔二〕不爲諸侯者，謂所貢之士不能報諸侯選舉之恩，不能助諸侯益地之慶也。『爲』有報義，《祭統》『不求其爲』，注謂『福祐爲己之報』是也。『爲』有助義，《鳧鷖》詩『福禄來爲』，《論語》『夫子爲衛君乎』，鄭君皆訓助，是也。得爲諸侯、不得爲諸侯之義如此，復何疑？〔三〕

【箋注】

〔一〕輯自黄式三《論語後案·八佾三》，清光緒九年浙江書局刻本。

〔二〕參見黄以周《禮書通故》第二十五《射禮通故五》：朱熹云：『《禮》言射得中爲諸侯，否則不得爲諸侯，此語難信。若有羿之能，何以分别？蓋略以射審定，非專以此去取也，故《書》曰：「庶頑讒説，侯以明之。」』或説，大射者，人君與其臣飲酒而習射也。其禮大於賓射、燕射，故謂之大射。五等諸侯入覲，當祭之時必無不助祭之禮，如必射中乃得與於祭，則大宰不必贊玉幣，大司徒不必奉牛牲矣。揆之於理，多所未安。以周案：古聖王以禮樂治天下，而寓其法於射，是以諸侯君臣相與盡志於射，以習禮樂。其所謂中不中者，皆據『容體比於禮，其節比於樂』而後言之也。天子之大射，射爲諸侯也，而先原其繹己之志以爲某鵠者，明射者還視侯中之時，意曰『此鵠爲某之鵠，吾中此得爲諸侯，不中此則不得爲諸侯』，其貢士之與此射者，亦自念曰『此鵠爲某之鵠，吾中此得與於祭，而君且有慶，吾不中此不得與於祭，而君且有讓』。此皆平日諸侯君臣相與盡志於射以習禮樂，而後有此各繹己志之效也。鄭君云『選士者先考其德行，而後決之於射』，是則士之與射者，固德行之選也。得與於祭謂助祭，所謂陪位者是。凡祭祀，若『贊玉幣』、『奉牛牲』之類，百官自有常職。自常職外，其餘固不能一一入廟也，於是射以擇之，令其陪位，且以明升用之意也。家大人《論語後案》云：『旳之中不中者，技藝之短長；禮樂之比不比者，學業之優劣。古者再射重中的，三射重禮樂，兼二者以衡之，而所重在三射之試。如三射不比禮樂，以之助祭，隕越以貽羞，以之任政，必有弁髦王章之弊。此擇士以射之法然也。《尚書大傳》：「諸侯之於天子，三年一貢。士一適謂之好德，再適謂之賢賢，三適謂之有功。一不適謂之過，再不適謂之敖，三不適謂之誣。」《禮》所謂有慶益以地，有讓削以地者如此。蓋以不嫻禮樂之士輕薦於王朝，其受讓削，禮亦宜之。』

又：鄭玄云：『大射者，諸侯將有祭祀之事，與其群臣射以觀禮，數中者得與祭，不數中者不得與於祭。』以周案：《射義》所言，宜分三項：首言天子之制，諸侯歲獻貢士於天子，天子試之於射宮，爲天子試畿外貢士之法；次言天子之大射，謂之射侯，射侯者射爲諸侯，爲天子黜陟諸侯之法；末言天子將祭，必先習射於澤，而後射於射宮，爲天子試畿內貢士之法。射爲諸侯之射較諸射爲大，故謂之大射。《大司馬》『大射，則合諸侯之六耦』，《大司樂》『大射，詔諸侯以弓矢舞』，《司裘》『大射，共王及諸侯、卿、大夫之侯』，此即大射射爲諸侯之義也。《大戴・虞戴德》云：『諸侯内貢於天子，天子以歲二月爲壇於東郊，《漢・五行志》『春而大射，以順陽氣』本此。置離，抗大侯，規鵠豎物，乃升諸侯之教士，執弓挾矢，揖讓而升，履物以射。』此即天子試畿外貢士之法，其地則爲壇於東郊，而非在郊學，其射即試之於射宫，則不先習之於澤者也。《穀梁・昭八年傳》云：『因蒐狩以慣用武事，禽雖多，天子取三十焉，其餘與士衆。以習射於射宫，射而中，田不得禽，則得禽；田得禽而射不中，則不得禽。是以知古之貴仁義而賤勇力也。』《尚書大傳》亦詳言其制云：『凡祭，取餘獲陳於澤，然後卿大夫相與射。鄉之取也於囿中，勇力之取；今之取也於澤宫，揖讓之取。』此即天子試畿内貢士之法。澤即國君『春田不囿澤』之澤，所謂囿中是也。射宫蓋亦築壇爲之。澤之射尚勇力，故《司弓矢》云『澤，共射椹質之弓矢』，同用『往體寡、來體多』之王弓、弧弓。射宫之射尚揖讓，故與試畿外貢士之法同，以容體比禮、其節比樂爲貴。申鄭注者謂『試士之射即大射，射宫即郊學』，則《大戴記》『爲壇東郊』之文不明；謂『澤即辟雝之四面邕水』，則《小戴記》『先習於澤』之義亦晦。

〔三〕參見胡寅《明明子論語集解義疏》卷三《八佾第三》：君子心性和平，學養純粹，凡事反求諸己，自然與世無爭。夫子欲以禮化天下，試舉一必爭之所，以觀無爭之君子。而即以君子之爭，教天下之讓，實以君子之讓，化天下之爭。《周禮・大司徒》：『以陽禮教讓，則民不爭。』《曲禮》：君子，『退讓以明禮』。《樂記》：『禮至則不爭。』夫子嘗曰：『能以禮讓爲國乎，何有？』然而君子者，無爭之名也，而射者，必爭之所也。故《射義》引此經，鄭君注曰：『言君子至於射，則有爭也。』皇疏引顔延之曰：『射，許有爭，故可以觀無爭也。』古者射禮有三：將祭擇士，爲大射；諸侯朝於天子，或諸侯相朝而射，爲賓射；燕息而射，爲燕射。三射皆謂之禮射。而又有平時肄習，庶民所共與者，曰鄉射，其儀節大略相同。經可考者，惟《儀禮》之《大射儀》、《鄉射禮》及《小戴記》之《射義》而已。射之所以有爭者，《射義》曰：『天子將祭，必先習射於澤。澤者，所以擇士也。已射於澤，而後射於射宮，射中者得與於祭，不中者不得與於祭。』是一己之榮辱攸關，則不能不爭者情也。《射義》又曰：『古者天子之制：諸侯歲獻貢士於天子，天子試之於射宮，其容體比於禮，其節比於樂，而中多者，得與於祭；其容體不比於禮，其節不比於樂，而中少者，不得與於祭。數與於祭，而君有慶；數不與祭，而君有讓。數有慶而益地，數有讓而削地。故曰：「射者，射爲諸侯也。」』射中則得爲諸侯，射不中則不得爲諸侯，是舉主功罪攸關，則不得不爭者又勢也。而又有必不能不爭者：當射畢飲爵之時，勝者皆袒、決、遂，不勝者皆襲、説決拾；勝者執張弓，不勝者卻左手，右加弛弓於其上；勝者洗觶升酌，南面坐奠於豐上，不勝者北面取觶立卒飲，坐奠於豐下；勝者先升堂，不勝者先降階。勝不勝於此分，即賢不賢於此別。兩兩相較，情已難堪。而投壺之奉觴，與射節略同。勝者跪授曰『敬養』，飲者跪受曰『賜灌』。《射義》曰：『酒者，所以養老也，所以養病也。求中以辭爵者，辭養也。』奉爵曰『敬養』，是謂我有負薪之憂也，是謂我老夫耄而無能爲也。男子志在天地四方，桑弧、蓬矢之謂何。跪受曰『賜灌』，豈其甘居人下，而竟不欲爭也耶？《射義》鄭注曰：『君子恥之，是以射則爭中，明乎其必有爭也。』故皇疏歷引李充、欒肇、范寧之説，而斷之曰：『於射無爭，非心所安。』或者謂依《射義》之言，以射爲黜陟，則太宰六官何以專厥職？不中不得爲諸侯，則列侯之廢黜將由此而輕。黄先生曰：『古者再射重中的，三射重禮樂。的之中不中者，技藝之短長；禮樂之比不比者，學業之優劣；兼二者以衡之，而所重在三射之試。如三射不比禮樂，以之助祭，隕越以貽羞；以之任政，必有弁髦王章之弊。此擇士以射之法然也，豈謂太宰、宗伯之身爲貴臣，而猶以疏脱爲慮耶？《尚書大傳》云：「諸侯之於天子，三年一貢士。一適謂之好德，再適謂之賢賢，三適謂之有功。一不適謂之過，再不適謂之敖，三不適謂之誣。」《禮》所謂「有慶益以地」、「有讓削以地」者如此。蓋以不嫻禮樂之士輕薦於王朝，其受讓削，禮亦宜之。不爲諸侯者，謂所貢之士不能報諸侯選舉之恩，不能助諸侯有益地之慶也。「爲」有報義，《祭統》「不求其爲」，注謂「福祐爲己之報」是也。「爲」有「助」義，《詩・鳧鷖》「福禄來爲」，《論語》「夫子爲衛君乎」，鄭君皆訓「助」是也。』

釋揖讓[一]

《論語·八佾》：『揖讓而升，下而飲，其爭也君子。』《集解》：『王曰：射於堂，升及下皆揖讓而相飲也。馬曰：多算飲少算，君子之所爭也。』《集注》：『揖讓而升，《大射》之禮，耦進三揖而後升堂也。下而飲，謂射畢揖降，以俟衆耦皆降，勝者乃揖不勝者升取觶立飲也。言君子恭遜，不與人爭，惟於射而後有爭。然其爭也，雍容揖讓乃如此，則其爭也君子，而非若小人之爭矣。』

後案：王注專以飲之升、下言，《射義》孔疏同。近解依《儀禮》諸篇，以升、下、飲分三事，讀當『揖讓』句，『而升、下』句，『而飲』句。據《釋文》，鄭君讀『下』絶句，《射義》篇、《釋文》亦同，是鄭君本分升、下、飲爲三事也。鄭君於《射義》注云：『飲，射爵者，亦揖讓而升降。』此明飲亦揖讓，非以經文專指飲言。《射義》孔疏乃以此王注之意中鄭君注，遂失之耳。禮，自司射誘射訖，上耦出次，揖進，上射在左，並行，旋轉當階北面揖，至階下北面揖，淩氏《禮經釋例》所謂『未升堂之前三揖：曰耦進揖，曰當階北面揖，曰及階揖』也。[二]自後上射先升三等，下射從之，中等。

上射升堂，少左。下射升，上射揖，並行。皆當其物北面揖，及物揖，淩氏所謂『既升堂之後凡三揖：曰升堂揖，曰當物北面揖，曰及物揖』也。〔三〕卒射，鄉射南面揖，大射北面揖。上射降三等，下射少右，從之中等，並行，上射於左。與升射者相左，交於階前，相揖，淩氏所謂『射後二揖：曰卒射揖，曰降階與升射者相左交於階前揖』也。〔四〕凡此在初射時未釋獲則無飲禮，其再射時升下之禮帥初。而自司射命設豐以後，勝者之子弟洗觶，酌酒奠於豐上。司射作升飲者，如作射，一耦進，揖如升射，淩氏所謂『未升堂之前三揖：曰耦進揖，曰當階北面揖，曰及階揖』也。〔五〕由是勝者先升堂，少右。不勝者進，北面坐，取豐上之觶，與少退立卒觶，坐奠觶於豐下與揖。不勝者先降，與升飲者相左交於階前相揖，淩氏所謂『既飲之後二揖：曰卒觶揖，曰降階與升飲者相左交於階前揖』也。〔六〕凡再射、三射之飲皆如此。〔七〕

『君子無所爭，必也射乎』二句當連讀，言射爲爭之所也。『揖讓而升，下而飲，其爭也，君子』四句當連讀，言有揖讓而爭，不失爲君子也。〔八〕此節之文，夫子欲以揖讓教天下耳。觀於鄉而知王道之易易，亦是揖讓之禮行乎其間，聖人之重禮如此。後儒解此經者，不明斯旨，而義遂難通。皇疏引李充、欒肇、范寧之說，謂釋者云於射無爭，非心所安。朱子於《或問》以程、張、楊、謝、周、尹說其爭也，『君子』句亦膠葛。〔九〕

【箋注】

〔一〕輯自黄式三《論語後案・八佾三》，清光緒九年浙江書局刻本。

〔二〕淩廷堪《禮經釋例》卷七《射例》：凡射，未升堂之前三揖：曰耦進揖，曰當階北面揖，曰及階揖。廷堪案：《鄉射禮》司射誘射，『東面立於三耦之北，搢三挾一个。揖進，當階，北面揖。及階揖』。《大射儀》司射誘射，『入於次，搢三挾一个，出於次，西面揖，當階北面揖，及階揖』。此升堂之前三揖也。《鄉射》初射，『上耦揖進，上射在左，並行。當階，北面揖，及階揖』。再射，一耦揖升如初。又云：『賓、主人、大夫揖，皆由其階降，揖。主人堂東袒、決、遂，執弓，搢三挾一个。賓於堂西亦如之。皆由其階，階下揖。』賓、主人、大夫揖，猶耦進揖也。由其階降揖，猶當階揖也。由其階，階下揖，猶及階揖也。又云：『大夫袒、決、遂，執弓，搢三挾一个。由堂西出於司射之西，就其耦。大夫爲下射，揖進，耦少退。揖如三耦。』三射皆如初。此《鄉射》升堂之前三揖也。《大射》初射，『上耦出次，西面揖進。上射在左，竝行，當階北面揖，及階揖』。再射，一耦揖升如初。又云：『諸公卿取弓矢於次中，袒、決、遂，執弓，搢三挾一个，出，西面揖，揖如三耦。』三射，皆如初。此《大射》升堂之前三揖也。司射誘射者，教射也，故其儀與耦射同也。《大射》有次，在洗東南，故出次，西面揖。《鄉射》無次，但於堂西袒、決、遂，故耦進東面揖也。《大射》賓侍君射，不揖者，君尊，不降階，賓不敢與之耦也。

〔三〕淩廷堪《禮經釋例》卷七《射例》：凡射，既升堂之後凡三揖：曰升堂揖，曰當物北面揖，曰及物揖。廷堪案：《鄉射禮》司射誘射，『升堂揖。豫則鉤楹內，堂則由楹外。當左物，北面揖。及物揖。左足履物，不方足，還；

視侯中，俯正足。不去旌。誘射，將乘矢』。《大射禮》司射誘射，『升堂揖，當物北面揖，及物揖，由下物少退，誘射。射三侯，將乘矢，始射干，又射參，大侯再發』。此升堂之後三揖也。《鄉射》初射，『上射先升三等，下射從之，中等。上射升堂，少左。下射升，上射揖，並行。皆當其物，北面揖，及物揖。皆左足履物，還，視侯中，合足而俟』。再射，賓、主人射，『升堂揖。主人爲下射，皆當其物，北面揖，及物揖』。三射如初。此《鄉射》升堂之後三揖也，《大射》始射，『上射先升三等，下射從之，中等。上射升堂，少左。下射升，上射揖，並行。皆當其物北面揖，及物揖。皆左足履物，還，視侯中，合足而俟』。再射，諸公、卿升射如三耦。三射如初。此《大射》升堂之後三揖也。又始射，司射『命曰：「毋射獲，毋獵獲。」上射揖。司射退，反位』。三射，司射『命曰：「不鼓不釋。」上射揖。司射退，反位』。《鄉射》、《大射》皆同，此揖亦在升堂之後。然唯第一耦之上射有之，餘耦皆無也。鄉射或於庠，或於序，故曰『鉤楹内』，『由楹外』。《大射》用三侯，故曰『始射干，又時參，大侯再發』。其禮既殊，故誘射亦異也。

〔四〕淩廷堪《禮經釋例》卷七《射例》：凡射後二揖：曰卒射揖，曰降階與升射者相左交於階前揖。廷堪案：《鄉射禮》初射，三耦乃射，『上射既發，挾弓矢，而後下射射。拾發，以將乘矢』。『卒射，皆執弓，不挾，南面揖，揖如升射。上射降三等，下射少右，從之，中等，並行。上射于左，與升射者相左，交於階前相揖』。再射，三射，皆如初。此《鄉射》之射後二揖也。《大射儀》初射，三耦乃射，『上射既發，挾矢，而後下射射，拾發，以將乘矢』。『卒射，右挾之，北面揖，揖如升射。上射降三等，下射少右，從之，中等，並行。上射于左，與升射者相左，交於階前相揖』。再射，諸公卿卒射，降如三耦。三射如初。此《大射》之射後二揖也。《大射》卒射北面揖，不同《鄉射》南面揖者，君在堂上故也。司射誘射，『卒射，北面揖』，注：『不南面者，爲不背卿。』考下諸公、卿、大夫卒射，亦揖如三耦，此時卿已降矣，則非爲卿可知。敖氏繼公曰：『北面揖者，爲下射與君同物，不可南面揖於楹間，嫌也。』《鄉射》賓、主人卒射，『南面揖，皆由其階，階上揖，降階揖。賓序西，主人序東，皆釋弓，説決拾、襲，反位；升，及階揖，升堂揖，皆就席。』賓、主人分階，故多階上一揖，既降，復升就席，故又有及階、升堂二揖也。又大夫卒射，『揖如升射，耦先降。降階，耦少退。皆釋弓於堂西，襲。耦遂止於堂西，大夫升就席』。大夫降無與升射者交於階前之揖者，大夫既降，復升就席，然後繼射者始升也。《鄉射》司射誘射，卒射，『南面揖，揖如升射。降』。此無升射，故無交於階前之揖也。《大射》司射誘射，『卒射，北面揖，及階揖，降如升射之儀』。卒射揖後，復有降階揖者，大射諸侯禮，威儀多也。誘射無耦，而亦揖者，教衆射者以行禮之節也。

〔五〕淩廷堪《禮經釋例》卷七《射例》：凡飲不勝者，未升堂之前三揖：曰耦進揖，曰當階北面揖，曰及階揖。廷堪案：《鄉射禮》再射，飲不勝者，『司射適堂西，命弟子設豐。弟子奉豐升，設於西楹之西，乃降。勝者之弟子洗觶，升酌，南面坐奠于豐上。降，袒，執弓，反位。司射遂袒執弓，挾一个，搢撲，北面於三耦之南，命三耦及衆賓：「勝者皆袒、決、遂，執張弓。不勝者皆襲，説決、拾，卻左手，右加弛弓於其上，遂以執弣。」司射先反位，三耦及衆射者皆與其耦進，立於射位，北上。司射作升飲者，如作射。一耦進，揖如升射』。三射飲不勝者，如初。《大射儀》再射，飲不勝者，『司射命設豐。司官士奉豐，由西階升，北面，坐設於西楹西，降復位。勝者之弟子洗觶，升酌散，南面坐奠于豐上。降反位。司射遂袒執弓，挾一个，搢撲，東面於三耦之西，命三耦及衆射者：「勝者皆袒、決、遂，執張弓。不勝者皆襲，説决、拾，卻左手，右加弛弓於其上，遂以執弣。』司射先反位。三耦及衆射者皆升，飲射爵於西階上。小射正作升飲射爵者，如作射。一耦出，揖如升射』。三射飲不勝者，如初。經云『揖如升射』，則亦當如射時未升堂之前，耦進揖，當階北面揖，及階揖之三揖也。

〔六〕淩廷堪《禮經釋例》卷七《射例》：凡飲不勝者，既飲之後二揖：曰卒觶揖，曰降階與升飲者相左，交於階前揖。廷堪案：《鄉射禮》再射，飲不勝者，耦進，『及階，勝者先升堂，少右。不勝者進，北面坐取豐上之觶；興，少退，立卒觶；進，坐奠于豐下；興，揖。不勝者先降，與升飲者相左，交於階前，相揖；出於司馬之南，遂適堂西；釋弓，襲而俟』。三射飲不勝者，如初。《大射儀》再射，飲不勝者，耦出，『及階，勝者先升，升堂，少右。不勝者進，北面坐取豐上之觶，興；少退，立卒觶，進；坐奠于豐下，興，揖。不勝者先降，與升飲者相左，交於階前，相揖；適次，釋弓，襲，反位』。又云：『衆皆繼飲射爵，如三耦。』三射，飲不勝者，如初。是飲不勝者，既飲之後二揖也。此二揖猶射時卒射揖、降階與升射者相左交於階前揖及拾取矢時既拾取矢揖、既退與進者相左揖也。拾取矢在庭，故云進退；射與飲在堂，故云升降也。此飲在西楹之西，勝者不與，故無升堂揖、當物揖、及物揖三揖，與升射時不同也。又《鄉射》：『賓、主人、大夫不勝，則不執弓，執爵者取觶，降洗，升實之，以授于席前，受觶，以適西階上，北面立飲；卒觶，授執爵者，反就席』。《鄉射記》：『主人亦飲于西階上。』疏云：『此謂主人在不勝之黨受罰爵之時也。』賓、主人飲罰爵，其禮異於衆耦者，優之也。

〔七〕參見黄以周《禮書通故》第二十五《射禮通故二》：淩廷堪云：凡拾取矢前四揖，曰『耦進揖』，曰『當楅北面揖』，曰『及楅揖』，曰『上射進坐揖』。凡拾取矢，上、下射各四揖，若兼取矢，則上、下射各一揖。凡拾取矢後四揖，曰『既拾取矢揖』，曰『左還揖』，曰『北面搢三挾一个揖』，曰『既退與進者相左揖』。以周案：經文『上射東面，下射西面。上射揖進，坐，横弓，卻手自弓下取一个，兼諸弣，順羽，且興，執弦而左還』，此爲弟一次取矢之法。云『上射揖進，坐』，是弟一次取矢有揖也。又云『退反位，東面揖』，此爲弟二次取矢張本，『反位』即反東、西面之位，『揖』即『上射揖進』之揖，是弟二次取矢有揖也。取弟三、弟四矢，經雖無文，皆先揖而後取可推而知也。又云『既拾取乘矢，揖，皆左還』，揖謂揖於楅，『皆左還』即上『執弦而左還』之位，是拾取四矢畢又揖之，以終其事也。拾取四矢皆先以揖，是爲四揖。既拾取四矢又終以揖，是爲五揖。注家以『退反位，東面揖』爲揖弟一次取矢，『既拾取乘矢，揖』爲揖還，皆誤。以例言之，拾取矢之前凡三揖：耦進揖，當楅北面揖，及楅揖。拾取矢之時凡五揖：將拾取乘矢各一揖，既拾取乘矢又一揖。拾取矢之後凡三揖：『南面揖』對進時『及楅揖』，『當楅南、北面揖』對進時『當楅揖』，『與進者相左揖』對『耦進揖』。《大射禮》既拾取矢無『揖』，左還北面下有二『揖』，略異。又案：經於上射言『揖進』，下射不言『揖』，揖可知也。淩氏謂『進坐獨上射揖，下射不揖』，尤謬。

參見胡夤《明明子論語集解義疏》卷三《八佾第三》：合考《儀禮・大射儀》《鄉射禮》，凡射皆三次：初射，三耦射，不釋獲。再射，三耦與衆耦皆射。三射，以樂節射，皆釋獲。飲不勝者，此言『揖讓而升，下而飲』，謂升也、下也、飲也，皆以揖行其讓，即以讓寓其爭。當以『揖讓』二字，略讀統貫，而『升下而飲』，連作一句，特於升下之間省一『而』字耳。《釋文》謂『鄭君讀「揖讓而升下」絶句』，『而飲』一句。《少儀》云：『僕於君子，君子升、下則授綏。』是

『升、下』亦可連讀也。乃《賓筵》詩箋又引『下而飲』作一句。疏謂『引文不盡，蓋飲於西階上，不得言「下而飲」也。』《禮》自司射誘射訖，『上耦出次，揖，進，上射在左，並行』，旋轉，『當階北面揖』，至階下北面揖。淩氏廷堪《禮經釋例》所謂『未升堂之前三揖：曰耦進揖，曰當階北面揖，曰及階揖』也。自後『上射先升三等，下射從之中等。上射升堂少左，下射升。上射揖，並行，皆當其物，北面揖，及物揖。』《釋例》所謂『既升堂之後凡三揖：曰升堂揖，曰當物北面揖，曰及物揖』也。卒射，《鄉射》『南面揖』，《大射》『北面揖』。『上射降三等，下射少右，從之中等，並行，上射於左，與升射者相左，交於階前相揖。』《釋例》所謂『射後二揖：曰卒射揖，曰降階與升射者相左交於階前揖』也。凡此，在初射時，未釋獲，則無飲禮，其再射時，升、下之禮帥初。而自『司射命設豐』以後，『勝者之子弟洗觶』，酌酒，『奠於豐上』，『司射作升飲者如作射，一耦進揖如升射』，《釋例》所謂『未升堂之前三揖，曰耦進揖，曰當階北面揖，曰及階揖』也。由是『勝者先，升堂少右。不勝者進，北面坐，取豐上之觶，興，少退，立卒觶，進，坐奠觶於豐下，興揖。不勝者先降，與升飲者相左，交於階前，相揖』，《釋例》所謂『既飲之後二揖：曰卒觶揖，曰降階與升飲者相左交於階前揖』也。凡再射、三射之飲皆如此。而《禮》自每次射畢，又有拾取矢之前後各四揖。若兼取矢，則上射、下射各一揖。射於堂，飲於階，拾取矢於庭，故射與飲言升降，而取矢惟言進退也。統計初射以至再射、三射畢，射之升下共六次，揖凡二十四；飲之升下共四次，揖凡十，而取矢與賓、主人之特揖不與焉。是由始及終，以揖行其讓，即以讓寓其爭也。《射義》引此經，鄭君注云：『飲射爵者，亦揖讓而升降。』孔疏遂以此經之『升下』，爲飲射爵時之『揖讓』，而非射時之揖讓，不知射爭勝負，欲辭飲爵，先祈命中。故《詩》云：『發彼有的，以祈爾爵。』鄭箋云：『射者與其耦，發矢之時，各心競云：「我以此求爵汝。」』蓋升射者爭之始，飲爵者爭之終，而始終出之以揖，行之以讓。是君子之爭，即君子之讓也，故曰『其爭也君子』；而其實君子讓，非君子之爭也，故曰『君子無所爭』。《射義》將引此經而説之，曰『射者，仁之道也。射求正諸己，己正而後發，發而不中則不怨勝己者，反求諸己而已矣』，而暇爭乎哉？

〔八〕參見胡夤《明明子論語集解義疏》卷三《八佾第三》：皇疏云：『就王注意，則云：「揖讓而升下」也。若餘人讀，則云「揖讓而升」，升屬上句。又云「下而飲」，下屬下句。此讀不及王意也。』案：《射義》引經，鄭注以『升』、『飲』連説。彼《釋文》云『揖讓而升下，絕句』，『而飲』一句，是鄭讀與王無異也。其箋《詩》以『下而飲』爲句。孔疏謂飲射爵時，『揖讓而升下』，意取『而飲』與爭，故引文不盡，不可以説此經也。

〔九〕朱熹《論語或問》卷一《學而第一》：或問七章之説。曰：此章諸説各殊，而皆有未通者。如程子、周、尹皆以射爲本無可爭，則既不察乎衆人之情，謝氏又以射有似乎君子者言之，則又遠於文義矣。若然，則其下文曷爲不遂以失諸正鵠反求諸身者言之，而必以揖遜之禮爲言耶？惟楊氏以射宜有爭，而君子不爭者，近之。然直謂君子以射而不爭，則又未考乎其爭也君子之説也。揖讓而升，下而飲之説，程子以下飲爲非下堂而飲，則合乎《大射》之説矣。然謂但爲離去射位而飲之，則又不考乎下而復升之説也。張子以爲禮無讓下之文是也，然謂亦無下飲之文，則亦未考乎既下而復升之説也。至謂自宜下而請飲於勝者，則亦無所據矣。謝、周氏從《禮記》鄭注之讀至下字而句絕，則既不足於辭，而其説之誤，張子又已辨之矣。『其爭也君子』，程子、楊、周、尹氏皆以爲言君子其爭乎者，文勢牽強不安。張子以爲其争也，争非謙遜，亦非文意。謝氏以爲其不争也，乃所以争爲君子，而引老氏之言以爲證，則又防於巧譎之私，而大失聖人之意矣。若范氏之説，則其首尾文義，既無一言之中，而又以是爲君子之所争，則亦失之也。曰：然則子之所謂射之有争，而争也君子，奈何？曰：君子恭敬退讓，不與人争，至於射，則皆欲中鵠以取勝也。然《大射》之儀，耦進三揖而後升堂，射畢又揖而降，勝者袒決遂，執張弓，不勝者襲，脱決拾，卻左手，右加弛弓於其上，遂以執弣，揖，如始升射，及堦，勝者先升堂少右，不勝者進北面坐，取豐上之觶興，立飲卒觶，坐奠於豐下，興揖，先降。其雍容謙遜乃如是，是則雖曰有争，而其争也，亦不失其爲君子之道矣。此則注疏舊説，而諸家失之，是以徒爲紛紛，而其説愈不明耳。曰：此其猶曰君子而時中者，何也？曰：是其所謂君子者，亦曰有君子之心云爾。

説禘灌〔一〕

《論語・八佾》：『子曰：禘自既灌而往者，吾不欲觀之矣。』《集解》：『孔曰：禘祫之禮，爲序昭穆也，故毁廟之主及群廟之主，皆合食於太祖。灌者，酌鬱鬯灌於太祖，以降神也。既灌之後，列尊卑，序昭穆。而魯逆祀，躋僖公，亂昭穆，故不欲觀之矣。』《集注》：『趙伯循曰：「禘，王者之大祭也。王者既立始祖之廟，又推始祖所自出之帝，祀之於始祖之廟，而以始祖配之也。成王以周公有大勳勞，賜魯重祭。故得禘於周公之廟，以文王爲所出之帝，而周公配之，然非禮矣。」灌者，方祭之始，用鬱鬯之酒灌地，以降神也。魯之君臣，當此之時，誠意未散，猶有可觀，自此以後，則浸以懈怠而無足觀矣。蓋魯祭非禮，孔子本不欲觀，至此而失禮之中又失禮焉，故發此歎也。謝氏曰：『夫子嘗曰：我欲觀夏道，是故之杞，而不足證也；我欲觀商道，是故之宋，而不足證也。又曰：我觀周道，幽、厲傷之，吾舍魯何適矣？魯之郊禘非禮也，周公其衰矣！考之杞、宋已如彼，考之當今又如此，孔子所以深歎也。』』

後案：孔安國以不欲觀，爲逆祀亂昭穆者。孔意以閔、僖兄弟相繼，例同父子，各爲昭穆，三傳及《國語》皆同。賈公彦《周官·冢人疏》言：『兄弟異昭穆。』徐健庵《讀禮通考》極稱其説，象山姜氏《讀左補義》主之。段氏《懋堂文集》及《説文》『示』部『禘』字下辨甚詳，皆同孔注也。魯文公逆祀，至定公時已順祀，孔注以此指逆祀，意謂此言在未順祀之前也。昭穆亂於既灌者，皇疏云：『未陳列主之前，王與祝入太祖廟室中，以酒獻尸。尸以祭，灌於地以求神。求神竟而出堂，列定昭穆。』據皇疏，是既灌之後，逆列始定也。《易》『觀盥而不薦』，馬融注引此經云：『灌時禮盛，及神降薦牲，其禮簡略。』王注、程傳略同。説《易》雖誤，以説此經，於義亦通。此不欲觀之，又一説也。朱子注又一説。孔安國注云『禘、祫之禮，爲序昭穆』，其實禘、祫禮有異有同。《公羊·文公二年傳》云：『毁廟之主陳於太祖，未毁廟之主皆升合食於太祖。』此指大祫言，非禘也。考鄭君《禘祫志》，其説『禘也』云：『太王、王季以上遷主，祭於后稷之廟，其坐位與祫同。文、武以下遷主，若穆之遷主祭於文王之廟，文王居室之奥，東面；其孫成王居文王之東而北面；以下穆王直至親盡之祖以次繼而東，皆北面，無昭主。若昭之遷主，祭於武王之廟，武王亦居室之奥，東面；其孫康王亦居武王之東而南面；以下昭主亦以次繼而東，直至親盡之祖，無穆主。』[二]王西莊曰：『祫爲合聚昭穆，禘爲諦審昭穆。《公羊傳》説祫，深得合聚之義。鄭氏説禘，深得諦審之義。』

周人尚臭，灌禮特重。〔三〕《司尊彝》：『春祠，夏禴，祼用雞彝、鳥彝。秋嘗，冬烝，祼用斝彝、黄彝。凡四時之間祀，追享，朝享，祼用虎彝、蜼彝。』鄭君引先鄭注，以追享、朝享爲禘、祫，則禘之祼以虎彝、蜼彝也。《明堂位》灌用黄目，是魯不純用天子禮，而用天子冬烝之斝彝也。鄭君謂天地大神至尊不祼，考之於《禮·典瑞》『祼圭有瓚，以肆先王』，《玉人》『祼圭尺有二寸，有瓚，以祀廟』，《鬯人》秬鬯之所用，則社廟、山川、四方而已，是祼不施於天地也。《表記》云：『親耕，粢盛，秬鬯，以事上帝。』祀天有鬯者，陳之而已，非用之祼也。朱子謂灌在祭始者。《祭統》『獻之屬，莫重於灌』，是灌在九獻之内。〔四〕先儒説九獻之禮：灌，二獻；朝踐禮，二獻；饋食禮，二獻；朝獻禮，一獻；再獻禮，兩獻。灌在祭之始也。凡祭之禮，質明而灌謂之晨灌，王以鬱鬯授尸，尸受之以灌地，故又謂之灌尸。初獻，王灌尸；二獻，後灌尸：是謂二始。由是而行，朝踐之禮於堂，以血腥薦於神，王以玉爵酌醴齊之獻尸，爲三獻。後以玉爵酌醴以獻尸，爲四獻，《周官》所謂朝踐用兩獻，尊也。由是而行饋食之禮於室，徙饌薦熟，王酌壺尊盎齊以獻尸，爲五獻。後酌壺尊醴齊以獻尸，爲六獻，《周官》所謂饋獻用兩壺，尊也。次行朝獻，謂尸卒食，王以玉爵因朝踐之尊以酳尸，爲七獻，《周官》所謂朝獻用兩著尊。《祭統》『尸飲五』，鄭君注指爲七獻之事。《正義》謂灌之二獻，奠而不飲，故七獻尸，止飲其五也。次行，再獻禮，王酳尸之後，後因饋食之尊以酳尸，爲八獻。諸臣爲賓者，以瑶爵獻尸，爲九獻，《周官》所謂兩獻用兩象尊，《祭統》所謂『尸飲七』者也。自此以後，長賓、長兄弟更爲加爵，尸又飲二，《祭統》所謂『尸飲九』不在九獻之内。〔五〕陳用之曰：『《行人職》上公，再祼，而祼不在九獻之内。侯、伯、子、男，一祼，而祼亦不與於七獻、五獻。則先儒以祭祀二祼在九獻之内，非也。《司尊彝》朝踐用兩尊，皆有罍；饋食用兩尊，皆有罍。則朝踐王獻之後，亞之諸臣所昨，三獻也。凡饋食，王獻之後，亞之諸臣之所昨，三獻也。合之酳尸三，爲九獻，而加爵不與焉。』陳氏説九獻不數灌，是又一説。〔六〕

『或問禘之説。子曰：「不知也。知其説者之於天下也，其如示諸斯乎？」指其掌。』《集解》：『孔曰：答以不知者，爲魯君諱也。包曰：孔子謂或人，言知禘禮之説者，於天下之事如指示掌中之物，言其易了也。』《集注》：『先王報本追遠之意，莫深於禘，非仁孝誠敬之至，不足以與此，非或人之所及也。而不王不禘之法，又魯之所當諱者，故以不知答之。示，與視同。指其掌，弟子記夫子言此而自指其掌，言其明且易也。蓋知禘之説則理無不明，誠無不格，而治天下不難矣。聖人於此，豈真有所不知也哉？』

後案：經、傳之言禘者不一。有專指祭天言者，如《祭法大傳》之禘及《國語》以禘郊對宗廟烝嘗言者是；有專指廟祭言者，如上文『禘自既灌而往』，灌是廟祭。《中庸》以『禘嘗』對『郊社』

言，亦指廟祭；又《左傳》所言皆廟禘也。〔七〕經、傳凡言烝嘗者，撮舉四時之祭言之，云禘嘗者，舉其大而言之。禘行於夏則爲殷祭，祫行於秋則爲大嘗，亦殷祭也。《左傳》言烝嘗禘於廟者，喪三年不祭烝嘗，時祭俟禘後乃行也。《春秋》書『吉禘』是内祀，然天子三年喪畢，必徧祭外神。《國語》言『終王』，劉歆曰『大禘則終王』，《五經異義》曰『終禘及郊，宗石室，是喪畢之禘』，亦及郊祀也。《爾雅》曰：『禘，大祭也。』是天神、人鬼合言也。或人所問，未必專指廟禘。《史記・封禪書》引此經以證，是漢儒以此經爲祭天之禘，要之渾稱曰禘。禘天、禘廟，於義皆晐。答以『不知』者，夫子以此有天人感格之道，有祖孫繼序之心，非或人所能知，故以『不知』答之，而渾言其義焉。孔注專以掩君惡爲解，既未是。朱子解不知之答則得之，其申趙説則非也。唐制，天寶時禘於太清宫，以李耼爲始祖所自出，趙氏因此有追嚳配稷之説。至宋，王介甫信其説，神宗遂因之罷禘享。南渡後遵前制，朱子因援趙説以入經注矣。

《祭法》之『禘嚳』，鄭君謂冬至祀天於圜丘，配以嚳。《祭法》之『郊稷』，《大傳》之『禘推祖所自出』，鄭君謂夏正祭感生帝於郊，配以稷。是冬至、孟春之祀天，俱稱禘也。自王肅始駁鄭君説，而趙氏説又汩之，經義益不明矣。《祭法》『禘在郊上』。趙氏謂禘之所及最遠，故先言之。申趙者謂鄭君讀《祭法》不熟，見禘在郊上，遂以圜丘之祭釋之。然《周語》：『禘郊之事，則有全烝。』《魯語》：『天子日入監九御，使潔奉禘郊之粢盛。』《楚語》：『郊禘不過繭栗，烝嘗不過把握。』又曰：『天子禘郊之事必自射其牲，諸侯宗廟之事必自射其牛，刲羊擊豕。』又曰：『天子親春禘郊之盛。』諸文多禘在郊上，且與宗廟烝嘗對文，趙氏將何以解之？鄭君以《祭法》本於《國語》展禽之言，不徒解《祭法》以爲通，趙説求通於《祭法》而不通於《國語》，其謬一也。虞、夏非同出，黄帝、后稷非帝嚳之子，前儒已有定論。中趙説者據《潛夫論》稷爲嚳之後嗣，而云遠祖亦可追所自出，其説似通，然《祭法》言虞夏禘黄帝，殷周禘嚳，祇以五帝配天，實非追所自出。《國語》復云商人禘舜，商一代之祀或嚳或舜，不妨更制，如必謂追祖所自出，禘舜又何以解之？其謬二也。以圜丘之祀不可配嚳而必配稷，於經無所證，注説亦無所見。趙氏以意言之，不知嚳之配天，理未必悖。如嚳既廟祭，不爲立廟而屈尊就卑以稷廟享之，於理未合，其謬三也。《王制》『祭天地之牛角繭栗，宗廟之牛角握』，與《國語》『禘郊繭栗』、『烝嘗把持』之文相合。趙氏於此自知其不能通，云凡禘皆及五帝，如太皞等，以其功高，歷代兆於四郊以祭之，次於天帝，牛不得不爾。前既駁鄭君混禘於郊，此又與所駁之説自相伐，其謬四也。以稷之所自出爲帝嚳，因以周公之所自出爲文王，此趙氏之臆説。萬氏《學禮質疑》、顧氏《春秋大事表》斥其無稽之談，當矣！而尤有不可不辨者，成王賜魯重祭，止用禘祭之籩豆樂舞以尊周公，倘魯祭文王乖於諸侯，不祖天子之義，則成王之賜，伯禽之受，不應如是之悖，其謬五也。趙氏曰：『夫子不欲斥君之惡，便云不知。述禮者不達此意，遂云「明乎郊社之義，禘嘗之禮，治國如指諸掌。」此不達聖人掩君之惡，遂云爾假令達於祭祀，亦儀表中一事，何能治國？』式三謂：趙氏所集《春秋纂例》好攻三傳，自立臆説；至論諦之禮，又歷指《左傳》所云烝嘗禘於廟及寡君未禘祀之文，以爲左氏之妄；並偏詆《禮記》『春禘』、『夏禘』等文爲徒據《春秋》經文以附會之，掊擊諸經、傳，既爲縱肆之極至此。經『天下示掌』之文與《禮・燕居》篇、《中庸》篇相符，正可知禘義閎深，非或人所能見及。而趙氏亦一概斥之，敢毁經典，藐無忌憚，其謬六也。蓋趙説之謬如此！

鄭君謂冬至祭昊天於圜丘，配以嚳；夏正祭感生帝於郊，配以稷。自王肅等説以圜丘即郊，不分兩祭，昊天與感生帝非兩祀，又以禘爲專指廟祀，諸説既勝，鄭君説黜矣。〔八〕鄭君禘嚳之説，前篇所言已明。鄭君言冬至祀天，夏正祀帝，雖力攻鄭君説者不能合。五帝與昊天同稱帝，不與昊天同稱天，陳用之猶參鄭君説也。陳氏曰：《司服》言『祀昊天上帝，祀五帝亦如之』，則五帝異乎昊天上帝。《掌次》『大旅上帝，張氈案，設皇邸。祀五帝，張大次、小次』，則上帝異乎五帝。《典瑞》『四圭有邸，以祀天、旅上帝』，則上帝異乎天。信如是，則天、帝不一祀，五帝非五人帝已明矣。而諸儒不信鄭君説者，以夏正之郊專爲祈穀，上帝之郊特以感生帝之名爲疑耳。

『靈威仰』、『赤熛怒』之名出於緯書，或無以取信後人，而感生帝即自出帝，稱人主曰天子，而人不疑，稱天曰感生帝、曰自出帝則疑之，知二五而不知十矣。顧震滄曰：『稷、契皆無父而生。《詩》曰「有娀方將，帝立子生商」，又曰「履帝武敏歆」，所謂帝即感生帝也。』任鈞臺曰：『后稷母履大人跡而生，故《詩》止言姜嫄。《周禮》「享先妣不及高辛」，是周非高辛後人之生，始以氣化，後以形化。后稷有母而無父，受氣於天，成形於母，故周禘所自出。』金輔之曰：『《生民》之詩曰帝，曰上帝，皆指天帝而言。如依傳釋帝爲高辛氏之帝，則從帝祀天，因以生子，此亦何足稱異？下經言置之隘巷、平林，不大遠於事情乎？《詩》曰「其香始升，上帝居歆」，言后稷肇祀以祈豐年，而上帝歆享之也。周人祈穀之郊實本於后稷之肇祀。』顧氏、任氏、金氏諸儒之釋自出帝者如此。後人猶以此禮不可垂爲典常而疑之者，則謂周有后稷之異祥，禮緣義起後世，始祖無異祥，禮或以義止矣。式三謂：《五經異義》云《詩》齊、魯、韓，《春秋公羊》說聖人皆無父，感天而生。鄭君駁之云：『諸言感生則無父，有父則不感生，皆偏見之言。』依鄭君此言，則王者之始祖，有父亦可舉感生帝之祀矣。王者受命於天，因稱天爲自出之帝，行之後世，垂爲常典，亦無不可。況周之始祖后稷無父而生，舉感生帝之祀，於義尤爲可通。此顧氏、任氏、金氏諸儒申鄭君說之確然可信也。獨怪顧震滄既申鄭君說，而又謂祭感生帝於廟，是必於祈穀郊外，別立自出帝之祀也。任釣臺謂禘所自出於廟，無主虚位而東向以爲天也可，以爲祖也可，是亦參王肅廟禘之説也。金鋪之謂《郊特牲》云『周之始郊，日以至』，對啟蟄而郊言之，故謂之始郊。此説雖異於鄭君之《郊特牲注》，於理自通。金氏又以周人所祖文武，祖所自出爲后稷，《大傳》與《喪服小記》言其『祖所自出』爲宗廟之祭，此於經亦不可盡通。《禮・郊特牲》言帝牛、稷牛之『所以別事天神人鬼』，而即繼之曰『萬物本乎天，人本乎祖，此所以配上帝也』。《公羊傳》曰：『郊則曷爲？必祭稷，王者以其祖配。』據此二文，則《大傳》言祭其祖所自出而以祖配。配者，后稷也；所自出者，天也。《儀禮》曰：『諸侯及其太祖、天子及其始祖之所自出。』此文與《大傳》同，則《大傳》言『祖所自出』，祖指始祖、后稷而言，不可指爲文、武。《漢書・韋元成傳》曰：『「王者禘其祖自出，以其祖配之」，言始受命而王，祭天以其祖配。』此議在緯書未出之前，經、韋元成及博士等四十四人之議，鄭君説本之。後之言禘者，不信鄭君所引緯書『靈威仰』之名，而從其自出帝之説，亦無不可。天生后稷以樹藝教民，周人祀所自出，因以祈穀，二者固一禮也。《周頌・雝〉序》云『禘太祖』，鄭君謂『禘祀文王於明堂』。此説亦有所本，《書》『受終於文祖』，據《史記》，文祖即明堂。馬融注云『文祖，天也』，正同司馬遷之説。蔡邕《明堂月令論》引《禮記・檀弓》曰：『王齋禘於清廟明堂。』鄭君本之，於《堯典》注云：『文祖者，五府之大名，猶周之明堂。』

於《洛誥》注亦以文祖爲明堂，於《詩序》箋以禘太祖爲禘文王於明堂，其義正同以禘爲大祭之統名也。説經者豈必拘守鄭君學，但求異於鄭君説者往往不可通於經，則知從鄭君説之爲得矣！

【箋注】

〔一〕輯自黄式三《論語後案·八佾三》，清光緒九年浙江書局刻本。

〔二〕參見黄以周《禮書通故》第十七《肆獻祼饋食禮通故一》：禘則太王、王季以上遷主，祭於后稷之廟，其坐位與祫祭同。文、武以下遷主，若穆之遷主祭於文王之廟，文王居室之奥，東面；文王孫成王居文王之東而北面；以下穆王直至親盡之祖，以次繼而東，皆北面，而無昭主。若昭之遷主祭於武王之廟，武王亦居室之奥，東面；其昭孫康王亦居武王之東而南面；亦以次繼而東，直至親盡之祖，無穆主也。以周案：此鄭以魯禘推天子禘法，從劉向《通義》而少變之。劉義，毁廟主皆升合祭於太廟。鄭則謂文、武以上主禘太廟，文、武以下親盡主禘世室，其四親特禘於其廟，不升合食，以《曾子問》言『祝取群廟之主』，惟天子崩與祫祭，語不及『禘』，《春秋》書『禘』有曰『禘於太廟』，有曰『禘於莊公』，有曰『有事於武宫』故也。群廟之禘不同日。《定八年傳》云：『冬十月，順祀先公。辛卯，禘於僖公。』賈逵、服虔、王肅、杜預等專守古文，以爲傳無『祫』文，曰『禘於莊公』、『有事於武宫』者，三年之禘也；曰『禘於太廟』、『有事於太廟』者，五年之禘也。近之兼通今文家者則曰：『「三年之禘」，祫禘也。「五年之禘」，特禘也。』並不以鄭説爲然。至王肅謂『如鄭言各於其廟，則無以異四時常祀』，此不足以難鄭，時享禮之異於禘者，不一矣。趙伯循説尤無理，不復置辨。

〔三〕參見黄以周《禮書通故》第十七《肆獻祼饋食禮通故二》：孔安國云：『灌者，酌郁鬯灌於太祖，以降神也。』馬融云：『盥者，進爵灌地，以降神也。』皇侃云：『先儒舊論灌法不同。一云：「於太祖室裏，龕前東向，束白茅置地上，而持鬯酒灌白茅上，使酒味滲入淵泉，以求神也。」而鄭《郊特牲》注云：「灌謂以圭瓚酌鬯，始獻神也。」又《祭統》注云：「天子、諸侯祭禮，先有灌尸之事，乃迎牲。」二注或神或尸，解者云：「灌神是灌地之禮，灌尸是灌人之禮。」而鄭注《尚書大傳》則云「灌是獻尸」，尸乃得獻，乃祭酒以灌地也。』以周案：祼之言灌，《説文》：『祼，灌祭也。』祼字從示，取神示之義，其字以祼爲正，其義又取灌而名。《毛詩》、《周官》並作『祼』，《周官》又借作『果』，《論語》作『灌』，《易》又借『盥』字爲之。祼謂酌鬱鬯灌地以降神，漢時師説皆然。而初獻尸亦謂之『祼尸』者，以其亦酌鬱鬯故也。《大傳》注『灌是獻尸』，不誤。皇氏以爲尸乃得獻、祭以灌地，並爲一事，非鄭意。近人並以皇氏申語爲鄭注，則皇氏以前解鄭義者何分灌地、灌人爲二邪？皇氏引鄭注『灌是獻尸』，『是』字已羼入己語，而謂『得獻』、『灌地』尚是鄭語，殊未審矣。

又參見黄以周《禮書通故》第二十四《燕饗禮通故》：鄭玄云：『「諸侯爲賓，灌用鬱鬯，灌用臭也。大饗，尚腶修而已矣。」此亦「不饗味」也。大饗，饗諸侯。』孔穎達云：『灌猶獻也。諸侯來朝，在廟中行三享竟，然後天子以郁鬯酒灌之。及灌而後，天子饗燕食之也。其行饗之時，雖設大牢之饌，於時先薦腶修於筵前，然後設餘饌。』以周案：《記》文首言祭禮『至敬不饗味而貴氣臭』，此又以賓禮明之。云『灌用鬱鬯』，明饗賓亦『貴氣臭』也。云『尚股修』，明賓亦『不饗味』也。灌與祼通。鄭注《典瑞》『以祼賓客』云『爵行曰祼』。股修即祼時所設之羞，『尚股修』，謂無籩、豆之薦也。《禮器》云『諸侯相朝，灌用鬱鬯，無籩、豆之薦』，意與此同。孔疏據《大行人》文，灌爲祼禮，『尚股修』爲饗禮。其實饗設太牢，云『尚股修』，亦是祼禮，爲『再祼而酢』亦可稱饗也，以《禮器》文參之自見。

〔四〕參見黄以周《禮書通故》第十七《肆獻祼饋食禮通故四》：陳祥道云：『《大行人》上公再祼，侯、伯、子、男一祼，而祼不預於九獻、七獻、五獻，則先儒以二祼在九獻内，非也。又朝踐用兩尊，皆有罍，則朝踐王獻、后亞之、諸臣之所昨，三獻，饋食三，六獻，酳尸三，九獻，加爵不與焉。獻始事，酢成事，諸臣之於禮，成之而已，故獻皆曰酢。』楊復云：『鄭「九獻」之説，先儒多從之，今固不得以爲非。陳氏謂諸臣以罍報祭於神靈，而不以尊，則於理不可通矣。「尸飲五，獻卿」，此天子禮也。』以周案：孔疏以《祭統》據備九獻之禮者，楊氏遂以爲『天子禮』，緟貤紕繆。其不信陳用之説，是也。《大行人》享賓祼、獻異日，獻自不可兼祼，未可據以釋祭。《司尊彝》三言『皆有罍，諸臣之所昨』，一指春祠夏禴言，一指秋嘗冬烝言，一指追享朝享言。鄭注云『皆有罍，言春夏秋冬及追享、朝享有之同』，是也，並非一祭九獻之中諸臣有三酢。秦氏《通考》辨此亦當。《祭統》云『獻之屬，莫重於祼』，是獻兼祼言之明證。金誠齋以爲宗廟止有七獻，陳氏不並數祼爲九獻，自是卓識，舊説祭天地七獻，宗廟九獻，非《禮》意』。然則『上公饗禮九獻』，過於宗廟，又何説？

又參見黄以周《禮書通故》第二十四《燕饗禮通故》：《賈公彦曰：『以《聘禮》言之，公、侯、伯、子、男大聘使卿，主君一食再饗；小聘使大夫，則主君一食一饗。案《掌客》，子、男一食一饗，子、男之卿再饗，多於君者，以其君臣各自相差，『差』今本作『望』，誤。不得以君決臣也。』以周案：《記》云：『獻之屬，莫重於祼。』祼亦獻之屬，散文本通也。《周官》祼、獻多對文，如《内宰》云『凡賓客之祼獻、瑤爵，皆贊』是。祼謂之禮，獻謂之饗，如《大行人》云『王禮再祼而酢，饗禮九獻』是。諸經言饗多合祼禮言，如傳言饗以訓『恭儉』，成十二年。又言『設几而不倚，爵盈而不飲』『昭五年』文本不言『饗』，杜注訓恭儉，引此以證。之類是。《周官》『子、男壹祼不酢，饗禮五獻』，《聘禮》『禮賓，公進几，賓啐醴』，即所謂『設几不倚，爵盈不飲』也。受醴不酢，猶『子、男壹祼不酢』也。對饗言之謂之禮，散文亦可稱饗，《左傳》謂之饗醴，亦作饗禮。《聘禮》又云『公於賓壹食再饗』，謂於飧賓之後壹食之，又再饗之。『再』者，再前禮賓之饗醴，實壹饗也。禮賓時介不與，故經於上介云『壹食饗』。《周官》例分祼、獻爲二，祼謂之禮，不謂之饗，故《掌客》云『子、男壹饗壹食』。賈疏非。

〔五〕參見黄以周《禮書通故》第十七《肆獻祼饋食禮通故四》：崔靈恩、孔穎達、賈公彦等説，天子大祫十有二獻，禘與時祭皆九獻。以周案：禘爲大祭，不得小於祫。以《大宗伯》肆、獻、祼、饋食、時享差之，禘十二獻，祫九獻，時享七獻，其獻名具見《司尊彝職》。時享祠、禴一獻二獻曰祼，三獻四獻曰朝踐，五獻六獻曰再獻，七獻曰臣昨；嘗、烝一獻二獻曰祼，三獻四獻曰朝獻，五獻六獻曰饋獻，七獻曰臣昨。時享七獻，《司尊彝》有明文，無可易也。以肆、獻、祼享先王謂之禘，禘十二獻，即參見於時享中。降神之祼在太室主前，而尸之一獻、二獻亦乃祼名，三獻、四獻曰朝踐，五獻、六獻曰朝獻，此皆行之於堂上者；七獻、八獻曰饋獻，九獻、十獻謂之酳尸，曰再獻，十一獻、十二獻爲長兄弟、上嗣之再酳尸，亦臣昨也，此皆行之於室中者。以饋食享先王謂之祫，祫九獻，饋獻後無再獻，《少牢》、《特牲饋食》可證也。凡祼後堂上四獻，室中三獻。諸侯無禘，祫其太祖。上公與天子同，其未賜圭瓚者無祼，鬯二獻，而堂上四獻、室中三獻仍如天子。大夫、士干祫，即今之少牢、特牲饋食禮是也，大夫士無堂事，故遽降以三獻，此以堂上四獻、室中三獻乃饋食之通例也。諸侯時享殺於祫，用五獻，大夫時享殺於饋食，用一獻，此又降殺以兩之通例也。

〔六〕參見黄以周《禮書通故》第二十四《燕饗禮通故》：秦蕙田云：「《大行人》上公『再祼而酢』，侯、伯『壹祼而酢』，子、男『壹祼不酢』，謂朝覲之日，三享既畢，王乃以鬱鬯之酒禮賓也。饗禮之祼，經無明文，以禮賓之節推之，上公九獻，則王一獻，后亞獻，皆祼；侯、伯七獻，子、男五獻，則惟王祼而已。王祼用圭瓚，惟上公及諸侯之賜圭瓚者耳，其餘皆以璋瓚祼也。《記》云：『獻之屬，莫重於祼。』大饗者，賓客之大禮，其十二獻、九獻、七獻與事神同，亦必有祼明矣。《周禮》所載賓客之祼事，注疏皆以禮賓當之，而不及大饗，似尚未備。」以周案：祼亦獻之屬，散文祼亦稱獻，對文祼、獻有别。《周官·内宰》「凡賓客之祼、獻，瑶爵，皆贊」，祼、獻對文。鄭注云「祼之禮，亞王而禮賓；獻謂王饗燕，亞王而獻賓」，此明祼、獻之别也。《周官》通例分祼、饗爲二，故鄭注賓客之祼皆云「禮賓」，不及饗，爲與諸經合祼酢稱饗異也。《大行人》：「上公之禮，廟中將幣三享，王禮再祼而酢，饗禮九獻，食禮九舉。」「再祼」、「九獻」亦屬對文。賈疏「九獻」云：「王酌獻賓，賓酢主人，主人酬賓，酬後更八獻，是爲九獻。」賈意酢祼在饗前，再祼在九獻之外也。據秦説，再祼即在九獻中。

〔七〕參見黄以周《禮書通故》第十七《肆獻祼饋食禮通故一》：韋玄成云：「『王者禘其祖之所自出，而以祖配之，而立四廟」，言始受命而王祭天，以其祖配，而不爲立廟，親盡也。立親廟四，親親也。親盡而迭毁，親疏之殺，示有終也。』鄭玄云：『凡大祭曰禘，大祭其先祖所由生，謂郊祀天也。』王肅云：『禘謂祭於宗廟，非祭天之祭。郊祀后稷不俱禘。』陸淳、趙匡說，禘者，帝王立始祖廟，又推始祖所出之帝而追祀之。以其祖配之者，謂於始祖廟祭之而便以始祖配祭，不兼群廟之主。此即《祭法》所載『禘郊祖宗』之禘，永世追祀而不廢絶者也。禘或每年，或數年，未可知。張載云：『欲知禘之說當如趙伯循。禘、祫必歲有之，豈容有三年、五年之說？』以周案：鄭注《大司樂》釋天神、地示、人鬼三大祭爲禘，於圜丘禘嚳，宗廟禘后稷，區别甚明。而注《大傳》、《喪服小記》又以禘祖所自出爲郊稷祭感生帝，與《大司樂》宗廟禮人鬼、主后稷之文違異，蓋爲韋玄成所誤也。《祭法》『禘郊』與『祖宗』對文，禘謂祭天，當從鄭注，已詳『郊禮』門。《大傳》『王者禘其祖之所自出，而以祖配之』，下即繼以『諸侯及其太祖，大夫、士干祫及其高祖』，《喪服小記》下亦繼以『而立四廟』，明指廟禘爲言。《喪服傳》曰：『都邑之士則知尊禰矣，大夫及學士則知尊祖矣，諸侯及其太祖，天子及其始祖之所自出。』玩其文義，亦據一本之親而言。鄭注以祖所自出爲祈穀郊，自可不從。《郊特牲》疏引《五經異義》云：『《古春秋左氏》說：天子之子以上德爲諸侯者，得祀所自出，魯以周公之故，立文王廟。』此以禘所自出爲祖廟之祭，義實勝鄭，但謂魯祖文王，尚失事實。陸、趙之徒因推之周，以爲禘嚳於稷廟，肆駁傳、《記》，斯大謬矣。虞、夏非同出於黄帝，殷、周非同出於嚳。金仁山已有辨。禘嚳於稷廟，既失始祖之尊，又有奪祀之嫌，且既禘之後嚳主藏於何處？此說之斷不可從也。玩《記》本意，所配之祖者，太祖也；所禘之祖所自出者，始祖也。始祖者，始封者也；太祖者，受命王也。如周本以文、武受命王爲祖，而以禘其祖之所自出，故特立后稷廟，而以其祖文、武配之，此所謂『尊尊』也。而又爲四親立廟，此所謂『親親』也。知周以文王爲太祖者，《白虎通義》云『后稷爲始祖，文王爲太祖』是也。《詩序》又以祭文王之《雝詩》謂之『禘太祖』，是則禘祖之所自出仍以文、武爲名也。故襄王賜胙於齊桓曰『天子有事於文、武』，顯王賜胙於秦孝、秦惠亦並曰『致文、武胙』。金氏《禮箋》以『配』爲『配廟』非『配祭』，其説云：『周人祖文、武，祖之所自出者，稷也。稷爲太祖廟，立文世室、武世室配之，皆世世不毀。』古者配祭有二：自外至者無主不止，故祭必有配，郊祀后稷以配天是也；妻祔食於夫爲配，《少牢》『以某妃配某氏』是也。子孫陳於祖爲合食，不謂之配。自王子雝誤釋此《記》，後學競爲異説，至謂『周人禘嚳以稷配』、『魯禘文王以周公配』。然《祭法》言『禘嚳』不下及『稷』，《明堂位》言『禘周公』不上及『文王』，其齟齬難通如此。魯禘及文王，萬氏《學禮質疑》、顧氏《春秋大事表》辨之甚詳。

〔八〕繼紅案：初黄以周《禮書通故》第十二《郊禮通故一》對之有解，後復作《禮説·禘郊祖宗》謂鄭誤二、王誤四，可與此相參。

射不主皮説[一]

《論語・八佾》：『子曰：射不主皮，爲力不同科，古之道也。』《集解》：馬曰：『射有五善焉：一曰和志，體和也。二曰和容，有容儀也。三曰主皮，能中質也。四曰和頌，合《雅》《頌》也。五曰興武，與舞同也。天子有三侯，以熊、虎、豹皮爲之，言射者不但以中皮爲善，亦兼取之和容也。爲力，爲力役之事也。亦有上中下設三科焉，故曰不同科。』《集注》：射不主皮，《鄉射》禮文。爲力不同科，孔子解禮之意如此也。皮，革也。布侯而棲革於其中以爲的，所謂鵠也。科，等也。古者射以觀德，但主於中而不主於貫革，蓋以人之力有强弱不同等也。《記》曰『武王克商，散軍郊射，而貫革之射息』，正謂此也。周衰禮廢，列國兵爭，復尚貫革，故孔子歎之。楊氏曰：『中可以學而能，力不可以强而至。聖人言古之道，所以正今之失。』

後案：皮，侯也。《禮》賓射設正，燕射畫獸，皆不用皮。鄉射用賓射之侯，亦無皮侯。大射之侯，棲皮爲鵠，故謂侯爲皮也。主皮者，專以中侯爲主也。馬注云『射有五善』，本《周官》鄉大夫職。鄭君於《周官》注曰：『庶民無射禮，因田獵分禽則有主皮。』《儀禮・鄉射記》曰：『禮射不主皮。』鄭君注曰：『禮射，謂以禮樂射也，大射、賓射、燕射是矣。不主皮者，貴其容體比於禮，其節比於樂，不待中爲雋也。主皮者，張獸皮而射之，主於獲也。』鄭君分別禮射、主皮射之不同，説與馬氏合，以『主於獲』釋經『主皮』之義尤明。《鄉射記》又曰：『主皮之射，勝者又射，不勝者降。』鄭君無注，賈疏亦簡。式三案：禮有三射，初射，不釋獲；再射，不貫不釋；三射，不鼓不釋。凡主皮之射，能中的者又射，不中的者遂黜之而不得射，是專以中的爲重也。禮射時有再射之不貫不釋，亦兼重中的，然再射之勝與不勝者皆預於三射。其三射時，苟容體比禮，其節比樂，即不中的無罰，故曰『禮射不主皮』。〔二〕左氏《襄公十四年傳》庾公差曰：『射則背師，不射爲戮，射而禮乎？』注曰：『禮射不求中也。』爲力，馬注云：『爲力役之事。』爲用也不同科，如公旬有三日、二日、一日之科，用民之力取其寬，而任之者輕也。』程伊川『子主皮』説同。馬、鄭以『力』爲工力，云工力非一端，苟有可取，不必同科，此亦一説之可存者也。朱子注，以主皮爲貫革之射。姚秋農曰：『《樂記》言：「散軍郊射，貫革之射息。」如主皮即貫革，鄉大夫何以詢眾庶哉？』式三案：《周官·司弓矢》曰：『王弓、弧弓，以授射甲革、椹質者。』《弓人》曰：『往體寡，來體多，謂之王弓之屬利射革與質。』則軍旅之行，自有貫革之射，朱子説亦備一義。〔三〕

【箋注】

〔一〕輯自黃式三《論語後案・八佾三》，清光緒九年浙江書局刻本。

〔二〕參見《禮書通故》第二十五《射禮通故五》：馬融云：『射有五善，一曰和，二曰和容，三曰主皮，四曰和頌，五曰興武。天子有三侯，以熊、虎、豹皮爲之。「射不主皮」，言射者不但以中皮爲善，亦兼取之和容也。「爲力」，爲力役之事也。亦有上、中、下，設三科焉，故曰「不同科」。』朱熹云：『「射不主皮」，《鄉射禮》文。「爲力不同科」，孔子釋禮之意如此。皮，革也。《記》曰「武王克商，散軍郊射，而貫革之射息」，正謂此也。』以周案：家大人《論語後案》云：『主皮之射，能中的者又射，不中的者遂黜之而不復射。禮射時有再射之不貫不釋，亦兼重中的，然再射之勝與不勝皆預於三射。其三射時，苟容體比禮，其節比樂，即不中的，無罰，故曰禮射不主皮。』『「爲力不同科」，孔子釋禮之意如此』，朱子注是，其説本諸劉原父《七經小傳》。主皮非貫革，説已見前。馬注『主皮』亦以禮射言。《周官》『五物』：一曰和，二曰容，三曰主皮，四曰和容，五曰興武。馬意五物爲遞進之詞，一曰和，志體和；二曰容，和而有威儀，謂其比於禮；三曰主皮，既和容而復主皮，故曰主皮亦兼取之和容；四曰和容，從杜子春讀爲『和頌』，和頌與舞謂復比於樂。段懋堂謂『二曰和容』『和』字衍，未是。淩次仲申馬義，亦非。

〔三〕參見《禮書通故》第二十五《射禮通故一》：鄭玄云：『禮射有三，有大射，有賓射，有燕射。《詩》箋。禮射不主皮，貴其容體比於禮，節比於樂，不待中爲雋也。主皮者無侯，張獸皮而射之，主於獲也。』孔穎達云：『一爲大射，是將祭擇士之射。二爲賓射，諸侯來朝天子而與之射也，或諸侯相朝而與之射之。三爲燕射，謂燕息而與之射。』敖繼公云：『禮射則張皮侯，若采侯與獸侯，而加正鵠。主皮之射則不用正鵠，但欲射中其皮耳。此皮以中甲之革爲之。《周官》曰「射甲革」，《樂記》曰「貫革之射」，皆指此而言。』以周案：禮射有四，大射、賓射、燕射之外，又有鄉射。鄭不數者，爲鄉射是州長與其民習射之禮，天子、諸侯無之，故不言也。禮射之外，有主皮射，有貫革射。主皮爲田獵之射，貫革爲軍旅之射，説詳下五卷。敖氏合之爲一，誤矣。

告朔之餼羊説[一]

《論語·八佾》：『子貢欲去告朔之餼羊。』金氏《考證》曰：餼，本作『氣』，俗加食。式三謂：金説與許氏《説文》合，自後人以氣爲气，别作『餼』字。《集解》：鄭曰：『牲生曰餼。禮，人君每月告朔於廟，有祭謂之朝享。魯自文公始不視朔。子貢見其禮廢，故欲去其羊。』《集注》：告朔之禮，古者天子常以季冬頒來歲十二月之朔於諸侯，諸侯受而藏之祖廟，月朔則以特羊告廟，請而行之。餼，生牲也。魯自文公始不視朔，而有司猶供此羊，故子貢欲去之。

後案：鄭君注『牲生曰餼』，據皇疏當作『牲腥曰餼』。《詩箋》云：『牛、羊、豕爲牲，系養者曰牢，孰曰饔，腥曰餼，生曰牽。』今鄭君云『牲生曰餼』者，對孰言之，腥、生當得通名。[二]然知此必是腥者，殺而腥送，故愛之，生養則何以愛之？此皇疏之義是也。牲用羊者，據《玉藻》注：『天子用牛，諸侯用羊。』鄭君此章注亦有『天子用羊』之文，見《玉藻》孔疏而何氏删之也。鄭君云：『每月告朔於廟者。』《春官·大史職》注云：『天子頒朔於諸侯，諸侯藏之祖廟，至朔朝於廟，告而受行之。』據《玉藻》『天子玄冕聽朔於南門之外，諸侯皮弁聽朔於大廟』，是天子聽於明堂而諸侯在廟也。鄭君云：『有祭謂之朝享者。』參孔、賈諸疏考之，先告朔，後朝廟，本是二禮。〔三〕每月以朔告於神，使有司讀祝以言之，謂之告朔。此章言告朔是也。告朔時，君必入廟視之，謂之視朔，《春秋·文公十六年》『公四不視朔』、《僖公五年傳》『公既視朔』是也。視朔者聽治此月之政，亦謂之聽朔，《玉藻》所言『聽朔』是也。『告朔』又謂之告月，《文公六年》『閏月不告月』是也。告朔、告月，視朔、聽朔，是爲一禮矣。其日又以禮祭於宗廟，謂之朝廟，《文公六年》『不告月，猶朝於廟』是也。《周官》又謂之朝享，《司尊彝》云『四時之間祀，追享、朝享』是也。又謂之月祭，《祭法》『諸侯自皇考以下皆月祭之』，是告朔在太廟，朝享及皇考以下三廟也。其歲首行之，謂之朝正，《襄公二十九年傳》『公在楚，釋不朝正於廟』是也。朝享、朝廟、朝正、月祭，是又一禮。鄭君於此兼言之，非正義也。〔四〕鄭君云『魯自文公始不視朔者』，《春秋經·文公十六年》書『四不視朔』，《公羊傳》曰『公有疾，不視朔。自是公無疾不視朔也』，《穀梁傳》言『公厭政已甚』，其義亦同。

『子曰：賜也！爾愛其羊，我愛其禮。』《集解》：包曰：『羊存猶以識其禮，羊亡禮遂廢。』《集注》：愛，猶惜也。子貢蓋惜其無實而妄費，然禮雖廢，羊存猶得以識之而可復焉。若並去其羊，則此禮遂亡矣，孔子所以惜之。楊氏曰：『告朔，諸侯所以稟命於君親，禮之大者。魯不視朔矣，然羊存則告朔之名未泯，而其實因可舉。此夫子所以惜之也。』

後案：告朔，非特奉正朔也。〔五〕觀吕氏《月令》『敬天地，薦祖宗，勸民事，盡物性』，諸大綱可略見焉，況周先王之所頒王政有不備哉。周衰禮廢，餼羊僅存，夫子以羊存而禮猶可復也，即剥之碩果不食，可轉剥爲復之機也。羊去禮絶，夫子惜之。

【箋注】

〔一〕輯自黄式三《論語後案·八佾三》，清光緒九年浙江書局刻本。

〔二〕參見《禮書通故》第十九《改正頒朔禮通故》：鄭玄云：『「子貢欲去告朔之餼羊」，牲生曰餼。人君每月告朔於廟，有祭，謂之朝享也。諸侯用羊，天子以牛與？以其告朔禮略，故用特牛。魯自文公始不視朔，視朔之禮以後遂廢。子貢見其禮廢，故欲去其羊。』以周案：牲生曰餼，生對孰言，非不殺也。『人君每月告朔於廟』句絶，『有祭，謂之朝享』别一句，明告朔之後乃有朝廟之祭也。必兼言之者，告朔無羊，餼羊之供在朝廟時。自後人誤以爲特羊告朔，反議鄭注兼朝廟言爲非，失其義矣。但《周官》之『朝享』，非告朔之朝廟。朝廟用特牲，此注云『禮略』，是也，何復牽合『朝享』？斯則鄭注之失也。劉氏《論語正義》因之力辟鄭注，語皆無當。合《論語》注、《玉藻》注及《異義駁》讀之，其禮節先告朔後朝廟，既朝廟乃聽朔，與《公羊》何注『月朔朝廟，使有司先告朔』義同。但何氏以告朔使有司，鄭不云爾，蓋亦謂人君親告而啟其籍也。告朔在朝廟之先，聽朔在朝廟之後，聽朔即視朔。偏檢鄭注，並無『告朔即視朔』之文，未知劉氏何所據而議之？餼羊爲朝廟之祭，朝廟爲告朔之一節事，故經曰『告朔之餼羊』。鄭注剖析甚明，未嘗謂羊供於告朔時，亦不必以告朔行禮於天子無爲用祭疑之。其云『視朔之禮以後遂廢』者，以子貢欲去其羊決之也。劉氏謂『文公四不視朔，曠也，非廢也，如始不視朔，《春秋》安得不書？』如其說，終春秋之世不書『始不視朔』，豈告朔之禮猶行於定、哀之世乎？劉氏疏鄭而辟鄭，辟而又不當其失，斯亦過矣。

〔三〕參見《禮書通故》第十九《改正頒朔禮通故》：『《異義》云：「《公羊》說，每月告朔、朝廟，至於閏月不以朝者，閏月殘聚餘分之月，無正，故不以朝。經書「閏月猶朝廟」，譏之。《左氏》說，閏以正時，時以作事，事以厚生，生民之道於是乎在。不告閏朔，棄時政也，棄時政則不知所行。許慎謹案：從《左氏》說，不顯朝廟、告朔之異。」鄭駁之云：「《堯典》「以閏月定四時，成歲」，閏月當告朔。說者不本於經所譏者異其是與非，皆謂朝廟而因告朔，似俱失之。「朝廟」之經在文六年冬，「閏月告月，猶朝於廟」，辭與宣三年「春，郊牛之口傷，改卜牛，牛死，乃不郊，猶三望」同。言「猶」者，告朔然後當朝廟，郊然後當三望，今廢其大存其細，是以加「猶」譏之。《論語》曰「子貢欲去告朔之餼羊」，《周禮》有「朝享」之禮祭，然則告朔與朝廟祭異亦明矣。」』以周案：鄭辨告朔、朝廟之異甚明，但《周禮》之朝享與朝廟亦自不同。

〔四〕參見《禮書通故》第十九《改正頒朔禮通故》：孔穎達云：『《玉藻》「諸侯皮弁以聽朔於太廟」，《穀梁傳》云「諸侯受於禰廟」與《禮》乖，非也。每月以朔告神，謂之告朔。於時聽治此月朔之事，謂之聽朔。聽朔又謂之視朔，告朔又謂之告月。行此禮，天子於明堂，諸侯於太祖廟。訖，然後祭於諸廟，謂之朝享，又謂之朝廟，又謂之朝正，又謂之月祭。』以周案：告朔、聽朔分二事，孔疏是。朝正爲一年之禮，告月爲一月之禮，朝享爲四時閒祀，朝廟爲月朔特祭。

〔五〕參見《禮書通故》第十九《改正頒朔禮通故》：劉台拱云：『《周官·太史》「頒告朔於邦國」，鄭司農云「以十二月朔告布天下諸侯」。《孔子三朝記》「天子告朔於諸侯」，又數夏桀、商紂之惡曰「不告朔於諸侯」，《穀梁·文十六傳》「天子告朔於諸侯，諸侯受乎禰廟」，然則「告朔」云者，以上告下爲文，非以禮先君也。凡供給賓客，或以牲牢，或以禾米，生致之皆曰餼，《説文》「氣，饋客芻米也。或作餼」。告朔使微者行之，諸侯以其命數禮之，或以少牢，或以特羊而已。幽王以後不告朔於諸侯，而魯之有司循例供羊，至定、哀之閒猶秩之。』以周案：『告』者上下通辭，不專屬上告下。天子以朔告諸侯，諸侯至月朔自告其廟，皆謂之告朔。劉説太泥。謂周自幽王始不告朔，則『不告月』不應書於文公之世。劉楚楨知其説之不可通，謂告朔之禮至定、哀之世始廢。『文公四不視朔』，明謂天子告月而文公不視也，然則定、哀之世始不告月，《春秋》又何以不書邪？且以餼羊爲饋天子告朔之使，天子既不遣使來魯，魯之餼羊又於何饋之邪？

釋社主〔一〕

《論語·八佾》：『哀公問社於宰我。宰我對曰：「夏后氏以松，殷人以柏，周人以栗，曰使民戰慄。」』《集解》：孔曰：『凡建邦立社，各以其土所宜之木。宰我不本其意，妄爲之説，因周用栗，便云使民戰慄。』《集注》：宰我，孔子弟子，名予。三代之社不同者，古者立社，各樹其土之所宜木以爲主也。戰慄，恐懼貌。宰我又言周所以用栗之意如此，豈以古者戮人於社，故坿會其説與？

後案：『問社』亦作『問主』，依義當作『問社』。主始備，夏稱后，殷、周稱人者，以揖讓受於君，故稱后；以行仁義，人所歸往，故稱人。見《禮·檀弓正義》引《白虎通》。夏稱氏者，《國語·周語》稱『禹有平水土之功，皇天嘉之，胙以天下，賜姓曰姒氏，曰有夏』，是夏爲有天下之號，實即氏也。松、柏、栗，社之主也。邢疏：『夏都安邑，宜松。殷都亳，宜柏。周都豐鎬，宜栗。是各以其土所宜木，謂用其木以爲社主也。張、包、周本以爲哀公問主於宰我，先儒或以爲宗廟主者，杜元凱、何邵公用之以解《春秋》，亦以爲宗廟主，今所不取。』邢氏此疏甚分明。《公羊・文公二年傳》何注引此經疏曰：『《論語》鄭氏注謂社主，正以《古文論語》哀公問社於宰我故也。今文《論語》無「社」字。』是以何氏以爲廟主耳！語與邢疏合。據《禮・祭法正義》及《御覽・禮儀部》引《五經異義》今《春秋公羊》説：『祭有主者，孝子以主繫心，夏后氏以松，殷人以柏，周人以栗。今《論語》説哀公問主於宰我，宰我答夏后氏以松，夏人都河東，宜松也；殷人以柏，殷人都亳，宜柏也；周人以栗，周人都豐鎬，宜栗也。古《周禮》説虞主用桑，練主用栗，無夏后氏以松爲主之事。』許氏從《周禮》説，以《論語》所云爲社主。鄭與許同，故無駁。然則哀公所問，宰我所答，其爲社主無疑。古以樹爲社主，使神棲息憑依，如今神樹之類。《韓非子》曰：『夫社木而塗之，鼠因以自託也，熏之則木焚，灌之則塗阤。』此正樹木爲主之證。後世宋之櫟社，豐之枌榆社，皆以樹名，《周官》所謂『設其社稷之壝而樹之田主，各以其野之所宜木，遂以名其社與其野也』。合觀諸經傳，各説問社主而答以所宜木，辭固不謬；特使民戰慄之説，非經恉耳。《周官・小宗伯》：『若大師，則師有司而立軍社、奉主車。』鄭君注曰：『社之主，蓋以石爲之。』唐武后時，東都置大社，問禮官博士社主之制，張齊賢等議曰：『《春秋》「君以軍行，祓社釁鼓，祝奉以從」，故曰不用命戮於社，社主用石以可奉而行也。《吕氏春秋》「殷人社用石」，後魏天平中遷大社石主，其來尚矣。』張氏等此議引據分明。先儒謂大夫以下之社，祇有木爲主，天子諸侯之社，既樹木又爲石主，以棲其神。《左傳·襄公二十五年》陳侯擁社以見鄭子展，是社必立主之證。或以社壇而不屋，爲主無所藏之，不知古者藏主於石函，函中有笥以藏主。《左傳·昭公十八年》、《哀公十六年》杜注以祏爲藏主石函，社主可知。又《莊公十四年傳》『典司宗祏』，注：『宗祏，宗廟中藏主石函。』《釋文》云：『藏主石函，石函其即石室與。』《説文》『祏』字下云：『《周禮》有郊宗石室。』《五經異義》：『終禘及郊宗石室。』是石室者無廟之主所由藏也。〔二〕《哀公四年》『亳社災』，後儒因此謂公遇災而懼，故有此問。或以社木燼於火，欲求木以植之，皆以意言之也。〔三〕蘇子由《古史·魯論》篇以哀公欲去三桓，問答各爲隱語，此尤不經之談。

【箋注】

〔一〕輯自黄式三《論語後案·八佾三》，清光緒九年浙江書局刻本。

〔二〕參見黄以周《禮書通故》第十三《社禮通故》：《異義》云：『今《論語》説：哀公問主於宰我，宰我答「夏后氏以松」，夏人都河東，宜松也；「殷人以柏」，殷人都亳，宜柏；「周人以栗」，周人都灃鎬，宜栗也。』以周案：《論語》『問社』，張、包、周本作『問主』，《公羊》家説以爲『宗廟主』，許君以宗廟主無用松，此謂『社主』。鄭不駁。説詳『宗廟』門。鄭注據《周官》『樹之田主』以證《論語》，以爲夏松、殷柏、周栗，各以其野所宜木。或據《尚書逸篇》『東社惟柏，西社惟栗』，以爲殷都亳在東，故社惟柏，周都灃鎬在西，故社惟栗，其説可通。俞理初謂『五方田主各樹所宜木，不遵松、柏、栗之制，《論語》所言是削木之主，或松，或栗，各依京師』，不可信。

又：『社主』之説不一，或云『社樹木以爲主』，或云『以石爲之』，或云『削木爲之』，或云『石主長五尺，方二尺，剡其上，方其下，埋其半於土中』，或云『石主長尺六寸，方尺七寸』。以周案：古者軍行載社主，軍還復奉主歸諸社，見《大司馬》注。陳侯亦嘗擁社以見鄭子展。如只『樹木以爲主』，則主不可『載』。如用長五尺、方二尺之石主『埋其半於土中』，則主不可『擁』。如以『載』、『擁』之故而易以木主，則露立社壇又易朽腐。今以鄭義考之。《論語》問社謂田主，《大司徒》：『樹之田主，各以其野之所宜木。』注云：『所宜木，謂若松、柏、栗。』竊謂田主各以其野所宜木，是不限以松、柏、栗矣。《論語》言『夏以松』、『殷以柏』、『周以栗』，當指國社言。《大司徒》言『各以其野所宜木，遂以名其社與其野』，是以方社言。《記》言『社受霜露風雨，以達天地之氣，故壇而不屋』，凡無屋者不設木主，故樹其木以爲神位。《墨子·明鬼篇》：『聖王建國營都，必擇木之修茂者以爲菆位。』菆位者，主道也。社無屋，樹木爲菆位，與『士無廟，結茅爲菆位』正同。凡爲菆皆無別主，而鄭注《小宗伯》『大師立軍社』則云：『社之主，蓋以石爲之。』《晉志》引摯虞説『大社爲群姓祈報，立主不可廢，故凡祓社、釁鼓，主奉以從』，則王社也。是則軍社用王社主，王社又有石主矣。其所以用石主者，爲王社亦無屋，無屋者不設木主也。唐張齊賢議大社主亦引《春秋》『祓社』之事，云『社主用石，以可奉而行也』。《吕氏春秋》『殷人社以石』，今見《淮南·齊俗訓》。其來尚矣』。申其説者謂：『大夫以下之社以所樹之木爲主，天子、諸侯大社既樹木爲菆位，亦用石主以依其神。』别備一義。石主可奉可擁，其制蓋小。後人以宋臣言『石主長五尺』過重，即以唐臣所議『長一尺六寸，方一尺七寸』亦不便奉、擁，於是有『木主』之說。俞理初遂以《論語》『夏松、殷柏、周栗』謂『削此木以爲主』，又以木主不宜露立，於是有『用石匱以藏』之説。於古無徵，有難取信。至錢竹汀謂『社木非主』，方觀旭謂『軍社以幣帛爲主』，其説更誣。

〔三〕亳社，參見黄以周《禮書通故》第十三《社禮通故》：『亳社』，《禮記》作『薄社』，《公羊》作『蒲社』。鄭玄云：『薄社，殷之社。殷始都薄。』何休云：『「魯蒲社災」，先世之亡國在魯竟者。』以周案：鄭意殷始都薄，薄爲古文『亳』之叚借，其作『蒲』者，古文『薄』之隸省也。依何意，蒲爲『薄』之借，『薄社』乃其國竟先世之社，非必殷之『亳社』，《禮》謂之『勝國之社』，《公羊》謂之『亡國之社』，《白虎通義》又謂之『誡社』。又：《記・郊特牲》云：『薄社北牖，使陰明也。』《公羊傳》云：『亡國之社，掩其上而柴其下。』焦循云：『《論衡》亦云「屋其上，棧其下」，《説文》「棧，棚也」，蓋如今之柵欄。然以柴作棧，已自通明，不必北牖。如《郊特牲》説唯有北牖，則不可入尸、祝之類。疑四面爲棧，向北有門，可通出入也。』以周案：柴、棧同義。鄭注《媒氏》，於『奄其上棧其下』之下曰『使無所通』。《論衡》於『屋其上棧其下』之下曰『絶於天地』，絶即不通之謂。則所謂『棧其下』者，是編柴以爲壁，使四面不通明也。焦氏誤以『棧』爲『通明』之物，反疑《記》文，謬矣。祭亡國之社在北牖下，然『北牖』亦惟亳社有之。

釋屏坫[一]

《論語・八佾》：曰：『邦君樹塞門，管氏亦樹塞門。邦君爲兩君之好，有反坫，管氏亦有反坫。管氏而知禮，孰不知禮？』《集解》：鄭曰：『人君别内外於門，樹屏以蔽之。反坫，反爵之坫，在兩楹之間。若與鄰國君爲好會，其獻酢之禮更酌，酌畢則各反爵於坫上。今管仲皆僭爲之，如是，是不知禮。』《集注》：屏，謂之樹。塞，猶蔽也。設屏於門，以蔽内外也。好，謂好會。坫，在兩楹之間，獻酬飲畢，則反爵於其上。此皆諸侯之禮，而管仲僭之，不知禮也。愚謂孔子譏管仲之器小，其旨深矣。或人不知而疑其儉，故斥其奢以明其非儉。或又疑其知禮，故又斥其僭以明其不知禮。蓋雖不復明言小器之所以然，而其所以小者，於此亦可見矣。故程子曰：『奢而犯禮，其器之小可知。蓋器大，則自知禮而無此失矣。』此言當深味也。蘇氏曰：『自脩身正家以及於國，則其本深，其及者遠，是謂大器。揚雄所謂「大器猶規矩準繩，先自治而後治人」者是也。管仲三歸、反坫，桓公内嬖六人，而霸天下，其本固已淺矣。管仲死，桓公薨，天下不復宗齊。』楊氏曰：『夫子大管仲之功而小其器。蓋非王佐之才，雖能合諸侯、正天下，其器不足稱也。道學不明，而王霸之略混爲一途。故聞管仲之器小，則疑其爲儉，以不儉告之，則又疑其知禮。蓋世方以詭遇爲功，而不知爲之範，則不悟其小，宜矣。』

後案：鄭君於《郊特牲》『臺門而旅樹』，注云『此皆諸侯之禮也』。旅，道也。屏，謂之樹，樹所以蔽行道。管氏『樹塞門』，塞猶蔽也。《禮》：『天子外屏，諸侯内屏，大夫以簾，士以帷。』郭氏於《爾雅》『屏謂之樹』，注曰『小牆當門中』。又，鄭君於《季氏》篇『蕭牆』，注云『蕭之言肅也。牆，屏也。君臣相見至屏而加肅敬，是以謂蕭牆』。然則『樹塞門』者，謂以牆爲屏也。皇疏謂古屏以土爲之，未必如後世用版。《荀子》曰：『天子外屏，不欲見外也。諸侯内屏，不欲見内也。』《後漢書·齊武王縯傳》注引《白虎通》曰：『所以設障者何？以自障也，示不極臣下之敬也。天子德大，故外屏。諸侯德小，故内屏。』是屏之設，非苟焉而已也。陳用之曰：『臺門旅樹當道而設。屏，外門之屏也。治朝在路門之外，天子當宁而立，宁在門屏之間，此路門之屏也。《國語》「吴王背屏而立，夫人向屏」，此寢門内之屏也。《魯廟疏》「屏，天子廟飾」，此廟門内之屏也。《月令》「天子田獵，整設於屏外」，此田防之屏也。諸屏不同處，皆以土爲之。』〔二〕

《郊特牲》孔疏曰：『鄉飲酒是卿、大夫之禮，尊於房户間。燕禮是燕己之臣子，尊於東楹之西。若兩君相敵，則尊於兩楹間，故其坫在兩楹間。』陳用之曰：『坫者，以土爲之，其别有四。

《記》曰「反坫出尊」,《語》曰「邦君有反坫」,此反爵之坫也。《記》曰「崇坫康圭」,此奠玉之坫也。《記》又曰「士於坫一」,此庋食之坫也。《士冠禮》「爵弁、皮弁、緇布冠各一,執以待於西坫南」。《大射禮》「將射,工遷於下,東坫之東南」。《士喪禮》「牀笫,夷衾,饌於西坫南」。《既夕禮》「設棜於東堂下,南順,齊於坫」。此堂隅之坫也。』陳氏說四坫分明。〔三〕其四坫所設之處,反爵之坫在兩楹間,奠圭之坫在堂下,庋食之坫在房中,堂隅之坫近奥者謂之西坫,近宧者謂之東坫。甬上全氏辨之較陳氏爲明確。《逸周書·作雒》篇『咸有四阿反坫』,注:『反坫,外向室也。』東發先生據此,謂如院司臺門内立土牆之例。觀《郊特牲》以『反坫』與『臺門』相聯,《逸周書》以『反坫』與『四阿』相聯,則《論語》以『反坫』與『樹塞門』相聯,疑其均爲宫室僭侈之事。此别一說。〔四〕

【箋注】

〔一〕輯自黄式三《論語後案·八佾三》,清光緒九年浙江書局刻本。

〔二〕參見黄以周《禮書通故》第二《宫室通故二》:孔穎達云:『諸侯内屏,在路門之内;天子外屏,在路門之外,而近應門。』江永云:『天子屏在應門外,諸侯屏在雉門内。若路門,不當有屏。』焦循云:『屏以木爲之,可設可去。』以周案:屏,謂之蕭牆,是築土爲之,非用木可遂置也。屏,亦謂之樹。《論語》『邦君樹塞門』,言『塞門』,則屏必近於門矣。門既設屏，車不得出入，故人君至卿位則下，《記》曰『君子下卿位』。卿位在治朝，則應門不得有屏矣。自鄭注《樂師》有『天子登車在大寢西階前』之説，焦氏因謂『屏可設可去』，承謬襲訛，未足信也。

又：《爾雅》：『屏謂之樹。』《廣雅》：『罘罳謂之屏。』李巡説，以垣當門自蔽，名曰樹。郭璞説，小牆當門中。以周案：《爾雅》『屏謂之樹』，都名也。《廣雅》『罘罳謂之屏』，别名也。屏有二：塞門之屏，以土爲之；罘罳在門上，以木爲之。鄭注『旅樹反坫』引《爾雅》文，云『樹所以蔽行道』，又注『疏屏天子之廟飾』亦引《爾雅》文，云『今浮思也，刻之爲雲氣蟲獸，如今闕上爲之矣』。分剖兩屏，其義甚當。近王懷祖、郝蘭皋牽合爲一，失之。

〔三〕參見黄以周《禮書通故》第二《宫室通故一》：坫有四：一堂隅之坫，一出尊之坫，一康圭之坫，一庋食之坫。皇侃云：『反坫，築土爲之，形如土堆。』賈公彦説，《明堂位》『崇坫』、《論語》『反坫』，在廟中。《儀禮》言坫，皆據堂上角爲名。《大射儀》注云『豐以承尊也』，此豐在宗廟。或兩君燕，亦謂之坫，致爵於其上。阮諶説，坫以木爲之，高八寸。聶崇義説，坫以承爵，施於燕、射之禮則曰豐，都斲一木爲之，口圜微侈。以周案：坫，累土爲之，故於文從土。四坫皆同。《爾雅》：『垝謂之坫。』垝爲毁垣，是牆之隋而卑者，坫則方而尤卑也。坫非用木，阮説失之。反坫非大夫所有，而大夫鄉射得設豐，則豐非反坫可知。賈、聶兩説尤悖。

又：賈公彦云：『堂隅有坫，以土爲之。』江永云：『堂之四隅即爲坫，非别有土爲之。反坫以反爵，崇坫以康圭，乃是燒土爲之。』焦循云：『《説文》：「坫，屏也。堂角爲小屏謂之坫。」』以周案：鄭注《士喪禮》云『衆主人辟於東壁南面，則當坫之東』，又注《特牲禮》云『爨灶近西壁，南齊於坫』，是坫即因東、西壁之隅别築土爲之。諸説皆誤，賈疏是。

〔四〕參見黄以周《禮書通故》第二《宫室通故一》：鄭玄云：『反爵之坫，在兩楹之間。人君與鄰國有好會，其獻酢之禮，更酌酌畢，則各反爵於其上。』孔穎達云：『坫，築土爲之，在兩楹間近南。』黄震説，《郊特牲》反坫與臺門相聯，《逸周書》反坫與四阿相聯，《論語》反坫與樹塞門相聯，蓋如院司臺門内立土牆之例。以周案：禮，飲畢反爵於篚，未聞有奠於坫者。《明堂位》云『反坫出尊』，謂出其尊而反之於坫，反之言出，俗解『反坫』爲『覆爵』，大謬。坫以處尊。舊解『反坫』爲『反爵』，亦誤。禮殺，反爵不反尊；禮盛，爵與尊俱反於故處。邦君之好，元后之饗，其禮盛，有反尊之事，故設反坫。尊在兩楹之間，坫當設於兩楹之南，故鄭注《明堂位》云『反坫當尊南』。若『兩楹之間』，爲賓主行禮之所，不可以設坫，鄭注『間』字似『南』字之誤。行禮時尊在兩楹南之坫，獻酢時設之於兩楹間，飲畢，又反之於故處爾。東發説别一義。

又：鄭玄云：『「反坫出尊」，當尊南也。禮，君尊於兩楹之間。』金鶚云：『兩君燕飲，宜尊於房户之間，與東楹相當。坫與尊同處。《明堂位》「反坫出尊」，天子之廟飾也。天子反坫在尊南，則諸侯反坫當在尊北。』以周案：反坫本諸侯所有，而魯兼用天子之崇坫，故記者連類侈言之。鄉射尊於房户間，燕禮尊於東楹之西。兩君之好，其獻酢時尊於兩楹間，與燕禮同，飲畢，則出其尊，反於兩楹南之坫。『反坫出尊』，『崇坫康圭』，出釋反，康釋崇，記者自明。兩坫名義如此，非有『尊南』、『尊北』之分也，金説殊誤。其謂『天子有二坫，堂下坫以反諸侯之爵』，更鑿。禮，賓主共一尊，見《鄉飲酒義》。故無二坫。其爵，天子反於堂上之篚，諸侯反於堂下之篚，自當有别。

又：禮家説，反坫、崇坫，並在兩楹間。『崇坫康圭』，康讀『亢龍』之亢，亢所受圭奠於上焉。吴廷華説，《覲禮》：『侯氏入門右，坐奠圭。』奠之於坫也，崇坫在門右。金鶚説，崇坫在庭之東。以周案：崇玷，取『康圭』之義，康之言大，謂崇大之也。《記》曰『康周公』，天子崇大其圭，受而撫之於坫曰崇坫，非侯氏所得奠也。鄭注本明，吴、金諸説皆錯。《覲禮》：『侯氏坐取圭，升，王受之玉。』『玉』之者，即康圭之義，於以撫之於崇坫。

釋賦法〔一〕

《論語·公治長》:『子曰:由也,千乘之國,可使治其賦也,不知其仁也。』《釋文》:『賦,梁武云《魯論》作傅。』案:傅,賦之借字。《漢書·高帝紀》『蕭何發關中老弱未傅者,悉詣軍』,《景帝紀》『合天下男子二十始傅』,即『賦』借字。《集解》:『孔曰:賦,兵賦也。』《集注》:『賦,兵也。古者以田賦出兵,故謂兵爲賦,《春秋傳》所謂「悉索敝賦」是也。言子路之才可見者如此,仁則不能知也。』

後案:《周官》凡起徒役無過家一人,以其餘爲羨,此大田簡衆之法,一家出一正卒也。正卒之輪供乘卒,八卒止用一卒,此成出一乘之法,一井出一卒也。一乘合兵車、輜車用百人,每軍用兵車、輜車百二十五乘,王者萬乘,六軍止用七百五十乘。是出軍一次,特用十三分之一,而乘卒又不盡赴軍役也。故以萬乘算之,凡出軍十三次,遞用九千七百五十乘,而萬乘之賦一周有餘。以八家輪供算之,出軍至一百有六次,而八家中教練之正卒一周而有餘。當周盛時,自黜殷作洛而後,止伐淮踐奄諸事,無黷武窮兵之弊。想此時之民,老死不赴軍役者爲多。蓋周公之定制盡善，而民之被澤長矣。使周之君若相常遵此法，無事則訓練不弛，使之家出一人，而蒐苗獮狩教以步伐止齊之節；使之成出一乘，而井邑丘甸繕其馬牛車輦之資；賦不患其不治也。有事則用六軍之衆以奏捷疆場，留萬乘未赴之卒以守衛王畿。六軍外不輕發一卒，以重内鎮之權。六軍不足，徵之方伯、諸侯，不失禦外之策，賦又不患其不治也。成周之賦法大率如此。侯國之法，八家相更以供乘賦，與王朝同。所異者王朝萬乘，六軍特用其十三分之一；大國千乘，三軍合用三百七十五乘，則一次出軍已用其三之一而有餘，此其出軍遞征緩急之次亦自有通變法也。王畿方千里，提封百萬井，爲一萬成之地，成出一乘，其地無餘。大國之法不得過千乘，乘賦祇用一封方三百一十六里之地，而公地方五百里，其餘地正可酌爲定制以次遞用。四方有變，王畿必出六軍以討之。列國必因一方之變乃用一方之兵，一方復有列侯可以遞召，不必以屢出疲勞爲疑。王畿萬乘、大國千乘，強榦弱枝之法，其賦法之輕重、遞征之緩急，與王朝同，率土莫非王臣，不容有勞逸之殊。或疑賦法王畿輕而列國重，非也。侯國地方四百里，車亦千乘，依次國二軍之例，一次出軍用二百五十乘，爲千乘四分之一。侯有附庸九同，合正封地亦方五百里，其三百一十六里出千乘之外，餘地可以遞征，與公同。伯出二軍，其地方三百里，爲方百里者九，得出賦九百乘；又有附庸七同，得出賦七百乘，皆可備遞征之用。子、男皆出一軍，子地二百里，爲方百里者四，得出賦四百乘；又有附庸五同，得出賦五百乘，可以備遞征之用。惟男地方百里，以成出一乘計之，國止百乘，出一軍不足，而以附庸三同足其數，得出賦四百乘，則一軍用一百二十五乘，其餘亦備遞征之用。列國之出軍，緩急斟酌出於時宜，必迭用征調，初無勞逸之殊。賦法大率如此。周末治賦之弊，遭變則多所增，增則民困而國危；處常則多所匿，匿則民離而國弱。治此者，民氣鋭而執不靡，不以懼而增之；國政一而權不分，不以私而匿之。訓練之精，簡閱之公，一以先王之道推之而已。〔二〕

《周官・小司徒》賈疏據鄭君注《周官》引《司馬法》『革車一乘，士十人，徒二十人』，爲天子畿内采地法，鄭君注《論語》引《司馬法》『甲士三人，步卒七十二人』爲畿外邦國法，畿内甲士多，畿外甲士少。又謂《司馬法》云『一成三百家』者，以宫室、塗巷三分去一，不易、一易、再易，通率二而當一，故一成唯有三百家。案：賈疏有數誤。古者田有一易、再易之法，又如山林九度當一井，藪澤八鳩當一井，京陵七辨當一井，淳鹵六表當一井，疆潦五數當一井，偃豬四規當一井，原防三町當一井，隰皋二牧當一井，皆在將造都鄙之先，定其地域以裁補之。及裁補既定，屋井通成，邱、甸、縣、都之名始立，而《司馬法》所言何爲必取未經裁補之虚數？至《王制》三分去一之説，意在削小諸藩，矯枉過正，更不足引，其誤一也。成云三百家者，承上『三夫爲屋』指屋而言，若三百家出士十人，徒二十人，是十家乃出一人，於經並無所證，其誤二也。鄭君云：『一成之地，六十四井出田税，三十六井治洫。』後儒據此以通司馬二法之殊。但鄭君此注雖篤信其學者亦有所疑，況以此通二法，其三十人與七十五人仍不可解，賈氏因此爲畿内外之辨，使王畿、列國賦法兩岐，其誤三也。《坊記》孔疏既據《小司徒》注以『統溝洫爲十里，除溝洫爲八里』，明甸與成之互易，而又以天子六鄉，家出一人，爲六軍，遂與公邑皆同。其云成出革車，士徒三十人者，爲畿内卿大夫采地之制；其云甸出兵車，士卒七十五人者，爲列國之制。此孔説分畿内、列國，與賈疏之誤同。其以家出一人，六鄉足供六軍，與《學而》篇包注之誤同。今論王畿、列國賦法之同，故並辨之。〔三〕

【箋注】

〔一〕輯自黄式三《論語後案·公冶長五》，清光緒九年浙江書局刻本。

〔二〕參見胡氶《明明子論語集解義疏》卷五《公冶长第五》：皇疏引范寧云：『武伯意有未愜，或似仲尼有隱，故再問也。』《釋文》引鄭注云：『賦，案軍賦，即兵賦也。』朱注：『賦，兵也。古者以田賦出兵，故謂兵爲賦。《春秋傳》所謂悉索敝賦是也。言子路之才，可見者如此，仁則不能知也。黄先生曰：『……一以先王之道推之而已。』

〔三〕參見胡夤《明明子論語集解義疏》卷五《公冶長第五》：疏曰：『「賦，兵賦」者，《左·隱四年傳》云：「敝邑以賦，與陳蔡從。」服虔注：「賦，兵也。以田賦出兵，故謂之賦。」案：《周禮·地官·小司徒》：「乃經土地而井牧其田野。九夫爲井，四井爲邑，四邑爲邱，四邱爲甸，四甸爲縣，四縣爲都，以任地事而令貢賦。」《夏官·大司馬》：「凡令賦，以地與民制之。上地食者三之二，其民可用者家三人；中地食者半，其民可用者二家五人；下地食者三之一，其民可用者家二人。」與《小司徒》法合。此所謂以田賦兵也。黄先生曰：「《周官·小司徒》……故並辨之。」』

釋邑〔一〕

《論語·公冶長》："子曰：求也，千室之邑，百乘之家，可使爲之宰也，不知其仁也。"《集解》："孔曰：千室之邑，卿大夫之邑也。卿大夫稱家，諸侯千乘，卿大夫故曰百乘也。宰，家臣。"《集注》："千室，大邑。百乘，卿大夫之家。宰，邑長家臣之通號。"

後案：邑有以國邑言者。《左傳》凡稱人曰"大國"，凡自稱曰"敝邑"，《尚書》曰"天邑商"，曰"作新大邑於東國洛"，是邑爲國之通稱。《白虎通》曰"夏曰夏邑，商曰商邑，周曰京師"，皆以國言也。邑有以里居言者，《周官·里宰》"掌比其邑之衆寡"，《左傳·莊公二十八年》"凡邑有宗廟先君之主曰都，無曰邑"，《王制》"量地以制邑"，皆以里居言也。里居之邑不同，《周官》"四井爲邑"，《論語》"十室之邑"，《易》"邑人三百户"，《管子·小匡》"六軌爲邑"，《初學記》引《書大傳》"五里爲邑"。千室，則邑之大者耳，孔注以千室爲卿大夫之邑。然邑必有宰，公邑及私邑未可定。邢疏以千室即百乘之家，尤失之也。《司馬法》："成方十里，出車一乘。"是百乘之家地一同，一同之地爲方百里。天子之卿受地視侯，則有百里之采。至周末，列國之大夫容有僭制

至此者矣。〔二〕

《坊記》孔疏曰：『家富不過百乘者，諸侯之卿采也。故《左傳》曰「卿備百邑，地方百里」也。』孔氏此疏云，本皇氏。鄭君注《小司徒》云：『百里之國，凡四都。五十里之國，凡四縣。二十五里之國，凡四甸。』皇氏據此爲王朝之制公百里、卿七十里、大夫二十五里也。傳云：『卿備百邑。』《論語》云：『百乘之家。』皇氏據此爲諸侯臣之制，謂公之孤、侯伯之卿，與天子三公同，俱方百里。公之卿與侯伯之大夫，俱方五十里。公之大夫與侯伯之大夫，俱方二十五里。惟子、男地狹，其卿之采地，不得復方百里也。蓋孔氏所見皇氏《禮疏》如此。式三案：此經皇氏《義疏》云『百乘之家』，是三公之采，鄭君注《雜記》及此並云『大夫，百乘者』，三公亦通有大夫之稱也。又言『公之臣，大采五十里。侯之臣，大采四十里』，並無列國臣得食采百里之説。而孔氏所引皇氏《禮疏》凡有數誤。以王朝之臣下夷侯國，諸侯之臣上擬王朝，且以公之卿與侯之大夫等，甚失先王定尊卑、别上下之法，其誤一也。熊氏謂『卿備百邑』，鄭《志》本云『邑方二里』，則百邑之地並非一同之數，決不能出百乘之賦，欲伸鄭君説而實失鄭君詣，其誤二也。鄭君《易・訟卦注》云：『侯國之下，大夫采地方一成，其定税三百家。』鄭君注《論語》云：『伯氏駢邑三百家，爲齊下大夫之制。』鄭君意以侯國下大夫唯食三百家之税，皇氏既伸鄭君説，乃舍此二注別自爲説，其誤三也。鄭君釋《大司徒》以《王制》縣内之數爲夏之采地，周制未聞。其釋《小司徒》有『百里』、『五十里』、『二十五里』之文，想亦姑用舊説，自爲未定之論。皇氏乃據此衍説諸侯臣之采地，尤非鄭君意，其誤四也。《禮》云『家富不過百乘』，自指王朝三公之食采言，列國豈待過於百乘方爲失禮？皇氏二疏不同，當依《論語疏》爲是。鄭君於《大學》注云『百乘之家，有采地』，並未指爲侯國之臣。孟獻子以士之初試而畜馬乘，遞推大夫伐冰之家，又以伐冰之家遞推百乘之家，則百乘必非侯國臣所常有，或指王朝之制，或指當時列國強僭之臣而言也。《孟子》言千乘之家、百乘之家亦然。孔疏又引熊氏説云：『諸侯臣賜地無常，得賜地者，卿百乘，下大夫同十里之成。』卿百乘，當依《左傳》作『百邑』。據《孟子》班禄之制，下大夫田八百畝，當得食二邑之公田，賜地則不過一成。大國之卿，食二邱，賜地則不得過百邑。四井爲邑，一邑則七十二夫之地，一成則九百夫之地，八邑爲一邱，百邑則二十五邱。卿大夫受田之制，依《孟子》、《左傳》諸書考之當如此。〔二〕

【箋注】

〔一〕輯自黄式三《論語後案·公治長五》，清光緒九年浙江書局刻本。

〔二〕參見胡夤《明明子論語集解義疏》卷五《公冶長第五》：朱注：『千室，大邑。百乘，卿大夫之家。宰，邑長家臣之通號。』蒙案：《説文》：『邑，國也。從口。先王之制，尊卑有大小。』故『從卩』，會意。《爾雅・釋地》：『邑外謂之郊。』注：『邑，國都也。』《左傳》凡稱人曰大國，自稱曰敝邑。《書》『西邑夏』，『大邑商』，『大邑周』。《白虎通義》：『夏曰夏邑，商曰商邑，周曰京都。』此邑以國邑言也。《周官・里宰》『掌比其邑之衆寡』，注：『猶里也。』《左・莊二十八年傳》『凡邑有宗廟。先君之王曰都，無曰邑』，《公羊・桓元年傳》『邑多田少稱邑』，《王制》『量地以制』，此邑以里居言也。里居之邑有大小：《周禮・小司徒》『四井爲邑』，《管子・小匡》『六軌爲邑』，《初學記》引《尚書大傳》『五里爲邑』，《周易》『邑人三百户』。此經十室之邑，邑之小者也；千室之邑，邑之大者也。凡邑必有宰，公邑及私邑未可定。孔注以千室爲卿大夫之邑，邢疏以千室即百乘之家，非也。《左・襄二十七年》疏引鄭注云：『大夫之家，邑有百乘。』《大學》疏引鄭注云：『采地一同之廣輪也。』黄先生曰：『《司馬法》：「成方百里，出革車一乘。」是百乘之家地一同，一同之地爲方百里。天子之卿受地視侯，則有百里之采。至周末，列國之大夫容有僭制至此者矣。』

〔三〕參見黄以周《禮書通故》第三十四《職官禮通故一》：皇侃云：『據《小司徒》注，公食百里，卿食五十里，大夫食二十五里。其諸侯之卿大夫，傳曰「卿備百邑」，《論語》曰「百乘之家」，則公之孤，侯、伯之卿，與天子三公同，俱方百里。公之卿，與侯、伯之大夫，俱方五十里。公之大夫，與侯、伯之下大夫，俱方二十五里。其子、男之地惟方二百里以下，其卿之采地不得復方百里。案《易・訟卦》注云：「小國之下大夫，采地方一成，其定税三百家。」唯有此文。其子、男中都、大都，無以言之。』熊安生云：『以《小司徒》注推之，公之大都，采地方百里；侯、伯大都，采地方五十里；子、男大都，采地方二十五里。以畿外地闊，故公之大都與天子大都同也。其中都，采地無文。其小都，則下大夫三百家，一成之地也。《左傳》『卿備百邑』者，鄭《志》以爲邑方二里，與百乘別。又，諸侯之臣賜地無常，得地者，卿百乘，下大夫同十里之成。』以周案：皇氏《禮疏》『侯、伯之卿百里』，反加天子之卿三倍；侯、伯之大夫分爲二，又與公之大夫不合。皆不可通。其作《論語義疏》以『百乘之家』爲三公之采，又言『公之臣，大采五十里；侯之臣，大采四十里』，説自違異。熊説較爲近是。胡氏《釋官》申其説云：『公之采地當三等，侯、伯、子、男之國無孤，采地當二等，不必有中都。公之孤方百里，卿方五十里，大夫方十里。侯、伯之卿、大夫亦如之。子、男之卿方二十五里，大夫方十里。』據《周禮》，大國有孤，如天子三公。天子之公采地與卿異，則大國之孤亦當與卿異。侯、伯之卿與公之卿俱方五十里者，以其命數同也。子、男之卿異於公、侯、伯者，以子、男國小地狹，故卿降而爲二十五里。大夫仍方十里者，據《孟子》言『班禄之制，大、小國大夫之禄不殊，而卿以上各異』，則知侯國之大夫采地皆一成也。竊謂大國之孤卿不得同天子之公地方百里，胡氏所説，仍有未安。凡爵、禄，皆依命數。大國之孤卿四命，與天子大夫同，則公之孤當如天子之大夫地方二十五里。其卿十里。衛免餘曰：『惟卿備百邑。』備百邑之卿即孤卿。邑方二里，鄭《志》據《小司徒》『四井爲邑』言之，其説自確。杜注以一乘名邑，本不足據。百邑即方二十里之縣，據旁加言之，爲二十五里也。《荀子》云『有五乘之地者，事三世。有三乘之地者，事二世』，《王制》『大夫三廟，士一廟』，則有五乘之地者，諸侯之上大夫也；有三乘之地者，諸侯之下大夫也。《司馬法》『甸出革車一乘』。

甸，六十四井。五乘，三百二十井，其地三成。三乘，百九十二井，其地二成。則大國之卿封邑三成，其大夫，封邑二成也。小國之卿視下大夫，二成，其大夫一成。《易》之《訟二》曰：『其邑，人三百户。』鄭注云『小國下大夫之采地一成，定出税三百家』，是也。但此爲卿大夫之封邑而非采地，采地當小於封邑耳。晋叔向言班禄之法曰：『大國之卿，一旅之田；上大夫，一卒之田。』别上大夫而言卿，卿謂孤卿也。一旅之田爲一成，成方十里。則孤卿之受封二十五里，視天子之大夫，其采地直同天子之卿。上大夫之受封三成，視天子之元子，其采地亦同天子之大夫。所以爾者，封邑必視命數，與封國同授，采則視其爵，爲卿、大夫之名同也。《王制》所言天子之制，多與《周官》不合，爲所記係殷制。其言諸侯之制，與周初不甚異，爲周諸侯之制即本文王、武王爲殷諸侯時制。《王制》言諸侯之大夫禄食七十二人，大國之卿食二百八十八人，以叔向之言校之，其數相近，是亦可證采禄與封邑之宜别也。若夫《論語》稱『百乘之家』，《記》言『家富不過百乘』，此爲賞田、加田之極大者，非特在正采之外，并亦在正封之外也。正采與加田皆無國征，封邑與賞田皆參之一食，鄭君誤以正封之邑爲正采，遂謂采地亦有國征，未是。近之考禄田者，既不知正采、正封之分，又不以爵、命相比例，每以諸侯之臣動擬王國，非特子、男小侯百里難施，即此侯、伯之國，卿方五十里、大夫二十五里以爲采地，傳其子孫，百年之後，無以待賢者矣。

説擯介〔一〕

《論語·公冶長》：『赤也何如？』子曰：『赤也，束帶立於朝，可使與賓客言也，不知其仁也。』《集解》：馬曰：『赤，弟子公西華。有容儀，可使爲行人。』《集注》：孔子弟子，姓公西，字子華。

後案：依《曲禮》孔疏及諸書校考之，諸侯自相爲賓之禮。凡賓主各有副，賓副曰介，主副曰擯及行人。若諸侯自行，則介各從其命數，公九命九介，侯伯七命七介，子男五命五介。至主國大門外，主君及擯出門相接。主君是公，擯者五人；侯伯，擯者四人；子男，擯者三人。所以不隨命數者，謙也，故並用強半之數也。〔二〕賓若是公，來至門外，直當闑西，去門九十步而下車，立當前軹，《大行人職》所云『公朝位，賓主之間九十步』。其侯伯去門七十步下車，立當前侯，《大行人》所云『朝位，賓主之間七十步』。子男去門五十步下車，立當衡，《大行人》所云『朝位，賓主之間五十步』。〔三〕而九介立在君之北，邐迤西北，並東向而立。主君出，直闑東，立當車軫。主君之立以西向，賓之立必東向，五等列侯無南北面之禮也。擯在主人之南，邐迤東南立，並西向，使末擯與末介相對中間，傍去三丈六尺。列擯、介既竟，則主君就擯求辭。所以須求辭者，不敢自許人來詣己，恐爲他事而至，故就求辭，自謙之道也。求辭之法，主人先傳求辭之言與上擯，上擯傳至次擯，次擯繼傳至末擯，末擯傳與賓之末介，末介以次繼傳上至於賓。賓答辭隨其來意，又從上介而傳下至末介，末介又傳與末擯，末擯傳相次而上至於主人。傳辭既竟，而後迎賓至門。〔四〕知擯、介朝位如此者，《大行人職》文。又知傳辭拜迎賓前至門者，《司儀職》文。其傳辭，《司儀》之『交擯』也。其列擯、介傳辭委曲，約《聘禮》文。若諸侯使卿大夫相聘，其介與主位，則《大行人》云卿大夫之禮，各下其君一等，鄭君注云『介與朝位』是也。主君待之擯數如待其君，其有異者，主君至大門而不出限，南面而立也。若公之使，亦直闑西北向，列七介，而去門七十步。侯伯使列五介，而去門五十步。子男使列三介，而去門三十步。上擯出闑外，闑東南西向，陳介西北東面邐迤，如君自相見也。而末介、末擯相對，亦相去三丈六尺。陳擯、介竟，則不傳命，而上擯進至末擯間，南揖賓，賓亦進至末介間，上擯與賓相去亦三丈六尺。而上擯揖而請事，入告君，君在限内，後乃相與入也。知者，約《聘禮》文。不傳辭，《司儀》及《聘禮》謂之『旅擯』。君自來所以必傳命者，《聘義》云：『君子於其所尊，弗敢質，敬之至也。』〔五〕

【箋注】

〔一〕輯自黄式三《論語後案·公冶長五》，清光緒九年浙江書局刻本。

〔二〕參見黄以周《禮書通故》第二十八《聘禮通故一》：《大行人》云：『上公介九人，擯者五人。諸侯介七人，擯者四人。子、男介五人，擯者三人。凡諸侯之卿，各下其君二等。』鄭玄云：『《聘義》「上公七介，侯、伯五介，子、男三介」，是謂使卿出聘之數也。』賈公彦云：『《聘禮》「五介」，是侯、伯之卿大聘。《玉人》云「瑑圭璋八寸，璧琮八寸，以眺聘」，上公之臣；《公食大夫》俎實云「倫膚七」，據子、男之臣。是各舉一邊而言，明五等俱有，是其互見爲義也。』以周案：諸經各舉一邊，注、疏互相推闡，是已。《聘禮》『郊勞，賓揖先入，受於舍門内』，注云：『不受於堂，此主侯、伯之臣也，公之臣受勞於堂。』是鄭固以《聘禮》所言爲侯、伯大聘之禮矣。

又：鄭玄云：『主君公也，則擯者五人；侯伯也，則擯者四人；子男也，則擯者三人。』孔穎達説，凡待聘客及朝賓，其擯數皆然。若擯者五人，則士爲紹擯者三人；若擯者四人，則士爲紹擯者二人。李如圭云：『《大行人》「上公擯者五人，侯、伯四人，子、男三人」，諸侯自相待擯數無文。鄭據天子待己擯數以爲己國待賓之擯數也。』敖繼公云：『經但言上擯、承擯、紹擯而不言其人數，則是諸侯之擯者三人而已，不以己爵及朝聘者之尊卑而異，所以别於天子也。』以周案：鄭意來聘之介數既以爵等分多寡，則主國擯數亦當依爵等而殺之。但據經文『上擯』、『承擯』、『紹擯』，似止三人，《聘義》文同。又，『賓問卿，下大夫擯』，是卿之擯者一人。《大行人》云：『凡諸侯之卿，其禮各下其君二等。』卿擯一人則主君擯宜三人矣。敖氏此説，不爲無見，存參。先鄭注《司儀》以爲『擯九人』，不足據。

〔三〕參見黃以周《禮書通故》第三十九《覲禮通故一》：鄭玄云：「《大行人》：『其朝位，賓主之閒上公九十步，侯伯七十步，子男五十步。』朝位，謂大門外賓下車及王車出迎所立處也。王始立大門內，交擯三辭，乃乘車而迎之，齊僕爲之節。上公立當軹，侯伯立當侯，子男立當衡，王立當軫與？」熊安生、賈公彦說，春夏受摯在朝，無迎法。行朝禮訖，乃行三享在廟，乃有此迎賓之法也。覲禮受摯、受享，一無迎法。崔靈恩、孔穎達說，諸侯春、夏來朝，至皋門外，陳介。時天子車在大門內，傳辭訖，天子乘車出大門外下車。若並朝之時，王但迎公，自諸侯以下則隨之而入，更不別迎也。入至文王廟門，天子還服朝服，立於路門之外，諸侯更易服朝服，執摯入應門行禮。以周案：觀下文『廟中將幣，三享王禮，再祼而酢，饗禮九獻，食禮九舉』，則此『其朝位』云云者，據享禮、饗食而言，不關朝覲之法也。《司儀》云：『及將幣，交擯，三辭，車逆，拜辱，賓車進，答拜。』則享禮有車迎之法矣。《齊僕》云：『朝、覲、宗、遇饗食，各以其等，爲車送迎之節。』謂朝、覲、宗、遇之饗食皆有車迎，其法如《大行人職》各以其等爲之矣。朝覲本無車迎法，而此云『朝位賓主之閒若干步』者，兼明朝之交擯傳辭其立位同耳。《大行人》、《司儀》並詳述享，而朝略之者，朝禮天子不下堂，無迎賓揖讓之節，舉其禮之繁者，其省可知也。鄭注此『朝位』爲『車迎所立處』，又注下『廟中將幣三享』云『朝先享，不言朝者，朝正禮，不嫌有等也』，則此車迎之法鄭亦據享而言。疏家以此爲春朝迎法，實與經、注俱違。崔說更誤，受摯重於受享，受享冕服，受摯反易朝服，於禮不倫。又案：聘禮有迎賓法者，聘非己臣，主君客之，故經謂之『賓』。朝覲，皆己臣也，謂之『侯氏』，明不客也。且聘禮聘、享同日，既聘即入廟行享禮，無大門內迎法，故於聘先迎之。朝覲與三享異日，享時修賓主之儀，有大門內車迎法，故於朝覲時可不迎。疏家據聘禮迎聘賓，遂謂朝亦迎賓，非。金誠齋據聘禮聘、享同日，遂謂朝覲、三享亦同日，享無車迎之法，亦非。

〔四〕參見黃以周《禮書通故》第二十八《聘禮通故一》：鄭玄云：『賓出次，直闑西，北面；上擯在闑東閾外，西面。其相去也，公之使者七十步，侯、伯之使者五十步，子、男之使者三十步。此旅擯耳，不傳命。上介在賓西北，東面，承擯在上擯東南，西面，各自次序而下，末介、末擯旁相去三丈六尺。上擯之請事，進，南面揖賓，俱前，賓至末介，上擯至末擯，亦相去三丈六尺。比揖而請事，還入告於公。天子諸侯朝覲，乃命介紹傳命耳。其儀，各鄉本受命，反面傳而下，及末，則鄉受之。反面傳而上，又受命傳而下，亦如之。此『三丈六尺』者，門容二徹參个，旁加各一步也。』賈公彥云：『注云「西北東面」者，據賓西北望上介，介仍向正北陳之，上擯東南望承擯，承擯等仍向正南陳之，不謂介西北邪陳，擯東南邪陳也。云「各自次序而下」者，賓之介從南向北上次下，至末介，主人之擯從承擯向南上次下，至末擯，東西相去三丈六尺。云「揖擯俱前」者，謂上擯入向公前北面請命，出門南面遥揖賓使前，擯者漸南行，賓至末介北，東面，上擯至末擯南，西面，東西相去亦三丈六尺。』褚寅亮、胡培翬說，注謂『末介、末擯旁相去三丈六尺』，云『旁』者，非東西正相去，蓋自末擯直西至末介北，東西相去三丈六尺。末介東至末擯南亦然。若旅擯，則上擯至末擯南，賓進末介北，東西正對，相去三丈六尺。據此，則上擯與賓親自問對，其相去三丈六尺，與末介、末擯相去同，故注云『亦』也。　以周案：旅擯、交擯之傳命不傳命，先、後鄭注不同，說詳『覲禮』門。此注『公之使者七十步』云云，明『賓出次』而後與上擯『闑東閾外』遠近相去之位。又云『末介、末擯旁相去三丈六尺』，明諸擯成列而後與介遠近相去之位，此以南北言，其地衺對，故不直言擯、介之相去而曰『旁』。又云『賓至末介，上擯至末擯，亦相去三丈六尺』，明上擯『揖賓俱前』與賓遠近相去之位，此又以東西言，故復舉其相去之數而曰『亦』。賈疏於此既未分明，作圖者直以末介正對末擯，誤矣。鄭注又言天子諸侯朝覲命介紹傳命之異而云『此三丈六尺』者，明介紹傳命其相去遠近亦如旅擯，故於此總言其義。蓋古人傳命、聽命約以六步爲節，六步之内，言可以聞也，故此注並云『三丈六尺』。還玉節『大夫升自西階，鉤楹，賓自碑内聽命』，蓋亦不出六步。參見『宫室』門。賈疏不明兹義，因謂末介向末擯邊受命，傳與次介，云『此三丈六尺者，卻計前云相去』，一似朝覲之末擯與末介位相連接，無三丈六尺之閒。更誤。

〔五〕參見黄以周《禮書通故》第二十九《覲禮通故一》：鄭衆云：『凡諸公相爲賓，積、問，旅擯，九人傳辭。郊勞，將幣，交擯。擯者，交也。「交擯三辭」，謂賓讀。主之擯者俱三辭也。』鄭玄云：『積、問之禮，皆使卿大夫致之。旅讀爲鴻臚之臚，臚，陳之也。賓之介九人，使者七人，皆陳擯位，不傳辭也。賓之上介出請，使者則前對，位皆當其末擯焉。主君郊勞，交擯，各陳九介使傳辭。』以周案：合讀先鄭各注，旅之言臚，臚之言傳。旅擯者，衆擯臚傳其辭也。交擯不臚傳，則擯者面賓交相言。凡曰擯者皆上擯。其三辭亦賓與擯者面相辭。意與康成正相反。以經、《記》覆之，當以先鄭爲長。如聘用旅擯，《司儀》有明文；而《聘義》則曰『介紹而傳命』，謂賓以命傳介，介以命傳紹，以次遞傳，上擯以告主君。《論語》『君召使擯』亦爲聘禮，而皇侃等釋『揖所與立』，亦以爲擯傳辭有左右揖。此皆旅擯傳辭之明據也。《聘義》釋『介紹傳命』之義曰『君子於其所尊，弗敢質』，鄭注：『質，謂正自相當。』爲聘賓臣不敢正當君，故用旅擯以次傳命。若然，則諸侯相爲賓主，正當，介紹雖陳，而賓與上擯親對可知矣。鄭此注『交擯傳辭』，『旅擯不傳辭』，於《聘禮》注云：『此旅擯也，不傳命。』天子諸侯朝覲，乃命介紹傳命耳。』孔疏分『傳辭』、『傳命』爲二，非鄭意，觀此注自知。直破《聘義》之文，以守己説，是豈然哉？考《覲禮》，天子不下堂，用臣禮見，曰『嗇夫承命』，曰『侯氏肉袒』，經無『陳介』之文。至覲天子於壇宫，鄭注以爲時會殷同禮，乃曰『上介奉旗置於宫』，曰『四傳擯』，是旅擯傳辭之法，如禮以旅擯見，亦所謂『君子於其所尊，弗敢質，敬之至也』。其享禮，天子親迎，用賓禮見，故經曰『交擯三辭』，先鄭云：『賓主之擯者俱三辭。』謂主之擯者辭其以禮來，賓辭辭其以交擯見。辭賓禮也。大國孤卿來聘，直用臣禮，故曰『不交擯』，無『辭』文。兩君相見，賓與主敵，主君如禮以交擯見，而賓不敢居賓禮，故經亦曰『交擯三辭』。其積、問使卿大夫，如禮用旅擯，無『辭』文。其卿大夫之來聘，亦如禮用旅擯，而《司儀》云『旅擯，三辭』，又辭客禮也。交擯者，賓禮也。旅擯者，客禮也。鄭注《聘義》云：『賓見主人陳擯，以大客禮當己，則三讓之。』是也。上公『介九人』『擯五人』，《大行人》有明文。云『九人傳辭』，反踰天子之數，此先鄭之失也。旅擯，交擯，斷不可合爲一。劉端臨謂交擯、旅擯皆傳辭，以致二禮不分，此申先鄭者之失也。鄭注『使者七人』，『七』乃『五』字之訛。鄭爲此經以『諸公相爲賓』立文，與下諸侯、諸伯、諸子男有別，故據《大行人》上公之禮以爲釋。下釋『交擯』云『各陳九介』，意同。劉楚楨妄謂鄭以此爲兩君相見及遣使行聘之通制，又嘵嘵致辨，而不以《聘禮》、《大行人》諸注總覆之，此議鄭者之失也。其旅擯、交擯之陳法，詳『聘禮』門。

繼紅案：此黄以周不同意其父黄式三主『不傳辭，《司儀》及《聘禮》謂之旅擯』之説。

釋釜〔一〕

《論語·雍也》：『子華使於齊，冉子爲其母請粟。子曰：與之釜。』《集解》：馬曰：『子華，弟子公西赤之字也。六斗四升曰釜。』《集注》：子華，公西赤也。使，爲孔子使也。釜，六斗四升。

後案：左氏《昭公三年傳》：『齊舊四量：豆、區、釜、鍾。四升爲豆，各自其四，以登於釜。釜十則鍾。』此言自升而上，倍之以四，豆四而區，區四而釜。《考工記》：『陶人爲甗，實二釜。』鄭君注亦同。《粟氏職》曰：『量之以鬴，深尺，内方尺而圓其外，其實一鬴。』釜、鬴古通。鄭君注曰：『鬴，六斗四升。方尺，積千寸。於今粟米法，少二升八十一分升之二十三。』此鄭君據演算法方一尺深尺六寸二分容一石以推方尺，深尺之鬴止六斗一升有奇。明考工之量與彼演算法不同，詳見賈疏。漢《律曆志》以方尺之斛容十斗，與《記》文尤不符。或云周尺八寸，八八六十四爲六斗四升，漢尺十寸，故容十斗，未敢臆決也。《周官·稾人》曰：『凡萬民之食食者，人四鬴，上也；人三鬴，中也；人二鬴，下也。』鄭君注以此爲一月食米之數，然則與粟以釜，不足凶歲一月之食，故冉子以爲少。

【箋注】

〔一〕輯自黄式三《論語後案·雍也六》，清光緒九年浙江書局刻本。

釋秉〔一〕

《論語·雍也》：『冉子與之粟五秉。』《集解》：馬曰：『十六斛爲秉，五秉合八十斛也。』《集注》：秉，十六斛。

後案：秉，十庾也。《聘禮記》曰：『十斗曰斛，十六斗爲籔，十籔曰秉。』鄭君注『秉，十六斛』，與此同。《記》又曰：『四秉曰筥，十筥曰稯，十稯曰秅，四百秉爲一秅。』鄭君注此秉爲『刈禾盈手』之秉。《詩》曰『彼有遺秉』，鄭君辨二秉之異極分明。《周官·掌客職》注引《聘禮記》文云：『每車秉有五籔，則二十四斛也。每車三秅，則三十稯也。』米禾之秉、筥，字同數異。《説文》『秅』字下引《周禮》『二百四十斤爲秉，四秉爲筥』，段氏斥爲妄人所增，輾轉成譌，尤不可牽合。〔二〕

【箋注】

〔一〕輯自黄式三《論語後案·雍也六》，清光緒九年浙江書局刻本。

〔二〕參見黄以周《禮書通故》第三十六《田賦通故》：《異義》云：今《春秋公羊》説，『十一而税，過於十一，大桀小桀；減於什一，大貉小貉。十一税，天下之正，十一行而頌聲作。』《古周禮》説，『國中、園廛之賦，二十而税一；近郊，十而税一；遠郊，二十而税三。有軍旅之歲，一井九夫百畮之賦，出禾二百四十斛，原注：當云『六百四十斛』。芻秉二百四十斛，原注：當云『二百六十斗』。案原注依《國語》韋注校之也。釜米十六斗。』謹案：《公羊》『十一』税，遠近無差。漢制，收租田有上、中、下，與《周禮》同義。鄭駁之云：『玄之聞也，《周禮》制税法輕近而重遠者，爲民城道、溝渠之役近者勞，遠者逸故也。其授民田，家所養者多與之美田，所養者少則與薄田，其調均之而足，故可以爲常法。漢無授田之法，富者貴美且多，貧者賤薄且少，美、薄之收不通，相倍蓰，而云上、中、下也，與《周禮》同義，未之思也。又，《周禮》六篇無云「軍旅之歲，一井九夫百畮」之税，出禾、芻秉、釜米之事，何以得此言乎？』以周案：《國語》孔子論田賦，有軍旅之歲出賦法，『其歲收，田一井，出稯禾、秉芻、缶米』，此《異義》所本。但『秉』字從又從禾，禾之一把謂之秉。四秉爲筥，十筥爲稯，十稯爲秅，此禾數也。鄭注：『四秉之筥，即《詩》之穧。穧亦作秭。』案：布縷亦有稯、秭、秅之名。八十縷爲稯，五稯爲秭，二秭爲秅。亦字同數異。五斗爲筥，一百六十斗爲秉，此米數也。許氏既言『出禾』，似當以把計，不當以斗斛計。且《聘禮記》言『二百四十斗』者，以明一車所容，非以釋秉也。許以此句釋芻之秉，又改斗爲觔，近儒咸以爲非。但《國語》『秉芻』必非一把之芻，是『秉』明以量計矣。米禾之秉、筥，字同數異，稯亦或然，故以『十筥爲稯』之禾數擬諸米數。張氏《廣雅》、韋氏《國語注》並同許説，是未可執一論矣。但此爲軍旅歲賦，非常賦然也。《公羊》據田税言，《載師》據園廛言，田税十一，遠近無差，園廛之税，近輕遠重，雖諸侯邦國亦然。許、鄭牽説，皆誤。或説《周禮》税法據王畿，《公羊》税法據諸侯邦國，亦誤。古者民田皆受諸君，故『什一税而頌聲作』。漢以來無授田法，民之田，民自置之，用古什一之税其法已涼，即上、中、下三等均調，而其困已倍蓰矣。讀鄭《駁》語，慨然思古焉。

又參見黄以周《禮書通故》第四十七《名物通故五》：《聘禮記》：『十斗曰斛，十六斗曰籔，十籔曰秉。二百四十斗，四秉曰筥。』鄭玄云：『秉十六斛。今江淮之閑量名有爲籔者。今文籔爲逾。「四秉曰筥」，此秉謂刈禾盈手之秉也。筥，穧名也。今萊、易之閑易，亦作易，或又作陽，皆誤。刈稻聚把有名爲筥者。』以周案：《記》文『四秉曰筥』，秉爲禾名，與籔秉之秉異。《聘禮》『米百筥，筥半斛』，與筐筥之筥亦不同。鄭注分别上下，文義甚明。許氏《異義》云：『《周禮》有軍旅之歲百畮之賦，出禾二百四十斛，芻秉二百四十觔，釜米十六斗。』其誤在掍合兩『秉』之名也。籔今文爲『逾』，《國語》注引《記》文作『庾』，藪、逾、庾皆借字，依《説文》，量名字當作『𣁋』。胡墨莊説今文逾當作『匬』，《説文》『匬』下云：『甌匬，器也。』《玉篇》：『匬，器，受十六斗。』此即《論語》『與之庾』之庾。包注『十六斗』爲庾，與賈逵《左傳》注、唐固《國語》注皆合，似未必然。

釋束脩〔一〕

《論語·述而》：子曰：『自行束脩以上，吾未嘗無誨焉。』《集解》：孔曰：『言人能奉禮，自行束脩以上，則皆教誨之。』《集注》：脩，脯也。十脡爲束。古者相見，必執贄以爲禮，束脩其至薄者。蓋人之有生，同具此理，故聖人之於人，無不欲其入欲善。但不知來學，則無往教之禮，［故］〔二〕苟以禮來，則無不有以教之也。

後案：『自行束脩以上』，謂年十五以上，能行束帶脩飾之禮。鄭君注如此，漢時相傳之師説也。《後漢·伏湛傳》杜詩薦湛，『自行束脩，訖無毁玷。』注：『自行束脩，謂年十五以上。』《延篤傳》篤曰：『吾自束脩以來。』注：『束脩，謂束帶脩飾。鄭玄注《論語》曰：「謂年十五以上也。」』今疏本中孔注，異於鄭君。然《書·秦誓》孔疏引孔注《論語》，以束脩爲束帶脩飾，爲某傳束脩一介臣之證，是孔、鄭注同。蓋年十五以上，束帶脩飾以就外傳，鄭君與孔義可合也。《曲禮》：『童子委摯而退。』疏曰：『童子之摯，悉用束脩。故《論語》孔子云：「自行束脩以上，則吾未嘗無誨焉。」是謂童子也。』此又一説。《後漢·和帝紀》詔曰『束脩良吏』，《鄧后紀》云『故能束脩不觸羅網』，《鄭均傳》『均束脩安貧』，《馮衍傳》『圭璧其行，束脩其心』，《劉般傳》『束脩至行，爲諸侯師』，李注訓爲『謹束脩潔』，孔氏《示兒編》據之爲潔己以進之義，此又一説。

邢疏引《檀弓》『古之大夫，束脩之問不出境』，《少儀》『其以乘壺酒、束脩、一犬賜人』，《穀梁傳》『束脩之問不出竟中』，是知古者持束脩以爲禮。然此是禮之薄者，其厚則有玉帛之屬，故云『以上』以包之也。據邢疏，則『自行』之自當訓爲從。朱子注『十脡爲束』，亦從邢疏。《儀禮・聘禮》疏：『幣帛錦十卷者皆名束，至於脯十脡亦曰束。』朱子注又言『不來學，則無往教禮』，近解據此，謂自行以上爲躬行束脩之禮以進。陳氏《禮書》曰：『脯之於禮，可以爲輕，可以爲重，可以用之於前，可以羞之於後。《膳夫》凡王祭祀，賓客則有俎，凡稍食則脯醢而已；冠禮，三加，有乾肉折俎；始醮、再醮則脯醢而已，以脯醢之於魚蜡俎爲輕故也。大饗，有腥熟，尚腶脩以禮賓；冠禮，有牲俎，取脯以見母；昏禮，賓取脯以授從者；燕禮，賓執脯以賜鍾人；昏禮，婦摯腶脯以見姑；學者束脩以見師，以脯之於禮爲重故也。用之於前，則冠禮始醮、再醮之類是也；羞之於後，則籩人加籩之實，栗、脯是也。』

【箋注】

〔一〕輯自黄式三《論語後案·述而七》，清光緒九年浙江書局刻本。

〔二〕『故』，據朱熹《論語集注》補。

釋韍冕〔一〕

《論語·泰伯》：『惡衣服而致美乎韍冕。』張力臣曰：『韍，黑與青相次之文也。市則上古蔽前之皮，其字象形，重文作韍。後世加艸於市爲芾，非也。又改韋，从糸爲紱，亦非也。』式三案：經作韍，借字。《詩》作芾，亦借字。紱，後作字。〔二〕《集解》：孔曰：『損其常服，以盛祭服。』《集注》：衣服，常服。韍，蔽膝也，以韋爲之。冕，冠也。皆祭服也。

後案：邢疏引鄭君注曰：『韍，祭服之衣。』言衣者，謂當服之衣。言祭服，以別於韠也。《明堂位》：『有虞氏服韍，夏后氏山，殷火，周龍章。』鄭君注：『韍，冕服之韠也，舜始作之，以尊祭服，禹、湯至周增以畫文，後王彌飾也。山，取其仁可仰也；火，取其明也；龍，取其變化也。天子備焉，諸侯火，而下大夫山，士韎韋而已。』據《明堂位》之文及鄭君注，則畫韍以山爲致美乎，韍之始矣。《玉藻》：韠，君朱，大夫素，士爵韋。鄭君注：『此玄端之韠也。凡韠，必象裳色。天子、諸侯玄端朱裳，大夫素裳，惟士玄裳、黄裳、雜裳也。皮弁服皆素韠。』《玉藻》又云：一命緼韍，再命赤韍，三命赤韍。鄭君注：『此玄冕爵弁服之韠，尊祭服異其名耳。』鄭君辨玄端之韠，皮弁、爵弁之韍如此，則邢疏所引鄭君注以韍爲祭服是也。依是推之，《易》云『朱韍方來，利用享祀』，是冕服謂之韍也。《士冠禮》『主人玄冠，素韠，以筮日三加之，服緇衣則爵韠，皮弁則素韠』，是他服謂之韠也。《詩》『服其命服，朱芾斯皇』，用於方叔；『赤芾金舄』，歌於會東都之諸侯，此芾、韍通借耳。鄭君又曰：『古者田漁而食之，衣其皮先知蔽前，後知蔽後。後王易之以布帛，而獨存其蔽前者，不忘本也。』此鄭君言韍用韋之源，而致美之韍則易以布帛矣。朱子注以韍爲蔽膝，段氏於《説文·衣部》『褘，蔽膝也』注言『蔽膝之褘與韍韠異』。

冕之異於弁冠，猶韍之異於韠也。約鄭君及賈、孔之説言之，冠者首服之通名，冕者冠中之别號。《世本》云：『胡曹作冕。』《易傳》云：『黄帝、堯、舜垂衣裳而天下治，蓋取諸乾坤。』則冕服始於黄帝也。夏之冕不得詳。《王制》曰：『有虞氏皇而祭，夏后氏收而祭，殷人冔而祭，周人冕而祭。』《儀禮·士冠禮記》：『周弁、殷冔、夏收，三王共皮弁、素積。』《郊特牲》同。是夏冕名『收』也。〔三〕《禮器》：『禮有以文爲貴者。天子之冕，朱綠繅，十有二旒，諸侯九，上大夫七，下大夫五，士三。』注家以此爲夏、殷禮。〔四〕此夏冕之等衰歟。戴東原曰：『有虞氏之皇，夏后氏之收，殷之冔，皆冕屬也。夏之弁追，殷之章甫，周之委貌，皆弁屬也。《記》言周弁、殷冔、夏收，此以明夏、殷之禮士得服冕。《記》言天子之冕，旒至於士三，是也。《周禮》士爵弁，而大夫以上冕；

士玄冠，而大夫以上委貌。凡此見夏冕之大略也。』

【箋注】

〔一〕輯自黄式三《論語後案·泰伯八》，清光緒九年浙江書局刻本。

〔二〕參見黄以周《禮書通故》第三《衣服通故一》：黼黻，《考工記》云：『白與黑謂之黼，黑與青謂之黻，五色備謂之繡。』鄭玄云：『文章黼黻繡，五者言刺繡采所用也。繡以爲裳。』以周案：《爾雅》『斧謂之黼』，據形質言。《考工記》『白與黑謂之黼』，據繡次言。刃白而銎黑，黼作兩斧相背形，無柄，與黻之刺亞相對。《古文四聲韻》云：『亞，古文弗字，見《尚書》，黻作亞文。』顔師古《韋賢傳注》、《集韻·八物》今本並訛爲亞字，或從孔傳説作己文，尤悖。段懋堂云：『《説文》左戾爲丿、右戾爲乀，二字曲屈之則爲亞字。』是也。阮雲臺云：『亞形兩弓相背戾。』未是。亞非從弓，亞爲兩弓，則弗是三弓與？林薌溪云『弗、亞、黻同字』，亦未是。黻以繡亞，非即黻字，猶之黼以繡斧，非即黼字。顔云音同，最得。

又：杜預云：『白與黑謂之黼，形若斧。黑與青謂之黻，兩己相背。』顔師古云：『黼衣畫爲斧形，而白與黑爲采也。朱紱爲朱裳，畫爲亞文也。亞，古弗字，故因謂之紱。字又作黻，音同。』林昌彝云：『《伏傳》五服無日、月、星辰，又無粉米、黼、黻，蓋粉米黼黻絺繡五服皆同也。繪事必以粉爲畫者介也，故曰粉，其文如聚米，故曰絲，絺其質也，黼、黻、繡統言五采之色。蓋五章所不及處，亦必雜四時五色之位，故《考工》繫於畫繪之事下。』以周案：

《大戴·五帝德篇》『黄帝黼黻衣、大帶、黼裳』，《御覽》引《尸子》云『君天下者黼衣九種，而堯大布』，是黼黻亦爲衣，不必專屬裳。林氏申《伏傳》，亦備一義。黼黻之黻從黹，朱韍之韍從韋，二字不同，顔説未是。

〔三〕參見黄以周《禮書通故》第三《衣服通故一》：《記》云：『周弁，殷冔，夏收。』《毛詩傳》云：『冔，殷冠也。夏后氏曰收，周曰冕。』《獨斷》云：『周曰爵弁，殷曰冔，夏曰收，皆以三十升漆布爲殼。周黑而赤，前小後大。殷黑而微白，前大後小。夏純黑而赤，前小後大。』孔穎達云：『彼云周弁，此云冕者，以周自大夫以上祭服皆用冕服，故傳以冕言之，實冕而謂之弁者。《周禮·弁師》注云「弁，古冠之大號」，官名弁師，職掌五冕，故知弁是大名也。』馬端臨云：『經、傳冔、收多與周弁對舉，冔、收亦弁也。夏、殷之祭用弁。』任大椿云：『夏收、殷冔皆冕服。《史記集解》引《大古冠冕圖》「夏名冕曰收」，《白虎通》引《詩》「常服黼冔」，言「微子服殷之冠，助祭於周也」。微子爵爲公侯，助祭安得非冕？黼冔之黼即「玄衮及黼」之黼，黼冔爲黼黻而加冔，即知冔爲冕也。故毛傳曰「夏后氏曰收，周曰冕」。以周之冕決夏之收、殷之冔，皆爲冕也。《士冠禮》、《郊特牲》以夏收、殷冔對周弁，言冔、收之制近於周之弁也。《王制》以夏收、殷冔對周冕，言冔、收在夏、殷爲冕，猶夫周之冕也。冕至周始備文備，弁本冕之次，冔、收不備文飾，即類周弁。』以周案：《士冠記》、《郊特牲》兩文，首『委貌』節言三加始加之冠，次『周弁』節言弟三所加之冠，次『三王共皮弁素積』言弟二所加之冠。委貌即冠弁，時亦偁緇布冠爲委貌。蔡邕《獨斷》云：『緇布冠即委貌冠。委貌，周道也。章甫，殷道也。母追，夏后氏之道也。』言周之緇布冠，其制同於夏、殷朝服之冠也。鄭注云：『爵弁制如冕。周弁，殷冔、夏收。』謂周之爵弁，同於夏、殷祭服之冕也。『三王共皮弁素積』，言三代同制。任氏彌縫《記》文、毛傳之異，可謂允當。

〔四〕參見黄以周《禮書通故》第三《衣服通故一》：孔穎達云：『《禮器》冕旒「諸侯九，上大夫七，下大夫五，士三」，言夏、殷也，周家旒數隨命數。又，士但爵弁，無旒也。《曾子問》「大祝裨冕」注：「諸侯之卿大夫所服裨冕，絺冕也，玄冕也。士服爵弁服。」』陸佃云：『王之上士三命，服玄冕。一命大夫不冕。』鄭鍔云：『王之上士玄冕，中士爵弁，下士皮弁，故諸侯之士，自皮弁爲首。』任大椿云：『卿大夫以玄冕爲命服，爵弁以下其次也。士以爵弁爲命服，皮弁以下其次也。次服所施等殺，或眡乎命數。若命服高下，則惟眡乎爵，不眡命數，如天子之士雖三命，與諸侯之卿同，而三命之士惟得爵弁。子、男之大夫一命，與天子之下士同，而一命之大夫得服玄冕。《弁師》「諸侯及孤卿大夫之冕，各以其等爲之」，言冕之等止及大夫，不及士，則雖三命之士，不冕明矣。《司服》「士之服自皮弁而下如大夫之服」，言士不得如大夫服玄冕也。《禮器》「士三」，鄭注以爲「夏殷禮」，以周制士不得有三旒之冕故也。《説文》「冕，大夫以上冠」，《荀子》云「大夫裨冕」，均不及士。』以周案：經、傳言大夫冕、士弁，據中諸侯爲文，子、男之大夫一命，似不得服冕服。如一命大夫可服冕，三命上士不得服冕，亦失差等矣。《大宗伯》『再命受服』注云：『此受玄冕之服。列國之大夫再命，於子、男爲卿，卿大夫自玄冕而下，如孤之服。王之中士亦再命，則爵弁服。』據鄭此注，冕服不及一命大夫，爵弁則舉王之中士，明再命受冕服至大夫而止，再命之士不得服，止受爵弁。則三命上士固亦受冕服也，但上士三命服玄冕無旒。《禮器》云『士三』，蓋亦以出封視附庸與？鄭注《弁師》云：『一命大夫，冕而無旒。』其意蓋謂一命大夫雖不受冕服，其爵爲大夫，可從大夫例服冕，此説終嫌未確。

又：《記·禮器》言：天子龍袞，諸侯黼，大夫黻，士玄衣纁裳。天子之冕朱緑藻，十有二旒，諸侯九，上大夫七，下大夫五，士三。鄭玄云：『朱緑似夏、殷禮也，周禮，天子五采藻。』孔穎達云：『周禮上公亦袞，侯伯鷩，子男毳，孤卿希，大夫玄，士爵弁。諸侯以下，旒數隨命數，士但爵弁無旒。此並雜夏、殷禮。』江永云：『《記》者雜記異代之冕制。天子用朱緑二采，太卑。諸侯有五等，一用九旒，無別。七旒、五旒用之大夫，已僭。士冕三旒，亦太尊。以此觀之，知周冕之善，夫子所以取之。』以周案：《左氏傳》曰『火、龍、黼、黻，昭其文也』，《禮器》特舉文之顯者以明差別，欲見諸侯無龍，大夫無黼，士無黻也。《弁師》『王冕五采藻』，此獨舉『朱緑』者，殆諸侯亦無此色與？注疏説藻采本無明文。『諸侯九』，與《弁師》『諸侯之繅斿九就』本合。《典命》：『王之三公八命，其卿六命，其大夫四命，及其出封，皆加一等，衣服各眡其命之數。』天子之公八命，出封加袞，九旒；上大夫六命，出封加鷩冕，七旒；下大夫四命，出封加毳冕，五旒。《孟子》曰：『天子之卿視伯，大夫視子男。』伯冕七旒，子男五旒。

釋溝洫〔一〕

《論語·泰伯》：『卑宮室而盡力乎溝洫。』《集解》：包曰：『方里爲井，井閒有溝，溝廣深四尺。十里爲成，成閒有洫，洫廣深八尺。』《集注》：溝洫，田閒水道，以正疆界備旱潦者也。

後案：依李安溪、何義門説，溝洫，小水也。天下小水無不治，則尺土寸壤無不可宅，是言禹之居無求安，而奠萬姓之居也。張斗峰謂經專言宮室閒之溝洫，又一説也。式三謂：宮室、溝洫，皆地財人功之所費，而宮室費猶少，溝洫費尤大，故聯舉之。經文『盡力』，《史記》作『致費』。以『致孝』、『致美』例之，古本作『致費』者，文一例而義尤顯矣。先王之重溝洫者，旱則資灌溉，潦則備瀉泄，常則分經界以杜侵佔，變則殊縱横以防戎車，是以棄膏腴之地而不貪，殫疏浚之勞而不吝也。後世阡陌既開，川澮、溝洫之不脩，致西北富沃之區反仰食於東南；而東南之重賦不能減，誰能遠續禹功與西北之水利乎？以是知聖人之言慮患深也。

包注所言溝洫之制，本之《考工記·匠人》。鄭君以此爲周之三等采地，同井田法，即殷之助法。而《遂人》云『十夫有溝』，鄭君以爲周之六鄉、六遂、四處、公邑用溝洫法，即夏之貢法。

今包注引《匠人》文以證夏制，而不引《遂人》，何也？曰：申鄭君注者謂《遂人》云：『「夫閒有遂，十夫有溝，百夫有洫，千夫有澮，萬夫有川。」百里之内，九九八十一澮；井田則一同惟一澮。』是溝澮之多少，其異一。『井田之法，畎縱遂横，溝縱洫横，澮縱川横。』《遂人》注云：『以南畝圖之，則遂縱而溝横。』其異二。《遂人》之川是人造之，《匠人》之川爲自然大川，非人所造，其異三。此數説者皆言《遂人》、《匠人》異制，先儒皆破之矣。〔二〕《匠人》『成閒有洫』者，謂其閒有洫，其實一成有十洫，非一洫而已；『同閒有澮』者，謂其閒有澮，其實一同有十澮，非一澮而已。《匠人》云：『同閒之澮，專達於川，各載其名。』此言澮水出注入川處著其名，使人有所稱謂，觀此而知達川者非一澮。戴東原曰：溝洫之法，一夫百畝，田首有遂。夫三爲屋，遂端則溝。屋三爲井，溝在井閒也。井十爲通，溝端則洫。通十爲成，洫在成閒也。十成爲終，洫端則澮。十終爲同，同薄於川，澮在同閒也。此溝洫之多少不必泥也。《遂人》注云『遂縱溝横』，乃東畝之法。畝閒有畎，以南畝圖之，則畎縱而遂當横。鄭君注及賈疏脱去『畝閒有畎』一節，故有此説。蓋南畝而耕：畎縱遂横，溝縱洫横，澮縱川横。東畝而耕：畎横遂縱，溝横洫縱，澮横川縱。此南、東其畝之定法。是《遂人》注南畝之説不足據也。井田之法，備乎一同或百里，内有數川，亦因乎自然。或遠乎川，引澮長之舒促，不可一定。《爾雅》絶大爲之澮，非人爲之川，《詩》曰『南東其畝』，皆因川制田之法。《匠人》云『溝必因水埶』，以大川常在兩山之閒，不能畫方如棋局。限以萬夫之地，而據此爲九一、什一之辨，未可決信。詳見戴東原文集及《考工記補注》。〔三〕

【箋注】

〔一〕輯自黄式三《論語後案・泰伯八》，清光緒九年浙江書局刻本。

〔二〕參見黄以周《禮書通故》第三十五《井田通故》：《匠人》：『九夫爲井，井閒廣四尺，深四尺，謂之溝；方十里爲成，成閒廣八尺，深八尺，謂之洫；方百里爲同，同閒廣二尋，深二仞，謂之澮，專達於川。』《遂人》：『凡治野，夫閒有遂，十夫有溝，百夫有洫，千夫有澮，萬夫有川。』鄭玄云：『《匠人》畿内采地之制，采地制井田，異於鄉遂及公邑。《遂人》治野萬夫，方三十三里少半里，九而方一同，以南畝圖之，則遂從溝横，洫從澮横。』賈公彦云：『《遂人》溝洫法與井田異，《遂人》九澮而川周其外，則一同内九九八十一澮，井田則一同惟一澮。《遂人》云「夫閒有遂」，以南畝圖之，則遂縱而溝横。《匠人》不云「夫閒有遂」，云「田首倍之謂之遂」，遂則横而溝縱也。萬夫之川，「方三十三里少半里」，此川亦人造，《匠人》百里之閒一川，宜爲自然川也。』以周案：十夫、九夫，隨地勢爲之，故有《匠人》、《遂人》二法。後人必牽合爲一制，非也。注疏以此二法爲采地、鄉遂之分，亦舉大判言之爾，未可泥。

又：賈公彦云：『《遂人》注「以南畝圖之」者，十夫於首爲横溝，十溝即百夫，於東畔爲南北之洫，十洫則於南畔爲横澮，九澮則於四畔爲大川，此川亦人造也。』孔穎達云：『《遂人》注「以南畝圖之」者，兩夫俱南畝，於畔上有遂，故遂從。遂從，必注於横溝。百夫，則南北九遂，東西九溝，其東西之畔即是洫也。從洫，必注於横澮，則南北之畔即是澮也。萬夫則南北九洫，東西九澮，其四畔則川周之。此皆設法耳。川者自然之物，當逐地形而流，非於萬夫之外必有大川繞之。』以周案：遂在夫閒，十夫從九遂，而注於横溝。百夫横九溝，而注於從洫。千夫從九洫，而注於横澮。賈疏『十溝』、『十洫』之説非，孔疏『百夫九遂』、『萬夫九洫』亦未是。又案：井田之法，有正有變，不知其正，無由核土地之實，不通其變，無以盡土地之利。經注所言，示正法也。然井田之畫，必視乎川，川屬自然，非人力所能爲。土地之近乎川者，宜故爲紆曲使渟蓄，而不徑達以致涸。土地之遠乎川者，宜引長其道使直達，而不紆緩以致淤。從洫横澮，其法之定者也，南東其畝，其法之參乎變而無一定者也，《匠人》、《遂人》之所言各異視諸此。

〔三〕參見黄以周《禮書通故》第三十五《井田通故》：戴震云：『田首有遂，遂端則溝。屋三爲井，溝在井閒也。井十爲通，溝端則洫。通十爲成，洫在成閒也。十成爲終，洫端則澮。終十爲同，同薄於川，澮在同閒也。成方十里，洫十有一，計其田畔，竟十里者二十，凡三萬六千丈。從鄭君説「三十六井治洫」，蓋九夫共治千丈。同方百里，澮十有一，計其田畔，竟百里者二十，凡三十六萬丈。從鄭君説「三千六百井治澮」，蓋九夫共治百丈。不使出賦税之民治洫與澮，而爲法令民治洫澮者，當其賦税。故農政水利之大，皆君任之。』以周案：戴説亦爲王氏《訂義》所惑。説詳下。

又：《司馬法》有『甸方八里，出長轂一乘』，又有『成方十里，出革車一乘』。鄭玄云：『甸之言乘也，讀如「衷甸」之甸。甸方八里，旁加一里，則方十里，爲一成，積百井九百夫。其中六十四井五百七十六夫出田税，餘治洫。』賈公彦云：『治洫不使税。言甸者，據實出税者言，云成者，據通治溝、洫爲説。』王與之云：『《小司徒》皆以「四」數言田之實數，《司馬法》通、成、終、同皆以十數，兼山川、城池而言。《小司徒》「四邱爲甸」，即《司馬法》「通十爲成」。鄭氏「旁加」之説，其演算法則是，但不必謂旁加之人專治溝洫。』以周案：鄭意《匠人》所治溝洫即包甸而成，故一成百井實止一甸六十四井有税，其餘爲所治溝洫之地，無税。王氏誤會鄭意，而以『旁加』之數爲專治溝洫之人，使不出税。以此議鄭，失鄭意矣。近王西莊、戴東原、程易疇、錢溉亭皆沿其誤。陳左海云：『宋人誤解，蓋因疏云「旁加一里，使治溝洫，不出税」，不知疏言此者，對注「出田税」之文，明田有税而溝洫不税耳。此就溝洫之地言之，非指其人。不然，注言「三屋九夫出賦税共治溝」，疏言「治溝洫者皆不出税」，顯與注戾，斷無此例。且鄭明言「共治溝」，則洫亦當共治之，安得專有治洫、治澮之夫？洫與澮廣而且深，修之者當合一成、一同，而家出一人共役其事，不當專責之某井某夫也。』又案：《匠人》注云：『方十里爲成，成中容一甸。方百里爲同，同容六十四成。』若其餘里亦有夫、井，則成容百井，同容百成，不得云『成容一甸』、『同容六十四成』矣。陳氏疏通注義，可解宋以來諸家之惑。然揆諸經文，實有未合。《匠人》云：『九夫爲井，井閒謂之溝。』溝在井外，非於九夫内爲之也。則『方十里爲成，成閒謂之洫；方百里爲同，同閒謂之澮』。亦必洫在成外，澮在同外，非於成十里内爲洫，同百里内爲澮也。如鄭義，經宜曰『井閒謂之溝，甸閒謂之洫』矣。《司馬法》云：『通十爲成，成百井；十成爲終，終千井；十終爲同，同萬井。』《漢志》文同。如鄭義，成實六十四井，無百井；同實四都，無萬井矣。《左傳》云：『夏少康有田一成，有衆一旅。』通率二而當一，如鄭義，成内再除溝洫，其衆亦不成旅矣。竊謂一成百井，内容甸六十四井，其沿邊十里爲隰皋，所謂牧也。《小司徒職》『乃經土地而井牧其田野』，井牧，即《春秋傳》所謂『井衍沃，牧隰皋』是也。下言『九夫爲井，四井爲邑，四邑爲邱，四邱爲甸，四甸爲縣，四縣爲都』，舉井以明牧也。牧爲隰皋之地，其土高於甸井，蓋浚溝洫時積之。井必爲之牧者，一以省浚治溝洫之力，一以防外來水潦之災，一以通往來車馬之道也。《春秋傳》曰：『隰皋之地，九夫爲牧，二牧而當一井。』其地瘠於衍沃矣。《遂師》『經牧其田野，辨其可食者』，是隰皋亦有宜穀者矣。《大司徒》『辨五地之物生，五曰原隰，其植物宜叢物』，叢物謂萑葦之屬，其隰皋之不宜穀者與？一同萬井，内容四都，其沿邊百里爲原防，所謂町也。《春秋傳》曰『原防之地，九夫爲町，三町而當一井』是也。通言之，牧、町之地皆井也，故曰『成百井，同萬井』。析言之，成之牧，同之町，有異於九夫之井，故曰成者其井一甸，曰同者其井四都。

繼紅案：黄以周此駁戴震所説，與黄式三引證之有異。

釋麻冕〔一〕

《論語·子罕》：『子曰：麻冕，禮也。』《集解》：孔曰：『冕，緇布冠也。古者績麻三十升布以爲之。』《集注》：麻冕，緇布冠也。

後案：《書》稱麻冕黼裳、麻冕蟻裳、麻冕彤裳，古者五冕皆麻。《白虎通》曰：『麻冕者何？周宗廟之冠也。所以用麻爲之者，女工之始，示不忘本也。即不忘本，不用皮何？皮乃大古未有禮文之服，故曰「麻冕，禮也」。』近解申孔注，以麻冕爲始冠之緇布冠，非也。古經注不寫全經，此節孔注當大書『麻冕』二字，注云『冕，緇布也』，後儒不解，增『冠』字耳。增『冠』字，則不可解。云『麻冕』，冕，緇布也，義自通矣。冕板之覆緇布者，謂之延，字亦作綖。《夏官·弁師》：『掌王之五冕，皆玄冕、朱裏、延、紐。』鄭君注：『延，冕之覆，在上者。』賈疏：『叔孫通作《漢禮器制度》云：「凡冕以版，上玄下朱覆之，乃以五采繅繩貫五采玉，垂於延前後，謂之邃延。」』左氏《桓公二年傳》：『衡、紞、紘、綖。』孔疏：『冕，以朱爲榦，以玄布衣上，謂之綖。』《論語》、《尚書》皆用麻冕，知其皆用布也。孔安國《論語注》言『績麻三十升，布以爲冕』，即是綖也。據孔、賈兩疏，則惟冕有綖，而云麻者，指綖而言。

孔云『績麻三十升，布以爲之』者，布八十縷爲升，見《禮》鄭君注。江慎脩曰：『古布幅闊二尺二寸，當今尺一尺三寸七分半。若容三十升之縷二千四百，則今尺一分之地幾容一十八縷，此必不能爲者也。孔意朝服十五升，冠當倍於衣；不知冠升倍衣，惟喪服、斬服三升，冠六升則然耳。《禮》無冠倍於衣之例，麻冕之布亦不過十五升。』據江説，則孔言『三十升布』亦非。〔二〕

【箋注】

〔一〕輯自黄式三《論語後案·子罕九》，清光緒九年浙江書局刻本。

〔二〕參見黄以周《禮書通故》第三《衣服通故一》：孔安國、鄭玄説，麻冕三十升，布爲之。蔡邕云：『周爵弁、殷冔、夏收，皆以三十升漆布爲殼。』江永云：『古布幅闊二尺二寸，當今尺一尺三寸七分半。若容三十升之縷，則今尺一分之地幾容一十八縷，此必不能爲者也。冠升倍衣，唯喪服斬衰三升、冠六升則然，自齊衰以下，則非倍半之數矣。《禮》無冠倍於衣之制，麻冕之布亦不過十五升。』以周案：冠、衣升數惟《喪服》有明文，舊注以斬衰之冠倍衣例之，故云『麻冕三十升』。江氏以小功、緦麻冠衰同升例之，故云『麻冕十五升』。説各有據。但麻冕之布本屬細密難成，金仁山欲減其縷，江慎脩又減其升，皆疑二尺二寸之幅節以今尺不能容如此數也。夫今、古尺之長短説人人殊，今以諸書記尺寸者參考之，惟云『古尺得今尺之八寸一分』其説近是。江氏定古尺當今尺六寸二分半，則車廣六尺六寸，何以容三人？席長八尺，何以容四人？見《曲禮》注。鬴深尺内方尺，何以容米八斗？鬵寸，何以容米四升？不特麻冕之升縷無以容也。且麻冕果止十五升，與他布同，又何細密難成之有乎？

釋拜下〔一〕

《論語·子罕》：『拜下，禮也。今拜乎上，泰也。雖違衆，吾從下。』《集解》：王曰：『臣之與君行禮者，下拜然後升成禮。時臣驕泰，故於上拜也。今從下，禮之恭也。』《集注》：臣與君行禮，當拜於堂下。君辭之，乃升成拜。泰，驕慢也。程子曰：『君子處世，事之無害於義者，從俗可也；害於義，則不可從也。』

後案：拜下之禮，見於《覲禮》、《燕禮》、《大射儀》、《公食大夫禮》、《聘禮》諸篇爲詳。淩次仲曰：『凡臣與君行禮，皆堂下再拜稽首，異國之君亦如之。凡君待以客禮，下拜則辭之，然後升成拜。』淩氏説是也。〔二〕以《覲禮》言之，覲之時，入門右，再拜稽首。享之時，中庭奠幣，再拜稽首。升致命，王撫玉，亦降階，再拜稽首。肉袒請罪之時，入門右，再拜稽首。凡經曰『降階』、曰『中庭』、曰『門右』，皆拜下也。其賜舍之時，再拜稽首。經不言其拜所，是於舍門外也。禮，有使人致禮而下拜者，郊勞時受玉則降拜，還璧則降拜，此未見君而拜下，如齊桓受胙之例也。其以客禮待之者，入覲之時，取圭，升致命，降階拜。擯者延之，曰：『升！』升成拜。肉袒請罪後，入門左，王勞之，再拜稽首。擯者延之，曰：『升！』升成拜。王賜車服之時，降兩階之閒，北面再拜稽首，升成拜。此皆先拜下，君使人辭之，復拜於堂上也。以《燕禮》、《大射儀》言之，燕禮：主人獻公之時，主人自酢，於公之時獻畢，二人媵爵，於公之時皆於阼階下，北面，再拜稽首。立司正安賓之時，司正升酌散，亦降階，再拜稽首。大射儀同，皆拜下也。其以客禮待之者，燕禮，公舉媵爵爲賓，舉旅行酬之時，賓降西階下，再拜稽首。公命小臣辭，賓升成拜。賓媵觚於公之時，公爲士舉旅行酬之時，降洗，升酌膳，降拜。小臣辭。賓升成拜。大射儀同。此皆先拜下，君使人辭之，復拜堂上也。燕禮，公舉媵爵爲賓舉旅行酬之時，公立卒觶。賓下拜，小臣辭。賓升，再拜稽首。賓進受虛爵，降奠，後升酌膳觶，下拜。小臣辭。賓升，再拜稽首。賓媵觚於公之時，酌散，下拜。公降一等，小臣辭。賓升，再拜稽首。此三者皆不言成拜，大射儀同。據鄭君注：『爲拜故下，下時實未拜。下不輒拜，禮殺也。』《大射儀》：數獲後飲，不勝者『若飲公，則侍射者降拜。公降一等，小臣正辭，賓升，再拜稽首。』此亦禮殺下不輒拜，不言成拜也。又《燕禮》『大射，賓媵觚於公』，《大射》『飲公』，几卒爵皆於階上，再拜稽首者，蓋前酌散之時已降階拜，因君辭而升堂甫拜，故卒酌不復再降，亦殺其禮也。行無算爵之時，命所賜。所賜者興受爵，降席下，奠爵，再拜稽首。疏亦云：『禮殺故也。』至燕禮、大射將終之時，公命徹冪，以盡酒，卿大夫皆降，西階下，再拜稽首。公命小臣辭。公答再拜，大夫皆辟。此則君雖辭之，亦不復升拜。鄭君曰：『明雖醉，正臣禮也。』以《公食大夫禮》言之，納賓之時，賓入門左，再拜稽首。侑賓之後，賓入門左，再拜稽首。其拜賜於朝，拜食與侑幣，皆再拜稽首。注『朝謂大門外』，此皆異國之臣行拜下之正禮也。其有降拜，然後升成拜者。拜至之時，賓升，公當楣。再拜，賓降西階東，答拜。擯者辭，拜也；公降一等，辭曰：『寡君從子，雖將拜，興也！』賓栗階升，不拜；命之，成拜；階上北面再拜稽首是也。有降而未拜，君親辭之。即升拜者，賓祭正饌，賓祭加饌。公以束帛侑賓，賓皆降拜。公辭，賓升，再拜稽首。此不言成拜下，未拜也，客禮也。以《聘禮》言之，賓覿先以臣禮見，入門右，北面奠幣，再拜稽首。上介覿，及士介覿，亦皆入門右，奠幣，再拜稽首。介送幣於中庭，再拜稽首。禮畢，送賓及大門內。主國之君勞賓、介，賓、介皆再拜稽首，皆下拜之正禮也。其使卿郊勞，受於舍門內。勞者入致命，賓再拜稽首。其卿致館，賓迎於門，再拜。卿致命，賓再拜稽首。此賓未見主國之君，重君命再拜稽首也。其禮賓之時，擯者進相幣，賓降辭幣，公降一等辭。栗階升，聽命；降拜；公辭。升，再拜稽首。私覿之時，賓授幣，降階東拜送，君辭。拜也，君降一等辭。擯者曰：『寡君從子，雖將拜，起也。』栗階升。公西鄉。賓階上，再拜稽首。此降階未拜，異國之君親辭之，即升拜也，客禮也。

【箋注】

〔一〕輯自黃式三《論語後案·子罕九》，清光緒九年浙江書局刻本。

〔二〕參見黃以周《禮書通故》第二十一《相見禮通故》：鄭玄説：『「升成拜」，復再拜稽首也。先時君辭之，於禮若未成然。《燕禮》、《大射》「下拜，小臣辭。賓升，再拜稽首」，不言「成拜」者，爲拜故下，實未拜也。下未拜，升乃拜，是以不言「成拜」。』凌廷堪云：『凡臣與君行禮，皆堂下再拜稽首，異國之君亦如之。凡君待以客禮，下拜則辭之，然後升成拜。』以周案：舊説非也。『成』之義主乎答，凡臣拜堂下，君答拜，謂之成拜，與『降再拜稽首，公答拜』一例。若臣拜堂下，君客之，不答拜，使小臣辭，猶未成拜也。故升又拜，君答拜，謂之升成拜，與『升再拜稽首，公答拜』一例。若君辭時即答拜，如《燕禮》、《大射》之『徹冪』，是已成拜矣，故不復言『升成拜』。經之通例如此。若《公食禮》，君先拜臣，臣堂下答拜，雖擯者辭，終拜之，在臣固以爲已成拜也，故栗階升不拜；而君猶以爲未答己也，故又命之成拜。此爲變例。凡臣拜堂下，君拜堂上，正禮也。君客之，不答拜，升乃成拜，客禮也。其有下不即拜，且有並不下階者，如《燕禮》、《大射》『取媵觶酬賓，賓下拜，辭，賓升，再拜稽首』，下實未拜。《燕禮》、《大射》『無算爵，降席，再拜稽首』，降不云階，此皆以旅酬前皆降拜、升成拜，至此禮殺也。《論語》：『拜下，禮也。』明人臣之正禮，當引《燕禮》、《大射》『主人獻公』、『主人自酢於公』、『二人媵爵於公』及《覲禮》郊勞、行享之『降階，再拜稽首』爲證。邢疏引《燕禮》『酬賓』、《覲禮》『賜車馬』之『升成拜』，非也。鄭注《公食禮》『徹冪』云：『「小臣辭，不升成拜」，明雖醉，正臣禮也。』不升成拜爲正臣禮，則升成拜爲客禮，非臣禮之正明矣。又案：經『升再拜稽首，公答拜』與『升成拜，公答拜』，文有詳略，義無異同。鄭注於此一一區別，轉多膠轕。鄭意降再拜稽首，升復再拜稽首，謂之成拜，如《燕禮》『公取媵觶』節『賓降西階下，再拜稽首，小臣辭。賓升，成拜』，是其例也。若其餘但云『賓下拜，小臣辭，賓升，再拜稽首』，是下實未拜，不得謂之成拜。然《禮經》言『降拜，小臣辭，升成拜』甚多，是下亦實未拜也，而升謂之『成拜』，則鄭例不可通矣。而敖氏又謂此等云『降拜』已再拜稽首，尤鑿空無據。

揖所與立説〔一〕

《論語·鄉黨》：『揖所與立，左右手，衣前後，襜如也。』《集解》：鄭曰：『揖左人，左其手。揖右人，右其手。一俛一仰，故衣前後，則襜如也。』《集注》：所與立，謂同爲擯者也。擯用命數之半，如上公九命則用五人，以次傳命，揖左人則左其手，揖右人則右其手。襜，整貌。

後案：朝用交擯，聘用旅擯，詳見《武伯問仁章》。此言『揖所與立』，是用交擯之禮。〔二〕或疑指夾谷會齊侯事。劉端臨謂此記爲擯之事，擯者，擯聘客也，不必言來朝之諸侯。《聘禮》：畢，君命上擯送賓出，反告，賓不顧。若諸侯來朝，主君親送，安得有上擯復命之事？江慎脩云：『春秋時小聘曰問，亦用交擯之禮也。魯侯國擯者四人，在門東西鄉立，夫子揖，右擯則右手揖，左擯則左手推手爲揖。傳命當用土揖推手，稍下之，一俛一仰故衣動，動須整然有容儀。皇疏引江熙説，以襜如爲動貌。又云「既半回身，左右回手，當使身上所著之衣，必襜襜如有容儀」。是動而整然，有容儀者曰襜如也。』《楚辭》『裳襜襜而含風兮』，王注『襜襜，摇動貌』。則襜爲動容，與江説合。後儒説襜如之義，以爲身不動衣亦不動，失之。《爾雅》：『衣蔽前謂之襜。』説者據之以解此經，尤爲牽合。陸稼書曰：『揖所與立而襜如，是手雖動而身容肅；趨進時而翼如，是足雖動而手容恭。』陸氏説憭。〔三〕

【箋注】

〔一〕輯自黄式三《論語後案·鄉黨十》，清光緒九年浙江書局刻本。

〔二〕參見胡夤《明明子論語集解義疏》卷十《鄉黨第十》：朱注：『所與立，謂同爲擯者也。襜，整貌。』蒙案：《周禮·司儀職》君朝用交擯，臣聘用旅擯。此記揖所與立左右手，乃兩君相朝，交擯傳辭，承擯在中間，故有揖左人揖右人之事。今依二疏，約鄭君、孔、賈説而言之：凡諸侯自相爲賓之禮，賓主各有副，賓副曰介，主副曰擯。及行人，若諸侯自行，則介各從其命數。公九命九介，侯伯七命七介，子男五命五介。至主國大門外，主君是公，擯者五人。侯伯，擯者四人。子男，擯者三人。所以不隨命數者，謙也，故並用強半之數也。賓若是公，來至門外，直當闑西，去門九十步而下車，立當前軹，《大行人職》所云『公朝位，賓主之間九十步也』。其侯伯，去門七十步下車，立當前侯，《大行人》所云『朝位，賓主之間七十步也』。子男，去門五十步下車，立當衡，《大行人》所云『朝位，賓主之間五十步也』。而九介立在君之北，邐迤西北，並東嚮而列。主君出直闑東，立當車軫。主君之立以西嚮，賓之立必東嚮。五等列侯，無南北面之禮也。擯在主人之南，邐迤東南，立並西嚮，使末擯與末介相對，中間相去三丈六尺。列擯介既竟，則主君就擯求辭。

所以須求辭者，不敢自許人來詣己，恐爲他事而至，故就求辭，自謙之道也。求辭之法，主人先傳求辭之言與上擯，上擯傳至次擯，繼傳至末擯，末擯傳與賓之末介，末介以次繼傳，上至於賓。賓答辭，隨其來意，又從上介而傳，下至末介，末介又傳與末擯，末擯傳相次而上，至於主人。如是者三次，仍有主君許之之辭。蓋自賓傳至主者三，自主傳至賓者四，傳辭既竟，然後迎賓至門。知擯、介朝位如此者，《大行人職》文。又知傳辭拜迎賓前至門者，《司儀職》文。其傳辭，司儀之交擯也。其列擯介傳辭委曲，約《聘禮》文。若諸侯使卿大夫相聘，其介與主位，則《大行人》云卿大夫之禮，各下其君一等，鄭君注云『介與朝位』是也。主君待之，擯數如待其君。其有異者，主君至大門而不出限，南位而立也。若公之使，亦直闑西北嚮，列七介，而去門七十步；侯伯使，列五介，而去門五十步；子男使，列三介，而去門三十步。上擯出閾外，闑東南，西嚮，陳介西北，東面邐迤，如君自相見也。而末介、末擯相對，亦相去三丈六尺。陳擯、介竟，則不傳命。而上擯進至末擯間，南揖賓，賓亦進至末介間，上擯與賓相去亦三丈六尺。而上擯出而請事，入告君，君在限内，後乃相與入也。知者，約《聘禮》文。不傳辭，《司儀》及《聘禮》，謂之『旅擯』。君自來，所以必傳命者，《聘義》云『君子於其所尊弗敢質，敬之至也』。

〔三〕參見胡夤《明明子論語集解義疏》卷十《鄉黨第十》：皇疏云：『凡相傳，雖在列位，當授受言語之時，並立而相揖，既半迴身，左右迴手，當使身上所著之衣，必襜襜如有容儀。故江熙云：「揖兩手，衣裳襜如動也。」』是動而整齊有容儀者曰襜如。《楚辭・逢紛篇》『裳襜襜而含風兮』注『摇動貌』。《釋名》：『韠，又曰跪襜，跪時襜襜然張也。』是襜有開張動摇之意，第如屋簷之整齊而不亂也。黄先生曰：『推手爲揖，傳命當用土揖，推手稍下之，一俛一仰故衣動，動須整然有容儀。後儒説襜如之義，謂身不動衣亦不動者，失之。或援《爾雅》「衣蔽前謂之襜」以解此經，尤爲牽合。』

釋趨進〔一〕

《論語・鄉黨》：『趨進，翼如也。』《集解》：孔曰：『言端好。』《集注》：疾趨而進，張拱端好，如鳥舒翼。

後案：趨進之地，當依江慎脩謂夫子代爲上擯，在廟中阼階西相禮之時也。《儀禮・聘禮》：『納賓，賓入門左，三揖，至於階，三讓，公升二等，賓升西楹西，擯者退中庭，賓致命。公左還北鄉，擯者進，公當楣再拜。』鄭君於『擯者退中庭』注曰：『退者，公宜親受命，不用擯相也。』於『擯者進』注曰：『公左還北鄉當拜，擯者進阼階西，釋辭於賓，相公拜也。』江氏據此謂趨進之節，在廟中正行禮時，是交擯傳辭後事也。江氏曰：『賓既入廟，君與賓皆升堂，賓致命，公將北面拜，貺拜君命之辱。其時擯者位在中庭，進至阼階西，釋辭於賓以相公拜所釋之辭，如《聘禮記》云「子以君命在寡君，寡君拜君命之辱」是也。經文曰「擯者進」，即此趨進之進。其時賓已致命，君已左還一北鄉將拜，擯者從中庭進至阼階西，有數十步，不宜舒緩，故必當趨。趨則急遽，或至垂手掉臂，難其容，故特記容。』趨進之見《左傳》者，成公三年，齊侯朝於晋，將授玉，郤克趨進；襄公七年，衛孫文子來聘，公登亦登，叔孫穆子相，趨進，是從中庭趨進阼階之事。凡發足向前爲進，俗解趨進指入門。入門時君與賓雁行，擯介皆隨後雁行，趨則在君前矣，且經、傳未有以入門爲進門者。〔二〕

【箋注】

〔一〕輯自黃式三《論語後案·鄉黨十》，清光緒九年浙江書局刻本。

〔二〕參見黃以周《禮書通故》第二十八《聘禮通故一》：鄭玄云：『「賓致命，公左還，北面。擯者進。」進阼階西，釋辭於賓，相公拜也。』江永云：『其時擯者位在中庭，從中庭進至阼階西。經曰「擯者進」，即《論語》「趨進」之進，不言「趨」者，省文耳。賓已致命，公已左還北鄉，將拜，擯者從中庭進至阼階西，有數十步，不宜舒緩，故必當「趨」。趨則急遽，或至垂手掉臂，難其容，故特記容。趨進必有辭，見《左傳》者凡五：成三年，齊侯朝於晉，「將受玉，郤克趨進」；襄七年，「衛孫文子來聘，公登亦登，叔孫穆子相趨進」；九年，同盟於戲，「晉士莊子爲載書，鄭公子騑趨進」；昭十二年，晉侯以齊侯宴投壺，「公孫傁趨進」；定八年，晉侯盟衛侯於鄟澤，「王孫賈趨進」。』以周案：《論語》『趨進』，舊注皆不言在何時，江氏據《禮經》證之，是已。其所引《左傳》五『趨進』，惟郤克、叔孫穆子、公孫傁爲諸侯朝聘事，其趨進已不在拜貺之時，餘與朝聘無涉。此外言『趨進』者，又有成十六年『范匄趨進』，襄二十三年『范鞅趨進』。

釋公門〔一〕

《論語·鄉黨》：『入公門，鞠躬如也，如不容。』《集解》：孔曰：『斂身也。』《集注》：鞠躬，曲身也。公門高大而若不容，敬之至也。

後案：諸侯之公門曰庫、雉、路。《詩箋》云：『諸侯外門曰皋門，朝門曰應門，内有路門。』故《明堂位》孔疏謂魯之門庫、雉、路，餘諸侯皋、應、路。其實諸侯有庫、雉、路，無皋、應二門，《五禮通考》辨之詳矣。《考工記》：『廟門容大扃七个，闈門容小扃三个，路門不容乘車之五个，應門二徹參个。』此度廟門以扃，度朝門以車，各以其物宜爲之數。其制言大不言高，朱子云『公門高大』者。以禮考之，臣入雉門行朝禮，上記『君在』正是入雉門之事，自過位升堂則入路門之事。此首記『入公門』指庫門而言，魯庫門依天子皋門而爲之者。皋之爲言高也，《詩》曰『皋門有伉』，高大可知。夫子敬之而『如不容』者，重公門也。庫門爲君蒞外朝之處，重公門即重外朝也。〔二〕江慎脩曰：『外朝在大門外，即庫門外也。治朝外朝就門而立。』觀江説，知庫門爲君蒞外朝之處，重公門即重外朝也。〔三〕

【箋注】

〔一〕輯自黄式三《論語後案·鄉黨十》，清光緒九年浙江書局刻本。

〔二〕參見胡賁《明明子論語集解義疏》卷十《鄉黨第十》：朱注：『公門高大而若不容，敬之至也。』此以下爲『入公門』節，朱子謂『記孔子在朝之容』。秦氏蕙田曰：『古者建國，必先立爲門制。天子五門，曰臯、庫、雉、應、路。《禮記·明堂位》天子有臯門。《郊特性》「王立於澤，親聽誓命」，「獻命庫門之内」，是天子有庫門。《周禮·天官·閽人》「掌守王宫中門之禁」，賈疏謂「外有臯、庫，内有應、路」，「雉門爲中門」，是天子有雉門。《書·康王之誥》「王出在應門之内」，《考工記》「應門二徹三个」，《爾雅》「正門謂之應門」，是天子有應門。路門一名寢門，一名虎門，一名畢門。《春官·小宗伯》：「縣衰冠之式于路門之外。」《夏官·司士》：「王族故士，在路門之右。太僕、太右，在路門之左。」《太僕》：「建路鼓於大寢門外，而掌其政。」鄭注：「大寢，路寢也。」《地官·師氏》：「居虎門之左，司王朝。」鄭注：「虎門，路、寢門也。」《顧命》：「二人雀弁，執惠，立於畢門之内。」孔傳：「寢門一名畢門。」是天子有路門，此五門之制也。諸侯三門，曰庫、雉、路。《檀弓》「魯莊公之喪，既葬而絰，不入庫門」，《春秋·定二年》「雉門及兩觀災」，《魯頌·閟宫》「路寢孔碩」，《家語》「衛有庫門」，《左傳·昭十年》「晏平仲端委立於虎門之外」，列國無有稱臯、應者。況《明堂位》云：「庫門，天子臯門。雉門，天子應門。」則臯、應爲天子之門明矣。《大雅·緜》之篇曰：「廼立臯門，臯門有伉。廼立應門，應門將將。」朱子謂「太王時，未有制度，特作二門，其名如此。及周有天下，遂尊以爲天子之門，而諸侯不得立焉。」是庫、雉、路，乃諸侯之門也。《儀禮·士冠禮》：「賓如主人服，贊者玄端，從之，立於外門之外。」鄭注：「大門外。」《士昏禮》「陳三鼎於寢門外，東方」，是大門寢門，大夫士之門也。《曲禮》孔疏云「天子五門，諸侯三門，大夫、士二門」，其言信矣。』戴氏東原曰：『凡朝，君臣咸立於庭，朝有門而不屋，故雨霑衣失容，則輟朝。天子、諸侯皆三朝，則天子、諸侯皆三門歟？《禮説》曰：「天子五門：皋、庫、雉、應、路；諸侯三門，皋、應、路。」失其傳也。天子之宫，有皋門，有應門，有路門。路門一曰虎門，一曰畢門，不聞天子庫門、雉門也。諸侯之宫，有庫門，有雉門，有路門，不聞諸侯皋門、應門也。皋門，天子之外門；庫門，諸侯之外門。應門，天子之中門；雉門，諸侯之中門。異其名，殊其制，辨等威也。天子三朝，諸侯三朝。天子三門，諸侯三門。其數同。君國之事侔體合也。朝及闈，無虚設也。』陳氏碩甫《毛詩傳疏》曰：『《周禮・閽人》鄭司農注云：「王有五門，外曰皋門，二曰雉門，三曰庫門，四曰應門，五曰路門。路門一曰畢門。」其《朝士》注同。仲師治《毛詩》，其云外曰皋門，即《毛詩》之郭門。自郭門以至路門，共五門。解者誤以爲宫外，則皋門爲宫外門。古制不明，實權輿於此。鄭康成《禮記》注謂先庫後雉，諸侯有庫、雉，無皋、應。箋《詩》又本《書大傳》，謂諸侯亦有皋、應，天子加庫、雉。鄭説既屬游移，近儒戴東原言「天子、諸侯皆三門」是已。又謂「天子有皋、應，無庫、雉；諸侯有庫、雉，無皋、應」，其説亦誤。今竊言之。《考工記》：「匠人營國，方九里，旁三門。」《吕覽・季春紀》「國人儺，九門磔禳」，高注：「九門，三方九門也。嫌非王氣所在，故磔犬羊以禳。」高解「九門」，以前三門爲「王氣所在」，磔、禳止「三方九門」，是四旁共十二門，《公羊》注所謂「天子周城」也。《書大傳》：「古者百里之國，九里之城，三里之宫；七十里之國，三里之城，一里之宫；五十里之國，一里之城，以城爲宫。」是一里之城，其宫四面皆屬城；三里之城，其宫南面屬城，三面不屬城；九里之城，其宫室四面有牆，四面不屬城。《詩》之「皋門」，毛傳謂之「郭門」，則皋門非宫門，而謂「皋門爲宫外門」者誤也。天子城門，其上有臺，謂之闍。四旁十二門，共十二闍。皋門爲外城門，雉門當爲内城門。《考工記》「城隅之制九雉」，《左傳》云「都城過百雉」，築城以雉起度，此或城門爲雉門之義歟？則雉門亦非宫門。天子諸侯，宫門皆爲庫門，最在外，而謂「先庫後雉」者誤也。《檀弓下》「君復於小寢、大寢、小祖、大祖，庫門、四郊」，又「自寢门至於庫門」，又「軍有憂則素服哭於庫門之外」；《郊特牲》「獻命庫門之内」，又「繹之於庫門」：是天子、諸侯皆有庫門，而謂「天子有皋無庫，諸侯有庫無皋」者誤也。《詩》之「應門」，毛傳謂之「正門」。《司儀》「出，及中門之外」，中門之外即庫門之内也。應門在庫門之中，故謂之中門。庫門之内，出入不禁。應門以内，爲朝會之處，皆必設禁，「閽人，掌守王宫中門之禁」，是也。中門以懸象巍。象巍，闕也。故《穀梁傳》謂之闕門，外朝之内，内朝之外，其門謂之路門，門内庭即路寢之庭。《爾雅》「路，大也」，其門庭爲較大也。亦謂畢門，畢之言盡也。然則天子郭門爲皋門，城門爲雉門，庫門爲宫之外門，應門爲宫之中門，路門爲宫之内門，合城郭爲五門。離之則爲三門。諸侯南面無城，以宫垣爲城牆，即以宫之外門爲城南門，非如徐彦所疑城墉不完之謂也。諸侯之宫亦三門，庫門爲宫之大門，雉門爲宫之中門，路門爲宫之内門。天子三門，諸侯亦三門，唯天子以雉門爲城門，諸侯無城門，以雉門爲宫之中門爲異，而謂「諸侯三門，天子五門，加以皋、應，或加以庫、雉」者，誤也。』黄先生曰：『臣入雉門行朝禮，上記「君在」，是入雉門也，自過位升堂則入路門也。此首記「入公門」，乃入庫門也。朱子云「公門高大」者，以意言之。《考工記》：「廟門容大扃七个，闈門容小扃三个，路門不容乘車之五个，應門二徹參个。」此度廟門以扃，度朝門以車，各以其物宜爲之數。言大不言高，而皋、庫、雉門無其制。《明堂位》：「庫門，天子皋門。雉門，天子應門。」言魯之庫、雉，其制依天子之皋、應。皋之爲言高也。《詩・緜》曰『皋門有伉』，則門之高大可知。夫子敬之而「如不容」者，重公門也。庫門爲君莅外朝之處，重公門即重外朝也。』

繼紅案：此引『黄先生曰』與《後案》原文語序略異，並多出『《明堂位》：「庫門，天子皋門。雉門，天子應門。」言魯之庫、雉，其制依天子之皋、應』。或胡夤所見《後案》與今定本不同故也。

〔三〕參見黄以周《禮書通故》第二《宫室通故二》：鄭玄云：『天子五門，皋、庫、雉、應、路。魯有庫、雉、路，則諸侯三門與?』賈公彦云：『凡平諸侯，三門有皋、應、路。若魯，三門則曰庫、雉、路。』劉敞云：『天子亦三門，有皋門，無庫門；有應門，無雉門；有畢門，無路門。』江永云：《明堂位》『庫門，天子皋門；雉門，天子應門。謂魯擬其制，非謂惟魯有庫、雉，餘諸侯不得立也。』戴震云：『天子、諸侯皆三門。天子有皋門，有應門，有路門，不聞天子庫門、雉門也。諸侯有庫門，有雉門，有路門，不聞諸侯皋門、應門也。』以周案：天子五門，説本先鄭。《明堂位》『天子有皋門』，《郊特牲》『王有庫門』，《周書・作雒解》『有庫臺』，其稱『應門』、『路門』者尤多，惟『雉門』無見文。劉、戴説不足信。諸侯之門未有稱『皋』、『應』者，《明堂位》『庫門，天子皋門；雉門，天子應門』，則皋、應爲天子門甚明。賈疏本《詩》箋，亦非。天子五門，諸侯三門，大夫、士二門。

繼紅案：《集解》、《集注》重點在『敬』，而《後案》則從禮學角度解釋爲何要『敬』。觀《後案》多涉禮，可知其然，還可知其所以然。《論語》禮學，爲黄式三治《論語》重心所在。

立不中門説[一]

《論語·鄉黨》：『立不中門，行不履閾。』《集解》：孔曰：『閾，門限。』《集注》：中門，中於門也，謂當棖闑之閒君出入處也。閾，門限也。禮，士大夫出入君門由闑右，不踐閾。謝氏曰：『立中門則當尊行，履閾則不恪。』

後案：孔氏《玉藻疏》謂：『門止一闑，《禮》所云「中棖與闑之閒」爲中門。』近江良庭據《禮》『闑門左扉立於其中』之文以證孔説。賈氏《儀禮疏》謂：『門有東西兩闑，兩闑之閒爲中門。』焦里堂謂賈説是也。《禮·玉藻》曰：『君入門，介拂闑；大夫，中棖與闑之閒；士介拂棖。』又曰：『賓入不中門。』賓入不中門，斷無大夫轉中門之理，則知棖與闑之閒非中門也。焦氏又曰：『《玉藻》鄭注云：「君入必中門，上介夾闑，大夫介、士介雁行於後，示不相沿也。」又注《聘禮》云：「介與擯者雁行，卑不踰尊者之跡。」賈氏以兩闑閒爲中門，主君與卿擯夾闑，賓君與卿介夾闑，主與賓並，自卿以下雁行於後。若中門，即棖、闑之閒，必大夫隨君後。何以爲不相沿，不踰尊者之跡。孔氏《玉藻疏》引皇氏、崔氏之説，以爲中門即棖與闑之閒，按《曲禮》「立不中門」注云：「中門，棖、闑之中央。」言棖、闑之中央未始非兩棖、兩闑之中央，與《玉藻》「棖與闑之閒」文相似而實有異也。經有時謂之門中，猶不必其正中。若不曰「門中」而曰「中門」，則正中矣，猶中堂必中於堂，中庭必中於庭，中席必中於席，中道必中於道。棖與闑之閒可稱中門，將中堂西楹之閒可稱中堂，中庭以東亦可以稱中庭。』焦氏此論極爲明析。自朱子從孔疏，後儒因之又分爲二：有謂中門爲東扉之中者，君臣出入皆由東扉也；有謂兼東扉之中、西扉之中者，謂入由東、出由西也。要其説多不可解。《五禮通考》亦沿其誤。『不踐閾』，謝氏言『不恪』。皇疏：『不踐門限，其義有二：一則忽上升限似自高矜；二則人行跨限，已若履之則汙限，汙限則汙跨者之衣也。』〔二〕

【箋注】

〔一〕輯自黄式三《論語後案·鄉黨十》，清光緒九年浙江書局刻本。

〔二〕參見黄以周《禮書通故》第二《宫室通故二》：皇侃、孔穎達説，門止一闑，《禮》所云『中棖與闑之閒』爲中門。賈公彦説，門有東、西兩闑，兩闑之閒爲中門。焦循云：『賓不中門，大夫中棖闑之閒，豈大夫轉中門乎？以偏爲中，斷無此理。且鄭注云：「君入必中門，上介夾闑，大夫介、士介雁行於後，示不相沿也。」「夾闑」，言君與介夾闑之左右，若止一闑，是介與君並行矣。若中門即棖闑之閒，必大夫隨君後，何以爲「不相沿」？孔疏非也。』王引之、張惠言説，經於闑曰闑東、曰闑西，無東闑、西闑之文。注亦不云有東、西二闑。賈疏引鄭《論語》『立不中門』注云：『立、行不當棖、闑之中央』，則鄭以爲『一闑』尤明。『中門』者，一扉之中也。以周案：門必兩闑，所以表中門也。大夫士行、立不中門，而《玉藻》云『大夫中棖與闑之閒』，則棖與闑之中央非中門矣。王伯申以爲門止一闑，詳列六證以辨賈失，其大意謂經、注言闑不别東、西，是門無二闑之證。其實經舉棖、闑各就一偏爲文，故不待别其東西義自可見。棖明有二，亦不見有『東棖』、『西棖』之文矣。《曲禮》『大夫、士出入君門，由闑右，不踐閾』，此以臣禮言，據東偏爲文。凡臣皆由門東而入，即士之朝位在西方，其入亦由門東，曰『由闑右』，其爲東闑可知。《玉藻》『君入門，介拂闑，大夫中棖與闑之閒，士介拂棖』，此以賓禮言，據西偏爲文。凡賓皆由門西而入，即兩君相見，其君入必中門，亦入自西偏之門，曰『闑』、曰『棖』，其爲西闑、西棖亦自可知。《玉藻》『賓入不中門，公事自闑西，私事自闑東』，公事用賓禮，私事用臣禮，賓自門西入，臣自門東入。於『入不中門』之下曰『闑東』、曰『闑西』，此正門有兩闑之證，如門止一闑，則闑東、闑西即是中門，上下文相觸戾矣。且曰『中門』者，必中於門也，曰『中棖、闑之閒』者，必中於棖、闑也。『棖、闑之中』乃一扉之中，所謂『闔門左扉立於其中』是也。以中扉爲中門，則『大夫中棖闑之閒』正中門矣，『介拂闑』，與君並行矣，非也。

又：焦循云：『《禮》「布席於門中闑西閾外」，謂是門中之闑西，反鬧西之闑西也。』王引之云：『闑西者，右扉所在也，門中者，右扉之中也。若謂門有兩闑，則經當云布席於門中闑閒，不得云闑西矣。』以周案：『門中』與

『中門』異。『中門』者，中其門也；『門中』者，不必其正中。布席門中，必著之曰『闑西』，所以定其位也。布席闑西，必著之曰『門中闑西』者，所以别門西之闑西也。焦説是。如王氏説，經曰『布席於闑西』可矣，何必緟言『門中』？且扉不可以冒門，中扉不可以冒中門。

釋過位[一]

《論語·鄉黨》：『過位，色勃如也，足躩如也，其言似不足者。』《集解》：包曰：『過君之空位。』《集注》：位，君之虚位。謂門屏之閒，人君寧立之處，所謂寧也。君雖不在，過之必敬，不敢以虚位而慢之也。言似不足，不敢肆也。

後案：此言治朝之位也。曰過者，其正朝之禮。上文所記『君在』，是朝畢而位虚也。《五禮通考》曰：『過位升堂，皆既朝以後事。入雉門遂行朝禮，君三揖禮畢，退適路寢聽政，諸大夫不得從入，有宰夫小臣掌諸臣復逆，諸大夫有所啟奏，乃得因之以入，於是有過位升堂也。』甬上萬氏曰：『《禮器》云「天子諸侯臺門」，足知君門崇廣，可即此朝見臣民。又《玉藻》云「闔門左扉立於其中」，益足證君門可以涖衆，不必更有朝堂。又曰「天子五門，諸侯三門」，門皆直入，無堂室相閒，治朝外朝就門而立。《左傳》「郲子在門臺臨廷」，即視朝時也。』江慎脩曰：『治朝無堂觀，《司士》路門左、路門右之位可見。《聘禮》使者夕幣於朝之時，管人布幕於寢門外，君朝服出門左，亦可見路門外是平庭無堂也。』戴東原曰：『朝有門而不屋，故雨沾衣失容則輟朝。』觀此諸説，知下文『升堂』爲路寢之堂，而此『過位』爲治朝可知矣。或疑『過位』何以記言，曰古者常朝在治朝，三揖而退，其事甚簡。議政則在路寢之堂，臣過位而入路寢，意欲有所建白，而慎重之心益於是見也。《曲禮》『下卿位』，注云：『卿位，卿之朝位也。君出過之而上車，入未至而下車。』《正義》：『卿位，路門之内門東北面。』又引鄭君此經注云：『過位，謂入門右北面君揖之位。』近儒申鄭君説者云：卿朝於治朝，是治朝有位。鄭君言入門右北面，則是卿大夫之位言。君揖則在治朝，『過位』之位，正指治朝臣位言。《爾雅》『門屏之閒謂之寧，中庭之左右謂之位』，是君所立者名寧不名位。《説文》亦以中庭左右爲位，是『位』之名有實地可指者。此别備一義。

邢疏以此位在門屏之閒，朱子注因之。考《曲禮》孔疏：『諸侯内屏在路門内，天子外屏在路門外，而近應門。』内外屏之制以此疏爲是。諸侯内屏所障止内朝，天子外屏所障及治朝，天子屏既近應門，而治朝在路門外，其寧立之處正在門屏之閒，《爾雅》『門屏之閒謂之宁』，《曲禮》『當寧而立』是也。諸侯屏在路門内不得言門屏之閒爲寧。《五禮通考》亦仍邢疏之誤，胥失之。〔二〕

『復其位，踧踖如也。』《集解》：孔曰：『來時所過位也。』《集注》：復位踧踖，敬之餘也。此一節記孔子在朝之容。

後案：皇疏：『位，謂初入時所過君之空位也。今出至此位，而更踧踖爲敬也。』疏申孔注是也。後儒或以過位在外朝，即以復位爲外朝之位，固非。何義門以治朝堂下諸曹治事處爲此所復之位，則踧踖之義何解？且過位、復位上下相應，何得別生異解乎？鄭君以上節過位謂入路門内門右北面君揖之位，見《曲禮正義》。説者據此謂上言過、下言復，皆中庭左右臣立之位，此言其位，益見位爲孔子所立而見君之位也。又一義。

【箋注】

〔一〕輯自黃式三《論語後案·鄉黨十》，清光緒九年浙江書局刻本。

〔二〕參見黃以周《禮書通故》第二十七《朝禮通故》：包咸説，《論語》『過位』，過君之空位。鄭玄説，『過位』，謂入門右北面君揖之位。以周案：卿、大夫於公未出揖之先同立門右，北面，公出揖，卿就西面北上位，大夫少進，就庭右北面位，所謂『公揖之，乃就位』也。鄭注《論語》『過位』以臣位言，與下『復其位』同。『過位』之位，即卿大夫門右北面同立之位，『復其位』，復其已所立大夫北面之位，二位之分别，惟鄭注最明。邢申包注，以『門屏之閒』疏之，是以寧混位也。《釋宫》云：『門屏之閒謂之寧，中庭之左右謂之位。』經云『過位，升堂』爲將聘圖事之朝，朝於内朝。

又參見黄以周《禮書通故》第二十八《聘禮通故一》：《論語》：『入公門，過位，升堂，復其位。』舊説是『平時路寢聽政之禮』。劉台拱據《聘禮》鄭注引《論語》文，以爲『行聘鄰國之禮』。陳壽祺據《士相見禮》賈疏引《論語》鄭注，以爲『將聘圖事之禮』。宋翔鳳又以爲『擯禮』。以周案：《論語》此節文次於『使擯』之後，『執圭』之前，皆記聘事，服注《左傳》所謂『孔氏聘辭』即謂此也。舊説非。『過位』、『復其位』，謂燕朝之臣位。『出降一等』，謂出路寢堂，降至階。諸侯堂高七尺，階七等。如謂『行聘鄰國』，無所謂『其位』，如以『其位』爲廟門外接西塾之位，『出』爲出廟門，何以復記『降等』、『没階』？劉説亦非。《禮》賓升堂，擯者退中庭；賓致命，擯者進至阼階西釋辭、相拜，未有擯得升堂之禮。宋説尤非。陳氏以爲『將聘圖事』，其説較確。鄭注《曲禮》『下卿位』云：『卿之朝位也。君出，過之而上車；入，未至而下車。』疏云：『卿位，路門之内門東北面位。故《鄉黨》注云「過位，謂入門右北面君揖之位」。』鄭注據《燕禮》爲説。其意『過位』爲過卿、大夫同立之位，『復其位』爲復己所立位，『過位』、『復其位』皆人臣位。《釋宫》云：『門屏之閒謂之寧，中庭之左右謂之位。』《論語》本文言『位』明據『中庭之左右』爲言，不得以『甯』解之，故不從包注。上『過位』不曰『其位』，明據『卿、大夫之位』爲文，即《曲禮》所謂『下卿位』之位，不得以『己所立位』解之，故又不從孔注。孔注『復其位，來時所過之位』，是直以爲『過己所立位』。此鄭注之精於諸家者也。《聘禮》『君與卿圖事』，鄭注云：『謀事者必因朝。其位，君南面，卿西面，大夫北面，士東面。』賈疏以爲『在路門外正朝』，本誤。江慎修謂下《記》『既受行，出，遂見宰，問幾月之費』，注云『古者君臣謀密艸創，未知所之遠近』，則圖事、命使當在路寢之朝後，夕幣乃在路門外正朝。《士相見禮》：『凡燕，見正方，不疑君。君在堂，升見無方階，辯君所在。』鄭注云：『此謂特見圖事。』賈疏云：『知有圖事者，《論語·鄉黨》云孔子與君圖事於堂，《聘禮》亦云君與卿圖事之時有此面位，無常法也。』疏稱『《聘禮》』云者，約鄭《禮》注文；稱『《鄉黨》』者，亦約鄭《論語》注文。是鄭以『圖事』解《鄉黨》，與《聘禮》合也。

攝齊升堂説[一]

《論語・鄉黨》："『攝齊升堂，鞠躬如也，屏氣似不息者。』《集解》：孔曰：『皆重慎也。衣下曰齊。攝齊者，摳衣也。』《集注》：攝，摳也。齊，衣下縫也。禮，將升堂，兩手摳衣，使去地尺，恐躡之而傾跌失容也。屏，藏也。息，鼻息出入者也。近至尊，氣容肅也。

後案：《檀弓》：『朝不坐，燕不與。』孔疏云：『朝與燕皆在寢，若路門以外正朝，則大夫以下皆立。若燕朝在於路寢，則大夫坐於上，如孔子攝齊升堂。』是孔氏以升堂爲路寢堂也。甬上萬氏曰：『入門而過位，過位而升堂，治朝之位無堂，而攝齊升堂乃路寢之堂也。』江慎脩曰：『路寢，門内之朝，君之視之也有四：一爲宗人圖嘉事，公族朝於内朝是也；一爲與群臣燕飲，《燕禮》所言是也；一爲君臣有謀議，臣有所進言，《鄉黨》所記是也，《聘禮》「君與卿圖事，遂命使者」亦是也；一是群臣以玄端夕見，亦是有事謀議也。四事外則君與四方之賓燕亦在寢，非朝禮。又，或臣燕見於君，《士相見禮》所謂「君在堂，升見無方階，辨君所在」，亦非朝禮。孔子侍坐、侍食，對問政，皆燕見時也。《大僕職》「王視燕朝」，鄭君以宗人圖嘉事解之，舉一邊耳。』

式三案：諸説以『升堂』爲升路寢之堂是也，以『升堂』爲正朝則非也。正朝在路寢之庭，《燕禮》曰『公降立於阼階東南，南鄉』者是也。此言『升堂』非正朝也，江氏所引『侍坐、侍食，對問政』者是也。〔二〕

劉氏《駢枝》曰：『《曲禮》「兩手摳衣去齊尺」，謂即席也。於升堂未有言摳衣者，拾級聚足，連步以上，自不至有傾跌失容之患，不必摳衣也。攝，斂也，整也。舉足登階，齊易發揚，故以收斂整飾爲難。《史記·酈生陸賈傳》：「沛公輟洗起攝衣。」《正義》曰：「斂著也。」其他傳記言攝衣、攝衽者不一，未有以爲摳衣者。《戰國策》曰：「攝衽抱几。」既抱几，能摳衣乎？《弟子職》曰：「攝衣其盥。」既兩手奉盥器，不容又有兩手摳衣。《管晏列傳》：「晏子懼然攝衣冠。」若攝爲摳，何乃並及冠乎？』劉氏駁孔氏之注，存之足備一解。〔三〕

【箋注】

〔一〕輯自黄式三《論語後案·鄉黨十》，清光緒九年浙江書局刻本。

〔二〕參見胡夤《明明子論語集解義疏》卷十《鄉黨第十》：朱注：『攝，摳也。齊，衣下縫也。禮，將升堂，兩手摳衣，使去地尺，恐躡之而傾跌失容也。屏，藏也。息，鼻息出入者也。近至尊，氣容肅也。』萬氏充宗曰：『入門而過位，過位而升堂，治朝之位無堂，而攝齊升堂，乃路寢之堂也。』孔沖遠疏《檀弓》『朝不坐，燕不與』云：『朝與燕，皆在寢。若路門以外正朝，則大夫以下皆立。若燕朝在於路寢，則大夫坐於上，如「孔子攝齊升堂」，是。』是孔氏以升堂爲路寢堂也。江氏慎脩曰：『路寢門内之朝，君之視之也有四：一爲宗人圖嘉事。《文王世子》「公族朝於内朝」，注謂「以宗族事會」是也；一爲「與羣臣燕飲」，《燕禮》所言是也；一爲君臣有謀議，臣有所進言，則治朝既畢，復視内朝，《鄉黨》所記是也，《聘禮》「君與卿圖事，遂命使者」，亦是在内朝也；一爲羣臣以玄端服夕見，亦是有事謀議也。四事外，則君與四方賓燕，亦在寢，非朝禮。又或臣燕見於君，《士相見禮》所謂「君在堂，升見無方階，辨君所在」，亦非朝禮。孔子侍坐，侍食，對問政、對儒行，皆是燕見時也。《太僕職》「王視燕朝，則前正位，掌擯相」，本不止一事，鄭君以「宗人圖嘉事」解之，舉一邊耳。孔子爲司寇，在五大夫之中。其位當在中庭北面，無事不升堂；或君有命，或有所言於君，乃升堂；既下階，仍復其中庭北面之位；俟群臣出，乃出也。』黄先生曰：『諸説以升堂爲升路寢堂，則是。以升堂爲正朝，則非也。正朝在路寢之庭。《燕禮》云「公降立於阼階東南，南鄉」者是也。此言升堂，非正朝也，江氏所言「侍坐侍食，對問政」者是也。』蒙案：『入公門』以下，劉氏台拱以爲通記『聘問之事』。陳氏壽祺本《鄉黨》殘注，以爲『孔子與君圖事於庭，圖事於堂』，則出聘圖事，自是燕朝之禮。其説確鑿，説皆詳見於後。

〔三〕參見黄以周《禮書通故》第二十七《朝禮通故》：孔安國云：『「攝齊升堂」，衣下曰齊，攝齊者，摳衣也。』劉台拱云：『《曲禮》「兩手摳衣，去齊尺」，謂即席也，於『升堂』未有言「摳衣」者。拾級聚足，連步以上，自不至有傾跌失容之患，不必摳衣也。攝，斂也，整也。舉足登階，齊易發揚，故以收斂整飭爲難。《史記》「沛公輟洗足，攝衣」，《正義》云「斂著也」。《戰國策》「攝衽抱几」，既抱几，能摳衣乎？《弟子職》「攝衣共盥」，既兩手奉盥器，不容又有兩手摳衣。」以周案：諸言『攝』者，皆謂以手整斂之也。既攝衽，乃抱几，既攝衣，乃共盥，初非一時並行。劉氏此説，焦理堂力駁之。

參見胡賁《明明子論語集解義疏》卷十《鄉黨第十》：云『皆重慎』者，鞠躬，斂身貌，見上。『屏』，《説文》『蔽也』，《曲禮》注『隱也』，《金縢》孔傳『藏也』。皇疏：『屏，疊除貌。息，亦氣也。已至君前，當疊除藏其氣，似無息者，不得怠倯振君也。』此皆『重慎』之意。云『攝齊，摳衣』者，《説文》『攝，引持也』，『摳，繑也』，即俗紐扣字。一曰『摳衣升堂』，此義與孔注同。《廣雅》：『摳，舉也。』《曲禮》疏『提挈也』。焦氏理堂曰：『升堂上加攝齊二字，所以别於執圭之升堂也。同一鞠躬如也，在執圭則手不能摳衣，故足縮縮如有循。《玉藻》云「執圭玉，舉前曳踵」，又云「圈豚行，不舉足，齊如流」是也。手不暇攝齊，齊曳於地，故如流矣。在本國升堂，手不執圭，則攝齊。衣不曳地，行不必如有循，但見屏氣似不息而已。攝齊與鞠躬相貫。鞠躬，斂身貌。斂則身俯，而前齊必曳地。攝是提起之名。孔氏以摳衣解之，精不可言。《論語》於升堂之上加攝齊二字，兩手摳衣則不得更執圭。此節爲「攝齊升堂」，明下節爲執圭升堂；於升堂而加攝齊，於執圭而省升堂，此古人屬文之法也。』劉氏台拱駁之曰：『《曲禮》「兩手摳衣去齊尺」，謂即席也。即席必摳衣者，以將就坐，《正義》曰「恐衣長，轉足躡履之」是也。於升堂未有言摳衣者，拾級聚足，連步以上，自不至有傾跌失容之患，不必摳衣也。摳謂之攘，攘謂之揭，揭謂之撅。子事父母，不涉不撅，侍坐於君子，畧母褰裳，避不敬也，奈何升堂見君，而反以樞衣爲敬乎？蓋攝，斂也，整也。舉足登階，齊易發揚，故以收斂整飭爲難。《士冠禮》「攝酒」，注云「攝，猶整也」。《襄十四年傳》：「書於伐秦，攝也。」注云：「能自攝整。」《既醉》：「朋友攸攝。」《正義》云：「攝者，收斂之言。」《史記·酈生陸賈傳》：「沛公輟洗，起攝衣。」《正義》云：「斂著也。」其他傳記言「攝衣」、「攝衽」者非一，未有爲「樞衣」者。《戰國策》曰「攝衽抱几」，能復「樞衣」乎？《弟子職》曰「攝衣共盥」，既兩手奉盥器，不容又有兩手樞衣。《管晏列傳》「晏子懼然，攝衣冠」，若攝爲樞者，何乃並及冠乎？略舉數事，足以見之矣。』焦氏之申，似不若劉氏之駁，並存之以俟考。

釋享禮〔一〕

《論語·鄉黨》：『享禮，有容色。』《集解》：鄭曰：『享，獻也。聘禮：既聘而享，享用圭璧，有庭實也。』《集注》：享，獻也。既聘而享，用圭璧，有庭實。有容色，和也。《儀禮》曰：『發氣滿容。』

後案：《聘禮》於執圭行聘後曰：『賓裼，奉束帛加璧享。擯者入告，出許。庭實，皮則攝之。』據是則享無圭，用璧及庭實。鄭君連言圭璧，渾言未分析也。《曲禮》：『凡執玉，其有藉者則裼，無藉者則襲。』無藉者聘君以圭，聘夫人以璋，圭、璋特達，不用束帛也。有藉者享君以璧，享夫人以琮，皆加於束帛也。襲者，禮主敬尚質。裼者，禮貴和尚文。故夫子『有容色』焉，禮也。〔二〕

近儒以禮爲醴賓者，《聘禮》『小聘曰問，不享，主人不筵几，不禮』，《記》又云『若君不見使大夫受不禮』，是其所據也。〔三〕然《記》云：『執圭鞠躬焉，如恐失之。及享，發氣焉盈容。私覿，愉愉焉。』《記》分執圭、享、覿三節，見禮之大在此三者，與此經正符。以三者言之，則執圭正聘與享爲尤重。《儀禮》言使者之始受命也，『賈人西面坐啟櫝，取圭垂繅而授宰，宰執圭屈繅授使者。使者受圭，垂繅以受命。既述命，授上介。上介受圭屈繅，出授賈人。受享束帛加璧。受夫人之聘璋，享玄纁，束帛加琮，如初』，是聘享之初受如此其重矣。《禮》言未入竟之習儀也，『壹肆，爲壇，不執圭。習享，士執庭實。習夫人之聘享亦如之。習公事，不習私事』，此聘享之肄習甚重，而私覿則不習矣。《禮》言入竟之展幣也，『布幕，賈人拭圭，遂執展之，上介視之。退圭，又拭璧，展之，會諸其幣。展夫人之聘享亦如之。及郊，又展如初。及館，展幣於賈人之館亦如之』，此入竟三展幣之甚重矣。凡此皆未行聘享之前，而見聘享之重如此。其後有還玉之禮焉，『君使卿皮弁還玉於館，賓皮弁襲，迎於外門外，升自西階，南面受圭，還璋如初』。有報享之禮焉，『賓裼，迎大夫賄，用束紡。禮，玉束帛乘皮，皆如還玉禮』。一禮或言報，或言還，還則不受重禮而以來物還之。《聘義》云：『以圭璋聘，重禮也。已聘還圭璋，此輕財而重禮之義。』享則各隨其土宜之所有，此所謂『不以貨傷德，不以幣没禮』者，受而報之可也。此聘享之終也。〔四〕

【箋注】

〔一〕輯自黄式三《論語後案·鄉黨十》，清光緒九年浙江書局刻本。

〔二〕參見黄以周《禮書通故》第二十八《聘禮通故一》：鄭玄云：『《論語》：「享禮，有容色。」享，獻也。既聘而享，用圭璧，有庭實。』江永云：『享禮用圭者，惟二王后享天子。鄭《小行人》注云：「其於諸侯，亦用璧琮耳。」則諸侯使大夫聘而行享，必無用圭之事。邢疏不能辨正，《集注》遂承其誤。』以周案：江説是。

〔三〕參見黄以周《禮書通故》第二十八《聘禮通故一》：舊説，『享禮有容色』，謂享獻之禮。孔廣森云：『享與禮爲二事。禮者，謂主人以醴，禮賓時也。既聘乃享，既享乃禮，既禮乃私覿。』以周案：《聘禮記》志容儀與《鄉党》文合，云『及享，發氣焉盈容』，即此所謂『有容色』也。而受禮之容色則無文，是《鄉黨》『享禮』止言行享之禮爾。

〔四〕參見胡賁《明明子論語集解義疏》卷十《鄉黨第十》：《儀禮·聘禮》於『執圭』行聘後云：『擯者出請。賓裼，奉束帛加璧享。擯者入告，出許。庭實，皮則攝之，毛在内，内攝之，入設也。賓入門左，揖讓如初，升，致命，張皮。公再拜，受幣。士受皮者自後右客。賓出，當之坐攝之。公側授宰幣。皮如入，右首而東。聘於夫人用璋，享用琮，如初禮。若有言，則以束帛，如享禮。』此正聘後之享禮也。《聘禮記》云：『及享，發氣焉，盈容。』鄭注：『發氣，舍氣也。孔子之於享禮，有容色。』皇疏云：『朝聘既竟，次行享禮。質敬之事稍輕，裼以行事，故云有容色也。』《曲禮》凡執玉，其有藉者有裼，無藉者則襲，無藉者聘君以圭，聘夫人以璋。圭璋特達，不用束帛也。有藉者，享君以璧，享夫人以琮，皆加於束帛也。襲者禮主敬尚質，裼者禮貴和尚文，故夫子有容色焉。朱注：『有容色，和也。』又行享之後，私覿之前，又有禮賓一節。《聘禮》曰：『擯者出請事，賓告事畢。賓奉束錦以請覿。擯者入告，出辭。請禮賓。賓禮辭，聽命。擯者入告。宰夫徹几，改筵。公出，迎賓以入，揖讓如初。公升，側受几於序端。宰夫內拂几三，奉兩端以進。公東南鄉外拂几三，卒，振袂，中攝之進，西鄉。擯者告。賓進，訝受几於筵前，東面俟。公壹拜送。賓以几辟，北面設几，不降，階上答，再拜稽首。宰夫實觶以醴，加柶于觶，面枋。公側受醴。賓不降，壹拜，進筵前受醴，復位。公拜送醴。宰夫薦籩豆脯醢。賓升筵。擯者退，負東塾。賓祭脯醢，以柶祭醴三。庭實設。降筵，北面，以柶兼諸觶，尚擸，坐，啐醴。公用束帛。建柶，北面奠於薦東。擯者進，相幣。賓降，辭幣。公降一等辭。栗階升聽命。降拜。公辭。升，再拜稽首，受幣，當東楹，北面。退，東面俟。公壹拜。賓降也，公再拜。賓執左馬以出。上介受賓幣。從者訝受馬。』此行享後之禮賓也。《聘禮記》曰：『小聘曰問。不享，主人不筵几，不禮。』又云：『若君不見，使大夫受，不禮。』近儒據此，遂以享禮爲禮賓。黄先生曰：『《聘禮記》云「執圭鞠躬焉，恐失之。及享，發氣焉盈容。私覿，愉愉焉。」《記》分執圭、享、覿爲三節，見禮之大在此三者，與此經正符。以三者言之，則執圭正聘與享爲尤重。……《聘義》云「以圭璋聘，重禮也。已聘還圭璋，此輕財而重禮之義。」享則各隨其土宜之所有，此所謂「不以貨傷德，不以幣没禮」者，受而報之可也。此聘享之終也。』

釋私覿〔一〕

《論語·鄉黨》：『私覿，愉愉如也。』《集解》：鄭曰：『覿，見也。既享，乃以私禮見。愉愉，顔色和也。』《集注》：私覿，以私禮見也。愉愉則又和矣。此一節記孔子爲君聘於鄰國之禮也。晁氏曰：『孔子定公九年仕魯，至十三年適齊，其閒絶無朝聘往來之事。疑使擯執圭兩條，但孔子嘗言其禮當如此耳。』

後案：《聘禮》於既行享後，『賓告公事畢，奉束錦以請覿。而擯者請禮賓，乃先行禮賓事，既禮賓。賓覿，奉束錦，總乘馬，二人贊。入門右，北面奠幣』。入門右者，私事自闑東，不敢如聘享之入門左。『擯者辭，請以客禮受。賓乃奉幣，入門左。介皆入門左，北面振幣授，當東楹。』由是賓私覿後，介又私覿，禮畢而送賓矣。《聘禮記》曰：『既覿，賓若私獻，奉獻，將命。』是私覿後有『私獻』一節。説者謂私覿之束錦、乘馬公家所給，而私獻則賓之所自備者。《聘禮》又有賓私面於卿之禮。鄭君注：『面，亦見也。』其謂之面，威儀質也。蓋公事之得伸私，敬先王制禮曲中人情如此。《郊特牲》言：『人臣無外交。』謂大夫從君而行，私覿爲非禮耳。故鄭君注

曰：『其君親來，其臣不敢私見於主國君也，以君命聘，則有私見。』〔二〕

【箋注】

〔一〕輯自黄式三《論語後案・鄉黨十》，清光緒九年浙江書局刻本。

〔二〕參見黄以周《禮書通故》第二十八《聘禮通故一》：《聘禮》、《論語》皆有『私覿』，《周官・司儀》有『私面』、『私獻』。《記・郊特牲》云：『朝覲，大夫之私覿，非禮也。』鄭玄云：『其君親來，其臣不敢私見於主國君也。以君命聘，則有私見。』孫希旦云：『聘禮，賓、介皆得私覿。諸侯相朝，則爲介者不敢私覿。聘賓卑，故介禮得伸；朝君尊，故介禮從屈。今乃謂不敢貳君，非《禮》意矣。《周禮・掌客》諸侯相朝，主國之卿皆得以摯見於朝君，曷嘗以貳君爲嫌乎？』王引之云：『「朝覲」二字下蓋有言朝覲之禮，今脱去矣。「大夫之私覿」以下，則以聘禮言之，不蒙「朝覲」爲義，鄭注強爲遷就。「大夫執圭而使」四句相屬爲義，豈得以上二句爲聘、下二句爲朝乎？若云「其君親來」則其臣不敢外交，豈其君不來遂敢於外交乎？《聘禮》有「賓覿」，而此以「私覿」爲非禮者，議禮之家取去各異。《士喪禮》有「讀賵」，而《檀弓》引曾子以「讀賵」爲非，是其例矣。』以周案：《周官・司儀》於『王合諸侯』及『諸公相爲賓』並不言大夫『私覿』，至『諸公之臣相爲國客，將幣』之後，乃有『私面』、『私獻』。鄭注《郊特牲》謂『朝覲無私見，聘則有之』，即據《司儀》而言，無可疑也。《記》意大夫從其君朝覲，無私覿國君禮；此『私覿』以國君言，故下曰『諸侯之庭』。大夫之有私覿者，聘禮也。《聘禮》之私覿，其幣出於公家，不失『申信不貳君』之義。此文專爲三桓而發，曰『何爲乎諸侯之庭』，申明朝覲私覿之非禮，而當時有行之者，如成十三年公朝京師，宣伯欲賜，請先使見王是也。曰『爲人臣者無外交』，申明『執圭申信』之義，而當時有因之私行者，如僖卅年『公子遂如京師，遂如晉』，《公羊》譏其『遂事，公不得爲政』；莊廿五年公子友如陳報聘，其明年遂私行葬原仲，亦人臣之外交者。是則因朝覲而先私覿，因出聘而遂私行外交，皆自三桓始也，故下文以此總結之。注疏誤以外交貳君爲申明私覿義，孫、王因之疑經，胥失之矣。

釋紺緅[一]

《論語·鄉黨》:『君子不以紺緅飾。』《集解》:孔曰:『一入曰緅。不飾者,不以爲領袖緣也。紺者,齊服盛色,以爲飾,似衣齊服也。緅者,三年練以緅飾衣,爲其似衣喪服,故皆不以飾衣也。』《集注》:君子,謂孔子。紺,深青揚赤色。齊服也。緅,絳色。三年之喪,以飾練服也。飾,領緣也。

後案:段氏於《説文》『紺,帛深青而揚赤色也』注曰:『揚當作陽,猶言表也。』《釋名》:『紺,含也,青而含赤色也。』按此謂今天之天青,亦謂之紅青。許言陽,劉言含,其意一也。以纁入深青而赤見於表,是爲紺。賈氏《考工疏》:『纁入赤汁則爲朱,不入赤汁而入黑汁則爲紺。』賈説非也,入深青則爲紺,入黑乃爲緅矣。段氏又於《説文》『纔,帛雀頭色也』注曰:『纔,即緅也。』《考工記》注:『染纁者三入而成,又再染以黑,則爲緅。緅,今《禮》俗又作爵,言如爵頭色也。又復染以黑,乃成緇矣。』《士冠禮》『爵弁服』注:『爵弁者,其色赤而微黑,如爵頭然。或謂之緅。』依鄭則爵、緅、纔三字一也。三字雙聲,段氏之言紺緅如此。式三案:《爾雅》云『一染謂之縓，再染謂之竀，三染謂之纁』，《考工記》鍾氏云『三入爲纁，五入爲緅，七入爲緇』，鄭君《禮》注『四入爲朱，六入爲玄』，俱不言紺之色。段意以《爾雅》是先染絳色之法，再入深青則爲紺。鍾氏言緅緇是加染黑色之法，故入黑則爲緅也。其分別紺緅之色甚明。孔子國注以紺爲齋服盛色，則誤以紺爲玄；以緅爲練服，則誤以緅爲縓。錢竹汀疑孔本作『緅』，亦無所證，説者非之。近儒知孔注之誤，而以紺緅爲閒色，亦非。參考經傳，段説爲是。然則其不以飾何也？曰：《深衣》：『具父母、大父母，衣純以繢；具父母，衣純以青；如孤子，衣純以素。』其不以紺緅者，非純繢純青純素之禮也。〔二〕然則孔注以飾爲領袖緣，朱子以爲『領緣』，其異何也？曰：鄭君於《深衣》篇『純袂，緣，純邊，廣各寸半』注，以純袂爲純袂口；緣讀爲緆，謂純深衣之下；純邊謂深衣之旁側。陸氏《釋文》云：鄭注《既夕禮》云『飾衣領袂口曰純，裳邊側曰綼，下曰緆』。據此則所飾非一物。注家所言，各有詳略耳。

古者衣、裳、冠、帶、韠、屨、席皆有緣。深衣之純以繢、以青、以素。爵弁、纁裳之袘緇，中衣、黼領之緣丹朱。童子緇布衣之緣錦，婦人之褖衣纁袡。明衣之綼，緆以緅，純以緇；屨之純，或青、或緇、或墨；帶之緣，或朱緑、或玄華；席之純，或粉、或黼、或繢；韠之紕，以爵韋，純以素，兵服之攝白狗。詳見陳氏《禮書》。

【箋注】

〔一〕輯自黄式三《論語後案・鄉黨十》，清光緒九年浙江書局刻本。

〔二〕參見黄以周《禮書通故》第三《衣服通故三》：孔安國云：『「君子不以紺緅飾」，一入曰緅，飾者不以爲領褏緣也。紺者，齊服盛色以爲飾，似衣齊服。緅者，三年練以緅飾衣，爲其似衣喪服。』鄭玄云：『紺緅紫，玄之類也。紅，纁之類也。玄、纁所以爲祭服，等其類也。紺緅木染，不可爲衣飾。紅紫草染，不可爲褻服。飾，謂純緣。』皇侃云：『孔以紺爲齊服盛色，或可謂紺深於玄，爲似齊服，故不用也。而禮家三年練以縓爲深衣領緣，不云用緅。且檢《考工記》「三入爲纁，五入爲緅，七入爲緇」，則緅非淺絳明矣。故解者相承，皆云孔此注誤。』江永云：『齊時服玄冠玄端，而孔云齊服，是誤經紺爲玄矣。練衣本以一染之縓爲緣，而孔云練服，是誤以縓爲緅矣。紺、緅皆赤黑之閒色，「不以」者，謂其非正色也。飾不止領緣，衣裳之邊皆有緣。』錢大昕云：『孔氏經文當是「縓」字，《爾雅》「一染謂之縓」，即孔所謂「一入」。《檀弓》「練，練衣，黄裏縓緣」，即孔所云「三年練以飾衣」。然則孔本經、注皆當作「縓」，不作「緅」矣。《考工記》「五入爲緅」，先鄭以《論語》爲證，則先鄭所受《論語》本作「緅」，與孔本異也。自《集解》采孔氏説而經文仍從「緅」字，遂亂。』以周案：孔注本後人僞託。鄭注以染法言，説自可通。説詳下卷『染』類。先君子《論語後案》云：『錢氏疑孔本緅作縓，無證。江氏以紺緅爲閒色不正，亦非。《深衣》：「具父母、大父母，衣純以繢；具父母，衣純以青；如孤子，衣純以素。」其不以紺緅飾者，非純繢純青純素之禮也。』

緇衣羔裘説[一]

《論語·鄉黨》：『緇衣，羔裘。』《集解》：孔曰：『服皆中外之色相稱也。』《集注》：緇，黑色。羔裘用黑羊皮。

後案：此言衣裘色稱之得宜也。『緇衣羔裘』者，夫子玄冕服、爵弁服、玄冠服之用裘如此，而次之用裼衣者亦如此也。知玄冕服之用緇者，六冕之下者爲玄冕，玄冕無縿，其服玄端無章。王以祭群小祀，以齋居，以卒食而居。諸侯以祭，於己以齋居。鄉大夫之服，自玄冕而下以朝。君以祭，於公以齋居。夫子爲魯大夫，用玄冕服色宜緇。《周官》六冕之制，冕延皆覆以緇布版，其上服皆緇衣纁裳，故其裘羔也。知爵弁服之用緇者，爵弁即韋弁，以緅色之布覆版，其服用緇絲衣纁裳。《士冠禮》：『爵弁服，純衣。』純，紂之譌。《檀弓》云：『爵弁紂衣。』紂衣同緇，其裘亦羔。裘，其用之也。王及諸侯、卿大夫兵事用之，聘禮君使卿歸饔餼用之，凡此皆弁而用緇矣，知玄冠之用緇者。《雜記》：『大夫弁而祭於己。』鄭君謂大夫爵弁自祭家廟，惟公之孤爲然，餘則與士同。玄冠，疏家謂少牢是上大夫禮，祭用玄冠、朝服，然則大夫之私祭用玄冠而緇衣、羔裘也。至士不得用冕，而三加之爵弁爲士弁而祭公之服。又《特牲禮》云『冠端玄』，是士得用玄端服而施之於玄冠，但士之裘不宜用羔。《玉藻》曰：『君子狐青裘豹褎，玄綃衣以裼之。』此士之服與。羔裘豹褎，是大夫不敢用純羔以避君，士用狐青裘宜也。〔二〕

【箋注】

〔一〕輯自黄式三《論語後案・鄉黨十》，清光緒九年浙江書局刻本。

〔二〕參見黄以周《禮書通故》第三《衣服通故二》：鄭玄云：『「君子狐青裘，豹褎，玄綃衣以裼之。」君子，大夫、士也。綃，綺屬。狐青裘，蓋玄衣之裘。』皇侃云：『凡六冕及爵弁，無裘。玄衣，玄端也。畿内諸侯朝服用緇衣，畿外用玄衣，狐青又是畿外諸侯朝服之裘。』熊安生云：『内外諸侯朝服皆緇衣，以羔爲裘，不用狐青也，此謂六冕及爵弁也。天子、諸侯皆然，而云「大夫、士」者，君用純狐青，大夫、士雜以豹褎。』孔穎達云：『《詩・唐風》「羔裘豹祛」，卿大夫之服，《檜風》「羔裘逍遥」，鄭云「朝燕之服」，《論語》「緇衣羔裘」，注云「諸侯之朝服羔裘者，必緇衣爲裼」。唐、檜、魯非畿内之國，何以並云「羔裘」若此？玄衣爲畿外諸侯，則鄭注此何得云「大夫、士」也？祭服「無裘」，文無所出。劉氏以六冕皆用大裘，亦非。』江永云：『冕服止用緇衣羔裘，記者蓋廣言他國冕服有此。』戴震云：『「天子、諸侯玄端以居狐青裘。」』以周案：凡裘，君用全，大夫雜。『羔裘豹褎』爲大夫服，則此『狐裘豹褎』不闗天子、諸侯甚明。且朝服非玄端，玄端、朝服皆麻衣，以綃衣裼，是以帛裏布矣，皇説殊謬。『六冕、爵弁無裘』，尤爲肊說。熊、孔斥之，當已。但六冕之裘皆黑羔裘，不用狐青，『爵弁』之説近是。嘗聞諸先君子曰，《玉藻》『君子狐青裘豹褎，玄綃衣以裼之；麛裘青豻褎，絞衣以裼之』，皆謂士服。大夫羔裘豹褎，不敢用純羔以避君，士用狐青裘豹褎宜也。

又參見胡夤《明明子論語集解義疏》卷十《鄉黨第十》：朱注：『緇，黑色。羔裘，用黑羊皮。』《玉藻》疏引鄭注云：『諸侯之朝服羔裘者，必緇衣爲裼。』《詩·羔羊》疏引鄭注云：『緇衣羔裘，諸侯視朝之服。卿大夫之服亦羔裘，唯豹袪與君異耳。』《周禮·司裘》疏引鄭注云：『君之視朝之服，亦卿大夫士祭於君之服。』黄先生曰：『此言衣裘色稱之得宜也。「緇衣羔裘」者，夫子玄冕服、爵弁服、玄冠服之用裘……此士之服歟。羔裘、豹褎，是大夫不敢用純羔，以避君。士用狐青裘，宜也。』

素衣麑裘説〔一〕

《論語・鄉黨》：『素衣麑裘。』《儀禮・聘禮》注引此文『麑』作『麛』。《集注》：麑，鹿子，色白。

後案：此明夫子皮弁服之用裘如此，而次之用裼衣者亦如此也。皮弁以白鹿皮爲之，其衣素，其裘用麑。皮弁服之用，天子以眂朝，以聽郊報，以食諸侯，以聽朔，以迎王之郊勞，以卜夫人、世婦使入於蠶室，以迎聘賓、卿大夫，以朝朔日，以聘於鄰國，以待聘賓還玉。而《學記》云：『大學始教皮弁、祭菜。』《郊特牲》：『蜡之日，皮弁素服以送終。』此上下同服之。其君臣之有異者，天子用皮弁，服則狐白裘。《禮》言『狐白裘錦衣以裼之』，注云『天子狐白之上衣皮弁服』是也。諸侯亦然，故《秦詩》曰『君子至止，錦衣狐裘』，箋曰『受命服於天子而來也』。夫子爲大夫而用麑裘，裘既異於狐白，則純麑不必異褎飾。《玉藻》云『麛裘青豻褎，絞衣以裼之』，此白青異色，亦士之裘。絞者，近青之色，裼衣象其褎也。〔二〕

【箋注】

〔一〕輯自黄式三《論語後案·鄉黨十》，清光緒九年浙江書局刻本。

〔二〕參見黄以周《禮書通故》第三《衣服通故二》：《論語》：『素衣麑裘。』《玉藻》：『麛裘絞衣裼。』鄭玄説，或絞，或素，無一定。《儀禮》注。熊安生説，臣用絞，君用素。皇侃説，素衣爲正，記者亂言絞爾。一説，絞當讀爲縞，絞、縞聲相近。　以周案：《論語》所言大夫皮弁服，《玉藻》蓋言玄端之制。玄端有朱裳，素裳，玄裳，黄裳，雜裳，或者兼用羔裘緇裼、狐裘黄裼、麑裘絞裼與？注『絞，蒼黄之色也』，蒼黄即緑色。《説文》：『緑，帛青黄色也。』《夏小正》『玄校』，傳云：『校也者，若緑色然。』校即絞之借字。今本作『緣色』，誤。

又參見胡賁《明明子論語集解義疏》卷十《鄉黨第十》：《詩·羔羊》疏引鄭注：『素衣麑裘，諸侯視朝朔之服，其臣則青豻褎，絞衣爲裼。』《玉藻》、《士冠禮》疏引亦云『視朔之服』。黄先生曰：『此明夫子皮弁服之用裘及裼衣也。……此白青異色，亦士之裘。絞者，近青之色，裼衣象其褎也。』

黄衣狐裘説[一]

《論語・鄉黨》：『黄衣狐裘。』黄，从田芡。芡，古『光』字，會意字也。《集注》：狐色黄，衣以裼裘，欲其相稱。

後案：黄衣狐裘，亦兼禮服及裼衣言也。據鄭君《禮注》：『既大蜡而臘先祖，五祀之服。』是禮服之一也。自方性夫解《郊特牲》謂『皮弁素服，主祭者之服；黄衣黄冠，助祭者之服』，後儒辨蜡、臘各一祭不相連涉者從其説。陳氏《禮書》曰：『既蜡而臘先祖、五祀，蜡以息老物，臘以息民，息民在蜡後。《記》所言既蜡而收民息已，周蜡於十有二月，秦蜡於孟冬，皆建亥之月。晉侯於十有二月滅虢，遂襲虞，宫之奇曰：「虞不蜡矣。」則臘在蜡月可知矣。』陳説申明蜡、臘之制與鄭君説合。然則蜡息老物故素服以送終，臘息田夫故服田夫之服，二者憭然。難之者曰：《周官》『王祭群小祀則玄冕』，鄭君謂『群小祀如山林、墳衍、四方百物之屬』，鄭君注《大宗伯》以四方百物爲蜡，則是王於蜡服玄冕，而素服與黄服非皆執事之服與。曰：此陳氏《禮書》之説亦非也。群小祀多矣，大約用玄冕者爲多，而蜡、臘之服經有明據，何得云服玄冕乎？至《詩・都人士》曰：『狐裘黄黄。』箋、疏以此裘不裼，衹取温裕也。《檜風》『狐裘以朝，狐裘在堂』，箋謂『祭服以朝』，是好潔衣服之證也。《羔羊正義》云：『兵事用韎，韋衣則用黄衣、狐裘及貍裘，象衣色故也。』〔二〕近淩氏《禮經釋例》遵此説，以此衣裘爲韋弁服之用，其説未是。〔三〕

裘外之衣曰裼衣。裼衣外加禮服，禮服掩蓋裼衣，謂之襲露。裼衣謂之裼。皇氏於此疏謂『衣裏之裘，必隨上衣之色』，是緇衣、素衣、黄衣謂禮服也。邢氏以『裼衣』言之，二説自可通也。凡經中多『裼』、『襲』連言之，『襲』重於『裼』。禮之最盛者，其所服之裘必隨禮服之色，裼衣可知也。經中又有專言裼者禮之次，不用禮服，衹有裼衣，亦裼衣隨裘之色也。此經統言禮之盛之次也。若《禮》孔疏謂裼衣處有襲衣，有禮服説，不可從。或據皇氏此疏，謂裘外並無裼衣，核以鄭君《禮注》，尤失之。〔四〕

【箋注】

〔一〕輯自黄式三《論語後案・鄉黨十》，清光緒九年浙江書局刻本。

〔二〕參見黄以周《禮書通故》第三《衣服通故二》：鄭玄云：『黄衣則狐裘，大蠟之服。』或説：『黄衣狐裘，玄端服。』 以周案：《論語》『緇衣羔裘』，爲大夫之冕服，『朝服素衣麑裘』，爲大夫之皮弁服，『黄衣狐裘』，當爲大夫之韋弁服。凡兵事，韋弁以韎韋爲之，韎，赤黄色。《詩・羔羊》疏云『兵事韎韋，衣則黄衣』，《襄四年傳》云『臧之狐裘，敗我於狐駘』，是韋弁服用『黄衣狐裘』之證。《詩・都人士》篇『狐裘黄黄』，賈誼《新書・等齊篇》引作『黄裳』，是『黄衣狐裘』其裳用黄之證。天子韋弁服朱裳，大夫韋弁服黄裳。黄裳爲禮服之最重者，故《易》於『《坤》五』特著其占。如鄭《禮》注爵弁纁裳，皮弁素裳，朝服亦素裳，而黄裳獨不見用於禮服，惟玄端爲禮服之下，閒或用之，而以玄裳爲正。是黄裳於禮幾無用之矣，豈其然哉？《郊特牲》『黄衣』『黄冠』爲草服，鄭以之解《論語》，解《緇衣》，皆誤。其注《司服》以韋弁爲『韎裳』，注《聘禮》又以爲『素裳』，注《詩》又以爲『天子之服朱裳』，説尤屢易。而疏家申之，以爲戎事『韎裳』，禮事『素裳』，更屬杜撰。

又：《白虎通義》云：『天子狐白，諸侯狐黄，大夫狐倉，士羔裘。』孔穎達云：『天子卿大夫及諸侯卿大夫，在天子之朝亦狐白裘，以下云「士不衣狐白」，則卿大夫得衣狐白也。其裼則不用錦衣，故下注云「非諸侯則不用錦衣以裼」。熊氏云「當用素衣」，皇氏用《白虎通義》，並與經傳不同。』以周案：《玉藻》云『錦衣狐裘，諸侯之服也』，謂狐白裘。《白虎通義》謂『惟天子用狐白』，誤。《論語》述孔子之服曰『黄衣狐裘』，是狐黄亦不獨諸侯矣。《玉藻》云『士不衣狐白』，雖據士立文，其實大夫亦不得衣狐白，《玉藻》云『君子狐青裘、豹褎』，鄭注『君子』謂『大夫、士』，明大夫、士止服狐青也。《晏子春秋》云：『景公賜晏子狐白之裘，晏子辭曰：「君服之上，而使嬰服之下，不可以爲教。」』晏子意狐白裘爲君服，卿大夫不得服之也。孔疏謂『諸侯大夫在天子朝衣狐白』，肊説也。狐白以錦衣裼，熊云『素衣』，亦無見文。

〔三〕淩廷堪《校禮堂文集》卷十六《論語黄衣狐裘説》：宣城張生其錦讀《詩·羔羊正義》，問於余曰：『《論語》黄衣狐裘，當從其説否？』余嘉其有識而惜其未暢也，乃爲之説曰：《論語·鄉黨篇》『緇衣羔裘，素衣麑裘，黄衣狐裘』，邢疏以緇衣爲朝服，素衣爲皮弁服，皆是也。唯黄衣狐裘，則以《郊特牲》之黄衣黄冠而祭息田夫者當之，嘗竊疑其不倫焉。《詩·羔羊》『素絲五緎』，孔氏《正義》曰：『若兵事既用韎韋衣，則用黄衣狐裘及貍裘，象衣色故也。』然則黄衣狐裘者，韋弁服也。韋弁服，陳氏《禮書》以爲即爵弁服是也。案弁服之制有三：《士冠禮》陳冠服，爵弁服一也，皮弁服二也，玄端三也。玄端即朝服之異其裳者，故言玄端即兼朝服也。《士喪禮》陳襲服，爵弁服一也，皮弁服二也，褖衣三也。賈疏謂褖衣則玄端又連衣裳，是褖衣即玄端之不殊裳者也。又《周禮·司服》，凡兵事，韋弁服，一也；眡朝則皮弁服，二也；凡甸，冠弁服，三也。韋弁服即爵弁服也，冠弁服即朝服也。以《論語》考之，緇衣羔裘，朝服也；素衣麑裘，皮弁服也；黄衣狐裘，韋弁服也。《儀禮》、《周禮》先爵弁服、後朝服者，自重而逮輕也。《論語》先朝服、後爵弁服者，由輕而溯重也。比類而觀，其義見矣。《論語》記士之三正服，不應去爵弁服而忽雜以黄衣黄冠之野夫草服也。黄衣狐裘之爲韋弁服，《詩正義》已有明文，而世但知宗邢氏説，故因張生之問而申之如此。難者曰：『《儀禮》既有爵弁服，又有韋弁服，自是二服，不可如陳氏説以韋弁服當爵弁服也。』答之曰：『韋弁服即爵弁服，但異其衣耳，其弁則同。當如陳氏説也。鄭注爵弁服以爲緇衣，韋弁服以爲韎布衣，《司服》注又以爲韎韋衣，是鄭氏亦無定説。今考《禮器》所謂士玄衣纁裳者，指冕服而言也。禮之通例，弁服則衣與冠同色，不當用緇。又，皮弁服上下同色，則爵弁服亦當上下同色，蓋用纁衣，韋弁服蓋用韎韋衣。其衣不同，故名亦隨之而異，猶之緇衣素裳爲朝服，緇衣玄裳爲玄端，其實皆一物也。』難者又曰：『纁衣非黄也，何以謂之黄衣？』答之曰：『此裼衣，非正服也。裼衣黄，取其與正服相類也。《周禮・司服》鄭注：「凡冕服，皆玄衣纁裳。」賈疏云：「《易・繫辭》：『黄帝、堯、舜垂衣裳，蓋取諸乾坤。』乾爲天，其色玄；坤爲地，其色黄。但土無正位，託於南方火赤色。赤與黄即是纁色，故以纁色爲名也。」是纁與黄相類也，又何疑乎？』

〔四〕詳參黄以周《禮書通故》第三《衣服通故三》：崔靈恩、皇侃説，先著明衣，次中衣，次裘，次裼衣，裼衣上加朝祭之服。劉炫説，中衣在裼衣上。孔穎達云：『裘上有裼衣，裼衣之上有襲衣，襲衣之上有常著之服，則皮弁之屬也。』賈公彦云：『冬時，裘上有裼衣，裼衣之上有上服皮弁、祭服之等。若夏，衣以絺綌。春、秋衣袷褶，其上加以中衣，中衣之上加上服。』以周案：裘外有裼衣，見《玉藻》文。裼衣對襲衣言，則其上又有襲衣矣，崔、皇、賈疏近是。《喪大記》疏云『裼衣上朝服』，與賈疏同。《曲禮》疏、《詩・羔羊》疏皆誤。又《羔羊》疏云『中衣在裼衣上』，《玉藻》疏又云『裼衣在中衣之上』，彼此又違異。服裘之時，中衣在裘内，崔、皇説是。不服裘時，中衣上加上服，《莊子・讓王篇》：『子貢乘大馬，中紺而素衣。』

又：鄭玄云：『「以帛裏布，非禮也」，謂中外宜相稱。冕服絲衣也，中衣用素。皮弁服、朝服、玄端麻衣也，中衣用布。』以周案：崔、皇説中衣在裘内，劉説中衣在裘外，孔疏從劉説，任氏《釋例》從皇説。其實鄭注『中衣』釋『裏』字謂裼衣，非專謂長中之中衣也，故云『相稱』。《玉藻》本文『以帛裏布』承上『深衣』爲言。以禮服推之，首服冕爲上，弁次之，冠爲下。冕服絲衣，裏衣用帛；冠服麻衣，裏衣用布；爵弁、皮弁次於冕，其衣仍用絲；冠弁近於冠，其衣則用麻。鄭注以皮弁服爲『麻衣』，箋《詩》以『錦衣狐裘』爲皮弁服，注《論語》以『素衣麑裘』爲皮弁服。錦衣，絲衣也，素衣，亦絲衣也，上衣布，是『以帛裏布』矣。其注《玉藻》『錦衣以裼之』云：『非諸侯，則不用錦衣爲裼。』其諸侯以上不嫌『以帛裏布』與？此彌縫之説也。崔、皇等以《玉藻》注皮弁服裏衣布、《詩》箋皮弁服裼錦衣，遂分中衣、裼衣爲二物，任氏《釋例》謂『中衣不得以帛裏布，裼衣則否』，俗儒又謂『錦衣是以錦爲緣，非通身用錦』，緟貤紕繆。

又：鄭玄云：『君衣狐白毛之裘，則以素錦爲衣覆之，使可裼也。袒而有衣曰裼，必覆之者，裘褻也。詩曰「衣錦絅衣」、「裳錦絅裳」，然則錦衣復有上衣明矣。天子狐白之上衣，皮弁服與？』蔡德晋云：『「衣錦絅衣」乃婦人服，亦非以裼裘也。鄭氏據之以證裼、襲之制，支離。』以周案：鄭之引《詩》雖非確證，而言裼必有襲，裘上有錦衣、上衣二服，自不可破。襲爲充美，亦與絅義合。錦衣本禮服，覲下『羔裘緇衣』、『狐襲黄衣』自知。謂之『裼』者，對『襲』言之，通言之皆可謂之弁服、朝服。凡弁服、朝服，必有一裼一襲。裼、襲具謂之『一襲』。襲本訓重衣，《漢書·東平王傳》注云『衣單、復具曰一襲』，是也。鄭云『錦衣上衣皮弁服』謂襲衣，是裼、襲同色同物，不過一見美，一充美，其制有異耳。

又：郝敬云：『裘外裼衣即是朝祭服，非裼衣之外又著朝祭服。裼衣之外又以衣揜襲，是有事示變者。』萬斯大云：『《玉藻》「君在則裼」，大臣之見君必朝服，則裼衣即朝服。《聘禮》既聘而享賓，主必裼以將事，則裼衣即禮服。古人禮服直領無衿，裘上衣裼衣，胸前裘色自然微露如袒。經不詳襲衣之制，疑即深衣也。加深衣則曰襲。』

以周案：疏家説裼者『免上衣，見裼衣』，上衣即上服，謂行禮時所服於外者，如朝祭服是也。郝、萬諸儒則以裼衣爲朝祭服，説不同。今考經、《記》之言裼、襲者，皆指皮弁服以下，不關冕服。冕服爲章服，非襲衣，亦無裼名，故《禮經・聘禮》諸篇多言裼、襲，《覲禮》冕服不言裼，亦不言襲。《明堂位》云『冕而舞《大武》』、『裼而舞《大夏》』，冕、裼對言，尤爲冕服不裼之顯證。舊説裼、襲不分冕、弁，一誤；以冕服爲襲衣，因謂弁服、朝服是襲不是裼，二誤。近陳碩甫以襲衣爲充美，遂謂冕服章色在裳不在衣，殊不知冕服無『裼』、『襲』之文，而弁服、朝服自指裼衣，觀《玉藻》言『君在則裼』、『襲裘不入公門』自明。但襲衣本象裼衣爲之，如狐裘錦衣裼，其襲衣亦用素錦爲之；羔裘緇衣裼，其襲衣亦用緇布爲之。裼、襲同色同物，故曰『以帛裏布，非禮也』。其謂之裼、襲者，裼直領對衿見裘，襲方領曲袷揜裘，《玉藻》所謂『裼見美』、『襲充美』是也。且襲衣以揜裘，袪亦長大，裼衣之袪則短於裘。《檀弓》云：『練，練衣，黃裏縓緣。鹿裘，横長袪。袪，裼之可也。』言鹿裘之袪横長於練衣，其練衣之袪如裼，故曰『裼之可也』。則裼衣之袪短於裘可知，亦短於襲可知。《玉藻》言深衣之袂『可以回肘，長、中繼揜尺』，鄭注云『長衣、中衣，繼袂揜一尺，若今褏。深衣則緣而已』，蓋其差也。襲衣如長、中，決非深衣。深衣不可加朝祭服，且其褏亦短於裘。孔子褻裘『短右袂』，亦不過短之使與外衣之袪齊，以便於作事而已。自裼制不明，而諸義皆晦。

又：鄭玄云：『「君在則裼，盡飾也」，臣於君所。』萬斯大云：『臣之見君必朝服，則裼衣即朝服矣。』任大椿云：『《玉藻》「羔裘緇衣」，是朝服之裼衣。《詩》「緇衣之宜兮」，是朝服。』以周案：《玉藻》『麛裘，絞衣以裼之；羔裘，緇衣以裼之；狐裘，黃衣以裼之』，鄭注竝引《論語》文以證。《論語》『緇衣羔裘』爲朝服，是裼衣即朝服也，而謂之『裼衣』者，對裘衣言之也。『君在則裼』，即《玉藻》『羔裘，緇衣以裼』也，亦即《論語》『緇衣羔裘』也，亦即《詩》之『緇衣』也。如謂裼衣不得謂朝服，有上衣乃稱朝服，則朝服而朝，是以襲裘入公門矣。『君在則裼』，與『襲裘不入公門』文正相對，鄭彼注云：『衣裘必當裼』。任説沿疏家之誤，萬説是。《内則》云：『不有敬事，不敢袒裼。』裼是敬，故『君在則裼』。《玉藻》云：『禮不盛，服不充。』充謂襲，禮盛者服上服，不崇曲敬，故大裘襲，尸襲，執圭襲。《聘禮》注云：『凡當盛禮者以充美爲敬，非盛禮者以見美爲敬，禮尚相變也。』

又：蔡德晉云：『郝萬説「裘外之裼衣即禮服」，此説自不易。然裼衣既爲禮服，必當著於外，豈可復加他服以揜之？』以周案：裼衣即是禮服，故『緇衣羔裘』可以不襲而朝。其或襲之者，爲盛禮也。《玉藻》云『禮不盛，服不充』，鄭注云『大事不崇曲敬』，是以非盛禮而襲謂之『不敬』，故曰『襲裘不入公門』。又曰『無事則裼，弗敢充也』，非敬事而裼謂之『不恭』，故曰『不有敬事，不敢袒裼』。

又：萬斯大云：『《玉藻》於裼曰「裘之裼」，裼在裘外也。於襲曰「服之襲」，襲在服外也。』蔡德晉云：『裼言裘，襲言服，互見耳。萬説誤。「見美」、「充美」以羔裘、麑裘之類言，若緇衣、素衣之屬，何足言美？孔疏皆以爲「裼衣之美」，亦誤。』以周案：《玉藻》『裘之裼也，見美也』，言裘之美；『服之襲也，充美也』，言衣之美。《詩》言『緇衣之宜兮』、『緇衣之好兮』，亦安得云不美？

又：蔡德晉云：『古人裘上加正服，正服有裼，有襲。以其裼而露裘，謂之裼衣，亦曰裼裘；以其襲而揜裘，謂之襲衣，亦曰襲裘。其實裘外止一正服，安得或歧而爲二，或歧而爲三。』以周案：孔疏裘外有三服，固不足信，鄭注謂裘外有裼、襲二衣，是也。裼衣在裘之外，故《玉藻》曰『服之裼也』，襲衣又在裼衣之外，故《玉藻》曰『服之襲也』，二服分别甚明。凡服襲衣者可以裼，爲内本有裼衣也。服裼衣者無上服，不可爲襲，故『子游裼裘而弔，主人既小斂，乃趨而出，襲裘而入』，二服之分别亦甚明。如蔡氏説裼、襲止是一服，裼、襲之分止在袖之捲與不捲，則子游欲襲裘，一下其褏斯可矣，何必『趨而出』邪？《表記》『裼、襲不相因』，鄭注本明，或者據此謂襲時内無裼衣，故曰『不相因』，誤。

又：江永云：『古人有袒褏之禮，行禮時開出上服前衿，袒出左褏。《士喪禮》「主人左袒，扱諸面之右」，扱即插字，吉禮亦當以左褏插諸前衿之右也。』蔡德晋云：『如舊説，當裼時去襲衣，當襲時復加襲衣，不思《聘禮》「公側襲，受玉於中堂與東楹之閒，裼，降立」，授受須臾，不下堂，不入次，易服於何所乎？《射》、《喪》諸禮言袒、襲者皆忽袒忽襲，豈得於行禮之所忽而脱衣，忽而著衣乎？』以周案：『袒裼』之裼爲褏袒，『裼襲』之裼爲不加上衣。鄭注云『凡襲，於隱者裼，免上衣，見裼衣』，是鄭意裼、襲各有一衣，而袒裼之裼但偏免左袂，自見裼衣，無待易服。凡裼、襲不相因，以變爲文，袒亦然。故《聘禮》主裼，執圭則『襲』，《射禮》主襲，取弓矢則『袒』。然執圭之襲，取弓矢之袒，皆在將事之先，其襲而裼、袒而襲皆在事終，《喪禮》亦然，初非一事之中，忽裼忽襲也。即如聘圭一事，賓於啟櫝時襲，出乃裼，公於當楣拜後襲，俟賓出乃裼，此非尋常授受，何云『須臾』？亦何嫌裼、襲之數？《大射禮》袒、襲皆在堂下『次中』，故鄭云『凡襲，於隱者』。《士喪禮》主人袒於『户内』，襲於『東序』。喪禮遽於事，尚襲於東序，則吉禮可知，故鄭云『公襲序、坫閒』，裼亦當然，何云『無所』？後人不考《禮經》本文，遂疑一事之中反復易服難以爲禮，惑矣。

釋寢衣〔一〕

《論語・鄉黨》：『必有寢衣，長一身有半。』《集解》：孔曰：『今之被也。』《集注》：齊主於敬，不可解衣而寢，又不可著明衣而寢，故别有寢衣，其半蓋以覆足。程子曰：『此錯簡，當在「齊，必有明衣，布」之下。』愚謂如此則此條與明衣變食既得以類相從，而褻裘狐貉亦得以類相從矣。

後案：鄭君此注云：『小卧被也。』《説文》『被』字下引此文，『衾』字下云『大被』。則大被爲衾，小被爲寢衣，義正相合。申之者謂此條因長短而類記之也。式三案：寢衣謂寢時之衣，長一身有半。衣及膝也。人之股半於身，寢衣所覆及膝，冬藉以温，當暑以蔽形。言必有者，承上言冬夏之服也。王伯申曰：『寢衣，褻裘之衣也。謂之寢衣者，寢室所著之衣，猶言燕衣、褻衣耳。身，體中也，謂頸以下，股以上。《易》「艮其身」，在艮趾、艮腓之上，艮輔之下，則舉中而言矣。《象傳》曰「止諸躬」，躬亦舉中而言。《涣》「六三：涣其躬」，荀注曰「體中曰躬」。』經言『長一身有半』，當依王氏説。《禮》『表裘不入公門』，如王説褻裘必有表衣，未必然也。〔二〕

【箋注】

〔一〕輯自黄式三《論語後案·鄉黨十》，清光緒九年浙江書局刻本。

〔二〕參見黄以周《禮書通故》第三《衣服通故二》：孔安國云：『《論語》寢衣，今之被也。』鄭玄云：『今小臥被。』許慎云：『被，寢衣也，長一身有半。』王引之云：『寢衣，褻裘之衣也，謂寢室所著之衣，猶言燕衣、褻衣耳。身，體中也，謂頸以下，股以上。《易》「艮其身」，在「艮趾」、「艮腓」之上，「艮輔」之下，則舉中而言矣。《涣·六三》「涣其躬」，荀注曰：「體中曰躬。」』　以周案：舊注寢衣訓被，被者寢時之衣也。王氏以爲『褻裘之衣』，非。先君子云：『寢衣謂寢時之衣，長一身有半，長及膝也。人之股半於身，寢衣所覆及膝，冬藉以温，當暑以蔽形。言「必有」者，承上言冬、夏之服也。』　又案：古之所謂被，與衾有别。被即寢衣，《説文》有明證，若被即是衾，衾固人人有之矣，何云『必有』？若謂衾人所同，『一身又半』夫子所獨，亦當云『寢衣必長一身有半』。今經云『必有寢衣』，與『必朝服而朝』、『必有明衣』句法相同，是皆古制之善者，當時廢而不用也。自寢衣之制廢而被之名亦失，今則並衾之名反爲被所奪矣。程子以此節爲錯簡，朱子從之，以爲齊時之衾有異。其實齊自有明衣，而其衾則《葛生》詩傳所謂『齊則角枕錦衾』是也。

又參見胡夤《明明子論語集解義疏》卷十《鄉黨第十》：王氏引之《經義述聞》云：『經言褻裘而及寢衣，則寢衣者，褻裘之衣也。褻裘之有寢衣，猶羔裘之有緇衣，麑裘之有素衣，狐裘之有黄衣也。謂之寢衣者，寢室所著之衣，猶言燕衣褻衣耳。身，體中也，謂頸以下股以上也。人自頂以下踵以上，總謂之身。《考工記·盧人》「凡兵無過三其身」，鄭注「人長八尺，與尋齊，進退之度三尋」是也。頸以下，股以上，亦謂之身。《艮·六四》「艮其身」，在艮趾艮腓之上，艮輔之下，則舉中而言矣。故《象傳》曰：「艮其身，止諸躬也。」躬亦舉中而言。《涣·六三》「涣其躬」，荀注曰：「體中曰躬」是也。以今尺度之，中人頸以下股以上約有一尺八寸，一身之長也。再加九寸，爲一身之半，則二尺七寸矣。以古六寸爲尺計之，得四尺又五寸，一身又半之長也。解者誤謂一身爲頂以下踵以上，衣長一身又半，則下幅被土，非復人情，於是不得已而以被當之。孔、鄭注並曰「寢衣，今被也」，《説文》亦曰「被，寢衣」。長一身有半，皆由此誤也，不知頸以下股以上亦謂之身。長一身又半纔至膝上耳，不患其太長也。寢衣在褻裘之上，不著則無以覆裘，故曰必有寢衣，言不可有裘而無衣也。若訓寢衣爲被，則人卧時，孰不有被，何須言必有乎？且上言褻裘，下言狐貉之厚以居，皆以裘言之，何得襍以與裘無涉之被告乎？況徧考經傳，言被者皆謂之衾，無曰寢衣者，未可以寢衣爲被也。』黄先生以《禮》云『表裘不入公門』謂禮衣也，褻裘不必有表衣，因以寢衣爲寢時之衣，而非爲覆裘之衣。蒙案：『表裘不入公門』者，古禮之大同，褻裘必有覆衣者，聖人之獨異。絺綌言必表，嫌暑熱之不加；寢衣言必有，恐私居之不服。故特明之也。古者衣裘，毛皆向外，故不可無外覆之衣，而因以裼襲相變爲禮節。《玉藻》『表裘不入公門』，惡其形褻也；『襲裘不入公門』，爲無文飾也。若私居之褻裘，不表亦不裼，而必有寢衣以襲之。《禮》謂『表裘不入公門』，非謂私居即可表裘也；《禮》謂襲裘不入公門，非謂襲裘不可私居也。

云『寢衣今被』者，《周禮·天官·玉府疏》引鄭注云『今時小卧被也』。《説文》『被，寢衣也』，引此經以證文。

又『衾，大被也』，是以大被爲衾，小被爲寢衣，義與孔、鄭二注同。《詩・小星》『抱衾與裯』，毛傳：『衾，被也。裯，襌被也。』陳碩甫曰：『凡人入寢，必衣寢衣而加衾。《詩》之裯，即《論語》之寢衣也。《方言》「汗襦，自關而西，或謂之祇裯」，《說文》「祇裯，短衣也」，與單言祇者不同，而其爲帖身之物則一也。』此義與黄先生同。

釋帷裳〔一〕

《論語·鄉黨》：『非帷裳，必殺之。』《集解》：王曰：『衣必有殺縫，唯帷裳無殺也。』《集注》：朝祭之服，裳用正幅如帷，要有襞積，而旁無殺縫。其餘若深衣要半，下齊倍要，則無襞積而有殺縫矣。

後案：《集解》引王肅説以『裳』對『衣』言，皇疏及《左氏·昭公元年傳》正義引鄭君注云：『帷裳，謂朝祭之服，其制正幅如帷也。「非帷裳」者，謂餘服也。「殺」者，削其幅，使縫齊倍要者也。』朱子注正本鄭君説。江慎脩曰：『帷裳對深衣及長衣、中衣之裳言之。深衣等裳無辟積，其當旁之衽，須斜裁謂之殺。衣身與袂俱以二尺二寸之正幅，各去邊二寸，縫之安得有殺。』江氏説是也。鄭君於《禮·玉藻》『深衣三袪，縫齊倍要』注曰：『三袪者，謂要中之數也。袪尺二寸，圍之爲二尺四寸，三之，七尺二寸。縫，紩也。紩下齊倍要中。齊，丈四尺四寸。』江氏申之曰：『布幅二尺二寸，深衣之裳用布六幅，裁爲十二幅。其當裳之前襟後裾處以布四幅，正裁爲八幅，上下皆廣一尺一寸，各邊去一寸爲縫，一幅得九寸，八幅則七尺二寸，爲要中之數。又以布二幅斜裁爲四幅，狹頭二寸，寬頭二尺，各去一寸爲縫，狹頭成角，寬頭一尺八寸，以狹頭向上，寬頭向下，則四幅下廣七尺二寸，合正幅得一丈四尺四寸。此四幅連屬於裳之兩旁，名爲衽，下文所謂「衽當旁」是也。所謂「非帷裳，必殺之」者如此。』據江氏此論，以『必殺』者在裳兩旁之衽，若《禮》孔疏謂六幅皆交解於是裳之前後，惟中縫正直，其餘皆成偏斜之縫，殊失聖賢法服之制，江氏可謂能正其謬矣。鄭君於『衽當旁』注曰：『衽謂裳幅所交裂也。凡衽者，或殺而下，或殺而上，是以小要取名焉。衽屬衣，則垂而放之，屬裳則縫之，以合前後，上下相變。』江氏申之曰：『注云「衽謂裳幅所交裂也」，玩「所」字明其惟裳旁之名衽者交裂，其餘幅不交裂也。云「凡衽者」，此廣解凡裳之衽也。衽有二：朝祭服、喪服，皆用帷裳，前三幅、後四幅裳際不連，有衽掩之用布交解，寬頭在上合縫之，狹頭在下如燕尾之形，即《喪服》篇「衽二尺有五寸」是也，是衽之殺而下者也。深衣之衽當裳旁亦交解，而以狹頭向上，寬頭向下，此衽之殺而上者也。云「是以小要取名」者，謂棺上合縫之木，上下廣而中狹，似衽之上殺下殺亦名衽也。云「衽屬衣則垂而放之」者，謂朝祭喪服之衽。云「屬於裳則縫之，以合前後」，即此深衣之衽也。其縫之以合前後，惟左旁爲然，若右旁，則不能縫合，别有鉤邊，鄭亦略言之耳。』據江氏此説，則朝祭喪服之衽殺而下，其衽屬於衣而非殺其裳，深衣之衽殺而上，即是殺其裳也。

【箋注】

〔一〕輯自黄式三《論語後案·鄉黨十》，清光緒九年浙江書局刻本。

説吉月必朝服而朝〔一〕

《論語・鄉黨》：『吉月必朝服而朝。』《集解》：孔曰：『吉月，月朔也。朝服，皮弁服。』《集注》：吉月，月朔也。孔子在魯致仕時如此。此一節記孔子衣服之制。蘇氏曰：『此孔氏遺書，雜記曲禮，非特孔子事也。』

後案：吉月注以爲月朔者，《周官》太宰布治，司徒布教，司馬布政，司寇布刑，鄉大夫頒法於鄉吏，黨正屬民，讀法皆言『正月之吉』。《黨正》一歲四讀法，言『孟月吉日』，《族師》一歲十二讀法，言『月吉』。《詩》云『二月初吉』，皆謂朔日。《祭義》、《玉藻》言『朔月』，此言『吉月』，與月朔、月吉文有顛倒，義得通也。〔二〕《筆解》云：『吉禮所行月日，因而謂之吉月吉日，非正朔而已也。』朝服，注以爲皮弁服者以視朔之服通名朝服也。皇疏：『凡言朝服，惟是玄冕、緇布衣、素積裳、皮弁服，天子用以視朝。今云朝服，是從天子受命也。』皇疏申注以皮弁服亦有朝服之名如此。《禮・曾子問》『諸侯適天子』節，《正義》引熊氏説用孔氏此注。江慎脩曰：『侯國未有以皮弁服爲朝服者，告朔之後當視朔。孔子致仕後，吉月惟朝服而朝，不從視朔者，異於在位之臣也。』劉端臨曰：『既視朔，則疑於不復視朝也。故曰「吉月，必朝服而朝」，明不以一廢一也。朝正者，一年之禮也。視朔者，一月之禮也。視朝者，一日之禮也。不以月廢日，不以大禮廢小禮也。周以夜半爲朔，其時早矣，卒朔而朝無妨也。曰朝服，對皮弁服言之也。』楊感庭先生曰：『朝服以縞，自季康子始。則當時雖常朝之日，亦僭天子皮弁視朝之禮。惟夫子必用緇衣之朝服，以明禮也。』〔三〕式三案：致仕之老必朝月吉，《禮》無明文。姚姬傳言『哀公以師友之職處孔子，故多問對之辭。吉月必朝，有政與聞，請討陳恒、定《禮》《樂》，亦其職也』。姚説是。〔四〕

【箋注】

〔一〕輯自黄式三《論語後案·鄉黨十》，清光緒九年浙江書局刻本。

〔二〕參見黄以周《禮書通故》第十九《改正頒朔禮通故》：孔安國云：『「吉月必朝服而朝。」吉月，月朔也。朝服，皮弁服。』邢昺云：『范氏云「既告老猶月朝於君也」，何也？國有大事猶將預焉。』金鶚云：『二説皆非也。侯國君臣皮弁視朔，不以皮弁朝。經但言「吉月」，何知爲致仕之吉月乎？《玉藻》云「孔子曰：朝服而朝，卒朔，然後服之。」蓋告朔皮弁服，朝則朝服，先服皮弁告朔，後服朝服而朝，禮也。當時告朔禮廢，群臣遇月朔或即服皮弁服以朝，是僭天子之朝服矣，《玉藻》云「朝服之以縞也，自季康子始也」，可以爲證。君子於此必朝服而朝，不敢皮弁也。

此爲朝服記之，故與衣服之制類敘之。』 以周案：金説甚當。王伯申改『吉月』爲『告月』，不可信。古人月朔稱吉，家大人《論語後案》云：『吉月注以爲月朔者，《周官》太宰布治，司徒布教，司馬布政，司寇布刑，鄉大夫頒法於鄉吏，黨正屬民讀法，皆言「正月之吉」。黨正一歲四讀法，言「孟月吉日」，族師一歲十二讀法，言「月吉」，鄭注皆以「朔日」解之。《詩》「二月初吉」，毛傳以爲「朔日」。《周語》「自今至於初吉」，韋注亦以爲「二月朔日」。「吉月」、「月吉」，文有顛倒，義得通也。』

繼紅案：此引『家大人』語，與黄式三原文略異。

〔三〕參見胡夤《明明子論語集解義疏》卷十《鄉黨第十》：孔注以朝服爲皮弁服者，《曾子問》疏引鄭注亦同。《士冠禮》云：『玄冠朝服，緇帶素韠。』鄭注：『玄冠，委貌也。朝服者，十五升布而素裳也。』又，《禮》云：『皮弁服素積，緇帶素韠。』鄭注：『此與君視朔之服也。以白鹿皮爲冠，以素爲裳，衣用布亦十五升。天子與其臣，玄冕以視朔，皮弁以日視朝。諸侯與其臣，皮弁以視朔，朝服以日視朝。』是則侯國朝服有專名，不得概服皮弁服。夫子魯大夫，在朝君臣同服，亦當用朝服。而注以爲『皮弁服』者，以經云『吉月』推之也。皇疏云：『凡言朝服，唯是玄冠，緇布衣，素積裳。今此云朝服，謂皮弁，十五升白布衣，素積裳。所以亦謂爲朝服者，天子用之以日視朝。今云朝服，是從天子受名也。諸侯用之以視朔，孔子魯臣，亦得與君同服，故月朔必服之也。』邢疏云：『魯自文公不行視朔之禮，孔子恐其禮廢，故每於月朔，必衣此視朔之服，而朝於君，所謂我愛其禮也。』是二疏申注，皆以此朝服爲皮弁服，以吉月是月朔，當服皮弁也。月朔當服皮弁，而視朔已廢，或不必服皮弁，孔子必具視朔之服以朝君，故曰

『必朝服而朝』。此注疏之意也。然考《玉藻》，孔子曰：『朝服而朝，卒朔然後服之。』注：『謂諸侯與羣臣也。諸侯視朔皮弁服。』孔疏云：『朝服，緇衣素裳而朝，謂日朝君。卒朔，謂卒告朔之時服皮弁。告朔禮終，脱去皮弁，而後服朝服。』江氏慎脩曰：『侯國未有以皮弁服爲朝服者。告朔之後當視朝。孔子致仕後，吉月惟朝服而朝，不從視朔者，異於在位之臣也。是時魯君未必視朔，即視朔，亦惟從視朝。致仕老臣可不朝，吉月必朝者，一月更新，不忘君也。』劉氏台拱曰：『《玉藻》云：「諸侯皮弁以聽朔於太廟，朝服以日視於内朝。」聽朔亦謂之視朔，視朝亦謂之聽朝。雖有在朝、在廟之異，其爲君臣相見，聽治國政則同。既視朔，則疑於不復視朝也，故曰「吉月，必朝服而朝」，明不以一廢一也。朝正者，一年之禮也。視朔者，一月之禮也。視朝者，一日之禮也。不以月廢日，不以大禮廢小禮。《玉藻》記孔子之言曰：「朝服而朝，卒朔然後服之。」是其義也。曰「卒朔然後朝」，不已晏乎？曰：周以夜半爲朔，其時早矣，卒朔而朝無妨也。其曰「朝服而朝」，何也？曰：告朔則朝于廟。《春秋》書「閏月不告月，猶朝于廟」是也。但言朝，則未知朝于廟與，朝于内朝與，故以其服别之也。朝服，對皮弁而言之也。』黄先生引楊感庭師曰：『朝服以縞，自季康子始也。則當時雖常朝之日，亦僭天子皮弁視朝之禮。惟夫子必用緇衣之朝服，以明禮也。』合觀諸説，則『朝服』之名始確，而『必』字之義乃精。

〔四〕參見黄以周《禮書通故》第三《衣服通故二》：孔安國説，《論語》：『吉月必朝服而朝。』朝服，皮弁服。熊安生説，《曾子問》：『諸侯相見必告禰，朝服而出視朝。』朝服，謂皮弁服，以天子用以視朝，故謂之朝服。《聘禮》『諸侯相聘皮弁服』，則相朝亦皮弁服也。　以周案：《論語》『吉月』謂月朔，皮弁告朔服，與朝服異。《玉藻》云：

『朝服而朝，卒朔然後服之。』孔注非。《曾子問》鄭注云：『朝服，爲事故也。』孔疏謂『臨朝聽事之服』，是熊説亦非。

又參見黄以周《禮書通故》第二十七《朝禮通故》：孔安國説，《論語》：『吉月必朝服而朝。』吉月，月朔。朝服，皮弁服。朱熹云：『孔子在魯致仕時如此。』以周案：禮，告朔皮弁服，卒朔而朝乃服朝服。二服有别，詳『服制』門。當時列國禮廢，君臣遇月朔或一用朝服，或一用皮弁服。《玉藻》『孔子曰：朝服而朝，卒朔然後服之』，爲服朝服以聽朔者言；《論語》『吉月必朝服而朝』，爲服皮弁而朝者言。記者反復記此，正明二服之有别，不可誤用也。孔注本後人僞撰，不足據。《家語》云『皮弁以告朔，然後服之以視朝』，亦王肅臆改也。朱子『致仕』之説，本諸范氏，但經不著『致仕』之文，何由知此爲『致仕』之吉月？且范氏謂『即告老，猶月朝於君』，是意重在朝，當記於『君命召』之後方爲以類相從，今乃與衣服之制連敘，明是爲朝服記，不爲朝記也。金氏説此詳矣。

釋明衣〔一〕

《論語·鄉黨》：『齊必有明衣布。』《釋文》：『齊或作齋。』按：齋，正字；齊，借字。《集解》：孔曰：『以布爲沐浴衣。』《集注》：齊必沐浴，浴竟即著明衣，所以明潔其體也，以布爲之。此下脱前章『寢衣』一簡。

後案：明衣之制，於《禮》無見。説者多據喪禮言之，未必是。蔡宸錫曰：『古人衣服，以布爲襯身單衫，於祭服謂之明衣。但行禮皆當服明衣，不特祭爲然。故皇氏謂朝服必先以明衣襯身，於燕居謂之澤。《秦風》「與子同澤」，朱傳：「澤，裏衣，以其親膚，近於垢澤，故謂之澤。」』據蔡氏説推之，則齋時親身之衣尊稱曰明，亦明水明火取諸潔之義也。以禮言之，齋服玄端，則内服明衣，外服玄端也。齋之制：其佩，綪結；其韠，爵色；其冠，諸侯玄冠丹組纓，士玄冠綦組纓；其車，君羔幦虎犆，大夫、士，鹿幦豹犆。今專言明衣者，敬所褻也。〔二〕

【箋注】

〔一〕輯自黄式三《論語後案·鄉黨十》，清光緒九年浙江書局刻本。

〔二〕參見黄以周《禮書通故》第十《喪禮通故二》：鄭玄云：『「明衣裳用布」，所以親身爲圭潔也。』以周案：《論語》『齊必有明衣布』，是平時之齊服也。孔安國注以爲『沐浴衣』，大誤。凡浴用巾，拒用浴衣，『拒』之言『晞』，《玉藻》云『衣布晞身』，是也。既晞乃衣明衣，此死生同也。《記》曰：『明衣裳用幕布，袂屬幅，長下膝，有前後裳，不辟，長及轂。』此死後服制，與生時齊服自有異也。

繼紅案：黄以周《禮書通故》第四十九《名物圖四》，有《明衣圖》，圖解云：《記》曰：『明衣、裳用幕布，袂屬幅，長下膝，有前後裳，不辟，長及轂，縓綼緆，緇純。』注云：『幕布，帷幕之布，升數未聞。屬幅，不削幅也。長下膝，又有裳，於蔽下體深也。不辟，不辟積也。轂，足跗也。飾裳在幅曰綼，在下曰緆。飾衣曰純，謂領與袂。』疏：『明衣裳亦前三後四，不假上狹下寬。』《記》曰：『設明衣，婦人則設中帶。』注云：『中帶，若今之褌襂。』疏云：『男子明衣之狀，亦當與中帶相類。』

又參見胡夤《明明子論語集解義疏》卷十《鄉黨第十》：蒙案：《既夕禮記》（繼紅案：引文篇目原誤作《士喪禮記》，徑改。）云：『明衣裳，用幕布，袂屬幅，長下漆，有前後裳，不辟，長及轂。縓綼緆。緇純。』此襲尸之明衣，沐浴後著之。陳氏《禮書》云：『明衣之袂，屬幅而不削，明衣之裳前三後四而不辟積。衣之長也下膝，與要廣者異矣；裳之長也及足跗，與無見膚者異矣。是喪服襲尸之明衣，豈可以説生時齊服之明衣？蔡氏德晋曰，古人衣服，以布爲襯身單衫，於祭服謂之明衣，但行禮皆當服明衣，不特祭爲然。故皇氏《玉藻》疏謂祭服若朝服必先以明衣襯身。於燕居謂之澤。《秦風》「與子同澤」，鄭箋：「澤，褻衣，近污垢。」朱傳：「澤，裏衣。以其親膚，近於汙澤，故謂之澤。」黄先生曰：「據蔡氏説推之，則齊時親身之衣尊稱曰明，亦明水明火取諸潔之義也。以禮言之，齊服玄端，則内服明衣，外服玄端。」《郊特牲》云：「齊之玄也，以陰幽思也。」齊之制，其佩綪結，其韠爵色；其冠，諸侯玄冠丹組纓，士玄冠綦組纓；其車，君羔幦虎犆，大夫鹿幦豹犆。今專言明衣，敬所褻也。

辨徒坐禮坐之異[一]

《論語·鄉黨》：『席不正不坐。』《集注》：謝氏曰：『聖人心安於正，故於位之不正者，雖小不處。』

後案：謝説以位之不正言，是兼徒坐、禮坐言也。『不坐』者，俟正之也。徒坐、禮坐之異，注家未分明。《曲禮》：『群居五人，則長者必異席。』孔疏：『此群居之法。若賓主禮席，無同坐之法，故《鄉飲酒》賓、介異席，又云「衆賓之席，皆不屬焉」，不相連屬也。《鄉射》「衆賓之席繼而西」，謂異席而相繼也。《燕禮》及《大射禮》公三重，大夫再重，是皆異席也。』[二]然則《記》以四人可同一席者，徒坐之位也。席之制，短不過尋，長不過常，中者不過九尺，其闊三尺三寸三分寸之一，故遠近閒三席爲席閒函丈。《記》云『非飲食之客則布席，席閒函丈』，亦徒坐之法也。《記》又曰：『凡侍坐於大司成者，遠近閒三度可以問言。』凡侍者亦徒坐也。《記》又曰：『奉席如橋衡，請席何鄉。』席有定鄉而請之者爲徒坐，則順尊者所安。而《記》又曰：『席南鄉、北鄉，以西方爲上；東鄉、西鄉，以南方爲上。』所鄉聽於尊者而席端有一定之法，亦徒坐所宜正也。

萬氏《禮記偶箋》：『據《鄉飲酒》，介席在西階上而鄉東，主人席在阼階上而鄉西。《記》云主人介升席自北方降自南方，鄭注「升由下，降由上」，是東鄉、西鄉以南爲上，室中以奥爲尊。祭時太祖位奥東鄉，昭穆之位自西而東，則南鄉、北鄉以西方爲上。』據萬氏説，則《記》言布席之法通於禮坐時，解依孔疏專屬徒坐非也。禮坐之席，莫詳於《鄉飲酒禮》。《禮》曰坐賓於西北，又曰賓必南鄉者，席在牖閒而南鄉也。曰坐介於西南，又曰介必東鄉者，席在西階上而東鄉也。曰主人坐於東南，又曰主人坐於東方者，席在阼階上而西鄉也。曰坐僎於東北者，僎席在房户之閒也。萬氏譏俗儒不讀鄭君《儀禮注》而誤以四面之坐爲側坐，明洪武二十二年更定鄉飲禮遂從之，是不正莫大於此矣。徒坐、禮坐之文甚詳，今衹舉其略，如此席之同異、席之遠近、席之所鄉、席之端末、席之坐處，皆所宜正。邢疏云：『天子之席五重，諸侯三重，大夫再重，席之正在禮數之多寡。』葉少藴云：『有憂者側席而坐，有喪者專席而坐，席隨事而正。』皆備參考。〔三〕

【箋注】

〔一〕輯自黄式三《論語後案·鄉黨十》，清光緒九年浙江書局刻本。

〔二〕『公三重，大夫再重』，參見黄以周《禮書通故》第二十三《飲禮通故》：敖繼公云：『公三重，大夫再重』，皆蒲席繢布純者也。上下之席同物，故不必言加。加席與其下席異物，而長半之。以周案：公再重，大夫一重，禮之正也。下經言『公辭一席，大夫辭加席』，則此『公三重，大夫再重』明是加席，上下異物。敖説非。詳『禮器』門。

〔三〕參見胡禼《明明子論語集解義疏》卷十《鄉黨第十》：皇疏引『舊説云「鋪之不周正，則不坐之也」，故范寧云「正席所以恭敬也」。』朱注引謝氏曰：『聖人心安於正，故於位之不正者，雖小不處。』黄先生曰：『謝氏以位之不正言，是兼徒坐、禮坐言也。……皆備參考。』

説鄉人飲酒〔一〕

《論語·鄉黨》："鄉人飲酒，杖者出，斯出矣。"《集解》：孔曰："杖者，老人也。鄉人飲酒之禮主於老者。老者禮畢出，孔子從而後出。"《集注》：杖者，老人也。六十杖於鄉，未出不敢先，既出不敢後。

後案：舊説鄉飲酒之禮有四：一則三年賓興賢能，二則鄉大夫飲國中賢者，三則州長習射飲酒，四則黨正蜡祭飲酒。考之於經，鄉大夫飲國中賢者與賓興爲一禮，而賓興習射不以齒序，此以杖者爲尊，禮亦迥異。惟《鄉飲酒義》云："六十者坐，五十者立以聽政役。六十者三豆，七十者四豆，八十者五豆，九十者六豆。"此《黨正》飲酒正齒位之禮。《黨正》言"國索鬼神而祭祀"，是蜡祭之後有此禮。《記》言"夫子與於蜡賓"，以此飲酒屬之蜡禮，意猶近之。或又據《族師》"春秋祭酺"爲醵錢會飲之説。式三謂：鄉人歲時伏蜡及冠、昏諸事，凡爲酒食以召鄉黨僚友者，皆是飲酒之事，不必偏執一禮。〔二〕

【箋注】

〔一〕輯自黄式三《論語後案·鄉黨十》，清光緒九年浙江書局刻本。

〔二〕參見黄以周《禮書通故》第二十三《飲禮通故》：孔穎達云：『鄭説鄉飲酒有四事：一則三年賓興賢能，二則鄉大夫飲國中賢者，三則州長習射飲酒，四則黨正蠟祭飲酒。總而言之，皆謂鄉飲酒。鄉則三年一飲，州則一年再飲，黨則一年一飲。』吕大臨云：『鄉人凡有聚會皆當行此禮，恐不止四事。』盛世佐云：『此侯國鄉大夫賓賢之禮。他如黨正正齒位、州長春秋習射及鄉大夫飲國中賢者，雖亦名鄉飲酒，而其禮固不能無異。』以周案：鄭説鄉飲有四，不數大飲烝。漢郡國所行，取法《黨正》，易蠟祭以禮先聖先師，而鄉飲賓興之禮廢。唐開元後，鄉貢取士行鄉飲酒禮，不祀先聖先師，而黨飲正齒之禮廢。明代所行一年再飲，仍是黨正之法。又案：《周官》『鄉飲賓興』，主於賢者；《論語》『鄉人飲酒』，主於老者。賈疏謂『鄉大夫、士飲國中賢者用鄉飲酒禮，即《論語》所謂鄉人飲酒』，非也。凡飲酒必立賓、介，或謂鄉人飲酒不立賓、介，似亦未是。褚氏云：『若不立賓，則獻、酬、酢之事俱不可行矣，故《燕義》曰「立賓主，飲酒之義也」。』見凡飲酒，必立賓也。

釋端章甫〔一〕

《論語·先進》：『赤！爾何如？』對曰：『非曰能之，願學焉。宗廟之事，如會同，端章甫，願爲小相焉。』端，依《説文》當作『褍』。《集解》：鄭曰：『我非自言能也，願學爲之，宗廟之事，謂祭祀也。諸侯時見曰會。殷頫曰同。端，玄端也。衣玄端，冠章甫，諸侯日視朝服也。小相，謂相君禮者。』《集注》：公西華志於禮樂之事，嫌以君子自居，故將言己志而先爲遜辭，言未能而願學也。宗廟之事謂祭祀，諸侯時見曰會，衆頫曰同。端，玄端服。章甫，禮冠。相，贊君之禮者。言小，亦謙辭。

後案：據皇疏：『《周禮》六服各隨服而來，是正朝有數也。而時見曰會，此無常期。諸侯有不庭服者，王將有征伐之事，則因朝竟，王命爲壇於國外，合諸侯而發禁，各因其方，此時見曰會也。又王十二年一巡狩，若王有事故，則六服諸侯並來京師，朝王受法，此是殷頫曰同也。《周禮》又有「殷頫曰視」，是諸侯遣使來京師。而鄭云「殷頫曰同」，廣頫見之言通也。』皇氏疏解鄭君義分明。鄭君《禮》注云：『春朝夏宗受贄於朝，受享於廟。秋覲冬遇贄享皆受於廟，時會殷同則爲壇，以見諸侯。』皇疏云：『王命爲壇於國外，與《周禮·司儀職》、《儀禮·覲禮》篇皆合。』後儒謂宗廟、會同連説，會同正廟事之大者，失於不詳考矣。如，猶或也，同上節，轉語非遞語。鄭君注以端章甫爲朝服，皇疏：『周諸侯日視朝之服，服緇布衣素積裳，冠委貌，此云玄端日視朝者容，是周末禮亂故也。』式三案：《玉藻》『朝服以日視朝於内朝』，鄭君注曰：『朝服，冠玄端素裳也。』《正義》申之曰：『案《王制》云「周人玄衣而養老」，注云：「玄衣，素裳。」天子之燕服，爲諸侯朝服。彼注曰「玄衣」，則此玄端也。若以素爲裳，則是朝服。此朝服素裳皆得謂之玄端，故《論語》云「端章甫」，注云「端，玄端」，諸侯朝服。若上士以玄爲裳，中士以黄爲裳，下士以雜色爲裳，天子、諸侯以朱爲裳，則皆謂之玄端，不得名爲朝服也。』邢疏本之，較皇疏爲明憭也。《禮》之言『玄端』者甚多，此用於宗廟、會同之相禮者，《禮》大夫玄冕祭，於公服宜玄端，其會同之相禮亦用玄冕而宜玄端也。名之曰端者，《司服》鄭君注云：『士之衣袂皆二尺二寸而屬幅，是廣袤等也，其袪尺二寸，是謂端。』又《禮·王制》：『三公一命卷。』《正義》曰：『謂之端者，以外之服，其袂三尺三寸，其袪尺八寸，玄端則袂二尺二寸，袪尺二寸。端，正也。以幅廣二尺二寸，袂廣二尺二寸，與之正方，故云玄端也。』又曰：『凡在朝，君臣上下同服，但士服則謂之玄端，袂二尺二寸故也。其大夫以上則皆侈袂，袂三尺三寸故也。』陳氏《禮書》云：『深衣之袂圓，長衣之袂長，餘衣之袂侈，則玄端之袂端可知矣。』此皆據鄭君義也。服用玄端而冠用玄冕者，章甫本弁屬，夏曰牟追，周曰委貌，而殷曰章甫。蓋大夫不服冕者，禮宜用委貌之弁，而章甫、委貌，禮無大異，取其爲丈夫之美稱，而委貌亦通以章甫名。皇疏謂朝服用委貌，不知經言『章甫』即周委貌，對言則異，渾言則通也。大戴《禮》：『武王端冕而受丹書。』《樂記》：『魏文侯端冕而聽古樂。』此端衣之用於冕也。《冠禮》：冠者，玄端。緇布冠既易服，服玄冠、玄端。《特牲禮》：『主人冠端玄。』《内則》：『子事父母，冠、緌、纓、端、韠、紳。』此端衣之用於冠也。《春秋傳》『劉定公曰：「吾端委以治民。」』董安子曰：『臣端委以隨宰人，晋侯端委以入武宫，晏平仲端委以立虎門。』與此章『端章甫』皆端衣之用於弁者也。『端章甫』，即傳所謂『端委』也。〔二〕

【箋注】

〔一〕輯自黄式三《論語後案·先進十一》，清光緒九年浙江書局刻本。

〔二〕參見《禮書通故》第三《衣服通故二》：《論語》：『端章甫。』鄭玄云：『衣玄端，冠章甫，諸侯日視朝之服也。』皇侃説，周諸侯日視朝之服服緇布衣素積裳，冠委貌，此云『玄端日視朝』者，容是週末禮亂故也。孔穎達、邢昺等説，《王制》注云『玄衣素裳，天子之燕服，爲諸侯朝服』，此朝服『素裳』，得謂之玄端。若上士玄裳，中士黄裳，下士雜裳，天子、諸侯朱裳，則皆謂之玄端，不得名爲朝服也。　以周案：端爲冕服、弁服、朝服、玄端之通稱，《論語》『端章甫』，端謂朝服也。　章甫即委貌，特殷、周異名爾。　其服曰端委，亦曰委端。『端章甫』即端委，端委即朝服。　諸侯朝服無用玄端者，皇侃説是。《雜記》『公襲玄端一，朝服一』，明朝服不得兼玄端。孔疏申鄭，於義爲曲。

又：韋昭云：『「晋侯端委以入」，舊説衣玄端，冠委貌，諸侯祭服也。　昭謂此士服也，諸侯之子未受爵命，服士服也。』　以周案：冕服曰端冕，朝服曰端委，端爲冕服、朝服之總稱。　委者，委貌也。　端委猶曰端章甫，舊説誤。韋氏據《詩》『韎韐有奭』鄭箋爲説，其服爵弁服，亦非。　凡弁服侈袂，無『端』稱。

又《禮書通故》第二十七《朝禮通故》：鄭玄説，《論語》『端章甫』，衣玄端，冠章甫，諸侯日視朝之服也。　皇侃説，周諸侯日視朝之服，衣緇布衣、素積裳，冠委貌，此云『玄端，日視朝』者，容是周末禮亂故也。　賈公彦云：『對文玄端有纁裳、玄裳、雜裳，朝服緇衣而素裳。　但六入爲玄，七入爲緇，大判言之緇衣亦名玄，是以散文言之，朝服亦名玄端。《論語》『端章甫』，以端是正幅也，非直服名端。　六冕亦有『端』稱，《禮記》『端冕而聽古樂』，是冕服正幅亦名端也。』　以周案：端可謂之朝服，不得以爲玄端，鄭注誤。　詳見『服制』門。

又參見《禮書通故》第三《衣服通故二》：《石渠論》云：『玄冠，朝服。』戴聖云：『玄冠，委貌也。　朝服布上素下，緇帛帶，素韋韠。』鄭玄云：『冠弁，委貌。　或謂委貌爲玄冠。』聶崇義《委貌圖》一本阮諶《禮圖》，云『今之進賢冠其遺象』，一引《漢志》委貌、皮弁同制，一引張鎰《圖》玄冠、委貌同制。　以周案：《冠禮》：『緇布冠無笄，皮弁笄，爵弁笄。』鄭注：『有笄者屈組爲紘垂爲飾，無笄者纓而結其絛。』此冠與弁之制異也。　冠弁者，冠而如弁，其去延板而大委武同玄冠，其設笄施紘又同皮弁，故經謂之委端，《國語》亦稱其笄謂之委笄。皮弁會五采玉璂象邸，與委貌異，則《漢志》謂『委貌、皮弁同制』失其傳矣。其無笄紘者謂之玄冠，玄冠無笄，亦與委貌異，則《小戴》『委貌即玄冠』之説亦未之覈矣。天子之冠弁諸侯以爲朝服，故諸侯會同朝服用冠弁，如《論語》所謂『端章甫，小相』，《穀梁》所謂『陽谷之會，桓公委端而朝』是也。亦有用玄冠者，如《特牲禮》所謂『朝服玄冠』是也。鄭謂『冠弁，委貌』，而以『委貌爲玄冠』者爲或説，是鄭本分冠弁、玄冠爲二也。戴東原云：『冠之所以異於弁者，左右不合，故有紕。弁則左右合而會之，所謂「如覆杯」矣。冠無笄而冕、弁有笄，笄所以貫之於左右，是以冠無之。凡無笄者纓，故委貌與玄冠別。』

又《禮書通故》第二十九《覲禮通故一》：《論語》：『宗廟之事，如會同，端章甫，願爲小相焉。』鄭玄云：『宗廟之事，謂祭祀也。諸侯時見曰會，衆頫曰同。端章甫，衣玄端，冠章甫，諸侯日視朝之服也。』以周案：鄭義『大夫聘於天子用冕服，聘於諸侯皮弁服；諸侯會同於天子亦冕服，諸侯自相朝皮弁服；大夫祭於公用冕服，士祭於公爵弁服。《論語》此注與例不合，疑非鄭注也。『宗廟之事』，謂鄰國之來朝聘者，對會同在外地言之，故曰『宗廟之事』。注以爲『祭祀』，非也。鄰國使其大夫來聘或其君自來朝，主君皆受之於廟，其服皆皮弁服。或相其君以會同，諸侯皮弁服，其相例降一等。曰『端章甫』者，以小相言也。小相又下卿一等，例用朝服。端爲冕服、朝服之通稱，注以爲『玄端』，亦非也。章甫即委貌，冠委貌而衣朝服，所謂『冠弁服』是也。金誠齋以爲『兩君相會於宗廟』，於『如』字不可通。如之言『若』也，『及』也，與『如五六十』義同。

釋徹〔一〕

《論語·顔淵》：『有若對曰：盍徹乎？』《集解》：鄭曰：『盍，何不也。周法，什一而税謂之徹。徹，通也，爲天下之通法也。』《集注》：徹，通也，均也。周制一夫受田百畝，而與同溝共井之人，通力合作，計畝均收。大率民得其九，公取其一，故謂之徹。魯自宣公税畝，又逐畝什取其一，則爲什而取二矣。故有若請但專行徹法，欲公節用以厚民也。

後案：皇、邢二疏以畿内用貢，而税有重輕，什一爲邦國法，又以諸侯郊外、郊内其法不同，據《考工記·匠人》注也。《匠人》注以畿内亦有貢有助，鄉遂及采邑用貢，都鄙用助。皇、邢二疏未及引此。式三總核鄭君之注，當云畿内邦國各兼貢、助二法以通之而均之，十一而税，是爲徹也。《詩》云：『雨我公田。』《春秋·宣公十五年》：『初税畝。』《左傳》云：『穀出不過藉。』《穀梁傳》：『古者什一，藉而不税。私田稼不善則非吏，公田稼不善則非民。』《孟子》言：『井九百畝，中爲公田。』諸言藉，言公田，謂借民力以耕公田，是周用助法。助本八家同井，而先王量地制宜，凡不可井者不立公田之法，其取民之制，近於夏時之貢。《小司徒》言『考夫屋』，《旅師》言

『聚野之鋤粟、屋粟』，諸言屋者，夫三爲屋，屋三爲井，出貢者三三相任，是周用貢法。助法：八家各耕私田百畝，各出其力以耕公田百畝，其粟即《旅師》所謂『鋤粟』。貢法：不借民力以耕公田，家耕百畝，取十畝之粟以爲税，而其出税以三三相任，即《旅師》所謂『屋粟』。二法相通，均之什一而税，以是爲徹，正與經、傳合矣。但不得泥分畿内邦國，又於畿内分鄉遂及都鄙，於邦國分郊外、郊内耳。鄭君所據爲畿内、鄉遂用貢者，以《司馬法》及《載師》言之。鄭君誤據《司馬法》以一成中除去治溝洫爲一甸，辨已見前。《載師》云：『園廛二十而一，近郊十一，遠郊二十而三，甸、稍、縣、都皆無過十二，惟其漆林之征二十有五。』詳繹經文皆以園廛而言，園廛之税，輕重互異，而田税則定以十一。鄭君以園廛爲田税，遂誤指爲畿内貢法。孟子云：『請野九一而助，國中什一使自賦。』是因當日滕之形勢斟酌爲此，非各國之貢、助皆以郊内、郊外爲分也。周之制，可畫井者爲助法，不可畫井者用貢法。助者取諸公田，豐儉隨年。貢者有司稼巡觀，以年之上下出斂法，亦非校數歲之中以爲常。貢者耕百畝，除十畝之税，而得九十畝之獲。助者得百畝之獲，而出合耕公田十二畝半之資力，凡耕田百十二畝有畸。民之贏縮，本自無多，當時貢助合行，立法以變通之，俾無多寡之分，所取均是十一。如《周官·鄉大夫》國中與野征役復除之分早晚，亦有變通法以均之也。蓋徹法本如此。《後漢書·陸康傳》曰：『徹者，通也，言其法度可通萬世而行也。』式三謂：徹之法，上通夏、商貢助之法，以爲天下之通法，俾萬世可以通行，《陸康傳》、鄭君注義皆是也。朱子於《孟子》注既以貢助並行爲徹，復以通力合作爲徹。朱子謂助則各私己田，但合作於公田，徹則統九百畝而合作之也，前儒多以爲非。〔二〕

邢疏本《漢・食貨志》，以公田百畝除去二十畝爲廬舍，其説非也。《詩》曰：『中田有廬。』《穀梁傳》曰：『井田九百，公田居一，公田爲廬，井灶葱、韭皆取焉。』班氏《食貨志》因之曰：『八家公田十畝，餘二十畝以爲廬舍。』又曰：『在野曰廬，在邑曰里。』趙氏注《孟子》遂云：『五畝之宅，二畝半在邑，二畝半在田。』許氏《説文》亦以二畝半爲廛，漢儒固有此説。《詩》『甫田』，孔疏已辨其誤。季明德申辨之，以爲搬運甚煩，饁餉不便，制祿之時必割別井二十畝，以足百畝之數，非先王所以正經界。式三謂：班、趙固誤，而《穀梁傳》之説本自可解耳。《載師》『以場圃任園地』，鄭君注曰：『圃，樹果蓏之屬，季秋於中爲場。』賈疏曰：『田首之界，家有二畝半，以爲井灶葱、韭者，故得樹果蓏之屬。』此注疏據《詩》及《穀梁傳》合解之，賈言『二畝半』，亦襲班、趙之謬。其云廬在田首之界者，以畫井之地非必方正如圖，田首自有可廬之處也。《穀梁傳》以《詩》之『中田』爲公田者，一井之中，百畝爲公田，百畝之外田首有廬，爲衆農憩息之所，其地亦名公田。班氏公田八十畝，廬舍二十畝，未必合《穀梁》之意。此經史之文，當分觀而得之。〔三〕

【箋注】

〔一〕輯自黄式三《論語後案·顔淵十二》，清光緒九年浙江書局刻本。

〔二〕參見黄以周《禮書通故》第三十六《田賦通故》：陸康云：『徹者，通也，言其法度可通萬世而行也。』鄭玄云：『周法什一而税，謂之徹。徹，通也，爲天下之通法。』劉熙、趙岐説，家耕百畝，徹取十畝以爲賦。徹猶取也。朱熹云：『徹，通也，均也。同溝共井之人，通力合作，計畝均收。』又云：『貢、助通行謂之徹。』以周案：夏貢、殷助，皆取諸民而可通行萬世，何獨徹爲然？陸、劉諸説未足釋周徹名義也。鄭注『天下通法』，説與陸異，金氏《禮説》誤合爲一。謂通率貢十一、助九一而爲什一之法。見《匠人》注。嫌與《孟子》『皆什一』之文違。朱子『合作均收』，已自疑之。文集云：『此亦不可詳知，但因洛陽議論中「通徹而耕」之説推之耳。』萬氏詳駁之。貢、助之法，三代通行，亦不獨周爲然，夏貢、殷助、周徹據其大判言之爾。周行徹法，而《詩》曰『雨我公田』，夏行貢法，而《小正》亦曰『初服於公田』，則貢、助通行夏時已然，而周之名徹，别有取義矣。徹也者，通之以泉、穀也。殷助取粟於公田，夏貢亦取粟，見《禹貢》。周之昉殷助法處仍取粟，《旅師》所謂『掌聚野之耡粟』是也。其徹多通之以貨泉，故《大宰職》曰：『以九賦斂財賄。』九賦者，田野之正賦也。財賄者，泉穀也。鄭注。顧周初猶助、徹通行，其後公田盡以授夫而助法廢，故龍子有『助善貢不善』之辨以救時弊。龍子所言，指時弊言，非夏之貢法本如此，亦非周初徹法有是失也。而《孟子》亦以周徹之無公田也，故曰：『徹者，徹也；助者，藉也。』兩文對舉，徹謂通其賦於私田而不任力，藉謂借其力於公田而不征賦。又云：『惟助爲有公田。』明貢、徹皆無公田也。又云：『雖周亦助。』明周初雖行徹，亦兼行助也。助本無與於徹，如謂徹通貢、助，則《孟子》宜曰『雖徹，亦有助』可矣，亦何煩如此苦爲分明。

又：金鶚云：『《夏小正》云「初服於公田」，是夏亦用助法。《大雅・公劉》云「徹田爲糧」，公劉當夏時，而行徹法，又夏用助之一證。夏、殷並兼貢、助，是周徹法之義非取通乎夏、殷也。助、徹皆從「八家同井」起義，借之力以助耕公田謂之助，通八家之力以共治公田謂之徹。』徐養原云：『徹與貢同法，徹無公田，於私田之中十取其一，是私田即公田也，故謂之徹。徹者，通也，言無公、私之别也。徹與藉正相反，徹則不藉，藉則不徹。《孟子》「徹者，徹也；助者，藉也」二句，非止詁其名義而已，相提並論，所以著二法之不同。』以周案：舊解貢、助通行爲徹，得金説而廓如。金説徹同助，徐氏辨之綦詳。然謂徹、貢同法，又少别白。夏既以貢名，其井田自多以貢法行之。令夫屋三三相任出粟，則通貢於井田亦不自周始也。徐説之誤，又與舊同。且周之行徹，與貢法自有異，貢者校數歲之中以爲常，雖不至如龍子所言有狼戾取盈之弊，而以豐年補敗歲，自有定制；而徹則先使司稼巡野觀稼，以年之上下出斂法，豐年從正，凶荒則損。此其行法之異也。又案：《穀梁傳》曰『古者稅什一，豐年補敗』，即龍子『校數年之中以爲常』之説。徹則豐年從正，凶荒則損，見鄭《司稼》注，無補敗之義。是則徹之立制仿乎貢，而其用意近乎助。故周初徹、助通行，而民無菀枯之歎也。

〔三〕參見黄以周《禮書通故》第三十六《田賦通故》：《春秋穀梁》説，古者公田爲居，井竈葱韭取焉。《韓詩》説，家得百畝，又爲公田十畝，二十畝共爲廬舍，各得二畝半。班固云：『八家各受私田百畝，公田十畝，是八百八十畝，餘二十畝爲廬舍。』何休、范寧、趙岐、宋均皆同是説。孔穎達云：『《食貨志》取《孟子》爲説，而失其本旨。

《孟子》言八家皆私百畝，則中央百畝皆屬公，何得復以二十畝爲廬舍？言「同養公田」，是八家共理公事，何得家分十畝自治？若各自治，安得謂之「同養」也？若二十畝爲廬舍，則家別二畝半以入私家，各私有百二畝半，何得謂八家皆「私百畝」也？鄭於《匠人》注云「野，九夫而税一」，此箋云「井税一夫，其田百畝」，是鄭意無家別「公田十畝」及「二畝半」爲廬舍之事。俗以鄭説同於諸儒，失鄭恉矣。』以周案：鄭注《周禮》本不用『公田』、『二畝半』之説，賈疏取趙注以疏鄭，殊失其意。但公田有廬井，兩漢師説相傳有自，不能因鄭注不用而廢其説也。鄭注《載師》『園廛』，取《孟子》『五畝之宅，樹之以桑』以解『廛』，《遂人》『夫一廛』注同。取《詩》『中田有廬，疆埸有瓜』以解『園』，五畝之宅是民之恒居，非園，廛二地合成五畝。胡墨莊、金誠齋皆謂『中田之廬二畝半』，亦過大。今以什一之税推之，中田之廬蓋家一畝半，餘皆公田。

又：許慎云：『廬，寄也，秋冬去，春夏居。廛，二畝半也，一家之居。』段玉裁云：『許於廬不曰「二畝半」，於廛曰「二畝半」，以錯見互足。』以周案：一廛二畝半，一宅五畝，此先王度地居民之定制也。廛與宅，渾言雖通，析言有別。廛以所居之宮言，《説文》『廛，二畝半，一家之居』可證。宅兼宮外餘地，《孟子》『五畝之宅，樹之以桑』可證。此所謂邑居之制也，説詳『宮室』門。井田之廬，不過就田中小苫茅舍以爲息勞守畝之所，斷無容如廛居二畝半之大，季明德、胡墨莊、金誠齋皆辨之矣。《説文》於廬曰『寄』，而不言其數，最爲慎重。於廛曰『二畝半，一家之居』，明『二畝半』爲家居之廛，不在寄廬也。段注乃謂『錯見互足』，豈許意哉！

參見胡夤《明明子論語集解義疏》卷十二《顏淵第十二》：《正義》曰：朱注『稱有若者，君臣之辭。用，謂國用。

公意蓋欲加賦以足用也。徹，通也，均也。周制：一夫受田百畝，而與同溝共井之人通力合作，計畝均收。大率民得其九，公取其一，故謂之徹。魯自宣公稅畝，又逐畝什取其一，則爲什而取二矣。故有若請但專行徹法，欲公節用以厚民也。』黄先生曰：『皇、邢二疏，以畿内用貢……此經史之文，當分觀而得之也。』戚氏《偶談》云：『使通力計畝，則内外公私，俱可不立，於《孟子》「井九百畝」節難通；而合作則無「夫」之上下，均收則無「食」之多寡，案之「上農夫食九人」節亦礙。可知徹者通也，以通貢、助爲言也。』錢氏大昕《潛研堂答問》云：『鄭康成注《周禮》，嘗引《孟子》「九一而稅，國中什一」之文。孔氏《詩正義》申其言云：「周制有貢有助。助者，九夫而稅一夫之田。貢者，什一而貢一夫之穀。通之二十夫而稅二夫，是爲什中稅一也。九一而助，爲九中一，知什一自賦，非什中一者。以言九一，即云而助，明九中一助也。國中言什一，乃云使自賦，是什一之中使自賦之，明非什中一爲賦也。」……郊外、國中，人各受田百畝，或九而取一，或什一而取一，通内外之率，則爲什而取一，故曰徹。徹之爲言通也。』姚氏文田《求是齋稿》云：『《詩·公劉》《崧高》毛傳皆訓徹爲治。鄭氏《公劉》箋云：「什一而稅，謂之徹。」又注《匠人》云：「周之畿内，稅有輕重。諸侯謂之徹者，通其率以什一爲正。」《論語注》云：「徹，通也，爲天下之通法。」趙氏注《孟子》云：「耕百畝者，徹取十畝以爲賦。徹，猶如人徹取物也。」賈氏《匠人》疏引之。孔氏《公劉》疏亦云：「徹取原隰所收之粟，以爲軍國之糧。」是又以徹爲取，以他處徹俎徹樂之類證之，皆是收取之義。《孟子》亦言「徹者徹也」，不煩更增一解。然其制度若何，終不能明。惟《周官·司稼》云：「巡野觀稼，以年之上下出斂法。」是知稅無常額。惟視年之凶豐，此其與貢異處。助法，正是八家合作，而上收其公田之入，無煩更出斂法。然其弊，必有如何休所云不盡力於公田者。故周直以公田分授八夫，至斂時則巡野觀稼，合百一十畝通計之，而取其什一，其法亦不異於助。故《左傳》云：「穀出不過藉。」然民自無公私緩急之異，此其與助異處。至魯宣公，因其舊法而倍收之，是什而税二矣。謂之徹者，直是通盤核算，猶徹上徹下之謂，並非通融之義。先儒以貢助兼用爲辭，殆未然矣。』蒙案：徹之名義，所説不一，姑録諸説以備參。

爲命説〔一〕

《論語・憲問》：『子曰：爲命，裨諶草創之，世叔討論之，行人子羽脩飾之，東里子産潤色之。』《釋文》曰：『創，依《説文》是創痍字。創制之字，當作「刱」。』式三案：草，依《説文》是斗櫟實之名，後人借『草』爲『艸』。『創』亦『刱』之借字。《集解》：孔曰：『裨諶，鄭大夫氏名也。謀於野則獲，謀於國則否。鄭國將有諸侯之事，則使乘車以適野，而謀作盟會之辭。』馬曰：『世叔，鄭大夫游吉也。討，治也。裨諶既造謀，世叔復治而論之，詳而審之。行人，掌使之官，子羽，公孫揮。子産居東里，因以爲號。更此四賢而成，故鮮有敗事。』《集注》：裨諶以下四人皆鄭大夫。草，略也。創，造也。謂造爲草稿也。世叔，游吉也，《春秋傳》作子大叔。討，尋究也。論，講議也。行人，掌使之官。子羽，公孫揮也。脩飾，謂增損之。東里，地名，子産所居也。潤色，謂加以文采也。鄭國之爲辭命，必更此四賢之手而成，詳審精密，各盡所長，是以應對諸侯，鮮有敗事。孔子言之，蓋善之也。

後案：命者，聘會之書，圖於使者未行之前也。以《聘禮》言之，臨行之日，君揖使者進之，上介立於左接聞命，追宰執圭以授，使者受圭垂繅以受命。其行聘之日，几筵既設，擯者出請命，賓入升西楹西，東面致命，此所謂命，即彼《聘禮》之所謂命也。《左傳·僖公三十六年》展喜受命於展禽以犒師，此又犒師之有命辭也。禮，使者受命不受辭，此言隨時應對，辭本無常，不可以受，而命則先時爲之也。《聘禮》於陳幣之前夕云：『史讀書，宰執書。』此書言享幣之數於誓之時，亦云『史讀書』。此書言誓告之辭，或據此以證爲命，誤也。裨諶草創，以其能謀，使謀可否而議略起於此。發其紛糾而攻之曰『討』，循其倫次而議之曰『論』。世叔美秀而文，諳於掌故而才又傑，能討究其失、論次其是也。『脩飾』，注訓增損者：脩短之脩訓長，是脩有增義，謂增之以賜其意也；古拂拭之字用『飾』，《説文》刷、飾互訓，是飾有損義，謂芟削其辭之緐宂也。《聘禮記》爲命之法辭多則史，少則不達，是辭不可不增損。又云：『加書將命，百名以上書於策，不及百名書於方。』是增損任意也。三者既定，子産乃潤澤之，而使之振采焉，此爲命之善也。其事又見《左傳·襄公三十一年》，語有不同者，或先後異時所爲者不同，抑此所言夫子所位置也。〔二〕

【箋注】

〔一〕輯自黄式三《論語後案·憲問十四》，清光緒九年浙江書局刻本。

〔二〕參見胡夤《明明子論語集解義疏》卷十四《憲問第十四》：命，猶令也。主於事謂之令，施於言謂之命。《公羊·莊十九年傳》云：『聘禮，大夫受命不受辭。出竟有可以安社稷、利國家者，專之可也。』是命與辭又不同。《周禮·春官·太祝》：『作六辭，以通上下、親疏、遠近，一曰祠，二曰命……』先鄭注云：『辭當祠，謂辭令也。命，《論語》所謂命裨諶草創之。』蓋辭者應對之語出於使者隨時之意，命者聘會之書圖於使者未行之先。《儀禮·聘禮記》曰：『束帛加書將命，百名以上書於策，不及百名書於方。』是命之長短，必須預謀也。《記》又曰：『辭無常，孫而説。辭多則史，少則不達。』是辭之多少可以任意也。黄先生謂：『《聘禮》臨行之日，君揖使者進之，上介立于左接聞命。迨宰執圭以授，使者受圭，垂繅以受命。其行聘之日，几筵既設，擯者出請命，賓入升西楹西，東面致命。凡所謂命，即此經所爲之命也。《左·僖三十六年傳》展喜受命於展禽以犒師，此又犒師之有命辭也。至《聘禮》於陳幣之前夕，云「史讀書，宰執書」，此書言享幣之數於誓竟之時亦云「史讀書」。此書言誓告之辭，或據此以證爲命者，誤也。』

行人説〔一〕

《論語・憲問》：『子曰：爲命，裨諶草創之，世叔討論之，行人子羽脩飾之，東里子産潤色之。』

後案：馬注云『行人，掌使之官』者，凡行人有專官有兼職。行人之見於《春秋經》者凡六，皆以執書。《春秋・襄公十一年》『楚人執鄭行人良霄』，楚不能敵晉悼而遷怒於無罪之人也。《襄公十八年》『晉人執衛行人石買』，晉不能正衛伐曹之罪而執使人也。《昭公八年》『楚人執陳行人干徵師殺之』，楚不能討陳殺太子之罪而執之，傳曰『罪不在行人』也。《昭公二十三年》『晉人執我行人叔孫婼』，魯取邾，師被訴而執之，罪亦不在婼也。《定公六年》『晉人執宋行人樂祁犂』，犂知難而行，納楊楯六十於趙簡子，范獻子怒而執之也。《定公七年》『齊人執衛行人北宫結以侵衛』，衛侯欲叛晉即齊，而沮於諸大夫，結請自執以成齊之盟也。凡六行人，或專官，或非專官，未可臆斷也。《周官》大行人掌『大賓』『大客』，小行人掌『使適四方』，説者謂二職不言胥史，亦是兼職。然司儀等職，平日必擇一官以統馭之，此正行人之有專職者耳。《左傳・桓公九年》：『韓服爲巴行人。』《文公四年》：甯武子不答《湛露》、《彤弓》，『使行人私焉』。《成公七年》：『巫臣通吴於晉，置其子狐庸，使爲行人於吴。』《襄公四年》：『穆叔不拜《肆夏》、《文王》，韓獻子使行人子員問之。』《襄公二十六年》：『秦鍼如晉，叔向命召行人子員、行人子朱，曰朱也當御。』《襄公二十一年》：『欒盈過周，辭於行人。』《定公四年》：『伍員爲吴行人以謀楚。』《哀公十二年》：『衛人殺吴行人且姚而懼，謀於行人子羽。』此皆行人之有專職者。鄭子羽亦是專官，《襄公二十四年傳》：『鄭行人公孫揮如晉聘。』《襄公三十一年傳》：『衛襄公如楚，過鄭而聘子羽爲行人。』此其爲行人之見於傳者。《昭公十八年》：『鄭使行人告災於諸侯。』不言其人，或他官攝行也。《襄公二十九年》：『鄭伯有使公孫黑如楚。伯有曰：世行也。』則公孫黑世爲行人，蓋在子羽之前。

【箋注】

〔一〕輯自黄式三《論語後案·憲問十四》，清光緒九年浙江書局刻本。

釋諒陰〔一〕

《論語・憲問》：『子張曰：「書云：高宗諒陰，三年不言。何謂也？」』《集解》：孔曰：『高宗，殷之中興王武丁也。諒，信也。陰猶默也。』《集注》：高宗，商王武丁也。諒陰，天子居喪之名，未詳其義。

後案：依孔注，諒陰是喪中陰默之義。依鄭君此注及《禮》注，諒陰，凶廬。字或爲梁闇，或呼梁庵。《喪禮》：『未葬，横一木長梁於東墉下著地，以草被之。既葬，則翦去草，以短柱拄起長梁，謂之柱楣。』《喪服四制》注：『諒古作梁，楣謂之梁。闇讀如鶉鵪之鵪，闇謂廬也。』廬有梁者，所謂柱楣也。惠半農曰：『古之闇，今之庵也。《釋名》云「草屋曰蒲，又謂之庵。庵，掩也。」誅茅爲屋，謂之翦屏，非庵而何？庵讀爲陰，猶南讀爲任，古今音異。』邢疏詳引《左傳》杜注、孔正義，諒陰釋服心喪之名，此大謬也。自言曰言，『三年不言』，不自出令也。問『何謂』者，請詳事實，欲知所言者何事，所不言者何事，子張蓋疑不言者之别有所指，其政事則待於言歟。〔二〕

【箋注】

〔一〕輯自黄式三《論語後案・憲問十四》，清光緒九年浙江書局刻本。

〔二〕參見《禮書通故》第十《喪禮通故五》：《書》『高宗諒陰』，諒一作『亮』，陰一作『闇』。《僞孔傳》云：『諒，信也。陰，猶默也。』鄭玄云：『諒，古作「梁」，楣謂之梁。闇，讀如「鶉鶴」之鶴，闇謂廬也。廬有梁者，所謂「柱楣也。」』杜預、段暢説，亮陰，諸儒皆云『信默』，唯《尚書大傳》以爲『凶廬』，鄭玄依之。范宣説，知『諒闇』爲『凶廬』者，案禮『葬後柱楣』，楣則梁也，明葬後居廬所以爲義。惠士奇云：『古之闇，今之庵也。《釋名》云：「草屋曰蒲，又謂之庵，庵，掩也。」誅茅爲屋，謂之翦屏，非庵而何？』一説，楣謂之梁，而檐亦謂之楣。《説文》：『楣，秦名屋櫋聯也，齊謂之檐，楚謂之梠。』是楣在前端，與門上之楣名同而實異。『柱楣』當指檐端之楣。初喪廬時，楣卧於地，卒哭以後，則柱其卧地之楣，而西向開户。　以周案：倚廬者，以竪木數本，衺倚東墉，其垂至地處，有横木總束之，下卧於地，即所謂楣。既虞，乃柱其楣，而謂之梁。鄭云『廬有梁』者，明廬本無梁也。鄭意，《爾雅》『楣謂之梁』爲通辭，析言之，廬有卧地之木，可謂之楣，不可謂之梁。『梁闇』者，有梁之廬，即所謂『柱楣』。是則『梁闇』與『倚廬』異，或以『倚廬』當之，誤。《論語》邢疏引《左傳》杜注、孔義以爲釋『服心喪』之名，更誤。

行夏之時説〔一〕

《論語·衛靈公》：『子曰：行夏之時。』《集解》：據見萬物之生，以爲四時之始，取其易知。《集注》：夏時，謂以斗柄初昏建寅之月爲歲首也。天開於子，地辟於丑，人生於寅，故斗柄建此三辰之月，皆可以爲歲首，而三代迭用之，夏以寅爲人正，商以丑爲地正，周以子爲天正也。然時以作事，則歲月自當以人爲紀，故夫子嘗曰『吾得夏時焉』，而説者以爲謂夏小正之屬，蓋取其時之正與其令之善，而於此又以告顏子也。

後案：何解云夏時『易知』，失之。朱子以時正令善言，其義爲備。斗柄以歲差而移，如今正月初昏柄指丑矣，注言斗柄亦失之。注『天開於子』當以一歲言，依邵堯夫説，以一萬八百年之一會言，亦失之也。夏時對周正言，孔子時之所行者周正，以子月爲春正月也。胡康侯謂周改月不改時，蔡仲默又謂時月俱不改。後儒申蔡説者並以《春秋》書正月爲建寅之月，尤失之也。先儒駁胡、蔡者曰：月必首正，時必首春。如謂殷之正稱冬十二月，周之正稱冬十一月，是二代俱無正，何以稱改正？且一年之内，首尾皆冬，非所以一天下之視聽也。周既不改時月，而謂夫子作《春秋》改冬爲春，改十一月爲正月，戾王朝之正朔，改本國之史書，尤不可訓。且如胡說，則周本行夏時而以子月爲冬，夫子不行夏時而以子月爲春，與胡氏所謂夫子有行夏時之意實相矛盾。然則周以夏之十一月爲春正月無疑也。以《詩》證之，如《七月》述公劉而主夏正，其云『一之日』、『二之日』，又以十月爲改歲，已爲用子正之始。《禮》言『仲冬作酒』，而《詩》言春酒，是正改而時亦改之證。《唐風》『蟋蟀在堂，歲聿其莫』，毛傳『蟋蟀九月在堂』，則周以子月爲歲首而九月以後爲歲暮也。《采薇》『歲亦陽止，歲亦莫止』，箋謂十月爲陽月，則周以十月爲歲暮也。是周詩以子月爲春正矣。以《周官》言之，《太史職》曰『正歲年以序事』，歲指夏言，年指周言。《大司徒職》、《鄉大夫職》、《州長職》異正月正歲之名而事不異。凡言正月之吉，必在歲終、正歲之前，未嘗一錯舉於後，以其時之相承，正月爲建子之月，歲終爲建丑之月，正歲爲建寅之月也。是《周官》凡言正月皆子月也。以《禮記》證之，《雜記》孟獻子曰『正月日至可以有事於上帝，七月日至可以有事於祖』，以二『至』在正月、七月，用周正也。以《孟子》證之，『七、八月之閒旱而苗槁』，『七、八月之閒雨集溝澮皆盈』，言苗槁、言雨集，是爲夏之五、六月。又曰：『十一月徒杠成，十二月輿梁成』，以《國語》、《夏小正》諸書徵之，爲夏之九、十月。又引曾子曰『秋陽以暴之』，所謂秋者，指夏正五、六、七月而言。是《孟子》言周正也。《春秋左傳》之文，如『梓慎曰，火出，於夏爲三月，於商爲四月，於周爲五月』，此周改月之證固爲明著矣。而隱公九年『三月震電』，乃正月雷也。桓公八年『冬十月雨雪』，乃八月雪也。桓公十四年『春正月無冰』、成公元年『春二月無冰』，乃十一月、十二月無冰也。成公十年『六月晉侯使甸人獻麥』，六月乃夏之四月也。僖公五年『十二月晉滅虢』，先是，卜偃據夏正言克虢在九月、十月之交，此以周正書也。僖公五年『正月日南至』，正月爲冬至，則夏之十一月也。經有但書時者，僖公十年『冬大雨雪』，以酉戌月爲冬，故異而誌之。襄公二十八年『春無冰』，以子丑月爲春，故異而誌之。桓公四年『春正月公狩於郎』，杜注謂『冬獵曰狩』，周之春，夏之冬也。哀公十四年春『西狩獲麟』亦然。定公十三年『夏大蒐於比蒲』，次年又書『五月大蒐於比蒲』，此行夏時春田之禮於周之夏也。此皆經、傳之確有可據者。三陽之月，皆可爲正，皆可爲春。周以天氣一陽初復之月爲春正，殷以地氣初萌芽之月爲春正，夏以人得陽煦之氣、農功初起之月爲春正。三正迭用，而夫子則以夏時爲得宜也。〔三〕此前儒顧震滄、戴東原等言之詳矣。或曰：吕圭叔以爲顔子得志行道，改革天命，方可行之，是信然與？曰：非也。先王既立一代之法，而前代典章必兼存而不廢，殷周雖改正朔，必存夏正。説者以史册所書者周正，民俗所用者夏正，是固然矣。而其實夏正之用非特民俗之話言而已，《周官》重別幾年，《凌人》掌冰云『歲十有二月令斬冰』，此承夏月而言。

其他祭祀、田獵、逆暑、迎寒之屬，夏時系仲春者周爲四月，系仲秋者周爲十月。又考之《易》與《書》，《盤庚》曰『若農服田力穡乃亦有秋』，是商用夏正。《金縢》『秋大熟』，是周用夏正。《易·説卦傳》曰『兑正秋』，皆用夏正者也，誰謂爲邦不可行夏時哉？

【箋注】

〔一〕輯自黄式三《論語後案·衛靈公十五》，清光緒九年浙江書局刻本。

〔二〕參見黄以周《禮書通故》第十九《改正頒朔禮通故》：《論語後案》云：『胡康侯謂周改月不改時，蔡仲默又謂時月俱不改。後儒申蔡説者並以《春秋》書「正月」爲建寅之月，尤失之也。先儒駁胡、蔡者曰：月必首正，時必首春，如謂殷之正稱冬十二月，周之正稱冬十一月，是二代俱無正，何以稱改正？且一年之内，首尾皆冬，非所以一天下之視聽也。周既不改時月，而謂夫子作《春秋》改冬爲春，改十一月爲正月，戾王朝之正朔，改本國之史書，尤不可訓。且如胡説，則周本行夏時而以子月爲冬，夫子不行夏時而以子月爲春，與胡氏所謂夫子有行夏時之意實相矛盾。然則周以夏之十一月爲春正月無疑也。以《詩》證之，如《七月》述公劉而主夏正，其云「一之日」、「二之日」，又以十月爲改歲，已爲用子正之始。《禮》言仲冬作酒，而《詩》言春酒，是正改而時亦改之證。《唐風》「蟋蟀在堂，歲聿其莫」，毛傳「蟋蟀九月在堂」，則周以子月爲歲首而九月以後爲歲莫也。《采薇》「歲亦陽止」、「歲亦莫止」，箋謂十月爲陽月，則周以十月爲歲莫也。是周詩以子月爲春正矣。以《周官》言之，《太史職》曰「正歲年以序事」，歲指夏言，年指周言。

《大司徒職》、《鄉大夫職》、《州長職》異正月、正歲之名而事不異。凡言正月之吉必在歲終、正歲之前，未嘗一錯舉於後，以其時之相承，正月爲建子之月，歲終爲建丑之月，正歲爲建寅之月也。是《周官》凡言正月皆子月也。以《禮記》證之，《雜記》孟獻子曰「正月日至可以有事於上帝，七月日至可以有事於祖」，以二「至」在正月、七月，用周正也。以《孟子》證之，「七、八月之閒旱而苗槁」，「七、八月之閒雨集，溝澮皆盈」，言苗槁，言雨集，是爲夏之五、六月。又曰「十一月徒杠成，十二月輿梁成」，以《國語》、《夏小正》諸書徵之，爲夏之九、十月。又引曾子曰「秋陽以暴之」，所謂秋者指夏正五、六、七月而言，是《孟子》言周正也。《春秋左傳》之文，如「梓慎曰，火出，於夏爲三月，於商爲四月，於周爲五月」，此周改月之證固爲明著矣。而隱公九年「三月震電」，乃正月電也。桓公八年「冬十月雨雪」，乃八月雪也。桓公十四年「春正月無冰」、成公元年「春二月無冰」，乃十一月、十二月無冰也。成公十年「六月，晉侯使甸人獻麥」，六月乃夏之四月也。僖公五年「十二月晉滅虢」，先是，卜偃據夏正言克虢在「九月、十月之交」，此以周正書也。僖公五年「正月，日南至」，正月爲冬至，則夏之十一月也。經有但書時者，僖公十年「冬大雨雪」，以酉戌月爲冬，故異而志之。襄公二十八年「春無冰」，以子丑月爲春，故異而志之。桓公四年「春正月，公狩於郎」，杜注謂「冬獵曰狩」，周之春，夏之冬也。哀公十四年「春西狩獲麟」亦然。定公十三年「夏大搜於比蒲」，次年又書「五月大搜於比蒲」，此行夏時春田之禮於周之夏也。此皆經傳之確有可據者。三陽之月，皆可爲正，皆可爲春。周以天氣一陽初復之月爲春正，殷以地氣初萌芽之月爲春正，夏以人得陽煦之氣、農功初起之月爲春正。三正迭用，而夫子則以夏時爲得宜也。』

以周案：周人改正建子，而紀載典令猶時用夏正，何若一用夏時俾民不惑，此夫子之志也。

釋輅〔一〕

《論語·衛靈公》：『乘殷之輅。』《釋文》『輅』本亦作『路』。段氏《説文注》云：『用輅爲路車，字淺俗不足道。』依段説，『輅』當作『路』。《集解》：馬曰：『殷車曰大輅。《左傳》曰：「大輅越席，昭其儉也。」』《集注》：商輅，木輅也。輅，大車之名。古者以木爲車而已，至商而有輅之名，蓋始異其制也。周人飾以金玉，則過侈而易敗，不若商輅之樸素渾堅，而等威已辨，爲質而得其中也。

後案：皇疏：『周制天子自有五輅：一曰玉輅，二曰金，三曰象，四曰革，五曰木。五輅並多文飾，用玉輅以郊祭。而殷家唯有三輅：一曰木輅，二曰先輅，三曰次輅。而木路最質素無飾，魯用以郊天。魯以周公故得郊，而不得事事同王，故用木輅。《郊特牲》説魯郊云：「乘素車，貴其質也。」』鄭注云：『素車，殷輅也。魯公之郊用殷禮也。』皇疏所言周之五輅，本《周官》。其言殷之三輅者，《郊特牲》『大路繁纓一就，先路三就，次路五就』，此皇所據以爲殷制。至《郊特牲》所言『乘素車』，與《周官》所言『玉路以郊』不合，與《明堂位》之言相合，故鄭君、皇氏以爲魯禮。經文明言王禮，何以知指魯？鄭君謂作禮者，推魯禮以説天子也。陸農師謂：『乘玉路、建太常者，即道之車祭之日，馭以适郊。乘素車、建大旂者，即事之車祭之時，馭以赴壇。』後儒多從之，此別一説。〔二〕或謂周乘殷車，孔子不必曰『乘殷之輅』，而《郊特牲》所言斷爲殷禮，然《郊特牲》經文明以『周』字貫下，何以雜入殷禮？三正通用夏時，魯樂亦有韶舞，周有殷輅固不足疑。曰『乘殷之輅』者，以當時殷輅有用、有不用，夫子欲廣用之也。周人尚輿，一器而工聚，且飾以金玉，夫子欲舍周以從殷也。

【箋注】

〔一〕輯自黄式三《論語後案·衛靈公十五》，清光緒九年浙江書局刻本。

〔二〕參見黄以周《禮書通故》第十二《郊禮通故二》：鄭玄云：『「乘素車」，魯公之郊用殷禮也。』陸佃云：『祭天有兩車：玉路，即道之車；素車，即事之車也。』陳祥道云：『自國至大次乘玉路，自大次升壇則乘素車。金鶚云：三説皆非。《巾車》「玉路以祀」，未嘗言祀天，其祀天別取貴質之義而乘素車。《禮器》：「大路素而越席，以素爲貴。」《郊特牲》：「素車之乘尊其樸。」《左傳》：「大路越席昭其儉。」服注云：「大路，木路。」則祭天乘木路甚明。』以周案：《明堂位》：『大路，殷路也。』殷木路，金説可從。

又參見黄以周《禮書通故》第四十六《車制通故二》：賈逵説，『王賜晋文公大輅之服』，大輅，金輅。服虔説，『大路越席』，大路，木路。鄭玄説，《禮》祭天之大路爲木路，《書・顧命》之大路爲玉路。以周案：大路爲天子乘車之總名，注家隨文立解，於義自通。若必執一説以定之，勢將彼此互窒矣。

釋冕〔一〕

《論語・衛靈公》：『服周之冕。』《集解》：包曰：『冕，禮冠。周之禮文而備，取其黈纊塞耳，不任視聽。』《集注》：周冕有五，祭服之冠也。冠上有覆，前後有旒，黄帝已來蓋已有之，而制度儀等至周始備。然其爲物小而加於衆體之上，故雖華而不爲靡，雖費而不及奢，夫子取之，蓋亦以爲文而得其中也。

後案：包注言文而備，得之。冕瑬蔽明，黈纊蔽聰，包注獨言塞耳，必有奪文。黈，譌爲『黈』。紞，譌『紞』，又譌『纊』。以纊塞耳，凶禮所用。此亦字之沿譌已久，不能改者也。朱子注云五冕者，《周官・弁師》文也。《司服》言大裘之冕、衮冕、鷩冕、毳冕、希冕、玄冕，凡六冕。《弁師》云：『掌王之五冕。』依鄭君注，冕六而言五，蓋大裘之冕無旒，不聯數也。〔二〕戴東原曰：『冕服十有二章，繅十有二瑬，是爲大裘之冕。冕服九章，繅九瑬，謂之衮冕。冕服七章，繅七瑬，謂之鷩冕。冕服五章，繅五瑬，謂之毳冕。冕服三章，繅三瑬，謂之希冕。冕服一章，在裳之玄冕無瑬。是繅采就玉之數，止於五也。』注云『冠上有覆』者，指綖而言，詳見《麻冕章》。注云前後有鎏，據鄭君《弁師》注。或據《記》言冕而前鎏所以蔽明，而後則無鎏也。〔三〕注以綖鎏始於黄帝，而周始備儀制者，望文而言。注云不嫌華費者，物小則費約，且五服、五章本於天命，周之冕服所以别尊卑也。夫子言『乘殷之輅』，則知日用器物以質爲貴，後世金玉之器類失於奢。夫子言『服周之冕』，則知物之辨賢賤、昭文章者不嫌華采，而後世紊亂無章之爲失也。

【箋注】

〔一〕輯自黄式三《論語後案·衛靈公十五》，清光緒九年浙江書局刻本。

〔二〕參見《禮書通故》第三《衣服通故一》：《弁師》：『掌王之五冕，皆玄冕。』鄭玄云：『冕服有六，而言五冕者，大裘之冕蓋無旒，不聯數也。』陸佃、鄭鍔説，大裘、被衮則同一冕，故服六而冕五。以周案：《司服》言王之冕服有六，而《弁師》云五冕者，不數玄冕也。玄冕無旒，《弁師》言垂繅綴玉之制，故不及玄冕，而云『五冕皆玄冕』，以玄冕爲質也。則五冕内不數玄冕可知，合玄冕則有六冕亦可知。《郊特牲》云『戴冕璪十有二旒』，則大裘之冕有旒，而卻非即衮冕。鄭、陸二説並誤。

〔三〕參見《禮書通故》第三《衣服通故一》：叔孫通云：『凡冕版廣八寸，長尺六寸。』董巴云：『廣七寸，長尺二寸。』應劭云：『廣七寸，長八寸。』司馬彪云：『明帝永平二年，詔有司采《周官》、《禮記》、《尚書·皋陶》篇，乘輿服從歐陽氏説，公卿以下從大、小夏侯説。冕皆廣七寸，長尺二寸，前圓後方，前垂四寸，後垂三寸，用白玉珠十二旒。

三公諸侯七旒青玉，卿大夫五旒黑玉，皆有前無後。』 以周案：《説文》：『瑬，垂玉也，冕飾。』《弁師》作斿，《戴記》作旒。《大戴·子張問入官篇》『冕而前旒，所以蔽明也』，《晏子·外篇》『冕前有旒，惡多所見也』，東方朔《荅客難》亦云『冕而前旒』。諸文並言『前旒』，不言『後旒』，前旒義取『蔽明』，後旒無所取也。《弁師》言『王之五冕皆五采繅十有二就』，《禮記》『天子玉藻十有二旒』，亦甚多，竝未有云『二十四斿』者。鄭注、孔、賈二疏義同。歐陽謂天子前、後垂旒各十二，非經義也。江慎脩從大、小夏侯説，云：『冕而前旒，所以蔽明，則無後旒可知。謂前後皆有旒，此因《玉藻》「前後邃延」而誤耳。前後邃延謂板長尺六寸，自延端至武前後皆深邃，非謂後亦有旒。』江説是也。冕版廣長之數，説人人殊。皇侃以董巴《輿服志》所云爲『諸侯之冕』，應劭《漢官儀》所云爲『卿大夫之冕』，《王制》孔疏駁之。

下卷　黄以周

《經訓比義》說禮[一]

《禮·禮器》：『禮也者，猶體也。』《祭義》：『禮者，履此者也。』

鄭君曰：『禮者，體也，履也。統之於心曰體，踐而行之曰履。體之爲聖，履之爲賢。』

案：禮者，體之於心而踐履之也。鄭君《禮記序》語甚明，禮之正詁也。[二]

《禮·樂記》：『禮也者，理之不可易者也。』《孔子燕居》：『禮也者，理也。』

案：禮者，秩然之理也，此禮之正詁也。後儒舍禮而好言理，禮必實徵往古，理可空談任肊也。近時講學欲救斯失，往往又失之瑣碎而不知大體。一問以先王之典制，撟舌莫能對，與性理家之空疏又何異？欲挽漢、宋學之流弊，其惟禮學乎？有子曰：『先王之道，斯爲美。』

《書·皋陶謨》：『天敘有典，敕我五典五惇哉！天秩有禮，自我五禮有庸哉！』《禮·樂記》：『禮者，天地之序也。』《喪服四制》：『凡禮之大體，體天地，法四時，則陰陽，順人情，故謂之禮。』

儆居子曰：禮也者，制之聖人而秩之自天。當生人之初，禮義未備，而本於性之所自然，發

於情之不容已，禮遂行乎其閒。〔三〕

案：先王體天地之序以制禮，學者體先王之禮以治德性。禮者，體也。體之於心，知其理之不可易，而出自性之烏可已也。理不可易，故曰秩；性烏可已，故曰天；禮秩於天，故禮爲德性。《易傳》曰：『窮理盡性以至於命。』窮理者，窮究先王之典禮也。能窮典禮，則能盡其德性；能盡德性，則能順受天命，而惇庸秩敘矣。〔四〕

《禮·中庸》：『大哉聖人之道！洋洋乎！發育萬物，峻極於天。優優大哉！禮儀三百，威儀三千。待其人而後行。故曰：苟不至德，至道不凝焉。故君子尊德性而道問學，致廣大而盡精微，極高明而道中庸，温故而知新，敦厚以崇禮。』

儆居子曰：『發育萬物，峻極於天』，聖道之大，有以發之極之也。『禮儀三百，威儀三千，待其人而後行』，言聖道之大，能行禮之大也。仁、禮、義、信、智爲五德，亦曰五性，故禮即爲德性。君子崇禮以凝道者也，知禮爲德性而尊之，知禮宜問學而道之。其育物之道廣大，而不外禮之精微；其配天之道高明，而不外禮之中庸。燖温前世之古禮，考求後王之新禮，遵而行之，不偏古，不偏今，是崇之必敦厚也。後世君子外禮而内德性，所尊或入於虛無；去禮而濫問學，所道或流於支離，此未知崇禮之爲要也。不崇禮即非至德，何以能凝至道？〔五〕

案：此言聖人能制禮、君子能崇禮也。禮必以問學而始明，而崇禮尤由德性之敦厚，是謂『至德』，是謂『凝至道』。『道』指禮言，『凝』謂其敦厚也。後世講學，德性、問學分爲兩途，互相攻擊，皆由禮學之未深也。

《詩・大雅》：『訏謨定命，遠猷辰告。敬慎威儀，維民之則。』《春秋・成公十三年左傳》：『民受天地之中以生，所謂命也，是以有禮義動作威儀之則以定命也。』

賈子曰：動有文體謂之禮，反禮爲濫；容服有義謂之儀，反儀爲詭；誠動可畏謂之威，反威爲圂；臨制不犯謂之嚴，反嚴爲輾。

案：禮以定命，君子所以崇禮也。禮爲天地之中而民受之以生，是以有禮義；有禮義，故動作有威儀。威儀所以定命，故勤禮；禮無不敬，故莫如致敬。能者養以之福，不能者敗以取禍。後人每視動作威儀爲末節，宜讀此悚然自悟矣。程子云：『灑掃應對與盡性至命是一統事，無有本末，無有精粗。』與此章相發明。

《禮・王制》：『脩六禮以節民性。』

案：禮可節性，君子所以崇禮也。性有過不及，以禮節之，則發而中矣，故曰『禮所以制中』。老、莊諸子尚無欲、輕禮教，因言後王宫室、飲食、衣服、車馬、制度、品節之等次，所以啓人之嗜欲。如其説，將絶欲必先滅禮矣，庸詎知脩禮正以節性哉！

《禮・樂記》：致禮以治躬則莊敬，莊敬則威嚴。外貌斯須不莊不敬，而易慢之心入之矣。

《禮運》：『禮義也者，人之大端也，所以講信脩睦而固人肌膚之會、筋骸之束也。』

案：禮可以治躬，君子所以崇禮也。禮之規矩森嚴、度數詳明，存諸心則易慢不入，足以杜人之非心逸志也；飭諸躬則莊敬日強，足以固人之肌膚、筋骸也。

《禮・樂記》：『合情飾貌者，禮樂之事也。』『樂章德，禮報情。』

案：禮可與酬酢，君子所以崇禮也。禮也者，報其情也。欲報情而飾貌，貌根於心也。而澆情者往往專於飾貌，非禮之罪也。故澆情飾貌者非惡其飾貌，惡其澆情；惡其澆情而專於飾貌，不能報情耳。後儒謂禮不足以防僞，僞之招也；禮不足以講信，信之薄也。衆言淆亂，宜折諸聖。《周禮》曰：『以五禮防萬民之僞，而教之中。』《禮記》曰：禮『所以講信脩睦』。

《禮・表記》：『子言之：「歸乎！君子隱而顯，不矜而莊，不厲而威，不言而信。」』

案：容貌不須矜持而自莊，顔色不須嚴厲而自威，語言不須令申而自信，其有得禮義之學乎？

『子曰：「君子不失足於人，不失色於人，不失口於人，是故君子貌足畏也，色足憚也，言足信也。」甫刑則曰：「敬忌而罔有擇言在躬。」』

案：足謂容止。《説文》：『止象屮木之有址，故以止爲足。』脩身之道有三：不失足，不失色，不失口，即《冠義》所謂『正容體、齊顔色、順辭令』。脩此三者，是謂禮義備。而所以行此禮義，道在『敬忌』，故又引甫刑以明之。『忌』之言『戒』也，謂謹慎。

《論語》：『曾子言曰：「君子所貴乎道者三：動容貌，斯遠暴慢矣；正顔色，斯近信矣；出

辭氣，斯遠鄙倍矣。籩豆之事，則有司存。』

案：君子所貴乎道者，貴其能行禮義也。籩豆存，有司陳其數也。君子所貴乎道，貴乎能知其義也。能知其義，斯遠暴慢鄙倍而近信矣。『動容貌』以四體言，故亦曰『容體』。曾子此言，即本《表記》所載夫子語不失足、不失色、不失口之意。合讀兩節，自知禮義之不可輕。而學者每視此爲粗跡而忽之，於爲人之道其遠矣。

《禮·冠義》：『凡人之所以爲人者，禮義也。禮義之始，在於正容體、齊顔色、順辭令。』『容體正、顔色齊、辭令順而後禮義備，以正君臣、親父子、和長幼。』『君臣正、父子親、長幼和，而後禮義立。』

鄭康成云：『言人爲禮，以此三者爲始。』『三始既備，乃可求以三行。』『立，猶成也。』

案：諸云『禮義』，乃古『儀』字之未改者，爲此與『仁誼』之義尚近，故得巋然獨存，其他盡改爲『禮儀』，《小宗伯》、《肆師》注文可證也。『正容體、齊顔色、順辭令』，爲脩身之要道，成人之學以此三者始，謂之『禮義備』。三始既備，而後以之正君臣、親父子、和長幼，謂之『禮義立』。則禮義也者，兼内外，澈上下，賅始終，故君子所貴乎道者，亦不越此三者也。更參以劉康公語，知禮義威儀之則所以定命。『儀』字從『義』，『義』字從『羊』。羊者，吉祥之義，所謂『能者養以之福』也。『日莫人倦，而齊莊正齊不敢解惰』，所謂君子勤禮而致敬也。此與《表記》『三不失』而要其歸曰『敬忌』同義。蓋三者在我爲義，人象之爲儀，持之以敬忌，無儀非義矣。

又案：『義』、『儀』二字之互淆久矣。《中庸》曰：『禮儀三百，威儀三千。』『禮儀』當作『禮義』。《周官·肆師》

注：古者，書『禮儀』字作『禮義』。《左氏傳》：『民受天地之中以生，是以有禮義動作威儀之則。』今杜注本作『動作禮義威儀』。禮義之則有三百，威儀之則有三千，則義爲禮之大經，故禮義亦曰『經』；禮儀爲禮之委曲，故威儀亦曰『曲禮』，此『義』『儀』二字之不同者一也。〔六〕《説文》『我』部：義，己之威儀也，從我從羊。『人』部：儀，度也，從人義，義亦聲。依小徐本。『義』『儀』二字相對爲文。義『從我』，謂己之禮義，《冠義》所謂『禮義備』『禮義立』是也。故就我大義而言，字當作『義』，『儀』者叚借。儀『從人』，謂人耦兩相度，我借人以自度。《賈子・道術》所謂『以人自觀謂之度，反度爲妄』是也。人亦度我而可象，《左傳》所謂『有義今借作儀而可象，謂之儀』是也。故就人儀象而言，字當作『儀』，『義』者叚借。此『義』『儀』之不同者二也。自漢初，『仁誼』字借『義』爲之，而『禮義』之本義失。漢季以『仁誼』字盡作『義』，而『禮義』字盡改爲『儀』，而『義』『儀』之兩義愈淆。近之治《説文》者，又以『義』『儀』之無別，遂以『威儀』字歸諸『義』，而《説文》『儀度』之『度』訓爲『法度』，不知『儀』之本義爲『法象』，爲『揆度』。『法度』者，『禮義』之引申，非『儀』之本義。『威儀』字振古作『儀』，今又欲改其字爲『威義』，更武斷矣。凡人容止有禮，謂之義；有義而可象，謂之儀；周咨禮義，謂之度。《詩・皇皇者華》『周爰咨度』，《襄四年傳》曰『咨禮爲度』。《魯語》作『咨義』，毛傳曰『咨禮義爲度』，此『儀』字從義而訓爲『揆度』之塙證也。至法度爲禮義中之條緒，《詩・楚茨》『禮義從《韓詩》卒度』，毛傳曰：『度，法度也。』《孝經》『制節謹度』，鄭注曰：『慎行禮法謂之謹度。』此又『禮義』之引申爲『法度』之塙證也。自小學不明，大義斯乖，遂致『禮義』字失其傳，賴有《周官》故書之存，諸杜、鄭注者尚可考見一二，而其義幸有《説文》可證也。

又案：『儀』以『儀象』爲本義，『威儀』乃『儀之』引申。『禮義』者，禮之大義，義本而儀末。女叔齊、子太叔有是儀非禮之辨，即『義』『儀』之所由别也。經典中『禮』『義』字盡改爲『儀』，而《禮大傳》别之以『禮義』。《樂記》『制之禮義』、『禮義立』，《緇衣》『則義不壹』，《冠義》『禮義備』、『禮義立』，猶字之僅存而未改者。冠昏、鄉飲、燕射、朝聘，經謂之『禮』，《記》别之云『義』者，謂記禮之大義也。此亦古『禮義』字今又通爲『仁義』矣。

《論語》：『棘子成曰：「君子質而已矣，何以爲文？」子貢曰：「惜乎，夫子之説君子也。駟不及舌。文猶質也，質猶文也。虎豹之鞟猶犬羊之鞟。」』

傲居子曰：禮有以質爲貴，有以文爲貴。質所以留古樸，文所以辨等威。去文存質，則尊卑莫辨。虎豹犬羊喻，言君子小人之名位也。〔七〕

案：禮以辨上下，在禮義，亦在威儀。義質而儀文，文之重猶質，質之重猶文，見文質彬彬，不可偏廢也。

《論語》：『子曰：君子博學於文，約之以禮，亦可以弗畔矣夫。』『顔淵喟然嘆曰：「夫子循循然善誘人，博我以文，約我以禮。」』

朱子曰：君子學欲其博，故於文無不考；守欲其要，故其動必以禮。

案：博學近雜，以禮約之，不至汎濫而無歸；博學似華，以禮約之，不至浮僞而無實。約以禮之中，知『爲我』『兼愛』有過情、不及情之弊；約以禮之和，知刑名法術有涼德、不涼德之别。《詩》、《書》、《易》、《春秋》列在六藝，亦必約之以禮，而知有愚誣賊亂之失。顔子，崇禮之君子也。孔子之門，顔子最賢，亦惟教以復禮，誘以約禮，人可不崇禮乎哉？後之言主約者，不約以禮而約於心，失孔子循循誘人之旨矣。

《禮・曾子問篇》

案：曾子湛深禮學，於大經大法既洞識而孰察之矣，乃進究乎禮之變。《曾子問篇》言：變，禮也。孔子曰：『可與立，未可與權。』立者守其經，權者達其變。〔八〕

《論語》：『有子曰：「禮之用，和爲貴。先王之道，斯爲美。小大由之，有所不行。知和而和，不以禮節之，亦不可行也。」』

《荀子》曰：『先王制禮以養人之欲，給人以求。』『孰知夫恭敬辭讓之所以養安也，孰知夫禮義文理之所以養情也。人苟怠惰偷懦以爲安，若者必危；苟情説之爲樂，若者必滅。』

儆居子曰：此爲放蕩者戒也。放蕩者，其意以禮爲不和耳，好脱略簡率之爲，卒生悖逆欺陵之釁。其人非特不循禮，並不得謂之能和。有子特揭禮中之和以示之，見禮由和用所以能範圍大小之事，而外禮者之和失其和矣。〔九〕

案：有子，崇禮之君子也。禮以報情，故其用和。『先王之道，斯爲美』，即『優優大哉』之意。大而禮義三百，小而威儀三千，無非將以和意，可謂先王之禮乃縛束斯人之具乎？若以儀節爲緐苦而去之，是知和而和也。用禮之和，其情中節，縱情不節，反致悖逆，是因失禮而失和矣。

《論語》：子夏問曰：『「巧笑倩兮，美目盼兮，素以爲絢兮」，何謂也？』子曰：『繪事後素。』曰：『禮後乎？』子曰：『起予者商也，始可與言《詩》已矣。』

鄭君曰：『繪畫，文也。凡繪畫，先布衆色，然後以素分佈其間以成其文，喻美女雖有倩盼美質，亦須禮以成之也。』

儆居子曰：文成章曰『絢』。『素以爲絢』者，既有倩盼之貌，又能嫺禮，如設采者得白分佈其閒乃成章也。《考工記》『畫繢之事雜五色下』云：『凡畫繢之事，後素功。』是先布衆色，後加素功也。鄭君此注，本之古義如此。『素』，白采也，非質也。古者衣服旂常之繪，不必盡用素質。『禮後乎』，謂《詩》言素之後，意者禮其後乎？凡人有美質，必加之以禮。禮者，先王所立之制度，品節忠信儀文本末兼具者也。『後』者，事不可已而繼之之詞，非置爲緩圖也。〔十〕

案：子夏，崇禮之君子也。『禮後』云者，崇禮也，非輕禮也。凡人有忠信之性，真樸之情，加之以禮，德輝乃著。正如渾金璞玉有待於鎔陶雕琢也。陸稼書曰：此章祇是論禮，非專論《詩》。自古亂天下之言有二：一曰『禮豈爲我輩設』，一曰『六經皆我注腳』。此章内皆可羼入，故講學不明，即流毒天下。惠半農曰：『大素者，質之始也』，則素爲質；『後素者，繪之功也』，則素爲文，故曰『素以爲絢』。《考工記》『畫繪之事，後素功』，謂畫繪之功素在後，蓋皎皎者易污，故畫繪先布采，後加素，然後五色宣明，故曰『素功』，言功成於素也。子夏問《詩》『素絢』，孔子以『後素』解之，子夏遂因素而悟禮。然則畫繪之功成於素，忠信之質成於禮。

《論語》：『林放問禮之本，子曰：「大哉問！禮，與其奢也，寧儉；喪，與其易也，寧戚。」』

儆居子曰：本，禮中之本也。《禮器》曰：『忠信，禮之本也。義理，禮之文也。』是禮中有本也。儉則有不敢越分之心，戚則有不忍背死之心，是禮中之本也。〔十一〕

案：林放，崇禮之君子也。問本者，欲由本逮末也。後之人專習禮之末節而失其本始，是以女叔齊、子太叔有禮儀之辨。然禮之有儀，猶樹之有枝也。樹去其枝，其樹必傷；禮去其儀，其禮必壞。君子務本，非翦枝也。本立而枝盛，傷其本，枝從而亡。

《孟子》：『動容周旋中禮者，盛德之至也。』

儆居子曰：觀《鄉黨》記聖德不越禮容而温厲恭安，備四時中和之氣，所謂『盡性至命』者在此。〔十二〕

案：威儀爲定命之則，從容有中道之誠，此即孔子所謂『無體之禮』也。崇禮至此，可謂至德。有至德，可以凝至道矣。

【箋注】

〔一〕輯自《經訓比義》卷中，清光緒丙申三月南菁講舍本。《經訓比義》是黄以周早期學術著作。據作者自述，完成此書後曾秘藏於家塾達四十年之久，後主講於南菁書院，才宣示諸生。衆門生二十六人集貲刊印於光緒二十二年（一八九六），是乃南菁講舍本。全書分爲三卷，二十四目。即卷上：命，性，才，情，欲，心，意；卷中：道，理，仁，禮，智，義，信；卷下：忠，恕，静，敬，剛，中，權，誠，聖，鬼神。此書纂集仿阮元《性命古訓》，意在釐正性命、道德、仁義、禮智等基本概念與範疇，故援引群經，『比而次之，義而度之』（《自跋》），間有考據則以義理爲歸，義理又因考據而精。此書每一條目基本上由三部分組成，首先援引四書五經相關之文，其次排列前儒諸説，最後加以案語。此次輯録，選其中解『禮』部分加以編次。

〔二〕參見王兆芳編《儆季子粹語》卷之二《道德下篇第六》：子曰：《禮器》云：『禮也者，猶體也。』《祭義》云：『禮者，履此者也。』體之於心而踐履之者，禮也。鄭君曰：『統之於心曰體，踐而行之曰履。』體之爲聖，履之爲賢，此禮之正詁也。

〔三〕語出黄式三《儆居集》卷一《經説一・復禮説》：禮也者，制之聖人而秩之自天。當民之初生，禮儀未備，而本於性之所自然，發於情之不容已，禮遂行於其閒。何則？蠭蟻有君臣，豺狼有父子，鴻雁有行列之序，豈聖人教之而然哉？物不受教於聖人而物自能之，安得謂聖人未教人而人盡無禮乎？恭敬辭讓，此心爲禮之端。無是心，非人也。

〔四〕參見黄以周《儆季文鈔》卷一《顔子見大説》：以周謂：顔子所樂者天，而樂天之學由好禮始。《虞書》曰：『天秩有禮，自我五禮有庸哉。』禮者，體也。體之於心，知其理之不可易，實出於性之烏可已，則手舞足蹈有不自知者矣。理不可易，故曰秩；性烏可已，故曰天。禮秩自天，故好禮即以樂天。《禮·中庸》曰：『大哉聖人之道！洋洋乎！發育萬物，峻極於天。優優大哉！禮儀三百，威儀三千。』言聖道峻天之大，由於修禮之大也。顔子所見之大，雖無容輕擬，要不越《中庸》所謂優優之禮矣。

〔五〕語出黄式三《儆居集》卷一《經説一·崇禮説》：『大哉聖人之道！洋洋乎！發育萬物，峻極於天。』謂聖道之大，能發之極之也。『優優大哉！禮義三百，威儀三千，待其人而後行』，謂聖道之大，能行禮之大也。禮與德有分言者，《論語》分道德、齊禮，即《曲禮》云：『道德仁義，非禮不成。』合而仍分也。有以禮爲德者，仁、禮、義、信、智爲五德是也。五德亦曰五性，故禮即爲德性。《春秋傳》曰：『民受天地之中以生，所謂命也。是以有動作禮義威儀之則，以定命也。』則禮之爲德性，昭昭矣。君子崇禮以凝道者也，知禮之爲德性也而尊之，知禮之宜問學也而道之。道問學，所以尊德性也。其育物之道廣大，不外禮之精微，盡精微所以致廣大也。其配天之道高明，不外禮之中庸，道中庸所以極高明也。敦厚以崇禮者，燖温前世之古禮，考求後王之新禮，遵而行之，不偏古，不偏今，崇之必敦厚也。後世君子外禮而内德性，所尊或入於虚無；去禮而濫問學，所道或流於支離，此未知崇禮之爲要也。不崇禮即非至德，何以能凝至道？

〔六〕參見黄式三《經禮曲禮説》，又詳見黄以周《禮書通故》第一《禮書通故》。

〔七〕語出黄式三《論語後案・顏淵十二》：禮有以質爲貴，有以文爲貴；質所以留古樸，文所以辨等威也。去文存質，則尊卑莫辨。虎豹犬羊，喻言君子小人之名位也。注輕呰先賢失之説，見《質勝文章》。孔注云『今使文質同者』，衍文字。

〔八〕王兆芳編《儆季子粹語》卷一《士職》有引。

〔九〕語出黄式三《論語後案・學而一》：此爲放蕩者戒，陸稼書説是也。好放蕩者，其意以禮爲不和耳，視爲繁瑣拘苦，以舊坊『無用』而壞之，好脱略簡率之爲，卒生悖逆欺陵之釁。其人非特不循禮，並不得謂之能和。有子特揭禮中之和以示之，見節文自然，人各甘心行之，所以能範圍小大之事不待矯拂，而外禮者之和失其和矣。《荀子》謂『先王制禮以養人之欲，給人之求』，孰知夫恭敬辭讓之所以養安也！孰知夫禮義文理之所以養情也！人苟怠惰偷懦之爲安若者必危，苟情説之爲樂若者必滅，故人一之於禮義則兩得之矣。

〔十〕語出黄式三《論語後案・八佾三》：『文成章曰絢』，見《釋文》所引鄭君注。素以爲絢者，既有倩盼之貌，又能嫻禮，如設采者得白分佈其間乃成章也。子夏於『素以爲絢』之文，請詳事實，故問『何謂也』。

又：《考工記》『畫繪之事雜五色』下云：『凡畫繪之事後素功。』是先布眾色，後加素工也，鄭君此注本之。《記》注亦引此經，輾轉相訓，下節孔注同，古義如此。……《文選・景福殿賦》云：『斑間賦白，疏密有章。』戴東原引之以證是經，則畫采之法亦然也。惠半農曰：『五色之黑黄蒼赤，必以素爲之介，猶五德之仁、義、智、信必以禮爲閒。』又曰：『《鄉射記》「凡畫者丹質」，則丹質加采矣。《司常》九旗畫日月龍蛇之象，亦以絳帛爲質也。』又曰：

『太素者，質之始也。則素爲質，後素者繪之功也。則素爲文，故曰「素以爲絢」。《易》：履初，素；賁上，白。初者，履之始；上者，賁之終。』依諸説考之素，白采也，非質也。古者衣服旂常之繪，不必盡用素質。六冕之服用玄質，所謂『玄衣纁裳』者，是惟皮弁用素質耳。

又：『禮後乎』三字句，『禮』字略逗，謂《詩》言素之後，意者禮其後乎。『繪事後素』，夫子衹解繪畫之事實如此。子夏既得事實，遂知所與之意，因言凡人有美貌，必加之以禮。禮者，先王所立之制度、品節、忠信、儀文，本末兼具者也。『後』者，事不可已而繼之之辭，非置爲緩圖也。《曲禮》云『道德仁義，非禮不成』，正此意也。起，注以發明訓之，非意外觸發也，古注之義如此。

〔十一〕語出黄式三《論語後案・八佾三》：本，禮中之本也。《禮器》曰：『忠信，禮之本也。義理，禮之文也。無本不立，無文不行。』是禮中有本也。注以『本』爲本體，《語録》以『本』指禮之初，已自異矣。近或以禮專指儀文言，遂於禮外求本，尤謬！

又：易，坦易也，包説爲是。異端家齊死生，而治喪皆簡率，後人喪中祭奠如吉禮，又用僧道贏鈸以喧雜之，皆由於坦易也。取儉、取戚者，儉則有不敢越分之心，戚則有不忍背死之心，是禮中之本也。

〔十二〕語出黄式三《論語後案・子罕九》：禮可約，而化之爲難。顔子從事於視聽言動，蓋勉之，非化之也。觀《鄉黨》記聖德不越禮容而温厲恭安，備四時中和之氣，所謂盡性至命者在此，所謂窮神知化者在此，是夫子之行禮不可及也已。

尸禮〔一〕

鄭玄云：『爲人子者，祭祀不爲尸』，然則尸卜筮無父者。　以周案：《曲禮》『食饗不爲槩，祭祀不爲尸』，皆主宗子之子言。宗子主祭，宗子之子不爲尸。《祭統》云：『所使爲尸者，于祭者子行也。』曰子行，明不用主祭者之子。祭時拜獻者惟主人，加爵者惟長兄弟一人，衆兄弟不拜獻，其子自可爲尸。鄭注『卜筮無父者』未盡。〔二〕何休說：天子以卿爲尸，諸侯以大夫爲尸，卿大夫以下以孫爲尸。崔靈恩說：大夫用己孫爲尸。孔穎達說：《特牲》注『大夫、士以孫之倫爲尸』，言『倫』，明非己孫。　以周案：《曲禮》、《曾子問》竝言孫可以爲王父尸，是尸用己孫之明證。天子諸侯亦□□□孫之爲卿、大夫者。鄭注《特牲禮》云『以孫之倫』，言不用主祭者之子也。孫之倫，謂庶孫，孔疏誤。〔三〕

《禮器》：『周旅酬六尸。』《逸禮》：『祫于太廟，毁廟之主升，合食，而立二尸。』鄭玄云：『后稷之尸發爵不受旅。』孔穎達云：『此祫祭時聚群廟之主于太祖后稷廟中，后稷爲發爵之主，尊不與子孫爲酬酢，餘文、武尸、親廟尸凡六。大祫多主，惟云「六尸」者，毁廟無尸，但有主也。』

以周案：《逸禮》所言，主大祫言，群廟及毁廟之主皆升合食于太祖，故立昭、穆二尸以統之，合太祖爲三尸也。《禮器》所言，主大禘爲言，則立六尸，合太祖而爲七。依鄭《禘祫志》云：『大王王季以上遷主，祭于后稷廟，其坐位與祫祭同。文、武以下，穆之遷主祭于文王之廟，昭之遷主祭于武王廟，此與祫祭不同。后稷廟中，后稷尸一，昭、穆尸各一。文王廟中，文王尸一，穆尸共一。武王廟中，武王尸一，昭尸共一。』鄭説甚明。祫無六尸，禘有六尸，亦無親廟尸。孔疏甚舛。或説祫祭昭穆二十餘尸，尤謬。〔四〕

孔穎達説，新喪虞祭之時，男女各立尸。故《士虞禮》云：『男，男尸，女，女尸。』至袝祭之後，止用男一尸，以其漸吉故也。凡吉祭，止用一尸，故《祭統》云：『設同几。』以周案：《祭統》言不特几，或一几二。人可口也，薄説蓋是。未必同尸也。司几筵每敦一几，鄭注《周禮》：『雖合葬及同時皆〔五〕殯，皆異几，體實不同。祭于廟，同几，精氣合。』亦未嘗言同尸，此説當考。〔六〕

盧辯、陳祥道等説，庶人薦寢無尸。秦《通考》信其説。以周案：古人祭必立尸，其不立尸者曰奠、曰厭。孔子言：『祭殤必厭。祭成喪而無尸，是殤之也。』宜庶人可殤其親，而無尸乎。《大戴·天圓篇》云：『無禄者稷饋，稷饋者無尸，無尸者厭也。』此即祭殤必厭之説。無禄謂殤，

凡庶人之語也。〔七〕

【箋注】

〔一〕輯自天一閣藏黄以周《五禮異議》殘稿。

〔二〕《禮書通故》第一十七《肆獻祼饋食禮通故二》：鄭玄云：『爲人子者，祭祀不爲尸』，然則尸卜筮無父者。以周案：鄭注『無父者』，依《記》『爲人子』立文。《少牢禮》『筮以某之某爲尸』，注云：『某之某者，字尸父而名尸也。字尸父，尊鬼神也。』賈疏云：『《曲禮》言父在不爲尸，然則凡爲尸者父皆死矣。死者當諱其名，故字尸父。』此鄭義也。其實經曰『以某』，不曰『以某甫』，安見其『字尸父』？凡祭祀不爲尸者，不安其父之拜獻，故主祭者之子不爲尸。祭時拜獻者惟主人，加爵者惟長兄弟一人，衆兄弟不拜獻，如無無父之孫，衆兄弟之子自可爲尸，不論其有無父。

繼紅案：據《校文》，後定本删去『不論其有無父』六字。

〔三〕《禮書通故》第一十七《肆獻祼饋食禮通故二》：崔靈恩説，大夫用己孫爲尸。孔穎達説，《特牲》注『大夫、士以孫之倫爲尸』，言『倫』，明非己孫。以周案：《曲禮》、《曾子問》竝言孫可以爲王父尸，是尸用己孫之明證。鄭注《特牲》云『以孫之倫』，謂用庶孫。凡尸不用主祭者之子，故《祭統》云『所使爲尸者，于祭者子行也』。云『子行』，明非己子。孔疏誤會鄭意。

〔四〕《禮書通故》第一十七《肆獻祼饋食禮通故二》：《記·禮器》云：『周旅酬六尸。』《逸禮》云：『祫于太廟，毀廟之主升合食，而立二尸。』鄭玄云：『后稷之尸發爵，不旅酬。』孔穎達云：『此祫祭時，聚群廟之主于太祖后稷廟中。后稷爲發爵之主，尊，不與子孫爲旅酬。餘文、武尸、親廟尸凡六。大祫多主，惟云六尸者，先儒與王肅竝云毀廟無尸，但有主也。』陸佃云：『周九廟而旅酬六尸，蓋成、康之世而文、武猶在七廟之數。蓋以時祭，何必大祫？』以周案：《逸禮》所言，主大祫言，群廟及毀廟之主皆升合食于太祖，故立昭、穆二尸以統之，合太祖爲三尸也。《禮器》所言，主大禘爲文，則立六尸，合太祖而爲七。依鄭《禘祫志》言之，禘禮后稷廟中，后稷尸一，昭、穆尸各一；文王廟中，文王尸一，穆尸共一；武王廟中，武王尸一，昭尸共一。祫無六尸，禘有六尸，亦無親廟尸。孔疏『毀廟無尸』，與《逸禮》違。陸說更謬。時祭特祭各廟，安得有『旅酬六尸』之事？

〔五〕『皆』，鄭注原作『在』。

〔六〕《禮書通故》第一十一《喪祭通故二》：孔穎達說：夫妻同時在殯，虞祭各立尸，故《士虞禮》云『男，男尸；女，女尸』。至祔祭之後，止用男一尸，以其漸吉故也。凡吉祭，止用一尸，故《祭統》云『設同几』。賈公彦說：自禫已前，喪中之祭皆男、女異尸。以周案：孔疏未是。《士虞記》云『禫月吉祭，猶未配』，舊說『不以其妃配』，則禫以前夫妻不合祭，祭各以其尸矣。鄭注《司尊彝》云：『雖合葬及同時在殯，皆異几，體實不同。祭于廟，同几，精氣合。』

〔七〕《禮書通故》第一十八《時享禮通故》：鄭玄云：『庶人薦于寢』，寢，適寢也。孔穎達云：謂庶人在官，府史之屬。金鶚云：庶人，凡民之通稱，不必爲府史者也。府史亦不當有適寢，鄭殆以燕寢乃寢息之所，祭先于此，則褻也。不知寢息在室，其堂乃行禮之地，何不可祭乎？　以周案：古者祭、薦皆在室，金説可薦于燕寢之堂，未諳古禮。

盧辯、陳詳道等説，庶人薦寢無尸。　以周案：古人祭必立尸，其不立尸者曰奠、曰厭。孔子言：『祭殤必厭。祭成喪而無尸，是殤之也。』若薦，雖天子不立尸，不獨庶人。《通典》引譙周《禮志》云：『天子月朔薦及臘薦、薦新，皆奠，無尸，故群廟皆一朝之間畢。』

獻禮〔一〕

《祭統》：『尸飲五，君洗玉爵獻卿。尸飲七，以瑶爵獻大夫，尸飲九，以散爵獻士及群有司。』尸飲五，謂酳尸五獻也。大夫士祭三獻而獻賓。孔穎達説，此謂上公九獻。故以酳尸之一獻爲尸飲五酳尸前有朝踐饋食各二。獻。君侯伯七獻，朝踐饋食時各一獻。食訖酳尸，尸飲三也。子男五獻，食訖酳尸，尸飲一。又鄭注《司尊彝》云：此凡九酌，王及后各四，諸臣一，祭之正也。以今祭禮《特牲》《少牢》言之，二裸爲奠而尸飲七矣，王可以獻諸臣。《祭統》曰『尸飲五，君洗玉爵獻卿』，是其差也。賈公彦説，《祭統》據侯伯禮。宗廟七獻，二裸爲奠不飲，朝踐以後有尸飲五獻卿。天子與上公同九獻，二裸爲奠不飲。是尸飲七可以獻諸臣。若然，子男五獻者，二裸爲奠不飲，是尸飲三可以獻卿。以周案：鄭因天子祭禮無可考見，故據少牢餼牲三獻賓，明獻諸臣在正獻既畢之後。又據《記》言尸飲五，君洗玉爵獻卿，明天子于尸飲七可以獻諸臣。是正獻既畢，然後獻賓獻諸臣。如孔氏説，臣賓未獻尸，而君先獻賓，失其序矣。〔二〕

【箋注】

〔一〕輯自天一閣藏黄以周《五禮異議》殘稿。

〔二〕《禮書通故》第十七《肆獻祼饋食禮通故四》：鄭玄云：『祭凡九獻，王及后各四，諸臣一，祭之正也。以今祭禮《特牲》、《少牢》言之，二祼爲奠，而尸飲七矣，王可以獻諸臣。《祭統》曰「尸飲五，君洗玉爵獻卿」，是其差也。』賈公彦云：『九獻，謂王及后祼各一，朝踐各一，饋食各一，酳尸各一，諸臣酳尸一，此是正獻。《特牲》、《少牢》又有衆賓長、兄弟之長、嗣子舉奠、上利洗散爲加獻，彼竝非正。天子、諸侯祭禮亡，故取《特牲》、《少牢》見在禮而言。天子、諸侯酳尸後亦三獻，與彼同也。《祭統》「尸飲五，獻卿」，據侯伯禮，宗廟七獻，二祼爲奠不飲，朝踐以後有尸飲五，獻卿；即知天子與上公同九獻，二祼爲奠不飲，是尸飲七，可以獻諸臣。若然，子、男五獻者，二祼爲奠不飲，是尸飲三，可以獻卿。故鄭云「是其差」。皆當降殺以兩，大夫、士三獻，無二祼，直有酳尸三獻、獻祝是也。』孔穎達云：『《祭統》「尸飲五」云云，此據備九獻之禮者。凡祭，二祼奠而不飲，朝踐二獻，饋食二獻，及食畢主人酳尸，故云「尸飲五」，于此時獻卿。獻卿之後，主婦酳尸，賓長獻尸，是尸飲七，乃瑶爵獻大夫。是正九獻禮畢，但初二祼不飲，故云「尸飲七」。自此以後，長賓、長兄弟爲加爵，尸又飲二，是並前尸飲九，主人乃散爵獻士及群有司也。若侯伯七獻，朝踐、饋食各一獻，食訖酳尸，但尸飲三也。子男五獻，食訖酳尸，尸飲一。』以周案：孔、賈申鄭不同，似賈近之。如孔説，臣未獻尸而君先獻臣，失其序矣。賈説天子酳尸之後，有長賓、長兄弟、上嗣三獻，説本《詩》『子孫其湛，各奏爾能』鄭箋。士之嗣奠爲加爵。天子備官，加爵多，其子孫獻尸之禮，蓋亦屬之正獻，『賓載手𠬝』乃爲加爵。凡祭獻卿在正獻既畢之後，加爵又行于獻卿而後。《祭統》『尸飲五，獻卿』，爲諸侯禮，注疏是，楊信齋謂天子禮，謬。

九祭〔一〕

《太祝》九祭，舊注雜引鬼神之祭釋之。鄭玄云『皆謂祭食者』。祭先造食者。鄭鍔、劉彝諸説，太祝所掌，爲皇尸祭食之禮，而賓主之食祭，非太祝所掌。鄭注亦誤。以周案：鄭注亦主皇尸説。以皇尸九祭，經不具見，故又兼引賓主食祭禮以明之。

一曰命祭，二曰衍祭。杜子春云：『命祭，祭有所主命也。』鄭衆云：『衍祭，羨之道祭，如今祭殤，無所主命。』鄭玄云：『《玉藻》：「君賜之食而客之，命之祭然後祭。」衍當爲「延」。《曲禮》「主人延客祭」。』劉彝説，妥尸，尸坐，祝始命尸，取韭醢，振、擩、繚、絶爲之祭也。包、周、振、擩、繚、絶，爲祭之節目。共祭者，供此包、周、振、擩、繚、絶所祭之物也。九祭主次爲此。〔二〕

【箋注】

〔一〕輯自天一閣藏黄以周《五禮異議》殘稿。

〔二〕《禮書通故》第十七《肆獻祼饋食禮通故六》：鄭玄云：『《太祝》九祭，皆謂祭食者。』鄭鍔、劉彝説，太祝所掌爲皇尸祭食之禮，而賓主之食祭，非太祝所掌。鄭注誤。　以周案：鄭注亦主皇尸説，以皇尸九祭，經不具見，故又兼引賓主食祭以明之。

一曰命祭，二曰衍祭。　杜子春云：『命祭，祭有所主命也。』鄭衆云：『衍祭，羨之道祭，如今祭殤，無所主命。』鄭玄云：『《玉藻》：「君賜之食，而君客之，則命之祭然後祭。」衍當爲「延」。《曲禮》「主人延客祭」。』劉彝説，妥尸，尸坐，祝始命尸取韭醢，徧擩三豆，祭于豆閒，曰命祭。　鄭鍔説，衍者餘也。下佐食取尸祭之餘以授上佐食，上佐食以授主人，主人以祭，曰衍祭。　以周案：『衍』、『延』音近。《男巫》『掌望祀望衍』，注云『衍讀爲延』，與此正同。《特牲·饋食》『祝命挼祭，尸取菹，擩于醢，祭于豆閒』，是命祭也。《士虞禮》同。祝又『命爾敦，佐食爾黍稷，設大羹，舉肺、脊以授尸，尸受振祭』，是延祭也。延者，授以道之。命祭不延。淩次仲引《特牲》『主人酳尸』注『酳猶衍也』，以衍祭爲祭酒，與祭食之義未合。夏弢甫引《有司徹》『挹羊鉶豕鉶，祭于豆閒』，以衍祭爲挹祭。挹、衍音義俱遠，今皆不取。

三曰炮祭，四曰周祭。　鄭衆云：『炮祭，燔柴。周祭，四面爲坐。』鄭玄云：『炮當爲包，兼也。《有司徹》曰：「贊者取白黑白，稻。黑，黍。以授尸，尸兼祭于豆閒。」周猶徧也。《曲禮》：「殽之序，徧祭之。」』　鄭鍔説，《封人》『歌舞牲，及毛炮之豚』，蓋尸取所炮之豚以祭也。　以周案：包祭，鄭據《有司徹》『尸祭』説，是也。包、兼同義，兼祭亦曰同祭。《公食禮》之『辯祭』，爲賓禮。《少牢》『十一飯』所舉，尸徧祭之，是皇尸之周祭也。包祭不周。剛中説鑿。

五曰振祭，六曰擩祭。鄭衆云：『擩祭，以肝肺菹擩鹽醢中以祭也。但擩肝鹽中振之，擬之若祭狀，弗祭，謂之振祭。《特牲》曰「取菹擩于醢，祭于豆」，《少牢》曰「取肝擩于鹽，振祭」。』鄭玄云：『振祭、擩祭本同，不食者擩則祭之，將食者既擩必振乃祭也。』以周案：《士虞》、《特牲》、《少牢》、《有司徹》尸取韭菹，辯擩于豆醢，祭于豆閒，《士虞記》尸取脯擩醢，祭之，此則擩而不振，所謂『擩祭』是也。《士虞》、《特牲》尸入九飯，佐食舉肺脊、舉榦、舉胳、舉肩，皆振祭嚌之，《少牢》尸入十一飯，上佐食舉牢榦、魚、臘肩、牢胳、牢肩，尸亦振祭嚌之，此則振而不擩，所謂『振祭』是也。《士虞》、《特牲》、《少牢》、《有司徹》凡以肝燔從者，皆擩于俎鹽，振祭，嚌之，此則擩而複振，振而又祭也。凡祭特體及肺皆振祭，祭菹醢、脯醢皆擩祭，而肝燔則又一時兼行振、擩二祭也。賈疏申後鄭，意擩祭在尸授未食之先，先鄭『擩有肝、肺』之説，于義不可。其實擩祭不但韭菹，《士虞》、《特牲》、《少牢》、《有司徹》之『取肝擩鹽』，《士虞記》、《有司徹》之『取脯擩醢』，皆擩祭也。司農注『擩祭，以肝、肺、菹擩鹽醢中以祭』，『肺』乃『脯』字之誤耳。經于振祭皆曰『嚌之』，于擩祭不言『嚌』，後鄭以食、不食分振、擩，是也；其以振祭爲必擩而振，非是。擩祭不振，振祭不擩。

七曰絶祭，八曰繚祭。鄭衆云：『繚祭，以手從肺本，循之至于末，乃絶以祭也。絶祭，不循其本，直絶肺以祭也。重肺賤肝，故初祭絶肺，謂之絶祭；至祭末擩肝，謂之振祭。《鄉射記》曰「取肺坐絶祭」，《鄉飲酒禮》曰「右手取肺，卻左手執本坐，弗繚，右絶末以祭」。』鄭玄云：『絶祭、繚祭本同，禮多者繚之，禮略者絶則祭之。』一説，《鄉飲禮》云『弗繚』，明是絶祭。絶祭者，仰左手執肺本，右手絶末以祭。繚祭者，仰左手執本，又覆其手以垂紾之，右手乃絶其末。　以周案：絶與繚，皆祭肺也。尸之絶祭詳見《特牲》、《有司徹》，繚祭不見。絶祭不繚，繚祭亦絶。

九曰共祭。　鄭玄云：『王祭食，宰夫授祭。』　以周案：命祭、延祭者，命延其包、周、振、擩、繚、絶之祭也。包、周、振、擩、繚、絶，爲祭之節目，共祭者，供此包、周、擩、繚、絶所祭之物也。《士虞》、《特牲》、《少牢》皆佐食授尸祭，《有司徹》則宰夫授尸祭。

淩廷堪云：『凡祭，皆于籩豆之閒，或上豆之閒，亦有不于豆閒者。《公食禮》賓祭正饌，「上鉶之閒祭」，賓祭加饌，「取粱即稻，祭于醬湆閒」。醬本豆實，「大羹湆實于鐙」注「瓦豆謂之鐙」，則醬、湆閒亦豆閒，但非前所祭上豆之閒耳。唯《公食》祭鉶于「上鉶之閒」爲異。《有司徹》尸祭鉶亦于豆祭。』　以周案：凡正饌先設，用黍稷俎豆；加饌後設，用稻粱庶羞。凡祭必于近席之正饌，淩氏所云、祭于籩豆之閒，或上豆之閒，皆正饌之近席者也。《公食禮》祭鉶于『上鉶之閒』，爲上鉶正饌近席也；『取粱稻祭于醬湆閒』，爲醬湆正饌中席也。粱醬湆皆公親饌，不祭于粱稻閒，粱稻雖近席，非正饌也。祭飲酒于上豆之閒，飲酒雖正饌，不中席也。賓祭加饌，『贊者辯取庶羞之大授賓，賓受，兼壹祭之』，經不言其所，注云『祭于腳臐之閒』，無據。敖氏謂『祭于醬湆閒』，較爲近之。右九祭。

取明水法〔一〕

《秋官》：『司烜以夫遂取明火于日，以鑒取明水于月。』鄭玄云：『夫燧，遂陽。鑒，鏡屬。』《淮南子》：『方諸見月則津而爲水。』高誘注：『方諸，陰燧，大蛤也，熱摩拭〔二〕，以向月則水生，以銅盤受之，下數石。』以周案：《考工記》：『金錫半，謂之鑒、燧之齊。』以鑒、燧并言，則鑒可知矣。後世未得齊金造觔法，不能向月取水，唐李敬貞輩遂斥鄭注之錯，而取高氏『大蛤』之説矣。兩説兼存。〔三〕

【箋注】

〔一〕輯自天一閣藏黄以周《五禮異議》殘稿。

〔二〕繼紅案：高誘注原作『摩拭令熱』。

〔三〕《禮書通故》第十七《肆獻祼饋食禮通故五》：鄭玄云：『《司烜》「以夫遂取明火于日，以鑒取明水于月」。夫遂，陽燧。鑒，鏡屬。』干寶云：『五月丙午日中，鑄陽燧。十一月壬子夜半，鑄陰燧。』高誘云：『《淮南子》：「方諸見月，則津而爲水。」方諸，陰燧，大蛤也，摩拭令熱，以向月，則水生，以銅盤受之，下數石。』李敬貞云：『嘗于八九月中，取蛤一尺二寸者，依法試之，自人定至夜半，得水四五斗。』以周案：《考工記》：『金錫半，謂之鑑、燧之齊。』以鑑、燧並言，則鑑用金鏡可知矣。後世未得齊金造鑑法，不能向月取水，唐李敬貞輩遂斥鄭注之錯，而取高氏『大蛤』之説矣。右明水、明火。

五齊〔一〕

《禮器》：『君親制祭，夫人薦盎。』而《祭義》云：『君牽牲，夫人奠盎。』二文不同。皇侃説，奠盎于牽牲之時，得以洗牲。熊安生説，牽牲時，夫人預設奠盎之尊，至制祭，又酌盎齊以獻尸。孔穎達説，勘諸經傳，無洗牲以酒之文，皇氏文無所據。〔二〕

崔靈恩説，祫備五齊，禘用四齊，不用泛齊，時祭惟用醴、盎二齊，朝用醴齊，饋用盎齊。〔三〕陳祥道説，《記》曰『夫人薦盎』，則醴以上君所酌，盎以下夫人所酌，而無君饋食薦盎矣。《酒正》曰『凡祭祀，以五齊三酒實八尊』，似天地、宗廟皆備五齊，而無四齊、二齊之制矣。　以周案：《禮運》諸篇雜陳天子、諸侯宗廟之祭，未有及泛齊，泛齊惟用之祀天地。鄭君注祫大于禘，崔氏因論祫備五齊，此以口言，本無見文。《酒正》『實八尊』，通言所共之教，非一祭具備也。　觀《司尊彝》六尊不並用，可見陳説更鑿。〔四〕

【箋注】

〔一〕輯自天一閣藏黄以周《五禮異議》殘稿。

〔二〕《禮書通故》第十七《肆獻祼饋食禮通故三》：《記·禮器》：『君親制祭，夫人薦盎。』而《祭義》云：『君牽牲，夫人奠盎。』皇侃説，『奠盎』于『牽牲』之時，得以洗牲。熊安生説，牽牲時，夫人預設奠盎之尊，至制祭，又酌盎齊以獻尸。孔穎達説，勘諸經傳，無『洗牲以酒』之文，皇氏文無所據，熊氏義無妨也。秦蕙田云：『《祭義》「夫人奠盎」，即《禮器》「君親制祭」夫人所薦之盎也，將薦之，必先奠之。蓋君迎牲而夫人薦豆籩，君牽牲而夫人薦盎。朝事延尸于堂，燔燎制祭，既有豆籩，必有酒齊，正所謂設祭于堂也。』以周案：諸説皆非。《祭統》云『宗婦執盎，從夫人薦涗水』，即此『夫人薦盎』之事。其文次于『執鸞』之後，『鸞刀取肝』之前，則『夫人薦盎』自在『迎牲』、『制祭』之間。《禮器》、《祭義》兩文，本無妨也。君迎牲後，將制祭于室，夫人薦盎于其主。盎即醆，醆酒涗于清，故《祭義》云『覸以俠甒』。舊解之誤不勝辨。

〔三〕繼紅案：此條録崔説，眉批曰：『崔説當依《禮運疏》詳録。』

〔四〕《禮書通故》第十七《肆獻祼饋食禮通故四》：崔靈恩説，祫備五齊，禘用四齊，不用泛齊，時祭惟用醴、盎二齊，朝踐用醴齊，饋食用盎齊。陳祥道説，《記》曰『夫人薦盎』，則醴以上君所酌，盎以下夫人所酌，而無君饋食薦盎矣。《酒正》曰『凡祭祀，以五齊三酒實八尊』，似天地、宗廟皆備五齊，而無四齊、二齊之制矣。以周案：崔氏推衍九獻節目，疏家遵之。然其説實有未當，今重訂之。初獻、再獻在降神時，謂之祼，王與后酌鬱齊以獻尸，尸啐之、奠之而不飲。三獻、四獻謂之朝踐，王酌泛齊，后酌醴齊。崔氏《義宗》所推是也。五獻、六獻謂之朝獻，王酌醴齊，后酌盎齊。七獻、八獻謂之饋獻，王酌盎齊，后酌緹齊。崔氏以爲五獻王酌盎齊，六獻后酌緹齊，七獻王酌泛齊，八獻后酌緹齊。其説未是。凡禘、祫之用齊者，皆漸即于清，七獻、八獻反用濁酒，非其差矣。九獻、十獻謂之再獻，王酌緹齊，后酌沈齊。再獻後有長兄弟、上嗣爲十一獻、十二獻，斯在《特牲禮》爲酳尸後長兄弟、衆賓長、嗣奠之『加爵』，天子備官。加爵多，故《賓之初筵》鄭箋據《文王世子》上嗣『登餕獻受爵』，以子孫獻尸屬之正獻，其衆賓長即所謂『諸臣之昨』也。則長兄弟十一獻用事酒，上嗣十二獻用昔酒，諸臣之爲賓者加爵用清酒。酒正所實五齊三酒，至此用徧。鄭注云：『惟大事于大廟，備五齊三酒。』其意蓋亦如此。先鄭以爲獻用五齊，不用三酒，事酒爲有事者所飲之酒，昔酒爲無事者所飲之酒，清酒爲祭祀之酒。此蓋據九獻以下爲説，九獻、七獻全用五齊與此同，不用三酒與此異。但清酒既爲祭祀之酒，宜崇于助祭之酒，何爲事酒、昔酒反在祭酒之上？事酒、昔酒《内則》謂之『白酒』，鄭注《聘禮》『醙黍清』云：『醙，白酒也。先言醙，白酒尊。』而謂祭祀用其酒之下，不用其尊，無是禮也。然則執事之酒雖亦用事酒、昔酒，要不得謂事酒、昔酒不用諸祭祀矣。孔疏又據崔説推之，以爲禘九獻用四齊，三獻王酌醴齊，四獻后酌盎齊，五獻王酌緹齊，六獻后酌沈齊，七獻王酌醴齊，八獻后酌沈齊。此據《禮運》祇舉醴、醆、醍、澄四齊爲説。其實《禮運》本文不言禘，即令九獻不用泛齊，亦當云『王三獻醴，后四獻盎，王五獻盎，后六獻緹，王七獻緹，后八獻沈』方爲近之。孔疏又謂『時祭九獻用二齊，三獻、四獻竝酌醴齊，五獻、六獻竝酌盎齊，七獻醴齊，八獻盎齊』，此據《司尊彝》祇舉『醴齊縮酌，盎齊涚酌』爲説。

其實泛從醴、緹，沈從盎，鄭注已言之，《司尊彝》衹舉醴、盎者，舉中以賅上下爾，非並緹、沈不用也。《禮運》言宗廟之祭有醴、醆、醍、澄四齊，可見孔疏乃以《禮運》所言爲禘祭，《司尊彝》所言爲時祭，任肊分説，未見其當。陳説尤非。

造器〔一〕

《王制》『大夫祭器不假』，而《禮運》又以爲非禮。皇侃説，《王制》謂有地大夫，朝不假；若無地大夫，則當假之。孔穎達説，大夫有地雖造而不具足，須假借，惟公孤以上得備造朝，《周禮》『四命受器』。以周案：《曲禮》云：『無田禄者不設祭器，有田禄者先爲祭服。』此假不假之别也。《周禮》『四命受器』，非其證。從皇説。周謂據《王制》疑《禮運》，殊妄甚。〔二〕

【箋注】

〔一〕輯自天一閣藏黄以周《五禮異義》殘稿。

〔二〕《禮書通故》第一十八《時享禮通故》：鄭玄云：『《曲禮》「問大夫之富，曰祭器、衣服不假」，謂四命大夫也。衣服，祭服也。四命大夫得自造祭器、衣服。』陳祥道云：『《周禮·鄉師》「比共吉凶二服，閭共祭器」，《曲禮》言「無田禄者不設祭器，有田禄者先爲祭服」。蓋無田禄者可共而不可設，有田禄者可設而不可具，則具而不假者，大夫禮之盡也。』方愨云：『以無田禄者不設祭器，故《禮運》以「祭器不假」爲非禮；以有田禄者必具祭器，故《王制》以「祭器不假」爲禮：此其辨也。』以周案：《周禮》『四命受器』，注云：『此公之孤，始得有祭器也。』故此『祭器不假』爲四命大夫，若三命以下有田禄者，雖有祭器，不能具也，不能具亦假之矣。《禮運》疏云：『大夫無地則不得造祭器，有地雖造而不得具足，并須假借。』是也。陳説本疏。《曲禮》言『大夫、士去國，寓祭器』，士蓋指大夫之子言，故鄭注上文『凡家造，祭器爲先』，云『大夫稱家』。胡銓因下兼言士，遂訓『家造』之家泛謂人家，誤。周諝駁《禮運》文，更謬。

奏樂〔一〕

《禮運》：『大夫聲樂皆用，非禮。』孔穎達説：『大夫自有判縣之樂，不得如三桓舞八佾。一曰：大夫祭不得用樂，故《少牢饋食》無奏樂之文。』 以周案：《記》斥『皆具』，非無樂也，從前説。〔二〕

【箋注】

〔一〕輯自天一閣藏黄以周《五禮異議》殘稿。

〔二〕《禮書通故》第十八《時享禮通故》：孔穎達云：『「聲樂皆具非禮」者，大夫自有判縣之樂，不得如三桓舞八佾。一曰：大夫祭不得用樂，故《少牢饋食》無奏樂之文，唯君賜乃有之。』 以周案：《記》斥『皆具』，非無樂也，《記》曰『大夫無故不徹縣』。《少牢饋食》無『奏樂』之文，古者天子、諸侯祭祀奏樂皆在饋食前也。

又《禮書通故》第四十四《樂律通故二》：《春秋左氏傳》，衛侯賜大夫曲縣，仲尼譏其失。鄭人賂晉侯歌鐘二肆及其鎛、磬，晉侯以樂之半賜魏絳，絳于是乎始有金石之樂，禮也。服虔説，肆，十九枚。杜預云：『縣鐘十六爲一肆，二肆三十二枚。禮，大夫有功則賜樂。』以周案：曲縣即軒縣。大夫得有判縣，不得有軒縣，故賜曲縣非禮也。但諸侯大夫之判縣，不得具全肆，故以二肆之半賜之，即所謂『半爲堵』者是，故以爲禮。鄭注云：『二八十六枚謂之堵。鐘一堵，磬一堵，謂之肆。』二肆則六十四枚也。歌鐘即編鐘，編鐘在堂下，《禮》有明文。《書》孔疏因《僞傳》以玉磬在堂上，遂謂堂上有歌鐘、歌磬，謬矣。鐘言歌者，所以别大鐘也，故下又云『及其鎛、磬』。賈疏于《鐘師》『金奏《九夏》』謂『堂上歌之，堂下以鐘鼓應之，故《左傳》云「歌鐘二肆」』，又以鐘鎛爲歌鐘，更謬矣。傳云『魏絳于是乎始有金石之樂』，明前此未有也，《記》曰『大夫聲樂皆具，非禮也』，是其義證。

熊安生、孔穎達説，《春秋説題辭》『樂無大夫、士制』，鄭《箴膏肓》從其義。蓋《小胥》『大夫判縣，士特縣』者，是娱身及治人之樂，故《鄉飲酒》有工歌之樂是也。《題辭》云『無樂』者，謂無祭祀之樂，故《特牲》、《少牢》無樂。以周案：禮不下庶人，爲庶人不必備禮也。樂不制大夫、士，爲大夫、士不必備樂也。然庶人非無禮也，大夫非無樂也。《禮運》以『大夫聲樂皆具』爲『非禮』，譏『皆具』，非譏其樂也。大夫之有樂，具載經典。《左傳》晉侯賜魏絳樂，絳于是乎始有金石，其前此金石之樂固未皆具也，禮也。晉侯不以二肆全賜而以其半，合『大夫半爲堵』之例，亦禮也。《春秋説題辭》與《禮運》『皆具』義相成，于《左傳》文亦合，故鄭《箴膏肓》從其義。劉申甫反據此駁《左傳》，謬矣。熊、孔申鄭，亦未是。

《記・禮運》：『大夫祭器不假，聲樂皆具，非禮也。』孔穎達云：『大夫自有判縣之樂，不得如三桓舞八佾。一説，大夫、士本無樂，唯君賜乃有之。』以周案：《禮運》斥『皆具』，非斥『有樂』，且其文與『祭器不假』竝言，是據下大夫初受禄者爲文。《曲禮》曰：『無田禄者不設祭器，有田禄者先爲祭服。』鄭注：『祭器可假，祭服宜自有。』是初受禄者有假祭器之徵也。《左傳》鄭人以歌鐘二肆賂晉，晉侯以其半賜魏絳，絳于是乎有金石之樂。然則未賜之前，絳于聲樂固未『皆具』矣。時絳爲新軍佐，于爵爲下大夫，是下大夫得有樂而不能『皆具』之徵也。孔疏以『皆具』爲如天子禮，則『不假』者豈亦用天子禮乎？假固假其所可用，具亦具其所得有，而假焉，而不具焉，此《禮運》所以歎三代之英之不可逮也。若初試爲大夫，祭器不假，聲樂皆具，其奢可知矣。奢者，僭之漸、亂之萌也。右大夫樂。

縮茅〔一〕

《甸師》：『祭祀共蕭茅。』《左傳》，楚貢苞茅以縮酒。鄭興云：『蕭或爲茜，茜讀爲縮。束茅立之祭前，沃酒其上，酒滲下去，若神飲之，故謂之縮。縮，滲也。』許慎《説文》從其説，引《左傳》文，縮酒作茜酒，云：『祭，束茅加于祼圭，而灌鬯酒，是爲茜，像神歆之也。』以周案：鄭少贛云：『束茅立之祭前者，用《士虞禮》「苴束茅設几東」之文，舊説苴主道也。許云「茅加祼圭」，無見文。鄭注《郊特牲》『縮酌用茅』云『和之以明酌，藉之以茅縮，去滓也』，亦引《左傳》文以證之。據此，則『苞茅縮酒』即『縮酌用茅』。《司尊彝》云『醴齊縮酌』，以醴齊汁滓相將之酒，故用茅縮去其滓，以明酌泲而斟之，以實尊彝也。此與鄭少贛、許叔重説異。今從鄭。鄭注《甸師》『共蕭茅』引《詩》『取蕭祭脂』，不以蕭茅爲一事，與鄭大夫亦異。又云『茅以共祭之苴，亦以藉祭。縮酒，泲酒也』。茅共祭苴，用《士虞禮》。鄭大夫所説束茅立祭前沃酒其上，蓋亦本此，許云『加祼圭』，未見文。〔二〕

《地官·鄉師》『共茅葅』，杜子春云：『葅當爲菹，以茅爲菹，若葵菹也。』鄭興云：『葅讀爲藉。謂祭前藉也。』鄭玄云：『葅，《士虞禮》所謂「苴刌茅，長五寸束之者」，是也。祝設于几東席上。』《春官・司巫》：『共租館。』杜子春云：『租讀爲葅。葅，藉也。館，神所館止也。書或爲葅，書或爲租，飽茅裹肉也，此讀租飽爲葅也。』鄭玄云：『葅之言藉也。祭食有當藉者。館所以承葅，謂若今筐也。《士虞禮》：「苴，刌茅，長五寸，實于筐。」』以周案：茅館，即《士虞禮》之苴筐。《士虞禮》之苴茅，即《鄉師》之茅葅。『葅』、『筐』正字。『苴』、『租』、『館』皆假借。葅以藉祭食，筐以承葅。舊説：苴，主道也。《士虞禮》注破之。〔三〕

【箋注】

〔一〕輯自天一閣藏黃以周《五禮異議》殘稿。

〔二〕《禮書通故》第一十七《肆獻祼饋食禮通故五》：《周官・甸師》：『祭祀共蕭茅。』《左傳》：『楚貢苞茅不入，無以縮酒。』鄭興云：『蕭或爲莤，讀作縮。束茅立之祭前，沃酒其上，酒滲下去，若神飲之，故謂之縮。縮，滲也。』杜子春云：『莤讀爲蕭，香蒿也。』許慎云：『祭，束茅加于祼圭，而灌鬯酒，是爲莤，像神歆之也。傳曰「無以莤酒」。』以周案：縮，借字，當以莤爲正。鄭少贛云『束茅立之祭前』者，用《士虞禮》『苴束茅，設几東』之文。舊説『苴，主道也』。許云『茅如祼圭』，無見文。鄭注《郊特牲》『縮酌用茅』云『和之以明酌，藉之以茅縮，去滓也』，亦引

《左傳》文以證。據此，則『苞茅縮酒』即『縮酌用茅』。《司尊彝》云『醴齊縮酌』，以醴齊汁滓相將之酒，故用茅縮去其滓，以明酌泲而斟之，以實尊彝也。此與鄭少贛、許叔重説異。今從鄭。鄭注《甸師》『共蕭茅』引《詩》『取蕭祭脂』，不以蕭茅爲一事，從杜子春説，與鄭大夫亦異。又云『茅以共祭之苴，亦以藉酒，苴以藉祭。縮酒，泲酒也』。惠氏駁之云：『艾蕭何物，詎居茅上？《地員篇》曰：「蕭下于薛，薛下于萑，萑下于茅。」』

繼紅案：亦以藉酒，據《校文》，原稿本作『亦以縮酒，苴以藉祭』，脱『縮酒苴以』四字。

〔三〕《禮書通故》第一十一《喪祭通故二》：鄭玄云：『虞，苴刌茅，長五寸，束之，實于篚。佐食取黍、稷，祭于苴，三。苴，所以藉祭也。孝子始將納尸以事其親，爲神疑于其位，設苴以定之耳。或曰「苴，主道也」，則《特牲》、《少牢》當有主象，而無何乎？』賈公彦云：『天子、諸侯吉祭亦有苴。』胡培翬云：『賈疏恐非鄭義。』以周案：鄭意大夫、士無主，故《特牲》、《少牢》二篇不見有『設主』之文，若苴有主道，亦當見之，此鄭破『或説』也。《周官・鄉師》『共茅葅』，鄭注引此經云：『此所以承祭，既祭，蓋束而去之。《守祧職》云「既祭藏其隋」是與。』《司巫》『祭祀，共葅館』，鄭注云：『祭食有當藉者，館所以承葅，若今筐也。』下亦引此經。賈疏本此爲説，不可破。

又《禮書通故》第一十八《時享禮通故》：杜子春云：『《司巫》：「祭祀，則共匰主及道布及租館。」租讀爲葅。今本作「葅讀爲鉏」，誤。匰，器名。主，謂木主也。道布，新布三尺也。葅，藉也。館，神所館止也。書或爲葅館，或爲租飽。或曰，布者以爲席也。租飽，茅裹肉也。讀「租飽」爲「葅苞」。』鄭玄云：『道布者，爲神所設巾。《中霤禮》曰「以功布爲道布，屬于几」也。葅之言藉也。祭食有當藉者。館所以承葅，謂若今筐也。主先匰，葅後館，互言之，明共主以匰，共蒩以筐。《士虞禮》：「苴，刌茅，長五寸，實于筐。」又曰：「祝盥，升，取苴，降，洗之，入設于几東席上，東縮。」』以周案：此皆祭時所設者也。或説，平時主在石室，有匰盛之，非也。『道布』，以鄭説爲長。郝仲輿説：『布，冪主巾。主在道，以布掩覆，防褻也。』此即莊子所謂『盛以篋衍，巾以文繡』。然主在道宜用石祏，故傳有『載祏』、『從祏』、『反祏』之文。且經云『祭祀則共』，亦不關在道之事。在道之巾，冪人共之，非司巫共也。或説『布即酺，亦謂之步』，引《淮南子》『宗布』以證，更謬。『蒩館』之説，亦宜從鄭。舊説『苴有主道』，鄭《駁異義》云《特牲饋食》，士祭禮也，結茅爲菆』，仍用舊説，其注《士虞禮》則直破之。其實，以苴爲主，固失之；謂大夫、士無主，亦非也。説詳『喪祭』門及『宗廟』門。或説『蒩館蓋糈藉也，《淮南子》曰「巫用糈藉」』，更謬。

杜子春云：『《鄉師》「共茅蒩」，蒩當爲菹。以茅爲菹，若葵菹也。』鄭興云：『蒩讀爲藉，謂祭前藉也。』鄭玄云：『蒩，《士虞禮》所謂「苴刌茅，長五寸。」』以周案：後鄭爲長。《鄉師》之『茅蒩』即《士虞禮》之『苴茅』，《司巫》之『蒩館』即《士虞禮》之『苴筐』。蒩鄉師共之，蒩之館司巫共之，故鄭注《司巫》云：『共主以匰，共蒩以筐。』『蒩』、『筐』正字，『苴』、『租』、『館』皆假借字。

挼祭〔一〕

鄭玄云：『《士虞禮》古文曰「祝命佐食墮祭」，《周禮》曰「既祭則藏其隋」，墮與挼讀同耳。今文改挼皆爲綏。古文此皆爲挼祭也。《特牲》、《少牢》或爲「羞」，失古正矣。《特牲》「佐食授妥祭」，妥亦爲挼。今文或皆改妥作綏。今本經妥祭，注作綏，竝誤爲授。《少牢》「上佐食以綏祭」，綏或作挼。挼讀爲墮。古文綏爲肵，《有司》「徹其綏祭」，綏皆當作古文爲換。』 以周案：鄭意下祭曰墮，墮之猶言墮下也，字當以墮爲正。古文作挼者，音莪，俱近而借。有作妥者，以音近而借。有作肵者，以聲近而誤。有作換者，以形近而誤。今文皆改作綏，或又作羞，與古俱遠，皆不可從。今《周禮》又誤隋，《儀禮》挼亦有誤授者，或者不察，以挼之誤授，而遂以挼祭爲授祭，亦有以挼之誤換，而遂以挼祭爲擩祭，緟貤紕繆！〔二〕

【箋注】

〔一〕輯自天一閣藏黃以周《五禮異議》殘稿。

〔二〕《禮書通故》第十七《肆獻祼饋食禮通故三》：賈逵云：『《大祝》「隋衅」，衅宗廟。』馬融云：『血以塗鐘鼓。』鄭玄云：『「隋衅」，謂薦血也。凡血祭曰衅。賈公彦云：下文云「既祭令徹」，則此上下皆是祭祀之事，何得于中輒有「衅廟」？塗鼓直稱「衅」，何得兼言「隋」？故爲祭祀薦血解之。

鄭玄説：『隋祭』，下祭曰隋。隋之言猶隋下也。《周禮》曰『既祭則藏其隋』，謂此也。今文『隋』爲『綏』。《特牲》、《少牢》或爲『羞』，失古正矣。賈公彦云：經中不同五字，或爲『隋』，或爲『挼』，或爲『羞』，或爲『綏』，或爲『抰』。鄭于『挼』、『綏』及『羞』三者已從『墮』，複云『古文作「抰」』，以《特牲》及《士虞》皆有『抰祭』，故亦兼『擩』解。

以周案：《士虞》作『隋』，俗本又作『墮』，《特牲》作『挼』，《少牢》、《有司》皆作『綏』。又，鄭注《士虞》云『《特牲》、《少牢》或爲「羞」』，注《有司徹》云『古文爲「抰」』，注《少牢》云『古文爲「肵」』，是字之不同有六。又《特牲》『尸酢主人』節『佐食授妥祭』，注云『「妥」亦當爲「挼」』，又云『今文或皆改「妥」爲「綏」』，是字之不同有七。胡墨莊以爲賈疏所舉五字獨不及『妥』，疑此經文本作『佐食授綏祭』，鄭云『「綏」亦當爲「妥」』，今文或皆改『挼』作『綏』耳，似未必然。鄭意此字尚從《士虞》古文，及《周官》作『隋』而《特牲》古文皆作『挼』，較之《少牢》古文作『肵』、《有司徹》古文作『抰』，爲音讀最近。《特牲》注云『今文或皆改妥爲綏』，《少牢》注云『綏或作挼』，是各本今文亦多不同，而『妥』、『綏』二字，又不若作『挼』之有合于古文。然則《士虞》古文作『隋祭』爲正字，《特牲》古文作『挼祭』通用字，『妥』、『綏』、『抰』、『肵』、『羞』五字皆鄭所不取。鄭注『隋祭』以黍稷肺言，不言菹醢，是『隋』義不兼『抰』，賈疏失之。

凌廷堪云：凡尸未食前之祭謂之隋祭，又謂之挼祭。祭黍稷肺爲挼祭，其餘祭豆、祭鉶、祭酒、祭離肺正脊，皆統于挼祭。　以周案：淩説非也。《周官》曰「既祭則藏其隋」，故凡隋祭不嚌不嘗，其嚌、嘗者，皆非隋祭也。凡隋祭有二：一曰祭豆，一曰祭黍稷肺。《特牲》「主人拜妥尸」後，「祝命挼祭，尸左執觶，右取菹擩醢，祭于豆閒」，不云「嚌」、「嘗」。此豆之用隋祭者也。《士虞》、《少牢》之祭豆亦無「嚌」、「嘗」之文，雖不云「隋」，亦隋祭也，可以《特牲》例之。《士虞》祭豆之後，「祝命佐食隋祭，佐食取黍稷肺祭，授尸，尸祭之」，不云「嚌」、「嘗」，此黍稷肺之用隋祭者也。《特牲》、《少牢》之祭黍稷肺亦無「嚌」、「嘗」之文，雖不云「隋」，亦隋祭也，可以《士虞》例之。其餘祭酒曰「啐酒」，祭鉶曰「嘗之」，祭肺脊曰「嚌之」，《士虞》、《特牲》、《少牢》竝同，皆以别「不啐」、「不嚌」、「不嘗」之爲隋祭也。隋祭之禮，惟尸得行之，其次主人、主婦亦閒行之。《特牲》：「尸醋主人，主人拜受角。佐食授挼祭。主人坐，左執角，受祭祭之。祭酒，啐酒。」鄭注：「其挼祭亦取黍稷肺祭。」「受祭祭之」，謂受此黍稷肺而祭之也。」亦不云「嚌」、「嘗」。于「祭酒」又特言「啐」，以明其非「隋」。《少牢》：「上佐食取四敦黍稷，下佐食取牢一切肺，以授上佐食。上佐食以挼祭，主人左執爵，右受佐食，坐祭之。」亦不云「嚌」、「嘗」。于祭酒又别言之曰「又祭酒，不興，遂啐酒」，以明其非「隋」。《特牲》「尸酢主婦，佐食挼祭」，《少牢》「尸酢主婦，上佐食挼祭」，其儀悉如主人之禮，又以别「啐酒」之不爲隋祭也。淩氏于「尸未食前之祭」皆爲「隋祭」，混而一之，大違經恉。胡竹村作《正義》惟淩例是從，故其書亦多違失。

鄭玄云：《特牲禮》「祝命挼祭」，命，詔尸也。挼祭，祭神食也。《士虞禮》古文曰「祝命佐食隋祭」，《周禮》曰「既祭則藏其隋」，「隋」與「挼」讀同耳。今文改「挼」皆爲「綏」，古文此皆爲「挼祭」也。褚寅亮云：據《士虞禮》「祝命佐食」，此注云『詔尸』，似異。然祝詔尸挼祭，佐食即取黍稷肺授尸矣，實一也。以周案：『隋』各本作『墮』，誤。鄭意《士虞》古文作『隋祭』爲正字，此篇古文作『挼祭』通用字，故注既正其字作隋，又不破挼字。敖氏以挼祭爲授祭，下經『佐食授挼祭』『授挼』連文，又以爲衍字，大謬。『祝命挼祭』，亦命佐食也，鄭注訓爲『詔尸』，胡氏以爲『欲見命佐食，亦兼詔尸』，是補經所未備，非與經有異。

鄭衆云：《守祧》『既祭則藏其隋』，隋，謂神前所沃灌器名。鄭玄云：隋，尸所祭肺、脊、黍、稷之屬，藏之以依神。以周案：先鄭意隋之言灌，灌于茅，象神歆之。是爲莤茅，其盛茅之器謂之『隋』，與《禮經》『挼祭』之『挼』不同。後鄭以『隋』、『挼』爲異文同實，故以尸所祭肺、黍、稷解之，是也。《周官・鄉師》注又以《守祧》之『祭隋』即《士虞禮》之『祭苴』，此其參用先鄭『灌茅』之義而失之者也。惠氏《禮說》以爲：『主人隓祭當受嘏之時，「藏其隓」蓋嘏辭與？黍、稷、肺、脊不可久藏，鄭注失之。』此說非也。未嘏之前尸隋祭，既嘏之後主婦亦隋祭，隋祭不專屬于嘏。《有司徹》篇『司宫埽祭』，鄭注云『埽豆間之祭』，又引舊說『埋之西階東』，此藏隋之說也。如惠氏說，《守祧》宜云『藏其嘏與其服』。吴氏《章句》以隋祭爲擩祭固誤，其云『隋祭必命』，淩氏《釋例》從之，以爲『隋祭即命祭』，反駁《少牢》『祝反南面』注，此說亦非。命祭本不專屬隋祭，隋祭亦不必命祭，鄭注依經立說，不誤。右隋祭。

釋奠釋菜〔一〕

孔穎達説，釋奠有六：始立學釋奠，一也；四時釋奠有四，通前五也；《王制》『師還釋奠于學』，六也。釋菜有三：春入學，釋菜合舞，一也；釁器釋菜，二也；學祀皮弁祭菜，三也。秋頒樂合聲，無『釋菜』之文，則不釋菜也。案《春官·大祝》：『大會同，造于廟，宜于社。反行舍奠。《甸祝》：『掌四時之田，舍奠于祖禰。』舍奠即釋奠。廟中亦有釋奠禮，是釋奠不止有六也。《士婚禮》：『舅姑没三月，乃釋菜。』《士喪禮》：『君視斂，釋菜入門。』《春官·占夢》『舍萌于四方』，鄭注：『舍萌，猶釋菜。』廟門四方亦有釋菜禮，是釋菜不止有三也。孔説云爾者，皆特舉學中言之。然學士入學皮弁祭菜即仲春釋菜之禮，不得分爲二。始立學之釋奠及釁器之釋菜爲殷禮，餓告之釋奠爲告祭，皆非常祀。其常祀者，曰四時釋奠，四；曰仲春入學釋菜，一。〔二〕

鄭玄説，釋奠者，設薦饌酌奠而已，無迎尸以下之事，釋菜禮輕。熊安生説，釋奠之禮有牲牢，有菜、幣。孔穎達説，釋菜惟釋藻之屬，無牲牢，無幣帛；釋奠有牲牢，有幣帛無用菜。陳祥道説，釋奠有牲幣，有合樂，有獻酬，然山、川、廟、社之釋奠有牲、幣，學之釋奠，非始立學不必有幣也。學之釋奠有合樂，餘不必有合也。聘賓之釋奠有三獻，餘亦不止三獻也。以周案：古有釋奠、釋菜、釋幣禮。《大祝》：『造于廟，宜于社，反則釋奠』，此爲告祭。《曾子問》：『凡告必用牲、幣』，是釋奠可兼釋幣也。《王制》『釋奠于學，以訊馘告』，《魯頌》『在泮獻馘，言采芹藻』，是釋奠可兼菜也。《文王世子》云：『凡始立學者必釋奠，及行事必以幣。』爲四時常奠本無幣，故別言之，如有幣，無煩更言矣。《文王世子》云：『凡釋奠者，必有合。』合指合舞與聲，以下文大合樂推之自見。鄭注『與鄰國合祭』之說，本謬。陳説釋奠有樂，是也。其『獻酬』之説無所據。〔三〕

鄭玄説，始入學必釋菜。菜，蘋蘩之屬。釋菜不舞，不授器，釋菜禮輕也。釋奠則舞，舞則授器。高誘説，釋采者，置采帛于前以贄神也。

鄭玄説，鄭司農云：『舍菜，爲舞者，皆持有香之菜。』或曰：『古者，士見于君，以雉爲贄；見于師，以菜爲贄。菜直爲疏食菜羹之菜。』或曰：『學者皆人君、卿大夫之子，衣服采飾。舍采者，減損解釋盛服，以下其師也。』玄謂舍即釋也，采讀爲『菜』，蘋蘩之屬。高誘説，舍猶置也，置采帛于前以贄神也。以周案：舍采之説，以後鄭爲正，前三説殊謬。高氏以釋幣爲釋采，亦非。《儀禮》『釋幣』，並無『釋采』之文。《文王世子》『既釁器，用幣，然後釋菜』，釋幣、釋菜，分爲

兩禮，不可混合，明矣。〔四〕

鄭玄說，釋菜不舞不授器，釋菜禮輕也。釋奠則舞，舞則授器。孔穎達說，《月令》『習舞釋菜』，始習舞，先釋菜也。《大胥》云『舍菜合舞』，舍即是釋。故知釋菜在合舞之前。　以周案：《月令》：『孟春，入學習舞。』爲仲春釋菜有舞，故先習之。仲春上丁習舞釋菜，爲季春之大合樂也，故先習舞釋菜。釋菜本有舞，《大胥》『舍菜合舞』，皆屬並舉之詞，無分先後。《文王世子》曰：『始立學者，既釁器用幣，然後釋菜，不舞不授器。』明其禮較殺也。釋菜本有舞，故別言之，如無舞，亦不煩要言矣。〔五〕補又案見後。

鄭玄說，大學始教，皮弁祭菜。皮弁，天子之朝服。祭菜，禮先聖先師。熊安生說，『始教』，謂始立學教。『皮弁祭菜』者，天子使有司皮弁祭先聖先師，以蘋藻之菜也。孔穎達說，學士春始入學，惟得祭先師，故《文王世子》云『春官釋奠于先師』。皇氏謂，春時學士始入學。　以周案：熊氏以注禮先聖先師解經，謂始立學也。《月令》仲春釋菜，若始立學有釋奠禮，在釁器後，于禮爲殺，天子未之親臨也，何云皮弁？熊氏因說天子使有司服之于義已曲，孔氏直以釋奠解釋菜，更爲臆說。釋菜之禮亡于漢魏，後世行釋奠于仲春上丁，與釋菜禮不分。淺人域于所見，遂謂釋菜即釋奠，字依《呂覽》作『舍菜』，義從高誘訓『采帛』，釋奠、釋菜、釋幣三者合併爲一，尤爲誣妄。〔六〕又一條補後。

補，又案：釋奠者，重在酒也；釋菜者，重在羹也。酌奠供菜，義貴誠質，後儒故祭之略者，失其義矣。釋菜之祭，其禮輕于釋奠也。釋菜之合舞，天子親往，其禮又隆于釋奠。《春官·大胥》言『春入學，舍菜合舞』，《月令》『仲春上丁，習舞釋菜』，重在習舞合舞也，釋菜略之。鄭分釋菜習舞爲二事，故曰釋菜禮輕。如謂合舞禮輕，則謬矣。〔七〕

【箋注】

〔一〕輯自天一閣藏黄以周《五禮異議》殘稿。

〔二〕《禮書通故》第三十二《學校禮通故二》：孔穎達云：凡釋奠有六：始立學釋奠，一也；四時釋奠有四，通前五也；師還釋奠于學，六也。釋菜有三：春入學，釋菜合舞，一也；釁器釋菜，二也；皮弁祭菜，三也。秋頒樂合聲，無『釋菜』之文，則不釋菜也。釋幣，惟釁器一也。以周案：《大祝》：『大會同，造于廟，宜于社。反行舍奠。』《甸祝》：『掌四時之田，舍奠于祖禰。』舍奠即釋奠，廟、社、山、川亦有釋奠禮，是釋奠不止有六也。《士婚禮》：『舅姑没三月，乃釋菜。』《士喪禮》：『君視斂，釋菜入門。』《春官·占夢》『舍萌于四方』，鄭注：『舍萌，猶釋菜。』廟門四方亦有釋菜禮，是釋菜不止有三也。孔疏直舉學中言之耳。然學士入學皮弁祭菜即仲春釋菜之禮，不得分爲二。始立學之釋奠及釁器之釋菜爲殷禮，釁告之釋奠爲告祭，皆非常祀。其常祀者，曰四時釋奠，四；曰仲春入學釋菜，一。

〔三〕《禮書通故》第三十二《學校禮通故二》：鄭玄云：「『春官釋奠』者，設薦饌酌奠而已，無迎尸以下之事。『出征反，釋奠于學』，謂釋菜奠幣禮先師。」熊安生云：「用幣則無菜，用菜則無幣。」釋奠之禮既有牲牢，菜、幣兩有。皇侃云：「用幣，釋菜，是一事。」孔穎達云：「釋菜，惟釋蘋藻而已，無牲牢，無幣帛。用幣，則徒用幣而無菜，亦無牲牢。釋奠有牲牢，有幣帛，無『用菜』之文。訊馘告之時，但有菜、幣而已，未必爲釋奠有牲牢也。」陳祥道云：「釋奠有牲、幣，有合樂，有獻酬。然山、川、廟、社之釋奠有牲、幣，學之釋奠，非始立學不必有幣也。學之釋奠有合樂，餘不必有合也。聘賓之釋奠有三獻，餘亦不止三獻也。」以周案：古有釋奠、釋菜、釋幣禮。《大祝》「造于廟，宜于社，反則釋奠」，此爲告祭，《曾子問》云「凡告必用牲、幣」，是釋奠有牲、幣也。《王制》「釋奠于學，以訊馘告」，《魯頌》「在泮獻馘，言采芹藻」，是釋奠亦兼有菜也。始立學之釋奠菜、幣兼有，其四時常奠則有菜無幣。《文王世子篇》：「凡始立學者必釋奠，及行事必以幣。」爲四時常奠本無幣，故別言之，如有幣，無煩更言矣。《世子篇》又云：「凡釋奠者，必有合也。」陳氏以「合」爲「合樂」，説尚可通，「獻酬」之説何據？

〔四〕《禮書通故》第三十二《學校禮通故二》：鄭玄云：鄭司農云：「『舍菜，謂舞者皆持芬香之菜。』或曰：『古者，士見于君，以雉爲質；見于師，以菜爲質。菜直謂疏食菜羹之菜。』或曰：『學者皆人君、卿大夫之子，衣服采飾。舍采者，減損解釋盛服，以下其師也。』玄謂舍即釋也，采讀爲『菜』，始入學必釋菜禮先師也。菜，蘋蘩之屬。

高誘云：舍猶置也。置采帛于前，以質神也。　以周案：『舍采』之説，以後鄭爲正，前三説并誤。高氏以釋幣爲釋菜，亦非。《文王世子篇》『既釁器，用幣，然後釋菜』，釋幣、釋菜，明爲二禮。

〔五〕《禮書通故》第三十二《學校禮通故二》：鄭玄云：《月令》『孟春，入學習舞』，爲仲春將釋菜也。『仲春習舞，釋菜』，將舞，必釋菜以禮之。孔穎達云：將欲習舞，必先釋菜，以釋菜之時不爲舞也。《文王世子》云『釋菜不舞，不授器』，是知釋菜無舞也。《大胥》云『舍菜合舞』，舍即是釋，故知釋菜在合舞之前。　以周案：《月令》『孟春入學習舞』，爲仲春釋菜有舞，故先習之也。鄭注云『爲仲春將釋菜』，明釋菜本有舞也。《月令》『習舞釋菜』，《大胥》『舍菜合舞』，皆屬并舉之辭，無分先後。《文王世子篇》：『始立學者，既釁器用幣，然後釋菜，不舞，不授器。』明釁禮較殺也。釋菜本有舞，故別言之，如無舞，亦不煩更言矣。　又案：《月令》『孟春入學習舞』，爲仲春之釋菜也。『仲春習舞釋菜』，爲季春之大合樂也。《大胥》『春入學，舍菜合舞』，即仲春之習舞釋菜。『天子帥三公、九卿、諸侯、大夫親往視之』，重在合舞，非釋菜之禮重于釋奠也。鄭注《文王世子篇》『釋菜禮輕，釋奠則舞』，明釋菜之禮本輕于釋奠。釋菜有舞有不舞，不舞之釋菜較釋奠更輕，故于此明其例。孔疏誤會鄭意，遂謂『釋菜本無舞』，失之矣。

〔六〕《禮書通故》第三十二《學校禮通故二》：鄭玄云：『大學始教，皮弁祭菜。』皮弁，天子之朝服。祭菜，禮先聖先師。熊安生云：『始教』，謂始立學教。『皮弁祭菜』者，天子使有司皮弁祭先聖先師，以蘋藻之菜也。孔穎達云：學士春始入學，唯得祭先師，不祭先聖。皇氏以爲『始教』謂春時學士始入學，其義恐非。吳澄云：有司先服皮弁服行釋菜禮，示學者敬先聖先師之道也。常服玄冠，今加服皮弁。　以周案：皮弁，天子之朝服。《月令》仲春釋菜，天子帥公卿大夫親往視之，即此事也。爲天子親往親禮，故有司服皮弁。釋菜，有司事也，故曰『乃命有司行事，興秩節祭先師先聖焉』。若始立學爲釋奠禮，其釋菜在釁器後，于禮爲殺，天子未之親臨也，何云皮弁？熊、孔之説未是。釋菜之禮亡于漢魏，後世行釋奠于仲春上丁，與釋菜禮不分。淺人域于所見，遂謂釋菜即釋奠，字依《吕覽》作『舍菜』，義從高誘訓『采帛』，釋奠、釋菜、釋幣三者合併爲一，尤誣。

〔七〕繼紅案：此段文字上有眉批曰：『釋菜輕于釋奠，觀首條自見此誤，故改之。仍未盡是，後又改之。』

告朔朝庙之異〔一〕

《祭法》有月祭之文，譙周《禮祭集志》云：『天子之廟，始祖及高、曾、祖、考，皆月朔加薦，以像生平朔日。』孔穎達《玉藻》疏云：『天子告朔于明堂，其朝享從祖廟下至考廟，故《祭法》云：「考廟、祖考廟，皆月祭之。」諸侯告朔在太廟，而朝享自皇考至考，故《祭法》諸侯自皇考以下皆月祭之。』或説《祭法》月祭即薦新。　以周案：以朝享爲月祭，孔、賈二疏並同。但朝享禮大，朝廟禮略，不得牽合爲一。月祭當從譙説。〔二〕

【箋注】

〔一〕輯自天一閣藏黄以周《五禮異議》殘稿。

〔二〕《禮書通故》第十九《改正頒朔禮通故》：譙周云：『天子之廟，始祖及高祖、曾祖、祖、考，皆月朔加薦，以像生平朔日。』孔穎達云：『天子告朔于明堂，其朝享從祖廟下至考廟，故《祭法》云「考廟、祖考廟皆月祭之」。諸侯告朔在太廟，而朝享自皇考至考，故《祭法》諸侯自皇考以下皆月祭之。』或説《祭法》月祭即薦新。　以周案：以朝享爲月祭，孔、賈二疏並同。但朝享禮大，朝廟禮略，不得牽合爲一。月祭當從譙説。

時享禮〔一〕

《晏子春秋》説："天子以下至士，皆祭以首時。"鄭玄云："祭以首時，薦以仲月。"服虔説："祭，人君用孟月，人臣用仲月。魯祭天以孟月，祭宗廟以仲月。"或云："祭以首時者，大夫、士也。諸侯得祭天者，祭天以孟月，祭宗廟以仲月；不祭天者，皆用孟月。"《王制》疏引南師解云。或云："《周官》'仲夏獻禽以享礿，仲冬獻禽以享烝'，皆祭以仲月。"以周案：凡廟祭皆在夏正首時。《左傳》"始殺而嘗，閉蟄而烝"，並主孟月言。董子《繁露》云："祠者以正月，始食韭也；礿者以四月，食麥也；嘗者以七月，食黍稷也；烝者以十月，進初稻也。"亦皆以孟月。《禖記》云："七月而禘，獻子爲之也。"祭宗廟以仲月，乃魯之末失。《春秋》之例，常祀不書。桓八年五月烝，十四年八月嘗，僖公八年七月禘，昭公十五年二月禘，皆譏其失時，不足爲典。服氏據之以爲例，非也。《周官》四仲之獻禽，孔、賈二疏皆謂因田獵而獻，非正祭。駁之者云經曰"享礿"、曰"享烝"，其爲正祭甚明。以周證講云，祭以首時，皆以夏正言也。《周官》仲冬狩田獻禽以享烝，狩在戌月，戌月狩至亥月烝，故嘗獻禽以享礿亦同。薦以仲月非

通例。〔二〕

《左傳》『始殺而嘗』，賈逵、服虔注説，『始殺』爲孟秋之月。杜預《釋例》引《詩》『白露爲霜』，從『始殺』爲酉月。　以周案：當從賈、服。《左傳》啟蟄而郊，龍見而雩，始殺而嘗，閉蟄而烝，皆以孟月言。《月令》云『孟秋之月，天地始肅，不可以贏』，即始殺之義。故是月『律中夷則』，夷者傷也，謂萬物始傷，被刑法，見《白虎通》。〔三〕

《記·月令》嘗先薦寢廟，禮家舊説，薦于廟後之寢。廟藏神主而祭以四時，寢藏衣冠几杖而薦以新物。金鶚説，薦必于廟，安得薦于無主之寢？寢廟即廟，亦曰宫廟。　以周案：古者禮不備不敢以祭。薦禮殺，不得行之于廟。喪禮有下室之奠，吉禮有後寢之薦，皆先人神靈所依之處。〔四〕

【箋注】

〔一〕輯自天一閣藏黄以周《五禮異議》殘稿。

〔二〕《禮書通故》第十八《時享禮通故》：晏嬰云：『天子以下至士，皆祭以首時。』鄭玄云：『祭以首時，薦以仲月。』　服虔説，人君用孟月，人臣用仲月。魯祭天以孟月，祭宗廟以仲月。或云：『諸侯得祭天者，祭天以孟月，祭宗廟以仲月；不祭天者，皆用孟月。』《王制》疏引南師解，其說與服略同。　或云：『《周官》仲夏獻禽以享礿，仲冬獻禽以享烝，皆祭以仲月，非首時祭。以首時者，大夫、士也。』以周案：《左傳》『始殺而嘗，賈、服注並謂『孟秋』。閉蟄而烝』，並主孟月言。董子《繁露》云：『祠者以正月，始食韭也；礿者以四月，食麥也；嘗者以七月，食黍稷也；烝者以十月，進初稻也。』亦皆以孟月。《襍記》云：『七月而禘，獻子爲之也。』祭宗廟以仲月，乃魯之末失。《春秋》之例，常祀不書。桓八年五月烝，十四年八月嘗，僖公八年七月禘，昭公十五年二月禘，皆譏其失時，不足爲典。服氏據之以爲例，非也。《周官》四仲之獻禽，孔、賈二疏皆謂因田獵而獻，非正祭。駁者以爲經文『享礿』、『享烝』，明據正祭爲說，正祭應在仲月。此說亦未是。《周書》云：『我周改正，巡狩、祭享猶自夏焉。』諸云祭以首時者，以夏正言也。《書》『歲十二月烝』，于夏時爲孟冬，亦首時也。《周官》仲夏苗田獻禽以享礿，仲冬狩田獻禽以享烝，蓋所謂四時閒祀之追享是也。享于夏礿曰享礿，享於冬烝曰享烝，享在四仲月，故曰四時之閒祀。

〔三〕《禮書通故》第十八《時享禮通故》：《左傳》：『始殺而嘗，閉蟄而烝。』賈逵、服虔說，『始殺』爲孟秋之月。杜預說，『始殺』酉月，『閉蟄』亥月。　以周案：當從賈、服說。啟蟄郊，龍見雩，始殺嘗，閉蟄烝，皆以孟月言。《月令》云『孟秋之月，天地始肅，不可以贏』，即始殺之義。故孟秋『律中夷則』，夷者傷也，謂萬物始傷，被刑法，義見《白虎通義》。《魯語》云『烝而後獻功』，注：『烝而獻五穀、布帛之功。』十月納禾稼即獻功，是烝在孟冬。《洛誥》十二月烝，于夏爲十月。

〔四〕《禮書通故》第十八《時享禮通故》：《記・月令》嘗新先薦寢廟。禮家舊說，薦在廟後之寢。廟藏神主而祭以四時，寢藏衣冠几杖而薦以新物。金鶚説，薦必于廟，安得薦於無主之寢？寢廟即廟，亦曰宫廟。以周案：古者禮不備不敢以祭。薦禮殺，不得行之於廟。喪禮有下室之奠，吉禮有後寢之薦，皆先人神靈所依之處。

藉田享先農〔一〕

《詩序》：『《載芟》，春藉田而祈社稷也。』崔靈恩、皇侃説：王社在藉田中，故藉田而祈社连説。王者春耕藉田，以勸農事。又祈求社稷，使獲豐。　以周案：《月令》孟春，『天子躬耕帝藉』；仲春，『擇元日，命民社』。《大司馬》：『仲春，蒐田獻禽以祭社。』則藉田與祈社異月。《詩序》乃言兩祭皆歌此詩，非一事也。崔説非。〔二〕

漢藉田儀：正月始耕，執事告祠先農已享，有司請行事，就耕位。語見《漢・禮儀志》。《續漢志》云：『正月始耕，既事，告祠先農。』唐從祝欽明議，先農與社，本是一神，改先農壇爲帝社壇。以周案：社在宗廟右，藉田在南郊，其地異。社在仲春，藉田在孟春，其時異。社主土示，藉享先農，其神異。《國語》『司空除壇於藉』，謂先農壇，非社壇也。歷代藉田，皆祀先農，不聞祭社。崔説王社在藉田，祝説先農即社，緟貤紕繆。〔三〕

《月令》：『元日祈穀，元辰躬耕。』鄭玄説：『元辰，郊後吉辰。』盧植説：『元，善也。日，甲至癸也，辰，子至亥也。郊天是陽，故以日；耕藉是陰，故以辰。』盧説見《南齊書》及孔疏。劉曼説：

『盧説藉田陰也。陰禮卑後，必居其末。亥者，辰之末也。』何諲之説：鄭注『元辰』蓋郊後吉亥。顧暠之云：鄭稱『郊後吉辰』，而不説必亥之由。盧明子亥爲辰，亦無常辰之證。以周案：《月令》：『仲春元日，命民社。』〔四〕社亦是陰，用日爲主，盧説不盡合。元日祈穀用辛日，元日命社用甲日，元辰躬耕用亥辰。主干言日，主支言辰。後漢令縣邑常以乙未日祀先農於乙地，主日不主辰。見《祭祀志》。與《記》文違。其藉田，仍用亥日也。《章帝紀》『二年乙丑，耕定陶』、『三年辛丑，耕懷』，兩『丑』字乃『亥』之僞，《南齊・禮志》引作『乙亥』、『辛亥』可證。〔五〕

許慎説：『耤，帝耕千畝也。古者使民如借，故謂之耤。從耒，昔聲。』鄭玄説：『藉之言借也，借民力治之。』應劭説：『藉者，帝王典籍之常也。』以周案：應劭説非。〔六〕

【箋注】

〔一〕輯自天一閣藏黄以周《五禮異議》殘稿。

〔二〕《禮書通故》第二十《耤田躬桑禮通故》：《毛詩序》：『《載芟》，春藉田而祈社稷也。』劉向、崔靈恩、皇侃説，王社在藉田中，故藉田而祈社。秦蕙田云：『《詩序》乃言兩祭同歌一詩，非謂藉田而祭社也。』以周案：《月令》孟春，『天子親耕帝藉』；仲春，『擇元日命民社』。《大司馬》：『仲春，蒐田獻禽以祭社。』則耤田與祈社異月。

《詩序》蓋言耤田後有祈社之祭歌此詩爾，非謂王社在耤田中，亦非謂耤田同歌此詩。耤禮具詳《周語》，不言樂。傳曰：『雅樂不野合。』蓋耤無歌詩，亦惟擊土鼓，吹《豳雅》而已。梁武帝祀先農有歌詩，不古。

〔三〕《禮書通故》第二十《耤田躬桑禮通故》：衛宏《漢儀》云：『春始東耕于耤田，祀先農。』雷氏《五經要義》云：『先農，立壇于田所祀之，其制如社壇。』祝欽明、張齊賢等議，先農與社一神。以周案：東耕，諸侯禮。天子耤田在南郊甸地。《祭统》云：『天子親耕于南郊，諸侯耕于東郊。』《周官·甸師》云：『帥其屬耕耨王耤。』耤祭先農，不見於經。《周語》『農正陳耤禮』，注家謂『敷陳耤禮而祭其神』，亦未有祭社之説也。社在宗廟右，耤田在郊南，其地異。祈社在仲春，耕耤在孟春，其時異。社爲土示，先農是人，其神異。《國語》『司空除壇於耤』，或曰耕壇，或曰先農壇，壇而曰『除』，蓋臨時爲之，其非社壇明矣。自崔説『王社在社田中』，祝氏因謂先農即社，唐從其議，遂改爲先農壇，緟貤紕繆。當從《要義》。

〔四〕『命民社』，稿本原作『命社』，闕『民』字，據《月令》改。

〔五〕《禮書通故第》二十《耤田躬桑禮通故》：《記·月令》：『孟春之月，天子乃以元日祈穀於上帝，乃擇元辰，躬耕帝耤。』鄭玄云：『元辰，郊後吉辰。』宋本作『吉亥』，不足據，觀下何禋之、顧嵩之語自知。盧植云：『元，善也。日，甲至癸也。辰，子至亥也。郊天是陽，故以日；耕耤是陰，故以辰。』劉蔓云：『盧謂耤田陰也。陰禮卑後，必居其末，亥者，辰之末也。』何禋之云：『鄭注元辰，蓋郊後吉亥。』顧嵩之云：『鄭稱郊後吉辰，而不説必亥之由。盧明子亥爲辰，亦無常辰之證。』皇侃云：『正月建寅，日月會辰在亥，故耕用亥。』孔穎達云：『正月亥爲天倉，以其耕事，故用亥。』　以周案：《月令》『仲春元日，命民社』，社亦陰祀，用日爲主，盧説本不盡合。祈穀元日用辛，命社元日用甲，耕耤元辰用亥。主干言日，主支言辰，《記》意如此。顧氏《日知録》云『古擇日皆用干，秦漢以後始用支』，不盡可據。漢令縣邑以乙日祀先農於乙地，主日不主辰，與《記》文異。其天子耤田皆用亥日，蓋兩漢相傳師説如此。或説『元，始也。元日，日之始，甲；元辰，辰之始，子』，無稽。　又案：《章帝紀》『二年乙丑，耕定陶』、『三年辛丑，耕懷』，兩『丑』字乃『亥』之僞，《南齊・禮志》引作『乙亥』、『辛亥』可證。又《續漢志》『正月始耕，既事，告祠先農』，亦誤，漢儀，享先農後乃耕帝耤，《禮儀志》可證。又，《初學記》十三引雷氏《五經要義》『耤田當孟冬啟蟄既郊之後』，《類聚》三十九引《通義》亦作『孟冬』。亦誤。《月令》祈穀後乃擇元辰躬耕帝耤，是祈穀與耕耤異日也，《月令》『元辰躬耕』，孟春月之辰也。《周語》：『農祥晨正，日月底於天廟，土乃脈發。』謂立春日也。又云：『先時九日，大史告稷曰：自今至於初吉，陽氣俱烝，土膏其動，弗震弗渝，脈其滿眚，穀乃不殖。』韋注：『「初吉」，二月朔日也，《詩》曰「二月初吉」。』謂自立春至二月朔宜耕耤，越此穀乃不殖也。梁武帝以爲『啟蟄而耕』在二月節，亦非。

〔六〕《禮書通故第》二十《耤田躬桑禮通故》：耤田，經作『藉』，亦作『籍』。許慎云：『耤，帝耕千畝也。古者使民如借，故謂之耤。從耒，昔聲。』鄭玄云：『藉之言借也。王一耕之，而使庶人芸芋終之也。』盧植云：『藉，耕也。《左傳》：「鄅人藉稻。」』應劭云：『籍田，典籍之田。』薛瓚云：『藉，謂蹈藉也。本以躬親爲義，不得以假借爲稱。』

以周案：從許、鄭義。

五門〔一〕

天子之門五，内曰路門，次曰應門，次曰庫門，次曰雉門，次曰臯門。路門或謂之畢門，應門或謂之中門，庫門或謂之大門，皆爲宫門。宫門外又有中城，設重門。雉門爲中城之内門，臯門又爲郭門。中城者，内城也，與國城異。諸侯亦有中城，而闕其南方，無重門。其宫門曰雉、庫、路。天子五門皆設兩觀，宫之門觀七雉，城之門觀九雉。諸侯三門，門止一觀。〔二〕曷謂天子之門有五？曰：《明堂位》『天子有臯門』，《郊特牲》『王有庫門』，而應門、路門之見於經者尤多，惟雉門無所見。康成説五門之次，與仲師異。而天子五門，兩漢師説相傳皆同，無可易也。曷謂畢門即路門、中門即應門、大門即庫門？曰：宫垣之門有三，路門爲門之終，故曰畢門。亦曰虎門。應門爲門之中，故曰中門。亦曰正門。庫門爲門之外，故曰大門。亦曰外門。《顧命》『二人雀弁，執惠，立於畢門之内』，謂路門也。《天官》『閽人掌守王宫中門之禁』，謂應門也。鄭注以雉門爲中門。今從戴氏東原、陳氏碩甫説。《聘禮》公出，及大門内，問君，賓對，與《秋官·司儀》賓『出，及中門之外，問君，客再拜對』，兩文本同。大門内，即中門外。中門爲應門，大門爲庫門也。諸侯之中門曰庫門，大門曰雉門。曷謂宮門外有中城，設重門？曰：王宮方三里，面有外朝，後有三市，於此周築爲城，或謂之周城。對國門言之，亦謂之中城。曷謂雉門爲中城之内門、皋門爲郭門？曰：庫門稱大門，大門者，外門也，宮門自此止也。知庫門爲宮之外門，則庫門外之雉門當爲中城門，可知矣。《大雅·緜》云『乃立皋門，皋門有伉』。毛傳云王之郭門曰皋門，太王作郭門以致皋門，是皋門本爲中城之郭門，而後王名之曰皋門也。或疑毛傳所云『郭門』，即國門外之近郊門，非也。《正義》云：郭門者，宮之外郭門，以應門不言宮，明與郭門皆爲宮門也。正義知此郭門非近郊門，是也；而以爲宮門，亦非。宮門何得稱郭門？則皋門内之雉門當爲中城門，尤可知矣。曷謂諸侯亦有中城而闕其南方？曰：《春秋》成公九年，城中城；定公六年，城中城，是諸侯本有中城也。《穀梁傳》並云城中城，非外民也。謂中城衹以衛公宮，魯君城此，以外其民，與梁伯之溝宮同見，故《春秋》非之，非謂諸侯不得有中城也。舊解『非外民』甚謬。杜注：中城在東郡廩邱，顧氏《大事表》已斥之。然顧氏以中城爲國都之城，亦未審也。《孟子·公孫丑》篇：『吾欲中國而授孟子室，養弟子以萬鍾。』中國，即中城也。中城有小學，《王制》『小學在公宮南之左』，當即此處。諸侯制也。授孟子室於此，使教弟子也。《鄭風·子衿》刺學校之廢，其詩云：『挑兮達兮，在城闕兮。』城即中城。城闕者，諸侯中城闕其南方也。段氏懋堂説『闕』即『缺』之借。挑達城闕間，不來學嗣音者也。古《春秋》説天子周城，諸侯軒城。何氏《公羊注》據此而云軒城者，缺南面以受過也。許氏《説文》云：『𢧵，缺也。古者，城闕其南方，謂之𢧵。』是諸侯中城，外朝南無門，猶軒縣之缺南方，泮水之缺北方，不敢同於天子也。天子周城，於外朝南設重門，故有五門。諸侯軒城，不設門，故止三門。鄭君謂天子五門，諸侯三門，亦師説之相傳有自，而無可易也。舊説：諸侯軒城，以國門言。不可通。曷謂諸侯宫門爲雉、庫、路？曰：諸侯有路寢，必有路門。《明堂位》曰：『庫門，天子皋門。雉門，天子應門。』是諸侯有庫、雉門也。仲師説，天子五門，皋、雉、庫、應、路。以是差之諸侯三門，雉當先庫。《禮運》曰：『昔者仲尼與於蠟，句。賓事畢，句。賓、擯通。出遊於觀之上。』蠟亦祭宗廟，見鄭注。宗廟在大門内之左。諸侯大門爲雉門。魯雉門有兩觀，故孔子助祭宗廟畢，出遊於觀。如康成説，雉門爲中門，庫門爲大門，孔子自廟遊觀，向内而入，何得云出？且象魏懸書，當在大門，魯雉門設兩觀，觀謂之闕，即懸象處。如康成説，雉門爲中門，中門有閽人掌守，其禁民不得入，必非象魏懸書之地。諸侯雉門外無皋門，庫門内無應門，惟魯得以二門兼四門之制，而非别有皋、應門。觀上文太廟天子明堂自見。鄭箋謂諸侯有皋、應門，前儒多斥之。厥後僖公二十年，新作南門，以擬天子皋門。天子皋門，亦稱南門也。《顧命》之南門即皋門，詳見江氏《書》疏。《僞孔傳》非。皋之言高也，故魯南門或稱南高門。以别國門。齊人以女樂、文駟陳於魯城南高門外，見《孔子世家》。即其地也。此尤後世之僭禮而不可爲法者也。曷謂天子五門皆設兩觀，宫之門觀七雉，城之門觀九雉，而諸侯三門止一觀也？曰：《考工·匠人》：『王宫門阿之制五雉，宫隅之制七雉，城隅之制九雉。』門阿之制謂廟門、闈門也。上文廟門容大扃七个，闈門容小扃三个。廟門、闈門無闕，故以阿言。鄭注云：『阿，棟也。』宫隅之制，謂路門、應門、庫門也。城隅之制，謂雉門、臯門也。五門有闕，故以隅言。鄭注云：『宫隅，城隅，謂角浮思也。』賈疏：浮思，小樓也，城隅及闕皆有之。浮思，一作罘罳，網目之稱，牖綴交疏似之。《五經異義·古周禮》説，天子城高七雉，隅高九雉。據此，城之高與宫隅等，其隅較高二雉。則宫牆之高五雉，與門阿等，其隅亦較高二雉。等差求之，可知矣。而門觀之高下可知矣。抑考之《公羊傳》載子家駒之言『設兩觀，乘大路』，『天子之禮』。何注云：『禮，天子諸侯臺門，天子外闕兩觀，諸侯内闕一觀。』則天子、諸侯皆有門觀矣，所分者，特一與兩之異耳。魯於雉門設兩觀，於庫門蓋亦設之。故曰：庫門，天子臯門；雉門，天子應門。天子五門皆兩觀也。前儒説天子五門、諸侯三門者，並不言周城、軒城之異，甚且誤以臯、庫爲宫門，斥毛傳郭門爲異説，《春秋》説軒城爲非制，故作《五門考》。〔三〕

【箋注】

〔一〕輯自黄以周《禮説略一》，清光緒十四年江陰南菁書院刊《皇清經解續編》本。繼紅案：黄以周《禮説略·弁言》云：『初，予讀秦蕙田《五禮通考》，病其吉禮之好難鄭，軍禮之太阿鄭。每一卷數，輒有作。既而譔《禮書通故》，遂輟業。今編舊稿，得若干卷，不忍全棄，汰而存之，名曰《禮説略》。』後江蘇學政王先謙在南菁書院内設立書局，編纂《皇清經解續編》，收録此書，共三卷四十四篇。數年後，黄以周編纂《儆季雜著》叢書時在《禮説略》四十四篇的基礎上進行增補删減，成《禮説》七十六篇，作爲《儆季雜著》的一種。《禮説略》四十四篇中有三十八篇被收入其中，而删去的六篇，即《五門》、《九拜》、《立馬從馬》、《六尊》、《冕弁服》、《慈母服》，今輯入。

〔二〕參見《禮書通故》第二《宫室通故二》：鄭玄云：『天子五門，皋、庫、雉、應、路。魯有庫、雉、路，則諸侯三門與？』賈公彦云：『凡平諸侯，三門有皋、應、路。若魯，三門則曰庫、雉、路。』劉敞云：『天子亦三門，有皋門無庫門，有應門無雉門，有畢門無路門。』江永云：『《明堂位》庫門，天子皋門；雉門，天子應門，謂魯擬其制，非謂惟魯有庫、雉，餘諸侯不得立也。』戴震云：『天子諸侯皆三門。天子有皋門，有應門，有路門，不聞天子庫門、雉門也。諸侯有庫門，有雉門，有路門，不聞諸侯皋門、應門也。』以周案：天子五門，説本先鄭。《明堂位》『天子有皋門』，《郊特牲》『王有庫門』，《周書·作雒解》『有庫臺』，其稱『應門』、『路門』者尤多，惟『雉門』無見文。劉、戴説不足信。諸侯之門未有稱『皋』、『應』者，《明堂位》『庫門，天子皋門；雉門，天子應門』，則皋、應爲天子門甚明。賈疏本《詩》箋，亦非。天子五門，諸侯三門，大夫、士二門。

又：鄭衆云：『王有五門，外曰臯門，二曰雉門，三曰庫門，四曰應門，五曰路門。』鄭玄云：『雉門，三門也。《春秋傳》曰：雉門及兩觀災。』賈公彦云：『引《春秋傳》者，證魯有三門。雉門有兩觀，爲中門，則知天子五門，雉門亦爲中門，有兩觀矣。』以周案：五門之次，當從先鄭。天子之宫門曰路、應、庫，其城門曰雉、臯。《檀弓》：『宰夫執木鐸以命於宫，自寢門至於庫門。』寢門爲宫之内門，庫門爲宫之外門也。又曰『軍有憂，則素服哭於庫門之外』，亦謂宫之外門。又曰『繹之於庫門内』，言不宜在外門，當於廟門。『閽人掌王宫中門之禁』，當是應門，仲師說『庫門』，康成說『雉門』，皆非。

〔三〕參見《禮書通故》第二《宫室通故二》：古《春秋》說，天子周城，諸侯軒城。《毛詩》說，王之郭門曰臯門。鄭箋說，諸侯之宫，外門曰臯門，朝門曰應門，内有路門。天子之宫，加以庫、雉。陳奂云：『《詩》之臯門，傳以爲郭門，則臯門非宫門。天子郭門爲臯門，城門爲雉門，庫門爲宫之外門，應門爲宫之中門，路門爲宫之内門。合城、郭爲五門，離之則爲三門。諸侯南面無城，以宫垣爲城墻，即以宫之外門爲城南門，非如徐彦所疑「城墉不完」之説也。諸侯之宫亦三門，庫門爲宫之大門，雉門爲宫之中門，路門爲宫之内門。唯天子以雉門爲城門，諸侯無城門，以雉門爲宫之中門爲異。』以周案：天子宫垣之門有三：路門爲宫門之終，亦曰畢門；應門爲宫門之中，亦曰中門；庫門爲宫門之外，亦曰大門。《顧命》『二人雀弁執惠，立於畢門之内』，謂路門也。《周官》『閽人掌守王宫中門之禁』，謂應門也。《聘禮》『公出及大門内，問君，賓對』，與《秋官・司儀》『出及中門之外，問君，客再拜對』兩文並同，『大門内』即『中門外』，是天子、諸侯皆三門之證。古者王宫方三里，周築爲城，或謂之周城；又曲其城而設重門，或又謂之曲城；對國門言之，亦謂之中城。《毛詩》説『皋門』，據中城言之。中城之郭門曰皋門，其城門曰雉門與？諸侯亦有中城而闕其南方，謂之㚟，亦謂之軒城。《春秋》兩書『城中城』，即此也。魯城中城與梁伯溝宫同見，故《穀梁傳》曰『非外民也』。天子周城於外朝，南設重門，故有五門。諸侯軒城不設門，故止三門。何注《公羊》云『軒城者，缺南面以受過也』，《説文》『古者城闕其南方，謂之㚟』，皆從古《春秋》説，與毛傳合。仲師説天子五門曰『皋、雉、庫、應、路』，諸侯三門當以『雉、庫、路』爲次，雉門爲公宫之大門。魯雉門設兩觀，觀謂之闕，亦謂之象魏，《太宰》『縣治象』，《司徒》『縣教象』，《司馬》『縣政象』，《司寇》『縣刑象』，並在象魏。象魏當在大門，如康成注雉門爲中門，是萬民可以出入宫門，非已。《禮運》：『仲尼與於蠟，擯事畢，出遊於觀之上。』蠟亦祭宗廟，宗廟在大門内，故得出遊雉門之觀，如雉門爲中門，不得云『出』。陳申毛傳，有見，諸侯三門之次，仍沿鄭譌。

九拜〔一〕

《周禮·大祝》詳九拜之制。一曰『稽首』，頭至地也。二曰『頓首』，頭叩地也。三曰『空首』，即拜手，首至手而手下地也。稽首、頓首、空首之三拜，爲九拜之綱。其先拜手而後稽首者，曰『吉拜』。其先頓首而後拜手者，曰『凶拜』。吉拜、凶拜止用一拜，曰『奇拜』。其再拜以加敬，三拜以示偏者，曰『褒拜』。有不宜拜手而拜手，不宜頓首而頓首，不宜稽首而稽首者，曰『振動拜』。有異稽首、頓首、空首之低首，又非若跪之昂首者，曰『肅拜』，此別爲一儀，與諸拜別，故爲九拜之殿焉。前儒之説九拜者，以鄭康成爲最當，非唐宋諸儒所能及。其混吉拜例於稽首、頓首中，而以凶拜之近吉者當吉拜，此則鄭之失也。近儒之説九拜者，以段懋堂爲最詳，亦非顧寧人、閻百詩、惠天牧、淩次仲諸儒所能及。其釋空首爲手未下心，吉拜爲當拜而拜，且疑鄭注殷凶拜之説有誤，肅拜拜低頭之文有脱，此則段之失也。因爲之疏其是而訂其非，作《九拜考》。〔二〕

【箋注】

〔一〕輯自黄以周《禮説略二》，清光緒十四年江陰南菁書院刊《皇清經解續編》本。

〔二〕關於『九拜』，詳見《禮書通故》第二十一《相見禮通故》。又見前《喪拜》篇箋注。

立馬從馬[一]

《小戴·投壺記》曰：『正爵既行，請爲勝者立馬，一馬從二馬。』《大戴·投壺篇》文同，無『一馬從二馬』句。《小戴》鄭注云：『馬，勝算也。謂之馬者，若云技藝如此，任爲將帥乘馬也。』不釋『一馬從二馬』之義，是《小戴記》亦無此句也。《記》又曰：『請立馬，馬各直其算。一馬從二馬以慶。慶禮曰：三馬既備，請慶多馬。』鄭注云：『三立馬者，投壺如射，亦三而止也。』三者，『一黨不得三勝，其一勝者並其馬於再勝者以慶之』，明一勝不得慶也。

案：投壺之禮，與鄉射有同有異。鄉射初一三耦射，不釋算，不飲酒。次二賓主射，釋算，飲酒，而未作樂。次三三耦及賓主射，釋算，飲酒，樂乃作。投壺則初賓主射，即釋算，行觴，作樂。此其異也。鄭云『投壺如射，亦三而止』者，鄉射三次射，投壺亦三次射，明其同也。惟三次射，故立三馬。馬與算異。算之法，曰純，曰奇，曰左右鈞。算訖，立馬，曰一馬，曰二馬，曰三馬，無所謂純、奇、左右鈞。凡射，必二人，謂之耦。賓黨爲上射，主黨爲下射。卒，投勝者飲不勝者，各如其算，是一耦之勝負已分也。而二黨之勝負，多若寡猶未分，宜總計之，故又爲勝者立馬。馬者，所以合計賓主黨三射之勝負也。一黨之中，不能三射俱勝，獨得三馬。必有一黨得一馬，一黨得二馬者。而一馬之黨，雖得勝於一耦，統前後三射計之，實負於二馬之黨。故一馬從二馬以慶也。釋算之行觴，以飲不勝，罰爵也。立馬之行觴，以飲勝者，慶爵也。罰爵辱之，故使弟子酌奠於豐，見《鄉射禮》。慶爵榮之，故耦自親酌，不使弟子，無豐，見鄭注。但此以賓主黨之同等者言。其或勝者降等，則釋算行觴，亦必親洗親酌。司射請立馬，亦不敢擢尊者之一馬以從己之二馬。故《少儀》曰『侍投則擁矢，勝則洗而以請』，『不角，不擢馬』。一馬從二馬者，所謂擢馬也。不擢馬，則不以一馬從二馬矣。《投壺》、《少儀》兩文，語相反而義相足。馬之形，蓋刻木爲之，與鹿中同。漢律有功馬、散馬、假馬之法，皆刻馬象而植之。中刻鹿形，取其和群之義。馬刻馬形，取其威武之義。鄭注乘馬之説，似近迂曲，而立馬以黨言，不以耦言，獨勝諸儒方慤、陳澔輩謂馬與算一，方其執之謂之算，及其釋之謂之馬，一耦得一勝者，立一馬，得二勝者，立二馬。不知釋算者，舍其算於地而不立；立馬者，立而植之，其義異。算以籌爲之，馬如鹿中，其形異。算以明一耦之勝負，馬以明二黨之勝負，其用異。《記》云：『馬各直其算。』直，當也。算在鹿中之西，馬又當算之西。賓黨勝，立馬於右；主黨勝，立馬於左，其地亦異。《記》曰：『算多少，視其坐。』鄭注：『算用當視坐投壺者之衆寡爲數也。』是算之數本不定，其多者用八十籌，見《鄉射禮》。以一耦言，有八算，見《記》文。以一人言，有四算，見鄭注。馬則合賓主兩黨，止三而已。故一曰『三馬既立』，一曰『三馬既備』，並不言『四馬』、『八馬』，其數尤異。〔二〕

【箋注】

〔一〕輯自黄以周《禮説略二》，清光緒十四年江陰南菁書院刊《皇清經解續編》本。

〔二〕關於『立馬』之説，參見《禮書通故》第二十六《投壺禮通故》：鄭玄云：『《投壺》「立馬」，馬，勝算也。謂之馬者，若云技藝如此，任爲將帥乘馬也。』陳祥道云：『漢人格五之法，有功馬，有散馬，皆刻馬象而植焉。鄭釋《周禮》「火弊獻禽」，謂「旌弊爭禽而不審者，罰以假馬」。投壺之馬，蓋亦如此。』方愨云：『馬與算一也。方其執之謂之算，及其釋之謂之馬。』以周案：馬與算異，陳氏説是。鄭注以勝算爲馬，亦不謂馬即算也。算以籌爲之，馬如鹿中，其形異。釋算者，舍其算於地而不立；立馬者，立而植之。釋算以明一耦之勝負，立馬以明兩黨之勝負，其用異。《記》云『馬各直其算』，直，當也，算在鹿中之西，馬又當算之西。賓党勝立馬於右，主党勝立馬於左，其地亦異。《記》云『算多少視其坐』，數本不定。其多或用八十籌，見《鄉射記》。以一耦言有八算，見《記》文。以一人言有四算，見鄭注。馬則合賓、主兩黨止三而已，故一曰『三馬既立』，一曰『三馬既備』，並不言『四馬』、『八馬』，其數亦異。

鄭玄云：『三立馬者，投壺如射，亦三而止也。三者，一黨不得三勝，其一勝者并其馬於再勝者以慶之，明一勝不得慶也。』皇侃云：『三番而止者，謂三耦投壺而止。』孔穎達云：『投壺初不立三耦，唯賓主三番而止。』　以周案：孔疏是。

六尊〔一〕

《周禮·天官·酒正》:『凡祭祀,以法共五齊三酒,以實八尊。』而《春官·司尊彝》掌六尊之位,『詔其酌,辨其用與其實』。『春祠夏禴』,『其朝踐用兩獻尊,其再獻用兩象尊』。『秋嘗冬烝』,『其朝踐用兩著尊,其饋獻用兩壺尊』。『凡四時之閒祀追享、朝享』,『其朝踐用兩大尊,其再獻用兩山尊』。考尊之制,止有六,而祭共五齊三酒,其用則八。故司尊彝掌六尊之位,祭時並設,而朝踐再獻尊,必用兩,所以備酒正八尊之共也。八尊以酒分,六尊以制分。酒正之八尊,初不出司尊彝之六尊。獻尊即犧尊。〔二〕犧尊、象尊,周尊也。著尊,殷尊也。大尊即泰尊,有虞氏之尊。山尊即山罍,夏后氏之尊。並見《禮·明堂位》。壺,魯尊,見《春秋傳》。《周禮》六尊,兼用前代之器,惟犧、象兩尊,爲周人所作,故在諸尊之上。而後儒之説其制者,言人人殊。今證之經傳,參之周末漢初之言,惟先鄭説爲得其實。《禮器》言祭天用『犧尊疏布冪,樿杓』,以素爲貴,與大圭、大羹、大路同,是犧尊不尚文飾之顯證也。八尊較六彝爲質,故《冪人》『以疏布巾冪八尊,以畫布巾冪六彝』。犧尊於六尊中爲尤質,故祭天貴質,用犧尊。説者不察,則謂犧尊於諸尊中爲最華美，失其義矣。斥王懷祖說。《莊子·天地篇》曰：『百年之木，破爲犧尊，青黄而文之。』是犧尊用木，文以青黄之色而已。説者不察，則謂犧尊用金，或謂用木而疏鏤之，失其制矣。《毛詩》曰『犧尊將將』，傳曰『犧尊有沙飾』，是亦飾以沙羽，其大將將然也。〔三〕説者不察，則謂犧尊鏤以鳳凰，鳳凰稱沙。或又謂犧尊像沙牛，牛大稱沙。亦失其據矣。惟先鄭注，有合於《禮器》、《莊子》、毛傳諸文。其説曰：『犧尊飾以翡翠，象尊以象鳳凰。』賈疏申之曰：犧尊以翡赤翠青爲飾，蓋周監前代而作犧、象兩尊。犧尊飾以翡翠之羽色，其形娑然以存質也。象之言像，此尊最爲華美，以畫文也。一質一文，於制各有當矣。自漢以來，犧尊之制失考，學者多見古人犧、象並言，遂混其説。《淮南子》曰：『百圍之木，斬而爲犧尊，鏤之以剞劂，雜之以青黄，華藻鎛鮮，龍蛇虎豹，曲成文章。』此襲用《莊子》文增益其辭，而犧尊之制由是失。後鄭云：『犧讀爲沙，沙，鳳皇也。刻畫鳳皇之象於尊，形娑娑然。』此襲用先鄭象尊注，以合毛傳『沙飾』之訓，而犧、象之制由是混。〔四〕至王肅又生一義，引太和魯郡地中所得齊子尾送女器，以爲犧尊，以犧牛爲尊。象尊，尊爲象形。後儒多信其説。考古經注，犧者，牲之總名，不必定爲牛。齊子尾之送女有牛形之器，亦未見定是犧尊。犧尊以木爲之，《莊子》有明文可據。齊子尾送女器，至太和得於地中，已七百餘年，尚不朽壞可辨識乎？王氏懷祖已詳駁之矣。且《周禮》六尊、六彝之名，多取諸鳥獸。雞彝、鳥彝、虎彝、蜼彝，皆謂畫其形以爲飾，而犧尊獨製牛形背上負尊，何與雞鳥諸彝之制不合乎？後世作博古圖者，每沿王肅之説，見有牛象文、牛象形，即題爲犧象尊，是未知周璞之爲鼠也？犧尊破木爲之，不久將朽壞，其制素樸無文，人又不寶藏之，安見後世有犧尊留人閒可得而圖之耶？〔五〕

【箋注】

〔一〕輯自黄以周《禮説略二》，清光緒十四年江陰南菁書院刊《皇清經解續編》本。

〔二〕參見《禮書通故》第四十七《名物通故三》：《毛詩傳》云：『犧尊，有沙羽飾。』鄭衆云：『獻尊，獻讀如犧。犧尊飾以翡翠。』　以周案：犧，一作獻。獻、沙音近，故毛訓以『沙羽飾』，謂飾以翡翠之色，其形娑然。毛、先鄭同義。賈疏先鄭云『翡赤翠青爲飾』，則飾以翡翠羽色，即莊子以『青黄』之説。合《莊子》、毛傳、先鄭注讀之，犧尊之制已明。陳用之讀獻如字，非。

〔三〕參見《禮書通故》第四十七《名物通故三》：莊周云：『百年之木，破爲犧尊，青黄而文之。』劉安云：『百圍之木，斬而爲犧尊，鏤之以剞劂，雜之以青黄，華藻鎛鮮，龍蛇虎豹，曲成文章。』　以周案：犧象字俗作『犠』。賈逵説犠『非古字』，見《説文》。張揖《字詁》『犧古犠字』，見《書序釋文》。今從古，無取牛義也。犧尊用木，只有青黄之飾，其形娑然，本非華藻之器，故『祭天貴素』用之。莊子周人，説周制不誤。自《淮南子》增益莊文，斯失其制。王石腹信劉語，其何以解『貴素』之義？《詩》曰『犧尊將將』，詠其器之大，非言其飾之盛。

〔四〕參見《禮書通故》第四十七《名物通故三》：鄭玄說：『犧尊以沙爲畫飾。犧讀如沙，沙，鳳皇也。刻畫鳳皇之象於尊，其形娑娑然。』以周案：注云『畫飾』，《志》云『刻畫』，據鳥彝是畫飾，則此尊其刻而畫之與？先鄭注云『象尊以象鳳皇』，而鄭《志》誤以象尊當犧尊，而云『沙，鳳皇也』，以合毛傳『沙羽飾』之訓，犧、象之制由是混。

〔五〕參見《禮書通故》第四十七《名物通故三》：阮諶說，犧尊飾以牛，象尊飾以象，於尊腹之上畫爲牛、象之形。王肅說，太和中，魯郡於地中得齊大夫子尾送女器，有犧尊，以犧牛爲尊。然則象尊，尊爲象形也。聶崇義云：『王肅以犧、象兩尊並全刻牛、象之形，鑿背爲尊。今祭器內有作牛、象之形，背上各刻蓮華座，又與尊不相連比，與王義大同而小異。阮氏《圖》其犧尊飾以牛，又云「諸侯飾口以象骨，天子飾以玉」，其圖中形制亦於尊上畫牛爲飾，則與王肅所說全殊。』以周案：一說皆以犧、象爲物，而一爲象形，一爲畫文，則不同也。考古『犧』本作『犧』，《說文》『犧』訓『宗廟之牲』，亦爲牲之總名，不必定爲牛。古人禽亦稱犧，不特牛、羊、豕，《昭廿二年》『雄雞自憚其犧』，服注《昭廿五年傳》『「三犧」，雁、鶩、雉也』。阮諶見犧字有從牛，遂謂飾以牛，王肅更以爲象形，於是僞器日出。而齊之子尾送女有牛形之器，亦未必定爲犧尊，且犧尊以木爲之，不以金，《莊子》、《淮南子》之文可據。至太和時得於地中，已七百餘年，尚不朽壞可辨識乎？此王石腹所以力駁也。後人作博古圖者每沿阮、王兩說，見有牛形、牛文即題爲犧象尊，是未知周璞之爲鼠矣。

又：鄭衆説：象尊以象鳳皇。鄭玄説：以象骨飾尊。王肅説：尊爲象形。阮諶、梁正説：畫象以爲飾。以周案：後鄭誤以象尊當犧尊，因謂象尊飾以象骨，孔巽軒乃又以象觗徵成其義，究不如從先鄭爲安。象讀如『象服』之象。象服刻繒爲揄闕翟而畫之，象尊刻木爲鳳皇而畫之。犧尊飾以青黄，象尊施五采焉。

冕弁服〔一〕

禮有冕服，有弁服。衣順冠色，屨象裳色。冕服有六冕之制，覆朱裏，前後邃延，延前俛而垂旒。此從大、小夏侯説。約之以武，設之以紐，貫之以笄，固之以紘。〔二〕

天子五冕，旒數不同，而旒之玉皆十二，玉之繅，皆五采焉。〔三〕其一曰大裘之冕服，冕十二旒，此從陳用之説。服日、月、星、山、龍、華蟲、宗彝、藻、火、粉米、黼、黻十二章，天子以祀昊天及五帝。〔四〕次二曰衮冕服，冕九旒，亦從陳説，下同。服自山、龍以下九章，天子以祀先王，以覲諸侯。次三曰鷩冕服，冕七旒，服自華蟲以下七章，天子以祀先公，以行饗射。〔五〕次四曰毳冕服，冕五旒，服自藻、火以下五章，此從劉熙《釋名》。毳，藻文也。鄭注：登龍於山，登火於宗彝，與《虞書》本文違。天子以祀四望山川。次五曰絺冕服，冕三旒，服粉米、黼、黻三章，天子以祀社稷五祀。〔六〕次六曰玄冕服，冕無旒，服衣無文，裳刺黻一章，天子以祀群小祀。〔七〕諸侯之冕旒，眂其命數。而旒有九玉，繅止三采，諸侯皆同。《弁師》概舉『諸侯之繅斿七就，瑉玉三采』，而又申之曰『繅斿皆就』，皆者，皆諸侯也，明九旒至三旒，皆每繅以九成，公、侯、伯、子、男無降差也。此從戴東原説。鄭注改侯爲公。凡冕，裘冕、衮冕爲上，鷩冕以下次之，謂之裨冕。〔八〕諸侯裨冕，以朝天子，以祀先公，以助祭於天子。大夫亦以玄冕祭於公，聘於天子。凡冕服，皆玄衣纁裳。天子素帶，朱裏，終辟，朱韍，赤舃。諸侯素帶，終辟，赤韍，赤舃。大夫素帶，辟垂，亦赤韍，赤屨。

弁服有三。弁之制如冕，前後平而無旒，會有玉璂。會謂縫中。天子五采，玉十有二。諸侯皆三采，而玉璂亦眂命數焉。其一曰爵弁服，以韎韋爲之，故又謂之韋弁。此從陳氏《禮書》。韋，其質也；爵，其色也。其服玄衣，纁裳，緇帶，韎韐，赤舃，天子、諸侯、大夫以爲兵服，大夫亦以之禮聘賓，士亦以之祭於公。〔九〕次二曰皮弁服，以白鹿皮爲之，制如爵弁。其服素衣，素裳，素帶，素韠，白舃。天子以之視朝及聽郊報，諸侯以之聽朔，及逆王之郊勞，亦以之朝大國。卿大夫以之朝月朔，以之聘鄰國，而鄰國來聘，又以之贊相，以之還玉。士亦以之釋菜。天子視朝，諸侯聽朔，其裘狐白，其裼錦衣。聽郊報而省誓命，則又用黼裘焉。大夫朝朔，聘鄰國，士釋菜，其裘狐青豹褎，其裼玄綃衣。次三曰冠弁服，冠弁即委貌，爲諸侯之朝服。〔十〕凡弁冕，皆笄，有笄者紘。此固弁之笄，與括髮之笄異。玄冠無笄，無笄者纓。纓屬於武。冠弁者，冠而如弁，亦設笄施紘，與玄冠別。故《晉語》有『折委笄』之文也。此從戴東原說。陳用之謂冠亦有笄，誤。其服緇衣，素裳，緇帶，素韠，白舃，天子以之燕群臣，養國老，亦以之田。諸侯以爲朝服，大夫、士亦以之相會同宗廟之事。特牲、少牢二禮，主人皆朝服而冠玄冠，是士大夫服朝服，以祭於己者，不必用冠弁。而諸侯日視朝，君臣同服，未有不冠弁者矣，故冠弁服爲諸侯之朝服。《論語》云『緇衣羔裘』，《玉藻》云『羔裘豹飾，緇衣以裼之』，此謂大夫服朝服之裼衣也。

冠弁服之下，又有玄端。玄端非諸侯之朝服也，故《司服》於冠弁服之外，又稱齊服之玄端焉。玄端，玄冠不用冠弁，故《玉藻》言天子『玄端而居』。玄冠，朱組纓，諸侯之齊服。玄端亦玄冠、丹組纓，冠而施纓，知無笄也。冠而無笄，知非冠弁也。冠弁即殷之章甫，豈有衣玄端而冠章甫者乎？凡衣之有褍即襦字。裳者，皆曰『端』，本爲冕服、朝服之通稱。故冕服曰端冕，朝服曰端委。析言之，則衣之端袂屬幅不侈袤者，謂之玄端。玄端非朝服也，故《論語》『端章甫』，端謂朝服，非玄端也。〔十一〕玄端，玄衣、玄裳，而亦有朱裳、素裳、黃裳、雜裳者焉。蓋亦兼用羔裘緇裼、狐裘黃裼、麛裘絞裼歟？其韠，君朱，大夫素，士爵韋。大夫、士私朝，朝玄端，夕深衣。其在公朝，大夫朝夕皆朝服；士朝，朝服，夕玄端。〔十二〕是玄端與冠弁服有不得混者矣。

《周禮》大夫以上冕，士爵弁，則爵弁次於冕矣。《士冠禮》再加皮弁，三加爵弁；《檀弓》天子爵弁哭諸侯；《小記》諸侯皮弁以弔，則皮弁又次於爵弁歟？《弁師》、《司服》亦以韋弁先皮弁矣。《玉藻》諸侯皮弁聽朔，朝服視朝，則朝服又次於皮弁矣。《特牲》筮日，服玄端，及祭，而服朝服，則玄端又次於朝服矣。首服冕爲上，弁次之，冠爲下。冕服絲衣，冠服麻衣。爵弁、皮弁次於冕，其衣仍用絲。冠弁近於冠，其衣則用麻。凡上衣用絲，中衣用帛；上衣用麻，中衣用布，故曰『以帛裏布』非禮也。鄭注《玉藻》，謂皮弁服麻中衣布，而《詩》箋以錦衣狐裘爲皮弁服，《論語》又以素衣麑裘爲皮弁服。錦衣，絲衣也。素衣，亦絲衣也。上衣布，中衣帛，君子以爲失禮意。夫禮各有當，服宜相稱，故《記》曰：『不學雜服，不能安禮。』

【箋注】

〔一〕輯自黄以周《禮説略三》，清光緒十四年江陰南菁書院刊《皇清經解續編》本。

〔二〕六冕之制，參見《禮書通故》第三《衣服通故一》：《弁師》：『掌王之五冕，皆玄冕。』鄭玄云：『冕服有六，而言五冕者，大裘之冕蓋無旒，不聯數也。』陸佃、鄭鍔説，大裘、被衮則同一冕，故服六而冕五。　以周案：《司服》言王之冕服有六，而《弁師》云五冕者，不數玄冕也。玄冕無旒，《弁師》言垂繅綴玉之制，故不及玄冕，而云『五冕皆玄冕』，以玄冕爲質也。則五冕内不數玄冕可知，合玄冕則有六冕亦可知。《郊特牲》云『戴冕璪十有二旒』，則大裘之冕有旒，而卻非即衮冕。鄭、陸二説並誤。

〔三〕關於冕旒之制，參見《禮書通故》第三《衣服通故一》：叔孫通云：『凡冕版廣八寸，長尺六寸。』董巴云：

『廣七寸，長尺二寸。』應劭云：『廣七寸，長八寸。』司馬彪云：『明帝永平二年，詔有司采《周官》、《禮記》、《尚書·皋陶》篇，乘輿服從歐陽氏說，公卿以下從大、小夏侯說。冕皆廣七寸，長尺二寸，前圓後方，前垂四寸，後垂三寸，用白玉珠十二旒。三公諸侯七旒青玉，卿大夫五旒黑玉，皆有前無後。』　以周案：《說文》：『瑬，垂玉也，冕飾。』《弁師》作斿，《戴記》作旒。《大戴·子張問入官篇》『冕而前旒，所以蔽明也』，《晏子·外篇》『冕前有旒，惡多所見也』，東方朔《荅客難》亦云『冕而前旒』。諸文並言『前旒』，不言『後旒』，前旒義取『蔽明』，後旒無所取也。《弁師》言『王之五冕皆五采繅十有二就』，《禮記》『天子玉藻十有二旒』，亦甚多，並未有云『二十四斿』者。鄭注、孔、賈二疏義同。歐陽謂天子前、後垂旒各十二，非經義也。江慎脩從大、小夏侯說，云：『冕而前旒，所以蔽明，則無後旒可知。謂前後皆有旒，此因《玉藻》「前後邃延」而誤耳。前後邃延謂板長尺六寸，自延端至武前後皆深邃，非謂後亦有旒。』江說是也。冕版廣長之數，説人人殊。皇侃以董巴《輿服志》所云爲『諸侯之冕』，應劭《漢官儀》所云爲『卿大夫之冕』，《王制》孔疏駁之。

〔四〕參見《禮書通故》第三《衣服通故二》：《周官·司服》『祀昊天，服大裘而冕』，而《記·郊特牲》云：『王被衮以象天。』鄭玄云：『衮有日月星辰之章，此魯禮也，周禮則「大裘而冕」。』陸佃說：『「服之襲也，充美也。禮不盛，服不充，故大裘不裼」，則大裘襲可知。「王被衮以象天」，則大裘襲衮可知。《玉藻》有尸襲之義，《周禮》「裘冕」注云「從尸服」。夫尸服大裘而襲，則王服大裘而襲可知。』何洵直云：『《周禮·節服氏》「祭祀衮冕」、「郊祀裘冕」，是衮與裘各有冕，乃云「裘衮同冕」，當以衮襲之裘而表衮，何以示衮、裘之别？諸儒或言「臨燔柴脱衮冕，著大裘」，或云「脱裘服衮」，蓋裘、衮無同冕兼服之理，今乃以二服合爲一，可乎？』孔廣森云：『「大裘而冕」，是日至圜丘之祭，「被衮象天」，則上辛祈穀之祭。』 以周案：王郊天被衮，《郊特牲》有明文，鄭注以此爲魯禮，於『天子』、『王』之文不可通。《玉藻》『龍衮以祭』，其文在『朝日聽朔』之上，則祭昊天五帝，皆以玉藻龍衮，與《郊特牲》正合，陸氏『大裘襲衮』之説，是矣。然陸説大裘冕即衮冕，又無分曉。《司服》『大裘而冕』祀昊天上帝，在『衮冕』之上，《節服氏》『祭祀衮冕，六人維王之大常；郊祀裘冕，二人執戈送逆尸』，是衮冕與裘冕不同有明證也。夫衣之舉衮者，以其文之特顯，而龍章爲至焕，則加日月於上亦無嫌以衮目之。《郊特牲》、《玉藻》之所記，渾言之也。而冕與服必相稱，衮冕衮九章則冕九旒，大裘之冕十二旒則其衮亦十二章。九章、十二章之服通名『衮』，故《司服》、《節服氏》於祀天、郊祀別言裘冕以示殊異。孔説『大裘祀圜丘』、『衮祀祈穀』，與《周禮》亦不合，《司服》云『祀昊天上帝則服大裘而冕，祀五帝亦如之』，是祈穀郊亦用大裘之證。《司裘》祀五帝專以祈穀言，祀五帝可服大裘惟祈穀一祭。《節服氏》『郊祀裘冕』與『祭祀衮冕』對言，祭祀謂祭先王，郊祀謂圜丘、祈穀兩郊。

〔五〕參見《禮書通故》第三《衣服通故一》：阮諶云：『鷩冕，天子九旒，侯、伯服以助祭，七旒。毳冕，天子七旒，子、男服以助祭，四旒。四當作五。希冕，天子五旒，孤、卿服以助祭，四旒。玄冕，天子四旒，諸侯服以祭其宗廟，三旒。』 以周案：凡鷩冕皆七旒，毳冕皆五旒，希冕皆三旒，玄冕皆無旒，阮説非。

〔六〕鷩冕、毳冕、希冕，參見《禮書通故》第三《衣服通故一》：《周官・司服》：『鷩冕、毳冕、希冕。』鄭衆云：『鷩，裨衣也。毳，罽衣也。』鄭玄云：『鷩，畫以雉。毳，畫虎、蜼。希，刺粉米，無畫也。』 以周案：五等諸侯衮、毳、希不同，而《覲禮》曰『侯氏裨冕』，統名爲『裨』，則裨不獨鷩也，鄭注：『裨之言埤也。天子大裘爲上，其餘爲裨。』裨冕者，衣裨衣而冠冕也。罽一作𦆀，西胡毳布，斷非法服。後鄭説『升火於宗彝』，以合毳衣之爲虎、蜼，實與《虞書》相戾。《釋名》云：『毳冕，毳芮也，畫藻文於衣，象水草之毳芮温暖而潔也。』劉氏此説，可以訂鄭之誤。毳衣五章藻、火、粉米、黼、黻，《虞書》本文自順。《詩》『毳衣如菼』，言藻色之蒼白，『毳衣如璊』，言火色之赬赤。凡衣陽皆畫，裳陰皆繡，鄭説『希衣刺米無畫』，與餘章之在衣者别。《釋名》作『黹冕』，云『黹，紩也，畫黺紩米於衣也』。劉氏此説，參用『黺畫粉』、『絲繡文爲聚米』之義。今本《釋名》舛訛，不成文義，系後人妄改。畢校本亦非。粉、米二事爲一章，與宗彝虎、蜼同。陳用之説『希爲章之少者』，亦用畫。

〔七〕參見《禮書通故》第三《衣服通故一》：鄭玄云：『玄冕衣無文，裳刺黻而已，是以謂玄焉。』孔廣森云：『冕之制，以麻衣延，玄表纁裏，故《弁師》言「王之五冕皆玄冕」。自希以上，各有取義，惟玄冕從其正名，非以玄衣故也。玄冕止一章，猶升黻於衣。《詩》曰「君子至止，黻衣繡裳」，此黻有在衣者，非玄冕之服而何？』以周案：孔説『玄冕』是，『升黻』非。黻衣猶曰衮衣，《爾雅》『衮，黻也』。

〔八〕參見《禮書通故》第三《衣服通故一》：鄭衆云：『鷩，裨衣也。』鄭玄云：『裨冕，衣裨衣而冠冕也。裨之言埤也。天子六服大裘爲上，其餘爲裨。』以周案：兩鄭説異。先鄭以裨冕爲鷩以下，後鄭則謂衮以下，敖君善從先鄭説。《覲禮》『侯氏裨冕』爲公鷩、侯伯毳、子男希，與《大行人》文違，不可從。或據《覲禮》注有『衮衣者，裨之上也』一語，謂兩鄭意同，裨冕當指鷩冕以下。不知『衮衣者裨之上』謂衮冕爲裨冕之首也，《曾子問》『諸侯適天子，冕而出視朝』注、《玉藻》『裨冕以朝』注，並云『裨冕者，公袞、侯伯鷩、子男毳也』，《樂記》『裨冕搢笏』注云『裨，袞之屬也』，皆可證。盛氏云：『裨冕本諸侯之上服也，而謂之裨者，據王而言，猶金路而下爲偏駕。』是也。裨字之義，亦當從注訓爲『埤』，不當如楊倞訓爲『卑』。

〔九〕參見《禮書通故》第三《衣服通故一》：鄭玄云：『爵弁者，制如冕，黑色，但無繅耳。』劉熙云：『弁如兩手相合抃時也，以爵韋爲之，謂之爵弁。以鹿皮爲之，謂之皮弁。以韎韋爲之，謂之韋弁。』賈公彦云：『爵弁同冕，唯無旒，又爲爵色爲異。又，冕者俛也，低前一寸二分，故得冕稱。爵弁則前後平，故不得冕名。』陳祥道云：『士之服止於爵弁，而荀卿曰士韋弁，孔安國曰雀，韋弁也，劉熙《釋名》亦曰以爵韋爲之謂之韋弁，陳所見《釋名》本誤。則爵弁即韋弁耳，韋其質也，爵其色也。其笄紘玉飾，各以其等爲之，如皮弁制。弁制，上鋭如覆杯然。』吴廷華説，據《説文》，弁本作『㝈』，象形，或作弁。又，《釋名》『弁如兩手相合』也。爵弁與冕制異，與皮弁之制同。以周案：鄭注爵弁『制如冕』，是亦用布爲之也，《釋名》云『以爵韋爲之』，似非。爵弁名弁，爲其制如皮弁，吴氏據《説文》、《釋名》正之，是已。爵弁、皮弁、冠弁，其形大略相同，故皆謂之弁。《續漢志》云『委皃以皁絹爲之，制如覆杯』，《釋名》云『委皃，冠形委曲之皃，上小下大也』，陳説爵弁之制本此，其説皆通。《禮經》或言『爵弁』，或言『韋弁』，爵、韋，當分兩弁，任氏《釋例》辨此已詳。

又《禮書通故》第三《衣服通故一》：鄭玄云：『《士冠禮》：「爵弁服纁裳、純衣、緇帶、韎韐。」爵弁者，冕之次，其色赤而微黑，如爵頭然，或謂之緅。纁裳，淺絳裳。純衣，絲衣也。餘衣皆用布，惟冕與爵弁用絲耳。先裳後衣者，欲令下近緇，明衣與帶同色。』賈公彦云：『凡衣與冠同色者，先言衣，後言裳。今爵弁與衣異，故退純衣於下，使與帶同色。』以周案：爵古通雀，《爾雅》『黧黄楚雀』，黧黑而黄，謂之爵弁。鄭以『緅』釋『爵』，其意色以赤爲體，而更染之以黑，與緇相近，正明爵弁衣、冠同色也。賈疏非，淩氏沿其訛。爵弁服緇衣、纁裳，其裘狐青，玄綃衣以裼之。見疏引熊氏。《司服》『凡兵事，韋弁服』，以韎韋爲弁，又以爲衣裳。見鄭注。韎爲赤黄，其裘狐黄，黄衣以裼之。見《詩·羔羊》疏。其帶，大夫以上素，士以緇。其韠韎韐，《隋志》云『爵韠』，誤以玄端之韠當之，《通典》云『士則祀弁爵玄冠，皆玄衣，其裳上士以玄，中士以黄，下士雜裳』，又誤以玄端之衣、裳當之，皆非。

〔十〕參見《禮書通故》第三《衣服通故二》：熊安生云：『《月令》：「季秋，天子乃厲飾，執弓挾矢以獵。」注：「厲飾，戎服也。」戎服者，韋弁服也。以秋冬之田，故韋弁服。若春夏，則冠弁服。』孔穎達云：『諸侯田獵亦用韋弁，故《左傳》衛獻公射鴻於囿，楚子狩於州來，皆「皮冠」。』以周案：《吕覽》作『厲服』，高注引《司服》『凡甸，冠弁服』以證，是也。『凡甸』者，統詞，明田皆冠弁也。冠弁者，冠而如弁，非即玄冠。冠弁之制與皮弁相似，其以皮制者謂之皮冠，『衛獻公射鴻於囿，皮冠，虞人不見皮冠，不敢進』。趙注《孟子》曰：『皮冠，弁也，謂以皮制冠弁。』此説最確。自舊注以冠弁即委貌，委貌即玄冠，而説者遂以皮冠、厲飾爲韋弁。如冠弁即玄冠，天子冠此以田，《月令》何以謂之『厲飾』？如皮冠、厲飾皆韋弁，韋弁本非田獵之正服，孔子何以稱虞人曰『守官』？秋、冬盛田而不用正服，《司服》何以云『凡甸，冠弁服』？《白虎通義》以皮冠爲皮弁，更誤。

〔十一〕參見《禮書通故》第三《衣服通故二》：《論語》：『端章甫。』鄭玄云：『衣玄端，冠章甫，諸侯日視朝之服也。』皇侃説，周諸侯日視朝之服服緇布衣素積裳，冠委貌，此云『玄端日視朝』者，容是周末禮亂故也。孔穎達、邢昺等説，《王制》注云『玄衣素裳，天子之燕服，爲諸侯朝服』，此朝服『素裳』，得謂之玄端。若上士玄裳，中士黄裳，下士雜裳，天子、諸侯朱裳，則皆謂之玄端，不得名爲朝服也。以周案：端爲冕服、弁服、朝服、玄端之通稱，《論語》『端章甫』，端謂朝服也。章甫即委貌，特殷、周異名爾。其服曰端委，亦曰委端。『端章甫』即端委，端委即朝服。諸侯朝服無用玄端者，皇侃説是。《雜記》『公襲玄端一，朝服一』，明朝服不得兼玄端。孔疏申鄭，於義爲曲。

韋昭云：『「晋侯端委以入」，舊説衣玄端，冠委貌，諸侯祭服也。昭謂此士服也，諸侯之子未受爵命，服士服也。』以周案：冕服曰端冕，朝服曰端委，端爲冕服、朝服之總稱。委者，委貌也。端委猶曰端章甫，舊説誤。韋氏據《詩》『韎韐有奭』鄭箋爲説，其服爵弁服，亦非。凡弁服侈袂，無『端』稱。

〔十二〕參見《禮書通故》第三《衣服通故二》：孔穎達、賈公彦説，君朝，朝朝服，夕深衣。大夫、士家私朝，朝玄端，夕深衣。大夫、士朝於君，朝皆朝服，夕士玄端，大夫當亦朝服也。聶崇義説，玄端，大夫以上朝夕服之，惟士夕服之。秦蕙田云：『如聶所云大夫以上燕居朝夕服玄端，既與《玉藻》「夕深衣」之文違牾，又云「惟士夕服之」，則士朝所服者又何衣？』金鶚云：『士夕於君宜朝服，大夫、士私朝亦宜朝服。《玉藻》「朝玄端，夕深衣」爲諸侯燕居之服。』以周案：《内則》『子事父母端韠紳』，則玄端自天子至士皆得服之，但天子燕居朝夕玄端，諸侯以下朝玄端，夕深衣。金説近是。

禮家舊説，天子夕玄端，諸侯夕深衣。陸佃説，天子夕亦深衣。以周案：《玉藻》於天子但曰『玄端而居』，於諸侯則曰『夕深衣』，可知天子夕服不服深衣也。《玉藻》『玄端而居』，注云『天子服玄端燕居也』，則天子朝夕皆玄端，陸説非。

慈母服〔一〕

《禮經·喪服·齊衰三年章》：『慈母如母。』傳曰：『慈母者，何也？』傳舊傳。曰：『妾之無子者，妾子之無母者，父命妾曰：「女以爲子。」命子曰：「女以爲母。」若是，則生養之，終其身如母，死則喪之三年如母，貴父之命也。』鄭注：此主謂大夫士之妾無子，妾之子無母，父命爲母子者。『不命爲母子，則亦服庶母慈己者之服，可也。大夫之妾子，父在，爲母大功，則士之妾子，爲母期矣。父卒，則得申也。』

《喪服·小功五月章》：『君子子爲庶母慈己者。傳曰：君子子者，貴人之子也。爲庶母何以小功也？以慈己加也。』鄭注《內則》『擇於諸母與可者』，『使爲子師』，『其次爲慈母，其次爲保母』，『此之謂也。其可者賤於諸母，謂傅母之屬也』。《曾子問篇》子遊問：『喪慈母如母，禮與？』孔子曰：『非禮也。古者，男子外有傅，內有慈母，君命所使教子也，何服之有？』『練冠以喪慈母，自魯昭公始也。《家語》作孝公。』鄭注：子遊意以爲國君亦當然。《禮》所云者，乃大夫以下父所使妾養妾子也。《梁書·司馬筠傳》載：梁武帝議曰：『《禮》言慈母，有三條。一則妾子無母，使妾之無子者養之，命爲子母，服以三年。』『二則嫡妻子無母，使妾養之，雖均乎慈愛，但嫡妻之子，妾無爲母之義，而恩深事重，故服以小功。』『三則子非無母，擇賤者食之，義同師保，而不無慈愛，故亦有兹母之名。師保無服，則慈母亦無服矣。』『《内則》云：擇於諸母與可者』，『是擇人而爲此三母，非謂擇取兄弟之母也』，『子遊所問，自是師保之慈，非三年小功之慈也。故夫子得有此答』，『康成不辨三慈，混爲訓釋，引彼無服，以注「慈己」，後人致誤，實此之由』。

以周案：《喪服經》三年小功之慈母，皆謂庶母。亦有非庶母而慈己者，亦謂之慈母，而無三年小功之服。《曾子問》言『慈母無服』，正謂此也。《内則》『擇於諸母』，謂擇取諸昆弟之庶母也。『與可』者，可與妿通，《説文》：『妿，女師也。』是非庶母矣。《内則》之慈母，實兼無服、有服兩義。其慈母屬諸母歟？則與《喪服》『庶母慈己』服同。其慈母屬妿者歟？則與《曾子問》慈母無服同。或據『庶母慈己』之服，以施於君命所使教子之妿者，誤矣。梁武帝分剖慈母之例甚明。其定慈母五月之制，貴賤並同，揆之古禮，亦爲刺謬。經言慈母三年，庶母慈己小功，皆主大夫以下言。《記》言：『公子爲其母練冠，麻衣縓緣』，『既葬，除之』。此以諸侯不爲媵妾持服，父所不服，子亦不敢服。故諸侯之庶子，爲生母服，在五服之外。何有命爲母子服慈母以三年乎？亦何有服庶母之慈己，未嘗命爲母子者，而服之以小功乎？故鄭注謂《禮》所云慈母服，主

大夫以下，是也。梁武帝命皇太子行慈母服，與魯昭公服慈母之誤，將無同。〔二〕

【箋注】

〔一〕輯自黄以周《禮説略三》，清光緒十四年江陰南菁書院刊《皇清經解續編》本。

〔二〕參見《禮書通故》第九《喪服通故三》：《禮》『慈母如母三年，君子子爲庶母慈己者小功』，而《記·曾子問》篇言『慈母無服』、『練冠以喪慈母，自魯昭公始』。鄭玄説，《禮經》所云，乃大夫以下父所使妾養妾子，子游以爲國君亦當然。國君之妾子，於禮不服也。《梁書》天監七年詔云：『《禮》言慈母有三：一則妾子無母，使妾之無子者養之，命爲子母，服以三年；二則嫡妻子無母，使妾養之，但嫡妻之子妾無爲母之義，故服以小功；三則子非無母，擇賤者養之，義同師保。《内則》云「擇於諸母與可者，使爲子師，其次爲慈母，其次爲保母」，言「擇諸母」，是擇人而爲此三母，非擇取兄弟之母也。子游所問，自是師保之慈，非三年小功之慈也，故夫子得有此答。鄭玄不辨三慈，混爲訓釋，引彼「無服」以注「慈己」，後人之謬，實此之由。經言「君子子」，傳云「貴人之子」也。總言曰貴，無所不包，則知慈加之義，通乎大夫以上矣。』以周案：經言『慈母三年，庶母慈己小功』，並主大夫以下之庶母言，大夫以上，爲慈母無服。其有非庶母而慈己者，僅可比於《緦麻章》之『乳母』，大夫以上尤不爲之服。《内則》所言之『慈母』，其擇於『諸母』者爲庶母，其擇於『可』者，『可』與『妿』通，爲女師。可，借字。《列女傳》作『阿』，亦借字。《説文》：『妿，女師。』鄭引《内則》文以證此『庶母慈己』，明《内則》『諸母』亦庶母也，梁武帝斥鄭誤矣。其謂『君子言貴，無所不包，王子亦服小功五月』，尤與古違。公子爲其母練冠，在五服外，尚得爲庶母慈己者服小功乎？

《喪服·齊衰三年章》『慈母如母』，父在爲慈母，不見今文家説。慈於貴妾，父在齊衰期；慈於賤妾，父在大功九月：古文家説。『慈母如母』，主大夫士之妾子言。大夫之妾子父在爲母大功，士之妾子爲母期，以大夫爵降一等，士無爵降例也。父卒，皆申。譙周云：『經大夫之妾子父在爲其母大功，不别貴賤，爲大夫妾雖有貴者，不得體君，何得不爲爵降？凡此之類，今文説不如古也。』以周案：譙説是。

上丁釋菜解[一]

『釋菜』與『釋奠』不同。釋奠，有幣帛犧牲而無菜；釋菜，則祇用蘋蘩之菜而已。故釋菜之禮，輕于釋奠。天子、諸侯視學，行釋奠禮；而士之入學習舞者，則行釋菜。釋奠之禮，有行于馘告之時者，説見《王制》；有行于立學之初者，説見《文王世子》。而《文王世子》又曰：『凡學，春官釋奠于其先師，秋冬亦如之。』是天子、諸侯四時視學，皆釋奠也。自後世釋奠之禮祇舉于春秋，而冬夏釋奠之禮廢。亦自釋奠之禮亦舉于上丁，而上丁釋菜之禮亦不行。説者不察，乃執近代之禮以考古制，遂有疑『釋菜』即『釋奠』者。或又知二禮之不可合，遂疑《月令》『釋菜』字譌，當依《吕覽》作『舍采』，舍采即釋奠。不知『釋』與『舍』爲音義相通之字，『采』與『菜』爲形聲相近之字，例得通借，原非字譌。以義言之，『釋菜』之『釋』，當以《吕覽》作『舍』者爲正。《説文》：市居曰『舍』。引申之，有『正』義，有『置』義。『舍采』之『采』，當依《月令》作『菜』者爲正。鄭注《大胥》『舍采』，云：『舍，即釋也。采讀曰菜。始入學者，必釋菜禮先師。菜，蘋蘩之屬。』是也。《文王世子》於立學曰『釋奠』，於釁器曰『釋菜』，上下分别言之，則釋菜固不可混于釋奠。

《夏小正》曰：『二月：「丁亥，萬用入學。」』傳曰：『謂今時大舍采也。』然則入學釋菜之禮，三代相因，其禮古矣。古禮多質，如廟用茅屋，郊用匏器之類，皆不取繁文縟節。釋菜之禮，其猶有古之遺意歟？故祭用蘋蘩，不嫌禮之薄也。然則《月令》言『釋菜取上丁』，而《夏小正》則云『丁亥』，上丁不必亥，其故何也？曰：《夏小正》舉其日之最宜者言之，《月令》又通其變也。《少牢饋食禮》曰『來日丁亥』，鄭注：『丁未必亥也，直舉一日以言之耳。禘于太廟禮曰「日用丁亥」。不得丁亥，則己亥、辛亥亦用之。無，則苟有「亥」焉可也。』蓋祭取諸亥，入學取諸丁。苟無丁亥，用上丁可也。丁取丁壯之義，望士之入學，執業有成也。亦取丁火之義，望士之入學，緝熙光明也。知日之取丁專爲學士勉，則《月令》『釋菜』、《夏小正》『大舍采』，爲士之入學習舞之祭，不可解爲天子視學釋奠之禮，明矣。

【箋注】

〔一〕輯自《詁經精舍三集（戊辰）》，清同治七年官師課合刻本。繼紅案：此篇後收入《禮説》，名《釋菜》，文略有不同，故兼輯。

襟裾考〔一〕

《尒疋·釋器》中言衣服之制，皆區以別。其云『衣眥謂之襟，衱謂之裾』，明二者之有異也。眥者，《説文》云『目匡也』。衣有眥者，即《淮南·齊俗篇》所云『隅眥之削』，蓋削殺衣領以爲斜形也。李巡云：『衣眥，衣領之襟。』孫炎曰：『襟，交領也，字亦作衿。』《詩》毛傳曰：『青衿，青領也。』至裾，則與衣眥別。《説文》云：『裾，衣袌也。』『袌，褱也。』郭注《方言》『襌衣有袌』云『前施袌囊也』。《玉篇》云：『裾，衣袌。袌，衣前襟也。』衣前襟，即外右衽。衣衽可以褱袌物，故謂之裾。裾，言物可居也。衣眥謂之襟，以交領言。衱謂之裾，以前衽言。二物迥然有別。或疑襟即裣字，《説文》云『交衽也』。交衽，即裾。不知襟、裣異字。《説文》『交衽，謂掩裳際之衽。』與交領不同。段大令注云：『《尒疋》之襟，毛傳之衿，皆非許所謂裣。』斯言得之。自襟、裣之字混，而襟裾之制不明。或又疑衱即袷字。鄭注『深衣』云：『袷，交領也。交領即襟。』不知衱、袷亦異字。凡訓領者，字當作袷。袷字從合，取領之相交也。衱字從及，取衽之可扱也。衽之可扱者，謂之衱。扱其衽以居物，謂之裾。自衱、袷之字混，而襟裾之制更不明。《釋名》云：

『襟，禁也，交于前，所以禦風寒也。裾，倨也，倨倨然直，亦言在後常見踞也。』劉氏蓋已混裾于襟，而猶知襟裾之異制，故以衣前、衣後别之。郭注『襟』爲交領，『裾』爲衣後襟，參用兩説，愈不可通。《方言》云『襟謂之交』，交謂交領。又云『袿謂之裾』，袿爲上服之衽，與《尒疋》不違。襟裾之混稱，當始于漢魏間。〔二〕

【箋注】

〔一〕輯自《詁經精舍三集（戊辰）》，清同治七年官師課合刻本。

〔二〕參見《禮書通故》第三《衣服通故三》：《爾雅》云：『衣眥謂之襟，衱謂之裾。』《説文》云：『裣，交衽也。裾，衣裒也。』《方言》云：『襟謂之交，袿謂之裾。』《釋文》云：『襟，禁也，交於前，所以禦風寒也。裾，倨也，倨倨然直，亦言在後常見踞也。』以周案：《説文》『眥，目匡也』，衣眥謂領。襟亦作衿，《詩》毛傳曰：『青衿，青領也。』《方言》：『襟謂之交。』交謂交領，與《爾雅》合。《説文》『裣，交衽』、『衽，衣裣』。裣與襟微有别，襟專指領言，裣謂承領之衽。自襟、裣二字混，而『衣眥』之義不明。《説文》『裾，衣裒也』，『裒，褎也』。《玉篇》『裾，衣袌』，『袌，衣前襟也』。衣前襟即衣前衽。衽之可扱者謂之衱，扱其衽而可以褎裒物謂之裾，衱之言扱，裾之言居也。衣眥謂之襟，以交領言。衱謂之裾，以前衽言。《方言》袿謂之『裾袿』，即賈逵所謂『衣圭』，鄭注所謂『衽之屬衣垂而放之』者也。《釋名》『裾在後常見踞』即本《方言》，與《爾雅》『衱謂之裾』實别。自注《爾雅》者引用《方言》、《釋名》之義，而

『衱』之義亦不明。或説『衱謂之裾，衱即袷字，裾即襟，二句異名同物』，更謬。

又《禮書通故》第三《衣服通故二》：許慎云：『衽，衣裣也。裢，裣緣也。裣，交衽也。』鄭玄云：『衽，所以掩裳際也。衽屬衣則垂而放之，屬裳則縫之以合前後。』以周案：衽名本不一，其『承領之衽』與『承衣之衽』解者尤多混幪。許君以裣之『承領』者爲本字，與鄭注異。段注《説文》强以鄭義解許書，非，觀《説文》『裢，裣緣』自見。段氏解『裣緣』亦據『承領之裣』言，而謂上下裣字是『掩裳際』者，自相違異。其注『交衽』云『當前後幅相交之處』，尤謬。《喪服》『衽二尺有五寸』，鄭注以爲『承衣之衽，所以掩裳際』，家南山公謂是『承領之裣』，據許君義。又檢禮舊圖，凡服皆直領對裣，而注家言領曰『交領』，衽曰『交衽』，其裣『内外相交午』。《鹽鐵論》曰：『及其後，絲表枲裏，直領無褘。』《漢·廣川王傳》注晋灼曰：『今之婦人直領。』《方言》『袒飾謂之直衿』，注謂『婦人初嫁所著，上衣直領』。

王瓜生解〔一〕

王瓜者，王萯也。王萯之爲物，蔓生籬間，四月開花結實，謂之王瓜。《記・月令》曰：『孟夏之月，王瓜生。』鄭注引《今月令》作『王萯』，與《夏小正》『四月，王萯秀』正合。《說文》：『萯，王萯也。』《管子・地員篇》有『大萯，細萯』。王萯者，大萯也。萯之大者曰『王萯』，是猶女蘿之大者曰『王女』，帚草之大者曰『王篲』，菉草之大者曰『王芻』也。《呂覽・孟夏紀》作『王菩』。菩爲蔀之省體，萯之同部字，古音瓜，讀如姑，與菩聲亦最近。高誘注云：『菩，或作瓜，瓠瓤也。』又注《淮南子・時則訓》云：『王瓜，栝樓也。』瓠瓤即栝樓之俗體，栝樓爲苦蔞之借字，長言之曰『栝樓』，短言之曰『萯』。萯有大、小二種，形本相似，前人多渾言不別，惟《尒疋》分之最明。《尒疋》『果蠃之實，栝樓』下，即次以『荼，苦菜』，與《月令》『王瓜生，苦菜秀』連文類舉，正合王瓜即栝樓，爲萯之大者。《釋文》引《本草》『栝樓，一名地樓，一名天瓜，一名澤姑，一名果蠃實，一名黄瓜。』陶注云：『出近道，藤生，狀如土瓜，而葉有叉』，是也。《尒疋》又云『鉤藈姑』。鉤，又作瓠，古今字。郭注『實如瓝瓜』，瓝瓜者，小瓜也。《說文》『瓝，瓞也』，瓞，小瓜也。鉤藈姑，即萯之細者，謂之土瓜，或亦呼爲王瓜，與栝樓同名。《本草》『王瓜，一名土瓜』，陶注：『土瓜生籬間，其子熟時，大如彈丸。』唐注『其葉似栝樓而無叉』，是也。《廣雅》云：『藈菇，瓠瓤，王瓜也。』藈菇，即藈姑之異文。瓠瓤，即栝樓之異體。此不別萯之大小，而渾言之曰『王瓜』，爲其種類本一，不過實有大小，葉有叉、不叉之微別。故郭注《尒疋》亦云：『藈姑，一名王瓜。』自後人以王瓜爲藈姑之專名，而栝樓之名反爲藈姑所奪，由是《月令》之王瓜不明。王尚書《廣雅疏證》、郝户部《尒疋義疏》因謂『王瓜與栝樓不同』，反斥高誘兩注，緟貤紕繆。王氏又謂『《廣雅》專釋藈姑，瓠瓤爲王瓜，不混栝樓之名于内』，不知《廣雅》之瓠瓤，即《尒疋》之栝樓。栝、瓠爲雙聲字，樓、瓤爲疊韻字，何得分之爲二？郝氏又謂王瓜即今之赤雹子，不知王萯于四月開花結瓜，故《月令》曰『王瓜生』，《夏小正》曰『王萯秀』，秀謂吐花，生謂生瓜也。赤雹子五月始花，至秋，瓜乃熟，安得牽合爲一？至于申鄭説者，謂『王瓜即菲挈，菲挈即菝挈，菝挈本不結瓜，謂之瓜者，以根之似』，斯説也，王尚書、郝户部均已闢之，不贅。

【箋注】

〔一〕輯自《詁經精舍三集（戊辰）》，清同治七年官師課合刻本。

宵雅肄三解〔一〕

《詩序》：『《鹿鳴》，燕群臣嘉賓也。』『《四牡》，勞使臣之來也。』『《皇皇者華》，君遣使臣也。』《記》：國子入太學，『《宵雅》肄三，官其始。』肄《小雅》『鹿鳴』、『四牡』、『皇皇者華』之三，優之也。鄭注：『宵之言小也』，『習《小雅》之三，謂《鹿鳴》、《四牡》、《皇皇者華》』，皆君臣燕樂之詩，『爲始學習之，所以勸之以官』，是也。吕伯恭駁之曰：『宵肄，爲夜誦。初學於夜閒肄習三章之《雅》，善端良心，油然而生。宵不必改爲小。肄三，非獨如舊説《鹿鳴》、《四牡》、《皇皇者華》三篇。』不知宵、小古多通用。《方言》十二：『宵，小也。』《莊子·列禦寇》『宵人之離外刑者』，宵人，即小人。故古又稱群小爲宵小。或借稍字爲之，『膳夫』注：稍事，即小事。或借銷字爲之，《莊子·則陽》注：銷，小也。或又借趙字爲之，《方言》十二：趙，小也。宵、稍、銷、趙，皆從肖聲，從小聲，音近義通，故諸字並有『小』訓。鄭注甚塙。吕説，見《麗澤論説》，乃門人記録之失。其作《讀詩記》，亦取鄭注，則『夜誦』之説，吕氏亦自知其非矣。或曰：《小雅》首三篇，爲天子燕樂群臣之詩，庶人安得用之？曰：《鹿鳴》三詩，下達於士大夫，故鄉飲酒用樂，亦歌《鹿鳴》之

三。國子初入學，肄此詩，以官其始，茲與冠婚用士大夫禮同。故曰：《宵雅》肄三，優之也。〔二〕

【箋注】

〔一〕輯自《詁經精舍三集（戊辰）》，清同治七年官師課合刻本。

〔二〕參見《禮書通故》第四十四《樂律通故二》：鄭玄云：『國君以《小雅》，天子以《大雅》，饗賓或上取，燕或下就。天子饗元侯歌《肆夏》，合《文王》；饗諸侯歌《文王》，合《鹿鳴》。諸侯於鄰國之君，與天子於諸侯同。天子、諸侯燕群臣及聘問之賓，皆歌《鹿鳴》，合《鄉樂》。』又云：『諸侯相與燕，升歌《大雅》，合《小雅》。天子與次國、小國之君燕，亦如之；與大國之君燕，升歌《頌》，合《大雅》。』皇侃説，天子燕其臣，不得與諸侯同。阮元云：『《左傳》、《國語》以《文王》、《大明》、《緜》爲兩君相見樂，是諸侯用《大雅》。而鄭云用《小雅》，非矣。《仲尼燕居》「金奏《肆夏》」與「升歌《清廟》」區爲二事，升歌者，《頌》之首篇《清廟》也，而鄭云「天子享元侯歌《肆夏》」，非矣。天子卿大夫爵與諸侯同，自當用《頌》與《大雅》，而鄭云「同諸侯燕群臣」，非矣。總之，《肆夏》別爲金奏，鄭以升歌當之，其下皆取就未合。』金鶚從其説以駁鄭。　以周案：鄭注鄉樂爲大夫之正樂，《小雅》爲諸侯之正樂，《大雅》、《頌》爲天子之正樂。饗禮盛，可上取，燕禮輕，可下就。此《禮經》之定法也，不可輕駁。阮氏又謂《肆夏》別爲金奏，用鐘、鎛，與升歌異，説本江氏。其實鄭亦爾也，不過鄭謂《肆夏》頌族亦可歌，江氏以《肆夏》爲樂曲非詩不可歌，爲異耳。鄭意《國語》言天子饗元侯『先樂金奏《肆夏》、《繁遏》、《渠》』，不見升歌之詩，而《仲尼燕居》言『入門金作，升歌《清廟》』，爲兩君相見禮，當與天子饗元侯有别，故即以歌《肆夏》言之。此鄭之小失也，必謂鄭不知金奏、升歌之有異，殊過矣。竊謂天子饗元侯奏《肆夏》之三，元侯饗諸侯止奏《肆夏》之一，其金奏既異矣，升歌同用《清廟》可也。若天子饗次、小國之侯，與次、小國之侯自相饗，要不得如元侯同歌《清廟》。《國語》云：『夫歌《文王》、《大明》、《緜》，兩君相見之樂也。』歌謂升歌，非合樂，金誠齋申阮説云：『晉享穆叔，升歌《文王》，此非禮也。穆叔所言，當指合樂，但未别白言之耳。』牽強舊文，附合臆説，何足取信於後人！是諸侯升歌《文王》、合《鹿鳴》之證。天子饗之亦同此，故鄭云『饗諸侯歌《文王》、合《鹿鳴》』。天子之公視元侯，卿大夫視諸侯，饗諸侯歌《文王》、合《鹿鳴》，則天子饗群臣亦歌《大雅》、合《小雅》可知，此所謂『饗或上取』也。『或』者不定之辭，『上取』謂天子饗元侯。元侯饗諸侯不上取，悉如諸侯之通禮也。燕亦不必皆『下就』，其下就者取饗之合樂以爲升歌，如《鄭譜》所謂『天子燕群臣，歌《鹿鳴》，合鄉樂』是也。天子、諸侯燕聘問之賓亦得歌《鹿鳴》、合鄉樂者，此亦燕之不下就，悉如諸侯之通禮也。阮氏於饗、燕之大小既未之審，謂天子於群臣當用《頌》與《大雅》，大失其倫。《清廟》固不可以概燕群臣，而《鹿鳴》爲天子燕群臣之樂歌，《詩序》有明文，何得易之？《詩》曰『嘉賓』，《序》曰『燕群臣嘉賓也』，明此詩所謂嘉賓爲諸侯之來朝者，無諸侯亦天子之臣爲燕賓者。故穆叔曰：『《鹿鳴》，君所以嘉寡君也。』則《鹿鳴》之嘉賓爲諸侯及天子之大夫，而《鹿鳴》之樂爲諸侯及天子大夫之樂矣。《序》又云『《四牡》，勞使臣之來也』，『《皇皇者華》，君遣使臣也，送之以禮樂』。勞詩先於遣送，則所謂『使臣』者爲諸侯之來聘大夫，故穆叔曰『《四牡》，君所以勞使臣也』。《序》於《鹿鳴》曰『群臣』，於《四牡》、《皇華》曰『使臣』，意各有指，所以見《鹿鳴》爲天子大夫燕於君之正樂，而兼歌其三者，以其有使聘諸侯之責；《四牡》、《皇華》爲諸侯大夫來聘之正樂，而兼歌其三者，亦以嘉美其君。阮氏於此，亦未之思矣。

又：盛世佐云：『饗、燕所用詩之差等，天子用《大雅》，諸侯用《小雅》，大夫用《風》，此其宜也。傳曰：「《肆夏》、《繁遏》、《渠》，天子所以享元侯也。」《頌》是天子郊廟之樂，而饗諸侯亦用之者，所謂「禮盛上取」也。燕則升歌《大雅》、合《小雅》者，所謂「禮輕逮下」也。傳又曰：「《文王》、《大明》、《緜》，兩君相見之樂。」亦謂饗禮進取，燕則升歌《小雅》，合鄉樂。合鄉樂者，亦逮下也。鄉飲饗士，而升歌、笙閒俱用《小雅》，亦進取也。注疏分别未安。敖氏謂諸侯宜《大雅》，大夫、士宜《小雅》，亦未是。傳稱「穆叔如晉，晉侯饗之，歌《鹿鳴》之三，三拜」，饗也，而與燕同樂，諸侯於聘大夫則然。賈氏據此遂謂饗、燕同樂，尤非。《仲尼燕居》以升歌《清廟》下管《象》爲「兩君相見」之樂，蓋記者譌也。《清廟》，祀文王之升歌也，成王以賜周公之廟，已爲非禮，而謂大饗，其可哉？』以周案：盛氏知饗、燕有大小之别，而饗不必皆上取，燕不必皆下就，於《鄭譜》『或』字之義猶未審焉。《鄉飲酒》非饗禮，而升歌、笙閒《小雅》者，即肆三官始之意，别爲一義，何必牽説？違異鄭義，肆駁《戴記》，尤其失也。然較之阮伯元、金誠齋諸説尚矣，故詳録之，以備後人參考。

囊橐考〔一〕

囊、橐，皆裹物之具，古多渾言無别。毛傳「小曰橐，大曰囊」，亦未詳其制。陸氏《釋文》引《説文》云「有底曰橐，無底曰囊」，與今本《説文》不同。《史記索隱》引《埤倉》云「無底曰橐，有底曰囊」，説又歧異。案：《國策》高注，亦云「無底曰囊，有底曰橐」，陸氏所引《説文》必係六朝善本，《説文》「橐」字下當脱「一曰有底曰橐，無底曰囊」十字。橐，囊也，从囊省，石聲。囊，橐也，从橐省，𩏑聲。二字互訓，以見渾言無别。下又載「一曰有底曰橐，無底曰囊」，以見對文有異。橐之制，與冶家所鼓鑪橐相似，网耑緊括，洞其旁以爲口，受籥吹埵，以銷銅鐵。故《老子》謂之「橐籥」，亦謂之「排橐」。夜行之櫜，亦取象于橐，虚其中而鍥其旁，其聲始響。故字从橐，形聲相兼。橐之网耑皆有底，其口在旁。既實其物，中舉之，物在网耑，可以擔之于肩。故《秦策》曰「負書擔橐」，若囊，可云「負」，不可云「擔」也。《策》本亦作「擔囊」，誤。橐可擔之于肩，其大者或垂之車，故《齊語》謂之「垂橐」。《説文》：「橐，車上大橐。」若囊，不可垂于車，載之而已，爲囊之中實，不若橐之受物在网耑、其中虚也。卧其橐，如駝峯，故《上林賦》謂之「橐駝」。橐之受物既盈，其口難括，又設韋以紐之，故《説文》云：『韢，橐紐。』橐之制有底，則囊無底可知。囊之兩耑無底，如今書帙曰書囊，亦無底也。囊既無底，中實其物，括其兩耑，內物不出，故《坤》曰『括囊』。《九家逸象》『坤爲囊』，坤畫六斷，如囊之無底也。則橐其離象歟？或説：『橐，今纏腰下者。』直以『搭腹』當之。搭腹，古作袙腹，見《集韻》；亦作袹腹，見《廣雅》。仿有襠袴爲之，故古謂之『裲襠』。橐之制，如今擔肩之錢袋，古亦謂之『幐』。《方言》：『幐，儋也。』今江東呼儋兩頭物爲幐，與搭腹迥異。或又説：『囊，今之有底袋，上侈其口。』直以『侈口袋』當之。袋，或作帒，《説文》作『幐』。帒、幐一聲之轉，如黱或作黛，黱或作蚮之比。渾言之：囊可稱幐，見《説文》；橐亦稱幐，見《方言》。析言之：囊，兩耑無底；橐，兩耑有底；幐，一耑爲底，一耑爲口，其制異。囊、橐與幐，各有大小：橐之大，不及囊，見毛傳；囊之張大謂之橐，見《説文》，橐字從缶，缶容四斛，見《小尒疋》及注；幐與斊同，容三斛，見《説文》，其大小亦異。

【箋注】

〔一〕輯自《詁經精舍三集（戊辰）》，清同治七年官師課合刻本。

儀禮諸公考〔一〕

諸公者，官名也。考之《禮》，次國之上卿，位當大國之中。次國上卿，三命；大國上卿，容有四命，四命稱『孤』。《典命職》曰：『公之孤四命，以皮帛，眂小國之君。』鄭司農注，上公得置孤卿一人，其禮眂子男，例可稱公。然直稱爲公，又嫌與國君無别，故《大射》、《燕禮》稱國君曰『公』，其孤卿曰『諸公』。諸，非衆詞也。《夏官》有《諸子職》，亦以『諸』名官。鄭注『諸子』，或曰『庶子』。《禮記·燕義》稱『周天子之官，有庶子官』，其文與《諸子職》同，則諸之言庶也。公卿大夫之適子，入于成均，謂之國子。諸子掌國子之倅，鄭司農云：『倅，读如「物有副倅」之倅。』諸子者，所以副貳國子也。《儀禮》『諸公』與《周官》『諸子』同爲官名，爲其副貳國子曰諸子，爲其副貳上公曰諸公，其義一也。自鄭注以『公』爲官名，『諸』爲衆詞，異説由是沸起。鄭注《鄉飲》曰：『「大國有孤，四命，謂之「公」。』注《燕禮》云：『「孤」，一人，言「諸」者，容牧有三監。』考《儀禮》之例，凡衆詞，皆稱『衆』，如衆賓、衆主人、衆耦、衆射者、衆工、衆笙之類，皆不稱『諸』，則諸公稱『諸』，非衆詞，明矣。如諸公爲衆詞，則《禮經》當曰『衆公』，始合其例。且《鄉飲》、《大射》、

《燕禮》稱諸公、大夫，大夫非一人，並不稱『諸』，何獨于孤卿一人偏加以眾詞之『諸』，則諸公爲官名，非眾詞，明矣。《王制》言三監，本非周制，鄭據此以釋『諸』，後人咸知其誤，而諸之訓眾，注家仍爲鄭注所幪。若知諸公是官名，而非眾辭，則諸説皆可不論矣。〔二〕

【箋注】

〔一〕輯自《詁經精舍三集(己巳)》，清同治八年官師課合刻本。繼紅案：此篇後收入《禮説》，名《諸公》，文略有不同，故兼輯。

〔二〕參見《禮書通故》第三十四《職官通故二》：鄭玄云：『大國有孤四命，謂之公孤，一人。言「諸」者，容牧有三監，或云容有致仕之老，或云統公、卿、大夫言，或云兼寄公言，或云以附庸言，或云諸公爲臣，尊其君之稱。《左傳》：「吾公在壑谷。」』以周案：諸公，官名，以别其君之稱公也。《夏官》有《諸子職》，亦以『諸』名官，爲其副貳。國子曰『諸子』，爲其副貳國君。曰『諸公』，其義一也。自鄭注以『公』爲官名，『諸』爲衆辭，異説由是沸起。考《王制》言『三監』本非周制，不得援以爲證。且《儀禮》之例，凡衆辭皆稱『衆』，如衆賓，衆主人，衆耦，衆射者，衆工，衆笙之類，皆不稱『諸』，則諸公稱『諸』，非衆辭明矣。《鄉飲》、《鄉射》、《大射》皆稱『諸公大夫』，大夫非一人，不稱『諸大夫』，何獨於『孤卿』一人偏稱『諸公』？則諸公爲官名非衆辭更明矣。吴中林主『致仕』之説，胡氏《釋官》謂其説在《鄉飲》可通，但《大射》是將祭擇士之射，皆就在位言之，不得有致仕者。竊謂吴説於《大射》固不合，即《鄉飲》亦不可通。鄉飲禮鄉大夫爲主人，其孤卿大夫之致仕者曰鄉先生。鄭注《冠禮》云：『鄉先生，鄉中老人，爲卿大夫致仕者。』注《冠義》云：『鄉先生，同鄉老而致仕者。鄉老曰公，致仕則曰鄉先生。』則諸公中無致仕之孤明矣。又考《鄉飲》云『有諸公，則辭加席；無諸公，則大夫辭加席』，《燕禮》、《大射》皆云『若有諸公，先鄉獻之』，則『諸』自專屬公，不兼卿大夫。《禮》：『諸侯不臣寓公。附庸之君，諸侯亦不純臣。』《大射禮》：『公命徹冪，賓及諸公、卿、大夫，皆降拜。』且鄉飲爲卿大夫禮，鄉射爲州長禮，寄公、附庸君詎容來與？大夫稱公，末世僭禮。更不足爲訓。

姑之子爲甥舅之子爲甥妻之晜弟爲甥姊妹之夫爲甥解[一]

《喪服傳》曰：『謂吾舅者，吾謂之甥。』《尒疋・釋親》曰『母之晜弟，爲舅』，『妻之父[二]爲外舅』。舅爲尊長之稱，甥則卑幼之名也。《釋親》又曰：『姑之子爲甥，舅之子爲甥，妻之晜弟爲甥，姊妹之夫爲甥。』姑之子爲外兄弟，舅之子爲内兄弟，妻之子爲婚兄弟，姊妹之夫爲姻兄弟。四人敵體，亦名曰『甥』。郭注：『甥，猶生也，今人相呼蓋[三]依此。』郭意後人敵體相呼稱『生』，即依此『甥』而起，郭云『依此』者，依此稱生也。邵二云疏誤。以明甥爲生之聲借。但《釋親》所以正名此四甥字釋爲聲借，説者疑焉。案：甥爲卑幼之名，而此四者，施之於敵體，敵體可以稱甥者，其服同於舅服也。《喪服經》舅及姑之子、舅之子，皆在《緦麻三月章》。妻之晜弟姊妹之夫，雖《緦麻章》無見文，亦與姑之子、舅之子等，外親之服無過緦，緦皆可謂之甥，亦猶《喪服傳》所謂『小功以下爲兄弟』也。自後世此稱久廢，而其義遂晦。段氏懋堂謂姑之子爲父母之甥，舅之子爲父之甥，妻之晜弟姊妹之夫皆爲父母之甥，添説父母，於經無當。

【箋注】

〔一〕輯自《詁經精舍三集（己巳）》，清同治八年官師課合刻本。

〔二〕『母』，原作『父母』，『母』字衍，徑删。

〔三〕『蓋』，通行本作『皆』。

一馬從二馬解〔一〕

《小戴·投壺記》曰：『正爵既行，請爲勝者立馬，一馬從二馬。三馬既立，請慶多馬。』《大戴·投壺記》無『一馬從二馬』句。鄭注云：『馬，勝算也。謂之馬者，若云技藝如此，任爲將師乘馬也。』不釋『一馬從二馬』之義。孔疏引定本，無此一句，是也。《記》又曰：『請立馬，馬各直其算。一馬從二馬以慶。《慶禮》曰：「三馬既備，請慶多馬。」』鄭注云：『三立馬者，投壺如射，亦三而止也。』三者，『一黨不得三勝，其一勝者，並其馬于再勝者以慶之。』明一勝不得慶也。案：投壺之禮，有與鄉射異者，有與鄉射同者。鄉射初一三耦射，不釋算，不飲酒。次二賓主射，釋算，飲酒，而未作樂。次三三耦及賓主等射，釋算，飲酒，作樂，投壺。則初賓主射即釋算行觴，而樂亦作，此其異也。鄭云『投壺如射，亦三而止』者，鄉射三次射畢，投壺亦三次射畢，此其同也。鄉射、大射，三次射不止六人，投壺同，故曰：『算多少，視其坐。』惟三次射，故立三馬，馬與算異。《記》曰：『二算爲純，一純以取，一算爲奇，遂以奇算告』，『奇則曰奇，鈞則曰左右鈞』，此演算法也。算訖，三立馬，曰一馬，曰二馬，無所謂左右鈞矣。射必二人，謂之耦。賓黨爲上射，主黨爲下射。卒，投勝者飲不勝者，各如其算。是一耦之勝負已分也，而賓主兩黨之勝負多寡尚未分，宜總計之。故又爲勝党立馬，馬者，所以合計賓主黨三射之勝負也。投壺三射，故立三馬。但一黨之中，不能三射俱勝，獨得三馬。必有一党得二馬，一党得一馬者。而一馬之党，雖得勝于一耦，統前後三射計之，實負于二馬之党，故一馬從二馬以慶也。釋算之行觴，以飲不勝，罰爵也；立馬之行觴，以飲勝者，慶爵也。罰爵辱之，故使弟子奠其酒。《鄉射禮》曰『勝者弟子洗觶升酌，南面坐奠于豐』，是也。慶爵榮之，故耦自親酌。鄭注云『飲慶爵者，耦親酌，不使弟子無豐』，是也。但此以賓主黨之同等者言，其或勝者降等，則釋算行觴亦必親洗親酌，不使弟子。司射請立馬，亦不敢擢尊者之一馬，以從二馬。故《少儀》曰『侍投則擁矢，勝則洗而以請』，『不角，不擢馬』。一馬從二馬者，所謂擢馬也。不擢馬者，不以一馬從二馬也。《投壺》、《少儀》兩篇，義實相足。馬之形，蓋刻木如馬，與鹿中同。鄭注乘馬之説，稍似迂曲；而立馬以黨言，不以耦言，獨胜諸儒。方愨、陳澔輩，謂馬與算一，方其執之謂之算，及其釋之謂之馬，一耦得一勝者立一馬，得二勝者立二馬。不知釋算者，舍其算于地而不立；立馬者，植而立之，是釋與立之義不同也。算以籌爲之，馬如鹿中之類，是算與馬之形不同也。釋算以明一耦之勝負，立馬以明二黨之勝負，其用不同也。《記》曰『馬各直其算』，直，當也。算在鹿中之西，馬又當算之西。賓党勝，立馬于右；主党勝，立馬于左，其地不同也。《記》曰：『算多少，視其坐。』鄭注：『算用當視坐投壺者之衆寡爲數也。』是算之數，本不定。其多者，用八十籌，見《鄉射禮》。合賓主兩黨，止三而已，故一曰『三馬既立』，一曰『三馬既備』，並不言四馬、八馬，其數又不同也。姚舜牧説，尤舛譌不足辨。〔二〕

【箋注】

〔一〕輯自《詁經精舍三集(己巳)》，清同治八年官師課合刻本。

〔二〕參見《禮書通故》第二十六《投壺禮通故》：鄭玄云：『《投壺》「立馬」，馬，勝算也。謂之馬者，若云技藝如此，任爲將帥乘馬也。』陳祥道云：『漢人格五之法，有功馬，有散馬，皆刻馬象而植焉。鄭釋《周禮》「火弊，獻禽」，謂「旌弊爭禽而不審者，罰以假馬」。投壺之馬，蓋亦如此。』方慤云：『馬與算，一也，方其執之謂之算，及其釋之謂之馬。』　以周案：馬與算異，陳氏説是。鄭注以勝算爲馬，亦不謂馬即算也。算以籌爲之，馬如鹿中，其形異。釋算者，舍其算於地而不立；立馬者，立而植之。釋算以明一耦之勝負，立馬以明兩黨之勝負，其用異。《記》云『馬各直其算』，直，當也，算在鹿中之西，馬又當算之西。賓党勝立馬於右，主党勝立馬於左，其地亦異。《記》云『算多少視其坐』，數本不定。其多或用八十籌，見《鄉射記》。以一耦言有八算，見《記》文。以一人言有四算，見鄭注。馬則合賓、主兩黨止三而已，故一曰『三馬既立』，一曰『三馬既備』，竝不言『四馬』、『八馬』。其數亦異。

又：鄭玄云：『三立馬者，投壺如射，亦三而止也。三者，一黨不得三勝，其一勝者并其馬於再勝者以慶之，明一勝不得慶也。』皇侃云：『三番而止者，謂三耦投壺而止。』孔穎達云：『投壺初不立三耦，唯賓主三番而止。』以

周案：孔疏是。

祥刑解〔一〕

兵與刑，皆凶事。折獄中正，猶存哀矜。刑，何祥之有？《書·呂刑》『度作刑』，《周禮·大宰》注、《大司寇》注，皆引作『度作祥刑』。又下『告爾祥刑』，《漢書·敘傳》顔注，《後漢·劉愷傳》章懷注，《文選·王仲宣從軍詩》李注，並作『告爾説刑』。章懷注又引鄭注，云『詳審察之也』。《後漢·明帝紀》永平三年，詔曰：『詳刑慎罰，明察單辭。』十三年，詔曰：『詳刑理冤，存恤孤寡。』皆用《書》語。則古本『監于茲祥刑』，字亦作『詳』可知。《墨子》引《書》『告爾訟刑』，即從言之詳，而傳寫譌尒。古祥、詳字本通。《易·履》『上：視履考祥』，《釋文》云：『本亦作詳。』《書·君奭》『其終出于不祥』，蔡石經作『詳』。《記·檀弓》『申祥』，《孟子》作『詳』。《逸周書·皇門》『以昏求臣，作威不詳』，《左傳》『德刑詳義禮信』，詳，並即祥字。《説文》『詳，審議也』，與鄭注合。詳爲審察之義，故首篇曰『度作詳刑』，中曰『告爾詳刑』，何敬非刑？何度非及？並以詳、度連言，而其審克之惟察惟法，又累言之不置。自《僞孔傳》讀詳爲祥，訓爲善用刑之道，于義稍隔。或者用《僞古文》『刑期無刑，辟以止辟』，訓爲吉祥之刑，直郢書而燕説矣。或曰依鄭作『詳』，訓爲審察，則『度作詳刑』，是度作審察刑，説似紆回不辭。曰：《吕刑》首言『度作詳刑』，是詳刑本穆王所作之刑名也，而名必有義，鄭云审察之，釋其義尒；中云『告爾詳刑』，告以所作之刑也；末云『監于兹詳刑』，監此所作之刑也。名必有義，解經者必並其名義綴合言之，則經傳中不可通者多矣。

【箋注】

〔一〕輯自《詁經精舍三集（己巳）》，清同治八年官師課合刻本。

錫土姓解[一]

皇古之初，人皆無姓，自伏羲作字，因生以爲姓。《説文》云：『姓，人所生也。從女、生，生亦聲。』《白虎通》曰：『姓者，生也。』《毛詩》傳曰：『公姓，公生也。』姓之義，取諸生，因其母之所生以爲姓，故字從女、生。《説文》所謂神農母居姜水，因以爲姓；黄帝母居姬水，因以爲姓；舜母居姚虚，因以爲姓，是也。然姓錫于天子，以建有德，非下民所得冒。故《春秋傳》曰：天子建德，因生以爲姓，凡有姓者，皆貴者也。故《虞書》言：百姓即百官。且姓錫於有土，亦以華諸夏，非外夷所得溷。故《夏書》曰：『中邦錫土姓。』姓曰『錫土』，所以榮諸侯、别士庶也。錫土姓，曰『中邦』，明以華中夏、鄙外夷也。中夏有姓，外夷無姓，自古已然。故此經當以鄭讀爲是，《孔傳》非也。其錫姓之法有二，有特賜其姓，非蒙其祖宗者，如鄭君《駁異義》云『炎帝有姜，太皞所賜；黄帝姓姬，炎帝所賜』，是炎帝、黄帝之先，本自有姓，而太皞、炎帝特賜姜、姬以異之也。有本其祖姓而特賜之，以正其宗者，如后稷賜姓曰姬，四嶽賜姓曰姜，皆錫以祖姓，使紹其統，以爲百世宗者也。唐虞所錫有土之姓，多不可考，今可見者有八。《周語》曰：『帝嘉禹德，

『帝賜伯夷姓曰姒;胙四嶽國,賜姓曰姜;颺叔安裔子董父,賜姓曰董。』鄭《駁異義》云:《毛詩商譜正義》引《中候握河紀》曰姜,賜禹姓曰姒,賜契姓曰子,賜稷姓曰姬,著在《書傳》。』案:《左氏·文五年傳》以蓼、六爲皋陶後。《世本》:舒蓼,偃姓,皋陶之後。則賜皋陶姓曰偃也。《秦本紀》云:大費佐舜,調馴鳥獸,是爲柏翳,舜賜姓嬴氏。柏翳即伯益,則賜伯益姓曰嬴也。當錫姓之初,無所謂氏。其後子姓蕃衍,難以自分,又命之氏以别之。故《春秋傳》曰:胙之土而命之氏。《周語》:四嶽賜姓曰姜,氏曰有吕。姓統於上,氏别於下。鄭《駁異義》曰『天子賜姓命氏,諸侯命族。族者,氏之别名;姓者,所以統繫百世。不别氏者,所以别子孫之所出』,是也。其後又以氏爲姓,謂之氏姓。故《風俗通》、《潛夫論》皆有氏姓篇。《史記·陳杞世家》:舜爲庶人時,堯妻之二女,居于溈汭。其後因爲氏姓,姓嬀氏。陳胡公不淫,周賜之姓,命氏曰陳。其後又爲氏姓,姓陳氏,是也。《説文》云『氏,小𠂤旁著于山岸脇』,此爲本義。引申之,繫于姓而分支謂之氏。或氏于字,或氏于謚,或氏于官,于邑,而皆繫于姓。故《禹貢》言錫姓,不言命氏,姓以賅氏也。宋鄭樵作《姓氏略》,本《左傳》眾仲之言推廣之,得姓氏者凡三十有二類,讀者韙之。抑知夾漈之學，貪多務博，蘄勝前人。其所據者，乃從典午以後，十六國南北朝之紛亂，雜朔漠之姓于中國，無夷夏中外之分，而于邃古得姓之始，與三代出姓析爲氏族之源流，亦未深究而明曉也。〔二〕

【箋注】

〔一〕輯自《詁經精舍三集(己巳)》，清同治八年官師課合刻本。

〔二〕詳見《禮書通故》第八《宗法通故》：鄭玄《駁異義》云：『炎帝姓姜，大皞之所賜也。黄帝姓姬，炎帝之所賜也。故堯賜伯夷姓曰姜，賜禹姓曰姒，賜契姓曰子，賜稷姓曰姬，著在《書傳》。《春秋左傳》：「無駭卒，羽父請謚與族。公問族於衆仲，衆仲對曰：『天子建德，因生以賜姓，胙之土而命之氏。諸侯以字爲氏，因以爲族。官有世功，則有官族，邑亦如之。』公命以字爲展氏。」以此言之，天子命氏，諸侯命族，族者氏之别名也。姓者，所以統繫百世，使不别也。氏者，所以别子孫之所出，故《世本》之篇言姓則在上，言氏則在下也。』以周案：『諸侯以字爲氏』之『氏』，今注疏本作『謚』，誤也。天子胙諸侯土而命之氏，氏謂國氏。諸侯不得專封，即不得命氏，故其大夫身受采地皆無氏。至子孫有以王父字爲氏者，『因以爲族』故也。『因以爲族』者，諸侯得『命族』故也。其以王父字爲氏，此爲氏族之氏，與國氏異。或以官氏，或以邑氏，亦惟世禄家有之，其本身未嘗命氏，亦同國氏之氏天子命之，氏族之氏諸侯命之。鄭漁仲作《通志》，詳叙氏族，於此尚未剖析。且後世之姓，多是古人之氏。四裔不根之氏，尤無當中國之姓。鄭氏牽强傅會，多不可信。

又：王充云：『因其所生賜之姓，若夏吞薏苡而生，則姓姒氏，商吞燕子而生，則姓子氏，周履大人迹而生，則姓姬氏。』杜預云：『因生以賜姓，若舜由嬀汭，故陳爲嬀姓。胙之土而命之氏，謂報之以土而命氏曰陳。』以周案：王説與《禮緯》同，不足信。『建德』謂建立諸侯之有德者，《國語》云『異姓則異德，異德則異類。同姓則同德，同德則同心』，韋昭云『得姓，以德居官而賜之姓』是也。天子建立有德者，因生以賜姓，《國語》所謂『黄帝以姬水成，炎帝以姜水成，故黄帝爲姬，炎帝爲薑』是也。『胙之土而命以氏』，謂以國爲氏，如踐土之盟，書曰『晋重、魯申、衛武、蔡甲午、鄭捷、齊潘、宋王臣、莒期』，又荀偃之稱『齊環』，衛太子之稱『鄭勝』、『晋午』之類是也。凡胙土者必命氏，不必賜姓，賜姓自有氏，故《國語》云：『黄帝之子二十五人，凡二十五宗，其得姓者十四人。』云『二十五宗』者，皆命氏也。『得姓者十四人』，其十一人命之氏，未賜姓。後世姓與氏不分，又無『命氏』之典，子姓既多，遂莫别其所出。

又：服虔云：『公之母弟則以長幼爲序，貴適統，伯、仲、叔、季是也。庶公子則以配字爲氏，尊公族，展氏、臧氏是也。』杜預云：『諸侯位卑，不得賜姓，故其臣因氏其王父字，或便即先人之謚稱以爲族。』孔穎達云：『爲謚因以爲族，謂賜族雖以先人之字，或用先人所爲之謚，因以爲族。以謚爲族者，衛齊惡、宋戴惡之類是也，而劉君乃稱以謚爲族，全無一人，妄規杜氏。』以周案：鄭《駁異義》引諸侯以字爲氏，與服注合。杜注『氏』作『謚』，不及服、鄭所見本爲長，其云『即先人謚稱以爲族』説本王符，《潛夫論》云：『賜氏以字，孟孫、叔孫是也。賜氏以謚，戴武、宣穆是也。』如其説，本文宜云『以字』、『以謚』方通。孫頤谷、段懋堂因謂『以字爲謚，以謚爲族，族於謚即族於字』，朱仲鈞亦詳駁之矣。孫以王父字爲氏，《春秋》中不可枚舉，而《左傳》於歸父曰『盟東門氏』，於子展曰『罕氏掌國政』，於子晰曰『以駟氏之甲攻良霄』，皆後人追述之詞，或者據此謂『有以父字爲氏者』，誤。公子友字季，亦曰『季友』，公子遂字仲，亦曰『仲遂』，此與魯叔肸字叔曰『叔肸』、鮑叔牙字叔曰『叔牙』同，爲其單字『仲』、『叔』、『季』，故以字加固其名使人易曉，或者據此謂諸人皆『生前賜氏』，亦誤。又，公子慶父字仲，謚『共仲』，公子牙字叔，謚『僖叔』，公子友字季，謚『成季』，此與臧『僖伯』、臧『哀伯』、曲沃『桓伯』、欒『共叔』同，皆以謚加於字，此本古法，或者據此爲『以字爲謚』之證，亦誤。凡稱『子』貴於字，後三桓專政，皆謚爲某子，而臧武仲子、服景伯等猶以謚加字，此其差也。

又：杜預云：『別而稱之謂之氏，合而言之則曰族。』孔穎達云：『族者，屬也，與子孫共相連屬。其旁支別族，則各自立氏。』毛奇齡云：『孔氏《正義》姓分爲族，族分爲氏。彼徒以子服南宫之總皆桓族，馬師子南之總皆穆族，因遂以族歸桓穆，而不知桓穆者族之總稱，非分稱之族也。傳稱高陽氏有一十六族，非氏之分爲族乎？』以周案：鄭《駁異義》引《左傳》『諸侯以字爲氏，因以爲族』，云『族者，氏之別名也』，明氏、族本同，無先後之可分也，故羽父爲無駭請氏而曰『請族』。衆仲曰『諸侯以字爲氏，因以爲族』，明族因氏別，氏者所以別其族也。公子之孫，一分氏即分族，故氏、族通稱。叔向曰『肸之宗十一族，惟羊舌氏在』，羊舌爲十一族之一，上曰『族』，下曰『氏』，互文也。經傳氏族之外又有國氏，有公族。氏族之氏與國氏異，國氏惟天子得命之，氏族則諸侯所命也。氏族之族與公族異，公族爲公子、公孫之通稱，氏族則公子之孫及異姓大夫自別其宗之名。如《左傳》所稱宋之戴族、桓族，即公族也。孔疏誤以公族之族爲氏族，遂以戴族之後有華氏、桓族之後有向氏爲氏族有分合之異，非也。《左傳》所稱高陽氏、高辛氏即國氏也，毛氏誤以國氏之氏爲族氏，遂以高陽氏、高辛氏之後分十六族爲族、氏有先後之别，尤非。至舉先君之謚以表族，後即用表族者以爲氏，如戴族亦稱戴氏，桓族亦稱桓氏，此從夫人之稱謂而言之非古，而氏族之無先後亦可見。

又：顧炎武云：『鄭康成《駁異義》引傳文云「諸侯以字爲氏」，今作「謚」者，傳寫誤也。朱子云「以字爲氏，如鄭之國氏，本子國之後，駟氏本子駟之」。下云公命以氏爲展氏，是也。』孫志祖云：『《記・檀弓》「哀公誄孔子」，鄭注云「尼父因其字以爲之謚」，明用《左傳》此語。《儀禮・少牢禮》注「大夫或因字爲謚，傳曰『魯無駭卒，請謚與族，公命之以字，爲展氏』是也。《史記集解》引《駁異義》作「字」爲「氏」，乃傳寫之誤。』以周案：鄭注《檀弓》循文作解，未必用《左氏》語。案：誄與謚異，哀公誄孔子，非謚也。《春秋》大夫之謚俱本《謚法》解，《周書・謚法》凡二百九十四字，無『尼』。《士虞記》『適爾皇祖某甫』，注云『某甫，字也，若言「尼甫」』，是鄭亦以尼甫爲字，非謚也。《檀弓》注本未是。《少牢禮》『皇祖伯某』注云：『伯某，且字也。大夫或因字爲謚』。『謚』當作『氏』，後人據杜本改之爾。鄭意《禮》於大夫、士告請之祭並曰『皇祖某甫』，士之正祭則云『某子』，《少牢》所言亦正祭禮，不稱『某子』曰『伯某』，『某』在『伯』下，是稱字矣。《春秋》之例，子貴於字，《鄉射禮》鄭注引《春秋傳》曰：『字不若子。』此大夫禮，其稱反貶於士，似與禮不合，故云『大夫或因字爲氏』，引《左傳》『以字爲展氏』證之，見『伯某』之字或即氏，『皇祖伯某』者，皇祖伯氏也。稱氏又貴於子，其不命氏者曰伯子可也，子氏未定故曰某。賈疏據誤本作『爲謚』，謂『伯某』

之『某』即謚，殊誤。凡古人稱『伯某』、『子某』者皆字，稱『某伯』、『某子』者爲謚，如賈疏，經文當作『皇祖某伯』方通。孫沿賈謁，難據。且鄭注『大夫或因字爲氏』，『或』爲轉詞，其上文云『伯某，且字』，仍以『字』釋『某』者。以《聘禮記》『皇祖某甫，皇考某子』例之，則《特牲》之祭稱『某子』以該其祖之爲大夫者，《少牢》之祭稱『伯某』以該其祖之爲士者，例自可通。故以『且字』列於前，而以『因字爲氏』或之。

尹氏卒解〔一〕

《春秋》有三傳，皆出於聖人之徒。而所聞有異辭，不能畫一。如隱三年，經書：『夏四月，尹氏卒。』《公》、《穀》兩傳並同，而《左傳》獨作『君氏』。以《春秋》比事屬辭核之，則《公》、《穀》實優於《左傳》。《公羊傳》曰：『尹氏者何？天子之大夫也。其稱尹氏何？貶。曷爲貶？譏世卿，世卿非禮也。外大夫不「卒」，此何以「卒」？天王崩，諸侯之主也。』何休曰：『尹氏世立王子朝，齊崔氏世弑其君光。』《穀梁傳》范寧注亦同《公羊》家説，特不言『譏世卿』。繹何氏意，尹氏之擅立，以世爵故。崔氏之弑逆，以世禄故。故經於隱三年，尹卒，以『氏』書。宣十年，崔出奔，亦以『氏』書。聖人以是爲世卿者所爲，故各因其事以著『履霜堅冰』之戒。比事觀之，其例自明。或曰：《春秋》文三年，書『王子虎卒』；定四年，書『劉卷卒』，皆名。如尹氏爲周大夫，亦當以名卒。且《春秋》貴之，書爵、書族；貶之，書名。尹氏貶，氏而不名，殊非通例。曰：不然，《春秋》爲例不一，聘問、帥師，皆以去氏爲貶，故於仲孫曰『嘉之』，於翬溺曰『疾之』。外諸侯之薨，内大夫之卒，皆赴以名。《禮》所謂『生，名之。死，亦名之』。故薨、卒，以稱名爲正；其不名者，示貶。二者各有其例，本不相蒙。或謂《春秋》無達例，竊謂讀《春秋》者無達識也。且《春秋》隱三年，書『尹氏卒』。昭二十三年，書『尹氏立王子朝』。二十六年，書『尹氏以王子朝奔楚』。比事觀之，則三書『尹氏』，皆爲周大夫，明甚。學者於『立朝奔楚之尹氏』則信之，於『尹氏卒』則疑之，是知二五，不知十矣。又考隱七年，滕侯卒；八年，宿男卒；莊三十一年，薛伯卒；僖二十三年，杞子卒；成十六年，滕子卒：皆以國小微之而不名。成十四年，昭五年，定九年，哀三年，並書『秦伯卒』，以國強貶之而不名。比事觀之，滕、宿、薛、杞、秦之君以爵卒，尹氏以氏卒，一例示貶。可知學者於滕、宿、薛、杞、秦諸君之不名，循以爲例；於尹氏卒之不名，偏疑非例而不信，是亦知二五不知十矣。然則《左傳》之言，豈臆説無稽歟？曰：《春秋》之事，所見異辭，所聞異辭，所傳聞異辭，故三傳間有同異。尹氏，《左傳》作『君氏』，比事觀之，實違於例。凡君夫人之薨，無書『卒』者，其違一。書『夫人薨』，必繫以姓而後別，但曰『君氏』，安知不爲隱公之夫人？其違二。如謂君氏即君母，則母以子氏，書法當同僖公成風之例。妾以君氏，書法當同惠公仲子之例。但曰『君氏』，不辭。設或舉聲子卒而語人曰『隱公氏卒』，未有不啞然笑者，其違三。如謂聲子未正夫人之位，故變文曰『君』，考之《禮經》，妾於夫人稱『君』，君即夫人也。既可稱君，即可稱夫人，何必變文？且春秋時，奪嫡立庶之禍，皆由於嫡、妾之名分不正。如成風屬其子於季友，而僖公得立；敬嬴屬其子於襄仲，而宣公得立。故《春秋》於時公之母未爲夫人者，辨之綦嚴。或繫之君而曰『惠公仲子』，或繫於子而曰『僖公成風』，何獨隱公之母變文曰『君』以亂嫡夫人之稱？其違四。如謂君氏不書姓，與莊元年書『夫人孫于齊』同例，但文姜孫齊，不書『姜氏』，爲絶不爲親之特例，聲子何辜，亦不書姓以絶之？必非經意，其違五。如謂君氏卒，不書姓，與僖元年書『夫人氏之喪』同例，但『夫人氏喪』蒙上『夫人姜氏薨於夷』，故省文以見義。如上無蒙，直曰『夫人氏』曰『君氏』，經無此例，其違六。凡《左》之異於《公》、《穀》者，多《公》、《穀》短而《左》長，尹氏之卒，當以《公》、《穀》爲正，不可癖《左》。三傳各有授受，互有出入，校以經例，短長自見。揚子有言曰：『衆言淆雜折諸聖。』

【箋注】

〔一〕輯自《詁經精舍三集(己巳)》，清同治八年官師課合刻本。

庶姓别于上解[一]

《記大傳》『庶姓别于上，而戚單于下』，鄭注云『元孫之子姓，别于高祖』，『始祖爲正姓，高祖爲庶姓』。孔疏云：『庶姓謂氏族。』案：庶姓，小宗子也。小宗五世則遷，下曰五世則遷者，其繼高祖者也。故鄭注曰：『高祖爲庶姓。』姓與氏，析言别，渾言通。庶姓者，别其大宗之名也。大宗有正姓，小宗無常氏。《左傳》曰：天子『因生以賜姓，胙之土而命之氏』。鄭《駁異義》云『堯賜伯夷姓曰姜，賜禹姓曰姒，賜契姓曰子，賜稷姓曰姬，著在《書傳》』，是天子賜姓也。諸侯賜卿大夫以氏，若公之子曰公子，公子之子曰公孫，公孫之子，則其親已遠，不得上連於公，故以王父字爲氏。或以官，或以邑，爲氏，所以别其上也。庶姓有别于上，而戚未單于下者，若孟獻子、季交子是也。至孟懿子、季桓子時，則可謂『庶姓别于上，而戚單于下』矣。顧氏《日知録》，謂姓之言生，謂子孫。王氏《述聞》解《詩》『公姓』、『公族』，詳疏其義。竊謂《詩》之『公姓』訓爲『公生』，尚可通。《記》之庶姓，訓爲庶生，不可解矣。且如其説，讀姓爲生，訓爲子孫，則《記》文當云『庶姓别於下，而戚單於上』方合。

【箋注】

〔一〕輯自《詁經精舍三集(戊午)》，清同治九年官師課合刻本。

周禮鄉老鄉大夫解[一]

《周禮·序官》云：『鄉老，二鄉則公一人；鄉大夫，每鄉卿一人。』鄉老爲兼官，鄉大夫即六卿。《序官》列其職，而《地官》有鄉大夫，無鄉老，則鄉老，兼官也。軍旅田役諸事，大司徒、小司徒、鄉師主之。五官亦皆有事，而鄉大夫一無所與，則鄉大夫即六卿也。鄭注云：『老，尊稱。王置六鄉，則公有三人。三公者，内與王論道，中參六官之事；外與六鄉之教，其要爲民，是以屬之鄉焉。』[二]《曲禮》：『三公曰天子之老。』老而稱鄉，鄭注已明。三公不必備，爲六卿之兼職，則鄉老爲兼職可知。鄉老即三公，則鄉大夫即六卿亦可知。王置六鄉，六卿帥之，故鄉大夫每鄉卿一人。其位卿，其名曰大夫者，《王制》曰『上大夫卿』，則卿固可謂之大夫也。《周官》六卿之外，别無所謂卿。賈疏謂鄉大夫别置六卿，而非冢宰等之六卿，誤矣。[三]《書·甘誓》『乃召六卿』，即六事之人，爲鄉大夫鄉各一卿之權輿。《左氏傳》宋『二師令鄉』，『司徒令遂』。二師即鄉老，司徒即鄉大夫，春秋時猶存其制。管仲爲齊，分鄉十五，公與高、國各率其五。此雖損益非古，而齊，侯國，不得立孤卿，故公帥五鄉，代董鄉事，亦髣髴是制也。或曰：鄉大夫皆六卿所兼，何以其職曰『受教法于司徒』乎？曰：事有相通，職有專重，在朝則冢宰重，在鄉則大司徒重，在軍則大司馬重。其相通者，皆受法于專重，無或侵越，六官皆然。且《序官》『大司徒，卿一人』，如賈疏，大司徒下又置六鄉六卿，則地官一職有七卿，此説之最不可通者。

【箋注】

〔一〕輯自《詁經精舍三集（戊午）》，清同治九年官師課合刻本。

〔二〕參見《禮書通故》第三十四《職官禮通故二》：鄭玄云：『《周官序官》：「鄉老，則公一人。」老，尊稱也。王置六鄉，則公有三人。三公者，内與王論道，中參六官之事；外與六鄉之教，其要爲民，是以屬之鄉焉。』李惇云：『鄉老，蓋鄉中之賢者，或致仕之官爲之。古大夫致仕爲父師，士致仕爲少師，此民閒之稱，非可通於朝廷。鄉中之賢，謂之老則可稱之以公，儼然與在朝之三公竝尊，有是理乎？』以周案：入而論道，謂之三公；出而敷教，謂之鄉老。從鄭注。天子六鄉，二鄉公一人。宋爲王者後，立四鄉，二師，令四，鄉正二，鄉師一人，亦仿《周官》。

〔三〕參見《禮書通故》第三十四《職官禮通故三》：賈公彦云：『鄉大夫，每鄉卿一人，總屬司徒，非六官兼典鄉大夫。知者，以鄭注《大司馬》云「軍吏選於六官、六鄉之吏爲之」，既六官、六鄉竝言，故知别置。』以周案：天子六鄉，鄉老二，鄉公一人，以三公兼之；鄉大夫，每鄉卿一人，以六卿兼之。賈疏非。

又：鄭玄云：『《鄉飲酒禮》主人，謂諸侯之鄉大夫也。』賈公彦云：『大國，三鄉；次國，二鄉；小國，一鄉。』胡匡衷云：『《周禮》鄉大夫，每鄉卿一人，諸侯以大夫爲之，亦當鄉置一人。古者軍出於鄉，天子六軍，出自六鄉。諸侯大國，三軍；次國，二軍；小國，一軍。《費誓》「魯人三郊三遂」，則賈氏「大國三鄉，次國二鄉，小國一鄉」之説信矣。孔氏謂諸侯三鄉，卿二鄉，大夫一鄉，非也。《周禮》六鄉之大夫皆屬於司徒，故其職曰「受教法於司徒，而頒之於其鄉吏」。諸侯則使卿分掌之，《左傳》宋「二師令四鄉正」，晉「趙孟問其縣大夫，則其屬」，《國語》齊「高子帥五鄉焉」，「國子帥五鄉焉」，是諸侯之鄉大夫通於卿也。』　以周案：諸侯之司徒、司馬、司空皆以卿爲之，與天子同。天子之鄉大夫即六卿，諸侯之三鄉、二鄉、一鄉，亦必以命卿主之。大國三卿皆命於天子，故國立三鄉，三鄉得出三軍。次國三卿，二卿命於天子，故國立二鄉，二鄉得出二軍。小國三卿，一卿命於天子，故國立一鄉，一鄉止出一軍。凡命卿各主一鄉，所謂『鄉大夫興賢能之書，退而以鄉射之禮五物詢衆庶』。諸侯亦使命卿主之也，舊説諸侯鄉大夫以下大夫爲之，『孔子射於矍相之圃』，爲鄉大夫，未是。

又：杜預云：『《左傳》宋「二師令四鄉正敬享」，鄉正，鄉大夫。』韋昭云：『《齊語》「正月之朝，鄉長複事」，鄉長，鄉大夫也。《周禮》：「正月之吉，鄉大夫受法於司徒，退班於鄉吏，以考其行。」』　以周案：鄉正，即鄉師也。《周官》：『鄉師，下大夫，四人。』宋建六卿，立四鄉正，其制全同王禮，本非諸侯通制。《管子》分國爲二十一鄉，鄉各有長，謂之鄉長，亦以當天子之鄉師。鄭注《鄉師》云：『師，長也。』鄉師、鄉正、鄉長一義，注家以鄉大夫釋之，未是。諸侯之鄉大夫以命卿領之，其下别立鄉正，以當天子之鄉師。《左傳》孔疏云：『鄉大夫，每鄉卿一人。天子六卿，即以卿爲之長。』此傳云『二師領四鄉正』，則别立鄉正，非卿典之，但其職掌當天子之鄉大夫耳。孔氏明知鄉正非鄉大夫，而又爲杜注曲護之，此疏家墨守之法也。胡氏《釋官》乃據以爲諸侯之鄉大夫統於卿，誤已。

賞地參之一食解〔一〕

《周官·司勳》云『賞地參之一食』，謂受賞者之所食也。受者食賞地參分之一，則以其二貢于王，所謂國正是也。下云『惟加田無國正』，明賞地猶征于國也。先鄭注云『不以美田爲采邑』，後鄭注云『賞地之税，參分計税，王倉其一也，二全入于臣』，兩説皆不可信。采邑與賞地異，采邑，《周官》謂之家邑、小都、大都，其地之遠近，數之多寡，各有定制。而賞田在九田之中，輕重眡功，功大賞重，殁則歸諸公家，不若采邑可以處子孫。《左·襄二十八年》云『齊與晏子邶殿，其鄙六十』，即賞地也。晏子本有采邑，故曰：『在外，不得宰者一邑。不受邶殿，非惡富也。』又二十六年云『鄭伯賞入陳之功』，賜子展八邑，子産六邑，亦謂賞地也。若采邑，子展、子産之先人早受之矣。《魏策》公叔痤爲將，勝韓、趙，魏王以賞田百萬禄之，公叔痤攘功于吴起、巴寧、爨襄，于是各賜田二十萬，此賞田之顯證也。魏王曰：公叔長者，不可無益，『又與田四十萬，加之百萬之上，使百四十萬』，此加田之顯證也。賞田較采邑爲重，加田較賞田爲尊，《晉語》曰『官宰食加』，謂加田無國正，得以參之一，食其官宰也。賞加之田杜遠郊，遠郊之地，不易、一易、再易不等。賞加之田未必盡以下地。先鄭以賞田爲采邑，固謬。云不以美田爲采邑，更失先王崇功之意也。〔二〕參之一食，謂賞其所食之數，非天子食。先鄭注本不誤，《大司馬》云『凡令賦，以其地與民制之。上地，食者參之二，其民可用者，家三人。中地，食者半，其民可用者，二家五人。下地，食者參之一，其民可用者，家二人。』先鄭注云『上地，謂肥美田，食者參之二。段令一家有三頃，休其一頃，歲種二頃』，『下地薄惡，所休者多』。據先鄭注，食『參之二』、『參之一』者，皆謂受地者之所食，非天子食，與此『參之一食，爲受賞者之所食』，其義正同。但《大司馬》『食參之一』，明下地差等之數。《司勳》『參之一食』，明賞地公私之則。兩職之辭若同，意各有指。先鄭以參之一爲不美田，由泥于《大司馬》職而誤，其以食爲受地者食，尚不誤也。又考《大司徒》云『諸公地方五百里，其食者半。諸侯地方四百里，其食者參之一。諸伯方三百里，其食者參之一。諸子地方二百里，其食者四之一。諸男地方百里，其食者四之一』，先鄭注云：『其食者半，公所食租税得其半耳，其半皆附庸小國，屬天子參之一亦肰。』先鄭此注亦塙。經文『五百、四百里』云云，兼山川附庸言，其食者『參之一、四之一』云云，據土地之可食言。其食，謂受封者食，與上文『土其土〔三〕，制其域』兩『其』字同。《記》曰：『其在東夷、北狄、西戎、南蠻，雖大，曰子。』是古者子、男之國多在四裔，中土封子、男者絶少。《周官》言服曰『侯、甸、男、采、衛』，亦侯内而男外。子、男之國，其土多瘠，故其食僅四之一。侯、伯居五等之中，鄭注《周官》，言賦法，以『三分去一』及『二而當一』兩法通率之，與其『食參之一』之數正合，〔四〕詳所著《經禮通詁》〔五〕。鄭康成以其食爲王食，本誤。其解此『參之一食』爲王食，由誤解《大司徒職》而紕繆也。其實，《大司徒》言其『食參之一』爲受地者可食之數，《司勳》言『參之一食』，亦謂受賞者可食之數，皆不謂『天子食』。《周官》『下之供上謂之貢，上之取下謂之征』，通名之，謂之賦，皆不云食。其云『食參之一』，『參之一食』，皆謂受土者食。

【箋注】

〔一〕輯自《詁經精舍四集》，清光緒五年仲夏刊本。

〔二〕參見《禮書通故》第三十四《職官禮通故一》：鄭衆云：『《司勳》「凡頒賞地，參之一食」，不以美田爲采邑。』鄭玄云：『賞地參分計税，王食其一也，二全入於臣。』以周案：《大司徒》『侯伯其食參之一』，謂受封者食。《大司馬》『下地食者參之一』，謂受地者食。此『賞地參之一食』，謂受賞者食。受賞者食參之一，則其二征於國。惟加田無征，鄭以此食爲王所食，誤。先鄭據《大司馬》文爲説，食謂受賞者食，是已；但謂『參之一』即下地之不美田，非；謂賞地即采邑，更誤。又案：古有采邑，有更受采邑，又有賞地，加田。四者不同，注家多混幪。如諸侯受采於始封，以傳其子孫。其有入王國爲公卿大夫者，更受采地於京師。《詩》『還予授子之粲兮』，傳：『諸侯入爲天子卿士，受采禄。』此謂更受采邑也。子產采邑傳諸子國，鄭伯賞入陳之功賜子產六邑，子產辭受三邑，此謂賞地也。《魏策》：『王以賞田百萬禄公叔痤，痤讓於吴起、巴寧、爨襄，各賜田二十萬。王曰：「公叔，長者，不可無益。」又與田四十萬，加之百萬之上，使百四十萬。』百萬爲賞地，四十萬爲加田，此賞田、加田之分也。采邑外之更受采，賞田外之加田，身没之後皆歸諸其君。

〔三〕『土』，通行本作『地』。

〔四〕參見《禮書通故》第三十五《井田通故》：鄭玄云：『王畿方千里，積百同九百萬夫之地，有山陵、林麓、川澤、溝瀆、城郭、宫室、塗巷，三分去一，餘六百萬夫。又以田不易、一易、再易、上、中、下相通，定受田者三百萬家也。』以周案：此以大判言之。細論之，《大司徒》言『不易之地，家百畮，一易之地，家二百畮，再易之地，家三百畮』，相通三家六百畮，是一家受二夫之地。《遂人》言『上地，田百畮，萊五十畮；中地，田百畮，萊百畮；下地，田百畮，萊二百畮』，相通三家六百五十畮，是六家而受十三夫之地。六鄉、六遂二法通行。鄭注以《大司徒》所言爲六鄉法，《遂人》所言爲六遂法，以此逆推三百萬家之數，遂謂六鄉用三分去一率之，六遂三分所去六而存一，以十八分之十三率之。其實三分去一，二而當一，皆是大判言之，三百萬家，原非截然畫一之數。許氏《異義》云『其閒委曲細别不同』，鄭注《載師》云『地之形，實不方平如圖，受田邑者遠近不得盡如制皆當』。又《周書·作雒解》：『王畿，東西長，南北短，制郊甸方六百里，因西土爲方千里。』

又：《漢志》云：『税以足食，賦以足兵。故四井爲邑，四邑爲丘，四丘爲甸，甸六十四井，有戎馬四匹，兵車一乘。一同百里，提封萬井，除山川、沈斥、城池、邑居、園囿、術路三千六百井，定出賦六千四百井，兵車百乘。一封三百一十六里，提封十萬井，定出賦六萬四千井，兵車千乘。畿方千里，提封百萬井，定出賦六十四萬井，兵車萬乘。』以周案：此即《王制》三分去一之法。許氏《異義》云：『此大判言之，其閒委曲細別不同。』注疏家多泥，説未當。

又：《司馬法》：『夫三爲屋；屋三爲井；井十爲通，通爲匹馬，三十家，士一人，徒二人；通十爲成，成百井，三百家，革車一乘，士十人，徒二十人；十成爲終，終千井，三千家，革車十乘，士百人，徒二百人；十終爲同，同方百里，萬井，三萬家，革車百乘，士千人，徒二千人。』鄭學者説，通爲九十夫之地，除以三分去一分之法，惟有六十，通率二而當一，則止三十家。陳傅良云：『一成八百家，《司馬法》只言三百家，番休者五百家可見。周家優民之至。』以周案：《司馬法》通、成、終、同皆以『三』爲數，承上『夫三爲屋』而言，據一偏之實數以例四方也。其中積實有當除以『三分去一』及『二而當一』之法，亦有不必除以二法者，數難核實，故舉一偏以待三反。注疏家每處以兩法相除，愈覈愈鑿。陳君舉、陳及之、王次點解《司馬法》文皆誤。

又《禮書通故》第四十《軍禮通故》：金榜云：『成百井，三百家。可任者家一人，出士徒三十人。十而賦一，所謂「凡起徒役，無過家一人」也。此正卒也。甸六十四井，通上中下地率之，定受田二百八十八家，計可任者二家五人，凡七百二十人，出步卒七十二人，亦十而賦一。所謂「惟田與追胥竭作」者，此通正、羨之卒也。』以周案：金説近儒多信之，其實非也。『凡起徒役無過家一人』是賦法，非軍制，誤一。成百井九百家，云『三百家』者，以『三分去一』、『二而當一』兩法率之。甸六十四井亦當以此兩法通率，今只用『二而當一』之法，與『成三百家』異術，誤二。《周禮》『凡起徒役無過家一人』，以其餘爲羨，謂『上地家三人，中地二家五人，下地家二人』皆爲羨卒。今以十而賦一，爲羨卒只七十二人，餘六百四十餘人之可任者更名何卒？誤三。言『正卒三而當一，家可任者一人』，言『羨卒二而當一，可任者二家五人』，任意分説，無可證明，誤四。

〔五〕《賞地參之一食解》收於《詁經精舍四集》，約作於同治十年（一八七一），黄以周云『詳所著《經禮通詁》』，則知此時《禮書通故》尚名《經禮通詁》，且其課藝之作亦多與該書有所關聯。

五齊三酒用法考〔一〕

《周官・酒正》五齊：一曰泛齊，二曰醴齊，三曰盎齊，四曰緹齊，五曰沈齊。〔二〕三酒：一曰事酒，二曰昔酒，三曰清酒。〔三〕五齊、三酒，皆獻酒也，天子大祫備用之。《司尊彝》述礿禴烝嘗，時祀追享朝享之禮，而曰『鬱齊獻酌，醴齊縮酌，盎齊涚酌』。凡酒務酌，凡酒三酒也，見鄭注。五齊上不及泛，下不及緹沈，此天子中祭之禮也。崔氏靈恩説，天子祫備五齊三酒。禘備四齊三酒，不用泛齊。時祭止用醴盎二齊三酒，是也。天子時祭用九獻，鄭注《司尊彝》曰：『此凡九酌，王及后各四，諸臣一，祭之正也。』正謂正獻，天子時祭，其正獻九酌也。天子大祫，用十二獻。賈疏《特牲饋食禮》曰：『天子大祫，十有二獻，禘與時祭，皆九獻。』禘亦大祭，似不當與時祭同，其云『祫十二獻』，是也。天子獻禮，經無明文。崔氏推衍九獻節目，疏家遵之。十二獻之節目，未有言之者。嘗輯《詩箋》、《禮注》以補其略，詳所著《禮詁》中。〔四〕今考五齊三酒用法，略依十二獻節目言之。初獻、再獻謂之祼，王與后各酌鬱齊以獻尸，尸灌奠而不飲，見孔、賈二疏。三獻、四獻謂之朝踐，亦謂之朝事，王酌泛齊，后酌醴齊，見崔氏《義宗》。五獻、六獻謂之饋食，亦謂之饋獻，崔氏云『五獻，王酌盎齊；六獻，后酌緹齊』；七獻謂之朝獻，八獻謂之再獻，崔氏云『七獻王酌泛齊，八獻后酌緹齊』，崔氏諸説皆誤。七獻、八獻之誤，由于誤會鄭注；五獻、六獻之誤，又從七獻八獻之説誤推之也。今以五齊次第差之，當云：『五獻王酌醴齊，六獻后酌盎齊，七獻王酌盎齊，八獻后酌緹齊。』凡禘祫之用齊，皆漸即于清，如崔氏説，七獻、八獻反用濁酒，非其差也。鄭注云『朝踐朝獻尊相因，再獻饋獻亦尊相因』，此語見《司尊彝》注。司尊彝本言時祭之禮，時祭止用二齊，故朝獻再獻，錯之以爲文。且醴盎二齊，清濁不甚殊也，朝獻之名起于時祭，時祭九獻止用二齊。三獻四獻，王與后皆酌醴齊。五獻六獻，王與后皆酌盎齊。至七獻、八獻，二齊已徧，禮不得不錯之。故王朝獻用三獻之醴齊，后再獻用六獻之盎齊。祫用五齊，禘用四齊，何待要錯？此崔説之不足據也。九獻爲諸臣所昨，崔氏云諸臣爲賓者，則酌沈齊，是也。此於《特牲饋食禮》謂之賓三獻，其後有長兄弟獻尸之禮爲十獻，衆賓長獻尸之禮爲十一獻，上嗣舉奠獻尸之禮爲十二獻，當以《特牲禮》推之，但《特牲禮》以此三獻爲加爵，而天子以此爲正獻後又有加爵，此其別也。何以言之？《賓筵詩》曰『子孫其湛，各奏爾能』，鄭箋曰：子孫『各酌獻尸，尸酢而卒爵也』，『士之祭禮，有上嗣舉奠而酌尸，天子則有子孫獻尸之禮』，引《文王世子》『登餕獻受爵以上嗣』之文爲證。其注《特牲禮》曰：『使嗣子飲奠者，將傳重累之也。』天子之適長子，有傳重之道，舉神前所奠之尊以獻尸，崇於諸臣之用罍，故詩人于祭祀及之。其云『子孫』者，子即長兄弟，于所祭爲子行。孫即上嗣，于所祭爲孫行。鄭云『天子則有子孫獻尸之禮』，明《特牲》士禮，止有三獻。故以長兄弟嗣舉奠爲加爵，天子則以爲正獻禮也。以上九獻，五齊之用已徧，以次差之，長兄弟之獻尸用事酒，眾賓長之獻尸用昔酒，上嗣之獻尸用清酒，至此正獻畢，而酒正所實五齊三酒，至此用亦徧。如先鄭說，事酒爲有事者所飲之酒，昔酒爲無事者所飲之酒，清酒爲祭祀之酒。祭祀之酒，宜崇于助祭之酒，何爲事酒、昔酒反在祭酒之上？可知事酒、昔酒亦祭酒，非謂執事之酒也。執事之酒，雖或亦用事酒、昔酒，要不得謂事酒、昔酒不用諸祭祀也。事酒，《記》謂之『明酌』，見鄭注。明酌者，神明之也，而謂非祭酒乎？《禮運》曰：『玄酒在室，醴醆在户，粢醍在堂，澄酒在下。』玄酒即明水，散文本通。醴、醆、醍爲五齊之三，澄酒即三酒，《酒正》注是。本注以爲沈齊，非《禮運》所記亦在獻酒也。《記》又曰：『君親制祭，夫人薦盎。君親割牲，夫人薦酒。』天子時祭用二齊，朝踐后薦醴齊，饋獻后薦盎齊。諸侯止用一齊，故朝踐夫人薦盎，饋獻夫人直用酒。此其差也。酒亦當爲事酒。禘用四齊，崔氏所推亦多誤，如云：五獻醍，六獻沈，七獻醴，八獻盎，九獻沈，皆非。〔五〕兹篇幅長，姑略之。

【箋注】

〔一〕輯自《詁經精舍四集》，清光緒五年仲夏刊本。

〔二〕五齊之解，參見《禮書通故》第十七《肆獻祼饋食禮通故五》：五齊：一曰泛齊，二曰醴齊。鄭玄云：「泛者，成而滓浮浮然，如今宜成醪。醴猶體也，成而汁滓相將，如今恬酒。」許慎云：「醠，泛齊，行酒也。醴，一宿孰也。醪，汁滓酒也。」劉熙云：汎齊，浮蟻在上，汎汎然。醴齊，醴，體也，釀之一宿而成體，有酒味而已。以周案：《說文》「泛」即「醠」，「醴」即「酟」，「醪」爲「汁滓酒」，竝與鄭别。今從鄭。米化上浮曰泛，變而成糟，與汁相將，狀如浮蟻。張平子《南都賦》「酒則醪敷徑寸，蟻浮若萍」，是其證也。濁而甜曰醴，亦謂之甘醪。《南都賦》注引《韓詩》曰「醴甜而不泲」，即鄭注「汁滓相將」之義，據其質言之也，其實酌則泲之矣。《司尊彝》曰：「醴齊縮酌。」《郊特牲》曰：「縮酌用茅，明酌也。」鄭注泛從醴，則泛、醴二齊皆和之以明酌，藉之以茅，縮去滓而斟之也。其造法，高誘云「醴以蘖與黍，不以麴」，《中山經》曰「其祠蘖釀」，注云「以蘖作醴」。顔師古謂「醴用麴」，非也。注「宜成」，地名，劉杳《要雅》以爲酒名，非。「成」一作「城」，疏引曹植《酒賦》「宜成醴醪，蒼梧縹清」，《文選·七命》注引張華《輕薄篇》「蒼梧竹葉清，宜城九醖酒」，皆以「宜城」、「蒼梧」對言，爲地名無疑。《續漢志》「南郡」有「宜城侯國」。

三曰盎齊。鄭玄云：「盎猶翁也，成而翁翁然蔥白色，如今酇白。五齊泛、醴尤濁，盎以下差清。」許慎云：「醠，濁酒也。」劉熙云：「盎齊，盎，滃也，滃滃然濁色也。」　以周案：云盎「差清」，固亦濁也，許、鄭同意。酇白即白醝酒，「酇」讀爲「醝」，見《釋文》。《司尊彝》云「盎齊涚酌」，《郊特牲》云「醆酒涚於清」，鄭注：「『醆酒』即『盎齊』，盎齊差清，和以清酒，泲之而已。』

四曰緹齊，五曰沈齊。鄭玄云：『緹者，成而紅赤，如今若下酒。沈者，成而滓沈，如今造清。』劉熙云：『緹齊，色赤如緹。沈齊，濁滓沈下，汁清在上。』以周案：緹，《記》作『醍』。沈，《記》作『澄』。五齊皆濁，緹、沈亦未全清也，泲以清酒，《司尊彝》注云：『緹、沈從盎。』注『若下酒』今本脱『若』字，今依《初學記》二十六增。若下，地名，《初學記》鄒陽《酒賦》：『其品類則烏程、若下。』『造清』，猶云『縹清』，疏引曹植《酒賦》『蒼梧縹清』。古書多以『宜成醪』、『蒼梧清』對言，鄭以『宜成醪』當泛齊，故又以此擬之。

〔三〕三酒之解，參見《禮書通故》第十七《肆獻祼饋食禮通故五》：三酒。鄭衆云：『事酒，有事而飲也。昔酒，無事而飲也。清酒，祭祀之酒。』鄭玄云：『事酒，酌有事者之酒，其酒則今之醳酒也。昔酒，今之酋久白酒，所謂舊醳者也。清酒，今中山冬釀，接夏而成。』劉熙云：『醳酒，久釀酋澤也。事酒，有事而釀之酒。』以周案：《説文》：『酋，繹酒也。』繹酒，即醳酒，酋爲醳酒，酋久爲舊醳。劉氏以醳酒爲久酋，非也。舊醳即昔酒，則事酒爲新釀也。有事新釀，如《少牢禮》『卜吉，宰乃命爲酒』是也。醳酒明白，故《内則》謂之『白酒』，《士虞禮》謂之『醙酒』，非不用諸祭祀，仲師説不足據。清酒冬釀，接夏而成，《南都賦》所謂『酒則十旬兼清』是也。

〔四〕參見《禮書通故》第十七《肆獻祼饋食禮通故四》：崔靈恩、孔穎達、賈公彦等説，天子大祫十有二獻，禘與時祭皆九獻。以周案：禘爲大祭，不得小於祫。以《大宗伯》肆、獻、祼、饋食、時享差之，禘十二獻，祫九獻，時享七獻，其獻名具見《司尊彝職》。時享祠、禴一獻二獻曰祼，三獻四獻曰朝踐，五獻六獻曰再獻，七獻曰臣昨；嘗、烝一獻二獻曰祼，三獻四獻曰朝獻，五獻六獻曰饋獻，七獻曰臣昨。時享七獻，《司尊彝》有明文，無可易也。以肆、獻、祼享先王謂之禘，禘十二獻，即參見於時享中。降神之祼在太室主前，而尸之一獻、二獻亦乃祼名，三獻、四獻曰朝踐，五獻、六獻曰朝獻，此皆行之於堂上者；七獻、八獻曰饋獻，九獻、十獻謂之酳尸，曰再獻，十一獻、十二獻爲長兄弟、上嗣之再酳尸，亦臣昨也，此皆行之於室中者。以饋食享先王謂之祫，祫九獻，饋獻後無再獻，《少牢》、《特牲饋食》可證也。凡祼後堂上四獻，室中三獻。諸侯無禘，祫其太祖。上公與天子同，其未賜圭瓚者無祼，卽二獻，而堂上四獻、室中三獻仍如天子。大夫、士干祫，即今之少牢、特牲饋食禮是也，大夫士無堂事，故遽降以三獻，此以堂上四獻、室中三獻乃饋食之通例也。諸侯時享殺於祫，用五獻，大夫時享殺於饋食，用一獻，此又降殺以兩之通例也。

又：江永云：『朝踐爲薦腥後之獻，不待言矣。朝獻非王酳尸，乃堂上薦爓王與后之獻，饋獻非饋孰之始，乃尸食舉後王酳尸之獻，而再獻則后與諸侯爲賓者亞王酳尸之獻也。《禮運》曰：「腥其俎，孰其殽，體其犬豕牛羊。」注疏謂腥法上古，爓法中古，而進孰爲後世之食。既以爓法中古，此時何可無獻？則秋、冬言朝獻者，非獻爓而何？至於饋孰時尸即當食舉，安得有獻？蓋堂上腥爓，皆不可食者，故有獻而無食；室內之饌可食者，則當食而後獻。所謂饋獻者，尸既食而王獻以酳。后乃獻以酳尸，是謂再獻。賓長爲一獻終之，亦通爲再獻也。《醢人》、《籩人》朝事之豆、籩，於朝踐薦之，而朝獻無豆、籩，統於朝踐也。饋食之豆、籩，於饋獻薦之，而再獻無豆、籩，統於饋獻也。九獻之後別有加爵，則薦加豆加籩，非食後稱「加」之謂也。』以周案：宗廟十二獻之節，具詳《司尊彝職》，特時享不備獻，各有取去耳。參互求之，凡十二獻分六節，節各二獻：一曰祼，在降神時；二曰朝踐，獻在薦腥；三曰朝獻，獻在薦爓；四曰饋獻，獻在饋食；五曰再獻，謂之酳尸；六爲長兄弟、上嗣之登獻，亦謂之臣昨。祼、朝踐、朝獻六獻行於堂，饋獻、再獻、臣昨六獻行於室。《禮運》『腥其俎，孰其殽，君與夫人交獻』，以堂事言也；『然後退而合亨，體其犬、豕、牛、羊』，乃言室事。自鄭注以朝獻爲王酳尸之獻，且仞爲互文，於是宗廟十二獻之節奏不明，禘、祫、時享之獻數多少亦晦，加豆、加籩不薦，於加爵名實亦失。江説朝獻在朝事時，甚是；謂饋食無獻，非。

〔五〕參見《禮書通故》第十七《肆獻祼饋食禮通故四》：崔靈恩説，祫備五齊，禘用四齊，不用泛齊，時祭惟用醴、盎二齊，朝踐用醴齊，饋食用盎齊。陳祥道説，《記》曰『夫人薦盎』，則醴以上君所酌，盎以下夫人所酌，而無君饋食薦盎矣。《酒正》曰『凡祭祀，以五齊三酒實八尊』，似天地、宗廟皆備五齊，而無四齊、二齊之制矣。以周案：崔氏推衍九獻節目，疏家遵之。然其説實有未當，今重訂之。初獻、再獻在降神時，謂之祼，王與后酌鬱齊以獻尸，尸卒之、奠之而不飲。三獻、四獻謂之朝踐，王酌泛齊，后酌醴齊。崔氏《義宗》所推是也。五獻、六獻謂之朝獻，王酌醴齊，后酌盎齊。七獻、八獻謂之饋獻，王酌盎齊，后酌緹齊。崔氏以爲五獻王酌盎齊，六獻后酌緹齊，七獻王酌泛齊，八獻后酌緹齊，其説未是。凡禘、祫之用齊者，皆漸即於清，七獻、八獻反用濁酒，非其差矣。九獻、十獻謂之再獻，王酌緹齊，后酌沈齊。再獻後有長兄弟、上嗣爲十一獻、十二獻，斯在《特牲禮》爲酳尸後長兄弟、衆賓長嗣奠之『加爵』，天子備官加爵多，故《賓之初筵》鄭箋據《文王世子》上嗣『登餕獻受爵』，以子孫獻尸屬之正獻，其衆賓長即所謂『諸臣之昨』也。則長兄弟十一獻用事酒，上嗣十二獻用昔酒，諸臣之爲賓者加爵用清酒。酒正所實五齊三酒，至此用徧。鄭注云：『惟大事於大廟，備五齊三酒。』其意蓋亦如此。先鄭以爲獻用五齊，不用三酒，事酒爲有事者所飲之酒，昔酒爲無事者所飲之酒，清酒爲祭祀之酒。此蓋據九獻以下爲説，九獻、七獻全用五齊與此同，不用三酒與此異。但清酒既爲祭祀之酒，宜崇於助祭之酒，何爲事酒、昔酒反在祭酒之上？事酒、昔酒《内則》謂之『白酒』，鄭注《聘禮》『醙黍清』云：『醙，白酒也。先言醙，白酒尊。』而謂祭祀用其酒之下，不用其尊，無是禮也。然則執事之酒雖亦用事酒、昔酒，要不得謂事酒、昔酒不用諸祭祀矣。孔疏又據崔説推之，以爲禘九獻用四齊，三獻王酌醴齊，四獻后酌盎齊，五獻王酌緹齊，六獻后酌沈齊，七獻王酌醴齊，八獻后酌沈齊。此據《禮運》祇舉醴、醆、醍、澄四齊爲説。其實《禮運》本文不言禘，即令九獻不用泛齊，亦當云『王三獻醴，后四獻盎，王五獻盎，后六獻緹，王七獻緹，后八獻沈』方爲近之。孔疏又謂『時祭九獻用二齊，三獻、四獻竝酌醴齊，五獻、六獻竝酌盎齊，七獻醴齊，八獻盎齊』，此據《司尊彝》祇舉『醴齊縮酌，盎齊涚酌』爲説。其實泛從醴，緹，沈從盎，鄭注已言之，《司尊彝》祇舉醴、盎者，舉中以眩上下爾，非竝緹、沈不用也。《禮運》言宗廟之祭有醴、醆、醍、澄四齊，可見孔疏乃以《禮運》所言爲禘祭，《司尊彝》所言爲時祭，任肊分説，未見其當。陳説尤非。

郊祀[一]

天與帝，偏言之互相通，對言之義各别。劉子政《五經通義》有『五帝』、『昊天上帝』之分，其説依據《周禮》，故鄭注《周禮》遵用劉説，而混合之者自王肅始。考之《掌次》，曰：『王大旅上帝，則張氈案，設皇邸。朝日、祀五帝，則張大次、小次，設重帟重案。』大旅上帝與五帝非一祭，故别言之。《司服》曰：『祀昊天上帝，則服大裘而冕，祀五帝亦如之。』祀昊天上帝與五帝非一祭，故並言之。王肅欲混天、帝之稱，得乎？混之不可得，遂以五帝爲五人帝矣。《典瑞》曰：『四圭有邸，以祀天、旅上帝。兩圭有邸，以祀地、旅四望。』『祀天、旅上帝』與『祀地、旅四望』對文並舉，則天與上帝非一祭，猶地與四望非一祭也。天主於一，故稱祀，與地同。上帝非一神，故稱旅，與四望同。旅者，會祭之名也。王肅欲混天與上帝之稱，得乎？欲合天與上帝之祭，可乎？若混合之，於《周禮》之文少别白矣。[二]繹《周禮》文，祀天曰『昊天上帝』，祀五氣分王之帝曰『五帝』，兼祀五帝曰『旅上帝』，郊祀五帝曰『大旅上帝』。上帝即五帝，合昊天上帝爲六帝，而諸經之稱上帝有專以五帝言者，亦有渾以六帝言者，學者當區别觀之。[三]《小宗伯》曰：『兆五帝於四郊。』《月令》篇曰：『立春之日，天子親帥三公、九卿、諸侯、大夫以迎春於東郊』；『立夏之日，天子親帥三公、九卿、大夫以迎夏於南郊』；『立秋之日，天子親帥三公、九卿、諸侯、大夫以迎秋於西郊』；『立冬之日，天子親帥三公、九卿、大夫以迎冬於北郊』。五帝分王，各有專祀：春祭蒼帝，夏祭赤帝，秋祭白帝，冬祭黑帝，季夏土王之日祭黄帝。其配以五人帝，五人神也。鄭君所謂『靈威仰』、『赤熛怒』諸名目，出於《緯書》，人或不信，而周有五天帝之祀，非確然可信乎？〔四〕王肅之徒以五天帝爲五人帝，則五人帝未出之前，其無司四時、布五行者乎？〔五〕《左氏·襄七年傳》曰：『郊祀后稷，以祈農事。是故啓蟄而郊，郊而後耕。』《孝經》曰『郊祀后稷以配天』，《月令》篇曰『天子乃以元日祈穀於上帝』，此孟春祀五帝，即《祭法》所謂郊稷也。郊五帝曰『配天』者，猶祭五土曰『祭地』與？渾言之也。王肅之徒遂謂『祈穀上帝是祭天之名，非祀五帝』，其説殊謬。《充人》『掌祭祀之牲牷，祀五帝，則繫於牢，芻之三月』，此即『郊滌帝牛』之説，而曰『祀五帝』。《冢宰》『祀五帝，前期十日，帥執事而卜日，遂戒』，此即『卜日用辛、獻命、戒官』之説，而亦曰『祀五帝』。《大司寇》『禋祀五帝，則涖誓百官，戒於百族』，此即『庫門戒百官，大廟戒百姓』之説，姓謂子姓，百姓即百族。而亦曰『祀五帝』，則郊祀五帝有明證矣。《司服》又言，祀昊天及五帝，並服大裘而冕。假令五帝不配於南郊，祭非夏正月，何時可服大裘乎？如謂服之以祭四時迎氣之五人帝，則迎春祀太皞可以服裘，而迎夏、迎秋，其得服裘乎？尚得曰『祀五帝亦如之』乎？〔六〕《左氏・桓五年傳》曰『龍見而雩』，在孟夏四月。《月令》篇『大雩帝』，在仲夏五月。《春秋》書『雩』，並在七月之後。爲旱而雩，志其灾也。雩祭山川，大雩上及五帝，故曰『大雩帝』，其所配之祖不詳。《月令》篇又言『大饗帝、嘗』，此季秋祀五帝，即《孝經》所謂『宗祀文王於明堂』也。明堂，唐、虞謂之天府，又謂之五府。府者，聚也，言天之五帝聚於此也。明堂專祀五帝，其禮甚古。〔七〕

或謂宗祀、郊祀皆爲昊天，固失之矣。或謂宗祀、郊祀皆兼昊天及五帝，亦非也。鄭君謂『夏雩秋饗并祀五帝』，其説不可易矣。《大司樂》曰：『凡樂，圜鐘爲宫，黄鐘爲角，大蔟爲徵，姑洗爲羽，靁鼓靁鼗，孤竹之管，雲和之琴瑟，雲門之舞，冬日至，於地上之圜丘奏之。』此冬日至祭昊天上帝，即《祭法》所謂『禘嚳』也。其對北郊言之，則曰『南郊』，《記・郊特牲》曰『兆於南郊，就陽位』是也。其對啓蟄郊言之，則曰『始郊』，《郊特牲》曰『周之始郊，日以至』是也。故圜丘亦有郊名而不得謂郊即圜丘，猶方澤亦有社名而不得謂社即方澤也。然則天之神有六，每歲之常祭有九：祀昊天上帝，一；祀五帝，五；合祀五帝，曰『旅上帝』，一；郊祀五帝，曰『大旅上帝』，一。《記・禮器》云：『大饗之禮，不足以大旅。大旅具矣，不足以饗帝。毋輕

議禮！』〔八〕

【箋注】

〔一〕輯自《儆季雜著一·禮説一》，清光緒二十年南菁書院刻本。繼紅案：《禮説》專釋名物制度，與《禮書通故》相發明，但《禮説》成書較《禮書通故》晚了約十五六年，見解也更爲成熟，故對前書《禮書通故》常有所補充修正。如《禮記大傳》中『大夫、士有大事，省於其君，干祫及其高祖』這段話，黄以周原先在《禮書通故》中是贊同鄭玄注，『干』訓『空』，『干祫』就是『無廟，祭之於壇墠』，而後來在《禮説·干祫及其高祖》篇中，黄以周糾正舊説，認爲干者，即『迁』字之省，進也，『唯有地稱君之大夫、士，有祫，得進而上及高祖而合祭之，故曰干祫。』黄以周最後在篇末説：『曩作《肆獻祼饋食禮通故》，於此沿用鄭注，書已刊，不及改，故作此以補之。』如前所述，光緒十四年《禮説略》收入《皇清經解續編》，但光緒二十年黄以周在南菁書院編撰《儆季雜著》叢書時，對『舊作今復重定』，將原《禮説略》四十四篇，删六篇，新增三十四篇，又從《經説略》(與《禮説略》同時收入《皇清經解續編》)中抽出與禮學相關者四篇加入，共得七十六篇，取名《禮説》，『皆補《禮書通故》所未備』，作爲《儆季雜著》五種之一。

〔二〕參見《禮書通故》第十二《郊禮通故一》：《周官·司服》：『大裘而冕，以祀昊天上帝。祀五帝，亦如之。』則五帝異於昊天上帝。《太宰》：『祀五帝，掌百官之誓戒。祀大神示亦如之。』則五帝異於大神。《掌次》：『大旅上帝，張氈案，設皇邸。祀五帝，張大次、小次，設重帟、重案。』則大旅上帝異於祀五帝。《典瑞》：『四圭有邸以祀天，旅上帝。兩圭有邸以祀地，旅四望。』則旅上帝亦異於祀天。鄭玄說，『大旅上帝』即祭天，『旅上帝』，祭五帝也。王肅說，上帝即天，『旅上帝』，祭天也。陳祥道說，『上帝』之文既不主於天與昊天上帝，又不主於『五帝』，而《典瑞》『旅上帝』對『旅四望』言之。旅者，『會而祭之』之名，則上帝非一帝也。上帝非一帝，而《周禮》所稱『帝』者，昊天上帝與五帝而已，則上帝爲昊天上帝及五帝明矣。以周案：祀昊天之大神曰昊天上帝，祀五行分王之神曰五帝，兼祀五帝於南郊曰『旅上帝』，兼祀六帝於圜丘又曰『大旅上帝』。祀爲專祭。旅者，會而祭之也。《典瑞》有『祀天，旅上帝』、『祀地，旅四望』之文，專祭天地故稱『祀』，上帝、四望非一神，故稱『旅』。望非地，則上帝非昊天甚明。如王肅說，於《周禮》文殊少別白。若諸經散文渾稱『上帝』者，多合六帝言。

〔三〕參見《禮書通故》第十二《郊禮通故一》：鄭玄說，天有六天。王肅云：『天體惟一，安得有六。五帝是上帝之佐，可稱天佐，不得稱上天。』晉武帝從群臣議，五帝即天之王氣，實一神，改五郊五精之號，同稱昊天上帝。楊復云：『昊天上帝，天之大名。五帝分王四時，其實一天。』以周案：天有六帝，《周禮》文可據。渾言之，五帝爲天神，帝即天，昊天亦稱帝，天即帝，有六帝即有六天。析言之，五帝得與昊天同稱上帝，不得與昊天同稱天。楊信齋從晉臣議，五帝爲昊天之别名，昊天爲五帝之大名，則曰『帝』斯可矣，何必拘以『五』？且祀昊天斯可矣，何必别立五帝之祀乎？晉武爲王肅外孫，每議禮必遵之，茲改五郊之號同稱昊天上帝，偏違王肅『五帝不得稱上天』之語。《宋書・禮志》言晉郊祀一如肅議，亦未考。

〔四〕參見《禮書通故》第十二《郊禮通故一》：劉向云：『天神之大者曰昊天上帝，亦曰太乙。其佐曰五帝，東方蒼帝靈威仰，南方赤帝赤熛怒，西方白帝白招拒，北方黑帝葉光紀，中央黄帝含樞紐。牲、帛及玉，各依方色。』《初學記》、《御覽》引無末二句，兹依《後漢·明帝紀》注增。鄭玄云：『五帝者，四時所兆，祭於四郊者也。蒼曰靈威仰，太昊食焉。赤曰赤熛怒，炎帝食焉。黄曰含樞紐，黄帝食焉。白曰白招拒，少昊食焉。黑曰汁光紀，顓頊食焉。』案：《史記正義》引《帝命驗》『赤帝熛怒』、『白帝招矩』、『黑帝光紀』，皆無上一字。王肅説，五帝，五行之神，佐天生物者。而後世讖緯皆爲之名字，亦爲妖怪妄言。以周案：鄭君信讖緯，爲王肅所斥。孫淵如謂『靈威仰』諸名目即《周官》大祝所辨之神號，則讖緯非盡無本也。王肅改定《家語》，五天帝爲五行之神，其祭配以五人帝、五人神，此實與鄭同義，蓋師説相傳有自，王肅不敢盡改也。後之申鄭説者謂昊天爲北辰，星曜魄寶不屬穹蒼，固非鄭意。申王説者謂五帝即天，實一神，或謂五帝即五人帝，亦非王意。

〔五〕參見《禮書通故》第十二《郊禮通故二》：賈逵、蔡邕、王肅説，迎春祭大皞及句芒。鄭玄説，迎春祭蒼帝靈威仰於東郊之兆。孔穎達云，《司服》：『王祀昊天上帝則服大裘而冕，祀五帝亦如之。』五帝若是人帝，何得與天帝同服？以周案：賈逵以大皞、炎帝、黄帝、少皞、顓頊即《小宗伯》『兆四郊』之五帝，爲四時迎氣所祭者。鄭注以大皞諸帝爲五人帝，而迎氣之帝别取『靈威仰』諸名當之。王肅輩不信緯書，直謂祭五人帝。宜從賈。

〔六〕參見《禮書通故》第十二《郊禮通故一》：鄭玄説，南郊以祀感生帝，與圜丘别。王肅説，郊即圜丘，祇祀昊天。王者定制之初，以木德王天下，其次以生之行轉相承，而諸説乃謂五精之帝下生王者，惑矣。』以周案：契稷無父，感天而生，謂啟蟄之郊，祭感生帝，未可遽斥。必謂殷感黑精，周感蒼精，似非禮意。《禮》曰：『人者，五行之秀氣也。』聖王之感生，尤爲五行秀氣具備，何必指斥一帝？而王因鄭失，遂謂啟蟄郊祀昊天，不祀五帝，亦未深考。《司服》：『祀昊天上帝，則服大裘而冕，祀五帝亦如之。』若五帝非祀於南郊，祭非夏正月，何時可服大裘？若以爲五時迎氣之祀，豈夏、秋、中央亦可服大裘乎？尚得曰『祀五帝亦如之』乎？《冢宰》：『祀五帝，前期十日，帥執事而卜日，遂戒。』《大司寇》：『禋祀五帝，則涖誓百官，戒百族。』此即記郊祀卜日、用辛、獻命、戒官之説，則郊祀五帝夫何疑。其曰『郊天』何也？曰：郊五帝曰郊天，猶祭五土曰祭地也，渾言之爾。

又《禮書通故》第十二《郊禮通故二》：明山賓議：『《周官》「祀昊天上帝以大裘，祀五帝亦如之」。迎氣祀五帝亦宜用大裘。』以周案：祀五帝服大裘，謂春郊也。秋、夏中央迎氣之郊亦服大裘，悖矣。

〔七〕參見《禮書通故》第十五《明堂禮通故》：以周案：考《史・五帝本紀正義》引《帝命諭》曰：『五府者，唐虞謂之天府，祀五帝之所也。文祖者，赤帝之府，周曰明堂。神斗者，黄帝之府，周曰太室。顯紀者，白帝之府，周曰總章。元距者，黑帝之府，周曰玄堂。靈府者，蒼帝之府，周曰青陽。』據此，則祀五帝並在大廟，各居正位，故太室四正有太廟之名，豈謂二筵隅室可容天帝乎！《書》曰『王入太室裸』，凡有裸獻，皆於太室中行之也。《唐・禮儀志》云『兩漢季秋合饗，總於太室』，正合古制。而後之學者，多沿鄭説而未之察。

〔八〕參見《禮書通故》第十二《郊禮通故二》：《周官・掌次》『大旅上帝』與『祀五帝』對言。鄭玄説，大旅，祭天於圜丘。國有大故而祭，亦曰旅。又，《記・禮器》『大旅』與『饗帝』對言。鄭玄説，大旅，祭五帝也。饗帝，祭天。以周案：祀者常祭，旅者有故而祭，故《大宗伯》云：『國有大故，則旅上帝。』祀者專祀，旅者會而祭之，故《典瑞》

於天地稱『祀』，於上帝四望稱『旅』。凡云『旅上帝』者，會祀五帝於泰壇也；云『大旅上帝』者，會祀六帝於圜丘也。鄭注《大宗伯》云：『旅，陳也，陳其祭事以祈焉，禮不如祀之備。』則有故大旅上帝不及冬至祀昊天之禮，故云『大旅具矣，不足以饗帝』。鄭注兩訓，合之乃明。

五帝郊〔一〕

天有五行，化生萬物。《周禮》詳五帝之祀，即主五行之氣者也。《禮器》篇云：『因吉土以饗帝於郊』，『而風雨節，寒暑時。』鄭注云：『饗帝於郊，以四時所兆祭於四郊者也。五帝主五行，五行之氣和，而庶徵得其序也。五行：木爲雨，金爲暘，火爲燠，水爲寒，土爲風。』鄭君此注最爲明確，春郊祈穀之所以祀五帝者以此。王肅好與鄭難，而私定《家語》亦云：『天有五行：水、火、金、木、土，分時化育，以成萬物，其神謂之「五帝」。』與鄭注合。蓋古説相傳有自，肅亦不敢盡改也。

五帝爲五行精氣之神。以其氣言，謂之『五精之帝』可也。鄭《月令》注。以其性言，謂之『五德之帝』可也。鄭《王制》注。以其色言，謂之『五色之帝』亦可也。《周禮》先鄭注。以其方言，謂之『五方之帝』亦可也。朱子説。王肅注《家語》云：『五帝，五行之神，佐天生物者，後世讖緯皆爲之名字，亦爲妖怪妄言。』夫『靈威仰』、『赤熛怒』諸名目，經無明文，但依王肅所定《家語》，五行之神爲『五帝』，太皥、炎帝、黄帝、少皥、顓頊爲『五人帝』，亦安得謂五人帝之前，無五行之五帝哉？亦安可以《周禮》之『五帝』而一以『五人帝』當之哉？

宋楊復已知王肅『五人帝』之失，而駁之曰：『果以五人帝爲五帝，則五人帝之前，其無司四時者乎？』〔二〕其説善矣。然又信『天帝合一』之説以難鄭注，於《周禮》不可通，則又轉之曰『昊天上帝者，天之大名』。『以氣之所主言，則隨時隨方而立名，如青帝、赤帝、黄帝、白帝、黑帝之類，其實則〔三〕一天也。』楊氏此語，即宋人説理氣『一而二、二而一』之見。馬端臨作《通考》，已知其失而駁之曰：『如楊氏説，則五帝乃天之别名，原未嘗有所謂「五帝」之神也，則曰「帝」可矣，何必拘以「五」，又何必於祀上帝之外，别立祀五帝之禮乎？蓋五帝爲五行之主而在天，猶五嶽爲五行之鎮而在地也。』〔四〕馬氏此説與鄭《禮器》注合，是也。近秦氏味經作《五禮通考》，力主王肅以斥鄭注，謂鄭注之誤，總由以天有六，而天、帝爲二。不知帝既有五，天亦何嘗不可有六？天既有六，嫌無大小，天、帝亦不得不分爲二。且秦氏於『五帝迎氣類』亦云：五帝者五行之神，稱六天，失之僭。是亦分天、帝爲二矣，則前此之賾賾辨鄭注者誠可不辨也。而秦氏且強辨之曰：昊天猶乾，五帝則元、亨、利、貞四德。〔五〕自知説之不可達，借巧喻以文之，當在《孟子》『詖蔽遁窮』之例。

【箋注】

〔一〕輯自《儆季雜著一・禮説一》，清光緒二十年南菁書院刻本。

〔二〕楊復説見馬端臨撰《文獻通考》卷六十八《郊社考一・郊》引。後引同。

〔三〕『則』，據馬端臨《文獻通考》卷六十八《郊社考一・郊》引文補。

〔四〕馬端臨《文獻通考》卷七十八《郊社考十一・祀五帝》：『按：五帝之祀，見於《周禮》，五帝之義，見於《家語》，其説本正大也。自秦漢間廢祀天之禮，而以所謂郊祀者祀於五時，名曰五帝。鄭康成解經，習聞秦漢之事，遂於經所言郊祀，多指爲祀五帝，且據緯書爲之名字，東曰靈威仰，南曰赤熛怒，西曰白招拒，北曰叶光紀，中曰含樞紐。於是王子雍群儒引經傳以排之，而謂五帝者，太皞以下五人帝也。先儒楊信齋則謂：「果以五人帝爲五帝，則五人帝之前，其無司四時者乎？鄭則失矣，王亦未爲得也。」其説善矣，然楊氏之釋五帝，則以爲如毛公所謂玄氣昊大謂之昊天，遠視蒼蒼謂之蒼天，程子所謂以形體謂之天，以主宰謂之帝之類，則五帝乃天之別名，而玄未嘗有所謂五帝之神也。愚謂若以爲天之別名而已，則曰「帝」可矣，何必拘以五？又何必於祀上帝之外，別立祀五帝之禮乎？蓋五帝者，五行之主，而在天猶五嶽爲五方之鎮而在地也。五帝不出於天之外，而謂五帝即昊天則不可；五嶽不出於地之外，而謂五嶽即后土亦不可，《家語》所言盡之矣。今因疑緯書靈威仰等名字，而謂五帝之本無，因疑五帝之本無，而謂《家語》之非聖言，亦過矣。如日、月、星、宿、風伯、雨師，皆天神之見於祀典者，經傳所言昭昭也，而道家者流則以爲各有名稱，甚者或爲之姓字，其妖妄不經，甚於緯書，儒者所不道也。然因是而疑日月諸神之本

無。可乎？』（文淵閣《四庫全書》本）

〔五〕秦蕙田《五禮通考》卷三十一《吉禮三十一・五帝》：『蕙田案：夫昊天上帝者，猶《易》卦之乾也。《説》卦傳曰：「乾爲天是也，五帝則「元、亨、利、貞」四德。在天爲四時，在地爲五方，在行爲五行，所以運轉乎陰陽寒暑之氣，而爲生長收藏之主宰者也。五帝則「仁、義、禮、智、信」之德，發爲惻隱、羞惡、辭讓、是非之心，亦各有主宰而分見者是也。五帝與天同其隆者，四端皆性也。異於天以致其辨者，偏端之見，非心之全體也。其理一也。鄭玄六天之説則失之僭，從緯書而各爲之名字則失之誕，王肅以爲即五人帝則又失其本，皆無足據。

禘郊祖宗[一]

《爾雅·釋天》曰：『禘，大祭也。』禘，從示、從帝，帝，天也，故在《釋天》中。宗廟之禘，别取審諦之意，非本義也。禘爲大祭之名。祖廟五年之禘對四時常祀爲大也，冬至、啓蟄二郊之禘對祖宗爲大也。《祭法》又分郊禘爲二者，冬至之禘對啓蟄郊爲更大也。禘郊，在丘壇以祀天帝，曰『禘郊』所以别祖宗之爲廟也。祖有德，宗有功，爲廟之不毁者，曰『祖宗』亦以見禘郊之不必用其姓也。是以四代之祖宗，皆其所自出之先人。舜受堯禪，雖外戚，情同父子，亦不必以非其姓嫌之。而禘郊之配不必皆祖宗。如舜郊嚳，舜非嚳後。殷人禘嚳，殷亦非嚳後。周人禘嚳，雖舊有姜嫄嚳後之説，要無明文，是猶殷人禘嚳無取乎後不後也。四代之禘，不以其祖配之者，禘以祀昊天。自古昊天之配，皆有功德而爲天子者也。有功德，不爲天子，不以配昊天，以尊天也，以崇帝也，此百王之所同也。三代之郊，又以其祖代配者，郊以祀五帝。五帝之祀，配以人帝，與昊天同。而爲諸侯之有功德者，亦嘗從人帝而祔食焉，此又與昊天異也。契、稷身爲諸侯，雖有功德於民，不以配昊天，而得專配五帝者，亦以其子孫爲天子，可以其祖配之[二]耳。

不然〔三〕，契、稷即有功德，當如句芒、后土之屬，祔食於壇，安得專配於郊乎？此孔子所以歎追祖配天之爲大孝也。

鄭、王肅之注《祭法》互有出入。鄭得禘郊之義而失在祖宗，王得祖宗之義而失在禘郊。鄭之誤二，王之誤四，試盡言之。〔四〕

《祭法》之言，本於《國語》。《國語》曰：禘、郊、祖、宗、報五者，國之祀典也。如鄭説，合祭明堂曰祖宗，是五祀止爲四祀，於《國語》之文未合，鄭之誤一也。《祭法》言祖宗不及明堂，《孝經》言宗祀、明堂又不及祖。如鄭説，文、武並配明堂曰祖宗，是兩祀牽爲一祀，於《孝經》之文亦未合，鄭之誤二也。

帝王世次最難言。《史記》堯、舜、禹、稷、契同出黄帝。駁之者據《潛夫論》，帝嚳爲伏羲之後，其後嗣姜嫄生后稷。堯爲神農後，舜爲黄帝後，禹爲少皞後，契爲顓頊後，則二帝三王不一出於黄帝，審矣。然謂虞出黄帝，夏出少皞，非顓頊後，又與《左傳》、《國語》諸文違，亦爲未覈。《史記》鯀之父顓頊，蓋據《左傳》『顓頊不才子』之文也。其實《左傳》所言，不必一世，故曰『世濟』。班氏《律曆志》『顓頊五代而生鯀』，近之矣。王肅偏據《史記》以立説，其誤一也。《祭法》禘郊祖宗，以祀典之大小順言之。如王肅説，禘爲廟祭，則郊當在禘上矣。申之者謂禘之所及者遠，故禘先於郊。抑知郊之所及者天，天遠而嚳近，以所及者遠而先言，亦當先郊，《記》文何爲禘在郊上乎？且如其說，禘嚳、祖文、宗武，皆宗廟之正祭，《記》乃於宗廟祭中羼一郊天之祀，於嚳、文、武正祭中羼一郊稷之配享，何其雜厠不倫乎？王肅所解未合《祭法》本文，其誤二也。《大傳》曰『禮，不王不禘』，據下『禘其祖所自出』之文，自謂廟禘。但如王肅說，此爲追祀遠祖於始祖之廟。申之者謂契、稷，諸侯也，商、周以爲始祖，及爲天子，乃追始祖所自出之帝而禘嚳。禘者，享帝之祭也，不爲天子，不得祖天子，是謂『不王不禘』。抑知禮言諸侯不敢祖天子，以國之存者爲言，如周天子在魯，不得祖文王是也。若其國亡君滅，則諸侯可以祖天子，如夏亡而杞郊禹是也。契、稷無父而生，傳有明文，欲追始祖所自出，亦祭女娀、姜嫄而已，何必禘嚳？令契、稷果嚳後，殷、周即爲諸侯，亦當祭嚳，而《大傳》又何以云『不王不禘』乎？如王肅說，於《大傳》之文亦未合，其誤三也。且嚳無專廟而祭於稷廟，俾后稷壓於所尊，不得申始祖之嚴，於嚳則爲屈，於稷則又褻。令稷果嚳後，猶曰配享。如嚳非稷祖，不幾同夏相之奪祀乎〔五〕？其誤四也。〔六〕

《祭法》之文本《國語》，還當以《國語》之言證《祭法》。《國語》云『禘郊不過繭栗，烝嘗不過把握』，此即《記》『祭天地牛，角繭栗；宗廟，角握』之說，則禘郊是祭天也。又云『天子禘郊之事，必自射其牲。諸侯宗廟之事，必自射其牛、刲羊、擊豕』，此即《記》『祭天特牲』、『宗廟太牢』

之説。牛、羊、豕爲太牢，於宗廟之事臚言此者，明禘郊射牲爲祭天特牲也。一以禘郊對烝嘗，一以禘郊對宗廟，與此禘郊對祖宗爲文正同。則祖宗之即爲宗廟可見，禘郊之異於宗廟烝嘗亦可見。故嘗據《祭法》本文，參考諸説，以斷鄭、王之誤，曰：《記》云禘郊，則知祖宗之爲廟。《記》云祖宗，則知禘郊之不必用其姓。鄭得禘郊之義，而失在祖宗，其誤二。王得祖宗之義，而失在禘郊，其誤四。

又案：《大傳》『不王不禘』自指廟禘，如周以文王爲太祖，又立后稷廟以爲祖之所自出，禘在后稷廟而以文王配之，故《詩序》有『雝禘太祖』之文。《大傳》兩言所自出，並以其祖言。《喪服小記》『禘其祖之所自出』，《喪服傳》『天子及其始祖之所自出』，均以服制明廟制所自出，皆據一本之親言，不指天帝。此亦鄭非而王亦未是者。〔七〕

【箋注】

〔一〕輯自《儆季雜著一·禮説一》，清光緒二十年南菁書院刻本。

〔二〕『之』，《皇清經解續編》本作『自出帝』。

〔三〕『然』下，《皇清經解續編》本有『不王不禘（此禘謂郊禘）』九字。

〔四〕參見黄以周《禮書通故》第十二《郊禮通故一》：《記·祭法》言禘、郊、祖、宗。鄭玄云：『謂祭祀以配食也。此禘謂祭昊天於圜丘也。祭上帝於南郊曰郊，祭五帝神於明堂曰祖、宗，祖宗統言爾。』王肅駁之云：『《祭法》説禘，無圜丘之名，《周官》圜丘不名爲禘，是禘非圜丘之祭也。玄以《祭法》「禘黄帝及嚳」爲配圜丘之祀，《大傳》「禘其祖之所自出」，玄又施之於郊祭后稷，是亂禮之名實也。《爾雅》「禘，大祭也；繹，又祭也」，皆祭宗廟之名，則禘是五年大祭先祖，非圜丘及郊也。祖、宗，謂祖有功，宗有德，其廟不毁也。』孔穎達申鄭説，禘嚳在郊稷之上，稷卑於嚳，以明禘大於郊。《爾雅》云：『禘，大祭也。』大祭莫過於圜丘，故以圜丘爲禘，《祭法》禘嚳是也。若以郊對五時之迎氣，則郊爲大。《大傳》云『禘其祖之所自出』，故郊亦稱禘。其宗廟五年一祭，比每歲常祭爲大，故亦稱禘也。《爾雅》惟云『禘，大祭』，是文各有所對也。趙匡、楊復申王説，《祭法》禘在郊上者，郊以稷配天，禘上及其祖之所自出，禘遠而祖近，故禘在郊上。　以周案：《祭法》之文本《國語》。禘在郊上者，與《周語》『禘郊之事，則有全脀』，《魯語》『禘郊祖宗報』，《楚語》『天子禘郊之事，必自射其牲』、『天子親春禘郊之盛』並同。禘郊之祭帝而必以其祖配，《公羊傳》所謂『自内出者無匹不行，自外至者無主不止』也。《漢書》韋玄成云：『《祭義》曰當作《喪服小記》。「王者禘其祖自出，以其祖配之，而立四廟」，言始受命而王，祭天以其祖配，而不爲立廟，親盡也。立親廟四，親親也。』禘爲祭天之名，其所配者無廟，此鄭説所本也。王説郊天、禘嚳，其所配皆稷也，初無遠近可分。而郊之所及者天，天遠而嚳近，而謂郊近禘遠，是不揣其本之説也。且如王説，嚳、文、武爲宗廟之正，祭於正祭，中羼一郊稷之配享，《祭法》立文何其雜？周七廟無嚳，則禘當於稷廟，是嚳之禘實與報同，《國語》『禘、郊、祖、宗、報』何以分爲五？趙東山云：『王解《祭法》，以其序言，則先廟而後郊，以其實言，則重祖以配天，而輕所自出之帝惟廟享，可乎？《王制》「祭天地之牛角繭栗，宗廟之牛解握」，此天神、人鬼之别也。《國語》：「郊禘不過繭栗。」郊禘之牲無異，此所謂禘，非人鬼之祭矣。又曰：「凡禘、郊、祖、宗、報五者，國之祀典也。」加之以社稷，山川，三辰，五行，而不别言祭天地。則韋昭注「禘」爲「圜丘」，不誣也。』趙氏此論極確。

繼紅案：將《禮書通故》與此篇專論比較，可見《禮書通故》顯爲未善之論。故黄以周以下有『鄭得禘郊之義，而失在祖宗，其誤二。王得祖宗之義，而失在禘郊，其誤四』之議。

〔五〕『乎』下，《皇清經解續編》本下有『後世開創之君，多無遠祖可追祀。唐天寶時，從王肅説，追李昞爲祖之所自出，禘於大清宫，認他人祖爲己祖，遺笑於天下後世。宋神宗因此遂罷禘祭不行，南渡後，遵其制。夫「不王不禘」在古人爲大禮，而宋可罷棄如弁髦乎？抑又過矣。如王肅説，不合於古，不宜於後世』。

〔六〕參見黄以周《禮書通故》第十二《郊禮通故一》：鄭玄説，冬至圜丘名禘，配以嚳。啟蟄祈穀名郊，配以稷。王肅説，郊即圜丘，配以稷。玄以圜丘祭昊天最爲首禮，周人立后稷廟不立嚳廟，是周人尊嚳不若稷、文、武，以嚳配至重之天，何輕重偵倒之失所！　以周案：祈穀曰郊，圜丘曰禘，析言各别，渾言之皆曰郊。《詩·昊天有成命》爲圜丘祀昊天之詩，《序》云『郊祀天地』，是圜丘亦稱郊也。申鄭學者必謂圜丘無郊名，非也。顧圜丘與郊，實有兩祭，亦不得如王肅所説。祈穀祀五帝，可以后稷配。圜丘祀昊天，不得以無功德之天子配，亦不得以有功德之諸侯配。故虞、夏禘黄帝，殷、周禘嚳，皆配以有功德而爲天子者，尊天也，亦尊天子也。周郊稷以親親，禘嚳以尊尊，立制之善，非淺人所能測。唐貞觀初，冬至祭天於圜丘，以高祖配，而元帝惟配感帝，尚合禮制。寶應元年，杜鴻漸、薛頎、歸崇敬等議圜丘之祭，罷高祖以景帝配，大謬。

〔七〕此案語《皇清經解續編》本無。

魯郊禘〔一〕

昔者，成王念周公之勳勞而賜之重祭，有廟禘，無郊禘。廟禘，用天子之禮樂以康周公，而其禮器、樂舞於周天子不盡同。孔子言『既灌而往，不欲觀』，此議後世之行廟禘者，敬衰於灌後，非言禘之失禮也。如禘本非禮，則灌以前，孔子亦當不觀矣。孔子斥郊禘，不斥廟禘，廟禘爲成王所賜，郊禘爲後世所僭也。先儒有據《竹書》、《吕覽》謂郊由惠公僭者，惠公敢執天子之使，郊必自行之。亦有據《詩・魯頌・序》謂郊由僖公僭者，《詩・頌》明言：『莊公之子，龍旂承祀』，『皇皇后帝，皇祖后稷』，則旗旒日月，祀帝配稷，實起僖公。究之郊祀，或始惠公，或始僖公，難以斥言。而孔子言周道傷於幽、厲，郊禘起周公之衰，則諸侯之敢擅僭郊祀必在幽、厲之後，如周平王時秦襄公始稱諸侯，作西畤，祀白帝之比矣。

《明堂位》詳述魯禮而曰『命魯公世世祀周公以天子之禮樂』，是以『季夏六月，以禘禮祀周公於大廟，牲用白牡，尊用犧象』云云，皆廟禘之制，成王所賜以康周公者。後人見魯有郊禘，《明堂位》詳言魯禮轉未之及，因據後世僭禮羼入於『季夏禘廟』之上。不知『郊以帝，配以稷，旗旒日月以魯君』與上文尊祀周公以天子禮何涉？郊有壇、柴、陶、匏之制，下文縷述禮樂器用，何又無一言及此？揆之文義，豪不相貫，羼入之跡，顯然可見。且魯郊啓蟄本無孟春日至之郊，《左傳》載孟獻子之言，曰：『啓蟄而郊，郊而後耕。』誌其實也。《雜記》又引孟獻子語：『正月日至，有事上帝。七月日至，有事太廟。』〔二〕此據周郊丘之時以爲魯禘廟之例。獻子欲大其祖，與周人郊天對月，非言魯郊日至自違『啓蟄而郊』之語也。孔疏謂一人兩說，必有一誤，辨詳《禮書通故》。〔三〕作僞者不察是旨，乃據《雜記》文以羼入之，悖甚，妄甚。《明堂位》一篇，小戴收入《禮記》，本非馬融所增。説詳《禮書通故》。〔四〕後儒誤信孔疏，又欲黜之，謂此必魯陋儒爲之。今細讀其文，乃知此篇實係西周古書。其作書時，魯之君臣未嘗相弒，禮樂、刑法、政俗未嘗相變，天下以爲有道之國。篇末所云皆實録，非虛誕也。陋儒不察，又於『四代之樂器也』下，增入『魯公之廟』、『武公之廟』、『米廩』、『虞庠』、『頖宫』、『周學』等字，與上下言『禘祀大廟』之制亦隔越不貫。且武公立武世室以擬周七廟之制，是禮樂相變矣。武公之前，魏公濆弒幽公自立，見《魯世家》。是君臣相弒矣。此皆陋儒增益之過。而《明堂位》實西周古書，作於幽公之前，非特未見武公世室、魏公弒君之事，亦實未見僭郊祀帝之舉也。

或曰：《祭統》言『賜魯重祭，外祭郊社，内祭禘嘗』，是郊禘、廟禘俱成王賜也。曰：不然。

社本諸侯常祀，非重祭。郊固重祭，而成王實未之賜也。觀《祭統》下文詳述禘嘗，不述郊社，則『外祭郊社』一語特對文而連及之耳。學者不可偏舉一文，以辭害意，必謂成王、伯禽敗名教之魁，穿鑿不戢，遂至斬關，此亦過矣。夫成王所賜曰『康周公』，非敢濫也。伯禽所受曰『禘大廟』，非敢越也。其後魯君僭用周公之禮，群宫遞用大廟之樂，非成王、伯禽意也。如謂後世之僭竊，必由開國之過舉，豈魯無重賜，後世遂不僭竊乎？豈周末列國之僭逆，皆開國者肇之乎？學者信陋儒增益之文，污衊古賢君，過矣，誣矣。

【箋注】

〔一〕輯自《儆季雜著一·禮説一》，清光緒二十年南菁書院刻本。

〔二〕此引文，《禮記·雜記》作『正月日至，可以有事於上帝。七月日至，可以有事於祖』。

〔三〕此注語，《皇清經解續編》本無。又，黄以周小注曰：『孔疏謂一人兩説，必有一誤，辨詳《禮書通故》。』此見《禮書通故》第十二《郊禮通故》：『《記·雜記》「正月日至，可以有事於上帝，七月日至，可以有事於祖」，《左氏傳》「啟蟄而郊，郊而後耕」，並爲孟獻子語。孔穎達云：《記》曰「日至」，傳言「啟蟄」，一人兩説，必有謬者。　以周案：此獻子並據《周禮》以定魯事。《記》言獻子欲尊其祖與周人郊天對月，故引《周禮》「冬至郊天」以爲例，傳言獻子見魯人既耕卜郊，過時失禮，故又引《周禮》「啟蟄郊帝」以爲斷，《記》、傳兩歧，意各有當，非誤也。』

〔四〕參見《禮書通故》第一《禮書通故》：《釋文叙録》云：『陳邵云：戴德删《古禮》二百四篇爲八十五篇，謂之《大戴禮》。戴聖删《大戴禮》爲四十九篇，是爲《小戴禮》。』《隋・經籍志》云：『《記》百三十一篇，劉向校得百三十篇，又得《明堂陰陽記》三十三篇，《孔子三朝記》七篇，《王史氏記》二十一篇，《樂記》二十三篇，凡五種，合二百十四篇。戴德删其繁重，合爲八十五篇，謂之《大戴記》。而戴聖又删大戴之書爲四十六篇，謂之《小戴記》。漢末，馬融傳小戴之學，又足《月令》一篇，《明堂位》一篇，《樂記》一篇，合四十九篇。以周案：晉陳邵《周禮論序》語皆失實。《漢志》《記》百三十一篇，《明堂陰陽》三十三篇，《王史氏》二十一篇，蓋古文也。大、小戴所采《記》，今文爲多。《大戴記》之存者，於《漢志》禮家諸記外，又取儒家《曾子》十八篇，存其十篇；《孫卿子》三十三篇，存其問《五義》、《三本》、《勸學》、《宥坐》數篇；《賈子》五十八篇，存其《保傅》諸篇；又取『論語家』《孔子三朝記》七篇。師古曰：『《三朝》七篇，今《大戴禮》有其一篇。』案：《史記・五帝本紀索隱》、《蜀志・秦宓傳》注並引劉向《别録》云：孔子三見哀公，作《三朝記》七篇，今在《大戴禮》。王伯厚以爲卷之九《千乘》、《四代》、《虞戴德》、《誥志》，卷之十一《小辨》、《用兵》、《少閒》，即《漢志》《三朝記》七篇。中隔以卷之十，篇袠淆亂也。《小戴記・奔喪》、《投壺》諸篇，取諸古禮經；《鄉飲酒義》、《冠義》、《昏義》、《射義》、《燕義》、《聘義》，取諸古禮記；《三年問》、《哀公問》諸篇，取諸《荀子》。又取儒家《子思子》二十三篇，存其《中庸》、《表記》、《坊記》、《緇衣》四篇；取《公孫尼子》、《樂記》二十三篇，存其十一，合爲一篇。顔師古以《記・中庸》即《蓺文志》之《中庸説》二篇，誤。《舊唐書》引沈約云：『《中庸》、《表記》、《坊記》、《緇衣》皆取《子思子》，《樂記》取

《公孫尼子》。』劉瓛云：『《緇衣》、《樂記》皆公孫尼子作。』按《文選》注引《子思子》曰『民以君爲心，君以民爲體』，又引《子思子詩》曰『昔吾有先正，其言明且清』，今其語皆在《緇衣》篇，則沈氏説信矣。陳邵二百四篇，據劉向《別録》爲言。其實二戴所取，不專在二百四篇中也。作《隋書》者，改爲二百十四篇，又以五種實有二百十五篇，遂謂《記》百三十一篇，劉向校得百三十篇，以合其數，誤。杜氏《通典》又改《明堂陰陽記》爲二十二篇，《王史氏記》爲二十篇，總二百二篇，更誤。又考《樂記》孔疏云：『按《別録》，《禮記》四十九篇，《樂記》弟十九。』則《樂記》入《禮記》在劉向前，而四十九篇實爲《小戴》之舊目矣。《後漢·橋玄傳》云：『七世祖仁從戴德學，著《禮記章句》四十九篇。成帝時爲大鴻臚。』戴德當作戴聖，《漢·儒林傳》曰：『小戴授梁人橋仁、楊榮，家世傳業，由是《小戴》有橋、楊之學。』劉向校書祕府，與橋仁同時，所見篇目已爲四十九，不待融足甚明。《釋文叙録》曰：『劉向《別録》有四十九篇，其篇次與今《禮記》同，各爲他家書拾掇所取，不可謂之《小戴禮》。』此語亦非。《別録》所記四十九篇即本《小戴禮記》，特篇次先後有異同耳，觀鄭君《目録》所引自知。《隋志》欲以《小戴》所録，補《大戴》闕篇，尚多三篇，故以《月令》、《明堂》、《樂記》歸之，融入以合其數。其實小戴之《記》未必俱取《大戴》，戴東原、孔顨軒已詳辨之矣。竊考《詩·汾沮洳正義》引《大戴禮·辨名記》，《靈臺正義》引《大戴禮·正穆篇》，《玉海》載沈約《謚法》十卷，《序》引《大戴記》有《謚法》，《白虎通義》引《辨名記》曰『《禮》，別名《記》』，引《謚法》曰『《禮記·謚法》』，所云『《禮》』，皆據《大戴禮》爲文。又別引《禮·三正記》、《禮·五帝記》、《禮·親屬記》，其亦爲《大戴禮記》可知也。則《大戴》亡佚之篇非一同《小戴》，而《隋書》欲以《小戴》之四十六篇補其闕數，不亦誣乎！今《大戴記》三十八篇已上皆亡，中又闕四十三、四十四、四十五、六十一四篇，及八十二以後四篇，凡存三十九篇。其實《大戴》篇弟宜依司馬貞所見本爲定，凡存三十八篇。《史記索隱》云：『《大戴禮》合八十五篇，其四十七篇亡，見今存者有三十八篇。』錢竹汀謂：『唐以前《盛德》、《明堂》不分爲二，《釁廟》亦合爲一。』此説是也。自宋以後分竄篇弟，於是有復出之本，有四十篇之説。晁昭德云『今書四十篇中有兩七十四』，陳振孫云『七十二復出一篇，實存四十篇』，熊朋來、吴幼清皆云『七十三有二，總四十篇』，所見本各不同。《小戴》四十九篇，鄭漁仲謂『即后倉《曲臺記》』，誤。毛大可謂『《儀禮》是《戴記》，四十九篇不是《戴記》』，更謬。凡近儒之説，有待疏證者，有應駁正者，皆列案前。若其説本明，即順文引入案中，以作斷語，不復列其説於前，爲省文也。其説之謬誤無待詳辨，亦於注中略附一二。若師友之言，盡入案中，衹録其是，有非不辨。

繼紅案：有關《明堂位》一篇，小戴收入《禮記》，本非馬融所增，又見載於王兆芳輯録《儆季子粹語》卷之一《古術第四》：子曰：《别録》『《禮記》四十九篇，《樂記》第十九』，則《樂記》入《禮記》在劉向前，而四十九篇，實爲《小戴》之舊目。《後漢・橋玄傳》『七世祖仁著《禮記章句》四十九篇』，橋仁所見篇目已爲四十九，不待馬融補足甚明。《隋志》欲以《小戴》所録補《大戴》闕篇，尚多三篇，故以《月令》、《明堂位》、《樂記》歸之融。

魯郊月〔一〕

《春秋左氏》説，啓蟄而郊，郊唯在周之三月。《公羊》説，郊用正月上辛。定十五年正月，改卜牛，五月郊，三卜之運也。《穀梁》説，自正月至三月，郊之時也。以十二月下辛卜正月上辛。如不從，則以正月下辛卜二月上辛。如不從，則以二月下辛卜三月上辛。如不從，則不郊。鄭康成從《公》、《穀》『轉卜三正』之説。王肅從《左氏》義，魯之祈穀，與天子同在啓蟄。

今以《春秋》經文核之，《左傳》之義爲長。郊用啓蟄月之辛日，不必上辛，郊之卜日亦於啓蟄月，比旬三卜，不必轉卜三正，故《春秋》書『四卜郊』、『五卜郊』俱在夏四月。如依《公》、《穀》義，十二月下辛卜郊，則三月已四卜矣，經何以書『四卜郊於夏四月』乎？若以所卜正月上辛言，則四月固四卜矣，經何以又書『夏四月，五卜郊』乎？〔二〕

且郊牛必在滌三月，如謂轉卜三正，則周正月可郊，滌牛當在十月。其或遲至三月郊，則牛在滌六月矣，有是禮乎？董子云：『魯郊不於日至，避王室也。比旬而卜之，遠怠慢也。必更三旬，禮盡於三也。』董子謂『三旬三卜』，與《大宰職》『前期十日，帥執事而卜日』之文合。

《春秋》於啓蟄之月卜從而郊，常事不書。宣三年，成七年，定十五年，哀元年之牛傷改卜，皆書『春，正月』，在周三月，爲啓蟄。帝牛必在滌三月，故於正月滌帝牛以待三月啓蟄之郊。《春秋》書此，見滌牛之不敬，非誌不時也。又僖三十一年，書『夏，四月，四卜郊，不從，乃免牲』。《左傳》曰：『牲成而卜郊，上怠慢也。』又襄七年，書『夏，四月，三卜郊，不從，乃免牲』。孟獻子曰：『郊祈農事，是故啓蟄而郊，郊而後耕。今既耕而卜郊，宜其不從也。』蓋帝牛在滌三月，謂之『牲』。正月滌帝牛，三月下旬，其牲已成而始卜郊，故並書『牲』以著怠慢，且見於三月後改卜郊，失『啓蟄而郊』之義也。

夫魯之始僭郊祀，亦必託於爲民祈農事，今既耕而卜郊，並失僭禮之初意，故孟獻子云然。若五月郊，九月用郊，尤違『啓蟄而郊』之義，乃不時之大者也。或者據《明堂位》『孟春祀帝』，《雜記》『日至有事上帝』，以爲魯郊在冬至，不於啓蟄。別有辨。〔三〕

【箋注】

〔一〕輯自《儆季雜著一・禮説一》，清光緒二十年南菁書院刻本。

〔二〕參見《禮書通故》第十二《郊禮通故一》：《左傳》：啟蟄而郊。《公羊傳》：郊用正月上辛。定十五年正月，改卜牛，五月郊，三卜之運也。《穀梁傳》：自正月至三月，郊之時也。以十二月下辛卜正月上辛；如不從，則以正月下辛卜二月上辛；如不從，則以二月下辛卜三月上辛；如不從，則不郊。以周案：《公》、《穀》同義。今依《左氏》説。啟蟄而郊，龍見而雩，始殺而嘗，閉蟄而烝，皆據夏正首時言。《周書・時訓篇》立春『又五日，蟄蟲始振』，即啟蟄也。鄭注《考工記》云：『啟蟄，孟春之中。』或以爲卯月驚蟄，非也。《易説》云『三王之郊，一用夏正』，與《左傳》同。何注《公羊》云：『用正月上辛者，春秋之制也。』其意亦謂三王郊用夏正也。郊用啟蟄月之辛日，不必上辛。郊之卜日亦於啟蟄之月，三旬三卜，不必轉卜三正。故《春秋》書『四卜郊』、『五卜郊』，俱在夏四月。如依《穀梁》『十二月下辛』卜郊，則三月已四卜矣，而經何以書『四卜郊』皆在夏四月？若以所卜『正月上辛』言，則四月固四卜矣，而經何以又書『夏四月五卜郊』？彼此抵牾，不如從《左傳》爲得。

〔三〕參見《禮書通故》第十二《郊禮通故一》：董仲舒、杜預説，魯郊不於日至，以辟王室。惟啟蟄而郊，比卜三旬。鄭玄説，魯得以正月日至之後郊天。王肅説，魯無仲冬郊之事。至於祈穀，與天子同在啟蟄。馬昭引《穀梁傳》『轉卜三正上辛』以答王肅之難。孔穎達又引《明堂位》『魯君於孟春祀帝』，《雜記》『孟獻子言日至有事上帝』，以爲鄭注之證。以周案：此當從董、杜説。鄭《箴膏肓》云：『魯之郊天，惟用周正建子之月，牲數有災，不吉，改卜後月，或用周之二月、三月，故有「啟蟄而郊」。』其《駁異義》亦同。如鄭之言，與《穀梁》『轉卜三正』亦不同。

郊祀燔瘞[一]

祭天燔柴，祭地瘞，皆既祭而燔之，而瘞之，不在祭初，亦不在降神後、歆神初。《覲禮》云：『禮日於南門外，禮月與四瀆於北門外，禮山川丘陵於西門外。祭天，燔柴。祭山丘陵，升。祭川，沈。祭地，瘞。』鄭注以此爲會盟之祭。所云『禮』者，謂祭初北面詔明神是也。所云『燔柴』，『升』，『沈』，『瘞』，爲祭終而盟又加於壇上，而以載辭告焉是也。祭天與日皆燔柴，祭地與月皆瘞，而燔、瘞皆在禮神之後，故注云：『燔柴，升，沈，瘞，祭禮終矣，備矣。』此『祭終燔瘞』之著於經、注者也。孫炎、郭璞注《爾雅》悉宗鄭義，初無異辭。但燔、瘞在祭終，而燔、瘞之牛必先預陳其禮，故《山海經》有『肆瘞』之文，郭注云『肆，陳也』。先事而陳，必須有人守之，故《周官·司巫》有『守瘞』之文，鄭注云『守之者，以祭祀未畢，若有事然。祭禮畢，則去之』。謂未燔、瘞，必先守而待祭。畢則可去，亦不必長守也。[二]自賀循等誤會此注，遂謂燔瘞在祭初。皇侃、熊安生增成其義，以爲燔柴致陽氣於天而神乃降，瘞埋致陰氣於地而示乃出。於是『燔、瘞在祭初』爲顛撲不破之義，而議禮家遂增一大蔽。[三]

夫五帝三王降天神，致地示，皆以樂相感召。樂也者，所以和人神，致百物者也。《虞書》云：『戛擊鳴球，搏拊琴瑟以詠，祖考來格』，『簫韶九成，鳳凰來儀』。《周官·大司樂》云：樂『一變而致羽物及川澤之示，再變而致贏物及山林之示，三變而致鱗物及丘陵之示，四變而致毛物及墳衍之示，五變而致介物及土示，六變而致象物及天神。』又曰：『若樂六變，而天神皆降，可得而禮』，『若樂八變，而地示皆出，可得而禮』，則古之降神以樂，有明證矣。而謂燔以降天神，瘞以致地示，此經傳未之聞者也。舊說，祭天圜丘，不假營兆，故曰不壇。泰壇，《周官》謂之兆，謂郊祀五帝也。兩祭不同而皆有燔柴。祭天即燔於所祭之丘，祭五帝即燔於所祭之壇，初不相假借。自謂燔、瘞在祭初，禮又不得同在一處，於是賀循又生『積柴於壇南』之曲說，而燔柴不在泰壇，議禮家又增一大蔽。而圓其說者，則又謂有圜丘之祭，先至泰壇燔柴。殊不思燔柴於壇，祭天於丘，致神於不祭之處，祭神於不致之地，彼此牽合，終至齟齬，皆『祭先燔瘞』之說誤之也。

祭天特牲，禮有明文。燔、瘞有牲，注有明文。燔、瘞在祭後，尚可謂燔即用祭天之牲，瘞即用祭地之牲。自謂未祭先燔、瘞，又嫌無牲可用，於是賀循等又生『燔用左胖』之曲說，而祭天無全脅，議禮家又增一大蔽。而圓其說者，則又謂祭天自用特牲，燔用求牛。殊不思《牛人》曰：

『凡祭祀，供其享牛、求牛。』享牛即在滌三月之帝牛，求牛即稷牛，惟具之臨時選用。即謂求牛中亦有燔、瘞牛，而燔、瘞亦斷不在祭先，可以經注『祭祀未畢，巫守肆瘞』之説決之也。至賈疏曲解鄭注，以爲燔、瘞在歆神之始，下神之後，故曰『祭禮之終』。殊不思燔、瘞於樂六變、樂八變之時，下神之禮猶未終，如燔、瘞於樂六變、樂八變之後，時神已降，何煩再用燔、瘞以致之。此説之最不通者也。而陳襄輩乃信其説，以爲初終皆有燔、瘞，摸棱兩可，尤治經者所不屑辨。

【箋注】

〔一〕輯自《儆季雜著一·禮説一》，清光緒二十年南菁書院刻本。

〔二〕『故《山海經》有肆瘞之文』以下，《皇清經解續編》本均作双行小字注文，且文字有不同。

〔三〕參見《禮書通故》第十二《郊禮通故一》：孫炎、郭璞説，天既祭，積柴燔之。皇侃、崔靈恩説，燔柴以致陽氣，而天神乃降。以周案：疏家並以『燔柴在祭先』爲降神之禮，考經典，降神之禮皆以樂，文詳《大司樂職》。燔降天神，語不經見。鄭注《司巫》『守瘞』，以爲『祭禮未畢』，明瘞埋在祭畢，宜守而待也。注《覲禮》『燔柴升沈瘞』云『祭禮終矣，備矣』，明燔、瘞俱在祭終，至此禮備也。司馬彪《續漢·祭祀志》，『郊天，進孰獻，送神，舉火燔柴，天子再拜，興，有司告事畢，六宗燔燎』，亦在祭終。是漢師説同也。自東晋議禮家謂『燔柴在祭先』，而疑者以郊特牲無以供燔牛，於是賀循有『燔用左胖』之曲說。或又疑先燔柴無以設祭器，於是賀循又生『積柴於壇南』之曲說。據許敬宗引賀語，燔壇在神壇之左。茲據《通典》。緟貤紕繆，皆由『祭先燔柴』之說誤之也。又案：『燔柴在祭先』，此說蓋起於王肅。《郊特牲》疏引張融評《聖證論》云：『《周禮》圜丘服大裘，此及《家語》服衮冕，《家語》又云：「又」蓋『注』字之誤。臨燔柴，脱衮冕，著大裘，象天；臨燔柴，輟，祭，脱衮，著大裘，象天。恭敬之義，既自不同。』此文與今本《家語》異。蓋今本有删節，此所引又有誤字也。以義言之，當云『臨燔柴，脱大裘，著衮冕』。今本王注云『大裘被之道路，至泰壇而脱之』，可證。其意，燔柴時以衮象天，祭時以大裘象天，故云『恭敬不同』。燔輟而祭。是王肅以『燔柴在祭先』之證。

明堂〔一〕

昔者，黃帝始作宮室，上棟下宇，以止風雨。〔二〕明堂中有一殿，四面無壁，謂之『明臺』，亦謂之『明庭』，周人謂之『明堂』焉。堂爲合殿之制，故黃帝又謂之『合宮』。〔三〕宮謂之室，室謂之宮，故夏后氏謂之『世室』焉，周人亦謂之『太室』焉。室必重簷，中倍光明，故殷人特稱『重屋』焉。以其在國之陽，故殷人謂之『陽館』。以其四達而不悖，故唐謂之『衢室』，殷謂之『總街』。以其大禮並行於此，故虞謂之『總章』，或謂之『總期』。乙太室爲宗祀配天之所，故唐、虞謂之『天府』，又謂之『文祖』、『藝祖』。周謂之『清廟』。蓋之以茅，又謂之『茅屋』。明堂之名義有如此者。明堂有室，室啓以户，户夾以窗。其脩廣之數，唐、虞以前，制已無考，而三代之制，當以《考工記·匠人職》爲據。《記》云『夏后氏世室，堂脩二七』，言其堂之脩有十四步。〔四〕『廣四脩一』者，又廣其廣四分脩之一，得十七步半。二七，謂二其七，其句法與下『三四步，四三尺』同例。四脩一，謂四分脩之一，其句法與下『三之二』、『二之一』同例。此據世室之全堂爲文而以四面計之者也。堂構既成，乃分四隅爲室，是謂五室。有四隅室而太室祀五帝之位乃分，亦有四隅室而十二辰聽朔之位乃定。四隅室分於太室，室各四步，以脩度之，四隅室及中室之正堂，其內有三个四步，故曰『三四步』，謂三其四步也。凡隅室設窗户，其四面有墉。墉之地各有三尺，以脩度之，四隅室及中室之正堂，其內有四个三尺，故曰『四三尺』，謂四其三尺也。不言廣者，廣可由此知也。此據世室之四隅爲文而以四方界之。若合計其脩廣，適合『堂脩二七，廣四脩一』之數矣。《記》又曰『殷人重屋』，明其屋之高於夏也。曰『堂脩七尋』，明其堂之淺於世室也。夏后氏大其室，謂之『世室』。殷人高其屋，謂之『重屋』。顧其名，可知其義。必謂殷、周之堂宜大於夏，豈損益之通論哉？『禹卑宫室』，『庳』之云爾，殷人崇之，周人擴之，斯文質之義也。〔五〕且殷之堂脩七尋，堂之基亦如夏，倍之爲十四尋，得方一百一十二尺。基崇三尺，階在基內，廣六尺。若除階六尺言之，室居基之中，實得方百尺。室中七尋，實得方五十六尺。周初明堂實沿其制，故《逸周書》曰：『明堂方一百一十二尺，階廣六尺，室居中，方百尺，室內方六十尺。』此與殷制正合。云『六十尺』者，舉大數約言之也，抑亦周初又增益之與？嗣後周公作明堂於土中，度以筵。堂脩七筵，廣益二筵，亦分堂之四隅爲室，室各二筵。其制較殷人重屋又大，故《記》言周人明堂『東西九筵，南北七筵』，與《周書》不可合，一承殷制，一爲新制也。《匠人職》先總記一堂脩廣之制，而五室之脩廣又分一堂而別記之，可謂至詳且盡。説者不察，謂五室中有大寢堂，可四分之爲九室。鄭謂五室中有大寢堂，孔疏又分之爲九室。不知古者分堂隅爲四室，遂名中堂曰『太室』。分之爲五室，合之實一堂，是一堂有五室之名，非五室外又有太寢堂之稱而可四分之爲四堂，故《匠人職》記五室，不記四堂也。太室四達，無四方，不可設牖户。東出謂之『青陽』，南出謂之『明堂』，西出謂之『總章』，北出謂之『玄堂』，此高誘語。皆太室四達之道，不可環而障之爲一室，亦不可區而别之爲四堂也。唯四隅分於太室，有四方，可以設牖户。一室四户，一户兩窗。赤綴户，白綴窗。户高八尺，窗高三尺。四室，十六户，三十二窗。《匠人職》曰：『四旁兩夾，窗白盛。』旁之爲言『方』也。四方謂『四隅之有壁』者，對太室之無四方言。每四方有兩夾，如寢廟東西兩箱之制也。

堂之上，四角爲飛簷，謂之『四阿』。又作覆簷，别設棟以列椽，謂之『重簷』。堂基之高，殷三尺，周九尺。設九階焉，南面三階，東、西、北各二階。階下又有餘地，周之以垣，朝會以處諸侯，祭祀以合族屬。周垣有四門，門有兩堂、兩室。取數於正堂而三分之，堂之脩廣居二，室居其脩之一，門居其廣之一。其地在南門外近郊三里之外，七里之内。明堂之制有如此者。抑考之《禮》，圜丘所以祀昊天也，四郊所以祀五帝也，七廟所以祀祖考也，三朝所以臨臣庶也，辟雍、學校所以養老、尊賢、教國子、獻俘馘也。又作明堂者，乃以聽月朔、朝諸侯、宗祀配帝也。

明堂聽月朔之禮，春居青陽，夏居明堂，秋居總章，冬居玄堂。四仲居太廟，孟季居兩偏。兩偏雖有左右个之别，而統於太廟。太廟雖有青陽、明堂、總章、玄堂之目，而統於太室。左右个不在隅室，四太廟初非分爲四堂也。明堂朝諸侯之禮，公、侯、伯、子、男及夷、蠻、戎、狄、九采諸國各有列位以明諸侯之尊卑。其就立也，有中階前者，有阼階東者，有西階西者，有門東、門西者，有東門外、南門外、西門外、北門外、應門外者。其序立也，有北面東上者，有西面北上者，有東面北上者，有東面南上者，有南面東上者。昔者，周公既成洛邑，朝諸侯於明堂，遂率以祀文王，歌《清廟》之詩。其年秋，大饗上帝，宗祀文王。四方諸侯各以其職來助祭，又歌《我將》之詩。夫祀天神皆在壇，而此獨饗諸廟者，亦謂明堂爲法天之宫，古人謂之『天府』，府者，聚也，謂天之五帝聚於此也。於天府祀天神，禮以義起，明堂之禮有如此者。其有制同於明堂而名襲之者，辟雍是也。魏文侯《孝經傳》曰：『大學者，中學明堂之位也。』《禮記·昭穆》篇曰：『大學，明堂之東序也。』《盛德》篇曰：『明堂其外水環之曰辟雍。』此以古者明堂、辟雍同制。漢人又合靈臺謂之『三雍』，故其名多沿襲而用各有當也。

其有名同於明堂而實無與者，路寢是也。《盛德》篇曰：明堂，『此天子之路寢』。後儒申之者，謂路寢即大寢，大寢即明堂。其實路寢仿明堂之一面，有房無箱，制亦不同也。其有禮同於明堂而名亦因之者，方嶽之壇宮是也。天子巡狩至方嶽下，柴望覲侯，以壇壝爲宮，方三百步，四門與明堂之宮垣同。諸侯就旂而立，與明堂之朝禮同。有壇宮而加方明，故亦有明堂之名也。後人據此，遂以方嶽明堂之制爲近郊明堂，此好異之過也。

【箋注】

〔一〕輯自《儆季雜著一·禮説一》，清光緒二十年南菁書院刻本。

〔二〕參見《禮書通故》第二《宮室通故一》：《易·繫辭傳》云：『上古穴居而野處，後世聖人易之以宮室，上棟下宇，以待風雨，蓋取諸《大壯》。』虞翻云：『後世聖人，謂黄帝也。』以周案：此傳承上『神農氏没，黄帝、堯、舜氏作』言之。上古謂羲、農以前，『後世聖人』謂黄帝，虞注是也。或據《淮南子·主術訓》『神農以時嘗穀，祀於明堂』，以爲宮室起於神農，與傳未合。《白虎通義》以伏羲、神農、燧人爲三皇，又以皇之世，巖居穴處，衣皮毛，飲泉液。《風俗通義》引《書大傳》云『黄帝始制冠，垂衣裳，上棟下宇，以避風雨』，皆謂宮室起於黄帝。

〔三〕參見《禮書通故》第十五《明堂禮通故》：《管子》云：『黄帝立明臺之議。』尸子云：『黄帝行於合宮。』《史記》云：『濟南公玉帶上黄帝時《明堂圖》，中有一殿，四面無壁，以茅蓋。』以周案：《廣雅》云：『堂，合殿也。』明堂本合殿之制，故曰合宮。『中有一殿』，即所謂合殿也。『四面無壁，以茅蓋』，與《淮南子》『有蓋無四方』之語亦合。

〔四〕『言其堂之脩有十四步』，《皇清經解續編》本曰：『夏度以步，堂脩七步，與殷度以尋，堂脩七尋，周度以筵，堂脩七筵，爲制正同。一七步以爲堂，又一七步以爲堂之餘基，與殷重屋之制亦同，故特云「堂脩二七」，而堂與其基皆見，文簡而明。不云「步」者，下「五室脩三四步」，言之互見也。』此文縮略之。

〔五〕此節，《皇清經解續編》本曰：『《記》又曰「殷人重屋，堂脩七尋」。殷度以尋，其堂爲深於夏矣。不言廣者，廣如脩也。重屋亦分四隅爲室，室各二尋。』此文增廣之。

明堂通釋〔一〕

《大戴·盛德》篇：『明堂者，古有之也。』

案：《淮南子·主術訓》曰：昔者神農『以時嘗穀，祀於明堂。明堂之制，有蓋而無四方。』阮雲臺據此，謂明堂之制始自神農。今據《繫辭傳》，黄帝作宫室棟宇爲明堂之權輿。

《易·繫辭傳》：『上古穴居而野處，後世聖人易之以宫室，上棟下宇，以待風雨，蓋取諸《大壯》。』

案：此傳承上『神農氏没，黄帝、堯、舜氏作』言之。上古，謂羲、農以上，後世聖人，謂黄帝，虞仲翔注是也。《初學記》引《黄圖》曰：『孝武議立明堂於長安城南。』許令褎等議曰：『明堂蓋與黄帝、堯、舜之世。』又引《白虎通》曰：『黄帝作明堂，以避寒温。』與《易傳》合。宇，屋之下覆者。待，止也。〔二〕

《管子·桓公問》篇：『黄帝立明臺之議。』《尸子》：『欲觀黄帝之行，於合宫』《文選》注。《史記·封禪書》：『濟南人公玉帶上黄帝時《明堂圖》，中有一殿，四面無壁，以茅蓋，通水，圜宫垣爲復道。』《漢書·郊祀志》申公曰：『其後黄帝接萬靈明庭。』

案：此黄帝制也。《廣雅》曰：『堂，合殿也。今本脱「合」字。』明堂本合殿之制，故曰合宫。『中有一殿』，所謂合殿也。『四面無壁，以茅蓋』，即《淮南子》『有蓋無四方』之説。〔三〕後世明堂之制昉此。明庭猶明廷，成伯璵《禮記外傳》曰『黄帝享百神於明廷』是也。阮雲臺曰：『接萬靈明庭，即《月令》以時祈祀之始。』

《書·堯典》：『賓於四門，四門穆穆』，『正月上日，受終於文祖』，『月正元日，舜格於文祖，詢於四嶽，闢四門，明四目，達四聰』。

鄭注：『文祖者，五府之大名，猶周之明堂。』案：此唐制也。文祖爲五府之大名，非專謂南面，鄭注是也。文祖即明堂，宫垣有四門，若寢廟無四門之制也。賓四門者，擯接諸侯於明堂也。闢四門者，即位明堂，因闢四門以達天下之耳目也。朝諸侯、受帝位諸大典，必於明堂中行之。〔四〕

《管子·桓公問》篇：『堯有衢室之問。』桓譚《新論》：『明堂，堯謂之五府。府，聚也，言五帝之神聚於此。』《御覽》。

案：此文祖之别名也。《帝命驗》曰：『五府，唐、虞謂之「天府」。』則明堂亦有天府之名矣。惠定宇曰：『《周官》有天府，乃明堂掌陳寶之官，取法於唐、虞也。』云『衢室』者，取四達之義。

《書·堯典》：『歸格於藝祖，用特。』

鄭注：『藝祖，猶周之明堂。』案：此虞制，與唐同。鄭康成因明堂有『文祖』、『藝祖』之稱，又有『宗祀文王』之文，遂以《祭法》禘郊祖宗爲配食明堂。今不從其説，故不録《祭法》文。

《尸子》：『有虞總期。』張衡《東京賦》：『觀堯、舜之行，於總章。』《文選注》。

案：以各禮總於此期會，故名「總期」。字異而義同。阮雲臺曰：『以各禮總於此表章，故名「總章」。此藝祖之別名也。』

《考工記·匠人》：『夏后氏世室，堂脩二七，廣四脩一。五室，三四步，四三尺。』

鄭注：『脩，南北之深也。夏度以步，令堂脩十四步，其廣益以四分脩之一，則堂廣十七步半。五室，堂上爲五室，象五行也。木室於東北，火室於東南，金室於西南，水室於西北，土室於中央。三四步，室方也。四三尺，以益廣也。四室方皆三步，其廣益之以三尺。中室方四步，其廣益之以四尺。此五室，居堂南北六丈，東西七丈。』案：此夏制也。漢馬宮說：『堂脩二七，爲十四丈。廣四脩一，爲又加四尺，益其堂之廣百四十四尺。』據此，則夏堂轉大於殷矣。鄭注訓爲十四步，屬假令之辭，亦疑夏堂之過大也。隋宇文愷云：『夏度以步，堂脩七步。山東《禮》本輒加「二七」。讎校古書，並無「二」字。』今以漢馬、鄭二注校之，《記》文實作『二七』，宇文所謂『古書』，不知何本？未足信也。堂脩二七，廣四脩一，必合下『三四步、四三尺』言之，於義乃明，說已詳前。〔五〕鄭解『三四步，四三尺』，於文不順。其云『南北六丈，東西七丈』，與上文堂脩廣數亦不合。以五室配五行，其方位依生成數。即今之《河圖》。孔巽軒據《盛德》篇九疇數，即今之《洛書》。改易鄭注，不可信。

『九階，四旁兩夾，窗白盛。』

鄭注：『九階，南面三，三面各二。每室四户八窗。盛之言成也，以蜃灰堊牆，所以飾成宮室。』案：賈、馬之徒以九階爲九等階，而鄭易之者。鄭説夏堂崇一尺，無九等階可施也。知南面有三者，《明堂位》篇南面有中階、阼階、西階之名，《管子》曰：『立三階之上，南面而受。』要是其證。『四旁兩夾』句，『旁』之言『方』，謂明堂四方有兩室夾其隅也。『窗白盛』句，《盛德》篇曰『赤綴户，白綴牖』是也。文次『兩夾』下，明隅室有窗，户中不設也。《盛德》篇謂有七十二牖，失其傳矣。〔六〕

『門堂三之二，室三之一。』

鄭注：『門堂，門側之堂，取數於正堂。《爾雅》曰「門側之堂謂之塾」，兩室與門，各居一分。』案：門堂三之二，謂門中之堂。鄭注『門側』，涉下《爾雅》文而誤。室三之一，即左右夾。塾對門堂言，謂之『門側之堂』。〔七〕

『殷人重屋，堂脩七尋，堂崇三尺。四阿，重屋。』

鄭注：『其脩七尋，五丈六尺，放夏、周，則其廣九尋，七丈二尺也。五室各二尋。四阿，若今四注屋。重屋，復笮也。』案：此殷制也。八尺曰『尋』。不言廣者，與脩同也。殷堂較夏爲大，而中室因之不明，故必爲四阿、重屋，以達其光。阿，棟也，謂别駕四棟爲復簷。夏后世室亦四注，不自殷始，鄭注誤。〔八〕

案：此重屋之别名也。**《管子·桓公問》篇：『湯有總街之庭。』《尸子》：『殷人曰陽館。』**《隋·宇文愷傳》、《唐會要》。孫淵如曰：『明堂在國之陽，殷曰「陽館」，知夏、商已在東南郊也。』阮雲臺曰：『《説文》：「街，四通道也。」總街亦取明堂四達之義。』

《逸周書》：『明堂方一百一十二尺，高四尺，階廣六尺三寸。室居中，方百尺。室中方六十尺。户高八尺，廣四尺。牖高三尺，門方十六尺。』《藝文類聚》、《隋・宇文愷傳》、《御覽》、《玉海》。

案：此周初明堂猶承殷制者也。殷堂脩七尋，爲五十六尺。其基倍之，爲一百一十二尺。《考工記》殷人堂崇三尺，此云高四尺者，四古作『亖』，字畫之誤也。堂基之方一百一十二尺，其高三尺。階在基内，居六尺。室居中。除四面階各六尺，爲方百尺。其室中之縱横七尋，實得五十六尺。云六十尺者，舉大數約言之也。抑亦堂高四尺，室中方六十尺，並周初增益之制與？孔巽軒據此爲成周之制以改《匠人》文，失之矣。〔九〕

《考工記・匠人》：『周人明堂，度九尺之筵，東西九筵，南北七筵，堂崇一筵。五室，凡室二筵。』

鄭《駁異義》云：『周人明堂五室，是帝各有一室也，合於五行之數。《周禮》依數以爲之室。』《禮記》孔疏云：『以夏之世室差之，則周之明堂亦應中央大於四隅之室，但文不具耳。』案：此周制也。周人用夏堂脩二七之制以作寢廟，用殷人重屋之制以爲明堂。明堂本祇一堂，於一堂之上，分四隅室，凡縱横各二筵，餘爲大室之數，不言自見，非文有不具也。孔疏誤矣。明堂本祀五帝之所，其堂必分四隅室，而太室祀五帝之位乃定，非於四隅室祀四帝也。故隅室二筵，不嫌其陜。〔十〕鄭謂五帝各有一室，失其義矣。〔十一〕

《大戴・盛德篇》：『其宫方三百步，在近郊。近郊三十里。』

許氏《異義》曰：『淳于登説，明堂在國之陽丙巳之地。三里之外，七里之内，而祀之，就陽位。』案：其宫方三百步，以明堂周垣言之也。《禮·儒行》『儒有一畝之宫』，亦同。《儀禮·覲禮》：『諸侯覲天子，爲宫，方三百步。』明堂之制宜亦同也。盧辨注引《韓詩》説『明堂在南方七里之郊』，與淳于説合。《大戴》云『近郊三十里』，『十』字疑『七』之誤，淳于三里外、七里内之説，即本此。〔十二〕

《禮·月令》：孟春之月，天子居青陽左个。仲春之月，天子居青陽太廟。季春之月，天子居青陽右个。孟夏之月，天子居明堂左个。仲夏之月，天子居明堂太廟。季夏之月，天子居明堂右个。孟秋之月，天子居總章左个。仲秋之月，天子居總章太廟。季秋之月，天子居總章右个。孟冬之月，天子居玄堂左个。仲冬之月，天子居玄堂太廟。季冬之月，天子居玄堂右个。

鄭注：『青陽左个，大寢東堂北偏。青陽太廟，東堂當太室。青陽右个，東堂南偏。』賈思伯云「《月令》本無九室之名」，原其制置，不乖五室。青陽右个即明堂左个，明堂右个即總章左个。室猶是五，而布政十二。五室之理，爲可以安。』案：此聽朔之禮也。明堂必有四隅室而太室祀五帝之位乃分，故别稱之曰青陽、明堂、總章、玄堂，其實同一太室也，故又稱之曰太廟。古者，祀鬼神皆在室，其室謂之廟。諸太廟皆謂當太室祀帝處也，故謂之太廟可也，謂之太室亦可也。《尚書大傳》引用此文，而稱『仲春居青陽正室，仲夏居明堂正室，仲秋居總章正室，仲冬居玄堂正室』是也。太室雖有四太廟之分，而實一室，是猶兩偏雖有左右个之分，同屬太廟也。或者不察於中央設户牖，分爲四堂，五室謂之九室，又分之爲九室、十二堂，誤矣。或者又疑前堂、後室，古宫恒制，明堂必分九室，堂室乃明。此戴氏東原説。不知古制本多不同，或有堂而無室，榭、序是也。或分稱爲室，合稱爲堂，明堂是也。故明堂有五室，謂之室可也，謂之堂可也。夏稱明堂爲世室，周稱世室爲明堂，義各通也。如於東西九筵、南北七筵之中，瓜分之爲九室，爲十二堂，得無隘陜已甚，不足以享鬼神、行祼獻乎？鄭君以九室爲秦制，非古制，《月令》所言不乖。五室左右个，即太廟之左右偏。繹鄭之意，一堂之上爲五室，祀五天帝於五室，不在堂。聽朔於太廟，左右个皆在一堂之上，分四方而居之，不在室。是明堂祇一堂五室也。賈氏申鄭，謂左右个在隅室，又分一堂爲四，與秦九室同制，非特不合經意，並失鄭義矣。〔十三〕

《周官・太史》：『閏月，詔王居門終月。』〔十四〕**《禮・玉藻》：『天子玄端聽朔於南門之外，閏月則闔門左扉，立於其中。』**

鄭注：『南門謂國門也。明堂在國之陽，每月就其時之堂而聽朔焉。卒事，反，宿路寢，亦如之。閏月，非常月也。聽其朔於明堂門中，還，處路寢門，終月。凡聽朔，必以特牲告其帝及神，配以文王、武王。』案：天子聽朔有兩禮。〔十五〕一在太廟，《説文》『閏』字注云『告朔之禮，天子居宗廟，閏月，居門中』是也。一在明堂，如王居明堂禮是也，平時王聽朔於太廟。閏月，立門中，立太廟門。事畢，反寢，自有常居，非終月也。《周官・太史》：『閏月，詔王居門終月。』爲王居明堂禮。〔十六〕鄭注牽説不分，似非。〔十七〕

《孝經》：『孔子曰：昔者，周公郊祀后稷以配天，宗祀文王於明堂以配上帝。』

案：此宗祀配天之禮也。或疑人鬼饗諸廟，天神祀諸壇，明堂爲文王廟，不可以祀天帝。不知周公爲壇墠以告三王，人鬼亦有饗諸野者，猶明堂祀五帝天神亦有措諸廟也。且明堂爲法天之宫，古人謂之天府，則是天神之府，非文王之廟也。徐邈曰：『郊爲天壇，則堂非文廟。』此語得之。〔十八〕

《禮·明堂位》：『昔者，周公朝諸侯明堂之位，天子負斧依，南鄉而立。三公，中階之前，北面東上。諸侯之位，阼階之東，西面北上。諸伯之國〔十九〕，西階之西，東面北上。諸子之國，門東，北面東上。諸男之國，門西，北面東上。九夷之國，東門之外，西面北上。八蠻之國，南門之外，北面東上。六戎之國，西門之外，東面南上。五狄之國，北門之外，南面東上。九采之國，應門之外，北面東上。四塞，世告至。此周公明堂之位也。明堂也者，明諸侯之尊卑也。』

案：此朝諸侯之禮也。明堂周垣有四門，南門外又有應門。

《詩序》：『《清廟》，祀文王也。周公既成洛邑，朝諸侯率以祀文王焉』，『我將祀文王於明堂也。』

案：《盛德》篇：『明堂以茅蓋屋。』而《春秋》傳曰：『清廟，茅屋。』是清廟即明堂也。清廟者，清虚之廟，天帝之所處也。或以宗祀文王，遂謂文王廟，非也。《詩序》言明堂之配，兩舉文王，不及武王，《孝經》亦同，則鄭注『文、武並配』之説，可以知其非矣。〔二十〕

《周禮·秋官·司儀》：『將合諸侯，則令爲壇三成，宫，旁一門。』《掌舍》：『掌王之會同之舍』，『爲壇壝宮、棘門。』《儀禮·覲禮》：『諸侯覲於天子，爲宮方三百步，四門，壇十有二尋，深四尺，加方明於其上。』《孟子》：齊宣王『問曰：人皆謂我毁明堂，毁諸？已乎？孟子對曰：夫明堂者，王者之堂也。王欲行王政，則勿毁之矣。』

鄭注：『合諸侯，謂有事而會也。爲壇於國外以命事。宮謂壝土以爲牆處，所謂爲壇壝宮也。』鄭司農云：『三成，三重也。』又云：『四時朝覲，受之於廟，此謂時會殷同也。宮謂壝土爲埒以象牆壁也。王巡守至於方嶽之下，諸侯會之，亦爲此宮以見之。』案：此方嶽之壇壝宮，亦謂之明堂，而與近郊明堂迥别，鄭注甚明。自王炎《文獻志》以此爲近郊明堂，近儒金輔之、汪容甫皆主其説，意好新異，非求實是也。〔二十一〕

《大戴·盛德》篇：『明堂者，所以明諸侯尊卑，外水曰辟廱』，『周時德澤洽和，蒿茂大，以爲宮柱，名曰蒿宮，此天子之路寢也。』

案：此沿明堂之名而亦與明堂異制也。蔡邕謂清廟、太廟、太室、明堂、太學、璧廱異名而同事。袁準辨之已明矣。《詩》曰：『鎬京辟廱，自西自東，自南自北，無思不服。』此即明堂四達之義。蓋古辟廱之制，與明堂同，故漢初合明堂、辟廱、靈臺，謂之『三廱』，亦謂之『三宮』。然既謂之三廱、三宮，則明堂、辟廱、靈臺皆在異地，非爲一體亦明矣。《盛德》篇文未可信也。《盛德》篇又謂明堂即路寢〔二十二〕，蓋周衰禮廢，學者誤記所聞，鄭注亦沿之而多違戾。〔二十三〕

《逸周書·作雒解》：『乃位五宮：大廟、宗宮、考宮、路寢、明堂，咸有四阿反坫，重亢重郎，

常紊，復格，藻棁，設移，旅楹，舂常，畫旅，内階，玄階，隄唐，山廧，應門，庫臺、玄閫。』

孔晁注：『宗廟四下曰阿。反坫，外向室也。重亢，累棟也。重郎，累屋也。常累，系也。復格，累芝栭也。藻棁，畫樑柱也。承屋曰移。旅，列也。舂常，謂藻井之飾也。畫旅，言皆畫列柱爲文也。玄階，以黑石爲階。唐，中庭道；隄，謂高爲之也。山廧，謂廧畫山云。門者皆有臺，於庫門見之，從可知也。又以黑石爲門限也。』案：此乙太廟、宗宫、考宫、路寢、明堂爲五宫，足破蔡氏『太廟、明堂合一』之説。宗宫謂世室，考宫謂親廟。亢之言梁，郎之言廊。重亢、重郎，謂重屋之制。内階謂階在堂基之内，不外表也。[二十四]

《大戴·盛德》篇：明堂『凡九室，一室而有四户八牖，凡三十六户，七十二牖，以茅蓋屋』，『明堂月令。赤綴户也，白綴牖也。二九四，七五三，六一八。堂高三尺（「尺」一作「丈」），東西九仞（「仞」一作「筵」），南北七筵，上圓下方，九室十二堂。』

鄭《駁異義》曰：『《盛德記》「九室，三十六户，七十二牖」，似秦相吕不韋作《春秋》時説者所益，非古制也。及其下顯與本章異。』案：此秦漢明堂之制也。其云九室者，秦制也，分太室爲四堂而得九室也。其云九室十二堂者，漢制也，又於四隅外，環列四室八堂也。《盛德篇》上記秦制，下記漢制，二者不同，故鄭謂『其下顯與本章異』也。蔡邕《明堂論》誤據秦漢制以爲周禮，近惠定宇申其説，不可信也。[二十五]《月令》春數皆八，夏數皆七，秋數皆九，冬數皆六，專以五行成數言。《盛德篇》引『明堂月令：二九四，七五三，六一八』，以九疇數言。[二十六]九疇數甚圜轉，學者不可執一論之。[二十七]

【箋注】

〔一〕輯自《儆季雜著一・禮説一》，清光緒二十年南菁書院刻本。

〔二〕參見《禮書通故》第十五《明堂禮通故》：《大戴・盛德篇》：『明堂者，古有之也。』劉安説：『昔者神農以時嘗穀，祀乎明堂。明堂之制，有蓋而無四方。』以周案：如《淮南子》説，明堂起於神農。考之《易傳》，『上古穴居而野處，後世聖人易之以宮室，上棟下宇，以待風雨』，此承上文『神農氏没，黄帝、堯、舜氏作』言之。虞翻説『後世聖人謂黄帝』是也。黄帝作宮室，『上棟下宇』，其明堂之權輿與？《初學記》引《黄圖》云：『孝武議立明堂於長安城南。』許令褒等議曰『明堂蓋興黄帝、堯、舜之世』，與《易傳》合。

〔三〕參見《禮書通故》第十五《明堂禮通故》：《管子》云：『黄帝立明臺之議。』尸子云：『黄帝行於合宮。』《史記》云：『濟南公玉帶上黄帝時《明堂圖》，中有一殿，四面無壁，以茅蓋。』以周案：《廣雅》云：『堂，合殿也。』明堂本合殿之制，故曰合宮。『中有一殿』，即所謂合殿也。『四面無壁，以茅蓋』，與《淮南子》『有蓋無四方』之語亦合。

〔四〕參見《禮書通故》第十五《明堂禮通故》：《虞書》：『舜格文祖，辟四門。』鄭玄説，文祖者，五府之大名，猶周之明堂，藝祖同。或云：文祖、藝祖皆宗廟。以周案：明堂爲宗祀配天之所，故曰文祖、曰藝祖，其周垣辟四門，以存古『無四方』之遺意。《管子》曰：『堯有衢室。』衢室者，取四達之義，亦即四方無壁之説。

〔五〕參見《禮書通故》第十五《明堂禮通故》：『五室，三四步，四三尺。』鄭玄云：『堂上爲五室，象五行也。三四步，室方也。四三尺，以益廣也。四室方皆三步，其廣益之以三尺。中室方四步，其廣益之以四尺。此五室居堂，南北六丈，東西七丈。』以周案：上曰堂，通計其數。此曰五室，又析言之。『三四步』、『四三尺』，亦析言堂脩二七之數也。以周初説『堂脩二七』，以爲一七步爲堂，又一七步爲堂之餘基，與殷重屋七尋而《周書》以爲明堂方一百一十二尺正同。而『三四步』、『四三尺』終未釋然。既而思之，百王之道，互有損益，殷之重屋，未必不小於世室。曰『堂脩二七』，自言其堂之脩有十四步，『廣四脩一』者，又廣其廣四分脩之一，得十七步半，鄭注可通。『二七』，謂二其七，其句法與下『三四步』、『四三尺』同例。『四脩一』，謂四分脩之一，其句法與下『三之二』、『三之一』同例。此據世室之全堂爲文，而以四面計之者也。堂構既成，乃分四隅爲室，是謂五室。室各四步，以脩度之，四隅室及中室之正堂，其内有三个四步，故曰『三四步』，謂三其四步也。凡隅室設窗户，其四面有墉，墉之地各有三尺，以脩度之，四隅室及中室之正堂，其内有四个三尺，故曰『四三尺』，謂四其三尺也。不言廣者，廣可由此知也。此據世室之四隅爲文，而以四方界之。若合計，其廣脩適合『堂脩二七，廣四脩一』之數矣。宇文愷以『二七』之『二』字爲衍文，豈其然乎！鄭君疑周之明堂反小於夏，遂疑《禮》文爲未定之詞而假令之，其失一；『三四步』、『四三尺』，傎倒《記》文以言其數，其失二；云『南北六丈、東西七丈』，與上文堂脩廣之數不合，其失三。後人之説，大氏強解《記》文以就己見，愈辨愈鑿，不勝窮詰。

〔六〕參見《禮書通故》第十五《明堂禮通故》：『九階，四旁兩夾，窗白盛。』鄭玄云：『九階，南面三，三面各二。每室四户八窗。盛之言成也，以蜃灰堊墻，所以飾成宫室。』賈公彦云：『賈、馬諸家皆以爲九等階。鄭不從者，以周、殷差之。夏人卑宫室，當一尺之堂，爲九等階，於義不可，故爲旁九階也。』以周案：《明堂位》南面有中階、阼階、西階之名。《管子》云：『立三階之上，南面而受要。』則南面有三階明甚，此與廟寢祇有阼西兩階不同也。『四旁兩夾』句，謂明堂四旁有兩夾之隅室，此與廟寢東西兩夾之制不甚相遠也。『窗白盛』，《大戴記》所云『白綴牖』是也，凡夾室窗白盛，故文次『兩夾』下。

〔七〕參見《禮書通故》第十五《明堂禮通故》：『門堂三之二，室三之一。』鄭玄云：『門堂，門側之堂，取數於正堂。令堂如上制，則門堂南北九步二尺，東西十一步四尺。《爾雅》云「門側之堂謂之塾」，兩室與門，各居一分。』孔廣森云：『門堂之左右有室，取堂廣三分之一以爲兩室。』俞樾云：『堂取數於正堂，室亦取數於正室。』以周案：『門』字句絕。鄭注似有字誤。云『門堂門側之堂』，『側』當作『中』，涉下《爾雅》文而誤。《爾雅》云『門側之堂謂之塾』，當是室三之一。注『兩室與門』，『門』當作『堂』，即根『門側之堂』而言。自賈氏作疏誤以《爾雅》文上屬，後人遂各以意改之，以致文義不通。不然，三之二爲門之中堂，何得引門側之塾爲證？門堂已居三之二，何得云『兩室與門各居一分』？顯與《記》文相違。

〔八〕參見《禮書通故》第十五《明堂禮通故》：『殷人重屋，堂脩七尋，堂崇三尺，四阿，重屋。』鄭玄云：『其脩七尋，五丈六尺，放夏、周，則其廣九尋，七丈二尺也。五室各二尋。四阿，若今四注屋。『注』今作『柱』，譌。此據《士冠禮》疏校。重屋，復笮也。』以周案：夏氏大其室，謂之世室。殷人高其屋，謂之重屋。世室固不及重屋之高，重屋亦不及世室之大，此百王損益之常道也。必謂殷、周之堂宜大於夏，豈通論哉？曰『堂脩七尋』，小於世室矣。不言廣者，與脩同也。四阿，鄭注『若今四注屋，阿之言下』，孔晁《周書》注云『四下曰阿』，與鄭義同。重屋，《周書》謂之重廊，謂别設棟以列椽爲復檐也。凡重屋必重棟，《周書》謂之『重亢』，孔注：『重亢，絫棟也。』亦必重椽，《東方朔傳》謂之『重橑』，《説文》：『橑，椽也。』一説『阿，棟也』，義亦可通。

〔九〕參見《禮書通故》第十五《明堂禮通故》：《周書》：『明堂方一百一十二尺，高四尺，階廣六尺三寸。室居中，方百尺。室中方六十尺。户高八尺，廣四尺。窗高四尺。』以周案：此與殷人重屋制合，蓋周初明堂承殷制而爲之也。殷堂脩廣皆五丈六尺，其堂基倍之，故云『明堂方一百一十二尺』。《考工記》殷堂崇三尺，此云四尺者，四古作『三』，積畫之誤也。堂之階用納陛，《文選》注引孟康云：『納陛者，鑿殿基際爲陛，不使露也。』堂基之方一百一十二尺，其高三尺，階鑿基内居六尺，與其廣同。室居基之中，除四面階各六尺，爲方百尺。其室中縱横七尋，實得方五十六尺。云『六十尺』者，其周初略廣之與？此與殷制甚合。沈貍數千載矣，幸有《隋・宇文愷傳》、《藝文類聚》、《玉海》諸書引此，尚有可考。近孔顨軒又據此以改《匠人》周明堂制，殊不可信。

〔十〕參見《禮書通故》第十五《明堂禮通故》：《考工記》：『周人明堂，度九尺之筵，東西九筵，南北七筵，堂崇一筵。五室，凡室二筵。』賈公彦説，言『室二筵』，不言東西廣，或五室皆方二筵。孔穎達説，以夏之世室差之，則周之明堂亦應中央大於四角之室，但文不具耳。以周案：夏曰世室，室之至大者也。殷曰重屋，屋之至高者也。周人用夏氏堂脩二七之制以作寢廟，謂之夏屋；用殷人重屋四阿之制以祀天帝，謂之明堂。夏屋貴其大，明堂貴其高，一大一高，各有義類。後儒疑夏之世室大於周，遂以『堂脩二七』之『二』字爲衍文；或又疑周之寢廟大於明堂，遂謂『東西九筵、東北七筵』據一面之堂言：是皆強經就我，而不知周監二代各有取義也。且明堂太室四達，東西九筵，南北七筵，較寢廟之室爲大。寢廟禘祫於室，群主數十，明堂以祀五帝，而猶嫌其隘乎？明堂本止一堂，必分四隅室者，以四隅既分而太室祀五帝之位乃定，非於四隅室祀四帝也。故隅室『二筵』，不嫌其狹。李謐斥《記》，亦非《記》之疵也。《異義》引《明堂月令》作『東西九仞』，當爲字譌。『東西九筵，南北七筵』，據四面通言之，以明其全堂之大。『凡室二筵』，據四隅别言之，以明其中室之大。賈疏未是。又案：明堂九、五之辨，堂、室之分，户、牖之繇，修、廣之數，衆説淆雜，難以備録。惟焦理堂據《月令》『五大廟』之文，以解《匠人》『五室』左右个爲太廟之左右偏，非别有隅室，其説較通。明堂小於路寢之故，亦言之綦詳。明堂之大在壇壝，不在屋。後人張大其事，語多不經，其失與封禪同。封禪，古禮也，自漢人侈其志，後世莫敢舉；明堂，古制也，自漢人侈其事，後世莫敢行：皆議禮者之失也。

〔十一〕『矣』下，《皇清經解續編》本曰：『且鄭説分祀五帝，本於緯書。考《史記正義》引《帝命驗》云「五府者，唐虞謂之天府，祀五帝之所也。文祖者，赤帝之府，周曰明堂。神斗者，黄帝之府，周曰大室。顯記者，白帝之府，周曰總章。玄矩者，黑帝之府，周曰玄堂。靈府者，蒼帝之府，周曰青陽。」據此，則祀五帝並在大室，各居正位。故大室四正有太廟之名，豈謂二筵隅室可容天帝乎？《書》曰：「王入太室祼」，凡有祼獻，皆於太室行之也。』此略。

〔十二〕參見《禮書通故》第十五《明堂禮通故》：《大戴記・盛德篇》，明堂『宫方三百步，在近郊。近郊三十里』。韓嬰説，明堂在南方七里之郊。淳于登説，明堂在國之陽丙巳之地，三里之外，七里之内。以周案：《觀禮》:『諸侯覲天子,爲宫,方三百步。』明堂之制,宜亦同也。『近郊三十里』,『十』字疑衍文。淳于登説『三里之外,七里之内』,兼用《大戴》、《韓詩》兩説。天子聽朔於明堂,《玉藻》云『聽朔於南門之外』,則明堂在國之南郊信矣。顔師古謂《周書》叙明堂有應門之制,宜近在宫中,孫淵如謂在國中,其説本諸劉向《别録》及《説苑·修文篇》,不可信。

〔十三〕參見《禮書通故》第十五《明堂禮通故》:《記·月令》言聽朔之禮,有『青陽』、『明堂』、『總章』、『玄堂』諸太廟及『左』『右个』之名。鄭玄注以《匠人》『五室』之制言之,左右个即太廟之左右偏,而或者分之爲九室,又且分之爲十二堂。賈思伯云:『《月令》本無九室之文。原其制置,不乖五室。青陽右个即明堂左个,明堂右个即總章左个,如此則室猶是五,而布政十二。五室之理,謂可爲安。』以周案:明堂必有四隅室而太室祀五帝之位乃分,故别稱之曰青陽、明堂、總章、玄堂,其實同一太室也,故又稱之曰『太廟』。凡廟主於室,諸太廟皆謂當太室祀帝處也,故謂之廟可也,謂之室亦可也。《尚書大傳》引用此文而稱青陽正室,明堂正室,總章正室,玄堂正室,是也。太室雖有四太廟之分而實一室,明堂雖有五室之分而實一堂,故《匠人》記『五室』不記『四堂』也。或者不察,於『東西九筵、南北七筵』之中瓜分之爲九室,爲十二堂,得無狹隘已甚不足以享帝聽朔乎?左右个爲太廟之左右偏,不在隅室,當以鄭注爲正。爲鄭學者用賈思伯説申之,亦眛昧。

繼紅案:『矣』下,《皇清經解續編》本曰『汪容甫論明堂制與《月令》不合,大加詆議。謂聖人南面聽天下,今以天子之居,四時易位,在三冬則北面而朝其臣。且明堂在郊,則是王者終歲野處。不知《月令》所言,乃天子每月一聽朔之禮，雖北面受命於天，庸何傷？原非朝臣常居北面，聽朔禮畢，即反寢，亦非終歲而野處。凡其所刺者，皆非《月令》之疵也，自憒憒耳。《月令》爲《周書》五十二篇，原屬古書，特吕不韋輩竊其文，非取《吕覽》而入之，何必謂《月令》深可忿疾也。』此略。

〔十四〕此引《周官》文，《皇清經解續編》本無。

〔十五〕參見《禮書通故》第十五《明堂禮通故》：鄭玄云：『《月令》本《吕氏春秋》十二月紀之首章，禮家好事鈔合之。』蔡邕云：『《月令》文義所説，博衍深遠，宜周公所著也。《周書》七十一篇，而《月令》弟五十二，秦相吕不韋、淮南王安皆取之，故偏見之徒或云《月令》吕不韋作，或云淮南，皆非也。聖人南面而聽天下，嚮明而治，人君之位，莫正於此，故雖有五名，而主以明堂。』汪中云：『《月令》之文，深可忿疾。聖人南面聽天下，今以天子之居四時分位，在三冬則北面而朝其臣。且明堂在郊，則是王者終歲野處。』以周案：天子聽朔有二禮，一在太廟，一在明堂。《月令》所言，乃王居明堂之禮，月一告朔，雖北面受命於天，庸何傷？初非朝臣居北面。其平居聽朔於廟，亦非終歲而野處。汪氏所刺者，乃注家之失，非《月令》之疵也。古有《王居明堂禮》，其書久逸，今可藉以考，見者惟有《月令》，故蔡氏亦稱爲《明堂月令》。然號其禮曰『王居明堂禮』，是其禮自有異於平居之禮也。名其令曰『明堂月令』，是其令亦有異於平時之令也。汪氏必據平居之禮、平時之令以相呰謷，亦失顧名思義之道矣。汪氏論明堂制度，於《匠人》、《月令》之文無一合，既不能通其解，而反深爲忿疾焉，祇見其不知量也。近儒多愛其文而演其説，惑矣。

〔十六〕參見《禮書通故》第十九《改正頒朔禮通故》：鄭玄云：『天子聽朔於南門之外。南門，國門。天子廟及路寢，皆如明堂制。明堂在國之陽，每月就其時之堂而聽朔焉。卒事，反宿路寢，亦如之。凡聽朔，必以特牲告其帝及神，配以文王、武王。』以周案：《玉藻》『朝日於東門之外』，《大戴·朝事儀》謂之『朝日於東郊』，則『聽朔於南門之外』謂聽朔於南郊之明堂明矣。但天子每月聽朔於明堂，王居明堂之禮也，平時亦聽於太廟。《說文》『閏』字注云『告朔之禮，天子居宗廟，閏月居門中，從王在門中』，此其證也。聽於明堂，告帝及神，配以文王；聽於廟，直告太廟而已。鄭云『明堂聽朔，卒事，反宿路寢』，明非終歲野處，似已；云『亦如之』，又沿《周官·太史》『終月』之文而誤。

〔十七〕此案語，《皇清經解續編》本作『案：鄭說路寢明堂同制，故云爾，其實非也。事畢反寢，自有常居，必非四時易位。閏月，王立門中，祇就聽朔時言，亦非竟月常處門也』。

〔十八〕參見《禮書通故》第十五《明堂禮通故》：鄭玄云：『《祭法》云「祖文王，宗武王」，謂祭五帝、五神於明堂，以文、武共配。』王肅駁云：『古者祖有功，宗有德，祖宗是廟不毀之名，非謂配食於明堂。審如鄭義，則《孝經》當言「祖禮文王於明堂」，不得言「宗祀」也。凡宗者，尊也。周人既祖祀廟，又尊其祀，孰謂祖於明堂者乎？』何佟之云：『《孝經》是周公居攝之禮，《祭法》是成王反位後所行。如王說，殷有三祖三宗並應不毀，何故止稱湯、契？』長孫無忌云：『如鄭說，祖、宗合爲一祭。《春秋外傳》：「禘、郊、祖、宗、報，五者國之祀典也。」傳言五者，故知各是一事，非謂祖、宗合祭於明堂也。』以周案：明堂爲祀五帝之天府，而宗祀文王以配者，《公羊傳》所謂『自內出者，無匹不行，自外至者，無主不止』也。宗字從宀從示，《説文》：『宀，交覆深屋也。示，神事也。』『宗祀』與上『郊祀』對文爲義，事天於壇謂之郊，郊不屋；事帝於明堂謂之宗，宗取深屋之義。朱子曾言之。郊宗爲祀天帝之定名，與宗廟之祖宗自别。《詩序》『《我將》，祀文王於明堂也』，不及『武王』；鄭最信緯，緯云『后稷爲天地主，文王爲五帝宗』，亦未嘗及『武王』。長孫之難鄭，立説甚允。佟之之難王，非也。然王肅訓宗爲尊，與上『郊祀』文例不合。郊爲定名，尊爲通稱，一實，一虚，非立文法也。又案：崔靈恩申鄭説，文、武皆在明堂之上，連衽並配。或説『武王汎配五帝』，或説『文王配五天帝於堂上謂之祖，武王配五人神於堂下謂之宗』，説皆乖剌不可通。又案：朱子云：『爲壇而祭謂之天，祭於屋下而以神祇事之謂之帝。』朱子辨天、帝雖未確，而宗祀取屋祭之義自當。阮文達亦主是説，但多牽强言之耳。

司馬光、吕誨等議：觀古帝王，自非建邦啟土造有區夏者皆無配天，故雖周之成、康，漢之文、景、明、章，德非不美也，然而不敢推以配天，避祖宗也。近代祀明堂者，皆以其父配上帝，此乃誤釋《孝經》之義，而違先王之禮。以周案：周公配文王於明堂本爲定制，以后稷配天推之自見。唐、宋之君，遞以其父配天，豈《禮》意哉！司馬之議當矣。然司馬等又謂真宗配享明堂未失古禮，斯議亦謬。當以錢公輔之議爲允，錢説：『以孔子之心推周公之志，則嚴父也。以周公之心攝成王之祭，則嚴祖也。嚴父嚴祖，其義一也。』數語尤足以翼經。

〔十九〕『國』，引文誤作『位』，徑改。

〔二十〕此條并下『《大戴·盛德》篇：明堂者，所以明諸侯尊卑，外水曰辟雍』條黄以周案語詳參《禮書通故》

第十五《明堂禮通故》：《盛德篇》，明堂『以茅蓋屋，上圓下方。外水曰璧雝。或以爲明堂者，文王之廟也』。《五經通義》云：『靈臺以望氣，明堂以布政，璧雝以養老、教學，三者不同。』《别録》云：『明堂、璧雝、宗廟，列王宫左右。』鄭玄説，太廟在國中，明堂在國之陽，璧雝、靈臺在西郊。明堂，王祭上帝以文王配，猶郊天以后稷配，非文王廟也。蔡邕云：『取其宗祀之清貌，曰清廟；取其正室之貌，曰太廟；取其尊崇，曰太室；取其堂，曰明堂；取其四門之學，曰太學；取其四面周水圓如璧，曰璧雝。異名而同事，其實一也。』袁準云：『宗廟之中，人所致敬，幽隱清靜，鬼神所居。而使衆學處焉，饗射其中，人鬼慢黷，死生交錯，囚俘截耳，瘡痍流血，以干犯鬼神，非其禮矣。且夫茅茨采椽，至質之物，建日月，乘玉輅，以處其中，象箸玉杯而食於土簋，非其類矣。禮，天子七廟，左昭右穆，以明堂之制言之，昭穆安在？夫宗廟鬼神之居，祭天而於人鬼之室，非其處也。明堂法天之宫，非鬼神常處，故可以祭天而以其祖配之。配其父於天位，可也，牽天帝而就人鬼，則非義也。明堂者大朝諸侯講禮之處，宗廟享鬼歲覲之宫，璧雍大射養孤之處，大學衆學之居，靈臺望氣之觀，清廟訓儉之室，各有所爲，非一體也。』以周案：蔡説清廟即明堂，本《盛德記》。《記》言明堂蓋之以茅，而《春秋傳》曰『清廟，茅屋』，是明堂即清廟也。清廟者，清虚之廟，非鬼神所常處也，而或者因宗祀文王於此，遂以爲文王廟焉，非也。蔡説太廟、太室即明堂，本《月令》、《明堂位》。但《月令》太廟指太室之清廟，非謂七廟之太廟。《明堂位》大廟天子明堂，謂魯於大廟法其制也。周天子立宗廟於王宫之左，營明堂於國之郊，顯爲異地。蔡説大學璧雝即明堂，本《盛德記》。大學即璧雝，璧雝之制與明堂同，故漢初合明堂、璧雝、靈臺謂之『三雝』，亦謂之『三宫』，則三者各在異地，非爲一體亦明矣。《盛德》文未可據也。孝尼難蔡，有是有非。

〔二十一〕『爲壇壝宫』，參見《禮書通故》第三十《會盟禮通故》：鄭玄云：『壇十有二尋，八尺曰尋，則方九十六尺也。《司儀職》曰「爲壇三成」，成猶重也。三重者，自下差之爲三等，而上有堂焉。堂上方二丈四尺，上等、中等、下等，每面十二尺。』金鶚云：『壇之上安得有堂？經言祀方明於其上，方明者上下四方之神也，其祭必露天，豈得於屋下乎？且壇三等，公於上等，侯伯於中等，子男於下等，若以上等爲堂，則公當立於中等，侯伯於下等，子男則於地，與經不合。鄭説蓋本於《逸周書·王會解》，然不足據。』以周案：古人之稱堂，本不謂屋。太山下之明堂亦非屋，與成周之明堂異。《覲禮》『爲宫方三百步』，鄭注『壝土爲埒，以象墻壁』，《掌舍》『爲壇壝宫』，鄭注『平地築壇，又委壝土，起堳埒以爲宫』，是鄭本不謂有屋也。『壇深四尺』，鄭注云：『從上向下曰深。』謂從堂上望至地，其高四尺也。凡階一等一尺，則堂在三等之上也，故曰『深四尺』。堂上方二丈四尺，加上等每面十二尺，其方四十八尺，又加中等每面十二尺，其方七十二尺，又加下等每面十二尺，其方九十六尺，故曰『十有二尋』。

〔二十二〕『寢』下，《皇清經解續編》本有曰：『鄭君《禮》注從之。考之《書·顧命》，言翼室即路寢，而下云「東房西房」。《禮·喪大記》亦言「路寢房中」。《詩·王風》「右招我由房」亦謂路寢房，見鄭《志》。是路寢有房明矣。而明堂則有室無房，其制固異也。而申鄭説者，謂《喪大記》言房中是諸侯制，文、武遷豐鎬，只作靈臺、辟雍，其路寢亦仍諸侯之制。成王崩，在西都，故有左右房。康王以後所營，依天子制度。宣王時，路寢制如明堂，故《斯干》曰「西南其户」。至平王微弱，路寢不復如明堂，故《王風》曰「右招我由房」。此説詳見《玉藻正義》，可謂力申鄭義，不憚輾轉補斡之苦矣，而要非經旨也。』

〔二十三〕參見《禮書通故》第十五《明堂禮通故》：《盛德記》：明堂，『此天子之路寢也』。《宋書·禮志》云：『《周書》清廟、明堂、路寢同制，鄭玄注《禮》，義生於斯。』　以周案：明堂無左右房，路寢無四隅室。云『同制』者，亦據大判言之爾。合而一之，斯大謬矣。

〔二十四〕參見《禮書通故》第二《宫室通故一》：鄭玄云：『天子宗廟、路寢，制如明堂。』　以周案：《逸周書·作雒解》：『乃位五宫：大廟、宗宫、考宫、路寢、明堂，咸有四阿、反坫、重亢、重郎。』此即鄭注所本。但《作雒解》亦言大略爾，非盡同也。明堂祀五帝，中室宜四達無壁，宗廟一廟一主，似無取四達之義。《爾雅》『室有東、西廂曰廟』，則東、西有壁可知。《覲禮》『天子設斧依於户牖之閒』，覲受於廟中太室，東户、西牖非兩夾，是宗廟與明堂有别也。路寢有東、西房，見《書·顧命》、《詩·王風》及《禮·喪大記》，與明堂不同更顯。申鄭者謂『《喪大記》言房中，是諸侯禮，文王遷豐鎬，止作靈臺、辟雍，其路寢亦仍諸侯之制，成王崩在西都，故有左、右房。康王以後，所營依天子制度，宣王時路寢制如明堂，故《斯干》曰「西南其户」。至平王微弱，路寢不復如明堂，故《王風》曰「右招我由房」』。説殊迂曲，未敢信。

〔二十五〕參見《禮書通故》第十五《明堂禮通故》：《大戴記·盛德篇》：明堂『凡九室，一室有四户八牖，凡三十六户，七十二牖』；《明堂月令》『東西九筵，『筵』今本作『仞』，譌。此依宋本校。南北七筵，九室十二堂』。蔡邕説，九室以象九州，十二堂以應辰。李謐説，太室、青陽、明堂、總章、玄堂爲五室，四面之室各有夾房，謂之左右个。

《考工記》得之於五室，而謬於堂之脩、廣，《盛德篇》得之於户、牖，而失之於九室。以周案：《盛德篇》上記九室爲秦制，下記十二堂爲漢制，二者不同，故鄭《駁異義》云『《戴記》上、下顯異』，是也。蔡邕《明堂論》誤據秦漢制以爲周禮，李謐斥《匠人》文語多悖晦。其説五室外有左右个，實亦九室之制，與《匠人》文不同也。蔡、李兩説並同《盛德》文。近惠定宇宗蔡氏説，作《明堂大道録》，不足信。

又：『也』下，《皇清經解續編》本有曰：『鄭君謹守《匠人》五室之制以斥《盛德記》，此千古不刊之論。且明堂五室，法五行生成數，合八卦方位。中央，太室。一生水於北，其卦爲坎，而隅六成之，爲艮之濕土。三生木於東，其卦爲震，而隅八成之，爲巽之陰木。二生火於南，其卦爲離，而隅七成之，爲坤之燥土。四生金於西，其卦爲兑，而隅九成之，爲乾之陽金。其象如此。鄭注《匠人》曰：「堂上爲五室，象五行，木室於東北，火室於東南，金室於西南，水室於西北，土室於中央」，其以五行生成數言，是也。其四室互易，與卦位不合，非也。據』。

〔二十六〕『言』下，《皇清經解續編》本有曰：『是錯綜其數歟？不然，拘泥此數以説明堂四九之金奪南位，二七之火充西方，揆之於義，似爲刺謬。』

〔二十七〕『之』下，《皇清經解續編》本有識語曰：『明堂考，凡四易稾。壬戌正月二十八日書。』

廟祧〔一〕

廟制之説，紛紛莫定。疑經改經，適成武斷。先君子《儆居集》有《釋廟》篇，根據《禮》文，排擯異説，洵可謂質鬼神而無疑，俟聖人而不惑者也。

以周謹謂廟制之難復，半由於祧制之不明。周立七廟，廟各一主，主各一宫。其祧主，文、武以上藏太廟，文、武以下藏世室，皆無專廟，此廟、祧之異也。古廟主藏於室西壁埳中，有事則請而出之，故《公羊傳》稱栗主曰『藏主』。祧主藏於兩夾東西壁埳中，直合祔之，無别室耳，非毁其主不爲立也，此廟、祧之異而同也。漢貢禹、韋玄成諸儒考定廟制，其功不可没。而謂『太上廟主宜瘞園，孝惠穆主遷於太祖廟，寢園皆弗復脩，聽其廢而爲虚』，此豈孝子慈孫之所忍出邪？東漢以後，惑於貢、韋之説，不曰『親盡主祧』，直曰『親盡主毁』，則生爲天子者，安享其富貴之盛，死後五世，竟同絶祀之餒鬼矣。雖言《禮》之臣執古典以相争，亦勢不能行也。夫祧之言『超』也，超上於宗廟，合祔於夾室，稱之曰『廟祧』，尊之曰『宗祧』。於四時脩享嘗之儀，於享嘗飭黝堊之職，於五年脩祫祭之禮，於祫祭見合食之榮，此生順死安而禮義不愆者也。〔二〕自漢明帝以來，一用同堂異室之制，其與古之祧主相去幾何？名曰『不祧』，其實入廟即祧也。名曰『從厚』，其實薄於古人也。知後世之廟制即古之祧制，則古之祧制何負於人也？知後世之入廟即祧，有薄於古人，則古廟制之宜復，莫急於今也。若以列世之神龕，群納諸太廟，太廟雖大，終將無以容之，至不能容，又議遷其親盡之主藏於別室，是又以壇墠之鬼待其先君矣，此自古之所未有也。

【箋注】

〔一〕輯自《儆季雜著一·禮説二》，清光緒二十年南菁書院刻本。

〔二〕詳見《禮書通故》第十六《宗廟禮通故一》：舊説，遷主所藏曰祧，祧主藏而不立。以周案：自古廟主藏於室之西壁埳中，故《公羊傳》謂栗主曰『藏主』，此不獨祧主然也。祧主亦設立，特合祔之無專廟云爾，豈曰藏其主而不立也。藏主不立乃壇、墠之制，不可以之説祧主也。自祧禮不明，而廟制難復。東漢以來，皆用同堂異室之制，非皆因陋就簡也，自謂五世即遷，毁主不立，幾同無祀之鬼，於心有不忍也。貢禹、韋玄成諸儒考定廟制，其功不可没，而謂『太上廟主宜瘞園，孝惠穆主遷於太祖廟，寢園皆無復修，癈而爲虚』，宜爲劉歆所駁也。祧之言超也，超上於宗廟，合祔於夾室，稱之曰廟祧，尊之曰宗祧，於四時修享嘗之儀，於享嘗飭黝堊之職，於五年修祫祭之禮，於祫祭見合食之榮，此生順死安，而禮義不愆者也。

又：鄭玄云：『祧之言超也，超，上去意也。天子遷廟之主，以昭、穆合藏於二祧之中。諸侯無祧，藏於祖考之廟中。《聘禮》曰「不腆先君之祧」，是謂始祖廟也。』王肅説，祧，親盡之廟。　以周案：據《周官·守祧》文，祧殺於廟。經傳中有稱廟爲祧者，如《聘禮》『主人曰「不腆先君之祧」』，及《左傳》所云『先君之祧』，『豐氏之祧』，皆賓主引以自謙之辭，非以祖廟藏祧主，遂得『祧』其祖廟也。《昭元年傳》曰：『其敢愛豐氏之祧。』時豐氏爲大夫止及二世。《襄九年傳》曰：『君冠，必以先君之祧處之。』服注云：『曾祖之廟曰祧。』《祭法》孔疏申其義：『時冠於衛成公之廟。成公是衛今君之曾祖，曰祧。』是祧非必親盡祖廟之名也。

黄式三黄以周禮學文獻輯箋

下

程繼紅　輯箋

鳳凰出版社

干祫及其高祖〔一〕

《記大傳》曰：『王者禘其祖之所自出，諸侯及其太祖，大夫、士有大事，省於其君，干祫及其高祖。』鄭注以『大事』爲寇戎之事，『省』訓『善』，『干』訓『空』，空祫謂無廟祭之於壇墠。後儒並以鄭義爲迂回。鄭意『干』與『間』通。《聘禮》『皮馬相間』，古文『間』作『干』。《鄭語》『姜嬴、荆芈實與諸姬代相干也』，亦謂『代相間』。間者，門之隙，地之空處。訓『干』爲『空』，本合訓詁。謂『無廟祭於壇墠』，斯失其義矣。或訓『省君』爲『有賜於君』，或訓『干』爲『上干』，爲『干求』，終非經旨。竊謂『大事』謂『祫事』。《春秋》文二年『大事於太廟』，《公羊傳》曰『大事者何？大祫也』，是其證。大夫、士有祫者，據有土地之大夫、士也。《五經異義》説『廟主』條，引《公羊》家説『卿大夫、士，非有土子民之君，不得祫享序昭穆』，明有土、子民之大夫、士，例得稱君，義本《禮經·喪服傳》。可以行祫事也。且此不獨《公羊》家説爲然，《左氏·襄二十二年傳》鄭公孫黑肱『黜官，薄祭，祭以特羊，殷以少牢』。杜注：『四時祀以一羊，三年盛祭，以羊豕。』三年殷祭，即所謂『三年祫』也，是《左氏》家亦謂大夫有祫矣。且此亦不獨《春秋》家説爲然，《禮·士虞記》『哀薦祫事』，鄭注始虞謂之『祫事』者，主欲其合先祖也。虞如饋食，特牲饋食爲士之祫禮，少牢饋食爲大夫之祫禮，說詳《禮故》。〔二〕與鄭大夫黑肱『祭以特羊，殷以少牢』正相符合，則舊説『大夫、士不得祫』者，可知其謬矣。『省』猶『省問』之『省』。省問於其君者，大夫、士不具官，祫祭有用公吏者，非時祭比，故必省諸君而後得祫。祫用公吏，具詳兩《饋食禮》中。干者，『迂』字之省。《説文》：『迂，進也。從辵，干聲，讀若干。』迂祫者，進祫也。進祫者，别諸大夫、士而言也。大夫廟，一昭一穆，與太祖而三。祇祭考、王考，禮不及曾、高。惟有地稱君之大夫、士，有祫，得進而上及高祖而合祭之，故曰『迂祫』。其得迂祫及高、曾者，服未絶也，服絶則止，此大夫、士所以有異於諸侯也。諸侯及其太祖，自太祖下之毁主陳於太祖廟，四親廟主亦升合食於太祖矣。鄭注以『大事，爲寇戎事』固非經意，謂『干祫空廟』義似可通。然諸侯祫及毁主，詎非無廟之主？何獨以干祫屬諸大夫、士邪？且壇墠可禱不可祫，禱爲有事求福之祭，其禮秩與祫迥别。或訓干爲求，而以《祭法》『禱壇墠』實之，詎有合於典制？曩作《肆獻祼饋食禮通故》，於此沿用鄭注，書已刊，不及改，故作此以補之。〔三〕

【箋注】

〔一〕輯自《儆季雜著一・禮説二》，清光緒二十年南菁書院刻本。

〔二〕詳見《禮書通故》第十七《肆獻祼饋食禮通故一》：鄭玄云：『特牲饋食之禮，謂諸侯之士，以歲時祭其祖、禰之禮。』萬斯大云：『祫，合祭也。大夫、士常時但得特祭，不得合祭。考此《特牲》、《少牢》二篇，祝辭及命筮之辭，惟及皇祖，而自稱孝孫，此常時之祭也，其爲特祭昭昭矣。』以周案：《大宗伯》享先王分肆獻祼、饋食、時享爲三類。此《特牲》、《少牢》皆以『饋食』名篇，明著其爲『饋食禮』而非時享矣。鄭注《大宗伯》以饋食爲禘，而於此則以爲時享。後之編天子時享禮者，遂皆掍於饋食，前之《通典》、《通考》，近之秦氏《通考》，皆沿其譌。《士虞禮》云『孝子某哀薦祫事，適爾皇祖某甫』，又曰『適爾皇祖某甫，以隮祔爾孫某甫』。皇祖者，大祖也，故稱死者爲爾孫。適爾皇祖者，謂之太祖廟而合祭之也，故曰哀薦祫事。其祔祭之禮，亦惟用專膚爲折膚爲異，其他亦云『如饋食』，則饋食祫祭也明矣。《特牲禮》筮日、筮尸之命辭云『孝孫某，諏此某事，適其皇祖某子。』曰某事者，或祫事，或常事，或祥事，不可定也。曰『適其皇祖某子』，文同《士虞禮》，則特牲饋食爲薦祫事也亦明矣。《少牢禮》則云『孝孫某，用薦歲事於皇祖伯某，以某妃配某氏』。歲事者，祫事也。祠、禴、嘗、烝以時舉，故曰時享；禘、祫數歲一舉，故曰歲事。以薦歲事，於皇祖相告，即《特牲禮》告以『適爾皇祖』之義也，則少牢饋食爲薦祫事也亦明矣。自注疏不以饋食爲祭名，而編禮家遂以此爲大夫、士之時祭禮。而天子時享據此爲例，則天子饋食禮遂失，而時享一日歷七廟，反有惟『日不足』之疑矣。

〔三〕《禮書通故》第十七《肆獻祼饋食禮通故一》：鄭玄云：『《大傳》「大夫、士有大事，省於其君，干祫及其高祖」。大事，寇戎之事。省，善也。干猶空也。空祫，謂無廟祫祭之於壇墠。』何休云：『大夫有賜於君，然後祫其高祖。萬斯大云：干，求也。祫，合祭也。必求於君而後得祫，則其常時但得特祭，不得合祭可知。』以周案：此據大夫、士之有土者而言，《五經異義》説廟主條。引《公羊》説『卿大夫、士，非有土子民之君，不得祫享序昭穆』，是其義也。大夫、士有大事，謂祫事也。大夫、士不具官，祫祭有用公吏者，非時祭比，故必省諸君而後祫。大夫、士有祫而無禘，則禘大於祫亦可見矣。大夫無高祖廟，故曰干祫，鄭注訓爲空祫，是。焦理堂《禮記補疏》云：《詩》『秩秩斯干』，傳云：『干，澗也。』《廣雅》：『澗，閒也。』《説文》：『閒，隙也。隙，壁際孔也。』孔即空，故干猶空。其云『空祫於壇墠』，據始爲大夫者言。若繼世爲大夫之高、曾，自宜祫之於太祖廟。又案：《大傳》：『王者禘其祖之所自出，諸侯及其太祖，大夫、士干祫及其高祖。』《禮·喪服傳》：『都邑之士，則知尊禰矣；大夫及學士，則知尊祖矣；諸侯及其太祖，天子及其始祖之所自出。』揆斯兩文義，似太祖惟諸侯得祭，非大夫、士所得祫矣。蓋古者諸侯世爵，得及太祖。大夫不世爵，祇有考、王考、皇考三廟，無太祖廟，其高祖亦干祫於壇墠。後世大夫亦世爵，其廟一昭、一穆，與太祖而三，則祫祭群主自行於太祖廟，不在壇墠矣。此世變之不同，而禮亦因以異也。

釋菜〔一〕

釋菜與釋奠不同。釋奠有幣帛犧牲而無菜，釋菜則衹用蘋蘩之菜而已，故釋菜之禮輕於釋奠。天子、諸侯視學行釋奠禮，而士之入學習舞者則行釋菜。釋奠之禮有行於馘告之時者，說見《王制》。有行於立學之初者，說見《文王世子》。然此二者，有事特舉，而非時祭之名。時祭之釋奠有四，皆於天子、諸侯視學時行之。《文王世子》曰：『凡學，春官釋奠於其先師，秋冬亦如之。』是天子、諸侯四時視學皆釋奠也。〔二〕

自後世釋奠之禮衹舉於春秋，而冬夏釋奠之禮廢。亦自釋奠之禮衹舉於上丁，而上丁釋菜之禮亦不行。說者不察，乃執近代之禮以考古制，遂有疑釋菜即釋奠者。或又知二禮之不可合，遂疑《月令》釋菜字譌，當依《吕覽》作舍采，舍采即釋奠。不知釋與舍爲音義相通之字，采與菜爲形聲相近之字，例得通借，原非字譌。以義言之，釋菜之釋當以《吕覽》作舍者爲正。《說文》：『釋，解也。從采，睪聲』，『市居曰「舍」，從集、中、口。中象屋，口象築』。引申之，有止義，有置義。舍采之采，當依《月令》作菜者爲正。鄭注《大胥》舍采云：『舍即釋也，采讀曰

「菜」。始入學者必釋菜，禮先師。菜，蘋蘩之屬。』是也。

《文王世子》於立學曰釋奠，於釁器曰釋菜，上下分别言之，則釋菜固不可混於釋奠。以古音考之，采在詒部，奠在真部，二部古音絶不相通。故謂《月令》之『習舞，釋菜』，即《呂覽》之『入舞，舍采』，亦即《大胥》之『春入學，舍采，合舞』，不可以釋奠解之。《夏小正》曰：『二月：丁亥，萬用入學。』傳曰『謂今時大舍采也』。然則入學釋菜之禮，三代相因，其禮古矣。古禮多質，如廟用茅屋、郊用匏器之類，皆不取繁文縟節。釋菜之禮，其猶有古之遺意與！故祭用蘋蘩，不嫌禮之薄也。説者不察，或謂古者士見於君，以雉爲贄。見於師，以采爲贄。采，直『疏食菜羹』之『菜』。或又謂學者皆人君、卿大夫之子，衣服采飾。舍采者，減損解釋盛服以下其師。采爲文采，循文立訓。之二説，並見《大胥》鄭注，爲解經者所不取，更不待辨矣。然則《月令》言『釋菜取上丁』，而《夏小正》則云『丁亥』，上丁不必亥，其故何也？曰：《夏小正》舉其日之最宜者言之，《月令》又通其變也。《少牢饋食禮》曰『來日丁亥』，鄭注：『丁未必亥也，直舉一日以言之耳。《禘於太廟禮》曰「日用丁亥」。不得丁亥，則己亥、辛亥亦用之。無，則苟有「亥」焉可也。』蓋祭取諸亥，入學取諸丁。苟無丁亥，用上丁可也。丁取丁壯之義，望士之入學，執業有成也。亦取丁火之義，望士之入學，緝熙光明也。知日之取丁專爲學士勉，則《月令》『釋菜』，《夏小正》

『大舍采』，爲士之入學習舞之祭，不可解爲天子視學釋奠之禮矣。〔三〕

釋奠之禮，天子四時皆行之。偏考諸書，並不云『上丁』，更不云『丁亥』。然則釋奠禮重於釋菜，《月令》記釋菜而不記釋奠，其故何也？曰：古人著書必有體例。《月令》於孟春云『命樂正入學，習舞』，爲仲春將釋菜習之也。仲春『上丁，命樂正習舞，釋菜』，爲仲丁將習樂祭之也。『仲丁，又命樂正入學，習樂』，爲季春『大合樂』習之也。古人重樂，春夏學干戈，秋冬學羽籥，皆作樂事，故《月令》記此特詳，其文前後一意相承。若改釋菜爲舍采，訓以釋奠，則如絶潢斷港而不可通矣。《學記》曰：『大學始教皮弁祭菜。』又曰：『未卜禘，不視學。』祭菜即釋菜，上丁入學釋菜，即始教之祭菜，未卜禘者也。卜禘後，有考校。學苟大成，得與視學釋奠之祭。『未卜禘，不視學』，則仲春上丁入學釋菜不得解爲視學釋奠之禮，尤彰彰矣。〔四〕

【箋注】

〔一〕輯自《儆季雜著一·禮説二》，清光緒二十年南菁書院刻本。

〔二〕《禮書通故》三十二《學校禮二》：孔穎達云：『凡釋奠有六：始立學釋奠，一也；四時釋奠有四，通前五也；師還釋奠於學，六也。釋菜有三：春入學釋菜合舞，一也；釁器釋菜，二也；皮弁祭菜，三也。秋頒樂合聲，無釋菜之文，則不釋菜也。釋幣惟釁器一也。』以周案：《大祝》『大會同，造於廟，宜於社。反行舍奠』，《甸祝》『掌四時之田，舍奠於祖禰』。舍奠即釋奠，廟、社、山、川亦有釋奠禮，是釋奠不止有六也。《士婚禮》『舅姑没，三月乃釋菜』，《士喪禮》『君視斂，釋菜入門』。《春官・占夢》『舍萌於四方』，鄭注『舍萌猶釋菜』。廟門四方亦有釋菜禮，是釋菜不止有三也。孔疏直舉學中言之耳。然學士入學，皮弁祭菜，即仲春釋菜之禮，不得分爲二。始立學之釋奠及釁器之釋菜爲殷禮，馘告之釋奠爲告祭，皆非常祀。其常祀者，曰四時釋奠四，曰仲春入學釋菜一。

〔三〕參見《禮書通故》三十二《學校禮二》：鄭玄云：『鄭司農云：舍菜，謂舞者皆持芬香之菜。或曰：古者，士見於君，以雉爲質；見於師，以菜爲質。菜直謂疏食菜羹之菜。或曰：學者皆人君、卿大夫之子，衣服采飾。舍采者，減損解釋盛服，以下其師也。玄謂舍即釋也，采讀爲菜，始入學必釋菜禮先師也。菜，蘋蘩之屬。』高誘云：『舍猶置也。置采帛於前，以質神也。』以周案：舍采之説，以後鄭爲正。前三説并誤。高氏以釋幣爲釋菜，亦非。《文王世子》篇『既釁器，用幣，然後釋菜』，釋幣、釋菜，明爲二禮。

又：鄭玄云：『大學始教，皮弁祭菜。皮弁，天子之朝服。祭菜，禮先聖先師。』熊安生云：『始教，謂始立學教。皮弁祭菜者，天子使有司皮弁祭先聖先師，以蘋藻之菜也。』孔穎達云：『學士春始入學，唯得祭先師，不祭先聖。皇氏以爲始教謂春時學士始入學，其義恐非。』吴澄云：『有司先服皮弁服行釋菜禮，示學者敬先聖先師之道也。常服玄冠，今加服皮弁。』以周案：皮弁，天子之朝服。《月令》仲春釋菜，天子帥公、卿大夫親往視之，即此事也。爲天子親往親禮，故有司服皮弁。釋菜，有司事也，故曰『乃命有司行事，興秩節祭先師先聖焉』。若始立學，爲釋奠禮，其釋菜在釁器後，於禮爲殺，天子未之親臨也，何云皮弁？熊、孔之説未是。釋菜之禮，亡於漢魏，後世行釋奠於仲春上丁，與釋菜禮不分。淺人域於所見，遂謂釋菜即釋奠，字依《吕覽》作『舍菜』，義從高誘訓『采帛』。釋奠、釋菜、釋幣三者合併爲一，尤誣。

又：鄭玄云：『凡釋奠者，必有合也。國無先聖先師，則所釋奠者當與鄰國合也。若唐、虞有夔龍、伯夷，周有周公，魯有孔子，則各自奠之，不合也。』陳祥道、陳澔説，必有合，合舞與聲；有國故則否，與『國有大故去樂』意同。以周案：兩説皆嫌牽強。

〔四〕黄以周入詁經精舍，從俞樾學。《詁經精舍文集三》收録其課藝《上丁釋菜解》，爲其早期作品，此作《釋菜》，是對舊作的補充與完善。《上丁釋菜解》，詳見後録課藝。

三朝〔一〕

古者，天子、諸侯並有三朝。燕朝，内朝也，在路門内。鄭注《夏官·太僕》云：『燕朝，朝於路寢庭。』是也。治朝，對燕朝言，爲外朝，《文王世子》：『其在外朝，則以官。』外朝即治朝。而對大門外之外朝言，則治朝實内朝也。《玉藻》：『朝服以日視朝於内朝。』内朝即治朝。鄭注《秋官·朝士》云：『外朝一，内朝二。』是也。治朝在應門内，鄭注《文王世子》云：『在路寢門之外庭。』是也。其在庫門外曰『外朝』。庫門者，大門也。燕朝、治朝在大門内，故稱内朝。外朝在大門外，故稱外朝也。鄭注《秋官·小司寇》云：『外朝在雉門之外。』注《朝士》則云：『外朝在庫門之外，皋門之内。』自歧其説，不足信矣。説者謂外朝在大門内。或又謂古無三朝，外朝即治朝，在應門内。徵之於經，甚爲刺謬。惠氏半農、戴氏東原並謂外朝在雉門内。陳氏碩甫又謂在應門内。《聘禮》云：『賓皮弁聘，至於朝。』朝謂外朝也。又云：『公皮弁，迎賓於大門内。』大門内，庫門内也。又云：『大夫納賓，賓入門左，公再拜。賓辟。』賓自外朝入庫門，始與公會，公拜其辱也。如謂外朝在大門内，應門内，則賓皮弁至朝，已入大門與公會矣，何待大夫納賓賓始入門，而公乃拜之乎？或謂大門即中門，與《聘禮》『公出送賓，及大門内』，《司儀》『出及中門外』尤不可通。參見《禮故》。〔二〕且外朝閒有象魏，所以讀法也。有嘉石、肺石，所以平罷民、達窮民也。如謂外朝在大門内，應門内，是民衆可以蹂躪其門乎？《秋官・朝士》云：『凡得獲貨賄、人民、六畜者，委於朝，告於士，旬而舉之。』《晉語》云：『絳之富商，韋藩木楗而過於朝。』惟外朝在大門外，故貨賄、人民、六畜可以委韋藩木楗，富商可以過也。

《檀弓》篇：『遇諸市朝，不反兵而鬬。』《奔喪》篇：『哭辟市朝。』三市、外朝並在大門外，故復讎者鬬，哭喪者辟。不然，兵器非入公門之物，烏乎鬬？奔喪無入公門之理，何待言辟也？若夫三朝之位，在門庭而不屋。《曾子問》：『諸侯旅見天子』，『雨沾衣失容，則廢朝。』《夏官・司士》有『路門左』、『路門右』之位。《聘禮》：『使者夕幣於朝，管人布幕於寢門外。』近儒引此，以徵『治朝無堂』，可謂信而有徵。說詳於萬氏充宗、江氏慎脩。以是推之，燕朝、外朝亦當在門外而無堂。《秋官・朝士》云：『外朝之法，左九棘，孤卿大夫位焉，群士在其後。右九棘，公侯伯子男位焉，群吏在其後。面三槐，三公在焉，州長衆庶在其後。』是外朝以三槐九棘標其位，可以徵無堂之説矣。《燕禮》云：『公升，即位於席，西鄉』，『公降，立於阼階東南，南鄉，爾卿。爾，與『邇』通。卿，西面北上，爾大夫，大夫，皆少進。』此公進賓之禮，燕朝禮豈若此與？《爾雅》『兩階閒謂之鄉，中庭之左右謂之位』，指燕朝言。下云『門屏之閒謂之寧』，指治朝言。凡曰庭，皆廟寢堂下。治朝、外朝皆無堂，則亦無庭，而名之曰廷，庭與廷析言有别。『中庭之左右謂之位』，金誠齋、郝蘭皋並謂『燕朝之位』是已。竊謂兩階閒謂之鄉，亦燕朝人君南鄉之位。若治朝，君立於寧也，則燕朝亦不在路寢堂矣。或據《地官·槁人》注云：『今司徒府中，有百官朝會之殿，是外朝之存者。』遂謂外朝有堂殿，誤矣。〔三〕狄氏惺垣據《槁人》注，謂三朝皆有堂階，難信。鄭謂漢司徒府中朝會之殿合古外朝九室之制，九室爲侯朝者燕息處，非朝位也。

【箋注】

〔一〕輯自《儆季雜著一·禮説二》，清光緒二十年南菁書院刻本。

〔二〕『參見《禮故》』，《皇清經解續編》本作『參見《五門考》』。蓋黄以周編撰《儆季雜著》時，《五門》篇未收入《禮説》，故此處改爲『參見《禮故》』。《禮書通故》第二十七《朝禮通故》曰：鄭衆云：『朝士掌外朝之法，外朝在路門外，内朝在路門内。』鄭玄云：『王五門，雉門爲中門。閽人幾出入者，窮民蓋不得入也。然則外朝在庫門之外，皋門之内與？』賈公彦云：『諸侯外朝在大門外。』杜佑云：『路寢爲内朝，中朝在路門外，外朝在應門外。』戴震、金鶚説，天子外朝在皋門内，則諸侯外朝宜在庫門内矣。以周案：燕朝在路門内，治朝在路門外，舊説皆同。詢衆庶之外朝，仲師説亦在路門外，康成説在庫門外，其注《小司寇》又謂在雉門外。康成五門之次曰皋、庫、雉、應、路，雉門爲三門，詢衆之朝在三門外，《小司寇》注是。但天子宫門亦止三門，三門亦謂之大門，説詳《宫室類》。《聘禮》云：『賓皮弁聘，至於朝。公皮弁，迎賓於大門内。大夫納賓，賓入門左，公再拜。』『賓至於朝』之朝，即外朝也。賓自外朝入大門，始與公會，公拜其辱。如仲師説，外朝在路門外，則賓皮弁至朝已入大門與公會矣，何待大夫納賓賓始入門乎？仲師之説，不足據也。外朝之地，貨賄、人民、六畜可以委，韋藩、木楗可以過。韋注《國語》云：『韋藩，韋蔽前後。木楗，木擔也。』江慎脩以韋藩木楗爲車，因謂『外朝，民車可以往來』。金氏駁之云：『朝門之外，不得乘車往來，過之必下，所謂大夫、士下公門也。庶人雖富，不得乘車，故以木爲楗，以韋藩之，載貨物以行於途。』康成以雉門爲中門，閽人掌守王宫中門之禁，中門内不得有外朝，以破仲師，是已。但中門實非雉門，《聘禮》云：『公出，及大門内，問君，賓對。』《司儀》云：『及中門之外，問君，客再拜對。』兩文相同，中門外即大門内，則中門當爲應門。《閽人》：『掌守王宫中門之禁，喪服、凶器不入宫，潛服、賊器不入宫，奇服、怪民不入宫。』宫謂宫門，即大門。《序官》曰『閽人，王宫每門四人』，則大門亦有閽人幾察矣。外朝當在大門外。戴、金兩説皆與《聘禮》之文相違，杜説更悖。

〔三〕詳見《禮書通故》第二十七《朝禮通故》：鄭玄云：『燕朝，朝於路寢之庭。治朝，路寢門之外廷。外朝，朝在雉門之外者也。』萬斯大云：『路門内爲路寢，即内朝也。治朝、外朝就門而立，別無朝堂。』江永云：『治朝無堂，觀《司士》「路門左」、「路門右」之位可見。《聘禮》使者夕幣於朝之時，「管人布幕於寢門外」、「君朝服出門左」，亦可見路門外是平庭無堂也。燕朝在路寢堂，三朝惟路寢有堂有階。孔子異姓之臣，而攝齊升堂，則燕朝無分同、異姓。』或說，治朝無堂，燕朝、外朝有之。鄭注《槁人》云：『今司徒府中有百官朝會之殿，以決大事，是外朝之存者。』此爲外朝有堂之證。

以周案：三朝皆不在堂，故古人祇稱朝廷，不稱朝堂。《曾子問》曰『雨霑衣失容則廢朝』，尤爲朝不在堂之顯證。《爾雅》『兩階閒謂之鄉，中庭之左右謂之位』，指燕朝說；『門屏之閒謂之寧』，指治朝說。燕朝君立兩階閒，南鄉；治朝君立路門外，當寧。惟覲禮不下堂，與此別也。江說治朝是燕朝，非。燕朝當在路寢庭，孔子攝齊升堂爲圖事，非爲朝。鄭注《聘禮》『君與卿圖事』云：『謀事者必因朝，謂因朝而圖事也。』朝自朝，圖事自圖事，特相因云爾，非朝在路寢堂也。或說更誤。

朝位異同〔一〕

《周官·司士》：『正朝儀之位，辨其貴賤之等。王南鄉，三公北面東上，孤東面北上，卿大夫西面北上，王族故士、虎士在路門之右，南面東上，太僕、太右、太僕從者在路門之左，南面西上。』此天子治朝之位也，與《射人》所掌射位同。諸侯之射位見《禮經》，朝位無明文。賈公彦、孔穎達二疏，以爲《儀禮》内諸侯有燕朝，有射朝，不見正朝。《周禮》内天子有射朝與正朝，不見燕朝。諸侯射朝與燕朝位同，則天子燕朝亦與射朝位同。天子射朝與正朝位同，則諸侯正朝亦與射朝位同。是天子、諸侯三朝各自同。

案：《禮經·朝禮》已亡，《記》中初不詳其異同。鄭君《三禮》注，亦無諸侯朝位同《燕》、《射》之文。其注《射人職》云：『《燕禮》：公升，即位於席，西鄉。小臣納卿大夫，卿大夫皆入門右，北面東上。士立於西方，東面北上。《大射》亦云。則凡朝、燕及射，臣見於君之禮同。』玩鄭之意，《射人》但記射位，不及未就位前見君之禮，故引《燕》、《大射禮》以補之，明天子亦當然也。其注《司士》云：『公及孤卿大夫始入門右，皆北面東上，王揖之，乃就位。』此以天子射位與朝位同，射時未就位前，公卿大夫北面東上，其朝禮亦當然，故又約《燕》、《大射禮》文以補之。是則始入門右，皆北面東上，爲人臣見君之通禮。故云『凡朝、燕及射，臣見於君之禮同』，非謂其所就之位同也，亦非謂諸侯正朝亦同射位也。諸侯正朝之位，自當以天子差之。侯國無三公，有孤卿，孤卿之位當如天子之三公，北面，其大夫西面，其士東面。自天子至五等侯固未有變更也。其與射位或不同者，以天子大射在郊之學宫，制如明堂，故射位得同正朝。諸侯大射雖在郊學，而制如路寢，故射位不同於正朝而同於《燕》也。《曲禮》云『君子下卿位』，君子謂諸侯。凡人君出入必中道，過此則下，爲卿位，在治朝中廷北面也。大夫位在其東，故不云大夫。凡朝位以中廷北面爲尊，其廷之左右，以上下定其位，初不以東西分貴賤，與宗廟之昭穆同。江氏慎脩沿賈、孔之誤，而謂諸侯之朝以西面爲尊，固爲未審。金氏榘齋反其説，謂東面尊，西面卑，亦難信也。〔二〕

《司士》云『士旁三揖』，鄭注又云：『群士位東面，王西南鄉揖之。三揖者，士有上、中、下。』士有三等，王三揖之，是亦以其等旅揖也，故《禮器》云『士旅之』。謂之旁者，公、孤卿大夫始入門右，皆北面，王以南鄉正揖之。士登在其西方，位與王不正對，故旁揖之。於士曰旁，正見公、孤卿、大夫皆北面也。金氏云：『天子治朝之位，群士分列東西，而遠處於孤卿、大夫之下，不與並列。凡言旁者，或四旁，或兩旁，皆不止一方。《考工記》「國，旁三門」，《司儀》「宮，旁一門」，謂四旁也。此士旁三揖，謂兩旁也。若左右不稱，且偏在一方，何以謂之「士旁三揖」？』如金氏說，則大夫之位亦必分左右乃稱。且《左氏傳》三揖在下謂孤卿、大夫、士之揖，先鄭注甚明，非專謂士。金氏以東面爲尊，似士又尊於大夫，故云『遠處其下』，引《左氏傳》以彌縫其失，此所謂遁辭也。〔三〕

內朝行燕禮，故謂之燕朝。燕朝本不專爲公族嘉事而設，鄭注《太僕》云『王圖宗人之嘉事則燕朝』，此舉一隅言之耳。其注《曲禮》『君子下卿位』，云：『路門之內，門東北面位。路門內爲燕朝。燕朝之卿位，本不止公族，其位仿燕禮，故謂之燕朝。燕亦不止宗人也。』是燕禮與朝，自有不同也。〔四〕

《爾雅·釋宮》曰：『兩階間謂之鄉，中庭之左右謂之位。』金氏云：『此文二句相承，明指內朝路寢庭，蓋三朝惟內朝有堂有階也。凡言庭者，皆廟寢堂下也。若治朝、外朝皆無堂，則亦無庭，而名之曰廷，所謂朝廷也。庭與廷，字有別。治朝、外朝既無庭，則所謂中庭之左右曰位，必內朝也。』金氏此說是也。〔五〕凡有堂而後有階，有堂而後有庭。治朝無堂，自無階庭。《釋宮》所言，明屬內朝。自舊說庭廷不分，中庭左右之位誤以治朝之左右當之。不知治朝中廷自有位，何得偏指左右爲説？中庭之左右謂之位，正明内朝之位分列東西，無中庭北面位也。《燕禮》『卿大夫皆入門右，北面東上；士立於西方，東面北上』，其位皆在中庭之左右。公既揖後，卿西面北上，大夫皆少進北面，其位仍在中庭之東，無中庭北面位者，爲其中庭也。燕朝卿大夫之位本與此同，而公立兩階閒之鄉，不在阼階東南，是其與《燕禮》異者也。〔六〕

《文王世子》云：公族『朝於内朝，則東面北上』。孔疏循文爲辭，不能詳明其義。金氏謂『朝位必左右並列。公族在宗廟之中如内朝之位，宗廟必序昭穆，則内朝亦必序昭穆可知。昭東面，穆西面，《文王世子》所謂「東面北上」者，本當云「東、西面，北上」，省文便讀耳。舉昭以該穆，猶《中庸》舉上帝以該后土。』金氏此説非也。内朝本兼同異姓，異姓之卿大夫朝於内朝，皆在東方，或西面，或北面，其同姓則在西方，東面北上。若朝治朝，以官分，不以同異姓分。若朝宗廟之中，亦以官分。即大朝覲在廟中，以同異姓分，亦同姓西面北上，不得東面，《覲禮》所謂『同姓西面，異姓東面』是也。然則公族之得東面者，爲燕朝卿大夫之位在東方，有定制，是以公族有如此位，故曰『朝於内朝，則東面北上』。明其與異姓同朝内朝，則如此也。〔七〕

朝位爲邦國之大典，古今之大禮，而疏家眯昧淆雜不清。今據鄭注以爲之説，待後之知禮者定之。

【箋注】

〔一〕輯自《儆季雜著一・禮説二》，清光緒二十年南菁書院刻本。

〔二〕參見《禮書通故》第二十七《朝禮通故》：鄭玄云：『《燕禮》：「公升，即位於席，西鄉。小臣納卿大夫。卿大夫皆入門右，北面東上，士立於西方，東面北上。」《大射》亦云。則凡朝燕及射，臣見於君之禮同。』賈公彦云：『《儀禮》内諸侯有燕朝，有射朝，不見正朝。《周禮》内天子有射朝與正朝，不見燕朝。諸侯射朝與燕朝位同，則天子燕朝亦與射朝位同。天子射朝與正朝位同，則諸侯正朝亦與射朝位同。是天子、諸侯三朝各自同。』江永云：『諸侯之朝，以阼階前西面之位爲尊。王朝禮三公北面，而諸侯禮大夫北面，變於王朝也。』金鶚云：『朝位之最尊者北面，其次東面，其次西面。諸侯朝位，卿北面，有孤者亦然，大夫東面，士西面。』以周案：公、卿大夫朝見其君，皆入門右，北面東上，君揖之乃就位，此通禮也。位即司士所正『三公北面東上，孤東面北上，卿大夫西面北上』之位，與《射人職》所言同。鄭注《射人》引《燕》、《大射》之文，爲《射人》但記射位，未及其始入門時公、卿大夫有北面東上之立，故據《禮經》補言之，明天子大射亦當然也。注《司士》云：『公及孤卿大夫始入門右，皆北面東上，王揖之，乃就位。』此以天子射位與朝位同，射時未就位前公、卿大夫北面東上，其朝禮亦當然，故又約《燕》、《大射禮》文補言之，明『始入門右皆北面』爲人臣見君之通禮，故云『凡朝燕及射，臣見於君之禮同』，非謂其所就之位同也，亦非謂諸侯正朝亦同射位也。賈疏非也。諸侯正朝之位，自當以天子差之。諸侯無三公有孤卿，孤卿視天子之三公，北面，其大夫西面，其士東面，一同天子正朝之禮。其與射位或同或不同者，以天子大射在郊之學宮，制如明堂，故射位得同正朝，諸侯大射雖在郊學，而制如路寢，故射位不同於正朝而同於燕也。《燕》、《大射禮》並云『公在阼階東南，南鄉』，觀此自與朝位有別。《曲禮》云『君子下卿位』，君子謂諸侯。凡人君出入必中道，過此則下，爲卿位在治朝中廷北面也。大夫位在其東，故不云『大夫』。凡朝位，以中廷北面爲尊。賀循説『三公北面，屈之』，賈公彦説『諸侯在朝皆北面，屈之從三公位』，皆非。其列廷之左右者，以上下定其位，初不以東西分貴賤，與宗廟之昭穆同。天子之朝禮孤東面，卿大夫西面，明堂位諸侯西面，諸伯東面，兩不相妨。江氏説『西面尊』，金氏説『東面尊』，皆非。《聘禮》授幣、受命諸節皆在朝，其時使者北面，重其事也。於卿大夫皆云『西面北上』，依朝位而立也。金氏説『大夫東面』，尤爲鑿空無據。金氏又謂『射人所掌之位與司士同，是朝位之法，非射位，下云「以射法治射儀」乃言射事』，此説亦非。天子日視朝無摯，《射人》詳言摯，明是其位爲射位。

〔三〕參見《禮書通故》第二十七《朝禮通故》：鄭玄云：『公及孤卿大夫始入門右，皆北面東上，王揖之乃就位。群士及故士、大僕之屬，登在其位。群士位東面，王西南鄉而揖之。三揖者，士有上、中、下。』金鶚云：『天子治朝之位，群士分列東西，而遠處於孤卿、大夫之下，不與並列。《司士》云「士旁三揖」，凡言旁者，或四旁，或兩旁，皆不止一方。《考工記》「國旁三門」，《司儀》「宫旁一門」，謂四旁也。此「士旁三揖」，謂兩旁也。《左氏傳》云「三揖在下」，知其遠在孤卿、大夫之下。如鄭注「群士位東面」，偏在一方，左右不稱。』以周案：此鄭約《燕》、《大射禮》爲文，明公、孤卿、大夫始入門時皆北面，不登即位，故王得正鄉揖之；其群士登在西方，不正對王，故王必旁揖之。如金氏説朝位必求其稱，則卿大夫亦宜分爲左右。且《左氏傳》『三揖在下』，謂卿特揖、大夫旅揖、士旁揖也。先鄭注是。服注謂『土揖、時揖、天揖』亦通，亦不得如金氏説。

〔四〕參見《禮書通故》第二十七《朝禮通故》：鄭玄云：『王圖宗人之嘉事則燕朝。』賈公彦云：『與賓客及臣下燕時亦有朝，鄭必以「王圖宗人嘉事」爲燕朝者，以其因燕而朝賓臣，《燕禮》已有成文，圖宗人嘉事者不見，故特見之。』江永云：『《大僕》「王視燕朝，則前正位，掌擯相」，本不止一事，鄭以「宗人圖嘉事」解之，舉一隅耳，非謂燕朝專爲此也。燕朝同、異姓皆得入。』金鶚云：『燕朝並無異姓，皆公族。《燕禮》所言，並非朝位。』以周案：凡圖事在燕朝，《聘禮》『君與卿圖事』，鄭注云：『圖，謀也。謀事者，必因朝。其位君南面，卿西面，大夫北面，士東面。』此言燕朝之位也。君與卿謀聘事亦在燕朝，是鄭本不謂止圖宗人嘉事已也。《顧命》『入即位』在燕朝，疏引鄭注云：『即位者，卿西面，諸侯北面。』是王燕朝之位與諸侯同。鄭又注《曲禮》『君子下卿位』云：『路門之内，門東北面位。』路門内爲燕朝，燕朝之卿位本不止公族，其位仿燕禮，故謂之燕朝，朝亦不止宗人也。金氏謂『《燕禮》所言非朝位』，本誤。然諸侯朝禮士旅揖，燕禮公不揖，士朝禮君在兩階閒，謂之鄉，燕禮公在阼階東南，南鄉，是燕禮與朝自有不同。鄭注言燕朝之位但云『君南鄉』，不全用《燕禮》『公在阼階東南』之文，亦以此。

〔五〕『庭』『廷』有别，參見《禮書通故》第二《宫室通故二》：郭璞云：『「兩階閒謂之鄉」，人君南鄉，當階閒。「中庭之左右謂之位」，群臣之列位也。』金鶚云：『庭，指内朝路寢庭。凡言庭，皆廟、寢堂下。《聘禮》「中庭」謂廟堂下之庭，《燕禮》「中庭」謂路寢堂下之庭。若治朝、外朝，皆無堂，則亦無庭，而名之曰廷，所謂朝廷也。庭與廷字有别，《説文》：「庭，宫中也」、「廷，朝中也」。庭有堂，故其文從廣，廷無堂但爲平地，故其文從廴。』以周案：庭廷本别，《説文》可證，但經、傳亦多通用。《爾雅》『兩階閒謂之鄉，中庭之左右謂之位』，以燕朝言。燕朝君立兩階閒，治朝君立路門外，負屏，皆南鄉。『兩陛閒』在階下東西階之中閒，屏亦當在階下。覲禮天子不下堂而見諸侯，則立户牖閒，負斧依，與朝禮異。

〔六〕參見《禮書通故》第二十七《朝禮通故》：金鶚云：『《爾雅》「兩階閒謂之鄉，中庭之左右謂之位」，二句相承，明指内朝路寢庭，蓋三朝惟内朝有堂有階也。凡言庭者，皆廟寢堂下也。若治朝、外朝皆無堂，則亦無庭，而名之曰廷，所謂朝廷也。庭與廷，字有别。治朝、外朝既無庭，則所謂「中庭之左右曰位」，必内朝也。』以周案：金説是。《書·顧命》所記，皆路寢事，其云『入即位』，即燕朝禮也。王由賓階隮，爲王位在堂之兩階閒也。卿士邦君即位不云『隮階』，爲人臣之位在中庭左右也。《管子·君臣上篇》云：『立三階之上，南面而受要。』天子路寢如明堂，南設三階，君立三階之上，南面受要，其臣分列中庭左右而朝也。舊解庭廷不分，中庭左右之位誤以治朝之左右當之。不知治朝廷自有位，何得偏指左右爲説？『中庭之左右謂之位』，正明内朝之位分列東西，無中庭北面位也。《燕禮》『卿大夫皆入門右，北面東上；士立於西方，東面北上』，其位皆在中庭之左右。公既揖後，卿西面北上，大夫皆少進北面，其位仍在中庭之東，非正中庭。燕朝之位蓋同。鄭注《曲禮》云『卿路門内北面位』，以始入門之位言，其注《聘禮》云『卿西面』，以揖後所就之位言，兩注若異，以《燕禮》文參之自通。

〔七〕參見《禮書通故》第二十七《朝禮通故》：孔穎達云：『公族内朝，則西方東面北上。』金鶚云：『凡朝位，必左右並列。公族在宗廟之中如内朝之位，宗廟必序昭穆，則内朝亦必序昭穆可知。昭東面，穆西面，《文王世子》所謂「東面北上」者，本當云「東、西面，北上」，省文便讀耳。舉昭以該穆，猶《中庸》舉上帝以該後土也。』 以周案：內朝本兼同異姓，異姓之卿大夫朝於內朝，皆在東方，或西面，或北面，自有定位。故同姓在西方東面，云『則東面北上』者，明其與異姓同朝內朝則如此。若朝治朝，以官分，不以同、異姓分。若朝宗廟之中，亦以官分。即大朝覲在廟中，以同異姓分，亦同姓西面北上，不得東面，《覲禮》所謂『同姓西面，異姓東面』是也。然則公族之得東面者，爲燕朝卿大夫之位在東方，有定制，公族不得不然也，故曰『公族朝於內朝，則東面北上』。孔疏循文立說，不能詳其義，遂致金氏之疑。《記》云『其在宗廟之中，則如外朝之位』，金云『如內朝』，顯與《記》違。

公朝私朝先後〔一〕

古者，君臣日視朝，而卿、士之朝君與朝私臣之先後，《禮》家、《春秋》家之言各異。據《禮》家之言，『揖私朝，煇如，登車有光』，則私朝早於公朝，故揖其臣乃行。據《春秋》家言，『公父文伯之母如季氏，康子在其朝』，則私朝遲於公朝，故文伯之母得至。主《禮》家言者，以《魯語》所言康子事爲末失。主《春秋》家言者，以爲昧爽私朝，質明登車，與『辨色始入』之文自相違戾，即解『煇如』爲『夜向晨，庭燎有煇』之『煇』。而私邑遠者或數十百里，恐向晨私朝，亦不逮辨色入公也。〔二〕

究其兩家詰難之故，一由於『私朝之地』不明，一由於『視私朝』與『聽私政』二事不分，一由於『特朝』與『日朝』二禮莫别。

《玉藻》言『辨色始入』，爲卿、士日朝之禮。此節首特著『將適公所，宿齊戒，居外寢，沐浴』，明爲邊邑大夫特朝立文，其入公朝，初不限以『辨色』。即據管輅之言『朝旦爲煇，日中爲光』以解此文，亦無不可。《宣二年傳》晋靈公使鉏麑賊宣子，『晨往，寢門闢矣。盛服將朝，尚早，坐而假寐』。晨往猶曰尚早，則私朝煇如，朝在朝旦明矣，亦何容訓『煇』爲『庭燎』以遷就其説。然邊邑大夫特朝，尚先私朝，而在國卿士之日朝，先私後公，亦即此可見。

《襄三十年傳》〔三〕鄭伯有嗜酒，朝至，未已，皆布路而罷。既而朝其君。是則《春秋》家亦謂卿、士先私朝，後公朝也。自特朝與日朝之禮莫別，而《禮》、《春秋》兩家之言遂格不相入矣。至卿、士之聽私政，自在公朝退後。周襄王出居於鄭，鄭伯率其臣省視官具於氾，而後聽其私政，君子以爲禮。則卿、士之聽私政，其必後於人君，可知也。《魯語》所記文伯母如季氏，康子在其朝，謂值其聽私政時耳。故敬姜以外朝『業君之官職，内朝庀季氏之政』爲言，其時幾及日中，非朝朝也。

凡人君視朝之後，又適路寢聽政。大夫於是時又有九室之朝，以詢謀猷。《坊記》引《君陳》之言曰『爾有嘉謀嘉猷，入告爾君於内』，告於此時也。《僞古文》以此爲康王語，非。諸大夫無謀猷之告，即退。《玉藻》記退朝之禮曰『使人視大夫，大夫退，然後適小寢釋服』，視於此地也。舊説視大夫在治朝，亦非。朝退而歸，幾及日中而食，故《詩》美大夫之德曰『委蛇委蛇，退食自公』，此常禮也。《戰國策》言令尹子文緇帛之衣以朝，日晦而歸食，非古道也。《昭二十八年傳》閻没、女寬諫女樂之賄，魏子『退朝，待於庭，饋入，召之』。『退朝，饋入』亦即『退食自公』之義。時有聽政之舉，而惟闍没、女寛待於庭者，私臣於朝朝後無所陳説，各退而治事。二臣將諫，故久竢於庭，以待聽政。《魯語》：『卿大夫朝考其職，晝講其庶政。』考職謂朝九室之朝，講政謂晝聽政於私朝，是則《春秋》家亦謂卿、士之聽私政在退朝之後也。自私朝與聽政之事不分，即《春秋》一家之言亦格不相入矣。若夫卿、士之與知國政者，必就宅於國中，《載師》謂之國宅。鄭注：官所有宫室，吏所治者也。其私朝在國宅，不在采邑。鄭注『書賓於四門』，據魯有東門襄仲，宋有桐門右師，以爲私朝在國門，蓋亦謂其宅在國門爾。宋於庭以爲定制皆然，過拘泥。私朝即在國門，昧爽，朝其私臣，一揖而入，謂之『辨色而入』，初無不逮時之憂。若其遠邑大夫日朝私臣，不日朝君，有政特朝，自如《玉藻》文也。

自私朝之地不明，而《禮》家、《春秋》家之言無一處可通矣。

【箋注】

〔一〕輯自《儆季雜著一·禮説二》，清光緒二十年南菁書院刻本。

〔二〕參見《禮書通故》第二十七《朝禮通故》：鄭玄云：『「揖私朝，煇如也，登車則有光矣。」私朝，大夫家朝。揖其臣乃行。』孔穎達云：『煇，光儀也。』吴澄云：『煇如，謂昧爽之際光熹微也。有光，謂質明之時光顯著也。』江永云：『煇如，即《詩》「夜向晨，庭燎有煇」。』 以周案：《周官・眡祲》『十煇』注：『煇，朝日氣也。』管輅《答劉邠》云：『不同之名，朝旦爲煇，日中爲光。』私朝之容如日煇時，登車之容如日光時，此爲公邑大夫特朝言，而在國大夫先私朝，後公朝，亦見於此。 凡私朝，一揖即登車，未暇聽私政也。 公朝，『辨色始入，君日出而視之』。 卿大夫之私朝先於公朝者，逸尊之義也；其聽政又在公朝退後者，急公之義也。 自卿大夫朝私臣、聽私政二者不分，或據《玉藻》此文以爲聽私政亦在公朝之先，或據《魯語》『文伯之母如季氏，康子在其朝』以爲私朝在公朝之後，皆非也。 江氏主『先私朝，後公朝』之説，又嫌昧爽私朝與『辨色』入公之文相戾，故釋爲『向晨庭燎之煇』，亦未足據。 玩節首『將適公所，宿齊戒，居外寢，沐浴』數語，本文所言實爲邊邑大夫特朝而言，非在國卿大夫日朝之禮也。 邊邑大夫遠，或數十百里，即『夜未央』私朝亦恐不及『辨色』而入，況『向晨』時乎？若卿大夫與知國政者，皆就宅於國中，《周官》謂之『國宅』，其私朝在國宅不在采邑。 鄭注《書》『賓於四門』，據魯有東門襄仲、宋有桐門右師，以爲『卿士私朝在國門』，亦謂其宅有在國門爾。 私朝即在國門，昧爽一揖即入公門，義自得曰『辨色始入』，亦何必指『庭燎』爲言也。

〔三〕事在襄公二十年，引文作『襄十三年』，誤，徑改。

田制異同〔一〕

昔者，夏王平洪水，於溝洫盡力爲之，非一手一足之功。殷、周亦當承而不改，先儒嘗論此矣。而《孟子》言授田，有『夏五十，殷七十，周百畝』之異者，異在步尺，非在井疆也。

蔡氏《獨斷》曰：『夏以十寸爲尺，殷以九寸爲尺，周以八寸爲尺。夫殷、周之尺皆以十寸，而云九寸、八寸者，謂殷十寸當夏之九寸，周十寸當夏之八寸也。釋注疏之疑。』此三代異尺之徵也。周以六尺爲步，見《司馬法》。而《王制》曰：『古者以周尺八尺爲步，今以周尺六尺四寸爲步。』舉周以别古今，則古者謂殷，今乃斥言周末之制，鄭注『今指周末』是也，或以漢言。此三代異步之徵也。周一夫之田，開方得六百尺。以六尺爲步，步百爲畝除之，縱横各百步，得十畝者十，而田首有遂徑在其内焉。殷步，横亦六尺，縱則《王制》所謂八尺。以殷尺除之，横五尺四寸，縱七尺二寸也。一夫之田以殷步除之，縱七十五步，横百步。以步百爲畝除之，得横十畝，縱七畝有五步，而五步當田首之遂徑也。夏之步不可考，依殷、周之法推之，周百畝，殷七十畝，其横皆百步。夏五十畝，横亦當百步也。周百畝，縱百步。殷七十畝，縱七十步。夏五十畝，縱亦當五十步也。一夫之田，以夏尺度之，横百步，每步得四尺八寸。縱五十步，每步得九尺。夏亦以步百爲畝，開方，縱四百五十尺，其積五千步，得五十畝又三十尺，以當田首遂徑之數也。〔二〕田首有徑，周屬百畝之正數，殷、夏在七十、五十畝外者，尺步有零正之異也。

是則六尺爲步，步百爲畝，三代所同也。夏步横四尺八寸，殷步横五尺四寸。在周尺並六尺。而《禮》言步有八尺、六尺之異者，以縱數言也。步之横，在周尺並六尺，歷世不變，而縱則隨時而異。何以步之縱異而横不異也？人伸兩手則八尺謂之仞，展兩足則六尺謂之步，此定名也。井分九區以授九夫，亦三代所同也。而《孟子》言一井有五十、七十、百畝之異者，以縱數言也。田之横十畝，歷世不變，而縱則隨時而異。何以田之横不異而縱異也？步以無定尺而分長短，畝以有定步而分多少。夏、殷之尺大於周，故步長，步長而畝少。周之尺小於夏、殷，故步短，步短而畝多。此定數也。然則周初以六尺爲步，而《王制》言『今以六尺四寸爲步』，何也？曰：六尺四寸當作六尺六寸。《考工記》曰：『六尺有六寸，與步相中。』是也。篆文四、六字相近，易致誤〔三〕。

《考工記》與《王制》，孔疏謂同作於周末秦初之際。時井田既陻，經界不正，民閒多廢溝洫爲畎畝。其田較周步爲大而視殷步猶小，故舉殷法以爲例。『古者』謂殷，『今』即周末之東田是也。東田者，東方之田，對秦西垂之田爲言也。秦自商鞅開阡陌，大其畝二百四十步。而東方之田猶有井田遺意，故記者取以爲法。〔四〕云『古者以周尺八尺爲步，今以周尺六尺四寸爲步』，以殷步之縱較東田之縱也。云『古者百畝，當今東田百四十六畝三十步』，又以殷步之縱較東田之橫也。其不舉殷步之橫爲言者，步之橫必六尺，三代以來未之有改，無待計也。殷田一區七十畝，兩區百四十畝，今舉其百畝區邊縱數與東田之縱步相較，每步約得殷步之八，實爲六尺六寸。又與東田之橫步相較，其百畝之區邊得兩田首，共八百八十尺，與東田一百四十六畝六十步之區邊相當。以横六尺步除之自得。今《王制》『三十步』之文，『三』當作『六』，以下畫誤連而字誤。此文本爲下計里立文，故其言當今之數止以兩法區邊相較，不計其中積實也，而積實自可由此推矣。古之言里，有云方里而井者，有云二十五家爲里者，有云十伍爲里、十軌爲里者，有云七十五家爲里者，有云一里八十户者，有云百家爲里者。《王制》之文依據《孟子》，其云『方一里』者，爲田九百畝，與《孟子》『方里而井』合，則以三百步爲一里也。殷以八尺爲步，三百步爲里，百里得二十四萬尺，以周末六尺六寸之步除之，得三萬六千三百六十三步四尺二寸，則古者百里當今百二十一里六十三步四尺二寸。今《王制》文『六十』下脱『三』字，下衍『二分』字，此明畝用六尺六寸之步既異古者，而里亦因之異也。

鄭君未知八尺爲殷步之縱法，反致疑周以十寸爲尺，且云『以此計之，古者百畝當今百五十六畝二十五步，古者百里當今百二十五里』，其數大與經悖。自後，法既未得，字又滋譌，幸其較較大數，尚未有誤，令後人有可考也。孔疏不能校正譌文，而云『古者百畝當今百二十五畝七十一步，古者百里當今百二十三里一百一十五步』，亦未爲合。〔五〕依注增經文之數，依疏減經文之數，俱未當也。或者不得其解，輒云『《王制》漢博士作，未諳演算法』，漢博士果憒憒如是，何以爲博士？而況《王制》，《周書》、《荀子》引之，初非漢博士作。〔六〕

【箋注】

〔一〕輯自《儆季雜著一·禮説二》，清光緒二十年南菁書院刻本。王兆芳輯録《儆季子粹語》卷之一《讀書第三》載曰：『浙之省城有兵急。子聞驚報，乃苦思經義中之疑難者，藉以解憂。因考三代田畝步尺之異同，晝夜研索。十日忽破疑難，溝澮乃通，而省城亦旋定矣。』蓋指篇言。

〔二〕參見《禮書通故》第三十五《井田通故》：『《王制》云：「古者以周尺八尺爲步，今以周尺六尺四寸爲步。」《司馬法》云：「六尺爲步，步百爲畝。」』以周案：『《王制》舉周以別古今，則古者爲殷，今乃斥言周末之制。鄭注今指周末，或指漢説。周一夫之田，開方得六百尺，以步六尺，畝百步除之，縱横各百步，得十畝者十，而田首之遂徑在其内焉。殷步横亦六尺，縱則《王制》所謂八尺是也。一夫之田以殷步除之，縱七十五步，横百步，以步百爲畝除之，得横十畝，縱七畝有五步，而五步當田首之遂徑也。夏之步不可考。《司馬法》『六尺爲步，步百爲畝』，以横數言。《王制》言步有八尺、六尺之異，以縱數言。横數在周尺並六尺，歷世不改，而縱則隨時而異，故《孟子》有夏五十，殷七十，周百畝之分。古人度物，多横縱異數，如軌廣八尺，度高則三尺三寸；仞長八尺，度深則爲七尺；雉高一丈，度廣則爲三丈：皆同此例。步以無定尺而分長短，畝以有定步而分多少。夏、殷之尺大於周，故步長，步長而畝少；周之尺小於夏、殷，故步短，步短而畝多：此定數也。『今以周尺六尺四十爲步』，似當作『六尺六寸』，《考工記》曰『六尺有六寸，與步相中』是也。《考工記》與《王制》同作於周秦之閒，見孔疏。其語當同。又參見《禮書通故》第四十八《禮節圖表二·井田表》説與此同。

〔三〕『篆文□、□字相近，易致誤』十字，《皇清經解續編》本無。

〔四〕參見《禮書通故》第三十五《井田通故》：《王制》云：『古者百畝，當今東田百四十六畝三十步。』鄭玄云：『古者百畝，當今百五十六畝二十五步。』孔穎達云：『古者百畝，當今百二十五畝七十一步。』以周案：時井田既湮，經界不正，民閒多廢溝洫爲畎畝，其田較周步爲大，而視殷步猶小，故舉殷法以爲例。『古者』亦謂殷，『今』即周末之東田，東田者，東方之田，對秦西垂之田爲言也。《説文》『畮』下云：『秦田二百四十步爲畝。』《玉篇》『畹』下云：『秦孝公二百四十步爲畝，三十步爲畹。』《秦本紀》云：『商鞅開阡陌，東地渡洛。』是洛以西之地盡以二百四十步爲畝，而東方仍從『步百爲畝』之舊，故記者取以爲法。云『古者以周尺八尺爲步，今以周尺六尺四寸爲步』，以殷步之縱，較東田之縱也。云『古者百畝，當今東田百四十六畝三十步』，又以殷步之縱，較東田之横也。其不舉殷步之横爲言者，步之横必六尺，三代以來，未之有改，無待計也。殷田一區七十畝，兩區百四十畝，今舉其百畝區邊縱數與東田之縱步相較，每步約得殷尺之八，《記》『六尺四寸』或此意。實爲六尺六寸。又與東田之横步相較，其百畝之區邊八百八十尺，與東田一百四十六畝六十步之區邊相當。以横六尺步除之自得。今《王制》云『三十步』，『三』當作『六』，由下畫誤連而字譌也。此文本爲下計里立文，故其言當今之數，祇以兩法區邊相較，不計其中積實，而積實自可由此推矣。至漢武帝，又盡改東田之制。《鹽鐵論》云：『御史曰：古者制田，百步爲畝。先帝哀憐百姓，制田二百四十步而一畝。』《鹽鐵論》作於昭帝時，其云『先帝』蓋指武帝。《漢·食貨志》叙武帝力農之詔，下載趙過代田法云：『十二夫爲田一井一屋，故畮五頃。』注引鄧展曰：『九夫爲井，三夫爲屋，於古爲十二頃，古千二百畮，則得今五頃。』據此，武帝改古十二頃田爲五頃。其不云十二頃爲五頃，而云一井一屋爲五頃，明此爲續開商鞅未開之阡陌，故以古『夫屋法』立文也。至時，而周之東田盡變爲阡陌矣。

〔五〕參見《禮書通故》第三十五《井田通故》：《王制》云：『古者百里，當今百二十一里六十步四尺二寸二分。』鄭玄云：『當今百二十五里。』孔穎達云：『當今百二十三里一百一十五步。』以周案：古之言里，有云『方里而井』者，有云『二十五家爲里』者，有云『十伍爲里』、『十軌爲里』者，有云『七十五家爲里』者，有云『一里八十户』者，有云『百家爲里』者。《王制》之文依據《孟子》，其云『方一里者爲田九百畝』，與《孟子》『方里而井』合，則以三百步爲一里也。殷以八尺爲步，三百步爲里，則百里得二十四萬尺。以周末六尺六寸之步除之，得三萬六千三百六十三步四尺二寸，以三百步爲里除之，得百二十一里六十三步四尺二寸。《王制》云『當今百二十一里六十步四尺二寸二分』，『六十』下脱『三』字，『二寸』下衍『二分』字，此明畝用六尺六寸之步，既異古者，而里亦因之異也。《記》文較較大數，本未有誤，注疏所言，與《記》文太違異。鄭注所算，詳見甄鸞《五經算術》及梅循齋《赤水遺珍》。沈果堂云：『古者三百步爲里，自唐至今，三百六十步爲里。古步較今步祇四尺四寸四分，今步較古步乃一步有七寸五分。古百里，當今五十五里有二十二步強。』三百六十步爲里，見唐李翺《平賦書》。宋如唐，見馬氏《通考·王禮》第十二卷。元以二百四十步爲里，見陶宗儀《輟耕録》。明如宋，見《洪武正韻》，今亦仍之。

〔六〕『而況《王制》，《周書》、《荀子》引之，初非漢博士作』十六字，《皇清經解續編》本無。

職賦〔一〕

《周禮·大宰》：『以九職任萬民：一曰三農，生九穀；二曰園圃，毓草木；三曰虞衡，作山澤之材；四曰藪牧，養蕃鳥獸；五曰百工，飭化八材；六曰商賈，阜通貨賄；七曰嬪婦，化治絲枲；八曰臣妾，聚斂疏材；九曰閒民，無常職，轉移執事。』『以九賦斂財賄：一曰邦中之賦，二曰四郊之賦，三曰邦甸之賦，四曰家削之賦，五曰邦縣之賦，六曰邦都之賦，七曰關市之賦，八曰山澤之賦，九曰幣餘之賦。』九職者，任夫力也。任夫力以興功，故九職亦謂之九功。九賦者，斂田地之租也。田地爲正税，故九賦亦謂之九正。鄭注云：『賦謂口率出泉，今之筭錢，民或謂之賦。』考漢之筭錢，爲古計夫任力之賦，非田賦也〔二〕。先鄭約《載師》文以解九賦云：『二十税一，各有差。』尚爲近之。

《大府職》曰：『關市之賦以待王之膳服，邦中之賦以待賓客，四郊之賦以待稍秣，家削之賦以待匪頒，邦甸之賦以待工事，邦縣之賦以待幣帛，邦都之賦以待祭祀，山澤之賦以待喪紀，幣餘之賦以待賜予。』此言九賦田地之租，《司會職》所謂『以九賦之法，令田野之財用』是也。田地之租，其所入者多，故其待用者廣也。《大府職》又曰：『凡萬民之貢，以充府庫。鄭注云『此九職之財』。』此言九職力役之征，《閭師職》所謂『掌國中及四郊之人民、六畜之數，以任其力，以時征其賦』是也。力役之征，其所入者少，祇以充府庫，不若九賦之待用廣也。賈氏疏鄭，以九功爲田賦，九賦爲口錢，則是以田地之正税充府庫，而口賦之餘税反給邦國大用，無是理也。田野之税有貢、助、徹之法，三代之所異。而税皆什一，三代之所同。《載師職》曰：『凡任地，國宅無征，園廛二十而一，近郊十一，遠郊二十而三，甸〔三〕稍縣都皆無過十二，唯其漆林之征二十而五。』此言任地税、園廛之法，亦在九賦中，故先鄭據此以釋九賦，是也。以此當田野之通税，亦失其義。古者，任田任地之法各不同也。〔四〕

《鄉大夫》、《閭師》兩職言力役之征，民之就役者以任其力，其未就役者以時征其賦，非既役之且賦之也。《鄉大夫職》言國中自七尺以及六十，野自六尺以及六十有五，皆征之。或就役，或舍役，是九職任民之法。《國語》曰：『任力以夫而議其老幼。』正謂此也。《閭師》言『任農貢九穀』以至『任虞貢其物』，各以其所有穀物以充力役之征，是九職征賦之法。《司會職》曰『以九功之法，令民職之財用』，正謂此也。鄭《駁異義》，謂『鄉大夫皆征之』者，使爲胥徒給公家之事，如今之正衛。其注《大宰》九賦，又引此經以證『口率出泉』，彼此違異，胥失之矣。若夫民之受田地而不耕毛者，出里布屋粟。民之不受田地而轉移執事者出夫家之征，一以懲惰民，一以懲閒民，皆示罰也，非若九職九賦之爲正税也。至《孟子》言『廛無夫里之布』，則知戰國時，以成周所以罰惰民、閒民之征爲經常之賦。是於田租、力役外又增一夫家布縷之征矣。後世有丁口賦蓋昉於此，乃周末造之法，非周初之法也。周初征民之常經，祇有九職、九賦二法，而其國用之所仰給者，祇在九賦之一征，故九賦曰『九正』也。九職力役之征，祇以充府庫，以備非常之需。而里布夫家之征，特以禁惰閒之民，尤非國用之所待給也。鄭注以此共吉凶二服及喪器，馬氏《通考》已駁之。周公之制本如此，後世國用日繁，九賦不足，則給於九職，而民有餓餒者矣。並九職而不足，且仰給於夫里之賦，無論有職事、無職事而一征之民，其有不離散者乎？故《孟子》曰『用其二而民有殍，用其三而父子離』，深痛戰國之弊政未合《周官》用一之制也。漢高帝興，盡革戰國、暴秦之横征，輕田租，十五而税一。文帝時，賜天下民租之半，十三年，又除民之田租。景帝時，令民半出田租，三十而税一，此仿周之九賦也。漢高帝四年，初爲算錢。文帝時，丁男三年而一事，民賦四十。景帝時，二十始傅。『傅』與『賦』通。元帝時，貢禹請民年二十乃算，此仿周之九職也。此即鄭注所謂『口率出泉』之算錢。賈疏誤以爲口錢。馬氏《通考》遂以爲丁口錢，辯詳《禮故》。〔五〕貢禹『以爲古民亡賦，算口錢起武帝，征伐四夷，重賦於民，産子三歲則出口錢，故民重困，至於生子輒殺。宜令兒七歲去齒乃出口錢，年二十乃算算謂力役之賦。』。此漢武帝於田租、力役外又增一口錢之法，丁口乃分。蓋沿戰國夫家布之横征也。古者田地不鬻，皆君之所給，故至秋而斂其賦。年七十以上、十六以下，皆君之所養，故至壯而任其力。其税之也有名，其取之也有制。故以九職任萬民，以九賦斂財賄，而民各安焉。後世之君，不給民田，俾老幼失所養，則令之任役納賦，已失三代征民之意，而況既賦之，既役之，且令出口錢乎？自漢武帝後，遂視口錢爲經常之征矣。至唐時，有田則有租，有家則有調，有身則有庸。租納粟，調輸布，庸役力，後之論治者，咸以此爲良法。考《周禮》九職中，有貢九穀、貢布帛二職。農貢九穀，則不出布帛；嬪貢布帛，則不出九穀，非一人並征之也。唐之租外有調，則並征之矣，是非沿戰國粟米、布縷、力役三征之弊政乎？自後或併庸調於田租，又於田租外增庸調，征求愈重，去古愈遠。〔六〕

古聖王之征諸民者，以九職任民夫之力，九賦斂田地之税而已矣，此外無苛求也。

【箋注】

〔一〕輯自《儆季雜著一·禮説二》，清光緒二十年南菁書院刻本。

〔二〕『考漢之算錢，爲古計夫任力之賦，非田賦也』，《皇清經解續編》本作『是説非也。口錢起自漢武帝，可援之以釋《周禮》乎？』

〔三〕引文奪『甸』，《皇清經解續編》本同，據《周禮·載師》補。

〔四〕參見《禮書通故》第三十六《田賦通故》：《周官·太宰》：『以九賦斂財賄。』鄭衆云：『邦中之賦，二十而稅一，各有差也。幣餘，百工之餘。』鄭玄云：『賦，口率出泉也。今之算錢，民或謂之賦，此其舊名與？』《鄉大夫》：「以歲時登其夫家之衆寡，辨其可任者。國中自七尺以及六十，野自六尺以及六十有五，皆征之。」《遂師》之職亦云「以徵其財征」，皆謂此賦也。關市、山澤謂占會百物，幣餘謂占賣國中之斥幣，皆末作當增賦者，若今賈人倍算矣。自邦中以至幣餘，各入其所有穀物，以當賦泉之數。每處爲一書，所待異也。』以周案：九賦者，斂田地之租也。田地爲正税，故九賦亦謂之九正。關市山澤各入其物以爲貢，亦以當地職之賦。《載師》：『凡任地，國宅無征，園廛二十而一，近郊十一，遠郊二十而三，甸稍縣都皆無過十二，惟其漆林之征二十而五。』此言税園廛、山澤之法，亦在九賦中。先鄭據以釋『九賦』，近是；以此當田野之通税，亦失其義。古者田野、山澤之税，各不同也。漢有算錢、口錢二法，口錢起於武帝，貢禹已言之，不足以釋經。後鄭云『口率出泉』，謂計夫出賦，非謂口錢，故又曰『今之算錢，民謂之賦』。説詳『職役』門。然漢之算錢，爲古力役之征，應入『九職』，不得據以釋『九職』，故不從後鄭。

〔五〕參見《禮書通故》第三十七《职役通故一》曰：《周官·大宰》：『以九職任萬民。』賈公彥云：『此九者，皆民之職業。』以周案：九職者，任夫力也。任夫力以興功，故九職亦謂之九功。凡任夫力，民之就役者以任其力，未就役者以時征其賦，非既役之且賦之也。《鄉大夫》言：『國中自七尺以及六十，野自六尺以及六十有五，皆征之。』或就役，或舍役，是『九職』任民之法，《國語》云『任力以夫，而議其老幼』，謂此。《閭師》言任農『貢九穀』，以至任虞『貢其物』，各以所有穀、物以充力役之征，是『九職』征賦之法，《司會》云『以九功之法令民職之財用』，謂此。鄭《駁異義》謂『《鄉大夫》皆征之者，使爲胥、徒給公家之事，如今之正衛』。其注《大宰》『九賦』，又引此經以證『口率出泉』，蓋亦謂計夫賦役，故又曰『今之算錢』。申之者以爲即漢之口錢，大謬。漢有算錢、口錢二法，皆計口出錢也。算錢起於高帝，口錢起於武帝。貢禹以爲：『古無賦算、口錢，起武帝征伐四夷，重賦於民，産子三歲則出口錢，至於生子輒殺。宜令兒七歲去齒乃出口錢，年二十乃算。』算錢、口錢，二者分别言之。《後漢・光武紀》注引《漢儀注》云：『人年十五至五十六，出賦錢，人百二十，爲一算；又七歲至十四，出口錢，人二十，以供天子。至武帝又加三錢，以補車騎馬。』《儀注》以武帝前有口錢，不足據。其分算錢、口錢爲二，與《貢禹傳》合。算錢者，已成丁壯而賦之，口錢則賦其未成丁壯者。《高帝紀》『初爲算賦』，《文帝紀》『民賦四十』，《景帝紀》『二十始傅』，《宣帝紀》『減民算三十』，《成帝紀》『減賦四十』，皆算錢也。《昭帝》『減口賦錢什之三』，《光武》『其口賦勿收責』，《明帝》『復其口算』，《章帝》『勿算三歲』，皆口錢也。《通考》諸書皆少别白，申鄭注者遂以『口率出泉』爲口錢，失鄭意矣。

〔六〕此節參見《禮書通故》第三十六《田賦通故》：《周官・司會》：『以九貢之法，致邦國之財用；以九賦之法，令田野之財用；以九功之法，令民職之財用。』又案：《周禮》：『民之受田地而不耕、毛者，出里布、屋粟。民之不受田地而轉移執事者，出夫、家之征。』一以懲有職之惰民，一以懲無職之遊民，皆示罰也。其征一居『九賦』之末，而曰『幣之餘』；一居『九職』之末，而曰『民之閒』，皆不以爲正税也。至《孟子》言『廛無夫、里之布』，則知戰國時以成周所以罰惰民、閒民之征爲經常之賦，是於田租、力役外又增一夫布之征矣，後世有丁口賦蓋昉於此，乃周末造法，非周初本法也。周初征民之常經祇有『九職』、『九賦』二法，而其國用之所仰給者，祇在『九賦』之一征，故『九賦』曰『九正』也。『九職』力役之征，祇以充府庫以備非常之需，而里布夫家之征，特以禁惰閒之民，尤非國用之所待給也。漢高帝輕田租，十五而税一，文帝時詔天下民租之半，三年，又除民之田租，景帝時令民半出田租，三十而税一，此放周之『九賦』也。漢高帝四年初爲算錢，文帝時丁男三年而一事，民賦四十，景帝時二十始傅，傅與賦通。此放周之『九職』也。馬氏《通考》以此爲丁口錢，誤。詳『職役』門。貢禹以爲『古民亡賦，算口錢起武帝，征伐四夷，重賦於民，産子三歲則出口錢，至於生子輒殺。宜令兒七歲去齒乃出口錢，年二十乃算』。算謂力役之征。是漢武帝於田租、力役外，又增口錢，雖未成丁壯亦令出賦，非古所有也。唐代有田則有租，有家則有調，有身則有庸。租輸粟，調輸布，庸役力，沿戰國粟米、布縷、力役三征之弊政。《周禮》『九職』中有『貢九穀』、『貢布帛』二職，農貢九穀，不出布帛，嬪貢布帛，不出九穀，非一人並征之。《均人職》云『凶劄則無力征，無財賦』，則經常之征止有力、賦兩税可知。

軍賦〔一〕

《司馬法》言出軍之制有二法：一曰成，百井，三百家，出革車一乘，士十人，徒二十人；一曰甸，六十四井，出長轂一乘，馬四匹，牛十二頭，甲士三人，步卒七十二人。《禮》家言乘法，悉宗其説，而『成出一乘』、『甸出一乘』之異，鄭康成以『治溝洫，不出賦』通之，近儒無異説。『一乘三十人，一乘七十五人』之異，賈疏以『畿内、畿外』通之，後儒多不以爲然。戴東原苦其法之難通，其友金輔之爲之釋，而金氏之言終不可依據。《周官》『凡起徒役，無過家一人』，是賦法，非軍制，金氏牽以爲説，誤一。成百井九百家，云『三百家』者，以『三分去一』、『二而當一』兩法率之。甸六十四井亦當以此兩法通率，今止用『二而當一』之法，與『成三百家』異術，誤二。《周禮》『凡起徒役無過家一人』，以其餘爲羨，謂『上地家三人，中地二家五人，下地家二人』，皆爲羨卒。今以十而賦一，爲羨卒止七十二人，餘六百四十餘人之可任者更名何卒？誤三。言『正卒三而當一，家可任者一人』，言『羨卒二而當一，可任者二家五人』，任意分説，無可證明，誤四。〔二〕以周以爲賦與軍異，軍之在國與出征異。

《小司徒》云『凡起徒役，無過家一人』，此言貢賦之法。《魯頌》云『公車千乘，公徒三萬』，是記貢賦實數。《大雅》詠公劉『其車三單』，武王祖其制，以爲乘法。《周書・武順解》曰：『五伍二十五，曰元卒。一卒居前曰開，一卒居後曰敦，左右一卒曰閭，四卒成衛曰伯，三伯一長曰佐，三佐一長曰右，三右一長曰正，三正一長曰卿，三卿一長曰辟。』元卒，即《詩》『元戎』。五伍曰元卒，爲車一乘。古者謂車爲兩，《周禮》『五人爲伍，五伍爲兩』，故車以二十五人爲一乘。一卒居前曰開，開猶啓，即《詩》所謂『元戎十乘，以先啓行』是也。敦，讀敦艮之敦，謂軍後重車。四卒成陳，故曰成衛。伯，四卒。佐，十二卒。右，三十六卒。正，百八卒。卿，三百二十四卒，爲兵八千一百人。古者，軍帥皆命卿。三卿，三軍也，爲乘九百七十二，兵二萬四千三百人。三卿一長曰辟，辟有親軍，此武王國制千乘之法也。其調發三軍，則軍百乘，乘士十人，徒二十人。《牧野之誓》曰『司徒、司馬、司空』，即命卿之爲軍帥者。一卿一軍，是武王伐紂，用三軍也。僞《泰誓》稱『六師』，不足據。《孟子》言：『武王革車三百兩，虎賁三千人。』三軍三百兩，是一軍百乘也。虎賁即士，士三千人，其徒蓋用六千人，此武王調發三軍之制也。《牧誓》又言『庸、蜀、羌、髳、微、盧、彭、濮人』，此武王徵會諸侯之制也。

《司馬法》言乘制，雖有變更，而實權輿於武王舊制。其言曰：『大前驅啓乘車，大晨、倅車屬焉。』啓即居前一卒之開，晨即居後一卒之敦。敦與晨，古音相近。軍有次舍，用前開、後敦、左右閭之法。出戰用輕車，後敦留在軍後，止用前開、左、右閭三卒。《司馬法》言：『制，軍一乘，甲士三人，步卒七十二人。』即仿此前、左、右啓閭之卒也。《曹公新書》云：『攻車一乘，前據一隊，左右角二隊，共七十五人。』是用其開、閭三單以出戰。杜牧《孫子注》所引古法，一乘七十五人之外，又有輜車之炊家、固守、衣裝、廄養、樵汲二十五人。《曹公新書》同。是用其『成衛四卒』以立營。此法本爲境内御戎而設，故名其乘曰『長轂』，甲士少，步卒多。

《司馬法》又云『成，出革車一乘，士十人，徒二十人』，此仿武王征商之制。其法本爲遠征異國而設，故名其乘曰『革車』，甲士多，步卒少。天子地方一畿，有賦萬乘。國立六軍，用正卒七萬五千人，爲車千乘。其出討不靖，不盡起軍之正卒。不足，則徵諸諸侯。故《詩》言天子之軍，並言『六師』，不言『六軍』。天子六師，萬有五千人，則車五百乘。春秋時，王出征，用六軍，非古也。王者有萬乘之賦，而御戎於國，用十之一。出征於外，用二十之一。先王之用民力，可謂舒矣。〔三〕注疏所引《司馬法》，與今所行《穰苴兵法》不同，其所言乘制，悉本周初舊法，合下《偏兩卒伍參專》篇觀之自知，而先儒並無一人窺及。

【箋注】

〔一〕輯自《儆季雜著一・禮説三》，清光緒二十年南菁書院刻本。

〔二〕參見《禮書通故》第四十《軍禮通故一》：金榜云：『成百井三百家，可任者家一人，出士徒三十人。十而賦一，所謂凡起徒役，無過家一人也，此正卒也。甸六十四井，通上中下地率之，定受田二百八十八家，計可任者二家五人，凡七百二十人，出步卒七十二人，亦十而賦一。所謂惟田與追胥竭作者，此通正羨之卒也。』以周案：金説近儒多信之，其實非也。『凡起徒役無過家一人』是賦法，非軍制，誤一。成百井九百家，云『三百家』者，以『三分去一』、『二而當一』兩法率之。甸六十四井亦當以此兩法通率，今只用『二而當一』之法，與『成三百家』異術，誤二。《周禮》『凡起徒役無過家一人』，以其餘爲羨，謂『上地家三人，中地二家五人，下地家二人』皆爲羨卒。今以十而賦一，爲羨卒只七十二人，餘六百四十餘人之可任者更名何卒？誤三。言『正卒三而當一，家可任者一人』，言『羨卒二而當一，可任者二家五人』，任意分説，無可證明，誤四。

〔三〕參見《禮書通故》第四十《軍禮通故一》『《司馬法》：成，百井，三百家，出革車一乘，士十人，徒二十人』條案語。

偏兩卒伍專參〔二〕

《司馬法》記出乘之人數，《禮》家宗之。其言乘之名目，《春秋》家據以爲説。杜預注引《司馬法》云：『車九乘爲小偏，十五乘爲大偏。』服虔注引《司馬法》云：『五十乘爲兩，百二十乘爲伍，八十一乘爲專，二十九乘爲參，二十五乘爲偏。』據兩注所引，偏有九乘、十五乘、二十五乘之異。而伍爲百二十乘，又與《司右》賈疏所引不同。賈疏曰：『《司馬法》二十五乘爲偏，百二十乘爲伍。注云「伍重」，故百二十五乘。』『伍重』二字是《司馬法》原注，『故百二十五乘』乃賈氏校勘語，是唐初之本已有誤矣。

九乘爲偏之小，十五乘爲偏之大。小偏、大偏者，於一偏中分之，而非正偏。偏之定名，自以二十五乘爲正。兩其偏，謂之『兩』。五其偏，謂之『伍』。兩，五十乘。伍，百二十五乘。皆由二十五乘之偏得名。然兩其二十五乘之偏，謂之『兩兩』。其十五乘之大偏，亦曰『偏之兩』。偏之兩，非正兩也，亦以兩之定名自以五十乘爲正。

參，其小偏謂之『參』。重其小偏，謂之『專』。參，二十七乘。專，八十一乘。皆由九乘之小偏得名。服注引《司馬法》『二十九乘曰參』，『九』乃『七』字之誤。《周書·武順解》曰：『五伍二十五曰元卒，四卒成衛曰伯，三伯一長曰佐，三佐一長曰右，三右一長曰正，三正一長曰卿。』《司馬法》用其成衛之卒以爲一乘。以此差之，正，二千七百人，爲二十七乘，《司馬法》謂之『參』，亦以正長三右也。卿，一軍，八千一百人，爲八十一乘，《司馬法》謂之『專』，亦以卿主一軍也。步卒無『專』、『參』之名，所謂『五人爲伍，二十五人爲兩，五十人爲偏』，與車乘之數迥異。則車乘之卒，亦斷非百人之名可知也。自杜、服注《左傳》，誤以步卒之名注車乘，其説往往齟齬不能通。

楚子爲乘廣三十乘，分爲左右。廣有一卒，卒偏之兩。此記車乘之法，非言步卒也。卒者，偏之兩也。偏者，杜注所謂『十五乘爲大偏』是也。廣三十乘有兩偏之卒，故楚子分之以爲左右，廣爲左右之總名。廣三十乘，分爲左右，以成兩偏，是左右各一偏，十五乘也。故以其廣言之，曰『有一卒』。以其分爲左右言之，曰『卒，偏之兩』。凡曰卒者，兩偏之名。而偏有二十五乘，又有十乘、十五乘大小偏之别，故卒亦因之無定名。[二]

巫臣以一卒適吴，而曰『兩之一卒』者，明其適吴之卒，爲正兩之一卒，非大小偏之兩之一卒也。『舍偏，兩之一』者，明其置吴之偏乃正兩之一偏，非大小偏之偏也。兩，五十乘，舍於吴者二十五乘。傳曰：『卒，偏之兩。』『卒』句讀，『偏之兩』明卒數也。曰『舍偏，兩之一』者，『舍偏』句讀，『兩之一』明偏數也。偏有十乘、十五乘、二十五乘之别，兩偏之卒，亦有二十乘、三十乘、五十乘之異，故《左氏》記其事，特詳之。〔三〕服注『卒，偏之兩』，專據步卒之名釋之，於本文既難通。杜注以『偏』爲車乘之名，『卒』、『兩』爲步卒之名，彼此牽説，義尤厖雜。

惟晋魏舒毁車崇卒，其所設五陳，當以車乘之人數編爲步卒。古者一乘，車士三人，徒卒七十二人，輜車二十五人。魏舒崇卒，云『以什供車，必克』，謂留輜重十人以供車，餘十五人爲步卒也。云『毁車以爲行』者，毁其乘車之士爲步陳，其步卒如舊不改也。云『五乘爲三伍』者，毁車爲卒，其法，合五乘之車士十五人爲三伍也。云『兩於前』者，以五十乘之兩，合其車士爲三十伍，分其輜重爲百五十伍，是以百八十伍增前軍，合步卒爲九百伍也。云『伍於後』者，以百二十五乘之伍，合其車士爲七十五伍，分其輜重爲三百七十五伍，是以四百五十伍增後軍，合步卒爲二千一百七十八伍也。專爲右角，參爲左角，偏爲前拒，悉以此法毁之。專有千四百五十八伍，參有四百八十六伍，偏有五百十伍。前兩後伍，陳之正也，故曰於；左右角參專，前拒偏，陳之變也，故曰爲。左右角、前拒皆列陳前，而左角前拒二陳得五之二，右角一陳得五之三，疏密不匀，此誘法也，故曰『翟人笑之』。〔四〕

杜注甚謬。服注引《司馬法》釋傳，於義爲通，惜其語焉不詳，未能推闡事實。孔疏從而非之，反謂『此臨時處置之名，非有舊制』，如同夢囈，有駭人聞。近若江慎脩、沈冠雲諸儒，亦多牽強武斷，而未會其通。古義之湮霾久矣。

【箋注】

〔一〕輯自《儆季雜著一・禮説三》，清光緒二十年南菁書院刻本。

〔二〕《禮書通故》第四十《軍禮通故二》：楚子爲乘廣三十乘，分爲左右。廣有一卒，卒偏之兩。服虔云：『左右廣各十五乘。百人爲卒。言廣有一卒爲承也。五十人爲偏，二十五人曰兩。廣既有一卒爲承，承有偏，偏有兩，故曰「卒偏之兩」。』杜預云：『十五乘爲一廣。《司馬法》「百人爲卒，二十五人爲兩，車十五乘爲大偏」。今廣十五乘，亦用舊偏法，復以二十五人爲承副。』江永云：『一偏十五乘，兩偏三十乘，故云「廣有一卒」。「卒偏之兩」，言楚廣以三十乘爲卒，卒居偏之兩，故下文「楚子爲乘廣三十乘」，正是兩偏一卒之乘。又云「分爲左右」，謂有左右兩廣，合之則六十乘也。杜意「分爲左右」謂分三十乘之半爲十五乘，於是卒偏之數不明。』以周案：車之卒伍，與徒異名，《司右》注疏已詳言之。此言車卒也，服注以步卒釋之，未是。卒爲兩偏之名，故曰偏之兩，如服注，傳曰『卒偏兩』可矣，『之』字何義？『廣三十乘分爲左右』，謂分三十乘爲左右也。『廣有一卒』，謂廣三十乘有兩偏之卒，故楚子分之也。廣爲左右之總名。江説『廣有一卒』據一偏言，因謂左右廣六十乘，並誤。

〔三〕參見《禮書通故》第四十《軍禮通故二》：巫臣以兩之一卒適吴，舍偏兩之一。杜預云：『百人爲卒，二十五人爲兩，車九乘爲小偏，十五乘爲大偏。蓋留九乘車及一兩二十五人，令吴習之也。』江永云：『「兩之一卒」，謂合兩偏一卒之車，即是三十乘也。「舍偏兩之一」，謂留其卒之一偏，此偏居卒兩之一，即是十五乘也。杜注誤。』以周案：偏以二十五乘爲正，兩其偏謂之兩，故《司馬法》云『五十乘爲兩』。卒者，偏之兩也。是卒亦兩偏之名。而偏二十五乘，又有九乘、十五乘大小之别，故卒亦因而無定名。巫臣以一卒適吴，云『兩之一卒』者，明其卒爲五十乘正兩之卒，非九乘、十五乘大小偏之兩之卒也。云『舍偏兩之一』者，明其置吴之偏爲正兩之一偏，非大小偏之偏也。兩五十乘，舍於吴者二十五乘。杜、江兩説胥失之矣。傳云『卒，偏之兩』，『卒』句讀，『偏之兩』明卒數也。又云『舍偏，兩之一』，『舍偏』句讀，『兩之一』明偏數也。偏與卒皆有大小之别，故傳特詳之。説詳《禮説略》。」

〔四〕參見《禮書通故》第四十《軍禮通故二》：晉魏舒爲五陳，兩於前，伍於後，專爲右角，參爲左角，偏爲前拒。服虔云：『《司馬法》：「五十乘爲兩，百二十乘爲伍，八十一乘爲專，二十九乘爲參，『九』當作『七』，詳《禮説略》。二十五乘爲偏。」彼皆準車數多少以爲别名。此傳去車用卒，而有此名，則此名不以車數爲别也。』沈彤説，二十五乘爲偏。二其偏爲兩，則五十乘。三其偏爲參，則七十五乘。四其偏爲專，則百乘。《廣韵》：『專，單也。』百雖成數，亦單數。五其偏爲伍，則百二十五乘。　以周案：《司馬法》『百二十乘』，當作『百二十五乘』。《司右》賈疏云：『《司馬法》「二十五乘爲偏」，又云「百二十五乘爲伍」，注云「伍重」，故百二十五乘。』『伍重』是《司馬法》注文，『故百二十五乘』乃賈氏校勘語，是唐初本已誤也。古者一乘，車士三人、徒卒七十二人，輜車二十五人。魏舒崇卒，云『以什供車，必克』，謂留輜重十人以供車，餘十五人爲步卒也。杜注以『什』爲更增之數，不足據。云『毀車以爲行』者，毀其乘車之士爲步陳，其步卒如舊不改也。云『五乘爲三伍』者，毀車爲卒，其法合五乘之車士十五人爲三伍也。云『兩於前』者，以五十乘之兩，合其車士爲三十伍，分其輜重爲百五十伍，是以百八十伍增前軍，合步卒爲九百伍也。云『伍於後』者，以百二十五乘之伍，合其車士爲七十五伍，分其輜車爲三百七十五伍，是以四百五十伍增後軍，合步卒爲二千一百七十八伍也。專參前拒，悉以此法毀之。專有千四百五十八伍，參有四百八十六伍，偏有五百十伍。前兩後伍，陳之正也，故曰『於』。左右角參專，前拒偏，陳之變也，故曰『爲』。左右角、前拒皆列陳前，而左角前拒二陳得五之二，右角一陳得五之三，疏密不勻，此誘法也，故曰『翟人笑之』。以《司馬法》釋傳，其義甚通，故服注引之。若依杜注孔疏以此爲『臨時處置之名，非有舊制』，大謬。沈氏改易舊說，亦不可信。

侯鵠正質[一]

《周官·司裘》：『王共虎侯、熊侯、豹侯，設其鵠。諸侯共熊侯、豹侯，卿大夫共麋侯，皆設其鵠。』此大射之侯也。其侯用虎、熊、豹、麋之皮，又方制之以爲鵠，是謂皮侯，《梓人》所謂『張皮侯而棲鵠，則春以功』是也。《司裘》曰『設鵠』，《梓人》曰『棲鵠』，並不言正者，大射之侯有鵠無正也。《射人》以射法治射儀，王射三侯，五正；諸侯射二侯，三正；孤、卿大夫射一侯，二正；士射豻侯，二正。此賓射之侯也。其侯亦用虎、熊、豹、麋、豻之皮，而中畫五采以爲正，是謂采侯，《梓人》所謂『張五采之侯，則遠國屬』是也。《射人》曰『五正』，《梓人》曰『五采』，並不言鵠者，賓射之侯有畫采之正，而不棲鵠也。《鄉射記》曰：『凡侯，天子熊侯，白質。諸侯麋侯，赤質。大夫布侯，畫以虎豹。士布侯，畫以鹿豕。凡畫者，丹質。』此燕射之侯也。天子、諸侯用皮侯，大夫、士用布侯。取熊、麋、虎、豹、鹿、豕之屬，是謂獸侯，《梓人》所謂『張獸侯，則王以燕息』是也。其曰『白質、赤質、丹質』，而不言『正、鵠』者，質與正、鵠，異名同類也。大射有鵠，賓射有正，燕射有質。鵠居侯三分之一，《梓人》所謂『爲侯，廣與崇方，三分其廣而鵠居一焉』是也。正與質之制無明文，蓋亦同。參考鄭注、孔賈二疏，斷以己見，不敢妄爲異同，要惟審求厥是而已。若先鄭説十尺曰侯，四尺曰鵠，二尺曰正，四寸曰質，是鵠、正、質同在一侯也。《詩·賓筵正義》引馬融《禮》注及王肅引《小爾雅》，與先鄭同，此並意度言之，無明文可據。後鄭不從其説，謂侯中之大小取數於侯道，引《鄉射記》『弓二寸，以爲侯中』及《梓人》『參分其廣而鵠居一』之文，以明大侯之道九十弓，其侯身丈八尺，鵠方六尺。糝侯之道七十弓，其侯身丈四尺，鵠方四尺六寸大半寸。豻侯之道五十弓，其侯身一丈，鵠方三尺三寸少半寸。則『十尺曰侯，四尺曰鵠』之説，可以知其非矣。賈景伯注《周禮》，則云『四尺曰正，正五重，鵠居其内而方二尺』。據此，則正大於鵠，又異先鄭『鵠大於正』之説。後鄭於《射人》注已破之矣。後鄭據《司裘》言鵠、《射人》言正，而謂大射有鵠無正，賓射有正無鵠，鵠乃用皮，其大如正。此説之確，不可易者也。近儒往往援賈、馬、先鄭謡説爲後鄭所不取者，反珍寶之，是好翻異，非求是矣。

或曰：子之説堅守後鄭。而於《射人》三侯、二侯、一侯，謂用虎、熊、豹、麋之皮侯，《鄉射記》熊侯、麋侯，謂亦用皮侯，白質、赤質、丹質，謂與正鵠同類，又異後鄭説，何也？

曰：《射人》以射法治射儀，王以六耦射三侯五正，若王大射，則以狸步張三侯。據後鄭説，以六耦射三侯，謂五正、三正、二正之侯。以貍步張三侯，則爲虎、熊、豹之侯。上下同文異解，不如先鄭『三侯虎、熊、豹，二侯熊、豹』之説爲安。且王三侯五正，謂虎、熊、豹之侯皆五采耳。經云『王五正』，而後鄭則云『有三正、二正』，未免舛錯。《鄉射記》言『大夫、士，布侯，用畫』，則天子熊侯、諸侯麋侯之爲皮也可知。質謂質的，天子熊侯用白的，諸侯麋侯用赤的，則大夫、士之畫侯亦必有的也可知。『凡畫者，丹質』，爲大夫、士畫侯言。其制也，人有大夫、士之異，侯有虎、豹、鹿、豕之分，故曰『凡』以統之。人有天子、諸侯及大夫、士之異，侯有飾皮及畫布之分，故曰『凡畫者』以別之。據後鄭説，熊、麋亦是畫侯，質是采地。畫熊白質，畫麋赤質，與下文『凡畫，丹質』語相觸礙，而因以『凡畫，丹質』爲畫賓射、燕射之侯。畫熊白質，畫麋赤質，爲畫正，亦失經意。《記》又曰『禮射不主皮』，後鄭注『禮射謂大射、賓射、燕射』是矣。《記》言『不主皮』，則天子、諸侯大射、賓射、燕射之爲皮侯也可知。後鄭謂賓射、燕射用畫侯，不用皮，是未審也。若必堅守後鄭説而一從之，亦非求是矣。〔二〕

或曰：陳氏《詩疏》謂毛傳『二尺曰正』與先鄭合，然則毛傳亦不足信與？金氏《禮箋》又謂大射鵠外曰『正』，鄉射同燕射，鵠外曰『質』，賓射同，語亦直截，不可備一説與？

曰：毛傳於正鵠之用不詳。惟《齊風》『不失正兮』，傳曰『二尺曰正』，此就五正內之朱色言之爾。後鄭《梓人》注曰：『正之方，外如鵠，內二尺。內朱，白次之，蒼次之，黄次之，黑次之。』

與此相同。而賈注『鵠方二尺』，先鄭『二尺曰正』，實因誤讀毛傳，轉滋謬說。陳氏疏毛義，引後鄭《梓人》注，足矣，而反用先鄭説以申之，非也。金氏謂『鵠外曰質』，並無明文。『鵠外曰正』，於經亦無徵。惟賈注『正五重，鵠居其內』僅與之合耳。《梓人》張皮侯，張五采之侯，張獸侯，三制迥別。而金氏謂『皮侯即五采之侯。其別言之者，明斯爲天子所務而已。不言棲鵠，蒙上皮侯省文。』不知五采之侯雖亦用皮，而正不用皮，故大射、賓射渾言之，俱可謂皮侯，而析言則別。《記》文『張皮侯』之後又云『張五采之侯』，析言之也。『張皮侯』之下又云『棲鵠』，恐其與采侯混，又別言之也。五采即五正，既云『張五采之侯』，其設正可知，初非蒙上文省言棲鵠也。皮侯、采侯，對文迥別，金氏乃欲混言之，亦非也。其解《射人職》文，亦不可信。朝儀之位，司士正之。射人掌國之三公孤卿大夫之位，及諸侯在朝北面之位，並是射位。鄭注本確。

陳氏書，意在疏毛而好黜鄭。金氏書，意在箋鄭而又多違鄭。夫鄭説何必不異也，於其不可異者而必異之，異而失是，不如從鄭。

【箋注】

〔一〕輯自《儆季雜著一・禮説三》，清光緒二十年南菁書院刻本。

〔二〕參見《禮書通故》第二十五《射禮通故一》：鄭玄云：『天子大射張皮侯，賓射張五采之侯，燕射張獸侯。《鄉射記》云：「凡侯，天子熊侯，白質；諸侯麋侯，赤質；大夫布侯，畫以虎豹；士布侯，畫以鹿豕。」此所謂獸侯也，燕射則張之。鄉射及賓射當張五采之侯，而記此者，天子、諸侯之燕射各以其鄉射之禮而張此侯，由是云焉。白質、赤質皆謂采其地，其地不采者，白布也。《記》又云「凡畫者丹質」，謂賓射之侯，燕射之侯皆畫云氣於其側以爲飾，必先以丹采其地。』　以周案：《司裘職》：『王共虎侯、熊侯、豹侯，設其鵠。諸侯共熊侯、豹侯，大夫共麋侯，皆設其鵠。』此大射之侯也。其侯用虎、熊、豹、麋之皮，又方制之以爲鵠，是爲皮侯，《梓人》所謂『張皮侯而棲鵠則春以功』是也。《司裘》曰『設鵠』，《梓人》曰『棲鵠』，並不言『正』，大射之侯有鵠無正也。《射人》：『以射法治射儀，王射三侯，五正；諸侯射二侯，三正；孤卿大夫射一侯，二正；士射豻侯，二正。』此賓射之侯也。其侯蓋亦用虎、熊、豹、麋、豻之皮，而中畫五采以爲正，是爲采侯，《梓人》所謂『張五采之侯則遠國屬』是也。鄭注『五采之侯』謂：『以五采畫正之侯。』其曰『五采』而不言『鵠』者，賓射之侯有畫采之正而不棲鵠也。《鄉射記》云：『丹侯，天子熊侯，白質；諸侯麋侯，赤質；大夫布侯，畫以虎豹；士布侯，畫以鹿豕。凡畫者丹質。』此燕射之侯也。天子、諸侯用皮侯，大夫、士用布侯，取熊、麋、虎、豹、鹿、豕之屬，是謂獸侯，《梓人》所謂『張獸侯則王以燕息』是也。其曰『白質』、『赤質』、『丹質』而不言『正』、『鵠』者，質與正、鵠異名同類也。大射有鵠，賓射有正，燕射有質。《鄉射記》言『大夫、士布侯，用畫』，則天子熊侯、諸侯麋侯之爲皮也可知。凡皮侯不去毛，去毛無以別熊、麋。又皮侯純用皮，非以熊、麋飾其側而中仍用布。質謂質的，天子熊侯用白的，諸侯麋侯用赤的，則大夫、士之畫侯亦必有的也可知。

『凡畫者丹質』，爲大夫、士畫侯言也。人有天子、諸侯及大夫、士之異，侯有虎、豹、鹿、豕之分，故曰『凡』以統之。人有士、大夫之異，侯有飾皮及畫布之分，故曰『凡畫者』以別之。鄭説熊、麋亦是畫侯，質是采地，畫熊白質，畫麋赤質，與下文『凡畫者丹質』語相觸礙，因以『凡畫丹質』爲畫賓射、燕射之侯，『白質』、『赤質』爲畫熊侯、麋侯之正，殊非經意。敖氏説『凡畫者丹質』專指畫虎、豹、鹿、豕之侯，較鄭爲確。《記》又云『禮射不主皮』，則天子、諸侯大射、賓射、燕射之爲皮侯也可知。鄭謂賓射、燕射不用皮，亦未審矣。《鄉射》之《記》兼及燕射之侯者，蓋鄉射用燕射之侯也，故《燕禮》曰『若射，則如鄉射之禮』。鄭謂鄉射用五采侯，《記》云『張五采之侯則遠國屬』，於鄉射何取焉？且《記》亦不應舍本侯而泛言他侯。

五兵[一]

五兵之名，諸書紛紜。總覈其説之變更，亦自有故。不溯其源，無以定後説之非也；不別其流，無以知古説之是也。

考五兵與五刑同起於蚩尤。《廣韻・十二庚》引《世本》云『蚩尤以金作兵器』，《路史後紀》注引《世本》云『蚩尤作五兵，戈、殳、戟、酋矛、夷矛』，《吕氏春秋》文同。《考工記・廬人》云『戈柲六尺有六寸，殳長尋有四尺，車戟常，酋矛常有四尺，夷矛三尋』，與蚩尤五兵之名合。先鄭注《周官》，亦據此以解《司兵》之五兵，則五兵爲戈、殳、戟、酋矛、夷矛，自上古至周初，無異名也。第蚩尤之殳爲短刃，而周初之殳爲長木，此固有其異者。何以言之？殳字從又，從几，几者，短羽鳥，則殳爲短兵可知。蚩尤作五兵皆以金，則殳爲兵之有刃可知。殳者，殊也。古人以斬首爲殊死，謂以殳殺之也。殺字從殳，義亦取此。斬首之兵，宜用短刃，以字徵物，殳爲有刃短兵，其義古矣。至周，以五兵建於車。車兵利用長，而殳獨短，乃以積竹爲之，而去其金，而五兵之名仍襲蚩尤之舊，故經傳相承，猶以殳字爲之。或亦作杸，從木，從殳，會意。木以名其器，殳以明所代也。《詩》：『伯也執殳，爲王前驅。』殳即杸之借。『彼候人兮，何戈與祋？』祋即杸之譌。《説文》以軍中士所持短兵爲杸，以車中士所持長木爲殳，其誤本於揚雄《方言》。蓋泥於《廬人》之殳無刃，而不知《廬人》之殳實杸之借，非本義也。自殳、杸二字混用，而杸之本義轉爲殳字所奪，於是殳之本義亦失，而五兵遂並爲長兵，而無短兵。或者疑之，以爲兵宜長短相濟，由是紛紛以戉、以劍、以鍛易其殳矣。俗儒不察，遂謂殳爲木杖無刃，不足當五兵之一矣。〔二〕

又考《御覽》引宋衷《世本》注云『蚩尤，神農臣』，五兵之作在黄帝之前。《易・繫辭傳》言『弦木爲弧，剡木爲矢』，起於黄帝、堯、舜之世。剡木加金，尤在其後，此弓矢所以不與五兵之數也。《司兵》云：『軍事，建車之五兵。』義不得兼弓矢，若兼弓矢言之，則謂之『六建』。《廬人》上記『戈、殳、戟、酋矛、夷矛』之五兵，下云『六建既備』，即合弓矢爲文，非言人也。鄭注『六備，五兵與人』，未是。其步卒不用夷矛，於五兵用其四。合弓矢言，於『六建』用其五。《司馬法》因之，遂以弓矢、殳、矛、戈、戟爲五兵，此乃名之後起者。後人習聞其説，反疑《廬人》所記非五兵，以先鄭注爲失察，是又以後起之名紊其古初之實也。

若夫大喪之五兵，備物而不可用，與琴、瑟、竽、笙同。救日之五兵，《曾子問》云『各設其方色與其兵』，《穀梁傳》云『天子救日，陳五兵』，亦備物而不以用者。鄭注《曾子問》，云『兵未聞』，不以軍中之五兵釋之，明其有異也。軍中之五兵，取其適於用，無取於方色。而後人每據方色之五兵以釋軍器，將明器之五兵亦可以當軍器乎？且以五兵配方色，説亦人人殊。即以同者論，一矛也，《淮南子》、《大玄》列於春，《周書》列於季夏，徐邈、麋信、《匡謬正俗》列於東，《隱義》又列於南方。一弓也，《周書》列於春，《太玄》、徐邈、麋信列於中央，《隱義》又以弩屬西方，《匡謬正俗》又以弩屬南方。一戈也，《淮南子》屬秋，《太玄》屬夏，《匡謬正俗》屬之西方。一劍也，《周書》屬秋，《淮南子》屬季夏，《匡謬正俗》屬中央。各以意配，本無定説。而或以五盾、五鼓混入五兵，其謬更不待辨。

然則五兵之不明，一由於殳、柲之不分，而其物斯混；一由於弓矢之誤合，而其名斯歧；一由於方色之各以肊配，而名物因之更淆。溯其源，别其流，而古制乃明，是在實事求是者。

【箋注】

〔一〕輯自《儆季雜著一·禮説三》，清光緒二十年南菁書院刻本。『五兵』之説，在《禮書通故》第四十《軍通故二》較爲簡略，其云：《周書》云：『五陳，春牝陳，弓爲前行；夏方陳，戟爲前行；季夏圓陳，矛爲前行；秋牡陳，劍爲前行；冬伏陳，楯爲前行。見《通典》。』《司馬法》云：『弓矢圍，殳矛守，戈戟助。凡五兵，長以衛短，短以衛長。

見《司右》注。』《管子》云：『東方矛，南方戟，西方劍，北方脅盾。』《淮南子》云：『春，其兵矛；夏，其兵戟；季夏，其兵劍；秋，其兵戈；冬，其兵鎩。』《公羊》家說，五兵，矛、戟、劍、楯、弓、鼓。《穀梁》家說，矛在東，戟在南，鉞在西，楯在北，弓矢在中央。衛宏云：『五兵，弓、弩、刀、劍、甲鎧。』楊雄云：『木爲矛，金爲鉞，火爲戈，水爲楯，土爲弓矢。』鄭衆云：『五兵，戈、殳、戟、酋矛、夷矛。』鄭玄云：『車之五兵，司農所云者是也。步兵之五兵，則無夷矛而有弓矢。』韋昭云：『五刃，刀、劍、矛、戟、矢也。』《禮記隱義》云：『東方戟，南方矛，西方弩，北方楯，中央鼓。』以周案：《周禮》有五兵五盾，《穀梁》有五兵五鼓，《國語》有三革五刃，則五兵數盾鼓者非也。說詳所著《禮說略》。』

繼紅案：黄以周所謂『說詳所著《禮說略》』蓋指此篇。

〔二〕參見《禮書通故》第四十九《名物圖四》：《廬人》云：『句兵椑，刺兵摶。毄兵同強，舉圍欲細；刺兵同強，舉圍欲重。』鄭注云：『句兵，戈戟屬。刺兵，矛屬。齊人謂柯斧柄爲椑。椑，隋圜也。摶，圜也。改句言毄，容殳無刃。同強，上下同也。舉謂手所操，人手操細以毄則疾，操重以刺則正。』案：鄭注以殳爲毄兵，其柲隋圜，與戈戟同。程易疇說：『殳、矛皆刺兵，柲同正圜。毄兵專以戈戟言，句言其體，毄言其用，不關矛。』存參。《廬人》又云：『殳，五分其長，以其一爲之被而圍之；參分其圍，去一以爲晉圍；五分其晉圍，去一以爲首圍。酋矛，三分其長，二在前、一在後而圍之；五分其圍，去一以爲晉圍；參分其晉圍，去一以爲刺圍。』鄭注云：『被，把中也。圍之，圜之也。大小未聞。凡柲，八觚。司農云：「晉，謂矛戟下銅鐏也。」玄謂晉讀如「王搢大圭」之搢，柲所捷也。首，殳上鐏也。』案：《記》於被之所操曰『圍之』，則被以前有棱矣。《説文》『籚，積竹，矛戟柲也』、『殳，積竹，八觚』，説與鄭同。被之圍數，《記》文未著，注云『未聞』。程易疇説鄭訓『被』爲『把中』，《説文》訓『搹』爲『把』，《喪服傳》『大搹』注云『盈手曰搹』，搹圍九寸，是把圍九寸也。以是推之，殳之晋圍六寸，首圍四寸八分，矛之晋圍七寸二分，刺圍四寸六分矣。鄭注云『矛戟柄竹攢柲』，是矛之柲以竹。《詩》箋云『矛有畫飾，矜及室題縣羽毛』，是矛之柲上有旄也。《舊圖》殳如矛，矛又加句兵，或三鋒上出，或兩鋒下垂，皆誤。

旝〔一〕

《春秋傳》：『旝動而鼓。』賈逵説旝爲發石，一曰飛石。范蠡《兵法》云：『飛石重一十斤，本作十二斤。爲機發行二百步。三，本作二。』杜預云：『旝，旃也，通帛爲之，蓋今大將之麾也。』陸德明云：『旝，古外反，又古湣反，本亦作檜。葉鈔本《釋文》。以《説文》校之，『旝』、『檜』字互易，『本亦』二字，作『説文』，誤也。建大木，置石其上，發機以磓敵。』孔穎達云：『旝之爲旃，文無所出。旝字從㫃，旌旗之類，故知旝之爲旃也。』〔二〕

案：《釋文》『古外反』，從杜讀也。『又古湣反，本亦作檜』，從賈讀也。鄭司農注《弁師》『膾五采』，以『膾』字罕見，引《士喪禮》『檜用組』，以爲讀同，書之異。賈注《左傳》，亦以『旝』字罕見，以爲『檜』之異文，其義同機栝之『栝』，故讀『古湣反』，而訓爲『以機發石』。凡古字從『會』、『昏』者，同意。《書》之『栝柏』字，經傳作『檜』。《士喪禮》之『檜組』字，古文作『栝』，『鬠笄』字，古文作『括』。皆其證。

許氏《説文》以『檜』爲栝柏字，而『旝』從其師賈説，云：『旝，建大木，置石其上，發機以磓敵。從㫃，會聲。』下引《春秋傳》及《詩》文以證。而其字次『旞』之後，在『旃』之前。旞爲旗，而旝爲旗之曲柄，所以旝段云：「當爲『展』，旝、展，雙聲。」表士衆。旝厠其閒，以見爲旗之大木，所以梧發碪石者也。旝，建大木，連篆讀之，其義自明。《說文》多此例。其引《春秋傳》者，存師說也。並引三家《詩》『其旝如林』者，明師說之所自也，蓋三家《詩》必有說『所建發石之木，其多如林者』矣。

後之治《說文》者，祇知從㫃字之爲旗，不知旝之名，取曲柄之可展示，旝之名，取大木之可發機。遂紛紛疑《說文》，改《說文》，皆不足據。孔疏云：『《說文》「旝」，載㫃部，而以發石解之，不類。』《繫傳》云：『臣鍇按諸書「旝，旌旗也」，唯許慎不言。』是始疑許氏者也。《韻會》引《說文》，遂據小徐之說，補『旌旗也』三字。段氏據之以改《說文》，非矣。如許書果有此三字，孔疏既引《說文》，其申杜注，正可引用旌旗之語，何謂『文無所出』而徒以『旝字從㫃』引申之乎？如段氏，本恐賈意失，許意亦失矣。且依賈注旝、檜爲書之異，而許書『發石』之字，固作『旝』，不作『檜』也。《大唐類要·武功部》載《魏武帝令》，引《春秋傳》：『檜動而鼓，《說文》曰：「檜，發石車也」。』此即《釋文》所謂『亦作檜』之本也。《太平御覽·兵部》亦引此《令》，檜字作旝，而注曰：『一云從木，會聲。今本「木」，誤「亦」。』此即據《類要》文以校之也。嚴氏、王氏又據此，以爲《說文》篆下有『發石車也』四字。殊不知《魏武令》之作『檜』，從賈讀也，其所引說，即賈說也。

《說文》作『旝』，不作『檜』。其引『說文曰檜』，『文』字衍也。古人引注語，多云『說曰』。《魏志》『太祖乃爲發石車』，裴注引《魏氏春秋》云：『以古有矢石，又傳言「旝動而鼓」，說曰「發石」也，於是爲發石車。』『說』下無『文』字，『發石』下無『車』字，此可訂《類要》、《御覽》之譌，並可決嚴、王說之非矣。

然則《詩》、《春秋傳》之解，當何從乎？曰：《毛詩》作『會』，其義自正。三家《詩》說，別備一解可也。《春秋傳》之『旝』，杜注訓『旃』本屬無稽，孔疏已獻其疑。段氏確信杜說，亦且斥之。馬融《頌》『旃旝摻其如林』本屬孤證，且玩《頌》意，亦謂曲柄之旃，大木之旝，森列焉耳。曲柄之旃可展，大木之旝其可麾乎？此杜注之蔽也。

凡軍行，先旗鼓，常法也。鄭莊爲魚麗陳，先偏後伍，以奇制勝。旝動而鼓者，先以飛石遠磓敵人於三百步之外以驚懼之，而後鼓噪以進，敵自潰散矣。至石礧、槍雷之法，自古已有，近人考其制者甚衆，不贅。

【箋注】

〔一〕輯自《儆季雜著一・禮説三》，清光緒二十年南菁書院刻本。

〔二〕『旝』之說，見《禮書通故》第四十七《名物通故五》：賈逵說：『旝動而鼓』，旝爲發石，一曰飛石。《范蠡兵法》：『飛石重二十斤』，本作『十二』。『爲機發，行三百步。』本作『二百』。許慎云：旝建大木，置石其上，發機以磓敵。杜預云：旝，旃也，通帛爲之。蓋今大將之麾也。孔穎達云：旝之爲『旃』，文無所出。旝字從㫃，旌旗之類，故知旝之爲旃。以周案：許從賈說，近之。治《說文》者紛紛增改，皆不足據。說詳《經說略·釋旝》。《說文》『旝』、『旃』二篆並列，其義相對。旃爲旗之曲柄，所以旃段注：『當爲展，展、旃雙聲。』表士衆；旝爲旗之大木，所以機發磓石者也。『旝建大木』，連篆讀之，其義自明，《說文》多此例。何煩後人增改？杜注訓旃，本屬無稽，孔疏已獻其疑。段氏確信杜說，亦言旝之非旃。而旃爲旗之曲柄，可展，旝爲旗之大木，不可以麾，段氏終未明也。《詩》之『其會如林』，不必定從三家作『旝』。而傳之『旝』義，自以賈、許爲正。凡軍行先旗鼓，常法也，鄭莊爲魚麗陳，以奇制勝。『旝動而鼓』者，謂先以飛石，遠磓敵人於三百步之外，而後鼓譟以進，敵自驚潰也。古軍用矢石，見《春秋傳》；用金石，見《周官》。飛石，古法也。

執牛耳[1]

古會盟禮，有執牛耳之法。杜氏《釋例》以爲『殺牲載書，大國制其言，小國尸其事』。哀十七年[2]，蒙之役，注又以爲『據時，執者無常』。『無常』之説，劉光伯規之，衆皆知其非。小國尸盟執牛耳，衆皆宗杜注，無異言。以周考之《周官經》及《春秋傳》，而知其説有不盡然者。《周官・司盟》『掌盟載之法』，鄭注云：『盟者，書其辭於策，殺牲取血，坎其牲，加書於上而埋之，謂之載書。』《玉府》：『若合諸侯，則供珠盤、玉敦。』鄭注云：『古合諸侯，必割牛耳，取其血，歃之以盟。珠盤以盛牛耳，尸盟者執之。』《戎右》：『盟，則以玉敦辟盟，遂役之，贊牛耳。』鄭注：『司農云：贊牛耳，《春秋傳》所謂「執牛耳」者。玄謂將歃血者，先執其器，爲衆陳其載辭，使心皆開辟也。讀辟爲闢。役之者，傳敦血，授當歃者。尸盟者，割牛耳，取血，句。助爲之，耳者盛以珠盤。此天子會盟諸侯之禮也。』

先鄭引《左氏傳》以爲證者，明春秋時所謂執牛耳者，即此戎右之贊牛耳。後鄭以『贊』與『執』自兩義，故又分別言之。云『尸盟者執之』，以明戎右之贊爲助王。職内諸贊字，皆贊王。其不斥言王而云尸盟者，用《左傳》文意，欲通乎方伯之尸盟，且以見天子盟諸侯，贊王執牛耳者爲戎右。戎右者，王朝之中大夫，則方伯盟諸侯，亦必方伯之大臣贊方伯執之也。方伯者，春秋時謂之盟主。贊盟主者，春秋時謂之尸盟。尸，主也，因以贊牛耳。謂之執牛耳，此當時稱謂之變於古者。然尸盟執牛耳，爲盟主之事，無與小國。《玉府》疏云：『若諸侯相與盟，則大國戎右執牛耳。』此説是也。《襄廿七傳》：會於宋，晉、楚爭先。杜注『爭先歃』，是。叔向曰『諸侯歸晉之德只，非歸其尸盟』，『且諸侯盟小國，句。固必有尸盟者。杜注，小國屬下讀，云『小國主辨具』，非。』。兩『尸盟』一意，時楚人爭先歃，不爭贊牛耳。叔向以爲諸侯歸晉，在德不在尸盟。況今盟小國，而牛耳，固晉大夫尸之。是主盟者晉，而楚爲小國矣。故又曰『楚爲晉細，不亦可乎？』《春秋》書盟，先晉後楚，亦職是故。此盟主尸盟之義證也。定八年，衛人請執牛耳，請尸盟也。尸盟者必大國。與大夫盟，小國之君得尸盟。故使人以執牛耳請於晉，非謂請晉人執牛耳也。《哀十七年傳》：公會齊侯，盟於蒙，武伯問於高柴曰：『諸侯盟，誰執牛耳？』季羔曰：『鄫衍之役，吴公子姑曹。發陽之役，衛石魋。』武伯曰：『然則彘也。』武伯以尸盟執牛耳者爲諸侯事，季羔答以鄫衍、發陽二役，明其時執牛耳者皆其臣爲之，故武伯曰『然則彘也』。上言諸侯，下言彘，語意相貫。杜注不體傳文，遂謂『時，執者無常』，非季羔意。後人規杜申杜，紛紛聚訟，亦非左氏意。〔三〕

然則發陽之役，吴爲大，何以衛石魋執？蒙之役，齊爲大，何以魯孟彘執？曰：發陽之役，以吴、宋二國爲大。傳云：『秋，衛侯會吴於鄖，公及衛侯、宋皇瑗盟，而卒辭吴盟。』是則發陽之盟不及吴。宋雖大，與盟者又其臣，而魯與衛無分大小，故衛得尸盟，而石魋執。若魯爲齊小久矣，蒙之役，當亦齊之臣執牛耳。傳敘武伯言，極狀其自大之昧禮。『然則彘也』亦妄想之辭耳，豈事實哉？知此意以讀傳，傳之文趣横溢楮外矣。泥著句下，意味索然，豈直有違於典覈？〔四〕

疏家謂尊者涖牛耳，卑者執牛耳，此蓋《春秋》家賈、服之舊説以解盟蒙之傳者也。但尊卑以君臣言，疏家援其説以申杜，遂謂『大國涖之，小國執之』，斯大謬矣！

【箋注】

〔一〕輯自《儆季雜著一·禮説三》，清光緒二十年南菁書院刻本。

〔二〕『蒙之役』在哀公十七年，引文漏『七』字，徑增。

〔三〕參見《禮書通故》第三十《會盟禮通故》曰：鄭衆云：『《周官》「戎右贊牛耳」，《春秋傳》所謂「執牛耳」者。』鄭玄云：『尸盟者割牛耳取血，助爲之。及血在敦中，以桃茢拂之，又助之也。耳者盛以珠盤，尸盟者執之。』以周案：先鄭意《春秋傳》所謂『執牛耳』者，即《周官》之『贊牛耳』。後鄭以『執』與『贊』義自别，故云『尸盟者執之』。

尸，主也。主盟者執牛耳，明盟主自執之，戎右贊之而已。春秋時，盟主不自執，直使其臣執之，故季羔有吴公子姑曹、衛石魋之對，其實皆贊牛耳者也，故先鄭云然。天子尸盟，贊牛耳者天子之戎右，方伯尸盟，贊牛耳者亦必方伯之臣，故宋之盟，叔向兩言『尸盟』。若與方伯之臣盟，諸侯執牛耳，故鄟澤之役，衛侯與晋趙鞅盟，自請執牛耳。孔、賈二疏，説皆紛挐，前後違戾，至今未有知鄭義者。説詳《雜著》。

繼紅案：所謂『説詳《雜著》』，蓋指此篇。

〔四〕參見《禮書通故》第三十《會盟禮通故》曰：杜預云：『執牛耳，尸盟者。鄫衍則大國執，發陽則小國執，據時，執者無常。故武伯自以爲可執。』劉炫云：『依禮，小國執牛耳。鄫衍吴爲盟主，夷不知盟禮當使小國執牛耳，而自使其臣執之也。小國恒執牛耳，何得云「執者無常」？』　以周案：依禮，諸侯相與盟，大國執。發陽之役，吴不盟，宋皇瑗又臣，魯、衛無大小，故石魋執。杜、劉説胥失之。

封建法〔一〕

馬貴與《文獻通考》論古者封建，有公天下之心，上下均一，小大相維，其勢足以綿千載。自其出於私心，忌疏畏逼，相猜之形，不可以一朝居。其論暢矣。然天下之形勢以及先王制度之精密，馬氏猶未及詳審也。

《管子》曰：『齊諸侯方百里，負海子七十里，男五十里。』《吕氏春秋》曰：『王者之封建也，彌近彌大，彌遠彌小。』以《吕氏》之言，證《管子》之文，『齊』之爲言『中』也。中諸侯之國大，負海之國小，古制章章可考矣。然此據四海大勢言之，而中國九州實近小而遠大，初不如《管》、《吕》之説。古者畫天下爲九州，謂之中夏。九州之外爲四海，謂之蠻夷。《爾雅·釋地》分别言之。《虞書》曰：『州十有二師，外薄四海，咸建五長。』亦别四海於十二州，則州、海之有分，自古爲昭矣。《夏書》曰：『五百里侯服，一百里男邦，二百里諸侯。』又著内小而外大，則内外之攸分，亦自古爲昭矣。春秋時，冀、兗、青、徐諸州，小國各數十，而齊、魯大國，獨濱海隅，斯豈武王、成王有疏遠意哉？蓋封之近畿，小其國不足以酬勳，大其國又嫌於違制。惟邊垂之地，爲中外之衝，宜擴其疆宇，而内以綏中夏，外以控群夷，亦非太公、周公不足以當此。斯武王、成王之所以爲長治久安計者至深且遠也。夫近畿之國小，而亂賊不敢作；遠畿之國大，而戎狄不敢逞。夏五服，要荒爲蠻夷地，而侯服三百里，綏服五百里，皆爵爲侯。周九服，要以外爲蠻夷地，而列於采衛閒者，亦宋、衛諸大國。雖封域之數代有不同，而防蠻夷之滑夏，必遠封大國以爲遮罩，此百王所同也。在昔封國之大小，或主《周官》，或主《孟子》，兩家聚訟，歷今數千年，迄無定説。善通其義者，莫如鄭注『周公斥大』之言最爲近正。然周公亦非概天下斥大之也，九州之内近王畿者，皆小國，散見經傳。其在九州之外，雖大曰子，見諸《禮記》，此皆未嘗加封者也。則周公之所斥大者，亦惟要服内諸侯而已矣。商周之際，四夷寖強，載在史册。周公於夏夷之界，增大侯封以爲中外之扼，亦其勢有不能不然，非漫爲變制也。其在九州之内服近王畿者，亦一如舊封，故《管子》有『負海國小』之説；其在九州之内服近王畿者，亦一如舊封，故《孟子》有『侯方百里』之言。而近要服諸國之封域有所增益，自宜據《周官》之文爲定。大凡以四海言，彌遠彌小則中夏安；以九州言，彌遠彌大則外夷懾。讀《管》、《吕》書，未可偏執。〔二〕

爰作是論，以補馬氏《通考》之未備。

【箋注】

〔一〕輯自《儆季雜著一·禮説三》，清光緒二十年南菁書院刻本。

〔二〕參見《禮書通故》第三十九《封國通故》曰：《管子》云：『齊諸侯方百里，負海，子七十里，男五十里。』《吕氏春秋》云：『王者之封建也，彌近彌大，彌遠彌小，海上有十里之諸侯。』以周案：『齊諸侯』之『齊』與《爾雅》『距齊州』之『齊』同，謂中州之國大，負海之國小也。《吕氏春秋》語與《管子》合。然此據四海大勢言之耳，其在九州之内，實近小而大遠。《禹貢》侯服，二百里男邦，三百里諸侯，固爲顯證。春秋時，冀、兖、青、徐之閒，小國尚有數十，而齊魯大國遠封海濱。蓋近小則内安，而亂賊不敢作；遠大則外強，而夷狄不敢逞。商周之際，四夷寖強，周公於要服之内增益封域，意亦謂非此不足以爲中國遮罩也。若其要服以外，一如舊封，雖大曰子，此《吕氏》所謂『彌遠彌小』也。以四海言，彌遠彌小則中夏安；以九州言，彌遠彌大則外夷懾。讀《管》、《吕》書，未可偏執。孔巽軒泥其説，以爲『夏時大國在外，至周大國在内，亦王者相變之義』，謬矣。説詳《禮説略》。

繼紅案：所謂『説詳《禮説略》』，蓋指此篇。

古之學問政治亦多術矣，一言以蔽之，曰德、行、道、藝。上以此爲教，下以此爲學。鄉大夫之考察學士以此爲進退，天子之考察官吏亦以此爲殿最。先王所以一道德、同風俗者，其斯而已矣。

選舉法〔一〕

秦氏作《五禮通考》，以爲古之取士有二法：一則由鄉而升司徒，由司徒而升大學，學成而後用之，《王制》所謂『造士』是也；一則三年大比，興其賢能直達於王，不復令入國學，《周禮》所謂『賓興』是也。秦氏此説，本諸孔疏，而實無合於古制。如其所言，鄉人未入學者，一舉，任官。其入學者，鄉大夫論之，司徒又論之，而後升學。大樂正論之，司馬又論之，而後得禄。一易如彼，一難如此，其勢不驅學中之士而盡爲鄉人不止也。如謂鄉大夫賓興之士所授者爲府史胥徒之屬，學士所授爲士大夫，然其《職》曰『登諸天府，内史貳之』，内史所策命者，孤卿大夫也；『出使長之』『入使治之』，士大夫之任也。且鄉大夫所考德行道藝，即司徒所教之鄉三物。其《職》曰『受教法於司徒』，則所論秀士，必名升於司徒可知也。又曰『退而頒之於其鄉吏』，鄉吏者，州長黨正之屬也。《州長職》曰『春秋以禮會民，而射於州序』，序，州之學也。又曰『三年大比』，則大考州里以贊鄉大夫廢興，是亦考之於學也。《黨正職》曰『書其德行道藝』，亦謂書之於學也。周之鄉舉，舉於學。里選，選於學。故所用之人，皆通達政事而無不知學之人。漢之選舉，不由學。郡國所舉孝廉、茂才異行，甚至不識字之人，故左雄有『辟舉試文』之議。德行而無學，雖足以持己，而終無以治人。道藝而無學，雖足以濟人，而先無以治己。先王之所以造士而擇民者，不外德行道藝，而必書之於學校，考之於學校，選之於學校，職是故也。〔一〕

然其中亦有差等焉。大比之法，以德行道藝分賢能。鄭注：『賢謂有德行者，能謂有道藝。』九兩之法，以德行道藝分師儒。鄭注：『師有德行，儒有六藝。』而教學士之官長，亦以德行爲師氏，道藝爲保氏。師氏教三德三行，保氏養國子以道，而教之六藝。是《周官》之選舉，崇德行也。《文王世子》篇，又以道爲賢，崇比德行，惟藝爲才獨輕。其言曰：『凡語於郊者，必取賢斂才焉。或以德進，或以事舉，或以言揚。曲藝皆誓之，以待又語。三而一有焉，乃進其等，以其序。』德進以德，事舉以行，言揚以道，此所謂取賢之法也。凡執技以事上者，出鄉不與士齒，而先王不忍遽棄之，亦必皆誓以德、事、言三者，『誓』之言『示』也，示以三而有其一，得進其等，以與士齒，此所謂斂才之法也。〔二〕

夫才者，藝也。斂才無他術，亦惟斂之於德行與道而已矣。《周官》之教六藝，必曰『養之以道』，此斂才之説也。鄭注《文王世子》，皆失本意，説詳《學校通故》。〔四〕若夫既誓之後，又語之曰『終於德事』，言三者一無所有，斯亦域於曲藝而已矣，何足爲才！此又才與曲藝之别也。如目曲藝爲才，且以爲通時務，有實用，直欲駕諸學士之上，吾恐其德行道之日微也。德行道既微，雖其藝極天人之巧，而世風不可問矣。

【箋注】

〔一〕輯自《儆季雜著一・禮説三》，清光緒二十年南菁書院刻本。

〔二〕參見《禮書通故》第三十三《選舉禮通故》：孔穎達云：『《王制》：「命鄉論秀士，升之司徒，曰選士。」謂録名進在司徒，其身猶在鄉學也。案《鄉大夫》「三年則大比，考其德行道藝，而興賢者、能者」，名則升於天府，身則任以官爵，則下文云「大樂正論造士之秀者，以告於王，而升諸司馬，曰進士」，彼據鄉人，故三年一舉，此據學者，故中年考試，殷周同也。熊氏以爲此中年舉者爲殷禮，《鄉大夫》三年舉者爲周法，其義非也。』秦蕙田云：『古者取士於鄉，有二法：一則由鄉而升司徒，由司徒而升大學，學成然後用之，《王制》所謂「造士」是也；一則三年大比，興其賢能，直達於王，不復令入國學，《周禮》所謂「賓興」是也。六遂之學與鄉同。』以周案：孔氏此疏從皇氏説。《學記》『比年入學』鄭注云：『鄉、遂大夫閒歲則考學者之德行道藝，《周禮》三歲大比乃考焉。』以此言之，當以能説爲長。然其所異者，一閒歲，一三年耳。而鄉、遂大夫所考學士，必升諸國學，教成而後用之，故鄭注《王制》『命鄉論秀士』云：『秀士，鄉大夫所考，有德行道藝者。』即以《鄉大夫》文言之，明其同也。孔疏以爲周之選舉有二法，一由鄉舉，一由學舉。秦氏遂謂鄉大夫之『賓興』不復入學，此言無稽。《王制》『命鄉論秀士』，鄉即鄉大夫，論謂論之於學也。《鄉大夫》『退而以鄉射之禮五物詢衆庶』，衆庶爲鄉人未入學者。則其所興者爲學士，所考者亦考之於學可知也。考德行道藝，即《司徒》之『三物』，其《職》曰『受教法於司徒』，則所論之士必升名於司徒可知也。又曰『退而頒之於其鄉吏』，鄉吏即州長、黨正之屬。《州長職》曰『春秋以禮會民，而射於州序』，序，州之學也。又曰『三年大比』，則大考州里以贊鄉大夫廢興，是亦考之於學也。《黨正職》曰『書其德行道藝』，亦謂書之於學也。周之鄉舉里選必入學而考之，而教之，教成而後用之，故所用之人皆通達政事，而無不知學之人也。《鄉大夫職》於『賓興』之後不復言入學事者，教學非其職，略之也。其曰『此謂使民興賢，出使長之；使民興能，入使治之』，爲賢能終言之，非賓興後即任以官爵也。如孔疏言，鄉人未入學者一舉任官，其入學者鄉大夫論之，司徒又論之，而後升太學，大樂正論之，司馬又論之而後得禄，是驅學中之士而爲鄉人也。如謂鄉大夫賓興之賢能所授者爲府史胥徒之屬，學士所授爲士大夫，然其《職》曰『登於天府，内史貳之』，内史所策命者，孤卿大夫也；『出使長之』『入使治之』，士大夫之任也；府史之屬，亦其未得升學者充之耳。

〔三〕參見《禮書通故》第三十三《選舉禮通故》：鄭衆云：『興賢，若今舉孝廉；興能，若今舉茂才。』鄭玄云：

『賢，有德行者；能，有道藝者。』賈公彦云：『「考其德行道藝」。德行，謂六德、六行；道藝，謂六藝。賢者，則德行之人也；能者，則道藝之人也。』以周案：周『九兩』之法，『三曰師以賢得民，四曰儒以道得民』。鄭注：『師，諸侯師氏，有德行以教民者。儒，諸侯保氏，有六藝以教民者。』掌教之官，必選有德行、有道藝者爲之。其考士即用此法，曰『興賢者能者』，賢有德行，能有道藝，若賢若能，分而取之，不必備也。『或以德進』，德即六德。『或以事舉』，事即六行。『或以言揚』，言即六藝。其有不中考者，仍教之於學，待後再考而升之。《文王世子》曰『以待又語』，不獨曲藝爲然也，曲藝亦六藝之一耳。兩漢辟舉之目，以賢良、文學、孝廉、茂才最著。賢良，其賢而有德者。孝廉，其賢而有行者。文學與茂才，其賢而有道藝之人與？然皆察舉於郡國，而不取諸學校，與古終異。

〔四〕參見《禮書通故》第三十二《學校禮通故》。

市法〔一〕

許行言：『市賈不二，國中無僞。』本《周禮》也。孟子闢之，闢其欲一賈而不能辨物，辨物之義與並耕悖，故其説立窮。若能校録所成以定其賈，則名相近者相遠，實相近者相邇，亦何至相率而爲僞。讀《周官·司市》文，自知之。

《司市》云『市之群吏平肆』，謂辨其物類，各陳諸肆，所謂『以陳肆辨物而平市』是也。『展成奠賈』，謂展視所成之物，以定其價，所謂『以量度成賈而徵價』是也。展如展幣之『展』，謂校録之，見《聘禮》注。奠，定也，見本注。『上旌於思次』，旌，讀如『旌善人』之旌，謂表其所奠之賈而楬橥司次之上，所以防誑豫也。思，當爲司，音近義通。《釋名》云『司，思也』。《毛詩傳》云『司，主也』。干寶《周官》注云『司者，總其領也』，總主市次者市師，故上旌於思次以令市，市師涖焉。《説文》云『介，畫也。從人，從八』。八之言『分』。分主市次者，胥師、賈師。故胥師、賈師涖於介次、司次，謂之次介。次亦謂之敘。司次、介次各有分地，所謂『以次敘分地而經市』是也。鄭釋『次敘』爲『肆行列』，義與『陳肆』句混，當以《内宰》『設次置敘』之注爲正。又云『上旌者，以爲衆望也，見旌則知當市。』夫市有定所，日三市有定候，何待見旌而後知，其説亦曲也。先鄭訓思爲辭，亦以旌爲旗旌，其意介次之介對上旌爲文。介，副也。市師所涖之次，用上旌。胥師、賈師之次，用副旌。漢法，市有候樓，樓有旗。《西都賦》所謂『廊開九市，通闠於闠。旗亭五重，俯視百隧』是也。然候樓旗亭皆屬漢制，於古未聞。如因令市之文，謂旌必是旗，《周官》言令者多矣，豈一以旌旗乎哉？夫旌之訓表，本屬通詁。賈之有表，亦屬通義。顧欲表市賈，必先辨物。《職幣》云：『辨其物而奠其録，以書楬之。』《職金》云：『辨其物之媺惡與其數量，楬而璽之。』自古未有不辨其物而可齊賈者。故表次先奠賈，奠賈先展成。既展成矣，又奠其賈，民乃不僞。既奠賈矣，又表於次，民乃不欺。欺僞既袪，治乃近古。後漢弟五倫以京兆掾〔二〕領長安市，平銓衡，正斗斛，市無阿枉，百姓悦服，其得此意乎？

雖然，物之情僞，士人何知？《荀子》曰：『通財貨，相美惡，辨貴賤，君子不如賈人；設規矩，陳繩墨，便備用，君子不如工人。』《周官》以斯屬市師、賈師，蓋謂非其人不能辨物，亦不能治市。覂駕之馬，祇視乎善御者。

【箋注】

〔一〕輯自《儆季雜著一·禮説三》，清光緒二十年南菁書院刻本。

〔二〕『掾』，原誤作『椽』，《皇清經解續編》本誤同。徑改。

練染法〔一〕

《小戴・月令》篇曰：季夏之月，『命婦官染采，黼、黻、文、章，必以法故，無或差貸。黑、黄、倉、赤，莫不質良，毋敢詐僞。』法故者，法之古者也。古染法有一染縓、再染赬、三染纁、五入緅、七入緇之敘。差貸者，紊其法故之敘者也。質良者，染之循法故，質實而良善者也。詐僞者，質良之反，謂染之越次而成，或以草木之色代石染也。

凡染絲帛，必先以練。練絲帛之法，詳於《㡛氏》。一曰以欄灰渥之，二曰以蜃粉塗之，三曰清其灰，揮其粉，而以水沃之。晝暴諸日，夜宿諸井，七日七夜而練成。練，宜春月爲之，故《染人》曰：『凡染，春暴練。』自練法失，於是有『秋陽以暴』之説。秋陽，據周正言，謂夏日也。夏日練布易白，而失其序，故《月令》仲夏之月，有毋暴布之禁。曾子曰『皜皜乎不可尚也』，已譏其白以驟成，不足貴也。舊解非。

染絲帛之法，《爾雅》有一染、再染、三染之文，《鍾氏》有三入、五入、七入之文，然祇詳其名色之别，不著其用物之異。染采之法故，久失其傳，嘗考之鄭君《禮》注、《論語》注及毛傳、《説文》，而得其大略焉。

凡絲帛，一入用草染，再入用木染，三入用石染。絲帛至三入，爲色之小成。由是而再以草染、木染、石染更入之，至七入，爲色之大成。

縓者，帛之一染，用草，與韎之一入同。《爾雅》曰『一染謂之縓』，毛傳亦曰『一入曰韎』，知其爲『一染』『一入』者，以其用茅蒐也。紅亦帛之『一入』者，鄭注《論語》曰：『紅，草染。』是一入用草染之證也。赬者，帛之再染，用木。《毛詩》作『竀』。《説文》作『䞓』，云：『赤色也，或從貞，作赬。或從水，作浾。䞓，棠棗之汁。』是二入用木染之證也。纁者，帛之三染，用石。《鍾氏》：『染羽，三入曰纁，以朱湛、丹秫。』朱，石也，俗作『硃』。鄭注《染人》引以證染帛，且云『纁，石染』，是三入用石染之證也。染赬者，二入皆用木染。纁者，三入皆用石。此所謂『物之質良』者也。染赬者，或一入草，再入木。染纁者，或一入草，再入木，三入石，亦不失爲質良。《鍾氏》詳『湛朱』之法，不云一入、再入，即云『三入曰纁』，明纁三入以前，皆用石染也。《爾雅》曰：『一染謂之縓，再染謂之赬，三染謂之纁。』明纁三入以前，可以草木迭染也。若二入皆草染而謂之赬，三入皆草木染而謂之纁，此所謂『物之詐僞』者也。纁三入，爲色之小成。由是更入赤汁，爲大赤之朱。鄭注《士冠禮》曰：『三染謂之纁。朱，其四入與？』其名曰『朱』，其染用石可知也。染韋有赤韍、朱韍，其亦用石可知也。若以三入纁，更入黑汁，如前法，一染亦用草，曰紫。故鄭注《論語》曰：『紫，草染。』明其爲纁之一入也。二染用木，曰紺緅，並纁計之爲五入，故《鍾氏》曰『五入曰緅紺』，與緅色相似。韋之爲爵弁者，如帛之緅，鄭注《士冠禮》及《鍾氏》屢言之。《説文》『緅』作『纔』，云『帛雀頭色，一曰微赤色，如紺』，紺緅色不相遠，賈疏、段氏《説文》注，皆誤。故鄭注《論語》曰『紺緅，木染』，明其爲纁之再入也。三入用石，曰玄。並纁計之，爲六入，故鄭注《鍾氏》曰『玄在緅緇之閒，其六入者與』。六入爲色之大成，而其染亦用石，與纁同。鄭注《染人》曰『玄纁，石染』，注《論語》曰『玄纁所以爲祭服，等其類也』。等者，齊也。見《説文》。染至玄纁，其草、木、石諸色俱齊，此所謂『物之質良』者也。玄必以纁爲質，其數六入。若有越次而入，不以纁爲質者，此所謂『物之詐僞』者也。〔二〕七入曰緇，仍用石，與染朱同。而緇爲北方正色，七入。朱爲南方正色，獨四入，何與？曰：周人染玄，以纁爲質，並纁計之，爲七入。

周人染朱，以黄爲質，並黄計之，亦七入也。何以知之？曰：『韎爲韋之一入，而鄭注《士冠禮》曰：『韎韐，緼韍也。』注《玉藻》『緼韍』曰：『緼，赤黄之閒色。』縓爲帛之一入，而《説文》曰：『縓，帛赤黄色。』縓、緼皆一入赤汁而有黄色者，其以黄爲質可知也。〔三〕黄之三入爲纁，其色仍赤而微黄，與纁之三入爲玄，其色仍黑而有赤相等，故纁與玄相對亦謂之赤。《乾鑿度》曰：『天子朱芾，諸侯赤芾。』鄭箋云：『芾者，天子純朱，諸侯黃朱。』則黃朱即赤也。赤色又兼黃，則周人染朱以黃爲質，愈可知也。〔四〕

染玄纁，宜夏月，故《染人》曰『夏纁玄』。朱亦染夏，《染人》文略耳。鄭注曰：『石染，當及盛暑熱潤始湛研之，三月而後可用。』則凡石染者，可例諸此矣。『秋染夏』，鄭注以爲染五色。春練，夏秋染，至冬乃獻功，古人之重服色如此。〔五〕

鄭注《序官》曰：『染草，藍蒨、象斗之屬。』又注下《掌染草》曰：『染草，茅蒐、橐蘆、豕首、紫茢之屬。』《説文》曰：『藍，染青草也。』郭注《爾雅》曰：『葝鼠尾可以染皁，蒤虎杖可以染赤，茹蘆、茅蒐，今之蒨也，可以染絳，欆烏階可以染皁，藐茈草可以染紫。』此草染之説也。先鄭注《大司徒》『其植物宜皁物』，曰『皁物，柞栗之屬』。《説文》曰『栩，其實皁』，『梔，黃木可染者』，『桱，棠棗之汁』。此木染之説也。《説文》曰：『丹巴，越之赤石也。』鄭注《染人》，以《鍾氏》『朱湛丹秫』爲染纁術，又曰『染玄，則史傳闕矣』。考《山海經》曰：『女牀山，其陰多涅石。』郭注曰：『礬，石也，楚人名涅石，秦人名羽涅。』《集韻》〔六〕曰：『一名羽澤，有青、白、黃、黑、絳五種。』《本草》同。此石染之説也。凡物，染草最多，其色亦最輕。染石最少，其色亦最珍。

色之得青、赤、黃、白、黑之正者，皆石染也。其閒色以草木染，曰緑、紅、碧、紫、騮黃者，皆與五行相克者也。然鄭注《玉藻》，以緼、纁爲赤黄之閒色，則與五行相生者亦閒色矣。竊以爲緼爲草染之一入，信閒色也。若纁，已三入，爲色之小成，不得以爲閒色。凡禮服，衣裳皆用正色。《玉藻》「衣正色，裳閒色」，以燕居之服言。《詩》刺妾上僭，夫人失位，曰「緑衣黄裳」，謂黄宜爲衣，緑宜爲裳，此「衣正裳閒」之説也。鄭注以冕服之纁裳爲閒色，不無少誤。〔七〕若謂閒色於正服無所施，此乃王肅之陋説。見《論語》注。藻之以緑，韍之以緼，經有明文矣。或謂紺緅亦以閒色而不用，此又近人之誤説。爵弁之以緅，鄭注亦明言之。陳恭甫、劉楚楨又謂紺緅非閒色，是仍囿於「閒色不用」之見，而强爲之辭也。〔八〕

夫閒色之有輕重，在於一入、再入之分。紅爲素之一入，而不能復爲白，其色白多而赤少，又不能自成其爲赤。紫爲纁之一入，而不能復爲朱，其色赤多而黑少，又不能自成其爲黑。緑與緼亦然。此等閒色，止可施諸小物，而不可以爲衣，故緑用諸藻，緼用諸韍，紅、紫不以爲褻服也。若紺緅爲黑汁之再入者，雖曰閒色，而固自成其色矣。

凡飾，盛於衣，曰「紅、紫不以爲褻服」，其不以爲飾也可知矣。曰「不以紺緅飾」，其可以爲衣也亦可知矣。凡冠，盛於衣，爵弁且用緅，則衣用紺緅，亦未見其不可也。知紺緅可爲衣，而祭服必以纁玄三入之色爲裳衣，乃愈見其可貴焉。

王者受命而興，考文章與立權量同嚴，易服色與改正朔同重，染法其尚矣哉！

【箋注】

〔一〕輯自《儆季雜著一·禮説三》，清光緒二十年南菁書院刻本。

〔二〕參見《禮書通故》第三《衣服通故四》：孔安國云：『「君子不以紺緅飾」，一入曰緅。』鄭玄云：『紺、緅、紫，玄之類也。紅，纁之類也。玄、纁所以爲祭服，等其類也。紺緅木染，不可爲衣飾。紅紫草染，不可爲褻服。』陳壽祺云：『「染人掌染絲帛」注云「《考工記·鍾氏》則染纁術也」，是鄭意以「染絲帛」如「染羽」法，用朱湛丹秫，不用草木。蓋草木染者可施之他物，祭服等則當以朱秫染也。』以周案：孔注之謬，辨已詳前。鄭注以染法言，古染法，一入草染，二入木染，三入石染而色始成。帛之一染用草曰縓，與韋之一染曰韎同，《爾雅》曰『一染謂之縓』，毛傳亦曰『一入曰韎』。知其爲『一染』、『一入』者，以其草染故也。帛之二染用木曰赬，《毛詩》作『竀』，《説文》作『經』，云：『赤色，棠棗之汁。或作赬。』是二入赬之用木染也。三染用石曰纁，《鍾氏》『染羽，以朱湛丹秫，三入曰纁』，朱，石也。鄭注《染人》引以爲染帛之證，是三入之纁用石染也。三染色始成，由是更入赤汁，爲大赤之朱。用石染赤韍，朱韍亦石染也。若以三染之纁，更入黑汁。一染亦用草曰紫，故鄭云『紅紫草染』，紅即縓也。二染用木曰紺緅，紺緅色相近，故鄭云『紺緅木染』。韋之爲爵弁者如帛之緅，見《士冠禮》注及《鍾氏》注。《説文》『緅』作『纔』，云『帛雀頭色，一曰微赤色，如紺』，是紺、緅色不相遠也。三入用石曰玄，與纁相等。纁玄之用石染，見《染人》注。染至三入，其草、木、石諸色乃齊，故鄭云『玄纁所以爲祭服，等其類也』。等者，齊也。是則紺緅不以飾，紅紫不爲褻服者，爲紫、紺、緅未成玄，紅未成纁，皆類之未齊者也。凡飾盛於衣，曰『不以紺緅飾』，可以爲衣也，曰『紅紫不以爲褻服』，其不爲飾可知也。何以知之？紺緅五入，色已近玄，故爵弁用以爲色。凡冠重於衣，緅可爲弁，衣之不廢紺緅可知也。古人染法次弟，散見於鄭注、毛傳、《説文》，疏家未爲深考，後人遂失其傳。陳恭甫遂謂『草木染不可施絲帛』，『祭服必用石染』，則爵弁之緅，韎韐之赤，豈君子亦有所不用乎？

又：許慎云：『紺，帛深青揚赤色也。』劉熙云：『紺，含也，青而含赤色也。』賈公彦云：『纁入赤汁則爲朱，不入赤汁而入黑汁則爲紺。』段玉裁云：『此今之天青，亦謂之紅青。以纁入深青乃爲紺，入黑乃爲緅矣。《説文》無緅字，云：「纔，帛雀頭色也。一曰微黑色如紺。句纔，淺也。」纔即緅字。』以周案：賈疏固非，段説亦未得也。《爾雅》云『一染謂之縓，再染謂之赬，三染謂之纁』，《考工記·鍾氏》云『三入爲纁，五入爲緅，七入爲緇』，則緅爲赤黑色明矣。鄭注《士冠禮》云：『爵弁，其色赤而微黑，如爵頭然。或謂之緅。』是鄭亦以緅爲赤黑色矣。鄭注《論語》云『紺緅木染』，明其色相等。《説文》『紺，深青揚赤色』，深青即黑色。赤黑之紫，《説文》亦云『帛青赤色』矣。緅，《説文》作『纔』，云『帛雀頭色』，與鄭《士冠》注合；云『微黑色如紺』，與鄭《論語》注紺緅同木染，不分兩等，亦合。

〔三〕參見《禮書通故》第三《衣服通故四》：許慎云：『縓，帛赤黄色也。紅，帛赤白色也。』鄭玄云：『縓，今紅也。』以周案：紅與縓渾言通，析言别。紅以白爲質，而一入於赤汁，故其色赤白。縓以黄爲質，而亦一入於赤汁，故其色赤黄。三入曰纁，其色猶赤而微黄也。鄭注《士冠禮》，以『韎韐』爲『緼韍』，注《玉藻》『緼，赤黄之閒色』，緼即縓之借。韎爲韋之一入，縓爲帛之一入，其色皆赤黄，許、鄭同義。

〔四〕參見《禮書通故》第三《衣服通故四》曰：《説文》云：『絑，純赤也。纁，淺絳也。絳，大赤也。』段玉裁云：『大赤，今俗所謂大紅也。純赤，今俗所謂朱紅也。朱紅淡，大紅濃。大紅如日出色，朱紅如日中色，日中貴日出，故「天子朱芾，諸侯赤芾。」』以周案：纁爲淺絳，則絳深於纁矣。絳即赤也，《乾鑿度》云『天子朱芾，諸侯赤芾』，《詩・斯干》箋謂芾者『天子純朱，諸侯黄朱』，則赤者黄朱也。黄朱非純赤，純赤則爲朱矣。許意如此，段説殊曲。但許分絑、纁、絳爲三色，義與鄭異，鄭意爲黄朱即所謂纁也。《士冠禮》注云『纁裳，淺絳裳也』，對朱爲『深絳』言之，毛傳：『朱，深絳也。』故下又申言之云：『凡染，絳一入謂之縓，再入謂之赬，三入謂之纁。朱，其四入與？』段注《説文》，輒引鄭申許，於其異同之意亦未審。

〔五〕參見《禮書通故》第三《衣服通故四》：《周官・染人》：『凡染，春暴練，夏纁玄，秋染夏，冬獻功。』鄭衆云：『夏，大也，秋乃大染。』鄭玄云：『纁、玄天地之色，以爲祭服。石染當及盛暑熱潤，始湛研之，三月而後可用，《考工記・鍾氏》則染纁術也。染玄，則史傳闕矣。染夏者，染五色，謂之夏者，其色以夏翟爲飾。《禹貢》曰「羽畎夏翟」，是其總名，其類有六：曰翬，曰摇，曰鷂，曰甾，曰希，曰蹲。其毛羽五色皆備成章，染者擬以爲淺深之度，是以放而取名焉。』以周案：鄭意祭服玄纁象天地之色，宜用石染。云『《鍾氏》則染纁術也』，明染纁之以石也。云『染玄史傳闕』者，謂其所用石未聞也。草木染，詳《掌染草職》。

〔六〕『集韻』,《皇清經解續編》本作『韻會』。

〔七〕參見《禮書通故》第三《衣服通故四》: 鄭玄云: 『「衣正色,裳閒色」,謂冕服玄上纁下。』皇侃云: 『正謂青、赤、黄、白、黑,五方正色也。不正謂五方閒色,緑、紅、碧、紫、駵黄是也。』 以周案: 凡禮服,衣、裳皆用正色。三入曰纁,非閒色也。『衣正色,裳閒色』,指燕居之服言。《詩》『刺妾上僭,夫人失位』曰『緑衣黄裳』,謂黄宜爲衣,緑宜爲裳,此『衣正裳閒』之説也。孔疏《序》謂皇氏『既遵鄭注,乃時乖鄭義』,此釋『裳閒色』曰緑、紅、碧、紫、駵黄,不言纁,蓋亦以鄭義爲不然而易之。

〔八〕參見《禮書通故》第三《衣服通故四》: 《論語》家説,紅紫閒色,私居褻服尚不用,正服無所施。江永云: 『「不以紺緅飾」,亦謂非正色也。』金鶚云: 『《玉藻》「衣正色,裳閒色」,古人服飾,閒色非不用也。蓋五行相克閒色不用,其相生閒色惟用黑青、赤黄,貴其象天地也。天色青而兼黑,象之以爲服色,則有綦,有幽。地色黄而兼赤,象之以爲服色,則有纁,有緼,有縓。』劉寶楠云: 『鄭君以「爵」爲「緅」俗文,爵弁用爲冠服,爵韠亦有爵爲飾,則紺緅絶非閒色可知。』 以周案: 凡禮服,衣、裳皆正色。《玉藻》『衣正色,裳閒色』,指燕居之服言。説詳上。且『裳閒』對『衣正』立文,非閒色都不用也。藻以緑,韍以緼,爵弁以緅,禮服且有用之,何況燕服? 閒色之相克者且有用之,豈獨相生? 舊説固誤,金説亦非。 凡染,至三入而色成。 一入縓,再入赬,白多赤少,爲閒色。三入曰纁,已與朱近,鄭注: 『朱四入。』非閒色也。 其由纁而更入黑汁,一入紫,二入緅,赤多黑少,亦爲閒色。三入曰玄,已與緇近,非閒色也。禮服衣玄裳纁,皆正色。鄭注以纁爲閒色,未可據。劉氏以緅非閒色,亦非。

羔裘〔一〕

古大裘以象天，純樸無緣。其他禮服之裘，皆縫絲組爲英飾。凡縫之大小有五，謂之『五緎』，《毛詩·羔羊》傳已明著之。後之解《詩》者多背毛立訓，其申毛者亦多違戾而失其旨，以致古人縫裘之制，不明於後世。

古組紃皆以五采絲爲之，《雜記》。薄闊爲組，圜似繩者爲紃。《内則》疏。紃施縫中，《雜記》注。組以維持其所縫者也。《干旄》箋。大夫英裘當以三采，故《鄭·羔裘》之詩謂之『三英』。今羔裘兼用羊而組以素絲，故序謂之『節儉』。其縫組之法貴正直，不尚奇衺，故《鄭·羔裘》之詩謂之『洵直』。洵，均也，見傳。此序亦曰：『在位皆節儉正直，德如羔羊。』謂德如羔裘也。

《釋訓》云：『緎，羔裘之縫也。』羔裘色黑，故《説文》『緎』字從黑，作『黬』。裘，黑色，而以素絲飾之，其界域明顯，故傳曰『素絲以英裘』。謂之英者，明所飾在表不在裏也。縫，讀如『縫齊倍要』之『縫』，謂緣飾其邊殺處。故傳釋『縫』，曰『縫，殺縫』。殺者，猶衣之言緣邊也。羔裘之縫殺凡五：一曰領，二曰衽，三曰袂，四曰齊，五曰邊。領、衽、邊之縫如矩方，袂縫如規圓如繩直，齊縫如衡平，故傳釋『素絲以英裘』，曰『不失其制』。何以言之？古緣深衣之法曰『純袂緣純邊』，鄭注云『純，謂緣之也』。緣袂，謂其口也。緣，緆也。邊，衣裳之側。凡衣之用緣者，皆在殺處，則裘之五緎，亦縫裘之殺處可知也。深衣之緣袷，廣二寸，純袂緆邊，皆廣寸半，有二法。裘之組用素絲，亦有大小之别，故傳於卒章『總』，釋其義曰『縫言縫殺之大小得其制』。縫殺之小者，即所謂『紽』是也。其大者，即所謂『總』是也。〔二〕

凡布八十縷曰『總』，經注史傳有明文。〔三〕紽之數，無可考，王伯申以爲五絲，徐檡亭以爲四十縷。雖皆無實據，要之，紽爲數之小，總爲數之大，可知也。毛公於紽、總，不明言若干縷，但曰『數也』。又於紽數，自申其義曰『不失其制』。於總數，先明其義曰『得其制』。是毛公舉絲縷之數以通數制之數，明『素絲五緎』中，或施小數『紽』，或施大數『總』，皆不失其制云爾。

紽、總既有小大之别，故各著其數。而紽、總之數不關五，故並去五，而但言紽數、總數，此又傳之用字之緻也。紽、總之所施，傳未明言，今以『深衣袷廣二寸，袂緆邊寸半』例之，總，其施諸袷衽；紽，其施諸袂緆邊者與？然則裘之長如深衣乎？曰：不然。深衣，連衣裳。羔裘，如緇衣，長不及膝。《論語》曰『褻裘長』，則禮服之裘不長可知也。深衣績衽要縫，非裘所有。而羔裘如緇衣，有帶，下尺長，當三尺有二寸，傳以此爲大夫燕居之服，豈謂其褻裘之長者與？

【箋注】

〔一〕輯自《儆季雜著一·禮説三》，清光緒二十年南菁書院刻本。

〔二〕參見《儆季雜著》二《群經説二·申毛傳五紽五緎五總義》：《詩·羔羊》傳：『「素絲五紽」。紽，數也。古者素絲以英裘，不失其制，大夫羔裘以居。』『「素絲五緎」，縫也。』『「羔羊之縫，素絲五總。」縫言縫殺之大小，得其制。總，數也。』案：傳『素絲以英裘』，英猶飾也。《清人》、《閟宫》皆以英爲飾。素絲既以飾裘，則縫必見於裘表可知矣。傳『縫言縫殺之大小』，則素絲必縫於裘之殺處亦可知矣。裘之制如深衣，其所殺處有五：一曰領，二曰衽，三曰齊，四曰胳下，五曰袂口。素絲之縫皆當其殺處，故縫亦有五。古裘無裏，其所殺處易裂，必以帛裏之，復以素絲組之，故曰『素絲五緎』。緎，縫也』。本釋訓首章之『紽』，卒章之『總』，皆數名，一舉『緎』，一舉『數』，互文以見義也。『紽』、『總』之數不可考。傳既釋以『數』，而於『紽』必足之曰『不失其制』，於『總』又明之曰『得其制』，然則傳所謂『數』者，謂得其縫殺大小之度數，《禮》所謂『衣服有量，必循其故』，是也。《後漢·王渙傳》注引《韓詩·羔羊》説，亦云『有度數』，與毛意同。王伯申説本屬附會，陳疏讀五爲『午貫』之『午』，讀『數』爲『數罟』之『數』，亦不足據。

〔三〕參見《禮書通故》第三《衣服通故一》：布有緵數，字亦用升。鄭玄云：『布八十縷爲升。升字當爲登，登，成也。今之《禮》皆以登爲升，俗誤，已行久矣。』賈公彦云：『「布八十縷爲升」，無正文，師師相傳言之。是以今亦曰「八十縷謂之宗」。』以周案：《漢·王莽傳》『十緵布二匹』，孟康云『緵，八十縷也』。《説文》有『稯』無『緵』，『禾部』云：『布八十縷爲稯。』稯本禾數，用之布縷。字亦作緵，讀如『五總』之總，《詩·九罭釋文》云『緵，字又作總』，是也。《詩·羔羊》『素絲五紽』，紽，五緵；『素絲五緎』，緎，二十緵；『素絲五總』，總，八十緵。《西京雜記》載鄒長倩遺公孫弘書云：『五絲爲䌰，倍䌰爲升，倍升爲緎，倍緎爲紀，倍紀爲緵。』則緵八十緵有明文矣。

宿賓速賓〔一〕

《禮經》戒賓之後有宿賓，又別其文曰『速賓』。後人多以『宿』、『速』音近，謂宿賓即速賓也。以周竊以爲不然。考經文諸言『宿』者，並在期前，如《士冠》宿賓、宿贊，《特牲》宿尸、宿賓，文列『厥明夕，爲期』之上。諸言速者，皆在即日，如《鄉飲》、《鄉射》『主人速賓』，文次『羹定』之後。經甚明顯，胡可掍也。《説文》云：『宿，止也，從宀佰聲。佰，古文夙。夙，早敬也。從丮，持事雖夕不休，古文作佰。』宿、夙音義並近，望其來之早也。故《冠禮》主人宿賓，賓對曰『敢不夙興』。《説文》又云：『速，疾也。從辵束聲。古文作警。』警者，詔之速也；速者，行之速也。宿之來在後日，故謂之宿；速之來在即日，故謂之速。此宿、速用字之別也。而宿又取義於後日之早來，其字又通夙；速則取義於所詔之急遫，其字又作警。此又宿夙、速警各自爲義之別也。宿禮重，速禮略。冠非賓不行，祭非尸不成，故重其禮，既戒而又宿之。飲射禮較輕，故戒而不宿，至其日速之而已。公食禮又輕，先期戒之，不宿并不速，故《記》曰『不宿，戒；戒，不速。』此宿、速不同之明文也。鄭注云：『此所以不宿戒者，謂前期三日之戒，申戒爲宿。』此釋宿戒之義與《鄉飲記》注『再戒爲宿戒』同意。又云『謂前期一日』，此申明宿戒之日不同前期三日之戒也。凡宿在戒後，宿自有申戒義，故《鄉飲》『不宿賓』，《記》謂之『不宿戒』。賈疏《公食記》分宿、戒爲二，引《大射》『前期三日戒』、《少牢》『前期一日宿』以證之，非鄭義也。《少牢》：『前宿一日，宿戒尸。明日朝，筮尸，吉，則乃遂宿尸。』『旦明行事。』雖別筮後之宿謂之宿戒，而宿戒尸爲筮尸之在朝，宿尸爲行事之在旦明，宿皆前一日，其義皆取明日之早來，而與即日之速迥有不同。宿則不速，速則不宿。宿、速之不同，《公食記》明分之，而二字之相掍，實始於漢之今文家。鄭注《特牲》云：『宿讀爲肅。肅，進也。古文宿皆作「羞」。』凡宿或作速，《記》作肅。《周禮》亦作宿。』據鄭此注，作羞者古文，則作速者今文也。諸經宿戒字無作羞，鄭故不從古文。而速、宿二字有别，鄭故又不從今文。其作宿者，乃鄭合《周禮》以定之也。〔二〕

《説文·言部》『誎』下云：『餔，旋促也。』注家莫通其義。以周謂：『誎』即『速』，古文『警』之省。餔者，日加申時食，古人多用爲朝晡字。『旋促』，即鄭注『申戒爲宿』之義，此用今文家説，『速』爲前祭夕之宿賓也。古文家宿字通夙，夙爲夕丮之義。今文家宿字用速，速亦爲餔促之義。鄭注『宿視滌濯』，亦謂前祭日之夕，埽除濯漑。蓋士大夫筮宿同日，大夫筮宿同日，《少牢》經文甚明。《士冠》、《特牲》筮賓尸之後，即云乃宿。既宿，乃言『厥明夕』。是筮宿亦同日也。其宿，在日之夕餔時也。然以經文言之，宿在前期，速在即日，義不可混，斯則許書之不及鄭注者矣。

【箋注】

〔一〕輯自《儆季雜著一・禮説四》，清光緒二十年南菁書院刻本。

〔二〕參見《禮書通故》第十七《肆獻祼饋食禮通故二》：鄭玄云：『宿讀爲肅，肅，進也。古文宿皆作羞。凡宿或作速，《記》作肅，《周禮》亦作宿。』以周案：據注宿古文作『羞』，則作『速』者今文也。諸經宿戒字無作『羞』，故不從古文；而宿賓與『速賓』義異，故又不從今文。則經文之作『宿』，蓋鄭據《周禮》定之。近人猶有謂宿速音近通用，未達鄭意者也。凡經言宿者皆在期前，言速者皆在即日，如《鄉飲》、《鄉射》『主人速賓』，文次『羹定』之後。經語明顯，胡可混也。《説文》云：『宿，止也。從宀，㑭聲。㑭，古文夙。夙，早敬也。從丮，持事雖夕不休。古文作㑭。』宿夙字義並近，望其來之早也，故《冠禮》主人宿賓，賓對曰『敢不夙興』，《説文》又云：『速，疾也。從辵束聲。古文作「警」。』警者，詔之速也。速者，行之速也。宿之來在後日，故謂之宿；速之來在即日，故謂之速：此宿、速用字之別也。而宿又取義於後日之早來，其字又通夙；速則取義於所詔之急遫，其字又作『警』：此又宿夙、速警各自爲義之別也。宿禮重，速禮略，冠非賓不行，祭非尸不成，故重其禮，既戒而又宿之。飲射禮較輕，故戒而不宿，至其日速之而已。公食禮又輕，先期戒之，不宿並不速，故《記》曰『不宿，戒；戒，不速』。此宿、速不同之明文也。《少牢》：『前宿一日，宿戒尸。明日朝，筮尸，吉，乃遂宿尸，旦明行事。』雖别筮後之宿謂之宿戒，而宿戒尸爲筮尸之在朝，宿尸爲行事之在旦，明其宿皆前一日，其義皆取明日之早來，而與即日之速迥有不同者矣。

三辭三讓〔一〕

《記》有以『三揖三讓』聯文者，三揖以門庭言，三讓以階言也。亦有以『三辭三讓』聯文者，三讓以主人言，三辭以賓言也。而《禮經》或單言讓，或並言三讓者。凡升階，主人必三讓，單言讓者，皆三讓也，不言三者，讓必三可知也。然三讓必三辭，而禮有不三辭而即升者，故單言讓，以見讓已成三，不並言三讓，以見辭不成三也。然則經言『三讓』者，賓必三辭也，其辭不成三，故經單言讓以明之。讓者，三讓成，三辭不成也。三讓者，賓之三辭亦成也。《聘禮》：『歸饔餼』，『至於階，讓』。鄭注云：『讓不言三，不成三也。凡升者，主人讓於客三。敵者則客三辭，主人乃許升，亦道賓之義也。使者尊，句。主人三讓則許升矣。今使者三讓，則是主人四讓也。公雖尊，亦三讓，乃許升，不可以不下主人也。古文曰三讓。』案：此鄭明讓與三讓之義例也。時賓爲主人三讓，以賓言。鄭注謂使者三讓誤，其説『三讓』之例自正。對文，辭與讓異；散文，辭亦讓也。三讓者，賓、主人各三讓也。辭不三，例不得稱三讓，故鄭注云然。《聘禮》：『大夫致饗餼，先升。』是辭不成三也。如大夫亦三辭而後升，則聘賓爲主人必四讓矣。禮以三而止，無四讓之禮，故鄭從今文，讓不言三。『賓問卿』節『至於階，讓』注亦不從古文，此皆用今文家之義例也。古文家意經衹言讓，義不晐辭，凡升階，例皆三讓。主人讓已成三，即曰三讓，不論賓之辭成三、不成三以通例。《士冠》、《士昏》、《鄉飲》、《鄉射》、《聘》及《公食》之諸言三讓，義關三辭，自以今文爲密，故鄭從之。〔二〕

孫敬臣訂淩氏《釋例》之誤，並駁鄭注。爰作此以明之。〔三〕

【箋注】

〔一〕輯自《儆季雜著一·禮説四》，清光緒二十年南菁書院刻本。

〔二〕參見《禮書通故》第二十八《聘禮通故》：鄭衆云：『交擯三辭，謂賓主之擯者俱三辭也。』鄭玄云：『三辭，辭其以禮來於外也。』江永云：『旅擯三辭，謂上擯以君命請事於賓，賓對，一辭也；主人辭不敢當，而賓對，二辭也；主人又固辭，賓又對，三辭也。三辭訖，乃許而納賓。《司儀》疏謂辭其以客禮當己，誤矣。《聘禮》不言三辭，文不具耳。如注疏説，一請事即納賓，豈可如此簡略？』以周案：《司儀》將幣三辭三讓並言，《禮器》釋其義曰：『七介以相見也，不然則已慤；三辭三讓而至，不然則已蹙。』《禮經》言三讓不具三辭，《聘義》補其義曰：『三讓而後傳命，三讓而後入廟門，三揖而後至階，三讓而後升，所以致尊讓也。』鄭注云：『此揖讓主謂賓也。三讓而後傳命，賓至廟門，當作『大門』。孔疏云：『鄭解「三讓傳命」之節，正當《聘禮》賓至大門，主人請事之時，云「廟門」，誤。』是也。主人請事時也。賓見主人陳擯，以大客當己，則三讓之，不得命，乃傳其君之聘命也。』據鄭此注，傳命前之三讓即《司儀》之三辭，故賈疏三辭即用鄭此注以爲說，其不曰三辭而曰三讓者，散文辭猶讓也。但鄭注《聘義》『三讓』主賓言，注《司儀》『三辭』又指主人言，各據一偏，不及先鄭注兼賓及擯者爲賅。擯者三辭，辭其以禮來；賓三辭，辭其以客禮待己。如江氏說，三辭爲三陳説，不合辭讓解，非其義。胡竹村取其說，亦未審。

又《禮書通故》第二十八《聘禮通故二》：鄭玄云：『「至於階，讓，大夫先升一等。」讓不言三，不成三也。凡升者，主人讓於客三，敵者則客三辭，主人乃許升，亦道賓之義也。使者尊，主人三讓則許升矣。今使者三讓，則是主人四讓也。古文曰三讓。』敖繼公云：『大夫三讓而賓三辭。大夫先讓者，以其奉君命，尊也。客尊則主人不敢先讓升，於《覲禮》見之。』以周案：時歸饔餼於賓館，賓爲主人也。凡曰讓者，客禮也，皆主主人爲文。鄭注『主人讓於客』，是。敖説『大夫先讓』，是客讓主人，非其義矣。《覲禮》『使者不讓先升』，爲使者奉王命而來，莫敢爲主焉，故侯氏不與之讓。下又云『侯氏與之讓升』，是讓明屬主人爲文矣。《聘禮》『三讓，大夫先升』，三讓屬賓，不屬大夫，故下以『大夫』別之。鄭注誤以『三讓』屬大夫，故以古文爲非。

〔三〕孫敬臣，名儆。通州（今江蘇南通）人。癸卯舉人。肄業南菁書院，黄以周弟子，有《補淩次仲〈禮經釋例〉》等著作。鄭注不可輕駁，見王兆芳輯録《儆季子粹語》卷之一《讀書第三》載：孫謹臣名儆，儆季子弟子。讀《禮經》，將訂淩氏《釋例》之誤。子謂之曰：鄭注不可輕駁。

解屨納屨〔一〕

天子舃有三等，赤舃以配冕，白舃以配弁，黑舃以配冠。此與鄭異，説詳《禮故》。〔二〕諸侯蓋同。大夫以下則用屨，夏用葛，冬用皮。《士冠禮》曰：『玄端黑屨，青絇繶純』，『素積白屨，以魁柎之，緇絇繶純』，『爵弁纁屨，黑絇繶純』，純皆博寸。鄭注云：『屨，順裳色。此語未可泥。』絇之言拘，以爲行戒，狀如刀衣鼻，在屨頭。繶，縫中紃。純，緣。此屨之制也。

解屨有二法：敵者相見，脱屨於室户外，《曲禮》曰『户外有二屨』是也。文在上堂之後，是户爲室户。卑者於其長，脱屨於堂下階側之隱處，《曲禮》曰『侍坐於長者，屨不上於堂』是也。〔三〕凡解屨，屨頭向外，示不久留也。不敢當階，爲妨後升也。

納屨亦有二法：長者不送，跪於階側隱處，舉而納之。《曲禮》曰『就屨，跪而舉之，屏於側』，注云『謂獨退屏，亦不當階』是也。長者送，則跪階下，遷而納之。《曲禮》曰『鄉長者而屨，跪而遷屨，俯而納屨』，注云『謂長者送之，不得屏，遷之而已』是也。

遷或爲還，明解屨時，首外向。今欲向長者屨，故還其首也。俯而納者，坐而納也。坐亦跪也，故跪舉屨，《玉藻》謂之『坐取屨』。坐其左，斯可納右。坐其右，斯可納左。《玉藻》云『隱辟而後屨，坐左納右，坐右納左』是也。『隱辟』謂辟於堂下隱處，即屏於側之義。鄭《玉藻》注，訓『隱辟』爲『俛逡巡』，似非經意。鄭知就屨爲獨退者，逆探下文『鄉長者』句知之也。曰『鄉長者而屨』，則長者送，明矣。此節上下文反對見義，就屨，不言『鄉長者』，見長者不送。跪而舉之，見向外而屨。不必還屏於側，見隱辟而屨，不敢當階。若長者送，跪而還屨，明還屨頭內鄉，與『跪而舉之』異。俯而納屨，明即當階向長者而屨，與『屏於側』異。依鄭注，還屨對屏側，亦通。自朱子以注『長者送』爲非，謂獨退降階，猶鄉長者，不敢背。此過於求深，反失經義。元、明諸儒從朱子說，遂以『鄉長者而屨』連上爲義。江慎脩知其說之難通，又謂跪而舉之，屏於側，是未上堂時事。近之學者又宗其說。殊不知『就屨，跪而舉之，屏於側』，就，猶著也，鄭注。著屨宜屏於堂下階側之隱處，與襲衣之在隱處同義，故《玉藻》謂之『隱辟』。如朱子說，與『屏側』之義不相貫。如江氏說，於『就屨』二字又無著落。於此可悟鄭注之精，未可輕易。

【箋注】

〔一〕輯自《儆季雜著一・禮説四》，清光緒二十年南菁書院刻本。《禮書通故》第三《衣服通故二》尾文：『以周案：《士喪禮》云「綦，結於跗，連絇」，則綦與絇別，賈疏爲長。』據黄家鶱、黄家騱《禮書通故校文》，後定本此語後有『至脱屨就屨法，《雜著・禮四》別有説』語，蓋指此篇而言。

〔二〕參見《禮書通故》第三《衣服通故二》：鄭玄云：『屨人掌王后之服屨，屨必連言服者，著服各有屨也，復下曰舄，禪下曰屨。舄、屨有絇、有繶、有純者，飾也。鄭司農云：「赤繶、黄繶，以赤黄之絲爲下緣。」玄謂凡屨、舄皆象其裳之色。王吉服有九，舄有三等，赤舄爲上冕服之舄，下有白舄、黑舄。王后吉服六，惟祭服有舄，玄舄爲上褘衣之舄也，下有青舄、赤舄，鞠衣以下皆屨耳。絇、繶、純同色，今云赤繶、黄繶、青絇，雜互言之，明舄、屨衆多，反復以見之。凡舄之飾如繢之次，赤繶者王黑舄之飾，黄繶者王后玄舄之飾，青絇者王白舄之飾。言繶必有絇、純，言絇亦有繶、純，三者相將。王及后之赤舄皆黑飾，后之青舄白飾。凡屨之飾如繡次，黄屨白飾，白屨黑飾，黑屨青飾。絇謂之拘，著舄、屨頭，以爲行戒。繶，縫中紃。純，緣也。天子、諸侯吉事皆舄，其餘惟服冕衣翟著舄耳。士爵弁纁屨黑絇、繶、純，尊祭服之屨，飾從繢也。』賈公彦云：『白舄配韋弁、皮弁，黑舄配冠弁服。冕服有六，其裳同，故以一舄配之。后翟三等，連衣裳而色各異，故三翟三等之舄配之。玄舄配褘衣，則青舄配揺翟，赤舄配闕翟可知。』或云：如注、疏言，《屨人職》文太不完，不如順文次之，王赤舄赤繶，后黑舄黄繶，其絇皆青。　以周案：冠弁素裳、素韠，宜用白舄，與韋弁、皮弁同。凡曰弁，皆白舄。天子舄有三等，赤舄以配冕，白舄以配弁，黑舄以配冠，大夫以下則用屨。天子爵弁纁裳白舄，韋弁韎裳白舄，諸侯玄端朱裳，大夫玄端素裳，士玄端玄裳、黄裳、雜裳，而一用黑屨。鄭注謂『屨象裳色』，亦不可泥。絇、繶、純皆一色。凡舄用繢次，赤黑、白青、玄黄之對方，凡屨用繡次，黄白、白黑、黑青之比方。此無見文，亦注疏家以意言之，與爵弁纁屨用黑絇、繶、純例有不合。

〔三〕參見《禮書通故》第二十一《相見禮通故》：孔穎達云：『屨不上於堂，謂長者在堂，則侍者屨賤，脱於堂下。若長者在室，則侍者著屨上堂，而不入於室，「户外有二屨」是也。或云悉不得上堂也，「户外有二屨」是狎客，非須擯通。』以周案：相見之禮，卑者脱屨於階下，所謂『屨不上於堂』是也。敵者脱屨於户外，所謂『户外有二屨』是也。長者脱屨於户内，所謂『排闔脱屨於户内者一人而已矣』是也。孔疏二説皆非。燕饗之禮亦脱屨升堂。凡脱屨，爲坐也，非坐不脱屨。脱屨，主人先左，賓先右。納屨，坐左納右，坐右納左。脱屨之禮，漢魏隋唐猶存。但古人爲坐脱屨，後世朝、祭立而不坐，脱屨何爲？

跣徒跣〔一〕

脱屨，謂之跣。并去其偪而露足，謂之徒跣。徒跣者，空其所以爲跣也，則跣猶有偪束之衣矣。《記·内則》篇『櫛，縰，笄，總，拂髦』，記理髪之次，『偪，屨，著綦』，記衣足之次。鄭注：『偪，行縢。綦，屨繫也。』偪而後屨，屨而後著綦，故解屨而偪自在。偪即《詩》之『邪幅』，鄭箋：『邪幅，今之行縢，偪束其脛，自足至膝，故曰在下。』鄭别膝以言足，則偪自足跗衺裹及膝，非衹束其踝以上也。踝以上謂之膝，如偪衹衣膝，鄭亦何必别言足？鄭云『自足至膝』者，正以偪自足始也。故屨必先偪，如偪在踝以上，則屨而後偪亦可矣。《説文》：『跣，足親地。』衹就脱屨爲文。《孟子》言『士親膚』，亦薄乎云爾，非以膚委地也。則跣非露足，明矣。

凡跣，施諸坐。古人坐法，先反蹠而跪，又屈其股坐於蹠上。屨不便於坐，脱而跣，所以安之也。故《鄉飲》、《燕禮》，司正請安賓，賓皆脱屨而坐。若祭祀，主嚴不主安，禮不脱屨。故《少儀》曰『凡祭於室中堂上無跣』。九字作一句讀。《士虞記》曰：『尸坐，不脱屨。』注云：『事神不敢燕。』是也。春秋之世，偪之制廢而代以韈。《説文》：『韈，足衣也。』其字從韋，蓋以皮爲之。後又用布，遂有襪字。《左氏・哀廿五年傳》：夏五月，庚辰，衛侯與諸大夫飲於藉圃，『褚師聲子韈而登席，公怒。辭曰：「臣有疾，異於人。若見之，君將殼之。」』是韈内無偪，而韈即以代偪之證也。古燕飲，脱屨以安坐，未嘗去偪。并去其偪，則爲重喪之徒跣。藉圃之燕，欲脱韈者，以時在夏五月，天氣暖，祇求安適，而不自覺同於喪跣，此出公之所以亡也。如據此以爲春秋之典必褫韈乃爲跣，豈冬月之燕亦會露脛而飲乎？跣與脱韈自分兩事。晋悼公跣而出，趙盾跣而下，不著屨而已，非露脛而行也。

魏晋以後，競尚清談，禮制寖湮，始而以脱屨之跣爲敬，故《宋志》皇帝至南郊，有『脱舄升壇』，入廟，有『脱舄升殿』之文。既而跣與徒跣不分，故梁天監中，尚書有『清廟崇嚴行，應跣韈』之議。殊不知燕禮之跣主安，喪禮之徒跣主哀，皆非崇嚴之道，不可以施於祭祀。至燕飲而去韈，爲喪家亡人之故事，尤不足爲訓。衛侯行此而出奔，梁臣行此而敗亂，可爲殷鑒也。夏弢甫以跣爲赤足，既與徒跣不分，又謂韈制初興，不過短至足跗，以徵其赤足之説，復與去韈誤合。如其説，衛侯、梁臣之亂典，直有合於古禮，豈不謬哉！

【箋注】

〔一〕輯自《儆季雜著一·禮説四》，清光緒二十年南菁書院刻本。《禮書通故》第二十四《燕饗禮通故》：以周案：《少儀》曰：『凡祭於室中、堂上無跣，燕則有之。』《説文》：『跣，足親地也。』舊解跣有三説：一説『説屨見韈，解韈爲跣』；一説『説屨即跣，「韈」字惟《左傳》一見，古無所謂韈』；一説『《詩》「邪幅」箋「偪束其脛，自足至膝」，是説屨見偪爲跣，并去其偪謂之徒跣』。

繼紅案：據《校文》，『徒跣』後後定本有『《雜著·禮四》有説』六字，蓋指此篇而言。

趨以采齊行以肆夏解〔一〕

《禮・玉藻》記君子佩玉之節，曰：『趨以《采齊》，行以《肆夏》。』其語本諸《周官・樂師》。《釋宫》曰：『室中謂之時，堂上謂之行，堂下謂之步，門外謂之趨，中庭謂之走。』時與峙通，《玉篇》引作跱，跱即峙字。室中迫狹，行宜峙躇，至堂上地稍闊可舉足半躡之，故《記》曰：『堂上接武。』接武之謂行，於文行並彳亍，象接武也。堂下益闊，可舉足而徐行之，跡不相揶，故《記》曰：『堂下布武。』布武之謂步，《白虎通》曰：『再舉足曰步。』於文上止下少，象布武也。趨則行而張足，又疾於步，走則更加疾矣。故《記》曰：『凡君召以三節，二節以走，一節以趨。』二者所謂徐、趨用是也。走則疾趨，欲發矣，於文夭止，從夭從止。趨古作𨅳，從足，芻聲。鄭注《周禮》云：『故書趨作跢。』跢，從足多聲，古音在戈部。然陸氏《釋文》云：『倉付反。』則其字本作𨅳甚明。蓋六朝人往往書芻旁作刍，故誤爾。《采齊》一作『薺』，或作《采茨》，齊、薺古今文，薺、茨通用字。《肆夏》爲『九夏』之一，則《采齊》或即《齊夏》歟？鐘師以鐘鼓奏《九夏》，《周語》亦言：『金奏《肆夏》、《繁遏》、《渠》。』則《采齊》之奏，或者亦用金歟？《九夏》之《王夏》爲天子樂，《肆夏》爲諸侯樂，非士大夫所得用，故《郊特牲》譏趙文子始奏《肆夏》，《春秋傳》嘉穆不拜《肆夏》之三。樂師掌王之樂儀，用《肆夏》、《采薺》宜矣。而《玉藻》記君子之威儀，亦舉此爲言者，士君子入仕王國，禮視諸侯，得用《肆夏》、《采薺》。即侯國大夫之趨行，雖不必有此樂儀，而步之疾徐，要無不合兩詩之節奏歟。雖然，窃有疑。《周官》出於淹壁，其字多錯異，《記·玉藻》者，襲用經語，往往沿其文，未之深考。今以禮節校之，堂上之行當以《采薺》，門外之趨當以《肆夏》。《釋宫》："門外謂之趨。"下又言："中庭謂之走。"走疾於趨，爲庭遠於門也，則所趨之門謂路寢門，非大門也。鄭注《玉藻》云："路門外至應門，謂之趨。"又注《樂師》云："趨，謂於朝廷。"其説最碻。《孔子燕居》曰："入門而金作。"《國語》曰："金奏《肆夏》。"《郊特牲》曰："賓入大門而奏《肆夏》。"大門以内，直至路門，即《釋宫》"門外謂之趨"之地也。其所奏者《肆夏》，則趨以《肆夏》明甚。《大射儀》曰："賓及庭奏《肆夏》。"《燕禮記》曰："公迎之於大門内，以樂納賓，賓及庭，奏《肆夏》。"中庭之步已奏《肆夏》，則趨以《肆夏》益明。《大戴·保傅》篇出賈子《新書》，其言曰："步中《采茨》，趨中《肆夏》，所以明有度也。"步兼行言，行中《采薺》，趨中《肆夏》，西漢初相傳尚未誤。又曰"行以《采茨》，趨以《肆夏》，步環中規，折還中矩，進則揖之，退則揚之"云云，即《玉藻》文之所本。而《采齊》屬行，《肆夏》屬趨，正可據以訂《周官》之字譌，而小戴作《記》時，反據《周官》譌字，以改賈《書》、《大戴記》。數千年來，皆爲顢頇。惟盧辯注云：『大寢之内奏《采茨》，朝廷之中奏《肆夏》。《周禮》文誤。』殊爲特見。近孔顨軒《補注》引《釋宫》『門外謂之趨』及《郊特牲》『賓入大門而奏《肆夏》』，以證《周官》，反謂《大戴》字誤、盧辯注非，謬矣。《釋宫》：『門外謂之趨，中庭謂之走。』門外尚有庭，則門爲路寢門，與《郊特牲》之大門迴别，如所趨之門外即大門外，豈大門外尚有中庭乎？如謂中庭在大門内，則《釋宫》『室中時，堂上行，堂下步，門外趨』，皆順言之，而中庭謂之走，何爲文獨顛倒乎？《周禮》之誤文，當以《大戴·保傅》篇校正，大儒如小戴，反據《周禮》改之。鄭注《周官》、《禮記》，皆循文立訓，當以盧辯注補正，通儒如孔顨軒，反據小戴駁之。甚矣，讀書之難也！

旁徵博引，以《大戴》校正《周禮》，以盧注補正鄭注，非面壁十年者不辨。〔二〕

【箋注】

〔一〕本篇爲黄以周在東城書院肄業時所作課藝，見《東城講舍課藝》。《東城講舍課藝》刊刻于清同治八年（一八六九），高行篤題簽，薛時雨作序。其中經解課藝二十八題三十八篇，收黄以周課藝三篇，與禮學相關者即此篇。《趨以采齊行以肆夏解》後收入《禮説》中，改題爲《趨采齊行肆夏》，行文略有删減。今仍將課藝全文照録，以方便學者對讀。

〔二〕《東城講舍課藝》刊刻时，依例于每篇課藝文尾刻録評語。此爲當時東城講舍老師對黄以周《趨以采齊行以肆夏解》課藝的評語。

趨采齊行肆夏[一]

《釋宫》曰：『室中謂之時，堂上謂之行，堂下謂之步，門外謂之趨，中庭謂之走。』《曲禮》曰：『堂上接武，堂下布武。』接武之謂行，堂上之地較室爲廣，可舉足半躡之。於文：行，並彳亍，象接武也。布武謂之步，堂下之地益廣，可舉足徐行之，跡不相躡。於文：步，上從止，下從𣥂，象布武也。趨則行而張足，又疾於步。走則更加疾矣。故《玉藻》曰：『凡君召以三節，二節以走，一節以趨。』《玉藻》記君子佩玉之節曰：『趨以《采齊》，行以《肆夏》。』其語本《周官・樂師》。《采齊》，一作《采薺》，或作《采茨》。齊、薺，古今文。薺、茨，通用字。《肆夏》爲《九夏》之一，《采齊》，其即《齊夏》與？《九夏》之《王夏》爲天子樂，《肆夏》爲諸侯樂，非士大夫所得用，故《郊特牲》譏趙文子始奏《肆夏》，《春秋傳》嘉穆叔不拜《肆夏》之三。樂師掌王之樂儀，奏《肆夏》、《采齊》宜矣。而《玉藻》記君子之威儀，亦舉此爲言。或者士大夫入仕王國，禮視諸侯，得用《肆夏》、《采齊》。即侯國大夫之趨行，雖不必有此樂儀，而步之疾徐，要無不合兩詩之節奏也。雖然，猶有疑《周官》晚出[二]，字多錯異。《記・玉藻》者，襲用經語，往往沿其文，未之深考。今以禮節覈之，堂上之行當以《采齊》，門外之趨當以《肆夏》。《釋宮》：『門外謂之趨，中庭走。』走疾於趨，爲庭遠於門也，則所趨之門謂路寢門，非大門也。鄭注《玉藻》云：『路門外至應門，謂之趨。』又注《樂師》云：『趨，謂於朝廷。』其説最確。《孔子燕居》曰『入門而金作』，《國語》曰『金奏《肆夏》』，《郊特牲》曰『賓入大門而奏《肆夏》』。大門以内，直至路門，即《釋宮》『門外謂之趨』之地也。其所奏者《肆夏》，則『趨以《肆夏》』甚明。《大射儀》曰『賓及庭奏《肆夏》』，《燕禮記》曰『公迎之於大門内，以樂納賓。〔三〕及庭，奏《肆夏》。』中庭之步已奏《肆夏》，則趨以《肆夏》益明。《大戴·保傅》篇曰『步中《采茨》，趨中《肆夏》，所以明有度也』。又曰『行以《采茨》，趨以《肆夏》，步還中規，折還中矩，進則抑之，退則揚之』云云，即《玉藻》文之所本。而《采齊》屬行，《肆夏》屬趨，賈子《新書》、荀悦《前漢紀》並同，可訂《周官》之字譌。而小戴作《記》時，反據《周官》譌字以改《大戴記》文，數千年來，皆爲顢頇。惟盧辨注云：『大寢之内奏《采茨》，朝廷之中奏《肆夏》。』《周禮》文誤。』殊爲特見。而孔顨軒《補注》反駁盧注，謬矣！《釋宮》：『室中時，堂上行，堂下步，門外趨，中庭走。』皆順言之。門先中庭，謂路寢門，路寢門外有中庭。孔顨軒誤以門外之趨爲大門外，引《郊特牲》『賓入大門而奏《肆夏》』傅會《周官》。如其説，賓入大門奏《肆夏》，則大門外亦奏《采齊》樂與？大門外有樂，杜

撰典故，不特於《釋宫》文未順也。〔四〕

【箋注】

〔一〕輯自《儆季雜著一・禮説四》，清光緒二十年南菁書院刻本。

〔二〕『晚出』，《皇清經解續編》本作『出於淹壁』。

〔三〕『賓』下，《皇清經解續編》本重出一『賓』字。

〔四〕此篇參見《禮書通故》第四十四《樂律通故二》：《周官・樂師》、《大馭》并云『行以《肆夏》，趨以《采齊》』。《大戴記》及賈誼《新書》並作『行以《采茨》，趨以《肆夏》』。鄭衆云：『人君行步以《肆夏》爲節，趨疾於步，則以《采齊》爲節。』鄭玄云：『行者謂於大庭之中，趨謂於朝廷。然則王出既服，至堂而《肆夏》作，出路門而《采齊》作。其反，入至應門、路門亦如之。』盧辯云：『大寢之内奏《采茨》，朝廷之中奏《肆夏》。《周禮》文誤。』以周案：《爾雅・釋宫》：『室中謂之時，堂上謂之行，堂下謂之步，門外謂之趨，中庭謂之走。』門謂路門，非大門也。中庭即朝廷，非大門外之庭也。鄭注《玉藻》云：『路門外至應門謂之趨』，又注《樂師》云『趨謂於朝廷』，其説最確。《孔子燕居》曰『入門而金作』，《國語》曰『金奏《肆夏》』，《郊特牲》曰『賓入大門而奏《肆夏》』。大門以内直至路門，即《釋宫》『門外謂之趨』地也，其所奏者《肆夏》。則『趨以《肆夏》』，《大戴》文是。《大射禮》『賓及庭奏《肆夏》』，《燕禮記》『以樂納賓，賓及庭奏《肆夏》』。中庭之步已奏《肆夏》，則『趨以《肆夏》』益明。《保傅篇》出賈子《新書》，其言曰：『步中《采茨》，趨以《肆夏》，所以明有度也。』步兼行言，故下又云『行以《采茨》，趨以《肆夏》』。《小戴·玉藻》乃以《采茨》屬趨，《肆夏》屬行，據《周官》以改其文。孔巽軒注《大戴》而駁《大戴》，失其義矣。然鄭注不以爲字誤者，亦自有説。《大射禮》、《燕禮記》於堂上賓主行爵時亦奏《肆夏》，則云『行以《肆夏》』，非不可通，因以『趨以《采茨》』屬之路門外，然與『賓出入奏《肆夏》』之文不合矣。

授几〔一〕

《曲禮》記進几杖之法曰『拂之』。〔二〕《少儀》記執几杖之法曰『皆尚左手』。拂几之禮，具載《禮經》。執几之尚左手，經無明文，注疏家因之不詳。後之説者，乃謂授者兩手並執一廉，受者復執一廉，於是『尚左手』之儀，遂不可見。

考諸《禮經》，其几之俟也，有『人君來東箱，人臣來東壁』之分。《覲禮記》曰『几俟於東箱』，《聘禮》『公側受几於序端』，鄭注亦曰『几自東箱來』，《有司徹》爲大夫禮，其文曰『主人降受宰几』。敖氏曰：『几自東壁來，故須降受，是其差也。』其几之執也，有『人君攝中，大夫執兩端，士執校』之别。《聘禮》曰：『宰夫内拂几，奉兩端以進，公中攝之。』中攝之者，以兩手直攝几中也。賈疏『公中執几以一手』，誤。公尊，得攝几中。大夫例執兩端，《有司徹》曰『尸進二手，受於手閒』，鄭注云『受於手閒，謙也』。明大夫執兩端，擬尸中攝之。而尸即受於手閒，不敢中攝以疑君也。俗解以受手閒爲中攝，誤。《士昏禮》曰：『主人拂几，授校。』校，几足。授以校者，執其足也。是又不敢執兩端以疑大夫，敖氏以授校爲執廉，誤。張氏以授校爲賓主不敵，亦誤。此其差也。其几之拂也，又有内拂、外拂、推拂之異。内拂几者，左手執外廉，右袂内拂。外拂几者，就宰執而拂其外廉，此惟人君爲然。大夫以下左手執外廉，以右袂推拂其内外廉而已。敖氏以推拂爲外拂，誤。《聘禮》曰：『宰夫内拂几三，奉兩端以進。公東南鄉，外拂几三，卒，振袂。』此人君禮也。《有司徹》曰：『宰授几，主人受，二手横執几，升，主人西面，左手執几，縮之，以右袂推拂几三，二手横執几，進授尸於筵前。』其始以兩手横執而升，繼以左手縮執而拂，終以兩手横執而進，大夫以下之通禮也。内外拂几之名，出於内外廉。内外廉之名，由於几有前後端。几有前後端，猶席有上下也。几分内外廉，猶席分前後也。凡人几，設於左。右廉近身爲内，左廉爲外，此定名也。横執，則几首在左，以左手執左廉之前端，右手執右廉之後端，右廉爲内，故右袂拂几謂之内拂。縮執，則几首近身，以左手執右廉之前端，右手執左廉之後端，左廉爲外，故右手所執之廉謂之外廉。見《有司徹》篇。再横之以進，再縮之以設儀，又反是以爲文，而執几皆以左右手夾持，故《國策》亦謂之『抱几』。其左手常執前端，右手常退在後，故《少儀》謂之『尚左手』。其執也，横几。其拂也，縮几。其將授也，又横几。其既受也，亦横几而設之於位也。〔三〕

又，縮几一横一縮，迭相爲儀，爲兩手分執兩廉，轉還甚便也。如謂授者、受者，各執一廉，條横條縮，煩曲太甚，難免隕越，非特無以解『尚左』之文矣。若夫几之拜送祇壹拜，答者亦壹拜。凡壹拜者，經例止曰『拜』而已。而《聘禮》特著『公壹拜送』，爲賓答再拜稽首立文，賈疏因此謂昬禮等之，不言『壹』者，當爲再拜送，其説未覈。《覲禮》曰：『侯氏拜送几，使者設几，答拜。』不言再。至儐使節，乃曰：『侯氏再拜送幣。』則拜送几與答拜，明皆壹拜也。《覲禮》送几尚壹拜，而謂禮之輕者須再拜送乎？此又疏家之誤者。

【箋注】

〔一〕輯自《儆季雜著一·禮説四》，清光緒二十年南菁書院刻本。

〔二〕《皇清經解續編》本在此句前有『舊禮圖，几長五尺，高二尺，廣二尺，此後世制也。古人執几，條縮條横，必無此大。馬融以爲長三尺，近是。小戴』四十一字。

〔三〕此篇在《禮書通故》第四十七《名物通故二》：賈公彦説，外拂几，如《有司徹》『主人西面，左手執几，縮之，以右手推拂几三，二手横執几，進授於尸前』。凡敵者拂几皆若此，卑於尊者則内拂之。吴廷華曰：『尸尊主卑，既以《有司徹》爲外拂，又據《聘禮》謂卑於尊者内拂，前後矛盾。』以周案：《有司徹》爲賓尸禮，鄭注云『主人益尊』，不得云『主卑』，宜從疏。凡几有内拂、外拂、推拂之異。内拂几者，左手執外廉，右袂内拂。外拂几者，就宰執而拂其外廉，此惟人君爲然。大夫以下左手執外廉，以右袂推拂其内外廉而已。賈疏以推拂爲外拂，誤。《聘禮》曰：『宰夫内拂几三，奉兩端以進，公東南鄉，外拂几三，卒，振袂。』此人君禮也。《有司徹》曰：『宰授几，主人受，二手横執几，升，主人西面，左手執几，縮之，以右袂推拂几三，兩手横執几，進授尸於筵前。』其始以兩手横執而升，繼以左手縮執而拂，終以兩手横執而進，大夫以下通禮也。横執者，几横也。縮執者，几縮也。横几以左手執外廉之前端，右手執内廉之後端，此廉之以近身者爲内，故右袂拂几，謂之内拂。縮几以左手執内廉之前端，右手執外廉之後端，此廉之以近右者爲外，人几設於左，故以近右爲外。故右手所執之廉謂之外廉。見《有司徹》篇。其執几，皆以左右手夾持，故《戰國策》亦謂之『抱几』。而左手常執前端，右手常退在後，故《少儀》謂之『尚左手』。

秬鬯鬱鬯〔一〕

秬，黑黍；秠，一稃二米。黑黍容有一米者，而釀鬯之秬必用其二米焉。鬱，鬱金香，其形若蘭，爲百草之英。釀秬黍爲酒曰秬鬯，亦作⿱秬鬯鬯。築鬱金，煮而和之曰鬱鬯，亦作欝鬯。鬯是酒名，以一秠二米作之，用嘉種也。臼以椈，杵以梧，示香潔也。鬯之言暢也，芬芳之氣條暢於上下也。於文：從凵、匕。凵，器也。匕，所以扱之也。中㐅，象米，即秬黍也。故秬黍釀酒，可單稱之曰鬯。而鬱鬯稱鬱，不得專稱鬯，此《鬱人》、《鬯人》之所以分職也。〔二〕

鬱本香草之名，取其築煮之義，字又作『欝』。從臼、缶。臼，叉手也，叉手於缶以築之也。從冂、鬯、彡。冂以覆鬯，彡其飾也。鬱金千葉爲貫，百二十貫築以煮之，停於祭前，是謂築鬻。鬯人以鬯酒入鬱人，鬱人得之，築鬱金草煮之以和鬯酒，是謂『鬱合鬯』，亦謂『和鬱鬯』。〔三〕天子享神用秬鬯，裸尸用鬱鬯，故鬱人掌裸事。《肆師》亦云『及裸，築鬻』，《郊特牲》曰：『灌用鬱鬯』，裸之言灌也。君酌鬱鬯以獻尸，尸灌地以降神。祀天不設尸，故不行裸，《大宗伯》言『祀大神涖玉鬯』，《表記》言『秬鬯以事上帝』，皆謂祭酒，非灌酒也。享以秬，裸以鬱也。自《詩》毛傳云：『秬，黑黍。鬯，香草。築煮合而鬱之曰鬯。』則秬鬯、鬱鬯不分二物，而古禮遂晦。鄭衆注《肆師》云：『鬯，香草。築香草煮以爲鬯。』馬融、盧植解《郊特牲》云：『鬱合鬯，取草芬芳香者，與秬黍鬱合釀之爲鬯。』許慎《説文》『鬯』字下云：『以𩰪釀鬱草。』先鄭、馬、許諸説，並沿毛傳之誤，不可信也。惟後鄭注力矯先師之失，乃云：鬱，鬱金香草，築煮以和鬯酒；鬯，釀秬爲酒。此既合《周禮·鬯人》、《鬱人》分職之旨，且得《郊特牲》『鬱合鬯』之義矣。《鬱人》掌和鬱鬯，則《鬯人》之鬯爲未和鬱之秬酒甚明，不得如先鄭之解。《郊特牲》『鬱合鬯』，與下『蕭合黍稷』，皆是二物相合，不得如馬、盧之説。〔四〕

【箋注】

〔一〕輯自《儆季雜著一·禮説四》，清光緒二十年南菁書院刻本。

〔二〕參見《禮書通故》第十七《肆獻祼饋食禮通故二》：《爾雅》云：『秬，黑黍。秠，一稃二米。』鄭玄云：『秬如黑黍，一秠二米。』郭璞云：『秠亦黑黍，但中米異耳。』　以周案：《爾雅》家説，秬爲黑黍之大名，秠是黑黍之一稃二米者。《禮》家説鬯酒稱秬不言秠，秬即一稃二米之黑黍，秠即皮，稃亦皮也。《爾雅》重言以曉人，更無異稱。其實二家之説，各執一偏也。《爾雅》『秬，黑黍』言其米，『秠，一稃二米』言其稃。凡黍皆有稃，而秬有二米，其稃獨大，故別名之爲秠。其字從丕，丕，大也。禮之鬯酒用其米，不用其秠，故祇稱秬，不言秠。秬爲二米之專名，其一米者謂之穄。秠爲一稃二米之專名，其一米者謂之稃。《吕覽・本味篇》『陽山之穄，南海之秬』，此對文而義別者也。《説文》秠稃連文，『秠，一稃二米。稃，穭也，或作⿰米付』，下云『穭，穅也』。此亦對文而義別者也。《釋文》既云『秬，黑黍』，又引或云『今蜀黍也，米白谷黑』，亦非。《説文》秬秠字作『秬』，秬鬯字作『𩰪』。

《詩》毛傳云：『秬，黑黍。鬯，香草。築煮合而鬱之曰鬯。』鄭衆云：『鬯，香草。築香草煮以爲鬯。』許慎云：『鬯，以𩰪釀鬱艸，芬芳攸服以降神也。從凵。凵，器也。中象米，匕，所以扱之。』鄭玄云：『鬯，釀秬爲酒，芬芳條暢於上下也。』 以周案：鬯之言暢，《雜記》作『暢』字，以義易之也。鄭注『芬芳條暢』，是鬯字本義。秬、鬱二酒並稱鬯，故《説文》釋鬯以爲『𩰪釀鬱艸』，其義自通。鬱，香草名，以其可釀之爲鬯，古亦謂之鬯草。《王度記》曰：『天子以鬯，諸侯以熏，大夫以蘭，士以蕭，庶人以艾。』毛傳『鬯，香草』，蓋即鬱也。但秬鬯之鬯不得釋爲『鬱』，孔疏引孫毓《異同評》辨之已明。當從後鄭。

〔三〕參見《禮書通故》第十七《肆獻祼饋食禮通故二》：鄭衆云：『鬱，草名。十葉爲貫，百二十貫爲築。以煮之鐎中，停於祭前。鬱爲草若蘭。』許慎云：『鬱，百草之華，遠方鬱人所貢芳艸。鬱即鬱林郡也。』鄭玄云：『鬱，鬱金香草。築鬱金，煮之以和鬯酒。』 以周案：先鄭『十葉爲貫』，『十』當作『千』，《説文》云：『十百爲一貫。』《魏略》云：『鬱金香，生大秦國，狀如紅蘭。』二鄭所云蓋即此。李時珍云：『鬱金有二：鬱金香用華；此用根，其苗似姜。』然古所稱香草皆以葉言，先鄭云『千葉爲貫』，則所用者葉，非華亦非根也。陳藏器云『其香十二葉』，亦據華言，非此物。鄭樵《通志》謂『其苗如姜』，亦未是。先鄭意煮鬱以爲鬯，鬯之名義主於鬱，故鬱字從鬯，曰秬鬯者，以秬酒合煮鬱者也。其義與《毛詩》同。後鄭意鬯釀鬱爲酒，是鬯之名義主於秬，故鬯字從米，秬亦作𩰪，其字皆從鬯，以𩰪固以米爲之，鬱亦和以𩰪者也。其説與《説文》同。以經考之，《鬯人》曰『共秬鬯』，《鬱人》曰『鬱和鬯』，是秬鬯可單稱鬯，鬱未和鬯衹單稱鬱也。《郊特牲》曰：『周人尚臭，灌用鬯臭，鬱合鬯，臭陰達於淵泉。』曰『鬱合鬯』，與下『蕭合黍稷』同以二物相合，然則經之單稱鬯，皆秬鬯也；經之單稱鬱，皆未和鬯者也；經之稱秬鬯者，亦鬯之不和鬱者也。秦氏《通考》諸書，皆不足據。

〔四〕參見《禮書通故》第十七《肆獻祼饋食禮通故二》：《詩》毛傳云：『秬，黑黍。鬯，香草。築煮合而鬱之曰鬯。』鄭衆云：『鬯，香草。築香草煮以爲鬯。』許慎云：『鬯，以𩰪釀鬱艸，芬芳攸服以降神也。從凵。凵，器也。中象米，匕，所以扱之。』鄭玄云：『鬯，釀秬爲酒，芬芳條暢於上下也。』以周案：鬯之言暢，《雜記》作『暢』字，以義易之也。鄭注『芬芳條暢』，是鬯字本義。秬、鬱二酒並稱鬯，故《説文》釋鬯以爲『𩰪釀鬱艸』，其義自通。鬱，香草名，以其可釀之爲鬯，古亦謂之鬯草。《王度記》曰：『天子以鬯，諸侯以熏，大夫以蘭，士以蕭，庶人以艾。』毛傳『鬯，香草』，蓋即鬱也。但秬鬯之鬯不得釋爲『鬱』，孔疏引孫毓《異同評》辨之已明，當從後鄭。

大飲禮〔一〕

鄭君《大行人》注云『饗設盛禮以飲賓』，《彤弓》箋云大飲賓曰饗。大飲者，用饗禮也。其時在十月，其禮行之於學校以饗耆老，較平時燕飲爲大，故謂之大飲。大飲者，非燕禮也，亦非鄉飲禮也。

鄭注《月令》孟冬月『大飲烝』云：『十月農功畢，天子諸侯與其群臣飲酒於太學，以正齒位，謂之大飲，別之於燕。依《詩》疏校。其禮亡。今天子以燕禮、郡國以鄉飲酒禮代之。烝，謂有牲體爲俎也。』考四代養老有燕、饗、食之別，而孟冬大飲於學以正齒位，則用饗禮，故謂之『大飲』。烝謂殽烝，《周語》定王饗晋隨會殽烝，注云『殽烝，升體解節折之俎』是也。注云『別之於燕』者，明饗禮大於燕也。云『其禮亡』者，謂《禮經》無饗禮也。《詩·七月》云：『十月滌場，朋酒斯饗。曰殺羔羊，躋彼公堂。』毛傳云：『饗者，鄉人以狗，大夫加以羔羊。公堂，學校也。』鄭箋云：『十月民事畢，國君閒於政事，而饗群臣，正齒位。』《月令》注亦引此詩，云是《豳》，據《詩》疏補。頌大飲之詩。是則大飲之用饗禮，由來古矣。〔二〕

漢初，饗禮已佚，大飲禮亦亡。東漢明帝脩復其禮，時議禮諸臣，雖天子代以燕禮，郡國代以鄉飲，仍名其禮爲饗，故光武建立三朝，未及飲酒於學，謂之『未及臨饗』。《明帝紀》。順帝行禮辟雍，謂之『臨幸饗射』。《順帝紀》。《説文》『廱』字下亦有『天子饗飲辟廱』之文。《明帝紀》云永平二年十月，『幸辟雝，初行養老禮』。即當時所謂『臨饗』是也。中元元年，初建三雍。詔曰：令月元日，《東觀紀》作『十月』。復踐辟雍。尊事三老，兄事五更。侯王設醬，公卿饌珍，朕親袒割，執爵而酳。升歌《鹿鳴》，下管《新宫》，八佾具脩，萬舞於庭。《燕禮記》：『若舞則勺。』多仿《燕禮》言之，故鄭注有『天子以燕禮代之』之説。説詳《史説三》。〔三〕顧漢雖以燕代饗，而實兼用食禮，故詔及。《續禮儀志》復有『執醬而饋，執爵而酳』之語，燕飲而兼有食者，惟饗禮有然也。《舂人》饗食，共食米。《饎人》饗食，共簠簋之實。簠以實稻粱，簋以實黍稷。定王饗隨會亦云『脩其簠簋』。則漢飲酒於學，燕、食兼采，尚合古之饗禮。故當時猶襲『饗』名也。

東漢之季，天子養老更禮又廢。靈帝幸學，不行饗飲。學者習聞郡國行鄉飲酒之説，於是以『朋酒斯饗』爲鄉飲禮。《説文》亦誤以『饗』爲會意字，解爲『鄉人飲酒』。王肅申毛難鄭，蓋亦用斯説。晉武帝爲王肅之甥，所行典禮悉從王肅，故《晉書·禮志》『武帝太始六年，帝臨辟雍，行鄉飲酒之禮』云。然天子十月大飲於學，用饗禮，《詩》、《禮》有明文。漢世代以燕禮，猶近於饗。

晋世直用士大夫之鄉飲，替矣！ 近人以史志無『辟雍用燕』明文，遂據《晋志》以難鄭注。 或又謂許書宗毛，遂據《説文》以改毛傳，故作此辨之。

【箋注】

〔一〕輯自《儆季雜著一·禮説四》，清光緒二十年南菁書院刻本。

〔二〕詳見《禮書通故》第二十四《燕饗禮通故》：皇侃云：『饗有四。一是諸侯來朝，天子饗之，《周官·大行人職》云「上公饗禮九獻」是也。其牲則體薦，體薦則房烝，故《左傳》云「饗有體薦」。《國語》云「王公立飫則有房烝」，飫即饗也，其禮亦有飯食。二是王親戚及諸侯之臣來朝，王饗之。禮亦有飯食及酒，其酌數亦當依命。其牲則折俎，亦曰殽烝，故《國語》云「親戚宴饗則有殽烝」，《左傳》定王饗士會用折俎。其饗朝廷之臣，亦當然也。三是四裔之使來，王饗之。其禮王不親饗，但以牲全體委與之，故《國語》云「坐諸門外而體委與之」是也。若其君來，則與中國子男同，故《小行人職》掌小賓小客，所陳牲牢不異也。四是饗宿衛及耆老孤子，則以醉爲度，故《酒正》云「皆共其酒，無酌數」是也。饗致仕之老，宜用正饗之禮；饗死事之老，當用折俎之饗。』以周案：經言大饗有二，一爲祭禮，一爲賓禮。饗者獻也，其禮大略相同。但祭禮獻始以祼，故《祭統》云『獻之屬莫重於祼』，明祭之祼併入獻中也。賓禮祼、獻分兩事，故《大行人》云『上公，王禮再祼而酢，饗禮九獻；諸侯，王禮壹祼而酢，饗禮七獻；諸子，王禮壹祼不酢，饗禮五獻』，明饗之獻中無祼也。《内宰》云『凡賓客之祼、獻瑶爵，皆贊』，亦明賓客之祼、獻異，故曰

『皆』。此《周官》立文之别也。饗有朝踐，有饋食，食畢而酳，各視其爵爲獻數。《國語》『王公立飫則有房胥』，此朝踐薦腥之禮也。《春人》『凡饗食，共其食米』，此饋食之禮也。籩人掌四籩之實，賓客之事共其薦籩、羞籩。醢人掌四豆之實，賓客共薦羞之豆。此饗禮有朝踐籩、豆，有饋食籩、豆，有加豆、加籩，羞豆、羞籩，皆與祭禮同也。但祭禮尸坐，饗禮立成，又其異耳。朝踐用房胥，饋食用折俎，大饗兼有之。但用折俎，饗之略也。皇氏專以賓禮爲説。饗有四事，其弟三饗可删，宜增饗群臣於學校禮。《月令》『孟冬之月，大飲烝』，鄭注云：『十月農功畢，天子、諸侯與群臣飲酒於大學，以正齒位，謂之大飲，别之於他。其禮亡，今天子以燕禮、郡國以饗飲酒禮代之。烝謂有牲體爲俎也。《詩》云：「十月滌場，朋酒斯饗。曰殺羔羊，躋彼公堂，稱彼兕觥。」是頌大飲之詩。』鄭云『别之於他』者，見與燕、飲諸禮不同也。云『其禮亡』，謂《禮經》佚《饗禮》篇也。引《七月》詩，明大飲即朋酒之饗，烝即羔羊之類也。毛傳云：『饗者，鄉人以狗，大夫加以羔羊。公堂，學校也。』箋云：『十月民事男女俱畢，國君閒於政事，而饗群臣，正齒位。』先儒考饗禮者不及此，而説《詩》者又誤以爲饗飲酒禮，故詳言之。又案：東漢之初，十月行大飲禮，以古《饗禮》篇亡，天子乃以燕禮代之，郡國又以鄉飲酒禮代之，時議禮諸臣尚知大飲之爲饗禮也。《説文》云『饗，鄉人飲酒也』，據郡國禮以爲説，其何以解天子之用燕禮乎？近段氏校毛傳，於『饗者』下增『鄉人飲酒也』五字，以爲《説文》本毛傳，過矣。

〔三〕參見黄以周《儆季雜著》三《史説略三・漢大飲考》。

夜飲禮〔一〕

古人燕飲之禮，皆卜晝，不卜夜。夜飲云者，繼晝之辭，非若後世特設筵於夜分也。凡飲酒禮，朝而會，夕而散，盡一日之歡而止。

《魯頌》曰『夙夜在公，在公飲酒』，『鼓咽咽，醉言歸』，謂夙敬而入，曁夜而歸，非夜飲也。《經・燕禮》篇，爲諸侯燕其臣下之禮，『小臣戒與者』，謂留群臣於早朝也。〔二〕『射人告具』時，已及晝。至無筭爵、無筭樂，已及莫矣。故篇末云：『宵，則庶子執燭於阼階上，司宫執燭於西階上，甸人執大燭於庭，閽人爲大燭於門外。』注云『以俟賓客出』，亦謂宵則賓出，不夜飲也。《大射禮》同。而《湛露》詩有『夜飲』之文，序以爲天子燕諸侯，《左傳》謂諸侯朝正於王，王宴樂之，於是賦《湛露》。文四年。天子燕禮雖亡，似可以《禮經》諸侯禮推之。而毛傳則叚『宗子燕私事』爲言者，以《禮經・燕禮》爲晝飲，非夜飲，夜飲禮之存者，時惟宗子燕私有可考，故叚以爲例。鄭箋云：『天子燕諸侯禮亡，此叚宗子與族人燕爲説。』可謂深得毛公意矣。竊謂燕私之禮，不必夜飲。夜飲之禮，天子祇及同姓，不及異姓。宗子亦祇及丈夫，不及婦人。〔三〕何以言之？《頍弁》刺幽王不能燕樂同姓，親睦九族。《詩》曰：『樂酒今夕，君子維宴。』此夜飲之詩，其人爲兄弟，其禮爲親親，是不及異姓之明證也。

據《左傳》及《詩》序，天子燕諸侯，賦《湛露》，似兼同異姓，何也？首章曰：『厭厭夜飲，不醉無歸？』此天子留異姓臣之語。異姓臣禮不得夜飲，至夜告歸，天子留之曰『不醉胡歸』？示可與夜飲也。而異姓臣卒辭而歸，天子不終留，鄭箋所謂『庶姓其讓之則止』也。箋又引《燕禮》『執燭門庭』之文而曰『飲酒至夜』，仍主日飲爲義，與《燕禮》注『俟賓出』同意，明夜飲之禮未成也。說者多據此當夜飲禮，非。二章曰：『厭厭夜飲，在宗載考。』宗謂同姓之宗室。載，則也。考，成也。鄭箋。同宗則成夜飲禮，亦以明異姓否也。三章曰：『在彼杞棘。』杞棘爲異類，喻庶姓。亦箋語。曰『莫不令德』，明異姓臣不終醉也。四章曰：『其桐其椅。』桐椅，同類而異名，喻同姓。箋以爲喻二王后，非。曰『莫不令儀』，明同姓雖醉，不至失儀也。箋云：『不至於醉，徒善威儀。』『徒』字未安。

天子燕諸侯與燕其臣同，故諸侯朝正，天子爲之賦《湛露》，此傳、序之義也。至祭畢燕私之禮，具見《楚茨》篇。詩曰：『鼓鍾送尸，神保聿歸。』明祭畢也。曰：『諸父兄弟，備言燕私。』明不及異姓賓也。鄭箋：『祭祀畢，歸賓客俎。同姓則留，與之燕。』此蓋以『特牲禮』推之。《特牲》尸出後，『徹庶羞，設於西序下』，注云：『爲將燕飲，自尸祝至於兄弟之庶羞，宗子以與族人燕於堂內。賓之庶羞，主婦以燕飲於房。』此説本於伏生《書傳》，其燕兼及婦人。顧《特牲》士禮，其燕私爲日飲，故《書傳》曰：『宗室有事，族人皆侍終日。』明非夜飲也。夜飲之禮，惟卿大夫有之。卿大夫祭後，有儐尸禮，亦於祭日爲之，其儀節較士爲繁，終日不足，而燕私於夜。然婦人無夜飲之禮，與士禮燕私在日自有不同，故《魯語》公父文伯之母祭悼子，繹不盡飫則退，仲尼以爲男女有別。韋注云：『卿大夫曰賓尸，與祭同日。此云「繹」者，通言之也。飫，燕私，不盡飫禮而退，遠嫌也。』案：飫爲醧之借字，《説文》：『醧，燕私也。』諸侯以上於祭之明日，繹。其燕私亦不在夜，而禮自兼及婦人。故《楚茨》詩於送尸後不言夜飲，而《常棣》箋有『王與族人燕，宗婦内宗之屬從後於房中』之文。然則燕私之在夜者，惟卿大夫有然，故毛傳專屬之宗子。宗子者，卿大夫之稱也。天子、諸侯例不稱宗。《板》詩『宗子維城』，謂王之適子。當從箋。

伏生《書傳》述宗子燕私事全同毛傳，其文當出於《逸禮》。而伏傳云：『族人皆侍終日。』欲廣明燕私之禮爲日飲。毛傳以明《詩》夜飲禮，故不言終日，此其立意之别也。而燕私之有夜飲，有日飲禮，即存於二傳中。然毛傳叚此禮以明《湛露》，亦以見《詩》之夜飲爲繼日之辭，非夜特開其筵也。《記·少儀》[四]曰：『凡飲，爲獻主者，執燭抱燋，客作而辭，然後以授人。執燭，不讓、不辭、不歌。』注云：『主人親執燭，敬賓，示不倦也。爲獻主者，容君使宰夫也。』不讓、不辭、不歌，『以燭繼晝，禮殺』。鄭以夜飲爲繼晝，與毛意同。而君之夜飲，使宰夫爲主人，於辭、讓、歌諸禮皆從殺，則夜飲之有異《燕禮》亦可知矣。

陳碩甫輩謂夜飲及異姓，義與鄭背，以《燕禮》擬夜飲，亦昧毛公所以叚宗子言之之意。

【箋注】

〔一〕輯自《儆季雜著一・禮説四》，清光緒二十年南菁書院刻本。

〔二〕詳見《禮書通故》第二十四《燕饗禮通故》：賈公彦云：『《燕禮》「小臣戒與者」，注謂「留群臣也」，是群臣留在國不行者。』朱熹云：『謂群臣朝畢將退，君欲與之燕，使小臣留之。疏説非是。』敖繼公云：『與者，群臣之與此燕者也。君所主，與之燕者亦存焉。』吴廷華云：『下卿大夫入門後君始命賓，此時尚無賓也，廣戒之耳。』以周案：鄭《目録》云：『燕有四：諸侯無事而燕，一也；卿大夫有王事之勞，二也；卿大夫有聘而來，還與之燕，三也；四方聘賓，與之燕，四也。』燕有四等，己臣三，聘賓一。燕己臣，廣戒之。若燕聘賓，則『戒與』專指群臣之與此燕者。

〔三〕參見《禮書通故》第十七《肆獻祼饋食禮通故六》：段玉裁云：『飫主敬，宴醧主和。飫立成，宴醧坐飲。飫在晝，宴醧在夜。飫必履而升堂，宴醧必跣。』以周案：飫、醧本二禮，古文多通用，段氏别之，是矣。云『宴醧在夜』者，《湛露詩》『厭厭夜飲』，《韓詩》作『愔愔』。《魏都賦》『愔愔醧燕』，張載注引『飲酒之醧』爲證是其義，其實非也。《湛露》夜飲同姓諸侯，爲嘉禮，不及婦人。祭後宴飫爲吉禮，兼及内賓、宗婦，於祭之明日繹時行之，在日不在夜。婦人無夜飲之禮，《魯語》記公父文伯之母敬姜『繹不盡飫則退』，明不夜飲也。上大夫同日繹、賓尸，宴飫且晚尚不夜飲，則天子、諸侯祭之明日繹而宴私，其非夜飲明矣。辭家用典不盡足據多如此。

〔四〕『少儀』，原作『小儀』，據《禮記》卷十七《少儀》徑改。

饋食之籩〔一〕

《周官·籩人》：『饋食之籩，其實棗、栗、桃、乾䕩、榛實。』賈公彥云：『亨孰時，后先薦饋食之籩。於八籩少三者，棗、桃、梅皆有乾濕也。知必有八者，《儀禮·特牲》、《少牢》士二籩二豆，大夫四籩四豆，諸侯宜六，天子宜八。《醢人》饋食之豆有八。此朝事加籩亦八，故以義參之爲八也。』案：《記》曰『鼎俎奇而籩豆偶』，籩未有用五者，《周官》當有誤文。賈疏以饋食八豆及《特牲》、《少牢》諸禮推之，謂饋食之籩有八，恐未必然。《記》云：『天子之豆二十有六，諸公十有六，諸侯十有二。』天子籩數無『二十六』之文。又，《禮經》有籩必有豆，而有豆不必有籩，則籩之數不必如豆數矣。禮，濡物實於豆，乾物實於籩。鄭注《鄉射記》云『籩宜乾物』，則籩不得實棗、桃、梅之濕者。如謂濕即鮮果，設無其鮮，又將何用也？古人庶羞之果物，孰用其鮮。無其鮮，用其乾。未有鮮乾並用者。饋食之籩，蓋四其實：棗、栗、䕩、榛。不用桃。《内則》『棗、栗、榛、柿、瓜、桃、李、梅、杏、楂、梨』，鄭注謂『人君燕食〔二〕之庶羞』，非用於祭。《韓非子·外儲説左下》云：『魯哀公賜桃與黍，孔子先飯黍而後啗桃。哀公曰：「黍者非飯之也，以雪桃也。」孔子對曰：「黍，祭先王爲上盛。果蓏有六，而桃爲下，祭先王不得入廟。」』《家語・子路初見》篇云：『果屬有六，而桃爲下，祭祀不用，不登郊廟。』饋食爲祭之盛禮，則其籩不用桃明矣。鄭注釋『乾䕩』引桃諸、梅諸，今本作『桃乾䕩』，乃後人以注語妄增之爾。棗、栗、䕩、榛之外，加桃，則籩實有五，《記》何以言籩豆偶？如謂饋食之籩有八，於五者之中乾鮮並用，則經亦當備記其物，如下加籩之實菱芡、栗脯，菱芡、栗脯，文重不省也。且古人飲酒之禮，籩如豆數。《士冠》醮子，《士昏》醴賓用脯醢，皆一豆一籩；《士冠》再醮，《士虞》獻祝，《特牲》主婦致爵於主人，皆二豆二籩；《少牢》賓尸用四豆、四籩：是也。而食禮有豆無籩。《公食大夫禮》設正饌六豆，無籩；《士昏禮》饌房中，設六豆，無籩；《特牲饋食》尸入九飯，設四豆，無籩；《少牢》尸入十一飯，亦設四豆，無籩；《聘禮》堂上八豆，東西十二豆，無籩：是也。賈疏云：『《特牲》、《少牢》士二籩，大夫四籩，諸侯宜六，天子宜八。』此乃飲酒之籩如此，不可説饋食。天子朝事在饋食之先，如生人飲禮，故籩豆皆八，饋食如生人食禮，故籩不必如豆數。饋食之豆惟八，故《既夕禮》四豆：脾析、蜱醢、葵菹、嬴醢，可直用其四；饋食之籩惟四，故《既夕禮》四籩，止得用棗、栗二籩，而又取加羞脯糗二籩以足其數。如饋食果有八籩，亦可直用其四，何必復用加羞之物。賈疏謬矣。〔三〕

【箋注】

〔一〕輯自《儆季雜著一·禮説四》，清光緒二十年南菁書院刻本。

〔二〕『燕食』，引文原作『孰食』，誤，據鄭注徑改。

〔三〕參見《禮書通故》第十七《肆獻祼饋食禮通故六》：《籩人》：『饋食之籩，其實棗、栗、桃、乾穛、榛實。』賈公彦云：『亨孰時，后先薦饋食之籩。於八籩少三者，棗、桃、梅皆有乾濕也。知必有八者，《儀禮·特牲》、《少牢》士二籩二豆，大夫四籩四豆，諸侯宜六，天子宜八。《醢人》饋食之豆有八，此朝事加籩亦八，故以義參之爲八也。』以周案：《記》曰『鼎俎奇而籩豆偶』，籩未有用五者，《周官》當有誤文。賈疏以『饋食八豆』及《特牲》、《少牢》諸禮推之，謂饋食之籩有八，恐未然。饋食之籩蓋四，其實棗、栗、穛、榛，不用桃。《内則》『棗、栗、柿、瓜、桃、李、梅、杏、楂、梨』，鄭注謂『人君燕食之庶羞』，非用於祭。《韓非子·外儲説左下》云：『魯哀公賜桃與黍，孔子先飯黍而後啗桃。哀公曰：「黍者非飯之也，以雪桃也。」孔子對曰：「黍，祭先王爲上盛。果蓏有六，而桃爲下，祭先王不得入廟。」』《家語·子路初見篇》云：『果屬有六，而桃爲下，祭祀不用，不登郊廟。』饋食爲祭之盛禮，則其籩不用桃明矣。鄭注釋『乾穛』引『桃諸，梅諸』，今本作『桃、乾穛』，乃後人以注語妄增之爾。古人飲酒之禮，籩如豆數，《士冠》『醮子』，《士昏》『醴賓用脯醢』，皆一豆一籩；《士冠》『再醮』，《士虞》『獻祝』，《特牲》主婦致爵於主人，皆二籩二豆；《少牢》賓尸用四豆、四籩：是也。而食禮有豆無籩，《公食大夫禮》設正饌六豆，無籩；《士昏禮》饌房中，設六豆，無籩；《特牲饋食》尸入九飯，設四豆，無籩；《少牢》尸入十一飯，亦設四豆，無籩；《聘禮》堂上八豆，東西十二豆，無籩」是也。賈疏云『《特牲》、《少牢》士二籩，大夫四籩，諸侯宜六，天子宜八』，此乃飲酒之籩如此，不可説饋食。天子朝事在饋食之先，用飲禮，朝事用腥、爓，無可食者，故用飲禮。故籩豆皆八，饋食用食禮，故籩不必如豆數。饋食之豆惟八，故《既夕禮》四豆，脾析、蜱醢、葵菹、蠃醢，可直用其四；饋食之籩惟四，故《既夕禮》四籩，止得用棗栗二籩，而又取加羞脯糗二籩以足其數。如饋食果有八籩，亦可直用其四，何必復用羞加之物。賈疏難信。

共飯不澤手〔一〕

古禮，食，盛黍稷以簋，盛稻粱以簠。大夫、士無簠簋，盛之以敦。其取飯於器中也，皆以匕。鄭注《少牢》云『匕，所以匕黍稷』是也。其匕而承之也，悉以手，鄭注《曲禮》云『飯以手』是也。其未食也，先盥洗；既食，則挩其手，具見《公食大夫禮》。其將食也，仰其手奉之，既食，則覆其手，具見《玉藻》及《弟子職》。《曲禮》『共飯不澤手』，明宜用匕也。張子横渠謂『必有物以取之，不濡其手』是也。駁其説者，引鄭注『飯以手』以爲難。申其説者，又以爲鄭注『禮，飯以手』，共食非禮，飯自用匕著。

竊謂駁者固非，申者亦未是也。飯在器，取之以匕。既匕，而飯之以手，此古之通禮。不澤手，以匕時言，不得援匕後飯手以相難。鄭注『禮』句，『飯以手』句，非以『禮飯』合讀，亦不得謂『共飯非禮，飯不用手』。《弟子職》云『以齒相要，坐必盡席』，此正共食禮也。又云『飯必奉擥，羹不以手』，擥，乃掔字之誤。洪北江説。《説文》：『掔，手掔也。揚雄云：掔，握也。』此正飯必以手奉握之禮，而與取飯之用匕自異也。鄭注於此兩節不分，乃據《弟子職》此文以釋《曲禮》。而一曰『奉擥』，一曰『不澤手』，義不相通，因訓『澤』爲『挼莎』以圓其說，實非《記》意。至《玉藻》『君未覆手，不敢飧』，鄭注云『覆手，以循咡』，此亦本《弟子職》爲文。然《弟子職》云『循咡，覆手』，亦宜分二事。循咡者，恐口旁有餘粒污著之。覆手者，明前之飯必奉擥者乃仰其手也。食時仰其手以握之，既食則覆其手置餘粒於敦。蓋君未覆手者，明君又將食也，故曰『不敢飧』。此皆鄭君誤解《弟子職》，因以誤解《記》文者也。莊葆琛知鄭解『覆手』之失，遂謂『覆手即澤手。澤手，去手餘飯，反覆以挼莎之』。殊不思《弟子職》此言，據共食爲文。既食，覆手，爲共食之常禮。如覆手猶澤手，何以解《曲禮》『共飯之不澤手』邪？

學者索解《禮》文，宜先明節次。節次不明，膠葛益滋。〔二〕治經猶治絲也，不得其緒，愈理愈棼矣。

【箋注】

〔一〕輯自《儆季雜著一・禮說四》，清光緒二十年南菁書院刻本。

〔二〕此語又見王兆芳輯録《儆季子粹語》卷之一《讀書第三》載：子曰：學者索解《禮》文，宜先明節次。節次不明，膠葛益滋。

共飯不澤手 下〔一〕

《記》曰『飯黍，毋以著』，是當時有以著取黍者矣。曰『共飯不澤手』，是當時有以手取飯者矣。此皆周之末失也。鄭意，飯以手，取飯亦得以手，但不可挼莎飯以致汗手，故云『爲汗手不絜』也，擇謂『挼莎』。讀者不得鄭意，或改注『汗手』爲『污手』，見《釋文》。或改爲『汗生』，見孔疏。或改爲『污生』，洪筠軒説。立説紛籍，卒無一是。案《記・少儀》：『運笏，澤劍首。』鄭彼注云：『運、澤，謂玩弄也。金器弄之，易以汗澤。』玩弄即挼莎意，既訓玩弄，又釋以汗澤，與此注『以汗手挼莎』並釋正同。蓋澤之本訓爲汗澤，而汗澤之生，由於玩弄挼莎。

考挼莎之義，爲以手摩物之名，如《一切經音義・十三引聲類》『摩抄，捫摸也』，又《十五引三蒼》『挼，手按也』，《釋名・釋容姿》『摩娑，猶末殺也俗作『抹摋』。』，手上下之言也，此皆以一手摩物而言者。《説文》：『挼，推也。一曰兩手相切摩也。』此則據兩手而言，亦謂以兩手切其物而摩之。凡曰挼莎，曰摩抄，曰摩娑，皆有物在其中。未有中無其物而兩手空自按摩之義也。鄭注《司尊彝》云『煮鬱和秬鬯，以醆酒摩莎泲之，出其香汁』，語尤明顯。劍首之汗澤，以手玩弄之而澤生於金，故曰『澤劍首』。飯之汗澤，以手挼莎之而澤漬於手，故曰『澤手』。澤手者，飯氣之蒸漬，非手汗也，故注云汗手，不云手汗。孔疏以汗爲『手汗』，挼莎爲『兩手自摩』，又謂『摩手以生汗』，説皆穿鑿。

鄭注經，已失經意。孔疏鄭，又失注意。難矣。

【箋注】

〔一〕輯自《儆季雜著一·禮説四》，清光緒二十年南菁書院刻本。

饗禮〔一〕

《禮經》十七篇，《饗禮》已亡。合諸經考之，饗有朝踐，有饋食。食畢而酳，各視其爵爲獻數。朝踐有豚解，饋食有食飲，禮節約與祭祀同，而與飫宴禮自别也。

皇侃『四饗』之辨，本不足據。云：一是諸侯來朝，天子饗之，上公九獻其牲體薦，體薦則房烝，故王公立飫，飫即饗，其禮有飯食。此説本之鄭仲師、杜元凱。又云：一是王親戚及諸侯之臣來朝，王饗之，禮亦有食及酒，其酌數亦當依命。其牲則折俎，亦曰殽烝。此説又本之韋宏嗣。不思《左傳》『饗有體薦，宴有折俎』，即《國語》所謂『親戚宴饗有殽烝』也。折俎宴禮，皇氏據以釋饗，誤一。體薦、折俎，皆爲殽烝，皇氏又分以當房烝，誤二。飫禮立成，祇有祼、酢一節，皇氏又參以《饗禮》之九獻，誤三。

竊謂飫禮立成，無朝踐、饋食諸節，而古人亦通稱之爲『饗』，故有『饗以示恭儉』之説。然飫之名實起於春秋，《詩·常棣》『飲酒之飫』，爲『醧』之借，訓『宴私』，非『立成』。〔二〕立成之飫，《周官》謂之王禮，所謂『上公王禮，再祼而酢。諸侯王禮，壹祼而酢。諸伯諸子王禮，壹祼不酢』是也。《周官》賓客之禮，禮裸、饗獻，截分二事。《禮故》中已詳之。〔三〕禮即立成之飫，有裸酢，不獻。饗有獻，獻有殽。《國語》云『王公立飫有房烝，親戚宴饗有殽烝』，義與《周官》合，於此可明飫、饗之別。《左傳》説殽烝之禮云『饗有體薦，宴有折俎』，義與《國語》合，於此可明宴、饗之別。自杜注《左傳》，不別飫、饗，遂以飫之半解其體曰房烝者釋體薦之饗，大失當時辨別飫、饗之意。韋注《國語》，又不別饗、宴，遂以體解節折之折俎渾釋殽烝，不知《國語》云『體解節折而共飲食之，於是乎有折俎加豆』，此專就宴士會事而言，義不及饗。韋注宴饗殽烝，宜兼饗禮釋之，何得專舉宴禮立文？如謂饗之體薦即體解，則體解非宴禮，而士會，卿，當宴定王，何以謂之『體解節折而共飲食之』乎？宴禮，賓主人用體解，衆賓用節折，故兼言之曰『共飲食之』。先鄭注《周官·小子》，又用《國語》文以釋羊肆、羊殽。羊殽爲殽烝是已，因《國語》有『戎翟體薦』之語，遂釋爲全烝，與《左傳》『饗有體薦』之義既違，與《國語》『饗有殽烝』之文尤悖。蓋戎翟之體薦爲全牲之生者，本非《饗禮》饗公之體薦，必與委與之禮有異，故後鄭易其語而以爲豚解。豚解七體爲腥物，《禮運》曰『腥其俎』。爓豚解之體於湯而孰之爲殽，《禮運》曰『孰其殽』，此薦之於朝踐時者。至饋食，又有體解之俎焉。宴以饋食始，無朝踐節，故其牲無豚解，祇有體解節折而已。知乎此，則飫、饗、宴三禮截然有分，與《禮》、《周官》諸文亦彌合而無閒矣。〔四〕

任翼聖所補《饗禮》不足據也。而耳食者豔其書，可謂無識。〔五〕

【箋注】

〔一〕輯自《儆季雜著一·禮説四》，清光緒二十年南菁書院刻本。

〔二〕參見《禮書通故》第十七《肆獻祼饋食禮通故六》：《毛詩傳》云：『「飲酒之飫」，飫，私也。不脱屨升堂謂之飫。』《韓詩傳》云：『飲之禮，不脱屨而即席者，謂之禮；跣而升堂，謂之宴；能者飲，不能者已，謂之醧。』以周案：《詩》『飲酒之飫』，《韓詩》作『醧』，飫、醧義别。飫立成，禮大於宴。醧坐飲，即宴私也。宴私字當作『醧』，毛用借字，韓用正字。醧從區聲，與『豆』、『具』、『孺』韻亦合。《韓》以宴、醧别『不脱屨』之禮，則《韓》所云『不脱屨而即席』當即毛傳所謂『不脱屨升堂』。毛先云『飫，私也』，明飫爲醧之借，又云『不脱屨升堂謂之飫』，又明『飫』之本義如此。古文『醧』通用『飫』，故毛傳分别言之。段氏以『不脱屨』之『不』字爲衍，陳氏又以爲『下』字之誤，胥失之矣。

〔三〕『《周官》賓客之禮，禮祼、饗獻，截分二事』，見本書《大飲禮》箋引《禮書通故》第二十四《燕饗禮通故》『皇侃云饗有四』條黄以周案語。

〔四〕參見《禮書通故》第二十四《燕饗禮通故》：韋昭云：『「禘郊之事，則有全脀」，全其牲體而升之也。凡禘，皆血腥也。「王公立飫則有房脀」，禮之立成者爲飫。房，大俎也，謂半解其體升之。「親戚宴饗則有殽脀」，殽脀，升體解節折之俎，謂之折俎。』陳祥道云：『「全脀」，豚解也；「房脀」，體解也；「殽脀」，骨折也。』以周案：飧、飫、燕散文通稱，對文義别。飫之名起於春秋，古謂之禮，亦謂之裸。《大行人職》：『上公，王禮再裸而酢，饗禮九獻；諸侯，王禮壹裸而酢，饗禮七獻；諸子，王禮壹裸不酢，饗禮五獻。』此明禮與饗之别也。《周語》記定王享士會事云：『王公立飫有房烝，親戚宴饗有殽烝。』此明飫與饗之别也。春秋時之飫即《周官》所謂『王禮』，而王禮古亦通稱饗，故《詩》有『一朝饗之』之文，《左傳》亦有『饗以訓恭儉』之説。自杜注《左傳》不辨飫、饗之異同，概以『立飫』解饗，與經傳饗有酒食之文不合，與《周語》分别飫、饗之意尤背。《左傳》論殽烝之禮云：『王饗有體薦，燕有折俎。』體薦謂豚解其體而昇之於俎，與折俎之體解節折亦不同。韋注又專以燕禮釋殽烝，一似饗之體薦亦體解節折，尤謬。飫有裸酢，不獻，牲用房烝，無殽。饗之朝踐用豚解，饋食用體解。燕有體解，有節折，而無豚解。此三禮之别也。而豚解本體謂之腥，爓之於湯謂之殽，故曰『燕饗有殽烝』。烝者昇也，謂昇之於俎。淩氏《釋例》用陳用之説，全烝豚解，房烝體解，殽烝骨折，更悖謬不可通。

繼紅案：以上去案語本爲：『「禘郊之事」謂祭天，故文在「王公」上。祭天用全牲，故曰全烝。如陳説，全烝即豚解，豚解士虞禮亦用之，其禮較房烝爲殺。房烝者，半解其體，分爲左右胖；豚解，鬄其肩髀爲四，兩脅一脊爲七；體解，則九體，十一體，二十一體是也。淩氏《釋例》沿陳誤。』此九十二字據《校文》後改爲上引案語三百四十八字。由此可見，黄以周作《禮書通故》初定本與後定本多有不同。

〔五〕此語又見王兆芳輯録《儆季子粹語》卷之一《讀書第二》載：子曰：任鈞臺所補《饗禮》不足據也。耳食者黵其書，可謂無識。

殽烝〔一〕

殽烝之殽，古本作肴。肴者，牲解之後骨肉交錯者也。從肉、爻，爻亦聲。爻，交也。《説文》作『爻聲』。鄭注《曲禮》云『殽骨體也』，孔疏云『熟肉帶骨而臠爲殽』，是其義也。

古解牲有豚解、體解二法。豚解，合解左右胖爲七體。體解，分其右胖爲九體或十一體，又合其左胖爲十九體，加兩髀爲二十一體。解牲之法有大小，而謂之殽者，皆據其牲體之小者爲文，如《小子職》之『羊肆、羊殽』，《禮運》之『腥其俎，熟其殽』。肆即『腥肆爓腍』之肆。腥肆皆牲之豚解而生者，殽即用其豚解而爓之於湯，此以生熟别其辭，明皆非全烝也。《國語》：『禘郊之事有全烝，王公立飫有房烝，親戚宴饗有殽烝。』《左傳》論殽烝之禮曰：『王饗有體薦，宴有折俎。』先鄭《小子》注以折俎之體解節折當羊殽，因以體薦當羊肆而以爲全烝，説本《國語》而難通諸《左傳》。《左傳》之體薦謂豚解也，故後鄭易之曰肆，讀爲鬄。羊鬄者，所謂豚解是也。《左傳》『饗有體薦，既爲豚解』，則《國語》之『宴饗有殽烝』，義該豚解、體解而言矣。蓋對全烝、房烝言，殽即豚解，如饗之體薦；是對豚解言，殽爲體解；對體解言，殽爲折俎，如燕之賓主人用體解，主人以下用折俎」，是對折俎言，殽又爲各體破折之餘骨，如《特牲禮》「尸、主人牲用體解，主人以下又節折，而衆賓、衆兄弟、内賓、宗婦及公有司私臣，皆殽烝」。是殽烝之文義賅饗、宴。自《國語》論宴之殽烝有「體解節折」之語，漢師遂以「體解節折」爲殽之專名，故《小子》、《禮運》兩鄭皆訓爲「體解」。然《小子》之羊殽與肉豆固異，《禮運》之「熟其殽」，與合亨體牛羊亦別。熟殽爲爓祭在朝踐節，合亨體牛羊爲饋食節，則熟殽爲爓其豚解之腥，非「體解」之謂矣。〔二〕

鄭注拘守「殽烝體解節折」之文，熟其殽爲體解，體其牛羊又節折之以爲衆俎。其意折俎節折，《國語》亦謂之體解，説尚可通。而《國語》之殽烝該豚解，《特牲禮》之殽烝又在體解之外，於義未合，故作此説以廣之。

【箋注】

〔一〕輯自《儆季雜著一·禮説四》，清光緒二十年南菁書院刻本。

〔二〕參見《禮書通故》第十七《肆獻祼饋食禮通故五》：禮家舊説，禘郊之事有全烝，謂全其牲體而升俎也。王公立飫有房烝，謂半解其體而升俎也。親戚燕享有殽烝，皆體解節折，乃升於俎。陳祥道云：「全烝，豚解也。房烝，體解也。殽烝，骨折也。」以周案：「禘郊之事」謂祭天，故文在「王公」之上。祭天用全牲，故曰「全烝」。如陳説，全烝即豚解。豚解士虞禮亦用之，其禮較房烝爲殺。房烝者，半解其體，分爲左右胖；豚解，鬄其肩、髀爲四，兩脅一脊，分爲七體；體解即是骨折，故亦名折俎，則九體、十一體、二十一體是也。淩氏《釋例》沿陳誤，不足據。褚氏云：『《春秋傳》之「殽烝」，對「全烝」而言，即體解也。《特牲禮》之「殽烝」，則任用各體之骨而已。脊脅用一骨，亦得稱「殽烝」，名與傳同而實不同。』

庖人四膏〔一〕

《周官·庖人》：『凡用禽獸，春行羔豚，膳膏香。夏行腒鱐，膳膏臊。秋行犢麛，膳膏腥。冬行鱻羽，膳膏羶。』《記·内則》篇文與此同，『行』作『宜』，謂五行王氣之所宜者也。

鄭衆云：『腒，乾雉。鱐，乾魚。』許慎云：『䐹，乾魚，尾䐹䐹也。』《周禮》有腒䐹。』鄭康成云：『鮮，生魚也。羽，雁也。』此其説之同者也。杜子春云：『臊，犬膏。腥，豕膏。羶，羊脂。』鄭衆云：『香，牛脂。臊，豕膏。』許慎云：『勝，豕膏臭也。羴，羊臭也。』或作『羶臊，犬膏臭也』，『鱢，鮏魚也』。《周禮》曰：『膳膏鱢，鮏魚臭也。』鄭康成云：『牛膏薌，犬膏臊，雞膏腥，羊膏羶。』其説互異。案：子春之説，依據《月令》常食之五牲而言。《月令》：春食麥與羊，夏食菽與雞，中央食稷與牛，秋食麻與犬，冬食黍與彘。四膏：春用中央之牛曰『膏薌』，夏用秋食之犬曰『膏臊』，秋用冬食之彘曰『膏腥』，冬用春食之羊曰『膏羶』，於法既順。四膏用牛、犬、豕、羊，不用雞，雞無膏也，去之亦宜。羔、豚、腒、臊、犢、麛、鱻、羽八物，皆乘四行王氣。春夏陽盛，用其所廢之物以節之；秋冬陰盛，用其所生之物以洩之。於理亦足。〔二〕

薌爲牛膏，諸家無異説。臊爲犬膏之本字，腥爲勝之借字，《説文》從杜注，既正『腥』爲『勝』云『豕膏臭』，則『臊』亦必從杜訓『犬膏』，今本亦作『豕膏』，字有誤也。羶從羊，爲羊臭，字本作『羴』，於訓詁亦的確。膏必用臭味之美者爲之，其惡者不可食。《内饔》辨腥臊羶香之不可食者，曰：『羊泠毛而毳，羶。犬赤股而躁，臊。豕盲眡而交睫，腥。牛夜鳴則庮。』庮與香反，羶、腥、臊爲美惡之通名，與香庮異，則羶羊、臊犬、腥豕其名自無可易矣。

仲師説不可詳。康成用伏生《洪範五行傳》，乃易腥爲雞膏，其説曰：『羔、豚、腒、鱐、犢、麛，鮮、羽八物，皆四時肥美。爲其太盛，煎休廢之物以節其氣。』但腥爲雞膏，别無見文。五牲去豕，亦無義據。《五行傳》：『春有雞禍，夏有羊禍，中央有牛禍，秋有犬禍，冬有豕禍。』本非五行正氣。《月令》『春羊，夏雞』，《五行傳》互易其物，亦與禮家舊説不合，未可從也。《説文》又引異文，臊作鱢，以爲『魚膏臭』。薌、鱢、腥、羶，爲中央之土物，以調和四行之食，此猶春食酸，夏食苦，秋食辛，冬食鹹，而調以土之滑甘也。

十二辰之禽，具見《説文》及《淮南子》、蔡氏《月令章句》，其説本古。丑牛，未羊，戌犬，皆家畜也。辰龍不可得，故以魚鱢易之。如其法言之：春，丑寅卯用牛膏香；夏，辰巳午用魚膏鱢；秋，未申酉用羊膏腥；冬，戌亥子用犬膏羶。五牲之腥氣，羊最重，故腥屬羊。羊臭，字本作『羴』。羶，後起字，古文蓋借『亶』字爲之，與香同例，此又許説之别一義也。

春	夏	中央	秋	冬	四時
木	火	土	金	水	五行
羊	雞	牛	犬	彘	五食
羶	焦	香	腥	朽	五臭
羔豚	腒鱐		犢麛	鱻羽	五宜
薌牛	臊犬		腥豕	羶羊	四膏

朽亦通庮，《内饔》『牛夜鳴則庮』，鄭司農云：『庮，朽木臭也。』則《内饔》辨腥臊羶香之不可食，即《月令》五臭之惡者。庮近朽，臊之言燥，其近焦與？

【箋注】

〔一〕輯自《儆季雜著一·禮説四》，清光緒二十年南菁書院刻本。

〔二〕參見《禮書通故》第二十二《飲禮通故二》：《周官·庖人》：『春膏香，夏膏臊，秋膏腥，冬膏羶。』鄭衆云：『膏香，牛脂。膏臊，豕膏。』杜子春云：『膏臊，犬膏。膏腥，豕膏。膏羶，羊脂。』鄭玄云：『膏腥，雞膏也，用休廢之脂膏煎和膳之。』以周案：杜注臊犬、腥豕、羶羊，本《内饔職》爲文。春膳用中土牛膏，夏膳用秋金犬膏，秋膳用冬水豕膏，冬膳用春木羊膏，又本《月令》爲義。夏雞無膏，故不用。後鄭據伏生《洪範五行傳》爲文。腥爲雞膏，别無可證。雞木、羊火，與《月令》不可通。説詳所著《禮説》。

繼紅案：所謂『説詳所著《禮説》』，蓋指此篇。

月令五先〔一〕

人之五藏配五行，古有二説。《尚書》今文家言，肝木，心火，脾土，肺金，腎水，與醫家説合。古文家言，脾木，肺火，心土，肝金，腎水，與《月令》文合。鄭《駁五經異義》，謂用醫家法治病有瘳，若反其術，不死爲劇。則古文家言，不及今文，斷可識矣。顧《月令》所説必有法故，而儒者多不達其義。

《白虎通義》云：春祀户，祭先脾者何？春木王，殺土，故以所勝祭之也。若冬腎，六月心，非所勝也，以祭何？土位在中央，至尊，故祭以心。心者，藏之尊也。水最卑，不得食其所勝。此説之支離者也。鄭康成云：此以四時之位及五藏上下次之。冬位在後而腎在下，夏位在前而肺在上，春位少前故先脾，秋位少卻故先肝。腎脾在鬲下，肺心肝在鬲上。此説之附會者也。〔二〕

竊謂《月令》之五先以祀五行也，五祀配五行五先者，五行化氣所直之藏也。五行化氣有正有錯，顧術家所用，甲與己合，乙與庚合，丙與辛合，丁與壬合，戊與癸合，爲錯雜五行之化氣。

其法皆起於甲子，術家所謂『首甲定運』是也。亦皆數至辰位，以定其化氣之何屬，術家所謂『逢龍則化』是也。其説本醫家。王本《素問·天元紀大論》云：『甲己之歲，土運統之。乙庚之歲，金運統之。丙辛之歲，水運統之。丁壬之歲，木運統之。戊癸之歲，火運統之。』《五運行大論》及《五常政大論》注又緟言之。此法在醫書爲别一家言，不在《内經》。楊上善《太素》尚不載此諸篇。王冰信其術，取而入之《素問》，前人多議之。且五行錯雜，化氣不純。

《月令》：春日甲乙，夏日丙丁，中日戊己，秋日庚辛，冬日壬癸。取正五行。其法一爲五子之化氣，曰：春戊，夏庚，中壬，秋甲，冬丙。而以六甲合之。化氣有先後，先曰：春戊、夏壬、中丙、秋庚、冬壬。後曰：春庚、夏甲、中戊、秋庚、冬甲。

春，祀户。先脾者，取六甲五子之化氣。甲起子，乙即次丑，數至辰，均爲戊。脾，戊，土藏，故祭先脾。夏，祀竈。先肺者，用五子之化氣。夏日丙丁，丙起子，丁即次丑，數至辰，均爲庚。肺，庚，金藏，故祭先肺。中，祀中霤。先心者，用六甲之化氣。中日戊己，戊起申（旬首在申），己即次酉，數至辰，均爲丙。心，丙，火藏，故祭先心。秋，祀門。先肝者，又用五子之化氣。秋日庚辛，庚起子，辛即次丑，數至辰，均爲甲。肝，甲，木藏，故祭先肝。冬，祭行。先腎者，又用六甲之化氣。冬日壬癸，壬起辰，旬首在辰。辰即化位爲壬。腎，壬，水藏，故祭先腎。

其一甲一子迭相爲用者，六甲五子數本差池，五子無先後，六甲有重復，非錯綜以取數，無以通甲子之變化也。鄭注云：『《月令》言「祭先」，言先必有後。』顧『後』即伏於『先』之中，其中自有條理，未可如鄭注憑空以説也。孔疏云『陰陽取象多途』，然亦當去駁存純。

術家化氣法

術家言五行，喜錯雜其言，或諭，或不諭。《月令》，儒家書，不離正五行，其言純乎？純。

五子六甲	甲子	丙子	戊子	庚子	壬子
	甲子	甲戌	甲申	甲午、甲辰	甲寅
十干配合	甲	乙	丙	丁	戊
	己	庚	辛	壬	癸
五辰化氣	戊	庚	壬	甲	丙
五行	土	金	水	木	火

中央	秋	冬	春	夏	五時
脾	肺	腎	肝	心	五藏

古正五行化氣法

春	夏	中央	秋	冬	五時
木	火	土	金	水	五行
甲乙	丙丁	戊己	庚辛	壬癸	十日
肝	心	脾	肺	腎	五藏

五祀	戶	竈	中霤	門	行
五子順序	甲子	丙子	戊子	庚子	壬子
六甲先後	甲 子 戌	甲 戌 申	甲 申 午	甲 午 辰	甲 辰旬首先 寅旬中後
六甲化氣	戊 庚	壬 甲	丙 戊	庚 庚	壬先 甲後
六甲直藏	脾 肺	腎 肝	心 脾	肺 肺	腎先 肝後

五子化氣	戊	庚	壬	甲	丙
五子直藏	脾	肺	腎	肝	心
五祀祭先	脾甲子同	肺子化	心甲化	肝子化	腎甲化
五祀祭後	肺	腎 肝	腎 脾	肺	心 肝

【箋注】

〔一〕輯自《儆季雜著一·禮説四》，清光緒二十年南菁書院刻本。

〔二〕參見《禮書通故》第十四《群祀禮通故一》：《白虎通義》云：『春祀户，祭所以特先脾者何？春木王，殺土，故以所勝祭之也。若冬腎，六月心，非所勝也，以祭何？以爲土位在中央，至尊，故祭以心。心者，藏之尊者。水最卑，不得食其所勝。』《異義》云：『《今尚書》夏侯、歐陽説，肝，木也；心，火也；脾，土也；肺，金也；腎，水也。《古尚書》説，脾，森也；肺，火也；心，土也；肝，金也；腎，水也。許慎謹案：《月令》春祭脾，夏祭肺，季夏祭心，秋季肝，冬祭腎，與《古尚書》同。』鄭玄駁之云：『此文異事乖，未察其本意。《月令》五祭皆言先。凡言先，有後之辭。春祀户，其祭先脾後腎；夏禮灶，其祭先肺後心肝；季夏祀中霤，其祭先心後肺肝；秋祀門，其祭先肝後肺心；冬祀行，其祭先腎後脾。凡此之義，以四時之位及其五藏之上下次之耳。冬位在後而腎在下，夏位在前而肺在上，春位小前故祭先脾，秋位小卻故祭先肝。腎也，脾也，俱在膈下；肺也，心也，肝也，俱在膈上。祭者必三，故有先後焉，不得同五行之義。今醫病之法，以肝爲木，心爲火，脾爲土，肺爲金，腎爲水，則有瘳也，若反其術，不死爲劇。』以周案：五藏配屬，歐陽爲是；五祀祭先，鄭義爲長。《雜著・禮説四》有説。《月令》疏引《異義》，未詳，今據《五行大義》及鄭本注補正。

繼紅案：所謂『《雜著・禮説四》有説』七字，據《校文》爲後定本所增，蓋指此篇而言。

牖向〔一〕

《詩》『塞向墐户』，毛傳云『向，北出牖也』。《説文》『向』字下用毛傳文，云：『從宀，從口。音圍。』是『北出牖』爲向之本義也。據鄭《禮》注：『寢有南牖，無北牖。』則向之字義將何施與？考牖與窗異，向與牖亦有不同。《説文》『囱』下云：『在牆曰牖，在屋曰囱，象形。或作窗，從穴。』『牖』下云：『穿壁以木爲交窗也，從片、户，甫聲。』竊謂《説文》『在牆曰牖，在屋曰囱』，自是古義。而以木爲交窗，乃囱字之義，不可以施諸牖。牖從片，片，判木也。判其木以爲扇，令可啓可閉，所謂『在牆曰牖』是也。窗，篆文作『囱』，内從乂，象木交錯之形。外從白，象有物以域之也。其物施於屋上，《月令》孔疏所謂『中室開牖，象中霤之取明』是其證。或作『窗』，從穴，亦取覆穴之義也。〔二〕

向字，上從宀，象交覆屋深之形。下從口，象四方周圍之形。其物既不若囱之施交木，又不若牖之設版扇。形正方，與牖同其大而庳，人亦可以出入，又如今無扇之門。蓋東房之北謂之北堂，堂北出，無墉，而有向焉。毛傳謂之北出牖，以形名也。其不謂之門者，門從兩户，以扇名，向無扇，不得謂之門也。

或以爲北出牖在室之北墉，於文無稽。室之爲用最大，其名咸著於經，無所謂『北出牖』者。《喪大記》『寢東首於北牖下』，牖爲墉譌，《既夕禮》有明證矣。《詩》曰『塞向墐户』，塞如樹塞門之塞，謂别以物揜之，爲向無扇故也。東房之北有向。西房之北蓋亦有户。墐户者，亦墐其北户也。若南牖南户，雖值冬寒，無墐塞。《禮》舊説非也。《士虞記》無尸之祭，『既饗，祭於苴，祝祝，卒。主人哭，出，復位。祝闔牖、户，降，如食閒。祝升，啓户。主人入，祝從，啓牖。鄉如初。』啓户、啓牖，皆句絶。鄭注以『鄉、牖』爲一名，固失其義。近儒又讀『鄉』爲『饗』，直忘饗祭於苴在闔牖、户之前，尤失之矣。説詳所著《禮故·喪祭門》。〔三〕

《明堂位》曰：『刮楹，達鄉，天子之廟飾。』『鄉』亦『向』之借，向謂之達者，亦北出之義也。但北出牖之向，在東房北。而天子廟飾之達向，在太室之北。天子、諸侯廟制，當如伏生《大傳》，後有東房、西房、北堂此北堂居兩房閒。各三筵，伏傳作『雉』，此據《考工記》改正。凡廣九筵。三分其廣，以其二爲内，是謂太室。鄭注誤，説詳所著《禮故·宫室門》。大夫以下，寢室在北楣之後，其地小。惟天子、諸侯廟制，室居中央，可大爲之。《書》曰：『王入太室，祼。』《春秋》曰：『世室屋壞，皆廟室之在中獨大者。』太室亦有南牖、南户以通南堂。其北又有達向以通北堂，此北堂即正寢之所謂『室』，以其在太室後，故又謂之『翼室』，《書·顧命》『延入翼室恤宅宗』即此。禮，未歛前，孝子不離尸側。時成王之尸在太室，『恤宅』於此者，爲太室北翼室，南有達向以通之，如在左右也。〔四〕

曩日作《宫室通故》，考『向』未晰，刻已成，不及改，爰著是篇。

【箋注】

〔一〕輯自《儆季雜著一·禮説四》，清光緒二十年南菁書院刻本。

〔二〕此節參見《禮書通故》第二《宫室通故二》：鄭玄説，《士虞禮》『啟牖鄉』，牖，先闔後啟，扇在内也。鄉牖一名。以周案：牖與窗，渾言通，析言别。牖從片，片，判木也，判其木以爲扇，可閉可啟。窗，古文作囪，篆作囱，象木交錯之形，是不可啟閉者也。鄉爲牖之别名，非室北别有鄉。或以『北出牖』解之，非。《毛詩》説『塞向墐户』，向，北出牖也。庶人篳户。《韓詩》説：鄉，北向窗也。孔廣森云：《士虞禮》『啟牖鄉』，《喪大記》『寢東首於北牖下』，是寢有北牖。寢室偏西，其當西堂之北者必幽闇，故爲北窗以助明。洪頤煊云：《喪大記》『寢東首於北牖下』，《士喪禮》『商祝從入當牖北面』，是室中北墉有牖。以周案：《郊特牲》云『薄社北牖，使陰明也』，則宗廟正寢之牖不北可知。《詩》『塞向墐户』必非正寢之制，正寢之户，雖寒不墐，則所塞之向，亦不在正寢可知。此乃庶人之制，毛傳自明，孔、洪説誤。《喪大記》『北牖下』，『牖』乃『墉』字之譌，見鄭注。《士喪禮》『當牖北面徹枕』，謂當南牖北面徹之，時祝值尸南，亦見鄭注。凡正寢之室北，有墉無牖。

繼紅案：據《校文》，此處後定本有『又案』一條，云：『《雜著・禮四》別有説，備考。』陳漢章《識語》云：『案：《禮説四》有《牖向》一篇，言「曩日作《宫室通故》，考向未晰，刻已成，不及改，爰著是篇」。』

〔三〕參見《禮書通故》第十一《喪祭通故二》：金榜云：『祭於苴曰祝饗，迎尸前曰祝祝，墮祭曰祝祝，皆有祝辭。《記》載兩辭，咸未知所用。鄭君於《特牲》「祝饗」注云：「其辭取於《士虞記》，則宜云：孝孫某圭爲而哀薦之饗」。由是推之，《記》所謂「哀子某哀顯相」之辭，即迎尸前之祝祝也；《記》所謂饗辭，即墮祭之祝祝也。《諸侯遷廟禮》曰：「祝聲三，曰：孝嗣侯某，敢用嘉幣告於皇考某侯，今月吉日，可以徙於新廟，敢告。辟如食閒，擯者請反位，君反位，祝從在左。祝聲三曰：考嗣侯某，絜爲而明薦之。言如食閒者，庶幾神之饗，是故又祝饗以勸強之。祝闔牖户，如食閒。祝聲三，啟户。主人入，祝從，啟牖，鄉如初，主人哭，出復位。」吾友江震蒼筠云「鄉當爲饗」，古是無尸者亦備祝辭、饗辭，禮也。《士虞記》：「無尸，則禮及薦饌皆如初。既饗，祭於苴。祝祝卒，主人哭，出復位。通用字也。見《聘禮》、《公食禮》鄭注。虞禮祝饗在墮祭時，無尸者不墮，猶祝饗，與有尸同，故曰「饗如初」。前云「禮及薦饌如初」，後云『宗人詔降如初』，皆謂其與有尸同禮。上云『祝祝卒，主人哭，出復位』，此云『饗如初，主人哭，出復位』，先祝後饗，禮與《諸侯遷廟》相符。唯「祭於苴」祝饗，其辭別無考見，鄭君以「哀子某顯相」之辭當之，因以下經「祝祝卒」者爲釋孝子祭辭，此殆非也。』以周案：《記》：『祝從，啟牖鄉如初。』鄭注『鄉牖一名也』，『啟牖鄉』連讀。敖繼公説：『鄉，猶面也。祝在主人之左，皆西鄉。「鄉」屬下爲句。』江氏以『鄉』爲『饗』之通借字。金氏據《大戴·諸侯遷廟禮》以爲無尸者亦祝辭、饗辭俱有，説似有據。然祭祀止有一饗，經記有尸之虞，其『祝饗祭於苴』在『祝祝卒』之前，《記》記無尸之虞，其『既饗，祭於苴，祝祝卒』在未闔户牖之前，具有明文。如既啟户牖之後又曰『饗如初』，是一祭再饗，顯與有尸不同，何得復云『如初』？其云祭苴祝饗無考見，並斥鄭注，亦非。鄭注以『哀子某，哀顯相』云云爲饗辭，『祝祝卒』者爲釋孝子祭辭，明所釋之辭即上『哀子某，哀顯相』之辭也。江氏云：『祝辭於末必云「饗」，故又或謂之饗辭，饗、祝二者經實通言，非有二也。』此較金説爲當。

〔四〕參見《禮書通故》第二《宫室通故一》：又案：《書·顧命》『延入翼室恤宅宗』，《僞孔傳》以翼室爲路寢之别名，非也。翼室者，伏傳所謂北堂是也。以南堂言之謂之北堂，乙太室言之謂之翼室，異名同地。天子路寢乙太室爲最尊，北堂之翼室次之。子貢觀於魯廟，有北堂九，蓋其尊可知也。時尸在太室，斂殯在南堂，故以北堂爲恤宅，尊之也，故曰宗。王西莊以下文陳設几席有『西夾』不見『東夾』，謂翼室即東夾。但夾之稱『室』起於周秦閒，古經無是名，不若北堂爲正寢之室其名自古。且癸酉陳設，爲成王既殯之明日，時康王倚廬中門外，並不在翼室，何得牽説？

外内不共井〔一〕

《記》言『外内不共井』。説者以爲汲水之處，内外各掘一井，説殊迂曲。或者以承霤之池當之。霤下之池，外内本不相通，何煩限隔，説亦無據。

案：井乃『幷』之譌體，字讀爲『屏』。屏，厠也。《急就篇》『屏厠清溷』，注『屏，僻宴之名也』。宴亦厠名，字本作『匽』，《燕策》『宋王鑄諸侯之象，使侍屏匽』，屏匽即屏厠也。匽亦作『偃』，《莊子・庚桑楚》篇『觀室者周於寢廟，又適其偃焉』，司馬彪注『偃，屏厠也』。屏亦作『屏』，《廣雅》云『屏，厠也』。王氏《疏證》曰：『《周禮・宫人》「爲其井匽」，井是「幷」字之譌，隸書「幷」或作「並」，因譌而爲「井」。幷匽即《燕策》之「屏匽」，亦即《莊子》注之「屏厠」。』王説是也。《周官・宫人職》掌幷匽、沐浴二事，與《記》言『不共幷逼浴』正同。先鄭注『匽，路厠』，則字作『幷匽』，義取『屏厠』可知。後鄭注作『井匽』，與《記》文同誤。《士喪記》於『人死，沐浴，含襲』節，云『隸人涅厠』，鄭注云『涅，塞也，爲人復往褻之，又以鬼神不用』。賈疏云『若然，古者非直不共湢浴，亦不共厠也』。豈其然與？要之，一人不必一厠，而外内不同厠，有斷然者。

【箋注】

〔一〕輯自《儆季雜著一·禮説四》，清光緒二十年南菁書院刻本。

昏禮迎俟〔一〕

昏有迎禮，有俟禮。經曰壻『奠雁，再拜稽首，降出，婦從』，此迎禮也。又曰『壻乘其車先，俟於門外』，此俟禮也。《昏義》亦迎禮、俟禮分別言之。《詩》文王之迎姒，韓侯之迎姞，親迎之禮也。《鄭風》之俟巷、俟堂，《齊風》之俟著、俟庭，皆俟禮也。俟爲親迎之末節，而後世好簡略者往往不行親迎，而以俟禮當之。

《鄭風·豐》序以爲男行而女不隨而作，云『男行，是親迎也』。而《詩》中止及俟禮，明宜速駕也。俟巷、俟堂，謂夫家之巷、堂，非指女家。『俟我乎巷』與《禮》『俟於門外』文合。『俟我乎堂』與《齊詩》之『俟我於堂乎而』文同，『堂』字非誤。女亦知其夫之俟我遲久，故曰『悔予不送』、『不將』，以責父母家之送已不速。又曰叔、伯『駕予與行』，以勸夫家之迎己者宜速歸。詩人不直刺女子之不隨，而歸其咎於從者之不速，忠厚之意也。箋云：『以前之悔今，則來迎己者從之易。』皆誤。

《齊風·著》序以爲刺不親迎，曰『俟我於著乎而』，怪始見也。『乎而』，怪詞。曰『充耳以素乎而』云云，諷其充耳甚美，宜不聞有親迎禮也。著、庭、堂，亦指夫家，言至夫家著、庭、堂，才見其人，其不親迎也可知矣。時親迎禮廢，而俟禮猶存，詩人詳敘其俟禮，而不親迎於言外見之，風人之旨也。自箋誤以諸言『俟』者爲親迎，於《著》詩之著、庭、堂，爲女家之地，而云『陳親迎之禮以刺之』，《詩》序注語，似箋非傳。則《詩》曷不曰『迎我』，而曰『俟我』乎？於《豐》詩之俟巷、俟堂，亦指女家，又并傳意而失之。傳云『巷門外』，據經『堉先俟於門外』爲文也。傳知此巷爲夫家門外者，以經文先巷後堂也。如箋謂『出門而待巷』，則俟堂當先於俟巷矣。如以俟巷爲初至，初無所謂俟也。堉未奠雁，女無出理，亦何『悔予之不送』乎？〔二〕

或曰：以《詩》之俟巷，當《禮經》之俟門外，是已。然則俟著、俟庭、俟堂，其何説與？曰：《禮經》所言，《士昏禮》也，卿大夫以上自有不同。《士昏禮》親迎，往之女家。諸侯娶王姬，已不親之王國矣。天子娶諸侯女，其不親之侯國可知也，説詳《禮書通故》。〔三〕此親迎之有别也。《公羊傳》何注引《書傳》曰：『夏后氏逆於庭，殷人逆於堂，周人逆於户，此天子俟禮也。』《齊風·著》篇傳箋，以素瓊華爲士服，青瓊瑩爲卿大夫服，黄瓊英爲人君服，則諸侯俟於堂，卿大夫俟於庭，士俟於著矣。毛傳云門屏之間曰『著』。著遠於庭，近於巷，此蓋命士之禮，又不同於中下士也。以《詩》義補《禮經》，不猶瘉后倉等推士禮以致天子之説與？

【箋注】

〔一〕輯自《儆季雜著一·禮説五》，清光緒二十年南菁書院刻本。

〔二〕關於俟禮，《禮書通故》第六《昏禮通故》稍有論及，曰：何休云：『《書傳》曰：夏后氏逆於庭，殷人逆於堂，周人逆於户。』以周案：此天子俟禮也。天子俟禮之別，詳於《書傳》。諸侯、大夫、士俟禮之別，詳於《齊風·著》篇傳箋，以素瓊華爲士服，青瓊瑩爲卿大夫服，黄瓊英爲人君服，則諸侯俟於堂，卿大夫俟於庭，士俟於著矣。而《鄭風·豐詩》又云『俟我乎巷』，毛傳以巷爲門外，與《禮經》合。蓋俟著者其命士，不命之士自俟於門外之巷也。此別有説，詳《雜著》。賈疏引《書傳》以爲『壻親迎奠鴈在房户外』之證，大謬。

繼紅案：所謂『此別有説，詳《雜著》』，蓋指此篇而言。

〔三〕關於天子親迎之禮，以周謂『説詳《禮書通故》』，見於《禮書通故》第六《昏禮通故》：《異義》云：『《禮》戴説天子親迎。《公羊》説，天子至庶人皆親迎。《左氏》説，天子至尊無敵，無親迎之禮。祭公逆王后，未至京師而稱后，知天子不行而禮成也。諸侯有故若疾病，則上卿逆，上公臨之。許慎謹案：高祖時，皇太子納妃，叔孫通制禮，以爲天子無親迎，從《左氏》義。』鄭玄駁之云：『文王親迎於渭，即天子親迎之明文也。天子雖尊，其於后猶夫婦。夫婦判合，禮同一體，所謂無敵，豈施於此哉？《禮記·哀公問》曰：「冕而親迎，不已重乎？」孔子對曰：「合二姓之好，以繼先聖之後，以爲天地宗廟社稷主。」非天子則誰乎？』以周案：《左氏》説，天子聘后及嫁女，皆使同姓諸侯爲主。祭公迎后，傳云『禮也』。劉夏迎后，譏卿不行，不譏王不親迎。文王親迎，本諸侯禮。然《哀公》篇言

『先聖』、『天地』，明屬天子，究不得言不親迎，顧未必若大夫、士直逆女家耳。胡氏寧曰：『使同姓諸侯主其辭，命卿往迎，公監之，父母之國諸卿皆送至京師，舍而止，然後天子親迎而入。』此説可通。《白虎通義》云：『天子嫁女，必使同姓諸侯主之何？不以天子尊乘諸侯也。不使同姓諸侯就京師主之何？諸侯親迎入京師，當朝天子，爲禮不兼。《春秋傳》曰：「築王姬館於外」，明不往京師也。』又案：《春秋》之例，大夫不外娶，爲大夫不得越境逆女也。故莒慶來逆叔姬，傳以爲譏。淩曉樓《公羊禮説》據此大夫越境逆女爲非禮，遂謂『諸侯更無有越境之事』，顯與公如齊逆女傳以爲禮相違，不足據。

昏禮壻揖婦不答[一]

禮有拜揖，無不相答。答之者，禮之也，亦以受之也。其有不敢當尊者，又以不答爲禮。凡不答者，於其拜揖之時，必作還辟之容。《記》曰『君若迎拜，則還辟，不敢答拜』，此通禮也。

昏禮，夫婦初相見，有揖無拜。奠雁之再拜稽首，拜主人，非拜婦也。時婦立於房中，奠雁之拜在西階上。自説者誤以爲壻拜其婦，於是房外當楣拜，房外當阿拜，異説沸起。亦知稽首之拜，爲拜之最重者，説詳《禮故》。[二]而可施之於其婦乎？至婦至，壻揖入。及寢門，壻又揖入，《士昏禮》言之詳矣。而婦之答夫，不見其文，蓋不答也。既不答矣，宜有還辟之容，故《詩》云『好人提提，宛然左辟』。毛傳云：『提提，安諦也。宛，辟貌。婦至門，夫揖而入，不敢當尊，宛然而左辟。』此説可補於《禮經》『婦初至，就客位』，故《士昏禮》曰『升自西階』。凡上東階者先右足，上西階者先左足，近於相鄉以示敬。時夫鄉婦，右還揖；婦鄉夫，左還辟。先相鄉而後辟，亦以示敬也。若右辟，於事捷，於心褊矣。褊非『宛然』，《詩》以爲刺。一周還閒，心術見焉，故箋曰『慎於威儀』。對席之揖坐，亦可以是禮推之。

【箋注】

〔一〕輯自《儆季雜著一·禮説五》，清光緒二十年南菁書院刻本。

〔二〕關於稽首禮，以周所謂『説詳《禮故》』，蓋見於《禮書通故》第二十一《相見禮通故》：鄭玄云：『稽首，拜頭至地也。』賈公彦云：『稽首，稽留之稽，頭至地多時則爲稽首也。稽首，拜中最重，臣拜君之拜。』以周案：頭至地則下衡，故《荀子》云『下衡曰稽首』。經傳中有單言『稽首』，多與『拜手稽首』別。稽首不必拜手，故爲九拜之一也。拜手稽首屬吉拜例。自注疏掍吉拜於稽首、頓首中，則吉拜之例不明，而稽首、頓首已兼空首，則三拜亦不分矣。古人常拜用空首禮。稽首之禮甚重，大夫之臣且不敢稽首其大夫，況平敵者乎？段懋堂云：『凡祭必稽首，諸侯於天子稽首，大夫於國君稽首，於鄰國之君稽首，於君夫人、鄰國之君夫人稽首。亦有非祭、非君而稽首者。稽，《説文》作「䭫」。拜重手，故字從手。䭫，重首，故字從首。』

婦人歸寧〔一〕

舊説『女子之適人者，不歸寧其兄弟』，故父母在則歸寧，殁則否。是説依據《詩》序。以周竊疑其不近情，嘗舉此以問諸當世碩儒，則曰：『《記》言女子子既嫁而反，兄弟不與同坐食，是古人嚴男女之辨也。』劉君星若《詩補義》亦用『不同坐食』説。

以周謂女子子之歸寧，不必與兄弟同坐食。且歸寧於父母在時，豈可同坐食於兄弟乎？是不與兄弟同坐食，初無分父母之在不在。而父母殁之不歸寧，正不關於不同坐食之故矣。因反復思之而得一解焉，爲之説曰：《詩》序三言歸寧不得，並以『嫁諸侯』、『適異國』爲文，此固舉諸侯言之耳。諸侯娶於異國，其往返之爲途遠，爲時久，爲禮繁，故父母殁，不歸寧也。若大夫以下不外娶，《公羊》義。則歸寧其兄弟者有之矣。鄭箋序曰：『國君夫人父母在則歸寧，没則使大夫寧於兄弟。』鄭據國君夫人禮立説，甚得序意。〔二〕《葛覃》詩疏云：『《左傳》曰：「凡諸侯之女歸寧，曰來。」是父母在得歸寧也。父母既没，則使卿寧於兄弟。《襄十二年傳》曰：「楚司馬子庚聘於秦，爲夫人寧，禮也。」是父母没，使大夫寧於兄弟也。』〔三〕

《禮經·喪服·不杖期章》曰：『女子子適人者，爲其昆弟之爲父後者。傳曰：婦人雖在外，必有歸宗。』鄭注曰：『「父雖卒，猶自歸宗。」』賈疏曰：『知義然者，父母在，嫁女歸寧父母，何須歸宗子。』傳言『婦人雖在外，必歸宗』，明是據父母卒者。又考之《喪服》經、傳通例，凡女行於大夫以上曰『嫁』，行於士庶人曰『適人』。鄭《斬衰章》注。此云『女子子適人者』，是據大夫以下言，則大夫以下之妻雖父母殁而有歸寧者，審矣，特非國君夫人之禮也。〔四〕

鄭箋《詩》序，言國君夫人於父母没，則使大夫寧於兄弟。其注《禮經》，又言父雖卒，猶自歸宗。合讀二文，夙疑頓釋。於以歎鄭注之明達爲不可廢，特人自不會通耳。

【箋注】

〔一〕輯自《儆季雜著一·禮説五》，清光緒二十年南菁書院刻本。

〔二〕參見《禮書通故》第六《昏禮通故》：《詩·衛風》序：『衛女嫁於諸侯，父母終，思歸寧而不得。』鄭玄云：『國君夫人，父母在則歸寧，殁則使大夫寧於兄弟。』杜預説同。孔穎達云：『父母在則身自歸寧，父殁母存則使卿寧。』惠士奇云：『穀梁子曰：「婦人既嫁不踰竟，踰竟，非禮也。」歸寧非禮，《詩》有歸寧父母之辭者，夫人父母在，使卿歸寧，殁則否。《左傳·襄十二年》「秦嬴歸於楚，司馬子庚聘於秦，爲夫人寧，禮也」。是時秦嬴母在，身不自歸而使卿寧，《左氏》以爲禮，言惟此爲得禮。凡內女嫁於諸侯，雖父母在，直書來者，皆非禮也。』以周案：鄭箋爲長。歸寧者，女自歸也。如惠說，父母在有寧禮，無歸寧禮，則曰寧可矣，何必云歸？《詩》序思歸寧而不得，何必云父母終。至《葛覃》『歸寧父母』，歸謂歸文王，父母謂文王之父母，與此歸寧義又不同。

〔三〕《皇清經解續編》本無此注。

〔四〕參見《禮書通故》第六《昏禮通故》：何休云：『諸侯夫人尊重，既嫁，非有大故，不得反。唯自大夫妻，雖無事，歲一歸宗。』或說，父母存，身自歸寧；父母歿，使人寧，不自歸。諸侯夫人至士妻皆同。以周案：諸侯夫人，父母既歿，雖有大故，不得反，《衛・載馳》詩可證。何說非也。其云『惟自大夫妻歲一歸宗』，得之。《春秋》之義，諸侯不內娶。《詩》序三言『思歸寧而不得』，皆以嫁諸侯適異國爲文，明指諸侯夫人言。《禮經・不杖期章》：『女子子適人者，爲其昆弟之爲父後者。傳曰：婦人雖在外，必有歸宗。』鄭注曰：『父雖卒，猶自歸宗。』賈疏曰：『知義然者，父母在，嫁女歸寧父母，何須歸宗子？傳言「婦人雖在外，必歸宗」，明是據父母卒者。』又考《喪服》經、傳通例，凡女行於大夫以上曰『嫁』，行於士、庶人曰『適人』，此云『女子子適人者』，明據大夫以下言。

喪父長子不取[一]

孔子言『女有五不取』，曰『逆家子不取，亂家子不取，世有刑人不取，世有惡疾不取，喪父長子不取』。逆，不順也。亂，不貞也。逆與亂爲大惡之家，是以君子不取也。刑人、惡疾，間世或一出，今乃世有之，君子不取，慮其氣類之傳染也。四者之不取，其理明，其情達。而『喪父長子不取』，注家多謬爲之説，讀者疑焉。今先辨衆説之非，而後自申其説。

一曰，長子者，女之長兄也。父既喪，雖有長兄亦不取。此説之不可通也。在《易》，震兄嫁兑妹，謂之『歸妹』，揆之情理，吾未見其不可也。一曰，長子者，無兄之長女也，喪父，無兄，女無受命，故不取。此亦説之不可通也。人之取女，論其家之正不正，察其女之賢不賢而已矣。無父無兄，何暇計也。必計及此，而喪父無兄之女，因無受命，遂終身不許嫁人乎？此不合乎情理者也。一曰，喪父本作喪婦，謂女之無母者也。長，年長也。年長未嫁，疑其幼失母訓，婦德未備，故不取。此亦説之不可通也。喪母之女，克備婦德者，世多有之。今欲以一律抑之乎？如其説，喪婦之家，必將幼年擇配而後嫁之乎？不然，女年已長，人咸棄絶之，將老死於家矣。夷考古者，女子許嫁必在年十五而後，遲則二十許嫁。六禮之行，俱在期年中，非若後世髫齡擇配，而待成人後嫁取之也。

此三説者，於情理皆有所不通矣。今爲之説曰：喪，亡也，無也，謂無父母家長之子也。晋文公出亡在外，《大學》載舅犯語，稱之曰亡人，《檀弓》則稱爲喪人。女子無親長，出奔在外，是亦喪人、亡人也。夫子曰『喪父長子』，爲其無所受命也，謂斯女之嫁，必至自獻其身，無父長主其婚禮。傳曰『喪家亡人，必去其禮』，其斯之謂與！逆家之子不順，亂家之子不貞，喪父長之子不順不貞，而刑與惡疾或兼有之，之三子者，均屬不取，其理明，其情達，讀者勿疑。

【箋注】

〔一〕輯自《儆季雜著一・禮説五》，清光緒二十年南菁書院刻本。

喪服變除〔一〕

喪服變除，散見《禮經》。漢戴君準約禮文而爲《變除説》，鄭君又爲《變除注》，見崔氏《引》。今並散佚，時或見於《正義》、《通典》中。崔靈恩又旁證之，作《變除論》，乖僻滋甚。孔沖遠因删其説，録諸《正義》，仍多悖謬。近江慎脩《禮書綱目·喪服變除類》綴述禮文，失其倫理。徐健庵《讀禮通考》作《變除表》並《論》，又多沿襲舊説，未深覈也。

凡親始死，將三年者，去冠，笄纚如故，見《問喪》及鄭《變除》注。飯含，面南，左袒，扱諸面之右，實米，唯盈。襲，面，前也。袒左褏，以扱於前面之右腋。見《士喪禮》。既襲三稱，謂尸襲〔二〕。衣十五升白布深衣，扱上衽，徒跣，見《曾子問》、《問喪》及鄭《變除》注。據戴君説，徒跣、扱上衽，在易深衣前。非也。扱上衽，謂扱深衣之衽也。見鄭注。既襲後，有素章甫冠、白麻繩屨。亦非也。自始死至成服，並無冠屨，故叔孫武叔於小斂後投冠，子遊譏之也。其妻爲夫，妾爲君，去笄而纚，不徒跣，不扱上衽，餘同男子，見鄭《士喪禮》注及《變除》注。據戴君説，始死，有笄纚。既襲，有素總。非也。女子之去笄總，猶男子之去冠。《喪服傳》言箭笄布總在成服日也。《曾子問》縞總趨喪，奔喪禮也。崔氏說，始死，婦人去纚。亦非也。斬衰，婦人之去纚在小斂日也。見鄭注。齊衰期以下，女有骨笄，男有素冠，皆吉屨無絇，見鄭《士喪禮》注。其服亦白布深衣，見鄭《變除》注。死之明日，將小斂，三年者，又去笄纚，髻髮，見鄭《問喪》注。大夫於是日襲而髻髮，見鄭《變除》注。

卒斂，馮尸，袒，奉尸夷於堂，拜賓即位，襲絰於序東，見《士喪禮》。要絰散垂，以象大帶。又有絞帶以象革帶，見鄭《喪服》注。齊衰以下男子，於主人髻髮時則著免。婦人將斬衰者，於男子髻髮時，則以麻爲髽。將齊衰者，於男子免時，則以布爲髽，其要絰結本不散垂，與男子異，見《士喪禮》及鄭注。崔氏謂始死後小斂前，大夫與士皆加素冠於笄纚之上。至小斂，投冠。髻髮之後，大夫加素弁，士加素委貌，其上皆又加環絰，其說本諸戴君。亦非也。自始死至成服，三日内，創鉅痛深。有服者，皆免、髻髮，並未有用冠弁者。鄭注《士喪禮》云：『大斂不言免、髻髮者，小斂以來自若矣。』又注《大記》云：『斬衰，髻髮。齊衰，免。以至成服而冠。』是也。惟天子、諸侯之大斂，在三日成服後，始得弁絰爾。且五服之絰，皆繆絰，惟弔服用環絰，兩制迥然有別。鄭注、賈疏言之詳矣。徐氏論、表並沿崔誤，環絰、苴首絰並書，直似一首兼施兩絰也。又明日將大斂，主人及親者皆袒，奉尸斂於棺，乃塗。卒塗，復位，襲，見《士喪禮》。其《記》云『既殯，主人説髦』，而《喪大記》則謂『小斂説髦』。崔氏説士之既殯，諸侯之小斂，於死者皆三日説髦，同也。自始死至此，主人髻髮，衆主人免，常不改。其居母喪者，於小斂一髻髮，餘亦以免終焉，見《大記》及鄭注。而衣皆白布深衣也。見崔氏説。士二日而殯，大夫三日而殯，皆於全三日成服。諸侯、天子斂殯，時有不同，其成服亦一也。斬衰裳、苴絰、杖、絞帶、冠繩纓、菅屨，於是乎始備。《記》曰『三日絞垂』，謂小斂日要絰，大功以上散帶垂，於成服日絞之也。婦人無冠，加箭笄、布總，亦成服焉。崔氏説天子七日成服，諸侯五日成服。非也。《士喪禮》『三日成服，杖』，此禮自天子達。《喪大記》『君之喪三日，子、夫人杖』。杖，則成服可知。《禮》云『三日而不生，亦不生矣』，故可成服也。《檀弓》『天子崩，三日祝先服，五日官長服』，則子、王后之必服可知。《禮》云『近臣，君服斯服矣』。祝，即近臣也。

自成服後，筮宅卜日，皆免絰。左擁之事畢，即絰，爲敬神變也。將啓，主人免，散帶垂，同小斂時，爲見柩變也。啓殯，主人袒。遷於祖，正柩，主人即位，襲。將載，主人袒，卒束，襲。將祖，主人袒，商祝御柩，乃袒，踴，襲。公賵，主人釋杖，迎於廟門外。入，袒，送於門外，襲。入，復位，杖。發引，主人袒，乃行，出宫，襲。並見《士喪禮》。凡袒必免冠，至尊不以袒，故以免代之，見《問喪》。於免絰之，免無不絰，見《問喪》及鄭注。主人從柩，免於垣。道路也。其葬之遠者，皆冠，至而後免，見《雜記》、《小記》。至於壙，主人袒。乃窆，主人哭踴無算，襲。贈用制幣玄纁。贈卒，主人又袒而拜賓。拜已，乃襲，見《士喪禮》。主人反，免於垣。其葬之遠者，皆冠，及郊而後免，反哭於廟，見《雜記》、《小記》。

又鄭注《檀弓》云：『天子、諸侯變服而葬，冠素弁，以葛爲絰。既虞，卒哭，乃服受服也。』孔穎達云『大夫、士三月而葬，未踰時，不變服』是也。據崔氏說，葬時，大夫素弁，加環絰。士素委貌，加環絰。失之。徐氏論、表既沿崔誤，其云『反哭皆冠』，與《雜記》『非反哭不免垣』之文尤悖。反哭而虞，有几筵，主人及兄弟如葬服，丈夫免，散帶垂，婦人髽，沐浴不櫛，見《士虞禮》及《記》。虞，杖不入於室，見《小記》。既葬而不報虞，報音『赴』，謂不疾虞也。則雖主人皆冠。及虞，則皆免，亦見《小記》。敖繼公說葬虞之服，主人髺髮，此與『及虞，皆免』之語悖。鄭注《小記》云『皆免，自主人至緦麻』是也。卒哭之服，如虞，雖緦、小功亦免，見《小記》。獻畢，乃餞，丈夫說經帶於廟門外，當變麻，受之以葛，見《士虞記》及鄭注。士三月卒哭，大夫五月卒哭，諸侯七月卒哭，見《雜記》。卒哭之時既不同，故士卒哭，受服。天子、諸侯、卿大夫不待卒哭，既虞受服，亦與士異，見鄭《喪服》注。受服，冠七升，衰六升。首絰，要帶，以葛易之。首絰兩糾，要帶三重。又以布帶易絞帶，去菅屨，受以齊衰之蒯藨屨，見《閒傳》、《喪服經》、《記》及賈疏。齊、斬之婦人則易首絰，不易要帶。《士虞禮》云『婦人説首絰，不説帶』。鄭注云：『不説帶者，齊、斬婦人也。小功、大功者，時亦不説。至祔，葛帶以即位。』是也。周卒哭而祔。卒哭有三月、五月、七月之别，則祔亦有三月、五月、七月之分。祔，杖不升於堂，見《小記》。期十三月而練，筮日、筮尸，皆要絰、杖、繩屨。有司告具而去杖，有司告事畢而又杖，見《小記》。以卒哭後七升之冠受其衰，謂之功衰。而練其冠，并練其中衣，黄裏，縓緣。去其首絰，存葛要帶，用大功之繩、麻屨，而無絇飾。又横長鹿裘之袪而裼之，見《閒傳》及《檀弓》。

又期而大祥，則去絰、杖、繩屨、功衰，朝服而筮尸，見《小記》。夕期祥祭，主人朝服縞冠，見《雜記》及《小記》。鄭注云：『祭猶縞冠，未純吉也。』既祭，白屨無絇，縞冠素紕，見《檀弓》。鄭注《閒傳》云：『大祥，素縞麻衣。』是時已除功衰。麻衣者，白布深衣，非功衰也，故《雜記》『麻衣』、『布衰』分别言之。

禫，亦朝服。戴君釋禫之禮云『玄冠黄裳』，則是禫祭玄冠矣。鄭注云：『黄裳者，未大吉也。』既祭，乃服禫服。《閒傳》云：『禫而纖，無所不佩。』戴君《變除禮》云：『黑經白緯，曰「纖禫」。』以纖布爲冠，緇於祥冠之縞，又有異於吉冠之玄。《夏書》曰『氒纖縞』，是其差也。鄭注引舊説云：『纖冠者，采纓也。纖或作綅。』失其義矣。

凡祥禫之變服者，必服其吉服以即祭事，不敢以凶臨吉也。既祭，又易縞素。終月，餘哀未忘也。禫後吉祭，玄冠朝服。既祭，玄端而居，乃復其常。〔三〕

【箋注】

〔一〕輯自《儆季雜著一·禮説五》，清光緒二十年南菁書院刻本。

〔二〕『謂尸襲』小注，《皇清經解續編》本在前『既襲』下。

〔三〕喪服變除，散見於《禮書通故》第九《喪服通故》(一、四、五)以及《禮書通故》第四十八《禮節圖表二·變除表》，可參。

括髮免髽〔一〕

括髮，《士喪禮》作髻髮。髻、括，通用字，謂束髮也。古人加冠必先束髮，或以錦束之，或以組束之，或以緇縞束之，同謂之纚。凡纚，必笄。始喪，去冠。又二日，去笄纚。於是以麻束之，使髮聚，髾而不散，則謂之髻髮。故《士冠禮》之纚與髻同事，《士喪禮》之髾與髻同文也。髾從會聲，髻從舌聲，古音同在微部。《説文》無『髾』。鄭注云：『髻髮者，去笄纚而紒。』紒，《説文》作髮，謂束髮爲髻也。曹憲注《廣雅》云『髮即籀文髻字』。鄭意去笄纚而爲髻謂之髻髮，是也。免之制與髻髮異。髻髮用麻，免用布。髻髮以麻束而爲髻，免又以布繞髻外也。鄭注云『免卻繞紒』，繞紒即繞髻也。凡母喪，小斂，一髻髮，餘以免終事。父喪，自小斂至成服，常髻髮。從柩，反哭，虞祭，亦以免也。髽之制有二：一曰麻髽，一曰布髽。《奔喪》云『男子束括髮，婦人束髽』，以髽對括髮言，則髻髮用麻，髽亦麻也。《小記》云『男子免而婦人髽』，以髽對免言，則免用布，髽亦布也。《小記》又云『其義爲男子則免，爲婦人則髽』，明髽免之義祇以别男女，則髽髻髮亦爲别男女之名，無異義也。婦人麻髽以當男子之髻髮，婦人布髽以當男子之免，故鄭注三禮或據髻髮以釋髽，或據免以釋髽，本兩通也。自賈氏疏鄭，謂『喪去笄纚而紒，紒上著髻髮，髽與髻髮皆繞紒，如著幓頭。免制亦然，但以布廣一寸爲異』。如賈氏説，髻髮、免、髽三物而一制，何其不察經、注之甚乎？《士喪禮》云：『卒斂，主人髻髮袒，衆主人免於房，婦人髽於室。』鄭注云：『髻髮，去笄纚而紒。免，如今之著幓頭，自項中而前，交於額上，卻繞紒也。』鄭釋髻髮爲紒，免爲繞紒，二制自別。紒者，髻髮爲髻。繞紒者，於項中額上又繞麻布，是繞髻外而露之也。故繞紒即露紒，露紒即露髻，無異義也。賈氏謂髻髮有繞紒之布，則直與免制混，而鄭注髻髮紒免卻繞紒之文，無以別矣。鄭注又云『髽亦去笄纚而紒』，此明髽與髻髮同也。又云：『髽之異於髻髮者，既去纚而以髮爲大紒，如今婦人露紒象，其用麻布亦如著幓頭。』然此明髻髮本無繞紒之布，而髽之繞紒而露者，又異髻髮而同免制也。《喪服》鄭注，亦同此意。疏誤。云『亦如著幓頭然』，承上文『免如今之著幓頭』言之也。賈氏謂髻髮有繞紒之布，則直與髽制同，而鄭注『髽異髻髮』之文遂無以解矣。〔二〕

或曰：皇侃説『麻髽以對髻髮，布髽以對免』，又有『露紒恒居之髽，以對男子之喪冠』，其説然與？曰：麻髽、布髽皆露紒，鄭注本明，皇説非也。凡冠，與笄對，喪自小斂至殯，髽皆去笄，猶男子之不冠也。至成服，男子冠，婦人亦加惡笄，《喪服記》曰『惡笄，有首以髽』，是也。鄭注

『髽，去笄纚而紒』，於《喪服記》注則云『言以髽，則髽有著笄者，明矣』。語似兩歧，而義各有當。賈疏溷幪，亦失鄭意。〔三〕

或曰：髻髮與纚相似，殆用麻布爲之。如舊説，髻髮用麻繩，又以麻繩爲絰，豈人首所能容乎？曰：《小記》『括髮以麻，免而以布』，是麻者，未成布之名，孔、賈二疏是也。特髻髮之麻以代纚總，疏家未明言之耳。麻髻以束髮，麻絰以固冠，用各有當，何足難也。

漢時，幓頭，繞紒露髻，與今女子頭帣同。信齋楊氏撮録鄭注，搭截不可解。甬上萬氏説殊悖繆，休寧戴氏説亦疏舛，故詳辨之。

【箋注】

〔一〕輯自《儆季雜著一·禮説五》，清光緒二十年南菁書院刻本。

〔二〕參見《禮書通故》第九《喪服通故四》：鄭玄云：『髻髮者，去笄纚而紒。免之制未聞。舊説以爲如冠狀，廣一寸。《喪服小記》曰『斬衰髻髮以麻，免而以布』，此用麻布爲之，狀如今之著幓頭矣。自項中而前，交於額上，卻繞紒也。婦人髽者，去笄纚而紒也。髽之異於髻髮者，既去纚而以髮爲大紒，如今婦人露紒其象也。其用麻布亦如著幓頭然。』賈公彦云：『喪去笄纚而紒，紒上著髻髮。髽與髻髮皆繞紒如著幓頭，免制亦然，但以布廣一寸爲異。』 以周案：『括髮』，《士喪禮》作『髺髮』，髺、括通用字，謂束髮也。《說文》作『髺』，云『絜髮也』。《士冠禮》之纚與髺同事，《士喪禮》之鬠與髺同文。鄭注云：『髺髮者，去笄纚而紒。』紒，《說文》作『髤』，云『簪結也』。《廣雅》曹注云：『髤即籀文髺字。』《玉篇》亦云鬠同髺，髤同髺。鄭意去笄纚束而爲髺謂之髺髮，是也。免之制與髺髮異。髮用麻，免用布；髮以麻束而爲髺，免又以布繞髺外也。鄭注云『免卻繞紒』，繞紒即繞髺也。沈氏云：『鄭注既云免之制未聞，又云舊說以爲如冠狀，廣一寸，蓋不以舊說爲然也。又引《喪服小記》以釋髺髮免，此鄭自爲之說也。是則鄭意免與幓頭相近，與冠不相似，疏家用舊說以申鄭，非其意矣。』麻髽，有布髽，《奔喪》云『男子束括髮，婦人束髽』，以髽對括髮言，則髺髮用麻，髽亦麻也。《小記》云『男子免而婦人髽』，以髽對免言，則免用布，髽亦布也。《小記》又云『其義爲男子則免，爲婦人則髽』，明髽免之義只以別男女，則髽髺髮無甚殊也。婦人麻髽以當男子之髺髮，婦人布髽以當男子之免，故鄭注三禮或據髺髮以釋髽，或據免以釋髽，本兩通也。孔疏云：『婦人將斬衰者，於男子括髮之時，則以麻爲髽；齊衰者於男子免時，則以布爲髽。』是也。如賈疏說，髺髮免髽三物而一制，何其不察經注之甚乎！《士喪禮》云：『卒斂，主人髺髮袒，衆主人免於房，婦人髽於室。』鄭注云：『髺髮，去笄纚而紒。免如今之著幓頭，自項中而前，交於額上，卻繞紒也。』鄭釋髺髮爲紒，免爲繞紒，二制自別。紒者，髺髮爲髺。繞紒者，於項中額上又繞麻布，是繞髺外而露之也。故繞紒即露髤，露髤即露髺，無異義也。賈氏謂髺髮有繞紒之布，則直與免制掍，而鄭注髺髮紒免卻繞紒之文，無以別矣。鄭注又云『髽亦去笄纚而紒』，此明髽與髺髮同也。又云：『髽之異髺髮者，既去纚而以髮爲大紒，如今婦人露紒象，其用麻布亦如著幓頭然。』此明髺髮本無繞紒之布，而髽之繞紒而露者，又異髺髮而同免制也。云亦著幓頭然，承上文『免如今之著幓頭』言之也。賈氏謂髺髮有繞紒之布，則直與髽制同，而鄭注髽異髺髮之文遂無以解矣。後儒如楊復、敖繼公說，尤悖妄不可通。

〔三〕詳見《禮書通故》第九《喪服通故四》：皇侃說：『婦人之髽有麻，有布，有露紒，其形不同。麻髽以對男子之括髮，布髽以對男子之免，露紒髽爲恒居之髽，猶男子之不恒免也。』賈公彦云：『髽有二種，一是未成服之髽，將斬衰者用麻，將齊衰者用布；二是成服之後露紒之髽。』孔穎達說：『婦人止有二髽，一是斬衰麻髽，二是齊衰布髽，皆名露紒。』以周案：凡冠與笄對，喪冠與惡笄對。喪自小斂至殯髽皆去笄，猶男子之不冠也。至成服後，男子冠，婦人亦加惡笄矣。未成服時，將斬衰者麻髽，以對男子之髺髮；將齊衰者布髽，以對男子之免。成服後斬衰箭笄髽，齊衰榛笄髽，以對男子之喪冠，皆以終喪。鄭注《士喪禮》『婦人髽於室』云『齊衰以上至笄猶髽』，明終喪也。男子喪冠以終喪，婦人斬衰者箭笄髽、齊衰者榛笄髽以終喪，故經曰『箭笄髽衰三年』，皇氏『恒居之髽』即指此。但《小記》云『男子冠而婦人笄，男子免而婦人髽』，冠與笄對，不與髽對，皇氏以露紒對喪冠，斯則非矣。麻髽、布髽皆露紒，其與恒居之髽異者特無笄耳，故鄭注經、《記》並云『髽去笄纚而紒』。成服後之髽『斬衰者箭笄、齊衰者榛笄』，故鄭注《喪服記》云『言「以髽」，則髽有著笄者明矣』。語似兩歧，而義各有當。賈疏隨文曲解，未達鄭意。孔疏謂『止有二髽』，不及成服後有笄之髽，亦疏略。

棺槨抗木重數[一]

《荀子》云：『天子棺槨十重，諸侯五重，大夫三重，士再重。』《白虎通義》云：『天子棺槨九重，公侯五重，大夫三重，士再重。』《莊子》之文同《荀子》，天子『十重』，又作『七重』，與諸文並異。鄭《禮記》注，以『禮器天子五重，諸侯三重，大夫再重』爲抗木數。又據《檀弓》『天子之棺四重』差之，以爲上公革棺不被，三重。諸侯無革棺，再重。大夫無椑，一重。士無屬，不重。鄭意天子棺四重，抗五重，合之爲九重。諸侯棺再重，抗三重，合之爲五重。大夫棺一重，抗再重，合之爲三重，與《白虎通義》合。士棺不重，抗一重，與《白虎通義》又異。考棺之外祇有槨。棺，上下四旁皆周。槨，有四旁，無上下，抗木即加於槨上。《荀子》、《莊子》、《白虎通義》並據棺、槨立文，義兼抗木，所謂天子十重、九重者，指上下之數言之，非其旁也。《檀弓》：『天子之棺四重，水兕革棺被之，其厚三寸，杝棺一，梓棺二。四者皆周。』鄭注云：『以水牛、兕牛之革以爲棺被，革各厚三寸爲一重。』竊謂兕牛居水，謂之水兕。『水兕革棺被之』，謂以兕革被棺外，其厚共三寸，是合兩重以爲一重也。《禮器》明貴多之禮，曰：『天子五重八翣，諸侯三重六翣，大夫再重四翣。』翣，藏棺之四周。所謂重數，自指棺言。云『天子五重』者，分水兕革棺爲二重，並杝棺一、梓棺二而五也。《白虎通義》據《檀弓》而言『天子棺四重，抗五重』，故曰『天子九重』。《荀子》據《禮器》立文，棺五重，抗五重，故曰『天子十重』。

《莊子》作天子七重者，系淺人所改，欲以合『降殺以兩』之例。不知古禮亦多以三五九爲降殺者。如喪服，以三爲五，以五爲九。耕藉，天子三推，三公五推，卿、諸侯九推。建都，大，三之一；次，五之一；小，九之一。皆無七數，是其例也。公侯宜合爲一等，《荀子》、《莊子》、《白虎通義》諸文可證。鄭君以《禮器》『諸侯三重』爲抗數，若以天子四重差之，棺亦三重，合之爲六重，與『諸侯五重』之文不合，故分公、侯二等，以圓其説，此則鄭之疏也。諸侯以天子之棺數爲其重數，棺杝一，梓二，爲三重。抗二重，合之爲五重。大夫以諸侯之棺數爲其重數，無椑，有屬棺，再重，抗一重，合之爲三重。士以大夫之棺數爲其重數，棺一重，抗一重，合之爲再重。以此相差，《檀弓》、《禮器》以及周、秦、漢諸師説悉合。且《檀弓》、《禮器》之所謂重者，合内外棺言之，非别内棺而以外加爲名也。故經、《記》言設席之差，曰五重，曰三重，曰再重，再重之下即謂之單席。《周官·掌次》言張帟之差，於『王三重、諸侯再重』之下即云『孤卿大夫不重』，不重謂之單，則再重者二棺，三重者三棺，五重者五棺，今之所謂一重者，古謂之不重，衹一棺也。鄭謂大夫一重，士不重，以一重爲有兩棺，則《檀弓》天子棺四重而有五棺，豈《禮器》天子五重亦可謂之有六抗乎？此尤鄭之失也。皇侃説布席三重，有四席，又沿此注而誤。《禮書通故》從鄭注，重思之，有未安，故復作此以正之。〔二〕

【箋注】

〔一〕輯自《儆季雜著一·禮説五》，清光緒二十年南菁書院刻本。

〔二〕參見《禮書通故》第十《喪禮通故四》：《莊子》云：『古之喪禮，天子棺、槨七重，諸侯五重，大夫三重，士再重。』《白虎通義》云『天子棺槨九重』，餘同《莊子》。鄭玄云：『《檀弓》：「天子之棺四重，水兕革棺被之，其厚三寸，杝棺一，梓棺二，四者皆周。」此以内説而出也。然則大棺及屬用梓，椑用杝。以是差之，上公革棺不被，三重；諸侯無革棺，再重；大夫無椑，一重；士無屬，不重；庶人之棺四寸。趙簡子云「不設屬椑」，時僭也。』萬斯大云：『水兕革棺，並厚三寸。孔疏云各厚三寸，非也。椑即杝，屬、大棺即梓。諸侯無革棺，觀上章云「君即位而爲椑」，又《曾子問》云「君出疆以椑從」，皆不言有革棺可見。』以周案：《太平御覽》引《禮記外傳》云：『凡棺之重數，從内向外數，水兕革棺一，各三寸，一名椑棺，與鄭注異。又名櫬，杝棺二，屬棺三，大棺四。屬棺、大棺，皆用梓也。上公去水牛皮，侯伯已下去水兕，卿大夫惟屬棺與大棺。』原注云：『水、兕革棺内一重，有水牛皮，次兕皮，二者合爲一重。』疏家申注，亦同此説。疑者以爲水兕分爲二，是天子有五重，上公四重；水兕即合爲一，諸侯亦有三重，大夫再重。不知此所謂『重』，皆據外言，不數内之櫬身者。『水兕革被之』，謂被櫬也，上公即以革棺櫬身，故曰『不被』。革棺之外，止有杝、屬、大棺三重。諸侯無革棺而以杝櫬身，杝之外止有屬、大棺二重。大夫並無杝而以屬櫬身，屬之外止大棺一重。《白虎通義》云『天子九重，公侯五重，大夫三重，士再重』者，蓋兼抗木言之。《喪大記》注云：『抗木之厚，蓋與椁方齊，天子五重，上公四重，諸侯三重，大夫二重，士一重。』是其證也。鄭注《檀弓》『其厚三寸』云『水牛、兕牛之革，各厚三寸』。萬説非。杝即椑棺，成説非。

繼紅案：《校文》曰：『後定本有「又案」一條，云：「此案未儘是，《雜著・禮五》有説。」』蓋指此節言。

天子棺椁之間以端長六尺爲準〔一〕

《檀弓》又云『柏椁以端，長六尺』，文承上『天子之棺四重』言之，謂棺椁之閒相去以其端六尺爲準也。鄭注：『以端，題湊也，其方蓋一尺。』案《喪大記》：『君殯，攢至於上，畢塗屋。』鄭注：『攢，猶菆也。攢木題湊象椁，上四注如屋。』四注者，四阿之下注也。天子椁有四阿，文見《左傳》，此題湊之説也。《喪大記》『君松椁』，鄭注引『天子柏椁以端，長六尺』，及『夫子制中都，使庶人之椁五寸』，云『自天子、諸侯、卿大夫、士、庶人六等，其椁長自六尺以下，其方自五寸而上』。此『方蓋一尺』之説也。但玩『以端』二字，是椁之長六尺以椁端計，非全椁之數，鄭注以題湊之空處言，是也。《喪大記》『棺椁之閒君容柷』，郭注《釋樂》云『柷如漆桶，方二尺四寸』。此諸侯椁端之長數也。《司几筵》『柏席用萑』，鄭注讀『柏』爲『椁』，謂椁席藏中神坐之席也。考席廣三尺三寸餘，椁内容神席，坐前必有餘地，此天子椁端之長六尺之義證也。〔二〕

【箋注】

〔一〕輯自《儆季雜著一・禮説五》，清光緒二十年南菁書院刻本。

〔二〕此篇可參見《禮書通故》第十《喪禮通故四》：鄭玄云：『柏椁以端長六尺。以端，題湊也，其方蓋一尺。』孔穎達云：『椁材並從下壘，至上始爲題湊。湊，鄉也。言木之頭相鄉而作四阿也。皇氏以爲壘椁材從下即題湊，郭六尺，與椁全不相應，又鄭何云其方蓋一尺邪？』案：鄭注《喪大記》『君殯，欑至於上，畢塗屋』云：『欑猶叢也。欑木題湊，象椁，上四注如屋。』四注者，四阿之下注也。孔説題湊自較皇氏爲合。萬斯大説：『天子之棺四重，上下左右合得四尺二寸，又加小、大斂衣百餘稱，是棺之高廣且八九尺矣。又中人身長七尺，棺之前後兩和合得四尺二寸，共長一丈三四尺矣。而柏椁止長六尺，不知如何用之？』以周案：孔疏申鄭，以『長六尺』爲題湊作四阿之制，萬氏不必致疑。但鄭此注『端』訓『題湊』，又訓『方』，《喪大記》注引此文『端』訓『端方』，不以爲題湊，直以爲全椁之長，於『以端』『以』字皆嫌無著。竊玩《檀弓》本文，上叙天子水兕革棺、杝棺、梓棺四重，下繼之曰『柏椁以端長六尺』，『端』謂棺耑，『以端』者，以棺之端爲准也。凡椁大於棺，而棺視人身長短爲之，其數莫定，故記椁之長，必以棺端計之。以端長六尺，所謂『棺椁之閒』也，《喪大記》云『棺椁之閒君容柷』，郭注《釋樂》云『柷如漆桶，方二尺四寸』，此諸侯之制。《雜記》云『遣車視牢具，置於四隅』，鄭注云『遣車，載所包遣奠而藏之者與？遣奠，天子太牢包九个』。『四隅』，椁中之四隅，是則天子椁内四隅所容必寬大於諸侯，宜其長於棺端六尺也。

又：或説，鄭注『天子柏椁以端，其方蓋一尺』，以此差之，諸侯方九寸，卿方八寸，大夫七寸，士六寸，庶人五寸。　或説，庶人棺四寸而椁五寸，椁大於棺一寸，則棺六寸者椁七寸，棺八寸者椁九寸。天子大棺九寸，則椁一尺。　以周案：《喪大記》『君松椁』，鄭注引天子柏椁以端長六尺，夫子制中都，使庶人之椁五寸，云『自天子、諸侯、卿大夫、士、庶人六等，其椁長自六尺以下，其方自五寸而上，未聞其差所定也。』鄭君已難言之，後人何能臆定。

喪拜〔一〕

《周禮》大祝辨九拜，五曰吉拜，六曰凶拜。説者謂吉、凶二拜皆喪拜，喪亦有吉、凶。此説非也。喪屬凶禮，吉喪云乎哉？喪既無吉，吉拜云乎哉？大經有所謂吉喪者，爲遠方之人既除喪而後聞喪者。言惟其既除喪，故謂之吉喪。惟曰吉喪，故可純用吉拜。不然，喪期未除，即喪者年踰期頤，喪之者服如緦麻，不得稱吉喪、用吉拜也。古者吉拜尚左手，或先拜手而後稽首，或先拜手而後頓首。凶拜反是，故曰『稽顙而後拜』。凡曰稽顙，皆凶拜也。凡曰凶拜，皆尚右手也。雖然，喪拜之分亦有四：有稽顙而後拜者，有拜而後稽顙者，有稽顙而不拜者，有拜而不稽顙者。稽顙而後拜，爲周人凶拜之正，三年之喪拜也。拜而後稽顙，爲殷人之凶拜，而與周人吉拜相近，齊衰不杖期以下之喪拜也。此依鄭注。稽顙而不拜，爲凶拜之變，是有三年之喪而嫌爲後者之拜也。《檀弓》。拜而不稽顙，爲凶拜之輕，是身有期喪而壓於尊者之拜。《雜記》。或功緦服輕之拜也。《小記》。喪拜之差等有四，而拜尚右手則一。知其然者，《檀弓》言孔子有姊之喪，拱尚右手，則大功以上之喪可知也。《奔喪》言遠兄弟之喪，既除喪而後聞，喪拜尚左手，則

小功當服未除，亦尚右手可知也。〔一〕

古人吉、凶二拜，有以拜手之先後分者，有以拱手之左右分者，二禮較然不相混。自《雜記》有『非三年喪，以吉拜』之文，説者引殷禮『拜而後稽顙』以釋之，明此爲殷人之凶拜與周人吉拜相近，而拱手尚右，固迥然有別也。至今吉、凶二拜全無區別，惟於書帖分吉拜頓首、凶拜稽顙，此特異其名目耳。習俗不察，又有期服孫稱稽首以別稽顙者。考之古稽首，吉禮，爲臣拜君之拜，豈可用之凶人乎？是並其名目而混之矣。如曰同稱稽顙，似無輕重之差，則如晉文公之居喪，再拜秦使，《晉語》。稱曰『再拜』可也。如魯昭公之喪國，再拜顙於齊廷，《公羊傳》。稱曰『拜顙』可也。〔二〕

先儒謂稽首重於頓首，則稽顙亦重於頓顙與？如諸稽郢之行成，頓顙乞哀，《吴語》。稱『頓顙』以別稽顙亦可也，是何取乎稽首之稱而用吉禮哉？蓋吉喪、吉拜之説誤之也。

【箋注】

〔一〕輯自《儆季雜著一·禮説五》，清光緒二十年南菁書院刻本。

〔二〕參見《禮書通故》第二十一《相見禮通故》：《周禮》大祝辨九拜。五曰吉拜。鄭玄云：『吉拜者，拜而後稽顙，謂齊衰不杖以下者。言吉者，此殷之凶拜，以其拜與頓首相近，故謂之吉拜云。』以周案：上文稽首、頓首不手拜，空首則手拜又不下首，斯則既拜手又下首也。其謂之吉者，因凶拜而名之也。凶拜者拜稽顙，則吉拜者拜稽首可知也。其禮，先拱兩手，下據膝前，乃復俯首以至於地。鄭注掍吉拜例於稽首、頓首中，故於此乃據《檀弓》、《雜記》以凶拜之近吉者當之，誤。　六曰凶拜。鄭玄云：『凶拜，稽顙而後拜，謂三年服者。』以周案：上文震慟爲稽顙而不拜者，斯則拜而後稽顙也。古人吉拜皆先拜而後稽首，故經曰『拜稽首』、『拜手稽首』、『再拜稽首』，無言『稽首拜』者。其凶拜之見於《禮經》者，亦皆曰『拜稽顙』，無言『稽顙拜』者。蓋拜先拱手據膝下，而後頭至於地，於事爲順也。其先稽首、稽顙而後拜者，惟《孟子》言『子思稽首再拜而不受』，《檀弓》引孔子言『稽顙而後拜，頎乎其至』。段氏、淩氏以此爲殷禮，夏氏又以爲周末禮，要之未合於古經也。鄭注乃據以爲吉、凶兩拜之例，似有未當。孔子曰『吾從其至者』，明非周禮也。　又案：先拜而後稽顙，於事爲順，故曰『頹乎其順』。先稽顙而後拜，於事甚逆，而匍匐地上不遽起作拜，足見哀痛之已病，故曰『頎乎其至』。舊解亦誤。

〔三〕詳見《禮書通故》第十《喪禮通故三》：《周官》：『大祝辨九拜，五曰吉拜，六曰凶拜。』　鄭玄說，吉拜，拜而後稽顙，謂齊衰不杖以下者。此殷之凶拜。凶拜，稽顙而後拜，謂三年服者。　一說，吉、凶兩拜不以稽顙先後分。　以周案：《問喪》云『稽顙，觸地無容禮』，與頓首叩地同，故亦謂之『頓顙』。見《吴語》。但頓首頓而即起，稽顙又稽留不遽起，此其異也。古人吉拜皆先拜而後稽首，故曰『拜稽首』。其凶拜之見於《禮經》者亦俱曰『拜稽顙』，無言『稽顙拜』者，《檀弓》『稽顙而後拜』，説者以爲殷禮，『拜而後稽顙』，本周之凶拜也。稽顙而後拜，與吉拜之『拜而後稽首』相反，拜而後稽顙，其禮與吉拜相同，故《雜記》有『非三年喪以吉拜』之文，特其拜尚右手，仍與吉拜有不同。故《雜記》所云『吉拜』，實凶拜也，鄭據此以釋『九拜』之『吉拜』，蓋失之矣。夫古人吉拜用稽首、頓首，必先拜手者，拜手則手先至地，乃不顛觸失容，於事爲順也。凶拜拜而後稽顙，與吉拜同，故孔子曰『頽乎其順』。若殷人先稽顙，乃易觸地無容矣，匍匐於地不遽起，亦以見哀痛之甚也，故孔子曰『頎乎其至』。舊說『拜屬賓，稽顙屬己，先拜賓，於事順』，說亦難通，拜、稽顙皆爲賓也。世俗又有『斬衰稽顙』、『齊衰稽首』之分，於禮尤謬，稽首，吉禮也。

哀子〔一〕

《禮記·雜記》云『祭稱孝子孝孫，喪稱哀子哀孫』，『祝稱卜葬、虞，子孫曰哀，夫曰乃，兄弟曰某』。祭，吉祭也。喪，凶奠也。祭以追養故曰孝，喪以悲死故曰哀，各有其義也。孝子孝孫，哀子哀孫，皆爲祝辭之稱，故云『祝稱卜葬、虞，子孫曰哀』。後世以爲訃狀自稱之辭，非也。如訃狀對人時可自稱『哀子哀孫』，則當祔後吉祭亦可對人稱『孝子孝孫』乎？古者，自始死至葬，有奠而無祭。葬之日，日中而虞，則以虞易奠，而祝辭又稱『哀子哀孫』，《士虞禮》『三虞，卒哭。祝皆稱哀子某』是也。自祔用吉祭，祝辭乃稱『孝子、孝孫』，《士虞禮》祔祭，祝稱孝子某，《特牲》、《少牢饋食》亦稱孝孫某是也。孔疏謂『卒哭，稱孝子有誤』，其以孝子、哀子爲祝辭，尚未誤也。《曾子問》曰『宗子死，稱名不稱孝』，鄭注曰『孝，宗子之稱』，則哀亦宗子稱也。古之主祭者皆宗子，支子不祭。今支子稱哀，誤也。與人言，自稱哀，更誤也。然則喪中與人言，何稱謂乎？曰：古者，訃告之禮，用父兄之命，《檀弓》云『父兄命訃者』是也。其訃於君，則主人自命拜送，《士喪禮》云『乃赴於君，主人西階東，南面，命赴者拜送』；《記》云『赴曰君之臣某死』是也。

舊說，大夫以上用父兄命，士則孝子自命，蓋誤。其受人弔賻，相者稱之曰孤，《雜記》云『相者曰孤某須矣，又曰孤敢辭吾子之辱』是也。〔一〕

至魏晉朝，主人自稱曰『孤』，於是有『孤子』、『孤孫』之稱。『孤孫』不見於經，蓋由祝辭稱『哀子哀孫』，因推孤子之稱而稱『孤孫』。晉范宣云：『禮無書疏稱孤子孤孫之文，今世行之。』此禮之一變也。然是時『孤子孤孫』初不專稱於父與祖父之喪，而母喪、祖母喪亦稱『孤子孤孫』。晉雷孝清問云：『爲祖母持重，既葬，而母亡。言稱孤孫，或稱孤子？』范宣答之云：『稱孤孫以存傳重之目，宜至祖母服訖，然後稱孤子。』是可證也。

至五朝時，好作聰明，亂舊章，始有『父孤母哀』之分稱。唐高宗時，韓王元嘉之子訓等，薦祀其妣妃房氏，造『碧落天』尊像，其碑文有『哀子李訓、誼、撰、諶，銜恤在疚』云云，不足爲訓。《開元禮》：三虞卒哭，練祥，祝文並云『哀子某敢昭告於考某官封謚』，對考不稱『孤子』，與《禮經》合。其卜宅兆，命曰『孤子某爲父某官封某甫』。卜葬日，命曰『孤子某來日卜葬其父某官封某甫』，注云『四品以下，父祖稱孤子孤孫，母及祖母稱哀子哀孫』。此以『父孤母哀』之分稱，習俗相沿已久，四品以下祇得循之，不能一依《禮經》，此禮之又一變也。

然是時，孤子孤孫、哀子哀孫，尚屬祝辭之稱。其與人通刺，要不分父喪、母喪而皆稱『孤子』，未見以『哀』自稱。陳子昂作父墓誌，自稱『孤子』。李華祭蕭穎士文，亦自稱『孤子』。嗣後，有以祝辭之稱通用於刺中。司馬氏作《書儀》，父母亡，答人狀：『父亡稱孤子，父在母亡稱哀子，父先亡，母與父同。』是『父孤母哀』之稱通用答狀，司馬氏乃著之以爲典，此禮之又一變也。

然是時泥《孟子》『無父曰孤』之文，其稱『哀子』以別母，爲父在故。而其父先亡，居母喪，仍稱『孤子』與父喪同，爲漢以來祇有『孤子』之稱，父殁無嫌，可以從古也。故《書儀》云『父先亡，母喪與父同』，欲見『父在，稱哀子』不得已以別之也。後人不察，以爲先王制禮，父喪稱孤，母喪稱哀，前後相承，古今不改。吾郡萬氏充宗雅號知禮，而亦作此等語，何無稽一至於是。於是『父孤母哀』，畫然分別，遂有父母俱喪即稱『孤哀』之説。朱子作《家禮》，又援之以爲例。人有問朱子『孤哀』之稱，朱子答之云『温公因今俗以別父母，從之亦無害』。夫温公誠因俗以爲別，而未嘗爲畫然一定之名也。其後以爲一定之名矣，朱子又因俗而從之，此禮之又一變也。

然是時居父喪者，如母喪已除，尚不兼稱哀也。《家禮》云：『父母俱亡，即稱孤哀子。』云『俱亡』，云『即稱』，謂一時有兩喪也，非謂前喪已除，居後喪又兼前喪之稱也。今也居父喪，必兼已除母喪之稱。居母喪，亦兼已除父喪之稱。其或喪父，有繼母，前子欲兼稱孤哀，後子欲單稱孤，紛紛異説，何無稽之甚也。〔三〕

【箋注】

〔一〕輯自《儆季雜著一・禮説五》，清光緒二十年南菁書院刻本。

〔二〕此節參見《禮書通故》第十一《喪祭禮通故二》：《雜記》：『祭稱孝子孝孙，喪稱哀子哀孙。』孔颖达云：『卒哭以後之祭吉，喪謂自虞以前凶祭也。《士虞禮》稱哀子，卒哭乃稱孝子。』賈公彦云：『三虞卒哭稱哀，祔及練祥吉祭，改哀稱孝。』　以周案：卒哭稱哀，賈疏是。凡曰『孝子孝孫』、『哀子哀孫』，皆祝辭也。《曾子問》曰：『宗子死，稱名不稱孝。』鄭注：『孝，宗子之稱。』則『哀』亦宗子稱也。『孝子孝孫』、『哀子哀孫』皆宗子之稱，其衆子衆孫之助祭者曰『哀顯相』，不得直稱『哀子哀孫』。《士虞記》『哀子某，哀顯相』，顯有别矣。今衆子亦稱『哀子』，誤也。與人言自稱『哀子』，更誤也。己可稱『哀子』，將亦可自稱『孝子』乎？後世又有『父孤』、『母哀』之分，尤屬不經。

〔三〕《皇清經解續編》本於此篇末自識曰：『前儒邱（濬）、應（撝謙）、萬（斯大）、柴（紹炳）諸公之論，俱未核實。居今之世，不能盡返古道，擇其近是者而用之，其惟司馬《書儀》乎？自識。』

出母服〔一〕

或曰：孔氏有『喪出母』、『不喪出母』之異，其故何與？曰：出母之事不一轍，服亦不一例。儒者執一説以相幪，往往齟齬不可通。古者，婦人有七出例，出之者非終絶之也，出而有反者矣。夫出妻，未必絶妻，妻自不可以絶夫，子尤不可以絶母。故夫出其妻，妻待反於母家，子尤日夕冀其反。其夫或感妻之悔過、子之思親，卒反之如故，妻雖曰出，與未出同。其卒也，子以正服服其母。

其或夫不即反，而妻遽卒於母家，夫逆其喪而歸，爲之殯廟祔姑，則有若杞桓公之於叔姬者，其子即爲父後，亦當服以杖期，與正服同。其或夫亡，終不反，而妻猶守節母家，不終嫁他人，則有若宋襄公之母者，是謂出妻。出妻之子爲其母杖期，而爲父後者，則不敢服出母以廢宗廟之祭。其又有夫出其妻而未絶，妻即改嫁，則夫妻之道滅，即母子之情亦薄，則有若齊桓公之蔡姬者，齊桓公歸蔡姬，傳曰『未絶之也』。蔡姬嫁，先自絶於桓公。出而又嫁，義同嫁母，嫁母無服。

子思言『先君子喪出母』，其出而即反者與？其出而殁於母家，逆喪而歸者與？抑亦待反母家而不終反者與？是未可知也。要之，爲出母之不失節者當爲之服，故曰無所失道而禮宜從隆。子思之妻自謂道污，其出而改嫁與？即不然，亦必見絶於子思者。《杖期章》曰『出妻之子爲母』，出而猶稱曰妻，兩未絶也。故其殁也，得與父在爲母同服。絶則於夫無妻名，於子即無母服，故子思曰『爲伋妻者爲白母，不爲伋妻者不爲白母』。此欲以絶不絶定服不服。出而未絶，妻之名猶存，其子自有母服。其剖析『出妻之子爲母』細入豪芒，與解『聲色爲末，無聲臭爲至』同一精闢。而當時行出母服者，概以杖期，至子思爲之一變，故《記》曰『自子思始也』。凡曰『自△△始』者，皆記禮自此變。其或變而失，或變而得，隨文見義，初不一科，必謂『自子思始』爲子思之失，直一孔之見也。《記》言『自魯昭公始』，『自齊桓公始』，『自趙文子始』，『自季康子始』，皆譏辭。『自史佚始』，『自子思始』，皆非譏。史佚以義起，子思以義斷者也。

或曰：出妻其可以卒反乎？出妻殁，夫逆喪歸，豈即廟祔乎？曰：《小記》有云：『女子未練而出，未練而反。既練而出，既練而反。』此出妻復反之説也。古者，臣之出疆，女人之出適人，妻之出歸於母家，皆有待反之義。臣之出也，收田於三年。女之出也，反馬於三月。妻之出也，亦必有年，但未聞耳。知出妻有待反之年，可無疑於古人出妻之多矣。出妻之反不反，權主於夫。夫不反，則與廟絶，如郯伯姬之絶於郯，不書『逆喪』是也。杞桓公逆叔姬之喪以歸，將以廟祔之也。古者，婦人不廟祔，則反其喪於母家，未有逆其喪而不廟祔者矣。

或曰：舊説嫁母杖期與出母同，今言出母而嫁與嫁母同無服，何與？曰：經本無『嫁母杖期』之文。《杖期章》云：『父卒，繼母嫁，從爲之服。』此爲從嫁母而寄育者言之耳。其不從，固不服也。鄭君此注不及王肅爲明。漢石渠議，蕭太傅云父卒母嫁，當服期。韋玄成以爲『父没則母無出義，王者不爲無義制禮』。宣帝詔曰：『婦人不養舅姑，不奉祭祀，下不慈子，是自絶也，故聖人不爲制服。玄成議是。』茲其徵矣。

或曰：舊説孔氏三世出妻，其説然與？曰：孔子未嘗出妻，伯魚未嘗喪出母。《檀弓》言伯魚期哭之甚，欲正以『父在，爲其母期』之常制爾。孔穎達誤以此爲出母服，污衊至聖，本不足信。子思言『先君子喪出母』謂孔氏先世之有賢德者，原非指斥孔聖。其後世拘執子思之説，亦以所謂喪出母之先君子其德本次於子思，故奉子思之言，以爲定如孔聖曾喪出母，後世斷斷從孔聖，不從子思矣。若夫伯魚年五十卒，其妻斷無嫁人之事，豈孔聖之德不足以慰垂老之婦而子思之賢不能安母之室，視《凱風》七子不若乎？《檀弓》言子思之母死於衛，自傷無時，此當在喪位居衛之日耳。又言子思之從母死於衛，衛有庶氏，其從母嫁庶氏，故曰『庶氏之母』。從母小功服，故赴於子思，其服同於外祖父母，故一時忽促有哭廟之誤。自今本脱『從』字，解者遂謂

子思之母嫁衛庶氏，豈其然與？〔二〕

要之，孔子、伯魚皆未出妻，所謂『先君子』者，別有所指，未可質言爲孔子、爲伯魚。〔三〕

【箋注】

〔一〕輯自《儆季雜著一・禮説五》，清光緒二十年南菁書院刻本。

〔二〕參見《禮書通故》第九《喪服通故一》：《記・檀弓》言孔氏兩世出妻，有服不服。或説，禮出母杖期，故孔聖使伯魚服出母。子思不使白也喪之，殊爲失禮。或説，爲父後者爲出母無服，孔聖使伯魚喪之，卻是變禮。吴澄迺爲孔聖、子思兩通之云：『伯魚以父在，故得爲出母服。子思兄死，使子上續伯父，主祖與曾祖之祭，則不敢服私親。』姜宸英云：『子上誠爲伯父後，則子思不當云爲伋妻、爲白母。子上既不爲伯父後，安得不服其私親？』江永云：『子之先君子喪出母，殆指夫子之於施氏而言，非謂伯魚之於幵官也。叔梁公初娶施氏，生九女無子，此正所謂無子當出者，《家語後序》謂叔梁公始出妻是也。孔子雖有兄，孟皮妾母所生，則孔子實爲父後。在禮，爲父後者爲出母無服，聖人以義處禮，父既不在，施氏非有他故，不幸無子而出，實爲可傷，故從其隆而爲之服。設有他故被出，則當從其污，不爲之服矣。』 以周案：《禮經》出母有服，謂出而未嫁者也。出母而嫁，是謂嫁母，嫁母惟從者有服，不從不爲之服也。孔氏先代有爲出母服者，出而不嫁者也，故曰『無所失道』。出而不嫁，禮宜從厚，所謂『道隆從隆』是也。子上之母，蓋出而改嫁者，故曰『不爲伋也妻』。改嫁本可不服，所謂『道污從污』是也。其云『伋則安能』者，嘆其事有異於先君子也。其云『自子思始』者，明後世拘執子思之説而失之也。『先君子』謂先代之有賢德者，其德本次子思，故孔氏不從先君子而一守子思之説。如江説先君子爲至聖，則孔氏斷從至聖不從子思矣。如舊説至聖後屢世出妻，斷非事實。《檀弓》『子思之母死於衛，赴於子思』，『母』當作『妻』，涉下『庶氏之母』而誤，此爲出而改嫁之證。

繼紅案：陳漢章《識語》云：『案：此先生未定之説。其《雜著·禮説五》説出母服云：「《檀弓》又言子思之從母死於衛，衛有庶氏，其從母嫁庶氏，故曰庶氏之母。從母小功服，故赴於子思。自今本脱『從』字，解者遂謂子思之母嫁衛庶氏，豈其然與？」』

〔三〕《皇清經解續編》本於此尚有識語曰：『參合《禮經》、《禮記》、《春秋傳》諸文以斷斯疑，而孔氏先君子之喪出母，子思之不喪出母，揆之古禮，皆兩得之。自識。』

公妾以及士妾爲其父母服〔一〕

《喪服·不杖期章》：『公妾以及士妾爲其父母。』傳曰：『妾不得體君，得爲其父母遂也。』鄭注云：『然則女君亦有以尊降其父母者與？《春秋》之義，「雖爲天王後，猶曰吾季姜」是言子尊不加於父母，此傳似誤矣。』程易疇申傳駁注，謂：妾不得體君兩條，當以妾子比例，不得以女君比例。妾子有體尊，而爲其母及外祖父母不得遂之時，其不體尊者得遂。今妾不體君，亦爲其子及爲其父母得遂也。竊謂經傳之義本直截，無待比例而明。上文爲衆子，義兼妾子。鄭注。女子子適人者，爲其父母，義亦通妾。經又恐人疑妾不得體君，有尊厭之嫌，故特發此二條以曉人。傳即承經之意，曰妾不得體君，於其父母及其子自得遂，以明妾於其旁親有不服也。鄭注誤會經意，因而駁傳，且謂經嫌妾服女君之黨，不自服其父母，將何以解爲子之義乎？如程説，妾子有體尊之事，豈妾亦有體君之事乎？妾子有體尊，不得遂其母及外祖父母之時，豈妾亦有體君，不得遂其父母及子之時乎？鄭以女君爲比例，於義窒。程以妾子爲比例，於義亦違。〔二〕

【箋注】

〔一〕輯自《儆季雜著一·禮説五》，清光緒二十年南菁書院刻本。

〔二〕參見《禮書通故》第九《喪服通故一》：《喪服·不杖期章》：『公妾以及士妾爲其父母。』傳曰：『妾不得體君，得爲其父母遂也。』鄭玄云：然則女君亦有以尊降其父母者與？《春秋》之義，「雖爲天王後，猶曰吾季姜」，是言子尊不加於父母，此傳似誤矣。』郝敬云：『傳未嘗謂女君可降父母也，謂妾之父母若同凡人，嫌妾自爲重服，違君自遂，似乎不可耳。今以國君之貴尚不厭妾，此父母之喪所以爲重，傳安得誤？』盛世佐云：『傳明君不厭妾之義，與經合。』程瑶田云：『「妾不得體君」兩條，當以妾子比例，不當以女君比例。妾之爲其子，猶妾子之爲其母。妾子有體尊者之時，而爲其母不得遂之事，其不與尊者爲一體，爲其母得遂，今妾不體君，亦爲其子得遂，是其例也。又妾之爲其父母，猶妾子之爲其外祖父母。妾子有體尊者之時，而爲其外祖父母不得遂之事，若妾子本不與尊者爲一體，爲其外祖父母得遂，今妾不體君，亦爲其父母得遂，是其例也。』以周案：詳《禮説》。

繼紅案：以周所謂『詳《禮説》』者，蓋指此篇而言也。又，據《校文》，初印本作『程説是』。今此篇則曰程説『於義亦違』，可見此爲後定之論。

内宗外宗爲君夫人服〔一〕

《禮》言内宗、外宗，説者眯眛。考之《周禮·序官》曰：『内宗，凡内女之有爵者。外宗，凡外女之有爵者。』内女，爲王同姓之女。外女，爲王外親之女。有爵，其嫁於卿大夫及士者。曰内女，曰外女，則内外婦不與焉。曰有爵，則嫁於庶人者不與焉。内宗、外宗，必人君親屬女之有爵者。而於其君之喪，則又分有私服、無私服之異。内宗之有私服者，鄭《雜記》注所謂『五屬之女』是也，五屬外，則無服焉。外宗之有私服者，鄭《雜記》注所謂『姑姊妹之子、舅之子及從母之子』是也。從母即姨母，『之子』二字，據熊安生所引增。女之子亦有服，此外無服焉。若夫同姓婦、外親婦之有爵者，則謂之内命婦、外命婦，而鄭注亦統謂之内宗、外宗。故《服問》注云『外宗，君外親之婦』。據《周禮·序官》，内、外宗女實不兼婦也。〔二〕

《雜記》曰：『外宗爲君夫人，猶内宗。』謂外宗之女有私服者爲君服斬，夫人齊衰，不敢以私服服至尊。其無服而嫁於諸臣者，從爲夫之君，與内宗之服君夫人同。《服問》曰：『君爲天子三年，夫人如外宗之爲君。』謂夫人與天子有私服者，三年不敢以私服服至尊。其無服者，則從爲夫之君期，與外宗之服君同。鄭注《雜記》，言内外宗服君夫人之法綦備。其注《服問》，則專以外親婦之無服者言之，以明諸侯之夫人爲天子期，而必曲言之曰『如外宗之爲君』，正兼『有私服、無私服』統言之，故鄭君此注，未免一偏，必以《雜記》注補言之，其義乃賅。至於《周禮》言官制，鄭注據『有爵』言。《禮記》言喪服，鄭注據『服、不服』言。各舉所重以明義，注例宜然，初非謂有『三外宗、二内宗』之異也。王肅知鄭義之相通，而用《周禮》注以注《服問》，云『外宗，外女之嫁於卿大夫者』，得其義矣。然不論外宗之有私服、無私服，而概曰『外宗爲君服期』，豈有服之内外宗而一從爲夫之君乎？混而合之，於禮又謬矣。王注見《通典》。熊安生、孔穎達等知鄭注『服、不服』之有别，遂於外宗分服斬、服齊及有爵爲三，内宗分有爵及五屬女爲二，隨文立解，各爲區别。豈《服問》之外宗服齊，《雜記》之内外宗服斬，本不可通乎？豈此《記》之内外宗皆無爵，與《周禮》不可合乎？王氏合所不宜合，熊、孔二氏又分所不必分，皆非善讀鄭注者也。〔三〕黄勉齋《續通解》采鄭注以補《禮經》之闕，殊爲有功古今，而於『齊衰三月』類增『内宗五屬之女，嫁於庶人，從爲國君』一條，誤讀鄭注。江慎脩《禮書綱目》、徐健庵《讀禮通考》據而沿之，並未深審。夫經曰『内外宗』，猶曰『内外命婦』，據有爵言，《周禮》可證。婦人以夫爲爵，嫁於庶人，則無爵矣，而猶謂之内宗乎？〔四〕

鄭注《雜記》，言内宗五屬之女與外宗姑姊妹之子、舅之子，皆與君有私服，服斬。又言其無服而嫁於庶人，從爲國君，説本分明。《通典》引庾蔚之説，五屬以有親服之故，成以君臣之服。孔疏引熊安生説，與諸侯有五屬之親者皆斬，是也。豈有以嫁於庶人，遂不服斬衰三年，而服齊衰三月乎？爲易之曰：王同姓女之無服者嫁於庶人，從爲國君，斯爲當矣。之數人者，雅號古今知禮之士，其説『内外宗』紕繆緟貤如此，於此見讀《禮》之難，亦見讀鄭注之不易。

【箋注】

〔一〕輯自《儆季雜著一·禮説五》，清光緒二十年南菁書院刻本。《皇清經解續編》本篇名作《内宗外宗》。

〔二〕參見《禮書通故》第三十四《職官通故四》：《序官》云：『内宗，凡内女之有爵者。外宗，凡外女之有爵者。』鄭玄云：『内宗，王同姓之女，有爵，其嫁於大夫及士者。外宗，王諸姑姊妹之女。』一説，内宗，宗女。外宗，宗婦。以其爲王族人之婦，故曰宗。以其異姓之女，故曰外。以周案：《序官》『内宗』、『外宗』皆以女言，説當從鄭。若王族人之婦之有爵者，謂之内命婦，不得稱『外』。《序官》云『外宗，外女』，亦不得以爲『婦』。參見『喪服』門。

〔三〕參見《禮書通故》卷九《喪服通故一》：《記・服問》：『君爲天子三年，夫人如外宗之爲君。』鄭玄云：『外宗，君外親之婦也。其夫與諸侯爲兄弟服斬，妻從服期。諸侯爲天子服斬，夫人亦從服期。』王肅云：『外宗，外女之嫁於卿大夫者也。爲君服期。』以周案：外宗之女，於君有本服者宜服斬，其無服者則從夫之服服期。《服問》言『夫人如外宗之爲君』，《雜記》言『外宗爲君，夫人猶内宗』，義本一貫。王氏以外宗爲『外女』，即《雜記》鄭注所謂『姑姊妹之女』、『舅之女』，而鄭此注與彼異者，謂彼外女『與君有本服宜斬』，故於此別以外親婦之『無服』者，以明從服之期。竊玩本文，不徑曰『爲天子期』，而曲言之曰『如外宗之爲君』，是兼有服、無服言之，明其服有齊、斬之別也。《周禮》『内宗』、『外宗』是女之嫁於卿大夫者，亦兼有服、無服言。王説固悖於《禮》，鄭説亦偏於義。熊安生謂『外宗有三』、『内宗有二』，説尤舛錯。

〔四〕參見《禮書通故》卷九《喪服通故一》：《記・雜記》：『外宗爲君，夫人猶内宗也。』鄭玄云：『皆謂嫁於國中者也。爲君服斬，夫人齊衰，不敢以其私服服至尊也。外宗，謂姑姊妹之女，舅之女，及從母，皆是也。内宗，五屬之女也。其無服而嫁於諸臣者，從爲夫之君，嫁於庶人，從爲國君。』以周案：鄭注内、外宗有親服服斬，無親服嫁從夫服，或從國君服，其義本明。黄勉齋《續通解》采用此注，而增『内宗五屬之女，嫁於庶人，從爲國君』一條，徐健庵《讀禮通考》沿其説，殊違經義。注云『五屬之女』，是於君有本親服者，嫁於庶人亦爲君斬，何得『從爲國君』？其云『從爲國君』者，以五屬外之無親服言也。

二名不偏諱〔一〕

經傳偏、徧二字多互誤。《易傳》：『莫益之，偏辭也。或擊之，自外來也。』偏，當依古本作徧。經文『或擊之』，『或』爲別辭，則上句『莫益』爲徧辭，此聖傳對經立義之至精至密者也。《記》『二名不偏諱』，偏諱對二名立文。偏者，二之一也。一本作徧。徧即二矣，非也。二爲兼辭，偏爲別辭。鄭注：『二名不一一諱之。』以『一一』詁二名之偏，非以『一一』詁偏也。

《禮經》授賓祭，有『辯以授』、『一以授』之分。辯，即徧也。一，謂一一偏舉之。《公食禮》於正饌之黍稷，曰『辯以授賓，賓祭之』。謂徧取黍稷總以授賓也，故曰辯。於三牲之肺，曰『辯取之，一以授賓』。謂徧取三牲之肺，一一授賓，故復別辯言一。於加饌庶羞之大，則曰『一以授賓，賓受，兼壹祭之』。鄭注云『賓一一受之而兼壹祭之』，此又別兼言一。辯與兼皆通辭，一爲別辭。鄭注訓『一以授』爲『一一授』，與此『不偏諱』訓『不一一諱』正同。知『一一授』非『辯授』，則『不一一諱』非釋『不偏諱』明矣。〔二〕

凡二名並舉謂之偏，偏宜諱二名。偏舉其一謂之偏，偏可不諱。夫子言在不稱徵，言徵不稱在，未嘗並舉二名，正所謂『偏諱，偏不諱』也。或作『二名不偏諱』，文害於義。初在詁經精舍，以鄭注『不一一諱』爲釋偏字，非定論也。近人有從予之初説者，故復重訂之。

【箋注】

〔一〕輯自《儆季雜著一·禮説五》，清光緒二十年南菁書院刻本。

〔二〕參見《禮書通故》第二十二《食禮通故二》：鄭玄云：『「贊者辯取庶羞之大，一以授賓。賓受，兼壹祭之。」一一受之而兼壹祭之，庶羞輕也。自祭之於之膷、臐閒，以異饌也。』敖繼公云：『賓於黍稷、牲、肺皆「壹祭之」，特於此發之耳。祭不言其所，亦「於醬、湆閒」可知。』褚寅亮云：『贊者所授賓祭者三，正饌則黍稷也，曰「辯以授賓，賓祭之」，是黍稷總授賓，賓總受而總祭也，故曰「辯以授」。於「三牲之肺」也曰「辯取之，壹以授賓，賓受，坐祭」，是三次授賓，三次祭也，故不云「辯以授」。加饌於庶羞之大則曰「一一以授賓，賓受兼壹祭之」，是大亦逐一授賓，賓則逐一受之而總祭之也，故云「兼」。立文不同。注據經爲解，不可破。正饌豆實，祭於上豆之閒。大是加饌豆實，宜祭於加饌上豆之閒，注云「祭於膷、臐閒」，亦是也。祭漿飲亦於是處可知。』　以周案：諸説壹以授兼壹祭，較敖爲長。敖説祭於醬、湆閒，較鄭爲當。凡祭，必在近席正饌之所，祭粱、稻於醬、湆閒，是祭加饌之通例。

孔子少孤不知其墓殯於五父之衢（一）

《檀弓》此章，千古疑案。孔子少孤，不知父墓，豈有顔母亦不知之理。司馬遷求其説而不得，遂謂顔母諱野合而不告，固屬污聖。鄭注從《史記》，並謂殯母於五父之衢，令人怪己，發問端。事近巧詐，亦未合聖人作爲。

《博物志》引王肅説，直謂孔子無此事，記者謬。申其説者，據僞《孔叢子·陳士義篇》，以爲李由之誣。近人不信王肅僞作之書，又無以解《檀弓》。惟江慎脩引孫邃人説，以『不知其墓殯於五父之衢』十字當連讀，『蓋殯也，問於郰曼父之母』爲倒句，較爲近正。然如孫氏之解，『其慎也』二句殊覺可去。而殯葬大事，顔母斷無不知，知之而不告，其疑終無以釋。且古之所謂合葬者，以後喪從先葬，未聞以先喪從後死者也。顔母之卒，據歷聘紀年，孔子已二十四歲。其父之殯，直至葬母，乃問人而知之，而前此有二十年之久，何辨之不早辨邪？亦未見孫説之果是矣。考郰大夫叔梁先娶魯之施氏，有九女，無子。其妾生孟皮，有足病。後求婚於顔氏，生孔子。郰大夫之娶顔氏也，疏引《家語》云『年餘七十，無妻』，則施母已早卒矣，郰大夫必先營其墓地而葬之，亦可知也。顔母之嫁孔氏，年甚輕，於顔父問女事可見。而孔子又幼，宜其不知前妻墓地。『不知其墓，殯於五父之衢』，皆蒙『少孤』立文。『不知其墓』句，其墓謂郰大夫所營施母之墓也。『殯於五父之衢』句，殯謂殯郰大夫也。殯葬之禮有淺深之别，有厚薄之分。郰大夫卒，孔子年方三歲，不知前母之墓所在，無由合葬其父，故殯於五父之衢。又以合葬無期，因深殯之，如浮葬然。云『人之見之者，皆以爲葬也』，極狀孔子慎重其事。蓋深殯之意在求其墓而合葬，非安於不知而苟焉者，此記孔子少孤之志有不同於凡人也。少長，問於郰曼父之母，知郰大夫所營塋地在防，然後合葬於施母之墓焉。《記》意如此，本無可疑。解者不得其説而妄爲之辭，於以疑《記》、駁《記》，僞《孔叢子》之説起矣。〔二〕施母非出，參見《出母服篇》。

【箋注】

〔一〕輯自《儆季雜著一·禮説五》，清光緒二十年南菁書院刻本。

〔二〕此篇在《禮書通故》第十《喪禮通故五》稍有涉及，曰：孔穎達云：『孔子不知父墓，意欲問人，乃殯母於五父之衢，欲使它人怪而致問。』陳澔云：『終母之世，不求父葬之地，母死殯衢，又如無室廬者，何以爲孔子乎？』以周案：《記》文『不知其墓殯於五父之衢』，十字作一句讀。孔子不知父墓之爲殯也，殯則可合葬，葬則否。初疑之，故不合葬，卒問而知之，故合葬焉。兹孫護孫説，較舊解爲近正。

諸公〔一〕

諸公者，官名也。考之《禮》，次國之上卿，位當大國之中。次國上卿，三命。大國上卿，容有四命。《典命職》曰：『公之孤四命，以皮帛，眡小國之君。』鄭司農注：『上公得置孤一人。』孤卿四命，其禮得眡子男，例可稱公。然直稱之爲公，又嫌與國君無別，故《大射》、《燕禮》稱國君曰公，其孤卿曰諸公。諸，非衆詞也。《夏官》有《諸子職》，亦以諸名官。鄭注諸子，或曰庶子。《燕義》：『古者，周天子之官，有庶子官。』其文與《諸子職》同，則諸之言庶也。庶子者，别其適之名也。諸子者，掌其倅之名也。公卿大夫之適子，入於成均，謂之國子。諸子掌國子之倅。鄭司農云：『倅，讀如「物有副倅」之倅。』諸子，所以副貳國子也。《儀禮》『諸公』與《周禮》『諸子』同爲官名，爲其副貳國子曰『諸子』，爲其副貳上公曰『諸公』，其義一也。自鄭注以『公』爲官名，『諸』爲衆詞，異説由是沸起。鄭注《鄉飲》云：『大國有孤四命，謂之公。』注《燕禮》云：『孤一人，言「諸」者，容牧有三監。』考《王制》，言『三監』，本非周制，不得援以爲證。且《儀禮》之例，凡衆詞，皆稱『衆』，如衆賓、衆主人、衆耦、衆射者、衆工、衆笙之類皆不稱『諸』，則諸公稱『諸』，非衆詞，明矣。《鄉飲》、《鄉射》、《大射》皆稱『諸公、大夫』，大夫非一人，不稱『諸大夫』，何獨於孤卿一人偏稱『諸公』？則諸公爲官名，非衆詞，更明矣。吴氏廷華謂『天子有三公，侯國則有孤卿一人，稱公，又有致仕者。』胡氏《釋官》駁之曰：『致仕之説，在《鄉飲》可通，但《大射》是將祭擇士之射，皆就在位言之，不得有致仕者。』竊謂吴氏之説，於《大射》固不合，即《鄉飲》亦不可通。《鄉飲禮》：『鄉大夫爲主人，其孤卿大夫之致仕者曰鄉先生。』鄭注《冠禮》云：『鄉先生，鄉中老人爲卿大夫致仕者。』注《冠義》云：『鄉先生，同鄉老而致仕者。』鄉老曰『公』，致仕則曰『鄉先生』，則諸公中無致仕之孤明矣。或謂諸公統公卿大夫言，或謂諸公兼寄公言，或謂諸公以附庸言，或引《左傳》『吾公在壑谷』爲臣尊其君之稱。考《鄉飲》云：『有諸公，則辭加席。無諸公，則大夫辭加席。』《燕禮》、《大射》皆云『若有諸公，先卿獻之』，則『諸』自專屬公，不兼卿大夫。禮，諸侯不臣寓公、附庸之君，諸侯亦不純臣。《大射禮》：『公命徹冪，賓及諸公、卿大夫皆降，拜。』言『降、拜』，則亦在臣列，非有寄公及附庸之君。且《鄉飲》爲鄉大夫禮，《鄉射》爲州長禮，寄公、附庸君詎容來與？大夫稱『公』，末世僭禮，更不足爲訓。〔二〕

盛氏世佐曰：『孤一人而稱「諸公」，以别其君之稱「公」也。諸，衆也，若曰「猶是衆臣」云爾。亦有稱「公」而不加「諸」者，《鄉飲禮》「公三重」是也，以其在鄉里言之也。天子之上公亦有稱「諸公」者，《曲禮》曰「諸公東面」是也，以其在王朝言之也。』竊謂《鄉飲》稱『公』而不加『諸』，與冢宰稱『宰』、大保稱『保』同。在鄉，無嫌孤卿，例得稱『公』，盛氏之説是矣。但訓『諸』爲『衆』以例衆臣，義甚迂曲。且侯國諸公爲官名，天子諸公屬衆詞，牽合爲一，仍沿舊譌。

【箋注】

〔一〕輯自《儆季雜著一·禮説五》，清光緒二十年南菁書院刻本。

〔二〕此篇參見《禮書通故》第三十四《職官通故二》：鄭玄云：『大國有孤四命，謂之公。孤一人，言諸者，容牧有三監。』或云容有致仕之老，或云統公卿大夫言。或云兼寄公言。或云以附庸言。或云諸公爲臣尊其君之稱，《左傳》曰『吾公在壑谷』。以周案：諸公，官名，以別其君之稱公也。《夏官》有《諸子職》，亦以『諸』名官。爲其副貳國子曰諸子，爲其副貳國君曰諸公，其義一也。自鄭注以『公』爲官名，『諸』爲衆辭，異説由是沸起。考《王制》言『三監』本非周制，不得援以爲證。且《儀禮》之例，凡衆辭皆稱『衆』，如衆賓，衆主人，衆耦，衆射者，衆工，衆笙之類，皆不稱『諸』，則諸公稱『諸』，非衆辭明矣。《鄉飲》、《鄉射》、《大射》皆稱『諸公大夫』，大夫非一人，不稱『諸大夫』，何獨於『孤卿』一人偏稱『諸公』？則諸公爲官名非衆辭更明矣。吳中林主『致仕』之説，胡氏《釋官》謂其説在《鄉飲》可通，但《大射》是將祭擇士之射，皆就在位言之，不得有致仕者。竊謂吳説於《大射》固不合，即《鄉飲》亦不可通。鄉飲禮鄉大夫爲主人，其孤卿大夫之致仕者曰鄉先生。鄭注《冠禮》云：『鄉先生，鄉中老人，爲卿大夫致仕者。』注《冠義》云：『鄉先生，同鄉老而致仕者。』鄉老曰公，致仕則曰鄉先生，則諸公中無致仕之孤明矣。又考《鄉飲》云『有諸公則辭加席，無諸公則大夫辭加席』，《燕禮》、《大射》皆云『若有諸公，先鄉獻之』，則『諸』自專屬公，不兼卿大夫。《禮》：『諸侯不臣寓公。附庸之君，諸侯亦不純臣。』《大射禮》：『公命徹冪，賓及諸公、卿大夫，皆降拜。』且鄉飲爲卿大夫禮，鄉射爲州長禮，寄公、附庸君詎容來與？大夫稱公，末世僭禮，更不足爲訓。

先生夫子〔一〕

先生、夫子之稱，隨時變易，初無定名。《禮經》之先生，鄭注以爲卿大夫致仕者稱，最尊。後又通爲長老之稱。而《曲禮》一篇，先生與長者猶分别言之。鄭注云『先生，老人教學者』，明其與不教學之長者固有異也。説者謂『老人教學通稱先生，先生不必爲我師之稱』，然『侍坐於先生，請業則起，請益則起』，庸謂之『非我師』乎哉？然則孔門弟子不稱先生，稱夫子，何也？曰：時先生輕，不敢也。《易・師卦》以長子對弟子。弟，次也。弟子者，次子也。《論語》以弟子對先生，謂先弟子而生。先生者，兄長也。自孔子設教洙泗閒，師之立教也嚴，師之爲道也亦尊。師視其徒猶子，徒視其師猶父，故不敢先生之相與。〔二〕

夫子之夫者，帥人以義而又崇而長之。曰子，其稱昉諸周初，亦卿大夫之尊稱也。《公羊傳》曰『字不若子』，何注以子爲爵之最尊者，當時以稱小國之君。《書・牧誓》曰：『勖哉夫子！勖哉！』指篇首『司徒、司馬、司空、三卿。亞旅、師氏大夫。』而言。卿大夫出，將軍吏主教夫卒『坐作進退疾徐疏數之節』，《大司馬》文。故責之以步伐止齊，號之曰夫子。夫即千夫長、百夫長之夫。夫子者，千夫、百夫以上之尊者稱也。嗣後相沿以爲卿大夫之稱。《春秋左氏傳》僖廿三年，『夫子必反其國』以稱晉重耳。文十五年傳『夫子以愛我聞』以稱孟獻子。襄廿六年，『夫子爲王子圍』以稱楚令尹。廿七年，『夫子之家事治』以稱范武子。三十年『夫子禮於生者』，昭十年『夫子知度與禮矣』，十三年『唯夫子知我』，二十年『吾早從夫子』，以稱鄭子皮、子産。廿五年，『今夫子卑其大夫』以稱宋桐門右師。定五年，『夫子語我九言』以稱鄭子太叔。皆當世之爲卿大夫者。孟明、陽處父、趙宣子、苦成叔、欒鍼、祁奚、申叔豫、魯三卿之稱夫子同例。惟昭七年『必屬説與何忌於夫子』，時孔子未爲大夫，蓋由後追稱之也。當時孔門諸弟子尊其師，通稱於其君。於他邦，用『字不若子』之例而謂之孔子。其面與師言，用卿大夫之例而謂之夫子，此周人貴貴之義也。〔三〕

然貴貴之義，似非施於父子，而人子於其父亦有稱夫子，襄廿七年。身爲大夫，親疏皆得『子』之也。《記》曾元稱其父爲夫子，有爲言之，故鄭特爲之注曰『言夫子者，曾子親没之後，齊嘗聘以爲卿而不爲也』。曾子此事見《韓詩外傳》，鄭引此以證夫子之稱，其義取諸卿，不取師，所以明曾元之意，蓋曰以夫子寢卿簀，本不違禮。病革而變，易之不可。而曾子終不爲卿，故以易簀爲得正。夫子之義明，而通節脈絡自貫，即弟子之稱其師爲夫子之義亦見。鄭注甚精密，讀者習聞『師稱夫子』之説而不加察，反議鄭注之迂曲，是謂不揣其本而齊其末。

《韓詩外傳》曰：『曾子親没之後，齊迎以相，楚迎以令尹，晉迎以上卿。方是之時，曾子重其身而輕其禄。』孔疏引此申之曰：『言輕其禄，是未爲大夫，故他人名己，得呼爲大夫而言夫子。若己須依禮，不寢大夫之簀。』説甚明瞭。朱子乃謂『季孫之賜，曾子之受，皆爲非禮。但一聞人言而必舉扶而易之，則非大賢不能』。如朱子語，設時無童子言而曾子將終斃於不義乎？是不若鄭注之允當矣。前人咸謂鄭注經，詳訓詁，略理義。予謂鄭之理義多函於訓詁中，『引而不發，躍如也，能者從之』，其鄭注之謂乎？

【箋注】

〔一〕輯自《儆季雜著一·禮説五》，清光緒二十年南菁書院刻本。

〔二〕《禮書通故》第三十四《職官通故二》對先生一詞稍有涉及，曰：《尚書大傳》云：『大夫、士七十致仕，歸其鄉里。大夫爲父師，士爲少師。』鄭玄云：『《士冠禮》「遂以摯見於卿大夫、鄉先生」。鄉先生，鄉中老人爲卿大夫致仕者。』賈公彦云：『《鄉飲酒》與《鄉射禮》先生及《書傳》父師，皆一也。先生亦有士之少師，鄭不言者，經云卿大夫不言士，故先生亦略不言，其實亦當有士也。』以周案：卿大夫謂見爲仕者，鄉先生謂一鄉中之老而致仕者。今本『卿大夫』之『卿』亦作『鄉』，誤。《周官·序官》『鄉大夫，每鄉卿一人』。段懋堂謂本鄉之仕爲大夫者，亦爲鄉大夫。此説無據。《禮經》於本鄉卿大夫士之致仕者曰鄉先生，其見爲仕至卿大夫者曰遵，無鄉大夫之名。鄭注云：『遵者，鄉之人仕至大夫者。鄉先生，卿大夫致仕者。』

〔三〕此節參見王兆芳《儆季子粹語》卷之一《師教第二》：子曰：先生爲卿大夫致仕者之稱，後又通爲長老之稱，而先生與長者别言之，則爲老人教學者之稱。自孔子設教洙、泗閒，師之立教也嚴，師之爲道也亦尊。師視其徒猶子，徒視其師猶父，故不敢『先生』之相與。夫子之『夫』者，帥人以義而又崇而長之。曰『子』，其稱昉諸周初，爲卿大夫之尊稱。子亦稱其父爲『夫子』，身爲大夫，親疏皆得『子』之也。孔門諸弟子尊其師，於佗邦用『字不若子』之例而謂之『孔子』，其面與師言，用卿大夫之例而謂之『夫子』，此周人貴貴之義也。

處士居士〔一〕

處士、居士，散文通用，對文迥別。處士者，未與賓興之士，猶處女之未許嫁者也。居士者，與賓興而未仕之士，猶處女已許嫁而居在母家者也。

《鄉飲酒禮》：「主人就先生而謀賓介。」鄭注曰：「賓介，處士也。」時猶未與賓興也。《鄉大夫》：「三年大比，考其德行道藝而興賢者、能者，以禮禮賓之。」則謂之居士。《記·玉藻》曰「居士錦帶」，鄭注曰：「居士，道藝處士也。」謂已賓興而未仕者也。《鄉大夫》曰：「使民興賢，出使長之。使民興能，入使治之。」是已仕者也。

其賓興而未仕者，猶之民也，故亦謂之命民。《尚書大傳》曰：「古之帝王必有命民，能敬長恤孤，取捨好讓，舉事力者，命於其君，然後得乘飾車駢馬，衣文錦。」鄭注云「居士錦帶」，則居士者，命民也。然古者命民之分有三等：德一科，行一科，道藝又一科。《大司徒》曰〔二〕：「以鄉三物教萬民〔三〕而賓興之。一曰六德，知、仁、聖、義、忠、和；二曰六行，孝、友、睦、婣、任、恤；三曰六藝，禮、樂、射、御、書、數。」六德之士不能數數見，帝王懸設是科，所以待天民也。其次，則舉六行之士以命之，《尚書大傳》所言是也。敬長，孝友也。恤孤，恤也。取捨好讓，睦婣也。舉事，力任也。又其次者，則舉六藝之士以命之，鄭注《玉藻》所言是也。禮、樂、射、御、書、數謂之藝，知其義而敬守之謂之道。道成而上，藝成而下，分之有優劣，而先王設科不分道藝，所以望士者亦深且厚也。

然則處士者，以鄉三物自勵者也。居士者，六德、六行、六藝必有專長可見者也。《荀子》曰：『古之處士，德盛者也，知命者也。今之處士，無能而云能者也，離蹤而跂訾者也。』無能謂無六藝，離蹤而跂訾謂無德行。

【箋注】

〔一〕輯自《儆季雜著一·禮説五》，清光緒二十年南菁書院刻本。

〔二〕『《大司徒》』，原作『《鄉大夫》』，誤。據《周禮·地官·大司徒》徑改。

〔三〕『教萬民』，原文漏引，據《周禮·地官·大司徒》增補。

周禮儀禮非古名[一]

《周禮》、《儀禮》之名昉自何世乎？曰：六篇之《禮》，古名《周官》。自西漢之末，《周官》列爲經而屬之於《禮》，於是有《周禮》之名。十七篇之《禮》，古祇稱《禮》。對《記》言曰《禮經》，合《記》言曰《禮記》。自西晉之初，《禮記》之名爲小戴四十九篇所奪，於是有《儀禮》之名。何以言之？

荀悦《漢紀》曰：『劉歆奏請《周官》六篇列之於經，爲《周禮》。』陸德明《敘録》曰：『劉歆始建立《周官經》，以爲《周禮》。或者以爲《後漢書》言鄭衆傳《周官經》，後馬融作《周官傳》，鄭康成作《周官注》，是時未有《周禮》之名。』此語未之深考。鄭君《周官》序、《禮經》《戴記》注言《周禮》甚多，《後漢·盧植傳》亦並言之。武虚谷曰：『班氏於王莽一傳之中，凡莽及臣下施於詔議章奏，自號曰《周禮》，必大書之。而自爲史文，乃更端見例，復仍其本名曰《周官》。《食貨志》莽乃下詔曰「夫《周禮》有賒貸」，及後云「又以《周官》税民」，是亦一志而兩見。由其意觀之，固未有著明於此也。《郊祀志》莽改南北郊祭祀，猶稱《周官》，時未居攝，不敢紊易。《莽傳》徵天下通藝及張純等奏之稱《周官》，亦皆在未居攝之時。是則《周官》之易名《周禮》，其在居攝之後可知矣。』荀悦之言洵不誣也。〔二〕

張忠甫《儀禮識誤》曰：『古未有《儀禮》之名，後漢學者見書中有儀有禮，遂合稱之爲《儀禮》。或者以爲《後漢·鄭康成傳》言所著書有《儀禮》十七篇，標題亦曰《儀禮鄭氏注》，是《儀禮》之名實起於康成。』此語亦未之深考。十七篇之標題，漢無『儀』字。鄭君本傳曰：『鄭所注《周易》、《尚書》、《毛詩》、《儀禮》、《禮記》、《論語》、《孝經》。』段懋堂以爲此不應遺《周官》，疑『儀禮禮記』四字乃『周官禮禮記』五字轉寫之誤。竊謂本傳李注云：『謝承《書》載玄所注與此略同，不言注《孝經》，惟此書獨有。』李注惟言注《孝經》有異，不言謝《書》有《周官》，是李注《漢書》時尚作《周官禮》不誤也。尋鄭注經之例，凡引十七篇文，皆直舉篇名，不云《儀禮》。其不舉篇名者，則曰《禮記》。如《召南》詩箋引《少牢禮》文，云『《禮記》主婦髲鬄』是也。其渾指十七篇則曰『今禮』，如《禮器》注『以曲禮三千爲今禮』是也。『今禮』即《禮記》。《禮記》者，今文家之名也。古文《禮》五十六篇，《記》百三十一篇，各自爲書，不合。高堂生所傳十七篇附記於《禮》，當時有《禮記》之名，故鄭箋《詩》用其名。注《戴記》又謂之『今禮』，謂今文家所傳十七篇之《禮記》也。然段氏又謂郭注《爾雅》引十七篇文，皆系之《禮記》，是東晉尚不云《儀禮》。此説亦未之深考。《儀禮》之名當起於西晋。西晋以前，祇謂之《禮記》，不獨鄭箋爲然，李巡、孫炎注《爾雅》亦當如是。郭注引十七篇之文，《禮記》、《儀禮》名多錯出。如《釋草》一篇，『簜竹』下引《儀禮》，『蕡枲實』下則曰《禮記》。《釋詁》、《釋言》又引《禮記》各一。其曰《禮記》者，即襲孫、李舊注而未改者也。其曰《儀禮》者，郭璞自注，從時所稱也。是時，小戴四十九篇之《記》盛行，以《禮》爲三禮之總名。十七篇《禮記》之名又爲四十九篇所奪，乃別號之爲《儀禮》。其所以號爲《儀禮》者，以鄭君釋『威儀三千，曲禮三千』爲即十七篇之《禮》也。則《儀禮》之名必出於鄭君之後，可知矣。鄭小同處魏末，其撰鄭《志》引十七篇文，亦不云《儀禮》。至晋元帝時，荀崧上疏，請置鄭《儀禮》博士，當時已盛稱《儀禮》，故疏有是名。則《儀禮》之名起於西晋，亦可知矣。或者又引《隋志》載一字石經，有《儀禮》九卷。《隸釋》載熹平石經，有《儀禮》殘碑。以爲《儀禮》之名雖不出於康成，而實始於東漢。此語亦未之深考。《隋志》：一字石經七種，三字石經二種。其論曰『漢鐫七經，皆蔡邕書』，又云『魏立一字石經』，其說自相矛盾。洪適《隸釋》鑒漢、魏之字法，詳《公羊》之題名，援《水經》以駁范《書》。據范《書・儒林傳》，熹平四年，詔諸儒正定五經，刊於石碑，爲古文、篆、隸三體書法，以相參考，則熹平石經似爲三體石經。據《水經注》，光和六年，立石於太學，其上悉刻蔡邕名，魏正始中，又刻古、篆、隸三字石經。則三體石經爲魏所立，而熹《公羊傳》題名有堂谿典、馬日磾等八人姓名，皆蔡邕同時寫石經者。

平所立實一字石經也。又考《魏志·劉劭傳》裴注引衛恒《四體書勢敘》，曰：『正始中立三字石經，轉失邯鄲法。』與《水經注》合。近儒皆從其説，顧亭林、全謝山、臧玉林、朱竹垞、翁覃溪、馮柳東皆同。以爲一字石經熹平所立。然石經之見於范《書》者，據《帝紀》及《儒林》、《宦者傳》，皆云五經。據《蔡邕》、《張馴傳》，又云六經。及讀《盧植傳》，云始立太學石經，以正五經文字。植上書曰：『臣少從馬融受古學，謂古文《禮》。頗知今之《禮記》謂十七篇。特多回穴，願詣東觀，專心研精，合《尚書》章句，考《禮記》失得，庶裁定聖典，刊正碑文。古文科斗，近於爲實。』乃知熹平時蔡邕所立，實祇五經，後從盧植所請，刊立《禮記》，合之爲六經。《隋志》以爲七經，則誤也。其續刊在光和六年，當如《水經注》所云。盧植奏請之時，適有南夷之叛，植出拜廬江太守。歲餘復徵，靈帝卒從其請，立之。本傳不言，略也。前儒誤以《禮記》爲四十九篇《戴記》，且謂盧植所請，卒不立，與陸、戴所記不合。其六經之《禮》爲《禮記》，當從《盧植傳》所言。陸機《洛陽記》、戴延之《西征記》並以熹平石經爲《禮記》，與《盧植傳》合。但植所奏請《禮記》非四十九篇之《戴記》，乃漢魏所稱十七篇之《禮記》。觀《隸釋》所載殘碑，自知十七篇之《禮記》爲今文，其古文在中祕。植以今文多舛誤，必以古文相校，乃得其實。此與《儒林傳》言『康成習《小戴禮》，此《小戴禮》亦指十七篇之《禮》，非謂《小戴記》也，故其下文又言注小戴四十九篇《禮記》。後以古經校之，取其義長者』同一意旨，故云『願詣東觀，考《禮記》古文科斗』也。西晋以來，《禮記》之名爲四十九篇之專稱，十七篇别號《儀禮》。《熹平石經》之《禮記》，亦遂改從當時之號，此《隋志》所以有《儀禮》九卷之目也。一字石經之《儀禮》，必非漢人舊題，可以《洛陽記》、《西征記》爲佐證，而斷之以《盧植傳》。盧植奏請刊立《禮記》，非四十九篇之《禮記》，可以《詩》鄭箋、《爾雅》郭注引《禮記》爲佐證，而斷之以本傳上下文。〔三〕

然則《禮》疏引『經禮三百，曲禮三千』之異文，以爲《周禮》之異名七，《儀禮》之别名五，其説若何？曰：此大謬也。經禮者，曲禮之綱；曲禮者，經禮之目。《周官》詳官制，不足當《禮經》之綱。《禮經》記大經，不可爲《周官》之目。經禮三百，必非周官之三百六十屬。曲禮三千，必非《禮經》之十七篇。鄭君此注，前儒多以爲非矣。東漢以來，稱《周官》爲《周禮》，儒者猶菲薄其名。西晋以來，稱十七篇爲《儀禮》，學者習焉而不以爲非，回惑孰甚焉！〔四〕

【箋注】

〔一〕輯自《儆季雜著一·禮説五》，清光緒二十年南菁書院刻本。

〔二〕參見《禮書通故》第一《禮書通故》：賈公彦云：『以設位言之，謂之《周官》；以製作言之，謂之《周禮》。』王應麟云：『鄭眾傳《周官經》，後馬融作《周官傳》授鄭玄，玄作《周官》注，猶未以《周禮》名也。《隋志》自馬融注以下，始曰《周官禮》。』閻若璩云：『案康成《序》曰：「世祖以來，通人達士鄭氏父子、衛宏、賈逵、馬季長，皆作《周禮》解詁。」《周禮》之名，已見於此。』以周案：鄭君於《儀禮》、《禮記》注引《周禮》甚多，不獨《周官序》爲然。《後漢書·盧植傳》植疏曰：『中興以來，通儒達士班固、賈逵、鄭興父子，《毛詩》、《左氏》、《周禮》各有傳、記。』此鄭《序》所本也。考《周禮》之名，始見於《漢書·王莽傳》，其議建於劉歆，亦見於荀悦之《紀》、陸德明之《敘録》。《紀》云：『劉歆以《周官》十六篇爲《周禮》。』『十』字疑衍。《敘録》云：『劉歆始建立《周官經》，以爲《周禮》。』武虚谷云：『班氏於莽一傳之中，凡莽及臣下施於詔議章奏，自號曰《周禮》，必大書之。而自爲史文，乃更端見例，復仍其本名曰《周官》。《食貨志》莽乃下詔曰「夫《周禮》有賒貸」，及後云「又以《周官》稅民」，是亦一志而兩見。由其意觀之，固未有著明於此也。《郊祀志》莽改南、北郊祭禮猶稱《周官》，時未居攝，不敢紊易至此也。《莽傳》徵天下通藝及張純等奏之稱《周官》，亦皆在未居攝之時。是則《周官》之易名《周禮》，其在居攝之後矣。』

〔三〕參見《禮書通故》第一《禮書通故》：阮元云：『《禮經》在漢只稱《禮》，亦曰《禮記》。熹平石經有《儀禮》，載洪適《隸釋》，而戴延之謂之《禮記》，是也，無稱《儀禮》者。鄭引此經直舉篇名，亦不稱《儀禮》。今注疏本首題「《儀禮》鄭氏注」，疑鄭學之徒加之，猶「鄭氏箋」三字爲雷次宗所加也。』以周案：范《書》述鄭所注書有『儀禮』字，《禮經》大題亦有『儀禮』字，或者遂謂『《儀禮》之名鄭君所定』，斯語失實。鄭注群經引《禮經》文皆直舉篇名，不云《儀禮》。其注《禮器》以《曲禮》爲『儀禮』，則云『謂「今禮」也』，仍不名之爲《儀禮》。鄭《志》爲鄭學之徒所記，其引《禮經》亦直舉篇名，不云《儀禮》，則鄭氏師、弟子並無《儀禮》之名也。《禮》注大題『《儀禮》』，當是東晋人所加，東晉人盛稱《儀禮》。　又案：《禮經》古只稱《禮》，經五十六篇皆古文，對今文言之曰《禮古經》，見《漢志》。十七篇爲今文，别古文言之曰『今禮』，見鄭君《禮器》注。《今禮》者，今文家所傳《禮》也。古文《禮》與《記》各自爲書，今文家《記》附於《禮》，亦稱之曰《禮記》。《詩》鄭箋引《少牢禮》曰『《禮記》「主人髮鬄」』，《爾雅》郭注引《士相見》『妥而後傳言』、《有司徹》『厞用席』、《喪服傳》『苴，麻之有蕡者』，並曰『《禮記》』是也。漢初傳今文十七篇者，有大戴、小戴、慶氏三家，其本各異。當時别其家法，又稱之曰《大戴禮》、《小戴禮》，鄭君《目録》所謂『《大戴》弟幾』、『《小戴》弟幾』是也。《後漢・儒林傳》云：『康成本習《小戴禮》，後以古經校之，取其義長者爲鄭氏學』，下又别言『注《小戴禮記》四十九篇』，則所云《小戴禮》即『十七篇』也。鄭君以『經禮三百』爲《周官》三百六十，屬『曲禮三千』爲《今禮》十七篇及其逸者，於是又稱之曰《曲禮》。《奔喪》注、《投壺目録》並云『屬《曲禮》之正篇』，《曲禮》即指《今禮》十七篇及其逸者也。自東漢『三禮』之名出，《禮》爲《周官》、《禮》、《禮記》之總名，而西漢『五十六篇』之專名反爲《周官》、《禮記》所混。自魏晉號『四十九篇』爲《禮記》，亦謂之《小戴禮》，而東漢『十七篇』之名《禮記》、名《小戴禮》者又爲『四十九篇』《戴記》所奪，於是别號之爲《儀禮》。此與鄭君以『十七篇』爲《曲禮》同意。然《曲禮》雖不足當『十七篇』，而名猶見於經，謂之《儀禮》，實爲不典。或曰：『《儀禮》之名始自東漢，《隋志》載一字石經有「《儀禮》九卷」，《隸釋》載熹平石經殘碑亦有《儀禮》。』此語實非。『石經』之見於范史者，據《帝紀》及《儒林》、《宦者傳》，皆云『五經』，據《蔡邕》、《張馴傳》以爲『六經』，及讀《盧植傳》，知熹平刊石經本止『五經』，後從盧植奏請刊立《禮記》，合之爲『六經』。陸機《洛陽記》、戴處之《西征記》、《太平御覽》一百七十六引《羊頭山記》，並云石經有《禮記》，不言

《儀禮》，與《盧植傳》甚合。《隋志》名爲《儀禮》者，系後人改稱，非其舊題也。

〔四〕詳見《禮書通故》第一《禮書通故》：孔穎達云：『《周禮》見於經籍，其名異者有七處：《孝經説》云「禮經三百」，一也；惠校宋本作『禮經』，今毛本誤與《禮器》文同。《禮器》云「經禮三百」，二也；《中庸》云「禮儀三百」，三也；《春秋説》云「禮義三百」，四也；《春秋傳》曰：「是以有動，作《禮義》、《威儀》之則。」《春秋》説本此爲文。今各本俱誤作「禮經三百」，與《孝經》説同，則七處止有六名，無七名。《禮説》云「有正經三百」，五也；《周官外題》謂爲「《周禮》」，六也；《漢・藝文志》云「《周官經》六篇」，七也。七者皆云三百，故知俱是《周官》。周官三百六十，舉成數故云三百也。《儀禮》之別亦有七處，而有五名：一則《孝經説》、《春秋説》及《中庸》並云「威儀三千」；二則《禮器》云「曲禮三千」；三則《禮説》云「動儀三千」；四則謂爲《儀禮》；五則《藝文志》謂《儀禮》爲《禮古經》。凡此稱謂，並承三百之下，故知即《儀禮》也。非謂篇有三千，但事之殊別有三千條耳。或一篇一卷，則有數條之事。』朱熹云：『經禮、威儀，《禮器》作經禮、曲禮，而《中庸》以經禮爲禮儀。鄭玄等皆曰經禮即《周禮》，曲禮即《儀禮》，獨臣瓚曰：「周禮三百，特官名耳。經禮謂冠、昏、吉、凶。」蓋以儀禮爲經禮也。而近世葉夢得曰：「經禮，制之凡也，曲禮，文之目也。先王之世，二者皆藏書於有司，祭祀、朝覲、會同則太史執之以涖事，小史讀之以喻衆。而卿大夫受之以教萬民，保氏掌之以教國子者，亦此書也。」愚意《禮》篇三名，《禮器》爲勝，諸儒之説，瓚、葉爲長。蓋《周禮》乃制治、立法、設官、分職之書，於天下無不該攝，禮典固在其中，而非專爲禮設也。故《漢志》立其經傳之目但曰《周官》，而不曰《周禮》，自不應指其官目以當《禮》篇之目。又況其中或以一官兼掌衆禮，或以數官通行一事，亦難計其官數以充《禮》篇之數。至於《儀禮》，則其中冠、昬、喪、祭、燕、射、朝聘自爲《禮經》大目，亦不容專以曲禮名之也。又考經禮固今之《儀禮》，其存者十七篇，而其逸見於它書者，猶有《投壺》、《奔喪》、《遷廟》、《釁廟》、《中霤》等篇。曲禮則皆禮之微文小節，如今《曲禮》、《少儀》、《内則》、《玉藻》、《弟子職》篇所記。』以周案：古人於《儀禮》單曰《禮》，對《記》言則曰經，其中古文曰古經。《周禮》止曰《周官》，對傳言曰《周官經》。《説文敘》曰：『其稱《禮》、《周官》，皆古文。』《漢・蓺文志》曰『《禮古經》五十六篇，經十七篇，《周官經》六篇，《周官傳》四篇』，《景十三王傳》曰『《周官》、《尚書》、《禮》、《禮記》、《孟子》、《老子》之屬』，並未有《儀禮》、《周禮》之名。自劉歆始建立《周官經》，以爲周禮，於是《周官》有《周禮》之名，而『十七篇』之《禮》尚不稱《儀禮》也。

繼紅案：王兆芳輯録《儆季子粹語》卷之一《古術第四》載：子曰：古人於《儀禮》祇曰《禮》，對《記》言曰《禮經》，其古文曰《禮》。古經《周禮》祇曰《周官》，對傳言曰《周官經》。《周官》稱《周禮》，自新莽始也。《禮經》稱《儀禮》，自東晉人始也。《後漢書》述鄭君所注書，『儀禮』二字乃『周官禮』三字之誤。

大射儀〔一〕

《記》曰：天子、諸侯之射也，必先行燕禮。卿大夫、士之射也，必先行鄉飲酒禮。鄉飲、鄉射爲一類，燕、大射爲一類。《鄉飲》、《鄉射》篇名皆稱禮，《燕》亦名禮，《大射》獨以儀名。注家區别言之，匙當。竊謂古人道合内外，學澈表裏，禮與儀，一也。自春秋之季有『是儀非禮』之辨，而儀始輕。大射儀，先、後鄭注本稱『大射禮』。說詳《通故》。〔二〕後人以經文首言『大射之儀』，遂以儀名其篇。而經首言儀，亦自有故。

鄉飲以禮興賢，燕以禮樂賓，其志並主於歡以將厚意，故謂之禮。鄉射爲卿大夫相與習射之禮，志在射，略於樂，鄭注已言之。並略於禮，亦以歡爲主也。大射乃天子、諸侯用之以擇士，其儀綦嚴。擇士者何？監觀其儀之比禮樂否也。其容體比於禮，其節比於樂，而中多者得與於祭。其容體不比於禮，其節不比於樂，而中少者不得與於祭。與射者有榮辱之感，觀射者寓黜陟之權，是以禮樂御臣下，非徒將其厚意也。傳曰：『有威而可畏謂之威，有儀而可象謂之儀。』比禮比樂，斯爲可象之儀矣。

《燕》以酒醴相款謂之禮，《大射》以禮樂相御謂之儀。故篇中於飲酒之事仍以禮言，如主人獻公，曰『公祭如賓禮』；主人獻諸公卿，曰『如獻卿之禮』，此禮之同於燕也。於射事特以儀言，如誘射，曰『降如升射之儀』；三射，曰『其他如初儀』，此大射所以名儀也。

朝事亦以觀威儀，《大戴·朝事》篇鄭注作朝事儀。其監朝儀之吏，《周官》謂之司儀。《小雅·采菽》之詩曰：『君子來朝，言觀其旂。其旂淠淠，鸞聲嘒嘒。』鄭箋云：『諸侯來朝，王使人迎之，因觀其衣服車乘之威儀，所以爲敬且省禍福也。』於威儀觀禍福，《左傳》言之綦備，此朝事所以名儀也。大射之名儀與朝事之名儀正同，其志皆在於觀儀。而朝事觀其容體比於禮，射則並觀其節之比乎樂，斯異耳。

近人以賈公彦、敖繼公諸説之難通，遂謂禮、儀同義，豈其然與？禮與儀，渾言之，可從同，析言之，自有别也。

【箋注】

〔一〕輯自《儆季雜著一·禮説五》，清光緒二十年南菁書院刻本。

〔二〕參見《禮書通故》第二十五《射禮通故五》：《大射儀》篇目，陳本、閩本、監本、葛本俱無『儀』字，《釋文》、唐石經、徐本、毛本並有。以周案：篇目當依通例曰『大射禮』。淺人泥於篇首『大射之儀』，改題儀字。或又疑而空之。考鄭《目録》云：『名曰大射者，諸侯將有祭祀之事，與其群臣射以觀其禮。』上曰大射，下曰禮，是篇目名『大射禮』也。故先鄭注《射人》引『下曰留，上曰揚』，注《樂師》引『奏《貍首》，閒若一』，並稱『大射禮』。鄭注《射人》，亦兩稱『大射禮』，其一稱『大射儀』者，亦淺人所改也。篇名不必與篇首同文，如《士昏禮》之篇首曰『昏禮』，亦其一也。《禮記・昏義》之名不同篇首之『昏禮』，《聘義》之名不同篇首之『聘禮』，亦非盡如《鄉飲酒義》直用篇首之文也。且篇内有曰如某儀，又曰如某禮，互文錯舉，則篇首曰『大射之儀』，儀亦禮也。不必如賈公彦、敖君善輩附會其説。

周官注故書書或〔一〕

漢杜子春、鄭仲師、康成注《周官》，多引『故書某爲某』，又别其文曰『故書某或爲某』，省其文又曰『書或爲某』，重累其文又曰『故書或爲某』，欲自證成其説則更曰『書亦或爲某』。『書或』即『故書或』。『故書或』乃故書之異讀字，而非今文。今文，鄭注《鄉師》、《均人》、《小祝》謂之『今書』，與『書或』爲故書異文例自不同，未可掍也。然考《漢書・志》傳、《隋・經籍志》、《釋文敘録》，《周官》不出於魯淹中，上其書者山巖李氏，奏其書者河閒獻王，藏諸秘府而稱爲『故書』者祇此一本，無别出。不然，《冬官》一篇，何獻王未之得而咸俄空焉，補之以《考工記》哉？然則注家引『故書』而有『書或』之本，何也？曰『故書者』，秘府所藏之古文，舊説是也。『書或』者，先師所傳之隸古定，如《聘禮》注『古文資作齎』，而《外府》司農注云『齎或爲資，今禮家定是也。』故書文字奇古，義亦難曉，漢諸儒以隸定之，所讀不能無異，故注録故書祇一字，無異文，而『書或』每有兩字並見。此存隸古定時先師之異讀，非關當世傳寫之流失也。段懋堂謂鄭君所見故書非真秘府所藏，亦據傳寫之本，斯言失之誣。《周官》故書爲向、歆父子所校，歆一傳於杜子春、賈徽，再傳於鄭衆、賈逵。杜、鄭所注之本悉從故書元文，故注中衹出『故書或爲』、『書亦或爲』之字，不云『故書爲某』。今本閒有脱字，説詳《禮故》。〔二〕其故書有誤文，悉於注中定之，不易經字。康成親見杜、鄭故書注，其學出於馬融，融亦詣東觀校理秘書，則鄭注所引故書，自同秘府藏本可知也。若當世傳寫之本，此鄭注所謂『今書』，非特迥異故書，亦且有異『故書或』之隸古定，而謂鄭據贗本以爲故物，可乎？然漢儒考定故書，惟取形近之字以通隸古，非懸度其義取他字以易之，而『故書』、『書或』之字往往字義遠殊者，何也？蓋以隸定古必取形近之字，此大較也。而古書多叚借，以隸古定之，又以叚借通之，其字遂遠矣。鄭注十七篇《禮經》，亦有『古文某』、『或爲某』之文，此猶《周官》注之有故書或也。《士喪禮》『鬠用組』，注云『鬠，古文皆作括』。《周官·弁師》鄭司農注引作『檜用組』，讀如髻，同。蓋古文鬠本作栝，從木，故仲師以爲栝柏之檜字；康成以文義定之爲髻髮之括，其字從手。以隸古定栝、括字形本近，以叚借通之，一作檜，通髻，一作鬠，通髺，其形斯遠矣。其字俱從會者，栝、括字皆從𠯑。古𠯑、會，同聲同義，説詳《禮書通故》中。《周官》皇翌、《舞師》、《樂師》。附柎《司市》。之異，焉馬、《縫人》。暮蜃《鬯人》今本作『故書或爲謨』，當依段校作『故書爲暮』。之舛，待持、《服不》。大矢、《樂師》。離雜、《形方氏》。梓椁《涿壺氏》。之歧，此皆取形近字以定之。《肆師》『故書泣爲位』、《族師》『故書酺爲步』之類，在古文爲通用，而隸定則以文義別之者也。《典瑞》『珍』書亦或爲『鎮』，《馬質》『綱』書亦或爲『亢』之類，在古文用正字，而隸定又以叚借通之者也。杜、鄭用隸古所定爲説，康成從古文，皆如字。是則以『故書』言之，隸定所讀不能無得失於其閒。〔三〕

總之，先師以隸定古，其功不可没，其讀亦可並存。故《禮經》注兼采『古文或』，《周官》注詳録『故書或』，非以其去古未遠，大有異於今書也與！

【箋注】

〔一〕輯自《儆季雜著一・禮説五》，清光緒二十年南菁書院刻本。

〔二〕《禮書通故》第四十三《六書通故二》曰：《小宰》七事者，注『七事，故書爲小事。杜子春云：「當爲七事，書亦爲七事。」』以周案：『書亦』下脱『或』字，當依段氏補。

〔三〕參見《禮書通故》第四十三《六書通故二》：《周官》杜子春、鄭衆、鄭玄注多引『故書某爲某』，又別其文曰『故書某或爲某』，省其文又曰『書或爲某』，重累其文又曰『故書或爲某』，欲自徵成其説則更曰『書亦或爲某』。以周案：『書或』即『故書或』。『故書或』乃故書之異讀字，而非今文。今文，鄭注《鄉師》、《均人》、《小祝》謂之『今書』，與『書或』爲故書異文例自不同，未可掍也。然考《漢書・志》傳、《隋・經籍志》、《釋文敘録》，《周官》不出於魯淹中，上其書者山巖李氏，奏其書者河閒獻王，藏諸祕府而稱爲『故書』者祇此一本，無別出。不然，《冬官》一篇，何獻王未之得而咸俄空焉？補之以《考工記》哉。然則注家引『故書』而有『書或』之本者，蓋『故書』者祕府所藏之古文也，『書或』者先師所傳之隸古定也。故書文字奇古，義亦難曉，漢諸儒以隸定之，所讀不能無異，故注録故書祇一字，無異文，而書或每有兩字竝見。此由隸古定時先師之異讀，非關當世傳寫之流失也。段懋堂謂鄭君所見故書非真祕府所藏，亦據傳寫之本，斯言失之誣。《周官》故書爲向、歆父子所校，歆一傳於杜子春、賈徽，再傳於鄭眾、賈逵。杜、鄭所注之本，悉從故書元文，故注中祇出『故書或爲』、『書亦或爲』之字，不云『故書爲某』，今本閒有脱字，説詳後。其故書有誤文悉於注中定之，不易經字。康成親見杜、鄭故書注，其學出於馬融，融亦詣東觀校理祕書，則鄭注所引故書自同祕府藏本可知也。若當世傳寫之本，此鄭注所謂『今書』，非特迥別故書，亦且有異『故書或』之隸古定。段氏於故書『書或』之例未之深究，動謂子春、司農從或本，並謂鄭不見故書，豈精博如康成尚據膺本以爲故物乎？然漢儒考定故書，惟取形近之字以通隸古，非縣度其義取他字以易之，而『故書』、『書或』之字往往字義遠殊者，蓋以隸定古必取形近之字，此大較也。而古書多叚借，以隸古定之，又以叚借通之，其字遂遠。……《肆師》『故書泣爲位』、《族師》『故書酺爲步』之類，在古文爲通用，而隸古定則以文義別之者也。《典瑞》『珍』書亦或爲『鎮』、《馬質》『綱』書亦或爲『亢』之類，在古文用正字，而隸古定又以叚借通之者也。杜、鄭從隸古定，康成從古文，皆如字。今以故書細覈之，隸古所定，亦不能無得失於其閒。

月令〔一〕

《月令》一篇載記於《周書》，後人又踵而增脩之，在周、秦閒已不止一本，故《月令》之外有《周書月令》、《明堂月令》〔二〕諸目。

蔡邕以《月令》爲周公所作，其言雖難盡據，而漢魯恭上疏曰：『《月令》，周世所造，而所據皆夏之時也，所變者唯正朔、衣裳、犧牲、徽號、器械而已。』則《月令》爲周世之書，非確有明徵與？而鄭君《禮記目録》，則謂『《月令》本《吕氏春秋·十二月紀》之首章，禮家好事者鈔合之』。注中又每彈擊其文，以爲不合周法。夫《小戴記》四十九篇，其不合周法者豈止一《月令》哉？鄭注彌縫經、《記》，往往以其言不合周法者，爲夏、殷異代禮而分解之，而旁通之，何《月令》獨有苛議哉？考鄭君所謂不合周法者有二端：一曰官名，一曰時事。其疑官名之本於秦制者，莫如太尉。注曰：『三王之官有司馬，無太尉，秦官有之。今俗人皆云周公作《月令》，未通於古。』考秦、漢之太尉，主兵。《月令》之太尉，贊桀俊，遂賢良，行爵出禄，職如周之冢宰，唐虞謂之百揆，故《尚書中候》曰『舜爲太尉』。此雖據後名以書前，非唐虞之實號，而太尉爲冢宰之别稱，與秦漢之太尉迥别，可知矣。如因其官名之偶同而遂以爲秦書，其篇内又稱内宰爲奄尹，酒人爲大酋，豈秦亦有奄尹、大酋之官乎？其疑時事之同乎秦制者，莫如季秋之月受朔日，孟冬之月釁龜、筴。注曰：『秦以建亥之月爲歲首，於是歲終使諸侯及鄉遂之官受朔日。』考《周官·太史》『頒告朔於邦國』，不言時月。先鄭以爲十二月朔佈告天下，本不經見。鄭乃據先鄭之言，遂疑《月令》於季秋頒朔爲秦之十二月。(三)夫歲終頒朔，其勢不能畢達四方，周之頒朔亦斷不在十二月，又何疑於《月令》之季秋受朔日爲秦之歲終乎？注又曰：『《周禮·龜人》「上春釁龜」，謂建寅之月也。秦以其歲首使太史釁龜，與周異矣。』夫釁龜之不同，由取龜之有先後也。《周禮》凡取龜以秋時，釁龜以上春；《月令》季夏登龜，孟冬釁龜，此與『飭國典之有先後』正同。注以飭國典在季冬爲因於夏、殷，安知此釁龜在孟冬不因夏、殷而用秦制乎？(四)并謂登龜在季夏，爲誤解《周官》乎？仲春之月，始雨水。注云『漢始以雨水爲二月節』，如泥於此，《月令》直漢人作，并不得謂之秦代書矣，可乎哉？(五)

至注中疑其言之不合周法，引傳、《記》之文以直決其失者，亦大都於義可通，無容索疵。其引《祭統》之文以正《月令》者，如『孟夏之封諸侯，孟秋之毋封諸侯』，以爲與『秋嘗，出田邑』相違。『孟夏之斷薄刑，決小罪』，以爲宜在立秋後。夫封諸侯之宜在夏，《白虎通義》、《淮南子·時則訓》詳言其義。《御覽》引京房《占易》云：『夏至離王，景風用事，人君當爵有德，封有功。』

與《月令》之文亦合。《祭統》：『於嘗也，出田邑。』上文明言古者，其非《周禮》甚明。鄭必據《祭統》以疑《月令》，王肅作《聖證論》又本《月令》以非《祭統》，均不如束晳《五經總論》以爲三代異制，其言之可通矣。〔六〕王肅、束晳兩説，俱見《通典》。斷薄刑，決小罪，出輕繫，互文見義。斷之決之者，所以出之也。注謂『出輕繫從寬，斷薄刑、決小罪所以寬之也』，此與『草艾則墨在立秋後』義不相妨，更不必執彼以議此也。

其引《左氏》内、外傳以正《月令》者，如『仲夏之大雩帝』，以爲『宜在四月』。『龍見，仲秋之水始涸』，以爲『宜在九月末，天根見』。考舊説，龍謂角亢，見謂見於東方。據《月令》文『季春之月，昏，七星中』，則角亢已見於東方矣，本不待四月。《詩·小星》箋云『心在東方，三月時也』。三月，心星且見，何況角亢？安見『龍見』之定在四月乎？如謂『龍見』爲蒼龍七宿，不止角亢，而蒼龍七宿之均見，惟仲夏有，然亦安見《月令》之文有不合於《左傳》乎？如謂《左傳》『啓蟄而郊，龍見而雩』皆據孟月爲文，而雩祭山川，其正月在孟夏，大雩及上帝又在仲夏，於禮亦未嘗不可通也〔七〕。《周語》：『天根見而水涸，水涸而成梁。』水涸成梁在九月，其始涸自在八月，始之云者，明涸自此始，原不謂八月水涸也。

其引緯文以正《月令》者，如『日長至、日短至之禁止聲色』，以爲『冬、夏至，人主及群臣從八能之士，作樂五日，禁止之非其道』。夫冬、夏至，致天神、地示，人鬼之用盛樂，見於《周官》，固不必援緯以爲據。但《周官》之用盛樂以致物，《月令》之禁止聲色以養生，言各有當，亦無容執彼以議此也。至車服之異，不過於迎氣日服之以應方色，本非四時常制。此則注以爲取於殷時而有變焉，亦不以爲非焉。

孫氏《平津館文稿》有『《王制》、《月令》非秦漢人撰』之辨，允稱精覈。惜其語之不詳，讀者猶有惑焉。今特條舉注語，更爲辨而正之如此。

【箋注】

〔一〕輯自《儆季雜著一·禮説五》，清光緒二十年南菁書院刻本。

〔二〕『《周書月令》、《明堂月令》』，《皇清經解續編》本作『《明堂月令》、《今月令》』。

〔三〕參見《禮書通故》第十九《改正頒朔禮通故》：《記·月令》：『季秋之月，合諸侯，制百縣，爲來歲受朔日。』鄭玄云：『秦以建亥之月爲歲首，於是歲終使受此法。』以周案：《月令》見於《周書》，而《呂氏春秋》、《淮南子》俱取其文。蔡邕以爲周公作，鄭君謂截取《呂覽》之首章。考《漢書》魯恭王上疏云：『《月令》，周世所造，而所據皆夏之時也。所變者，唯正朔、衣裳、犧牲、徽號、器械而已。』魯恭以《月令》爲周書，必有所本，鄭君《目録》未足據也。

『諸侯』、『百縣』互文，極言天下之辭也。天下之大，所頒朔月，非先期三月，勢不能達。《周官》『大史頒告朔於邦國』，不言時月，先鄭以爲十二月朔佈告天下，本不足據。後鄭乃據《大史》先鄭注以疑《月令》秦書，秦歲首亥，故頒朔在季秋，孫淵如、宋於庭曾辨其誤矣。

〔四〕參見《禮書通故》第四《卜筮通故》：鄭玄云：『《龜人》「上春釁龜」，夏正建寅之月。《月令》孟冬云「釁祠龜策」，相互矣。秦以十月建亥爲歲首，則《月令》秦世之書，亦或欲以歲首釁龜耳。』以周案：《周官》『取龜』以『秋時』，『釁龜』以『上春』。《月令》季夏『登龜』，孟冬『釁龜』。鄭注分兩説，前云『相互』，謂孟春、孟冬兩釁之，後説以爲周、秦異制。

〔五〕此節又見載於王兆芳輯録《儆季子粹語》卷之一《古術第四》：子曰：蔡邕以《月令》爲周公作。漢魯恭王上疏曰：『《月令》周世所造，而所據皆夏之時也。』則《月令》爲周世之書，確有明徵。而或疑官名之本於秦制者，莫如太尉。考秦、漢之太尉，主兵。《月令》之太尉，贊桀俊遂賢良，行爵出録，職如周之冢宰，唐虞謂之百揆，故《尚書中候》曰『舜爲太尉』。此雖據後名以書前，而太尉爲冢宰之别稱，與秦漢之太尉迥别。如因其官名而以爲秦書，其篇内又稱内宰爲奄尹、酒人爲大酋，豈秦亦有奄尹、大酋之官乎？或疑時事之同於秦制者，莫如季秋『受朔日』、孟冬『釁龜筴生』。考《周官·太史》『頒告朔於邦國』，不言時月。而歲終頒朔，勢不能畢達四方，周之頒朔亦斷不在十二月，何疑於季秋受朔日爲秦之歲終乎？釁龜之不同，由取龜之有先後。《周官》凡取龜以秋時，釁龜以上春。《月令》季夏登龜，孟冬釁龜，此與『飭國典之有先後』正同。飭國典在季冬爲因於夏、殷，安知釁龜不因夏、殷而用秦制乎？並謂登龜在季夏，爲誤解《周官》乎？

〔六〕參見《禮書通故》第三十九《封國通故》：《記·祭統》云：『古者，於禘也，發爵賜服；於嘗也，出田邑，發秋政。』而《月令》云：『立夏之日，行賞，封諸侯。』鄭玄據《祭統》以非《月令》，王肅《聖證論》據《月令》以非《祭統》。束晳《五經總義》云：『《祭統》、《月令》所記，非一王之制，凡稱「古者」，無遠近之限。未知夏「封諸侯」，何代之典？秋「出田邑」，夏乎？殷乎？王據《月令》非《祭統》，鄭宗《祭統》疑《月令》，無乃俱未通哉。莫若通以三代説也。』以周案：《書·洛誥》命周公後在『烝祭歲』之後，鄭注『歲』字下屬，云『歲，成王元年正月朔日也』，是周封諸侯又在子月。鄭彼注云：『是非時而特假祖廟，故文武各特牛。』其意命周公後在仲冬爲非時特舉之典，異周公也，非常禮，常禮自於秋嘗行之。束氏以《祭統》、《月令》所記不同爲三代禮異，説自可通。

〔七〕『如謂左傳啓蟄而郊龍見而雩皆據孟月爲文而雩祭山川其正月在孟夏大雩及上帝又在仲夏於禮亦未嘗不可通也』四十七字，《皇清經解續編》本無。

今月令〔一〕

漢代之《月令》不止一書，有《周書月令》，馬融《論語》注，引『春取榆柳之火，夏取棗杏之火』云云，是漢有其書。有大戴所引《明堂月令》，有小戴所傳之《月令》及鄭注所引之《今月令》，又有吕不韋所分《十二紀》及淮南子所著《時則訓》。

鄭注引《今月令》凡十七條，其與《吕覽》文同者，僅『孟夏，王瓜生』、『無休於都』、『季秋，抶矢以獵』、『孟冬，固封疆』四條，其餘文無一合。孔疏以《今月令》爲《吕氏春秋》，固不足信矣。近陶孝廉心雲〔二〕又據『淫雨蚤降』鄭注引《今月令》『衆雨』，『命漁師伐蛟』鄭注引《今月令》『榜人』，《説文》『霥』字、『舫』字下並引《明堂月令》曰『霥雨』、曰『舫人』，以爲《今月令》即《明堂月令》。然以『衆』、『霥』、『榜』、『舫』之偶近，遂定《今月令》爲《明堂月令》，此李孝臣之見也。而《祭法》鄭注引《明堂月令》曰『春曰其帝太皞，其神句芒』云云，其文全同於《戴記》。則《戴記》之《月令》亦即《明堂月令》，宜又如汪容甫之説矣。以汪容甫之説，徵李孝臣之見，則鄭注引《今月令》，不幾以《明堂月令》證《明堂月令》乎？

大以《戴記》之《月令》謂之《明堂月令》，蔡邕、牛宏輩固有其説矣。《戴記》之《月令》即《明堂月令》，其説始於蔡邕。《隋書·牛宏傳》同。近見桂未谷《晚學集》力主是説，然於蔡、牛二氏外，實無確據。以《明堂月令》爲即《今月令》，未之前聞也。《明堂月令》者，《月令》之屬於《明堂古記》者也。《今月令》者，《月令》之頒諸漢代者也。《戴記》之《月令》，劉向《别録》屬《明堂陰陽記》，見鄭《目録》。

《漢月令》之見於史者，西漢魏相始奏其書，東漢侯霸又建其令，並見本傳。後漢《明帝紀》永平二年正月辛未，祀明堂，詔驃騎將軍、三公，曰『其班時令』，注云『謂《月令》也』。《漢儀》太史每歲上其年曆，先立春、立夏、大暑、立秋、立冬，常讀五時，皆其證也。《鹽鐵論》引《月令》：『涼風至，殺氣動。蜻蛚鳴，衣裘成。天子行微刑，始貙膢以順天令。』桂未谷以爲即《漢月令》。自後有《梁月令》，有《唐月令》，皆增改原書以爲當代時令，非權輿於漢與？

鄭注《祭法》曰《明堂月令》，所以别《今月令》也。注《月令》引《今月令》，所以别《明堂月令》也。凡鄭注中所引今，皆指漢《明堂月令》，出《古記》，安得謂之今？

【箋注】

〔一〕輯自《儆季雜著一・禮説五》，清光緒二十年南菁書院刻本。

〔二〕陶心雲（一八四六—一九一二），名濬宣，浙江紹興人。王先謙督學江蘇，駐節江陰，陶在學幕。時黄以周任江陰南菁書院山長，與陶間有學術交流，下篇《明堂月令》即爲答陶心雲而作。

明堂月令〔一〕

《今月令》非《明堂月令》，予既已言之矣。而《明堂月令》爲何書？未質言也。陶孝廉心雲作《蔡氏月令章句疏證》，謂鄭注所引《今月令》十八條，與他書引《明堂月令》文同者，大半是《今月令》即《明堂月令》之證，與予意不相合。既而王理庵以桂未谷《明堂月令考》示心雲，心雲又以示予。予喜其以《今月令》爲漢時令書，與予所見符。而以《戴記》之《月令》當《明堂月令》，列八證以辨之，又惜其《月令》之源委及鄭、蔡異同得失之故猶未瞭然也。

考《明堂月令》詳記明堂之事，其言曰『明堂高三丈，東西九仞，南北七筵，上圓下方』云云，文見《禮·玉藻·明堂位》疏引《五經異義》。又曰『赤綴户也，白綴牖也。二九四七五三六一八』云云，文見《大戴·盛德》篇。而《小戴·月令》專爲時令而作，於《明堂》祇有『天子居』一語，是兩書之體例未必盡同也。

鄭《駁異義》，謂《盛德記·明堂》似秦相吕不韋作《春秋》時説者所益，並疑《明堂月令》非古書。其作《禮記目録》云：『《月令》本《吕氏春秋·十二月紀》之首章也，以禮家好事鈔合之，後人因題之名曰《禮記》，言周公所作。其中官名、時事，多不合周法。』注中刺語尤多。而蔡伯喈《明堂月令論》曰：『《月令》文義深遠，宜周公之所著也。《周書》七十二篇而《月令》弟五十三。秦相吕不韋著書，取《月令》爲紀號。淮南王安亦取以爲弟四篇，改名曰《時則》。故偏見之徒或云《月令》吕不韋，或曰淮南，皆非也。』又作《月令答問》曰：『予幼讀《記》，以爲《月令》體大經同，不宜與《記》書雜録並行。』鄭、蔡所見之不同如此。

弟據鄭《目録》，《戴記·月令》劉向《别録》屬之《明堂侌昜》。考《漢志》云：『《禮記》百三十一篇，七十子後學者所記。《明堂侌昜》三十三篇，古明堂之遺事。《王史氏》二十一篇，七十子後學者。』班《志》此言，本於劉歆《七略》。云『七十子後學者』，謂七十子之徒，故劉向《别録》以爲六國時人，見顔注所引。則《明堂侌昜》諸書非秦漢人作可知也。《漢志》又曰：『《禮古經》出魯淹中，與十七篇文相似，多三十九篇，及《明堂侌昜》、《王史氏記》所見，多天子、諸侯、卿大夫之制。』『及』字承上『多』字爲文，皆今文家后倉等所未見，則《明堂侌昜》諸書亦出於淹中可知也。《釋文·敘録》引劉向《别録》云『古文《記》二百四篇』，則《明堂月令》、《戴記·月令》皆出古文亦可知也。後漢《魯恭傳》曰：『《月令》，周世所造。』此言最爲覈實，則以爲吕不韋作《春秋》時所記，此鄭之失也。〔二〕《盛德》所記，及《異義》所引《明堂月令》文，並不見於《小戴》。《論語》『鑽燧改火』，馬融注引《周書月令》『更火』之文，亦不見於《戴記》，則以爲《戴記・月令》即《明堂月令》，且謂之出《周書》，此蔡氏之失也。

漢代經、《記》多今古文之别，即如『三日粤朏』，文出《周書月令》，《漢・律曆志》引此語以爲《古文月令》篇。今本作《月采》，誤。《困學紀聞》有校語。《明堂月令》漢時亦有古文，有今文。《説文》稱引經、傳，從古文，見許君《自敘》。其引《明堂月令》字多與《戴記》異，亦用古文也。鄭君所見後題之《禮記月令》爲今文，其文一同於《戴記》，自無異可證。鄭君不信其書，遂並《明堂月令》而疑之，而棄之，故注中引證異文，不及其書，而於《今月令》轉多。《今月令》者，大都用《明堂月令》之文也。《漢書・魏相傳》云：『相表採《易侌昜》及《明堂月令》，奏之。』相所表奏者，即《今月令》也。《今月令》之文採用《明堂月令》，故諸書所引《明堂月令》文多同於《今月令》。而《今月令》之所採用又有《易侌昜》諸書，此《今月令》所以有異於《明堂月令》而不可以爲一書也。

復作是篇，以答心雲，未知以予言爲然否？

【箋注】

〔一〕輯自《儆季雜著一·禮説五》，清光緒二十年南菁書院刻本。

〔二〕參見前篇《月令》箋引《禮書通故》第十九《改正頒朔禮通故》。

樂記〔一〕

漢劉向校書中秘，於王禹《樂記》二十四卷外，得《古樂記》二十三篇著於《别録》：《樂本》弟一，《樂論》弟二，《樂施》弟三，《樂言》弟四，《樂禮》弟五，《史記正義》引作《禮樂》。《樂情》弟六，《樂化》弟七，《樂象》弟八，《史記正義》引作《法象》。《賓牟賈》弟九，《禮疏》、《史正義》並引作《賓牟賈問》。《師乙》弟十，篇末有『子貢問樂』四字，蓋《樂記》舊題。《魏文侯》弟十一，《樂奏》弟十二，《樂器》弟十三，《樂作》弟十四，《意始》弟十五，臧庸堂云：『意』爲『音』之僞。《樂穆》弟十六，《説律》弟十七，《季札》弟十八，《樂道》弟十九，《樂義》弟二十，《昭本》弟二十一，《招頌》弟二十二，《竇公》弟二十三。小戴作《記》，斷取十一篇。鄭《目録》云：『此於《别録》屬《樂記》。蓋十一篇合爲一篇，有《樂本》，有《樂論》，有《樂施》，有《樂言》，有《樂禮》，有《樂情》，有《樂化》，有《樂象》，有《賓牟賈》，有《師乙》，有《魏文侯》。今雖合此，略有分焉。』司馬氏作《樂書》，亦採取此《記》，篇次與《别録》既異，與《戴記》亦復不同。《史記正義》據《樂記》校《史記》，壹守皇侃之説，謂《史記》篇次顛倒，以褚先生升降故亂也。近臧庸堂據鄭《目録》校《樂記》，謂今本不同者，疏家亂之，諸説皆非也。

《别録》之次，劉氏所定也。《戴記》之次，戴氏所定也。《樂書》之次，褚氏所定也。戴、褚定於前，劉定於後，故《樂記》、《樂書》之次，不及《别録》爲善。而《别録》之先此十一篇，《賓牟賈》、《師乙》、《魏文侯》三篇不與《季札》同類相次者，亦以此爲《記》與《史》之所録也。至《樂記》、《樂書》，一篇之中，章節有異者，正當據《史·樂書》以定《樂記》篇目，不得據皇侃所定《樂記》篇目以疑《樂書》，此張氏之陋也。鄭注《禮記》一依經文，而《目録》之次從劉氏《别録》，其意以《禮記》之篇次爲未善，而又不欲輒更，故於《目録》見其意，非疏家敢亂其書，此臧氏之失也。

熊安生云：『十一篇，鄭可具詳。依《别録》十一篇有《賓牟賈》，有《師乙》，有《魏文侯》。今此《樂記》有《魏文侯》，乃次《賓牟賈》、《師乙》爲末，則是今之《樂記》十一篇之次與《别録》不同。推此而言，其《樂本》以下亦雜亂，故鄭略有分别。』孔疏從皇侃所定篇目，云『熊氏此説不與皇氏同』，又云『此十一篇之説，事不分明。鄭《目録》十一篇略有分别，仔細不可悉知』。皇、熊之異，孔疏言之不詳，今不能定其是非。其云『《樂本》以下亦雜亂，故鄭略有分别』，此説未是。《目録》云『略有分焉』，謂《記》者雖合十一篇爲一篇，而每篇仍略有分别，未嘗雜亂，其文非鄭自分之也，故《目録》但記篇次之先後，無分别語，注中亦無一語及篇目。孔疏沿熊謬，謂『鄭《目録》

十一篇，略有分別。』既有分別，又何『仔細不可悉知』邪？既有分別，又何皇、熊敢異説邪？總之，熊氏之説固不可信，即皇氏所定篇目，亦難盡據。

自章首至『四達而不悖，則王道備矣』止，皇氏以爲《樂本》章。玩章内分三節：『凡音之起，由人心生也』以下，言人心感樂，樂聲從心而生。『凡音者，生人心者也』以下，言樂感人心，心隨樂聲而變。『凡音者，生於人心者也』以下，言聖人制禮樂以感人心，而人心遂感於聖人之禮樂。皇氏以此章爲《樂本》，是已。『樂者爲同，禮者爲異』至『則此所與民同也』止，皇氏以爲《樂論》章。玩本文，宜爲《樂施》章。章内分二節，云『如此，則民治行矣』，『如此，則樂達矣』，『如此，則禮行矣』，明禮樂之作不同，道在分而施。『如此，則四海之内合敬同愛矣』以下，又明禮樂之情同，道在合以施。末言『禮樂之施於金石，越於聲音，用於宗廟社稷』云云，結明《樂施》篇之意也。『王者功成作樂』至『故聖人曰禮樂云』止，皇氏以爲《樂禮》章，亦是。章内分二節，『其惟聖人乎』以上，明惟聖人能作禮樂。以下明禮樂法天地之自然，而天地亦應之。末言『故聖人曰禮樂云』，結明《樂禮》篇之意也。『昔者，舜作五絃之琴』至『故先王著其教焉』止，皇氏以爲《樂施》章，亦非。此當爲《樂論》章。篇内尚論《大章》、《咸池》、《韶》、夏、殷、周之樂，故曰《樂論》。其章當以『哀樂相分，皆以禮終』句止。『樂也者，聖人之所樂也』卅一字宜屬下章。《史記》於『皆以禮終』下接『樂也者，施也』章，此卅一字連下『夫民有血氣心知之性』爲文。《漢書・禮樂志》引用《樂記》，與《史記》同，此可正皇氏分定篇章之誤。而張氏《史正義》反議《樂書》不次，傎矣。『樂也者，聖人之所樂也』至『是以君子賤之也』止，皇氏以爲《樂言》章，亦是。章首曰『故先王著其教焉』，『教』即『言』，皇氏割此屬上章，《樂言》之篇義不可見。章內言王者作樂以化民，反復以明之。『凡姦聲感人』至『所以贈諸侯也』止，皇氏以爲《樂象》章，亦是。但此章當以『故曰「生民之道，樂爲大焉」』句止。『樂也者，施也』以下，當與下合爲一章，《史記》可證，張氏之言不足據也。章內分三節，首言『逆氣成象』，『順氣成象』，明《樂象》之篇義也。次言『順逆之成象皆出於自然』，故曰『樂不可以僞爲』。末言《樂象》之有其本，故曰：『君子動其本，樂其象。』申明不可僞爲之意。『樂也者，施也』至『然後可以有制於天下也』止，皇氏以爲《樂情》章，亦是。章內五言『情』，首明樂之生，生於情。禮之始，始於情。故結之曰：『禮樂之說，管乎人情矣。』次言『禮樂偩天地之情』，『不在末節』，申明前意。《魏文侯》及《賓牟賈》，篇章本明。『君子曰「禮樂不可斯須去身」』至『禮樂可謂盛矣』，皇氏以爲《樂化》章，亦是。末爲《師乙》，篇章亦明。

然則皇氏所定篇章之誤，在《樂論》、《樂施》兩章。《樂論》當作《樂施》，《樂施》當作《樂論》。所分章節之誤，在《樂論》、《樂象》兩章。《樂論》之末當爲《樂言》之首，《樂象》之末當爲《樂情》

之首。以《記》言之，《樂本》弟一，《樂施》弟二，《樂禮》弟三，《樂論》弟四，《樂言》弟五，《樂象》弟六，《樂情》弟七，《魏文侯》弟八，《賓牟賈》弟九，《樂化》弟十，《師乙》弟十一。以《樂書》言之，《樂本》弟一，《樂施》弟二，《樂禮》弟三，《樂論》弟四，皆與《記》同。《樂情》弟五，《樂言》弟六，《樂象》弟七，《樂化》弟八，皆與《記》異。《魏文侯》弟九，《賓牟賈》弟十，《師乙》弟十一。《師乙》之後，又採取『師涓奏琴，師曠奏琴』之文，蓋即《古記》之《樂奏》篇弟十二。《別録》於十一篇後次以《樂奏》，蓋以此。臧氏以『太史公曰』以下爲古《樂義》篇文，未識《別録》篇弟之意。後見丁儉卿書所定篇章，亦未得。〔二〕

【箋注】

〔一〕輯自《儆季雜著一・禮説五》，清光緒二十年南菁書院刻本。

〔二〕《皇清經解續編》本無此注文。

服問[一]

凡大功以上，麻帶有本者可變。三年既練，期，既葬之，葛。小功以下，麻斷本不變，此喪服之通例也。而降服殤小功五月，亦有變葛之例。鄭注《喪服·殤小功章》『澡麻帶絰』，云『澡者，治去莩垢，不絶其本也』。《小記》云『下殤小功，帶澡麻不絶其本』。則殤小功之麻有變道，亦從『有本變葛』之例也。《服問》篇云：『三年之喪既練矣，有期之喪既葬矣，則帶其故葛帶，絰期之絰，服其功衰，說詳《喪服禮故》中。[二]有大功之喪亦如之。』此記變葛之正例也。又云：『小功無變也。麻之有本者，變三年之葛。』又云：『既練，遇麻斷本者，於免絰之』，『小功不易喪之練冠，如免，則絰其緦小功之絰』，『緦之麻不變小功之葛，小功之麻不變大功之葛，以有本爲稅』。此又反復申明小功以下麻斷本無變葛之例也。又云：『殤長、中，變三年之葛，終殤之月算，而反三年之葛。是非重麻，爲其無卒哭之稅。下殤則否。』此又上承『緦小功』文，以見小功之有變葛者，惟長、中之殤服爲然也。

鄭注云：『謂大功之親，爲殤在緦小功者也。所以變三年之葛者，正親親也。』鄭知此爲緦小功之服者，以其文承上『緦小功』言知之也。云『大功之親』者，以其服爲長、中之殤知之也。長、中殤之降在小功者，惟大功之親，故云。然凡變服，必麻、葛相等。兹三年之葛與小功之麻大小不等而爲之變服者，鄭注所謂『正親親』是也。凡變服，必麻之有本。小功之麻已斷其本而得以變服者，以殤小功之親麻帶不斷本，與成人小功服有異也。鄭注《小記》『下殤小功，帶澡麻不絶本』以爲齊衰之親，以『下殤小功』之文決之；兹『長、中殤變三年之葛』又以爲大功之親，以『長、中殤』之文決之，義皆精審，無可易也。庾蔚之不察上下文義，反駁鄭注，以爲此論期殤之大功，如鄭説，緦小功麻既斷本，又與三年之葛大小絶殊，安得相變？殊不思成人小功之服麻斷其本，鄭於上節『麻之有本者』已明著之。殤服小功麻不斷本，鄭注於《喪服・小功章》亦明言之。自魏晋以後論喪服者，於成人小功與殤小功，其麻有斷本、不斷本之别全不體會，反以麻既斷本駁鄭注，非特與《喪服・殤小功章》之鄭注相違，并《小記》『下殤小功，澡麻不絶其本』之文亦忘之矣。孔沖遠作《記》疏，惑於庾説，不能疏通鄭義。又謂『下殤小功，麻不絶本。長、中殤之小功，其麻絶本。於《殤小功章》之麻帶分作二服，義既不通，而鄭注以此爲緦小功之絰，宜爲庾氏所駁矣』。且鄭注云『爲殤在緦小功』者，此通本章長、中、下三殤言之。小功指長、中殤，緦指末句下殤。下殤在緦則否，則變三年之葛者，明指長、中兩殤。孔疏并謂『殤在緦麻亦得易三年之葛』，經旨全失，注義亦違，此大惑也。前作《喪服通故》，於此語焉不詳，讀者疑焉，故復作此以辨之。

【箋注】

〔一〕輯自《儆季雜著一・禮説五》，清光緒二十年南菁書院刻本。

〔二〕詳見《禮書通故》第九《喪服通故五》：舊説，『三年之喪，期而練』，謂著練冠、練中衣也。其受衰七升，名曰『功衰』，與大功布同也。張載説，『練衣』，謂鍛煉大功之布以爲衰，故言『功衰』。功衰上之衣也，以受始喪斬疏之衰。吕大臨云：『功衰是卒哭所受六升之服，六升成布曰功衰。林氏《求義》申吕，詳不復録。』黄榦云：『練再受服經傳雖無明文，謂既練而服功衰，則記禮者屢言之。《雜記》云：「三年之喪，雖功衰不弔，練則弔。」又云：「有父母之喪，尚功衰，而祔兄弟之殤，則練冠以祔。」《服問》云：「三年之喪既練矣，有期之喪既葬矣，則帶其故葛帶，絰期之絰，服其功衰。」』以周案：勉齋引《記》三節以駁張子，説可謂當矣。然注疏據斬衰之受服功衰在練，遂概以功衰爲練服，吕氏又不計斬齊之受功衰有遲早，遂概以功衰爲卒哭之受服，實皆失之一偏。《禮》多以『功』、『沽』對文，沽謂麤惡。經於斬、齊衰曰『疏衰』，裳不言『布』。大功謂之『大功布』，明斬、齊之疏衰猶未成布也。六升成布，《記》有其文。然六升之布尚不得稱『功布』，功布自在七升以上。故大功猶稱『沽功』，謂功布之加麤功者也，則六升布無『功』名明矣。以斬衰正服三升言，其卒哭受服六升，不得稱『功』。以齊衰言，三年服衰四升，受服七升，杖期正服五升，受服八升，義服正服六升，受服九升，正合大功三等之布，此受衰所以有『功衰』之名也。《雜記》首言『期之喪，十一月而練，十三月而祥，十五月而禫』，據母喪杖期而言。下即繼以『三年之喪』，亦據母服爲文。母喪之『三年』者，其受服功衰也。卒哭受服服功衰，不以弔。如有『有服』之親喪，亦服其功衰之服而往哭之。『有服』即下『大功』之屬，所謂『有殯，聞遠兄弟之喪，雖緦必往，非兄弟，雖鄰不往』是也。『練則弔』以下數句，又申言杖期弔哭之禮，『大功弔哭而退，不聽事』，與上文『有服往哭』之義同，皆以『既葬』爲斷。凡弔者宜聽事，故公弔其臣亦曰『寡君承事』。『大功』者，其有服之親也，『弔哭而退，不聽事』，明往哭雖兼行弔，而仍有異於常弔，此母喪弔哭之禮異於期功者也。鄭注以功衰爲既練之服嫌與『練則弔』相觸，遂改易經文，恐未然也。《雜記》又言『有父母之喪，尚功衰，而祔兄弟之殤，則練冠祔』，謂祔兄弟之殤而得『練冠』者，惟父喪既練、母喪既葬之後其受服功衰乃得爾也。《服問》『帶其故葛帶，絰期之絰，服其功衰』，帶曰『故』，絰曰『期』，别其事，而三年既練與期既葬其受服皆功衰，故變文言其曰『服其功衰』，明兩服同也。舊解俱不明析。

喪大記[一]

《小戴禮》之弟十五曰《喪服小記》，弟二十二曰《喪大記》，皆爲《禮經·喪服記》而作。《喪大記》宜題曰《喪服大記》。其弟十六曰《大傳》，又與《喪服小記》相發明，故小戴列其後。《禮經·喪服》之《記》亦有傳，此傳之所以次《記》也，亦宜題曰《喪服大傳》。自漢初題篇省『喪服』字，劉子政《別録》遂隸《大傳》屬《通論》，失小戴意。鄭康成又以弟十六之《大傳》與弟十七之《少儀》相比，破少爲小，以與《大傳》相對，更失戴意。《大記》、《大傳》皆述《禮經·喪服》之大義，以補古初《記》、傳之闕略。閒有辭意不同者，學者各述所聞師傳有異故也。

鄭《禮記》注文多舛譌，而《喪大記》尤甚。近時刻本之誤脱而已正於阮氏《校勘記》者，無論矣。其有孔氏作疏，字已衍譌而阮氏未舉正，如『君葬，用輴，四綍二碑。大夫葬，用輴，二綍二碑。士葬，用國車，二綍無碑』。注云：『大夫廢輴。此言輴，非也。輴，皆當爲「載以輇車」之輇，聲之誤也。輇，字或作團，是以文誤爲國。輇車，柩車也，尊卑之差也。』案：注破輴爲輇，文承『大夫廢輴』，謂大夫葬用輴，輴字誤也，若君葬固用輴矣，義不得破禮。君之柩殯葬皆用輴。

大夫廢輴而用輇。鄭注上節『君殯』云：『天子之殯，居棺以龍輴。諸侯輴不畫龍。大夫之殯，廢輴。』葬如殯禮，故此注據《檀弓》『廢輴』之文以破大夫之輴當爲輇，非并『君葬，用輴』亦破之。注文『輴皆當爲載以輇車之輇』，『皆』字衍。孔疏以爲『二輴皆當爲輇』，是注本衍譌已久矣。鄭既破大夫用輴爲輇字，又破士之國車亦爲輇車，是大夫、士之葬車無甚區別，故又合而申之曰：『輇車，柩車，無尊卑之差也。』〔二〕孔疏依熊氏本『無尊卑』之『無』字又誤作『也』，注意亦莫之明矣。皇侃義疏云：『天子、諸侯以下，載柩車者皆用輇，其尊卑之異在飾，飾謂輴也。輴本有飾，其畫龍者曰龍輴，其不畫者曰輇車。』是皇氏所見之本正作『輴當爲載以輇車之輇。輇車，柩車，無尊卑之差』。尚未衍譌也。〔三〕

『既練，居堊室』節注『祥踰月，而可作樂』，孔疏又依皇本，不如從定本作『禫踰月』。《檀弓》云『是月禫，徙月樂』，其明證也。〔四〕『飾車』節注：『齊象車，蓋蓫縫合雜采爲之，形如瓜分然，綴貝，一作『具』，亦譌。絡其上及旁。』孔疏以『瓜瓤分限』立說，皇本又作『爪分』，云『形如虎掌之爪』，義得兩通。〔五〕

此皆鄭注之衍譌錯異，見於孔氏作疏以前而阮氏之所未校勘者。

【箋注】

〔一〕輯自《儆季雜著一·禮説五》，清光緒二十年南菁書院刻本。

〔二〕參見《禮書通故》第十《喪禮通故四》：《記·喪大記》：『君葬，用輴，四綍二碑。大夫葬，用輴，二綍二碑。』鄭玄云：『大夫廢輴。此言輴，非也。輴，皆當爲「載以輇車」之輇，聲之誤也。』以周案：『大夫廢輴』，文見《檀弓》。然君自用輴，不誤也。『皆當爲』，『皆』字衍文。孔疏以爲二『輴』皆當爲『輇』，誤。君、大夫柩在道皆用輇，葬則君用輴，大夫用輇。

〔三〕此節可參見《禮書通故》第十《喪禮通故四》：以周案：《檀弓》『三臣者廢輴而設撥，竊禮之不中者也』，鄭注云『三臣於禮去輴，今有紼，是用輴，僭禮也』。鄭義雖迂曲，以大夫用輴爲僭，是。此云『大夫、諸侯以上有四周之輴』，『大夫』二字衍文。賈疏謂大夫朝廟用輴，與天子、諸侯同，則曰『大夫以上』可矣，何必更煩舉『諸侯』邪？輁軸用以升棺，用以引柩，而不用以載塗。其葬日在塗載柩用輇車，見《雜記》。輇車者，蜃車也。皇侃云『天子、諸侯以下，載柩車者皆用輇，其尊卑之異在棺飾』，是已。輴之用與輁軸同，但士之輁軸不以殯，啟殯遷祖而後用之。諸侯以上之輴亦用以殯，見《檀弓》、《喪大記》。『行至壙，説』，蜃車亦用以載柩，見《遂師》注。君葬用輴，大夫之葬廢輴，且君之輴亦非用以在塗載柩，見《喪大記》注。孔疏謂『大夫朝祖用輴，與殯葬異』，與賈同誤。賈疏『天子之玄士葬用輁軸』，見下『茵先入』節。又案：鄭注《遂師》『共蜃車之役』云：『蜃車，柩路也。柩路載柳，四輪迫地而行，有似於蜃，因取名焉。「蜃」，《禮記》或作「槫」，或作「輇」。』又注《雜記》『載以輲車』云：『輲，讀爲「輇」，或作

「槫」。《周禮》又有蜃車，天子以載柩。蜃、輇聲相近，其制同於輇，崇蓋半乘車之輪。』又注《喪大記》『君、大夫葬用輴，士用國車』云：『輴皆當爲「載以輇車」之輇，聲之誤也。「輇」字或作「團」，是以又誤爲「國」。輇車，柩車也。』又注《既夕記》『遂匠納車』云：『轝上有四周，下則前後有軸，以輇爲輪。許叔重說：「有輻曰輪，無輻曰輇。」』竊謂柩車有云『輴車』者，聲之誤；『國車』者，字之譌；有云『槫』、『團』者，字之借；謂之『蜃』者，車之形狀也；謂之『輲』者，車之正名也；謂之『輇』者，輲車之輪也。鄭注以輲即輇，尚未分明。凡車止一軸兩輪，柩車前後有軸，故云『四輪』。其崇半乘車之輪，故云『迫地而行』。又車之轅自輿下出，而前縛軶以駕牛馬，柩車之轅則前後出，各縛一横木，謂之輅，以屬引而人輓之。此皆與他車異者也。王肅云『國車，一國所用』，未是。又案：《喪大記》注云『輇車，柩車也，尊卑之差也』，上『也』字乃『無』字之誤。輇車無尊卑之差，所謂『喪車無等』也。疏引皇氏說『天子、諸侯以下載柩車同，皆用輇』，是也。孔氏義依皇，本依熊，非。

〔四〕參見《禮書通故》第十《喪禮通故五》：《喪大記》：『祥而外無哭者，禫而内無哭者，樂作矣故也。』鄭玄云：『外無哭者，於門外不哭也。内無哭者，入門不哭也。祥踰月而可作樂，樂作無哭者。』孔穎達云：『鄭意以祥踰月作樂，故禫時無哭，則經「樂作」之文，但釋禫時無哭之意。皇氏以爲祥之日鼓素琴，「樂作」之文釋兩時無哭，與鄭注違。』以周案：鄭注『祥踰月』之『祥』定本作『禫』，皇說於《記》文似合。《檀弓》：『孔子既祥五日，彈琴而不成聲，十日而成笙歌。』又曰：『是月禫，徙月樂。』樂之作，始於琴瑟，成於笙歌，而極於金石。以琴瑟言，祥之後已作樂矣；以金石言，禫後一月乃作樂。

〔五〕參見《禮書通故》第十《喪禮通故四》：鄭玄云：『齊象車蓋蕤，縫合雜采爲之，形如瓜分然，綴貝絡其上及旁。』皇侃云：『形如虎掌之爪，皮外其色有部分。』孔穎達云：『齊形既圓，上下縫合雜采，豎有限攝，如瓜内之子以穰爲分限然也。』 以周案：鄭注『形如瓜分然』，皇氏所見本作『爪分』，故其説異。今從孔。

坊記〔一〕

《漢·藝文志》：《子思子》二十三篇。其書久逸。明人刊本搜輯於既亡之後，所録之文多非其舊。其采録於《小戴記》者，《舊唐書》載沈約之言曰：『《中庸》、《表記》、《坊記》、《緇衣》皆取諸《子思子》。』王伯厚《藝文考證》亦引沈言。夫子思子作《中庸》，史有明文。《文選》注引《子思子》『民以君爲心』二句，及《詩》云『昔吾有先正』四句，今皆見《緇衣篇》，則《緇衣》出於子思子，可信。且小戴輯《記》，以《坊記》厠《中庸》前，《表記》、《緇衣》厠《中庸》後，與大戴類敘《曾子》十篇正同。〔二〕

《坊記》、《表記》、《緇衣》皆以『子言之』發耑，其文法尤相類，則休文之言益信。『子言之』者，子思子自明作書之旨趣也。下又歷稱『子云』，引用古書兼及《春秋》、《論語》，則亦子思子之言可知也。又引《君陳》曰：『爾有嘉謀嘉猷，入告爾君於内，女乃順之於外，曰：此謀此猷，惟我君之德。於乎！是惟良顯哉！』此《君陳》誡寮屬之言也。臣下有『嘉謀嘉猷』，公卿聽之於九室而内其言於君，人君聽之於路寢而宣其言於外，此與人爲善之意也。而臣下無專命之道，君以爲可則行，君以爲否則止，故曰『女乃順之於外』。然則此謀此猷，非我后之德，終莫之行，此推其『順之』之意而言也。《君陳》以此言誡寮屬，當在朝九室時，參見《禮説・公朝篇》。《僞古文》以此爲康王語，則失辭矣。〔三〕康王豈悦媚臣者哉！此節善則稱君，下節善則稱親，子思子爲臣子言之。《泰誓》、《君陳》皆臣子自誡之辭，可比類而知。讀《坊記》文，晋出《古文》之僞可決矣。

【箋注】

〔一〕輯自《儆季雜著一・禮説五》，清光緒二十年南菁書院刻本。黄以周《子思子輯解》内篇卷五《坊記》卷首案語曰：『《目録》云：名《坊記》者，以其記六藝之義所以坊人之失者也。此於《别録》屬通論。』

〔二〕此節參見黄以周《子思子輯解序》：《漢・藝文志》『《子思》二十三篇』，不名《子思子》，《子思子》之名自隋唐閒始。故漢、魏諸書引《子思子》語與唐馬總《意林》同，而並曰《子思》，從舊名也。《毛詩譜》引《中庸》一事，《史》、《漢》注引《中庸》兩事，《文選》注引《緇衣》兩事。《意林》所采《子思子》十餘條，一見於《表記》，再見於《緇衣》，則梁沈約謂『今《小戴・中庸》《表記》《坊記》《緇衣》四篇類列，皆取諸《子思》書中。』斯言洵不誣矣。其書唐代猶盛行，文史家、類書家所引或從舊名曰《子思》，或依新題曰《子思子》，此各家體例有不同也。北宋之初，其書猶存。《太平御覽》採取頗多，而條稱《子思》，條稱《子思子》。一部書中稱謂錯雜，豈其所引《子思》語別見於它書與？然檢諸古籍，多目爲《子思子》，則輯《御覽》者人各異題，初無別於其閒也。《意林》載《子思子》七卷。南宋以後七卷本已難獲，而晁公武猶及見之。其季遂亡，淵博如王伯厚已不得見，所見者汪晫輯本。《藝文考證》云：『今有一卷，皆取諸《孔叢子》，非本文。』即據汪輯而言也。汪輯凡九篇，内篇割裂《中庸》文，分《天命》、《鳶魚》、《誠明》爲三；外篇剌取《孔叢子》書，有《無憂》、《胡毋豹》、《喪服》、《魯穆公》、《任賢》、《過齊》六篇，所輯踳駁，本不足傳，今並此而亡之。近時輯子書者，以嚴鐵橋、馬竹吾書爲巨觀，而皆不及《子思子》。非六合内之大憾與？初以周輯《意林》逸子四十四種，内有是書，所輯皆古人引《子思子》語。其單書《子思》者，別見於後。《孔叢子》所載，不濫及焉。近染寒疾，已踰一載。時思舊輯疏漏，宜重董正，而精力不逮。爰命南菁講舍諸生廣爲搜羅，復得若干，乃加注焉。而寒熱時發，功有作輟凡四，閱月而後蕆事。以《中庸》、《絫德》、《表記》、《緇衣》、《坊記》之有篇名者爲内篇，凡五卷。漢、魏、唐、宋儒書有引述《子思》語亦並脊。輯《檀弓》引見七事，《孟子》引見三事，雖或係後學之傳聞而語著經典，即非出諸本書而輯逸文者，自宜據補，總曰《外篇》一卷。《孔叢子》雖贋書，而售贋者必參以真其術方行，若槩以贋，不能售也。魏晋時，《子思子》具存，作偽者欲援以爲重，録其真者必多。王肅《家語》，其故智矣，若盡擯之，不已矯乎！凡引見五十二事，別之曰《附録》又一篇，都爲七卷。時襄輯逸文者：顧鴻閶、曹玄忠、胡玉縉、蔣玄慶、達李、林之祺之功爲多云。歲在柔兆涒灘相月黄以周哉生識。

又《禮書通故》第一《禮書通故》：以周案：又取『儒家』《子思子》二十三篇，存其《中庸》、《表記》、《坊記》、《緇衣》四篇;取《公孫尼子》、《樂記》二十三篇,存其十一,合爲一篇。顔師古以《記・中庸》即《藝文志》之《中庸説》二篇,誤。《舊唐書》引沈約云:『《中庸》、《表記》、《坊記》、《緇衣》皆取《子思子》,《樂記》取《公孫尼子》。』劉瓛云:『《緇衣》、《樂記》皆公孫尼子作。』按《文選》注引《子思子》曰『民以君爲心,君以民爲體』,又引《子思子詩》曰『昔吾有先正,其言明且清』,今其語皆在《緇衣》篇,則沈氏説信矣。

〔三〕此節又見於王兆芳輯録《儆季子粹語》卷之一《古術第四》:《禮・坊記》引《君陳》之文。子曰:此《君陳》戒寮屬之辭,禮臣下有『嘉謀嘉猷』,公卿聽之於九室而内其言於君,人君聽之於路寢而宣其言於外,此與人爲善之意也。而臣下無專命之道,君以爲可則行,君以爲否則止,故云『女乃順之於外』。曰『此謀此猷,惟我君之德』,此『善則稱君』之義也。《君陳》所言,爲人臣歸美於君之辭,《僞古文》襲是語,以爲康王之言,是『善則稱己』矣。

表記〔一〕

《小戴》『《坊記》、《中庸》、《表記》、《緇衣》』四篇，類聚其文，皆取諸《子思子》。〔二〕《坊記》、《緇衣》皆於發耑著『子言之』，自明作書之大意。『子言之』皆是發耑起義，事之頭首，記者詳之，故稱『子言之』。若於『子言之』下更開廣其事，或曲説其理，則稱『子曰』。皇説似已而實未盡然。

篇名《表記》者，所以表明夫子遺言之旨趣而類記之也。鄭《目録》訓爲『儀表』，本失名篇之義。凡曰『子言之』者，皆子思之言，表明其旨趣之所在，非發耑之定辭也。篇内引『子曰』，以《中庸》論顔子之服善，答子路之問强，斷爲夫子之言。《坊記》之『子云』引及《春秋》、《論語》，當爲子思己説，故特著『子云』以别之。『子曰』、『子云』未可挹也。

篇内宜分爲七章。其引『子曰』四十有四，皆先以『子言之』表明其旨趣。内有『子言之曰』，則申明上意，故又以『曰』字别之。前則先下己意以明大旨，而後類記遺言；此又於類記遺言後，復斷以己意。其體例雖殊，其表明旨趣一也。

首章『子言之：歸乎？』明言行之道在敬忌，『歸乎』者，蓋子思困於宋作《中庸》，歸於魯作《表記》也。弟二章『子言之：仁，表。義，制。報，利。』言仁義之道宜兼盡，不可厚薄於一偏。弟三章『子言之：仁有數。』又分言仁道之取數多，所謂『容、辭、德、行』皆是。弟四章『子言之：君子之所謂義者。』又分言義在各盡其事，無論貴賤。弟五章『子言之：君子之所謂仁者，其難乎？』又分言仁之難盡者，以尊親文質不能無所偏毗。復以己意斷之曰：『後世有作，虞帝不可及。』明仁義兼盡，斯爲無斁，以結弟二章意。弟六章『子言之：事君先資其言，拜獻其身。』又以言行之見於君臣僚友閒者，博陳其義，以結首章之意。弟七章『子言之：昔三代明王，事天地，用卜筮。』以應首章『事鬼神、擇日月』之餘意。而首曰『莊敬』，曰『毋瀆』，終曰『威敬』，曰『不瀆』，尤一意之自相起結也。

疏家泥於『子言之』爲發耑辭，遂於弟五章析而爲二，語意不了，且失增『曰』字之意，又不知弟六章廣明言行之交接，而以爲明事君之道。後人又泥其說，欲於『君子不以辭盡人』之上，改『子曰』爲『子言之』，緟貤紕繆，更失經意。

【箋注】

〔一〕輯自《儆季雜著一·禮説五》，清光緒二十年南菁書院刻本。黄以周《子思子輯解》内篇卷三《表記》卷首案語曰：『篇名《表記》，所以表明夫子遺言之恉趣而類記之也。鄭《目録》訓爲「儀表」，失名篇之義。《目録》又云「此於《别録》屬通論」。馬氏《意林》載《子思子》有「君子不以所能者病人」一事，《太平御覽》引《子思子》有「天下有道則行有枝葉」一事，則《表記》篇出於《子思子》信而有徵矣。』可參考。

〔二〕參見王兆芳輯録《儆季子粹語》卷之一《士職》：子曰：伯魚子受庭訓，學《詩》、《禮》。子思子追念祖父，於六藝無不通，而尤殫力於《詩》、《禮》，其説《詩》見於《中庸》者最精。孟仲子傳《詩》，而《詩譜》言其爲子思弟子，則《詩》學之淵源可溯矣。《太平御覽》引《子思子》『天下有道，則行有枝葉』四句，見於《禮·表記》。《文選注》引《子思子》『民以君爲心』四句，又《詩》云『昔吾有先正』四句，見於《禮·緇衣》。《意林》引《子思子》『君子不以所能者病人』二句，見於《表記》。又『小人溺於水』二句，見於《緇衣》。則梁沈約謂小戴《中庸》、《表記》、《坊記》、《緇衣》四篇類列，皆取諸《子思》書中，斯言洵不誣矣，子思子非深於禮者乎？

《禮·中庸》曰：『質諸鬼神而無疑，百世以俟聖人而不惑。』子曰：我儆居子傳經學，必曰質鬼神俟後聖，子思子傳學之志也。

周官賈疏有圖〔一〕

初讀《毛詩正義》，至《鄘風》疏注『旄幹首』之義，有曰『别圖於後』，乃知孔疏之有圖。及讀聶崇義《三禮圖目録》，謂『《周官》疏，特圖大琮』，又知賈疏亦有圖。賈公彦《周官》疏，新舊《唐書》並著録，稱五十卷。今通行本止四十二卷，檢其疏文首尾完具，則所少八卷，非其圖與？

抑考之《鳧氏》『爲鍾』注『凡言閒者，亦爲從篆以介之』，疏云『即所圖是也』。注『鼓外二，鉦外一』，疏云『據上所圖，鼓外有銑閒』。於是知賈疏之圖附入本文，與孔疏附圖卷後不同。又考之《匠人》『九夫爲井』，疏云『此圖略舉一成，於一角以三隅反之，一同可見』。此與聶氏所謂『賈疏特圖大琮無好者，欲明諸琮皆無好』一意。於是又知賈疏之圖得其體要，與孔疏載旃物圖，又載旗旟圖，其繁簡亦不同，則《周官》賈疏之圖，必大有可觀焉。〔二〕昔阮文達作《十三經校勘記》，搜羅宋元舊槧不爲不富，而北宋本《詩》疏、《周官》疏之有圖者曾未一見，校語中亦未一及。近之讀注疏者，告以孔、賈疏中有圖，其不以爲怪誕者幾希。

宋元閒有《毛詩纂圖重言重意互注》一書，又有《周禮纂圖互注重言重意》一書，朱竹垞以爲元人所輯。陳仲魚、吴槎客得其書，以爲的係宋槧，寶過拱璧。然讀仲魚跋，一則曰『經生帖括之書』，再則曰『宋人書塾課讀之本』，其書之陋可知也。能得孔、賈有圖疏本，則《周禮纂圖》、《毛詩纂圖》二書，詎不同諸康瓠也與。

【箋注】

〔一〕輯自《儆季雜著一·禮説五》，清光緒二十年南菁書院刻本。

〔二〕參見《禮書通故》第四十七《名物通故一》：潘徽云：『即《江都集禮》，見聶氏《圖敘》。依漢世諸儒所論《白虎通》説，琮外方内圓有好。』聶崇義云：『《玉人職》説諸琮形狀皆不言琮有好，故賈疏特圖大琮無好者，欲明諸琮皆無好也。』以周案：據聶氏言，賈疏有大琮無好圖。檢《考工記》，《梟氏職》疏有云『即所圖是』，云『據上所圖，鼓外有銑間』，《匠人職》疏有云『此圖略舉一成於一角，以三隅反之，一同可見矣』，此皆賈疏有圖之證也。王溥《五代會要》三引阮諶《三禮圖》『黄琮無好』，此賈疏『大琮無好』所本也。

三禮圖〔二〕

古《三禮圖》之著名者七家，今惟聶崇義書獨傳，而鄭君康成、阮氏士信之遺説得留傳於今者，亦賴聶書之存。竇學士儼序其書云：『博采舊圖，凡得六本，實原於梁、鄭、阮、張、夏侯諸家之言，而非出於臆説。』聶書之善，盡斯數言。其本六而家五者，撰《禮圖》有兩梁氏，一爲梁正，一爲不知名位之梁氏也。《宋史・聶崇義傳》載張昭《駁義》曰：『《四部書目》有《三禮圖》十二卷，是隋開皇中敕禮官脩撰，其圖弟一、弟二題云梁氏，弟十後題云鄭氏，又稱不知梁氏、鄭氏名位所出。今書府有《三禮圖》亦題梁氏、鄭氏。不言名位。厥後有梁正者，集前代圖記，更加詳議。阮圖三卷删爲二卷。』是其證也。鄭君康成《三禮圖》，范《書》、鄭《記》並不言其書。唐史承節撰《鄭君碑銘》，歷敘所著書，亦不及《禮圖》。時人疑《禮圖》非康成作，故云『不知鄭氏名位』。嘗讀《魏書・李謐傳》，謐論明堂制度引鄭玄《禮圖》云：『扆從廣八尺，畫斧文於其上，今之屏風也。』則舊所稱鄭氏《三禮圖》爲康成作，在北魏時已云然矣。聶氏之言曰：『鄭注三禮意有未盡，故別作音圖，增成注義。』梁氏之言曰：『阮士信受學潁川綦母君，《魏志》裴注云：『諶字士信，受學綦母君。』取其說，爲圖三卷，多不按禮文而引漢事，《魏・禮志》云：『阮諶《禮圖》并載秦、漢以來輿服。』與鄭君之文多違錯。』是則阮氏之說别有師承。鄭氏《禮圖》即不出於康成，而義必宗注，無或差忒也。據梁正言，阮圖三卷。據張昭言，十卷以後題曰『鄭氏』，亦似三卷。而《隋志》著録《三禮圖》九卷，鄭玄、後漢侍中阮諶等撰。其書更多三卷，似不盡屬鄭、阮元文，有後人增益其閒矣，張昭所謂『不知名位之梁氏』，殆其人與？當時禮家輯舊圖，或以梁氏先阮，或以梁氏先鄭。竇儼序聶圖，亦曰『梁、鄭、阮』，則所謂『不知名位之梁氏』，似漢代人。考漢禮家之稱『梁氏』者，絶罕。唐初諸儒亦未有引用其説，蓋周、隋閒人也。唐初，鄭、阮二圖皆亡，《隋志》無其書。孔、賈作義疏所引《三禮圖》，即此九卷之本。而疏中或稱阮諶《禮圖》，或稱鄭玄《禮圖》，尚得别白言之。疏家引阮圖甚多，其引鄭圖者，如《左傳》襄十一年疏引『鎛，大鍾；磬，大磬。皆特縣，非編縣，鄭玄《禮圖》如此』是也。幸九卷之本，鄭、阮圖各分列可識也。聶氏《禮圖》，於鄭、阮兩家猶能别白。時又有夏侯伏朗《三禮圖》十二卷，見《舊唐・經籍志》别行。又有張鎰《三禮圖》，見《新唐・藝文志》。梁正《三禮圖》，見《崇文總目》。其書並九卷，蓋據《隋志》所録之本而增損之者也。宋初所行者，據張昭言，實止夏侯伏朗、張鎰、梁正三本。昭云：『《四部書目》有《三禮圖》十二卷。』此夏侯伏朗本也。又云：『今書府有《三禮圖》，亦題梁氏、鄭氏。』此張鎰本也。又云：『厥後有梁正者，集前代圖記，更加詳議，論阮諶之紕繆，兼三卷刪爲二卷。』此梁正本也。《宋·藝文志》載不知作者《三禮圖》十二卷，疑即夏侯伏朗本。其書本非伏朗作。張彦遠云：『隋開皇二十年，敕有司撰《三禮圖》，左武侯執旗侍官夏侯伏朗畫。』是其證也。

竇儼序聶氏書，云博采六本，此亦張大言之耳。所引鄭、阮舊説，亦取於三家書中所采，非見其元書也。近馬竹吾輯鄭、阮《三禮圖》，見義疏類書引禮圖及聶書引舊圖者俱入之，亦未必鄭、阮之説。其明引鄭君《禮圖》者凡四事，阮氏《禮圖》者凡十七事，其並引鄭、阮《禮圖》者凡二事。今又補鄭《禮圖》一事，阮《禮圖》二事。

【箋注】

〔一〕輯自《儆季雜著一·禮説五》，清光緒二十年南菁書院刻本。

申鄭箋仕於泠官義〔一〕

《詩·簡兮》『仕於泠官』，箋云：『泠官，樂官也。泠氏世掌樂官而善焉，故後世多號樂官爲泠官。』案：泠氏，黄帝時樂人泠倫之後，本號泠倫氏，見《古今人表》，後省稱爲泠氏。箋云泠氏，明非姓也。自後世姓氏不分，《廣韻》因以泠爲人姓，已失。又以爲周大夫泠州鳩之後，更謬。泠州鳩，泠，樂官。州鳩，名。應劭、韋昭、杜預皆云然。此箋所謂『後世多號樂官爲泠官』是也。隋唐以後，乃有『州鳩姓泠』之説，或乃并謂泠氏以生於泠水得姓，亦思泠氏本號泠倫氏乎？顔師古注《五行志》乃謂『樂官，名泠，後遂以爲氏』。此又襲用箋語，而不自覺説之相背者矣。命氏在先，樂官名泠在後，何得顛倒言之。泠官者，泠人之長也。古人稱其長謂之『官』，《明堂位》有『虞氏官五十，夏后氏官百』，皆以『長』言之也。《内則》：『四十始仕，五十命爲大夫，服官政。』大夫之政謂之官政，以别始仕爲士，不稱官也。考士之稱官者，惟官師，其位在適士下、庶士上，庶士無官稱也。庶人在官，謂在官供役，非以官加庶人也。泠官者，泠人之爲樂大夫者也。仕於泠官者，其下屬吏之庶士也。《周官》大司樂，中大夫；樂師，下大夫，可謂之泠官。磬師、鍾師、笙師、籥師皆中士，可謂之官師。衛爲侯國，官爵例降天子一等。天子之官師，於諸侯爲庶士，所謂仕於泠官者，即籥師之屬也，故鄭注《籥師》，即引此《詩》『左手執籥，右手秉翟』爲義，天子籥師於諸侯謂之翟人。毛傳於『公言錫爵』云：『祭有畀煇、胞、翟、閽、寺者，惠下之道見。惠下不過一散。』此用《祭統》之義，箋亦從之。然則衛之賢者仕於泠官，其爵爲庶士，故《記》以爲樂吏之賤，而序以爲刺不用賢。孔疏以泠州鳩爲泠氏之世掌樂者，泠官爲樂官之通稱，仕於泠官爲府史之屬，並與箋義違。

【箋注】

〔一〕輯自《儆季雜著二·群經説二》，清光緒二十年南菁書院刻本。

婦無公事説〔一〕

《詩·瞻卬》篇：『婦無公事，休其蠶織。』毛傳曰：『休，息也。婦人無與外政，雖王后猶以蠶織爲事。』鄭箋曰：『今婦人休其蠶桑織紝之職，而與朝廷之事。』如傳箋説，婦勤蠶織，無與公事，若與公事，必休蠶織。揆之經語，反覆不順。案：『公』與『宫』通。古者養蠶有宫，《祭義》曰：『天子諸侯必有公桑蠶室，近川而爲之築宫，仞有三尺。』是也。公事即宫事，《夏小正》曰『妾子始蠶，執養宫事』是也。休其蠶織，即無宫事，經文語氣本屬一貫。婦人之事，莫重於蠶，故《士昏禮》戒女辭曰『夙夜無違宫事』。《本命篇》言正婦德，亦曰『宫事必量』。皆其證也。『宫』字通作『公』，或又作『功』。《周官·女御》曰：『以歲時獻功事功。』事，亦謂宫事也。〔二〕《列女傳·敬姜傳》：『《詩》曰：「婦無公事，休其蠶織。」言婦人以織績爲公事者也，休之非禮也。』此説本三家義，實勝毛。

【箋注】

〔一〕輯自《儆季雜著二·群經説二》，清光緒二十年南菁書院刻本。

〔二〕『公』『宫』通，參見《禮書通故》第二十《耤田躬桑禮通故》：《周官·内宰》：『以婦職之法教九御，使各有屬，以作二事。』杜子春云：『二事，絲、枲之事。』王安石云：『二事，謂祭祀、賓客之事。』易祓云：『二即貳也。三夫人貳九嬪，九嬪貳之以世婦，世婦貳之以女御，正合各有屬之義。』以周案：婦職者，宫事也。《夏小正》曰：『妾子始蠶，接養宫事。』宫事者，蠶織二事也。《詩》曰：『婦無公事，休其蠶織。』公事即宫事，宫、公古通。婦休息蠶織謂之無宫事，無宫事，失婦職矣。『以作二事』謂不休蠶織，宜從杜。一説：休，美也，善也。善作蠶織，即《女御》所謂功事。亦通。

離經辨志説[一]

《學記》：『一年視離經辨志，三年視敬業樂群，五年視博習親師，七年視論學取友。』爲『中年考校』之法。鄭注『離經辨志』，其義本通。後人轉求其深，反失《記》意。初年所視，義毋深説，《易》曰『浚恒之凶，始求深也』，《記》曰『不陵節而施之謂遜』，此之謂也。且如鄭所解『離經辨志』，亦甚難矣。古離經有二法：一曰句斷，一曰句絶。句斷，今謂之句逗，古亦謂之句投，《文選·長笛賦》。斷與逗、投皆音近字。句斷者，其辭於此中斷而意不絶。句絶，則辭意俱絶也。鄭注離訓斷絶，兼兩法言。云『斷句絶也』者，欲句字兩屬之爾。《禮經》有此例，注亦多用斯意。離經專以析句言，孔疏章句兼説既非鄭義，俗本作『章斷句絶也』更失鄭意。斷章乃辨志事，志與識通。辨志者，辨其章旨而標識之也。鄭讀志如字，云『別其志意之趣鄉』，趣鄉釋志。志者，心之所之也。其志意，謂經之志意也。孔疏志屬學者，辨屬考校者，於上『視』字既觸，於下文法亦違，鄭意當不爾也。

古者，教國子以《詩》、《書》、《禮》、《樂》四術。《詩·周南》本一什，學者以其志趣不同，分之爲篇，别之以章，題曰《關雎》幾章，《葛覃》幾章。題即標識之謂也，而云辨者，章法無一定，任學者自分之。《毛詩》云：『《關雎》五章，章四句。故言三章，其一章，章四句。二章，章八句。』《釋文》云：『五章是鄭所分，「故言」以下是毛公本意。』是毛、鄭標識不同也。《常棣》，《毛詩》分八章，章四句，本《左氏·襄二十年傳》。然《左傳》云『賦《常棣》之七章以卒』，《中庸》亦連引『妻子好合』六句辨其志趣，後兩章宜合爲一。由是推之，《毛詩》所分五章、六章，亦謂御侮思兄弟，平安又重友生。辨其志趣，亦不必分爲二。説詳先君《儆居集》。是毛公之標識，亦不能無失也。《閟宫》之分章，至今無定説，然此猶其小焉者。至《毛詩》分《周頌·桓》《賚》爲兩篇，據《左傳》，《桓》爲《大武》之六章，《賚》爲《大武》之三章，是篇弟之標識亦有不同矣。此非辨志有各别而考校者所當視乎？《尚書·汩作》、《九共》、《稾飫》，皆述『帝釐下土，設居方，别生分類』之事，古初當亦同篇。曰《汩作》，曰《九共》，曰《稾飫》，殆亦後之學者辨其志趣之異而標識之。《大禹》、《臯陶謨》、《益稷》亦猶是已。《盤庚》本亦一篇，今分上、中、下，而鄭注以上篇《盤庚》爲臣時事，中、下篇《盤庚》爲君時事。《康王之誥》或分『王出』以下爲篇，或分『王若曰』以下爲篇，亦辨志者之標識各别也。

《禮經》散佚已多，今所傳《士禮》十七篇，注家於每篇中分别其章，標識其目，亦辨志之事。

《樂經》全亡，而《小戴》所載《樂記》一篇，劉向《别録》有《樂本》、《樂論》十一目，即辨志之遺法也。今諸經章句，注家標識，大半已明。若初學讀《史記》、《漢書》，用離經辨志法令之點句畫段，標明大旨，一展視之，便知其用意之淺深，洵良法也。初年講學，宜知是意。小成而後，由所辨而諭諸身心，由所志而見諸事業，道德、經濟、文章皆由此其選也。〔二〕

【箋注】

〔一〕輯自《儆季雜著二·群經説三》，清光緒二十年南菁書院刻本。

〔二〕此篇又見王兆芳輯録《儆季子粹語》卷之一《讀書第三》：子曰：《學記》：『一年視離經辨志。』離經謂分析經句。古離經有二法：一曰句斷，一曰句絶。句斷，今謂之句逗，馬融《長笛賦》謂之句投。斷與逗、投爲音近字。句斷者，其辭於此中斷而意不絶，句絶則辭意俱絶也。志爲志意，亦爲標識。讀經而辨其志意之趣鄉，因其志意作爲標識，以别其篇章之指，及《詩》别賦、比、興，《禮》别裸、獻、酬、酢之類。士之初學，循誦習傳，患在儱侗不知分解。今諸經章句，注家標識大半已明，而後人之離辨較易。若讀《史》《漢》用其法，點句畫段，標明大指，一展視之，即知其用意之淺深，洵良法也。初讀經史，宜知是法，小成而後，由所離辨而諭諸身心，見諸事業，道德、經濟、文章皆由此其選也。

字不若子説[一]

《春秋·公羊莊十年[二]傳》『字不若子』，何注『以「子」爲爵最尊者』。《鄉射禮》『某酬某子』，鄭注引傳以『子』爲男子之尊稱。後人各執一説以相難，入主出奴，甚無謂也。

竊考《春秋》『字不若子』之例有四，《公羊》爲『荆敗蔡師』發傳，分州、國、氏、人、名、字、子，凡七等，此統蠻夷之國言之，其進退寓襃貶。『字不若子』，謂當時蠻夷之君有稱字者，不若後此之稱吴子、楚子也。子者，爵之下，而七等止於子者，《記》所謂『其在東夷、南蠻、西戎、北狄，雖大曰「子」』也，故何注『以子爲爵最尊』，此一義也。

董子《繁露·爵國》篇言『字方三十里，名方二十里』，引此傳中三句，分氏、人、名、字，凡四等，此據附庸之國言之，以地之大小定人之稱謂，似無所襃貶於其中。其不及州、國兩等者，附庸無州國之稱，所謂『人之私，非列國』也。其不及『字不若子』者，附庸在子男下，所謂『周室之不成子』也。若進爵，亦有稱子者，如郳婁克字儀父，書克，不及稱儀父之尊，而書郳婁儀父，又不若後此之稱郳婁子，見莊十六年。此又一義也。鄭《鄉射》注引此傳末一句，其義分名、字、子，凡三等，又通列國卿、大夫、士言之，其進退亦寓襃貶。凡大國之卿，視小國之君，其大夫、士，視附庸。故列國卿、大夫例與附庸同稱名。而桓十一年、十七年，賢祭仲、蔡季而書字，是名之不如字也。字既尊矣，而閔元年，喜其賢，曰『季子以子配字。來歸』。二年，喜其正我，曰『高子以子配氏。來盟』，是又字之不若子也。鄭注『某子者，氏也』，氏指某言，如《春秋》之稱『高子』。若以《聘禮記》、《特牲》、《少牢禮》之言『某甫，某子』例之，當如《春秋》之稱『季子』。然季子、高子皆大國之卿，《春秋》『子』之，猶以爵稱，而《鄉射禮》『某酬某子』爲作受酬者之辭。凡《禮經》面語其人皆稱子，如主人與賓爲耦，而告賓曰『主人御於子』，大夫與士爲耦，而告大夫曰『某御於子』。此司正相旅面告受酬者，義不得稱其字，故亦『子』之，子不必爵也。至春秋之季，字、子之分稱綦嚴，聖門諸弟子尊其師曰孔子、孟子，而伯牛、仲弓之稱字，又不若曾子有『子』之尊。樂正子之稱『子』，又以別公孫丑、萬章，此又一義也。

一統蠻夷之國言，一就附庸之君言。一以附庸爵、字之分，遂而施諸卿大夫。一以卿大夫爵、字之分，又遂而施諸士。稱謂之異，隨世而變，經中之字若子，言各有當，未可紛挐。《公羊》徐疏云『言邾婁儀父，不如言吳子、楚子』，彼此牽説，一似貶附庸之尊周而襃蠻夷之猾夏，則《春秋》之大義晦。後人拘泥鄭注，又不知子爲爵之尊，而《公羊》之家法亦亂。〔三〕

【箋注】

〔一〕輯自《儆季雜著二·群經説三》，清光緒二十年南菁書院刻本。

〔二〕語出《公羊·莊十年》，黄以周引文誤作『十六年』，徑改。

〔三〕此篇參見《禮書通故》第二十五《射禮通故四》：鄭玄云：『「某酬某子」，某者，字也；某子者，氏也。稱酬者之字，受酬者曰某子，旅酬下爲上，尊之也。《春秋傳》曰「字不若子」。』敖繼公説，此主爲酬者命受酬者，緣酬者意欲尊敬之，故於此言字，於彼言子。　以周案：『字不若子』，《公羊傳》文。敖氏申注本明。或據《聘禮記》『皇祖某甫，皇考某子』，《特牲禮》『皇祖某子』，《少牢禮》『皇祖某甫』，以爲禮無『字不若子』之義。申鄭義者以此爲别辭，彼爲錯文互見之辭。方望溪又駁之，以爲『以次相酬，受酬者年必少，而轉爲尊稱，於義未安』。以周謂《公羊傳》『字不若子』，子指爵言，當依何注。説詳《官制門·爵類》。此作受酬者曰『某酬某子』，某皆指字，似亦無一字一氏之可分。某者，某甫；某子者，伯子、季子也。此對受酬者之辭，故舉其伯、仲、季而『子』之。酬者必曰某甫、不曰某子者，伯、仲、季，字之通辭，不直舉其字，慮無以别也。若面對受酬者言，雖不舉其字，亦不嫌無别。故主人與賓爲耦，告賓直曰『主人御於子』，士與大夫爲耦，告大夫直曰『某御於子』，諸稱『子』者，皆對面辭。方説甚謬。

又參見《禮書通故》第三十四《職官禮通故一》：《春秋公羊傳》：『荆敗蔡師於莘。荆者何？州名也。州不若國，國不若氏，氏不若人，人不若名，名不若字，字不若子。』何休云：『子，爵，最尊。周本有奪爵稱國、氏、人、名、字之科，故加州文，備七等以進退之。』以周案：《公羊》家分州、國、氏、人、名、字、子七等，以蠻夷之君言州、國、氏三等，本屬難據。董子《繁露・爵國篇》引傳『氏不若人，人不若名，名不若字，凡四等，命曰附庸』，斯即《越語》所謂『周室之不成子』者，其義甚通。『字不若子』，如隱元年邾婁儀父稱字，不若莊十六年之稱邾婁子也。徐疏以儀父、楚子牽説，未是。鄭注《禮經》又引以爲『同儕尊卑之稱』，雖非傳意，而却有是例。

上如揖下如授解[一]

《論語》鄭注云：『上如揖，授玉宜慎也。下如授，不敢忘禮也。』鄭君之意，上文狀其執圭之容，此狀其授圭之容，依《聘禮記》解之也。《記》言『執圭如重』，即此所謂『如不勝』。又云『授如爭承，下如送』，即此所謂『上如揖，下如授』。《説文》：『爭，引也。』『引，張弓也。』其字从𠬪、𠂆。𠬪象兩手，𠂆象所引之物。承與拯，古通，謂上升也。爭承者，張兩手而上拱之，古人之揖法也。授如爭承，故曰『上如揖』。鄭注云『授玉宜慎』，明此爲授法也。凡授，必上其手，故知上之爲授也。下，謂既授而下其手。授，謂平等授受之禮，較平衡少下之，所謂『大夫妥之』是也，故《記》謂之『送』。鄭注云『不敢忘禮』，謂忘授受之禮。上下並以授法言。後人不解，乃以此爲執圭之容。夫執天子之器則上衡，國君則平衡，自有定則矣，而容上下其手乎？朱子心知其難通，而云『步趨之閒，微有高下』，是不特失執圭之容，並失『足縮縮，如有循』之義矣。『如有循』者，不舉足也，故鄭注以『舉前曳踵行』解之，而謂步趨閒容有舉趾高下乎？劉楚楨疏申鄭注，『上如揖』義既不明，又謂『如授』與《記》之『如送』同，下謂下堂。曾不思《聘禮記》文『下階』在『君還』之後，『君還』又在『下如送』之後，而謂君未還，先下堂乎？且既下堂，手猶如授，亦失《記》文所謂『下階，發氣，怡焉』之義矣。〔二〕

【箋注】

〔一〕輯自《儆季雜著二·群經説三》，清光緒二十年南菁書院刻本。

〔二〕『上如揖下如授』，《禮書通故》第二十八《聘禮通故二》有略解，并云『詳《經説》』，蓋指此篇矣。其云：賈公彥云：『授如爭承，謂如與人爭接取物。下如送，謂聘享每訖，君實不送，而賓之敬如君送然。』敖繼公説，『授如爭』句，『承下如送』句。郝敬説，『將授志』句，『趨授如爭』句。以周案：此記授圭之容。《説文》：『爭，引也』，『引，張弓也』。『爭』字從𠬪丿，𠬪象兩手，丿象所引之物。爭承者，張其兩手而上拱之，古人揖法也。『授如爭承』與『上如揖』之義同，鄭彼注云『授玉，宜慎也』。『下』謂既授而下其手，『送』謂平等授受之禮，『下如送』與『下如授』之義亦同，鄭彼注云『不敢忘禮』，謂授受之禮也。今解《論語》者，以『上』、『下』爲執法，宜以鄭注及此《記》文正之。詳《經説》。下云『君還而後退，下階，發氣，怡焉』，乃言退而下堂。賈疏以此『下』爲『下堂』，『退』爲『出廟門』，殊失文次。敖、郝二説更鑿。

釋徹〔一〕

徹廣八尺，鄭注言之詳矣。而《車人職》云『徹廣六尺，鬲長六尺』。江慎脩、戴東原並謂『大車之輪必出於箱外，其閒須容輪轉，徹廣不能與鬲長同數，六尺當八尺之誤』。如其説，鄭注《車人》當直破之矣。如謂鄭所見本作八尺，誤在賈氏作疏前，則鄭注《匠人》諸職，可直據八尺《記》文，何必歷敘輿廣、輻内、輻廣、綆轄之數而後定之乎？其必一一排比而後定者，鄭所見《記》文作六尺，非八尺也。既主八尺之説，而《記》文六尺不終破之者，鄭固不以爲誤也。

《車人》言大車等牝服之長，與《輿人》『參分車廣，去一爲隧』既異，大車等之廣亦必有異於《輿人》。而《記》不言輿廣，終記之曰『徹廣六尺』，所以明輿廣也。六尺之軌，内除大車轂六寸，羊車轂七寸，柏車轂九寸，又各除轂距鉤半寸，綆寸，則牝服之廣大車四尺五寸，羊車四尺二寸，柏車三尺九寸也。輿博而轂短，輿狹而轂長，又悉限以六尺之軌，《車人》所言自有依據。乘車之輿廣隧深見於《記》文，而軌定八尺，鄭注亦無可易。蓋乘車、兵車爲廣方，廣方之軌宜八尺。大車、柏車、羊車爲長方，長方之軌自六尺。六尺之軌，軌於畛。八尺之軌，軌於塗。故鄭注《遂人》曰『畛容大車，涂容乘車』，二者分别言之，正見軌有『六尺、八尺』之異，無可混也。後之申鄭者，讀《匠人》注，不讀《遂人》注，遂疑一涂不能有兩軌，必遵注而破《記》，豈鄭君之意邪？

程易疇考車制最好武斷，於此多方測算，卒不能定，亦昧於『畛、涂異軌』之故也。王倬夫又謂『《輿人》參如一之車廣，爲兩輪之廣。兵車、田車、乘車三等，其兩輪廣皆六尺六寸。大車、柏車、羊車三等，其兩輪廣皆六尺』，如其説，車廣爲兩輪廣，則下句『參分其廣，去一以爲隧』，亦可謂之輪深乎？如仍以隧爲輿深，則鄭注以車廣爲輿廣，其説自不可破。王氏好與鄭難，立説固未見當。一涂兩軌，説同江、程，尤非後人所敢信也。王説之謬，余於《通故》中詳駁之。〔二〕

或曰：畛一軌，涂又一軌，兩軌非同出於一涂，信然矣！然軌既不一，何以謂之同軌乎？曰：行畛者，皆遵六尺之軌；行涂者，皆尊八尺之軌，尚謂非大同之治乎？書有六書，不害其爲同文。倫有五倫，不妨其爲同倫。而謂軌有兩軌，遂不得謂之同軌乎？學者知畛、涂之各有一軌，可無疑於《車人》之文。知畛、涂之同遵一軌，亦可無疑於《中庸》之義矣。

【箋注】

〔一〕輯自《儆季雜著二・群經説三》，清光緒二十年南菁書院刻本。

〔二〕《禮書通故》第四十六《車制通故一》：戴震云：『兵車、乘車，軫閒六尺六寸，轂入輿下者七寸，其内地即置伏兔以承軫。』　王宗涑云：『轂入輿下七寸，則兩伏安得承軫？如兩伏承軫，轂安得入輿下？《輿人》所云車廣，乃左右兩輪相距之度，非軫距。軫前後左右同，皆四尺四寸，故六尺之弓自足覆斡。鄭、戴誤以車廣即軫閒，於是鄭云「旁減軓内」，戴云「轂入輿下」，皆庶幾弓之足以庇軹，即自相矛盾亦不暇顧。』　以周案：『轂入輿下』，却可疑處，然非此不能合徹廣之數及庇軹之度。王氏乃出其轂而少其輿，謂軫止四尺四寸，則庇軫之弓何須四尺？王氏自謂庇軫有餘，亦知其難通也，一可疑。以車廣爲輪廣，則《輿人》記輪度反不記輿度，二可疑。《輿人》以『輪崇、車廣、衡長參如一，謂之參稱』，以車廣爲輪廣，則所謂『參』者兩物也，三可疑。《記》文下即繼之曰『參分車廣，去一以爲隧』，隧謂輿深，承上爲文。如車廣非即輿廣，則隧義無所屬，四可疑。車乘三人或四人，軫廣四尺四寸，何以容之，五可疑。王氏此説極爲時人所稱，而義之不安有如此！

又《禮書通故》第四十六《車制通故二》：鄭玄説，《輿人》『輪崇、車廣、衡長參如一』，車，輿也，輿廣六尺六寸。王宗涑云：『車廣，謂兩輪之相距也。兩輪中夾一輿，謂之車廣，即《説文》「車」訓「輿輪總名」之義也。輪非輿人所爲，而車廣記於《輿人》者，因隧及式崇、軫圍皆準以起度也。輿度當四尺四寸，同於輿隧，其形正方，《記》曰「軫之方也，以象地也」，其旳證也。』　以周案：《記》文上言車廣，下言隧，其文相承，如車廣非即輿廣，則隧亦非輿深矣。《記》以輪、車、衡爲三物，如車即是輪，亦何得云『參』乎？必謂軫方象地是『正方』，則人頭圓象天，足方象地，足豈亦『正方』乎？姚姬傳以爲軫正方六尺六寸，王氏因謂軫輿正方四尺四寸，皆非也。

釋度〔一〕

度者，度也，所以度物也。尺寸尚矣，然銖而稱之，至石必過；寸而度之，至丈必差。故又作『步、仞、軌、雉』諸法以便民事。第制同而實異，彼此牴牾不相合。同一步也，而有六尺、八尺之别焉。同一仞也，而有七尺、八尺之異焉。同一軌也，而有八尺、三尺四寸之分焉。同一雉也，而有三丈、一丈之殊焉。苟無以定之，幾何不等於無星之稱，輕重莫知也與？

古者布指知寸，運肘知尺。展兩足則知步，步必六尺。申兩手而知仞，仞必八尺。此定名也。《司馬法》曰：『六尺爲步，步百爲畝。』周制如此，夏、殷之制亦同。而《王制》謂『古者以周尺八尺爲步』，以殷步之縱言之。步之横必六尺，三代未之有改，而縱則隨時而易焉。殷一夫之田七十畝，其步之縱必用八尺，始合『步百爲畝』之制。見《田制異同考》。此古今之異制，亦縱横之不同也。〔二〕

仞與尋同爲八尺，而分度廣、度深之異。仞字从人，以人身爲度。《考工記》曰『人長八尺』，故八尺曰仞。尋字从又，又即手，人伸兩臂亦八尺，故八尺又謂之尋。用以度廣，取伸臂之名；

用以度深，取身中之名。故《方言》曰『度廣曰尋』，杜預曰『度深曰仞』。考古經傳未有以仞度廣者。秦、漢以後，度廣亦謂之仞，於是仞、尋之義不分。故許氏《説文》以尋解仞，云『仞，伸臂一尋，八尺』。或者又強爲區別，於以有『尋八尺』、『仞七尺』之分。賈公彦曰：『《書傳》：「雉高一丈，則牆高一丈。」《祭義》：「築宫，仞有三尺。」除三尺之外，祇有七尺，故知七尺曰「仞」。』然以古書核之，仞實八尺，豈度高與度深亦異數與？《考工記》曰：『廣二尋，深二仞，謂之澮。』此以度廣度深之異名而别言之，非謂廣二八尺，深二七尺也。古者，甽一尺，遂二尺，溝四尺，洫八尺，其制皆廣深相等，亦廣深各倍於其前，何得於澮獨異其制乎？《左氏·昭三十二年傳》『仞溝洫』，洫深一仞，溝深半仞，若以七尺之仞言，則溝不得言仞矣。是度深用八尺之徵也。應劭亦主『七尺曰仞』説，其注《漢書》云『五尺六寸爲仞』，以漢尺言。漢尺較周每長二寸也。若《小爾雅》『四尺爲仞』，由誤解『仞溝洫』之文也。

軌，本車轍之名，其後用以度涂之廣，而爲度物之名。軌凡八尺，此名之以輪廣而定也〔三〕。而有〔四〕以之度車之高者，則又以軫崇而定。而軫崇有高下，軌亦因之無定名。如國馬軫崇四尺，田馬軫崇三尺七寸，駑馬軫崇三尺四寸，即其軌之差也〔五〕。《詩·邶風》『濟盈不濡軌』，毛傳云『由輈以上爲軌者』，以軌之高下無定名，故不言其尺寸，而以輈平之承軫者言之。曰『由輈以上』，軓之上即軫也。軫者，軌之所以差也。段氏以大御之『軹軓』，《少儀》作『軌範』，爲軹、軌同高。《考工記》『軹崇三尺三寸』，則軌崇亦三尺三寸。此説可通於鄭，不可通於毛。果軌有定名，則毛傳何不直曰『三尺三寸爲軌』與？蓋不濡軌者，必其水在軓下。濡軌，則由軓以上，其水浸軫。軫者，輿也。輿者，人所居也，何可濡水？而濟盈必濡軌，傳所謂『違禮義，不由其道也』。而曰『不濡軌』者，箋所謂『喻夫人犯禮而不自知也』〔六〕。經文之『軌』，傳文之『由軓以上』，初無錯誤〔七〕。前儒疑『軓以上』爲『軏』，而改經文，以致古韻不協。近儒又疑軓以下爲『軹』，軹即軌，而改毛傳『以上』作『以下』，則經文『濟盈不濡軌』，直似自轍至軓，無一可濡之物矣，不幾於文不成義乎？且毛意如果以軹當軌，何不曰『軹謂之軌』，而偏舉軓與軹之迆衺不正者而曲言之乎？是則《詩》傳以『軓上』釋『軌』，自以軫崇之高下言之，非言車中之物。是猶由膝以上曰『涉』，由帶以上曰『厲』，而涉與厲，非人體服之名也。《曲禮》曰：『國中以策彗卹勿驅，塵不出軌。』軌亦以度言，謂國中不得疾驅，其塵無過四尺以上也。《穀梁傳》『車軌塵』，義亦同，謂『車行有三尺餘之塵』也。如必以軌爲車轍之道，而道上即塵矣，安有不出者乎？〔八〕

雉之制有廣高之異，於事尤明。《左傳》疏引《異義》曰：『古《周禮》及《左氏》説，一丈爲版，版廣二尺。五版爲堵，長丈，高丈。三堵爲雉，長三丈，高一丈。』此定名也。而《詩箋》引《公羊傳》曰『五版爲堵，五堵爲雉，雉長三丈』，則版六尺，此與『三堵爲雉』之説不同。而鄭君乃以版六尺通之，謂用一丈版，五版爲堵，三堵爲雉。用六尺版，五版爲堵，五堵爲雉。版、堵之制有不同，而雉制則一也。《異義》又引《戴禮》及《韓詩》説，八尺爲版，五版爲堵，五堵爲雉。何休注《公羊傳》，又謂八尺爲版，堵四十尺，雉二百尺。此甚無當於經典。鄭君嘗駁之曰：『《左氏》説，鄭伯之城方五里，積千五百步也。』大都，三國之一，則五百步也。五百步爲百雉，則知雉五步。五步於度長三丈，雉之度量於是定。此可以辟諸説之謬矣。鄭君又曰：『度高以高，度廣以廣。』雉制如此，而軌、仞諸制亦有高深縱横之别焉。故具言之。

【箋注】

〔一〕輯自《儆季雜著二・群經説三》，清光緒二十年南菁書院刻本。

〔二〕此節詳見《禮書通故》第三十五《井田通故》：《王制》云：『古者以周尺八尺爲步，今以周尺六尺四寸爲步。』《司馬法》云：『六尺爲步，步百爲畝。』　以周案：《王制》舉周以别古今，則古者爲殷，今乃斥言周末之制。鄭注今指周末，或指漢説。周一夫之田開方得六百尺，以步六尺，畝百步除之，縱横各百步，得十畝者十，而田首之遂徑在其内焉。殷步横亦六尺，縱則《王制》所謂八尺是也。一夫之田以殷步除之，縱七十五步，横百步，以步百爲畝除之，得横十畝，縱七畝有五步，而五步當田首之遂徑也。夏之步不可考。《司馬法》『六尺爲步，步百爲畝』，以横數言。《王制》言步有八尺、六尺之異，以縱數言。横數在周尺並六尺，歷世不改，而縱則隨時而異，故《孟子》有夏五十、殷七十、周百畝之分。古人度物，多横縱異數，如軌廣八尺，度高則三尺三寸，仞長八尺，度深則爲七尺，雉高一丈，度廣則爲三丈，皆同此例。步以無定尺而分長短，畝以有定步而分多少。夏、殷之尺大於周，故步長，步長而畝少。周之尺小於夏、殷，故步短，步短而畝多，此定數也。『今以周尺六尺四十爲步』，似當作『六尺六寸』，《考工記》曰『六尺有六寸，與步相中』是也。《考工記》與《王制》同作於周秦之閒，見孔疏。其語當同。

〔三〕『此名之以輪廣而定也』，《皇清經解續編》本作『此定名也』。

〔四〕『而有』，《皇清經解續編》本作『而亦有』。

〔五〕『則又以軫崇而定。而軫崇有高下。軌亦因之無定名。如國馬軫崇四尺，田馬軫崇三尺七寸，駑馬軫崇三尺四寸，即其軌之差也。』《皇清經解續編》本作：『《少儀》曰「祭左右軌範」，即《大馭》之「祭兩軹祭軌」。《考工記》曰「軹崇三尺有三寸」，則軌亦三尺三寸也。鄭注曰「軌與軹於車同」，謂軌之尺寸於車同軹，故引《大馭》文以解之，見軹之高正當軌，豈謂軌爲軹之專名乎？《少儀》不曰「祭左右軹」，而曰軌者，此古人曲詞之例也。汪容甫曰：「《曲禮》不云不殺，而云不祭肺。《坊記》不云不無故殺之，而云不坐犬羊。《春秋傳》不云鶴視卿，而云乘軒。《論語》不云見上大夫，而云冕者。此辭之曲者也。」汪氏此説，實開讀書之一門，前儒不知此例，遂謂軌即軹有轊頭之訓矣。』

〔六〕自『以軌之高下無定名』至此一百八十餘字，《皇清經解續編》本作：『毛意，軌之高正當軓，故以舟言之。《考工記》曰「鷙馬之軓深三尺有三寸」是也。水濡軓上則入輿，輿者，人所居也，故不可濡。「不濡軌」，謂水在軓以下，則濡軌者，由軓以上矣。』

〔七〕此句，《皇清經解續編》本作『經傳本無誤也』。

〔八〕軌爲度物之名，故『塵不出軌』之軌則非車轍而爲度言，參見《禮書通故》第四十二《御禮通故》：鄭玄云：『國中以策彗，卹勿。彗，竹帚。卹勿，搔摩也。』孔穎達云：『入國不馳，故不用鞭策，但取竹帚帶葉者爲杖，形如埽帚，故曰策帚。卹勿者，以策微近馬體，搔摩之，不欲令疾也。軌，車轍也。車行遲，故塵埃不飛揚出轍外也。』朱熹云：『策彗，若今鞭末垂革。』劉氏《甓齋遺稿》歷引毛傳、《説文》、《玉篇》、《廣韵》彗爲微末，證朱子説。吴澄云：『彗卹，謂埽拂之。勿驅，謂勿以策策馬令疾行也。』以周案：鄭君、朱子並以『策彗』連讀，『卹勿』連讀，『卹勿』爲雙聲狀事之辭。吴氏以『彗卹』爲埽拂，申其説者又謂《釋詁》『彗，勤也』，卹與恤同，『彗卹』猶《周語》所謂『勤恤民隱』之『勤恤』，『國中勿驅』猶曰『入國不馳』，『塵不出軌』與上『顧不過轂』句法亦同。此以『彗卹』連讀，『勿驅』連讀，較舊更通。輪半崇三尺三寸，當軌。《詩》毛傳曰：『繇軓以上爲軌。』『上』或改『下』。《考工記》曰：『鷙馬之軓，深三尺有三寸。』《詩》『濟盈不濡軌』，言其深已及三尺許。此『塵不出軌』，言其高不出三尺。舊解並以車轍言，非。阮氏《釋車》云：『國中不疾馳，塵高不過三尺以上。若道上之軌，即塵也，安得不出乎？』阮氏説是。

漢律曆志嘉量說[一]

《漢志》五量，『起於黃鐘之龠，合龠爲合，十合爲升，十升爲斗，十斗爲斛。其法用銅，方尺而圜其外，旁有庣焉。其上爲斛，其下爲斗，左耳爲升，右耳爲合龠。句。其狀如爵，以縻爵祿。上三下二，參天兩地，圜而函方，左一右二，陰陽之象。其重二鈞，聲中黃鐘，始於黃鐘而反覆焉』。班氏此《志》，本諸劉歆。歆爲王莽作銅斛，即用此說。故鄭氏注云：『今尚方有王莽時銅斛，制盡與此同。』然而漢量初不然也。

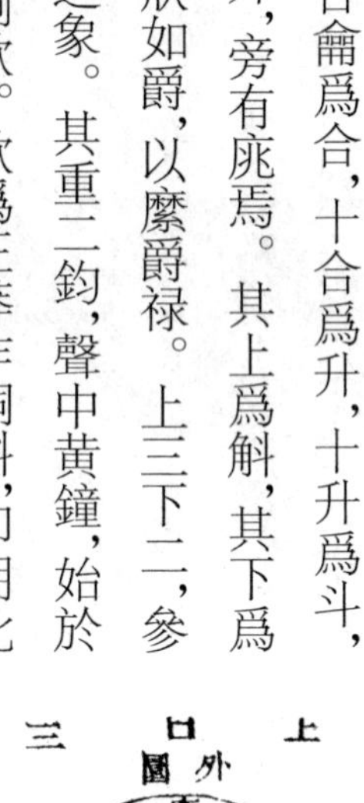

《考工記・栗氏》：『爲量，深尺，內方尺而圜其外，其實一鬴；其臀一寸，其實一豆；其耳三寸，其實一升；重一鈞，聲中黃鐘之宮。』劉歆所作銅斛，竭意仿周量爲之，然而周量却不爾也。後之讀《志》者，不惟周量、漢量之異同不辨，而本《志》之文亦未深究，往往引用而失實。《栗氏》所謂『深尺，內方尺，實一鬴』，準以《九章算術》方一尺，深一尺六寸二分，容一石之數，尚少二升八十一分升之二十二，鄭注已言之。劉歆作斛之巧，全在旁庣，其法用銅，方尺而圜其外，以圜函方，其四旁必有垗畔之界，故曰『旁有庣焉』。庣，《説文》作『𢉖』，云『斛旁有𢉖』。鄭氏注曰：『庣，過也。算方一尺，所受一斛過九釐五豪，然後成斛。』是則其斛所受，必仿周鬴所少之數爲之，而庣所以補其少數也。古鬴重一鈞，其實體與容積相等。劉歆作斛仿其制爲之，其實體重二鈞，其中容積亦必二鈞也。但據本《志》言『一龠容千二百黍，重十二銖』，『合龠爲合』，謂合其二龠重一兩也。一斛之重有千兩，而所容止二鈞，尚少四十兩，則二鈞九百六十兩爲其斛所受，所少四十兩即其旁庣所受也。鄭注訓庣爲過，謂其量之大有過乎方尺也。師古云『庣，不滿之處』，謂其方圜之畔有不實處，所以補其米之不足也。二説互相足。《尚書》孔疏引《志》文，以千二百黍爲一分，十龠爲一合，於『斛重二鈞』之文既不可通，聶氏《三禮圖》、陳氏《樂書》以庣爲斛耳，尤昧劉歆之作意矣。《粟氏》爲量，仰鬴，覆豆，耳升。劉歆所作之斛欲備五量，故耳有三。『上三』者，謂中斛、左升、右合也。『下二』者，謂中斗及右龠也。『左一』者，所謂左耳爲升也。『右二』者，所謂右耳爲合龠也。合與升同爲斛耳，口向上，故曰上三。龠爲斗耳，口向下，故曰下二。龠在右下，此有明徵。聶氏《禮圖》有合無龠，固不足據。陳氏《樂書》有合龠二量，而不當其位，於本《志》『上三下二』、『左一右二』之文全未之審矣。嘉慶間，長白斌良於東河得漢光和銅量，徐氏有壬以建初之尺準之，以爲漢斛。其器上下唇皆有銘，仰爲斛，覆爲斗，左右有耳，左耳爲升，右耳爲合，中有小窪以當龠。此依聶圖而僞造者，於陳氏《樂書》猶未之考焉。至古鬴重一鈞，聲中黄鐘之宫，劉歆之斛重二鈞，聲中黄鐘，程沙隨以器之輕重相遠爲疑，固不足據。駁之者以爲一鈞、二鈞得鐘律倍半之例，亦非《志》意。凡鐘律倍半其音相應者，亦惟審乎厚薄之實體，比乎中空之容積，非倍半其數其音即葉也。《志》云『重二鈞』，明其倍古鬴之數也。云『合萬有一千五百二十』，一鈞之數。明其仿古鬴一鈞之制爲之，所以聲得中乎黄鐘也。或者以爲『合萬有一千五百二十銖』上屬『二鈞』，則《志》當云『二萬三千四十』矣。雖然，後之讀《志》者固多失劉歆之恉，而劉歆之制亦不無可議焉。周鬴方千寸，受六斗四升，其一斛之積當如《晉志》所云。古斛積一千五百六十二寸半，劉歆所作之斛其積一千六百二十寸，大於古斛五十七寸半，大於古鬴實得八分之三。古鬴以一鈞應律，出於自然。今益以八分之三，於律有不能應。乃如古鬴之法制其斛，而别作旁庣以補其數之不足，亦可謂巧而鑿矣。《異義》引《春秋左氏》家説『百二十斤爲斛』，《説苑·辨物篇》云『十斗爲石』，又云『四鈞爲石』，《國語》韋注云：『石，今之斛，百二十觔。』則一斗十二斤，爲兩一百九十二，一升爲十九兩有奇，故鄭注《既夕禮》云：『二十兩曰溢，爲米一升二十四分升之一。』此皆據漢法以言，爲張蒼據律定量之初制，而爲天下之通行者也。劉歆不以四鈞爲斛而云『斛二鈞』，此制惟王莽時行之，非漢法，亦非古法也。而講經家乃引《漢志》以解經，論律家又據銅斛之制以定

律，烏見其可通哉！〔二〕

附録：《禮書通故》第四十九《名物圖二》

鬴

鬴

《粟氏》：『鬴深尺，内方尺而圜其外，其實一鬴；其臀一寸，其實一豆；其耳三寸，其實一升；重一鈞，其聲中黄鍾之宫。』注：『四升曰豆，四豆曰區，四區曰鬴。鬴，六斗四升。鬴十則鍾，方尺，積千寸。此立方之法。於今粟米法少二升八十一分升之二十二。疏云：「算法，方一尺，深尺六寸二分，容一石。」其數必容鬴，此言内方爾，圜其外謂之脣。」

漢量

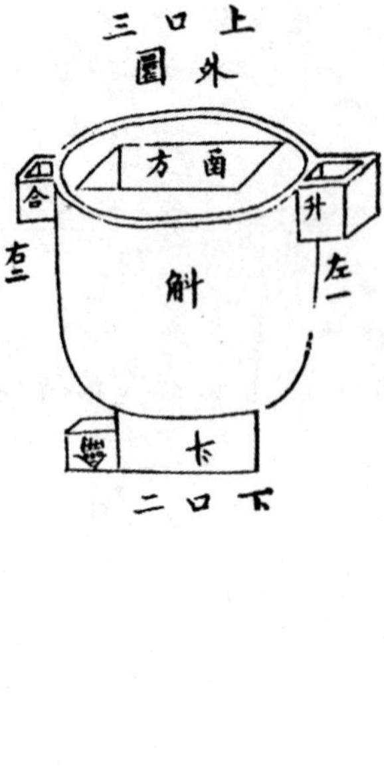

《漢·律曆志》:『五量起於黃鐘之龠,以子穀秬黍中者千二百實其龠,以井水準其槩。合龠爲合,十合爲升,十升爲斗,十斗爲斛。其法用銅,方尺而圜其外,旁有庣焉。其上爲斛,其下爲斗,左耳爲升,右耳爲合龠。其狀似爵。上三下二,圜而函方,左一右二,陰陽之象。其重二鈞,聲中黃鐘。』案:《漢志》本劉歆。歆爲王莽作銅斛如此制,説詳《名物通故》中。舊圖多誤。

【箋注】

〔一〕輯自《儆季雜著三・史説二》，清光緒二十年南菁書院刻本。

〔二〕此篇參見《禮書通故》第四十七《名物通故五》：《考工記・栗氏》：爲量『深尺，内方尺而圜其外，其實一鬴；其臀一寸，其實一豆；其耳三寸，其實一升；重一鈞，其聲中黄鍾之宫。』鄭玄云：『四升曰豆，四豆曰區，四區曰鬴。鬴，六斗四升也。鬴十則鍾，方尺，積千寸，於今粟米法少二升八十一分升之二十二。其數必容鬴。必似不字之誤。此言内方耳，圜其外者謂之脣。故書臀作脣，杜子春云：「當爲臀，謂覆之其底深一寸也。」耳在旁，可舉也。鈞重三十斤。』賈公彦云：『算法，方一尺，深尺六寸二分，容一石。』錢塘云：『鬴之臀爲豆，則深一寸而方八寸，方自乘爲豆法也。其耳爲升，則方三寸而深寸有八分，方自乘以乘深而爲升法也。』徐養原云：『劉歆斛制，方尺而圓其外，此放《考工記》而失之者。鄭注「圓其外者謂之脣」，此陰駁劉歆也。鬴之形，底小而口大，内謂鬴底，外謂鬴口。鬴底方尺，向上漸大，近口處乃遶而圓之，非立方也。其耳三寸，不言深與方，則立方三寸矣。』以周案：《九章》粟米斛法，一尺六寸二分。王莽嘉量，斛積千有六百二十寸，斗積百六十二寸。以是推之，鬴積應有千零三十六寸八百分。古鬴僅有積千寸，是少漢法三十六寸八百分。以升法一六二除之，得二升一百六十二分升之四十四，以二約之，故曰『少二升八十一分升之二十二』。《九章》之法不合於《考工記》，鄭注已言之。王莽嘉量，布算疏舛，祖沖之亦駁之。則古量當以《考工記》爲據。以今量言之，其所容約得九升七合七勺弱。臀一寸以深言，耳三寸亦當以深計。錢氏以一深一方互言之，未是。徐新田説鬴與臀皆非立方，其耳則立方三寸，説亦難據。戴東原説，臀徑計九寸一分有奇，深一寸；耳徑二寸六分有奇，深三寸。此言得之。

《漢·律曆》云：『量起黄鍾之龠，以子穀秬黍中者千有二百實其龠，合龠爲合，十合爲升，十升爲斗，十斗爲斛，而五量嘉焉。其法用銅，方尺而圜其外，旁有庣焉。其上爲斛，其下爲斗，左耳爲升，右耳爲合龠。其狀似爵，以縻爵禄。上三下二，參天兩地』。案：上三謂中斛、左升、右合，下二謂中斗、右龠。『圜而函方，左一右二，陰陽之象。』案：左一謂左耳升，右二謂上耳及下耳龠。右有二耳，龠在右下，此有明徵。聶氏《禮圖》有合無龠，固不足據。陳暘《樂書》龠在斛之右中，於『下二』之文亦不可通。今金石家所拓漢量，尤失其制。『其重二鈞，備氣物之數，合萬有一千五百二十，聲中黄鍾。』以周案：班氏《律志》本諸劉歆。歆爲王莽作銅斛，依放《考工記》爲之。鄭注謂《栗氏》之鬴，準以《九章算術》方一尺，深一尺六寸二分，容一石之數，尚少二升八十一分升之二。劉歆所作之斛，其法以銅，方尺而圜其外，以圜函内，其四旁必有挑畔，故曰『旁有庣焉』。鄭氏注謂『算方一尺，所受一斛，過九釐五豪，然後成斛』，則其斛所容亦如古鬴所少之數，而旁庣所以補之也。本《志》『一龠容千二百黍，重十二銖』。『合龠爲合』，謂合二龠，重一兩也。一斛重千兩，而云『重二鈞』，爲九百六十兩，尚少四十兩，即其庣所補也。其不以此入斛者，爲聲不能中黄鍾也。然則劉歆作量之巧，全在『旁庣』，而解者多昧之。聶崇義并誤認爲『斛耳』矣。至一鈞之聲中黄鍾之宫，二鈞之聲中黄鍾，以黄鍾之管九寸，黄鍾之宫半之，凡鍾律倍半，其聲相應。程沙隨以器之大小爲疑，非也。然鍾律之難言久矣，本朝校漢斛，其聲止中太蔟。古鬴之中黄鍾之宫，《周官義疏》亦有疑辭。

讀漢禮樂志〔一〕

漢高祖定天下，命叔孫通與魯諸生共起朝儀，又定宗廟諸儀法，凡十二篇，見《曹褒傳》。號曰《漢儀》，爲一代之典章。而班氏《藝文志》不著録，班氏《藝文志》用劉歆《七略》。歆父向以叔孫通《漢儀》爲『未善』，語見本《志》，故歆《七略》黜其書不著録，班氏因之。《禮樂志》述叔孫通事亦甚略。一則曰『通定儀法，未備而終』，一似其書未完也；再則曰『今叔孫通所撰《禮儀》，及〔二〕律令同録，藏於理官，法家又復不傳，漢典寖而不著，民臣莫有言者』，又似其書早佚也。然考唐孔、賈作義疏，屢述叔孫通《禮器名物制度》，以泝鄭注之所自，而鄭注《周官·縫人》《凌人》引大槃、飾棺諸制，杜子春注《周官·小祝》引街路之祭，司馬彪《續輿服志》引戎車之法，此本傳所謂『定漢諸儀法』者是也。許氏《五經異義》、阮諶《三禮圖》其書雖佚，而《禮記》疏引許案語有『叔孫通日祭』之文，《左傳》疏引阮諶《禮圖》有《漢禮器制度》『冕制』之説，此本傳所謂『定宗廟儀法』者是也。通之《禮儀》流傳甚遠，漢末唐初人皆習見，而班氏《禮樂志》以爲失傳，其一時未及見邪？不然《儒林傳叙》於通之大射、鄉飲諸儀何復自述邪？《後漢·曹襃傳》：『章和元年，召襃詣嘉德門，令小黄門持班固所上叔孫通《漢儀》十二篇敕褒條正。』據此所言，叔孫通書班氏於章帝末年曾及見之，而東漢之初其書難得亦可概見。崔鴻作《十六國春秋》未獲常璩書，草成九十五卷，輟筆後得之，復補蜀事，勒爲百卷。夫《華陽國志》非甚難購之書也，崔鴻一時亦不能獲。書固有後世所盛行而時人苦不及見者，此類是也。班《志》不録通所定《禮儀》，實由其書之難覓，後見其書，又以獲辠不克重脩。《宋書》、《南齊書》未考其顛末，援以爲譏。近王西莊《商榷》以爲『漢無禮樂可志，不得已以空論了之』，豈其然乎？夫通作《漢儀》僅十二篇，於先王之容典不免闕略，是以賈誼、董仲舒、王吉、劉向之徒發憤增歎。後漢孝章亦病其散略，多不合理，敕曹褒條正通書，依準舊典，雜以五經讖記之文，撰次天子至於庶人冠、昬、吉、凶終始制度，以爲百五十篇，可謂詳矣。而東漢經師引證舊制不用曹褒，仍據通書爲文，則通書必有不可磨滅者在。且通所著《禮儀》宜屬名家，藏之禮官；所著律令，宜屬法家，藏之理官。班氏乃謂『藏《禮儀》於理官』，固爲失實，求《禮儀》於法家，復何由得傳？其作《刑法志》一篇，先之以古制，繼之以空議，下述漢事亦疏略無足觀，實與《禮樂志》同失。蓋班氏於名、法兩家之書所見實陋，不特作《禮樂志》時未見叔孫通書也。如必曲護班書，遂謂通所撰《禮儀》、律令東漢之初已無其書，豈通論哉！

王充《論衡·謝短》云：『高祖詔叔孫通製作《儀品》十六篇，何在？而復定《儀禮》，見在十六篇，秦火之餘也。』

《儀品》『十六篇』當依《曹襃傳》作『十二篇』，蓋涉下文而誤。本傳所稱『定朝儀』、『漢諸儀法』、『宗廟儀法』及注疏所引《禮器制度》，即此之《儀品》十二篇是也。云『何在』者，王充亦未見其書也。充亦章帝時人，東漢之初，其書不絶如綫可想也。其云『復定《儀禮》見在十六篇』，未知亡於何時？或以爲『即今之《儀禮》十七篇，古本《少牢饋食》與《有司徹》連篇』，難信。通所輯《禮》十六篇中有《爾雅》，必非《禮經》，説詳《禮書通故》〔三〕。

【箋注】

〔一〕輯自《儆季雜著三·史説二》，清光緒二十年南菁書院刻本。

〔二〕『及』，誤。《漢書·禮樂志》作『與』。

〔三〕參見《禮書通故》第一《禮書通故》：王充云：『高祖詔叔孫通製作《儀品》十六篇，何在？而復定《儀禮》，見在十六篇，秦火之餘也。』以周案：《儀品》即《漢儀》。班固所上叔孫通《漢儀》止有十二篇，見《曹襃傳》。云十六篇者，蓋涉下文而誤。其所定《儀禮》十六篇，本謂之《禮記》。張揖《上廣雅表》曰：『周公制禮，著《爾雅》一篇。爰暨帝劉，魯人叔孫通撰置《禮記》，文不違古。』謂通輯《禮記》，置《爾雅》於其中也，王懷祖不知通有輯《記》事，遂以《漢儀》當之。如其説，『撰置』置字義既無著，且與上下文氣全不相貫。《大戴記》亦有《爾雅》，權輿於此。故《白虎通·三綱篇》、《孟子》『帝館甥』趙注，引《釋親》並稱《禮記》。《公羊·宣十二年傳》注引《禮》，乃《釋水》文；《風俗通·聲音篇》引《禮樂記》，乃《釋樂》文。是則通所輯《禮》十六篇中有《爾雅》，與《禮經》之十七篇迥異。後人稱《禮經》爲《儀禮》，要不得援此爲據。

漢司馬門司馬殿門殿司馬門考[一]

漢宫殿之制並有内外二門。殿之内門有中郎將守之，其官屬光禄勳，光禄勳署即在殿門外。宫之外門有司馬守之，其官屬執金吾，執金吾署即在宫外門外。若殿之外門，宫之内門，皆公車司馬守之，其官屬衛尉，衛尉寺在殿之外門外、宫之内門内。《史》、《漢》之稱司馬門者，皆指宫之外門而言。司馬守宫之外門，司馬爲其專稱，故其所守之門即謂之司馬門。《漢·成帝紀》、《周官·宫伯》注、蔡邕《獨斷》、司馬彪《輿服志》稱宫之内門曰司馬殿門，所以别司馬門也。《漢官儀》、《百官表》注稱殿之外門曰殿司馬門，又以别司馬殿門也。司馬門以守宫之司馬得名，司馬殿門、殿司馬門皆以公車司馬得名。謂之司馬殿門者，明此爲宫司馬近殿之門，非宫之外門也。謂之殿司馬門者，明此爲殿之外門，非殿之郎署門，并非宫之司馬門也。《漢舊儀》於皇帝起居制曆言宫司馬内有殿外門署、殿内郎署，此殿有内外門之證。又言大夫見孝廉、上計丞長史皆於宫司馬門外，御史大夫寺在司馬門内。《三輔黄圖》漢未央、長樂、甘泉宫四面皆有公車司馬門，『宫垣之内，兵衛所在，司馬主武事，故謂宫之外門爲司馬門』，此宫有内外門之證。

《舊儀》云：『殿外門署屬衛尉，殿内郎署屬光禄勳。』《百官志》『執金吾掌宫外戒司非常之事』注引胡廣云：『衛尉巡行宫中，執金吾徼於外，相爲表裏。』此光禄勳署在殿内門外，衛尉署在殿外門外，執金吾署在宫外門外之證。《百官表》云『郎中令，秦官，武帝更名光禄勳』，《續志》光禄勳屬官有中郎將，《表》又云『中尉，秦官，有兩丞、候、司馬、千人，武帝更名執金吾』。《舊儀》云：『宫司馬，諸隊都候，領督盜賊，屬執金吾。』此中郎將屬光禄勳，宫司馬屬執金吾之證。《表》又云：『衛尉屬官有公車司馬。』此公車司馬屬衛尉之證。《三輔黄圖》：『漢宫衛令諸出入殿門、公車司馬門者皆下，不如令罰金四兩。』《張釋之傳》：『上拜釋之爲公車令，太子與梁王共車入朝不下司馬門，釋之追止太子、梁王毋入殿門。』此公車司馬門在殿門外，而公車司馬兼掌宫殿門之證。《漢官儀》云：『公車司馬掌殿司馬門，夜徼宫中，天下上事及闕下凡所徵召，皆總領之。』《百官表》注亦引此文，此殿司馬門爲公車司馬所掌之證。公車司馬屬衛尉，《舊儀》云『殿外門署屬衛尉』，《王莽傳》云『莽改公車司馬爲王路四門』，則公車司馬所掌殿司馬門即殿外門可知矣。《舊儀》又云『司馬掖門殿門屯衛士，皆屬衛尉』，此司馬殿門亦爲公車司馬所掌之證。《元帝紀》『令從官給事宫司馬中者得爲大父母、父母、兄弟通籍』，《舊儀》云『宫司馬内百官按籍出入』，一曰宫司馬中，一曰宫司馬内，皆據宫之内門爲言。又參以《宫正》先鄭注云『若今時無引籍不得入宫司馬殿門』，則司馬殿門即宫門之在内者亦可知矣。《成帝紀》『中陵司馬殿門』如注以爲『如生時制』，與詔語合。師古從瓚説，誤以爲司馬門。《元帝紀》『宫司馬中』，應劭以爲即司馬殿門，故釋以『宫内門』。師古又反其説，以爲『宫外門』。皆由於不知宫門之有内外也。賈公彦又以司馬殿門爲宫殿之通稱，阮氏《校勘記》遂疑先鄭注『殿』字爲衍，盧來庵又疑先鄭注當作『殿司馬門』，是又不知漢之殿司馬門爲殿之外門，司馬殿門又爲宫之内門也。

【箋注】

〔一〕輯自《儆季雜著三・史説二》，清光緒二十年南菁書院刻本。

漢歲時案比考[一]

《後漢·安帝紀》元和四年詔曰：『《月令》：「仲夥養衰老，授几杖，行糜粥。」方今案比之時，雖有糜粥，糠粃相半。長吏怠事，莫有躬親。』注引《東觀記》以爲『方今，八月，案比之時』。《續禮儀志》曰：『仲秋之月，縣道皆案户比民，年七十者，授之以玉杖，餔之以糜粥，八十、九十，禮有加賜。』兩書所言悉合。説者謂『漢之案比在八月』，信不誣也。然《江革傳》云：『每至歲時，縣當案比。』考經史之言『歲時』者，皆指一歲中之四時爲言，鄭注《周官·小司徒》云『歲時入其數，如今四時言事』可證。則漢於一歲之中，四時皆有案比，非專在八月矣。《文帝紀》元年三月詔曰：『當受粥者，或以陳粟，豈養老之意？』與安帝詔語合。是亦歲時案比之一，不得謂三月無案比。斥惠半農説。《淮南子·時則訓》『三月官鄉』，高注：『三月料民户口，故官鄉。』尤其顯證。《續百官志》云：『縣道秋冬集課，上計於所屬郡國。』是秋冬亦各有案比也。但漢案比自分大小，鄭注《小司徒》『大比』引司農説：『若今時八月案比。』是漢之案比以八月爲大也。又注《黨正》『以歲時涖校比』云：『如今小案比。』是漢歲時案比其法較八月爲小也。《江革傳》言其孝親之周，故舉其細者曰『歲時案比』，《續志》紀制度，自宜舉其大，故曰『八月案比』。《史》、《志》立文，言各有當，讀者參互考之，可知其詳矣。漢法，縣道歲時四案比。春夏之案比不上於郡國，至八月統覈而上之。爲郡國九月斷計，其事較重，故曰大案比。自賈公彦誤以大案比亦三年，小案比在八月，説者謂漢歲一案比，失其實矣。又考案比之法有四，曰校户口，曰稽計簿，曰録囚徒，曰考殿最。鄭注《小司徒》『大比』云『使天下更簡閲民數及其財物』，民家六畜、車輦，官家賦税，皆是。《續志》『州刺史』下云『諸州常以八月巡行所部郡國，録囚徒，考殿最』，皆其證。賈公彦專舉户口爲説，亦屬一偏。若夫養老、講武，爲案比後之餘事，又不在此數。

【箋注】

〔一〕輯自《儆季雜著三·史説三》，清光緒二十年南菁書院刻本。

漢縣道歲時四案比，春夏之案比，俟秋八月會其成而上之郡國，郡國於九月斷其計而上之刺史，刺史巡行所部郡國，以覈虛實，歲盡，詣京師奏之，比其定制也。歲終奏事，《史》、《志》具有明文。而案比、斷計、巡行，紛紛異説。今據《周官》鄭注以證《史》、《志》，知歲時四案比爲縣道之小案比，八月案比爲縣道之上諸郡國者，謂之大案比。詳本篇。大案比所以在八月者，爲郡國之斷計在九月故也。斷計所以在九月者，爲刺史將巡行郡國故也。刺史巡行必非一月所能周，故奏事又在歲盡也。鄭注《小行人》云『今令計文書斷於九月』，《續志》『每郡置太守一人』下注引盧植《禮》注亦同，此斷計在九月之證也。刺史巡行所部，録囚徒，課殿最，以驗郡國所計虛實，其事宜在斷計之後，而《續志》謂刺史巡行亦在八月，或作者傳聞有誤，或後人傳寫有錯，未可知也。且漢此法亦放古制爲之，周制畿内之吏於歲終奏事，《小宰》云『贊冢宰受歲會，歲終則令群吏致事』是也。其畿外之諸侯上計則在秋，《小行人》云『秋獻功』，鄭注云『功，考績之功』是也。漢令天下郡國皆於九月斷計，歲終上計，合周畿内、畿外兩制而一之，中間得容刺史之巡行。此當時儒臣損益古制而極有斟酌者，盧植注《禮》不得其說，以計斷九月因秦以十月爲正之故，斯亦謬矣。鄭於『歲終奏事』注云『若今上計』，於『秋獻功』注云『若今斷於九月』，以明漢制之由來，義勝於盧。又考董子《繁露·考功名》篇：『考試之法，大者緩，小者急，貴者舒而賤者促。諸侯月試其國，州伯時試其部，四試而一考，天子三試而一考，先後三考而黜陟，命之曰計。』此董子合周、漢兩制而參定之，將以爲後王法者。

【箋注】

〔一〕輯自《儆季雜著三·史説三》，清光緒二十年南菁書院刻本。

漢太學辟廱考〔一〕

古之所謂辟廱者，太學是也。漢有太學，又有辟廱。晋灼注《藝文志》云『西京無太學』，其說蓋本於《禮樂志》。顧《志》歷叙成帝時諸臣『奏請立辟廱，案行長安城南，營未作，及王莽爲宰衡，欲耀衆庶，遂興辟廱，因以篡位』，則謂『西京無辟廱』可也。而大學自武帝時已立之，故《武帝紀》有『興太學，脩郊祀』之文，《王裦傳》、《鮑宣傳》、《儒林傳叙》言『大學』者史文叠見，晋灼誤以辟廱當之，遂謂西京無大學，豈事實哉？《王莽傳》曰『莽奏起明堂、辟廱、靈臺』，誌新制也。又曰『爲學者築舍萬區，作市常滿倉，制度甚盛』，此謂其因舊大學而式廓之。《三輔舊事》云：『漢大學中有市，有獄。』辟廱無市獄，故《三輔黄圖》亦引王莽建舍起市事屬之大學，不屬之辟廱，甚爲有見。顧《黄圖》以漢之辟廱武帝時已有之，引河間獻王獻雅樂，武帝對之三雍宫以證，又引《禮樂志》犍爲得古磬事，而不録王莽奏起辟廱。其意蓋謂西京辟廱不創始於莽，與班《志》異。考《兒寬傳》，武帝封泰山還，寬上壽曰『陛下發憤，祖立明堂辟廱』，師古注云：『祖，始也。辟廱始立於武帝。』與《黄圖》正合。然以《禮樂志》考之，『武帝即位，議立明堂，制禮服，以興天下，會竇太后好黄老言，不説儒術，其事又廢』，則兒寬上壽正值武帝欲立之時，慫臾言之，非果立也。此自當從班《志》，不得如《黄圖》之説。徐天麟作《西漢會要》，《辟廱篇》從《黄圖》，以爲武帝時有辟廱，又詳録《禮樂志》王莽始起辟廱事，前後矛盾；而辟廱、大學分爲二，尚不誤也。且漢立大學，諸臣復請立辟廱者，亦自有故。古者辟廱有五學，中大學者，天子之所自學，外四學，當入學與太子齒。《學禮篇》曰：『東學尚親而貴仁，東序是也；南學尚齒而貴誠，成均是也；西學尚賢而貴德，瞽宗是也；北學尚貴而尊爵，上庠是也；大學承師而問道。辟廱是也。』《易・太初篇》曰：『太子旦入東學，晝入南學，莫入西學，夕入北學。在中央曰太學，天子之所自學也。』漢之大學專以造士，而辟廱與靈臺、明堂號稱三廱，爲天子講學及祀先師先聖之地。古者大學學禮重，祀禮輕，曰『釋采』，曰『釋奠』，禮至簡也。後世祀禮與學禮並重，故漢分辟廱、大學爲二處。今大學曰辟廱，祭於斯，學於斯，論者謂之近古。而郡縣之學專爲祭祀之所，號之曰文廟，非以造士也。典司者曰教官，實守廟廡，非以訓士也。漢武帝令郡國立學校官，其敝當不至此。

【箋注】

〔一〕輯自《儆季雜著三・史説三》，清光緒二十年南菁書院刻本。

論后倉曲臺記非專言射禮[一]

《漢·藝文志·禮家》后倉《曲臺記》九篇，如某注云：『行禮射於曲臺，后倉爲記，故名曰《曲臺記》。』王隆《漢官》曰：『大射於曲臺。』似《記》專爲射事作也。服虔注云：『倉在曲臺校書，著《記》因以爲名。』又似《記》不專爲射。考《文選·齊竟陵文宣王行狀》注引《七略》云：『宣皇帝行射禮，博士后倉爲之辭，至今記之，曰《曲臺記》。』又似如注與《七略》合矣。竊謂《記》有九篇，必非專論射事，蓋宣帝以曲臺爲宫，專取后倉述射之辭以記曲臺，至劉歆時《記》猶存，故云『至今記之』，其書由此得名，故云曰《曲臺記》，此亦明其著書之地與其書之所由顯也，豈謂所《記》九篇皆射事哉？孫惠蔚曰：『曲臺之《記》戴氏所述，然多載尸灌之義，牲獻之數。而行事之法，備物之體，蔑有具焉。』是則九篇所記，於祭禮尤詳明，不獨射之一事可知也。《史記·儒林傳》曰：『禮至秦焚書，散亡益多，獨有士禮，高堂生能言之，今所傳《禮經》十七篇，曰《士冠》，曰《士昏》，曰《士相見》，曰《士喪》，曰《既夕》，曰《士虞》，曰《特牲》，曰《鄉飲》，曰《鄉射》九篇，皆士禮也。后倉傳高堂生之學，所記九篇，蓋即説此士禮之九篇，故大戴次經，以《冠》、《昏》、《相見》、《喪》、《既夕》、《虞》、《特牲》、《鄉飲》、《鄉射》居《禮經》之首，明其師授受淵源之所自也。』但后倉以此九篇士禮推説天子諸侯之制，不及《古文禮》爲詳，故《志》又曰：『古經多三十九篇，多天子諸侯卿大夫之制，猶痛倉等推士禮以致於天子之説。』《大戴記》有《公冠篇》附周成王、漢昭帝事，即由《士冠禮》推之。王伯厚以此篇爲《曲臺》之一，其言雖無碻據，而所謂『推士禮致天子』要不外是矣。自今《禮經》次弟一依劉向《别録》，注疏家又以《鄉飲》、《鄉射》爲大夫禮，於是『高堂生傳士禮』之語不明，后倉《曲臺記》九篇亦不知爲何書。〔二〕

或疑后倉在宣帝時，昭帝之冠不關倉事，非也。孝昭八歲即位，凡十三年，二十一歲崩。孝宣世，后倉以最明士禮聞，見《藝文志》。

【箋注】

〔一〕輯自《儆季雜著三·史説三》，清光緒二十年南菁書院刻本。

〔二〕關於后倉《曲臺記》，參見《禮書通故》第一《禮書通故》：以周案：大、小戴同受業於后倉，傳高堂生之學，所定《禮經》篇次不同，以大戴爲最當。《禮經》十七篇，以《冠》、《昬》、《相見》、《士喪》、《既夕》、《士虞》、《特牲》、《鄉飲》、《鄉射》九篇士禮居首，后倉傳其學，作《曲臺記》九篇，即説此《士禮》九篇，以推天子諸侯之制。大戴以此九篇列首，以明授受所自，而《少牢》、《有司徹》二篇與《特牲》類，故併入之，且《鄉飲》、《鄉射》，亦兼大夫禮也。《燕》、《大射》以下，爲諸侯天子禮。《喪服》，通禮，終之。其次秩然。

又，以周案：《藝文志》及《儒林傳》並云『高堂生傳《士禮》十七篇』，考《史記・儒林傳》云：『《禮》至秦焚書，散亡益多，於今獨有士禮，高堂生能言之。』則高堂生所傳十七篇謂之《士禮》，非字誤也。十七篇之次，以大戴所傳最得其真。其書以《冠》、《昏》、《相見》、《士喪》、《既夕》、《士虞》、《特牲》、《鄉飲》、《鄉射》九篇居首，故曰《士禮》。后倉傳高堂生之學，作《曲臺記》九篇，亦即說此《冠》、《昏》、《相見》、《士喪》、《既夕》、《士虞》、《特牲》、《鄉飲》、《鄉射》九篇士禮。以推說天子、諸侯、卿大夫之制，不及古文《禮》爲詳。故云『古經多三十九篇』，『多天子諸侯卿大夫之制』，『猶瘉倉等推士禮以致於天子之說』。此本專指《曲臺記》九篇言，案：《漢書》如注云：『行射禮於曲臺，后倉爲記。』《七略》云：『宣皇帝時行射禮，博士后倉爲之辭，至今記之，曰《曲臺記》。』據此，《曲臺》九篇内當有《射禮》，然其書初非專言射，如注、《七略》著其作書之由耳。服虔云：『在曲臺校書著記，因以爲名。』孫惠蔚云：『《曲臺》之記，戴氏所述，然多載尸灌之義，牲獻之數。而行事之法，備物之體，蔑有具焉。』據此，曲臺爲校書之地，其九篇内，於祭類尤詳也。

又案：《古文禮》五十六篇，於天子諸侯卿大夫禮爲多。《今禮》十七篇大夫止《少牢》、《有司徹》二篇，諸侯止《燕》、《大射》、《聘》、《食》四篇，天子止《覲禮》一篇，士禮則有九篇。自注疏以《鄉飲》、《鄉射》屬大夫禮，後人遂不知《曲臺記》九篇爲何書，而『推士禮致天子之說』亦不明。張氏《識誤》固謬，江慎脩說尤非。

又參見《禮書通故》第一《禮書通故》：《漢・儒林傳》云：『后倉説《禮》數萬言，號曰《后氏曲臺記》，授沛聞人通漢子方、梁戴德延君、戴聖次君、沛慶普孝公，由是《禮》有大戴、小戴、慶氏之學。』《六藝論》云：『戴德傳《禮》八十五篇，戴聖傳《禮》四十九篇，慶氏所傳《禮》，各書並未詳其篇目。』以周案：《後漢・儒林傳》曰：『曹充習慶氏學，傳其子褒，遂撰《漢禮》。』《曹褒傳》曰：『父充持慶氏《禮》，建武中爲博士，作《章句辯難》，於是有慶氏學。褒拜博士，作《通儀》十二篇、《演經雜論》百二十篇，又傳《禮記》四十九篇，慶氏學遂行於世。』則慶氏所傳《禮》與小戴同。

又參見王兆芳輯録《儆季子粹語》卷之一《古術第四》：子曰：《禮經》十七篇，《冠》、《昏》、《相見》、《士喪》、《既夕》、《士虞》、《特牲》、《鄉飲》、《鄉射》九篇爲士禮。后倉作《曲臺記》九篇，即説此士禮九篇以推天子諸侯之制。鄭樵謂《禮記》四十九篇即《曲臺記》，大誤。

漢大飲考〔一〕

東漢歲十月有天子及郡國大飲學校以饗耆老之禮，范《書》言之不詳，《續志》誌之又失事實，當據經注補正其文。《月令》『孟冬月，大飲烝』，鄭注云：『十月農功畢，天子諸侯與其群臣飲酒於大學，以正齒位，謂之大飲，別之於燕。依《詩》疏校。其禮亡，今天子以燕禮、郡國以鄉飲酒禮代之。烝，謂有牲體爲俎也。』考古飲禮之行於學校者，皆謂之饗，曰饗孤子，曰饗耆老，其最著也。大飲於學用饗禮，鄭注《大行人》云『饗，設盛禮以飲賓』，箋《彤弓》云『大飲賓曰饗』，誼可互證。云『別之於燕』者，明饗禮大於燕也。云『其禮亡』者，《禮經》無饗禮也。注又引《七月》詩『十月滌場，朋酒斯饗，曰殺羔羊，躋彼公堂』，毛傳：公堂，學校也。云是『豳頌大飲之詩』，是則大飲之用饗禮由來久矣。漢時饗禮已亡，而當時議禮諸臣用燕禮代之。《顯宗紀》：『永平二年十月，幸辟雍，初行養老禮。中元元年初，建三雍。詔曰：莫春吉辰，初行大射。令月元日，復踐辟雍。尊事三老，兄事五更。』考漢行大射在三月，故《月令》『季春大合樂』注有『今天子以大射，郡國以鄉射代之』之說。『踐辟雍』之『令月』當依《東觀記》作『十月』，李注同。故《月令》『孟冬大飲烝』注有『十月飲酒於學，今天子以燕禮、郡國以鄉飲酒禮代之』之說。〔二〕《續禮儀志》云：『永平二年三月，上始帥郡臣養三老五更於辟雍，行大射之禮。』其語甚繆。永平二年幸辟雍養耆老，據本紀在十月，不行大射。莫春幸辟雍，行大射，據本紀在中元元年，又非養老。此由誤讀詔文，牽合兩事爲一，致與鄭注相違。張衡《東京賦》云：『上月會於龍狵，恤民事之勞疚。因休力以息勤，致歡忻於春酒。』薛綜注：『狵，尾也。日月會於尾，謂十月時。』此與鄭注正合。詔又云：『侯王設醬，公卿饌珍。朕親袒割，執爵而酳。升歌鹿鳴，下管新宮。八佾具脩，萬舞於庭。』《燕禮記》：『舞則勺。』並與《燕禮》合。故鄭有『天子以燕禮代之』之說。然《燕禮》無饋食，而詔及《續志》有『執醬而饋』、『執爵而酳』之語者，兼用大饗之逸禮也。《春人》：『凡饗食，共其食米。』注云：『饗有食米。』則饗禮兼燕與食，是其證也。詳見《禮故》。〔三〕燕禮用朝服，而鄭注云『今天子辟雍行燕禮，玄冠而衣皮弁服』者，用天子制也。《燕禮》以諸侯立文，諸侯之朝服，天子則以皮弁，此通禮也。特衣皮弁服而仍冠玄冠，斯兩違矣，鄭云『與禮異』，明其失也。至郡國行鄉飲酒禮於學校，《續志》亦誤屬之『三月』，劉注知其失，而補之曰『孟冬亦如之』。《白虎通義》云：『十月行鄉飲酒之禮，所以復長幼之義。』此雖據《黨正》飲序在蠟月爲文，而白虎諸儒當時議禮，定在十月可知也。於此祭先聖先師，此又因養老禮而及之，義見《文王世子》篇。

【箋注】

〔一〕輯自《儆季雜著三·史説三》，清光緒二十年南菁書院刻本。

〔二〕參見《禮書通故》第二十四《燕饗禮通故》：以周案：《月令》『孟冬之月，大飲烝』，鄭注云：『十月農功畢，天子諸侯與群臣飲酒於大學，以正齒位，謂之大飲，別之於他。其禮亡。今天子以燕禮、郡國以饗飲酒禮代之。烝謂有牲體爲俎也。《詩》云：『十月滌場，朋酒斯饗。曰殺羔羊，躋彼公堂，稱彼兕觥。』是頌大飲之詩。鄭云『別之於他』者，見與燕、飲諸禮不同也。云『其禮亡』，謂《禮經》佚《饗禮》篇也。引《七月》詩，明大飲即朋酒之饗、烝即羔羊之類也。毛傳云：『饗者，鄉人以狗，大夫加以羔羊。公堂，學校也。』箋云：『十月民事男女俱畢，國君閒於政事，而饗群臣，正齒位。』先儒考饗禮者不及此，而説《詩》者又誤以爲饗飲酒禮，故詳言之。

又案：東漢之初，十月行大飲禮，以古《饗禮》篇亡，天子乃以燕禮代之，郡國又以鄉飲酒禮代之，時議禮諸臣尚知大飲之爲饗禮也。《説文》云『饗，鄉人飲酒也』，據郡國禮以爲説，其何以解天子之用燕禮乎？近段氏校毛傳，於『饗者』下增『鄉人飲酒也』五字，以爲《説文》本毛傳，過矣。《雜著·禮四》別有考。

〔三〕參見《禮書通故》第二十四《燕饗禮通故》：以周案：鄭君箋《詩》以『一朝饗之』爲正饗禮，云『大飲賓曰饗』，注《大行人》『饗禮九獻』云『設盛禮以飲賓』，明正饗亦飲也。注《春人》『凡饗食共其食米』云『饗有食米則饗禮兼燕與食』，明正饗亦食也。疏家泥於『爵盈而不飲』之文，謂饗不飲不食，誤矣。杜注《左傳》云『王饗有體薦，爵盈而不飲，殽乾而不食，燕則折俎相與共食』，亦誤。大饗雖不食體薦，非并殽饌皆不食。

論秦漢唐宋田制異同[一]

『六尺爲步，步百爲畝，周法也，《管子》、《司馬法》言之，説經家咸宗是説。今以二百四十步爲畝，起於何代與？』

曰：『《説文》「晦」下云「秦田二百四十步爲畝」，《玉篇》「畹」下云「秦孝公二百四十步爲畝，三十步爲畹」，《通典·州郡門》云「商鞅佐秦改制，二百四十步爲畝」，《困學紀聞》引《通典》云：『商鞅佐秦，以爲地利不盡，更以二百四十步爲畝。』翁注云：『《通典》無此文，失檢。《唐·突厥傳》亦引杜佑是語。』此畝二百四十步始自秦孝公之説也。《鹽鐵論》云「御史曰：古者制田百步爲畝，先帝哀憐百姓，制田二百四十步而一畝」，《玉海》云「竇儼曰小畝步百，周之制；中畝二百四十，漢之制；大畝三百六十，齊之制」，此畝二百四十步起於漢初之説也。考秦自商鞅開阡陌，三晉之民多西之秦，商子初亦自言「以草茅之地，來三晉之民」，爲其畝大於周制也。許叔重、顧野王之言，必有所授之矣。而桑宏羊所述以爲起於先帝者，《秦本紀》云「商鞅開阡陌，東地渡洛」，是洛以西之地盡以二百四十步爲畝，而東南之國仍從步百爲畝之舊，故《王制》有「當今東田」之文。東田者，對秦西田言之，東田仍以步百爲畝也。《鹽鐵論》作於昭帝時，其云「先帝制田二百四十步而一畝」，蓋指武帝。《漢·食貨志》叙武帝力農之詔，下載趙過代田法云：「十二夫爲田一井一屋，故畮五頃。」注引鄧展曰：「九夫爲井，三夫爲屋，於古爲十二頃。古百步爲畝，漢時二百四十步爲畝，古千二百畮，則得今五頃。」據此，武帝之時改十二頃田爲五頃，是二百四十步而一畝矣。其不云十二頃爲五頃，而云一井一屋爲五頃，明是續開商鞅未開之阡陌，井田至是始盡，《鹽鐵論》所言即指此也。』〔二〕

『然則秦漢大其畝爲二百四十步，其步若干尺，今五尺爲步，其亦起斯時與？』

曰：『步用六尺，秦漢之制同也。何以言之？《新序》紀商鞅之法曰：「步過六尺者有罰，弃灰於道者被刑。」《史記》紀始皇之制曰：「數以六爲紀，輿六尺，六尺爲步。」是秦孝公至始皇，其步尺一同周制矣。且非獨秦制爲然，漢亦如是。《漢志》言古十二夫之地爲畮五頃，是畝二百四十步，步六尺也。又考《九章算術》、《五曹算經》以及《孫子算經》諸書，亦莫不以六尺爲一步，二百四十步爲一畝。是漢雖變畝法，而六尺爲步之制亦相承不改也。魏晋以來，尺漸加長。至六朝之末，遂有「五尺爲步」之名。《晋志》曰「摯虞謂晋尺長於古尺幾及半寸」，《魏書·高允傳》曰「古人言方一里爲田三頃七十畝，百里爲田三萬七千畝。」以漢尺計之，古一里爲田三百七十五畝，百里爲田三萬七千五百畝，而《高允傳》云爾者，以晋尺計步也。而步以六尺，尚仍古制，故當時甄鸞注《算術紀遺》尚云「六尺爲步」也。《通典》云「今一步五尺」，程大昌《演繁露》云「唐尺一尺，當六朝尺一尺二寸」，其實唐尺長漢尺二寸承周隋之制，夏侯陽，周隋之閒人也。其作《算經》，有《論步數不等章》，云：「田曹以六尺爲步，三百步爲一里。」韓延注云：「此古法也。」「雜令諸度地，以五尺爲一步，三百六十步爲一里。田令諸田，廣一步，長二百四十步爲畝，畝百爲頃。」韓延注云：「此今用之。」韓延亦隋人也。據此，今制五尺爲步，其法變於周隋之閒矣。』『然則今之步畝較古制相去幾何？』曰：『以《漢志》十二夫爲畮五頃計之，則畝之步雖增，而步之尺實同於周，則周百畝當漢四十一畝强也。以《魏·高允傳》「方一里爲田三頃七十畝」計之，則畝之步既增而步之尺又長於周，則周百畝當北魏四十畝强也。以《通典》「五尺爲步」及《演繁露》唐尺長漢尺二寸計之，其田之相當與漢同，宋承唐制，故朱子《語類》説宋步弓「亦有古百畝，當今四十一畝」之説。今尺與周尺之長短，説人人殊，或云周尺當今營造尺六寸四分，六尺爲步，當今尺三尺八寸四分，則周百畝當今二十五畝强。或云今尺當周尺一尺三寸五分，五尺爲步，當周尺六尺七寸五分，則周百畝當今二十七畝强。然依周尺百二十五黍之法推之古者，叚步縱八尺，絫千黍，横六尺，絫七百五十黍，步羃七十五萬黍，畝羃七千五百萬黍；周步縱六尺，絫七百五十黍，横如之，步冪五十六萬二千五百黍，畝冪五千六百二十五萬黍。周秦閒學者所定步，縱六尺四寸，絫八百黍，横六尺，如殷周之制，步冪六十萬黍，畝冪六千萬黍。秦步縱横不得過六尺，步冪如周，畝二百四十步，冪萬三千五百萬黍。漢步畝如秦制。今户部尺百四十八黍，步縱横五尺，冪五十四萬七千六百黍，畝二百四十步，冪萬三千一百四十二萬四千黍。則周尺當今尺八寸四分，周百畝當今田四十二畝弱。以此相推，既與《漢志》、《魏書》所言可通，朱子《語類》説宋步弓亦相近。然而絫黍之法，亦難言矣。』〔三〕

【箋注】

〔一〕輯自《儆季雜著三·史説三》，清光緒二十年南菁書院刻本。

〔二〕此節參見《禮書通故》第三十五《井田通故》：《王制》云：『古者百畝，當今東田百四十六畝三十步。』鄭玄云：『古者百畝，當今百五十六畝二十五步。』孔穎達云：『古者百畝，當今百二十五畝七十一步。』以周案：時井田既湮，經界不正，民間多廢溝洫爲畎畝，其田較周步爲大，而視殷步猶小，故舉殷法以爲例。『古者』亦謂殷，『今』即周末之東田是也。東田者，東方之田，對秦西垂之田爲言也。《説文》『畮』下云：『秦田二百四十步爲畝。』《玉篇》『畹』下云：『秦孝公二百四十步爲畝，三十步爲畹。』《秦本紀》云：『商鞅開阡陌，東地渡洛。』是洛以西之地盡以二百四十步爲畞，而東方仍從『步百爲畞』之舊，故記者取以爲法。云『古者以周尺八尺爲步，今以周尺六尺四寸爲步』，以殷步之縱，較東田之縱也。云『古者百畞，當今東田百四十六畞三十步』，又以殷步之縱，較東田之横也。其不舉殷步之横爲言者，步之横必六尺，三代以來，未之有改，無待計也。殷田一區七十畞，兩區百四十畞，今舉其百畞區邊縱數與東田之縱步相較，每步約得殷尺之八，《記》『六尺四寸』或此意。實爲六尺六寸。又與東田之横步相較，其百畞之區邊八百八十尺，與東田一百四十六畞六十步之區邊相當。以横六尺步除之自得。今《王制》云『三十步』，『三』當作『六』，由下畫誤連而字譌也。此文本爲下計里立文，故其言當今之數，祇以兩法區邊相較，不計其中積實，而積實自可由此推矣。至漢武帝，又盡改東田之制。《鹽鐵論》云：『御史曰：古者制田，百步爲畞。先帝哀憐百姓，制田二百四十步而一畞。』《鹽鐵論》作於昭帝時，其云『先帝』蓋指武帝。《漢·食貨志》叙武帝力農之詔，下載趙過代田法云：『十二夫爲田一井一屋，故晦五頃。』注引鄧展曰：『九夫爲井，三夫爲屋，於古爲十二頃，古千二百晦，則得今五頃。』據此，武帝改古十二頃田爲五頃。其不云十二頃爲五頃，而云一井一屋爲五頃，明此爲續開商鞅未開之阡陌，故以古『夫屋法』立文也。至時，而周之東田盡變爲阡陌矣。

〔三〕此節參見《禮書通故》第三十五《井田通故》：（以周）又案：周尺、今尺之長短，説人人殊。考《漢志》『黄鍾之長，以秬黍中者一黍之廣，度之九十分，黄鍾之長，一爲一分』，是黄鍾九寸爲九十横黍所累也。爰如其言，爲黄鍾之管，以今尺度之，得長七寸二分九釐，乃用四率比例求之，則古之一尺當今八寸一分也。古以六尺爲步，步百爲畞，一畞之積三千六百尺，以今尺之八寸一分縱横除之，當今八寸一分以縱言，畞宜開方，故縱横除之。凡古方一尺當今六十五寸六十一分，以六五六一除之。得今尺二千三百六十一尺九十六寸。今法五尺爲步，二百四十步爲畝，一畝之積有六千尺，用四率比例求之，則古之百畝，當今三十九畝三分六釐六毫。王西莊以爲當今田有四十一畝強，由未知畝法之尺宜縱橫除之也。至江慎脩謂周尺當今尺六寸二分半，沈果堂謂今尺當古一尺三寸五分，近人多信其説，於是古百畝或以爲當今二十五畝，或以爲當今二十七畝。然以古書之記尺寸者參考之，如車廣六尺六寸，容三人；席長八尺，容四人；見《曲禮》注。麻冕之布二尺二寸，容三十升之縷；鬴深尺，内方尺，容米八斗：惟累黍尺之得八寸一分者爲近之。若依江、沈所言尺推之，俱不能容。於此可知，二十五畝、二十七畝之説實未確也。二百四十步爲畝，始於秦。五尺爲步，始於周隋之閒。見杜氏《通典·刑類·甲兵篇》。宋迄明因之。國朝以五尺五寸爲步，見王貽上《居易録》所載孔尚任《周尺考》。今仍以五尺爲步。今步之尺，乃乾隆元年工部所重頒，當今裁衣尺之中者九寸。

《宋史》建中靖國郊禮天地考[一]

《宋史·徽宗紀》云：『建中靖國元年十一月庚辰，祀天地於圜丘。』是合祭也。又《禮志三》云：『建中靖國元年，殿中侍御史彭汝霖又請改合祭之禮，韓忠彦以爲不可。曾布力主北郊之説，帝亦然之，遂罷合祭。』則以爲分祭。前後違異。王稱《東都事略》云：『十一月庚申，祭昊天上帝於圜丘。』「申」字譌，各書皆作「庚辰」。亦以爲分祭。陳均《九朝備要》則書『郊罷合祭』，云：『初，詔冬祀以郊，見天地之始，權合祭圜丘。而起居郎周常，以合祭天地爲非禮，權舉於一時，恐自今遂以爲常。且言：「臣頃嘗備員禮職，見當時議者以合祭爲非禮，神宗下禮文所詳定，而臣僚所見不同。或爲約儀衛、均賜予，而以乘輿躬行，一至北郊者，陳襄之議也。或欲乘輿親行南郊，七日戒之，後三日宿之。時宿太廟以告祖宗，宿北郊以祭地祇，宿南郊以祭天神者，清臣[二]之議也。或欲用先朝躬耕祫享故事，皆因三歲郊天之期，暫輟郊祀，而以孟冬之月有事於地郊者，王存之議也。或欲以冬至親郊祀上帝，用至日報天之説，因即圜丘之北，别祀皇地祇者，陸佃之議也。或欲以郊之歲夏至之日，盛禮容，具樂舞，遣冢宰攝事者，張璪之議也。神宗獨用璪議，遂罷合祭。陛下方欲繼述神宗，要當一正舊典，以爲子孫長守之制，乞下群臣更議。」而御史彭汝霖亦論合祭非禮。上欲罷前命，而韓忠彦、陸佃以爲疑。忠彦曰：「神祇非差除，比被臺諫攻便罷。」曾布進曰：「權合祭，元祐七年指揮，乃以蘇轍之論而廢神宗之正論也。且不畏炎熱而親祠北郊，乃盡誠以祀天地，何疑之有！」忠彦堅持不可。上意向布，乃詔權罷。』《備要》此文，諸史志傳俱未載，蓋取諸李氏《長編》也。云詔權罷，謂權罷合祭，與《禮志》文合，則本紀云祀天地於圜丘，非也。《宋編年通鑑》舊題『李熹撰』，本譌書也。於是年書『十一月庚辰郊祀合祭』，語更混幪。王氏《玉海》卷九十三云：『建中靖國元年八月甲午，詔權合祭天地於圜丘。起居郎周常以合祭爲非禮。丙辰，詔權罷合祭。十一月庚辰，合祭圜丘。』王氏不考權合、權罷本末，參合舊史之文，語尤抵牾。宋李攸《宋朝事實》卷五載：建中靖國元年十一月二十三日，南郊赦文：『門下：朕紹膺[三]寶命，祇遹洪圖，參酌上議，鋪昭曠典。奉神考恭行之志，繹紹聖申講之文，將蕆事於皇祇，先致饗乎穹昊。乃候景涓日，飭躬昭虔。祼清廟以肅將，款圓壇而拜享。蒼璧既奠，紫烟具升。』云云。玩此赦文，則此年郊祀昊天不及皇地祇，尤爲顯證。李𡌴《十朝綱要》云：『八月甲午，詔將來冬祀以郊，見天地之初，權合祭於圜丘。己卯，用侍御史彭汝霖言，罷合祭天地。十一月庚辰，祀昊天上帝於圜丘，大赦，改明年元。』語簡而覈。《宋史・陸佃傳》云：『將祀南郊，有司欲飾大裘匣，度用黄金多，佃請易以銀。徽宗曰：「匣必用飾邪？」對曰：「大裘尚質，後世加飾焉，非禮也。」徽宗曰：「然則罷之可乎？數日來，豐稷屢言之矣。」佃因贊曰：「陛下及此，盛德之舉也。」徽宗欲親祀北郊，大臣以爲盛暑，不可，徽宗意甚確。朝退，皆曰：「上不以爲勞，當遂行之。」李清臣不以爲然。佃曰：「元豐非合祭而祀北郊，公之議也。今反以爲不可邪〔四〕？」清臣乃止。』考此數年中，諸史並不言祀皇地祇於北郊。《宋史・禮志》云『政和三年，詔禮制局議方壇制度。是歲新壇成』。然則建中靖國雖有詳定北郊儀制之命，未果行也。岳珂《愧郯録》云：『元祐三年正月戊午，詔「間因大禮，躬祭地示」，然實未嘗行。至政和四年五月丙戌，始克行方澤。蓋三十二年之中，大典凡三變，而地示僅元祐一祭而已。雖哲、徽堅主其議，亦十九年乃得行。』斯語覈實。〔五〕

【箋注】

〔一〕輯自《儆季雜著三・史說三》，清光緒二十年南菁書院刻本。

〔二〕『清臣』，陳均《九朝編年備要》卷二十六原作『李清臣』。此脱『李』字。

〔三〕『紹膺』，原作『詔膺』。《宋朝事實》卷五本作『紹膺』，據改。

〔四〕『耶』，《宋史》卷三百四十三《陸佃傳》原作『何耶』。此脱『何』字。

〔五〕此篇參見黄以周撰《續資治通鑑長編拾補》卷十八《徽宗》：《續宋編年資治通鑑》云：『十一月，復平準務。又云：庚辰，郊祀合祭。』〔案〕：《東都事略》作『庚申』，誤。各書皆作庚辰，郊祀合祭。文義未足，當補『天地』二字。然《東都事略》云：『祭昊天上帝於圜丘。』是分祭也。《宋史》本紀：『建中靖國元年十一月庚辰，祀天地於圜丘。』以爲合祭。又《禮志》三：『建中靖國元年，殿中侍御史彭汝霖又請改合祭之禮，韓忠彦以爲不可。曾布力主北郊之説，帝亦然之，遂罷合祭。』則亦以爲分祭，前後又自違異。《九朝編年備要》則書郊罷合祭云：『初，詔冬祀以郊，見天地之始，權合祭圜丘。而起居郎周常以合祭天地爲非禮，權舉於一時，恐自今遂以爲常。且言：「臣頃嘗備員禮職，見當時議者以合祭爲非禮，神宗下禮文所詳定，而臣僚所見不同。或爲約儀衛、均賜予，而以乘輿躬行，一至北郊者，陳襄之議也。或欲乘輿親行南郊，七日戒之，後三日宿之。時宿太廟以告祖宗，宿北郊以祭地祇，宿南郊以祭天神者，清臣之議也。或欲用先朝躬耕袷享故事，皆因三歲郊天之期，暫輟郊祀，而以孟冬之月有事於地郊者，王存之議也。或欲以冬至親郊祀上帝，用至日報天之説，因即圜丘之北，別祀皇地祇者，陸佃之議也。或欲以郊之歲夏至之日，盛禮容，具樂舞，遣冢宰攝事者，張璪之議也。神宗獨用璪議，遂罷合祭。陛下方欲繼述神宗，要當一正舊典，以爲子孫長守之制，乞下群臣更議。」而御史彭汝霖亦論合祭非禮。上欲罷前命，而韓忠彦、陸佃以爲疑。忠彦曰：「神祇非差除，比被臺諫攻便罷。」曾布進曰：「權合祭，元祐七年指揮，乃以蘇轍之論而廢神宗之正論也。且不畏炎熱而親祠北郊，乃盡誠以祀天地，何疑之有！」忠彦堅持不可，上意向布，乃詔權罷。』《備要》此文，諸史俱未載，蓋取諸李氏《長編》也。云詔權罷，謂權罷合祭，與《禮志》文合。則本紀云祀天地於圜丘，非也。《玉海》卷九十三云：『建中靖國元年八月甲午，詔權合祭天地於圜丘。起居郎周常以合祭爲非禮。丙辰，詔權罷合祭。十一月庚辰，合祭圜丘。』王氏既以爲詔權罷合祭，又云合祭圜丘，語尤牴牾。宋李攸《宋朝事實》卷五載建中靖國元年十一月二十三日南郊赦文：『門下：朕紹膺寶命，祇遹洪圖，參酌上儀，鋪昭曠典。奉神考恭行之志，繹紹聖申講之文，將蕆事於皇祇，先致饗乎穹昊。迺候景涓日，飭躬詔虔。祼清廟以肅將，款圓壇而拜饗。蒼璧既奠，紫煙具升。』云云。玩此赦文，則此年郊祀昊天不及皇地祇，尤爲顯證。《十朝綱要》云：『八月甲午，詔將來冬祀以郊，見天地之初，權合祭於圜丘。己卯，用侍御史彭汝霖言，罷合祭天地。十一月庚辰，祀昊天上帝於圜丘，大赦，改明年元。』語簡而覈。《宋史・陸佃傳》云：『將祀南郊，有司欲飾大裘匣，度用黄金多，佃請易以銀。徽宗曰：「匣必用飾邪？」對曰：「大裘尚質，後世加飾焉，非禮也。」徽宗曰：「然則罷之可乎？」數日來，豐稷屢言之矣。」佃因贊曰：「陛下及此，盛德之舉也。」徽宗欲親祀北郊，大臣以爲盛暑不可，徽宗意甚確。朝退，皆曰：「上不以爲勞，當遂行之。」李清臣不以爲然。佃曰：「元豐非合祭而是北郊，公之議也。今反以爲不可，何邪？」清臣乃止。』考此數年中，諸史並不言祀皇地祇於北郊。《宋史・禮志》：『政和三年，詔禮制局議方壇制度。是歲新壇成。』然則建中靖國雖有詳定北郊儀制之命，未果行也。岳珂《愧郯録》云：『元祐三年正月，詔躬祭地示，實未嘗行。至政和四年五月丙戌，始克行方澤。雖哲、徽堅主其議，亦十九年乃得行。』此言覈實。

繼紅案：黄以周於《史説略》三《元祐元符黨籍考》文尾題曰：『李氏《長編》本非完書，光緒八年，浙撫譚公屬書局知名士以楊仲良《紀事本末》補綴其闕，時以周與斯役，已將此《郊祀》、《黨籍》兩考散附其閒云。』由此知《〈宋史〉建中靖國郊禮天地考》作於其在浙江書局編撰《續資治通鑑長編拾補》之前，附入《拾補》時略作修改。

釋輭輪蒲輪 一〔一〕

《白虎通義》云：『天子臨辟雍，尊三老，謁者奉几杖，授安車輭輪，供綏執授。』陳卓人《疏證》云：『《書傳略説》作乘車輭輪，鄭注云言輭輪，明其小也。案：《説文》輇，藩車下庳輪也。輪卑則車安，輭輪當爲輇輪。』陳氏此説，其不然與？竊考劉昭注《禮儀志》引《孝經》、《援神契》及應劭《漢官儀》，並作『安車輭輪』，《後漢·明帝紀》養老詔文亦同，《説文》『木』部『楢』字下作『耎輪』，《玉篇》又引作『輭輪』，則漢自有輭輪之制，初非輲輪之誤，亦無由破爲『輇輪』也。但輭輪之説亦有二：一宋均《援神契》注以爲『輭輪，以蒲裹輪』；一許氏《説文》云『楢，柔木也，工官以爲耎輪』。耎、輭，古今字。考《史》、《漢》稱『蒲輪』者甚多，亦謂之『蒲車』。明帝詔『安車輭輪，共綏執授』，直用《援神契》文，字作『輭輪』，自與『蒲輪』有别，當依《説文》立訓。凡車輪，多用檀橿諸木爲之，其木性剛，剛則遇石相擊，人必動摇不得安。安車者，所以安其人也。鄭注《曲禮》云：『安車，坐乘，若今小車。』〔二〕《後漢·續輿服志》云：『小使車不立乘，朱班輪四輻。』小使車即安車也，其輪内函四輻，外以柔韌之楢木爲之輞，所以爲輭輪也。然輭輪不足以致遠，惟近處宫中用之，其徵四方耆士自用蒲輪，故史傳於迎老更之安車曰『輭輪』，其徵士遠方必别之曰『安車蒲輪』，所以明其制之異也。蒲輪，宋均、司馬貞、顔師古輩並謂『以蒲裹輪』，其説亦曲。蒲柔脆之物，不耐漸磨，詎可裹輪？或者引《漢·儒林·申公傳》以爲之證，殊不知《申公傳》『束帛加璧，安車以蒲裹輪，駕駟迎申公』，『以蒲裹輪』四字係注家之言誤入正文者也。《武帝紀》作『安車蒲輪，束帛加璧，徵申公』，《史記·儒林傳》作『束帛加璧，安車駟馬迎申公』，並可互證。蒲輪，《史》、《漢》常用字，何煩自解其義而云『以蒲裹輪』也。且輭輪爲漢制，而蒲輪自古有之，漢武帝議封禪，已有用蒲輪之説，其字宜讀如『蒲伏』之蒲，蒲伏即『匍匐』異文。蒲輪者，即鄭《遂師》注所謂『輪之迫地而行者』也。《尚書大傳》謂之『輲輪』，輲即輇字。鄭《雜記》注云：『輲讀爲輇，輇崇蓋半乘車之輪。』《説文》：『輇，藩車下庳輪也。』庳義同卑，鄭、許一義也。輪小而卑則車輕而安，安既利人，輕亦不致傷木石，故封禪用之，老亦用之。然輪卑不便馬，《考工記》云：『輪已庳，則於馬終古登阤也。』《史·循吏傳》：『叔孫通爲楚相，民俗好庳車，王以爲不便馬。』與《考工記》語合。而安車意主安人，不顧馬，其平時任載之車自用高輪，而以彊韌之木爲之。

【箋注】

〔一〕輯自《儆季雜著三·史説四》，清光緒二十年南菁書院刻本。

〔二〕關於『安車』，參見《禮書通故》第四十六《車制通故二》：鄭玄云：『「大夫致事乘安車」，安車坐乘，若今小車。』孔穎達云：《書傳略説》『「致仕以朝，乘車輲輪」，注云「安車，坐乘」也。言輲輪，明其小也。』以周案：『言輲輪，明其小也』，此孔疏釋注『若今小車』之義，非《書傳》鄭注語。《儀禮經傳通解》載《書傳》注無此七字可證。陳氏輯《書傳》并疏文輯之，非也。漢制，立乘曰高車，坐乘曰安車。高車亦曰大使車，安車亦曰小使車。大使車立乘，小使車不立乘。並見《續輿服志》及注引徐廣説。《車千秋傳》云：『千秋年老，上優之，朝見得乘小車入宫殿。』此鄭注『安車若今小車』之證也。疏從庾蔚之説『漢小車駕一馬而坐乘』，此説無據。《尚書大傳》『士乘飾車兩馬，庶人單馬木車』，則致仕之老明不乘單馬車矣。據《續輿服志》『小使車不立乘，有騑』是駕三馬也。據《史·儒林·申公傳》『安車駟馬迎申公』，是又駕四馬矣。

釋輭輪蒲輪二〔一〕

漢輭輪之制，注家未檢許書而以蒲輪當之，其説固非矣。而注許書者又多附會其辭，一以輭輪爲古法，而以《考工記》比傅之，反失其本制。一誤信《山海經》郭注『楢，剛木』之説，而以『性堅質韌』調和之，又失其木材。《説文》：『楢，柔木也。工官以爲輭輪。』此據漢制言之也。其字與『楎』相次，云：『楎，木也，可屈以爲杅者。』並以柔木類叙而『柔木』之名獨繫之楢者，明楢木尤柔韌之至者也。柔與剛相反，其不與『楨，剛木』反比者，楨爲剛木之通稱，而楢爲柔木之專名，非其類也。近人有據《爾雅》『抱遒木』以爲楢是柔木之通名，如其説，楢當與楨類叙矣。《漢・貢禹傳》『方今三工官費五千萬』，注云『三工官，謂少府之屬官』。《百官志》云：『郡縣工多者置工官。』此引『工官輭輪』，與『庠』下引『禮官養老』，『捪』下引『鹽官取鹽』同例，皆據漢制言，非指《考工記》爲文也。徐楚金直以《輪人職》當之，《輪人》豈有『輭輪』之文邪？且許書引《考工記》並曰『《周禮》』，如『車』部轐轛輥諸字、『手』部掔字、『火』部爈字、『人』部倬字、『鼎』部鼏字引『《周禮》』，皆其證，未有變其文謂之『工官』者。工官者，漢官也。工官既爲漢官，則輭輪爲漢制可知矣。說者謂《考工》輪人楺輪皆屬耎輪，豈其然與？或者用《山海經》注『栖爲剛木』以反其說，或又謂『栖之性堅而質韌，郭以性言，許以質言』，作調人之論，殊不知宋儒言『人分性質』已賾有煩言，而木更無性質之可分也。郭氏以栖爲剛木者，彼徒見《山海經》多以『栖杻』、『栖檀』連文，《中山經》岷山、岐山、玉山、葛山、繁繢之山鮮山、幾山文凡七見，《管子·地員篇》五位、五粟兩土皆宜栖檀。注北嶽山之剛木既以爲檀柘之屬，遂并栖亦以剛木目之。考《考工記》曰陽木『稹理而堅』，陰木『疏理而柔』，堅屬陽，韌屬陰。《毛詩·將仲子》傳云『檀，彊韌之木』，是木之剛柔調者也。郭注專取其彊，謂『檀，剛木』，與高注《淮南·時則訓》專取其韌，謂『檀，陰木』同屬一偏。且杻古文『杽』字，見《說文》。《爾雅》『杻檍』，《說文》『杽』也，其木亦剛柔調者，陸氏《詩疏》謂之『牛筋』，今俗猶有斯稱。或又謂之堅杻樹，工人用以爲斧鑿柄。凡用木，皆取其韌，而有彊韌、柔韌之別。車之木，惟取其彊韌者爲之，故《詩》之《伐檀》，二章謂之『伐輻』，卒章又謂之『伐輪』，是古人輪輻用彊韌木之證也。漢時任載之車亦然，知者，鄭注《輪人》『斬三材』云『今世轂用雜榆，輻以檀，牙以橿』，是漢車之輪皆用彊韌木之證也。其取柔韌之木以爲耎輪者，惟施之安車，故《後漢·明帝紀》養三老五更詔有『安車輭輪』之語。安車者，利在安老，非以任重也。耎輪者，於近地用之，非以致遠也。考漢養老更之禮，先吉日老更皆齋於大學講堂，其日天子乘輿先到辟雍，遣使安車耎輪迎老更，天子迎於門屏交禮，見《後漢・續禮儀志》。是耎輪行諸近地之證也。其遠行自用蒲輪焉。《霍光傳》：『太夫人顯作乘輿，韋絮薦輪，侍婢以五采絲輓顯，游戲第中。』晉灼云：『御輦以韋緣輪，著之以絮。』師古曰：『取其行安不摇動也。』《後漢・續輿服志》『天子乘輿輪皆朱班重牙』，重牙者，其謂牙外又薦以韋絮與？劉注未詳。此又乘輿耎輪之異於安車者也。而耎輪之用楢木者，必施於安車，許曰『耎輪』，其爲安車可知也。安車又不必皆耎輪，故史傳記安車必以『耎輪』、『蒲輪』别之，此又其立文之各有當者。

【箋注】

〔一〕輯自《儆季雜著三・史説四》，清光緒二十年南菁書院刻本。

顔子見大説〔一〕

周子《通書》曰：『富貴，人之所爱也。顔子樂乎貧者，獨何心哉？天地閒有至富至貴而異於彼者，見其大而忘其小焉爾。見其大則心泰，心泰則無不足。』夫周子所謂『見大心泰』者不知何所指也，蓋引而不發以待後學之自悟爾。程叔子受業，又令尋顔子所樂何事，而程子曰：『顔子之樂，非樂簞瓢陋巷也，自有其樂。』亦未發周子所問之旨也。

以周謂顔子所樂者天，而樂天之學由好禮始。《虞書》曰：『天秩有禮，自我五禮有庸哉。』禮者，體也。體之於心，知其理之不可易，實出於性之烏可已，則手舞足蹈有不自知者矣。理不可易，故曰秩；性烏可已，故曰天；禮秩自天，故好禮即以樂天。《禮·中庸》曰：『大哉！聖人之道。洋洋乎發育萬物，峻極於天。優優大哉，禮儀三百，威儀三千。』言聖道峻天之大，由於脩禮之大也。顔子所見之大，雖無容輕擬，要不越《中庸》所謂優優之禮矣。〔二〕由博文以約禮，既竭一生之才能克己以復禮，遂安三月之仁。夫子所循循誘人，顔子所拳拳服膺，儻有大於此者乎？迨夫『履而泰，然後安』，動容周旋中禮，於時盡性，於時知命，於時樂天。簞瓢陋巷中，德輝融融，有非後人所能髣髴者。朱子曰：『學者但當從事於博文約禮之誨，至於欲罷不能而竭其才，庶乎有以得之。』是言也，亦已『批大郤[三]，導大窾』矣。自後儒小禮學而天秩紊，人心蹙。或曰禮爲忠信之薄，是言一出而周衰；或曰禮非爲我輩設，是言一出而晉亂。學術不明，治術因之亦敝。[四]顔子有王佐才，要亦不出乎禮，又於『爲邦之問』見之。

朱子論程門高弟子如謝上蔡、游定夫、楊龜山皆入禪學，惟吕與叔不入禪。吕氏初學於張子横渠，湛深禮學者也。朱子之門，群推黄子勉齋爲冠，黄子亦深於禮。自識。[五]

【箋注】

〔一〕輯自《儆季雜著五·文鈔一》，清光緒二十年南菁書院刻本。

〔二〕參見王兆芳輯録《儆季子粹語》卷之一《士職》載：周子言『顔子樂乎貧者，見其大則必泰』，而不言所指。程子受業，又令尋顔子之所樂。而程子曰『顔子之樂，非樂簞瓢陋巷也』，自有其樂。亦未發周子之旨。子曰：顔子之所樂者天，而樂天之學由好禮始。禮秩自天，故好禮即以樂天。《禮·中庸》曰：『大哉！聖人之道。洋洋乎發育萬物，峻極於天。優優大哉，禮儀三百，威儀三千。』言聖道峻天之大，由於修禮之大也。顔子所見之大，雖無容輕擬，要不越《中庸》所謂優優之禮矣。由博文以約禮，既竭一生之才；能克己以復禮，遂安三月之仁。夫子所循循誘人，顔子所拳拳服膺，儻有大於此者乎！迨夫履而泰，然後安，動容周旋中禮，於時盡性，於時知命，於時樂天。

〔三〕『郤』，原作『却』。《莊子·養生主》：『依乎天理，批大郤，導大窾，因其固然。』據改。

〔四〕參見王兆芳輯録《儆季子粹語》卷之一《士職》：子曰：自夫人小禮學而天秩紊，人心蹷。或云禮爲忠信之薄，是言一出而周衰。或云禮豈爲我輩設，是言一出而晋亂。學術不明而治術敝。

〔五〕此識語，又見於王兆芳輯録《儆季子粹語》卷之一《士職》：子曰：朱子論程門高弟子如謝上蔡、游定夫、楊龜山，皆入禪學，惟吕與叔不入禪。吕氏初學於張子横渠，湛深禮學者也。朱子之門，群推黄子勉齋爲冠，黄子亦深於禮。

曾子論禮說[一]

聖門之學者重約禮。禮者，理也。曾子之學尤湛深於禮，本末兼澈，經權並明，故卒能得孔聖一貫之傳。《大戴記》録《曾子》十篇，立言制事，悒悒勿勿，深有得於禮教者。其受學孔聖也，内驗身心，外究事理，於禮之大本大經聆之審、體之孰，退而與游、夏諸子互商節目，弔之裼襲，奠之東西，祖之反宿，一一講明，必求禮義之安而後已，初未嘗偏執己見，悻悻自是，曾子忠恕氣象乃爾。《檀弓記》過襲多祖，有見於此，非以示貶也，而其特見之明，往往足以正古禮之失。如論小功之宜税、讀賵爲再告，斟酌損益，即游、夏諸子亦心服焉。後之學者，據《檀弓》文以刺曾子之昧禮，或尊曾子以斥《檀弓》之文，爲兩失之。夫禮之常經，老生宿儒或能言之。一旦事出非常，引援比例無其文，輒擬議莫能定。孔子曰：『可與立，未可與權。』立者守經不知變，權者達其變以善其經。《記》録《曾子問》篇，設疑解難，極人事之至賾，以求天理之不易，斯非善用權禮者乎！[二]而後之學者乃有疑於此，斥《記》者之失實，殊違『不知蓋闕』之義矣。《曾子問》之可疑者，余有解於《禮書通故》中。古人論學，詳言禮而略言理。禮，即天理之秩然者也。《虞書》曰：『天秩有禮。』《孔子燕居》曰：『禮也者，理也。』《樂記》曰：『禮也者，理之不可易者也。』節文度數，有至理寓焉矣。故考禮之學，即窮理之學也。曾子之窮理，本末兼澈，經權並明，故卒能得孔聖一貫之傳，又何閒焉？

【箋注】

〔一〕輯自《儆季雜著五·文鈔一》，清光緒二十年南菁書院刻本。

〔二〕參見王兆芳輯録《儆季子粹語》卷之一《士職》：子曰：曾子之學深於禮，本末兼澈，經權並明，故卒能得一貫之傳。《大戴記》録《曾子》十篇，悒悒勿勿，深有得於禮教者。其受學孔門也，於禮之大本大經聆之審，體之孰，退而與游、夏諸子互商節目，弔之裼襲，奠之東西，祖之反宿，一一講明，必求禮義之安而後已，初未嘗偏執己見，悻悻自是，曾子忠恕氣象乃爾。《檀弓記》過襲多祖，有見於此，非以示貶也。而其特見之明，往往足正古禮之失。如論小功之宜税，讀賵爲再告，斟酌損益，游、夏諸子亦心服焉。夫禮之常經，老生宿儒能言之。一旦事出非常，引援比例無其文，輒擬議莫能定。《記》録《曾子問》篇，設疑解難，極人事之至頤，以求天理之不易，斯非善用權禮者乎！

禮書通故叙〔一〕

禮根諸心，發諸性，受諸命，秩諸天，體之者聖，履之者賢，博文約禮，聖門正訓也。以周六歲入塾識字，七歲讀《小戴記》，謹承庭訓，略識小節。三十而後，潛孳諸禮，於經十七篇外，搜輯大、小戴兩《記》及《周官》、《春秋傳》，分門編次，釐定先後。注疏家言，有裨經傳，亦附録之。平文大義，具彼書矣，而儒説之異同，别彙一編。遲之數年，乃放戴君《石渠奏議》、許君《五經異義》，裒集是書，草創於庚申，告蕆於戊寅。爰取卷首之名，以命其書。

其目：禮書一；宫室二；衣服三；卜筮四；冠五；婚六；見子七；宗法八；喪服九；喪禮十；喪祭十一；郊十二；社十三；群祀十四；明堂十五；宗廟十六；肆獻祼饋食十七；時享十八；改正告朔十九；耤田躬桑二十；相見廿一；食廿二；歓廿三；燕饗廿四；射廿五；投壺廿六；朝廿七；聘廿八；覲廿九；會盟三十；即位改元號謚卅一；學校卅二；選舉卅三；職官卅四；井田卅五；田賦卅六；職役卅七；錢幣市糴卅八；封國卅九；軍賦四十；田獵卅一；御卅二；六書卅三；樂卅四；刑卅五；車卅六；名物卅七；禮節圖表卅八；名物圖

卌九。

敘曰：夫禮，唐脩其五，虞典以三，夏造殷因，周禮猶醲。東遷以後，舊章云亡。孔子贊脩，猶苦無徵。言、曾討論，又復錯出。禮學難言，由來久矣。戰國去籍，暴秦焚書，先王典章，盡爲湮没。抱殘守闕，漢博士之功也。分門别户，又漢博士之陋也。宣帝憂之，遂開石渠，以爲不講家法無以明其宗旨，專守家法又恐戾乎群經。於是令其法之異者，各陳師説，博觀其義，臨決稱制，以定一尊。小戴次君，爰作《奏議》，執兩用中，有合古道。白虎之論，聿追前徽。班氏孟堅，又纂《通義》，乃專取一己所好，盡埽群賢之議，大義雖存，師法莫考。許君叔重，裒集《異議》，拾戴議之遺，砭班論之錮，殺陳眾見，條加案語。鄭君康成，又駁其非，而存其是，古禮以明。夫西京之初，經分數家。東京以來，家分數説。一嚴其守，愈守愈精；一求其通，愈通愈密。諸博士，其守之精者也；戴、許二書，其通者也；鄭所注書，囊括大典，网羅眾家，其密者也。唐宋以來，禮學日微。好深思者，或逞肊説；好述古者，又少心得。究其通弊，不出兩軌。以周不揣譾漏，綴集異聞，不敢立異，亦不敢苟同，爲之反復群書，日夜覃思。賢者識大，不賢識小。道苟在人，何分扃涂。上自漢唐，下迄當世，經注史説，諸子雜家，誼有旁涉，隨事輯録。昔者高密，箋《詩》而屢易毛傳，注《禮》而屢異先鄭，識已精通乎六藝，學不專守於一家。是書之作，竊取茲意。以爲按文究例，經生之功；實事求是，通儒之學。或者反以不分師説，爲我呫病，甘作先儒之佞臣，卒爲古聖之亂賊。惴惴自懼，竊有不敢。

【箋注】

〔一〕輯自《儆季雜著五·文鈔二》，清光緒二十年南菁書院刻本。此篇與《禮書通故》第五十《禮書通故叙目》可參讀。

軍禮司馬法考徵叙[一]

古《司馬法》百五十五篇，或叙軍禮，或詳兵法，祖述似同，裔流迥别。劉編《七略》，以其均出司馬，並列兵家。班志《藝文》，冠以軍禮，逡入經類。鄭氏《通志》力排班書，章氏《校讎》又詆鄭説。顧舊籍久逸，墜緒難尋，任意出入，迄無定論。今以所見言之，世行五篇，舊名《司馬兵法》，宜依劉《略》爲允。此猶《周易》、《明堂》，未可混列六藝也。其論軍乘諸篇，『昏鼓四通』，許慎引爲《禮》文。『邱馬一匹』，杜預直稱《周禮》。通人雅記，悉從班《志》。此猶劉向《五行傳》有别於所序六十七篇也。《史記·自叙》云：『《司馬法》所從來尚矣。太公、孫、吴、王子能紹而明之。』寔爲兵法諸篇而發。《博物志·文籍考》因《司馬法》與《周禮》相表裏，以爲周公所作。又以《軍禮》諸篇而定，言雖各有所指，其爲西周古書，灼然可見。而淺學寡識，乃謂出自戰國籍亡之後，於兵法不譎正，於軍禮實盩古。膏肓莫鍼，癈疾難起。曾欲孴輯遺文，疏通本義，有志未逮，於今有年。丹徒陳生善餘，聞言忻然，拾姚姬傳之遺編，訂丁儉卿之續輯，復搜群書，更加綴補。予讀而喜之，爰爲董正其次，傅以經典。仁義之師，具有禮度。《記》有之曰：『明堂者天法也，禮度者德法也。能得德法者爲有德，能成德法者爲有功。』言路路肅而壯，志怫怫精以厲，車馬匪匪翼翼暇以整。數千載後，得見三代軍容，賴此以存。今之《兵法》五篇，有若『夏鉤車先正，殷寅車先疾，周元戎先良』，毛傳引以證《詩》；有若『逐奔不過百步，從遯不過三舍』，賈注引以證《左傳》；有若『弓矢禦，殳矛守，戈戟助，凡五兵長以衛短，短以救長』，鄭注引以證《周官》。備論兵法，似亦有關軍禮，而詳其節制，略其禮度。禮度失，德法亡矣。百家九流，並出經典，而源同派異，在讀者區以别之。劉氏父子校録祕書，揚搉家法，允稱密至。惜《司馬法》百五十五篇，末以兵法、軍禮分隸屬兩家，致後人猶有遺議也。高堂生傳《禮》十七篇，雖不能備，吉、凶、嘉、賓尚有端緒，而軍禮獨闕，無由表見。後世鄙人，何敢談兵事，裒集佚文，徵成其義，欲以備五禮之一云爾。

【箋注】

〔一〕輯自《儆季雜著五・文鈔二》，清光緒二十年南菁書院刻本。

司馬兵法校本叙[一]

古《司馬法》百五十五篇，劉氏《七略别録》列兵家，班氏《藝文志》以其文多合於古軍禮，入之禮家。今所行《司馬法》三卷，凡五篇，多言行兵之法，號曰《司馬兵法》，與古軍禮不無出入。然漢武帝《報胡建》引『國容不入軍，軍容不入國』，劉向上疏引『軍賞不踰月』，何武上疏引『天下雖安，忘戰必危』，《毛詩》傳引『夏鉤車先正，殷寅車先疾，周元戎先良』，《左傳》賈注引『逐奔不過百步，從遯不過三舍』，《周官》鄭注引『弓矢御，殳矛守，戈戟助，凡五兵長以衛短，短以救長』，其語皆見今五篇中。儒家不談古兵法則已，欲談古兵法，舍此何所從事？惜其文多脱佚，字多傳譌，軼見於注疏，古類書中時可援以補正。孫伯淵刻本未盡善也。近時校輯《司馬兵法》，有丹徒陳明經慶年、昭文孫起士同康暨吴縣曹孝廉元忠。孝廉喜校刊古逸書，志甚鋭，力甚果。其書先出，用孫刻本，附校異文於節下，並録舊注。復耆逸文，别附卷後。古《司馬法》至隋已亡，《經籍志·兵家》列《司馬兵法》三卷，即今五篇本，顧今五篇復有剥落删削耳。予前作《軍禮司馬法考徵》，凡逸文有見於唐以前書者，盡采輯之以歸《軍禮》；唐以後書别有引見，悉屬《兵法》逸文。今讀孝廉校本，樂其與予書可並行不悖也。爰爲之序。

【箋注】

〔一〕輯自《儆季雜著五·文鈔二》，清光緒二十年南菁書院刻本。

上俞蔭甫先生書〔一〕

定海末學黄以周頓首白蔭甫先生大人閣下：

周前謁和甫吾師，論及大著《群經平議》一書，説最精確，周時以未讀爲憾。購求于譚君仲修，且奉拙作數種轉懇就正。今讀來書，不棄樗櫟，幸甚！愧甚！周質鈍學淺，一無所成，幸承庭訓，粗知漢宋學門户。年二十餘，好讀《易》，病先儒注説於卦畫彖爻下自騁私説，揆諸聖傳，屢屢不合，於是有《十翼後録》之作十四卷。嗣後喜觀宋儒書，又病其離經談道，多無當於聖學，甚且自知己説之不合於經，遂敢隱陋于孔聖、顯斥孟子，心竊鄙之，於是有《經義通詁》之作。卅歲以後，又好讀《禮》，苦難記意，乃分五禮類考之，會粹舊説，斷以己意，撰《吉禮説》，未脱稿，以兵燹輟業。旋以先人棄養，讀《禮》苫茨，於小祥後撰《凶禮説》。合訂之，名曰《經禮通詁》。又編舊作，雜著文説之無裨經史者删之，非我心得者黜之，約存若干篇，名曰《儆季雜著》。周檮昧不才，妄自撰述，懼見怪於當世，輒藏棄之不示人。今年四十矣，恐以痼蔽，終身無發幪日，幸遇有道，敢不就正？所呈《禮經通詁》兩册，覬求指示紕繆，俾得改正。果蒙惠教，周將執弟子禮，奉全書以拜門下。伏祈鈞鑒,敬請著綏。四月十二日,周頓首。

【箋注】

〔一〕是書據唐文治《茹經堂文集》卷二《黄元同先生學案》題爲《上俞蔭甫先生書》。黄以周手劄原件今藏上海圖書館,上海科學技術出版社二〇一一年版《俞曲園手劄·曲園所留信劄》據以彩色影印。後俞樾將此函收入《袖中書》中,文字略作删改,名爲《黄元同孝廉書》,見鳳凰出版社二〇一〇年影印版《春在堂全書》第七册。

答俞蔭甫先生書〔一〕

蔭甫先生大人閤下：

前月謹呈拙作《禮故》兩册，懇求指示紕繆。賜書奬掖過實，非所敢當。批駁若干條，切中是書之失，於『啓蟄之郊』論之尤詳，以周何敢自護前非，嚣嚣致辨，如顧千里之於段懋堂也。然私心有不能自已者。

吾郡萬充宗信候名，不信氣名，創言古術無二十四氣，我黎洲先生又和其説。〔二〕以周服膺鄉先賢書有年矣，於『啓蟄之郊』駁張横渠『再卜不從，直用下旬』之説，以爲當用常時日之啓蟄。二十四氣中如『分至啓閉』，自古有之。而先生以爲古如有二十四氣，《左傳》既曰『啓蟄而郊』，曷不曰小滿而雩、秋分而嘗、小雪而烝？誠哉是言也！然以周所謂古有『分至啓閉』者，據《左傳》爲文也；所謂『啓蟄有常時日』者，據《考工記·韗人》『凡冒鼓，必於啓蟄之日』爲文也。《夏小正》首言『正月啓蟄』，莊葆琛《説義》云：『正月者，月之始，啓蟄者，日之始，是年正月朔旦啓蟄。』如其説，啓蟄爲正月節氣名，自夏已然，以周卻未敢信也。《史·曆志》載漢武詔，有云『黄帝起五部，建氣物分數』，孟康注以『氣』爲『二十四氣』。兒寬與博士作《正朔議》，亦引『黄帝建氣物分數』。竊謂上古之世衹有四立、二分、二至，八氣斷不能如中古之詳，此可以少皞紀官決之。元鳥氏司分，謂春分、秋分；伯趙氏司至，謂夏至、冬至。則青鳥氏司啓，啓主春，亦兼夏；丹烏氏司閉，閉主秋，亦兼冬矣。有四時，斯有四立之名。於四立中又定其中氣，斯有二分二至之名。斯八節者，所以配八卦、諭八風也。自夏時以來，求氣愈密，候法加詳，賜書所引《内》《外》傳曰龍見、曰火見、曰水正、曰辰角見、曰天根見，以星紀；曰日至、曰日中、曰日在北陸，以日紀；曰啓蟄、曰閉蟄、曰獺祭魚豺祭獸，以物紀：此皆古之所謂候名也。以周又考《管子》有清明、大暑、小暑之文，《荀子》有霜降之語，《國語》有處暑、大寒之言，此名雖同於後世之二十四之氣，亦未必非古之候名也。古書記氣，四立、二分、二至，以四時紀；《月令》記候以物，《記》曰『東風解凍』、曰『始雨水』、曰『小暑至』、曰『温風始至』、曰『涼風至，白露降』，又以風雨寒暑霜露紀：則《内》《外》傳以日紀，以星紀，可知其爲候名矣。

候名歷世不同，各國又異。《管子》所立候名已不同於夏時，《月令》所列候名又不同於《管子》。候名且然，何論乎氣？必執後世七十二候名一一求合於古，泥矣。必執後世二十四氣之名一一求徵於古，更拙矣。然而不能謂古無候名也，亦不得謂古無氣名也。充宗、黎洲皆信候而不信氣，以周竊謂後世七十二候刺取《月令》之文多不可通，不如並節氣之名以爲候，取其候之當乎節氣者以爲節氣之名，庶有合於『歲虞汁月』之古法。此以周一人之私見，而不敢録諸《禮故》者，敢以質諸先生，幸先生不棄檮昧，復賜教言。

【箋注】

〔一〕輯自《儆季雜著五·文鈔三》，清光緒二十年南菁書院刻本。

〔二〕參見《禮書通故》第十九《改正頒朔禮通故》：萬斯大云：周秦以前，至不系冬、夏，分不系春、秋。《春秋》僖五年『春正月辛亥朔日南至』、昭二十年『春王二月己丑日南至』，此指周正而不系以時也。獨《大司樂》有『冬日至』、『夏日至』之稱，何其戾於本朝正朔，加以非時之名？至於二分，在夏正則當春、秋，在周正則當冬、夏。謂之分者，以日夜至此而均，日行至此而中，故傳曰『馬，日中而出，日中而入』，周正也。仲春之月『日夜分』，仲秋之月『日夜分』，夏正也。無論周正、夏正，皆無系以時者。蓋周改月改時，其分、至、啟、閉先後，實當大雪、驚蟄、芒種、白露之節，無此四節。　以周案：《春秋傳》稱冬至曰『日南至』，稱春分後曰『日過分』，曰『日過分而未至』，皆不系以時。萬氏因此遂謂節氣有先後，並詆《周官》爲僞書，非也。《周書·周月篇》云：『夏數得天，百王所同，亦越我周改正，以垂三統。至於敬授民時，巡守烝享，猶自夏焉。』是則周雖改月改時，而時令節氣仍用夏正，未嘗易其先後。《北史·李業興傳》曰：『三正不同，言節氣者皆據夏時。』是也。又萬氏信候名不信氣名，謂古無二十四氣。嘗考

《史·曆志》載漢武詔，有云『黄帝起五部，建氣物分數』，兒寬與博士作《正朔議》，亦引用斯語。孟康注以『氣』爲『二十四氣』。參之《左傳》少皞紀官，有分、至、啟、閉之名，分謂二分，至謂二至，則啟謂春、夏二立，閉謂秋、冬二立也。上古之世，有四時即有四立，於四立中又定其中氣，斯有二分二至。後聖加詳，每月各分節氣，於是有二十四氣之名。顧二十四氣雖未必起自黄帝，而必起於七十二候之前。五日爲一候，三候爲一氣，氣不先分，二十四候亦何限於七十二邪？信候不信氣，不揣其本之論也。候之名歷代不同，氣之名亦易世有改，必執後世之名一一求徵於古，泥矣。如因其名之不盡見於古，遂謂古無二十四氣，亦拙矣。

復胡子繼書〔一〕

子繼仁兄閣下：

睽違教益，十易寒暄。以我時思君，知君亦時思我也。國朝禮學，首推君家。頃接尊翰，知喆嗣詒孫以商籍入錢唐學，績溪之教，流入浙西，吾浙與有光焉。曩者，同事諸公衮衮出山，弟株守此席，所著《禮書通故》至今尚未脱藁。歲月蹉跎，難爲知己者告。君家研六先生《儀禮正義》久服我膺，然文字之譌，有害經義，左右錯寫，東西易位。《禮經》難讀，《禮説》亦難校。近見陳碩甫校本，亦未精緻。弟年才五十，精力日憊，校讀是書過半而不能卒業矣。研六所著之篇，體例既善，疏解亦精，楊氏所補淺陋太甚，諸喆嗣輩有能董而正之者乎？弟雖衰憊，願效駑力也。研六之書，所見有異於鄭，或補之，或正之，未嘗與鄭爲難。楊氏則愛今薄古，羅列異説以與之敵，研六無是病也。研六之書，薈萃群言，折衷中一是，雖或臚陳異説，亦分正備。楊氏則殺稱雜引，胸無主見，上節録甲説，下節從乙説，甲乙兩説本不相蒙，遂致上下經文脈絡斷絶，研六無是病也。研六所著書雖未完，而全經大旨了然胸中，同此一説，此詳彼略，視經義之重輕而先後之。楊氏則隨見隨録，全無權衡，甚且研六所著之篇云説詳某篇某語下，屢檢楊氏所補，竟有不判析一字，是微特昧其師教，直未卒讀師書也。人心之不同如其面，然讀古人書，必求盡與己合，斷無是理。研六之説，鄙夫亦多不云然，而所病於楊氏者，非病其説之不與己同，病其不尋繹師説，鹵莽成書耳。昔江鄭堂補惠氏《易疏》不滿人意，陳碩甫補胡氏《後箋》，其庶幾乎亦有違失墨莊科旨。續書之難，甚於作書。君家多才，能致志於研六所著書，又竭數年之力黜楊氏而重補之，甚善。如不其然，後之人必有襲取研六之醇，刊落楊氏之駁而自成一書，以行於世，則研六所著諸篇能獨存乎，抑終廢乎？未可知矣。

去年刊家君《儆居集》，資斧不給，分作内、外兩編。内集已告藏，謹爲呈覽。君家所刻《説文管見》、《研六文鈔》、《内經校義》，亦惠我一分，幸甚。

【箋注】

〔一〕輯自《儆季雜著五・文鈔三》，清光緒二十年南菁書院刻本。胡培系（一八二三—一八八八），字子繼，號塢霞，安徽績溪人。廩貢生，官寧國府教諭。平生沉浸三禮，著有《十年讀書室文存》等，與胡培翬（一七八二—一八四九）爲從昆弟，此書作於清光緒三年（一八七七），以其中有『睽違教益，十易寒暄』之語逆推，黃、胡訂交應在清同治六年（一八六七），其時黃以周才入書局。而胡氏如何得與黃以周相識，詳情待考。

答柴吉夫書[一]

月前接讀尊劄，領悉一切。以周在家課讀之暇，看兩《漢書》，意在欲速於學，略無所得。近讀《國語》，知韋昭注有未盡善處，校正一二。龔氏麗正有《國語疏》，與鄙見未識有合否，恨未見也。

下問《禮說》『入學鼓篋，孫其業也』。『鼓』謂『鼓鼓』，『篋』與『籥』雙聲通借，謂龡籥也。《周禮》：『大胥掌學士之版，以待致諸子，春入學，舍采、合舞。』『舍采』即釋菜，上文所謂『皮弁祭菜』是也。『合舞』，謂鼓鼓龡籥和合其舞，即《籥師》所謂『鼓羽籥之舞』。此所謂『入學鼓籥，孫其業也』，『孫』與『愻』通，謂和順之也。『籥師掌教國子舞羽、龡籥』，《文王世子》言『學羽籥』及『胥鼓南』，是國子入學，大胥鼓鼓、籥師龡籥以教之也。古人作樂，鼓籥並用。《詩·賓筵》曰：『籥舞笙鼓，樂既和奏。』〔《周禮·春官》〕[二]：『籥章掌土鼓、豳籥，擊土鼓，龡豳詩，以逆暑。龡豳雅，擊土鼓，以和田畯。龡豳頌，擊土鼓，以息老物』，是其證也。鄭注曰：『擊鼓警衆，乃發篋出所治經業。』『篋』訓『書篋』，與鼓並舉，殊爲不倫。且大昕擊鼓以警衆於未入學之先，與入學孫業之鼓不同，此鄭注之有待於考正者也。

又下問『操縵、博依、雜服、興藝』義有難通。以義考之，『操』謂急其絲而攫之也。『縵』謂緩其絲以醳之也。騶忌之説琴曰：『攫之深，醳之愉，鈎諧以鳴，大小相益。』蔡邕之説琴曰：『凡絲以緩急爲清濁，緊其絲則清，縵其絲則濁。』斯即操縵安絲之遺法也。《周官・磬師》『教縵樂』，杜子春讀『縵』爲『怠慢』之慢，是其義證矣。鄭注『縵樂』讀爲『縵錦』之縵，謂雜聲之和樂，故訓此『操縵』爲『弄雜』，説亦可通，非正意也。〔三〕《説文》：『博，從十從專，專布也。』『博』謂『永言』，『依』謂『依永』。《書》曰：『詩言志，歌永言，聲依永。』鄭注訓『博依』爲博譬喻，失其義矣。『雜服』謂雜事，服者，事也。曲禮有三千，如揖讓進退之類，其事雜也。鄭注『雜服』如冕弁服之屬，義亦可通。『興藝』，謂説藝。『興』，與『嬹』通。《説文》：『嬹，説也。』《爾雅》：『歆、喜，興也。』亦當以嬹爲正。鄭注：『興之言喜也，歆也。』以叚借之義釋之，是也。後人訓『縵』爲『絲』，古無是訓。或又讀『依』爲『衣』，意欲『操縵』、『博衣』、『雜服』文同一例，不知古人立文多不畫一，此不如從鄭注而疏通之、補正之也。

閣下又疑《少儀》『軌範』之有譌文。考之鄭注：『《周禮・大御》「祭兩軹，祭軌，乃歆」，軌與軹於車同謂轊頭也。軓與範聲同，謂軾前也。』鄭意『左右軌』即《大御》之『兩軹範』，即《大御》之

『軓』。『軌』、『軹』同物，『軓』、『凡』同聲。或改經文『軌』字爲『軓』，或又改爲『軹』，俱未當也。鄭注：『祭軓，乃飲。』各本並譌作『軌』，惟有宋本不譌。『軓』與『範』同聲，各本亦譌作『軌』，惟衛氏《集説》所引不譌。〔四〕戴氏東原辨此已詳。此鄭注之有待於校正者也。近之爲古學者不數數見，閣下虚心好問，敢不忠告。此覆。

【箋注】

〔一〕輯自《儆季雜著五・文鈔三》，清光緒二十年南菁書院刻本。

〔二〕『《周禮・春官》』爲注者所加。《周禮》原作：『籥章掌土鼓、豳籥，中春晝，擊土鼓，歈豳詩，以逆暑。中秋夜迎寒，亦如之。凡國祈年於田祖，歈豳雅，擊土鼓，以樂田畯。國祭蜡，則歈豳頌，擊土鼓，以息老物。』此處黄以周爲節引。

〔三〕關於『縵樂』，《禮書通故》第四十四《樂律通故二》專門有釋，曰：杜子春云：『縵樂，讀爲怠慢之慢。』鄭玄云：『讀爲縵錦之縵，謂雜聲之和樂者。《學記》曰：「不學操縵，不能安絃。」』段玉裁云：『《説文》：「縵，繒無文者也。漢律曰：賜衣者，縵表白裏。」縵錦者，謂名爲錦而不成文。雜弄似之，雖不成樂，而可以和樂也。』以周案：慢聲爲大司樂所禁，杜讀非也。縵爲無文之繒，亦爲有文之錦，本有二名。《説文》『繒無文』者，是其本義。鄭注以『縵樂』爲『雜聲之和樂者』，故讀爲縵錦之縵，謂繒之有文如錦者。不用其本義，故曰『讀爲』。物相雜謂之文，故又曰『雜聲之和樂』。《樂記》曰：『聲相應故生變，變成方謂之音；比音而樂之，及干戚羽旄，謂之樂。』鄭注曰：『宫、商、角、徵、羽，雜比曰音，單出曰聲。樂之器彈其宫則衆宫應，然不足樂，是以變之使雜也。方，猶文章也。』此『雜聲和樂』之義也。單聲不足爲樂，變雜五聲使之交錯成文，謂之比音，故亦曰『聲成文謂之音』。比音，斯和樂矣。賈疏以『縵』爲『無文』。無文何以爲『雜』，以致鄭注文義上下不貫。《周官·巾車》『孤乘夏篆，卿乘夏縵』，鄭注曰：『夏篆，五采畫轂約。夏縵，亦五采畫，無篆爾。』訓縵爲采畫。賈疏亦以『無文』解之，與此同誤。段氏以《説文》申鄭，誤與賈同。『讀爲』之例，段氏《漢讀考》辨之綦詳，於此謂讀同其義則曰『讀如』可矣，何又自昧其例邪？

《記·學記》：『不學操縵，不能安絃。』鄭玄云：『操縵，雜弄。』以周案：鄭注《周官·磬師》之『縵樂』，讀爲『縵錦』之縵，謂『雜聲之和樂者』，以縵爲有文之錦，與《説文》異。物相雜謂之文，文與雜一義之引申。『雜弄』者，《樂記》所謂『聲相應故生變』也。『安絃』者，《樂記》所謂『變成方謂之音』也，鄭義如此。竊謂操，急其弦而攫之也；縵，謂緩其弦以醳之也。騶忌説琴曰：『攫之深，醳之愉，鈞諧以鳴，大小相益。』蔡邕説琴曰：『凡絃以緩急爲清濁，緊其絃則清，縵其絃則濁。』斯其遺法也。

徐養原説，鐘與磬不並用。《磬師》『教縵樂、燕樂之鐘磬』，鐘磬非二器，當與《笙師》互證。《笙師》『鐘笙之樂』，其縵樂與？縵樂者，雜聲之和樂者也。與鐘相應之笙，謂之鐘笙；與鐘相應之磬，謂之鐘磬。以周案：舊説鐘磬有並奏法，徐氏以爲鐘聲大，磬聲小，若並擊則磬聲爲鐘所掩，而鞀鼓、管聲何以爲依？其説甚辨。然磬既不與鐘同擊，又何與鐘相應之足云？凡曰『應』者同時奏也。

〔四〕《禮書通故》第四十六《車制通故二》：鄭衆云：『軓，謂式前也。書或作軋。』鄭玄云：『軓是。句。軓，法也。謂輿下三面之材，輢式之所尌，持車正也。』以周案：當從先鄭。軫爲輿後横木之專名，軓爲輿前横木之專名。《毛詩》傳『陰揜軓』，箋以爲揜軓在式前。《少儀》『祭左右軓範』，注『範讀爲軓』，亦云『車式前』，初無『輿下三面材』之稱也。若通『四面材』言，亦謂之軫，《記》『軫之方也以象地』是也。『加軫與轐』注云『軫，輿也』，亦通言例。若通前、左、右三面材言之，謂之『任正』，下文所言是也。如軓亦有三面材之稱，下『任正』句何必異其名？

答劉芷人書[一]

辱書，問尊族繼嗣，有異議，倩以周作辨以定其事。按所來譜系圖，曾祖諱甲，生乙及丙。長乙無出，季丙生六子，以長子丁爲乙後。丁亦無出，其弟戊生三子，曰己、曰庚、曰辛，以長子己爲丁後。己亦無出，其弟庚生二子，曰壬、曰癸，以長子壬爲己後。壬生二子，曰辰、曰午。而癸□弱，娶數旬即歿，又無出。庚之妻某氏老而獨居，且甚貧，依於出繼子壬之家，壬亦不□忘所生，故母子甚相得，忘其爲出繼子也。某氏病革，欲以壬子次子午爲癸後，曰：『此吾一氣所生者也。』既而庚妻某氏卒，宗族爲之議繼主喪。有謂壬本出繼，其後不得承繼，以倫序推之，當以辛之長子寅嗣，寅意亦不欲，乃以辛之次子卯嗣，而卯與癸又同昭穆，乃創卯嗣庚不嗣癸之説以塞口，何其昧於禮、悖於律一至此哉！《禮》曰：『如何[二]而可以爲人後，支子可也。』寅爲辛之長子，禮不得爲人後明矣。《律》曰：『無子者許令同宗昭穆相當之姪承繼。』[三]辛之次子卯於癸爲兄，弟於庚爲從父，卯欲嗣癸，則昭穆不相當。若以嗣庚，則癸之世其可絶乎？揆之情理，無一可者也。《律》又曰，凡爲後者，『先儘同父周親』[四]。壬與癸則同父也，癸視壬之子爲猶子，庚於壬之子爲己孫，則周親也。或謂繼不承繼，此世俗不經之談，見何禮，出何律，而乃據之以爲説乎？考之正史，本生祖父兄弟無子，或遺子歸宗，或立出繼子之子以爲後，如是者不一而足。杜佑《通典》引晋許猛之議曰『子不絶父之後，本宗無嗣，於義得還』，此言洵不誣也。是則庚既無子，壬自還宗可也，而況壬之子不得還宗乎？向使壬止一子，亦當推父母之意，必以其子還承本宗，尚不敢自私其子以絶父之後，而況壬有二子？以一子承所後，以一子承所生，情禮尤合，又何異議乎？而議者曰：壬已出繼，遠宗於癸，不得以同父論，癸與寅卯實同祖，則周親屬寅卯不屬壬也。此又不然。《禮》：爲人後者，於其本宗餘親服皆降一等。賈公彦疏已明著之。如壬之服所生，期與寅、卯同；壬之服其弟，大功與寅、卯亦同。即不以同父論，則固同屬周親也。何得謂寅、卯親而壬反疏乎？《欽定儀禮義疏・喪服》『小功章』云：『經：不見本生祖父母、曾祖父母，服者概從降一等之例。假令在疏屬五服之外，於本生祖父母之喪竟脱然無一日之服也而可乎？』〔五〕徐氏健庵《讀禮通考・喪服》『大功章』申劉智、王彪之等議，爲人後者之子，不論其父所後之親疏而概降一等。〔六〕若依父所後之倫序服其本生，儻所後者爲疏屬，則祖孫至戚而等之路人不爲制服，毋乃非人情乎？敬讀《欽定義疏》暨徐氏《通考》，則壬爲本生父母期，壬之子午降一等，爲庚服大功，明矣。以視寅、卯之子爲庚小功，謂孰親而孰疏乎？道光四年，大學士托津等遵旨議奏備詳：爲人後者，於本宗親服悉降一等之制。且壬以出繼降服，情以義斷，而其父子兄弟之情實遠過於諸父兄弟、諸祖之孫，是以在壬固不忍私其子午而坐視父若弟之斬嗣，在癸亦不欲舍其兄之子午而懸待諸父兄弟之子以爲後，在庚亦不願舍己孫之親、斬癸子之世而傍取從子爲己子也。如俗議，以卯嗣庚，不爲癸後，則庚也有孫而無孫，癸也非殤而爲殤，而庚妻某氏臨終之囑置之不聞，死者有靈，能不叫天而歔泣也邪。

雖然，俗議沸騰，積非成是。今欲申明禮意，正恐增兹多口。尊兄處此，知而不言不可也，言而爭辨亦不可也。達其是非，以聽族中長老之采擇，此爲處鄉黨『恂恂似不能言』之義。

晋賀循議：『爲人後者之子禮，無代降一等。至其子以義斷，不復服其本親。』近儒多信其說。余竊以爲不然。男子出繼較女子出嫁，其情爲厚。女子之適異姓者，其子且爲外祖父母服，豈男子爲同姓後者，其子可不服本生祖父母乎？又識。

【箋注】

〔一〕輯自《儆季雜著五・文鈔三》，清光緒二十年南菁書院刻本。

〔二〕『如何』，《儀禮・喪服》原作『何如』。

〔三〕引見《大清律例》卷八《户律》。（文淵閣《四庫全書》本）

〔四〕引見《大清律例》卷八《户律》。（文淵閣《四庫全書》本）

〔五〕引見《欽定儀禮義疏》卷二十四《喪服》第十一之三。（文淵閣《四庫全書》本）

〔六〕引見徐乾學撰《讀禮通考》卷十二。（文淵閣《四庫全書》本）

答張聞遠書[一]

閲所著《讀〈士冠禮〉日記》，申鄭闢賈説者皆精宷。凡醮者不祝，指三加之説辭，與褚搢升昇之説相同。『出闈門』，『適東壁』，據正寝言，與余所著《通故》之義亦暗合。[二]鄭君又謂『周初之禮，年未五十而有賢才者，試以大夫之事，猶服士服』，斯言本無確證。賈疏據《喪服·殇小功章》『大夫爲昆弟之長殇』以申其義，而不知此正行大夫禮而不服士服之證也。今謂試爲大夫者，服其所親則不以尊降，猶行士禮，毋乃信注之心堅於信經乎？

士冠之陳服，『東領北上』。東領者，明其裳次而西也。北上者，明爵弁、皮弁、玄端又次而南也。凡陳服，衣與裳同次一行，非左右並列。知此，則鄭注以『側尊一甒醴』爲在纁裳北，可不煩言而解矣。[三]玄端有玄裳、黄裳、雜裳，本不必分上、中、下士。而『兄弟畢袗玄』[四]，經文不言端，則非玄端也。《士昏禮》主人『從者畢玄端』、『女從者畢袗玄』，分别言之，明是二服。自敖君善輩以袗玄即玄端，今並疑其兄弟皆上士，似失之矣。[五]《禮經》之難讀，韓退之猶苦之。賢弟覃思不輟，所造莫量，後别有見，幸再告我共賞之。[六]

【箋注】

〔一〕輯自《儆季雜著五·文鈔三》，清光緒二十年南菁書院刻本。張錫恭（一八五七—一九二四），字聞遠，號炳燭，江蘇婁縣人。《清儒學案·儆居學案下》『儆季弟子』一節，列爲以周南菁弟子。清光緒十一年（一八八五）與曹元弼奉黄體芳命，調入南菁書院，就學於黄以周等。張錫恭精治《禮經》，此書係討論經義之作。清光緒三十三年（一九〇七）朝廷設『禮學館』，纂修《大清通禮》，被徵召爲纂修官，分任纂訂喪禮部分，有《修禮芻議》二卷。又著有《禮學大義》一卷、《喪服鄭氏學》十六卷、《茹荼軒集》十二卷、《茹荼軒續集》六卷附《秉燭隨筆》一卷等。其生平事迹見曹元弼《純儒張聞遠徵君傳》，略曰：『錫恭年二十補博士弟子員。光緒乙酉中拔萃科。時先師瑞安黄公（黄體芳）建南菁書院於江陰，君與余均在調取中。初，余與君并治《禮經》，同受學於南菁院長定海黄元同先生。尊聞行知，觸類變通，由後師之説以深探先師碩意。』

〔二〕參見《禮書通故》第五《冠禮通故》：鄭玄云：『冠者適東壁，北面見於母。適東壁者，出闈門也，時母在闈門之外。』或云：母在廟之東北北堂下，近東壁。以周案：《特牲記》『饎爨在西壁』，《鄉射記》『俎由東壁』，皆謂東、西堂垂之下墻也，廟與寢皆有之。冠禮無與婦人之事，其母不入廟，則冠者適東壁見母，爲寢之東壁明矣。注云『適東壁，出闈門』，明東壁爲寢之東壁，非廟之東壁也。鄭意冠禮子見母，昏禮婦見姑，皆見之於寢，下云『入見姑姊如見母』，入謂入寢，時『適東壁，北面見母』，則母在廟西之闈門外、正寢之北堂下也。郝氏、萬氏誤駁鄭注，張皋文、胡竹村之申鄭，亦不得其説。語詳『宫室』門。

〔三〕參見《禮書通故》第五《冠禮通故》：鄭玄云：『側尊一甒醴，在服北。服北者，纁裳北也。』胡培翬説：上陳三服，先爵弁服，而纁裳最在北，故鄭知然。或云衣貴裳賤，東領北上，純衣當在纁裳北，服北者，絲衣北也。鄭注非。　以周案：東領者，明其裳次而西也。北上者，明爵弁、皮弁、玄端又次而南也。凡陳服，衣與裳同次一處，非左右並列。《冠禮》所陳三服，分作三行，其衣皆東領，其裳皆次而西，近室之東墉。側尊設於室東墉，故注云『纁裳北』。胡説固非，或説亦未得。

〔四〕『袗玄』義疏，參見《禮書通故》第四十三《六書通故二》：鄭玄云：『《士冠禮》「兄弟畢袗玄」。袗，同也。玄者，玄衣、玄裳也。古文袗爲均。』惠棟云：『袗玄即漢之袀袨。司馬彪《輿服志》「郊祀之服，綿以袀玄」。《淮南子》云「尸祝袀袨」。篆書袗與袨相似。古文作均，故《左傳》云「均服振振」。祭服上下皆玄，故謂之袀玄。戎服上下同服，故謂之均服。』　以周案：《説文·衣部》：『袗，玄服。袗玄服，宜連篆讀之，即用此經語也。胡説未是。從衣㐱聲。』今文從本字，古文用叚借，故鄭經從今文，叠古文於注中。袗玄衣裳同色，亦衣裳相連，故婦人之服亦名袗玄，《士昏禮》云『女從者畢袗玄』是也。袗、均二字古雖通用，而《左傳》之『均服』與《禮經》之『袗玄』迥别。《周官·司服》『凡兵事韋弁服』，注云：『韋弁，以韎韋爲弁，又以爲衣裳。』雖亦衣裳同色，服用韋，色用韎，非袗玄也。其謂之『均服』者，杜本賈注以爲『上下同服』，甚是，亦非取『同色』之義。近之解《左傳》者，以袗、均音近，遂申服駁杜，讀均爲袀，訓爲『衣裳同黑』，非也。《説文》無袀字，袀乃袗之俗變，《文選》注引《説文》『袀，玄服也』，亦袗之變體。或者據此謂《説文》本有袀字，更謬。

〔五〕駁敖氏説，參見《禮書通故》第三《衣服通故三》：鄭玄云：「《士冠禮》『兄弟畢袗玄』。袗，同也。玄者，玄衣、玄裳也。緇帶韠。古文袗爲均也。」敖繼公云：「袗讀『袗絺綌』之袗，被服之别稱。畢袗玄者，謂盡服玄端也。」以周案：鄭從古文『均』，故訓『袗』爲『同』。字亦作『袀』。『同玄』，謂衣與裳連，皆黑色，故婦人之服，亦名袗玄。袗玄不言端，明非玄端也。玄端衣屬幅，别施裳。袗玄者，衣與裳連，皆黑色，袂又不方，蓋玄色深衣是也。《士昏禮》主人之『從者畢玄端』，『女從者畢袗玄』，分别言之，明是二服。敖氏訓『袗』爲『被』，古無是詁。以玄端當袗玄，更謬。玄端服上士玄裳，中士黄裳，下士雜裳。以袗玄爲端衣，豈冠者之兄弟皆上士乎？一説《周禮·司几筵》『設紛純』，先鄭云『純讀爲「均服」之均。純，緣也。』均、純音近。《禮經》『袗』古文爲『均』，均、袗字通。『畢袗玄』『袗』當訓『緣』，謂緣衣也。鄭注《士喪禮》『褖衣』云『黑衣赤緣之謂之褖，褖之言緣也』，是其證。

〔六〕此語又見王兆芳輯録《儆季子粹語》卷之一《讀書第二》：子謂張聞遠名錫恭，儆季子弟子。曰：《禮經》之難讀，韓退之猶苦之。錫恭覃思不輟，所造莫量。

對學學問上〔一〕

或曰：《禮・學記》引《兑命》『學學半』，東晋《尚書》作『斆學半』，《説文》『斆』、『學』同字，云：『覺悟也。从教从冂。冂，尚矇也。』其義何居？曰：學於師謂之學，教人學亦謂之學。義有動静，音無去入。《記》言『叔仲皮學子柳』，又言『凡學，世子及學士』，皆謂教人學。《學記》及《文王世子》两引《兑命》『念終始典於學』，一以明衆知衆喻，一以明教學爲先，則『典學』亦謂常教，古義然也。然則『學學半』謂即教即學與？抑半教人半爲己與？

曰：否。學成而後教。謏聞〔二〕動衆，不足爲訓也。教而知困，又强於學。施悖求佛，有所不安也。〔三〕合《學記》前後文讀之，而知教者之責爲甚重，教者之學亦宜深。古者八歲入小學，十五入大學。大學之法，中年考校。中年者，間一年也〔四〕。一年視離經辨志〔五〕，一考校也。三年視敬業樂群，二考校也。五年視博習親師，三考校也。七年視論學取友，謂之小成，四考校也。九年知類通達，强立而不反，謂之大成，五考校也。五考校而大成，年已二十有四，似可以爲人師矣。而《内則》言二十而後『博學不教』，猶競競焉以爲師相戒，恐其學有未精，自誤以誤人也。

古人教學之重如此。今之學者，質不逮於古，學不勤於古，其受教之法又疏於古，年踰二十可以稱博學者，百不得一，而儼然爲師，靦不知媿。甚矣！其不知量也。『人之患在好爲人師』，孟子戒之。韓退之作《師説》，群議沸起，柳子厚亦引以爲戒。故人之從師也，德不必優於己，有一藝之長皆可爲我師。而我之爲師也，必自審其能知類通達否？能強立不反否？果其能之，亦必須暇數年，俟博學無方而後教，教而後困，困而又學。不可強不知以爲知，自欺欺人，自謏謏人。〔六〕己必求其誠，人必盡其材，而後學與教並進於安。

【箋注】

〔一〕輯自《儆季雜著五·文鈔四》，清光緒二十年南菁書院刻本。

〔二〕『謏』，原作『諛』，誤。《禮記·學記》云：『發憲慮，求善良，足以謏聞，不足以動衆。』鄭玄注：『謏之言小也。』孔穎達疏：『謏之言小；聞，聲聞也。』據改。

〔三〕參見王兆芳輯録《儆季子粹語》卷之一《師教第二》：子曰：學於師謂之學，教人學亦謂之學。故《學記》云『學學半』，《説文》『斅』、『學』同字。或曰：『學學半』謂即教即學歟？抑半教人半爲己歟？曰：否。學成而後教。謏聞動衆，不足爲訓也。教而知困，又強於學。施悖求佛，有所不安也。

〔四〕參見《禮書通故》第三十二《學校禮通故》：鄭玄云：『比年入學，學者每歲來入也。中年考校，中猶間也。鄉、遂大夫間歲則考學者之德行道藝，《周禮》，三歲大比乃考焉。』孔穎達云：『中年謂每間一歲。鄭引《周禮》大比考校，則此中年考校非周禮。皇氏云此亦周法，非也。』以周案：《周禮》『三歲大比』，中間二年，此云『中年考校』，即下文所云一年、三年、五年、七年、九年，是中間一年。兩法本異。孔氏此疏從熊說，是已。《王制》疏謂殷周同有是法，又從皇説，自相矛盾。

〔五〕參見《禮書通故》第三十二《學校禮通故》鄭玄云：『「一年視離經辨志」，離經，斷句絶也。辨志，謂别其心意所趣鄉也。』周諝云：『辨志者，分别其趣向，爲善爲利，爲君子爲小人也。』以周案：離經，謂分析經理，知章句之斷絶也。志，古『識』字。經既離矣，又令分别標識，《詩》别賦、興、比，《禮》分祼、獻、酬、酢之類。士初入學，循誦習傳，患在儱侗不知分解。鄭注『其去之必速』云：『學不心解，則忘之易』，此初學之通弊也。故於初入學之年終，考視其業，先以離經辨志。離與辨皆學者事，非視者辨之也。鄭注失之。離經辨志爲初年事，無容深説，周説亦非。敬業則敏學，樂群則好問，此所謂『樂其友而信其道』也。博習，如學操縵、博依、雜服之類。親師者，歆其藝而樂學，此所謂『安其學而親其師』也。

又參見王兆芳輯録《儆季子粹語》卷之一《士職第一》：子曰：大學之法，『一年視離經辨志，三年視敬業樂群，五年視博習親師，七年視論學取友，至九年知類通達。』是能通達於政事矣。『強立而不反』，所謂果敢強有力，無事用之於禮義而順治，有事用之於戰勝而無敵，學至是而大成。

〔六〕參見王兆芳輯録《儆季子粹語》卷之一《師教第二》：子曰：古之學者十五入大學，五考校而大成，年已二十有四，似可以爲人師矣。而《内則》言二十而後『博學不教』，猶兢兢焉以爲師相戒，恐其學有未精，自誤以誤人也。今之學者，質不逮於古，學不勤於古，其受教之法又疏於古，年踰二十可以稱博學者，百不得一，而儼然爲師。甚矣！其不知量也。『人之患在好爲人師』，孟子戒之。韓退之作《師説》，群議沸起，柳子厚亦引以爲戒。故人之從師也，德不必優於己，有一藝之長皆可爲我師。而我之爲師也，必自審其能『知類通達』否？能『强立不反』否？果其能之，亦必須暇數年，俟博學無方而後教，教而後困，困而後又學。不可强不知以爲知，自欺欺人，自謾謾人。

對學學問下〔一〕

或曰：近世群居講學，咸奉一人爲師。其師既歿，又推同學之望尊者以主其社，其有合於聖門之事有若與？

曰：不然。夫孔門諸弟子之事有若也，固以爲其言似聖人也，抑亦尚其齒乎爾。有若生不聞有崇爵，哀公八年吴伐魯，尚爲微虎之屬，卒時年五十有三矣。《史記·弟子列傳》：『有若少孔子十三歲。』《正義》引《家語》作三十三歲，今本作三十六歲，並非。其齒之尊於有若者，若冉伯牛，若仲路，皆先孔子殁。若閔子騫，若冉有，若子貢，年又幼於有若者矣。時主其議者，子夏，子張，子游。子夏少孔子四十四歲，子游少孔子四十五歲，子張少孔子四十八歲。當時欲尊事有若者，亡慮少壯之徒，悲聖人不得復見，奉一人以慰思念，初非强諸耆艾而爲之也。其强曾子者，曾子之年雖長於子張二歲，尚少於子游一歲。曾子以聖德莫可尚，深以此事爲不可。則有若雖有齒德，其肯擁高坐而受同學諸少年北面之禮乎？辭窮徹座，佻薄者之説也，然足爲世之好爲人師者戒。

【箋注】

〔一〕輯自《儆季雜著五・文鈔四》，清光緒二十年南菁書院刻本。

答五年再相朝問[一]

頃校予《朝禮通故》，未愜於懷，明以告予，幸甚。予非敢自護己失，求通《禮》意，斯已矣。有虞朝禮明著《尚書》，季長、康成且有異訓。周之朝禮，《戴記》既違於《周官》、《春秋》，又戾於《左傳》，更難言矣。

鄭注《王制》，以『五年一朝』爲晉文襄公之霸制[二]，崔靈恩等欲通之於傳、《記》，又以爲夏、殷禮其所以别白言之者，爲與周禮不能強合也。『五年一朝』之説，尚難通之於《禮》文，更何論『五年再相朝』？并難施其説於天子，更何論諸侯自相朝？考《周禮》，諸侯相爲，祇有世相朝一法。時至春秋，世變急矣。小國求庇於大國，動輒自朝。一時言禮之臣，於諸侯相爲禮無可援，每援朝天子法以爲例。《魯語》曹劌曰：『先王制諸侯，使五年四王一相朝。』賢以爲其事爲莊公如齊言之，其語以諸侯相爲立文似已。而予以此爲朝天子者欲通之於《禮》也。説詳《禮故》。[三]如謂諸侯自相爲，古者於世相朝外，未聞有此禮也。如謂霸王有此制，時晉文襄公猶未出矣。《左氏·文十五年傳》『諸侯五年再相朝，以脩王命』，本不得如鄭《志》解，予既言之矣。而又申其説者，欲明『朝罷朝』之制也。賢以爲鄭《志》爲『五年再相朝』立解，傳『五年再相朝』爲曹伯來朝立文。『朝罷朝』者，朝罷朝之諸侯，當從孔疏似已。而予之闢孔疏者，欲通之於《禮》也。如孔疏言諸侯分五部朝天子，五年之内，諸侯各一朝，又何朝罷朝之歲？賢申其説，以爲五年後朝罷朝，是必至六年有再相朝事，與傳文左矣。且鄭《志》云：夏、殷之時，天子蓋六年一巡狩，諸侯閒而朝天子。其不朝者，朝罷朝。五年再朝，似如此制。是鄭明以朝罷朝在五年之内也。如謂五年内諸侯各一朝，其不朝者，朝罷朝諸侯於五年後，與鄭意亦相左矣。

賢又謂，玩『相朝』字，是爲諸侯立文，天子不得謂之相朝。説亦似已，然《王制》曰：『天子無事與諸侯相見曰朝。』《穀梁傳》則曰：『天子無事，諸侯相朝。』其義一也。必以相朝爲兩相朝，春秋時，小國往朝大國矣，亦見有大國來朝小國乎？鄭注『世相朝』，亦云『大國朝焉，小國聘焉』。知小國有聘而無朝。則相朝者謂相與朝，非『兩相朝』之謂矣。讀書求通，不嫌辨難，須再商之。

【箋注】

〔一〕輯自《儆季雜著五・文鈔四》，清光緒二十年南菁書院刻本。

〔二〕『霸制』説，參見《禮書通故》第二十九《覲禮通故一》：《周官·大行人》：『凡諸侯之邦交，歲相問，殷相聘，世相朝。』《王制》云：『諸侯之於天子也，比年一小聘，三年一大聘，五年一朝。』鄭玄云：『小聘曰問。殷，中也。久無事，又於殷朝者及而相聘也。父死子立曰世。凡君即位，大國朝焉，小國聘焉。《王制》所言大聘與朝，晉文霸時所制。』以周案：《大行人職》『侯服歲壹見，甸服二歲壹見，男服三歲壹見，采服四歲壹見，衛服五歲壹見，九州之外，蕃國世壹見』，此諸侯朝見天子之禮也。此云『歲相問，殷相聘，世相朝』，爲諸侯邦交之禮，非行之於天子。《聘義》言『比年小聘，三年大聘』，亦云『天子制諸侯』，與《大行人》文合。《王制》直以此爲行於天子之禮，與《周禮》文違，故鄭斥爲『霸制』。昭三年《左傳》云：『昔文、襄之霸也，其務不煩諸侯，令諸侯三歲一聘，五歲而朝。』此鄭所據之文也。熊安生以《王制》所言爲虞、夏法，或以爲殷法，孔疏已駁之。

〔三〕『五年相朝』，詳見《禮書通故》第二十九《覲禮通故一》：《春秋·文十五年》：『夏，曹伯來朝。』《左氏傳》云：『諸侯五年再相朝以修王命，古之制也。』杜預云：『十一年曹伯來朝，雖至此乃來，亦五年。』以周案：『五年再相朝』有四説：據賈注，謂一朝天子，一自相朝。據鄭《志》，謂一朝正朝，一朝罷朝。據何氏宣九年《公羊傳》注，諸侯五年一朝爲正法，五年再相朝爲近得正。杜氏則以爲三年一朝，五年再朝。考《春秋經》，曹伯於十一年秋來朝，至十五年夏又來朝，甫及四年，於朝例較速。《左氏》亦嘉其『近得正』，故以爲禮，云『五年再相朝，古之制也』，又發明其近正非正之意。『五年』云者，明此甫及四年也，至十六年秋來朝斯正矣。『五年』，統始終言之。『宣公五年春，公如齊』，『九年春正月，公如齊』，事與此同。何注云：『月者，善宣公事齊合古禮。不就十年月者，五年再朝，近得正。』義可互證。所異者《左氏》『五年』據始終言，故以爲正，何注『五年』據相及言，故以爲近正，而再朝必周於五年，其義同也。賈、鄭兩説雖亦可通，揆以經傳前後文義，似此爲得。又案：《魯語》曹劌曰：『先王制諸侯，使五年四王一相朝。』此春秋時諸侯見王之通禮也。而諸侯於修王命之年有如賈侍中注所謂『將朝天子先自朝』，於是有『五年再相朝』之禮，此古之制也。賈注《魯語》云：『王，謂王事天子也。歲聘以志業，閒朝以講禮。五年之閒，四聘於王而一相朝者，將朝天子先自朝也。』賈注『先自朝』義似添説，其意實兼釋『五年再相朝』而言，謂『今將修王命以朝天子，先自相朝以講禮』，是五年之中相朝者再矣。賈注以歲聘爲五年四聘，閒朝爲五年一相朝，此賈氏融會《内》、《外傳》之言以爲注者也。《左傳》賈注已逸，猶賴此注之存可通《左傳》。杜注以『閒朝』爲『三年一朝』，遂以曹伯『十一年朝』、『十五年朝』尚有愆期之嫌，大謬。又案：賈氏以『歲聘』、『閒朝』爲朝天子之法，『三年聘』、『五年朝』爲朝霸主之法。此注引《左傳》『歲聘』、『閒朝』之文，其意『四王』與『歲聘』同，『一相朝』對『四王』爲文，是據『諸侯自相朝』而言，故曰『而一相朝』者以别異之。竊玩《魯語》本文，『四王』謂使卿歲聘王，賈注是；『一相朝』謂諸侯自朝王，不必如賈説。五年之中四聘王，一朝王，爲《春秋》見王之通制；其諸侯自相爲三年聘，五年朝，用文、襄之霸制。所謂『閒朝』者，即『諸侯閒於天子之事』而『相朝』之義，初非限以三年，亦不必限以五年。

又：鄭《志》云：『孫晧問：「《左傳》諸侯五年再相朝，古之制也，不知所合典禮。」答曰：「古者，據時而道前代之言。唐、虞之禮，五載一巡守。夏、殷之時，天子蓋六年一巡守。諸侯閒而朝天子，其不朝者朝罷朝。五年再朝，似如此制。禮典不可得而詳。」』孔穎達云：『如鄭《志》之言，則夏、殷天子六年一巡守，其閒諸侯分爲五部，每年一部來朝天子，朝罷還國，其不朝者朝罷朝諸侯。至後年，不朝者往朝天子而還，前年朝者今既不朝，又朝罷朝諸侯，是再相朝也。」』以周案：夏、殷天子『六年一巡守』，説無所出。畿之外四服分爲四年朝，其不朝諸侯朝於罷朝之年，是五年之中諸侯有再相朝法，一爲朝正朝，一爲朝罷朝。若然，夏、殷之朝仍分四部，與唐、虞及周并同。孔疏分爲五部，而朝罷朝之義不明。『再相朝』、『朝罷朝』並謂朝天子，孔疏以爲朝罷朝之諸侯，是五年内五部各一朝，何以解鄭『再朝』之意？又案：『朝罷朝』，《公羊》何注亦有是語。《隱四年》注云：『朝天子若朝罷朝，卒遇於塗。』又《七年》注云：『古者諸侯朝罷朝聘，爲慕賢考禮，一法度，尊天子。』何注以『朝罷朝』别『朝天子』，似謂朝諸侯之朝罷而歸者。孔疏本此爲説，而與鄭《志》實有難通。蓋『朝罷朝』必古語，而何、鄭之解義自異爾。

答大戴諸侯遷廟篇問〔一〕

《大戴禮·諸侯遷廟》、《諸侯釁廟》二篇，相次爲諸侯徙都築廟之禮，盧注以喪練遷廟解之，非也。新廟既成，有釁禮。練之遷廟，易簷、改塗而已，無所謂釁也。《記》曰：『君子將營宫室，宗廟爲先。』諸侯徙都，必先建廟，廟成而釁，釁而後遷，遷必先期齋，故曰『君前徙三日齋，祝、宗人及從者皆齋』。謂徙都之前三日也齋，服玄冕、玄衣、玄裳，《記》謂之『齋之玄』，故曰『君及從者皆玄服』。下文並言『群臣卿大夫』，於此别之曰『從者』，從君而在新都者也。齋在新宫，故曰『從至於廟』，謂自新都至舊廟也。但舊廟禮不可毁，舊廟之主禮亦不可遷。其迎精而之新廟者，惟先君之衣服，故一再曰『奉衣服』、『奠衣服』，而不言奉主。自舊都之新都，路必遼遠，故君升車，從者亦升車。車之所過不止一邑，故有溝渠，且有大溝渠。如盧辯説，於諸文皆不可通，予於《禮書通故》言之詳矣。〔二〕

而讀者復有疑，一曰：五廟皆遷，《記》何以專告皇考？一曰：都既徙，舊廟將廢，禮當奉其主遷之新廟，何以專奉舊衣服？〔三〕曰：古者卜郊，受命於祖，而《郊特牲》曰『作龜於禰宫』。

出師以遷廟主，行亦受命於祖，而《王制》曰『造乎禰』，蓋古人告祭，自親及遠也，曰：『孝嗣侯某，敢以嘉幣，告於皇考某侯。』據禰立文，而餘廟之稱自可例推。舉一而不反三，又從而疑之，非善讀書者也。且練之遷廟，以親盡之祖言。其告廟宜曰：孝孫某告於皇考某。練祥稱孝，見《禮經》。不得稱嗣侯某、皇考某。皇考某，即死者也。死者自寢升廟曰入廟，自古無遷廟之名。盧注《大戴》以練時遷廟爲説雖誤，而遷廟以盡親盡之祖言尚未失也。今謂遷廟之告諸死者，自古無此説也。凡諸侯建國謂之都，其下邑之稱都者，多先君之舊國。傳曰，邑有先君廟曰都。其邑謂之宗邑，其城謂之都城，脩治其廟之有司謂之都宗人，皆舊廟不毀之證。晉之曲沃爲武公舊都，有武宮。而文公、僖二十四年。成公、宣二年。悼公成十八年。入晉，朝於武宮，是曲沃之舊廟猶存也。平公即位，又烝於曲沃，襄公十六年。是舊廟之主猶存也。凡廟無虛主，舊廟仍舊主，新廟自立新主，此可不煩言而解。而謂新廟無主，可奉舊主入新廟，而毀其舊宮，此直謂之不學。

【箋注】

〔一〕輯自《儆季雜著五·文鈔四》，清光緒二十年南菁書院刻本。

〔二〕參見《禮書通故》第十一《喪祭禮通故三》：盧辯云：『諸侯遷廟，謂親過高祖則毁，以昭穆遷之。《穀梁傳》曰：「作主壞廟有時日，於練焉壞廟。」鄭《士虞》注曰「練而後遷也」。君玄服者，今未即吉，故略同爵弁耳。「從至於廟」，廟，殯宫。不言「奉主」而稱「奉衣服」者，以毁易祖考，誠人神之不忍。』以周案：《大戴·諸侯遷廟篇》乃國君徙都之遷廟禮，非練、祥遷廟法也。人君將營宫室，宗廟爲先。新廟既成，乃可從而徙居之。但廟之在舊都者，禮不可毁，主之在舊廟者，禮亦不可去。其迎精而之新廟，惟先君之衣服耳，故一再曰『奉衣服』、『奠衣服』，而不言『奉主』。自舊都之新都，路必遼遠，故君升車，從者亦就車。車之所過者不止一邑，故有溝渠，且有大溝渠。古以玄爲純吉，故『玄冠不以弔』。凡服之專以『玄』稱者有二：一曰玄端，爲冠、衣、裳皆玄也，《小記》所謂『除殤之喪者，其祭也必玄』是也。詳下。一曰諸侯之冕服。凡冕服，天子玄冕、絑衣、絑裳，諸侯玄冕、玄衣、玄裳，故《采菽》之詩王錫諸侯曰『玄衮及黼』。天子、諸侯齋戒亦用此服，故《郊特牲記》齋服亦曰『齋之玄也』。此篇君及從者皆玄服，即所謂『齋之玄』是也。齋戒之玄爲玄冕、玄衣、玄裳之冕服，則此玄服爲冕、衣、裳皆玄可知也。盧氏以爲練而遷廟服爵弁，不知爵弁無『玄服』之名，且諸侯於練亦惟用素弁而已，其不合本文一也。練時遷廟據舊説由路寢遷之，路寢至廟甚近，有何溝渠？有何大溝渠？其不合本文二也。國君下宗廟，君出寝門乃升車，至閤門必下，其乘車有幾何地？且君即乘車，而從者亦就車於其閒尤大不敬，其不合本文三也。自宋以來，皆宗盧説而不覺其失，故詳辨於此。

〔三〕參見《禮書通故》第十六《宗廟通故二》：盧辯説《大戴》『諸侯遷廟』，謂於練而後遷也。以周案：此諸侯徙都之遷廟禮，非祥、練之遷廟也，故篇内有『服玄乘車』、『下大溝渠』諸文。如以爲祥、練遷廟禮，於諸文皆不通。新廟既成，其舊廟不可毁，主亦不能去，其迎精而之新廟者，惟先君之衣服耳，故一再曰『奉衣服』、『奠衣服』，『奉以迎其神』，『奠以安其神』也。說詳『喪祭』門。

答周官問〔一〕

古人言學，近之以治其身心，遠之以治其國家，不越乎禮。禮也者，誠正之極則，治平之要道也。〔二〕以周有志於此而未能逮，讀《禮經》、《戴記》二十有餘年矣，於《周官》時旁及之，而不能精。疑之待釋者，難覼縷述也。而信《周官》爲成周致太平之書，竊以朱子言爲不誣。《周官》三百六十屬，彼此維持，脈絡貫注，其官之交相監也嚴，其吏之交相糾也密，其出入之交相稽也得其準，其輕重之交相劑也得其平，其大小之交相聯也得其和。欲行《周官》之法，必盡放其制而後可。若祇取其一官一職之事，而曰此可法於後世，此有利於天下，則其法皆有弊而利不勝其害，此《周官》所以難行也。夫立一法必有一弊，古今皆然。夏尚忠而有喬野之弊，殷尚質而有蕩勝之弊，周尚文而有利巧賊蔽之弊。以禹、湯、文、武之聖，改弦更張，以救斯世，尚不能彌其流失，而謂《周官》之法可盡行百世，其誰敢信？然古法之難行也，爲古制不能盡復也。古制既不盡復，其法固有難恃，而有合於時宜可以放古通行者，亦必就此一法。慎審其終始利弊，宜合本經各職前後參之。其官若何交相監也，其吏若何交相糾也，其出入若何交相稽也，其輕重若何相劑也，其大小若何交相聯也。既得其意，乃可用其法；既用其法，又宜體其意。而彼此維持果能如此，則參用其法乃不失《周官》立法之意。不然，舉一廢百，未有不賊道者矣。泥古而敗，豈獨《周官》，而《周官》不以此受誣也。〔三〕本朝經學之盛，允推乾嘉，而治是學者寥寥數人。惠氏《禮説》，鲦而寡當。江氏《舉要》，約而無緒。沈氏《禄田》，終屬一家之言。王氏《軍賦》，過守先師之説。吾友孫仲容書，未得一見。能如治《春秋》法，屬事比辭，先究指歸。知其一經一緯，莫非同條牽引；其理相貫，實有至賾而不可亂。而後經旨明，注家之是非可以定，附會《周官》之秕政可以除。若足下輩，不信《周官》，拾林孝存之餘唾，而豐蔀自蔽之見亦可以撤。〔四〕

【箋注】

〔一〕輯自《儆季雜著五・文鈔四》，清光緒二十年南菁書院刻本。

〔二〕此語又見王兆芳輯録《儆季子粹語》卷之一《古術第四》：子曰：禮也者，誠正之極則，治平之要道也。

〔三〕此節又見王兆芳輯録《儆季子粹語》卷之一《古術第四》，語稍有不同。云：『子曰：《周官》爲成周致太平之書，鄭、朱二子之言不誣也。三百六十屬，彼此維持，脉絡貫注，其官之交相監也嚴，其吏之交相糾也密，其出入之交相稽也得其準，其輕重之交相劑也得其平，其大小之交相聯也得其和。欲行《周官》之法，必盡放其制而後可。若祇取一官一職之事，則其法皆有弊而利不勝其害，此《周官》所以難行也。夫立一法必有一弊，古今皆然。夏尚忠而有喬野之弊，殷尚質而有蕩勝之弊，周尚文而有利巧賊蔽之弊。以禹、湯、文、武之聖，尚不能彌其流失。古制不盡復，其法固有難恃，而有合於時宜可以放古通行者，亦必就此一法。慎審其始終利弊，宜合《周官》前後參之。其官若何交其監也，其吏若何交相糾也，其出入若何交相稽也，其輕重若何相劑也，其大小若何交相聯也。既得其意，乃可用其法；既用其法，又宜體其意。不然，舉一廢百，未有不賊道者矣。泥古而敗，豈獨《周官》，而《周官》不以此受誣也。』其中『其官若何交其監也』之『其監』，核之《周官》，應爲『相監』，《答周官問》不誤。

〔四〕與此篇觀點相近者，參見《禮書通故》第一《禮書通故》：賈公彦云：『《周官》孝武時始出，祕而不傳，附離之者大半。故林孝存以爲武帝知《周官》末世黷亂不驗之書，作《十論》、《七難》以排棄之。何休亦以爲六國陰謀之書。唯有鄭玄偏覽群經，知《周禮》乃周公致太平之跡，故能荅林碩之論難，使《周禮》義得條通。』朱熹云：『《周禮》，周公遺典也。胡氏父子以爲王莽令劉歆撰，如天官冢宰卻管宫闈之事，其意只見後世宰相請託宫闈，交結近習，以爲不可，不知此正人君治國平天下之本，豈可以後世之弊，而並廢聖人之良法美意哉？又如「王后不當交通外朝」之説，他亦是懲後世之弊，要知《儀禮》中亦分明自載此禮。至若女祝掌凡内禱祠、祈禳之事，使後世有此官，則巫蠱之事安從有哉？』以周案：《漢志》『《周官經》六篇、傳四篇』，古人經、傳分行，後世多比附之，如《儀禮》傳附節下，記附篇末，幸有標題，其違失經意猶易識别。《周官》傳不見，其羼入經中亦必不少。故《周官》間有可疑，特不可如後人之掊擊耳。鄭樵《通志》據孫處説，以爲《周禮》之作周公居攝六年之後，書成歸豐，而實未嘗經行，故其言與他經不類。存參。

示諸生書〔一〕

漢儒注書，循經立訓，意達而止，於去取異同之故不自深剖，令讀者自領之，此引而不發之道也。至宋儒反復推究，語不嫌詳，已有異於漢注。今人著書，必臚列舊説，力爲駁難，心中所有之意，盡寫紙上，并有異於宋人。而好學深思之士，閱宋後書而惟恐卧，日夜讀漢注而不知倦者，何也？譬如花盛放而姿色竭，一覽無餘，萼半函而生氣饒，耐人静玩而有味也。夙著《禮書通故》，志在發明經意，而舊説之得失不加詳辨，時存有餘不敢盡之意。如近課《文王世子》及《郊特牲》兩題：『三而一有焉，乃進其等，以其序。』〔二〕終言又語之事，尚屬以待之年，故下繼之曰『謂之郊人』云云。此本文甚明，舊解亦未譌者也。如以進等爲已然之事，破『遠之於成均』爲『達之』之譌，則『謂之郊人』四字與上下文均不貫矣。『郊之用辛也，周之始郊，日以至。』〔三〕以上文『用犢貴誠』、下文『卜郊』『尊親』數句參之，則『始郊』『以至』正申明『用辛』之義，此本文甚明，舊解亦未譌者也。如拘守董、劉、王肅之説，以『用辛』爲啟蟄，『始郊』爲冬至之始，於啟蟄分作兩項，於上句語氣不了，於下句義類不可通。〔四〕如曰以『日至』證『用辛』之故，而冬至不常辛日，何用以證禮？故循經立義，於此俗解概置之不辨，正待善讀者潛玩而得之。如有不合經義之處明以告我，有疑共商，彼此多益。

【箋注】

〔一〕輯自《儆季雜著五·文鈔四》，清光緒二十年南菁書院刻本。

〔二〕語出《禮記·文王世子》。

〔三〕語出《禮記·郊特牲》。

〔四〕駁董、劉、王之説，詳見《禮書通故》第十二《郊禮通故一》：《記》又言：『周之始郊，日以至。』鄭玄云：『言「日以周郊天之月而至，陽氣新用事，順之而用辛日」。此説非也。案：此即董仲舒、劉向之説，注引其説而駁之。郊天之月而日至，魯禮也。』王肅用董仲舒、劉向説，此爲周郊。『周之始郊日以至』，即《周禮》『冬至祭天於圜丘』。言『始郊』者，冬至陽氣初動，天之始也。對啟蟄又今本誤『及』。將郊祀，故言『始』。馬昭云：『魯轉卜三正，以建子之月爲始，故稱始。』孔廣森云：『郊之用，絶。周之始，絶。周末禮廢，故追言周之始時，圜丘之郊日以冬至。今魯郊用辛，轉卜三正，與周異法。既別言周之郊，明前後文皆爲魯之郊矣。』以周案：冬至之郊爲報天，啟蟄又郊爲祈穀，《郊特牲》分別兩制甚明。上文『迎長日』、『就陽位』，爲冬至大報之郊，於郊，故謂之『郊』。以下『用騂』、『用犢』，則言啟蟄之郊。啟蟄郊之用辛也，爲武王克商始郊天位，其日以辛至也。《漢·曆律志》引《書·武成篇》

『惟四月辛亥，祀於天位』，《周書·世俘篇》『辛亥，薦俘殷王鼎，武王憲告天宗上帝』，皆始郊辛日之證。魯郊啟蟄，無日至郊，鄭失其義，當從王説。而王謂『用騂』、『用辛』，即冬至圜丘之制，亦少別白。圜丘郊天在日至，用蒼犢，有《周官》文可據。啟蟄郊天用騂犢，用辛日，有《春秋傳》可據。孔氏讀『周之始』句，以爲記者當禮廢後，故追言『始』，未免迂曲，下文『王被袞』亦費解。

與王某書[一]

世儒考古宮室制不下十餘家，率皆紙上空談，未嘗經營其事。予前作《宮室通故》、《明堂通故》，依古步筵之數縮而小之，自取紫竹搆成一樣，以爲較前人著實也。[二]去年，宗大守欲建辨志精舍，予請仿古宮室爲之。宗公稱善，令予先繪屋式，乃召匠人與之謀，恍知前所作《通故》猶有未盡，復補輯之。今春，遇執事於甬上，談及營造精舍。執事以爲古多大木，可如式造，今無其材，宜如數同減之。最難搆者，東西兩梁也。予赴江陰，後因思《西都賦》有曰『亘雄虹之長梁』，有曰『抗應龍之虹梁』，皆舉虹況梁以明其曲而且長。梁木如此難得，古人又斲之而作曲勢，此必有故。越數日，倏悟日所以作曲勢者，正以梁木之難得也。古天子公卿家力足以搆大木，其梁自以全木斲之。士庶之家，蓋併三木而爲之也。梁駕前後，兩楹之上，其南達南庪，其北達北庪，令堂深南北七筵，梁須六丈三尺。而以三木合併爲之，中間梁木需用三丈餘之材，其兩耑又傅以他木，長各二丈四尺，以其一爲楹庪之博，以其一壓於中梁之下，非以一壓於下，則達庪之梁無力，勢必棖崩。以此三木併作一梁。其交疊處之方角又圓殺之，而梁遂成曲形。則梁之所以作曲形者，未必不以全材之難得也。《禮》有之曰：『人官有能也，物曲有利也。』其是之謂乎？因書此以達執事，其幸詧之。《禮書通故》有圖。

【箋注】

〔一〕輯自《儆季雜著五·文鈔四》，清光緒二十年南菁書院刻本。

〔二〕此篇《與王某書》之『王某』，爲王兆芳。王兆芳輯録《儆季子粹語》卷之一《讀書第三》載：『子考宫室制度，依古步筵之數，縮而小之，自取紫竹，搆成一象，以爲較前人著實也。』據此可知也。

南菁講舍論學記〔一〕

瑞安黄侍郎督學江蘇，創講舍，命以南菁，語出李延壽《北史》。予竊以爲侍郎命名之意當别有在。李之言曰：『南人約簡，得其英華；北學深蕪，窮其枝葉。』夫英華者，斂其全物之精氣而發於枝葉間者也，去其枝葉，有何英華？『一言以爲不知』，此之謂矣。朱子作《常熟吴公祠記》，以爲吴會之學開自子言子，而子言子敏於聞道，不滯於形器。因引李語，曰所謂南方之學得其菁華，蓋自古已然。侍郎命名之義，當在此，不在彼。

且亦思子言子之爲學乎？孔門弟子三千人，身通六藝者七十人，而文學之傳首推子言子。書缺有閒，其詳不可得聞。而考其言行之軼見傳記者，於禮獨多，是蓋謹守博文約禮之教者也。今去古已遠矣，學者欲求孔聖之微言大義，必先通經。經義難明，必求諸訓詁聲音，而後古人之語言文字乃能瞭然於心目。不先博文，能治經乎？既治經矣，乃當約之以禮。文章者，華身之物；經濟者，澤民之具；義理者，淑性陶情之資。而不以禮爲權衡，文章雖工，亦鄭衛淫哇之聲也；經濟雖長，亦雜霸刑法之治也；義理雖明，亦莊老虚無之談也。

禮也者，天之經，地之義，民之則。崇效卑法，有天地即有是禮，故典曰天敘，禮曰天秩。〔二〕而謂禮爲後起之物，豈其然乎？君臣、父子、兄弟、夫婦、朋友之閒，恭敬撙節退讓，有不能自已者，是禮出於性之自然而莫可遏。而謂禮爲『忠信之薄』，庸非謬乎？高堂生所傳十七篇，號曰《士禮》，明此禮爲士子所肄習，不可須臾離。而謂『禮豈爲我輩設』，詎不悖乎？〔三〕禮可以定命，可以節性，可以淑身，可以理家，可以治國，可以位天地，可以和神人。鄭君序《禮》曰『禮者，體也，履也。統之於心曰體，踐而行之曰履』，『體之爲聖，履之爲賢』；朱子注《論語》曰『品節詳明，德性堅定』，又謂欲尋顏子所樂，『但當從事於博文約禮之誨，至於欲罷不能而竭其才，庶乎有以得之』，皆至言也。

大學必先之以博文，猶木有枝葉也；學必繼之以約禮，猶木有菁華也。今之言學者空談玄妙，直以詩書爲糟粕，是欲求菁華而先翦其枝葉，菁華終不可得也。或又孜孜於辭章故訓，不復進窺乎大道，是誤以枝葉當菁華，又不知枝葉之未可恃也。惟子言子親炙聖人，獨得博文約禮之正傳，陳其數，知其義，而敬守之以治天下，子言子有禮焉。

昔孔聖設教分四科，所謂德行者，即鄉三物之六德六行也；文學者，即鄉三物之六藝也。六藝首禮，故子言子之文學，於禮獨詳。然顏、閔數子，專長在德行，非不深文學者也。子言子之文學，亦非不敦德行者也。分之爲鄉三物，合之則曰德行道藝。且藝與德可分，藝與道不可分。藝無道，其藝疏；道無藝，其道虚。此朱子碑記所未及。惟讀鄭君《周官》注，可領會之。侍郎奉高密、新安二主，於講舍顔曰南菁，蓋亦望學者參求鄭君、朱子之言，而上取法乎子言子。多士勉旃。

【箋注】

〔一〕輯自《儆季雜著五·文鈔六》，清光緒二十年南菁書院刻本。

〔二〕關於『天秩有禮』，可參見《禮書通故》第一《禮書通故》：鄭玄云：『唐虞有三禮，至周分爲五。』以周案：《堯典》三禮，以天、地、人言，其實唐虞已分五禮。《書》曰：『天敘有典，敕我五典五惇哉！天秩有禮，自我五禮有庸哉！』『類帝』、『假祖』，吉禮也。『如喪考妣』、『遏密八音』，凶禮也。『五載一巡』、『群后四朝』，賓禮也。『分背三苗』、『釐降嬪虞』，軍、嘉禮也。夫禮秩自天，出於性之烏可已。雁有行列，蠭知君臣，鳥獸昆蟲，不教而成。人之有禮，豈非性哉！《記》曰：『禮本於大一，分而爲天地，轉而爲陰陽，其降曰命，其官於天也。』降謂賦畀，官謂職掌。傳曰『民受天地之中以生，以定命也』，所謂『其降曰命』也。又曰『是以有動作禮義威儀之則，能者養以之福，不能者敗以取禍』，所謂『其官於天』也。禮官於天，故曰『天秩有禮』，二帝三王無異教也。之，就也。今本誤倒。荀子外禮以言性，不知性者也；老子離道德仁義以言禮，不知禮者也。

〔三〕此節又見王兆芳輯録《儆季子粹語》卷之一《讀書第三》：子曰：禮者，天之經，地之義，民之則。崇效卑法，有天地，即有是禮，故典曰天叙，禮曰天秩。而謂禮爲後起之物，豈其然乎？君臣、父子、兄弟、夫婦、朋友之閒，恭敬撙節退讓，有不能自已者，是禮出於性之自然。而謂禮爲忠信之薄，庸非謬乎？高堂生所傳十七篇，號曰《士禮》。明此禮爲士子所肄習，而謂『禮豈爲我輩設』，詎不悖乎？

南菁書院立主議[一]

督學部院瑞安黄公，創建南菁書院。落成，院長張歗山文虎與多士奉高密鄭君、新安朱子兩先賢主，已有成議矣，而或者又心非之。甲議曰：『南菁課士以經解古學，宜立明經之主，而以能文之士配之。』乙議曰：『否。阮文達建詁經精舍，亦以經解詩賦並課，而立洨長、司農兩主，蓋謂不通文字訓詁，經無由明，即文亦不能古，今宜遵之。』丙議曰：『否。解經自以漢儒爲近古，而漢儒之能囊括大典網羅諸家者，惟高密一人。文與藝皆末也，洨長之主可以立，可以不立。』丁議曰：『否。章句小儒，未聞大道。仲尼歾而微言絶，能紹厥傳者，北宋諸子；能集大成者，新安一人。』

其明年，張院長辭講席歸，以周承乏來兹，乃申其議曰：『讀其書，論其書，丁議是已，然亦未聞尚論古人之道。古《禮經》皆有記，亦有義。大、小戴所傳十七篇記附經後，而《冠義》、《昏義》、《燕義》、《射義》、《鄉飲酒義》以及《喪》、《祭》諸篇，别存於八十五篇、四十九篇中，爲記合注例、義非注體故也。鄭君康成所注書多散逸，其《詩》箋、《禮》注之存者，祇釋訓詁，詳考據，而義理之精引而不發，望學者尋繹而自得之。此漢師注例然也。寖至北宋，病古注之繁蕪而思以義理之説上之，往往有不看本文而自成一書之譏。朱子有鑒於此，斟酌二者之閒，所撰各經注皆先敘訓詁考據而後敷暢經意，惟恐義蘊之有遺。此宋後注經之例也。學者喜朱子注之詳明，轉嫌鄭注簡奥，而以爲陋且晦焉，此豈有合尚論之道？且學博説約謂之簡，簡非陋；極深研幾謂之奥，奥非晦。鄭注中闡發義理之言，有如布帛菽粟，服之而無斁，咀之而有味，讀《鄭君粹言》自知之。經以載道，經學即是理學，經學外之理學爲禪學，讀《日知録》可會之。考據閒有未明，義理因之而晦。不讀鄭注，爲害不細。朱子於寧宗持重服事亦自言之，則學朱子之學者舍鄭注，其可乎哉。』

駁之者曰：『是議也，似持平而實調停之見也。』曰：『今之調停漢、宋者有二術。一曰兩通之，一曰兩分之。夫鄭、朱之説，自有大相徑庭者，欲執此而通彼，瞀儒不學之説也。鄭注之義理，時有長於朱子；朱子之訓詁，亦有勝於鄭君。必謂訓詁宗漢，理義宗宋，分爲兩戒，亦俗儒一孔之見也。兹奉鄭君、朱子二主爲圭臬，令學者各取其所長，互補其所短，以求合於聖經賢傳，此古所謂實事求是之學，與調停正相反。以此爲駁，失察孰甚？雖然，猶有説。南方之學，自吴季札、言子游二人而開，江陰舊有書院曰「禮延」，奉吴季子主。今欲持漢宋之平，似宜中奉言子主，而以鄭君、朱子配享，則南菁與禮延兩書院遥相峙，於命名之義亦更有合焉。未知瑞安黄公之意以爲何如。謹議。』

【箋注】

〔一〕輯自《儆季雜著五·文鈔六》，清光緒二十年南菁書院刻本。

帶經草堂記[一]

《周官》『冢宰』以九職任萬民，農居其四，工居其一，商居其一，嬪婦臣妾又各居其一，閒民殿其末，獨不及士。古者士與農不分，甫田中皆髦士也。自管子治齊，分士農工商爲四鄉，而士之品尊。士之不農不工不商之弊，亦由此起。夫人生天地閒，必有職事，無常職者爲閒民。既無常職，并不事事，爲游民。游民不容於王者之世，故罰以『夫家之征』。其無常職而轉移執事，王者所不禁，而亦令其『出夫布』，所以重職事也。今之號文人者，游民也與哉！今之稱名師者，閒民也與哉！不然，於舉業外無所用心，豈古之所謂學士者？若是，其游閒也哉！孔子、孟子以天下爲己任，未嘗一日安其身。既而知道不行，守先待後，其責彌重。孔子百代之師也，『九兩』所謂『以賢得民』者也；孟子百世之儒也，『九兩』所謂『以道得民』者也。學者能志孔、孟之志，學孔、孟之學，宜以師儒責己，以賢道率人，斯不失學士之職。不然，尊所聞，行所知，退與農家爲伍，亦不爲秀民。

冢子家辰喜鋤山，闢地二區，余嘉其有古道，猶賢乎游閒之士習，且告之曰：古者學士，半農人也，然樊子請學稼，孔子以爲非大人之道，二者宜兼思之。爾欲爲圃乎，恐輟爾學。時事有緩急，職業有輕重，不以讀害耕，亦不以耕廢讀。昔我侍鄉賢公，病革請訓，曰：士何職？以治經爲天職。爾能謹守祖訓，弗墮家學，則圃也而進之以大道矣。

爰取漢兒寬事，顏其草堂曰『帶經』。王君眉叔記其事，朱君西泉又爲之圖，因跋其後以明我志之所在。

【箋注】

〔一〕輯自《傚季雜著五・文鈔六》，清光緒二十年南菁書院刻本。

瑑琮駔琮考[一]

《周官》『六瑞』，曰圭、璋、璧、琮、琥、璜。《典瑞》言瑑玉之法，曰『瑑圭、璋、璧、琮』『八寸以頫聘』，不及琥、璜。《玉人》文同。《典瑞》又言斂尸之法，曰『駔圭、璋、璧、琮、琥、璜之渠眉』，《玉人》亦别言『駔琮五寸，宗后以爲權。……駔琮七寸，鼻寸有半寸，天子以爲權』，則瑑、駔之有别章章矣。然按之《禮》文，圭、璋、璧、琮、琥、璜皆瑑，惟琮别有駔法，謂之『駔琮』，圭、璋與璧、琥、璜無駔法也。斂尸之『駔圭、璋、璧、琮、琥、璜』，謂以駔琮之法駔圭、璧，此爲凶器，非瑞玉。瑞玉不用駔，其用駔者，惟琮耳。鄭司農云：『瑑，有圻鄂瑑起。』圻亦作沂，鄂亦作咢，皆叚借字，其文如烏絲闌。瑑起者，謂其兆瑑上起也，《禮》謂之幾。幾者，瑑起之合聲。《郊特牲》『琱幾之美』，注云：『幾，謂漆飾沂咢也。』《少儀》『車不琱幾』，注云：『幾，附纏爲沂咢也。』皆用先鄭説。先鄭又釋駔琮，云：『駔，外有捷盧也，駔讀爲駔疾之駔。』賈疏云：『捷盧若鋸牙然。』亦謂之捷業。《説文》丵部『業』下云：『捷業如鋸齒。』捷盧、捷業，一義也。然『琮，八方象地』，鄭注。其外皆有鋸牙，不獨駔琮爲然。先鄭以此釋駔，則駔琮、瑑琮全無區别，非經義也。故康成易其説，云：『駔讀爲組，以組繫之，因名焉。』其説近是。

竊考《説文》玉部，瑑珇二篆並列，云：『瑑，彫刻〔二〕，圭璧上起兆瑑也。』『珇，琮玉之瑑。』其言最審。瑑珇兩文，同中有異。故許氏別之曰『珇，琮玉之瑑』之者，別異之詞；又以其同是瑑也，故仍謂之『之瑑』。『瑑』下單言『圭璧』者，偏舉之詞，不必泥。其文『从玉』，且『且亦聲』，今本《説文》脱『且亦』二字。爲象形兼諧聲字。其形象『且』之古文𠀇。於瑑之内凑處，穹隆高起寸半，謂之珇，《白虎通義》云：圓中牙外曰琮。内圓象陽，外直爲陰，外牙而内凑，象聚會也。后夫人之財也。其瑑從外牙綜凑於内，故謂之内凑。珇琮於内凑之上，又穹隆高起。其字从且，與示之高列謂之祖、阜之高起謂之阻、土戴石謂之岨、履中高藉者謂之苴、螾之摟土而虚起者謂之坥同例，《説文》並謂且聲，其實皆古形聲字也。亦謂之鼻。《玉人》云『駔琮七寸，鼻寸有半寸』是也。鼻内有孔相通，謂之渠眉。《典瑞》云『駔圭、璋、璧、琮、琥、璜之渠眉』，注云『渠眉，玉飾之溝瑑也，以組穿聯六玉溝瑑之中』是也。瑑琮、駔琮爲別詞，溝瑑、兆瑑爲對文。溝瑑者，於瑑下又開其渠以通之，故可穿以組而宗后、天子得以爲權，《玉人》云『駔琮五寸，宗后以爲權。駔琮七寸，天子以爲權』是也。兩鄭釋駔字均不及許書之明晰，近段氏注《説文》，不審許氏區別之微意。王菉友可謂能知許意者，又不詳考珇琮之制，強以瑑珇爲文之一起一容，故反復致疑而終莫能解。余前作《名物通故》，亦略而未盡，故作此以

補之。〔三〕

【箋注】

〔一〕輯自《儆季雜著·儆季雜説》，清光緒二十年南菁書院刻本。繼紅案：《儆季雜説》係對《儆季文鈔》之補充，全書二十三篇，或名之曰《儆季集外文》。

〔二〕『彫刻』，《説文》原文無。

〔三〕《禮書通故》第四十七《名物通故一》：許慎云：『珇，琮玉之瑑。』鄭玄云：『駔琮以爲權，駔讀爲組，以組繫之，因名焉。』鄭司農云：以爲稱錘，以起量。』段玉裁云：『《玉人》「駔琮五寸」，「駔琮七寸」，又云「瑑琮八寸」，則駔琮非瑑明矣。似讀駔爲珇，訓琮瑑，失之。』

繼紅案：據《校文》，此節後定本有案語：『以周案：《説文》瑑珇二篆連文，云「瑑，彫刻圭璧，上起兆瑑也。珇，琮玉之瑑」。許意駔琮之瑑與圭璧不同。凡曰瑑者，有圻鄂素服起而已。駔琮之駔，於瑑之内湊處，又高起作鼻，鼻有渠眉，中空，其形如「且」古文「䏽」之形，故可以爲權。其字作珇，爲形聲兼會意字。説詳《雜著·禮説續》。』

繼紅又案：案語有云『《雜著·禮説續》』，遍查黄以周所著，未見《禮説續》一書，疑《校文》將《禮説略》誤刻爲《禮説續》，抑或《禮説》之後，黄氏復作《禮説續》一書耶？俟考。

駔琮〔一〕

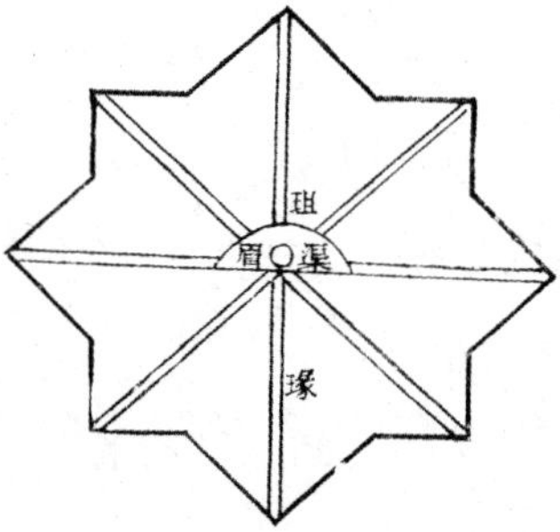

一説《白虎通義》、《禮》曰『圓中牙外曰琮』，謂中作圓孔，外作鋸牙，故《説文》曰琮『似車釭』。潘徽謂『琮外方内圓，有好』〔二〕，正本《白虎》、許書爲説。存參。

【箋注】

〔一〕輯自《儆季雜著・儆季雜説》，清光緒二十年南菁書院刻本。

〔二〕參見《禮書通故》第四十七《名物通故一》：潘徽云：即《江都集禮》，見聶氏《圖敍》。『依漢世諸儒所論《白虎通》說，琮外方内圓，有好。』聶崇義云：『《玉人職》說諸琮形狀，皆不言琮有好。故賈疏特圖大琮無好者，欲明諸琮皆無好也。』以周案：《白虎通義》『圓中牙外曰琮』，謂牙以内其形本圓也，後有圖可按視之。又云：『内圓象陽，外直爲陰，外牙而内湊，象聚會也，后夫人之財也。』外牙申言直，内湊申言圓。牙雖衺剡，視内圓爲直，内圓非孔，故曰内湊。湊者合也，豈孔之之謂乎！曰『后夫人之財』，是據瑑琮爲文。《玉人》曰『瑑琮八寸，諸侯以享夫人』是也。瑑琮，於牙内圓處有瑑飾，故曰象聚會。自圖琮者失其制，而《白虎通》之義不明，潘氏遂滋異說矣。近陳卓人《疏證》又爲潘氏右袒，未免失察。　又案：據聶氏言，賈疏有大琮無好圖。檢《考工記・梟氏職》疏有云『即所圖是』，云『據上所圖，鼓外有銑閒』，《匠人職》疏有云『此圖略舉一成於一角，以三隅反之，一同可見矣』。此皆賈疏有圖之證也。王溥《五代會要》三引阮諶《三禮圖》『黄琮無好』，此賈疏『大琮無好』所本也。

答答拜問〔一〕

《禮經》有拜例，有答拜例。拜有壹拜、再拜者。或以人之尊卑而别，如君爲政壹拜、臣爲政再拜、均爲臣士壹拜大夫再拜《雜記》。是也。或以禮之大小而殊，如飲之獻酢例壹拜、食禮皆再拜、醴禮輕亦壹拜、送几禮輕亦壹拜、尊摯授幣禮重皆再拜是也。而答拜皆視先拜者而異，如君先壹拜，臣答亦壹拜；臣先再拜，君答亦再拜。是説也，予於《禮故》詳言之矣〔二〕，而讀者多致疑焉，以爲禮有君爲政而先再拜者，亦有臣爲政先再拜而君答以壹拜者，亦有君先壹拜而臣答以再拜者，與『君爲政壹拜』之例既不合，『答拜各視其先拜』之例亦不可通。

曰：例有正有變，《禮故》衹言其正焉耳。凡臣拜君必再拜，雖異國之臣見聘君亦然，此正例也。君答以再拜，亦正例也。《士相見禮》『主人答壹拜』、『君答壹拜』爲例之變。凡答拜者，受其拜也。不受其拜，則還辟不答拜。君無還辟法，於答拜明其受不受。答壹拜者，受其壹拜，不受其再。此與『旅拜』主人三拜，衆賓衹受其壹、答以壹拜同例。《士相見》云：士大夫始見於君尊摯，再拜稽首；君答壹拜。臣之『再拜稽首』爲尊摯常例，『君答壹拜』爲始見之客禮也。士之嘗爲臣者，見大夫亦尊摯再拜稽首；主人答以壹拜。士以嘗爲臣，循『尊摯』常例；大夫以今升諸公，非我私臣，亦以客禮待之，不受其再，故答壹拜。一以嘗爲臣而異，一以始見於君而異，皆例之變，故經特别白著之。今據例之變者，以爲君答臣之正例，則《食禮》諸篇自『拜至』以訖『賓出』皆再拜，豈轉爲例之變與？至《聘禮》『賓進，訝受几於筵前，公壹拜送。賓以几辟，階上答再拜稽首』，此君自循『授几』之常例，臣以始覿加敬而答以再拜稽首，與《士相見》篇『始見禮』相反而實相足。使者反命，節。公勞之，再拜稽首，君答再拜。勞上介再拜稽首，君答拜，勞士介亦如之。敖氏據『答拜視先拜』之例，以爲答士介亦再拜，《注疏》以爲答使者再拜、答上介壹拜、答士介旅拜用遞降之法，尤爲答拜之變例。必執變例以相校，宜乎其不通也。若君爲政而先再拜者，必其禮之重者也，如食重於燕、幣重於几，公皆再拜，其例即見於《禮》，大而異之中本不關答禮，有何難焉？

或曰：『幣重於几』是已，『食重於燕』有説乎？曰：食禮迎賓君再拜，燕不迎君揖以入，即此一端。其禮之重輕何如也？

拜與答各自爲例。讀者於此兩例先分不清楚，何論正例、變例之不同？

【箋注】

〔一〕輯自《儆季雜著·儆季雜説》，清光緒二十年南菁書院刻本。

〔二〕此篇詳見《禮書通故》第二十八《聘禮通故》。

釋鄭注方持弦矢曰挾側持弓矢曰執義〔一〕

《禮經・鄉射》篇，司射『取弓於階西，兼挾乘矢』，注云『方持弦矢曰挾』，引《大射》『挾乘矢於弓外，見鏃於弣，右巨指鉤弦』以證。下『司射左執弓，右執一个，兼諸弦面鏃』，注云『側持弓矢曰執，面猶尚也』。又《大射》篇注亦有方持、側持之文，且云『見鏃於弣』，『弣，弓把也。見鏃焉，順其射也』，『兼矢於弦，尚其鏃，將止，變於射也』。鄭注方持、側持爲對文，順其射、變於射亦對文。方持、側持有二說。一以爲方圓之方。賈疏下《記》云『凡挾矢，於二指之閒橫之』，是言其方。注引《大射》『挾乘矢於弓外，見鏃於弣』，亦其方也。程易疇謂『弦矢中矩』，段懋堂謂『弦矢交會處成十字形』，皆主是說。一訓方持爲並持，側持爲獨持。《記》『凡挾矢，於二指之閒橫之』，注云謂左右手之二指，是則方持者以左右手將指食指橫夾其矢，側持直以右手執其矢而兼諸弦。吳中林主是說。

揆諸經注之文，兩義並通。其法以左手擘指把於弓弣，而無名指小指副之，又申其將指食指夾持矢之近鏃者於弓弣之外，其右手擘指鉤弓之弦，亦以無名指小指副之，經初不言副以左手執弓，推之可知也。亦申其將指食指夾持矢之近羽者於弓弦之外。是時也，將以射，故以左右手指夾持乘矢，弦縱而矢横，且『見鏃於弣』以順射法，是謂『方持弦矢曰挾』也。若其獨持於右手而矢不横，是不挾也，不挾則兼諸弦謂之執，《大射》篇所謂『右執一个，兼諸弦』是也。亦可以兼諸弣，《鄉射》篇所謂『矢不挾，兼諸弦弣』是也。是時也，射將止，故以右手獨持之，弦與矢皆縱而鏃向上，不見於弣以變射法，是謂『側持弓矢曰執』也。注變弦矢曰弓失者，欲以通於『兼諸弦弣』之義也。程氏釋側持之義，云『後開前合不中矩』，其説已鑿。楊氏《補疏》云『兼弦矢而並持之，曰方持』，其言更謬。夫諸家訓方持爲並持。並持者，以左右手横持其矢，非謂兼弦矢而並持於一手也。兼弦矢而並持於一手，是側持之法矣。《鄉射記》『凡挾矢，於二指之閒横之』，此爲挾矢之通例，故曰凡。楊氏謂横之别爲一義，是又故違典實而好武斷。予前作《禮故》，於此條未加案語[二]，故復補言之。

【箋注】

〔一〕輯自《儆季雜著·儆季雜説》，清光緒二十年南菁書院刻本。

〔二〕參見《禮書通故》第二十五《射禮通故二》：鄭玄云：『方持弦矢曰挾，側持弓矢曰執。』程瑶田云：《鄉射》挾矢，矢在弓外居弣下，故云「見鏃」。下經執矢，矢兼諸弦，則在弦上，故曰「尚鏃」。右手持矢，且鉤弦而見鏃於弣，則弦矢中矩，故曰「方持」。左執弓，右執矢，後開前合而以鏃交於弦，則弦矢不中矩，故曰「側持」。』楊大堉云：『方持者，並持也。側持者，獨持也。兼弦矢而並持之，曰方持，此解挾之義。下《記》云：「凡持矢，於二指之閒横之。」横之，别爲一義。賈疏引横之以釋方持，非是。』

繼紅案：據《校文》，後定本此後有『以周案：程、楊二説皆非，當從賈疏』。

讀禮運[二]

仁莫普於五帝，禮莫盛於三王。五帝以五行分王，三王又別之以五色。若以五德分言，五帝之世，其仁運也；三王之世，其禮運也。禮運者，以禮維持乎世運也。維持者誰？是謂大人。大人者，濟世之天子、主盟之方伯皆是也。禹、湯、文、武、成王、周公由此其選，故別之曰三代之英。英者，盛也，明也。其盛足媲大道之行，而迥有異於今世之隱者也。上，大道之行言其盛；下，今大道之隱言其衰；英者，有其盛而無其衰，與『隱』字『選』字義相貫注。

孔子開章便説：『大道之行，與三代之英，某未之逮也，而有志焉。』何嘗有崇五帝、卑三王之意哉？如以六君子之治爲小康，是孔子敢蔑其先祖、菲其時王而陷以不忠不孝之辠，污衊至聖，莫此爲甚焉。今繹《記》文之意，上以大道爲公，使老幼孤獨各得其所，是以天下爲一家，中國爲一人者也。『貨惡其弃諸地，力惡其不出身』，下亦以大公爲懷，並不爲己而出，是謂大同之世，各以仁道浹洽也。

『今大道既隱』，據春秋之世，斥言夏、殷之季。而時有大人者，值世及爲禮、城郭溝池爲固之世，猶有以禮義綱紀，斯人於以正君臣、篤父子、睦兄弟、和夫婦，是所謂各親各子，猶有三王之風焉。『各親其親』數句不得看太壞，『以正君臣』數句不必看太好，如此上下融洽。於以設制度、立田里，於以賢智、功己，是所謂貨力爲己，蔑『大公』之意矣。謀由是作，兵用此起，遂變成五霸之運。五霸者，乘三王之衰而迭起者也。當三代之英，無五霸。其所以不驟降爲五霸者，以禹、湯、文、武、成王、周公爲大人之選，能力持斯運，故其治猶近大同也。總六君子之治，凡皆兢兢以禮維持當世，非所謂禮運乎？『以著其義，以考其信，刑仁講讓，示民有常』，是禮運而實兼有五德矣，與大同之治有何閒乎？『如有不由此者』，又作轉詞，爲魯言之。魯號秉禮之國，至時衰替，無殊杞宋，既不能用禮維運，察時勢之所便者行去，衆已以爲殃矣，猶謂之小康。此孔子作《春秋》之微旨也。世變愈急，望治彌殷，得有齊桓、晋文之主主盟中夏而衆之受殃，庶亦小康矣乎。此深嘆魯之不克自振，復將無所依也。當春秋之世，孔子并不輕五霸矣，而謂敢薄三王乎？經傳具在，曾有薄三王之言乎！〔二〕高談道德，託諸皇古，因輕禮教以卑三王，此老、莊家之邪説，未可據以説經。

【箋注】

〔一〕輯自《儆季雜著·儆季雜説》，清光緒二十年南菁書院刻本。

〔二〕王兆芳輯録《儆季子粹語》卷之一《古術第四》：子讀《禮運》曰：三王之世，其禮運也，當春秋之世，孔子並不輕五霸矣，而謂敢薄三王乎？經傳具在，曾有簿三王之言乎！

圭璋特琥璜爵解〔二〕

《周官·小行人》『合六幣』，其玉曰圭、璋、璧、琮、琥、璜。《典瑞》言瑑玉之法，曰瑑圭、璋、璧、琮以頫聘。《玉人》文同，並不及琥、璜，蓋琥、璜即判琮、璧爲之，與璋爲半圭同例。半琮謂之琥，半璧謂之璜。《典瑞》、《玉人》既詳璧、琮之有瑑，則琥、璜不言可知也。《禮器》『有以少爲貴者』，『圭、璋特，琥、璜爵』，孔疏謂圭、璋用之於朝享，琥、璜用之於饗食，爵謂饗食之酬爵。其説依據鄭注，自無可易，而『以少爲貴』之義，終未憭然。

古人禮玉，或用特，或用雙。琥半琮，璜半璧，皆判玉而爲雙，乃玉之用雙者也。《説文》『玨』下云：『二玉相合爲玨。或作瑴。《左·莊十八年》『皆賜玉五瑴』，《正義》『雙玉曰瑴』，蓋即琥、璜之類也。《左·昭公三十一年》『公賜子家子雙琥，一環，一璧』。環、璧皆一，而琥必以雙者，琥非雙不成禮也。璜爲佩玉之物。《大戴記》玉佩之法云『下有雙璜、衝牙』，别衝牙而云雙璜者，佩非雙璜不克衝好，亦非雙璜不成禮也。《記》於圭、璋言特，以明琥、璜之用雙；於琥、璜言爵，以明圭、璋之用享，上下互文以見義。享禮重，饗食禮輕，孔疏言之。重用特，輕用雙，故

曰『以少爲貴』。鄭注一未明言，解者遂眯昧終古矣。〔二〕

又考琥有兩物。六瑞之琥，判琮爲之，其形似卧虎，有瑑而無文。其作虎文者，爲發兵之玉，别一物，禮家多混言不清。《説文》玉部琥、瓏二字並列，云『琥，發兵瑞玉，『瑞』字疑淺人所增，當删。爲虎文』，『瓏，禱旱玉，爲龍文』，其證也。自六瑞之琥與『發兵玉』之琥二物混合，後人反疑《説文》爲不典。其實古人發兵用牙璋，後亦用琥。漢用虎符發兵，其遺意也。予所作《禮故圖》猶沿舊説，故於此辨之。〔三〕

【箋注】

〔一〕輯自《儆季雜著·儆季雜説》，清光緒二十年南菁書院刻本。繼紅案：據《校文》，後定本於『是諸侯以下酬用幣之徵』後增五十字，云：『《禮器》「圭璋特，琥璜爵」，明圭璋不用諸爵，琥璜用諸爵而不特也。孔疏謂天子酬諸侯以璥繡而琥璜特之，非也。《雜著·禮説續》别有説。』所謂『《雜著·禮説續》别有説』，蓋指是篇《圭璋特琥璜爵解》而言也。

〔二〕參見《禮書通故》第二十四《燕饗禮通故》：鄭玄云：『致饗以酬幣，所用未聞。禮幣束帛乘馬，亦不是過也。《禮器》曰「琥璜爵」，蓋天子酬諸侯。』崔靈恩云：『諸侯貴者以琥，賤者以璜。』孔穎達云：『公、侯用琥，伯、子、男用璜。』賈公彦云：『公、侯、伯用琥，子、男用璜。』以周案：《春秋傳》虢公、晉侯朝王，王饗醴，命之宥，皆賜玉五穀，是天子饗諸侯酬用玉之徵。秦後子饗晉侯，歸取酬幣，終事八反，是諸侯以下酬用幣之徵。

又參見《禮書通故》第二十八《聘禮通故一》：鄭玄説，《聘禮》曰『致饗以酬幣』，所用未聞。禮幣束帛乘馬，亦不是過也。《禮器》曰『琥璜爵』，蓋天子酬諸侯，諸侯相酬，以此玉將幣也。崔靈恩云：『諸侯貴者以琥，賤者以璜。』賈公彦云：『公、侯、伯用琥，子、男用璜。』孔穎達云：『公、侯用琥，伯、子、男用璜。』以周案：《禮器》『圭璋特』爲朝聘之正玉，『琥璜爵』爲燕饗之酬玉。《聘禮》聘君以圭，聘夫人以璋，皆特也。《左傳》『虢公、晉侯朝王，王饗醴，命之宥，皆賜玉五穀』，是琥璜並賜也。孔、賈疏並非。

〔三〕參見《禮書通故》第四十七《名物通故一》：許慎云：『琥，發兵瑞玉，爲虎文。』聶崇義云：『鄭圖以玉長九寸，廣五寸，刻伏虎形，高三寸。案：孫氏《符瑞圖》云：「白虎，西方義獸，白色黑文，一名騶虞，尾倍其身。」《尚書大傳》「散宜生等之於陵，取怪獸，尾倍其身，名曰虞。」鄭曰：「虞，蓋騶虞也。」《周書》曰：「英林酋耳，若虎豹，尾長參倍其身。「於陵」、「英林」音相近。』孔廣森云：『六玉之名，半圭曰璋，半璧曰璜，琥當是半琮耳。琮外爲捷盧，若鋸齒，半之，則背上有齟齬刻者，似伏虎，故謂之琥，猶爵亦非作鳥形也。鄭司農説：「牙璋，瑑以爲牙。牙齒，兵象，故以牙璋發兵，若今時以銅虎符發兵。」然則刻齒即虎象矣。』以周案：古發兵用牙璋、中璋，《典瑞》、《玉人》詳其文。許見漢發兵用銅虎符，因謂古用琥，無徵；云琥爲虎文，其説是也。聶引鄭圖『高三寸』，蓋謂玉，圖者以爲虎高，失其傳耳。《大宗伯》『以玉作六器以禮天地四方』，曰璧、琮、圭、璋、琥、璜。如琥於玉上更作虎形，與璧、琮、圭、璋、璜諸玉全不相類矣。孔説别備一義。

方諸考[一]

方諸，古謂之鑒，亦謂之鑑諸。《説文》：『鑑，大盆也，一曰鑑諸。注家謂『諸』上脱『方』字，未是。可以取明水於月。』鄭注《凌人》『春始治鑑』，亦云『鑑如甀大口』。甀之大口，即盆屬。許、鄭義合鑑之本義，爲大盆，圓器。其取明水者，形方，一曰鑑諸，别其圓器言之也。鑑爲盆之大而有口，可以承物。鑑諸亦器之高緣上仰以儲明水者也，或以平面方鑑當之，誤矣。鄭注《司烜》『以鑒取明水於月』，云：『鑒，鏡屬。取水者，世謂之方諸。』

自方諸之義晦，而『銅盤承之』之説起。其實古之鑑，即後人所謂銅盤。『諸』之言『儲』，後人所謂『承之』是也。凡文从『者』字者，多有『儲』義，如都、豬等字是也。其器以銅錫爲之，光可鑒人，故謂之鏡。又可以盛水，故謂之諸。其形方，故謂之方諸。《考工記》：『金錫半，謂之鑒、燧之齊。』鄭注云：取水火於日月之器。鑒，鏡屬。《洪範五行傳》云：夫執方諸之鏡，而上引太清。高堂隆云：陽符取火，陰符取水，並入銅作鏡，名曰水火之鏡。干寶云：五月丙午日中，鑄陽遂。十一月壬子夜半，鑄陰遂。此鑒之光如鏡，而鑄之以金錫半之齊之明證也。或以爲五石珠，或以爲大蛤殼，與經注顯悖矣。《淮南·天文訓》云：『方者主幽，圓者主明。明者吐氣者也，是故火曰外景；幽者含氣者也，是故水曰内景。』《晋·天文志》云：『今火出於陽燧，陽燧圓而火不圓也；水出於方諸，方諸方而水不方也。』此方諸形方，非若圓鏡之明證也。或以爲方諸形圓如杯，亦失其義矣。《淮南·天文訓》：『方諸見月，則津而爲水。』《華嚴經音義》上引許注云：方諸，五石之精作，圓器，似杯，向月則得水。《御覽》四引許注云：諸，珠也；方，石也。以銅盤受之，得水數升。高注云：方諸，陰燧，大蛤也。摩拭令熱向月，則水生，以銅盤受之，下水數滴。夫許、注兩文不同，必有一誤。云『五石之精』者，『精』謂『五金』。凡金出於石，故謂之『五石之精』。説與《説文》、鄭注本合。云『作圓器，似杯』，蓋謂作陽燧之法，《華嚴經音義》誤并入之爾。《一切經音義》十八云：陰鐩出水，陽鐩出火。陽鐩，五石之精銅，圓也。陰鐩以鐵，方也。此説即本許注，可互證也。《御覽》五十八引《淮南萬畢術》注以爲五石合治，失許義矣。『諸』『珠』音近，自可通借，『方』『石』之訓，從古未聞，《御覽》所引似非許注。而『方』與『傍』通，『方石』或者『方大』之誤與。高誘『大蛤』之説，蓋據漢法而言。《大戴·本命篇》云：『蚌蛤龜珠，與月盈虧。』漢人竊取斯意，或加大蛤於銅盤上，或加大珠於銅盤上，取蛤珠能生水，較單用銅盤爲易。然不以方諸屬銅盤，而以後加之蛤珠當古名，又嫌與舊義相悖，於是謂『承以銅盤』

以傳其説。考銅盤之名，起於加蛤、加珠之後，古無所謂銅盤也，即謂之方諸而已矣。〔二〕

【箋注】

〔一〕輯自《儆季雜著・儆季雜説》，清光緒二十年南菁書院刻本。

〔二〕參見《禮書通故》第十七《肆獻祼饋食禮通故五》：鄭玄云：『《司烜》「以夫遂取明火於日，以鑒取明水於月」。夫遂，陽燧。鑒，鏡屬。』干寶云：『五月丙午日中，鑄陽燧。十一月壬子夜半，鑄陰燧。』高誘云：『《淮南子》「方諸見月則津而爲水」。方諸，陰燧，大蛤也。摩拭令熱以向月，則水生，以銅盤受之，下數石。』李敬貞云：『嘗於八九月中，取蛤一尺二寸者，依法試之，自人定至夜半，得水四五斗。』以周案：《考工記》：『金錫半，謂之鑑、燧之齊。』以鑑、燧並言，則鑑用金鏡可知矣。後世未得齊金造鑑法，不能向月取水。唐李敬貞輩遂斥鄭注之錯，而取高氏『大蛤』之説矣。

答徐壽蘅先生書〔一〕

門生以周頓首，謹稟老師大人閣下：

前月出闈以後，燕門下士，傳及以周生，辭以疾。吾師許攜杖入，不行拜禮，愛憐老門生如此摯且厚。而吾師承命入都，生又不能親送江干，且惶且悚，死辠死辠。

吾師以《禮書通故》未及朝踐名義，生舉蔡氏德晋説以對。師據段氏玉裁以踐位行禮之説爲勝，生退而靜思，還似從先後兩鄭注爲安。蔡説固未當，段説亦未穩。《中庸》『踐其位，行其禮』，包祭事之始終，《周官》朝踐與朝獻、饋獻、再獻同列。鄭注朝踐云『始行祭事』，似未可舉始終之言以爲節次之名，且朝舊讀朝夕之朝，不訓朝廷。《籩人》『朝事之籩』，先鄭注云：『朝事謂清朝未食，先進寒具口實之籩。』後鄭以司尊彝職參之，以爲朝事祭宗廟薦血腥時。一以王事言，一以祭禮言，其説似異，而朝訓清朝，兩鄭固無異也。朝夕之朝爲本字，朝廷之朝爲借義。陸氏《釋文》於《司尊彝》之朝享，特音直遥反，而朝踐之朝不先作音，則朝踐之朝舊讀如字，不作朝廷之朝讀矣。《祭義》『建設朝事』注謂『薦血腥事』，《釋文》亦不作音。凡釋文不作音者，皆如字讀也。朝踐之踐，鄭注每舉血腥爲言，其字蓋讀如《玉藻》『弗身踐』之踐。鄭彼注云：踐讀爲翦，翦，殺也。《文王世子》『不翦其類』，《甸師》先鄭注引作不踐，是踐、翦音近義通之證也。一説踐猶履也，朝踐者所謂『質明行事』，説亦可通。而鄭注必破讀其字者，『質明行事』義兼朝獻，獻以酒言，翦以牲言，文以對舉。天子、諸侯宗廟之祭以腥始，謂之朝踐；大夫、士宗廟之祭以熟始，謂之饋食：則饋食以熟名，朝翦以腥名，文亦相屬。訓踐爲行事語，既儱侗，且失古人舉事名節之意矣。〔二〕略陳私見，吾師以爲何若？幸再垂訓，敬請鈞安。

【箋注】

〔一〕輯自《儆季雜著·儆季雜説》，清光緒二十年南菁書院刻本。繼紅案：徐樹銘（一八二四—一九〇〇），字伯澄，號壽蘅，又號澄園，長沙人。道光二十七年（一八四七）中丁未科進士，選庶吉士，散館授編修。咸豐元年（一八五一）任四川鄉試副考官。咸豐二年（一八五二），任山東學政。遷中允，累遷内閣學士。咸豐七年（一八五七）授兵部右侍郎。次年督學福建。同治五年（一八六六），代理禮部左侍郎。次年，督浙江學政，因薦舉已遭罷職的俞樾而被追究，謫遷太常寺少卿。光緒元年（一八七五），任鴻臚寺卿，因父喪丁憂停職。光緒十年（一八八四），晋太常寺卿。中法戰爭發生後，因海道將受阻擾，又奏請將漕糧改由河運。光緒二十二年（一八九六）充經筵講官，次年起任浙江鄉試正考官，後由吏部右侍郎改左都御史，充任經筵講官。光緒二十五年（一八九九），官拜工部尚書。次年，義和團事起，病卒。《清史稿》有傳。光緒二十三年（一八九七），黄以周七十歲。是年八月，徐樹銘來浙主持鄉試，黄以周以故門生携《禮書通故》往杭州拜謁。九月，徐樹銘赴京師，黄以周有《答徐壽蘅先生書》。

〔二〕訓『朝踐』爲祭禮義，在《禮書通故》第十七《肆獻祼饋食禮通故四》多有所議，其云：王安石云：『朝踐，《籩人》、《醢人》所謂朝事；再獻，所謂饋食。以朝事爲初獻，則饋食爲再獻。朝獻即朝踐，以籩、豆言之則曰踐，以爵言之則曰獻。饋獻即再獻，以序言之則曰再，以物言之則曰饋。』以周案：王説本鄭，非也。《祭統》：『古者明君必賜爵禄於太庙，故祭之日，一獻，君降立於阼階之南，南鄉，所命北面，史由君右執策命之。』鄭注：『一獻，一酳尸也。』鄭知非初祼及朝踐、饋食之一獻者，以一酳尸之前皆爲祭事，承奉鬼神，未暇策命，尸食已畢，乃可行爵賞也。《祭統》之『一獻』爲『酳尸』之『一獻』，則《司尊彝》之『再獻』爲『酳尸』之『再獻尸』可知矣。蓋統祼獻、朝踐、饋食言之，王與后『酳尸』爲九獻、十獻，而《祭統》以『初酳尸』爲一獻，《司尊彝》以『再酳尸』爲再獻，又專以『酳尸』别言之也。江永云：『朝踐爲薦腥後之獻，不待言矣。朝獻非王酳尸，乃堂上薦爓王與后之獻；饋獻非饋孰之始，乃尸食舉後，王酳尸之獻；而再獻，則后與諸侯爲賓者亞王酳尸之獻也。《禮運》曰：「腥其俎，孰其殽，體其犬豕牛羊。」注疏謂腥法上古，爓法中古，而進孰爲後世之食。既以爓法中古，此時何可無獻，則秋冬言朝獻者，非獻爓而何。至於饋孰時，尸即當食舉，安得有獻。蓋堂上腥爓，皆不可食者，故有獻而無食；室内之饌可食者，則當食而後獻。所謂饋獻者，尸既食而王獻以酳。后乃獻以酳尸，是謂再獻。賓長爲一獻終之，亦通爲再獻也。《醢人》、

《籩人》朝事之豆籩，於朝踐薦之；而朝獻無豆籩，統於朝踐也。饋食之豆、籩，於饋獻薦之，而再獻無豆、籩，統於饋獻也。九獻之後别有加爵，則薦加豆加籩，非食後稱加之謂也。』以周案：宗庿十二獻之節，具詳《司尊彝職》，特時享不備獻，各有取去耳。參互求之，凡十二獻分六節，節各二獻：一曰祼，在降神時；二曰朝踐，獻在薦腥；三曰朝獻，獻在薦爓；四曰饋獻，獻在饋食；五曰再獻，謂之酳尸；六爲長兄弟、上嗣之登獻，亦謂之臣昨。祼、朝踐、朝獻六獻行於堂，饋獻、再獻、臣昨六獻行於室。《禮運》『腥其俎，孰其殽，君與夫人交獻』，以堂事言也，『然後退而合亨，體其犬、豕、牛、羊』，乃言室事。自鄭注以朝獻爲王酳尸之獻，且仞爲互文，於是宗庿十二獻之節奏不明，禘、祫、時享之獻數多少亦晦，加豆、加籩不薦，於加爵名實亦失。江説朝獻在朝事時，甚是；謂饋食無獻，非。

示諸生書[一]

大學之道，《禮記·大學》篇言之至矣備矣。大學之法與大學之教，《學記篇》論之亦詳：一年視離經辨志，三年視敬業樂群，五年視博習親師，七年視論學取友，至九年知類通達，是能通達於政事矣。強立而不反，所謂果敢強有力，無事用之於禮義而順治，有事用之於戰勝而無敵，學至是而大成。故依大學之法，自有豫、時、孫、摩之美而教以興。廢其法而不用，以齒有過時、不及時之失，以學有雜亂孤陋之弊，始以扞格勤苦，卒以逆師法、廢實學，無他，學士朋辟之習深也。燕朋者，朋匹相樂，所謂『樂燕樂』是也。燕辟者，隱僻自好，所謂『索隱行怪』是也。二者皆欲廢大學之法者也。君子知教之興有四、廢有六，而能脩明其所由興、補救其所由廢，然後可以爲人師。師也者，守先聖之道以待後之學者，不惑於異端，不撓於時論。[二]敦德禮於春秋，談仁義於戰國，當時君若臣鮮不以爲迂闊而不通時務，而孔子言之，孟子言之，其道卒明於天下而昭於後世，亦以聖人之徒傳而述之者廣也。

三代以上，崇儒而尚農，農亦知道，得與士合矣。後世歸利權於商，於是士而商者亦有矣。

近乃立西學之名以與中學敵，且欲驅學校之人盡攻夫西學，又合士工爲一途，以爲此西人所專長，非吾中華所有，不學此，無以自強，蔑能濟世。夫獨不聞輸攻墨守迭嘗其巧，弩發擔動各用其機，而士大夫終鄙其術，不相傳習，其法寖湮。今乃拾前人之所鄙棄而以爲美談，又且自小其說以張彼教，是何見哉？夫中土士人文弱，必不能手執藝事如西人之不憚煩。即有知其法，亦能說不能行，曷若大學之教『三達德』、『五達道』，率我性分所固有，事事可見諸實踐，無煩援其所不及、強其所不知如西學鑿智斲性之爲哉。大學之法，具在六經。能謹守其教而審行之，人才自出，國家可興。如謂非西法不能靖世，豈中國數千年之天下皆泯棼之世邪？如謂時勢有不同，豈知與時變遷者其術也，而道亘天地而不變？

孟子閑先聖之道，拒詖行，放淫辭，曰：聖人復起，不易吾言。信道如此其篤也。又慮學校失其教，選舉失其法，良臣民賊失其衡，曰：有善戰者殺，任土地者刑。衛道又如此其嚴也。學者讀聖賢書，當務其大者遠者，以經傳植其基，以子史充其識。讀漢儒書，事事求合於典籍而約之以禮，勿逐乎文字訓詁之末，破碎大道；讀宋儒書，時時體驗乎身心而返之於己，勿襲其空寂幽眇之說，辜負實學。

測量爲古之六藝之一法，我尚有之；兵礦爲今軍國之大計，我尚游之。農桑則農家習之，營造則工家習之，顓門名家，別有其人，我尚不欲。光、熱、化、電，多能鄙事，我皇多有之？一生之精神有限，百歲之年華易逝，孳孳從事於大學尚恐力有不逮，何皇分其志於小道哉？曲藝之士出鄉入學，並不與士齒。今以利禄所在，靡然宗之，不羞與之伍，且有求焉如不得，士習之卑鄙可恥，於今極矣，諸生幸一洗之。余主講南菁十有五年，今老矣，將歸明農，爰書此，與諸生別。時在戊戌夏日，至年七十有一。

《學記》豫、時、孫、摩之四美，赞大學之法良。首句可玩。六廢，前四者言廢法之失，後二者又責承學之廢法。『君子既知教之所由興』數句，乃言教者事。孔疏以四興屬教者、六廢屬學者，未是。君子能脩明其所由興，補救其所由廢，故可爲人師。然觀其教喻之法，『道而不牽，強而不抑，開而不達』而止。〔三〕朱子《孟子注》所謂『道有定體，教有成法』，『語不能顯，默不能藏』，所以申明上文。

『今之教者，呻其佔畢，多其訊，言及於數』，此與『道而弗牽』數句相反，今則以爲師之勤。進而不顧其安，謂不因材而施，強之以所難。使人不由其誠，教人不盡其材，由不顧其安所致。皆非人師之道也。迄今學師，施悖求佛，隱疾交至，隱，痛也，讀如『勤恤民隱』之『隱』，與上文『安其學』相反，『不顧其安』相因。始也不安，既加痛焉。痛其學，去之必速。〔四〕其有章至貞教者乎？吾竢君子。

【箋注】

〔一〕輯自《儆季雜著·儆季雜説》，清光緒二十年南菁書院刻本。

〔二〕此節又見於王兆芳輯録《儆季子粹語》卷第一《師教第二》：子曰：大學之法，有豫、時、孫、摩之美而教以興。廢其法而不用，以齒有過時、不及時之失，以學有雜亂孤陋之弊，始以扞格勤苦，卒以逆師法，廢實學，無佗，學士朋辟之習深也。燕朋者，朋匹相樂，所謂傅『樂燕樂』是也。燕辟者，隱僻自好，所謂『索隱行怪』是也。二者皆欲廢大學之法者也。君子知教之興有四、廢有六，而能修明其所由興，補救其所由廢，然後可以爲人師。師也者，守先聖之道以待後之學者，不惑於異端，不撓於時論。

〔三〕此節又見於王兆芳輯録《儆季子粹語》卷第一《師教第二》：子曰：《學記》豫、時、孫、摩之四美，贊大學之法良。六廢，前四者言廢法之失，後二者又責承學之廢法。『君子既知教之所由興』數句，乃言教者事。君子能修明其所由興，補救其所由廢，故可以爲人師。然觀其教喻之法，『道而弗牽，強而弗抑，開而弗達』而止。

〔四〕此節又見於王兆芳輯録《儆季子粹語》卷第一《師教第二》：子曰：《學記》言『今之教者，呻其佔畢，多其訊，言及於數』，此與『道而弗牽』數語相反，今人誤以此等爲師之勤。

子曰：《學記》言『進而不顧其安』，謂不因材而施，強之以所難。又言『使人不由其誠，教人不盡其材，其施之也悖，其求之也佛』，由不顧其安所致。

子曰：《學記》言『隱其學而疾其師』，隱，痛也，讀如『勤恤民隱』之『隱』。『隱其學』與『安其學』相反，與『不顧其安』相因。教者『不顧其安』，而學者遂不安而加痛焉。痛其學，去之必速。

軍禮司馬法考徵上〔二〕

軍禮司馬法《漢·藝文志》

古《司馬法》百五十五篇，或敘軍禮，或詳兵法，祖述似同，裔流迴別。劉編《七略》，以其均出司馬，並列兵家。班志《藝文》，冠以軍禮，迻入經類。鄭氏《通志》力排班書，章氏《校讎》又詆鄭説。顧舊籍久逸，墜緒難尋，任意出入，迄無定論。今以所見言之，世行五篇，舊名《司馬兵法》，宜依劉《略》爲允。此猶《周易》、《明堂》，未可混列六藝也。其論軍乘諸篇，『昏鼓四通』，許慎引爲禮文；『邱馬一匹』，杜預直稱《周禮》。通人雅記，悉從班《志》。此猶劉向《五行傳》有別於所序六十七篇也。《史記·自叙》云：『《司馬法》，所從來尚矣。太公、孫、吴、王子能紹而明之，寔爲兵法諸篇而發，《博物志·文籍考》因《司馬法》與《周禮》相表裏，以爲周公所作。又以《軍禮》諸篇而定，言雖各有所指，其爲西周古書，灼然可見。而淺學寡識，乃謂出自戰國籍亡之後，於兵法不譎正，於軍禮實盩古。膏肓莫鍼，癈疾難起，曾欲眘輯遺文，疏通本義，有志未逮，於今有年。丹徒陳生善餘，聞言忻然，拾姚姬傳之遺編，訂丁儉卿之續輯，復搜群書，更加綴補。

予讀而喜之，爰爲董正其次，傳以經典。仁義之師，具有禮度，《記》有之曰：『明堂者天法也，禮度者德法也。能得德法者爲有德，能成德法者爲有功。』言詻詻肅而壯，志怫怫精以厲，車馬匪匪翼翼暇以整數。千載後得見三代軍容，賴此以存。今之《兵法》五篇，有若『夏鉤車先正，殷寅車先疾，周元戎先良』，毛傳引以證《詩》；有若『逐奔不過百步，從遯不過三舍』，賈注引以證《左傳》；有若『弓矢御，殳矛守，戈戟助，凡五兵長以衛短，短以救長』，鄭注引以證《周官》。備論《兵法》，似亦有關軍禮，而詳其節制，略其禮度。禮度失，德法亡矣。百家九流，並出經典，而源同派異，在讀者區以別之。劉氏父子校録祕書，揚摧家法，允稱密至。惜《司馬法》百五十篇，未以兵法、軍禮分隸兩家，致後人猶有遺議也。高堂生傳《禮》十七篇，雖不能備，吉、凶、賓、嘉尚有端緒，而軍禮獨闕，無由表見，後世鄙人，何敢談兵事？裒集佚文，徵成其義，欲以備五禮之一云爾。重光單閼病題辭。

王國百里爲郊，二百里爲州，三百里爲野，四百里爲縣，五百里爲都。《周官・載師》注。

《爾雅》：『邑外謂之郊，郊外謂之牧，牧外謂之野。』《法》本雅訓立文云。王國者，謂京師也。《爾雅》謂之邑者，古人多稱京師曰邑，如《雅》之『作邑於豐』，《頌》之『商邑翼翼』，《湯誓》之稱『夏邑多士』、之稱『天邑商』，皆謂京師。《爾雅》之邑，《詩正義》引孫炎注，亦云國都。《法》恐

其義未晰，故易以『王國』云。〔二〕

王畿千里，營國於土中，四面各五百里，每面分五節。距國百里爲郊，郊謂遠郊。不兼言遠者，古書單言郊，多據遠者爲文，其近郊則別言近，如《聘禮》『展幣曰及郊』，鄭注云『郊，遠郊』。至勞賓，乃曰『賓至於近郊』，始別之，是其例也。郊在王國之外，分爲四面，亦謂之四郊。鄭注《大宰》云『四郊去國百里』，用此文。又注《鄉大夫》云：『六鄉〔三〕在遠郊之内，則居四同。』司農云：『百里内爲六鄉，外爲六遂。』則百里之郊，爲鄉遂之別矣。賈逵、馬融説遠郊五十里，且謂六鄉在遠郊五十里内，與此文違。故鄭於《鄉大夫》注辟之也。〔四〕

二百里曰州者，《説文》：『州，疇也，各疇其土而生之。』義與《爾雅》之牧相近。《釋文》引李本『牧作田』云：『田，敶也。』王注《素問》又引作甸，甸亦有敶義，與州之訓疇，義亦相近。鄭注《遂人》引司農云：『遂在王國百里外。』《管子·度地篇》：『州者謂之遂。』一本作術，術、遂古通。〔五〕故二百里之遂地有州名。此與州黨之州同名而異實，猶此之縣都亦不同四甸之縣、四縣之都也。鄭注《載師》釋此文之義云：『六遂餘地，天子使大夫治之。二百里、三百里，其大夫如州長；四百里、五百里，其大夫如縣正。』是以或謂二百里爲州、四百里爲縣云。鄭以二百里之吏如州長，遂謂之州，則三百里爲野，又何説乎？鄭亦自知其難通，故著『或云』以疑之，未可據也。

三百里曰野者，經傳野多與郊對文，舉郊以賅州，舉野以賅縣。《孟子》：『臣聞郊關之内有囿四十里。』則是方四十里爲阱於國中。郊關距國五十里，郊關之内稱國中，則國中通近郊言之矣。一析近郊言之，如《周官·載師》『以廛里任國中之地，以場圃任園地，以宅田、士田、賈田任近郊之地。』鄭注《書·君陳》序云：『周之近郊五十里。』又注《鄉大夫》云：『國中城郭中。』考《匠人》『營國方九里爲天子城』制，以《孟子》『三里之國、七里之城』推之，天子城郭中，當有二十一里。《法》文釋《周禮》，宜析近郊言之，則《載師》『以廛里任國中』，謂二十一里之内；『以宅田、士田、賈田任近郊之地』，謂五十里之内也。《鄉大夫》云：『國中自七尺以及六十，野自六尺以及六十有五。』此又舉國中以賅鄉、舉野以賅遂，故《毛詩》傳箋及《遂人》注並云『郊外曰野』，而《小司徒》『井牧其田野』，鄭注又以爲造都鄙也。〔六〕

四百里曰縣、五百里曰都者，《載師》分六遂地爲四節，皆以百里倍之，曰『以公邑之田任甸地』，即此二百里之州也；『以家邑之田任稍地』，即此三百里之野也；『以小都之田任縣地』，即此所謂縣；『以大都之田任畺地』，即此所謂都。是縣四百里、都五百里也。其云『都』不云『畺』者，又據《太宰》『邦甸』、『家削』、『邦縣』、『邦都』爲文也。

王國百里爲郊，五十里爲近郊，百里爲遠郊。《一切經音義》十七卷。

此又分郊之遠近言之。鄭注《載師》引杜子春説『五十里爲近郊，百里爲遠郊』，用此文。鄭亦從其説。又注《聘禮》，據此文推諸諸侯云：『周制：天子畿内千里，遠郊百里。以此差之，遠郊上公五十里，侯四十里，伯三十里，子二十里，男十里。近郊各半之。今疏本有脱文，兹據《魯頌》疏、《爾雅》疏正之。』鄭云周制者，明與夏、殷制有不同也。《尚書大傳》云：『百里之國，三十里之遂，二十里之郊；七十里之國，二十里之遂，九里之郊；五十里之國，九里之遂，三里之郊。』此據夏、殷制爲言，自與此别。又《大戴·盛德》篇：『明堂在近郊，近郊三十里。』言明堂近在郊之三十里，非謂三十里爲近郊也。自賈、馬誤以三十里爲近郊之定名，遂以五十里爲遠郊。王肅《僞孔傳》因之，與《周禮》不可通，未足據也。

大國百里爲都。《一切經音義·華嚴經》五十。

大國者，别子男言之也。王畿千里，大都五百里。以此差之，侯四百里，似都二百里；伯三百里，似都百五十里。此云大國百里爲都者，周公斥大侯封，所謂侯四百里、伯三百里，多據所益附庸言之，本非實數。故據《左傳》『大都不過參國之一』之文言之，云大國百里爲都。

《謀帥篇》：『大前驅啟乘車，大晨、倅車屬焉。』〔七〕《左傳・襄二十三年》疏引服注。

此《法》本《周書・武順解》。《解》云：『五伍二十五曰元卒。一卒居前曰開，一卒居後曰敦，左右一卒曰閭，四卒成衛曰伯。』案：元卒即《詩》之元戎，亦車乘名。《司馬兵法二》云：『夏后氏曰鉤車，先正也；殷曰寅車，先疾也；周曰元戎，先良也。』元者，善之長也，元戎啟行，故曰先良。五伍曰元卒，爲車一乘。以此一卒居前曰開，此所謂大前驅是也。元卒以先啟行，故曰啟乘車。乘車，君車也。居後一卒曰敦，敦謂軍後重車，此所謂大晨是也。敦，古讀如純。《周官・內宰》『淳制』，故書淳爲敦。杜子春讀敦爲純，與晨音相近，服注《左傳》引此而釋之云『大晨，大殿也，音相似』。殿古讀亦如屯。《周官・鄉師》『巡其前後之屯』，鄭大夫讀爲『課殿』，杜子春讀爲『在後曰殿，謂前後屯兵也』。故服云『音相似』。鄭康成云：『前後屯，車徒異部也。』倅車者，副車也，字亦作萃。《周官・車僕》：『掌戎路廣車、闕車、蘋車、輕車之萃。』注云：『萃，猶副也。』五車皆兵車，皆有倅，故曰『倅車屬焉』。齊莊公伐衛，有先驅，復有申驅，非古法。其乘車之貳廣，即此所謂倅車也。其左曰啟，右曰胠。啟，古作启，乃吕字之譌，即《周書》所謂『左右一卒曰閭』是也。閭亦吕之叚借。《説文》：『吕，脊骨也。』胠，腋下也。』吕，篆文作膂，王注《素問》云：『膂，謂脊兩傍。』故賈逵注云：『左翼曰吕（今亦誤啟），右翼曰胠。』其大殿，即此所謂大晨，服注已明之矣。

《法》之篇名多逸失不可考，此其幸見服注所引者，因存之，非與下文相屬也。

四邑爲邱，有戎馬一匹，牛三頭，是曰匹馬邱牛；四邱爲甸，甸六十四井，出長轂一乘，馬四匹，牛十二頭，甲士三人，步卒七十二人，戈楯具備，謂之乘馬。《詩・信南山》疏引《左傳》服注。杜氏注引以爲《周禮》，韋注《楚語》亦引以爲《禮》。

此以在國制軍之法言，而用之以守者也。其法本諸《周書・武順》。四邑爲邱，四邱爲甸，皆《周官・小司徒》文。《管子・揆度篇》云：『百乘之家，爲耕田萬頃，馬四百匹。千乘之國，爲耕田十萬頃，馬四千匹。萬乘之國，爲耕田百萬頃，馬四萬匹。』由是差之，十乘馬四十匹，一乘馬四匹矣。四邱之甸出一乘馬四匹，則邱馬一匹矣。牛三頭，無明文。〔八〕《孫子》十家注《作戰篇》杜牧引此文，作『牛四頭』，下十二頭作十六頭，與各書所引不同。以邱牛之文言之，則必邱出一牛，似作牛四頭爲合。車轂有長短，《考工記・車人》云『行澤者欲短轂，行山者欲長轂。短轂則利，長轂則安』。長轂者，兵車也。《漢・刑法志》用此文，正作『兵車甲士三人，步卒七十二人』，此即《周書・武順》前開左右閭之卒數，乃武王在國制軍之法也。〔九〕而以爲甸六十四井所出者，鄭康成謂『甸之言乘，乘法具於甸也』。《管子・乘馬篇》：『一乘者，四馬也。』伍以甸而成乘，馬以四而成乘，故甸出車一乘，馬四匹，亦謂之乘馬。乘禽、乘矢，又由此而演者也。[十]其所備車馬、牛甲、戈楯，有賦之於民者，具詳《周官·鄉師》、《族師》、《酇長》、《里宰》、《遂師》、《縣師》諸職；亦有給諸國者，具見《巾車》、《牛人》、《司兵》、《司甲》、《司弓矢》諸職。《楚語》云：『國馬足以行軍，公馬足以稱賦。』出軍馬者不供賦，供軍賦者不出馬。馬有公、國之分，車牛甲兵當亦然矣。自疏家謂六軍必出六鄉而家一人之法，視成之三百家出三十人，甸之五百七十六家出七十五人，其賦倍重，於是有鄉賦人，甸、都、鄙賦車甲，以均輕重之説。此非《法》意也。

一車甲士三人，步卒七十二人，炊家子十人，固守衣裝五人，廄養五人，樵汲五人。輕車七十五人，重車二十五人。《孫子·作戰篇》杜牧注，《困學紀聞》四。

此承上節文，兼明輜重之數也。其法本《周書·武順》。《武順解》云：『五伍二十五曰元卒，一卒居前曰開，一卒居後曰敦，左右一卒曰閭。』此法甲士三人，步卒七十二人，即前開左右閭之卒也。又言炊家子等，將重車二十五人，即後敦之卒也。武王之制，五伍爲卒，四卒成衛，法用其成衛之卒以爲一乘，則《法》依《武順》爲文，審矣。或者疑《法》爲穰苴所作，不合經典，殊自眯昧。

六尺爲步，步百爲畝，畝百爲夫，夫三爲屋，屋三爲井，井十爲通，通爲匹馬，三十家，士一

人，徒二人。通十爲成，成百井，三百家，革車一乘，士十人，徒二十人。十成爲終，終千井，三千家，革車十乘，士百人，徒二百人。十終爲同，同方百里，萬井，三萬家，革車百乘，士千人，徒二千人。[十二]《周官・小司徒》注，《論語集解》馬融注。

此以出竟行師之法言，而用之以征者也，其法本諸《周書・牧誓》云。『六尺爲步』者，《説文》『尺』字下云：『十寸。周制寸、尺、尋、仞諸度，皆以人體爲法。』『步』字下云：『行也，從止少相隨背。』楊慎《丹鉛總録》云：『《説文》引《司馬法》一舉足曰跬，跬三尺。兩舉足曰步，步六尺。』今本《説文》並無是語，難以據信，而其義自正也。《王制》云：『古者以周尺八尺爲步，今以周尺六尺四寸爲步。』《王制》據周以别古今，是古今之步容有改異，而周制以人體爲度，自六尺也。[十二]

畝，《説文》作晦。云『六尺爲步，步百爲晦』，用《法》文，鄭注亦同。孟子言井田之法：『中爲公田，八家皆私百畝』，是畝百爲夫也。鄭注《匠人》云：『三夫爲屋。屋，具也。一井之中三屋九夫，三三相具以出賦税。』是三其夫爲屋，三其屋爲井也。其必以夫三屋三計者，欲爲下三十家、三百家張本，故專以一偏言之也。井十爲通，以縱積之爲長方。通爲匹馬，無見文。三十家者，據『屋三爲井』之一偏計之，通横一里，縱十里。《匠人》云：『方十里爲成。』故曰通十爲成，又以横積之成正方。三百家者，又據『井十爲通』之一偏計之。其必據一偏以言者，成内積實有當除以三分去一及二而當一之法，亦有不必除以二法者。數難覈實，故舉一偏以待三反。注疏家每處以兩法相除，愈覈愈鑿，不若《法》之立文簡而得要矣。

革車，亦兵車也。革車一乘，士十人，徒二十人，與前法甲士三人、徒卒七十二人異者，前法在國制軍而用以守，此法出竟行師而用以征者也。知者武王在國制軍，前開左右閭用步卒七十五人，後敦輜重又用二十五人，其法具詳《周書·武順》。而武王伐紂，據《牧誓序》曰：『武王戎車三百兩，虎賁三百人，與受戰於牧野。』《孟子》作『虎賁三千人』，《國策》蘇秦説趙魏、《吕氏春秋·簡選篇》《貴因篇》、《淮南子·泰族訓》並云『三千人』，與《孟子》同，則《書序》字誤也。三百兩，三百乘也。虎賁，即甲士，每乘甲士十人，此革車一乘士十人之徵也。《魯頌》曰：『公車千乘，公徒三萬。』是一車士卒共三十人之徵。《頌》合士卒渾言之曰公徒，《法》分言之，故曰一乘士十人，徒二十人也，而以爲成百井所出者。《左傳》云：『晋十家九縣，長轂九百，其餘四十縣，遺守四千。』《周書·作雒解》：『千里百縣。』則一縣猶一同也。四十九同爲方七百里，出車四千九百乘，是成出一乘之徵，亦同出百乘之徵也。班氏用此文爲《刑法志》，『終十爲同，同方百里』下有『同十爲封，封十爲畿，畿方千里』十二字，當亦用《法》文，則『士千人、徒二千人』之下，當有

『十同爲封，封十萬井、三十萬家，革車千乘，士萬人，徒二萬人。十封爲畿，畿方千里，百萬井、三百萬家，革車萬乘，士十萬人，徒二十萬人』，可據《志》文補之。近人之駁《司馬法》者，不足深辨；其信者，於兩法之異同，亦紛拏不清。今概斥之。説詳《禮故》中。〔十三〕

夏后氏二十人而輦，殷十八人而輦，周十五人而輦。《周官・鄉師》注。

此承上節文，又以出征之輜重言也。前法：甸出一乘輕車，士卒七十五人，其將輜重者二十五人，爲四之一。此法：成出一乘輕車，士卒三十人，其將輜重者用十五人。居士卒之半者，出征域外，衣裝糧食多也。賈公彦不知此即成出一乘之輜重，反謂六軍之外別有民徒使役，謬矣。輦從㚘，《説文》：『㚘，並行也，從二夫。』輦以㚘在車前引之。鄭注《鄉師》云：『輦，人輓行，所以載任器也，止以爲藩營。』

夏后氏謂輦曰余車，殷曰胡奴車，周曰輜輦。輦，一斧、一斤、一鑿、一梩、一鋤，周輦加二版二築。《周官・鄉師》注。

段懋堂説『輦，一斧一斤』云云，謂一人所需；『夏后氏二十人而輦』云云，謂一輦載二十人，若十八人、十五人所需。周每人加二版二築，故每輦僅容十五人所需。《正義》不了。愚謂《正義》信不了，段説亦非也。殷無加於夏，何先減夏二人邪？夏二十人，殷十八人，周十五人，其輜重不同法也。輜重本以載衣裝糧食，此云『一斧、一斤、一鑿、一梩、一鋤』者，專以用器之備藩營者言也。凡軍旅，輕車一乘，輜重一輂。余，古餘字。《周官·委人》：『凡其餘聚以待頒賜』，餘亦用『餘』字爲之。輂車不以戰，故曰餘車。胡奴車，蓋用胡奴推之。輜謂輜重，輂謂人挽以行。凡軍止舍，必築壘壁以自衛，輂載任器，斧、斤、鑿、梩、鋤、版、築，所以備築壘壁之用也。《方言》：『臿，燕之東北謂之斛，江淮南楚之間謂之臿，趙魏之間謂之鍫，東齊謂之梩。』《爾雅》『斛』謂之『疀』，郭注云：『皆古鍬鍤字。』鍬鍤，即鍫臿。《釋名》：『鍤，插地起土也。』《說文》：『梩，即耜字，一曰徙土。』輂，齊人語也。版，築牆器。築，杵頭鐵遝也。《武成》『血流漂杵』，謂此。《詩》箋云：『築牆者，捊聚壤土，盛之以虆，而投諸版中。』

萬二千五百人爲軍。〔十四〕《孫子·謀攻篇》曹注。《穀梁·襄公十一年傳》注引《周禮·司馬法》云：『萬有二千五百人爲軍。王六軍，大國三軍，次國二軍，小國一軍。其將皆命卿，二千五百爲師。』此文見今《周禮·司馬·序官》，故范注加『周禮』字別之。陳善餘亦以爲《司馬法》逸文。今姑闕之。

此《周官·大司馬職·序官》文。《小司徒職》：『五人爲伍，五伍爲兩，四兩爲卒，五卒爲旅，五旅爲師，五師爲軍。』此在國制軍，軍有萬二千五百人也。《齊語》：『萬人爲一軍』，是齊制。《一切經音義》引《字林》『四千人爲一軍』，尤戾於古。

百人爲卒，二十五人爲兩。《左傳·成七年》注。

《周官·小司徒職》：『五人爲伍，五伍爲兩，四兩爲卒。』是其義徵。

車戰，據《左傳·桓五年》杜注增。**九乘爲小偏，十五乘爲大偏，二十九乘爲參，八十一乘爲專。二十五乘爲偏，五十乘爲兩，百二十乘爲伍。**《左傳·桓五年》注、《成七年》注、《昭元年》疏引服注。參定服、杜引《法》文，並從經文傎倒引用，非原次也。今分敘之。

此當分爲二節。一爲成出一乘之法，其數以三三相參；一爲甸出一乘之法，其數以五五相伍。上節小偏、參、專諸名，此以三三相參者也。其法本《周書·武順篇》。《武順》云：『四卒成衛曰伯，三伯一長曰佐，三佐一長曰右，三右一長曰正，三正一長曰卿，三卿一長曰辟。』四卒成衛之伯，有百人爲一乘；三伯之長曰佐，有三百人爲三乘；三佐之長曰右，有九百人爲九乘。《法》曰『九乘爲小偏』，謂其三佐之卒，未及五佐之爲大也。三右之長曰正，有二千七百人爲二十七乘。《法》曰『二十九乘爲參』，九乃七字之譌。正爲三右之長，故謂之參也。三正之長曰卿，卿主一軍，有八千一百人爲八十一乘。《法》曰『八十一乘爲專』，謂卿專主一軍事也。此法之以三三相參者也。

下節偏、兩、伍諸名，又以五五相伍起數，其法與《左傳》合。五五二十五乘爲偏，兩其偏謂之兩，故曰五十乘爲兩。伍其偏謂之伍，故曰百二十五乘爲伍。今疏本作『百二十乘』，奪『五』字。《司右》賈疏云：『《司馬法》二十五乘爲偏，又云百二十五乘爲伍。注云：「伍重」，故百二十五乘。』『伍重』是《法》舊注，『故百二十五乘』乃賈氏校勘語，是唐初本已譌奪也。《左傳》：『魏舒爲五陳，兩於前，伍於後，專爲右角，參爲左角，偏爲前拒。』服注引此《法》文以釋傳義，云：『彼皆準車數多少以爲別名，此傳去車用卒而有此名，不以車數爲別也。』服意《法》爲崇車而設，傳則毀車崇卒，意實相背，而其名仍用車之陳，名義可互參，故引《法》文以解之。魏舒云：『以什供車必克』，謂留輜重十人以供車，餘十五人爲步卒也；云『毀車以爲行』者，毀其乘車之士爲步陳，其步卒如舊不改也。云『五乘爲三伍』者，毀車爲卒，其法合五乘之車，士十五人爲三伍也。云『兩於前』者，以五十乘之兩，合其車士爲三十伍，分其輜重爲百五十伍，是以百八十伍增前軍，合步卒爲九百伍也。云『伍於後』者，以百二十五乘之伍，合其車士爲七十五伍，分其輜重爲三百七十五伍，是以四百五十伍增後軍，合步卒爲二千一百七十八伍也。專、參、前拒，悉以此法毀之。專有千四百五十八伍，參有四百八十六伍，偏有五百十伍，前兩後伍，陳之正也，故曰於左右。角、參、專、前拒，偏陳之變也，故曰爲左右。角、前拒，皆列陳前。而左角、前拒二陳，得五之二；右角一陳，得五之三。疏密不勻。此誘法也，故翟人笑之。以《法》文釋傳義，傳之卒伍明，而《法》之車乘亦通，故詳言之。它若楚子之卒偏之兩，巫臣之以兩之一卒適吳，舍偏兩之一，悉當以《法》文通之。詳見《禮故》中。〔十五〕（子家辰、家鶩對字）

【箋注】

〔一〕輯自《軍禮司馬法考徵》，清光緒十八年黄氏試館刊本。繼紅案：黄以周自跋云：『初，顧千里爲孫伯淵書《司馬兵法》五篇，筆勢遒勁，豁人心目。辛卯春，余作《軍禮司馬法考徵》成。次兒家岱仿率更意，繕寫是書，甫及半，應鄉貢試，得病歸，嘔血。延至十二月初，遽殁。意欲待諸兒能書者續之，而朋儕好是書，多慫恿付梓人，寫以鋟版，没亡兒意。刊成自悔，有餘痛焉。壬辰。』譚獻序曰：『《軍禮司馬法》紀於班《志》，其即《史記》所稱『齊威王令大夫論古司馬兵法合之穰苴』者與？書佚不具。今《司馬法》五篇，其言完具而平易，鄭樵考述，還之兵家，斥議《藝文志》之品目。近世校讐家，復排鄭氏。要之，吉、凶、軍、賓、嘉之爲五禮，天、地、春、夏、秋、冬之爲六官，十七篇無革車介胄之儀度，《周官》聯事司馬亦不言行陳之制，則夫『軍禮』之書，爲詐力首功之世去其籍，如井田之廢，固可信也。《漢志》之《司馬法》於今之五篇，同物以否，過而存之，未易質言。乃漢、晉以來，經注疏義所引據《司馬法》言，往往五篇所未有。唐代類書，左右采獲，其諸百五十五篇遺文隊簡，成周大小司馬之所掌，凡可推説有合於德義制度者，承學之士，通經稽古，裒殘守闕，考見治古之成法，攘卻功利之變故，非小益也。桐城姚氏《惜抱軒筆記》、山陽丁氏《佚禮扶微》，皆嘗戢舂《司馬法》佚文。詳略互見，推説大義，以爲三代《禮經》之遺，未能根極理要，擇精語詳也。吾友定海黃元同氏，當世《禮經》名家大師也。卒業《禮書通故》垂三十年成書，猶以五禮之等，軍禮耑委未竟。古《司馬法》亡，傳書五篇也者，然疑作矣，即姚氏亦僞之。乃就廣一家所采，條舉件繫，理而董之，推明古制，折衷經教，以爲之注。雖存千百於十一，而隅反之士，厭飫尋省，遂謂古軍禮至今存可也。車而騎矣，戈矛弓矢而肉薄矣，奇器相禪，火烈具揚矣，戕賊生人，遷流靡届，孫、吴、尉繚所不言，矧王朝所守，故府所臧，古《司馬法》所揚搉而陳者乎？或者曰：卷中佚文，從出非一，疑當有穰苴兵法厠焉，而辭不别白。元同氏固云：苟無違於正道，援而入之可也。獻則以爲，齊威大夫所論，何必非大公所留遺？始封之古籍，田氏推大其先人穰苴所述，合而著之百五十五篇，而在度亦傅益而成。周秦古書，兵家緒言，如《老子》『偏將軍居左，上將軍居右，言以喪禮處之』，未必果出柱下，然亦古之軍禮也。六藝散矣，求之九流。墨翟、吕不韋之書，且有與軍禮相出入者，非閎達之鉅儒，有不深閉固拒者哉？』

〔二〕參見《禮書通故》第三十五《井田通故》：顧炎武説：『古王國稱邑，不稱都。』以周案：邑有大小，不必國國稱邑也，亦稱都。《詩》曰：『謂爾遷於王都。』

又《禮書通故》第十六《宗廟禮通故二》：以周案：邑有先君廟曰都，故曰『都宗祀』。

〔三〕『六鄉』，鄭玄注曰『六鄉地』，此引漏『地』字。

〔四〕此節注疏參見《禮書通故》第三十五《井田通故》：賈逵、馬融説，六鄉之地在遠郊五十里内，五十里外置六遂。鄭衆云：『百里内爲六鄉，外爲六遂。』鄭玄云：『六鄉地在遠郊之内，則居四同。』賈公彦云：『《司馬法》王城百里爲遠郊，於王城四面，則方二百里，開方之，二二如四，故云居四同。言此，破賈、馬説。』以周案：賈、馬以五十里爲遠郊，《載師》注引《司馬法》『王國百里爲郊』，杜子春云『五十里爲近郊，百里爲遠郊』，《白虎》論同。鄭本此説以破賈、馬，故云遠郊之内居四同。《詩·魯頌》疏、《爾雅·釋地》疏引鄭《聘禮》注云：『周制天子畿内千里，遠郊百里。以此差之，遠郊上公五十里，侯四十里，伯三十里，子二十里，男十里，近郊各半之。』今本《聘禮》注文多脱譌。李如圭《集釋》云：『各以其國封疆十之一差去國之數，爲遠郊。』李氏本鄭注爲説，其所見本尚不誤。賈、馬説『遠郊五十里』，與上公之數合，但不可以此説天子制也。《尚書大傳》云：『百里之國，三十里之遂，二十里之郊；七十里之國，二十里之遂，九里之郊；五十里之國，九里之遂，三里之郊。』伏氏據夏、殷制言，故鄭注《王制》亦引用之。天子鄉、遂分六，以軍制也，天子六軍。鄭剛中云：『上公之國三鄉三遂，侯伯之國二鄉二遂，子男之國一鄉一遂。』此説可通。

〔五〕『術』『遂』通，《禮書通故》第三十二《學校禮通故》：《學記》：『黨有庠，術有序。』鄭注『術』當爲『遂』，聲之誤也。案《水經注》引此文，正作『遂有序』。《月令》『審端經術』，注云『術，《周禮》作遂』。是古字互通之證。陳澔謂『術』當作『州』，大謬。

〔六〕此節釋『野』與下節釋『縣』，並參見《禮書通故》第三十四《職官禮通故四》：鄭衆云：『「鄉士掌國中」，謂國中至百里郊也。「遂士掌四郊」，謂百里外至三百里也。「縣士掌野」，掌三百里至四百里，大夫所食。晋韓須爲公族大夫，食縣。「方士掌都家」，掌四百里至五百里，公所食。魯季氏食於都。』鄭玄云：『國中，謂其地距王城百里内也。六鄉之獄在國中。四郊，距王城百里以外至二百里。六遂之獄在四郊。地距王城二百里以外至三百里曰野，三百里以外至四百里曰縣，四百里以外至五百里曰都。都、縣、野之地，其邑非王子弟、公卿大夫采地，則皆公邑也，謂之縣，縣士掌其獄焉。言掌野者，郊外曰野，大總言之也。都，王子弟及公卿之采地。家，大夫之采地。大都在畺地，小都在縣地，家邑在稍地。』以周案：當從後鄭。但縣之名不一：《大司徒》『四甸曰縣』，是二十里之縣也；《遂人》『五鄙爲縣』，是二千五百家之縣也；《載師》『小都之田任縣地』，是四百里之縣也。《縣師》『掌邦國、都鄙、稍甸、郊里之地域』，鄭注：『自邦國以及四郊之内，是所主數周天下。』是統四郊至邦國言之，猶王畿稱『縣内』，天子稱『縣官』之縣也。王氏《詳説》云：『鄉士掌鄉獄，遂士掌遂獄，方士掌采地之獄，則知縣士掌四等公邑之獄矣。後鄭之意，以二百里之甸所有公邑之獄遂士兼之，故止於三等公邑。』如王氏説，兼治四等公邑，存參。

縣士掌野，春秋時謂之『野司寇』。《昭十八年》。

〔七〕此節注釋又見《禮書通故》第四十《軍禮通故》：《周書·武順解》云：『五伍二十五曰玄卒。一卒居前曰開，一卒居後曰敦，左右一卒曰閭，四卒成衛曰伯。三伯一長曰佐，三佐一長曰右，三右一長曰正，三正一長曰卿，三卿一長曰辟。』孔晁云：『伍，兵名。開猶啟。敦猶服。伯，卒名。右，九伯卒也。伯卒則右，千卒則正，三千卒則卿，萬卒舉令之於君。辟，君也。此謂諸侯三軍，數起於伍，故不正相當。』以周案：孔注有字誤。玄卒即《詩》之玄戎。五伍曰玄卒，爲車一乘。古者謂車爲兩。《周禮》『五人爲伍，五伍爲兩』，故車以二十五人爲一乘。一卒居前曰開，開猶啓，即《詩》所謂玄戎之『先啟行』者是也。敦讀敦艮之敦，謂軍後重車。四卒成陳，故曰成衛。伯四卒，佐十二卒，右三十六卒，正百八卒，卿三百二十四卒，爲兵八千一百人。古者軍帥皆命卿，三卿，三軍也，爲乘九百七十二，兵二萬四千三百人。三卿一長曰辟，辟有親軍。是武王國制千乘之法也。《司馬法》言乘制，雖有變更，而實權輿於此。其言曰：『大前驅啟乘車，大晨、倅車屬焉。』啟即『居前一卒』之『開』，《後漢・岑彭傳》注『凡軍在前曰啟』。晨即『居後一卒』之『敦』，敦與晨古音相近。服注《左傳》以『大晨』爲『大殿』，殿與晨古音亦近。軍有次舍，用前開、後敦、左右閭之法。出戰用輕車，後敦留在軍後，只用前開、左右閭三卒。《司馬法》言『制軍一乘，甲士三人，步卒七十二人』，即仿此前、左、右啟閭之卒也。杜牧注《孫子》，又有『將重車二十五人』，即仿此後敦之卒也。武王之制，五伍爲卒，四卒成衛，《司馬法》用其成衛之卒以爲一乘。以此差之，卿一軍八千一百人，爲八十一乘。《司馬法》云『八十一乘爲專』，以卿一軍言也。卿主一軍，故謂之專。正二千七百人，爲二十七乘。《司馬法》云『二十九乘爲參』，『九』當作『七』，以正二十七乘言也。正爲三右之長，故謂之參。然則《司馬法》所言乘制，實仿《周書》，特其所用人數較古爲多耳。

〔八〕邱賦之法，參見《禮書通故》第三十六《田賦通故》：服虔云：『子產作邱賦者，賦此一邱之田，使之出一馬三牛，復古法耳。邱賦之法不行久矣，民以爲貪，故謗之。』杜預云：『邱當出馬一匹，牛三頭。今子產別賦其田，如魯之田賦。』惠棟云：『下引《詩》「禮義不愆，何恤於人言」，若如杜注，何不愆之有？服說是。』沈欽韓云：『渾罕言「作法於貪」，則不全如服說。蓋鄭國之法，賦者不役，役者不賦，今復計邱爲賦，故國人謗之。』以周案：子產作丘賦，必有加於常法，於今未聞矣。若邱出一馬三牛及粟米、力役兩賦，自古有之，非子產始作。

〔九〕邱甲之法，參見《禮書通故》第四十《軍禮通故一》：《公羊》説，魯作邱甲，邱爲甲也。甲非人人所能爲，邱爲甲，非正也。何休云：『甲，鎧也。譏始使民作鎧。』服虔云：『《司馬法》四邑爲邱，有戎馬一匹，牛三頭，是謂匹馬邱牛；四邱爲甸，甸六十四井，出長轂一乘，馬四匹，牛十二頭，甲十三人，步卒七十二人，戈盾具備，謂之乘馬。』杜預説，甸所賦甲，今魯使邱出之。杜佑説，邱甲，邱各一甲，一邱出步卒二十四人，甲士一人，三甸而加一乘。以周案：何注『甲』訓『鎧』，本正義。而被甲之士亦稱甲，猶執兵之卒亦稱兵也。《左氏傳》曰『使鄧廖帥組甲三百』，亦謂甲士。服注備引《司馬法》者，以明古者四邱出甲士三人，邱不成甲。今魯使邱出一甲士，則步卒亦必有增於古。杜氏《通典》所言邱甲之法『甲士一人，步卒二十四人』，古法，邱出步卒十八人。蓋子慎之遺説也。惠半農據《管子・乘馬篇》『邱一馬，其甲七』，以爲邱出一馬七甲，非服氏意。元凱以爲『一邱出四邱之賦』，魯雖苛征，當不至此，不可從。

〔十〕邱乘之法，參見《禮書通故》第四十《軍禮通故》：《周官》『稍人掌令邱乘之政令。』鄭玄云：『四邱爲甸。甸讀與「惟禹𨺅之」之𨺅同，其訓曰乘，是以改云。是掌令都鄙修治井邑、邱甸、縣都之溝洫，云邱甸者，舉中言之。』一説：『乘』如字，邱出一乘。以周案：鄭讀『乘』如『𨺅』，以通『甸』字，爲『乘』、『甸』古音隔遠也。但《郊特牲》篇『惟社邱乘供粢盛』文與此同，似無須破字。古無『邱出一乘』之法，然乘法實昉於邱。觀《春秋傳》子産作邱賦，魯作邱甲，可知成法沿革之有自。《司馬法》『邱出戎馬一匹，牛三頭』，謂之『匹馬邱牛』，至『甸出馬四匹，牛十二頭』，謂之『長轂一乘』。《左傳》載季孫用田賦，仲尼曰：『君子之行也，度於禮，施取其厚，事舉其中，斂從其薄。如是，則以邱足矣。』亦獨以『邱』爲言，皆其證也。但邱爲乘之始基，非乘成於邱。賈注直以『邱出一乘』爲古法，斯則非矣。

〔十一〕《禮書通故》第三十五《井田通故》曰：《司馬法》：『夫三爲屋，屋三爲井，井十爲通，通爲匹馬，三十家，士一人，徒二人。通十爲成，成百井，三百家，革車一乘，士十人，徒二十人。十成爲終，終千井，三千家，革車十乘，士百人，徒二百人。十終爲同，同方百里，萬井，三萬家，革車百乘，士千人，徒二千人。』鄭學者說，通爲九十夫之地，除以三分去一分之法，惟有六十，通率二而當一，則止三十家。陳傅良云：『一成八百家，《司馬法》只言三百家，番休者五百家可見。周家優民之至。』　以周案：《司馬法》通、成、終、同，皆以『三』爲數，承上『夫三爲屋』而言，據一偏之實數以例四方也。其中積實有，當除以『三分去一』及『二而當一』之法，亦有不必除以二法者，數難核實，故舉一偏以待三反。注疏家每處以兩法相除，愈覈愈鑿。陳君舉、陳及之、王次點解《司馬法》文皆誤。

〔十二〕『六尺爲步』，參見《禮書通故》第三十五《井田通故》：《孟子》云：『夏后氏五十而貢，殷人七十而助，周人百畝而徹。』　以周案：禹平洪水於溝洫，盡力爲之，非一手一足之功，殷周亦當承而不改，先儒嘗論此矣。《孟子》云爾者，異在步尺，不在井疆也。蔡氏《獨斷》云：『夏以十寸爲尺，殷以九寸爲尺，周以八寸爲尺。』是三代有異尺矣。周以六尺爲步，見《司馬法》。而《王制》云『古者以周尺八尺爲步，今以周尺六尺四寸爲步』，與《司馬法》又異。是三代有異步矣。

又：《王制》云：『古者以周尺八尺爲步，今以周尺六尺四寸爲步。』《司馬法》云：『六尺爲步，步百爲畝。』　以周案：『《王制》舉周以別古今，則古者爲殷，今乃斥言周末之制。鄭注今指周末，或指漢説。周一夫之田，開方得六百尺，以步六尺，畝百步除之，縱横各百步，得十畝者十，而田首之遂徑在其内焉。殷步横亦六尺，縱則《王制》所謂八尺是也。一夫之田以殷步除之，縱七十五步，横百步，以步百爲畝除之，得横十畝，縱七畝有五步，而五步當田首之遂徑也。夏之步不可考。《司馬法》『六尺爲步，步百爲畝』，以横數言。《王制》言步有八尺、六尺之異，以縱數言。横數在周尺並六尺，歷世不改，而縱則隨時而異，故《孟子》有夏五十，殷七十，周百畝之分。古人度物，多横縱異數，如軌廣八尺，度高則三尺三寸；仞長八尺，度深則爲七尺；雉高一丈，度廣則爲三丈：皆同此例。步以無定尺而分長短，畝以有定步而分多少。夏、殷之尺大於周，故步長，步長而畝少；周之尺小於夏、殷，故步短，步短而畝多：此定數也。『今以周尺六尺四十爲步』，似當作『六尺六寸』，《考工記》曰『六尺有六寸，與步相中』是也。《考工記》與《王制》同作於周秦之閒，見孔疏。其語當同。

又參見《禮書通故》第四十八《禮節圖表二·井田表》，説與此同。

〔十三〕此云『説詳《禮故》中』，蓋見於《禮書通故》第四十《軍禮通故一》：《司馬法》：『成百井三百家，出革車一乘，士十人，徒二十人。』又，《法》：『甸六十四井，出長轂一乘，馬四匹，牛十二頭，甲士三人，步卒七十二人。』班固《漢志》用『甸出一乘』之法。鄭玄《周官》注引『成出一乘』之法。賈公彦云：『鄭注《小司徒》引《司馬法》「士十人，徒二十人」，謂天子畿内采地法，注《論語》「道千乘之國」亦引《司馬法》。彼是畿外邦國法，彼甲士少，徒卒多，此比畿外甲士多，步卒少，外、内有異故也。』江永云：『七十五人者，邱乘之本法。三十人者，調發之通制。』戴震説，乘法，一車共三十人。《司馬法》與《周禮》有合，有不合，不可執定。王鳴盛、秦蕙田説，觀鄭於《論語》注，服、杜於《春秋左氏傳》所言，皆邦國事，同引『七十五人』之説，於《小司徒》畿内事，則引『三十人』説，足見賈疏之精。又，孔穎達《書·牧誓》、《記·坊記正義》謂臨陳對敵，配劃其車，則『三十人』自屬玄科，非軍法。以周案：鄭箋《采芑》，亦引《司馬法》『七十五人』明畿内事，賈疏不過謂乘三十人爲『畿内采邑之制』如此，非鄉遂都鄙盡用此法，《左傳·成公玄年》孔疏亦云然。王西莊誤會賈意，殊嫌穿鑿。其實賈、孔之説亦非也。《左氏傳》曰：『晋十家九縣，長轂九百。其餘四十縣，遺守四千。』《周書·作雒解》『千里百縣』，則一縣猶一同也。四十九同爲方七百里，出車四千九百乘，此用古『成出一乘』之法也。《左氏傳》又曰：『公子無虧成衛，帥車三百乘，甲士三千人。』此用古『革車一乘，士十人，徒二十人』之法，亦『成出一乘』之法也。賈疏謂邦國用『甸出一乘七十五人』之法，亦與傳戾。古者『賦』與『軍』異，軍之『在國』與『出征』異。《小司徒》云『凡起徒役，無過家一人』，此言貢賦之法。《魯頌》云『公車千乘』、『公徒三萬』，是記貢賦實數。天子地方一畿，則有賦萬乘。《詩》詠公劉『其車三單』，武王祖其制，而云『前一卒曰開，後一卒曰敦，左右一卒曰閭』。『三單』用開、閭七十五人，『四卒成衛』用百人，此言在國制軍之法。《司馬法》本此，而云『甸出一乘，甲士三人，步卒七十二人』。《曹公新書》云：『攻車一乘，前據一隊，左右角二隊，共七十五人。』是用其開、閭以出戰。杜牧《孫子》注所引古法，一乘七十五人之外，又有輜車之炊家、固守、衣裝、廐養、樵汲二十五人，《曹公新書》同，是用其『成衛』以立營。《武順》曰『四卒成衛』，於《周官》曰『四兩』。《司馬法》專以開、閭七十五人言，則一乘三兩也，百乘三師也。天子六軍，七萬五千人，用千乘；大國三軍，三萬七千五百人，用五百乘。此法以徒爲主，故甲士少步卒多。《孟子》引《逸書》云：『革車三百兩，虎賁三千人。』虎賁即甲士，每車甲士十人，此武王爲諸侯時出征境外之法。《司馬法》本此，而云『成出一乘，士十人，徒二十人』。天子出征用六師，萬有五千人，計五百乘。此法以車爲主，故甲士多步卒少。王者有萬乘之賦，而御戎於國用其本賦十之一，出征於外又用六軍十之二，先王之用民力，可謂紓矣。　又案：『四卒成衛』爲在國制軍之定法，是固然矣。而境外出師雖以革車士徒爲正，亦時有變通之法。《大司馬》曰：『險野，人爲主；易野，車爲主。』車爲主者，宜甲士多步卒少，固用『革車』之法，一乘士十人、徒二十人矣。其人爲主者，宜甲士少兵卒多，亦惟用『長轂』之法，一乘甲士三人、步卒七十二人也。凡出軍之時，宜先相其田野之險易，而後比其車人之卒乘，是以國有軍旅之戒，縣師必受法於司馬而會其車人之卒伍，司右亦必合其車之卒伍以比其乘。《司馬法》並列『革車』、『長轂』兩制，亦以明險易之不同，車人之互主焉爾。《車人職》云：『行澤欲短轂，行山欲長轂。』山即險野，則長轂之乘用於險野明矣。學者知其成法，又能變通之，斯爲善讀書者

又：陳祥道云：『《司馬法》兵車一乘，甲士三人，步卒七十二人，合七十五人，則一卒所餘在後車矣。後卒復以五十人合二十五人爲一車之士卒，則所餘五十人又在後車矣。凡三卒而車四乘，三旅而車二十乘，三師而車百乘，三軍而車五百乘，六軍則車千乘矣。』葉時說，六軍用車五百一十二乘。沈彤說，一車百人，一軍一百二十五車，六軍合七百五十乘。王鳴盛說，每車人數以七十五人爲定，一乘三兩之數，四乘三卒之數，百乘三師之數，五百乘三軍之數，千乘六軍之數，葉、沈說非。　以周案：如陳氏言六軍三軍，尚不失卒伍整齊之數，至次國二軍、小國一

軍，皆有畸零，不滿其乘者矣。葉、沈二説既爲王氏所非，王氏《軍賦説》謂『畿人軍法一乘三十人』，而此解六軍又用『七十五人』之數，亦自矛盾。

〔十四〕關於『軍制』，《禮書通故》第四十《軍禮通故》：鄭玄説，《詩·采芑》：『其車三千。』宣王承亂，羨卒盡起。何楷云：『《尚書》疏出車一乘，則有兩軍。輕車備戰陳，士卒共七十五人。重車載輜重，用二十五人。合兩車，總百人。其車三千，内兵車一千五百乘，計甲士步卒共得十一萬二千五百人，重車一千五百乘，計炊家子等共得三萬七千五百人，合之爲十五萬人。天子六鄉、六遂之衆也。』孔廣森云：『軍五百乘，乘二十五人。天子六軍，而《采芑》之詩曰「其車三千」。魯僖公時二軍，而《閟宫》之頌曰「公車千乘」，五百乘爲軍，是其明證。周法，五人爲伍，五伍爲兩，兩之言輛也，二十五人而車一輛；百乘成師，則二千五百人；五百乘成軍，則萬二千五百人。然此惟六鄉制軍之數如是，其郊、遂以外，制賦所謂甸出長轂一乘者，與此不同。鄉之中，以家制卒，而用之征。遂之外，以甸制乘，而用之守。』以周案：《詩》『其車三千』，三章緟累言之，此必實有所指。鄭箋之説，前人駁之者衆矣。竊謂周初軍制，自以《武順解》『四卒成衛』爲通制。而啟行玄卒，古亦謂之玄戎，其人五伍二十五，古亦謂之一乘。天子六軍七萬五千人，以玄卒五伍計之，得三千乘。《采芑》所詠，正六軍正卒之數。顧王出征不靖，非特羨卒不盡起，即正卒亦不盡用，而詩人意在誇美，故舉六軍正卒言之爾，抑亦玁狁素彊，遂盡起六軍與？又案：天子六軍之制七萬五千人，有合前開、左右閭三卒言之者，其車千乘，如注疏家所言是也；有專以玄卒五伍言之者，車三千乘，如《采芑》詩所言是也。其諸侯三軍之制，用武王革車三百兩、虎賁三千人之法，軍百乘，乘士十人、徒二十人，則大國千乘有公徒三萬，如《魯頌》所言是也。諸言各有所指，宜分別觀之。若牽而纏合，無一可通矣。孔氏『二十五人爲一乘』，有合『玄戎啟行』之法。金誠齋申其説，以爲即《司馬法》徒三十人爲一乘，而留其五人以將輜重，斯言難信。

又：《詩》：『周王於邁，六師及之。』毛傳云：『天子六軍。』鄭箋云：『二千五百人爲師。今王興師行殷末之制，未有《周禮》五師爲軍，軍萬二千五百人。』以周案：天子國制六軍，其出征只用六師，不盡發正卒，不足則征諸諸侯，故《詩》述天子之軍，皆曰『六師』。《常武》爲宣王親征，亦惟曰『整我六師』，則《棫樸》詩言『六師及之』者，非殷末之制有異《周禮》之故矣。《周禮》以制軍言，《詩》以出征言。出征二千五百人爲師，師爲一軍，故毛傳直以『六師』爲『六軍』。六師萬有五千人，其車五百乘。

〔十五〕詳見《禮説略·偏兩卒五專參》篇及箋注所引《禮書通故》諸説。

軍禮司馬法考徵下〔一〕

進退以時，無曰寡人。《孫子·謀攻篇》曹注。

《御覽》引《太公兵法》云：『國不可以從外治，軍不可以從中御。』《白虎通義》云：『大夫以君命出，進退在大夫。』

春以禮朝諸侯，圖同事；夏以禮宗諸侯，陳同謀；秋以禮覲諸侯，比同功；冬以禮遇諸侯，圖同慮；時以禮會諸侯，施同政；殷以禮宗諸侯，發同禁。《周官·大行人》注。

此《大行人》文，惟末『政』、『禁』二字互易。其謂之同者，《大宗伯》：『以軍禮同邦國』，注云：『同，謂威其不協僭差者』，是也。《大行人》注云：『此六事者，以王見諸侯爲文，圖、比、陳、協，皆考績之言。王者春見諸侯，則圖其事之可否；秋見諸侯，則比其功之高下；夏見諸侯，則陳其謀之是非；冬見諸侯，則合其慮之異同。六服以其朝歲四時分來，更迭如此而徧。時會，即時見也，無常期。諸侯有不順服者，王將有征討之事，則既朝，王命爲壇於國，外合諸侯而發禁命事焉。禁，謂九伐之法。殷同，即殷見也。王十二歲一巡守，若不巡守，則殷同。殷同者，六服盡朝。既朝，王亦命爲壇於國，外合諸侯而命其政。政，謂邦國之九法。殷同四方，四時分來，歲終則徧矣。九伐、九法，皆在《司馬職》。

或起甲兵征不義，廢貢職則討，不朝會則誅，亂適庶則縶，變禮刑則放。《晋・刑法志》。

討，伐也。誅，責也。廢貢職則討，如齊桓討楚不貢苞茅是。不朝會則誅，如王使來徵聘徵朝是。徵，内詞，實責也。亂適庶則縶，如晋侯執曹伯，負芻歸之京師是。變禮刑則放，即《王制》所謂『變禮易樂者爲不從，不從者君流』，謂流放其君也。

登車不式，遭喪不服，振旅撫師，以征不服。率三軍之心，同戰士之力，故怒形則千里竦，威振則萬物伏。是以名聲暴於夷貉，威稜憺乎鄰國。《漢・李廣傳》、《風俗通・窮通篇》。

『登車不式，遭喪不服，以振旅撫師』，時言若先有三年之喪、卒哭、金革之事，無辟。義見《禮・曾子問篇》。師古云：『竦，驚也。』蘇林云：『陳留人語恐言憺之。』案：暴者，襮之借。憺者，炎之借。式、服、力、伏、國，皆古韻字。

善者忻民之善，閉民之惡。《説文》十心部。

明不寶咫尺之玉，而愛寸陰之旬。《文選・魏都賦》劉淵林注。

《文選》劉注云：『旬，時也。』《御覽》引諸葛亮《兵要》曰：『不愛尺璧而愛寸陰者，時難遭而易失也。故良將之趨時也，衣不解帶，履遺不躡。』發明《法》文甚晰。

閫外之事，將軍裁之。《公羊・襄十九年》疏。

《漢・馮唐傳》云：『王者之遣將也，跪而推轂，曰：閫以内者，寡人制之；閫以外者，將軍制之。』《白虎通義》云：『大夫將兵出必不御者，欲盛其威，使士卒一意繫心也。故但聞將軍令，不聞君命。』

血於鼙鼓者，神戎器也。《史・高帝紀索隱》。

《周官・大司馬》：大師帥執事涖釁軍器。注云：『殺牲以血塗器神之。』《左傳》祝佗云：『軍行，祓社釁鼓。』

斬以徇。《説文》二彳部。

《説文》：『徇，行示也。』今經典多作徇，古勻、旬同用。大司馬『斬牲以左右徇陳，曰：「不用命者斬之！」』此其徇辭也。《甘誓》、《牧誓》尤加詳焉。

昏鼓四通爲大鼜，夜半三通爲晨戒，旦明五通爲發昫。《周官・鼓人》注，《説文》五鼓部引以爲《禮》。

《周官・鼓人》：『凡軍旅，夜鼓鼜。』注：『鼜，夜戒守鼓也。』《鎛師》：『掌金奏之鼓。凡軍旅，夜三鼜，皆鼓之守，鼜亦如之。』注：『鼓之以鼖鼓。杜子春云：一夜三擊，備守鼜也。』《春秋傳》所謂『賓將趣』者，音聲相似。《眡瞭》『鼜亦如之』注，杜子春讀鼜爲憂戚之戚。擊鼓聲疾數，故曰戚。《掌固》『夜三鼜以號戒』注，杜子春讀爲造次之造，謂擊鼓行夜，戒守也。康成謂『鼜，擊鼜警守鼓也』。案：蚤聲、告聲、取聲、尗聲，古音同在幽侯部。鄭意鼜爲行夜所擊之名，非鼓名也，故曰『鼓之以鼖鼓』，《鼓人》所謂『以鼖鼓鼓軍事』是也。《韗人職》：『鼓長八尺，鼓四尺中圍加三之一，謂之鼖鼓。』《說文》：『鼖，八尺而兩面。』杜氏云『擊鼓聲疾數』，亦不以爲鼓名。沈約《宋志》云：『長丈二尺者曰鼜鼓。凡守備及役事，則鼓之。』直以鼜爲鼓名，失其實矣。《鎛師》之三鼜，即此所謂昏、夜半、旦明三大節也。此昏四通，夜半三通，旦明五通，合之爲十二通，乃三鼜中之細節也。唐李靖云：『鼓三百三十三槌爲一通。』未知古法然不？而三鼜在三巡之間，自是古法，故《周官·掌固職》云：『晝三巡之，夜亦如之。夜三鼜以號戒。』注云『三巡之間，又三擊鼓』，是也。『大鼜發眗』，《說文》引作『大鼓發明』，皆字之誤。晨戒，當從《說文》作『戒晨』。戒晨、發眗，對文。昧爽之先謂之晨。《說文》：『晨，早昧爽也。』《司寤氏》：『御晨行者。』注：『晨，先明也。』旦明，猶質明，謂日初出地。從日見一上，一，地也。《左傳》云：『明而未融，其當旦乎？』眗，《釋文》本又作『昫』，亦作『煦』。《說文》：『昫，日出溫也。』義與煦近。佝，佝瞀也，發其徇瞀，義亦可通。

晨夜内鈀車。《説文》十四金部。

《説文》：『鈀，兵車也。從金巴聲。』下引此文。案：《説文》『兵車』，當依《玉篇》作『候車』。鈀車以候敵，故晨夜納之。《説文》引此文，亦以證明鈀之爲候車耳。

夏執玄鉞，殷執白戚，周左杖黄鉞、右把白髦。《説文》十二戉部。

鉞，鑾聲，叚借字，本作戉。戉、戚，皆大斧也。《司馬兵法二》云：『旂，夏后氏玄首，人之執也；殷白，天之義也；周黄，地之道也。』鉞色同旂，義蓋取此。把、執同義，周又謂之杖者。《周官·伊耆氏》：『軍旅，授有爵者杖。』注云：『别吏卒，且以扶尊者。』將軍杖鉞，其義見《孔叢子》。』是則杖鉞者。將杖黄鉞者，王也。故《牧誓》云：『王左杖黄鉞。』某氏傳云：『左杖，以爲儀耳，明王不親殺也。』髦，《御覽》引作『旄』，用《尚書》文改之。馬注云：『白旄，旄牛尾。』依《説文》，牛尾字作『氂』，則髦、旄，皆叚借字。某氏傳云：『旄，軍中指麾。白則見遠，麾非右手不能，故右秉白旄。』是則左杖黄鉞者，因右欲麾旄而左之也。故師有功而歸，愷獻於社，則右杖黄鉞。《大司馬職》云：『左執律，右秉鉞，以先愷樂，獻於社。』又其例矣。

十人之長執鉦，百人之師執鐸，千人之師執鼙，萬人之主執大鼓。（《周官·大司馬》疏）

《周官·大司馬職》：『王執路鼓，諸侯執賁鼓，軍將執晋鼓，師帥執提，旅帥執鼙，卒長執鐃，兩司馬執鐸，公司馬執鐲。』杜子春云：『公司馬，謂五人爲伍，伍之司馬也。』《説文》：『鐲，鉦也。鉦，鐃也。似鈴，柄中上下通。鐃，小鉦也。鐸，大鈴也。』據經，公司馬爲五人之長，執鐲；兩司馬爲二十五人之長，執鐸；卒長百人，執鐃；旅帥五百人，執鼙鼓；師帥二千五百人，執提鼓；軍將皆命卿，萬有二千五百人，執晋鼓；諸侯執賁鼓，爲大鼓。《法》『百人之長執鐸，千人之長執鼙』，皆下一等，爲諸侯立文也。故説萬人之主而止。凡諸侯之官吏，皆下天子一等，賈疏引此證經，且云：『義與此同』殊未別白。《御覽》三百三十八引《周髀》語，文與此同。『鉦』作『銅』，『主』作『將』，皆非。

鼓聲不過閶，鼙聲不過闒，鐸聲不過琅。《周官·大司馬》注。

琅，古通『閬』。《説文》：『閶，天門也。闒，樓上户也。閬，門高也。』是閶之高不及闒，闒之高不及閶也。以遠近言之，閶者，門之高而遠者，謂大門也，字亦作『闓』。《楊雄傳》：『西馳闓闔。』闓闔，即閶闔也。闒，字亦作『闥』。《韓詩傳》云：『門屏之閒曰闥。』琅，古廊字。《申屠剛傳》注：『廊，殿下屋。』此明鼓、鼙與鐸，聲有大小，故以閶、闒、琅擬之。

天子雕弓，諸侯彤弓，大夫嬰弓，士盧弓。《公羊·定四年》注引《禮》，《釋文》云：『見《司馬法》。』

雕弓，即《詩》之敦弓。《釋文》：『敦，音彫。』彤弓，見《詩》、《書》。盧弓，即兹弓，見《書傳》。惟嬰弓無文。何注《公羊》引此以爲《禮》，《釋文》出嬰弓字，云『見《司馬法》』，則何注所引《禮》皆據《法》文，與《説文》『蠹』下引《法》文以爲《禮》同例。故並録之，且以見舊注所引《司馬法》文宜入六藝也。

敦弓，毛傳云：『畫弓。』《説文》作『弴』。彤弓，色赤。盧弓，色黑。嬰弓，其色之青者與。段懋堂云：『嬰，即《江賦》之纓。蓋朱黑相間而嬰繞也。』愚謂頸飾爲嬰之本義，彩色嬰繞爲嬰之引申義。郭璞《山海經》『燕山多嬰石』注云『此所謂燕石者，言石似玉，有符彩嬰帶』。是嬰有彩色嬰繞之義也。《江賦》『纓以蘭紅』，纓即嬰之俗體。李注：『岩，彩色相映。』蘭、紅，一草名。紅即葒字。蘭、葒皆青色，青與黑相近。《禮器》『或素或青』，注『素尚白，黑尚青』。故《荀子》云：『天子雕弓，諸侯彤弓，大夫黑弓，禮也。』通言之，嬰弓青亦稱黑。析言之，大夫嬰弓青，士盧弓黑也。段氏説少依據。陳氏正義沿之，非。〔二〕

執羽從杸。《説文》三殳部。

《周官·鍾氏》『染羽』，注『羽所以飾旌旗也』。『七命屯羽隊於外林』，注『士負羽而爲隊也』。《詩》『執戈與殳，爲王前驅』，殳即殳字。《説文》多收《司馬法》文，故有『殳』，復有『杸』云。杸，軍中士所持殳也。殳，以杖殊人也。《禮》：『殳以積竹八觚，長丈二尺，建於兵車。』執羽從杸，士之從軍者也。

𩊚《説文》月部。

《説文》云：『冑，兜鍪也。從𩊚由聲。月，《司馬法》冑，從革。』段氏云：『《荀卿子》、《鹽鐵論》、《大玄》皆作軸。

上下下謀，是謂參之。《周官·大司馬》注。

《易·繫辭傳》：『人謀鬼謀，百姓與能。』《書·洪範》云：『女則從龜從筮，從卿士，從庶民。從此之謂大同。』

上謀不鬬。《通典》百六十。

杜佑云：『伐謀伐交，不至於戰。』案：『伐謀伐交』，見《孫子·謀攻篇》，此譎道也。仁義之師亦自有謀，《論語》曰『好謀而成』，《詩》曰『王猷允塞』。

新氣勝舊氣。《孫子·軍爭篇》十家注，孟氏。

《左·昭二十一年傳》：『《軍志》有之：「先人有奪人之心，後人有待其衰。」』新氣勝舊氣者，待其氣衰而後作也。春秋之戰，多以先人勝後人之法，惟曹劌一用之。《呂氏春秋・不二》篇云：『王廖貴先，兒良貴後。』高注：『王廖謀兵事貴先，兒良作兵謀貴後。』則兵事之用先後，各有專長矣。

上多前虜。《周官・司勳》注。

《晉語下》：『邑之役董，安於多多。』謂克敵功多，故鄭注《司勳》『戰功曰多』，引此以證。

攻城，攻其所傃。《禮記・中庸》注疏。

《記・中庸》『素隱』注云：『攻其所傃之傃，猶鄉也，攻其所鄉者。所謂格者，不舍也。』《荀子・議兵篇》傃又作『蘇』，云：『服者不禽，格者不舍，奔命者不獲。以故順刃者生，蘇刃者死，奔命者貢。』楊注云：『服謂不戰而退者，格謂相距捍者，奔命謂奔走來歸其命者，順刃謂不戰偝之而走者。蘇讀爲傃，傃，向也，謂相向格鬭者。貢，謂取歸命者獻於上將。』此『攻其所傃』之義徵也。兵家參以譎，故曰攻所不守；禮家持以正，故曰攻其所傃。此《軍禮司馬法》有異《司馬兵法》之義徵也。

師多則民讀。《說文》三言部，《古逸叢書》原本《玉篇》言部引《說文》，讀下有『之』字，非。日本書句絶處多以『之』字足之，非原文。

師克在和不在衆，衆反内訌。讃，猶訌也。《説文》『訌』、『讃』並列，云：『訌，讃也。讃，中止也。』段氏云：『中止，自中而止，猶云内亂。』

飛衛斯輿。《説文》十馬部。

此言差馬之法。馬齊力而車迅疾也。《詩·車攻》毛傳云：『戎車齊力，尚彊也；田獵齊足，尚疾也。衛者，車之護。』《易》曰『日閑輿衛』，斯讀若虒祁之虒。《左傳》『狄虒彌』，《古今人表》作斯。是斯、虒通借之證。《説文》『騛』下云『馬逸足者』，引此文以證。騛字從飛，是則衛迅如飛者，其馬逸如騛也。輿疾如虒者，其馬壯如虎也。虒本虎名。揚雄《羽獵賦》：『六白虎，載靈輿。』即用虒輿之義。《大玄》：『車累其傂。』傂即虒字，又本虒輿之文而反用之也。或説斯之言析，爲馬逸車敗之義，似與《説文》引證騛義不合。騛，駿馬，其字與驖、驥並列，許不應引敗輿之義以證，是可決其非矣。

小罪聅之，中罪刖之，大罪剄之。《説文》十二耳部。

《説文》：『聅，軍法以矢貫耳也。從耳矢。』刖，斷足，《説文》作跀。剄，斷頭。《左傳》：『句踐使罪人三行屬劍於頸，遂自剄。』

獻聝。《説文》三又部。

《説文》云：『取，捕取也。從又耳。《周禮》：獲者取左耳。《司馬法》載獻聝，聝者，耳也。』今經典多作馘。《詩》曰：『在泮獻馘。』許云『載獻聝者』，謂《法》曾載其獻聝之禮也。其文已佚。考獻馘有二禮：一獻於學。《王制》云『出征執有罪，反釋奠於學，以訊馘告』是也。〔三〕一獻於社。《周官》云『大司馬若師有功，則左執律，右秉鉞，以先愷樂，獻於社。大祝前祝，樂師倡愷歌，鎛師鼓愷樂』是也。

將軍死綏。《三國志·魏武帝紀》、《文選》任彦升《奏彈曹景宗文》注。

綏，讀如交綏之綏。《左傳》杜注『出戰交綏』，引《司馬兵法》『逐奔不遠則難誘，從綏不及則難陷』，云『古名退軍爲綏』。爭而兩退，故曰交綏。賈逵注『其辟君三舍』，引《司馬兵法》『從遯不過三舍』，今本亦作『從綏』，然則『將軍死綏』，謂將兵者盡命於將退，不逃亡也。後人以交綏爲交戰，死綏爲死於車綏之下，殊失其義。《荀子·議兵篇》：『將死鼓，御死轡，士大夫死行列，各死其所職也。』車綏何與於將軍，而曰將軍死車綏邪？

其有隕命，行禮如會所，爭義不爭利也。《左傳》疏作『以行禮如會所，用儀也』。

若隕命則左結旗，司馬授飲，右持苞壺，左承飲以進。《左傳》成二年疏引服注，《晋語》韋注引上三句。

古者國君見獲，自謂隕命。而獲國君者，行相會獻飲之禮，時人謂之隕命禮。故《晉語》有郤克獻齊侯以得隕命之禮。隕命禮者，時人澆薄之語，其實即平時會遇之禮，故曰『行禮如會』。《左傳》成二年，晉郤克伐齊，戰於鞌。韓厥及齊侯，執縶馬前，再拜稽首，奉觴加璧以進。襄廿五年，鄭公孫舍之帥師入陳。陳侯免擁社，子展執縶而見，再拜稽首，承飲而進。此皆時人所謂隕命禮者也。其脩此禮以見者，所謂行禮如會，明所爭在義不在利也。《法》文上三句總明其義，『若隕命』以下，又各詳其禮。『左結旗』，隕命者之禮也；『右持苞壺，左承飲以進』，司馬授飲之禮也。各以上一句目下事。《曲禮》『武車綏旌』，注云『盡飾也。武車亦兵車』。今隕命，不必盡飾，故結旗。苞，本亦作包，蓋匏之省文。剖匏以爲爵，曰匏爵；解匏以爲壺，曰匏壺。《挈壺氏》注云『壺所以承飲』，故曰『右持匏壺，左承飲』。隕，本亦作殞。

無干車，無自後射。《周官・士師》注引《軍禮》。王應麟《藝文考證》謂即《司馬法》。陳善餘云：『《漢志》：《軍禮司馬法》百五十五篇，鄭君用其篇題首二字，故不復稱《司馬法》。』

《周官・士師》：『五戒，三曰禁用諸田役。』注引此文，以明五戒之禁，則此田獵之禁令也。田獵馳驟，車易相犯，故曰『無干車』。干，犯也。《穀梁傳》云『車軌塵，馬候蹏，揜禽旅』，此防干車之義也。『車軌塵』者，王懷祖云『軌，循也。後車循前車之塵，不得旁出也』。『馬候蹏』者，齊次風云『四馬步驟如一，《詩》所謂「我馬既同」，傳言「田獵齊足」，是也』。『無自後射』，即《易》『三驅佚前禽』之義，佚，今作失。茲依鄭本。謂獸之鄉前奔者，不自後射之也。於軍法爲不禁奔。《荀子·議兵篇》云：『順刃者生，蘇刃者死，奔命者貢。』順刃，謂前刃而走；蘇刃，謂傃刃來格。逆而來格者不舍，順而前走者不禽，是其義也。鄭康成從《毛詩傳》三殺之法，以爲田獵自後射爲正，故《易》注云：『三驅，法軍禮。佚前禽者，謂禽在前，來者不逆而殺之。傍去又不射，惟背去者順而射之，不中亦已。是皆所以佚之。用兵之法亦如之，降者不殺，奔者不禁，背者乃殺，以仁恩養威之道。』鄭意其前來者爲逆，我不射，故無面傷。《穀梁傳》云『面傷不獻』，爲失禁令也。於兵法爲不殺降，其傍去者爲避我，亦不射，故無翦毛。毛傳曰『翦毛不獻』，亦失禁令也。於兵法爲不禁奔。如鄭所云，《法》文當作『無自前射』，賈疏以『不中，不重射』，證『不自後射』，非《法》意，亦非鄭意。毛傳云：『自左膘而射之，達於右腢，爲上殺；達今本作『射』，誤。茲依鄭箋校。右耳本次之；射左髀達於右鶻，爲下殺。皆以『自後射』爲文，說詳《禮故》中。〔四〕面傷者不獻，踐毛不獻，不成禽不獻。』似亦當時田獵禁令之辭。

圍其三面，開其一面，所以示生路也。《孫子·軍爭篇》注，《通典》百六十。『開』，曹注引作『闕』，《通典》作『開』。

此亦田獵之法也。《王制》曰：『天子不合圍』，兵法亦然，故《孫子》曰『圍師必闕』。

辨誣

《公羊》成十六年注云：『天子囿方百里，公侯十里，伯七里，子男五里，皆取一也。』疏曰：『《孟子》云，《司馬法》亦云』，此誣言也。諸侯封國之數，《孟子》與《周禮》不同，何休主《孟子》文，其所云百里、十里、七里、五里，皆取封國十之一。《司馬法》主《周禮》文，不用公侯地方百里、伯七十里、子男五十里之説，烏得有此文？

《考工・匠人》注云：『以《載師職》及《司馬法》論之，周制，畿内用夏之貢法，税夫無公田。』賈疏歷檢《左傳》、《論語》、《周禮》各注所引《司馬法》，未見鄭所引證周畿内之事，又謂《司馬法》必有『周畿内用夏貢法』之文，非鄭虛言。程易疇乃據《王制》孔疏『一成百井，有九百家』，而《司馬法》云『一成三百家』者，以此田上中下除宫室塗巷三分之一，其餘通率一家受二夫，故一成爲三百家。是一井九家爲定無公田，故鄭云『以《司馬法》論之，周畿内用夏貢』，以爲孔疏最得鄭意。賈氏泥於用貢法者爲鄉遂不井授之田，遂疑《司馬法》别有所論。夏弢甫力翻程説，以爲鄭注上文必歷引《載師》、《司馬法》及《詩》、《春秋》、《論語》、《孟子》而後斷之，曰『以《載師》、《司馬法》論之』，『以《詩》、《春秋》、《論語》、《孟子》論之』。今上文衹引《載師》，未引《司馬法》，知上注有脱文。賈疏極是孔疏，以爲即《小司徒》注所引《司馬法》。彼論井田，非鄉遂溝洫，何得牽合？愚謂鄭注上文未及《司馬法》，或有脱文，卻未可知，但鄭謂畿内用貢法，非謂鄉遂盡用十夫之制，即一井九區而授九夫，何嘗不是貢法？且鄭謂畿内用貢法者，亦據其多者言之耳。此説本未可泥，如因注文不及《司馬法》，遂謂《司馬法》自有『畿内用貢』之語，曾亦思《載師》全文具在，亦有『畿内用貢』之文乎？夏氏墨守朱子學，於此斷斷致辨，非爲鄭也，欲堅守朱子『鄉遂用貢，都鄙用助』之説而已。因朱子而遵鄭，因鄭而誣《司馬法》，與因朱子而辟鄭，因鄭而攻《司馬法》，無一是也。

《孫子·九地篇》曹注引《司馬法》云：『見敵作誓，瞻功行賞。』蓋據武王至牧野作誓，克商後命將帥爲諸侯而言。曹操引此文，以爲『軍法令不應預施懸』，如其説，是權謀家言，蓋《司馬兵法》文也。《漢書·胡建傳》引《司馬法》曰：『三王或誓於軍中，欲民先成其慮也；或誓於軍門之外，欲民先意以待事也；或將交刃而誓，致民志也。』此《司馬兵法》之元文，明三王之誓互有先後，故『或』之。今所行《司馬兵法》作『夏誓軍中，殷誓軍門外，周則交刃而誓』。以作誓之遲早爲世運之變遷，因有見敵作誓之説，非古《軍禮司馬法》語，故黜之《兵法》中。或曰：子之所輯存者，安見其盡出於《軍禮》而不出於《兵法》？曰：自班固志《藝文》，《軍禮》與《兵法》不分，注家所引，不無混幪。其有明引《司馬兵法》者，固入之《兵法》中，其有渾稱《司馬法》者，今卻無從別白。苟無違於正道，援而入之可也。〔五〕

【箋注】

〔一〕輯自《軍禮司馬法考徵》，清光緒十八年黄氏試館刊本。

〔二〕《禮書通故》第四十七《名物通故五》：『瓔，青色，説詳《軍禮司馬法考徵》。』蓋謂此節注疏。

〔三〕《禮書通故》第四十《軍禮通故二》：舊説《王制》『天子出征，類、宜、造、禡』皆舉行於將出之時。『受命於祖，受成於學』，其禮在類、宜、造、禡之前。林喬蔭云：『禡於所征之地，明是已至而後祭，非與類、宜、造一時之事。『受命於祖，受成於學，乃是總言出征之事。祖即上文所謂造於禰，學即下文所謂出征執有罪，反釋奠於學。』蓋師行必載遷廟之主，遷廟主者祔禰，時所遷昭、穆最上之主也。説詳『會盟』門。此主因祔禰而遷之於太祖之祧，今將載之以出，故告於禰廟，而迎其主。以其所告而言，故《王制》云『造乎禰』。而其主在太祖之祧，故《太祝》言『大師造於祖』。以其出於太祖之祧，故得稱爲祖，《書》所謂『用命賞於祖』是也。以其先告禰而後迎之，故亦謂之禰，《文王世子》所謂『其在軍則守於公禰』是也。實則並非祖、禰，正名之謂之宗，《肆師》所謂『凡師甸用牲於社宗』是也。

『受成於學』，成，即成功之成。《宋史》以禡祭爲出京前一日行之，秦氏《通考》因其誤而至所征之地反無此祭，至以『受成』爲定兵謀，經典並無可考。

〔四〕《禮書通故》第四十一《田禮通故》：鄭玄云：『《士師》五戒，三曰禁，用諸田役。《軍禮》曰「無干車，無自後射」，此其類也。』　以周案：此《軍禮司馬法》逸文也。《詩》毛傳言田獵之三殺，皆以『自後射』立文，故獸無面傷。鄭注《易》『三驅，佚前禽』，謂『禽在前來者，不逆而殺之，惟背去者順而射之，不中亦已』，即據毛傳『自後射』爲義。賈疏引鄭《易》注以證此『無自後射』爲不中不重射，於『自後』之文無著。《大司馬》疏以『無後射』象戰陣不逐奔，又引一説以爲前人已射中禽，後人不得復射，説甚游移。竊謂田獵之法，獸有背我前去者，我自後射之，本屬正法。兹云『無自後射』，爲爭獸之禁，不關三殺之事。疏引鄭《易》注以證其義，非也。《大司馬》『誓民，鼓，遂圍禁』，注云：『誓民，誓以犯田法之罰也。誓曰：「無干車，無自後射，立旌弊，爭禽而不審者，罰以假馬」。』據彼注文，則『無干車』者，謂各守車行，毋自人後而爭射前禽也。『立旌』以表位，所以示車徒之前列也。行列正，自無爭禽，而不審者罰以假馬。蓋亦《軍禮司馬法》逸文。

〔五〕繼紅案：曹元忠《箋經室遺集》（民國三十年吳縣王氏學禮齋鉛印本）卷十四載《上黄元同師論司馬法書》兩篇，今録於此，備參。

《上黄元同師論司馬法書一》

前謁函丈，蒙賜《軍禮司馬法考徵》，受讀之餘，竊謂《周官·大宗伯》所掌五禮，其於軍也，惟《司馬法》爲當時制度，故《縣師》云：『若將有軍旅、會同、田役之戒，則受法于司馬。』《司兵》云：『及授兵，從司馬之法以頒之。』皆『司馬法』三字明見《周禮》者。班固取《七略》，《司馬法》入禮家，當即因此。惜所謂《軍禮》百五十五篇，今世只存三卷，宜吾師旁搜博采，亟亟焉爲表章之也。惟是，吾師據陳善餘同門輯本，以元忠所見言之，如《考徵》據《詩・信南山》疏稱，成元年《左傳》服注引《司馬法》云：『四邑爲邱，有戎馬一匹，牛三頭，是曰匹馬邱牛。四邱爲甸，甸六十四井，出長轂一乘，馬四匹，牛十二頭，甲士三人，步卒七十二人，戈楯具備，謂之乘馬。』謹按：《禮・坊記》疏引《司馬法》云：『九夫爲井，四井爲邑，四邑爲邱，馬一匹，牛三頭。四邱爲甸，出長轂一乘，甲士三人，步卒七十二人，馬四匹，牛十二頭。』《左・哀十一年傳》疏引《司馬法》：『方里爲井，四井爲邑，四邑爲邱。邱出馬一匹，牛三頭。四邱爲甸，甸乃有馬四匹，牛十二頭，是謂革車一乘。』所引雖不若服注完備，然皆有『九夫爲井』二語，與《小司徒》文合，則『四邑爲邱』之上，似當補『九夫爲井，四井爲邑』八字。又《考徵》據慧苑《華嚴經音義》引《司馬法》『大國百里爲都』。謹按：南北藏本南藏據臧在東删節本，北藏據曾晃士録本。及慧琳《大藏音義》卷二十二俱作『《司馬法》曰「大國五百里爲都」』。而此『大國五百里爲都』當即《載師》注所引之『王國百里爲郊，二百里爲州，三百里爲野，四百里爲縣，五百里爲都』，特慧苑改『王國』爲『大國』，而以『大國』冠於『五百里爲都』之上耳。《考徵》既列『王國百里爲郊』至『五百里爲都』五語，則此『大國五百里爲都』七字似當刊去。又《考徵》據《晉書・刑法志》引《司馬法》：『或起甲兵以征不義，廢貢職則討，不朝會則誅，亂嫡庶則縶，變禮刑則放。』謹按：《御覽・刑法部》引《司馬法》：『先王之治，從天之道，設地之宜，乃作五刑，以禁居民僻；乃興甲兵，以討不義。制瑞節以通使，巡狩省方以會諸侯，考不同，正禮，月正時曆，名文章，車服比當是北字。北，古背字。德逆天之時，凡徵師於諸侯征之；不會朝廷聘則劉；廢貢職、擅稱兵、相侵削，廢天子之命則黜；改歷史、衣服、文章，易禮變刑則放；娶同姓，以妾爲妻則當有脱文。變太子，專罪大夫，擅立嗣，絶邦交則將幽；慢神省哀，奪民之時，重稅粟，畜貨重則罰；暴虐自佚，宮室過度，官婦過數，則削地損爵。』全文具在，似當據《御覽》補入。蓋《御覽》所引，即今本《仁本篇》『先王之治』節脱文，猶《仁本篇》『冢宰徵師於諸侯』節。謹按：陳傅良《歷代兵制》云：『更以《周禮》《司馬法》參考，王有四方之事，則冢宰徵師於諸侯，曰：「某國爲不道，征之，以某年月日，師至於某國。」小宰掌其戒具，虎賁氏奉書以牙璋發之，則畿兵不輕出也。』其『師至於某國』下有『小宰』、『虎賁氏』三語，知《考徵》所據《群書考索》引《司馬法》『王有四方之事，則冢宰命師於諸侯，小宰掌其戒具，虎賁氏以牙璋發之，畿兵不出也』，亦爲今本《仁本篇》『冢宰徵師於諸侯』節脱文也。至《考徵》卷末《辨誣篇》據《漢書・胡建傳》引《司馬法》『三王或誓於軍中，欲民先成其慮也；或誓於軍門之外，欲民先意以待事也；或將交刃而誓，致民志也』，定爲《司馬兵法》原文。謹按：《説文・心部》『悈』下引《司馬法》曰『有虞氏悈於中國』，似即今本《天子之義篇》之『有虞氏戒於國中』。以『有虞氏戒於國中』推之，則『夏后氏誓於軍中，殷誓於軍門之外，周將交刃而誓』，恐原文如此。今本本出六朝，《隋書・經籍志》禮類注『梁有《司馬法》三卷』是也。《隋志》此下云：『《李氏訓記》三卷。』考《御覽・兵部》敘兵器門引《司馬法》『迭戰則久，皆戰則強』，又門《司馬法》『長兵以衛，短兵以守』，兩注並云『李氏曰』，疑即《李氏訓記》語。故《文心雕龍・檄移篇》云『昔有虞氏戒於國，夏后初誓於軍，殷誓軍門之外，周將交刃而誓之』，亦同今本與《説文》脗合。或《漢書》『三王』云云，轉是以意改，並亦未可知。吾師《考徵》精深博大，足補五禮言軍之闕，詎元忠懵學聱識所得擬議！特恐善餘輯本出於倉卒，未及覆審，或不免美哉猶憾之歎，亟欲貢其所臆，冀垂察焉。丙申七月

《上黄元同師論司馬法書二》

前讀《軍禮司馬法考徵》，妄有陳説，尚未敢畢其辭也。迺蒙吾師誘掖奬励，使之盡言，敬再揚搉陳之。

元忠往見《左·僖三十三年傳》疏有云：『《吕氏春秋》王孫滿曰：「過天子之門，宜櫜甲束兵，左右皆下。」今見《先識覽·悔過篇》作『過天子之城，宜櫜甲束兵，左右皆下，以爲天子禮。』以古有此禮，或出《司馬兵法》。其事既亡，未見其本。』似唐初《司馬法》已無全書者久，而知其書未必盡亡，特疏家有檢有未檢耳。即如《仁本》《天子之義》五篇，至今尚存，而《詩·六月》疏云：『「夏后氏曰鉤車，殷曰寅車，周曰元戎」，《司馬法》文也。當脱『先正』二字。先疾、先良，傳因名以解之。』此由未檢《天子之義篇》，故不知『先正、先疾、先良』三句，皆《法》文也。《周禮·太祝》疏云：『《司馬法》曰「將用師」三字，司農語。』此由檢《仁本篇》，故知『乃告于皇天上帝日月星辰』之上『其將用師』句，非《法》文也。可見疏家同一徵引，不能不分别觀之。今《考徵》據《禮·中庸》注：『素，讀如「攻城，攻其所傃」之傃。』疏云：『《司馬法》文。』謹按：《僖六年傳》疏引劉炫云：『先王之制，諸侯無故不造城，造城則攻其所造。《司馬法》曰「産城，攻其所産」是也。』光伯規杜所引，當是。原文異於鄭注之隱括其詞，似宜先列《僖六年傳》疏。又《考徵》據《周禮·大司馬》疏引《司馬法》云：『十人之長執鉦，百人之師執鐸，千人之師執鼙，萬人之主執大鼓。』謹按：《襄十三年傳》疏稱：『《吴語》：「王孫雄當是雒字。設法，百人爲行，十行一旌，十旌一將軍。」引《司馬法》云：「十

人之師執鈴，百人之師執鐸，千人之師執鼓，萬人之將執大鼓。」』當是《國語》舊注在《周禮疏》之前，且於《周禮疏》師字、主字引作將、帥，與《大司馬》稱軍將、師帥、旅帥文合。似宜先列《襄十三年傳》疏，以此兩疏皆較輯本所據爲可從也。又有輯本所無，《考徵》亦未之及，而塙然知爲《司馬法》文者。謹按：《莊子·馬蹏篇》成疏引《司馬法》：『五家爲比，五比爲閭，五當是四字。閭爲族，五族爲黨，五黨爲州，五州爲鄉。』與《大司徒》文合。鄭《大司徒》注云：『閭二十五家，族百家，黨五百家，州二千五百家，鄉萬二千五百家。』其家數五五相乘，與《通典·立軍篇》引《司馬法》：『二十五人爲兩，四兩爲卒，百人也。五卒爲族，五百人也。五族爲師，二千五百人也。五師爲軍，萬二千五百人也。』《御覽·兵部》軍制門引《通典》注語同。人數亦五五相乘，實爲同條共貫。《小司徒》所謂『凡起徒役，毋過家一人』也，知鄭《小司徒》『五人爲伍』節注『兩二十五人，卒百人，旅五百人，師二千五百人，軍萬二千五百人』，亦本《司馬法》。而不明言《司馬法》者，以軍、師、旅、卒、兩、伍人數已見《夏官·序官》，無俟更引《司馬法》文始爲足徵也。若以《司馬法》文論，則必先言軍、師、旅、卒、兩、伍人數爲兵之卒伍，而後遞及車之卒伍，如《考徵》據《昭元年傳》疏稱服虔引《司馬法》云：『二十五乘爲偏，五十乘爲兩，百二十當脱五字。乘爲伍。』與原引語有顛倒，説見《考徵》。其乘數亦五五相乘得二十五乘爲偏，兩其偏爲兩，伍其偏为五，迺車之卒伍。《司右》：『凡軍旅會同，合其車之卒伍。』注云：『車亦有卒伍。』足見車之卒伍，亦《法》兵之卒伍，而鄉、州、黨、族、閭、比，又兵之卒伍所從出者也。似宜補列『五家爲比，五比爲閭』與『五人爲伍，五伍爲兩』等十二語，始於軍禮略備，且見《司馬法》所言與《周禮·大司徒》《小司徒》文似析符之復合，非但《大司馬》以九伐之法正邦國，其詳見於今本《仁本篇》而已也。抑元忠更有言者，鄭注《周禮》每引《法》文，其徒習之，雖庸惡陋劣如郄慮者，尚以能通《司馬法》見稱於世，故《後漢書·孔融傳》云：『文舉盛歎鴻豫名實相副，綜達經學，出於鄭玄，又明《司馬法》。』是《司馬法》固鄭學也。迺東漢至唐，遺文零落，僅賴疏家徵引得存大略。今去唐初又千餘年矣，自非吾師誰能考徵及此！儻並今世所存五篇，爲之將黄震《日鈔》所謂『首敘蒐兵命將之禮，軍容國容之義，三代兵車旂章之别，典刑之舊，述之勿替』，亦鄭君《大司馬》、《司右》注引《天子之義》及《定爵篇》之志也。吾師盍垂意於斯乎！

司馬兵法逸文附〔一〕

王有四方之事，則冢宰命師於諸侯，小宰掌其戒具，虎賁氏以牙璋發之。畿兵不出也。章如愚《群書考索》引《司馬法》。

案：《軍禮司馬法》唐初已亡佚，宋人所引，咸出《司馬兵法》。此語不見今五篇中，蓋亦《兵法》之逸文，故入此。

見敵作誓，瞻功行賞。《孫子·九地篇》曹注引《司馬法》。行亦作「作」。兹據十家注王晳引曹。

案：辨見前。

周左執黄鉞，右執白旄，所以示不進者審察斬殺之威也。有司皆執殳戈，示諸鞭樸之辱。《御覽》三百五十三引《司馬兵法》。

案：杖鉞者，以鉞爲杖也。將軍杖鉞。《伊耆氏》：『軍旅，授有爵者杖。』注云：『别吏卒，且以扶尊。』王杖黄鉞。《牧誓》某氏傳云：『王左杖黄鉞，以爲儀耳。』明王不親斬殺事，此《軍禮司馬法》之遺説也。今《司馬兵法》改杖爲執，且以爲審察斬殺之威，失《軍禮》意矣。

窮寇勿追，歸衆勿迫。《後漢·皇甫嵩傳》引《兵法》，注云：『《司馬兵法》。』

古者國容不入軍，軍容不入國。國容入軍，則軍亂；軍容入國，則國亂。順命上賞，犯令上戮。宋本《意林》卷六引《司馬兵法》。今見《兵法》二《天子之義篇》，脱去『國容入軍』二句。

無有暴虐。《治要》三十三、《御覽》三百七引《司馬兵法》，此在第一篇『無行田獵』之下。

所以示君子且有禮。《治要》三十三、《御覽》三百七引《司馬兵法》，此在第二篇『從綏不及』之下。

故初列，弓戟間焉；次列，殳矛間焉。《御覽》三百五十三引《司馬兵法》，此在第二篇『鈍則不齊』之下。

案：《通典》引《司馬穰苴兵法》云：『五人爲伍，十伍爲隊。一軍凡二百五十隊。』此古法之可通者也。又云：『一軍以三千七百五十人爲奇兵，隊七十有五爲中壘，餘八千七百五十人，隊一百七十五，分爲八陳。』此新法之難通者也。又云『六陳各有千九十四人』，則餘二陳必少一人矣。以伍隊之法言之，二陳餘四十三人，不成隊。六陳餘四十四人，亦不成隊矣。又云：『六陳各減一人，以爲一陳之部署。』其意六陳減一人，可與二陳千九十三人合矣。然六陳各有部署，而二陳獨無，部署一人，何居？此其法之最不通者也。以三《司馬法》論之，《軍禮司馬法》最合經典。今行《司馬兵法》五篇，自檜已下。《通典》所引《司馬穰苴兵法》，直亂道耳。後人並爲一書，不啻碔砆之亂玉、魚目之混珠矣。

【箋注】

〔一〕輯自《軍禮司馬法考徵》，清光緒十八年黄氏試館刊本。

禮書通故叙目〔一〕

禮根諸心，發諸性，受諸命，秩諸天，體之者聖，履之者賢，博文約禮，聖門正訓也。以周六歲入塾識字，七歲讀《小戴記》，謹承庭訓，略識小節。三十而後，潛研諸《禮》，於經十七篇外，搜輯大、小戴兩《記》及《周官》、《春秋傳》，分門編次，釐定先後。注疏家言有裨經傳，亦附録之。平文大義，具彼書矣，而儒説之異同，别彙一編。遲之數年，乃放戴君《石渠奏議》、許君《五經異義》，裒集是書，草創於庚申，告蕆於戊寅。爰取卷首之名，以命其書。其叙目：

中祕古文，曰禮曰經，今號《儀禮》，名已不正。《士禮》獨傳，篇存其九。后倉《曲臺》，厥義是究。《小戴》四九，《别録》已著。《樂記》、《樂令》，詎待融補。《王史》、《荀卿》，或取或去。專刺《大戴》，斯言亦誣。述《禮書通故》弟一。

明堂高爲貴，重屋是因；寢廟大爲貴，世室是遵。脩同二七，廣豈九筵。屋大而卑，其桷可援。廣三内二，室如其堂。左達右達，寢無其箱。楣梁何施，樞達北宋。戺戺何分，西壁下上。述《宫室通故》弟二。二卷冕無後旒，惟取蔽明。緌以屬武，何與結亢。衣號端委，維其屬幅。侈袂衺削，爵皮弁服。冕服不言裼，朝弁襲裼昭矩䕶。深衣袂長，中絀揜尺。方折如矩夾之曲，後飛如鷰衽之續。曲夾非交領，續衽非裳褋。述《衣服通故》弟三。四卷

筮短龜長，其說自古。《易》準天地，豈區區焉占數。知者觀象，思過其半。中爻云備，物雜德撰。勿說二而違四，勿說三而違五。道能一貫，何憂乎九六交遣。述《卜筮通故》弟四。

天子元子，雖貴亦士。王侯冠禮，悉自後起。加爾尊服，棄爾幼志。產各以物，成人在始。述《冠禮通故》弟五。

納采用鴈，禮同奠摯。卜而納吉，何嫌乖刺。六禮告廟，敬布几筵。經詳女氏，壻家從簡。鹵莽讀禮，謬曰不情。所訾非疵，以經證經。述《昏禮通故》弟六。

接子擇日，負子卜吉。妻抱擯見，冢庶有秩。執手撫首，典禮莫失。母見內寢，子見外寢，焉有其父，就見於側室。述《見子禮通故》弟七。

公子有宗道，何必待繼別。別子殊公子，《大傳》兩分列。胡爲儒者說，糾合不區別。諸侯可奪宗，弗繩以大夫。僖公祠禰閔，弗例諸歸父。家國不同法，決比不當反遻牾。述《宗法通故》弟八。

喪服如律，比例嚴密。畸輕畸重，必失其節。親屬以九，服屬以六。仁至誼盡，宗敬族睦。

冠衰冠受，升數有定。重特輕包，兼服有經。有降有正，有誼有報，有從有名。衰不當物，烏乎明情。述《喪服通故》弟九。五卷

髽髽異髽，變除有節。決握連掔，古誼莫失。始死充充，既殯瞿瞿。心痛如斬，面黑如苴。易不如戚，睼顧衰絰。不稱其服，有名無實。述《喪禮通故》弟一十。五卷

始死而奠，既葬而祭。南栗東脯，陳設如禮。吉祭喪祭，儀文多異。不獻賓，不旅醻，不餕具，豈一同乎饋食。述《喪祭禮通故》弟一十一。三卷

冬至祭天，啟蟄祀帝。牲玉殊其物，丘壇別其地。降神變其樂，送神燎其祡。等其祀謂之郊，别其祭謂之禘。魯國北海，師傳無歧。述《郊禮通故》弟一十二。二卷

效社並尊，大小攸分。方澤神州，咸秩無文。國社主國，方社主方。彼畺此界，土亦分王。述《社禮通故》弟一十三。

七祀五祀，殷周異禮。六宗八蠟，説亦多斁。述《群祀禮通故》弟一十四。二卷

明堂之制，群言莫折。室有三四步，墉有四三尺。合計其數，堂脩二七。又推其廣，四脩之一。周人明堂如重屋，寢廟如世室。七筵九筵，《記》文可質。勿穿鑿而逞臆，勿張皇而失實。

封禪古禮也，妄者爲之肆其志；明堂古制也，誣者爲之侈其事。五帝三王之典禮，世主莫敢舉，

禮家失其據。述《明堂禮通故》弟一十五。

周人七廟，韋、劉異説。高密知禮，群言可折。祧主何藏，大廟石室，謬曰瘞園，情傷理窒。廟必異宫，豈僅異室。後代四親，與祧何别。述《宗廟禮通故》弟一十六。二卷

廟祭有三，禘、祫、時享。禮掌宗伯，其名可詳。禘重獻祼，祫重饋食。肇稱殷禮，煌煌典祀。天之時五歲再閏，廟之享五年再殷。一禘一祫，咸秩不紊。禮無大小，祭無並舉。孔、徐自妄，何、鄭何誣。述《肆獻祼饋食禮通故》弟一十七。七卷

大夫干祫，有饋食禮。稽諸《宗伯》，實亞肆獻祼之禘。胡爲乎唐宋説禮家，乃下夷諸時祭。礿禘陽義，以飲爲主；嘗烝陰義，惟食是具。春夏無饋食，秋冬無再獻。典文雖殘，尚可考諸《司尊彝》。述《時享禮通故》弟一十八。祭、彝相葉。

天子奉天，諸侯稟王。改正頒朔，大典煌煌。祭溷朝享，位乖明堂。舊義未訂，新説更張。述《改正告朔禮通故》弟一十九。

天子耤田，王后躬桑。齍盛其皀，黼黻有章。一發三班，舊典未明。獻繭收税，異言更詰。述《耤田躬桑禮通故》弟二十。

門無並入，階無並升。三揖三攘，步趨兢兢。受禮有三，拜禮有九。講貫未精，臨事貽羞。

述《相見禮通故》弟二十一。

二並三列，或錯或屈。厥誼不明，無陳不失。弟子有職，羹胾中別。庶羞西東，毋過四列。燕食雖略，其設必方。先祭後祭，禮循其常。述《食禮通故》第二十二。二卷

南北布席，宜分堂室。交遣舉觶，各有義節。賓興賢能，鄉飲是式。州長黨正，是誠是敕。述《飲禮通故》弟二十三。

饗禮肅肅，燕禮邕邕。禮文樂節，有異有同。裸而不薦，用賓諸侯。禮以鬱鬯，不設籩豆。既往不觀，魯人是愉。引以說《易》，注家實陋。述《燕饗禮通故》弟二十四。

五射何別，五物何說？禮射有三，正鵠與質。距隨長武，左支右詘。有事楅南，主諸司馬。有事楅北，命諸司射。迭進迭退，釐然莫錯。有事射耦，皆袒設拾。有事有司，堂上乃襲。一文一節，秩然不媟。述《射禮通故》弟二十五。五卷

一馬從二，曷云不擢。奉觶奠豐，曷云不角。侍投長者，其敬孎孎。賓主相敵，如禮遫遫。述《投壺禮通故》弟二十六。

曷謂朝廷，其朝在廷。不稽其實，焉知其名。治朝之位，《司士》有經。燕朝之位，舊說待訂。述《朝禮通故》弟二十七。

受命不宿家，莫施其義於受行。受聘盡納介，莫混其儀於受享。君一臣二，步趨何分乎升階。上授下揖，執圭何乖乎平衡。經義不分明，注義孰闡揚。《聘禮通故》弟二十八。二卷

聘問朝覲，一見於廟。北面奠摯，南面受要。旅擯交擯，儀文孰詳。東面西面，朝位何當。述《覲禮通故》弟二十九。二卷

天子巡守，方嶽會同。群后畢朝，四海一統。王不巡守，乃會東都，是謂殷國。田獵選武，有事徵發，如林其旝。維無常期，殷同時會。述《會盟禮通故》弟三十。

履端正始，以明統也。生號死謚，以表功也。煌煌鉅典，籍籍異説，質文家不襲禮，《春秋》家不一律。述《即位改元號謚禮通故》弟三十一。二卷

國學有五，郊學有四，州遂黨縣，又居其次。虞庠周庠，夏序殷序。成均瞽宗，其名遣互。述《學校通故》弟三十二。二卷

國家選士，首重賓興。師儒分教，賢能同升。庠序棋布，生徒羽集。吏亦知學，試自鄉邑。府史之屬，秀士是使。比長之屬，選士是以。漢之世博士弟子，内補郎中，外補郡史。遷爲牧守，入爲台司。兩京選舉，猶存古意。述《選舉禮通故》弟三十三。

云龍水火，古制茫茫。五鳩五官，少皥獨詳。唐虞夏商，五司是因。周攝大宰，六典乃分。

維王設官，三百六十。五等列侯，有攝有襲。孤卿大夫，封邑如命。授采視爵，賞加示親。述《職官通故》弟三十四。五卷

溝洫厎定，百王是庸。五十七十，詎有異同。《王制》所陳，千古聚訟。六尺六寸，與步相中。準此以測，畝里皆通。分畺畫井，豈同棋布？地有回衺，亦有高下。短長相埶，肥墝相土。十夫九夫，何庸皮傅。一易再易，何又枝啎。述《井田通故》弟三十五。

九賦稅田，亦名九正。計口筭錢，豈日常經。徹通貢助，相地制土。何分邦國？何分遂都。述《田賦通故》弟三十六。

九職任力，亦名九功。既役且賦，豈曰正供。藉田以力，征力以夫。警閒禁惰，夫布里布。戰國以來，遂同正賦，租庸舊章，調已不古。述《職役通故》弟三十七。

穀貴傷民，穀賤傷農，糴糶斂散，以平豐凶。賤而斂之，其滯乃通。貴而散之，其抵是從。物楬而書，深防漁利。常平青苗，相去何幾。非其人則民病，得其人則民濟。述《錢幣市糴通故》弟三十八。

昔在唐虞，九州五服。變定東西，畺理南北。維彼殷商，如禹舊服。三代幅員，同此八極。天子一圻，諸侯一同。號建萬國，百里侯封。疆界世守，犬牙交遣。周公斥大，於何式廓。錫以

附庸，小大相絡。加以山川，地方五百。述《封國通故》弟三十九。

列國一同，古制未失。千乘三萬，《魯頌》覈實。在昔公劉三單，輜重不設；武遵祖制，補後一卒。開敦兩閭，四衛百人。佐右正卿，分爲三軍。出征商紂，減卒紓民。三百革車，三千虎賁。司馬兩法，謹守前聞。御戎國内，甸出一乘，馳輜人百，祖述《武順》。出軍域外，成出一乘，甲士十，徒卒廿。牧野師數，云何不合。述《軍賦通故》弟四十。二卷

田獵習武，以簡軍實。振旅茇舍，治兵大閱。民之耳目，鼓鐸旗物。辨而不明，遂失步伐。腢耳髃分三殺，舊疑莫之決；伯禡貉分三祭，新説又相汨。述《田獵通故》弟四十一。

贊正臧僕，久曠厥職。建旗置鼓，久失其式。稽諸《穀梁》，蒐狩是習。艾防旃門，旁握難入。車軌塵，馬候蹏。射者能中，御不失馳。述《御法通故》弟四十二。

六書之首，指事象形。形事兩窮，會意諧聲。形意相顧，轉注乃起。意聲相轉，假借是以。六書之法，造字之本。四體二用，臆説不根。依聲別類，分十九部。長言短言，去入同譜。述《六書通故》弟四十三。三卷

《樂經》已亡，節奏莫徵。抱殘守闕，幸有康成。升歌合樂，上取下就。燕、饗殊禮，誼例孰究？九變降神，大合朝踐。饋食無樂，群疑涣然。下管失位，尚臭失倫。稟經制式，我已齗齗。

音律區蓋，待補後人。述《樂律通故》弟四十四。二卷

肉刑贖刑，議論浸淫。相時度法，知古通今。述《刑法通故》弟四十五。

弓宇長短庛，軌轍大小同。防取二分一，藪爲孔中空。輿之轐輹非一物，任之正衡非對文。漢師説自密，後人何紛紛。述《車制通故》弟四十六。二卷

《易》曰辯物，《語》曰正名。尊彝鼎俎，設廟陳庭。圭璋符節，遣使發令。球象竹魚，書思對命。制器尚象，思索時文。述《名物通故》弟四十七。五卷

進退有度，揖攘有節。允矣臯文，《禮圖》秩秩。或糾楊謬，或沿賈失。正之以經，禮節乃密。述《儀節圖》弟四十八。四卷

禮器有圖，昉自高密。阮湛張鎰，繼起復述。崇義增脩，矩槷失實。疑疑信信，抱殘守闕。述《名物圖》弟四十九。四卷

夫禮，唐脩其五，虞典以三，夏造殷因，周禮猶醵。東遷以後，舊章云亡。孔子贊脩，猶苦無徵，言、曾討論，又復錯出。禮學難言，由來久矣。戰國去籍，暴秦焚書，先王典章，盡爲湮没。抱殘守闕，漢博士之功也；分門别户，又漢博士之陋也。宣帝憂之，遂開石渠，以爲不講家法，無以明其宗旨，專守家法，又恐戾乎群經，於是令其法之異者，各陳師説，博觀其義，臨決稱制，

以定一尊。小戴次君，爰作《奏議》，執兩用中，有合古道。《白虎》之論，聿追前徽。班氏孟堅，又纂《通義》，乃專取一己所好，盡埽群賢之議，大義雖存，師法莫考。許君叔重，裒集《異義》，拾戴議之遺，砭班論之錮，殽陳衆見，條加案語。鄭君康成，又駁其非，而存其是，古禮以明。夫西京之初，經分數家。東京以來，家分數説。一嚴其守，愈守愈精；一求其通，愈通愈密。諸博士，其守之精者也；戴、許二書，其通者也；鄭所注書，囊括大典，網羅衆家，其密者也。唐宋以來，禮學日微，好深思者，或逞臆説；好述古者，又少心得。究其通弊，不出兩軌。以周不揣譾陋，綴集異聞，不敢立異，亦不敢苟同，爲之反復群書，日夜覃思。賢者識大，不賢識小。道苟在人，何分扃塗。上自漢唐，下迄當世，經注史説，諸子雜家，誼有旁涉，隨事輯録。昔者高密箋《詩》而屢易毛傳，注《禮》而屢異先鄭。識已精通乎六藝，學不專守於一家。是書之作，竊取兹意以爲。按文究例，經生之功；實事求是，通儒之學。或者反以不分師説，爲我詬病，甘作先儒之佞臣，卒爲古聖之亂賊。惴惴自懼，竊有不敢。述《叙目》弟五十。

【箋注】

〔一〕輯自《禮書通故》第五十《叙目》，清光緒十九年黄氏試館刊本。此云《禮書通故叙目》爲編者所擬。

儆季子説禮粹語[一]

士職弟一

子曰：博文約禮，聖門正訓也。

子曰：今去古遠矣。學者欲求孔聖之微言大義，必先通經。經義難明，必求諸訓詁聲音，而後古人之語言文字乃憭然於心目。不博文，能治經乎？既治經矣，當約之以禮。

子曰：聖門之學者重約禮。禮者，理也。古人論學，詳言禮而略言理，禮即天理之秩然者也。《虞書》曰：『天秩有禮。』《孔子燕居》曰：『禮者，理也。』《樂記》曰：『禮也者，理之不可易者也。』節文度數，有至理寓焉矣！故考禮之學，即窮理之學也。

子曰：《周官》每以德行道藝並稱，凡曰道者多兼藝，曰德者多兼行。鄭注《大司樂》云『道多才藝者，德能躬行者』，此通例也。《師氏》之三德三行，又以德、行分言之，故鄭注云：『德行内外之稱，在心爲德，施之爲行。』《大司樂》之樂德曰：『中、和、祗、庸、孝、友。』以《師氏》鄭注推之，中和即至德，祗庸即敏德，孝友即孝德也。《大司徒》之六德中、和及智、仁、聖、義，而中和爲智仁聖義之極至，聖智即祇庸，仁義即孝友，皆有得於《詩》、《書》、《禮》、《樂》之教者也。深於《書》教者智，智以藏往，《經解》云『疏通知遠而不誣，深於《書》者也』，其教屬北學，《文王世子》云『《書》在上庠』、《鄉飲酒義》云『背藏』是也。深於《詩》教者仁，《經解》云『温柔敦厚而不愚，深於《詩》者也』，其教屬南學，《鄉飲酒義》云『鄉仁』是也。深於《樂》教者聖，聖，通也，其字從耳，達四聰者謂之聖。《經解》云『廣博易良而不奢，深於樂者也』，其教屬東學，《文王世子》云『學干戈羽籥在東序』、《鄉飲酒義》云『左聖』是也。深於《禮》教者義，《經解》云『恭儉莊敬而不煩，深於《禮》者也』，其教屬西學，《文王世子》云『禮在瞽宗』、《鄉飲酒義》云『右義』是也。六行於孝、友之下加以睦、婣、任、恤，是分《師氏》三行之順行而爲四。六藝爲禮、樂、射、馭、書、數，固與《保氏》無異矣。

子曰：《禮·内則》：『十年出就外傅。』即《保傅》所謂『八歲出就外舍』較遲二年。而所言小學節目實與《保傅》相表裏。凡小學所學者，六藝也。《保傅》云『學小藝』，謂書、數、射、御之事，《内則》所謂『十年學書計，成童學射御』是也。履小節，謂習禮樂之末節。《内則》所謂十年朝夕學幼儀，十有三年學樂，誦《詩》舞《勺》，成童舞《象》是也。是則《保傅》言『學大藝，履大節』者，由藝而進以道，由節而達以德，所謂文之以禮樂而成德行道藝之人矣。

子曰：大學之法：一年，視離經辨志；三年，視敬業樂群；五年，視博習親師；七年，視論學取友；至九年，知類通達，是能通達於政事矣。『強立而不反』，所謂果敢強有力，無事用之於禮義而順治，有事用之於戰勝而無敵。學至是而大成。

子曰：自夫人小禮學而天秩紊、人心蹙。或云『禮爲忠信之薄』，是言一出而周衰。或云『禮豈爲我輩設』，是言一出而晉亂。學術不明而治術敝。

子曰：朱子論程門高弟子如謝上蔡、游定夫、楊龜山，皆入禪學。惟吕與叔不入禪。吕氏初學於張子横渠，湛深禮學者也。朱子之門，群推黄子勉齋爲冠，黄子亦深於《禮》。

周子言『顔子樂乎貧者，見其大則必泰』，而不言所指。程子受業，又令尋顔子之所樂。而程子曰『顔子之樂，非樂簞瓢陋巷也，自有其樂』，亦未發周子之旨。子曰：顔子之所樂者天，而樂天之學由好《禮》始。《禮》秩自天，故好《禮》即以樂天。《禮・中庸》曰：『大哉！聖人之道，洋洋乎發育萬物，峻極於天。優優大哉，禮儀三百，威儀三千。』言聖道峻天之大，由於脩禮之大也。顔子所見之大，雖無容輕擬，要不越《中庸》所謂優優之禮矣。由博文以約禮，既竭一生之才；能克己以復禮，遂安三月之仁。夫子所循循誘人，顔子所拳拳服膺，儻有大於此者乎？迨夫履而泰，然後安，動容周旋中禮，於時盡性，於時知命，於時樂天。

子曰：曾子之學深於《禮》，本末兼澈，經權並明，故卒能得一貫之傳。《大戴記》録《曾子》十篇，悒悒勿勿，深有得於《禮》教者。其受學孔門也，於禮之大本大經聆之審，體之孰，退而與游、夏諸子互商節目，弔之裼襲，奠之東西，祖之反宿，一一講明，必求《禮》義之安而後已。初未嘗偏執己見，悻悻自是，曾子忠恕氣象乃爾。《檀弓》記過襲多祖有見於此，非以示貶也。而其特見之明往往足正古禮之失，如論小功之宜稅，讀賵爲再告，斟酌損益，游、夏諸子亦心服焉。夫《禮》之常經，老生宿儒能言之。一日事出非常，引援比例無其文，輒擬議莫能定。《記》録《曾子問》篇，設疑解難，極人事之至頤以求天理之不易，斯非善用權《禮》者乎！

子曰：伯魚子受庭訓，學《詩》《禮》。子思子追念祖父，於六藝無不通，而尤殫力於《詩》、《禮》，其説《詩》見於《中庸》者最精。孟仲子傳《詩》，而《詩譜》言其爲子思弟子，則《詩》學之淵源可溯矣。《太平御覽》引《子思子》『天下有道，則行有枝葉』四句，見於《禮・表記》。《文選注》引《子思子》『民以君爲心』四句，又《詩》云『昔吾有先正』四句，見於《禮・緇衣》。《意林》引《子思子》『君子不以所能者病人』二句，見於《表記》。又『小人溺於水』二句，見於《緇衣》。則梁沈約謂小戴《中庸》、《表記》、《坊記》、《緇衣》四篇類列，皆取諸《子思》書中，斯言洵不誣矣，子思子非深於《禮》者乎？

《禮・中庸》曰：『質諸鬼神而無疑，百世以俟聖人而不惑。』子曰：我儆居子傳經學，必曰質鬼神俟後聖，子思子傳學之志也。

師教第二

子曰：學於師，謂之學；教人學，亦謂之學。故《學記》云『學學半』，《説文》『教』、『學』同字。或曰：『學學半』謂即教即學歟？抑半教人，半爲己歟？曰：否。學成而後教。謏聞動衆，不足爲訓也。教而知困，又強於學，施悖求佛，有所不安也。

子曰：大學之法有豫、時、孫、摩之美，而教以興。廢其法而不用，以齒有過時不及時之失，以學有雜亂孤陋之弊。始以扞格勤苦，卒以逆師法、廢實學，無佗，學士朋辟之習深也。燕朋者，朋匹相樂，所謂樂燕樂是也。燕辟者隱僻自好，所謂索隱行怪是也。二者皆欲廢大學之法者也。君子知教之興有四、廢有六，而能脩明其所由興，補救其所由廢，然後可以爲人師。師也者，守先聖之道以待後之學者，不惑於異端，不撓於時論。

子曰：古之學者十五入大學，五考校而大成，年已二十有四似可以爲人師矣。而《内則》言二十而後『博學不教』，猶兢兢焉以爲師相戒，恐其學有未精，自誤以誤人也。今之學者質不逮於古，學不勤於古，其受教之法又疏於古，年踰二十可以稱博學者，百不得一，而儼然爲師。甚矣，其不知量也！人之患在好爲人師，孟子戒之。韓退之作《師説》，群議沸起，柳子厚亦引以爲戒。故人之從師也，德不必優於己，有一藝之長，皆可爲我師。而我之爲師也，必自審其能『知類通達』否？能『強立不反』否？果其能之，亦必須暇數年，俟博學無方而後教。教而後困，困而後又學。不可強不知以爲知，自欺欺人，自謾謾人。

子曰：《學記》豫、時、孫、摩之四美，贊大學之法良。六廢，前四者言廢法之失，後二者又責承學之廢法。『君子既知教之所由興』數句，乃言教者事君子，能脩明其所由興，補救其所由廢，故可以爲人師。然觀其教喻之法，『道而弗牽，強而弗抑，開而弗達』而止。

子曰：《學記》言『今之教者，呻其佔畢，多其訊言，及於數』，此與『道而弗牽』數語相反，今人誤以此等爲師之勤。

子曰：《學記》言『進而不顧其安』謂不因材而施，強之以所難。又言『使人不由其誠，教人不盡其材，其施之也悖，其求之也佛』，由不顧其安所致。

子曰：《學記》言『隱其學而疾其師』。隱，痛也，讀如『勤恤民隱』之『隱』。『隱其學』與『安其學』相反，與『不顧其安』相因。教者『不顧其安』，而學者遂不安而加痛焉。痛其學，去之必速。

或有就南菁講舍肄業者，初見子，屈一膝而不拜。子艴然不悦，曰：『此何禮也。』答曰：『官場行此禮。』子曰：『弟子見師有此禮乎？』

子曰：先生爲卿大夫致仕者之稱，後又通爲長老之稱，而先生與長者別言之，則爲老人教學者之稱。自孔子設教洙、泗閒，師之立教也嚴，師之爲道也亦尊。師視其徒猶子，徒視其師猶父，故不敢先生之，相與夫子之。夫者帥人以義，而又崇而長之曰子。其稱昉諸周初，爲卿大夫之尊稱，子亦稱其父爲夫子。身爲大夫，親疏皆得子之也。孔門諸弟子尊其師，於佗邦用『字不若子』之例而謂之孔子，其面與師言，用卿大夫之例而謂之夫子。此周人貴貴之義也。

子曰：漢、魏以還，或以周公爲先聖，孔子爲先師。或以孔子爲先聖，顔回爲先師。唐貞觀定孔子爲先聖，顔回爲先師。相仍至宋、元、明，是皆分聖、師爲二科也。鄭君謂先師若高堂生、制氏、毛公、伏生之類，先聖周公若孔子，是亦分二科也。竊考《周官·大司樂》『凡有道者、有德者，使教焉；死則以爲樂祖，祭於瞽宗』，有道謂有道藝之儒，有德謂有德行之師。故《太宰》『九兩』曰：『師以賢得民，儒以道得民。』《大司樂》之有道者，即以道得民之儒也，有德者即以賢得民之師也。《記》云先師者，謂其有德行也。云先聖者，聖，通也，謂其能通乎道藝也。古人聖字不甚重，《文王世子》篇曰先聖先師者，非聖重於師也，故『大昕』『視學』節亦曰：『先師先聖焉。』

自孔、孟而後，聖之名尊於師。而先聖之名反在先師之上。明嘉靖君臣改定學典，以孔子爲至聖先師。聖師不分，既有違於古禮。其制以聖、賢、儒三者分科，先師專歸之至聖，豈先賢不足稱先師乎？據《周禮》言之，『師以賢得民』，先師先賢一也，故《世子》篇『春官釋奠於其先師』，《祭義》謂之『祀先賢於西學』。據後世之禮言之，賢與聖不同科，而先師之名從同可也。

讀書第三

子曰：學者索解《禮》文，宜先明節次。節次不明，膠葛益滋。

子謂張聞遠名錫恭，儆季子弟子。曰：《禮經》之難讀，韓退之猶苦之。錫恭覃思不輟，所造莫量。

孫謹臣名儆，儆季子弟子。讀《禮經》，將訂淩氏《釋例》之誤。子謂之曰：鄭注不可輕駁。

子曰：任鈞臺所補《饗禮》不足據也。耳食者豔其書，可謂無識。

子曰：鄭君《駁五經異義》云：『其服之閒出，朝會無王事。與鄭伯伐許何異？』是謂三年喪畢，乃得朝會也。其《箴膏肓》於穆伯之聘齊稱左氏合古禮，又以爲服之閒出可聘，兩説自相矛盾甚矣！意在攻擊，語不持平，鄭君猶不免此，況其下者乎！

子曰：《學記》：『一年，視離經辨志。』離經謂分析經句。古離經有二法：一曰句斷，一曰句絶。句斷，今謂之句逗，馬融《長笛賦》謂之句投。斷與逗、投爲音近字。句斷者，其辭於此中斷而意不絶，句絶則辭意俱絶也。志爲志意，亦爲標識。讀經而辨其志意之趣鄉，因其志意作爲標識，以别其篇章之恉，及《詩》别賦、比、興，《禮》别祼、獻、酬、酢之類。士之初學，循誦習傳，患在儱侗不知分解。今諸經章句，注家標識大半已明，而後人之離辨較易。若讀《史》《漢》用其法，點句畫段，標明大恉，一展視之，即知其用意之淺深，洵良法也。初讀經史，宜知是法，小成而後，由所離辨而諗諸身心，見諸事業，道德、經濟、文章皆由此其選也。

子六歲入塾，識《説文》部首，遂讀經。先《禮》，次《詩》《書》，次《春秋》《易》。每一經畢，輒條分節目，疏通大義。三十而諸經已通，其後綜諸經而宗於《禮》。

子考宫室制度，依古步筵之數，縮而小之，自取紫竹，搆成一象，以爲較前人著實也。

浙之省城有兵急。子聞驚報，乃苦思經義中之疑難者，藉以解憂。因考三代田畝步尺之異同，晝夜研索。十日忽破疑難，溝澮乃通，而省城亦旋定矣。

古術第四

《禮・坊記》引《君陳》之文。子曰：此《君陳》戒寮屬之辭，禮臣下有『嘉謀嘉猷』，公卿聽之於九室而内其言於君，人君聽之於路寢而宣其言於外，此與人爲善之意也。而臣下無專命之道，君以爲可則行，君以爲否則止，故云『女乃順之於外』，曰『此謀此猷，惟我君之德』，此『善則稱君』之義也。《君陳》所言爲人臣歸美於君之辭，僞《古文》襲是語以爲康王之言，是『善則稱己』矣。

《禮》家舊説，經禮三百爲《周官》，曲禮三千爲《儀禮》。子曰：三禮皆有經、曲，先君子詳説之矣。

子曰：古人於《儀禮》衹曰《禮》，對《記》言曰《禮經》，其古文曰《禮》。古經《周禮》衹曰《周官》，對傳言曰《周官經》。《周官》稱《周禮》，自新莽始也。《禮經》稱《儀禮》，自東晋人始也。《後漢書》述鄭君所注書，《儀禮》二字乃《周官禮》三字之誤。

子曰：禮也者，誠正之極則，治平之要道也。

子曰：禮者，天之經，地之義，民之則。崇效卑法，有天地，即有是禮。故典曰天叙，禮曰天秩。而謂禮爲後起之物，豈其然乎？君臣、父子、兄弟、夫婦、朋友之閒，恭敬撙節退讓，有不能自已者，是禮出於性之自然。而謂禮爲忠信之薄，庸非謬乎？高堂生所傳十七篇，號曰《士禮》。明此《禮》爲士子所肄習，而謂『禮豈爲我輩設』，詎不悖乎？

子曰：《禮經》十七篇，《冠》、《昏》、《相見》、《士喪》、《既夕》、《士虞》、《特牲》、《鄉飲》、《鄉射》九篇爲《士禮》。后倉作《曲臺記》九篇，即說此《士禮》九篇以推天子諸侯之制。鄭樵謂《禮記》四十九篇即《曲臺記》，大誤。

子曰：《周官》爲成周致太平之書，鄭、朱二子之言不誣也。三百六十屬，彼此維持，脉絡貫注，其官之交相監也嚴，其吏之交相糾也密，其出入之交相稽也得其準，其輕重之交相劑也得其平，其大小之交相聯也得其和。欲行《周官》之法，必盡放其制而後可。若祇取一官一職之事，則其法皆有弊而利不勝其害，此《周官》所以難行也。夫立一法必有一弊，古今皆然。夏尚忠而有喬野之弊，殷尚質而有蕩勝之弊，周尚文而有利巧賊蔽之弊。以禹、湯、文、武之聖，尚不能彌其流失。古制不盡復其法，固有難恃，而有合於時宜可以放古通行者，亦必就此一法。愼審其始終利弊，宜合《周官》前後參之。其官若何交其監也，其吏若何交相糾也，其出入若何交相稽也，其輕重若何相劑也，其大小若何交相聯也。既得其意，乃可用其法；既用其法，又宜體其意。不然，舉一廢百，未有不賊道者矣。泥古而敗，豈獨《周官》，而《周官》不以此受誣也。

子曰：《王制》所言天子之制多與《周官》不合，爲所記多殷制。其言諸侯之制，與周初不甚異，即本文、武時制。

子曰：鄭《駁五經異義》云：『《王制》是孔子之後大賢所記先王之事。』其答臨孝存云：『孟子當赧王之際，《王制》之作復在其後。』如鄭所言，《王制》作於周季，而《荀子》引《王制》之文，則其書明是周儒所作。盧植云：『漢文帝令博士諸生作此《王制》之書。』説本《史·封禪書》，但考《史》之元文，曰：『文帝召（魯人）公孫臣拜爲博士，與諸生草改曆服色事。』明年，使博士諸生刺六經作《王制》，謀議巡狩封禪事。是博士所草，爲改曆服色之書，本不名《王制》。而其所作《王制》則謀議巡狩封禪。故《史》於《封禪書》載之，《漢書》亦於《郊祀志》言之。《禮記·王制》於改曆服色既未之及，即篇内亦述《虞書》巡狩之文，而於帝王之封禪制度絶無一言，必非漢博士作矣。《史索隱》引劉向《别録》云：文帝時所造書，有《本制》《兵制》《服制》篇。

子曰：蔡邕以《月令》爲周公作。漢魯恭王上疏曰：『《月令》周世所造，而所據皆夏之時也。』則《月令》爲周世之書，確有明徵。而或疑官名之本於秦制者，莫如太尉。考秦、漢之太尉主兵，《月令》之太尉，『贊桀俊遂賢良，行爵出録』，職如周之冢宰，唐、虞謂之百揆，故《尚書中候》曰：『舜爲太尉。』此雖據後名以書前，而太尉爲冢宰之别稱，與秦、漢之太尉迥别。如因其官名而以爲秦書，其篇内又稱内宰爲奄尹、酒人爲大酋，豈秦亦有奄尹、大酋之官乎？或疑時事之同於秦制者莫如季秋『受朔日』、孟冬『釁龜筴生』。考《周官·太史》『頒告朔於邦國』，不言時月。而歲終頒朔勢不能畢達四方，周之頒朔亦斷不在十二月，何疑於季秋受朔日爲秦之歲終乎？釁龜之不同，由取龜之有先後。《周官》凡取龜以秋時，釁龜以上春。《月令》季夏登龜，孟冬釁龜，此與飭國典之有先後正同。飭國典在季冬爲因於夏、殷，安知釁龜不因夏、殷而用秦制乎？並謂登龜在季夏，爲誤解《周官》乎？

子曰：《别録》：《禮記》四十九篇，《樂記》第十九，則《樂記》入《禮記》在劉向前。而四十九篇實爲小戴之舊目。《後漢·橋玄傳》七世祖仁著《禮記章句》四十九篇，橋仁所見篇目已爲四十九，不待馬融補足甚明。《隋志》欲以小戴所録補大戴闕篇，尚多三篇，故以《月令》、《明堂位》、《樂記》歸之融。

子讀《禮運》曰：三王之世，其禮運也，當春秋之世，孔子並不輕五霸矣，而謂敢薄三王乎？經傳具在，曾有薄三王之言乎？

子曰：《政和禮》之疏舛，不及《開元禮》遠甚。〔一〕

子曰：樂有六節：一曰金奏，二曰升歌，三曰下管、笙入，四曰閒歌，五曰合樂，六曰無算樂。上得下就，下不得上取，凡禮皆然。

子曰：升歌謂歌者升堂也，下管謂管者下堂也，笙入謂笙者入門也。凡經曰笙入，皆謂其人，非謂其器。〔二〕

子曰：合樂爲並作，閒歌爲代奏。

金誠齋謂天子諸侯無閒歌。子曰：《書》之笙鏞以閒，舊説以爲閒歌焉。穆叔如晉，晉侯享之，金奏《肆夏》之三，是用元侯享諸侯禮也。工歌《文王》之三，是升歌也。又歌《鹿鳴》之三，是閒歌也。則天子相與燕，及天子燕諸侯，其閒歌《鹿鳴》三篇，文亦有見。〔四〕

子曰：《鹿鳴》之三、《文王》之三以詩之篇數言，升歌三終、笙入三終之類以樂之節奏言。樂之節奏，或三終各歌一詩，或三終同歌一詩，惟其所宜，而節奏均於三而止也。故《鹿鳴》之三、《文王》之三可曰三終，而三終不可謂兼歌三篇。《鄉射記》之『《騶虞》五終』非有五篇。《燕禮記》之『下管《新宫》，笙入三成』，亦非《新宫》外别有二詩。〔五〕

《周官·大司樂》：凡樂，天以圜鍾爲宫，地以函鍾爲宫，人以黄鍾爲宫。圜鍾即夾鍾，函鍾即林鍾。《漢志》云：『黄鍾統天，林鍾統地，大簇統人，謂之三統，又謂之三始。』子曰：《漢志》言制樂之本原，《周官》言用樂之支别，故不同。《周官》以三鍾爲天、地、人之宫，鄭注通矣。《漢志》用太乙下行九宫法，一、二、三爲天、地、人之宫，故地宫不始大吕而始林鍾。〔六〕周景王將鑄無射而爲之大林，泠州鳩縱言樂律。子曰：五音宫最大，羽最細。大踰宫，細踰羽，皆不中律。細過其主，謂細踰羽也。細踰羽，則音微而不聞，故又曰細抑大陵。〔七〕

道德第五

子曰：《禮・中庸》：『君子居易以俟命，小人行險以僥幸。』積惡必有禍，非不幸也，其免禍乃幸也。孔子曰：『小人有幸而無不幸。』積善必有福，非幸也，其有禍乃不幸也。孔子曰：『君子無幸而有不幸。』然幸者不可多得，不幸者特其少且暫，終歸於福仁禍淫而已矣。君子道其常，故『居易以俟命』。

子曰：性有血氣心知，不可歧而二之。《樂記》曰：『夫民有血氣心知之性，而無哀樂喜怒之常，應感起物而動，然後心術形焉。』此兼乎理、氣者也。後儒分理、氣以言性，是二之也。氣有秩然不可紊者，是謂理；氣有天然之理，是謂性。孟子曰『形色天性也』，未嘗別血氣於心知之外。阮氏曰『血氣心知之性』，即孟子所謂『性也有命焉，命也有性焉』。應感而動，即《中庸》喜怒哀樂之既發也，有血氣無心知非性也，有心知無血氣非性也。

子曰：人以仁、義、禮、智之四端而異於物，即知覺運動亦不同乎物。孟子祇言『同類者舉相似』，未嘗謂異類者亦相似。《樂記》曰：『物以群分，則性命不同矣。』人與物以類區分，物與物亦以類區分。朱子謂知覺運動人與物同，則孟子有犬牛人性之詰，告子何不直應之曰然？而告子語塞者，亦以知覺運動人物不能強同也。然此猶以形氣言之，至《中庸》首章朱子注亦以人物兼言，是直合人物以言理之一矣。宜其弟子劉氏惑滋甚也。

子曰：《樂記》云：『人生而靜，天之性也。感於物而動，性之欲也。』『之』者同中別異之辭。『性之欲』，同中有異也。知其同，則欲不容絶；知其異，則欲又不可不節。經傳言節欲寡欲，未有以去人欲立説者也。自釋氏以六欲爲六賊，儒者遂以去人欲與存天理對言，非也。欲在有節，不可縱，不可窮。

道德下篇第六

子曰：《禮運》〔八〕云：『義理，禮之文也。』《樂記》云：『禮也者，動於外者也。』理發諸外，而民莫不承順。義理者，禮之文。禮文之有條不紊者，是謂理。理發諸外，不必離事物而懸想之也。聖人制禮，得人心所同然之理，故民莫不承順。

子曰：《樂記》云：『人化物也者，滅天理而窮人欲者也。』天理云者，性命中自然之條理也。孟子言『性也，有命焉，君子不謂性』，是性中有一定之條理者，命是也。『命也，有性焉，君子不謂命』，是命中有一定之條理者，性是也。窮人欲者，專恣自肆，必滅性命之理。

子曰：案《中庸》之文，道不可外仁、義，禮也。脩身以道，而仁所當行之道，仁尤要也，故脩道以仁。仁者人也，義者宜也。仁義之等殺，即禮也。凡人之脩身必脩乎道，而又慮脩道之易致差謬，必以仁義爲之的。

子曰：《中庸》云：『仁者，人也。』《左傳》云『參和爲仁』，此古訓也。鄭君以相人耦釋仁，亦古訓也。耦即參和之誼，非爾我之言。仁字，從人二。二亦耦也。以人待人，意相參和，是有親愛之心而爲生生之理也。張子《西銘》甚得仁者愛人之體，朱子恐學者離愛言仁，乃作《仁説》，亦甚明憭。

子曰：《中庸》云：『仁者，人也，親親爲大。』孟子云：『仁之實，事親是也。』又云：『親親，仁也。』是可見仁晐孝弟。故有子曰：『孝弟也者，其爲仁之大與？』爲仁之道，自孝弟始。由是而仁民，由是而愛物，有本末焉，有差等焉。墨子以兼愛爲仁，惡識是恉？

子曰：《禮器》云：『禮也者，猶體也。』《祭義》云：『禮者，履此者也。』體之於心而踐履之者，禮也。鄭君曰：『統之於心曰體，踐而行之曰履。』體之爲聖，履之爲賢。此《禮》之正詁也。

子曰：威儀爲定命之則，從容有中道之誠，即孔子所謂無體之禮也。崇禮至此，可謂至德。有至德，可以凝至道矣。孟子曰：『動容周旋中禮者，盛德之至也。』

朱子曰：後人不知義之所以爲義，既失其名，因昧其實。『所謂義者，宜而已矣。精義者，所以致用而用無不利也。』子曰：精義致用，謂裁斷已精，措之咸宜也。古者『禮儀』字作『義』，

『仁義』字作『誼』。誼者，宜也。後人不識其字，因失其詁，遂昧其實，朱子所以浩歎也。

子曰：《禮·經解》云：『除去天地之害，謂之義。』除害則興利，即利物和義之恉也。楊子以爲我爲義，惡識斯恉？

子曰：《禮·大戴·小辨記》『知忠必知中，知中必知恕，知恕必知外』，忠恕之道，由中以達外，物我無閒，故曰一以貫之。

子曰：《大學》以定、靜、安、慮爲先後，定、靜、安之字義本相通，《大學》析言之而義有別。《釋名》云：『靜，整也。』明靜之先有定也。《説文》云：『靜，宷也。』明靜之後能安且慮也。《荀子》云：『不以夢劇亂智謂之靜。』又合靜之先後以明之。後人專以冥寂爲靜，爲害滋大。而矯之者又以靜功爲無用，亦非也。程子曰『惟靜者，可以言〔九〕學』、張子曰『始學者，靜以入德，至成德，亦衹是靜』是也。

子曰：靜者，詳宷其可好可惡之理而操存之也。君子靜宷乎道，非特在事物之已睹已聞時也，其所不睹不聞亦戒慎恐懼，而靜宷中道以誠敬存之。及感物機動，尤當靜宷，不使好惡無節於内，知誘於外，而後發而中節，不幹天地之和也。《樂記》與《中庸》相表裏。

子曰《論語》『敬』字二十有二，皆主心平事者，言合内外之道也。即以祭思敬言之，當其散齊致齊，心乎鬼神，齊不齊以致齊，是敬之密諸心而存於内者，即《禮記》所謂内心，後人謂之涵養。而臨祭之七鬯必慎，拜跪必肅，是敬心之見於外者，即《禮記》所謂外心，後人謂之省察。内與外，非有兩心也，故曰敬合内外。後儒專以外心言敬，而或疏於内，是猶臨祭恍惚，祇講器數之末節，而忘散致齊之宜先裕其誠也。矯之者，專以内心言敬，而反疏於外，是猶心主一於鬼神，而儀節之疏忽反有不自知者，其爲弊也滋甚。禪家專以心之虚寂言敬，既不知外心，亦不知内心。彼之屏去聞見思慮，非特動不省察也，即彼所謂静養者，詎有得於内心之敬乎？夫静養時之敬，亦必心乎其事，如散致齊之僾見愾聞，志意樂嗜之有思也。程子云『主一之謂敬』，『無適之謂一』，爲馳思妄慮不能心乎事者發，後人申之，其深者多幽眇，其淺者多迂腐。

子曰：庸，常也，用也。其字從庚，從用。用中爲常道，天下所不變易也。鄭君《禮記目録》云：『名曰中庸者，以其記中和之爲用也。庸，用也。』《中庸》注云：庸，常也。用中爲常道也。用、常二誼必兼備，舜執兩端，用其中於民，即中庸之誼。

子曰：中庸即中和。和，斯庸也。

子曰：孔子之前經中，『誠』字罕見。自作《十翼》推闡存誠之學，始知其義之大。

子謂大學以誠意爲關鍵，依《禮記》古本條釋之。

子曰：《中庸》云：『誠身有道，不明乎善，不誠乎身矣。』即《大學》『誠意必先致知之意』。

倫教第七

子曰：《禮・檀弓》公儀仲子之喪，舍孫立子，以適子已死而立其弟，非《周禮》也。子服伯子以爲行古之道。子游問孔子，孔子曰：『否，立孫。』似《春秋》無立弟之義。〔十〕

子曰：《公羊・文九年傳》云『不可曠年無君』，《莊二十三年傳》云『踰年稱公』，《白虎》論用《公羊》義。然據《白虎》論，既殯即繼體之位，踰年即改元之位，三年即踐阼之位，是即位之别有三。《曲禮》孔疏不數殯位，而數始死即適子之位，黄勉齋因云即位之别有四矣。其實始死及殯，以正嗣子之位，是即喪位，非即君位。既殯即位，以明宅憂之主，仍由賓階隮，亦非即踐阼之位。人君即踐阼位，以《春秋》之例言之，當在踰年；以三代上古禮言之，當在三年喪畢，亦非踰年即位，三年喪畢又即位也。人君即位惟一而已，大禮不可黷，黷則生亂。〔十一〕

子曰：孔子言：諒陰三年，聽於冢宰，古之人皆然。是三代以上人君即位，皆在三年喪畢也。踰年即位，自是春秋之制，與古禮異處，故子張疑而以問。孟子言『堯崩，三年喪畢，舜踐天子位』，非其明據乎！〔十二〕

子曰：嗣王朝廟，在三年喪畢。《書》云『舜格於文祖』，其文在『放勳殂落三載』之下。《詩》

有成王朝廟之頌。鄭箋亦云：『除武王之喪，將始即政，朝於廟。』兩漢如昭、成、哀、和、順五帝，嗣位殯前，即謁高廟，本乖三年不祭之典。齊蕭琛、陳沈文阿、宋李大性並請廟見，皆沿漢制。馬端臨亦爲所惑。〔十三〕

子曰：《春秋》定公於柩前即位，改稱元年，本非典禮。《公羊傳》云『正棺於兩楹閒，然後即位』，何注云：『危，不得以踰年正月即位。』蓋本例即位在踰年正月，因定、哀多微辭，故從其實，於即位之日書之，以明其篡。自此義不明，後世遂殯於前即位，而『踰年即位』之禮不聞矣，且先君之骨未寒而自改稱『元年』矣。〔十四〕

子曰：即位之禮與常朝自別，觀《周書・顧命》篇可知也。隱、桓、莊、閔、僖諸公，《春秋》不書即位，不舉即位之禮耳。其曰視朝，自正君位。戴東原以初視朝爲即位之始，則二禮太無區別矣。且謂『十二公皆行即位禮』，則諸公之不書『即位』，直孔子削之矣。孔子人臣，而削其君之『即位』，竊有惑焉。〔十五〕

董子有言曰：『天子三年然後稱王，經禮也；有故，則未三年而稱王，變禮也。』子曰：天子三年稱王，古禮也；有故，則未三年而稱王，《春秋》之禮也。春秋多變故之世耳。

子曰：《書・顧命》稱子釗，與《春秋》未殯稱子某同例。『王麻冕黼裳』當爲史臣後加之辭。

《白虎》論有大斂稱王之説，不足據也。

子曰：《春秋》之法，未殯稱子某，既葬稱子，踰年稱公。天子之稱王，亦當在踰年之後。〔十六〕

子曰：《春秋》之禮，先君雖未葬，既逾年則書爵，非譏。〔十七〕

子曰：《春秋》之稱爵、稱子，其别在踰年不踰年，不在葬不葬。桓十三年書衛侯，成三年書宋公，衛侯已踰年也。僖九年書宋子，二十五年書衛子，二十八年書陳子，定四年書陳子，未踰年也。其未踰年稱爵者，如宣十年書齊侯，成四年書鄭伯，襄二十九年書吴子，皆從其實而書之，譏其不以子道自處。〔十八〕

《曲禮正義》引《公羊》家説：『未葬稱子某，如子般、子野是。既葬稱子，如子惡卒，經書子卒是。踰年稱君，如里克弑其君卓子及文公元年公即位是。』《五經異義》引左氏説：『未踰年之君，未葬繫於父，殺奚齊於次，時父未葬，雖未踰年稱子，成爲君，不繫於父。齊公子商人殺其君舍，父已葬。』子曰：《公羊》家嗣君稱號之差，實較《左氏》爲長。然《公羊》説未葬稱子某，謂在國中厭於户柩，故稱子某。若其出會從王事，但稱子，不名，故僖九年宋襄稱子。又《公羊》説『踰年稱君』，謂臣子所稱，若其自稱猶曰子。《文九年傳》云：『諸侯於其封内，三年稱子。』〔十九〕

《春秋》書逆祀僖公，三傳以閔、僖爲父子，文於閔、僖爲祖禰。又書仲嬰齊卒，《公羊傳》

云：『嬰齊爲兄後，爲人後者爲之子也。其稱仲何？以王父字爲氏也。』子曰：禮，天子諸侯盡臣諸父昆弟，大夫則否，故閔、僖可以爲父子，歸父不得子嬰齊，何休云『不言仲孫，明不與子爲父孫』是也。或拘兄弟同昭穆之説，閔、僖不得爲父子；或拘爲人後者爲之子之説，並謂歸父可以子嬰齊：胥失之矣。〔二十〕

子曰：旁支繼有天下，如東漢之光武、蜀漢之先主，國統中絶，奮然崛起，其本身立四親，其後嗣以光武、先主爲祖，而高帝爲祖所自出可也。若晋元帝以琅邪王事滑帝，欲以漢世祖自比，馬貴與已非之。簡文帝歷事成帝以下數主，亦欲以世祖自比，尤非其倫矣。若明之世宗，親承遺詔入繼，并非晋元帝比，其曰『考孝宗而兄武宗』，已乖《春秋》之義，而又以興獻稱帝稱宗，此敗禮傷教而不可爲法也。〔二十一〕

子曰：繼統即以繼嗣，不嗣何統？繼非有二，前儒之辨宷矣。魏明帝之詔以爲由諸侯入承大統，其有稱考爲皇，稱妣爲后，則股肱大臣誅之無赦，前代立制之嚴如此。〔二十二〕

子曰：《喪服・不杖期章》『爲人後者爲其父母，報。』以經例言之，『女子子適人者爲其父母』，『公妾以及士妾爲其父母』，皆不易其父母之名。古人世父叔父於其昆弟之子，尚有父子之稱，降者推而遠之也，報者引而近之。女子子適異姓，其疏者也；男子後大宗，其親者也。遠而疏者不易父子之名，其近而親者獨斬而絶之，豈禮意哉！程子、朱子以爲『同堂共坐，兩父莫別』。竊謂天子之家，君前名父，固未嘗有兩父之嫌，士大夫家之俗稱，曰『爹』，曰『爸』，亦有可別。至臨文之稱，當別之以官爵、謚號。本生父、本生考之説，猶未精也。稱所生曰『本』，是二本矣。〔二十三〕

《春秋左氏》曰：『曹太子來朝，賓之以上卿，禮也。』何休作《膏肓》云：『《左氏》以人子安處父位，非衰世救失之宜。』鄭君箴之云：『必如所言，父有老耄罷病，孰當理其政、預王事也？』子曰：此攝政，行父事，非居其位也。

子曰：攝政與攝位，自是不同。鄭君《發墨守》云：『隱爲攝位，周公爲攝政。雖俱相幼君，攝政與攝位異。』或説周公不居攝，未是。〔二十五〕《左氏》之義，與《周官·典命》文合。〔二十四〕

子曰：堯一日未崩，舜一日稱攝，故《虞書》於放勳殂落之後，乃稱舜言爲『帝曰』，而記其年曰『在位五十載』。〔二十六〕

或問曰：舜陟帝位二十有八載而堯崩，禹陟帝位十有七年而舜崩，益陟帝位七年而禹崩，於傳有諸？子曰：否。孟子言二十有八載相堯也，十有七載薦禹也，七年薦益也。曰相曰薦，是時蓋攝政矣，豈陟帝位之云乎？孟子言堯老舜攝，非爲天子。雖然終陟帝位，而堯時實一攝政之相耳。《虞書》『受終於文祖』，行攝政禮也，與『舜格文祖』爲陟帝位事有別。益亦祇有七年之攝，未聞其陟帝位也。〔二十七〕

或曰：傳言三年喪畢，舜、禹、益避位，何也？子曰：避地云爾！豈曰避位云乎？舊君之都邑，有宗祀在焉，其子若孫之所世守也；有宫室在焉，其妻若子之所安居也，是不容不避之。故孟子曰：『居堯之宫，偪堯之子，是篡也。』此舜、禹之所以避也，公也；益賢禹薦之，啟賢益立之，亦公也。益不受禪，告天下以立啟，三年喪畢，退就侯國，使朝覲訟獄者可以專心之啟，此益之所以避也。若謂喪畢避位，必不然。舜、禹既受帝禪，不可避；益未受禹禪，不必避。〔二十八〕

或曰：孟子言既避後，『之中國踐天子位』，何謂也？子曰：此謂既居南河南之後，作都蒲阪，非謂前避位今又陟位也。禹亦於居陽城之後作都晋陽，舉措與舜同。若謂舜之於堯，禹之於舜，生則陟位，崩則避位，天下既從又陟位。大寶曰位，可若是之游移乎？即位之禮亦可再舉乎？且謂益已陟位，因避箕山而民不從，然後意沮，此鄉黨自好者不爲，而謂益爲之乎？孟子言朝覲訟獄之歸者，見舜、禹陟位而民受之，非取決於天下之從違也。又言之啓不之益者，益不受禪而避居，不願民之之，而民亦不之，見啓之陟位亦民受之也。〔二十九〕

子曰：天子賜姓命氏。《左傳》曰『天子建德，因生以賜姓，胙之土而命之氏』是也。命以國爲氏，與賜姓異。凡胙土必命氏，不必賜姓，故《國語》云：『黄帝之子二十五人，凡二十五宗，其得姓十四人。』二十五宗皆命氏也，得姓者十四人，其十一人未賜姓。諸侯不得專封，即不得命氏，而得命族。其大夫子孫有以王父字爲氏者，因以爲族。《左傳》曰『諸侯以字爲氏，因以爲族』是也。氏者，所以别其族也。氏族不分先後，而其氏與國氏異。或以官氏，或以邑氏，亦惟世禄家有之。〔三十〕

子曰：禮有絶服，無絶族，故《禮》曰『收族』、曰『合族』，亦所以撫民也。《大宰》九兩『宗以族得民』。唐叔封晋，分殷餘民懷姓九宗，至春秋時，翼九宗五正逆晋侯，有藉故家之力，宗法之有裨家國如此。〔三十一〕

子曰：《記》云『雖百世而昏姻不通者，周道然也』，則夏、殷自有異，但魯昭，周人，不得援古禮以爲之解。〔三十二〕

子曰：《穀梁》以妾母稱夫人爲非禮，與《禮經》『妾不得體君』之義合。〔三十三〕

孔子言『五不取』有云『喪父長子』不取，久爲疑竇。子曰：喪，亡也，無也。謂無父母家長之子也。《大學》之『亡人』，《檀弓》作『喪人』。女子無親長出奔在外，亦喪人、亡人也。夫子曰『喪父長子』，『爲其無(所)受命也』，謂斯女之嫁，必至自獻其身，無父長主其婚禮。傳曰：『喪

家亡人必[先]去其禮。』其斯之謂歟？逆家之子不順，亂家之子不貞，喪父長之子不順不貞，而刑與惡疾或兼有之。〔三十四〕

子曰：禮有拜揖，無不相答。答之者禮之也，亦以受之也。其不敢當尊者，則以不答爲禮，而必作還辟之容。《記》曰『君若迎拜，則還辟不敢答拜』，此通禮也。〔三十五〕《昬禮》：夫婦初相見，有揖無拜。婦至，壻揖入，及寢門，壻又揖入，而婦不答夫，宜還辟。《詩》曰：『好人提提，宛然左辟。』

子曰：禮無不答拜者。尸答主人拜，君答臣拜。《特牲》之餕，父拜其子；《冠禮》之見，母拜其子。〔三十六〕

子之友劉芷人名芬之族，有爭議繼嗣者，芷人請於子，欲以定其事。子據古禮今律定之，謂芷人曰：『俗議沸騰，積非成是。今欲申明禮意，正恐增兹多口。吾子處此，知而不言不可也，言而爭辯亦不可也。達其是非，以聽族中長老之采擇，此爲處鄉黨「恂恂似不能言」之義。』〔三十七〕

喪紀第八

子曰：《禮》『斬衰三年』兼前後所得之年爲文，與期功之實數異。士死三日而殯，三月而葬，與大夫以上殯葬月之實數亦異。此古人立文參差，而不可彊以一例者也。〔三十八〕

子曰：傳重者，傳五世内宗適之重也。《喪服》：『父爲長子。』傳曰：『正體於上，又乃將所傳重也。』舊説以此爲五世之適。鄭注據《小記》『不繼祖與禰』，以爲長子不必五世，則繼祖與禰之小宗，亦有正體傳重之義矣。是以制服父爲長子三年，爲衆子期；祖爲適孫期，爲衆孫九月；長子爲父後，以杖即位，與衆子不同；適孫爲祖後，加服三年，亦與衆孫有别：皆爲其正體又傳重也。凡爲後，有正體而不傳重，如適子有疾者；有傳重而非正體，如庶子爲後、庶孫爲後者，皆不得加服三年；惟正體又將傳重，乃加服，此爲上下通制。〔三十九〕

子曰：祖未葬而適孫亡，又無適曾孫，則次孫接服承重宜三年。據經云『子嫁，反在父之室，三年』，鄭注謂『遭喪而出者，始服齊衰期，出而虞，則以三年之服受〔四十〕』，是服可再制明矣。若祖已克葬，則次孫攝祭，不改其服。徐邈云：『一孫攝主，本服如故。期既除，當以素服臨祭，依心喪以終三年。』此説可施於既葬之後，而改服與否，當以葬不葬爲斷。〔四十一〕

子曰：《喪服小記》：『祖父卒，然後爲祖母後者三年。』鄭注：『祖在則其服如父在爲母也。』今律『適孫祖在爲祖母服斬』，自乾隆中吏部議睢州知州某始也。〔四十二〕《喪服·不杖期章》『爲君之父母、祖父母』。傳曰：『從服也。父卒，然後爲祖後者服斬。』鄭注云：『此爲君矣，而有父若祖之喪者，謂始封之君也。若是繼體，則其父若祖有廢疾不立

(者)。父卒者,父爲君之孫,宜嗣位而早卒。今君受國於曾祖。』鄭《志》趙商問:『已爲諸侯,父有廢疾,而爲其祖服,欲言三年,則父在,欲言期,復無主。』答曰:『天子諸侯之喪皆斬衰,無期。』子曰:傳言『爲祖後者服斬』,爲經『祖父母』發也。君服斬,故臣從服期也。注言『今君受國於曾祖』,爲經不杖期發也。君之爲祖後者服斬,臣得從服期者,以君受國曾祖,其祖未嘗立也。若受國於其祖,則今君之臣即祖之臣也,臣爲其君自服斬。朱子於宋孝宗之喪,得鄭《志》此條,深服鄭君,見《宋・禮志》及《朝野雜志》。竊考孟子嘗引『百姓喪堯三載』,以爲舜攝之證;又言舜既爲天子,又帥天下諸侯以爲堯三年喪,是二天子,以明臣無貳斬之義。是則太子攝位稱監國,臣得爲前君斬,以位固前君之位也。及其既即位,則臣爲今君之臣矣。今君得爲前君斬,臣當從服期,上以避二主之嫌,下以明不貳斬之義。鄭《志》『天子諸侯之喪皆斬衰』,據見爲君而喪者言,即《斬衰章》『君』是也。此則今君爲其子若孫,其祖父乃舊君也。君爲祖斬,自當依傳『父卒』爲斷。臣從服期,不必拘注『父不立』之説矣。經曰『爲君之父母、祖父母』,是其子明爲君者矣。子既爲君,則臣爲君之父母、祖父母自應齊衰不杖期,不必如鄭有『廢疾不立』之説。傳曰『父卒,然後爲祖後者服斬』,明是此君承重於祖父,更不應從鄭『受國曾祖』之言。〔四十三〕

子曰：未踰年之君無子而死，臣下無服。若有子者，雖值諸臣爲前君服斬之時，亦當有兼服變除之節。《公羊傳》曰：『未踰年之君，有子則廟，廟則書葬；無子不廟，不廟則不書葬。』斷無立廟書葬，斷無不服之理。未可泥於一年不二君之例，而概云無服。〔四十四〕

子曰：《檀弓》言喪服古者不降，上下各以其親。古者，謂殷以前也。魏晋議禮家言後世王侯不臣諸父昆弟，則事異於周，不得以貴降。吾謂後世封建廢，則厭降之例多不可行，從古『不降』可也。但其閒亦有宜從周禮者，勿以彼一害此一。禮有厭降，自周公始也。〔四十五〕

子曰：凡服之不報者，以尊降也。爲人後者之父母報，不敢以尊自居。故雷次宗云：『推之於無尊，遠之以報服。』謂如世叔父母之於昆弟之子，以旁尊不足加尊而報之也。〔四十六〕

子曰：禮，爲人後者爲其父母降一等，而其爲祖父母，無見文。或云仍服期何以别所後之祖乎？王彪之、崔凱等議曰：當爲大功耳！

子曰：爲人後者之子爲所生祖父母，經無見文。考女子之適異姓者，其子尚爲外祖父母服，而男子之後同宗者，其子乃可不爲所生祖父母服乎？劉智曰：『爲人後服本親不傷於爲後者若子，則其孫亦然矣。本親有自然之恩，降一等足以明所後者爲重，無緣得絶之矣。』〔四十七〕

子曰：《小記》云：『夫爲人後者，其妻爲舅姑大功。』是夫所生之父母仍稱舅姑者，猶經云

『爲人後者爲其父母也』。《記》言此者，嫌其妻或據所後之親疏以服其舅姑也。〔四十八〕

子曰：爲人後服其所生之親，經惟見父母、昆弟、姊妹，餘皆不見。《記》云『爲人後者，於兄弟降一等』，正補言所不見者。其於旁親兄弟降一等，是降不止一體矣，賈疏云『本宗餘親皆降一等』。〔四十九〕

子曰：《喪服》經傳之稱『昆弟』者，同父兄弟之定名也。其曰『兄弟』者，旁親期功以下之通名也。〔五十〕

子曰：《喪服傳》言『成人而未嫁』，爲女子在室逆降之例。古者女子十五以上乃許嫁，六禮行於期年中，故許嫁即有逆降之例，非若後世髫年定婚也。或據後世事而議古逆降之非，所謂不揣其本而齊其末也。〔五十一〕

子曰：古者叔嫂無服。《記·奔喪》云：『無服而爲位者惟嫂叔。』又云：『婦人降而無服者，麻。』鄭云：『雖無服，猶弔服加麻。祖免爲位哭也。』是叔嫂之喪，固弔服加麻矣。〔五十二〕

子曰：弟子爲師絰而出，朋友則絰，出則否，《檀弓》著之矣。《禮疏》引《禮論》云：『爲師及朋友皆既葬除之。』〔五十三〕

子曰：孔子未嘗出妻，伯魚未嘗喪出母。《檀弓》言：伯魚期，正父在，爲其母之常制爾。

子思云『先君子喪出母』，謂孔氏先世之有賢德者，原非指斥孔聖。其後世執守子思之訓，亦以喪出母之先君子其德本次於子思也。如孔聖曾喪出母，後世斷斷從孔聖，不從子思矣。子思之母死於衛，自傷無時，此在喪位居衛之日耳。子思之從母死於衛，其從母嫁庶氏，故曰庶氏之母。從母小功服，故赴於子思，其服同於外祖父母，故一時怱促有哭廟之誤。今《檀弓》文脱『從』字，解者遂謂子思之母嫁衛庶氏，豈其然歟？〔五十四〕

子曰：出母與嫁母異。孔氏先君子喪出母而爲服者。出而未嫁，未見絶於孔氏也。故子思曰：『無所失道，道隆則從而隆也。』子思之妻自謂道汙，其出而改嫁歟？要必見絶於子思者。出妻之子，爲母杖期未絶也，絶則於夫無妻名，於子即無母服。故子思言爲妻者爲母，不爲妻者不爲母，此以絶不絶定服不服，義甚精闢。而當時行出母服者概以杖期，至子思爲一變，故《記》曰『自子思始也』。凡曰自某始，皆記禮自此變，或變而失，或變而得。必謂自子思始爲子思之失，直一孔之見也。〔五十五〕

《檀弓》載孔子不知墓一事，久爲疑案。子曰：古合葬，以後喪從先葬。墓爲郰大夫所營施氏之墓，施母已蚤卒。顔母之嫁年甚輕，而孔子又幼，宜不知其墓地。而郰大夫卒，無由合葬於前母之墓，故殯於五父之衢。以合葬無期，因慎重深殯之。故見之者，皆以爲葬。孔子意在求其墓而合葬，非安於不知而苟焉者。其少孤之志，有異凡人也。少長，問於郰曼父之母，知墓地在防，然後合葬於施母之墓焉。《記》意如此，夫何疑？〔五十六〕

子曰：《周官》、《戴記》並言代哭，鄭注皆以『更』釋『代』，謂更番相代，非替代也。服屬之親，更哭以節其哀，非喪主令人代哭，亂聲以欺死者也。未殯以前，主人有坐起而無寢興，男婦群聚，徹夜不寐，哭若絶聲，既似忘哀，若不更代，無能勝此大事矣。聖人制禮，即乎人情，故小斂以後有代哭禮。或乃據末俗之澆薄，疑古禮爲不情，何哉？〔五十七〕

子曰：《雜記》云：『士三月而葬，是月也卒哭；大夫三月而葬，五月而卒哭；諸侯五月而葬，十月而卒哭。士三虞，大夫五，諸侯七。』據此則卒哭之月數，當視虞數，不視殯之日數矣。〔五十八〕

子曰：高宗諒陰，一作諒闇，其本字古作梁闇，《書》傳以爲凶廬，鄭君以爲柱楣。《爾雅》云『宋廇謂之梁』，爲承棟之正梁。又云『楣謂之梁』，與閾闑樞棖並列。楣謂門楣，梁是門梁。喪禮『既虞，柱其楣而啟户』，有同楣梁之義。倚廬，以數木斜倚東墉，其垂至地處，有横木總束之，即所謂楣。既虞，乃柱其楣，而謂之梁。倚廬有卧地之木，可謂之楣，不可謂之梁。梁闇，有梁之廬，即所爲柱楣。〔五十九〕

子曰：古者自始死至葬，有奠而無祭。葬之日，以虞祭易奠。而祝辭又稱哀子、哀孫。自祔用吉祭，祝辭乃稱孝子、孝孫。

子曰：《雜記》云：『祭稱孝子、孝孫，喪稱哀子、哀孫。』皆祝辭也。《曾子問》云：『宗子死，稱名不稱孝。』鄭注『孝，宗子之稱』，則哀亦宗子稱也。孝子、孝孫、哀子、哀孫，皆宗子之稱。其衆子、衆孫之助喪祭者，曰『哀顯相』，不得直稱哀子、哀孫。《士虞禮》『哀子某，哀顯相』，明有别矣。衆子亦稱哀子，誤也。與人言，自稱哀子，更誤。已可自稱哀，將亦可自稱孝乎？後世有父孤、母哀之分，尤屬不經。〔六十〕

子曰：古訃告之禮，用父兄之命，曰父兄命訃。其訃於君，曰君之臣某死。其受人弔賻，相者稱之曰孤，並不稱哀子。〔六十一〕

子曰：凡别子之喪，皆其子主之。無子，則立族人爲後主之。其父雖在，不論貴與賤，皆不主其喪，此通禮也。故公之子爲别子，公不主其喪；士之子爲大夫，士亦不主其喪。〔六十二〕

子曰：經有所謂吉喪者，遠方之人既除喪而後聞喪者也。惟其既除喪，故謂之吉喪。惟曰吉喪，故可純用吉拜。不然喪期未除，即喪者年踰期頤，喪之者服如緦麻，不得稱吉喪、用吉拜也。〔六十三〕

子曰：吉拜曰稽首，凶拜曰稽顙。吉拜尚左手，凶拜尚右手。二禮較然不相掍。喪拜之别有四：有稽顙而後拜者，爲周人凶拜之正，三年之喪拜也；有拜而後稽顙者，爲殷人之凶拜，而周人沿之，與吉拜相近，齊衰不杖期以下之喪拜也；有稽顙而不拜者，爲凶拜之變，是有三年之喪，而嫌爲後者之拜也；有拜而不稽顙者，爲凶拜之輕，是身有期喪而壓於尊者之拜，及緦功服輕之拜也，而拜尚右手則同。今吉凶二拜無别，惟於書帖分吉拜頓首、凶拜稽顙，此特異其名目耳。習俗不察，有期服孫稱稽首者，並名目而溷之。古稽首吉禮，爲臣拜君之拜，豈可用之凶禮乎？如曰同稱稽顙，無輕重之差，則如晉文之再拜秦使稱曰再拜可也，如魯昭之再拜顙於齊庭稱曰拜顙可也，如諸稽郢之頓顙乞哀稱頓顙以别稽顙亦可也，何取乎稽首之吉禮。〔六十四〕

子曰：凶拜之拜而後稽顙，與吉拜近，故孔子曰『頽乎其順』。先稽顙而後拜，匍匐不遽起，亦以見哀痛之切，故孔子曰『頎乎其至』。〔六十五〕

子曰：古人尸柩之前無拜禮。凡奠，祝及執事爲之，主人祇有哭、踴之節而不拜。《開元》、《政和禮》尚然，至温公《書儀》、朱子《家禮》，乃有入拜靈座之文，非古也。士虞禮，尸未入而陰厭，主人再拜稽首爲祭拜之始，虞前無聞焉。弔賓亦不拜，其禮於生者有慰問之辭，於死者有襚賵之物，及哭泣，馮尸之節而已。〔六十六〕

子曰：今俗有易服謝弔之習，禮於人不禮於親矣。《禮經》曰：『不拜棺中之賜。』〔六十七〕

子曰：《記》云『非弔喪無不答拜者』，是弔喪不答拜矣。孔子之放絰，以季氏不絻不成喪，已亦不成弔也，故得拜爾，如可成弔則不拜，亦何容放絰矣。〔六十八〕

《士虞禮》曰：『中月而禫。』《檀弓》曰：『祥而縞，是月禫，徙月樂。』鄭、王兩家異説。鄭以爲喪二十五月而畢，餘哀未盡，延至二十七月而禫，二十八月而樂，中月而禫與大祥閒一月，是月禫，非祥月，乃發下文，非蒙上文也。王以爲二十五月大祥，其月爲禫，二十六月而樂，『中月而禫』，祥月之中也。子曰：『二十七月而禫』，本《大戴·喪服變除禮》及《白虎通義》。據《雜記》『父在，爲母爲妻十三月大祥，十五月禫』，祥禫必異月。中月而禫，當如鄭解。『是月禫』，是月者，寔月也，謂寔足一月也。《公羊傳》云：『是月者何？僅逮是月也。』何以不日，晦日也，謂自朔至晦匝一月。』義與此同。是月禫即中月而禫，徙月樂即踰月歌。是月、徙月，對文成義。大祥當卜二十五月下旬，寔足一月而禫，則在二十七月上旬，禫，吉祭，用近日也。而樂，易月斯作，當二十六月，不必在寔月後。故孔子既祥，五日彈琴不成聲，爲未徙月也。十日成笙歌，在徙月後。大祥卜二十五月下旬，十日斯徙月矣。徙月而樂，不必至禫，即《記》所謂禫而内無哭，樂作也。十日徙月而成笙歌，即祭所謂歌在踰月則善也。必謂樂作禫後，於《記》文多不可通。〔六十九〕

子曰：除喪樂作，始於琴瑟，成於笙歌，而極於金石。以琴瑟言，祥後已作樂矣；以金石言，禫後乃作樂。〔七十〕

子曰：祭，吉禮也。吉凶不相干，故《王制》言『喪三年不祭』。然天地社稷雖外祀，不得使人攝，故有越紼行事之文。其可攝者，惟五祀耳。內祀不可攝，薦之於寢可也，祭之於廟不可也。古文祭與薦迥別。喪中不祭，非不薦也。〔七十一〕

子曰：忌日忌支辰，非忌一二之定日。人君之忌子卯，其顯證也。月值其辰皆忌，非一年止忌一日。《喪大記》曰：『大夫、士之喪，既練而歸，朔月忌日則歸哭於宗室。』亦其明證也。《祭義》曰：『君子有終身之喪，忌日之謂也。』如晉議禮家以每年同月日者一忌，其終身喪之謂何！

子曰：忌日之祭，《禮經》無明文。《祭義》言文王之祭曰：『忌日必哀，稱諱如見親，祀之忠也。』斯其忌日祭之權輿歟？〔七十二〕

子曰：《公羊傳》曰『古者臣有大喪，三年不呼其門』，此正禮也。又曰『已練，可以弁冕服金革之事』，此權禮也。非金革而無事不可，閔子所謂不即人心，孔子所謂從其利者也。〔七十三〕

【箋注】

〔一〕輯自黄以周《儆季子粹語》，寫本。題目爲編者所擬。繼紅案：《儆季子粹語》爲黄以周主講南菁書院期間與弟子對話時的語録，由門人王兆芳輯録而成，分爲二卷。每則冠以『子曰』以示敬。王兆芳（一八六七—一九〇四），字漱六，通州金沙鄉人。肄業南菁書院，從游黄以周十載之久，篤嗜黄以周所著書，而黄以周有疑義，輒與商榷，以爲畏友。章太炎《黄先生傳》認爲在衆多弟子中，黄以周與王兆芳尤親。唐文治《黄元同先生學案》説王兆芳曾爲其師作《行狀》，亦可證章太炎所言不虚。王兆芳著有《公羊質文異禮疏證》、《經義徵學》、《古今異鑒》、《教育原典》等。（參見趙統《南菁書院志》，上海書店出版社二〇一五年版，第五二〇頁）

〔二〕此觀點見於《禮書通故》第九《喪服通故五》：《開元禮》：『三日成服，唯適子及有爵之庶子皆得杖即位，其庶子無爵者杖於他所，不杖於位。』《政和禮·庶人喪儀》：『於成服時，贊者引主人以下，俱杖，各就位，内外皆哭盡哀。童子、婦人不杖。』以周案：喪有『杖即位』、『杖次』之分，又有『輯杖』、『去杖』、『授人杖』之别，《喪大記》言此最詳。杖以優爵，亦以擔主，其無爵非主之子不以杖即位，《記》有明文，《政和禮》何混幪也？且《喪服傳》言『婦人不杖』，亦謂不杖於位耳，居次亦杖也。《政和禮》之疏舛，不及《開元禮》遠甚，此特其一端也。

〔三〕詳見《禮書通故》第四十四《樂律通故》：鄭玄云：『乃管《新宫》三終』，管謂吹簜以播《新宫》之樂。笙從工而入。既管不獻，略下樂也。立於東縣之中。敖繼公云：文承『大師、少師降』之下，明是降者管之。《春宫·大師》、《小師職》皆云『登歌』、『下管』，是也。盛世佐云：管之者，大師諸人也。奏管之時亦吹笙，不見『笙入』之文者，以其不爲樂主，略之也。『既管不獻』者，以奏管者既受獻，群工賤，又不奏管，略之也。張爾岐云：《燕禮》：『笙入立於縣中。』注云：『縣中，縣中央也。』疏云：『諸侯軒縣，闕南面而已，故得言「縣中」。』近北面，縣之南也。此經初設樂無北面縣，但移東縣建鼓在阼階西，又設一建鼓在西階東，正當北面一縣之處。簜在建鼓之閒，注云『簜，笙、簫之屬，倚於堂』，又與《燕禮》『笙入』所立之位同，疑設之在此，奏之亦於此。至此『管《新宮》』，注乃云『立於東縣之中』，不知於經何據？竊疑大師等立此或亦以將奏管故臨之，非徒立也。至下管三終，乃相率而東耳。既從工而入，工升堂，笙即入堂下，亦其宜也。胡肇昕云：不言『笙入』，略耳，非與《燕禮》有異。簜設而笙不必設，以笙四人自執笙，與瑟者何瑟相同。　以周案：敖氏分『下管』、『笙入』爲二節，『下管』時無『笙』。諸家皆從鄭，謂管時與笙俱奏，是已。但各以不言『笙入』爲略，亦失其義。『升歌』，謂歌者升堂也；『下管』，謂管者下堂也；『笙入』，謂笙得入門也。凡經曰『笙入』皆謂其人，非謂其器。就以器言，此經前設簜於建鼓之閒，鄭注『簜，笙、簫之屬』，是笙之爲器，已早入矣，不待於此言『笙入』。若以人言，此時吹笙者即群工爲之。大師、少師奏管，群工奏笙，一可徵諸『乃管』前之『降立』，二可徵諸『卒管』後乃東坐，三可徵諸『卒管』後不言獻，四可徵諸《大師》、《小師職》有『下管』擊鼓之『令奏』，韋氏之説已詳矣。奏笙非别有人，亦無『笙入』之可言。考笙之用有三節，一用於下管，一用於閒歌，一用於合樂。閒歌、合樂皆歌、笙並奏，《大射禮》無此兩節，是下管之後笙無所用之，故即以升歌者下而兼笙，不復别用笙者。《燕禮記》雖無閒歌，尚有合樂，合樂時歌者不能下兼笙，故『下管《新宮》』并言『笙入』。《鄉射》無歌、笙、閒而有合樂，故亦著『笙入』之文，與《燕禮記》同。但《燕禮記》之『笙入』文在『三成』之上，是猶奏於下管者也。《鄉射》不奏笙詩而亦著「笙入」者，專爲合樂立文也。敖氏謂合樂無笙，不其謬哉。

〔四〕詳見《禮書通故》第四十四《樂律通故》：鄭玄云：「諸侯相與燕，天子燕諸侯，其笙閒之篇未聞。」金鶚云：「天子、諸侯有金奏下管而無閒歌，大夫、士有笙入閒歌而無金奏下管。《鄉飲酒禮》「賓出奏《陔》」，有鼓無鐘，非金奏。《燕禮》有笙入閒歌，以大夫樂樂之，非諸侯之正樂。」以周案：樂有六節：一曰金奏，二曰升歌，三曰下管笙入，四曰閒歌，五曰合樂，六曰無算樂。上得下就，下不得上取，凡禮皆然，何得謂天子、諸侯無閒歌？《燕禮》有笙入、閒歌而無《肆夏》之奏，《燕禮記》别言「以樂納賓」，有《肆夏》、下管而無閒歌，爲燕其臣下，各缺一節。合而觀之，則諸侯之正樂有《肆夏》之奏、有下管笙入、有閒歌可知。諸侯、天子禮闕有閒，不得因「笙閒之篇未聞」遂云「無閒歌」。《書》「笙鏞以閒」，舊説以爲閒歌焉。「穆叔如晉，晉侯享之，金奏《肆夏》之三」，是用元侯饗諸侯禮也。云「工歌《文王》之三」，是升歌也；又云「歌《鹿鳴》之三」，是閒歌也。則諸侯相與燕及天子燕諸侯，其閒歌《鹿鳴》三篇文亦有見，但鄭以此爲合樂，故云「笙閒未聞」耳。

〔五〕詳見《禮書通故》第四十四《樂律通故》：鄭玄云：「《大射禮》歌《鹿鳴》三終，而不歌《四牡》、《皇皇者華》，主於講道，略於勞苦與諮事。」敖繼公云：「『三終』，謂《鹿鳴》之什三篇篇各一終，如《春秋傳》所謂「工歌《鹿鳴》之三」是也。鄉飲酒之禮歌《鹿鳴》、《四牡》、《皇皇者華》，其義曰「工歌三終」，則益可見矣。」褚寅亮、胡肇昕皆從鄭，韋協夢、江筠、淩廷堪皆從敖。以周案：「《鹿鳴》之三」、「《文王》之三」，以《詩》之篇數言；「升歌三終」、「笙入三終」之類，以樂之節奏言。樂之節奏，或三終各歌一詩，或三終同歌一詩，惟其所宜，而節奏均於三而止也。故《鹿鳴》

之三、《文王》之三可曰『三終』，而『三終』不可謂兼歌三篇。《鄉射記》之『《騶虞》五終』，非更有五篇，《燕禮記》之『下管《新宫》，笙入三成』，亦非《新宫》外別有二詩。褚、胡申鄭，其義爲長。

〔六〕詳見《禮書通故》第四十四《樂律通故》：《大司樂》：『凡樂，天以圜鍾爲宫，地以函鍾爲宫，人以黄鍾爲宫。圜鍾即夾鍾，函鍾即林鍾。』《漢志》『黄鍾統天，林鍾統地，太蔟統人，謂之三統，又謂之三始』，與《大司樂》文不同。鄭玄云：夾鍾生於房心之氣，房心爲大辰，天帝之明堂。林鍾生於未之氣，未，坤之位。黄鍾生於虚危之氣，虚危爲宗廟。以此三者爲宫，用聲類求之。李光地説：黄鍾、圜鍾，兩字錯互。諸儒相承，不復正。以周案：《漢志》言制樂之本原，《周官》言用樂之支別，故二者不同。《周官》以三鍾爲天、地、人之宫，惟鄭注爲較通。《漢志》用太乙下行九宫法，一、二、三爲天、地、人之宫，故地宫不始大吕而始林鍾。

〔七〕詳見《禮書通故》第四十四《樂律通故》：《周語》：『王將鑄無射，而爲之大林。』賈逵云：『無射，鍾名。大林，無射之覆也。作無射，而爲大林以覆之，其律中林鍾也。』韋昭云：『或説「鑄無射而以林鍾之數益之」，昭謂下言「細抑大陵」，又曰「聽聲越遠」，如此則賈言近之。』徐養源云：『此鑄無射一鍾，而以林鍾爲之副也。凡以律準聲者，無射爲宫，則林鍾爲羽。鑄無射而爲之大林，是並鑄宫、羽兩鍾也。大也者，不宜大也，故伶州鳩曰：「大不踰宫，細不踰羽。」夫宫，音之主也，弟以及羽。今細過其主，妨於正。」「細過其主」，謂羽大於宫也。無射，律之小者。無射爲宫，當以林鍾之半律爲羽。今用林鍾全律，則無射四寸七分，林鍾六寸，是出均也，故曰大林。』以周案：五音宫最大，羽最細。大踰宫，細踰羽，皆不中律。細過其主，謂細踰羽也。細踰羽，則音微而不聞，故又曰『細抑大陵』。如徐氏説『細過其主』爲『羽大於宫』，下當『細陵大抑』方通。

〔八〕『禮器』，原作『禮運』，誤。徑改。

〔九〕『言』，即『爲』。

〔十〕參見《禮書通故》第三十一《即位改元禮通故一》：《異義》云：『《公羊》説，質家立世子弟，文家立世子子。而《春秋》從質，故得立弟。』以周案：以《檀弓》篇『孔子曰「否，立孫」』觀之，似《春秋》無立弟之義。

〔十一〕參見《禮書通故》第三十一《即位改元禮通故一》：《白虎通義》云：『王者既殯而即繼體之位何？緣民臣之心不可一日無君也。先君不可得見，則後君繼體矣，故《尚書》曰「王再拜，興對，乃受銅瑁」，明爲繼體君也。緣終始之義一年不可有二君，故《尚書》曰「王釋冕，反喪服」，明未稱王以統事也。不可曠年無君，故踰年乃即位，改元而未發號令也。《春秋傳》曰：「以諸侯踰年即位，亦知天子踰年即位也。」王者改元即事天地，諸侯改元即事社稷，《王制》曰：「夫喪三年不祭，惟祭天地社稷，爲越紼而行事。」《春秋傳》曰「天子三年然後稱王」者，謂稱王統事發號令也，《尚書》曰「高宗諒闇三年」是也。故三年除喪，乃即位統事，踐阼爲王，南面朝臣下，稱王以發號令也。故天子、諸侯凡三年即位，終始之義乃備。』以周案：《公羊·文九年傳》云『不可曠年無君』，《莊二十三年傳》云『踰年稱公』。《白虎》所論，從《公羊》義也。然據《白虎論》，既殯即繼體之位，踰年即改元之位，三年即踐阼之位，是即位之别有三。《曲禮》孔疏不數殯位，而數始死即適子之位。黄勉齋參合二説，而云即位之别有四。其實始死及殯，以正嗣子之位，是即喪位，非即君位。既殯即位，以明宅憂之主，仍由賓階隮，亦非即踐阼之位。人君即踐阼位，以《春秋》之例言之，當在踰年；以三代上古禮言之，當在三年喪畢，亦非踰年即位，三年喪畢又即位也。人君即位惟一而已，大禮不可黷，黷則生亂。

〔十二〕參見《禮書通故》第三十一《即位改元禮通故一》：《書僞孔傳》云：『正月元日，舜格於文祖。舜服堯三年喪畢，將即政，故復至文祖廟告。』蔡沈云：『春秋國君皆以遭喪之明年正月即位於廟而改元。孔氏云喪畢之明年，不知何據。』以周案：孔子言『梁闇三年，聽於冢宰，古之人皆然』，是三代以上人君即位皆在三年喪畢也。踰年即位改元，自是春秋之制與古禮異處，故子張疑而以問。《白虎通義》比而合之，謂踰年即位，除喪又即位，本不足據。蔡氏乃據《春秋》之義爲難，更屬未是。孟子言『堯崩，三年喪畢，天下歸舜，而後踐天子之位』，非其明據乎？且即位於朝，春秋之禮亦然。云『即位於廟』，何據？《公羊》何注有『先謁廟，還之朝』之語，亦謂即位於朝。

〔十三〕參見《禮書通故》第三十一《即位改元禮通故一》：何休云：『即位先謁宗廟，明繼祖也。還之朝，正君臣之位也。事畢而反凶服焉。』馬端臨云：『即位告廟，自舜、禹受終，以至太甲之見祖，成王之見廟，皆是也。雖西漢時，人主每嗣位，亦必有見高廟之禮。而自唐以來則否，以喪三年不祭之説爲拘也。』以周案：嗣王朝廟，當在三年喪畢之時。禹、太甲事，見僞《古文》，不足據。『舜格文祖』，文在『放勳殂落三載』之下。《詩》有成王朝廟之頌，鄭箋亦云『除武王之喪，將始即政，朝於廟』。兩漢如昭、成、哀、和、順五帝嗣位，殯前即謁高廟，本乖『三年不祭』之典。齊蕭琛、陳沈文阿、宋李大性并請廟見，皆沿漢制。馬氏亦爲所惑。

〔十四〕參見《禮書通故》第三十一《即位改元禮通故一》：《書僞孔傳》云：『伊尹奉嗣王，祗見厥祖，此湯崩，踰月，太甲即位，奠殯而告，居位之喪。』孔穎達云：『《太甲中篇》云「三祀十有二月，伊尹以冕服奉嗣王」，則是除喪即吉，明十二月服終。《禮記》稱「三年之喪二十五月而畢」，知此年十一月湯崩，此祠先王，是湯崩踰月，太甲即位奠殯而告也。此亦如周康王受顧命，尸天子。春秋之世，有奠殯即位，踰年即位，此當奠殯即位也。』以周案：《漢書·律曆志》引《伊訓》曰『惟太甲元年十有二月乙丑朔，伊尹祀於先王，誕資有牧方明』，又解之曰：『言雖有成湯、太丁、外丙之服，以冬至越茀祀先王於方明，以配上帝。』此古訓也。今《伊訓》係東晉僞書，本不足據。且曰『惟元祀』，當爲湯崩之踰年，必非湯崩之踰月。《春秋》定公於柩前即位，改稱元年，本非典禮。《公羊傳》云『正棺於兩楹閒，然後即位』，何注云：『危，不得以踰年正月即位。』蓋本例即位應在踰年正月，因定、哀多微辭，故從其實，於即位之日書之，以明其篡。自此義不明，後世遂於殯前即位，而『踰年即位』之禮不聞矣，甚且先君之骨未寒而自改稱『元年』矣。

〔十五〕參見《禮書通故》第三十一《即位改元禮通故一》：杜預曰：『雖不即君位，而亦改元朝廟，與民更始。』戴震云：不即位於改元之初，及其視朝，將不正朝位乎？苟視朝然後即君位，豈得無深痛不忍之情。然則改元之初而即君位，於深痛不忍之情何傷？彼所謂不即君位者，迨至視朝終不得避君位也，則初視朝，乃其即君位之始，何進退失據乎！不廢改元朝廟，與民更始，而廢正百官，非義也。』以周案：即位之禮與常朝自當有別，觀《書·顧命篇》可知。隱、莊、閔、僖諸公不書『即位』，不舉即位之禮耳，其曰視朝，自正君位。戴氏以初視朝爲即位之始，則二禮大無區別矣。且謂『十二公皆行即位禮』，則諸公之不書『即位』，直孔子削之矣。孔子人臣，而削其君之『即位』，竊有惑焉。

〔十六〕『董子有言』、『《書·顧命》』、『春秋之法』三條，並參見《禮書通故》第三十一《即位改元禮通故二》：《春秋繁露》云：『天子三年然後稱王，經禮也；有故，則未三年而稱王，變禮也。』《白虎通義》云：『天子大斂之後稱王者，明民臣不可一日無君也。故《尚書》曰「王麻冕黼裳」，此大斂之後也。何以知不從死後加王也？以上「迎子釗」不言迎王也。』以周案：《顧命》『迎子釗』，與《春秋》未殯稱『子某』同例，「王麻冕黼裳」當爲史臣後加之詞，『大斂稱王』之説，不足據也。以《春秋》之法推之，未殯稱『子某』，既葬稱『子』，踰年稱『公』。天子之稱王，亦當在踰年改元之後。若以古禮言，三年之内，百官總己以聽冢宰，其即位在三年後。諸侯稱公，天子稱王，亦當在喪畢，故《公羊》家又有『三年於封内獨自稱子』之説。董子云『天子三年然後稱王，古禮也；有故，則未三年而稱王』，春秋之禮也。春秋多變故之世耳。《白虎》論以『王麻冕黼裳』爲『大斂之後稱王』，又以『王釋冕反喪服』爲『未稱王以統事』，語相矛盾。蓋當時儒臣議白虎觀，本各自爲説，班氏集爲《通義》，兼采其説，遂致齟齬爾。

〔十七〕參見《禮書通故》第三十一《即位改元禮通故二》：賈逵、服虔説，成三年書『宋公』、『衛侯』，時宋文公、衛穆公未葬，而稱爵者，譏其不稱『子』。杜預説，桓十三年『及齊侯、宋公、衛侯、燕人戰』，時衛宣公未葬，惠公稱侯以接鄰國，非禮也。徐邈云：『《僖九年傳》曰：「禮，柩在堂上，孤無外事。」今衛宣未葬，而嗣君稱侯以出，其失禮明矣。宋、陳稱子，而衛稱侯，隨其所以自稱者而書之，得失自見矣。』以周案：《春秋》之禮，先君雖未葬，既踰年則書爵，非譏。諸説皆非。

〔十八〕參見《禮書通故》第三十一《即位改元禮通故二》：孔穎達云：『成三年，經書宋公、衛侯。時宋文公、衛穆公未葬而稱爵者，賈、服注譏其不稱子。僖二十五年「會衛子、莒慶於洮」，時先君已葬，衛成公猶稱子，服虔云：「明不失子道。」成十年「晉侯伐鄭」，時厲公父景公疾，未薨，而厲公出會稱爵，譏其生代父位，不子也。』以周案：《春秋》之稱爵、稱子，其別在踰年不踰年，不在葬不葬。桓十三年書『衛侯』，成三年書『宋公、衛侯』，已踰年也。僖九年書『宋子』，二十五年書『衛子』，二十八年書『陳子』，定四年書『陳子』，未踰年也。其未踰年而稱爵者，如宣十年書『齊侯』，成四年書『鄭伯』，襄二十九年書『吴子』，皆從其實而書之，譏其不以子道自處。孔疏所言皆《左氏》義。成十年書『晉侯』，孔疏謂『譏生代父位』，亦《左氏》家之舊説。堯一日未崩，舜一日稱攝，故《尚書》於『放勳殂落』之後，乃稱舜言爲『帝曰』，記其年曰『在位五十載』，古禮固然也。唐貞觀於禪位之年已稱帝改元矣，孔疏當時修疏，亦以明古之道爾。

〔十九〕參見《禮書通故》第三十一《即位改元禮通故二》：《白虎通義》云：『父在稱「世子」何？繫於君也。父没稱「子某」者，屈於尸柩也。既葬稱「子」者，即尊之漸也。踰年稱「公」者，緣臣民之心不可一日無君。緣終始之義一年不可有二君，故踰年即位。』《異義》云：『《公羊》説，未踰年之君皆繫於父，晉里克殺其君之子奚齊是也。《左氏》説，未踰年之君，未葬繫於父。殺奚齊於次，時父未葬。雖未踰年稱子，成爲君，不繫於父。齊公子商人殺其君舍，父已葬。謹案：禮制，君喪未葬、已葬儀各有差，嗣君稱號亦宜有差，《左氏》説是也。』以周案：《公羊》家嗣君稱號之差，實較《左氏》爲長。《異義》所述《公羊》説，未是。《曲禮正義》引《公羊》家説云：『未葬稱「子某」，如「子般」、「子野」是；既葬稱「子」，如子惡卒，經書「子卒」是；踰年稱君，如「里克弑其君卓子」，《公羊》以奚齊九年死，卓子十年死。《左氏》則以爲亦九年死，與《公羊》異。及文元年「公即位」是。』據此，《白虎通義》所言即《公羊》説也。然《公羊》説『未葬稱子某』，謂在國中，厭於尸柩，故稱子某。若其出會從王事，但稱子，不名。故《公羊·僖九年》，宋襄稱子，何注云『宋未葬，不稱子某者，出會諸侯，非尸柩之前，故不名』是也。又，《公羊》説『踰年稱君』，謂臣子稱君，若其君自稱猶曰子，故《公羊·文九年傳》云『諸侯於其封内，三年稱子』是也。鄭注《坊記》云：『《春秋傳》曰「諸侯於其封内，三年稱子」，其臣子，踰年則謂之君矣。』是鄭從《公羊》，與許説異也。戴東原云：『先君雖未葬，既踰年則書爵，與國内稱公同。文公、成公，皆先君未葬，《春秋》書曰「公即位」，踰年也。雖既葬，未踰年，猶曰「子」。文十八年書「子卒」，僖二十五年書「衛子」，未踰年也。是故諸侯即位，以踰年爲斷，不斷於葬未葬。有既葬未踰年而書爵者乎？宣十年書「齊侯」，成四年書「鄭伯」，既即位嗣爵矣，《春秋》不得而書「子」，其變禮也。爲《左氏》學者不察此之失禮，而議夫未葬踰年書爵者，是文公、成公書「公即位」胥可議也。文十四年「齊公子商人弑其君舍」，先君未葬、未即位而書「君」，義素定者也。書「君」不與書爵同，不可以爵書者，可以正其君臣之分也。僖九年「晉里克殺其君之子奚齊」，義不素定而未即君位也。』

〔二十〕參見《禮書通故》第三十一《即位改元禮通故一》：《春秋》逆祀僖公，三傳以閔、僖爲父子，文於閔、僖爲祖禰。又，《春秋》書『仲嬰齊卒』，《公羊傳》云：『嬰齊爲兄後，爲人後者爲之子也。其稱仲何？以王父字爲氏也。』以周案：禮，天子、諸侯盡臣諸父兄弟，大夫則否，故閔、僖可以爲父子，歸父不得子嬰齊，何注云『不言仲孫，明不與子爲父孫』是也。或拘『兄弟同昭穆』之説，閔、僖不得爲父子；或拘『爲人後者爲之子』之説，並謂歸父可以子嬰齊：胥失之矣。徐健庵云：『君之生存既已盡臣諸父兄弟，身没而旁支入繼，必爲之服斬衰。既爲之服斬衰，即以祖禰事之可也。大夫則不然，以别子爲祖亦不能臣其宗族，繼世相傳，以宗法齊之而已。』段懋堂説閔、僖是，説子嬰齊誤。

〔二十二〕參見《禮書通故》第八《宗法通故》：《春秋》書『躋僖公』，又書『仲嬰齊卒』。《公羊傳》云：『躋僖公，逆祀也。其逆祀奈何？先禰而後祖也。嬰齊爲兄後，爲人後者爲之子也。其稱仲何？以王父字爲氏也。』以周案：禮，天子、諸侯盡臣諸父兄弟，臣子一例，故《左傳》以閔、僖爲父子，《公》、《穀》義同是也。大夫不得臣兄弟，歸父何得子嬰齊？何休云：『僖公以臣繼閔公，猶子繼父，故文公於閔公猶祖也。嬰齊弟，無後兄之義，故不言仲孫，明不與子爲父孫。』何説是也。諸侯奪宗，不可拘以宗法。大夫以下，以宗法齊之而已。或拘『兄弟同昭穆』之説，閔、僖不得爲父子，或據『爲人後者爲之子』之説，並謂歸父可以子嬰齊：胥失之矣。又案：後世以旁支繼有天下，如東漢之光武，蜀漢之先主，國統中絶，奮然崛起，此《喪服小記》所謂『庶子王』是也。其本身立四親，其後嗣各以光武、先主爲祖，而高帝爲祖所自出可也。若晉元帝以琅邪王事濬帝，欲以漢世祖自比，馬貴與已非之。簡文帝以會稽王歷事成帝以下數主，亦欲以世祖自比，尤非其倫矣。若明之世宗，親承遺詔入繼，并非晉元帝比，其曰『考孝宗而兄武宗』，已乖三傳之義，而又以興獻稱帝稱宗，此敗禮傷教之制，而不可爲法者也。莊述祖云：『兄弟相代，非受之於父也。不繼所後而繼先君，是無所受也。無所受者，簒也。有爲此説者，蔑所後之先君而陷其君於大惡，皆得辠於聖人之經者也。』莊氏此論嚴矣。

〔二十二〕參見《禮書通故》第三十一《即位改元禮通故一》：《喪服·不杖期章》：『爲人後者爲其父母。』歐陽修濮議云：『據此，爲人後者不没其父母之名，以見服可降而名不可没也。議者欲以爲人後之故，使一旦視父母若未嘗生我者，其絶之也甚矣。』司馬光、程頤等駁之云：『既爲人後，便須於所後者呼之以爲父，以爲母，不如是則不正也。《禮》文蓋言「爲其父母」以别之，非本生亦稱父母也。爲人後者，不得顧其私親，於濮王宜稱皇伯父，更稱濮王爲親，是有二親。』明興議，楊廷和等主光説，張璁、桂萼等謂繼統不繼嗣，請追崇所生。　以周案：繼統即以繼嗣，不嗣何統？繼非有二，前儒之辨審矣。魏明帝之詔以爲：『由諸侯入承大統，其有稱考爲皇、稱妣爲后，則股肱大臣誅之無赦。』前代立制之嚴如此。然則於諸帝諸王宜何稱？段懋堂云：『古者稱亡君，必曰先君、曰先王、曰先帝，必取廟號曰某皇帝。如宋穆公稱宣公爲先君，漢文帝稱孝惠皇帝，皆弟稱兄也。至於廟中之稱，古之主但稱謚，不稱某祖考，見《五經異義》、《禮記外傳》。故書曰「武宗毅皇帝」可也，「孝宗敬皇帝」可也。《曲禮》曰「内事曰孝王某」，然則自稱「孝皇帝」，正合古制。而世宗於武宗「皇兄」之，於孝宗「皇伯」之，非臣道也，非子道也。臣也而敢「伯」君、「兄」君乎？子之孫之而敢「兄」之「伯」之乎？不臣不子莫大於「皇兄」、「皇伯」之稱也。然天子、諸侯、卿大夫爲人後者，亦未有改其父稱而「伯父」、「叔父」之者也，稱其父曰「父」可也，曰「考」可也，不敢稱「帝」也，不敢立廟京師也。』天性之父子，不奪於受重之父子而易其名；受重之父子，不狃於天性之父子而去其實。

〔二十三〕參見《禮書通故》第九《喪服通故》：《不杖期章二》：『爲人後者爲其父母，報。』雷次宗云：『據無所厭降則期爲輕。言報者，明子於彼則名判於此，故推之於無尊，遠之以報服。女子雖受族於人，猶存父子之名，故得加尊而降之。」以周案：凡服之不報者，以尊降也。爲人後者之父母報，不敢以尊自居，故雷氏云『推之於無尊，遠之以報服』，謂如世叔父母之於昆弟之子，以旁尊不足加尊而報之也。雷氏復以爲女子適人者，『猶存父子之名，得以尊降』，其意爲人後者於其所生無父子之名也。經曰『爲其父母』者，欲著其服，不得不繫之『其父母』也。歐陽永叔等謂『爲人後者於所生不易父母之名』，以此經爲依據，時臣俱不以爲然，惜未有據雷氏此義以折之者。然以經例言之，曰『女子子適人者爲其父母』，曰『公妾以及士妾爲其父母』，皆不易『其父母』之名，何爲於此獨絶？古人世叔父於其昆弟之子，尚有父子之稱，何爲於此獨靳？且『降』者推而遠之也，『報』者引而近之也。女子適異姓，其疏者也；男子後大宗，其親者也。遠而疏者不易父子之名，其近而親者獨靳而絶之，豈禮意哉！程子、朱子以爲『同堂共坐，兩父莫別』。竊謂天子之家，君前名父，固未嘗有兩父之嫌，士大夫家之俗稱曰爹，曰爸，亦有可別者矣，至臨文之稱，當別之以官爵、謚號。段懋堂以爲謂之本生父、本生考可也。此説卻未可據，稱所生曰『本』，是二本矣。

〔二十四〕參見《禮書通故》第三十一《即位改元禮通故一》：《春秋》：『曹伯使其世子射姑來朝。』《公羊》説，譏父老子代。《穀梁》説，曹使世子伉諸侯之禮，則失在曹；魯以待人父之道待人子，則失在魯。《左氏》説，曹太子來朝，賓之以上卿，禮也。何休云：『《左氏》以人子安處父位，尤非衰世救失之宜，於義爲短。』鄭玄云：『必如所言，父有老耄罷病，孰當理其政、預王事也？』以周案：此攝政，行父事，非居其位也。《左氏》之義，與《周官·典命》

文合。

〔二十五〕參見《禮書通故》第三十一《即位改元禮通故一》：何休《膏肓》云：『古制，諸侯幼弱，天子命賢大夫輔相爲政，無攝代之意。昔周公居攝，死不記崩。今隱公生稱侯，死稱薨，何因得爲攝者？』鄭玄箴云：『周公歸政，就臣位乃死，何得記崩？隱公見死於君位，不稱薨云何？且《公羊傳》宋穆公曰「吾立乎此攝也」，以此言之，何得非《左氏》？』劉逢禄評云：『周公誕保，文、武受命。非居攝也。何、鄭俱生漢季，尚劉歆、王莽之邪説耳。隱公之讓，《春秋》探其意而成之，著立子法，名之曰攝，而不行即位之禮，非典要也。』以周案：攝政與攝位，自是不同。鄭《發墨守》云：『隱爲攝位，周公爲攝政。雖俱相幼君，攝政與攝位異。』較此爲明。劉説周公不居攝，未是。

〔二十六〕參見前『《春秋》之稱爵稱子』條箋注所引《禮書通故》第三十一《即位改元禮通故二》。

〔二十七〕語出《儆季雜著》三《史説略一·舜禹益禪受説》：或曰：『舜陟帝位二十有八載而堯崩，禹陟帝位十有七年而舜崩，益陟帝位七年而禹崩，於傳有諸？』曰：『否。孟子言二十有八載相堯也，十有七年薦禹也，七年薦益也。曰相曰薦，是時蓋攝政矣，豈陟帝位有天下之云乎？孟子言堯老舜攝，非爲天子，是舜雖終陟帝位，方堯之未崩也，實一攝政之相耳。《虞書》曰『受終於文祖』，行攝政禮也。攝其政以終其事，故曰『受終』，史遷説之曰『命舜攝行天子之政』，是也，與下文『舜格文祖』爲陟帝位事有別。益之於禹，亦祇有七年之攝，未聞其陟帝也。且禹、益年相若，禹治洪水，益烈山澤以助之，及禹之崩也，益亦老耄倦勤矣。益若受禪，不數年即當擇賢自代，而當時之賢，未聞有出於啟之右者也。是則益不受禪位傳啟，益而受禪位亦傳啟，益其受之禹而傳之啟乎，何若不受禪而立其子也。』

〔二十八〕語出《儆季雜著》三《史説略一·舜禹益禪受説》：或曰：『然則傳言三年喪畢各避帝位，何也？』曰：『避地云爾！豈曰避位云乎？舊君之都邑，有宗祀在焉，其子若孫之所世守也；有宫室在焉，其妻若子之所安居也，是不容不避之。故孟子曰：「居堯之宫，逼堯之子，是篡也。」此舜、禹之所以避也。益賢，禹薦之，公也；啟賢，益立之，亦公也。益不受禪，告天下以立啟，三年喪畢，退就侯國，使朝覲訟獄者可以專心之啟，此益之所以避也。若謂舜、禹、益喪畢避位，此必不然。何則？舜、禹既受帝禪，不可避；益未受禹禪，不必避，此非理之至者與！』

〔二十九〕語出《儆季雜著》三《史説略一·舜禹益禪受説》：或曰：『然則孟子言舜既避後「之中國踐天子位」，此又何説也？』曰：『舜始居衛濮負夏閒，地在南河之南，南河者，《禹貢》所謂「至於南河」是也。《史記正義》南河之南僻在東夷，故舜爲東夷之人。今既爲天子矣，而東夷僻地，非朝覲之所，勢不可久居，故之中國，作都於蒲阪，坐明堂而涖諸侯焉。此謂既避南河南之後又都蒲阪，非謂前避位今又陟位也。禹受封於陽翟，舜卒，居陽城，亦即所避之處以爲都，後乃從堯、舜所居之冀方，作都於晉陽。陽翟，禹舊國，見《漢志》。禹都陽城，見《世本》。《詩譜》云：『魏國，虞、舜、夏禹所都之地。』服虔云：『堯居冀方，虞、夏因之。』《左傳》云：『唐叔封於夏虚。』杜注云：『今晉陽。』則禹又遷都於晉陽矣。汲郡古文、應劭《漢書》注及顧亭林説皆謬。皇甫謐《帝王世紀》『禹都安邑』，洪氏頤煊駁之。但『安邑』之説雖不足信，以經注考之，禹實有晉陽之遷也，以聽天下之訟獄朝覲。其先後舉措與舜略同。先儒之説紛紛籍籍，謂舜之於堯，禹之於舜，生則陟位，崩則避位，天下既從又陟位。大寶曰位，可若是之游移乎？即位之禮亦可再舉乎？且謂益已陟位，因避箕山而民不從，然後意沮，此鄉黨自好者不爲，而謂益爲之乎？孟子言朝覲訟獄之歸者，見舜、禹陟位而民受之，非取決於天下之從違也。孟子又言之啟不之益者，益不受禪，避居箕山不願民之之，而民亦不之，見啟之陟位亦民受之也。孟子之意，蓋曰「傳賢傳子皆天與之，及陟位而朝覲訟獄歸之皆民受之」云爾，讀者勿以文辭害其意可也。』

〔三十〕參見《禮書通故》第八《宗法通故》：鄭玄《駁異義》云：『炎帝姓姜，大皞之所賜也。黄帝姓姬，炎帝之所賜也。故堯賜伯夷姓曰姜，賜禹姓曰姒，賜契姓曰子，賜稷姓曰姬，著在書傳。《春秋左傳》無駭卒，羽父請謚與族。公問族於衆仲，衆仲對曰：「天子建德，因生以賜姓，胙之土而命之氏。諸侯以字爲氏，因以爲族。官有世功，則有官族，邑亦如之。」公命以字爲展氏。以此言之，天子命氏，諸侯命族，族者，氏之别名也。姓者，所以統繫百世，使不别也。氏者，所以别子孫之所出，故《世本》之篇言姓則在上，言氏則在下也。』以周案：『諸侯以字爲氏』之氏，今注疏本作『謚』，誤也。天子胙諸侯土而命之氏，氏謂國氏。諸侯不得專封，即不得命氏，故其大夫身受采地皆無氏。至子孫有以王父字爲氏者，『因以爲族』故也。『因以爲族』者，諸侯得『命族』故也。其以王父字爲氏，此爲氏族之氏，與國氏異。或以官氏，或以邑氏，亦惟世禄家有之，其本身未嘗命氏，亦同國氏之氏天子命之，氏族之氏諸侯命之。鄭漁仲作《通志》，詳叙氏族，於此尚未剖析。且後世之姓，多是古人之氏。四裔不根之氏，尤無當中國之姓。鄭氏牽強傳會，多不可信。

王充云：『因其所生賜之姓，若夏吞薏苡而生，則姓姒氏；商吞燕子而生，則姓子氏；周履大人迹而生，則姓姬氏。』杜預云：『因生以賜姓，若舜由嬀汭，故陳爲嬀姓。「胙之土而命之氏」，謂報之以土，而命氏曰陳。』以周案：王説與《禮緯》同，不足信。建德，謂建立諸侯之有德者。《國語》云：『異姓則異德，異德則異類。同姓則同德，同德則同心。』韋昭云『得姓，以德居官而賜之姓』是也。天子建立有德者，因生以賜姓，《國語》所謂『黄帝以姬水成，炎帝以姜水成，故黄帝爲姬，炎帝爲姜』是也。『胙之土而命以氏』，謂以國爲氏，如踐土之盟，書曰『晋重、魯申、衛武、蔡甲午、鄭捷、齊潘、宋王臣、莒期』，又荀偃之稱『齊環』，衛太子之稱『鄭勝』、『晋午』之類是也。凡胙土者必命氏，不必賜姓，賜姓自有氏，故《國語》云：『黄帝之子二十五人，凡二十五宗，其得姓者十四人。』云『二十五宗』者，皆命氏也。『得姓者十四人』，其十一人命之氏，未賜姓。後世姓與氏不分，又無『命氏』之典，子姓既多，遂莫别其所出。

〔三十一〕參見《禮書通故》第八《宗法通故》：鄭玄云：『絶族無施服，謂族昆弟之子不相爲服。親者屬，謂有親者服。』　以周案：禮有絶服，無絶族。《大傳》此文，與《喪服》『出妻之子爲母期，則爲外祖父母無服』傳文同，絶族謂旁親。鄭彼注云『在旁而及曰施』，是也。族無絶道，故《禮》曰『收族』，曰『合族』，亦所以撫民也。《太宰》以九兩繫邦國之民，『五曰宗，以族得民』，文次『主』、『吏』之前。唐叔封晋，分殷餘民懷姓九宗，至春秋時，翼九宗五正逆晋侯，有藉故家之力，古宗法之有裨於家國如此。

〔三十二〕參見《禮書通故》第六《昏禮通故》：《白虎通義》云：『不取同姓者，重人倫，防淫泆，耻與禽獸同也。

外屬小功已上，亦不得取，以《春秋傳》譏取母黨。』《異義》云：『今《春秋公羊》説，魯昭公取於吴，爲同姓也，謂之吴孟子。《左氏》説，孟子，非小君也，不成其喪，不當譏。謹案：《易》曰「同人於宗，吝」，言同姓相取吝道也。即犯誅絶之辠，言五屬之内禽獸行，乃當絶。』以周案：《左氏》説『非小君，不譏』，固非；許説『五屬内當絶』，據古禮言，亦未是。《記》言『雖百世而婚姻不通者，周道然也』，則夏、殷自有異。《太平御覽》引《禮外傳》云：『夏、殷五世之後則通婚姻，周公制禮，百世不通。』但昭公，周人，何得援古禮以爲之解？《坊記》曰『《魯春秋》猶去夫人之姓曰吴，其死，曰「孟子卒」』，謂去姓及吴也。『曰』與『聿』、『越』字通，曰之言及也。《春秋》去夫人之姓及吴國之號，於其死也，書之曰『孟子卒』，今《春秋》是也。《論語》曰『謂之吴孟子』，國人稱謂之，不肯没其實爾。或説昭公自諱，謂之吴孟子，非。或説《坊記》所言，是未修《春秋》，尤誤。中表不可爲昏，袁準《正論》言之。至唐，并議外屬無服，尊卑亦不爲昏。然《左》、《公》、《穀》三傳皆無譏取母黨之文，今律不禁姑之子、舅之子爲昏。

〔三十三〕參見《禮書通故》第三十一《即位改元禮通故二》：《異義》云：『《春秋公羊》説，妾子立爲君，母得稱夫人。故上堂稱妾，屈於適；下堂稱夫人，尊行於國家。父母者，子之天也，子不得爵命父母。至於妾子爲君，爵其母者，以妾本接事尊者，有所因也。則士庶起爲人君，母亦不得稱夫人。《穀梁》説，魯僖公立妾母成風爲夫人，入宗廟，是子而爵母也。以妾爲妻，非禮也。古《春秋左氏》説，成風得立爲夫人，母以子貴，禮也。許慎謹案：《尚書》舜爲天子，瞽瞍爲士，明起於匹庶者，子不得爵父母也。至於魯僖公，本妾子，尊母成風爲小君。經無譏文，《公羊》、《左氏》義是也。』鄭玄駁云：『《禮・喪服》父爲長子三年，以將傳重故也。衆子，則爲之期，明無二適也。女君卒，貴妾繼室，攝其事耳，不得復立爲夫人。魯僖公妾母爲夫人者，乃緣莊公夫人哀姜有殺子般、閔公之罪，應貶故也。近漢吕后殺戚夫人及庶子趙王，不仁，廢不得配食，文帝更尊其母薄后，非其比邪。妾子立者得尊其母，禮未之有也。』陳壽祺《疏證》云：『僖八年「用致夫人」，《左氏》以爲哀姜，《公羊》以爲脅於齊媵之先至者，譏以妾爲妻也。惟《穀梁》以爲「言夫人而不以氏姓，非夫人也。一則以宗廟臨之而後貶焉，一則以外之弗夫人而見正焉。立妾之辭也，非正也」。又謂經書夫人風氏者，「君夫人之，夫人卒葬之，我不可以不夫人之、不卒葬之也」。「秦人來歸僖公成風之襚者，秦人弗夫人之也」。其義嚴矣。《儀禮·喪服·緦麻章》曰：「庶子爲後爲其母。」《禮記·服問》曰：「君之母非夫人，則群臣無服，惟近臣及僕驂乘從服，唯君所服服也。」鄭注云：「妾，先君所不服也。禮，庶子爲後，爲其母緦。言唯君所服，伸君也。《春秋》之義，有以小君服之者。時若小君在，則益不可。」是鄭以《春秋》之事非正也。《駁異義》以成風、敬嬴得尊爲夫人者，緣哀姜有罪、姜氏大歸，故是兼取《左氏》，而謂『妾母不得復立爲夫人』、『妾母不得有三年喪』，大旨從《穀梁》。但據《漢·郊祀志》、《後漢·光武紀》、《續漢書·祭祀志》，王莽以前，配食高帝者猶吕后，光武始廢之，非自文帝也。』　以周案：《穀梁》以妾母稱夫人爲非禮，與《禮經》『妾不得體君』之義合。徐邈注《穀梁》，其《答徐乾書》云：『母以子貴，《穀梁》亦有其義，故曰賵人之母則可。』侯君謨申之云：『《穀梁》之例，雖妾母不得稱夫人，而君母與衆妾，究當有辨。』其言尚不戾於《禮經》。禮，天子、諸侯不再娶，有宗廟之事，以貴妾攝之，故《禮》有『攝女君』。庶子爲君，其母可同此例。然而曰『君之母非夫人，則群臣無服』，邦人稱之曰『君之母』，稱諸異邦曰『寡君之母』。如子可以貴其母曰『夫人』，則亦何必云『子以母貴』？鄭主《穀梁》

以駁《左》、《公羊傳》，其義甚正。劉申甫，近之墨守《公羊》者，於此亦破其説。

〔三十四〕參見《儆季雜著》五《禮説五・喪父長子不取》篇。

〔三十五〕參見《儆季雜著》五《禮説五・昏禮壻揖婦不答》篇。又，參見《禮書通故》第二十一《相見禮通故》：淩廷堪云：『凡爲人使者不答拜。主君爲賓而拜，答拜。《曲禮》「大夫、士見於國君，君若迎拜，則還辟不敢答拜」，誤。』以周案：《曲禮》所言，乃見君之通例。迎拜，謂君迎於門而先拜己也。凡人臣見其君，君揖之，不拜。《燕禮》『卿大夫皆入門右，公降，立於阼階東南，南鄉，爾卿、爾大夫，皆少進』，不言拜是也。若君客之，則迎拜。《公食大夫禮》『賓入門左，公再拜，賓辟』，此即君迎拜不答之義。又云『再拜稽首』者，拜君之食己，非答拜也。《聘禮》：『私覿，賓降，階東拜，君辤，賓階上再拜稽首。』鄭注：『拜送幣於階東。』明非答君拜。淩氏牽此以爲答拜之證，誤已。

〔三十六〕《禮書通故》第三十二《學校禮通故二》：漢初，三老答天子拜。後漢議幸學乞言禮，群臣欲令三老答拜。校尉董鈞駁云：『禮，養三老所以教事父之道。若答拜，是使父答子拜也。』詔從鈞議。譙周云：『禮，尸服上服，猶以非親之故答子拜，士見異國君亦答拜，是皆不得視猶子也。』以周案：禮無不答拜者。尸答主人拜，君答臣拜，猶曰非父子也；《特牲》之餕，父拜其子；《冠禮》之見，母拜其子矣。董、譙之言，殊悖於禮。

〔三十七〕參見《儆季雜著》五《文鈔三・答劉芷人書》。

〔三十八〕語出《禮書通故》第十《喪禮通故四》：何休《膏肓》云：『士禮三月而葬，今《左氏》云踰月，於義爲短。』鄭玄箴之云：『禮，人君之喪，殯數來日，葬數往月；大夫殯葬皆數來月來日，士殯葬皆數死月死日：尊卑相下之差數。故大夫、士俱三月，其實不同，士之三月，乃大夫之踰月也。』孔穎達云：『大夫除死月爲三月，士數死月爲三月，正是踰月。』以周案：《禮經》『斬齊三年』，兼前後所得之年爲文，與期功之實數異。其言士死三日而殯，三月而葬，遂卒哭，亦兼前後所得之日月爲文，與大夫以上殯葬之實數亦異。此皆古人立文參差，而不可彊以一例者也。鄭欲兩通其文，故謂『大夫殯葬皆數來月來日，士殯葬皆數死月死日』。又謂『人君之喪，殯數來日』者，《顧命》：『乙丑王崩，丁卯命作册度，越七日癸酉，伯相命士須材。』鄭注云：『癸酉，蓋大斂之明日。』是其證。云『葬數往月』者，與《春秋》書『卒』、『葬』文悉合，其或速或遲者，皆有故也。

〔三十九〕語出《禮書通故》第九《喪服通故二》：《喪服傳》有『傳重』、『持重』、『受重』之語，即後世『承重』之稱所由始。杜琬説，孫攝一家之重，居諸父之右，祖無重可傳，而孫以重自居，於義爲乖。王敞説，所重在先祖之體，蓋非爵土財計之謂。不貴正體而必云爵土，忽其敬宗而重其財計，此非義矣。經有『爲君之祖服期』，是爲臣從君服，從服例降一等，此則君爲祖三年矣。既爲君而有父祖之喪，謂父祖並有廢疾，不得受國，而己受位於曾祖者也。祖不受國，無爵土可傳，而猶『三年』，斯蓋正統貴體之義，不必以爵土傳己也。以周案：傳云：『大夫有貳宗，士有隸子弟。』『貳宗』者何？大宗、小宗是也。士未起爲大夫，不得有大宗之名，而五世内迭相爲宗，隸其子弟，固有小宗之實。所謂『承重』者，承此五世宗適之重也。《喪服》：『父爲長子。』傳曰：『正體於上，又乃將所傳重也。』舊説以此長子爲『五世之適』，鄭注據《小記》『不繼祖與禰』以爲長子不必五世，則繼祖與禰之小宗，亦有正體傳重之義矣。是以制服父爲長子三年，爲衆子期；祖爲適孫期，爲衆孫九月；長子爲父後，以杖即位，與衆子不同；適孫爲祖後，加服三年，亦與衆孫有别：皆爲其正體又以傳重也。凡爲後者，正體與傳重並重。其有正體而不傳重者，如適子有廢疾是。有傳重而非正體者，如庶子爲後、庶孫爲後是。皆不得加服三年，惟正體又將傳重，乃爲加服，此爲上下通制。淩次仲力主杜説，必有宗廟、土地、爵位、人民而後謂之重，『五世則遷』之小宗已爲無重可傳。如其説，古立小宗法亦爲過舉矣。

〔四十〕『服受』，引誤。原注作『喪』。

〔四十一〕參見《禮書通故》第九《喪服通故二》：杜佑云：『庾蔚之謂適孫亡，無爲後者，今祖有衆孫，不可傳重無主，次子之子居然爲傳重，范宣議是也。適孫已服祖三年，未竟而亡，此重議已立，正是不得卒其服爾，猶父爲適居喪而亡，孫不傳重也。次孫攝祭，如徐邈所答。徐云：「一孫攝主，本服如故。若期既除，當以素服臨祭，依心喪以終三年。」何承天、司馬操並云：「接服三年，未見其據。」』以周案：此當以祖葬不葬爲斷。祖未葬而適孫亡，又無適曾孫，則次孫接服承重，宜如何、馬所説。或疑服定於初喪之日，前已服期，今不當接服斬而更爲重制。然據經『子嫁，反在父之室，三年』，鄭注謂『遭喪而出者，始服齊衰期，出而虞，則以三年之喪受』，是服可再制明矣。若祖已克葬，則次孫攝祭，當如徐、庾之説。

〔四十二〕參見《禮書通故》第九《喪服通故二》：劉寶説，經無『孫爲祖三年』之文，《小記》云『爲祖母三年』，謂自無後養人子以爲孫者爾。《喪服傳》『父卒，然後爲祖後者斬』，謂父亡乃下爲長子斬，非孫上爲祖斬也。王敞駁之云：『《小記》：「祖父卒，然後爲祖母後者三年」，此謂孫爲祖後也。言「爲祖母三年」，祖父三年可知也。如劉意，《小記》當云「父卒，然後爲長子三年」。且養人子爲己孫，與己自有孫豈異哉！』以周案：王敞説是。鄭注《小記》云：『祖在，則其服如父在爲母也。』今律『適孫祖在爲祖母服斬』，自乾隆間吏部議睢州知州某始也。

〔四十三〕參見《禮書通故》第九《喪服通故一》：《喪服·不杖期章》『爲君之父母、祖父母』，傳云：『從服也。父卒，然後爲祖後者服斬。』鄭玄云：『此爲君矣，而有父若祖之喪者，謂始封之君也。若是繼體，則其父若祖有廢疾不立者。父卒者，父爲君之孫，宜嗣位而早卒。今君受國於曾祖。』賈公彦云：『趙商問：「已爲諸侯，父有廢疾，不任國政，不任喪事，而爲其祖服，欲言三年，則父在，欲言期，復無主，斬杖之宜，未知所定。」答曰：「天子諸侯之喪皆斬衰，無期。」彼志與此注相兼乃具。』朱熹云：『《儀禮注疏》説已分明。天子無期喪，凡有服者必斬三年。』以周案：傳曰『爲祖後者服斬』，爲經『祖父母』發也。君服斬，故臣從服期也。注曰『今君受國於曾祖』，爲經『不杖期』發也。君之爲祖後者服斬，臣得從服期者，以今君受國於曾祖，其祖未嘗立也。若受國於其祖，則今君之臣即祖之臣也，臣爲其君自斬矣。庾蔚之申鄭《志》云：『祖爲國君，五屬皆斬，孫無獨期之義。』朱子於宋孝宗之喪，得鄭《志》此條，亦深服鄭君，詳《宋·禮志》及《建炎以來朝野雜志》。然朱子謂『天子之喪有服必斬』，據宋事祖若父爲天子者言，與鄭《志》尚合。後人并謂君於祖喪，不論父卒與否，又不論父立與否，皆服以斬，非特非鄭君意，并失朱子意矣。近徐氏《通考》、胡氏《正義》皆從劉績説『祖父雖曾爲君，既老而傳，嗣君從服期，不斬』，與鄭、朱之語並違，初不謂然。然孟子嘗引《書》『百姓喪堯三載』，以爲舜攝之證；又言『舜既爲天子矣，又帥天下諸侯以爲堯三年喪，是二天子』，以明臣無貳斬之義。堯一日在，舜一日攝，不忍割先帝之餘歲以爲己年，孝敬之至也。《舜典》曰『征庸三十，在位五十載』，亦以二十八載並喪三年爲征庸之年，非即位之年，與《孟子》『舜攝』之語合。惟舜是攝，故喪畢復有避堯之子之事。後世上皇傳位於太子，太子於明年即改元，行即位禮。學者習聞其事，遂誤讀《尚書》『三十在位』爲句矣。是則太子攝位稱監國，臣得爲前君斬，爲位，固前君之位也。及其既即位改元，則臣爲今君之臣矣。今君得爲前君斬，臣當從服期，上以避二主之嫌，下以明不貳斬之義。鄭《志》『天子諸侯之喪皆斬衰，無期』，據見爲君而薨者言，即《斬衰章》『君』是也。此則今君爲其子若孫，其父祖乃舊君也。君爲祖斬，自當依傳『父卒』爲斷，臣從服期，不必拘注『不立』之説矣。經曰『爲君之父母、祖父母』，是其子明爲君者矣。子既爲君，則臣之爲君之父母、祖父母自應齊衰不杖期，不必如鄭『有廢疾不立』之説。傳曰『父卒，然後爲祖後者服斬』，明是此君承重於祖父，更不應從鄭『受國曾祖』之言。

〔四十四〕參見《禮書通故》第九《喪服通故一》：何休云：『未踰年之君，禮，臣下無服，示一年不二君也。』徐彦答：『《喪服·不杖章》内有爲君之長子，臣下猶服之，況爲嗣君。而言無服者，以爲長子之時，臣下從君而服；其爲嗣君，則無從服之義，是以知其無服也。且未踰年之君，臣下皆爲前君服斬，寧得更爲之服乎？若還服期，即是廢重服輕。若爲斬衰三年，即違一年不二君之義。』以周案：未踰年之君無子而死，當如何、徐所云。若有子而死，死而子嗣者，雖值諸臣爲前君服斬之時，亦當有兼服變除之節。故《公羊傳》曰：『未踰年之君，有子則廟，廟則書葬；無子不廟，不廟則不書葬。』立廟書葬，斷無不服之理。未可泥於一年不二君之例，而概云無服。

〔四十五〕參見《禮書通故》第九《喪服通故一》：《記·檀弓》言喪服古者不降，上下各以其親。舊説，古者謂殷，厭降之禮始於周。魏晉議禮家皆據《周禮》爲言。摯虞、虞喜、徐邈等説，後世王侯不臣諸父昆弟，則事異於周，不得以貴降。且周始封之君尚服諸父昆弟，而一代爲大夫，便降旁親，輕重顛倒，豈禮意哉！以周案：後世封建廢，則厭降之例多不可行，從古「不降」可也。但其閒亦有宜從周禮者，勿以彼一害此一。

〔四十六〕參見前《儆季子粹語》卷之一《倫教第七》「《喪服·不杖期章》「爲人後者爲其父母，報」」條箋注。

〔四十七〕此「子曰禮爲人後者爲其父母降一等」與上「子曰爲人後者之子爲所生祖父母」兩條俱參見《禮書通故》第九《喪服通故二》：禮，爲人後者爲其父母降一等，而爲其祖父母，無見文。王彪之、崔凱等議，女子子適人，有歸宗之義，故上不降祖，下不降昆弟之爲父後者。今出後大宗，大宗，尊之統，收族者也，故族人尊之，百代不遷。其父母報之期，所謂尊祖故敬宗也。又曰「持重於大宗者，降其小宗」，降其小宗，還當爲祖父母大功耳。雖在五服之外，皆降本親一等。程瑶田、夏炘説，女子子出適，不降其祖，爲人後者亦當不降其本生祖，爲其祖父母服期，爲曾祖父以上服齊衰三月，始協。以周案：爲所生祖父母期，何以别所後之祖乎？程、夏之説不可從。又，爲人後者之子爲所生祖父母，亦無見文。孔正暘等説，爲人後者服所後之親若子，爲其本親降一等。不言「代降一等」者，以爲至其子以義斷，不復還本親服故也。賀循説，爲出母齊衰而杖，其子又不從服。今出後者於父母乃爲不杖期，恐其子亦不得反重也。劉智説，爲人後服本親不傷於爲後者若子，則其孫亦然矣。本親有自然之恩，降一等足以明所後者爲重，無緣得絶之矣。徐乾學云：「父所後者爲疏屬，孫竟無服，以祖孫之至戚而等之路人，毋乃非人情乎！』以周案：女子之適異姓者，其子尚爲外祖父母服，而男子之後同宗者，其子乃可不爲所生祖父母服乎？以此推之，崔凱、劉智説是。賀氏疑以出母服，不倫。

〔四十八〕參見《禮書通故》第九《喪服通故二》：賀循云：『《小記》「夫爲人後者，其妻爲舅姑大功」。此謂子出時已昏。若至所爲後家方昏，不服本舅姑。』熊安生、孔穎達説，夫爲本生父母期，故其妻降一等服大功，不論識前舅姑與否。以周案：熊、孔斥賀，當已。於夫所生父母仍稱舅姑者，猶《喪服》云『爲人後者爲其父母』也。《記》言此者，嫌其妻或據所後者之親疏以服舅姑也。凡爲人後者，其妻若子服其所生皆同此例。後人有以所後者之親疏爲服，謬。

〔四十九〕參見《禮書通故》第九《喪服通故二》：《喪服・小功章》：『爲人後者爲其姊妹適人者。』馬融云：『不言姑者，明降一體，不降姑也。』鄭玄云：『不言姑者，舉其親者而恩輕者降可知。』敖繼公云：『經於「爲人後者」惟見其父母、昆弟、姊妹之服，餘皆不見，是於本服降一等者止此親爾，以其與己爲一體也。自此之外，正親、旁親，皆以所後者之親疏爲服，不在此數矣。』以周案：馬説失之厚，敖説失之薄，鄭注爲長。經惟見父母、昆弟、姊妹之服，餘皆不見，下《記》云『爲人後者於兄弟降一等』，正補言所不見者。於兄弟服降一等，是降不止『一體』矣。賈疏『爲人後者爲其昆弟』，云『本宗餘親皆降一等』是也。段懋堂、胡竹村並申敖説，不可信。傳、《記》兩言『若子』，并謂『於所後之親若子』，未嘗謂『於所生之親』，亦以所後之子服之也。褚措升云：『如敖説，本生正親皆以所後者之親疏爲服，假使爲疏屬之後，則祖父母以上俱無服矣，安乎？否乎？』此説是已。

〔五十〕參見《禮書通故》第九《喪服通故二》：《喪服記》：『爲人後者於兄弟降一等，報。』段玉裁云：『兄弟二字當作「其昆弟」。』胡培翬云：『兄弟即昆弟。於兄弟降一等，即經所謂「爲人後者爲其昆弟大功，爲其姊妹適人者小功」是也。不曰「昆弟」而曰「兄弟」，蓋兼姊妹言之。然「降一等之服」已見於經，而《記》復言之者，爲「報」言也。』以周案：《記》前後言『兄弟服』凡八見，或晐族親言，或專指小功以下言，未有以之言『昆弟』者，『昆弟』爲同父兄弟之定名，『兄弟』爲旁親喪服之通名。段、胡二人信敖氏之邪説，以爲『爲人後者於其所生降一等服』，祇及父母、昆弟、姊妹，餘皆以所後之親疏爲服，於此『兄弟』例不合，遂改經强説以從臆見，謬矣。

〔五十一〕參見《禮書通故》第九《喪服通故一》：《齊衰三月章》：『女子子嫁者未嫁者爲曾祖父母。』傳云：『嫁者，其嫁於大夫者也。未嫁者，其成人而未嫁者也。何以服齊衰三月？不敢降其祖也。』馬融云：『成人，謂十五以上，許嫁未行者也。以祖名曾，明婦人雖爲天王后，不降其祖宗也。』鄭玄云：『成人，謂年二十已笄醴者也。』賈公彦云：『女子子有未嫁逆降之理，故因已嫁並言未嫁。成人謂年二十已笄醴者，若十五許嫁亦笄，爲成人，亦得降，與出嫁同。』敖繼公云：『此不降之服，似不必言未嫁者。經蓋顧《大功章》立文耳。傳意謂嫁於大夫者，雖尊，猶不敢降其祖，然則與士妻異者乎？又言成人而未嫁者，與不敢降之意不相通，似失其旨。』沈彤云：『凡女行於大夫曰嫁，未嫁者，蓋許字於大夫者也。逆降旁親，惟字於大夫者則然。若適人者，固無逆降之理。嫁於大夫，字於大夫，皆貴也。雖貴，不敢降其祖，祖至尊也。未嘗不與上下意相通。』以周案：傳『成人而未嫁』，發在室有逆降之例。舊説女子成人有出道，即未適人亦逆降，或者議之，沈氏因謂適人者不逆降，惟字於大夫則然。敖氏疑經駁傳，尤不足據。經以女子有出降、未出逆降之例，故嫁者、未嫁者並舉。傳言『嫁於大夫』，正見不獨適士爲然也。成人而未嫁者逆降旁親，而不敢降其祖，其意自順。馬說『年十五以上』爲成人，據《内則》『十有五年而笄』、《小記》『婦人笄而不爲殤』之文。鄭意《喪服》十九以下爲『長殤』，二十乃爲『成人』。賈疏兩通之，甚是。殤不殤以笄爲斷，而笄有先後，二十正笄，十五許嫁亦笄。

〔五十二〕參見《禮書通故三》：《大功章》傳言夫之昆弟無服。《檀弓》亦言嫂叔無服。成粲說，《喪服記》言夫之所爲兄弟服，妻降一等，由此言之，嫂叔大功。萬斯同、徐乾學等並主粲說，且謂『爲兄弟服』鄭氏不能解，賈氏不得已以『夫之從母』當之，非也。以周案：鄭不注此者，義見上傳，非不能解也。上傳云：『何如則可謂之兄弟？傳曰：「小功以下爲兄弟。」』鄭注云：『兄弟猶言族親。』爲兄弟服，謂功服以下之族親。賈疏以『夫之從母』解此，固非，從母非族親也。成粲改《記》文『兄弟』爲『昆弟』，又删『之所』二字，以爲嫂叔有服之證，萬、徐從而和之，更謬。顔師古等議嫂叔服云：『闔門縞素，己獨玄黄莫改，實有未安。』竊考《奔喪》云『無服而爲位者惟嫂叔』，又云『婦人降而無服者麻』，鄭注云：『雖無服，猶弔服加麻，袒免爲位哭也。』是嫂叔之喪，固弔服加麻矣，非『己獨玄黄莫改』也。鄭注又云：『正言嫂叔，尊嫂也。兄公於弟之妻則不能也。』言不能爲位以哭，是兄公於弟妻遠之尤深矣。唐代既爲嫂叔制服小功，又爲其弟及夫兄亦小功，尤非。

〔五十三〕參見《禮書通故三》：《白虎通義》云：『弟子有君臣、父子、朋友之道，故爲之隆服，入則絰，出則否。』以周案：弟子爲師絰而出，朋友居則絰，出則否，《檀弓》篇著之矣。《白虎》論無所據。《禮疏》

引《禮論》云：『爲師及朋友，皆既葬除之。』

〔五十四〕參見《儆季雜著》一《禮説五・出母服》。

〔五十五〕參見《儆季雜著》一《禮説五・出母服》。又詳見《禮書通故》第九《喪禮通故一》，《禮説五・出母服》箋注有引，不贅。

〔五十六〕參見《儆季雜著》一《禮説五・孔子少孤不知其墓殯於五父之衢》。

〔五十七〕參見《禮書通故》第十《喪禮通故二》：《記・喪大記》：『君大夫，官代哭；士代哭，不以官。』鄭玄云：『代，更也。孝子始有親喪，悲哀憔悴，禮防其以死傷生，使之更哭，不絶聲而已。人君以官尊卑，士賤以親疏爲之。』王秀之説，世人以僕妾值靈助哭，當由喪主不能真摯，欲以多聲相亂。吕坤説，哭生於哀之不容已，非僞爲也。乃使五服以次相遞哭，不計其情之戚與不戚，而唯欲其有聲，此何爲者？以周案：《禮經》、《周官》、《戴記》並言『代哭』，鄭注皆以『更』釋『代』，蓋謂更番相代，非替代也。代哭者服屬之親，亦非下賤。古人情重，即相知死，無不哀傷，況在服屬之親，未有不欲永號者，更哭所以節其哀也，非中無戚而强作聲也。先王立『更哭』之制，俾之各展其情也，非喪主令人代哭，亂聲以欺死者也。且主人既殯就次，乃有苫塊，未殯以前，有坐起而無寢興，男婦群聚，徹夜不寐，哭若絶聲，既似忘哀，哭若不更代，無能勝此大事矣。聖人立制，即乎人情，故小斂以後有代哭禮。而或者乃據末俗之澆薄，反疑古禮爲不情，何哉？

〔五十八〕參見《禮書通故》第十一《喪祭通故三》：敖繼公云：『《士虞記》於既三虞乃更端言「死三日而殯，三月而葬，遂卒哭」者，明葬與卒哭之月數當視殯之日數也。』　以周案：《雜記》：『士三月而葬，是月卒哭；大夫三月而葬，五月卒哭；諸侯五月而葬，七月卒哭。士三虞，大夫五，諸侯七。』則卒哭之月數，當視虞數，不視殯之日數矣。敖氏本《左氏》家説，非也。天子九虞，其葬未必皆上旬，尤不能與卒哭同月。

〔五十九〕參見《禮書通故》第十《喪禮通故五》：《書》『高宗諒陰』，諒一作『亮』，陰一作『闇』。《僞孔傳》云：『諒，信也。陰，猶默也。』鄭玄云：『諒，古作「梁」，楣謂之梁。闇，讀如「鶉鵪」之鵪，闇謂廬也。廬有梁者，所謂「柱楣也」。』杜預、段暢説，亮陰，諸儒皆云『信默』，唯《尚書大傳》以爲『凶廬』，鄭玄依之。范宣説，知『諒闇』爲『凶廬』者，案禮『葬後柱楣』，楣則梁也，明葬後居廬所以爲義。惠士奇云：『古之闇，今之庵也。《釋名》云：「草屋曰蒲，又謂之庵，庵，掩也。」誅茅爲屋，謂之翦屏，非庵而何？』一説，楣謂之梁，而檐亦謂之楣。《説文》：『楣，秦名屋櫋聯也，齊謂之檐，楚謂之梠。』是楣在前端，與門上之楣名同而實異。『柱楣』當指檐端之楣。初喪廬時，楣卧於地，卒哭以後，則柱其卧地之楣，而西向開户。　以周案：倚廬者，以竪木數本，衺倚東墉，其垂至地處，有横木總束之，下卧於地，即所謂楣。既虞，乃柱其楣，而謂之梁。鄭云『廬有梁』者，明廬本無梁也。鄭意，《爾雅》『楣謂之梁』爲通辭，析言之，廬有卧地之木，可謂之楣，不可謂之梁。『梁闇』者，有梁之廬，即所謂『柱楣』。是則『梁闇』與『倚廬』異，或以『倚廬』當之，誤。《論語》邢疏引《左傳》杜注、孔義以爲釋『服心喪』之名，更誤。

〔六十〕參見《儆季雜著》一《禮説五・哀子》。又見《禮書通故》第十一《喪祭通故二》：《雜記》：『祭稱孝子、孝孫，喪稱哀子哀孫。』孔穎達云：『卒哭以後之祭吉，喪謂自虞以前凶祭也。《士虞禮》稱哀子，卒哭乃稱孝子。』賈公彦云：『三虞卒哭稱哀，祔及練、祥吉祭，改哀稱孝。』以周案：卒哭稱哀，賈疏是。凡曰孝子、孝孫、哀子、哀孫，皆祝辭也。《曾子問》曰：『宗子死，稱名不稱孝。』鄭注：『孝，宗子之稱。』則『哀』亦宗子稱也。孝子、孝孫、哀子、哀孫皆宗子之稱，其衆子、衆孫之助祭者曰『哀顯相』，不得直稱『哀子』、『哀孫』。《士虞記》『哀子某，哀顯相』，顯有别矣。今衆子亦稱哀子，誤也。與人言自稱哀子，更誤也。己可稱哀子，將亦可自稱孝子乎？後世又有父孤、母哀之分，尤屬不經。

〔六十一〕語出《儆季雜著》一《禮説五・哀子》。

〔六十二〕參見《禮書通故》第十《喪禮通故五》：《記・雜記》：『士之子爲大夫，則其父母弗能主也，使其子主之。無子，則爲之置後。』鄭玄云：『大夫之子，得用大夫之禮，士不得也。置，猶立也。』以周案：上文『大夫之適子服大夫之服』，鄭注據此爲説。申之者，以爲父貴可以及子，子貴不可以及父。陳氏《集説》力詆其逆理。或爲之解云，父不主庶子之喪，此死者蓋庶子也。而疑之者又謂父不主庶子喪，雖士亦然，亦不待言爲大夫。以周謂《記》云『士之子爲大夫』，明其爲别子也。凡别子之喪，皆其子主之。無子，則立族人爲後主之。其父或在，不論貴與賤，皆不主其喪，此通禮然也。故公之子爲别子，公不主其喪；士之子爲大夫，士亦不主其喪爾。

〔六十三〕語出《儆季雜著》一《禮説五・喪拜》。

〔六十四〕語出《儆季雜著》一《禮説五・喪拜》。

〔六十五〕參見《禮書通故》第二十一《相見禮通故》：六曰凶拜。鄭玄云：『凶拜，稽顙而後拜，謂三年服者。』

以周案：上文震慟爲稽顙而不拜者，斯則拜而後稽顙也。古人吉拜皆先拜而後稽首，故經曰『拜稽首』、『拜手稽首』、『再拜稽首』，無言『稽首拜』者。其凶拜之見於《禮經》者亦皆曰『拜稽顙』，無言『稽顙拜』者。蓋拜先拱手據膝下，而後頭至於地，於事爲順也。其先稽首、稽顙而後拜者，惟《孟子》言『子思稽首再拜而不受』，《檀弓》引孔子言『稽顙而後拜，頎乎其至』。段氏、淩氏以此爲殷禮，夏氏又以爲周末禮，要之未合於古經也。鄭注乃據以爲吉、凶兩拜之例，似有未當。孔子曰『吾從其至者』，明非周禮也。又案：先拜而後稽顙，於事爲順，故曰『頽乎其順』。先稽顙而後拜，於事甚逆，而匍匐地上不遽起作拜，足見哀痛之已病，故曰『頎乎其至』。舊解亦誤。

〔六十六〕參見《禮書通故》第十《喪禮通故三》：蔡德晋云：『小斂侇尸於堂之後，應子和謂賓於是拜死者弔生者，故主人偏拜以謝之。吴文正公云：「應氏謂賓拜死者，古無是禮。」蓋古人弔賓之禮，於生者只有慰問之辭，於死者則有襚賵之物及哭踴馮尸之節而已，無拜祭死者之禮。』以周案：古人尸柩之前，非特賓無拜死之禮，即主人於朝夕設奠，亦無『拜』文。胡氏《正義》引徐原一説，以爲事之如事生，禮如是也。然事生亦有拜禮。主人之不拜，蓋爲不親奠也。凡奠，祝及執事爲之，主人不親，止有哭踴之節，無拜禮。《開元》、《政和》諸禮尚然，至温公《書儀》、朱子《家禮》乃有『入拜靈座』之文，非古也。《士虞禮》『尸未入而陰厭，主人再拜稽首』，爲主人祭拜之始。

〔六十七〕參見《禮書通故》第十《喪禮通故三》：經『三日成服，杖，拜君命及衆賓，不拜棺中之賜』，鄭玄云：『禮，尊者加惠，明日必往拜謝之。棺中之賜，不施己也。』敖繼公説，言於此者，明已成服然後可爲之也。拜之者，謝其弔己也。拜皆於其外門外，所拜者不見。徐乾學云：『後世有謝孝之禮，多謂晚近之陋習，不知古禮「拜君命及衆賓」已先有之。然注謂「尊者加惠」，是專指曾來賵賻之人，非盡弔客而徧謝之也。後世大臣之没，及大臣之父母没，例得蒙君之惠，初未嘗有凶服往拜之禮，獨奈何於遠客之弔而僕僕拜謝之哉？』以周案：拜衆賓，以拜君命及之也。且主人拜君命，亦可不脱衰絰。近世習俗惡喪服，即以衰絰入士庶家，亦遭斥逐，敖説『拜於外門外』，有習俗之見存焉。今俗又有易服謝孝之説，禮於人不禮於親矣。

〔六十八〕參見《禮書通故》第十《喪禮通故三》：孔穎達云：『昭夫人孟子卒，孔子與弔，適季氏，季氏不絻，放絰而拜。據此傳文，弔有拜法，《記》文不具爾。』或説，《左傳》之文當依《家語》作『投絰而不拜』。以周案：《記》云『非弔喪，無不答拜』者，是弔喪不答拜，《記》有明文。孔子放絰，以季氏不成喪，己亦不成弔也，故得拜爾，如可成弔不拜，亦何容放絰矣。王肅私改《家語》，殊失《左傳》之意。孔疏亦謬。但俗情以答拜爲重，儼然以賓自處。司馬《書儀》、朱子《家禮》亦有弔喪答拜之文，狥俗爲之，非古也。

〔六十九〕參見《禮書通故》第十一《喪祭通故三》：『祥、禫之説不同。』王肅説，二十五月大祥，其月爲禫，二十六月而樂。故《檀弓》云『祥而縞，是月禫，徙月樂』。《閒傳》亦云『三年之喪，二十五月而畢』。又，《士虞禮》『中月而禫』，是祥月之中也，與『文王中身享國』爲身之中閒同。鄭學者説，喪二十五月而畢，除衰去杖，其餘哀未盡，延至二十七月而禫，二十八月而樂。《士虞禮》『中月而禫』，與大祥閒一月。《小記》云『妾祔於妾祖姑，亡則中一以上而祔』，又《學記》云『中年考校』，皆以中爲閒。《檀弓》『是月禫』，非上之祥月，乃發下文，非蒙上文也。難鄭者云，《檀弓》之文，上下相蒙，鄭解殊錯。且二十五月祥，二十七月禫，並不得作樂，何《記》言『孔子既祥，五日彈琴，十日笙歌』乎？申鄭者云，孔子彈琴笙歌，乃省哀之樂，非正樂也。正樂者，八音並奏，使工爲之者也。如王肅説，『中月而禫』爲月中之中間，應云月中，不得言中月。且喪事先遠日，則大祥當在下旬，祭又在祥後，何得云『中月而禫』，又禫後何以容吉祭。難鄭者云，若以二十七月而禫，其歲末遭喪，則出入四年，《小記》何以云『再期之喪三年』？申鄭者云，《小記》所云，據喪之大斷爾。如王肅等難，則爲母十五月而禫，出入三年，《小記》何以云『期之喪二年』？

以周案：鄭云『二十七月而禫』，本《大戴·喪服變除禮》及《白虎通義》。《雜記》云：『父在，爲母爲妻十三月大祥，十五月禫。』爲妻之喪尚祥禫異月，況父母三年之喪而可祥禫同月乎？『中月而禫』，當如鄭解。《檀弓》『是月禫』，『是』與『寔』通，寔月者，實月也，謂實足一月也。《公羊傳》云：『是月者何？僅逮是月也。』何以不日？晦日也，謂自朔至晦適匝一月。』義與此同。是月禫即中月禫，徙月樂即踰月歌，是月、徙月，對文成義。大祥當卜二十五月下旬，必足一月，斯可禫祭，則在二十七月上旬矣。禫，吉祭，用近日。而樂，易月斯作，不必在實月後，故孔子既祥，五日彈琴不成聲，爲未徙月也。十日而成笙歌，當在徙月之後。大祥卜二十五月下旬，越十日，斯徙月矣。徙月而樂，不必至禫，即《記》所謂禫而内無哭，樂作也。十日徙月而成笙歌，即《記》所謂歌在踰月則善也。鄭、王兩家必謂樂作禫後，於《記》文多不可通。禫祭，《説文》作『道祭』，鄭注《士虞記》云『古文「禫」或爲「道」』，《喪大記》注云『「禫」或作「道」』，皆假借字。

〔七十〕參見《禮書通故》第十《喪禮通故五》：《喪大記》：『祥而外無哭者，禫而内無哭者，樂作矣故也。』鄭玄云：『外無哭者，於門外不哭也。内無哭者，入門不哭也。祥踰月而可作樂，樂作無哭者。』孔穎達云：『鄭意以祥踰月作樂，故禫時無哭，則經「樂作」之文，但釋禫時無哭之意。皇氏以爲祥之日鼓素琴，「樂作」之文釋兩時無哭，與鄭注違。』以周案：鄭注『祥踰月』之『祥』定本作『禫』，皇説於《記》文似合。《檀弓》：『孔子既祥五日，彈琴而不成聲，十日而成笙歌。』又曰：『是月禫，徙月樂。』樂之作，始於琴瑟，成於笙歌，而極於金石。以琴瑟言，祥之後已作樂矣；以金石言，禫後一月乃作樂。

〔七十二〕參見《禮書通故》第十一《喪祭通故三》：賀循云：『禮，喪者不祭，祭吉事故也。其義不但施於生人，亦祖禰之情，同其哀戚，故云於死者無服則祭也。今人若有服，祭祀如故，吉凶相干，非禮意也。』徐乾學云：『遭喪不祭，固禮之大經。然而人有貴賤之別，神有内外之分，大夫自大功以上廢祭，士自緦麻以上廢祭，則天子、諸侯之絶期者，惟三年之喪始廢可知也。它若死於宫中，三月不祭，同宫雖臣妾，葬而後祭，亦士大夫之禮，此貴賤之別也。天子未葬得祭天地五祀，諸侯未葬得祭社稷五祀，則大夫之立三祀，士之立二祀者，皆未葬而得祭可知也。然天子之祭五祀，注疏謂冢宰攝行，則自士以上皆不得親祭，又可知也。蓋外祀可攝，内祀必不可攝，故古人輟而不祭，此内外之分也。程子曰：「古人居喪，百事皆如禮，雖廢祭可也。今人百事如常，奈何獨廢祭。」善哉言乎！然從俗而竟背古，則人情亦所不安。張子有言，三年之喪，期可祭；期之喪，既葬可祭；緦功之喪，踰月可祭。准情度理，此爲得其衷矣。』以周案：祭，吉禮也。吉凶不相干，故喪中不祭。賀説守經，徐説參變。然天地社稷雖外祀，不得使人攝，故有越紼行事之文。其可使人攝祭者，惟五祀耳。内祀不可攝，薦之於寢可也，祭之於廟不可也。古人祭與薦迥別。喪中不祭，非不薦也。或謂宗廟至尊，不得因喪而廢，遂斥喪中不祭之文，或謂孝子不得易衰，而斥越紼行事之語，此皆任情蔑古之論，其謬固顯。或據士緦廢祭、大夫大功廢祭諸禮，以爲天子於緦功亦然，亦不經之説。

〔七十二〕『子曰忌日忌支辰』條與『子曰忌日之祭』條，俱參見《禮書通故》第十一《喪祭通故三》：鄭玄云：『忌日，親亡之日。忌日不用舉它事，如有時日之禁也。』范寧云：『忌日，死者之日月耳。』鄭襲云：『傳稱子卯不樂，謂之疾日，先儒以爲甲子乙卯。誠如是，自宜以日辰爲忌，遇之而感耳。』以周案：古人親亡之日，忌支辰，非忌一二之定日。人君之忌子卯，其顯證也。且月值其辰皆忌，非一年止忌一日。《喪大記》曰：『大夫、士之喪，既練而歸，朔月忌日則歸哭於宗室。』亦其明證也。《祭義》曰：『君子有終身之喪，忌日之謂也。』如晉議禮家，以每年同月日者一忌，其終身喪之謂何！范氏以閏月死者，直至五年再有忌，更妄。忌日之祭，經無明文。《祭義》言文王之祭曰：『忌日必哀，稱諱如見親，祀之忠也。』斯其忌日祭之權輿與？

〔七十三〕參見《禮書通故》第十《喪禮通故五》：《唐會要》云：『凡既葬公除，則無事不可，故江右虞潭、殷仲堪并云既葬公除廢祭者，非也。其時公除者，行公除祭，蓋大夫不敢以家事辭王事，《春秋》之義也。』以周案：鄭注《檀弓》云：『既練，或時爲君服金革之事，反必有祭。』公除之祭，義蓋昉此，然非禮也。《公羊》之義，不以家事辭王事，爲已出使於外者言，不得飾經義以文邪説。傳曰『古者臣有大喪，三年不呼其門』，此正禮也。又曰『已練，可以弁冕服金革之事』，此權禮也。非金革而無事不可，閔子所謂不即人心，孔子所謂從其利者也。

附録一：

黄以周評黄式三禮學〔一〕

明經公少嗜書，不好弄，故書之外無它好。生平以一超、頓悟爲非學之道，而務學必以積纍，積纍必由專與勤。於先儒道悳、經濟、忠節、孝友、文章、武毅、幽隱之類，並蓄兼收，通貫其書，一字不少假。意苟未徹，思之或終夜不寢，或寢而不寐，或研考數日而明，或數月而明，殫心覃思，必得其解而後止，雖饑寒迫體不覺也。有時行路默誦書，意有所專，或迷失東西而不自覺。其獨居時，克己内訟，默驗陰陽消長之分數，戒慎恐懼以立大本，不敢須臾懈弛。嘗謂冥外朗日，目所未見；静中雷霆，耳所常聞。由是藴臧𡦹，資取深，非徒作口耳文辭之用也。若夫著述之有關於經，具見《十略》。……

《十略》之五曰《三禮略》。《三禮》之學之大者，封建也，井田也，兵賦也，禘郊也，宗廟也，學校也，明堂也，宗法也。有大疑義，多釐正之。封建之制，如《周官》言五百里、四百里、三百里、二百里、百里之五等，《孟子·王制》言百里、七十里、五十里之三等。辨之曰：『《周官》所言封疆之正數，《孟子》所言班禄之正數，禄取諸公田，不過什一之正供，百里爲九萬夫之地，爲公田者一萬夫。大國之禄正宜如此。《孟子》又言「天子之卿受地視侯，大夫受地視伯，元士受地視子、男」，是畿内、外班禄之制同也。公、侯之封疆，必方五百里、四百里者，軍賦既多，貢享朝聘所需復緐，不如是不足以供之。畿内卿大夫之班禄可同於畿外，畿外之封疆必不可同於畿内也。《史記・封禪書》云：「文帝郊，見渭陽五帝，使博士作《王制》，議巡狩封禪事。」考之《漢書・文帝紀》，郊見五帝與分封諸王事，皆在十六年。是時文帝用賈誼之説，衆建諸侯以小其力。博士專取《孟子》之文，既合時宜，復稱上意，況在《周官》書未出之前，則《王制》之異於《周官》不足怪也。』

封建之論，柳子厚爲辨。子厚言秦有叛人而無叛吏，漢初有叛國而無叛郡，既引史以駁其誣。子厚言公天下自秦始，辨之曰：『公秦皇而私湯武，非聖亂道之大也。「周有大賚，善人是富」，封建之本也。古聖王無利天下之心，而憂天下之大不能獨理，於是公之於善人。善人者，不以富貴自私者也。於是承天子意，舉賢俊之堪任卿大夫者，待命於天子。而天子爲之設參傅伍，陳殷四命、三命、一命，各有等衰而不亂。當是時，上下内外昭然，於天子之意各以公心相通貫。一旦有事，如身之使臂，臂之使指也。唐李重規，止封建之議者太宗。無「睢麟」之意而行封建，其禍必大。李氏爲唐謀則然，宋之范華陽及程、朱申柳，皆爲後世慮耳。』

井田之制，徹異貢助田畝多寡，其説紛如。辨之曰：『周之制，可畫井者爲助法，不可畫井者用貢法。徹者，通也。上通夏商貢助之法，以爲天下之通法。其法量地制宜，初不限以鄉遂都鄙及國中野外也。夏殷周一井之田，縱横各三百步，一區之田，縱横各百步，其數無不同。夏之五畝，殷之七畝，周之十畝，皆横十步縱百步，其實亦無不同。夏以十寸爲尺，以四尺八寸爲步。殷以九寸爲尺，以五尺三寸又九分寸之三爲步。周以八寸爲尺，六尺爲步。田之畝因步之多寡而異其數，畝之步因尺之長短而異其數也。』

兵賦之制，諸書所引《司馬法》各不同。辨之曰：『一成，九百夫之地，除去公田，實得八百夫。《賦法》八夫出一卒，則一成八百夫得出卒百人。以七十五人分給兵車，二十五人分給輜車，地數、人數適相符合，則《司馬法》所言成出一乘，乘用百人者是也。其法又言成出革車一乘，士十人，徒二十人者，此統兵車、輜車之士徒而撮舉其任之重者。《周官》卒長皆上士，兩《司馬》皆中士，伍皆有長。所云徒二十人者，是伍長。士十人者，是下士，爲二伍之長也。其法又云「甸出一乘」者。《周官》言九夫爲井，四井爲邑，四邑爲丘，四丘爲甸。此以九夫積算，甸六十四井，得五百七十六夫。以《賦法》八夫出一卒計之，則甸出卒七十二，適足兵車步卒之數。論

《助法》之田數，甸中六十四井，除去公田，止得五百十二人，而以九夫爲井，積之爲甸，出兵車步卒七十二人者，此《貢法》之賦也。』

兵賦之卒羨，説又不同。辨之曰：『《周官》之法，家出一人爲正卒，其餘爲羨夫。羨夫不出役，田則正卒盡教練之，追胥則正卒之已教練者盡發之，故曰「竭作」。其輪供乘卒也，八卒止用一卒，凡教練之正卒又不盡入乘卒之役也。每乘百人，每軍用百二十五乘。王者萬乘，六軍用七百五十乘。是出軍一次，乘卒之赴軍役者止用十三分之一，而乘卒又不盡赴軍役也。想成周盛時，民之老死不赴軍役者爲多，此周公之定制盡善也。後世不揣其本，而欲驅農爲兵，難矣。』

禘郊之辨，昔《文獻通考》、今《五禮通考》諸書皆用趙伯循之説。辨之曰：『《詩·生民》言寘隘巷、寘平林、寘寒冰，爲后稷無父而生也。《周官·大司樂》言享先妣、享先祖，先妣在先祖之上，謂姜嫄也。后稷無父而生，周人特立姜嫄之廟也。今以嚳爲稷父，則《詩·生民》之文不可解矣。周人果祀嚳於廟，則《大司樂》言先妣於先祖之上而不及嚳，爲不可解矣。禘果專爲廟祭，《祭法》之文何以先禘後郊？是《祭法》爲不可解矣。《祭法》本於《國語》，《祭法》禘嚳可信，則《國語》言禘郊皆可信。如依趙説，謂先禘後郊，以禘之所祭者遠，則《周語》、《魯語》、《楚語》皆以禘郊聯文，且以禘郊與烝嘗對文，亦不可解矣。且《祭法》之禘果爲追自出之祖而祭於廟，則虞夏禘黄帝，其世系非出黄帝，何以解之？《魯語》言商人禘舜，以商一代之祀或嚳或舜，不妨更制，復何以解之？周人果屈嚳之尊，於稷廟享之，不爲嚳立廟而祇爲姜嫄立廟，尤將何以解之矣？禘爲大祭之通名，《爾雅》可據。以開天明道之帝配天圜丘，實非廟祭。禘郊之議，以漢鄭君爲宗，求異於鄭君説者，往往不可通於經，不如從鄭君説之爲得矣。』

《王制》、《祭法》之廟制，論者互相是非。辨之曰：『《祭法》之祖考廟，即《王制》之太祖廟也。《祭法》之二祧及四親廟，即《王制》之三昭三穆也。鄭君注《王制》云：「周制七者，太祖后稷及文王、武王之祧與親廟四。」繹鄭君之意，周之始立二祧以藏遷主，其後以二祧爲文、武之世室，而文、武以上之遷主藏於太祖后稷廟，文、武以下之遷主藏於文、武之世室，後之世室即前之二祧也。《曾子問》既云「七廟五廟無虚主」，又云「虚主者，祫祭於祖則祝迎四廟之主」。繹《曾子問》之意，天子巡守以遷廟主行，而太祖與四親廟之主不行，是謂五廟無虚主。祫則迎四親廟之主人於太祖廟，則四親廟有虚主也。《喪服小記》曰：「王者立四廟，庶子王亦如之。」繹《小記》之文，王者親廟止四。疑庶子王不得立私親廟，經又明之也，此皆親廟止四之證也。《祭法》言：「諸侯之五廟曰考廟、曰王考廟、曰皇考廟，皆月祭之。顯考廟、祖考廟享嘗乃止。」繹《祭法》之文，祖考廟不月祭，指始封君之祖考無大功悳者言之。方始封時，月祭及三親廟，不如天子之月祭五廟。享嘗及五廟，不及天子之祭七廟。其後始封之君爲太祖，則月祭祖考廟、王考廟、考廟。其皇考廟、顯考廟同於天子之二祧。諸侯有賢者，即以二祧爲世室，是以魯有魯公之廟、武公之廟，擬文、武二世室。天子、諸侯之分如此，則王肅譏鄭君言天子之四親廟無以異於諸侯，其説非也。《祭法》言「享嘗」，據鄭君注「享嘗」，即祠禴烝嘗之時祭，則時祭上及二祧必兼及遷主。王肅疑天子之廟依鄭注則止祭四親，而不及高祖以上之親，其説又非矣。』

大夫士之廟祭，説者亦復致疑。辨之曰：『《禮》：「有田則祭，無田則薦。」其薦之於寢，所薦者高曾祖父不得有闕。以五服推之，可知官師一廟曰考廟，其王考無廟，而祭之於考廟，王考以上仍薦之於寢而已。迨其後，官師之考及王考祗薦於寢，此所謂「去王考爲鬼」者，而其廟奉官師爲祖。繼世之爲官師者，祔之一廟，非止一世也。適士二廟，大夫三廟，以類推之，則無不然。知大夫士之有祭有薦可無疑，於一廟二廟者之祭祖禰而忘高曾矣；知三廟二廟一廟之所祔非止三世二世一世可無疑，於父子兄弟同爲大夫，各立三廟之多矣。』

學校之名，經、傳互異。辨之曰：『五帝之國學謂之成均，至虞又謂之庠。夏國學謂之序，復於鄉立學謂之校。殷國學謂之瞽宗，其鄉校外復於遂立學、於州立學謂之序。周人脩而兼用之，國學之名五：中曰太學、曰辟雝，東曰東膠、曰東序，西曰西雝、曰瞽宗，南曰成均，北曰上庠；復於鄉於州於遂於黨於縣皆立學，謂之庠。鄉之學謂之鄉庠，其名鄉校者，承夏名也；州、遂之學或亦謂之序者，承殷名也；黨、縣之學，周創設之，獨有庠之名而已。周大、小學之制如此，而所冣異者，則有少學焉。《周官》：「師氏居虎門之左，司王朝。」此門闈之學，惟王子弟及公卿適子之賢者入焉。以王子弟自幼學於此，謂之少學，對大學言之，亦稱小學。諸侯少學在公宫南之左。有鄉學之異者，移國學；有國學之異者，移少學；歲貢少學之異於天子，學於天子之大學。』

明堂之制見於《考工記·匠人》，漢師鄭君猶有疑義。辨之曰：『「夏后氏世室堂脩二七」，當作「堂脩七」。殷度以尋，堂脩七尋；周度以筵，堂脩七筵；則夏步〔二〕以步，堂脩七步。鄭君以堂脩七步爲隘，注有「令堂脩十四步」之文，假令之辭也，而後人乃依此作「二七」字。《隋書·宇文愷傳》言：《記》文云「堂脩七」，讎校古書，並無「二」字。此爲得其實也。《記》云「廣四脩一」者，以脩七步，三分之，堂、室之脩各得二步有三分步之一，室之廣有四步者，其脩則一也。《記》云「五室三四步、四三尺」者，中太室、南明堂、北玄堂廣四步三尺，其餘堂、室廣三步四尺也。』

宗法之大小，淩次仲嘗其有重可傳、無重可傳之異。申之曰：『《大傳》言：「別子爲祖，繼别爲宗。」《左傳》言：「大夫有貳宗。」凡有百世不遷之太祖，乃有百世不遷之大宗，此别子與大夫所以有大宗也。封建之世家，有世禄乃立大宗，此大宗子必承祖廟、爵邑、族親、人民之重也，故傳曰「持重」、曰「傳重」。民庶之服祖以斬，稱之以承重孫，非宜也。無祖廟、爵邑、族親、人民之承，而不得言「重」也，稱之以斬衰孫、斬衰曾孫可也。』

他如《〈曲禮〉廟主曰帝説》、《〈禮運〉非莊列説》、《明堂位作於武公後説》、《〈昏義〉雜秦制説》皆有依據，以破後人之疑。《復禮説》曰：『禮者，制之聖人而秩之自天。當民之初生，禮義未備，而本於性之所自然，發於情之不容已，禮遂行乎其間。聖人因而定之，凡民之遵道、遵路莫能外，儒之希賢、希聖不出於此。孔聖言「克己復禮」，此爲仁之實功也，盡性之實功也。』《崇禮説》曰：『君子育物之道廣大，不外禮之精微；配天之道高明，不外禮之中庸。燖温前世之故禮，考求後王之新禮，遵而行之，不偏古，不偏今，是爲敦厚以崇禮。後世君子外禮而内悳性，所尊或入於虚無；去禮而濫問學，所道或流於支離。』

《約禮説》曰：『明心見性之學，以心爲理，自以爲是者也。君子博文約禮，慮此心之畔理，而存不敢自是之心，而篤於求實是者也。此心患其自用，必博於古人之文；此心因博而易雜，必約以先王之禮。禮之三百、三千，先王所條分縷析，燦然顯著。别仁義，明是非，君子弗敢紊而畔之，此理也。以心之臆見爲理而理誣，以本心之天理言禮而禮尤誣。』

劉君星若以爲諸説得《禮》大綱，皆不朽之作。

【箋注】

〔一〕節録自黄以周《敕對徵仕郎内閣中書先考明經公言行略》，見上海圖書館藏清光緒年間刻本。又見《儆季雜著五·文鈔五》，光緒二十年南菁書院刻本。標題爲編者所擬。

〔二〕『步』，《儆居集·明堂步筵説》作『度』。

附録二：

俞樾《禮書通故序》[一]

自唐以前，多有以禮學名家者。宋元以來，禮學衰息。儒者説經，喜言《易》而畏言《禮》，《易》可空談，《禮》必徵實也。國朝經術昌明，大儒輩出。於是議禮之家，日以精密。於衣服宫室之度，冠昬喪祭之儀，軍賦官禄之制，天文地理之説，皆能考求古義，歷歷言之。而彙萃成書，集禮家之大成者，則莫如秦味經氏之《五禮通考》。曾文正公嘗與余言，此書體大物博，歷代典章，具在於此，三通之外，得此而四，爲學者不可不讀之書。余讀之誠然。惟秦氏之書，按而不斷，無所折衷，可謂禮學之淵藪，而未足爲治禮者之藝極。求其博學詳説，去非求是，得以窺見先王製作之潭奥者，其在定海黄氏之書乎？定海黄君元同，爲薇香先生之哲嗣。往歲吴和甫同年視學吾浙，録先生《明堂步筵説》見示，謂與余説明堂大旨相合。余深惜不及一見。未幾，余來主講詁經精舍，始得交於君，後又與同在書局，知君固好學深思之士也。曾以所撰《禮書通故》數册示余，余不自揣，小有獻替。至今歲，又以數巨編來，則裒然成書，又得見其十之六七，而余精力衰頽，學問荒廢，流覽是書，有望洋向若而嘆而已。承不鄙弃，問序於余，余何足序此書哉。惟禮家聚訟，自古難之。君爲此書，不墨守一家之學，綜貫群經，博采衆論，實事求是，惟善是從。故有駁正鄭義者，如『緌以屬武，非飾纓』、『射者履物正足，非方足』是也。有申明鄭義者，如『冠弁委貌爲正義，或以爲玄冠者，别一説，非謂冠弁即玄冠』、『婦饋舅姑，共席於奥，謂二席並設，非謂舅姑同席』是也。略舉數事，雖其小小者，然其精審可知矣。至其宏綱巨目，凡四十有九，洵足究天人之奥，通古今之宜，視秦氏《五禮通考》博或不及，精則過之。向使文正得見此書，必大嗟嘆，謂秦氏之後又有此作，可益三通而五矣。余經義麤觕，無能爲益。而所説《冠義》『母拜之』、《鄉射禮》『乏參侯道』，皆頗與鄙説合，亦未始不自幸也。德清俞樾。

【箋注】

〔一〕録自《禮書通故》卷首，清光緒十九年黄氏試館刊本。

胡玉縉《禮書通故跋》〔一〕

清黄以周撰。以周字元同，定海人。同治庚午舉人。官分水訓導。後以一再薦舉，特賜内閣中書，特旨升用教授，補處州府教授。是編發撝禮學，上自漢唐，下逮當世，經注史説，諸子雜家，義有旁涉，率皆甄録，去非求是，務折其中，足當『體大思精』四字。自《禮書通故》至《名物通故》，分四十七門，又有《禮節圖》、案：《敘目》作『儀節』，本書有《禮節圖表》六，《敘目》未之及，蓋以此晐之。《名物圖》及《敘目》，凡五十目。前有俞樾序，稱其究天人之奧，通古今之宜。李慈銘《桃華聖解庵日記》亦稱其於喪服最留心，故所詁足正前人之失。皆推挹甚至。案：三禮以鄭注爲宗，而此則駁鄭處不下百條，如《稍人》『丘乘』注『乘讀與𨻰同』，今云『《郊特牲》「丘乘供粢盛」，文與此同，無須破字』；《朝士》『外朝』注『雉門爲中門』，今云『中門實非雉門。當爲應門』；《昏禮》『下達』注『先使媒氏下通其言』，今云『六禮之行，自天子連於士，故首不舉士，而曰昏禮下達，非若冠禮自士始』；《士虞記》『嘉薦普淖』注『嘉薦，菹醢也』，今云『鄭欲求合於《士冠禮》，然《士冠禮》以脯言，皆非用祭祀之祝號』；《文王世子》『語於郊者』注『謂論説於郊學』，今云『虞庠在國之西郊，故謂之郊學，鄭以爲國學，於下成均不可通」；《玉藻》「夫人揄狄」注「三夫人及侯伯夫人」，今云「三夫人及上公夫人」之類是也。亦有他人駁鄭而今申鄭者，如《大司馬》「壇之」注「壇讀如墠，置之空墠，以出其君」，惠士奇《禮説》以爲壇之者幽之，今云「當從鄭，出謂出其君於墠，對立賢爲文」；《特牲》「啐酒奠之」注「啐之者，答其欲酢已」，胡培翬《正義》從吴廷華《疑義》以爲注説不可解，今云「奠爵本無酢，而尸乃祭而啐之，以示已飲，是答其欲酢已之意，欲字自有義」；《王制》「庶人祭於寢」注「寢，適寢」，金鶚《禮説》謂鄭不知寢息在室，其堂乃行禮之地，今云「古者祭薦皆在室，金説未諳古禮」之類是也。又有舊疏申鄭未合而今重申者，如《職内》注「若今之少内」，今云「蓋即少府，賈疏即以嗇夫當職内，未是」；《既夕》「商祝賀執功布」注「功布，灰治之布，執之以接神，爲有所拂扐」，疏謂「拂扐去凶邪之氣」，今云「拂扐亦拂拭之義，賈疏非」；《郊特牲》「郵表畷」注「謂田畯所以督約百姓於井間之處」，今云「表訓表率，井間釋畷，其處指祭郵之所在，孔釋畷爲綴可通，郵訓舍，非鄭意」之類是也。其他謂撤者通之以泉穀，故《大宰職》曰「以九賦斂財賄」，十夫九夫，隨地勢爲之，故有《匠人》、《遂人》二法，治田有二法，一用發，一用推，相其土地所宜而爲之，以及參定饋食前諸儀節，補釋《禮經》用饗燕字之例，皆發前人所未發。井十爲通，通十爲成云云，不過舉一法以明大判，三分去一，二而當一，皆是大判言之，《燕禮》若射，則大射正爲司射，如鄉射之禮，亦大判言之，融會經文，足爲拘牽者箴砭。《周官經》有《周官傳》羼入其中，故間有可疑；《儀禮》古祇稱《禮》，今鄭注本大題《儀禮》，當是東晋人所加；陳邵謂戴德删古禮，戴聖删《大戴禮》，語皆失實；推之《檀弓》非誣，《王制》非漢博士作，《月令》非秦制，《明堂位》爲西周書；《郊特牲》言朝覲私覿之非禮，與《司儀》合；《雜記》言『大夫爲其父母之未爲大夫者如士服』，與《中庸》不悖；《祭法》言天子諸侯大夫廟制，與諸書異而實相通；《祭統》言於禘發爵賜服，與《月令》立夏行賞封侯不同，爲三代殊禮；而盛世佐《儀禮集編》、韋協夢《蠡測》之駁《仲尼燕居》及《射義》，則又直斥其失：凡此考訂，尤有功經學。顧猶不敢自是，如『西南其户』，以爲此經無確解，俟考；衽當旁，既詳申鄭義，又別言之，以待後人論定，是也。惟《内則》『水』注『清新』，乃引作『水清醴』，以爲水醴不分；《食禮》。《坊記》疏『此大判言之，其間委曲細別不同』，乃引爲許氏《異義》；《井田》。《郊特牲》疏引皇侃云『《詩》圭璧既卒，謂燔玉也』，乃引作崔靈恩說：《郊禮》。皆係舛誤。下文崔氏《義宗》亦當作皇氏《義疏》。《說文敘》『三曰形聲，四曰會意』，乃引作『三曰會意，四曰形聲』，當是筆誤。《時享禮》祇一卷，乃兩稱說詳卷二一，當作說詳《饋食門》。《衣服》、《宗法門》並引家南山說，而其諱潤玉，乃不注於前，注於後，亦屬可議。餘如靈威仰諸名，既以爲非盡無本，《郊禮》。又以爲可黜；《群祀》。重屋四阿，既以爲四下，《宫室》。又以爲用四曲梁；《昏禮》。圓壺腹方，方壺腹圓，既引陳祥道説，以見何説名實之不稱，又申何斥陳，並見《名物門》。前後未免違異。然此皆小失。至於干祫、塞向、公妾以及士妾爲其父母服、棺槨抗木重數、小功之麻有斷本不斷本之别，《禮説》中或加訂正，或復闡明，則又見學問之無窮，而於本書初無損也。是書仿戴德《石渠奏議》、許慎《五經異義》爲之，作者難，讀者亦不易。凡徵引成説，或約舉，或竄改，在黄氏自成一家言，倘不求原書，而徑據其所引，便爲不合。即爲鄭説，如釋小寢引王六寢云云，是合《宫人》、《内宰》二注爲一，釋正引侯中之大小云云，是合《司裘》、《梓人》、《射人》三注爲一，學者不可不知云。黄氏《儆季文鈔》有與王某及示諸生書，一言前作《宫室通故》、《明堂通故》，依古步筵之數縮而小之，自取紫竹構成一樣，以爲較前人著實；一言夙著《禮書通故》，志在發明經意，而舊説之得失，不加詳辨，時存有餘不敢盡之意。此亦讀者所當知。

【箋注】

〔一〕録自胡玉縉撰，王欣夫輯：《許廎學林》卷十七，中華書局一九五八年版，第四二一—四二四頁。

郭象升《禮書通故跋》〔二〕

《禮書通故》五十卷，清黄以周撰，清光緒十九年黄氏試館刻本。此一跋最近亦必甲戌(一九三四)所題，以字迹驗之也。

《禮書通故》乃《五經異義》、《白虎通義》、《石渠議奏》一流，彈正衆説，别黑白而定一尊，體大思精，誠爲絶作，然而非三通之類也。曲園先生叙，聊爾之辭耳。黄氏父子之學皆端愨不華，亦不立門户，其不立門户之故，以本不知所謂門户也。世間學問文章大抵接連風氣而走，即以經學言之，昔年人人讀《皇清經解》，其生在清季，更當先閲南菁書院《續經解》，倒卷而上，至清初閻、毛、胡、陳之書精力已廢，未暇問十三經舊疏也。若夫閉門課子按序讀書，則一一從頭做起，及至學成之後加入風氣，爲時已遲。而學者有本，故如黄氏父子者，父子述作十九，不承有清一代學脉；子之所著乃有變遷流轉，到此一步意味。然而論門户、分派别者終不及其父子，豈不以其父子之學皆從頭再做，當伏案講貫之時，固不知有世間風氣耶。元同先生游杭州，尚勤心爲校讎計論之事，晚主南菁書院十五年，始盡取三百年經説而論定之，尤詳者多屬咸、同後人，此則時代環境皆有以相之。然而鐘鼎文字、宋板書籍尚非其所注意，則又出身寒酸之故矣。允叔。

試觀皮鹿門諸家之書，便知其承接風氣而走，與黄氏父子異也。（扉頁）

浙江三儒，俞曲園（即俞樾）之學廣大無涯，而説經專好改字，多新解，無家法；孫仲容之學專門古文，以鐘鼎篆籀文字爲根基，以校讎爲入手，持論弘通，亦泛及四部，而不如曲園輿會之高，益俞之著書以行樂之，孫之著書有世間責任在焉，此其别也；黄元同潛修努力與孫氏同，而天才微遜，然俞、孫皆不免人事之累，黄一切謝絶，故《禮書通故》一書成就甚大也。壬午（一九四二年）偶記。（序後）

【箋注】

〔一〕録自山西省圖書館編：《郭象升藏書題跋》，山西古籍出版社，二〇〇七年版，第八—九頁。

胡玉縉《禮説跋》〔一〕

清黄以周撰。是編初讀秦氏《五禮通考》，病其吉禮之好難鄭，軍禮之太阿鄭，輒有糾正。既而撰《禮書通故》，遂輟業。後復重加刪訂，並增益若干篇，則補《通故》所未備，不盡關於秦書。卷端有『癸巳春自識』。中如《喪服變除》訂戴德，《諸公》訂鄭注，《括髮免髽》訂賈疏，《解屨納屨》訂朱子、江永，《偏兩卒伍專參》訂江永、沈彤，《軍賦》訂金榜，《跣徒跣》訂夏燮，皆塙有依據，非好爲辨難，足令諸人心折。《封建法》及《月令》補馬端臨《通考》、孫星衍《平津館稿》所未逮，《明堂通釋》視阮元《揅經室集》尤精審。其他謂『天與帝，偏言之互相通，對言之義各别』，『帝既有五，天亦何嘗不可有六』，『成王賜魯重祭，有廟禘，無郊禘』，『燔瘞，皆既祭而燔之瘞之，不在祭初，亦不在降神後、歆神初』，『釋奠有幣帛犧牲，釋菜祇用蘋蘩』，『古者，天子諸侯並有三朝，卿士先私朝後公朝，其聽私政，自在公朝退後』，『六尺爲步，步百爲畝，三代所同，而步有八尺六尺之異，以縱數言，步之横，歷世不變，縱則隨時而異』，『軍中五兵爲戈、殳、戟、酋矛、夷矛，取其適用，無取方色』，以及『宿賓在期前，速賓在即日』，『處士爲未與賓興之士，居士爲與賓興而未仕之士』，『「故書」爲祕府所藏之古文，「書或」爲先師所傳之隸古定』，『《明堂月令》爲《月令》之屬於《明堂古記》，《今月令》爲《月令》之頒諸漢代』，凡此之類，或前人誤解，或是非互見，或疏略未詳，今則實事求是，一一尋繹經旨，會其通而折其中，在惠士奇、淩廷堪、金鶚等禮說上。尤要者，以《明堂位》爲西周古書，作於幽公之前，其『魯君孟春』云云，及魯公之廟、武公之廟、米廩虞庠、頖宫周學等，爲後人羼入，一雪鄭注以來疑經者之誣，實發先儒所未發。『不知其墓』三句，爲皆蒙『少孤』立文，其墓謂郰大夫所營施母之墓，殯謂殯郰大夫也，郰大夫卒，孔子年方三歲，不知前母之墓所在，無由合葬其父，少長，問於郰曼父之母，知郰大夫所營塋地在防，然後合葬於施母之墓，此扼定『少孤』爲説，最得情實，不特見孫濩孫《檀弓論文》之語爲未合，並可悟俞樾《群經平議》、宋翔鳳《過庭録》以其墓爲郰大夫墓，殯爲殯顔母，與孫氏厥失維均。通觀全書，竟無一可議，與馬輯謝氏《禮記音義隱》同，禮學至斯盛，盛極必衰，無惑乎近世學者罕言三禮矣。

【箋注】

〔一〕録自胡玉縉撰，王欣夫輯：《許廎學林》卷十七，中華書局一九五八年版，第四二四—四二五頁。

胡玉縉《禮説略跋》〔一〕

清黄以周撰。此即《儆季五種》之《禮説》初稿本。當王氏刊《經解》，黄氏適主南菁書院講席，遂采其藁入《續編》中。後復重加增損，凡七十五篇，此本祇四十四篇，其中有爲五種本所無者六篇，曰《五門》、曰《九拜》、曰《立馬從馬》、曰《六尊》、曰《冕弁服》、曰《慈母服》，蓋皆後來所删削云。

【箋注】

〔一〕録自胡玉縉撰，王欣夫輯：《許廎學林》卷十七，中華書局一九五八年版，第四二五—四二六頁。

陳漢章《禮書通故識語》〔一〕

説禮之最博者《五禮通考》，説禮之最精者《禮書通故》。《通故》，初名《經禮通詁》。俞曲園先生《袖中書》有《黄元同孝廉書》云：『年二十餘作《經義通詁》，三十歲後又分五禮類考之，會稡舊説，斷以己意，合訂之名《經禮通詁》。』此書不見録於《儆季文鈔》，《文鈔》卷三有《答俞蔭甫先生書》，又名是書曰《禮故》，是皆其未定之名也。漢章自問業俞樓，後五歲，丁宗恭人艱，先讀《讀禮通考》，次讀《五禮通考》，又讀是書，各有識語書於簡端，兼成《讀禮拾遺》若干卷。後以漢學文應辦志精舍，季課時黄先生閲漢學卷，初得批語曰『象山有此士，難得』，繼得批語曰『吾郡有此雋才，惜未一見面談也』。時先生在江陰，又主講南菁書院，故未往見，而先生未幾歸道山矣。迨漢章以省部試取遊太學，太學諸經師多南菁書院弟子，講經皆宗是書，稱曰『黄教諭説』而不名。漢章竊謂是書綜輯既廣，不能無前後抵牾之失；寫刻雖工，不能無校讎忽略之訛，若從之而加提審，未免疑誤後學。於是太學諸經師聞而駴焉，索觀其所謂識語者，而未暇迻録也。今年武昌徐行可先生以其長君治禮學，遠求識語副墨，乃費十餘日之力，由是書簡端録出一卷以貽之。漢章之學，一知半解，豈足以擬先生，但演贊其所心得而彌縫其所罅漏，亦所以助讀是書者精益求精云爾。癸酉孟秋之朝日，象山陳漢章序。

卷一

《孝經説》云『禮經三百』，一也。《禮器》云『禮經三百』，二也。注：『惠校宋本[三]「禮經」，今毛本誤與《禮器》文同。』

案：阮刻十行本《孝經説》亦作『經禮』，其《校勘記》云：閩、監、毛本同。從惠棟校改『禮經』。漢章謂鄭注《大宰》『六典』云：『王謂之禮經。』此韋昭以《禮經》爲《周禮》所本，然《春秋傳》所謂《禮經》並不見於《周禮》，可見《孝經説》、《春秋説》所云《禮經》非即《周禮》。

自劉歆始建立《周官經》以爲《周禮》。

案：此本《經典釋文·敘録》，而陸德明又本荀悦《漢紀》。《漢紀》於成帝河平三年，載歆以《周官》十六篇案：十字衍。爲《周禮》，王莽時歆奏以爲《禮經》，置博士。詳後。

《後漢·鄭玄傳》云鄭所注《儀禮》，蓋『儀禮』二字，乃『周官禮』三字之誤，非漢時有『儀禮』之名也。

案：段玉裁疑鄭君本傳『儀禮禮記』四字乃『周官禮禮記』五字轉寫之誤，是書從之。然『周官禮』三字名始見於《隋》《唐·經籍志》，未必范《書》已稱其名。范蔚宗本疏於經學，其所撰《儒林傳》重𤨏牴謬，其傳鄭所注書有《孝經》無《周禮》，不足怪也。鄭樵《通志》又云：『漢曰「周官」，江左曰「周官禮」，唐曰「周禮」。』亦非。

孔穎達云：『《周禮》爲本，《儀禮》爲末。』賈公彦云：『《周禮》爲末，《儀禮》爲本。』以周案：二書無本末可分。

案：《經典釋文·敘録》：《周》、《儀》二禮，並周公所制，《周》爲本，《儀》爲末。說在孔氏之先。又杜佑《通典序》云：『《周禮》爲體，《儀禮》爲履。』亦說本孔疏。丁晏安引鄭《六藝論》云：『《周禮》爲本，《儀禮》爲末。』杜撰。

《禮》注大題『《儀禮》』，當是東晉人所加，東晉人盛稱《儀禮》。

案：儆季《禮說》卷六則云：『晉元帝時荀崧上疏請置鄭《儀禮》博士』，則『儀禮』之名起於西晉可知。

又案：段玉裁《經韻樓集》『十七篇標題漢無「儀」字』，說謂梁陳之後乃有此稱，蓋忘《晉書》之文。

自魏、晋號四十九篇爲《禮記》。

案：魏、晋二字似誤。《禮説》亦云自西晋之初，《禮記》之名爲小戴四十九篇所奪，於是有《儀禮》之名，皆失考《漢書》。錢大昕《廿二史考異》云：『或謂《漢書》不及《禮記》，考河間獻王所得書，《禮記》居其一，而《郊祀記》五引《禮記》，《梅福傳》、《韋元成傳》兩引《禮記》，皆在四十九篇之内。』齊召南《漢書考證》、王鳴盛《十七史商榷》説同。洪頤煊《讀書叢録》更引《後漢書·桓郁傳》引《大戴記》亦名《禮記》，然則《禮記》之名並非魏晋所奪。毛奇齡《經問》始言兩漢無《禮記》一書，是書乃爲所惑歟！

大、小戴所定《禮經》篇次不同，以大戴爲最當。

案：邵氏《禮經通論》説同。

注鄭樵《通志》據孫處説，以爲《周禮》書成，實未嘗經行，存參。

案：《四庫書目提要》亦取孫處説，其説實謬。漢章嘗於汪中《述學》、陳澧《東塾讀書記》所著《周官徵文》之外，考得春秋各國實行《周禮》凡一百事，以破孫處之疑。黄君季剛嘗刊入《湖北學報》，文繁不具録。

武虚谷云云。是則《周官》之易名《周禮》，其在居攝之後乎！

案：孫詒讓云：劉歆於居攝三年云發得《周禮》，以明因監是在歆爲羲和時。《釋文敘録》歆爲國師，始建立《周禮》，未得其實。始建國元年，歆始爲國師也。此説可以補《授堂文鈔》，又可以補荀悦《漢紀》。

《隋志》謂《記》百三十一篇，劉向校得百三十篇，誤。

案：鄭《禮記目録》謂《别録》無《喪服四制》篇，《隋志》或據此少一篇耳。

橋仁著《禮記章句》四十九篇。

案：此本戴氏東原集。

叔孫通輯《禮記》，置《爾雅》其中。

案：此本陳壽祺《左海經辨》。

《釋親》、《釋水》、《釋樂》並稱《禮記》。

案：此本臧庸《拜經日記》。

曹褒傳慶氏學《禮記》四十九篇。

案：此本汪中《經義知新記》。

卷二

近之申《伏傳》者以爲云云。

案：此戴震説，洪頤煊駁之。

卷三

以周案：劉昭《續漢志》注云：『周官有門闈之學。』

案：此注所引皆蔡邕《明堂月令論》文，下稱《續志》注引《大古明堂禮》，亦非劉昭所引，似當改正。

凡正寢之室，北有墉，無牖。

案：《禮説》四有《牖向》一篇，言曩日作《宫室通故》，考向未晰，刻已成，不及改，爰著是篇。

城方千七百二十丈，七當爲六字之譌。千六百二十丈是爲九里。

案：焦循、趙在翰説同。《藝文類聚》、《初學記》、《太平御覽》、《玉海》引《周書·作雒解》並作『千六百二十丈』，與《水經注》異。

卷四

又案：《伏傳》見《隋》《唐·禮儀志》，與陳氏《禮書》引同。

案：《禮書》卷一、卷三引《尚書大傳》作『會黑宗彝，白藻火赤』，與《隋志》不同，陳壽祺、皮錫瑞皆從《隋志》，云陳氏所引誤。

卷八

契龜，謂開龜之鑿，字有作栔。

案：《説文》：『栔，刻也。』『契，大約也。』並從丯聲。

卷九

古者君拜臣，父亦拜子。

案：君拜臣見《燕禮》，父拜子見《特牲饋食禮》，説詳《群經平議》卷二十二。

卷十

以周案：遷葬者謂娶其未聘者，嫁殤者謂其已聘者。

案：《儆居集·經説一》：遷葬，始魏武之於倉舒；嫁殤，始魏明之於女淑。徇一己之私欲，悖先王之法禁。近時遷葬之風行而立繼之規紊，嫁殤之風行而葬墓之次紊。污吏上下其手，莫之誰何，其弊之大。以上原文。此按語即本之。

卷十一

竊謂此云夫入門者，謂入内寢，與見妾子於内寢同。

案：下妾子生節按語謂妾子生三月之末，擯者以見於外寢，似違異。

卷十二

絶族無施服，絶族謂旁親。

案：此本劉端臨《經傳小記》。

繼别之子所出即别子。

案：此本陳祥道説。

范氏讀『爲其士大夫之庶者宗』絶句，於文不順，於義未繆。

案：傅純問賀循亦讀『其士大夫之適者』爲句，曹述初亦如是讀，而解『公子之公』又異。

林氏因之，歷駁鄭注而自爲之説，程氏用其言，未是。

案：林氏説實本陸佃。

不祖公子非自以尊降其親，楊復誤。

案：此即誤侯奪宗。

通言之，公子與别子同。

案：公子即别子，亦本《禮書》。

於經添説，於義紕繆。

案：朱氏《實事求是齋經説》同。

卷十三

子上之母，蓋出而改嫁者。《檀弓》『子思之母死於衛』，母，當作『妻』。此爲出而改嫁之證。

案：此先生未定之説，其《雜著·禮説五》説『出母服』云：《檀弓》又言子思之從母死於衛，衛有庶氏，其從母嫁庶氏，故曰『庶氏之母』。從母小功服，故赴於子思。自今本脱『從』字，解者遂謂子思之母嫁於衛庶氏，豈其然與？

徐健庵《讀禮通考》沿其誤。

案：《禮説五》内宗外宗爲君夫人服説，徐健庵上有『江慎脩《禮書綱目》』七字。

卷十七

庾蔚之説非，《雜著》有説。

案：《雜著·禮説》説《服問》略云：凡大功以上，麻帶有本者可變。三年，既練，期，既葬之，葛。小功以下，麻斷本不變，此喪服之通例也。而降服殤小功五月，亦有變葛之例也。《服問》篇『殤長中變三年之葛』，鄭注此『謂大功之親爲殤在緦小功者』，與成人小功服麻斷本有異也。庾蔚之於成人小功與殤小功之別全不體會，反駁鄭注，此大惑也。前作《喪服通故》，於此語焉不詳，讀者疑焉，故復作此辨之。

卷廿一

《喪大記》注云『抗木之厚，天子五重，上公四重，諸侯三重，大夫二重，士一重』。是其證也。

案：《雜著・禮説》説棺槨抗木重數云『公侯宜合爲一等』。《禮書通故》從鄭注，重思之有未安，故復作此以正之。

卷廿四

喪車雖曰無等，而王之喪車褀皆有飾，與惡車異。

案：喪車無等，自謂輇車；輲車，非喪車、惡車。

後世又有父孤母哀之分，尤屬不經。

案：《雜著・禮説》説哀子云：《開元禮》注：四品以下，父祖稱孤子孤孫，母及祖母稱哀子哀孫，後人不察，以爲先王制禮，父喪稱孤，母喪稱哀，前後相承。吾郡萬氏充宗雅號知禮，而亦作此等語，何無稽一至於是。

卷廿七

幽宗、雩宗，皆謂之宗，不煩改字。

案：上引《祭法》注『宗當爲禜』云：宗、禜字相近。《説文》：『雩，禜。祭水旱。』與注正同。

卷三十

金鶚云：『儺於寢不於廟，經言室神，明是五祀之神，若先祖不得謂室神。』以周案：金説蓋是。

案：上卷《五祀通故》皆祀於廟，則五祀之神。此從金説在寢，豈寢中别有五祀爲室神與？

卷卅一

夏世室度以步，其脩七步。

案：此從《儆居集》，據《隋·宇文愷傳》言《記》文云『堂脩七』，無『二』字。鄭注令堂脩十四步，爲假令之辭。

卷卅三

古史紀帝王之卒曰陟，配天謂稱帝。

案：此引《史索隱》引譙周説，亦從《儆居集·經説》中《曲禮》廟主曰帝説。譙周説本云配之天，亦帝也。漢章由是推夏殷以前唐稱帝堯，虞稱帝舜，亦是配天之號，故鄭君説稽古爲天同。

虞喜謂大夫廢太祖祀，過泥。

案：虞議與王延業同。

卷卅五

大夫無高祖廟，故曰干祫。鄭注訓爲空祫，是。

案：《雜著·禮説》説干祫云：干者迁字之省。《説文》『迁，進也。讀若干』。干祫者，進祫也。大夫廟一昭一穆，與太祖而三，只祭考、王考，禮不及曾、高，惟有地稱君之大夫士有祫，得進而上及高祖而合祭之，故曰迁祫。曩作《通故》，於此沿用鄭注，書已刊不及改，故作此以補之。

卷卅六

周人先煮鬯而後作樂，以致其神，乃行祼。是以鬱鬯始終乎奏樂也。

案：作樂乃行祼，似與經不合。《周禮·大祝》職『肆享』、『隋釁、逆牲、逆尸，令鐘鼓』，然則隋釁以前，尸未入室，鐘鼓未作，明周人尚臭，祼先於樂，既祼而後出迎牲，乃作降神之樂而令鐘鼓也。

卷卅八

宜城九醖酒。

案：此酒字本作『醝』。

注：宜成，地名。成，作『城』。《續漢志》南郡有宜城侯國。

案：南郡有宜城，已見前書《地理志》，非《續志》始見。若宜成與宜城又異，《前志》濟南郡有宜成侯國，非即宜城。

《説文》作『𩫖』，云『解骨也』。

案：《説文》各本並云：『𩫖，鬍髮也。』惟朱駿聲《通訓定聲》改作『解骨』，以爲即大徐所補『剔』字之本字，此徑引作《説文》，未免疑誤後學。

又案：《郊特牲》『腥肆焰腍祭』與《祭義》合祭腥泄膶孰同次。《祭義》篇『焰祭祭腥而退』，注：『焰祭祭腥或爲合祭腥泄膶孰』，是亦腥泄焉爲一節，泄即肆也；膶爲一節，膶即焰也；孰爲一節，孰即脍也。

卷卌九

菁葅麋醢茆葅麇醢。

案：二麋字皆誤，上麋當作『鹿』，下麋當作『麇』，此卷校者二人，何以失檢如是。

卷四八

《禮器》大饗賓出奏《肆夏》，與《大司樂》大饗賓出入奏《肆夏》正同。

案：尸出入、賓出入雖同奏《肆夏》，而一歌《雍》以徹，一歌《雍》送賓。《仲尼燕居》。別歌《振羽》以徹。又《大司樂》『大饗不入牲』，注云『不奏《昭夏》』。又《祭禮》獻尸以肝燔從，若饗賓獻以脯醢從。此皆大饗之不同者也。

卷五十

下三耦竢於次北，西面北上。此即比三耦之面位。

案：説本金鶚《求古録禮説》。

卷五二

《尚書大傳》諸侯之於天子云云。

按：《漢書·武帝紀》、《白虎通·黜陟》篇較《書傳》更詳。

卷六十

三王之世，不及諸侯盟詛之語。

案：葉時云：『三王非無盟詛也，而後之盟詛不及三王之時。』此亦善解《穀梁·隱八年傳》，不違《周禮》。

卷六一

其人時性質直，號悉副行，其後人人美號，而謚法以起。

案：『時』字當在『人』上，前云康王以後未聞生號，而廟號用謚自成王始，則非以人人有美號而謚法以起矣。

或説古不分致仕與否該有謚，俟考。

案：陳立云：諸經言卿大夫賜謚，俱多不分致仕與否，明卿大夫無過歸老，得與在位同。

卷六二

殷爲神臺，周爲靈臺。神臺之名未知所出，臺名靈，前無所因，俟考。

案：賈誼《新書》以靈臺爲神靈之臺，當是《魯詩》家説。

邱即所以建五學者也。

案：《禮書》亦云右學東序，與成均並建於一邱之上。

卷六三

釋菜在虞庠，是亦仿祭於西學瞽宗之義。

案：蔡邕《明堂論》引《禮記·太學志》曰：士大夫無位者祭於太學，太學者明堂之東序也。《文王世子》篇曰『適東序，釋奠於先老』，似東序亦有祭，不止祭於瞽宗。

天子之於老，所養三國老也，庶老也，死政者之老也。

案：死政者之老，即皇氏所謂死者父祖，其養不在學，以門闗之征養之。老而無子曰獨，固不必皆六七十以上也。至其引年則亦養於鄉、於國、於學，與庶老同矣。

又案：《周禮》有饗耆老孤子之文，皇氏謂饗致仕之老宜用正饗之禮，饗死事之老當用折俎之饗，則死事之老之未及引年者，雖亦與庶老春饗於鄉，而饗禮又異。

季冬大合吹，不養老。

案：鄭注《王制》秋冬養老用食禮，自然無樂。但以大合吹不養老，恐不足以難鄭。

卷六五

《漢志》云『歲貢』，誤讀《記》文耳。

案：董仲舒《對策》亦云《歲貢》，可見《公羊》家先師本同《穀梁》，何休改從《書傳》，非其家法也。班固自用《穀梁》説，未必誤讀《禮記》。

選後造進之士如此。

案：《職官通故》謂士之升於司徒者，爲府史胥徒之屬；升於學者，爲旅下士；升於司馬，可爲上中下三等之士，與此説不同。

蓋章帝建初用武帝元狩故事也。

案：元狩六年，令丞相設四科之辟，詳見衛宏《漢舊儀》，而應劭《漢官儀》又載世祖中興甲寅詔書，丞相故事，四科取士，與《後漢·和帝紀》注建初元年詔書無異。則用元狩故事自光武始，章帝尚在其後云。《和帝紀》注本作建初八年，引見《東漢會要》。

一説誅謂誅殺，過讀爲禍。

案：此説詳《群經平議》十二。

卷六六

前一説據《樂記》文，次一説據《左氏》義。

案：《左氏》義正與《樂記》同。此案語似失考。《禮記·郊特牲正義》引《異義》、《古春秋左氏說》周家封夏、殷二王之後以爲上公，對黄帝、堯、舜之後謂之三恪。

爵人於朝，刑人於市，亦是周法。

按：《説苑·談叢》以此爲古之通法，《王制正義》謂爲殷法，誤。後説無據。

案：後説謂《王制正義》一説爵人於朝謂士，若大夫以上則命之於廟。據《左傳》僖三十年『衛侯使賂周歂、冶廑曰「吾使爾爲卿」。公入祀先君。周、冶既服將命』，則其説非無據矣。

《正義》所引《公羊説》於何注不同，當是嚴、顔之異。

案：《儆季雜著·文鈔·讀董子》文，以嚴、顔之學皆出於董子，而何休之師爲博士羊弼，休與弼追述李育意作《公羊墨守》，作《解詁》依胡毋生條例，至於嚴、顔之學，則曰甚可閔笑。然則嚴、顔之異，與何注無涉。

士田任近郊之地，近郊之地税是有征矣。

案：《田賦通故》謂《載師》近郊十一乃園圃藪牧之賦，不關田税，於此不合。公百里以三十里爲采地，卿五十里以十里爲采地，大夫二十五里，其采地一卒。

案：《封國通故》謂天子卿采三十里，大夫采二十里，士采十里，與此不合。

古者收封不減采。

案：《韓詩外傳》説侯國采地制，可與《春秋繁露》説附庸制相參，是亦不減采之證。

正采與加田皆無國征。

案：加田，當即《王制》無征之圭田，若采地食者四之一，見《大司徒》注。

此謂賞地也。

案：《左傳》成七年『楚子重請取於申、吕以爲賞田』，是賞田之明見於春秋時者。《司勳》『凡頒賞地，三之一食』。

此以鄭所推。

案：鄭所推，見《小司徒》注。

大氏官吏至二萬三千人。

案：《周禮正義》大凡鄉遂之官通共二萬七千八百七十二人。

余廷椿。

案：《經義考》、《四庫提要》並作俞庭椿。

近人。

案：此人爲錢□，作《冬官補亡》，又有王寶仁作《周官參證》，補《冬官》一百四十餘職，較錢氏補二十者加多。

卷六七

黄帝之官云云。

案：又有六相，亦見《管子》。

以八伯爲州伯更謬，唐虞時州伯稱牧。

案：今劉君申叔又以四伯、八伯爲十有二牧，鄭《志》答張逸問曰：『伯即牧也。』

《周官》無大師，亦無遒人。

案：大師明見《春官》，何以謂無？蓋當云無采風之大師耳。

其説本於蘇氏。

案：陳傅良説更詳于蘇氏。

《説文》事字從吏。

案：《説文》事字從史之省聲，古文不省。吏字亦從一，從史，謂事從吏，始由誤憶。

大宰，卿一人，六命，而冢宰八命。

案：冢宰八命不見於經，蓋以冢宰爲三公，即上所云其八命爲公，總理百官者謂之冢宰也。然周有冢卿之號，不曰冢公。《穆天子傳》『百辟冢卿』，郭注：『冢卿，冢宰。』《周書·大匡》篇亦云冢宰，則即卿士官，似非即師、傅、保之三公。

孔氏此疏未是，《詩》鄭箋亦未得。

案：孔氏《書·洪範正義》引鄭注云：『卿士，六卿掌事者。』則正如鄭桓公、武公以司徒爲卿士，不必定以冢宰爲卿士也。《周禮》孤卿亦即卿士。

其亦可以息喙矣。

案：此指蔡氏《書集傳》也。蔡云：周公方條治事之官，未及師保之職，未成之書也。

其立文與此同。

案：孫希旦《禮記集解》説同。

則諸公爲官名，非衆辭。

案：《儆季雜著·禮説》有《諸公》一篇較詳。

故亦稱大司寇。

案：《大戴禮·千乘篇》言侯國設司空、司馬、司寇、司徒爲四佐，名四輔。斯爲《史記》稱大司寇之碻證，諸儒並未及考。漢章别有説。

卷六八

説者云自卿大夫受教法云云。

案：此説者謂《周官義疏》。

小國三卿，一卿命於天子。

案：《職官通故》一則云：『小國三卿皆命於其君，不列位於天子。』又云：『子男二卿固命於其君，一卿亦非命於天子。』又云：『今可以子男無卿之文，證小國三卿皆命於其君。』皆與此不合。

父師者，致仕之老而主國學之教者也。伏生《書傳》云：『致仕之臣，教於州里，大夫爲父命。』

案：教於州里，則主鄉學之教而非國學。

卷六九

則大史爲中大夫，可知諸侯當以天下大夫爲之。

案：下大夫與諸侯降二等之例不合。

其在外訓民之官，謂之外庶子。

案：外庶子不見於《周官》，即師氏、保氏。

以周案：士非爵。

案：《職官通故》一則從鄭注以士爲爵。又云『士旅食，其爵尊於府史胥徒，故謂之旅下士』，與此不合。

工正如《月令》工師之職。

案：工正如司馬正、僕人正，工師如司馬師、僕人師。正非即師，而工人士又爲工正、工師之屬。

卷七十

黄帝得六相，舜舉十六相，皆取贊相之義，非官名。

案：《歷代職官表》云：『《晉書·職官志》成湯初置二相，以伊尹、仲虺爲之。』按：成湯二相不過取二相之義，非其官號。黄帝六相、舜十六相，其説皆出自子家附會，不足憑信，與此同意。

又案：《公羊·隱五年傳》『一相處乎内』，爲《月令》鄭注所本。阮元謂古無稱相者，似失考。

是尚右起於周季也。

案：《左傳》桓八年明言楚人上左，似非楚人則尚右。

爲古制並無中士。

案：《公羊·襄十一年傳》『古者上士下士』，此説所本。

旅下士謂士之未得爵命者。

案：《職官通故》一則謂旅下士爵尊於府史胥徒。

漢大司農若周之大府。

案：《職官通故》三漢司農猶外府也，豈大府比哉！

漢光禄卿猶周之内宰。

案：光禄勳本名郎中令，則猶周官正，似非宦者職。

《韓策》今臣處郎中。

案：韓，當作『秦』。

秦以後反之。

案：戰國已以郡統縣，似當云『春秋後反之』。

祭酒者謂祭六神以酒醊之也。

案：此本《洪範五行傳》。

洪臚若周象胥。

案：洪臚本名大行，或即沿大行人號。

中大夫之名起於戰國，魏有中大夫須賈。

案：春秋已有中大夫，見《左傳》僖四年，非《周官》之中大夫。

『負督郵殷』義不可解。

案：《釋名》此文『督郵主諸縣』句，『罰以負』句，『督郵殷糾攝之也』句。『殷』字用先鄭《周官》注云『殷，治律』義，言諸縣有罪罰負，殿督郵治律糾攝之也。

《後漢・宦者傳》顔注：『今俗呼行杖人爲五百。』

案：顔師古安有《後漢書》注，此顔字當作『李』。此《曹節傳》注也。《虞詡傳》注亦云：『伍百，即今行鞭杖者。』又《禰衡傳》：『黄祖怒衡不遜，令五伯將出，杖之。』

卷七一

許氏《異義》云：其間委曲細别不同。

案：此見《坊記》疏，陳壽祺《疏證》本失之。

是遂亦用九夫同井之法也。

案：《遂師》『經文其田野』注亦明云『牧，制田界與井』。

後人必牽合爲一制，非也。

案：永嘉諸儒，若薛季宣言旁加實數，則本易祓；陳汲言長方，則本鄭樵；陳傅良言實地里數，則本陸佃。又劉彝言積數方法，則本陳祥道。皆牽合爲一者。

賈疏十溝十洫之説非。

案：《通藝録》亦云十溝十洫。

陳汲説云云。

案：此説方直亦本《六經奥論》，而陸世儀、江永、任啟運並從之。

陳左海云宋人誤解云云。

案：此陳喬樅《禮堂經説》之文，非左海《經説》也。林昌彝《三禮通釋》亦誤引作陳壽祺説。

斯言亦難信。

案：金鶚已詳辨之矣。

牛田牧田從先鄭。

案：《職官通故》三年牛田牧田，亦從先鄭，與江永同，與此從後鄭不同。

又案：圭田即士田之别名。

案：《職官通故》一其實士田非圭田，圭田無征，士田有征。

亦有以二十五家爲里者。

案：八家爲巷，野盧也。二十五家爲巷，保城也。又若九夫之制，則八家爲巷；十夫之制，則二十五家一巷，聚族而居共四巷。

卷七二

九賦者，斂田地之租也。

案：易祓《總義》『九賦爲任地法』。

不如陸佃以賦民十一，於一中又以十分爲率，取二。

案：易祓亦云以十一取民，又於一分中分十一、十二、二十而三數等。

一居九賦之末而曰幣之餘。

案：此解幣餘之賦，從林氏《求義》里布屋粟之説，與前從王氏《新義》不同。

是漢武帝於田租力役外又增口錢。

案：口錢，即《漢書·食貨志》口賦。漢初已用秦制，漢武增三歲子之錢，而七歲至十九歲者又增錢三耳。漢儀制七歲至十四，人二十，武帝加三錢。

而其困已倍蓰矣。

案：此本《明夷待訪録》。

載師所在地征，不關田税。

案：此本《六經奥論》。

又言屋粟爲徹法。

案：下節引《小司徒》考夫屋爲助法，與此不同。

則采地之賦亦入於王。

案：《職官通故》二言二十五里大夫采地一卒，采地與封邑異。《井田通故》亦云家邑謂大夫之封邑，非采地。此卷未辨。

故閒民與不職事民有别。

案：上云民之不受田地而轉移執事者，出夫家之征，則以閒民之轉移執事爲無職事之民，與此不同。

不入於關，無犯於法也。

案：外來之貨必入於關，故不必明言。上云於關譏而不征，又云關有廛税無貨税，則不入於關即犯法矣。

卷七四

産子三歲則出口錢。

案：《水經·湘水注》引《零陵先賢傳》，漢末多事，國用不足，産子一歲，輒出口錢。是較武帝時更加厲害也。

卷七五

則殷末諸侯千八百也。

案：上云『武王伐紂三分有二千八百諸侯』，是千八百乃三分之二，再加一分，則有二千七百諸侯，故《公羊》説殷三千諸侯，不當云殷末諸侯千八百，此有訛字當訂正。

周公制禮時以蠻服入九州，變用夏名曰要服。

案：此先生創説，以《周語》證《大行人》可爲周公斥大九州之顯據。漢章更爲鄭義得一經證，則《梓材》曰『皇天既付中國民越厥疆土於先王肆』，又《立政》曰『陟禹之跡，方行天下，至於海表』，鄭以五服弼成九服，豈臆説哉！別詳文稿。

《管子》云『齊諸侯方百里，負海子七十里，男五十里。』

案：《輕重乙》篇原文：『仳諸侯度百里，負海子男者度七十里。』

今以《大司馬》職云云。

案：江永又引《司勳》職：『凡頒賞地，三之一食。』

唐仲友云云。

案：原文云：『軍出於郊，賦出於遂。言百里、七十里、五十里者軍制也。五百里、四百里、三百里兼軍賦及所轄言之也。男言百里者，兼軍賦言之也。』

已説不通矣。

案：惲敬《大云山房文集》亦曰：『聖人之書豈若是參錯耶！』

宜爲陳及之、汪武曹所及駁矣。

案：陳説見《周禮訂義》，汪説見《孟子正義》及《四書典故辨正》。

卷七六

《史記》魯地方四百里，與《周官》合。

案：《史記·漢興以來諸侯年表》封伯禽、康叔於魯衛地各四百里，是衛與魯同。又齊地方五百里，見《管子·輕重丁》及《晏子春秋·内篇雜下》，皆可證《周官》，齊侯雖非國公，太公蓋受上公之封，故地大於杞宋。

《周書·武順解》云云。

案：孫詒讓云：『此唯武與《夏官》文合，元卒即《周官》之兩，四卒成衛曰伯，即《周官》之卒，餘則《周官》以五起數，此以三積數不同。』

服注《左傳》以大晨爲大殿。

案：《襄二十三年傳》大殿之上有先驅、申驅、貳廣，又有啟及胠。沈欽韓《補注》謂啟即《周書》之開，胠即閭，殿即敦。蓋齊又變其制而襲其名。杜注『左翼曰啟，右翼曰胠』，本賈逵。又案：《司馬法考徵》齊有先驅、申驅，非古法。貳廣即《司馬法》倅車，其左曰啟，右曰胠。古作啟，乃吕之譌。即左右一卒曰閭，閭亦吕之假借，《說文》：『吕，脊骨也。』『胠，腋下也。』

則《書序》作三百，字誤也。

案：《周本紀》亦云『戎車三百乘，虎賁三千人，甲士四萬五千人』。

金說近儒多信之。

案：《三禮通釋》直襲其說而不著其名。

甸六十四井，亦當以此兩法通率。

案：六十四井，五百七十六家，若以兩法通率，止九十六家，而出步卒七十二人，何得十而賦一乎？此金氏所以諱言也。

《管子》此說見《揆度》篇，與《周官》合。

案：《司馬法考徵》又云：『由是差之，十乘馬四十匹，甸出乘馬四匹，則邱馬一匹矣。』

故舉伯以爲例也。

案：馬融注《論語》『千乘之國』亦云：『居地方三百一十六里有畸。』

蓋出討用七百乘，其常制也。

案：文十四年趙盾納捷菑於邾以諸侯之師八百乘。《公羊傳》亦云革車八百乘，與郤克鞌之役同。《穀梁傳》長轂五百乘，傳聞之誤。

卷七七

則五兵數盾鼓者非也。

案：《周官》司兵與司甲分職，五兵數甲鎧者更非。

故《質人》云。

案：質人誤，當作『馬質』。

卷七八

其田也仍建大麾。

案：以《王制》下綏之文證之，則田自建大麾，與治兵大閱不同。

車徒畢出和門。

案：此云出和門，與下言入和門不同。

大夫亦有田獵。

案：大夫有田則祭，而《喪服傳》有地曰君。鄭子産所謂唯君用鮮，言有田之大夫得用鮮以祭，故都鄙八則，八曰田役，王、陳二説並不考察《左傳》君字。

卷七九

矢菔勁物。

案：《左傳》董澤之蒲乃蒲柳，與《既夕禮》蒲菔非一物。

卷八十

三曰會意，四曰形聲。

案：三、四字互訛。

或以前四者爲體，後二者爲用。

案：此或者，言戴、段。

如足下云『□象腓膊。』

案：膊，本作『腸』。

隨意詰曲。

案：意字誤，當作『體』，下云『隨意爲之』，意字亦誤。

牛鳴之牟。

案：上引王菉友『非字不出例』中有牟字，則牛鳴之凵，羊鳴之𠂆，皆非字，爲指事，不當引入形聲。

如江、戴、段、王諸家以爲訓詁之互注。

案：此説本毛晃、趙宧光。

知轉注爲造字之一法。

案：此説本衛恒。

莫如考、老二字。

案：許説同意字多矣，而𢇛與庶同意，廿廿省爲廾，㸚與俎同意，□省爲𠔁，亞與䍅同意，亞省爲亞，更與考之老省爲耂之例同。

本無其字，依聲托事。

案：《史記正義序》引鄭君云：『其始書之也，倉卒無其字，或以音類比方叚借爲之。』與許意同。

卷八一

具見《士喪禮》注。

案：亦見《士虞記》注。

徐氏又謂：注今文，當作『古文』。

案：徐氏原書無此説。

卷八二

從便之字亦宜入耕部。

案：便，會意字，非更聲。

宵部翟。

案：翟，前在支部。

卷八四

見舞象箾南籥，亦南樂之舞以籥者。

案：上言雅樂以象箾爲武舞，南籥爲文舞，則非南樂。

舜之韶箾，韶文舞，箾武舞，特文舞先耳。

案：上卷引《左傳》韶箾，又引《白虎通》舜樂簫韶，《説文》舜樂箾韶，亦曰箾武舞，韶文舞，而以爲箾韶先武後文，舞干羽於兩階，亦先武後文。與此不合。

故舞樂曰韶箾，文王樂曰象箾。箾者武舞，以其先文樂，故曰韶曰象耳。

案：此又與前言象箾皆武舞不合。

卷八八

庛即耜，耜即鉾冠，鉾冠亦作『鉾錧』。

案：《車人》『耒庛』之庛，音與『甾爪』之甾相近。甾爲輻入轂之木，庛爲耒入鉾錧之木，故車人爲之。若鉾錧即鉾刃、鉾鑱，則屬攻金之工，恐非耒庛。

【箋注】

〔一〕録自雪克點校《禮書通故識語》，錢英才、陳明吉主編《陳漢章全集》第二册上，浙江古籍出版社二〇一四年版，第四一一—七〇頁。此次迻録，對雪克先生標點間有改動，不一一指明，謹致謝忱！

〔二〕『本』下，黄以周《禮書通故》第一《禮書通故》原有『作』字，陳氏漏録。

附録三：黄式三自撰《知非子傳》

知非子孰謂？儆居老人自謂也。默揣生平，絶無它長，而手不釋卷。考求六藝，意亦無它。人各有職，上自公卿大夫，下逮農工商賈，隨分自盡。寒士無職，以治經爲天職。其治之也，遇有歧異之處，必以孰畏聖言、孰侮聖言檢點得失，寸心自知，遂不敢剿説雷同。而行不逮言之恥，齋居莫能自遣。咸豐庚申，年七十二矣，删改《論語後案》，歎蘧大夫行年五十知四十九之非，行年六十知五十九之非，使人問孔，齒近期頤，寡過未能，仍是知非之日。然則《後案》中所録吕成公之説頂踵皆過，《炳燭録》中有司馬温公盡力而止莫達高遠之説，意注詮釋，詞皆樸醇，終身誦之而已，因此自號知非子。（録自《儆居集五・雜著四上》，清光緒十四年續刻本）

黃以周《敕封徵仕郎内閣中書先考明經公言行略》(節選)

祖籍浙江寧波鄞縣之薑山。黄氏系出唐太傅開國子、宋追封江夏侯諱晟忠濟公之後。至明中葉，濟宗公諱俊遷居定海之紫微莊。曾祖諱士立，祖諱必悌，累世有隱德。考茂才屏山公諱興梧，以《易》、《詩》著名庠序，生明經公兄弟五人。

明經公諱式三，字薇香，行四。從學者稱爲儆居子，以所居之顔號之也。本貫定海廳紫微莊德行里，後避兵亂，徙居鎮海縣海晏鄉之黄家橋北。明經公自幼入塾讀書，善識字，舉經中一難字以問而能知其所出，默誦其上下文。茂才公嘗篤愛之，教讀諸經，期成遠大器。十一歲，出就外傅，學舉業，能作典麗文。十五歲，作經解，昭然分黑白，時攄其特見以屈座人，業師歎賞不容口。嗣後，數受知於學使者，而鄉試四薦不售，以歲貢生終。故宗族子第咸稱爲明經公，亦謂其善解經，無忝厥職也。

明經公事親以孝聞，和愉之氣溢庭内。館課之餘，常侍茂才公側。茂才公性端嚴，不苟言笑，而能先意承志，常得歡心。嗣因省試而失恃，不親嘗藥視斂，比歸，呼天愴地，幾不欲生。茂才公爲曲慰之。因念父老，年已八旬，節哀仰事。自此長伴茂才公後，寢服終不適私室，且有『後不赴試』之誓。每值祭日，輒哀泣不能自已，如是者以爲常。茂才公老且病，卧床笫數年，衣食餽洗諸事皆躬親之。比卒，持器以禮。自屬纊至下窆凡所以誠信其親者，自髫髮至祥禫凡所以哀恫其身者，揆之於禮，罔不合，故宗族稱孝焉。自侍疾而學岐黄之道，自營兆而精楊郭之術，此皆由孝心所致也。與諸昆第甚和洽，至老無間言。修宗譜以合族，不取資于族人，此又由孝心所推也。

明經公之持己也，不立異以爲高，亦不狥人而少貶，而其與人也，則一出之以誠意。望其貌，巋然如山立無惰容；察其中，藹然如春風無盭氣。時而辨論古事，排解世務，齗齗然和説而諍，如金玉之鏗鏘有節而不可亂，使人鄙意消。與長老接，恭而順；與後生小子語，曲而詳；與有道君子相切磋，虚懷若谷，一空其所有，樂取諸人以爲善。宗族僚友間或以事相詢，或以學相問，莫不各愜其情而去。熏其德而善良者，不可勝數。其有頑梗不馴者，必返躬自刻責，而人亦每感泣引咎。後避英吉利之兵，其酋威脅禮羅，並不屈。晚遭粤匪之亂，土人横逆，又恕之，不與禽獸難。有識者，每於此歎强忍之學。

明經公少嗜書，不好弄，故書之外無它好。生平以一超頓悟爲非學之道，而務學必以積累，積累必由專與勤。於先儒道德、經濟、忠節、孝友、文章、武毅、幽隱之類，並蓄兼收，通貫其書，一字不少假。意苟未徹，思之或終夜不寢，或寢而不寐，或研考數日而明，或數月而明，殫心覃思，必得其解而後止，雖饑寒迫體不覺也。有時行路默誦書，意有所專，或迷失東西而不自覺。其獨居時，克己内訟，默驗陰陽消長之分數，戒慎恐懼以立大本，不敢須臾懈弛。嘗謂冥外朗日，目所未見；靜中雷霆，耳所常聞。由是藴藏厚，資取深，非徒作口耳文辭之用也。若夫著述之有關於經史，具見《十略》。……

論學求其實，不求其高。嘗謂誼外之利必參害，道外之功不敵過，董子是以有正誼明道之訓。而道誼中之功利，君子不諱，足見君子有用，申董子『功利説』。

又言論性者，如捕風捉影；論理者祇言人同此心，心同此理，如無星之稱，無寸之尺，申戴氏『性理説』。

又言富貴，榮名；聖賢，令名。君子之于令名，有忘有不忘。故孟子重稱好名，因避好名之害言，斥好名之誤，作《好名説》。

又言漢宋學之分，互攻所短，不如互用其長，而又不可爲調人。如王西莊、金輔之能申漢學，王氏《三江説》不如從金，金氏《禘説》不如從王。陸稼書、王予中能申宋學。朱子晚年言主敬，陸不如王之詳；求放心即求仁心，王不如陸之精。兼取以明經，作《漢宋學辨》。

又言喜怒哀樂之未發，必有戒懼之心，決非寂守於内。以天命不可須臾離，渾思未發宜中，靜也；分思其常變隨時、孰主孰役，亦靜也。諱言有心之思，喜言無心之覺，俱非聖學。作《中和説》、《靜説》、《對靜坐問》。

又言孟子之道若登天，高於世而非高於道。後儒言性、言仁義、言誠正多高於孟子，恣爲微眇刻之言，往復辨難，無益聖學。作《蕩説》、作《續原道》、《仁義説》、作《方茅孟子辨》。

又言聖學不外于經，學經非易明，學者不可堅自信。自經説有拘滯之論，幽眇之談，駁之者遂呰經。作《葉氏經學辨》。

又言聖經之道，難以一二言盡之。離經而談宗旨，其高者自謂發先聖所未發，固不足信。即標聖人所已言者，分聖言而拘之則偏。作《宋元明學案辨》。

又言聖人自誠明，而古今事變之極，制度之繁，孔聖必學之以驗其實。使此心全體洞然，賢人自明誠。而此心本善，感發於不容已者，皆靜觀而自得。是以朱子之説，詳言自明誠，以勸人學；明心見性之學，皆言自誠明。學者當誠明交進，性教合一。作《誠明説》。

又言聖教重仁禮義信，皆因言體用者害之。作《釋氏體用辨》。

年卅有九，創《論語後案》稿，年四十二稿甫畢，自言此後心始有主，異于少年之蹶馳不羈。

年四十八與兄弟分箸，作《晚儆居記》曰：『分内之財不能理，後必窘乏；而思分外之財，傷其廉矣。』

年五十二，作《求是室記》曰：『天假我一日，即讀一日之書，以求其是。而是與非，俟後人定之，己不能定也。』

年五十四，作《畏軒記》曰：『讀經而不治心，猶將百萬之兵而自亂之。』

年六十二，續韓子《五箴》。《遊箴》曰：『年已老者，秉燭以遊。豈翔翔乎聲利之鄉？必棲息乎定靜之疇。明暗如晝夜，榮枯若春秋。閱歷既倦，可休則休。倘慆蕩而不止，猶乘無杕之舟。身汩溺而魂飛，嗟歸宿之何有。』《言箴》曰：『榮辱樞機，孰不保護。方駐旋馳，溢喜溢怒。決于武斷，繁于皮傅。不調適乎性情，雖朝悔而夕誤。古之人耄作《抑戒》，舌捫莫錯。言如布帛，心爲尺度。大小短長，必循典故。如何金人，緘口不固。』《行箴》曰：『邪念何悖，妄念何謂。非仁非智，行之增愧。爾不慎獨，過惡何諱。惡集於身，爾雖自畏。過生於心，爾先自憒。十目視爾，十手指爾。爾不密察于幾之初，起神人共排擠爾。』《好惡箴》曰：『同己詎是，疢美毒多。異己詎非，藥攻病瘥。正士異己，爾仍嘉之。邪人同己，爾仍麾之。嘉之毋阿，麾之毋呵。喜怒失節，非中非和。年老情急，或徑直以相加。知差已差，奈之何？』《知名箴》曰：『名爲實賓，主在敦實。實之未充，瓦釜等列；實之既充，衣絅必密。爾實不充，爾名必滅。』晚年之自訟如此。

年六十二，述漢三十處士事而綴以贊。年六十五，述漢六十四孝子事而綴以贊，以見志所向慕。此《十略》也，明經公七十歲辭慶壽，而門弟子及諸子輩所共輯者也。

七十二歲，作《炳燭録》，論歷代儒術以自取資。又作《知非子傳》，其文曰：『知非子孰謂？儆居老人自謂也。……』

其明年，譔《經外緒言》二十一篇。

又明年五月，明經公大病，厥而後甦，遂成偏左之枯症，右手能舉動，然亦不能秉筆作書矣。至八月間，重理《經外緒言》，並舊作《經隅擇注》二篇，合訂之名曰《黄氏塾課》。且力疾而敘之其末，曰：『浪語羞談，生初性本善；藏書全讀，死日事之終。素志如此。塾課，還自課也。』幽居之志趣可見者如此。

十月病革，顧謂諸子曰：『吾庶不虛爲一生人矣乎。』因口占曰：『《十略》非偏，搜千載上殘遺諸說；《九原》何事，補半生前定省之疏。』遂命書《别語》以告兄弟、宗族、友生、親戚，且命具沐浴，設衣冠，徙寢中堂。諸子輩以『精神未衰』爲對。曰：『吾所未絶者元氣耳。何必俟氣絶才行事乎？』既而痰湧喘急，舌縮不能言，猶挽手作起坐狀，扶起端坐而逝。時在同治壬戌十月二十日也。距生於乾隆己卯八月初二日，年七十四。

初，明經公自謂：『歲在壬戌，吾壽當終。』辛卯暮冬，與柴友論命。且謂之曰：『孔子生於魯襄公己卯冬十月庚子，即今之八月二十一日，卒於哀公壬戌夏四月己丑，即今之二月十一日，壽七十四。今吾之德萬萬不及孔聖，而年或同之歟。』嗚呼痛哉，何斯言之竟驗邪！越明年春，葬於鎮海海晏鄉之銅盤墩。光緒十六年敕封徵仕郎内閣中書。

元配袁孺人，生於乾隆己卯七月初一日，卒于道光辛卯三月十七日。生子長以愚，道光己酉副貢，著有《聲訓緯纂》。次以巽，不學舉子業，著有《筭學圖示》。季以周，優貢生，同治庚午舉人，由大挑教諭特旨升爲教授，欽賜内閣中書，著有《十翼後録》、《經義通詁》、《禮書通詁》、《儆季雜著》、《讀書小記》。女長適附監生王慈德，次適胡宋偉，季適庠生方惇明。繼配應孺人，生於嘉慶壬戌六月十九日，卒于同治甲戌十月二十四日，無出。孫九人：家光，以愚出。家京，廳學生炳煥，家賡，以巽出。附貢生家辰，優廩生家岱，家鶱，家驥，家駒，以周出。

嗚呼！明經公棄不肖輩於今二十有五年。所注《易》、《書》、《春秋》、《論語》以及《周季編略》、《儆居集》坊間有行本，餘藏家塾，尚未盡梓。同治五年，奉旨祀府廳鄉賢祠。其明年，從祀詁經精舍先覺祠。光緒十一年，采入國史館《儒林傳》。孤子以周謹述。（録自《儆季雜著·文鈔五》，清光緒二十年南菁書院刊本）

顧廣譽《明經黄先生儆居子傳》

先生諱式三，字薇香，姓黄氏，祖籍寧波鄞縣薑山，系出唐太傅開國子、宋追封江夏侯晟，至明中葉有諱俊者，遷居定海之紫微莊。父諱興梧，諸生，以習《易》、《詩》著名庠序，生先生昆弟五人。先生善説經，數以經解制藝受知學使者，擢高等，而鄉試四薦不售，以歲貢生終。宗族子弟以謂歲貢爲明經，先生深于經，實符其名，稱明經公，而生平自律尤嚴。中年顔其所居室曰『儆居』，從學者又稱『儆居子』。先生著述最富，於群經皆有論辨，門弟子及諸子輩嘗爲《十略》以隱括之。《十略》者，曰《易略》，曰《尚書略》，曰《詩略》，曰《春秋三傳略》，曰《三禮略》，曰《論語後案略》，曰《周季編略》，曰《小學略》，曰《經濟略》，曰《文學略》，網羅古今，咸有折衷。爲學不判漢宋，每言漢宋之分，互攻所短，不如互用其長，不可漫然爲調人。間有前儒相承無異，而爲君所創獲者。觀其言曰：『天假我一日，即讀一日之書，以求其是，而是與非，俟後人定之，已不能定也。』此見先生之虚懷若谷，不執一孔，與世儒之叫囂掊擊爲能者，迥不侔已。先生貫串經史，能反求諸倫常幽獨，心體力行，不蹈口耳文辭之結習。昕夕齋居，克己内訟，默驗陰陽消長分數，戒慎恐懼，以立大本。事親也，因省試失恃，幾慟絶，念八旬老父，節哀侍寢，服終不適私室。父病，卧床笫數年，衣食醷洗之事，皆躬親，居喪一以禮。英吉利之變，郭士力威脅禮羅，先生挺立不爲屈，忠孝卓著，是以遠近慕其德而信其言，欽其行宜而益尊其學。先生以明經顯名，諸子群從輩，濟濟接踵興起，通經學古，寧郡以經解録取者，承先生指授爲多，故語四明研經學者，必曰『黄氏、黄氏』云。先生故居紫微莊，後因兵亂，避居鎮海鄉之黄家橋北。不出庭户，屹然負東南重望。年七十二，自號曰知非子，作傳曰：『人各有職，士無職，以治經爲天職。遇異義必以孰畏聖言侮聖言爲懸衡，洞見得失，用不敢剿説雷同，而卒以行不逮言自咎。』越二年，得偏左痹症，及病革，命書别語以告兄弟宗族友戚，已而喘急，猶挽手作起坐狀，扶起端坐而逝，時同治元年十月二十日也。明年三月，葬鎮邑海晏鄉之銅盤墩。娶袁氏，先卒，繼娶應氏。子三，長以愚，道光己酉副榜。次以巽，次以周，廩膳生。女三，並適氏族，皆袁氏出。廣譽以辛酉冬避粤匪亂，寓居定海之青壘，去所謂紫微莊者不遠，亟欲造其故居，以正異同，因兵戈俶擾不果。比去聞先生卒，深用爲憾，乃應令子以周之請，爲次其傳。同治四年歲次乙丑孟秋之月平湖顧廣譽謹撰。（録自殘稿《黄氏屏山公房譜》之附録）

譚獻《黄先生家傳》

黄先生名式三，字薇香，浙江定海人。祖必悌，父興梧。先生事親孝，父性嚴，先意承志，恒得歡心。嘗赴鄉試，母裘暴疾卒於家，馳歸慟絶，誓不再應鄉試，以歲貢生終。

於學不立門户，博綜群經。治《易》言卦辭爻辭一意相承，六十四卦爻辭同者，亦一意相承。又釋《繫辭》傳衰世之意，謂：『伏羲世衰而神農作。《易》之興也，其於中古乎？中古謂神農也。』以此申鄭君神農重卦之義。治《春秋》，作《釋救執》、《釋人》、《釋名》、《釋殺》、《釋盜》、《釋歸入》、《釋以》，以訂杜預釋例之訛。先生學宗鄭氏，尤長於三禮。《論郊社》、《論學校》，謹守鄭學。明堂之制，見於《考工記·匠人》，漢師鄭君猶有疑義。辯之曰：『夏后氏世室，堂修二七，當作堂修七。殷度以尋，堂修七尋；周度以筵，堂修七筵；則夏度以步，堂修七步。鄭君以堂修七步爲隘，注有「今堂修十四步」之文，假令之辭也，而後人乃依此作二七字。《隋書·宇文愷傳》言「《記》文云：堂修七，鏟校古書，並無二字」。此爲得其實也。』兵賦之制，諸書所引《司馬法》各不同，辯之曰：『一成，九百夫之地，除去公田，實得八百夫。賦法八夫出一卒，則一成八百夫得出卒百人。以七十五人分給兵車，二十五人分給輜車，地數人數適相符合，則《司馬法》所言「成出一乘」，用百人者是也。其法又言「成出革車一乘，士十人，徒二十人者」，此統兵車、輜車之士徒而撮舉其任之重者。《周官》卒長皆上士，兩《司馬》皆中士，伍皆有長。所云「徒二十人者」，是伍長；「士十人者」，是下士，爲二伍之長也。其法又云「甸出一承者」，《周官》言「九夫爲井，四井爲邑，四邑爲邱，四邱爲甸」，此以九夫積算，甸六十四井，得五百七十六夫，以《賦法》八夫出一卒計之，則甸出卒七十二，適足兵車步卒之數。論《助法》之田數，甸中六十四井，除去公田，止得五百十二人，而以九夫爲井，積之爲甸，出兵車步卒七十二人者，此《貢法》之賦也。』《王制》、《祭法》之廟制，論者互相是非。辯之曰：『《祭法》之祖考廟，即《王制》之太祖廟也。《祭法》之二祧及四親廟，即《王制》之三昭三穆也。《曾子問》既云「七廟五廟無虛主」，又云「虛主者，祫祭于祖，則祝迎四親廟之主」。繹《曾子問》之意，天子巡狩以遷廟主行，而太祖與四親廟之主不行，是謂五廟無虛主。祫則迎四親廟之主入于太祖廟，則四親廟有虛主也。《喪服小記》曰：「王者立四廟，庶子王亦如之。」繹《小記》之文，王者親廟止四。疑庶子王不得立私親廟，經又明之也，此皆親廟止四之證也。《祭法》言：「諸侯之五廟曰考廟、曰王考廟、曰皇考廟，皆月祭之。顯考廟、祖考廟享嘗乃止。」繹《祭法》之文，祖考廟不月祭，指始封君之祖考無大功德者言之。方始封時，月祭及三親廟，不如天子之月祭五廟。享嘗及五廟，不及天子之祭七廟。其後始封之君爲太祖，則月祭祖考廟、王考廟、考廟。其皇考廟、顯考廟同于天子之二祧。諸侯有賢者，即以二祧爲世室，是以魯有魯公之廟、武公之廟，擬文、武二世室。天子、諸侯之分如此，則王肅譏鄭君言天子之四親廟無以異于諸侯，其説非也。《祭法》言「享嘗」，據鄭注「享嘗」，即祠禴烝嘗之時祭，則時祭上及二祧，必兼及遷主。王肅疑天子之廟依鄭則止祭四親，而不及高祖以上之親，其説又非也。』著《易釋》四卷、《書啟幪》四卷、《詩説》一卷、《詩序説通》二卷、《詩傳箋考》二卷、《春秋釋》二卷、《論語後案》二十卷、《周季編略》九卷、《儆居集·經説》四卷、《史説》四卷、《子集》三卷、《雜著》二卷、《鄭君粹言》一卷、《朱吕問答》一卷、《炳燭録》二卷、《塾課》二卷、《廣韻部略》十七卷、《詩音譜略》一卷、《音攝考略》一卷、《切音考略》一卷，皆未刻。惟《論語後案》排字印行。吴吴鐘駿、上元朱緒曾、鎮海劉燦、慈溪王約皆以爲漢宋持平之作，可垂國胄。作《求是室記》曰：『天假我一日，即讀一日之書以求其是。』作《畏軒記》曰：『讀經而不治心，猶將百萬之兵而自亂之。』蓋自道云：『讀史喜《文獻通考》，而時論定馬氏之闕失。』嘗應聘佐軍幕，當路以外寇問，作《備外寇議》。問者色沮，先生曰：『不從此言，數年後必有大寇。』事果驗。年七十二，乃作《知非子傳》，曰：『人各有職，士無職，以治經爲天職。其治之也，遇異義，必以畏聖言、侮聖言爲縣衡，洞見得失，用不敢剿説雷同，而卒以行不掩言爲咎。』至是，而先生之學大成。越二年，得偏疾。病革，挽手欲起，諸子扶之，命書别語告兄弟宗族門徒，端坐卒。子以愚，道光己酉副貢生；以巽，議敘從九品；以周，同治庚午舉人，能世其學。江東稱經師者，必曰『黄氏』。先生死後五年，學使泰興吴存義讀其遺書，與巡撫荷澤馬新貽會奏入祀鄉賢祠。仁和後學譚廷獻譔。（録自《儆居集》卷首，清光緒十四年續刻本。又見譚獻《復堂文集》卷二）

清同治六年黄式三入祀定海鄉賢祠事實[一]

具呈本廳定海廳。引注。紳士内閣額外中書章育瑜，署江蘇松江府華亭縣知縣厲學潮，前任嘉興縣學訓導沈有瀾，議敘訓導曾廷熾，舉人袁行泰、胡康齡，副貢生陳福熙，歲貢生周振銓、陳子章、夏濬川、陳絢、胡賁，廩膳生林保咸、楊子和，附生蘇元、張東序、王元恒。鄞縣紳士前任陝西甯陝同知陳僅，江蘇委用知縣陳勵，舉人徐時棟，拔貢生郭傳璞。慈谿縣紳士舉人陳維城，拔貢生陳欽。鎮海縣紳士吏部主事盛植型，舉人吴善述、陳聿昌，拔貢生曹杰，廩膳生陳繼聰、張成渠，附生劉芬、沈開祥，監生胡洪安。象山縣紳士拔貢生王蒔蕙，附貢生王蒔蘭，監生歐景岱等呈爲經明行修合崇祀典公懇恩賜轉詳入祀鄉賢以彰潛修而資風教事。竊維昌明正學，史家以重儒林；坊表人倫，鄉望以尊名德。誠以學校之振作，視乎經師人士之楷模。資諸耆舊，鄉先生没而祭於社。古君子仰不愧於天，存乎其人，聞之自昔。兹有廳屬富都鄉紫微莊已故歲貢生黄式三，行爲圭臬，學有淵原。懷文中私謚之誠，久相説服；援通德顯褒之例，用敢臚陳：故貢生幼而明慧，長更沈潛，覺世情深，敘倫性篤。石建之巾裙躬洗，黄香之枕席親温。慈竹驚雕，痛絶秋風之試；靈椿已老，愛延春日之暉。深孺慕於終身，篤友恭於同氣。塤篪協律，長敦式好之情；風雨對牀，共享讀書之樂。内行既修，同宗咸化。任末壁園，書爭傳寫；王家子弟，衣易鮮華。陳仲舉家有儒風，王彦方里無薄俗。學宗高密，紹千載之師承；教述新安，樹一時之物望。純篤如果齋，秀清如宗敏。叔孫弟子，咸習禮容；安定門人，各諳經事。懍盗泉之飲，屏苞苴而綦。嚴守逾垣之貞，脅兵戎而勿懼。胡敬齋一方完璧，薛文清百煉精金。洵士類之儀型，實邦人所矜式。蓋其品行素飭，學養兼優，理取至精，事求實是。譚道衷諸經訓，穿鑿爲非；讀書反以身心，空虚勿尚。常考證夫眾説，不偏執夫一家。經世文章，裨益綱常名教；等身著作，折衷《易》、《禮》、《詩》、《書》。譽播藝林，望尊庠序。老師大儒咸推其品，荒陬僻壤並仰其名。瑜等屬在同鄉，交推夙學。讀河汾之著述，寶此遺書；溯濂洛之淵原，增爲學案。合辭籲懇，實由公道之在人；明德馨香，竊幸後生之足法。伏乞詳請從祀鄉賢。

事實：

一、故貢生黄式三，字薇香，浙江定海廳人。始祖晟，唐太傅、開國子，宋追封江夏侯、謚忠濟，崇祀鄉賢祠。祖必悌。父興梧，附學生。故貢生青年入學，屢列高等，鄉試屢薦不售，以歲貢生終。生於乾隆己酉八月初二日，卒于同治壬戌十月二十日，年七十有四。

一、故貢生事親以孝聞，父性端嚴，能先意承志，常得歡心。嗣因鄉試赴省，母裘氏暴疾卒於家。比歸，呼天搶地，幾於慟絶。時父年八十矣。自此長伴父寢。服除，不適私室，且有不復鄉試之誓。父老且病，卧牀簀數年，衣食饋洗皆躬親。父卒，水漿不入口。既斂，寢苫啜粥。哭泣之哀，震動鄰里。前後居父母喪六年，不飲酒，不食肉，羸瘠骨立。每值祭日，哀泣不能自已。其卒之前月，自作挽詞，有『九原何事？補生前定省之疏』之句，其孺慕有如此者。

一、故貢生與昆弟最善友，白首一堂，終不分析，課季弟式穎讀，循循以誘。弟嚴敬之，補增廣生。其兄之子以偉附生，弟之子以恭拔貢生，亦其所撫教而成名也。晚年避兵於鎮海，時以未見兄弟爲戚戚，比卒，首訣兄弟，語甚切摯。其友恭有如此者。

一、故貢生嘗修宗譜以合族，不取資斧，以勤儉率族人。族無長幼，皆敬憚之，不敢奢逸。故族中二百户，皆食力無凍餒者。間遇頑梗之人，輒自咎，化道之不善，人多感泣改行。臨終訣别宗族，有云：『謹守勤儉遺規，使荒亂無饑寒之苦。』其敦睦有如此者。

一、故貢生終老於家，未及仕。一應學使者之聘，所取多名士。一應軍幕之聘，當路以外寇問，作《備外寇議》，問者色沮。則正告之曰：『不從此議，數年後必有大寇。』事果驗。其卓識有如此者。

一、故貢生初受業於舉人楊思繩，復問經於舉人楊際和，二師皆篤愛之，期成遠大器，故貢生亦感激師恩，終身不忘。其教門徒，先行誼而後文辭，先識字而後讀書，實事求是，不分漢宋門户，故一時人士多所成就。歷任學使者臨試甯波，所取經學之士，太半出其門下。臨終訣别門徒，有云：『處士何職？以治經爲天職。勿從習俗但作時文。』其授受淵原有如此者。

一、故貢生自幼入塾讀書，善識字。每作經義，昭然分黑白，時攄其特見以屈人。家本寒素，聚書數萬卷，終日披閲，怡然自適。嘗謂：『一超頓悟，非學之道。務學必以積累，積累必由專勤。』於性理、經濟、文章、訓詁之學，靡不博綜條貫，至老不少倦。爲人寬而能容，毅而有執，每立一説、建一事，博取衆善以爲善，至義所當守，慨然任之不少回。燕居時，無惰容，無失色，克己内訟，默念情性過不及之分數。嘗取《中庸》『慎獨』、《左傳》『受中』數語以自警，而時值危疑，又以天自信，神色從容不少動。其學問本末有如此者。

一、故貢生遺書，《論語後案》二十卷用活字板印行，《易釋》四卷、《尚書啟幪》四卷、《春秋釋》二卷、《周季編略》九卷、《儆居集》十四卷、《音均部略》四卷、《炳燭録》一卷、《經外緒言》三卷、《鄭君粹言》一卷、《朱吕問答》一卷，《詩序説通》、《詩傳箋考》兩書未成，皆藏於家。學使者陳公用光以孫星衍、段玉裁相許。吴公鍾駿見《論語後案》，以爲漢宋持平之書。湖州嚴可均、台州洪頤煊稱《書説》之精確、《春秋説》之平允。嘉興馮登府、沂州許瀚皆稱《兵賦》、《軍制》諸考辯古今所未辯。温州方成珪序其集曰：『先生轉益多師，不名一師，可謂擇之精。其論詁一事，辯析文字，必參考古今，肫然不能自已者，可謂語之詳。』嘉興顧廣譽表其墓曰：『先生貫串經史，能返諸倫常，忠孝焯著，是以遠近慕其德而信其言，欽其行誼而益尊其學。足不出户庭，屹然負東南重望。』其師友推許有如此者。

一、故貢生長子以愚，道光己酉副貢生，著有《聲訓緯纂》。次子以巽，議敘從九品，著有《算學圖示》。季子以周，廩膳生，著有《十翼後録》、《經義通詁》、《禮書通詁》、《儆季雜著》、《讀書小記》。孫七人業儒。其家學有如此者。

浙江布政使楊昌濬申爲詳請具

題事。竊准兼護甯紹台道邊葆誠文稱據署定海廳史致馴詳據儒學詳據内閣額外中書章育瑜等呈稱，竊有富都鄉紫微莊已故歲貢生黃式三，行爲圭臬，學有淵原。經世文章，裨益綱常名教；等身著作，折衷《易》、《禮》、《詩》、《書》。譽播藝林，望尊庠序。老師大儒咸推其學，荒陬僻壤並仰其名。瑜等屬在同鄉，交推夙學。讀河汾之著述，寶此遺書；溯濂洛之淵原，增爲學案。合辭籲懇從祀鄉賢等情。據此，該學查看得：已故歲貢生黃式三，少鍾至性，孝友既敦。於家庭，長勵純修勤儉，復化其族黨。鄭康成高潔全貞，王彥方德教型俗。説經解字，身登賈許之堂；慎獨存誠，學溯程朱之派。識宏而功密，心正而守嚴。品望已隆於郡邑，秩祀宜列於鄉祠。造具册結，詳請看轉等情。據此，該署定海廳同知史致馴看得：已故歲貢生黃式三，立品端方，持躬廉潔。孝親友弟，敦倫紀以無忝；睦族和鄰，戒怠荒以化俗。名山富著述，解經立説，直窺洙泗之原流；爾室懍操修，主敬存誠，一以程朱爲圭臬。守嚴出處，郤彝聘而貞節可風；志切甄陶，啟後學而芳型共仰。洵爲一鄉之賢士，宜邀入祀于褒榮。加具印結，詳送加結看轉等情。據此，兼署甯紹台道邊葆誠看得：已故歲貢生黃式三，圭璋植品，坊表垂型。芹藻流芬，早蜚聲於在泮；蓼莪廢讀，甘守志於潛淵。清白傳家，人言無間。綺黃爲侶，天爵自高。著作富於等身，耄猶好學；繼述衍於後嗣，代有通儒。洵爲海表奇英，允洽士林譽望。幽光必發，克敦行藝之書；衆論咸孚，宜食馨香之報。加具結看轉請詳咨等由，過司准此。
本司查例載各省呈請入祀鄉賢，該督撫、學政當於所列事迹確切查核。實係品行端方、學問純粹者，方准題請等語。兹看得：定海廳已故歲貢生黄式三，志勵文章，性敦孝友。碩彦咸推於昌國，遺芬望重於名山。不愧鴻儒，夙著薇香之集；仰邀
鳳詔，克隆俎豆之馨。輿論既孚，鄉賢宜祀。既准據道、廳查取事實清册，遞加結看請轉前來，理合具文轉詳，並將事實册結呈送，仰祈憲臺察核具會
題除詳學督撫憲外，爲此備由呈乞照詳施行須至詳者。同治六年五月二十一日。
浙江巡撫臣馬新貽謹
題爲公舉入祀鄉賢祠，循例恭疏具
題仰祈
聖鑒事。該臣看得：定海廳已故歲貢生黄式三，孝友傳家，《詩》、《書》砥行。周規折矩，《坊》、《表》可風。主敬存誠，操修罔懈。畢世以治經自任，志勵董帷；同堂得善誘之方，教宏馬帳。文章學問，堪爲閭里之師承；俎豆馨香，宜沐
朝廷之

寵錫。以之入祀鄉賢，與例相符。兹據布政使楊昌濬取具事實册結，詳送請

題前來，臣覆核無異，除册結分送禮部科查核外，謹會同兼署閩浙總督福州將軍臣英桂、浙

江學政臣吴存義合詞恭疏具

題，伏乞

皇太后、

皇上聖鑒，敕部議覆施行。謹

題請

旨。同治六年九月二十五日具

題。

禮部謹

奏爲議覆入祀鄉賢事。浙江巡撫馬新貽等題『定海廳已故歲貢生黄式三，孝友傳家，《詩》

《書》砥行，請入祀鄉賢祠』。奉

旨『該部議奏，欽此』。欽遵到部。臣部查：黄式三，浙江定海廳人，事親孝。父病數年，衣食

皽洗皆躬親。嘗述父志，出貲修宗譜。每以勤儉率族，長幼皆憚敬之，不敢奢逸。教人

先實行而後文藝，先識字而後讀書。實事求是，先儒性理、經濟、訓詁之學，靡不博綜條貫。爲人寬而能容，至義所當守，矯然任之。燕居無惰容，無失色。嘗取《中庸》『慎獨』、《左傳》『受中』數語以自警。著有《論語後案》二十卷。臣等公同查核，該折請將黄式三入祀鄉賢，名實相副，謹擬准其入祀鄉賢祠。恭候

命下，臣部行文該撫遵奉施行。爲此謹

奏請

旨。同治六年十二月十六日具

奏。本日奉

旨：『依議。欽此。』

浙江布政使楊昌濬移文爲移會事

同治七年三月二十四日，奉升任撫憲馬案行同治七年三月十五日『准禮部咨開儀制司呈本部議覆《各省題請入祀鄉賢祠》一折，于同治六年十二月十八日具奏，本日奉旨「依議。欽此。」相應原奏知照浙江巡撫可也」等因，到院行司查照。准咨。奉旨，事理即便，分别轉飭知照計粘

單等因，奉此，合就移會。』爲此，合移貴道，請煩查照。希即轉飭，遵照施行。同治七年四月二十五日。〔二〕

【箋注】

〔一〕清同治五年（一八六六）年定海廳内閣額外中書章育瑜上報黄式三生前好友、弟子聯名請將黄式三入祀定海鄉賢祠申請書，經浙江布政使楊昌濬、浙江巡撫馬新貽等層層查核、批轉，同治五年底上報皇帝、皇太后恩准。同治六年三月二十四日，禮部正式頒文，准予黄式三入祀定海廳鄉賢祠。同年四月二十五日，楊昌濬下達禮部批覆至甯紹台道。其中所述黄式三事實，亦爲其重要傳記資料。

〔二〕據王逸明考證，以上各級批文，原載同治十二年浙江書局本黄式三《周季編略》前附，據此可知黄式三從祀鄉賢祠在同治六年四月。而黄以周《先考明經公言行略》云式三『同治五年奉旨從祀府、廳鄉賢祠』，疑誤。又，中國科學院國家科學圖書館藏鈔本《周季編略》前亦抄有此《明經公從祀鄉賢録》，行間多批改圈劃筆迹及版式術語，當爲雕版所據底本。經與浙局刻本《周季編略》核對，鈔本《周季編略》最後一段，即『浙江布政使楊昌濬移文爲移會事』以下，爲刻本《周季編略》前附《明經公從祀鄉賢録》所未刻。

施補華《黄先生別傳》

仁和譚君廷獻作定海黄先生家傳，其於學問之旨蓋詳矣。至於叙述生平，尚有缺者，蓋先生非今所謂學人也。先生自赴省試，母裘暴卒於家，歸而號慟幾絶。當是時，父茂才公老矣，先生依依侍寢，服除不適私室。茂才公病卧床席者數年，衣食饋洗，一以身親。比卒，持喪以禮，自屬纊以至下窆，所以誠信其親者無不至；自始喪以至終月，所以哀惻其身者無不至。其後，每值忌辰，涕泣不能自已。至其彌告别，欲以定省之、疏補之泉壤間，其言絶痛。先生蓋古誠孝人也。昪季相見，白首怡怡。又以餘力修《黄氏家譜》，敬宗合族，其推於誠孝有如此。閒居沉默，反驗此心，陰陽消長，竦然危懼。謂寂守於内，非入學之道。老而愈確，年六十二，仿唐韓愈作《五箴》，提呼惕息，過於中人，而居心樂易，不立崖岸。凡親戚朋友之有問者，弟子之請業請益者，告之一出於誠。故鄉人服其義，而後生之造就尤衆。窮居無位，表見者少，而當世之務籌之甚審。嘗曰：『士當思孔顔所樂，又當思孔顔所憂。』其爲兵制十策，蓋欷歔於海上之事，凡所經畫燭照，數計不啻也。惜當時無信用其言者。先生謂：『誼外之利必参害，道外之功不敵過，而道誼中之功利，君子不諱。』足見君子有用。先生非齎有用之才，而未申其志者歟！後十二年，其子以周之友烏程施補華讀其遺書與其生平梗概得之于以周者，從而論之曰：《十略》之作，經術明，人事備。斟酌諸儒，並包六藝，豈非乾嘉以來通才大雅之儔歟！若夫修於其身，教於其鄉，而謀於軍國，一以誠孝之本推之以應經法，今所謂學人，無能似之。作《黄先生别傳》以補譚君之缺。同治十二年九月，年家子施補華譔。（録自《儆居集》卷首，清光緒十四年續刻本。）

又見施補華《澤雅堂文集》卷六）

《國史儒林傳稿·黄式三》

黄式三，字薇香，浙江定海人。事親孝，父性嚴，先意承志，恒得歡心。嘗赴鄉試，母裘暴疾卒於家，馳歸慟絶，誓不再應鄉試，以歲貢生終。於學不立門户，博綜群經。治《易》，言卦辭爻辭一意相承，六十四卦爻辭同者亦一意相承，以明全《易》大指。又釋《繫辭》『衰世』之意，謂『伏羲世衰而神農作，《易》之興也，其於中古乎？中古謂神農』，以申鄭君『神農重卦』之義。治《春秋》，作《釋救執》、《釋人》、《釋名》、《釋殺》、《釋盜》、《釋歸入》、《釋以》，以訂杜預釋例之訛。其學尤長於三禮。《論禘郊》、《論學校》，謹守鄭學。明堂之制，見於《考工記·匠人》，漢師鄭君猶有疑義，辯之曰：『夏后氏世室堂修二七，當作堂修七。殷度以尋，堂修七尋；周度以筵，堂修七筵；則夏度以步，堂修七步。鄭君以堂修七步爲隘，注有「令堂修十四步」之文，假令之辭也。而後人乃依此作二七字。《隋書·宇文愷傳》言《記》文云「堂修七」。讎校古書，並無二字。』此爲得其實也。其論宗廟之制，以爲『《祭法》之祖考廟，即《王制》之太祖廟；《祭法》之二祧及四親廟，即《王制》之三昭三穆』，『《祭法》祖考廟不月祭，指始封君之祖考無大功德者言之。方始封時，月祭及三親廟，不如天子之月祭五廟；享嘗及五廟，不及天子之祭七廟。其後始封之君爲太祖，則祭祖考廟、王考廟、考廟；其皇考廟、顯考廟，同于天子之二祧。則天子之四親廟，非無異于諸侯也。《祭法》言「享嘗」，即禴祀烝嘗之時祭。時祭上及二祧必兼及遷主，亦非止祭四親而不及高祖以上之親也』。譚獻《黃先生家傳》。其論兵賦之制，以爲賦法八夫出一卒，乘法兵車七十五人、輜車二十五人。《司馬法》云『成出一乘』者，成用助法得出卒百人，其士十人、徒二十人，統兵車、輜車之士徒而舉其任之重者言之；云『甸出一乘，卒七十二人』者，此兵車步卒之數，貢法之賦也。劉芬等《黃明經公十略》。嘗著《論語後案》二十卷，不拘漢宋，擇是而從，黃式穎《論語後案序》。恒恐私智穿鑿，得辠聖經，中夜自思，怵然不寐。《論語後案弁言》。自爲之序，謂『漢魏諸說之醇，有存于何氏之解、皇邢之疏及陸氏《釋文》諸書而不可盡廢者；諸經注疏與子史中，雜引經文及諸說解，有可拾其遺而補其闕者；元、明數百年遵朱子注，有能發明之而糾正之者。近日大儒實事求是，各盡所長，有考異文者、精訓詁者、辨聲音者、稽制度名物者、譔聖賢事蹟者，有考諗身心、辨析王霸、學務見其大者，有不惑於老釋、復明析於儒之近老釋學務得其正者，凡此古今儒說之會萃，苟有裨於經義，雖異于漢鄭君、宋朱子，猶宜擇是而存之。試士者或遵一說以範舉業，或亦不盡拘，況說經何可拘哉！式三不揣固陋，搜討各注，體六經異師不可偏據之意，過而黜之不如過而存之，於是廣收衆説，間附己見，意豈主爲調人、説必備乎衆？是區區之忱端在於此，而分門别户之見不敢存也。』黄式三《論語後案序》。他著有《易釋》四卷、《尚書啟幪》五卷、《詩序説通》二卷、《詩傳箋考》二卷、《春秋釋》四卷、《周季編略》九卷，《儆居集·經説》五卷、《史説》七卷、《讀子集》四卷、《雜著》六卷。嘗作《求是室記》曰：『天假我一日，即讀一日之書，以求其是。』作《畏軒記》曰：『讀經而不治心，猶將百萬之兵而自亂之。』蓋自道云。讀史喜《文獻通考》，而時論定馬氏之闕失。嘗應聘佐軍幕，當路以外寇問，作《備外寇議》，問者色沮。式三曰：『不從此言，數年後必有大寇。』果驗。卒年七十四。同治六年，浙江巡撫馬新貽請祀鄉賢，奉旨允之。

趙爾巽等撰《清史稿·黄式三》

黄式三，字薇香，定海人。歲貢生。事親孝，嘗赴鄉試，母裘暴疾卒於家，馳歸慟絶。父老且病，卧床笫數年，衣食醃洗，必躬親之。比殁，持喪以禮，誓不再應鄉試。於學不立門户，博綜群經，治《易》，治《春秋》，而尤長三禮。論禘郊宗廟，謹守鄭學。論封域、井田、兵賦、學校、明堂、宗法諸制，有大疑義，必釐正之。有《復禮説》、《崇禮説》、《約禮説》。嘗著《論語後案》二十卷，自爲之序。他著有《書啟幪》四卷，《詩叢説》一卷，《詩序説通》二卷，《詩傳箋考》二卷，《春秋釋》二卷，《周季編略》九卷，《儆居集·經説》四卷、《史説》四卷。同治元年卒，年七十四。子以周，從子以恭，俱能傳其學。（録自《清史稿》卷四百八十二）

繆荃孫《中書銜處州府學教授黄先生墓誌銘》

先生諱以周，字元同，號儆季，浙江定海廳人。曾祖必悌。祖興梧，庠生。父式三，歲貢生，敦行力學，著述等身，入國史《儒林傳》。先生本名元同，字經纂，後出試，同知某命改從今名。少秉家學，與兄儆孟、儆仲相砥礪，六歲入塾識《説文》部首，遂讀經，先《禮》，次《詩》、《書》，次《春秋》、《易》。每一業畢，輒務分節目，疏通大義。年十九，補諸生。同治庚午優貢，旋舉於鄉。光緒庚辰大挑二等，以教職補分水縣學訓導。辛卯，瞿學士鴻禨稱其素履誠樸，粹然儒者，保中書銜。後學政潘學士衍桐又稱其研精殫思，物疏道親，以教授升用。旋授處州府教授，而年已七十，禮宜致仕，遂不就。先生恪守父訓，以傳經明道爲宗旨。其事父三十餘年，未嘗去左右。父卒前數月，大厥而蘇，成偏枯疾，手不能作書，一日自叙《黄氏塾課》，字形蜿蜒難讀，先生適自外返，見而大驚，請曰授爲書之。父卒，先生裝絶筆一紙，不忍廢棄，且曰：『示我子孫，知吾父拳拳是書，所以佑啟後人者深且遠也。』居喪盡禮，不徇時俗，刊遺書行世。先生以爲三代下之經學漢鄭君、宋朱子爲最，而漢學、宋學之流弊乖離聖經，尚不合于鄭、朱，何論孔、孟。國朝講學之風倡自顧亭林，顧氏嘗云『經學即是理學』，乃體顧氏之訓，上追孔門之遺言。其説《易》，則由孔聖之大象傳以尋畫卦之指，由孔聖之彖爻傳以尋彖爻之指。《詩》必宗序，《書》必條貫大義。《春秋》用比事之法，三傳校以經例，定其短長。而三禮尤爲宗主，凡詳考禮制，晝夜研索，多正舊説之誤，釋後人之疑，而意在核明古禮，示後聖可行。所著《禮書通故》百卷，列五十目，古先王禮制備焉。其書足以究天人之奥，通古今之宜。至其道德性命之學，則在辨虚無，辨絶欲，以執一端、立宗旨爲賊道，悉折衷經訓，以燭叛慚疑枝、邪離遁窮之情形。所著《經訓比義》三卷，列二十四目，嘗謂：『博文約禮，聖門正訓。學者欲求孔聖之微言大義，必先通經。經義難明，必求諸訓詁聲音，而後古人之語言文字乃瞭然於心。目不博文，能治經乎？既治經矣，當約之以禮。』又謂：『禮者理也，天理之秩然者也，考禮即窮理。後儒舍禮而言理，禮必實徵往古，理可空談任意也。欲挽漢宋學之流弊，其惟禮學乎？或云禮爲忠信之薄，是言一出而周衰；或云禮豈爲我輩設，是言一出而晋亂。學術不明而治術敝。』是先生以經學爲理學即以禮學爲理學，顧氏之訓，至先生而始闡。先生以孟子學孔子，由博反約，而未嘗親炙孔聖，其間有子思子綜七十子之前聞，承孔聖以啟孟子，乃著《子思子輯解》七卷。舉子思所述夫子之教，必始於《詩》、《書》，而終於禮樂及所明『仁義爲利』之説。謂其傳授之大恉，是深信博文約禮之經學爲行義之正軌，而求孟子學孔聖之師承以子思爲樞軸。暮年多疾，因曰：『加我數年，《子思子輯解》成，斯無憾。』既書成而疾瘥，更號曰哉生。蓋先生之學，由子思學孔孟，至是其志章矣，其學亦大成矣。黃侍郎體芳視學江蘇，建南菁講舍，延先生主講。先生教以博文約禮，實事求是，道高而不立門户。常語門弟子曰：『前代之黨禍可鑒也。』湘文觀察建辨志精舍於寧波，請先生定其名義規制，而專課經學，著録弟子千餘人。戊戌，去江陰，歸隱于仁和半山之下。卒於己亥十月十七日，年七十有二。卜葬于海晏鄉黃家橋之東。配梅夫人，妾陳氏。子六人：長家辰，附貢生；次家岱，優廩生，先殁；次家鰲，廩膳生，皆梅出。次家驥，先殁；次家穀，次家嶼，皆陳出焉。荃孫戊子在南菁，與先生接席者兩年，沖如曇如，粹然儒者，時時請益，反復詳告，不憚煩也。今家辰等來請銘，其曷敢辭。

銘曰：國朝家學，紹漢邁唐。元和之惠，高郵之王。鼎足其間，先生觥觥。佩觿自驚，炳燭未遑。禮堂寫定，北熊南皇。居鄉植品，天府圭璋。滌筆擒辭，炎漢班揚。著録弟子，群奉瓣香。歲星周天，久留吾鄉。傳鐙負笈，弦誦鏗鏘。山頽木壞，萬口悼傷。張嘯山、黃漱蘭同祀，永薦烝嘗。（録自《藝風堂文續集》卷一）

章太炎《黄先生傳》

黄先生，名以周，字元同，浙江定海人也。父式三，號儆居先生，治經，爲浙東通儒。先生少承父業，以傳經明道自任，言著書當質鬼神、俟後聖。年十九，爲《十翼後録》，非其至也。清同治九年，中式浙江鄉試，明年會試，選謄録。期滿，當得知縣，不就。又十年，大挑以教職用，先後署遂昌、海鹽、於潛訓導，選補分水訓導。先生性頎至，事親至孝，非禮不動。爲學不拘牽漢宋門户，《詩》、《書》、《春秋》皆條貫大義，説《易》綜舉辭變象占，不偏主鄭、王。尤邃三禮。自孫炎《類禮》以來，學者區别科條舊矣。清世得大體者，有惠士奇《禮説》、金榜《禮箋》、金鶚《求古録》、陳立《白虎通義疏證》，然弗能條件分别，《禮説》尤散雜無部曲。淩廷堪《禮經釋例》比考周密，又局於《士禮》一端。先生爲《禮書通故》百卷，列五十目，囊括大典，揉此衆甫，本支敕備，無尨不班，蓋與杜氏《通典》比靈，斯其校核異義過之，諸先儒不决之義，盡明之矣。嘗又輯《軍禮司馬法》二卷，而論田制，取北朝均田爲准。校定周尺，謂當今八寸一分，不如是，車不足容三人。均田制蓋先生所欲施行。要其根極，以治禮爲主。嘗曰：『挽漢宋之末流者，其惟禮學耶？文章非禮則淫哇，政事非禮則雜霸，義理非禮則虚無。禮學廢，故國亂而民蕩。』初宋世四明之學，雜采朱、陸。及近世萬斯同、全祖望學始端實，至先生益醇，躬法吕、朱，亦不委蛇也。尤不喜陸、王，以執一端爲賊道。平生不爲流俗文辭，諸華士皆謂先生不文，先生亦自退。然其説經陳事，象物閎肅，超出錢大昕、阮元諸儒上遠甚。時寧波知府宗源瀚有循吏聲，獨嚴事先生，就辨志精舍屬主焉。嘗欲效鄒、魯習禮，性解營造，畫古宫室爲圖，命匠將裁矣，源瀚行視，良久曰：『至矣！所謂發育萬物，駿極於天者也。顧皇代衣帽，懼不可以行周禮。』先生乃罷。久之，提督江蘇學政黄體芳就南菁書院延先生講，主書院十五年，江南諸高材皆出其門。中間嘗並建他師，喜發策干進者多歸之，而事朴學者專宗先生，弟子慈溪馮一梅、林頤山、丹徒陳慶年、元和曹元弼爲得其傳，通州王兆芳尤親，早死。先生之作，莫大乎《禮書通故》，其餘有《子思子輯解》、《經訓比義》、《古文世本》、《黄帝内經集注》及《儆季雜著》五種，皆卓然可傳世。晚選處州教授，以特薦授内閣中書。年七十二，清光緒二十五年十月卒。子家岱、家鶱世其學。

贊曰：余少時從本師德清俞君遊，亦數謁先生，先師任自然，而先生嚴重經術，亦各從其性也。清世大人稱程、朱者，多曲學結主知，士民弗覊，則專重漢師，抑洛、閩，其賢者誠弘毅，知質文之變，而末流依以遊聲技，愈小苛，違道益遠，夷爲食客而不知恥。先生博文約禮，躬行君子，獨泊然如與世俗成虧者。林頤山頌之曰：『履賢體聖，懷抱精純，紹聞衣言，董振漢學。』嗚呼至矣！（録自《太炎文録》卷二）

虞銘新《黄元同先生别傳》

先生諱以周，字元同，號儆季，定海人。曾祖必悌，由定海徙鎮海之海晏鄉。鎮海故隸定海，故先生仍稱定海人。祖興梧，善治經。父式三繼之，騖博綜，不立門户，謂『治經必先治心』。日坐小室中讀書，几席寢處，窮老未嘗置易，所禦桉若倚，被袪衱磨蝕久，皆成凹痕。著《易釋》、《書啟幪》等書，凡三十餘卷，學者遵之。先生幼秉父祖學，稍長，亦隨俗爲舉業。舉于鄉，其中式文有『天』字四十，故鄉人皆稱先生爲天舉子。然先生自是益治經，既明習，講學江淮間，有徒衆千人。蓋自父祖以來，至先生而極盛矣。著書亦愈富，其《禮書通故》一百卷最後成，語人曰：『讀是書，可以知禮書之異矣，而未知其同。吾將就其同者而論列之。』未就而卒。論者謂經學莫盛於有清，而先生其集大成者也。初先生講學江淮，夫人梅氏未偕，因納妾隨。夫人聞之，懟甚。一日，先生自金陵歸。甫及家，夫人自内望見之。出以手搗門，猝持門擊先生，哭且罵曰：『女自有家，是寧女家者，不問入，爲何？』先生素謹厚，嘿而已，勿責也。然先生自是不常歸，卜居於杭間，歲或一至。余幼時猶及見先生布履青行纏，入市糴粟也。先生有子六人，其三人者居海晏，梅氏出也。及先生殁，奔喪杭州，謀合葬，而杭家人堅不從，乃别鬻匱舁以歸。今其葬于海晏之黄家橋者，空柩也。其弟子在海晏者，僅三人。有胡明高者，家貧力學，日讀書不問家事。其妻告米罄，徒哆目顧讀如故。饋之食則食，不饋亦窮日不索。值夜雨屋漏，則以被覆群書，戴笠坐室中以讀。或昧爽來吾家，與吾父談所讀書，常云昨夜未寢也。忽信步出，口喃喃而去。如是讀十年，卒亦不著書。

論曰：先生學著當世矣，《清史·儒林》有傳。繆荃孫、章炳麟復有文述其學。余與先生居相近，得聞其軼事，故著之。而又悲夫先生之學之不被其鄉，不傳其家也。先生既不得於其妻，其子之在海晏者，不常受教。其在杭者曰杭生，極穎異，肯繼父業而早卒，曰某曰某，先生殁時尚幼，而鄉之人或不得見先生，況問業乎？夫先生弟子偏天下，而獨不與於其家若鄉者，甯非其夫人之咎哉！（録自《和欽文初編》卷下）

唐文治《黄元同先生學案》(節録)

先生諱以周,字元同,晚字儆季,定海經學大儒黄先生諱式三、號儆居子之季子也。先生幼承家學,七歲讀《禮記》,旋受《士禮》、《周官》諸經,依次終業。十數歲,即鋭意著述,露鈔雪纂,手不釋卷。年三十餘,著書已裒然成巨帙。德清俞隂甫先生主講杭州詁經精舍,先生上書自言其志,頻獻所著以就正,俞先生優禮答之,不敢以師自居也。同治庚午,以優行貢成均,是歲舉於鄉。明年,應春官試,補國史館謄録。歷署遂昌、海鹽、於潛訓導,旋補分水訓導,所至訓迪士子,成人有德。光緒庚寅特賜内閣中書,旋奉特旨升用教授。補處州府教授,以年老不就。自乾嘉以來,士大夫鉤稽訓詁,標宗樹幟,名曰『漢學』。其末流之失,不免破碎支離,甚且分别門户,掊擊宋儒義理之學以爲空疏,意氣囂然,漸滋暴慢。先生獨謂三代下之經學漢鄭君、宋朱子爲最,而漢學、宋學之流弊均多乖離聖經,尚不合于鄭朱,何論孔孟?國朝講學之風,倡自顧亭林、黄梨洲諸先生。亭林先生嘗謂『經學即理學,經學外之理學爲禪學』,故經學、理學宜合於一,不宜歧之爲二。乃體鄭君、朱子之訓,上追孔門之經學,博文約禮,實事求是。其所得於心而詔後學者，務在質諸鬼神而無疑，百世以俟聖人而不惑，蓋江慎脩、王白田先生以後，一人而已矣。光緒中葉，新學勃興，士或稍稍變其所守，先生獨卓然不惑於流俗，素履而行，遁世無悶，束修以上以是咸歸之。先生秉性孝友，事儆居子，數十年未嘗離左右。居恒動容周旋必中於禮，望之嚴然，即之也温。聽其言也，端愨而精詳，其教人務以敦品勵學，躬行實踐爲旨。瑞安黄漱蘭先生督學江南，建南菁講舍，延先生主講；寧波太守宗湘文先生建辨志精舍，聘先生主經學科，南方弟子從之者千餘人。先生一本孔孟之教以爲教，嘗取《易》『静專』二字以訓南菁諸生，曰：『學問必由積累，初無頓悟之方。而積累全在「静專」，亦無襲取之道。人有終日讀書而掩卷輒忘者，病在不静；有終身讀書而白首不名一藝者，病在不專。静則記性强，專則學術成。』又曰：『昔之儒者尚專經，故能由一經以盡通諸經；今之學者欲無經不通，乃至一經不通。』其篤實如此。文治自光緒乙酉歲受業先生門下，忽忽已三十餘年矣。追維先生之訓，恒自警惕。爰撮其爲學大旨並著作源流列於篇，俾後之傳儒林者有所采擇焉。至先生行誼，具詳王君兆芳所爲行狀。而學侶門徒，則又繁莫能詳，故均不著。（録自《茹經堂文集》卷二）

趙爾巽等撰《清史稿·黄以周》

以周，本名元同，後改今名，以元同爲字。同治九年優貢。旋舉於鄉，大挑以教職用，補分水縣訓導。以學臣奏加中書銜，以教授升用，旋選處州府教授，而年已七十，遂不就。以周篤守家學，以爲三代下之經學，漢鄭君、宋朱子爲最。而漢學、宋學之流弊，乖離聖經，尚不合于鄭朱，何論孔孟？有清講學之風，倡自顧亭林。顧氏嘗云：『經學即是理學。』乃體顧氏之訓，上追孔孟之遺言，于《易》、《詩》、《春秋》皆有著述，而三禮尤爲宗主。所著《禮書通故》百卷，列五十目，古先王禮制備焉。又以孟子學孔子，由博反約，而未嘗親炙孔聖。其間有子思子，綜七十子之前聞，承孔聖以啟孟子，乃著《子思子輯解》七卷。而舉子思所述夫子之教，必始於《詩》、《書》，而終於禮、樂。及所明仁義爲利之説，謂其傳授之大恉，是深信博文約禮之經學，爲行義之正軌，而求孟子學孔聖之師承，以子思爲樞軸。暮年多疾，因曰：『加我數年，《子思子輯解》成，斯無憾！』既，書成而疾痊，更號哉生。江蘇學政黄體芳建南菁講舍于江陰，延之主講。以周教以博文約禮、實事求是，道高而不立門户。宗源瀚建辨志精舍於寧波，請以周定其名義規制，而專課經學，著録弟子千餘人。卒，年七十有二。（録自《清史稿》卷四百八十二）

後　記

是書的編纂緣起，本來是爲黄式三黄以周與近世浙東禮學及其譜系建構所做的學術准備。我深知，要做好這項研究，第一要緊的事情便是對黄氏父子禮學文獻進行通讀。像《禮書通故》這樣的大書，自然易得，但除此之外，黄氏父子的禮學文獻還有許多。自二〇〇六年起，我利用當時參與全集編纂的機會，有意將黄氏父子散見於文集和其他著述中的禮學文獻全部集中起來，包括黄氏家族其他成員如黄家岱、黄式三在定海弟子如胡賁等的著述，建立了一個小型的黄氏禮學文獻數據庫，以供自用。此後數年，不斷補充一些新發現的材料，如黄以周在杭州城東講舍、詁經精舍學習期間的經學課藝、天一閣藏黄以周《五禮異義》殘稿等。在系統閲讀黄氏父子禮學文獻時，由於他們的學術前後跨度較大，爲了方便弄清楚學術發展脈絡，最好的辦法便是給這些禮學文獻做一個大概的編年，即通過將文獻排在相對精確的時間格中，以時間的邏輯來尋繹學術發展的邏輯，並由此建立具有一定學術意義的時間坐標。我想這個路子大致是可行的，於是完成了《黄式三黄以周禮學編年匯輯》，二〇〇九年獲得教育部古籍整理委員會的間接立項，由於經費原因，没有出版，主要還是爲『我』所用。按照編年來細讀黄氏父子禮學文獻，於閱讀本身而言，幸福指數增加不少。二〇一一年，我以『黄式三黄以周與近現代浙東禮學研究』爲題，經王穎兄的推薦，申報浙江省哲學社會科學重點研究基地越文化研究中心專案，榮幸獲批。爲了研究需要，我必須先要搞清楚黄氏禮學自身發生、發展的内在理路，然後才能把他們放到浙東禮學背景中去加以考量，由此判明他們對於浙東禮學的學術貢獻與影響究竟在哪些方面。我於是將黄以周著作中與其父親相關的部分，逐一摘鈔出來，以箋注形式置於該文獻的後面，以方便對讀，同時針對黄氏父子著作的不同姿態，尤其是學術觀點或思想前後發生變化的細節，我都盡可能以箋注形式作了筆記，以便讓今後的黄氏禮學研究盡可能在細節上豐滿些。後來，一時興起，又索性對黄氏父子禮學文獻中所提到的一些人物與著作也作了箋注，於是形成現在這部書的模樣。

二〇一五年十月，由北京大學禮學研究中心發起並主辦的『南菁書院與近世學術研討會』在江蘇江陰召開。會議第一天晚上，大家徒步去南菁書院舊址，途中我向北大禮學中心主任吴飛教授談了有關黄氏父子禮學文獻箋注的思路與進展，得到他的充分肯定，認爲這其實可以單獨出一部書。前幾年，我因病被迫中斷了黄式三黄以周與近現代浙東禮學的研究，身體條件只允許我做一些力所能及的文獻整理與輯箋工作。好在這部書的内容本身也可視爲近世浙東禮學的一個縮影，同時也是研究黄氏父子與浙東學術關係的一個基礎性工作。非常感謝浙江省社科聯科研處與紹興文理學院越文化研究中心，同意將我的項目研究方向作了調整，並以此書出版作爲結項依據。事實上，這部書從二〇〇六年開始做起，時斷時續，忽忽十年過去。這十年，與這部書相關的友人很多，都是我要感謝的。首先感謝張涅教授，他是浙江海洋大學黄氏父子研究的拓荒者與帶頭人，我今天能夠從事這項研究，是他給予的機會；其次在黄氏父子禮學文獻輯録與整理過程中，多得益于詹亞園、張涅、董平、閔澤平、趙統、王逸明諸位老師的點校文本參考；在課題結項上，感謝浙江省社科聯陳明義處長、紹興文理學院越文化研究中心主任潘承玉教授、莫尚葭博士以及浙江海洋大學科研處張郃教授；在出版經費上，感謝上饒師範學院『江西省二〇一一朱子文化協同創新中心』的慷慨資助，以及浙江海洋大學著作出版基金的支持；本書最終能夠順利出版並獲國家古籍整理出版專項經費資助，要感謝鳳凰出版社編輯汪允普的辛勤策劃與努力。黄以周曾任江陰南菁書院山長，該書在江蘇出版，也是地域上的緣份；每想到這一層，便生出莫名的親切感，覺得離元同先生的學術又靠近了一些。

程繼紅

二〇一七年春於島上